Andreas Klein
Dienstleistungsmarketing

Andreas Klein

Dienstleistungs-
marketing

Grundlagen – Strategien – Instrumente

DE GRUYTER
OLDENBOURG

ISBN 978-3-11-062043-6
e-ISBN (PDF) 978-3-11-062044-3
e-ISBN (EPUB) 978-3-11-062056-6

Library of Congress Control Number: 2023944761

Bibliografische Information der Deutschen Nationalbibliothek
Die Deutsche Nationalbibliothek verzeichnet diese Publikation in der Deutschen Nationalbibliografie;
detaillierte bibliografische Daten sind im Internet über http://dnb.dnb.de abrufbar.

© 2024 Walter de Gruyter GmbH, Berlin/Boston
Einbandabbildung: EtiAmmo/iStock/Getty Images Plus
Satz: Integra Software Services Pvt. Ltd.
Druck und Bindung: CPI books GmbH, Leck

www.degruyter.com

Für Antonia, Jonas und Silke

Vorwort

Ein Blick in die volkswirtschaftliche Gesamtrechnung (VGR) verdeutlicht, dass die Bedeutung von Dienstleistungen seit Beginn der 1990er Jahre stetig zunimmt. So beträgt das nominale Bruttoinlandsprodukt im Jahr 2022 fast 3,9 Bio. Euro, wovon nach Sektoren unterteilt ca. 70 % auf den tertiären Sektor und damit auf Dienstleistungen unterschiedlicher Art entfallen (Destatis, 2023c). Darüber hinaus arbeiten ungefähr 75 % (33,6 Mio.) der ca. 45 Mio. in Deutschland Erwerbstätigen in diesem Bereich (Destatis, 2022b). Neben den daraus resultierenden praktischen Implikationen für die Wirtschaft, gewinnt die Behandlung von Dienstleistungen in vielen akademischen Disziplinen der Betriebswirtschaftslehre (BWL) ebenfalls eine wachsende Bedeutung. Wurden selbst in der zweiten Hälfte des letzten Jahrhunderts Betriebe aus dem Bereich des produzierenden Gewerbes noch als der Normalfall in der wissenschaftlichen Literatur und damit an den Universitäten und Hochschulen des Landes diskutiert, haben sich nun in vielen Bereichen der BWL eigene Forschungsgebiete zum Thema Dienstleistungen herausgebildet. Betriebe mit einem Fokus auf die Erstellung und Vermarktung von Dienstleistungen haben sich somit hinreichend emanzipiert. Sie stellen nicht mehr nur entweder eine Sondererscheinung dar oder werden als produktbegleitende Dienstleistungen im Industriegüterbereich diskutiert. Außerdem finden sich zunehmend eigene Lehrstühle und Professuren mit den Schwerpunkten Dienstleistungsproduktion, Dienstleistungsmanagement oder Dienstleistungsmarketing. Digitalisierung und künstliche Intelligenz (KI) bringen zusätzliche akademische und praktische Herausforderungen, die sich in verwandten Disziplinen wie dem E-Business, E-Commerce oder dem digitalen Marketing niederschlagen. Im Zusammenhang mit dieser Entwicklung und aufgrund der Besonderheiten von Dienstleistungen hat sich das Dienstleistungsmarketing als eigenständige Disziplin aus dem traditionell auf Konsumgüter ausgerichteten Marketingansatz und neben dem Industriegütermarketing herausgebildet. Daher existieren heute drei zentrale Bereiche der Marketingwissenschaft: Konsumgüter-, Industriegüter- und Dienstleistungsmarketing. Außerdem wird die wissenschaftliche Diskussion nicht nur durch die Aufteilung und die Existenz spezialisierter Professuren an deutschen Universitäten und Hochschulen, sondern auch durch die Entstehung zahlreicher Publikationsorgane (z. B. Journal of Service Research, Journal of Services Marketing, Journal of Retailing and Consumer Services, International Journal of Service Industry Management oder Journal of Service Management) vorangetrieben (Scimago, 2023).

Aus betriebswirtschaftlicher Perspektive ergeben sich nicht nur bei der Produktion von Dienstleistungen aufgrund der Immaterialität, sondern auch bei deren Vermarktung zum Teil andere Anforderungen als dies bei materiellen Produkten der Fall ist. Wenngleich originäre Dienstleistungen eher selten vorkommen (z. B. Leistungen von Unternehmensberatungen oder Juristen), da oftmals ein materielles Produkt oder eine Person in den Erstellungsprozess involviert sind und an diesen Veränderungen vorgenommen werden (z. B. bei sachbezogenen Dienstleistungen, wie eine Autoreparatur oder der Installation einer Waschmaschine, sowie bei personenbezogenen Dienstleis-

https://doi.org/10.1515/9783110620443-202

tungen, wie eine ärztliche Therapie oder ein Friseurbesuch), ist die Immaterialität des Leistungsergebnisses ein zentrales Charakteristikum der Dienstleistung. Darüber hinaus fallen die Produktion und Konsumption der Leistung zusammen (Uno-actu-Prinzip), da der Nachfrager und/oder seine eingebrachten Objekte als externe Faktoren in den Erstellungsprozess integriert sind (z. B. eine Hüftgelenksoperation oder die Überwachung eines Firmengeländes). Schließlich bringt der Dienstleistungsanbieter sein Know-how, seine Betriebsmittel und sein Personal ein, d. h. seine zuvor zusammengestellten Leistungspotenziale, um die zuvor genannten Veränderungen vornehmen zu können. Insgesamt tragen alle drei genannten Charakteristika dazu bei, dass sich die Vermarktung von Dienstleistungen von der Vermarktung materieller Produkte teilweise unterscheidet.

Trotz der diskutierten Entwicklungen, d. h. die hohe Relevanz des Themas aus volkswirtschaftlicher und die unterschiedlichen Charakteristika von immateriellen und materiellen Leistungen aus betriebswirtschaftlicher Sicht, verwundert es jedoch, dass die Literatur zum Thema, was die Existenz von Lehrbüchern in diesem Bereich betrifft, noch eher gering ausgeprägt ist. Obwohl die Zahl der Publikationsorgane und daher der Veröffentlichungen deutlich zugenommen haben, ist die Auflage von Monographien zum Dienstleistungsmanagement im Allgemeinen und zum Dienstleistungsmarketing im Besonderen noch als eher gering zu bezeichnen. Als Referenzkategorie können die allgemeinen Marketinglehrbücher herangezogen werden, die allerdings teilweise Ausführungen zum Thema beinhalten. Wird außerdem die amerikanische Sicht auf Dienstleistungen einbezogen, so ergibt sich ein weiterer Unterschied, neben der auch hier eher geringen Anzahl eigenständiger Monografien. Während die deutsche Literatur zum Thema lange davon geprägt war, die Besonderheiten von Dienstleistungen gegenüber Produkten herauszustellen und eine Systematisierung von Dienstleistungsarten aus theoretischer Perspektive vorzunehmen (z. B. aus transaktionskostentheoretischer oder informationsökonomischer Perspektive), hat sich die englische Literatur eher auf praktische Art und Weise der Dienstleistungsdiskussion genähert (z. B. Beschwerdemanagement, Servicescapes und Customer-touchpoints). Einen mehr oder weniger revolutionären Ansatz haben dagegen (Vargo und Lusch, 2004/2008) mit der Service-dominant-logic (SDL) beigetragen, da die Autoren mit der SDL die aus ihrer Sicht dominierende Goods-dominant-logic (GDL) ablösen. So sind materielle Leistungen einer GDL lediglich Vehikel, um letztendlich Services und damit Nutzen für Nachfrager in einem gemeinsamen Austausch von Ressourcen (Value-co-creation) zu transferieren. Zudem entscheiden die Kunden in dieser gemeinsamen Sphäre, dem Moment des Austauschs, über die persönliche Nutzenstiftung und damit den Wertbeitrag von Wirtschaftsgütern. Folglich muss es das Ziel eines Dienstleistungsanbieters sein, in potenziellen und aktuellen Austauschbeziehungen mit Nachfragern einen höheren Wertbeitrag zu liefern als die Wettbewerber. Dieser wird vor allem durch das Vorliegen von Wettbewerbsvorteilen erzeugt. Einem generellen Marketingansatz liegt also einerseits die Generierung von Nutzenvorteilen (auch Perceived-value oder Service-value) für die Nachfrager und andererseits die Schaffung von

Wettbewerbsvorteilen gegenüber Konkurrenten mit vergleichbaren Leistungen zu Grunde. Beide Dimensionen dienen dazu, das langfristige Überleben und damit die Profitabilität des Unternehmens auf den betrachteten Dienstleistungsmärkten abzusichern.

Die genannten Punkte haben insgesamt dazu beigetragen, dass die Idee zu diesem Lehrbuch entstanden ist. In diesem Kontext werden zunächst in relativ kompakter Form die Besonderheiten von Dienstleistungen vorgestellt und im Anschluss daran die zentralen Einflussfaktoren auf die Produktion und Konsumption von Dienstleistungen diskutiert. Im Zentrum des Buches steht die darauffolgende Vorstellung der Marketingkonzeption eines Dienstleistungsunternehmens, es werden jedoch immer wieder Rückbezüge zu den Grundlagen von Dienstleistungen gebildet. In einer Marketingkonzeption spielen Informationsgrundlagen, Ziele, strategische sowie operative Fragestellungen eines Dienstleistungsanbieters bis hin zum Controlling der Marktbeziehungen eine wichtige Rolle. Daher sind die Ausführungen an die klassische Marketingkonzeption angelehnt, wie sie von (Becker, 2019) geprägt wurde, wodurch eine in sich konsistente und leicht nachvollziehbare Herangehensweise an die Dienstleistungsthematik ermöglicht wird. In einer Abgrenzung zu Lehrbüchern mit dem Titel Dienstleistungsmanagement oder Services-Management werden in diesem Buch zum Dienstleistungsmarketing (Services-Marketing) allerdings die technische Perspektive der Leistungserstellung bzw. das Management und die Optimierung der Prozesse eher weniger betrachtet bzw. an der ein oder anderen Stelle, sofern dies dem besseren Verständnis dient, lediglich in verkürzter Form aufgegriffen (z. B. Bordoloi et al., 2021; Corsten und Gössinger, 2015; Haller und Wissing, 2020). Der Fokus des Buchs liegt also auf der Vermarktungsperspektive; auch wenn beide Perspektiven (Produktion und Vermarktung) gerade bei Dienstleistungen nicht immer eindeutig zu trennen sind. Außerdem wird am Ende eines jeden Hauptkapitels, mit Ausnahme von Kapitel 3 zur Marketingkonzeption, eine integrative Perspektive eingenommen, bei der einzelne Konzepte aus dem allgemeinen Management (z. B. Stakeholder-Ansatz oder Balanced-scorecard) oder aus der speziellen Dienstleistungsliteratur (z. B. Service-profit-chain oder Service-engineering) erläutert werden. Diese fassen das im entsprechenden Hauptkapitel diskutierte in gewisser Art und Weise zusammen oder beziehen zumindest wesentliche Teile daraus in die Betrachtung ein. Weil die Marketingkonzeption bereits in sich eine integrative Sichtweise und die Leitidee des Buches darstellt, d. h. das Management von Austauschbeziehungen zur Erlangung von Wettbewerbsvorteilen entlang eines systematischen Prozesses, wird in diesem Kapitel auf den integrativen Ansatz am Kapitelende verzichtet. Zudem wurde für ein weiteres Quellenstudium darauf geachtet, die einschlägige Fachliteratur in ausreichendem Maße zu zitieren.

Das vorliegende Buch richtet sich nicht nur an Studenten der Wirtschaftswissenschaften, der Betriebswirtschaftslehre und anderer, angrenzender Disziplinen mit einem Bezug zum Management, sondern gleichzeitig auch an Praktiker, die sich in ihren Unternehmen mit der Vermarktung von Dienstleistungen beschäftigen und einen knappen, überblicksartigen, aber wissenschaftlich geleiteten Einstieg in das Thema suchen. Sämtliche Verbesserungsvorschläge, Anregungen oder Hinweise zu zusätzlichen bzw. in der ersten Auflage nur knapp behandelten Themengebieten nehme ich gerne auf. In diesem Zusammenhang bedanke ich mich für das Verständnis seitens des DeGruyter Oldenbourg-Verlags, besonders bei Herrn Dr. Stefan Giesen, dass die Erstellung des Buchs doch ein wenig länger als geplant gedauert hat. So erforderte die etwas mehr als zwei Jahre andauernde Covid19-Pandemie, abgesehen von zahlreichen Lock-downs und den daraus resultierenden Erschwernissen, einige Umstellungen im akademischen Bereich, derer es meiner ganzen Aufmerksamkeit bedurfte. Auch die Umsetzung des Manuskripts seitens des Verlags verlief reibungslos. An dieser Stelle bedanke ich mich bei Herrn Maximilian Geßl (Lektorat) und Herrn André Horn (Produktion), die bei Anfragen stets kompetent und schnell reagiert haben. Zudem bedanke ich mich bei meiner studentischen Mitarbeiterin, Frau Alina Schneider, die mich mit hoher Einsatzbereitschaft in der Überarbeitung des Manuskripts unterstützt hat. Ich bedanke mich auch bei meinen beiden Kindern, Antonia und Jonas, die mich in der Zeit des Schreibprozesses möglicherweise das ein oder andere Mal etwas hektisch erlebt haben. Schließlich danke ich meiner Partnerin Silke, dass Sie mich stets angespornt und im Schreibprozess ebenfalls viel Verständnis für meine Arbeit gezeigt hat. Ich wünsche Ihnen nun viel Spaß bei der Lektüre des Buches.

Düsseldorf, im September 2023
Andreas Klein

Inhaltsverzeichnis

1 Bedeutung von Dienstleistungen

Für ein grundlegendes Verständnis erfolgt der Einstieg in das Thema zunächst mit einer generellen Einordnung von Dienstleistungen in die **Systematik der Wirtschaftsgüter**. Dadurch wird vor dem Hintergrund der Unterteilung in Nominal- und Realgüter im Weiteren die Abgrenzungsproblematik zwischen Produkten (materielle Güter) und Dienstleistungen (immaterielle Güter) verdeutlicht (Abschnitt 1.1). So existieren nur wenige Produkte als ausschließlich materielle Güter und nur wenige Dienstleistungen sind lediglich immaterieller Natur; meist liegt eine Kombination aus beiden Wirtschaftsgütern vor. Im Anschluss daran wird mit der Beleuchtung der **volkswirtschaftlichen Perspektive** zunächst ein makroökonomischer Fokus auf Dienstleistungen vorgenommen (Abschnitt 1.2). Hierbei wird vor allem auf die Sektorentheorie zurückgegriffen, welche den Grundgedanken für die Einteilung von Wirtschaftsbereichen in der volkswirtschaftlichen Gesamtrechnung bildet. Außerdem wird die zunehmende Bedeutung des tertiären Sektors herausgearbeitet. In diesem Kontext erfolgt eine Diskussion der so genannten Theorie der langen Wellen, die die intersektorale Verschiebung bzw. den Strukturwandel und damit ebenfalls den Wandel der Bedeutung des tertiären Sektors betont. Eine weitere Detaillierung wird im Anschluss daran mit der **betriebswirtschaftlichen Perspektive** vollzogen, was einem mikroökonomischen Fokus auf Dienstleistungen entspricht (Abschnitt 1.3). Die Herausarbeitung unterschiedlicher **Dienstleistungscharakteristika** leitet schließlich über in den phasenbezogenen Ansatz des Dienstleistungsmanagements, welcher mit einer Definition von Dienstleistungen endet (Abschnitt 1.3.1). Anschließend erfolgt eine Diskussion über die Bildung von **Dienstleistungstypologien**, welche vor allem im deutschsprachigen Raum entwickelt wurden und über die Charakteristika der Leistungen eine Einordnung am Markt angebotener Leistungen sowie einen Ausgangspukt für die Ableitung von Handlungsempfehlungen bieten (Abschnitt 1.3.2). Im Anschluss daran erfolgt mit der so genannten **Service-dominant Logic (SDL)** die Diskussion einer integrativen Perspektive (Abschnitt 1.4). Die SDL versucht mit ihrem revolutionär anmutenden theoretischen Ansatz eine Integration der einzel- und gesamtwirtschaftlichen Perspektive des Güterangebots auf Märkten. So haben die Autoren mit ihrem Ansatz eine breite Diskussion ausgelöst, indem sie unterstellen, dass alle vermarktungsfähigen Güter letztendlich Dienstleistungen darstellen. Daher sind materielle Produkte lediglich Distributionsmechanismen für die dahinterliegenden Dienstleistungen. Darüber hinaus werden die Werte der bereitgestellten und gehandelten Güter nicht von den Produzenten festgelegt, da diese nur Wertangebote unterbreiten, sondern von den Nachfragern nach diesen Gütern subjektiv wahrgenommen; in der Folge also auch unterschiedlich bewertet.

https://doi.org/10.1515/9783110620443-001

1.1 Dienstleistungen in der Systematik der Wirtschaftsgüter

Eine Abgrenzung von Dienstleistungen zu anderen Wirtschaftsgütern, und damit gleichzeitig auch deren eindeutige Definition, ist in der Betriebswirtschaftslehre seit langem ein Streitpunkt bzw. variiert zwischen einzelnen Autoren. Für das bessere Verständnis von Dienstleistungen ist es darum sinnvoll, eine Einteilung von Wirtschaftsgütern (Corsten und Gössinger, 2015) vorzunehmen. Wirtschaftsgüter sind allgemein der Fremdbedarfsdeckung dienende Objekte mit einem positiven Gebrauchs- oder Tauschwert. Damit haben Güter die Fähigkeit zur Nutzenstiftung, d. h. sie dienen der Befriedigung menschlicher Bedürfnisse (Mangelempfinden). Der Grad dieser Bedürfnisbefriedigung wird als **Nutzen** bezeichnet (Kotler und Armstrong, 2020; Maleri und Frietzsche, 2008). Das Konstrukt des Nutzens bzw. die Nutzenstiftung durch Wirtschaftsgüter greift auf eine lange Tradition in den Wirtschaftswissenschaften zurück. Außerdem ist ein Wirtschaftsgut, im Gegensatz zu freien Gütern, die theoretisch mengenmäßig unendlich zur Verfügung stehen, ein knappes Gut, welches von Wirtschaftseinheiten bzw. -akteuren unter Einsatz knapper Ressourcen im betrieblichen Transformationsprozess produziert wird (Thommen et al., 2020). Darüber hinaus ist am Markt für solche knappen Güter ein Preis zu bezahlen, wobei annahmegemäß das Angebot stets kleiner als die Sättigungsmenge der Nachfrage ist (Corsten und Gössinger, 2015), wenngleich dies heute nicht mehr für alle Märkte gilt und es dadurch zu fallenden Preisen kommt. Aus den beiden zentralen Merkmalen der Nutzenstiftung und der **Knappheit** ergibt sich folglich der ökonomische Wert eines Wirtschaftsgutes. Auch wenn freie Güter einen individuellen Nutzen stiften (z. B. die Sonne), sind sie dieser Argumentationskette folgend trotzdem ökonomisch betrachtet wertlos. Wenngleich bspw. der mit der Kraft der Sonne produzierte Strom, bei dem knappe Ressourcen bzw. Technologien zu dessen Erzeugung eingesetzt werden, wiederum einen ökonomischen Wert besitzt.

Darüber hinaus werden Wirtschaftsgüter auf Märkten gegen Entgelte oder deren Substitute (z. B. andere Güter) getauscht. Solche **Märkte** sind als abstrakte Orte des Tausches definiert, auf denen ökonomische Transaktionsbeziehungen durchgeführt werden (Bofinger, 2020; Schmalen und Pechtl, 2019). Nachfrager nach Wirtschaftsgütern müssen in einer arbeitsteiligen Tauschwirtschaft darum Opfer bringen, wenn sie ihre Bedürfnisse mit Gütern befriedigen wollen, die sie nicht selbst erstellen (Eigenleistungen). Auch im Marketing wird der Nutzen als die Grundlage für **Austauschprozesse** auf Märkten angesehen (Bagozzi, 1975; Plinke, 2000). Dadurch entstehen auf beiden Marktseiten Werte. Der Nutzen eines Gutes wird dazu den entstehenden Kosten gegenübergestellt. Auf der Anbieterseite erhält das Unternehmen einen Preis für sein Gut und zieht davon die entstandenen Kosten von Produktion und Vertrieb ab. Auf der Nachfragerseite entspricht dies der Gegenüberstellung von individuell wahrgenommenem Nutzen desselben Gutes (z. B. durch dessen spezifische Eigenschaften, ergänzende Zusatzleistungen, das Personal des Anbieters beim Kontakt oder die Reputation des Anbieters) sowie dem am Markt zu zahlenden Preis (zzgl. der Kosten für die Beschaffung wie Versandgebühren, Versicherung, Zeit- oder Energieeinsatz). Die Differenz wird als Nettonutzen be-zeichnet (Kotler und Armstrong, 2020; Voeth und Herbst, 2013; Winkelmann, 2013a), wobei die Beurteilung stets auf der subjektiven Einschätzung durch den einzelnen Nach-frager und dessen wahrgenommenem Wert der Leistung beruht. Ergänzend sei er-wähnt, dass historisch gesehen bereits Vershofen (1940) auf den Umstand hinweist, dass sich der Nutzen eines Gutes aus dem so genannten Grundnutzen (technisch-funktionale Eigenschaften von Gütern) und dem Zusatznutzen (z. B. ästhetische und soziale Wirkun-gen von Gütern) zusammensetzt.

Dies hat insofern eine wichtige Bedeutung für das Marketing, weil deutlich wird, dass Anbieter mit der Veränderung von Eigenschaften respektive der Beschaffenheit knapper Güter den individuell wahrgenommenen Nutzen seitens der Nachfrager ver-ändern können. Dadurch lässt sich die Beurteilung des Nettonutzens im Austausch nicht nur über die Preiskomponente beeinflussen. Dieser Zusammenhang stellt den operativen Teil des Managements von Austauschbeziehungen dar und wird weiter unten erneut aufgegriffen. Um eine praktikable Recheneinheit dafür zu erhalten, was die nutzenstiftende Wirkung eines Wirtschaftsgutes zu einem bestimmten Zeitpunkt bzw. in einer bestimmten Situation für ein Individuum ist, wird ökonomisch die **ma-ximale Zahlungsbereitschaft** verwendet. Darum kommt der Messung der maxima-len Zahlungsbereitschaft im Marketing und vor allem in der Preispolitik eine sehr wichtige Bedeutung zu (Miller et al., 2011; Völckner, 2006). Die Zahlungsbereitschaft steht folglich stellvertretend für den subjektiven Grad der Bedürfnisbefriedung bei einem Individuum zu einem bestimmten Zeitpunkt respektive in einer bestimmten Situation.

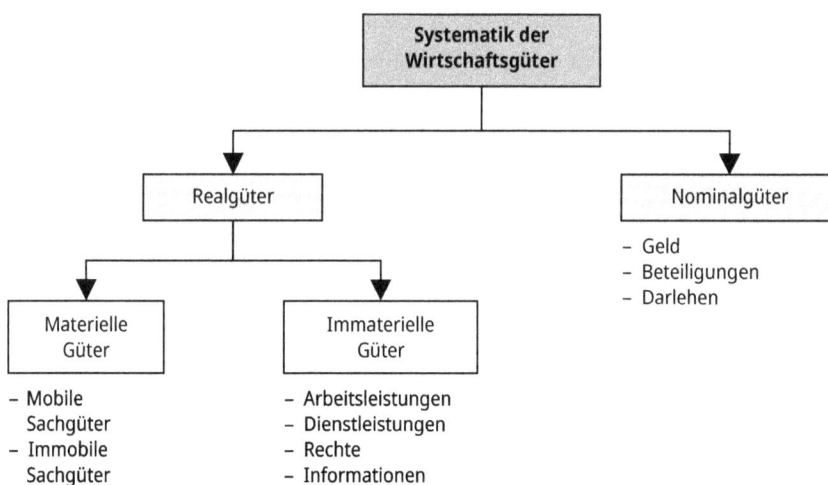

Abb. 1.1: Vereinfachte Systematik von Wirtschaftsgütern (Maleri und Frietzsche, 2008).

Bisher wurde noch nichts darüber ausgesagt, wie ein bestimmtes Wirtschaftsgut beschaffen ist. In diesem Kontext kann eine **Unterscheidung von Wirtschaftsgütern** in Nominalgüter (Geld, Beteiligungswerte oder Darlehen) und Realgüter (materielle und immaterielle Güter) vorgenommen werden (Maleri und Frietzsche, 2008). Dienstleistungen stellen in dieser Systematik, im Gegensatz zu mobilen und immobilen materiellen Sachgütern (z. B. Maschinen und Gebäude), immaterielle Realgüter dar (vgl. Abb. 1.1). Darüber hinaus werden sie relativ einheitlich in der Literatur von Arbeitsleistungen und Rechten abgegrenzt, die separate immaterielle Güter darstellen. Damit sind in der betriebswirtschaftlichen Diskussion nicht alle immateriellen Güter Dienstleistungen. So werden Arbeitsleistungen als Absatzgüter privater Haushalte betrachtet (Maleri und Frietzsche, 2008), die im Sinne der Systematisierung nach Gutenberg (1951b) als originäre Produktionsfaktoren (Input) in den Leistungserstellungsprozess bzw. die betriebliche Transformation eingehen (Schmalen und Pechtl, 2019).

Dienstleistungen sind dagegen derivative Produktionsfaktoren, die als Ergebnis einer anderen Kombination auftreten (Output) und im Betrieb als interne Dienstleistungen weiter eingesetzt (z. B. Werkstätten, Labore oder Hausmeisterservice) oder auf Märkten als externe Dienstleistungen (z. B. Handwerker, Kellner oder Reiseagenturen) getauscht werden (Corsten und Gössinger, 2015). Ebenso können Rechte als Produktionsfaktoren betrachtet werden, die bspw. als Patente oder Lizenzen ebenfalls in den betrieblichen Produktionsprozess einfließen oder generell als Berechtigung bzw. Anspruch von natürlichen oder juristischen Personen betrachtet werden. Das Recht stellt somit keine Dienstleistung dar, kann aber wiederum durch die Dienstleistung eines Juristen und mit Hilfe einer Rechtsordnung durchgesetzt werden. Strittig ist dagegen die bei Maleri und Frietzsche (2008) aufgeführte zusätzliche Kategorie der Informationen, die bspw. Corsten und Gössinger (2015) ebenfalls den Dienstleistungen zurechnen. In diesem Zusammenhang lässt sich festhalten, dass Informationen oftmals an Sachgüter (z. B. ein Buch oder ein elektronisches Trägermedium) gebundene Realgüter darstellen, die heute Bestandteil zahlreicher Dienstleistungen sind (z. B. Softwareprodukte, Tracking-Möglichkeiten in der Logistik oder Suchmaschinen im World Wide Web [WWW]). Zusätzlich wird in der Literatur eingewendet, dass es keine Sachleistung gibt, die ohne eine Dienstleistung, wenn auch nur zu einem sehr geringen Anteil (z. B. die Beratung für ein elektrisches Gerät oder ein Lebensmittel im Handel), auskommt (Meffert et al., 2018).

Abschließend kann gesagt werden, dass an der Diskussion zur Systematik von Wirtschaftsgütern im Allgemeinen und dem Terminus der Dienstleistung im Besonderen deutlich wird, dass eine Einteilung in Sachgüter und Dienstleistungen nicht immer eindeutig bzw. einfach ist. Dies trägt zur eingangs erwähnten **Abgrenzungsproblematik** bei, da sehr viele Dienstleistungen in Kombination mit Sachgütern auftreten oder nicht von diesen entkoppelt werden können (z. B. der Serviceplan für eine maschinelle Anlage oder die Einsetzung eines künstlichen Kniegelenks).

1.2 Volkswirtschaftliche Perspektive auf Dienstleistungen

Nach der Einteilung der Wirtschaftsgüter im vorherigen Abschnitt, wird vor dem Hintergrund einer volkswirtschaftlichen Diskussion von Dienstleistungen insbesondere auf deren zunehmende Bedeutung hingewiesen (ebenso Wirtz und Lovelock, 2022). Außerdem erscheint es bei der Vermarktung von Dienstleistungen sinnvoll, aus **makroökonomischer Perspektive** auf diese zu blicken.

In der Volkswirtschaftslehre (VWL) wird diesbezüglich auf den Wandel zur Dienstleistungsgesellschaft bzw. die Tertiärisierung der Volkswirtschaft abgestellt (Fließ, 2009; Maleri und Frietzsche, 2008; Meffert et al., 2018). Dies geht vor allem auf die Arbeit von Fourastié (1954) zurück, der wiederum auf die Arbeiten von Fisher (1939) und Clark (1940) rekurriert (Burr und Stephan, 2019). Ergänzend hierzu kann auch die Arbeit von Wolfe (1955) herangezogen werden, der sich ebenso wie die anderen Autoren mit der Einteilung der Volkswirtschaft in drei Sektoren beschäftigt. Daraus resultieren der primäre (Land- und Forstwirtschaft sowie Fischerei), der sekundäre (Bergbau, Steine und Erden sowie das produzierende Gewerbe) und der tertiäre Sektor (Dienstleistungen). Dies wird in der Literatur folglich als **Drei-Sektoren-Theorie** bezeichnet (Corsten und Gössinger, 2015; Maleri und Frietzsche, 2008), welche auch in die weiter unten diskutierte amtliche Statistik Eingang gefunden hat. Die Drei-Sektoren-Theorie stellt vor allem auf den langfristigen volkswirtschaftlichen Strukturwandel als Erklärungsbeitrag für die Veränderung eines Wirtschaftssystems ab. Jedoch fokussieren die Autoren auf unterschiedliche Kriterien, die sich als das so genannte dominierende Kriterium jeweils in ihrer Ausprägung zwischen den drei Sektoren unterscheiden (vgl. Tab. 1.1).

Tab. 1.1: Kriterien für die Sektorenbildung in der Drei-Sektoren-Theorie (Corsten und Gössinger, 2015).

	Vertreter			
	Fourastié	**Fisher**	**Clark**	**Wolfe**
Dominierendes Kriterium / **Sektor**	Technischer Fortschritt	Einkommenselastizität der Nachfrage	Veränderung der Arbeitskräfteverteilung/Güterart	Produktionsbegrenzende Bedingungen des dominierenden Faktors
Primärer Sektor	Mittlerer technischer Fortschritt	Unelastisch $\varepsilon < 0{,}5$	Abnahme der Arbeitskräfte/materielle Güter natürlicher Produktion	Begrenzungen durch natürliches Wachstum Dominanz: Boden
Sekundärer Sektor	Hoher technischer Fortschritt	Weniger elastisch $0{,}5 \leq \varepsilon \leq 1$	Erst Zunahme, dann Abnahme der Arbeitskräfte/materielle Güter industrieller Produktion	Begrenzungen durch mechanische Faktoren Dominanz: Kapital
Tertiärer Sektor	Geringer technischer Fortschritt	Elastisch $\varepsilon > 1$	Stetige Zunahme der Arbeitskräfte/immaterielle Güter	Begrenzungen durch geistige Kapazität Dominanz: Arbeit

Während Fourastié (1954) auf den technischen Fortschritt und damit die unterschiedliche Produktivität in den Sektoren abstellt, sind es bei Fisher (1939) die Einkommenselastizität der Nachfrage, bei Clark (1940) die Veränderung der Arbeitskräfteverteilung bzw. Güterart und bei Wolfe (1955) schließlich die produktionsbegrenzenden Bedingungen eines dominierenden volkswirtschaftlichen Produktionsfaktors. Zu den volkswirtschaftlichen Produktionsfaktoren werden Boden, Kapital und Arbeit gezählt (Mankiv und Taylor, 2020; Woll, 2011), was nicht zu verwechseln ist mit den elementaren betriebswirtschaftlichen Produktionsfaktoren der Arbeitsleistung, Betriebsmittel und Werkstoffe nach Gutenberg (1951b); auch wenn prinzipiell Ähnlichkeiten bzw. Entsprechungen zwischen den beiden Unterteilungen bestehen. Die Ausprägungen der unterschiedlichen Kriterien werden nun jeweils dem primären, dem sekundären und dem tertiären Sektor zugeordnet. Vor allem der tertiäre Sektor ist bei Fisher (1939) durch eine hohe Elastizität der Nachfrage, bei (Clark, 1940) auf immaterielle Güter und die stetige Zunahme der Arbeitskräfte in diesem Sektor, bei Fourastié (1954) auf den geringen technischen Fortschritt und die damit einhergehenden begrenzten Produktivitätssteigerungen und bei Wolfe (1955) auf eine Produktionsbegrenzung durch die geistige Kapazität bzw. die **Dominanz menschlicher Arbeitsleistung** gekennzeichnet. Insbesondere der geringe technische Fortschritt bei gleichzeitig wenig zunehmender Produktivität und die Beschränkung durch die geistige Kapazität machen auf die Schwierigkeit dieser Einteilung aufmerksam, da gerade auch im tertiären Sektor in den letzten Jahren durch die Entwicklungen im Bereich der Informations- und Kommunikationstechnologien bedeutende Fortschritte bei Dienstleistungsangeboten und Dienstleistungsinnovationen erzielt wurden (z. B. durch Digitalisierung und zunehmende Vernetzung), was sich zudem in einer zunehmenden Produktivität speziell in diesem Bereich äußert. So können heute bspw. Tickets online gebucht und standardisierte Auskünfte automatisiert über das WWW angeboten werden. Außerdem hat der zuletzt stark gewachsene Bereich des E-Commerce zu deutlichen Effizienzsteigerungen im Handel und in der Logistik geführt. Schließlich erfolgt durch die Fortschritte im Social-media-Bereich mit zahlreichen Applikationen und virtuellen sozialen Netzwerken einerseits eine Entkoppelung der menschlichen Arbeitsleistung von der Dienstleistungserstellung. Andererseits wird deutlich, dass die menschliche Arbeitsleistung, d. h. die Zahl der Erwerbstätigen bzw. Arbeitnehmer, über den gesamten tertiären Sektor deutlich zugenommen hat (Destatis, 2023b). In diesem Kontext fallen auch die aktuellen Entwicklungen bezgl. des Einsatzes von künstlicher Intelligenz (KI), welche zu einer weitergehenden Automatisierung von komplexen Dienstleistungen wie steuerliche und juristische Beratungen oder ärztliche Befunde (z. B. in der Radiologie) führen wird, welche bisher vornehmlich individuell und im persönlichen Verhältnis erbracht wurden. Allerdings bleibt insgesamt zu vermuten, dass es zunächst nicht zu einem Abbau von Arbeitsplätzen kommt, sondern dass sich lediglich die Struktur innerhalb des tertiären Sektors verschiebt. So können Tätigkeiten von Handwerkern nur durch weitere Entwicklungen in der Robotik durch Maschinen substituiert werden, wenngleich bspw. in der Medizin durch den Einsatz von Operations- und Laborrobotern als Assistenzsysteme Ansätze zur Entlastung der menschlichen Arbeitskraft zu erkennen sind. Diese bedeuten jedoch im Moment noch keine vollständige Substitution von Mitarbeitern, sondern eher eine Verschiebung der Aufgabenfelder (Zukunftstechnologien, 2023).

Ein Blick in die amtliche Statistik der **Volkswirtschaftlichen Gesamtrechnungen (VGR)** zeigt (Destatis, 2023c), dass die dort vorgenommene Unterteilung sich an der Drei-Sektoren-Theorie orientiert, obwohl diese nicht explizit genannt werden. Dabei erfolgt eine feinere Untergliederung nach unterschiedlichen Buchstaben (Destatis, 2008). So lässt sich dem Buchstaben A die Urproduktion und damit der primäre Sektor zuordnen. Dazu gehören die Land- und Forstwirtschaft sowie die Fischerei. Der Bergbau und die Gewinnung von Steinen und Erden werden als produzierendes Gewerbe dem Buchstaben B und damit dem sekundären Sektor zugeordnet, obwohl die Gewinnung von Rohstoffen durchaus auch in die Urproduktion einsortiert werden könnte. Den weiteren Buchstaben C-F folgen im sekundären Sektor das so genannte verarbeitende Gewerbe, die Energieversorgung, die Wasserversorgung und die Abfallwirtschaft sowie das Baugewerbe. Dem tertiären Sektor und damit dem Dienstleistungsbereich werden die Buchstaben G-T zugeordnet, wobei es sich in der Kategorie T um die Erbringung privat erstellter Dienstleistungen handelt, bei der lediglich die erste Untergruppe Wirtschaftsleistungen durch externes Hauspersonal beinhaltet und der Rest Dienstleistungen für den Eigenbedarf abbildet. Allerdings ist der Beitrag zum Bruttoinlandsprodukt in diesem Bereich als vernachlässigbar einzustufen. Darüber hinaus existiert noch eine Kategorie U mit exterritorialen Organisationen und Körperschaften, die zahlenmäßig aber nicht ausgewiesen ist (Destatis, 2023c).

Ein tieferer Blick in die amtlichen Statistiken offenbart zudem, dass die gewählte Einteilung einer strikten Trennung in materielle und immaterielle Wirtschaftsgüter nicht standhält, sondern eher pragmatischen Gesichtspunkten folgt. Es enthalten quasi alle Wirtschaftsbereiche Dienstleistungen, wodurch zwangsweise nur eine unscharfe Abgrenzung vorgenommen werden kann. Dies ist auch einer der in der Literatur zum Dienstleistungsmanagement angeführten Kritikpunkte, neben dem insgesamt sehr hohen **Aggregationsniveau** (Corsten und Gössinger, 2015). Dennoch wird bei einem Vergleich der Zahlen für die Jahre 1991–2022 deutlich, inwieweit sich die Bedeutung der drei Sektoren alleine für diesen relativ kurzen Zeitraum verschoben hat (vgl. Tab. 1.2). So ist der Anteil und damit gleichzeitig die Bedeutung des tertiären Sektors mit seinen sämtlichen Dienstleistungen (DLS) bezogen auf die gesamte Bruttowertschöpfung (BWS), d. h. das Bruttoinlandsprodukt (BIP) ohne Gütersteuer und -subventionen, zu Lasten der Urproduktion bzw. des produzierenden und verarbeitenden Gewerbes von 61,9 % im Jahr 1991 auf 69,3 % im Jahr 2022 um über sieben Prozentpunkte gestiegen. Gleichzeitig hat sich die Zahl der Erwerbstätigen (EWT) mit Arbeitsort in Deutschland (Inlandskonzept) zu Gunsten des tertiären Sektors verschoben. Dort arbeiten im Jahr 2022 insgesamt 75,2 % der Erwerbstätigen im Gegensatz zum Jahr 1991 mit 61,3 %, wohingegen die Zahl im sekundären Sektor von 35,6 % im Jahr 1991 auf 23,6 % im Jahr

2022 deutlich gesunken ist. Im primären Sektor haben sich die Erwerbstätigen mit 3,0 % im Jahr 1991 und 1,2 % im Jahr 2022 sogar mehr als halbiert (Destatis, 2023a).

Tab. 1.2: Daten aus den Volkswirtschaftlichen Gesamtrechnungen in den drei Sektoren (Destatis, 2023a).

Jahr	BIP	BWS			DLS	EWT			
		I	II	III		∑	I	II	III
2022	3.867,05	42,90	1.031,63	2.423,97	69,3	45.570	1,2	23,6	75,2
2021	3.601,75	30,64	962,98	2.264,94	69,5	44.980	1,2	23,8	75,0
2020	3.405,43	25,62	906,56	2.155,78	69,8	44.915	1,3	24,0	74,7
2019	3.473,26	26,95	936,19	2.166,58	69,2	45.277	1,3	24,1	74,5
2018	3.365,45	23,19	918,98	2.090,57	68,9	44.866	1,4	24,1	74,5
2017	3.267,16	27,83	897,24	2.019,01	68,6	44.251	1,4	24,1	74,5
2016	3.134,74	21,89	864,20	1.936,35	68,6	43.661	1,4	24,2	74,4
2015	3.026,18	20,72	820,39	1.880,91	69,1	43.122	1,5	24,4	74,2
2014	2.927,43	26,48	790,73	1.818,19	69,0	42.721	1,5	24,6	73,9
2013	2.811,35	26,50	752,95	1.748,43	69,2	42.350	1,5	24,6	73,8
2012	2.745,31	23,28	749,03	1.693,49	68,7	42.019	1,5	24,7	73,7
2011	2.693,56	24,51	729,12	1.664,47	68,8	41.544	1,6	24,6	73,8
2010	2.564,40	20,61	688,51	1.596,56	69,2	41.048	1,6	24,4	74,0
2009	2.445,73	17,01	604,97	1.570,86	71,6	40.903	1,6	24,8	73,6
2008	2.546,49	21,35	683,70	1.584,51	69,2	40.838	1,6	25,3	73,1
2007	2.499,55	19,47	680,79	1.547,57	68,8	40.272	1,6	25,2	73,2
2006	2.385,08	17,59	643,36	1.496,00	69,4	39.595	1,7	25,3	73,1
2005	2.288,31	16,64	603,05	1.449,98	70,1	39.311	1,7	25,7	72,6
2004	2.262,52	21,52	597,42	1.430,74	69,8	39.362	1,8	26,2	72,0
2003	2.211,57	18,41	579,14	1.398,98	70,1	39.237	1,8	26,7	71,5
2002	2.198,12	19,79	579,84	1.387,50	69,8	39.666	1,8	27,3	70,9
2001	2.172,54	23,54	588,09	1.350,95	68,8	39.859	1,8	28,0	70,2
2000	2.109,09	20,98	584,48	1.296,35	68,2	39.971	1,9	28,4	69,7
1999	2.059,48	19,74	569,54	1.267,34	68,3	39.120	2,0	29,1	69,0
1998	2.014,42	19,65	571,78	1.234,43	67,6	38.495	2,0	29,8	68,2
1997	1.961,15	20,23	560,46	1.198,39	67,4	38.040	2,1	30,3	67,6
1996	1.921,38	20,02	554,43	1.167,20	67,0	38.057	2,1	31,0	66,8
1995	1.894,61	18,86	563,99	1.133,67	66,0	38.042	2,3	31,9	65,9
1994	1.829,55	17,85	552,47	1.081,32	65,5	37.879	2,4	32,4	65,2
1993	1.750,89	16,84	535,89	1.035,68	65,2	37.863	2,5	33,2	64,2
1992	1.702,06	17,11	553,44	976,70	63,1	38.360	2,7	34,3	63,0
1991	1.585,80	17,47	531,63	893,90	61,9	38.871	3,0	35,6	61,3

Außerdem weisen Bordoloi et al. (2021) darauf hin, dass die Drei-Sektoren-Theorie um einen weiteren quartären und zuweilen um einen quintären Sektor ergänzt wurde (auch Leimeister, 2020). Dem **quartären Sektor** werden die bereits oben diskutierten Informationen zugeordnet, die als Dienstleistungen mit besonders hohen intellektuellen Anforderungen und einer großen Verantwortung einhergehen (z. B. Transport, Kommunikation, Finanzwirtschaft oder Regierungsleistungen). Damit folgt gleichzeitig auf den Wandel zur Dienstleistungsgesellschaft das Schlagwort des Wandels zur

Informationsgesellschaft (Haller und Wissing, 2020; Leimeister, 2020). Hinzu kommt die Unterteilung in den **quintären Sektor**, zu dem bspw. Gesundheit, Erziehung, Bildung, Forschung oder Kunst zählen. Wenngleich zu konstatieren ist, dass Nachfrager gerade im quintären Sektor in der Zukunft vermehrt Dienstleistungen nachfragen werden, gilt insgesamt für beide Ergänzungen, dass die Trennung zum tertiären Sektor auch vor dem Hintergrund der Volkswirtschaftlichen Gesamtrechnungen in der amtlichen Statistik als schwierig und damit eher als akademische Diskussion eingestuft werden kann, sodass vorerst nicht von einem Eingang in die amtliche Statistik auszugehen ist.

Vor allem das Thema Gesundheit führt hinüber zu einer weiteren Theorie, die neben der Drei-Sektoren-Theorie als Zyklen-Theorie bzw. Theorie der langen Wellen nach Kontradieff (1926) bekannt ist (Burr und Stephan, 2019; Nefiodow und Nefiodow, 2014). In der **Theorie der langen Wellen**, die in einem Zyklus von ca. 40–60 Jahren auftreten, wird der intersektorale Strukturwandel besonders dadurch deutlich, dass gerade mit dem so genannten fünften und sechsten Kontradieff Dienstleistungsangebote aus dem tertiären Sektor dominieren (vgl. Abb. 1.2). Hierbei handelt es sich um solche Dienstleistungen, die dem quartären (fünfter Kontradieff) und dem quintären Sektor (sechster Kontradieff) entsprechen. Im fünften Zyklus liegt der Fokus vor allem auf der Informationstechnologie, die von Kontradieff (1926) als so genannte Basisinnovation identifiziert wird (Burr und Stephan, 2019). Basisinnovationen stellen richtungsweisende Abweichungen von bisher eingesetzten Technologien in einer Volkswirtschaft dar. Eine Weiterentwicklung hin zum sechsten Zyklus wird darin gesehen, dass die psychosoziale Gesundheit und die Fortschritte in der Biotechnologie als Ursprünge für Basisinnovationen gelten (Nefiodow und Nefiodow, 2014). Damit schließt sich die Zyklen-Theorie der Drei Sektoren-Theorie an bzw. ergänzt sie deren Grundgedanken einer steigenden volkswirtschaftlichen Bedeutung von Dienstleistungen. Jedoch wird kritisch eingewendet, dass die Zyklen-Theorie als Deskription vergangener Verläufe nicht den kontinuierlichen intersektoralen Strukturwandel bzw. den generellen Wandel der vergangenen Jahre zur Dienstleistungsgesellschaft erklären kann, da es sich um eine ex-post Betrachtung handelt (Corsten und Gössinger, 2015).

Die bisherige Diskussion zeigt, dass eine Betrachtung von Dienstleistungen aus einer volkswirtschaftlichen (makroökonomischen) Perspektive für das konkrete betriebswirtschaftliche (mikroökonomische) Handeln als kritisch zu beurteilen ist. So erfolgt die **Einordnung von Dienstleistungen** in der Volkswirtschaftslehre vor allem enumerativ, indem in den Volkswirtschaftlichen Gesamtrechnungen Beispielkategorien aufgezählt werden, was alles zu den Dienstleistungen zählt. Gleichzeitig ist es auch eine negative Abgrenzung, indem alles, was nicht dazugehört, davon abgegrenzt wird (Meffert et al., 2018). Damit sind die Ausführungen zum intersektoralen Wandel für die Betriebswirtschaftslehre bzw. die Vermarktung von konkreten Dienstleistungsangeboten lediglich ein Ausgangspunkt der Diskussion. Hier ist Corsten und Gössinger (2015) zuzustimmen, dass aus einer solchen Abgrenzung keine konkreten

Basisinnovationen

Dampfmaschine Baumwolle	Stahl Eisenbahn	Elektrotechnik Chemie	Automobil Petrochemie	Informations- technik	*Psychosoziale Gesundheit/ Biotechnologie*
Bekleidung	Transport	Massenkonsum	Individuelle Mobilität	Information/ Kommunikation	*Gesundheit*

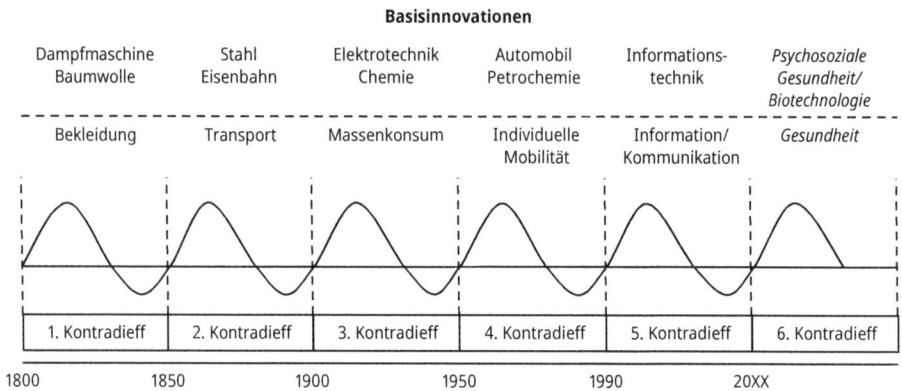

1. Kontradieff	2. Kontradieff	3. Kontradieff	4. Kontradieff	5. Kontradieff	6. Kontradieff

1800   1850   1900   1950   1990   20XX

Abb. 1.2: Theorie der langen Wellen nach Kontradieff (Nefiodow und Nefiodow, 2014).

Handlungsempfehlungen abgeleitet werden können bzw. dies eine Verlegenheitslösung darstellt. Zudem kann eine reine Enumeration aufgrund der Heterogenität und der zahlreichen Dienstleistungsinnovationen, die gerade vor dem Hintergrund der digitalen Entwicklungen sowie der Fortschritte auf dem Gebiet der KI in den letzten Jahre stattfinden, niemals vollständig sein (Burr und Stephan, 2019; Reutterer und Schneider, 2017).

Abschließend lassen sich dennoch einige gesamtgesellschaftliche Gründe für eine Zunahme der **Nachfrage nach Dienstleistungen** aus der Literatur herausarbeiten. Maleri und Frietzsche (2008) sehen dies in unterschiedlichen Volkswirtschaften durch ähnliche Abhängigkeiten von technischen (z. B. neue Produktionsverfahren), demografischen (z. B. Altersstruktur der Gesellschaft), ökonomischen (z. B. höhere Einkommen und mehr Freizeit) und sozialen Faktoren (z. B. neue Bedürfnisstrukturen). Meffert et al. (2018) unterteilen den ökonomischen Bereich zusätzlich in eine Veränderung des Verhaltens der Nachfrager (z. B. Convenience- und Anspruchs-Orientierung sowie wachsende Bedeutung des Internets) und eine Entwicklung von Märkten im Allgemeinen (z. B. Steigerung von Konkurrenz und Internationalisierung). Ähnlich gehen auch Haller und Wissing (2020) vor, die Beispiele aufzählen, die sich wiederum in die Kategorien der bereits genannten Autoren einsortieren lassen (siehe auch Bieger, 2007; Leimeister, 2020). Interessant sind hierbei die zusätzlich angeführte zunehmende Digitalisierung bzw. deren Einfluss auf das Leben der Menschen durch mobile Kommunikation und Apps sowie das Phänomen der End-of-ownership. In diesem Kontext verweisen die Autoren auf den Wunsch einiger Bevölkerungsgruppen vom langfristigen Besitz bzw. Eigentum auf eine unkomplizierte Nutzung von Wirtschaftsgütern ohne langfristige vertragliche Bindung zu wechseln. Das Serviceangebot von Streamingdiensten wie Netflix oder Spotify lässt sich hierunter einordnen. Nachfrager wollen demzufolge keine DVDs oder CDs mehr kaufen, sondern den Service Film und Musik ohne räumliche und auch zeitliche Bindung, wie bspw. beim traditionellen seriellen Fernsehen oder durch das Eigentum an einer Blu-ray, genießen. Eine Entwicklung mit sehr großen Potenzialen findet sich zudem im Bereich der Mobilität, wo bspw. Autos im Car-sharing-Verfahren oder über eine temporäre Miete via App sowie die Ausleihe von Scootern neue, innovative Business-Modelle mit so genannten Pay-for-performance-Ansätzen schaffen, die sich vom traditionellen Eigentumsmodell an Produkten, die wiederum Services erbringen, lösen.

1.3 Betriebswirtschaftliche Perspektive auf Dienstleistungen

1.3.1 Abgrenzung des Dienstleistungsbegriffs

Vor dem Hintergrund der Vermarktung von Dienstleistungen hat sich aus der Perspektive der Betriebswirtschaftslehre ebenfalls eine intersektorale Verschiebung vollzogen. Diese wird bei Bruhn et al. (2019) als **Theoriezyklen des sektoralen Marketings** für private, gewinnorientierte Organisationen diskutiert (vgl. Abb. 1.3). Hierbei erfolgt eine im Marketing heute gängige Unterteilung in die drei Bereiche der Konsumgüter (Gebrauchs- und Verbrauchsgüter), der Dienstleistungen (konsumtive und investive) sowie der Industriegüter (Anlagen, Teile und Roh-/Einsatzstoffe).

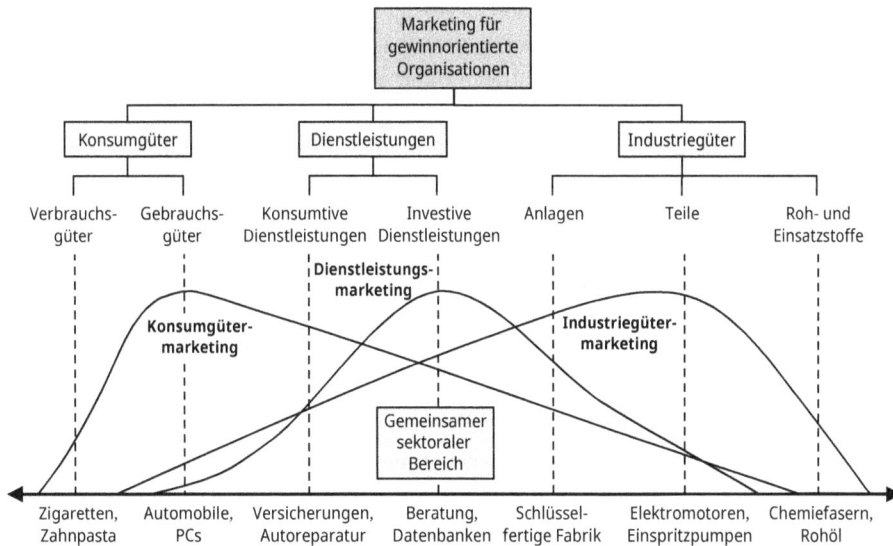

Abb. 1.3: Theoriezyklen des sektoralen Marketings (Bruhn et al., 2019).

An dieser Stelle wird abermals die bereits angeführte Diskussion zur Abgrenzungsschwierigkeit der unterschiedlichen Bereiche deutlich, da Dienstleistungen sowohl im Bereich der Konsum- als auch der Industriegüter vorkommen. Neben den reinen Dienstleistungen (z. B. Auskünfte oder betriebswirtschaftliche Kalkulationen) handelt es sich dabei um produktbegleitende Dienstleistungen, die quasi an Sachgüter gebunden sind oder in engem Zusammenhang mit diesen stehen (z. B. Softwareschulungen oder die Installation einer Anlage). In diesem Kontext sei zudem darauf hingewiesen, dass die Termini **Dienstleistungen und Services** in der englischsprachigen Literatur synonym verwendet werden. In der deutschsprachigen Literatur werden dagegen Services meist als produktbegleitende Dienstleistungen diskutiert und damit vornehmlich an materielle Güter als Differenzierungsmöglichkeit im Wettbewerb gebunden (Fließ, 2009; Haller und Wissing, 2020; Bruhn et al., 2019). Einen interessanten Ansatz legen Weiber et al. (2022) vor, die für den Industriegüterbereich eine stärkere Verzahnung von Business- und Dienstleistungsmarketing vornehmen und gleichzeitig auf die Besonderheiten von Services verweisen, letztendlich jedoch mit ihrem Geschäftstypenansatz ähnlich wie bei Backhaus und Voeth (2014) vornehmlich auf die Idee der produktbegleitenden Dienstleistungen abstellen.

In Ergänzung dazu diskutieren Burr und Stephan (2019) die Differenzierung in **konsumtive und investive Dienstleistungen**. Diese stellt im Rahmen einer eindimensionalen Systematisierung von Dienstleistungen, wie sie weiter unten in Bezug auf Dienstleistungstypologien noch vertieft wird, vor allem auf die Zielgruppe des Dienstleistungsanbieters ab. Wenngleich beim betrieblichen Leistungserstellungsprozess (Transformation) bei investiven Dienstleistungen die derivative, d. h. vom Konsumenten abgeleitete Nachfrage nach den unternehmerischen Leistungen berücksichtigt werden muss (Backhaus und Voeth, 2014; Weiber et al., 2022), lassen sich aus dieser Trennung keine allgemeinen Implikationen über das wesenstypische von Dienstleistungen ableiten. Im Gegensatz dazu spielt eine solche Unterscheidung bei der Vermarktung gegenüber den potenziellen Nachfragern, d. h. der betrachteten Wirtschaftsstufe, und damit im Hinblick auf die Leistungsverwertung jedoch eine wichtige Rolle (Meffert et al., 2018). Bruhn et al. (2019) unterscheiden aus der Vermarktungsperspektive, d. h. aus einer marktgerichteten Dimension, generell zwischen investiven und konsumtiven bzw. aus einer unternehmensgerichteten Dimension zwischen Primär-(Kern-) und Sekundär-(Zusatz-)dienstleistungen (vgl. Tab. 1.3). Allerdings ist kritisch anzumerken, dass aufgrund der oftmals schwierigen Trennung zwischen reinen und ergänzenden Dienstleistungen die unternehmensgerichtete Dimension eher durch ein Kontinuum darzustellen wäre (Maleri und Frietzsche, 2008). Eine ähnliche Diskussion wird im operativen Marketing aufgegriffen, wenn in der Leistungspolitik zwischen den Core- und Secondary-services differenziert wird. Ergänzend hierzu diskutieren Corsten und Gössinger (2015) das Wertverhältnis zwischen den materiellen und immateriellen Komponenten eines Wirtschaftsgutes im Sinne eines Kontinuums der Wertbestandteile. Vereinfacht ausgedrückt wäre dies bei einem privaten Restaurantbesuch das Verhältnis der Wertzuschreibungen zwischen der angebotenen bzw. konsumierten Nahrung (materiell) und der Ausgestaltung von Atmosphäre und Service (immateriell). Aus unternehmerischer Sicht wäre dies beim Kauf eines Warenwirtschaftssystems die Frage des Kaufpreises der Datenbank/Software (materiell) und der dazu gehörende Installations- und Servicevertrag (immateriell).

Tab. 1.3: Unternehmens- und marktgerichtete Dimensionen der Dienstleistung (Bruhn et al., 2019).

Abnehmer Art	Konsumenten	Unternehmen
Primär-(Kern-) Dienstleistungen des Unternehmens	Konsumtive Primär-(Kern-) dienstleistungen	Investive Primär-(Kern-) dienstleistungen
Sekundär-(Zusatz-) dienstleistungen des Unternehmens	Konsumtive Sekundär-(Zusatz-) dienstleistungen	Investive Sekundär-(Zusatz-) dienstleistungen

Eine weitere, besser geeignete Systematisierung, die eng an die Diskussion zur sektoralen Entwicklung des Marketings angelehnt ist und zu den zentralen Charakteristika von Dienstleistungen überleitet, liefert Hilke (1989) mit seinem **Marketing-Verbundkasten** (vgl. Abb. 1.4). Auf der Güterdimension wird zunächst zwischen dem Konsumgüter-, dem Investitionsgüter- und dem Dienstleistungsbereich unterschieden. Bei dieser Darstellung nimmt zwischen den Verbrauchsgütern des täglichen Bedarfs (Absatz von Konsumgütern) über die Vermarktung von Maschinen und EDV-Anlagen (Absatz von Industriegütern) bis hin zur ärztlichen oder juristischen Beratung (Absatz von Dienstleistungen) der Grad der Immaterialität bei der Gesamtbetrachtung einer Absatzleistung zu. Zudem wird deutlich, dass Hilke (1989) den Umstand betont, dass keine reinen Sachgüter existieren, zumindest wenn die Eigenerstellung ausgeklammert wird und damit nur Wirtschaftsgüter in die Betrachtung einfließen. Selbst beim Kauf eines problemlosen Sachgutes (z. B. Zahnbürste oder Nudeln) stellt der Handel eine Dienstleistung dar und wird somit zu den Dienstleistungsanbietern gezählt. Während der Anteil der Sachleistung abnimmt, nimmt bei einer Betrachtung von links nach rechts gleichzeitig der Anteil der Dienstleistung zu. Aufgrund der kontinuierlichen Entwicklung von der Sach- zur Dienstleistung lassen sich bei dieser Art der Darstellung Sach- und Dienstleistungen ebenso wie Mischformen mit unterschiedlichen Ausprägungen des Wertbeitrages besser darstellen (Corsten und Gössinger, 2015). Damit verbindet Hilke (1989) die sektorale Abgrenzung des Marketings mit dem Gedanken der Immaterialität von Dienstleistungen auf einem Kontinuum. Auffällig ist zudem, dass nach Hilke (1989) zwar reine Dienstleistungen, aber keine reinen Sachleistungen existieren, die ohne den Einsatz einer Dienstleistung vermarktet werden können. Dieser Gedanke wird in den weiteren Ausführungen noch vertieft.

Insgesamt führt der Marketing-Verbundkasten hinüber zu den **Definitionsansätzen** wie sie heute in der Literatur zum Dienstleistungsmarketing und -management zur Anwendung kommen (Corsten und Gössinger, 2015; Haller und Wissing, 2020; Leimeister, 2020; Meffert et al., 2018). Dabei wird der Dienstleistungsbegriff auf Basis von konstitutiven Merkmalen, d. h. sein Wesen bestimmende Merkmale, abgegrenzt. So

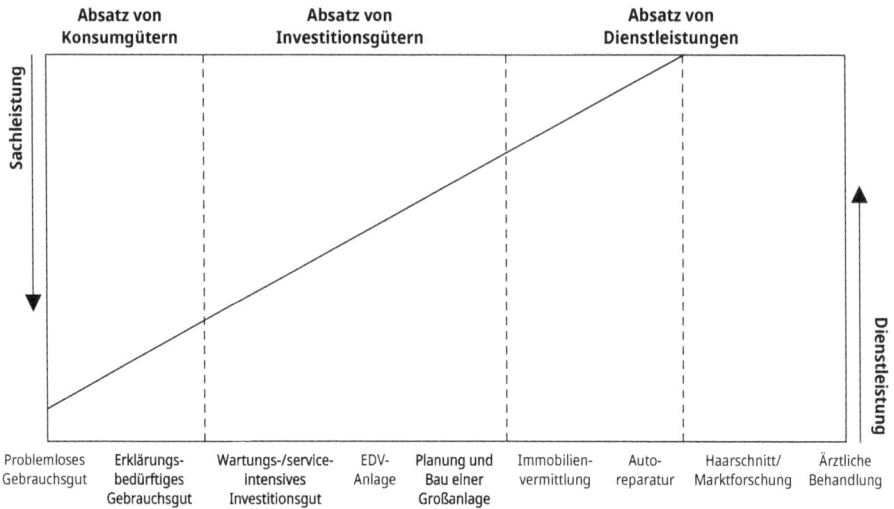

Abb. 1.4: Marketing-Verbundkasten (Hilke, 1989).

wird in der Literatur zwischen der potenzialorientierten, der prozessorientierten und der ergebnisorientierten Definition unterschieden. Bruhn et al. (2019) ergänzen zurückgehend auf Schüller (1967) zudem eine tätigkeitsorientierte Definition, welche besagt, dass jede menschliche Tätigkeit im eigentlichen Sinn eine Dienstleistung im Dienste eigener oder fremder Interessen ist, die an Personen oder materiellen Gütern vorgenommen wird. Aufgrund der Abgrenzungsschwierigkeit einer solchen sehr weit gefassten, allgemeinen Definition findet diese in der Dienstleistungsliteratur allerdings heute kaum Beachtung.

– Potenzialorientierte Definition: Die Potenziale einer Dienstleistung bzw. des Dienstleistungsanbieters ergeben sich aus der Bereitstellung von Menschen und Maschinen (Meyer und Mattmüller, 1987), die die Fähigkeiten zur Dienstleistungserstellung darstellen (Corsten und Gössinger, 2015). Neben einer Betrachtung aus der Produktionsperspektive signalisieren diese Fähigkeiten den Nachfragern gleichzeitig die Bereitschaft zur Leistungserbringung. Potenziale beinhalten folglich ein Leistungsversprechen des Anbieters (Corsten und Gössinger, 2015; Haller und Wissing, 2020). Auf der einen Seite lassen sie damit Aussagen zur Qualität der potenziellen Dienstleistung zu, auf der anderen Seite variiert die geleistete Qualität aber vor allem bei individualisierten, personalintensiven, also nicht-automatisierten Dienstleistungen, in Abhängigkeit davon, wer die Dienstleistung erbringt. Eine potenzialorientierte Definition wird laut Fließ (2009) in der Literatur manchmal nicht als Wesensmerkmal von Dienstleistungen aufgegriffen, obwohl sie in einer heutzutage dominierenden phasenbezogenen Betrachtung, wie sie weiter unten zusammenfassend diskutiert wird, eine wichtige Rolle spielt.

– Prozessorientierte Definition: Eine definitorische Abgrenzung über den Prozess der Dienstleistungserstellung geht auf Berekoven (1974/1983) zurück. Dieser stellt vor allem auf die zu vollziehende Tätigkeit ab (Zeitraumbezug), was heute der Organisation des Dienstleistungsprozesses und den daraus resultierenden Erfordernissen entspricht. Dabei stehen Prozesse mit materiellem und immateriellem Charakter im Vordergrund, die der individuellen Bedarfsdeckung Dritter dienen (Bruhn et al., 2019). Im Rahmen einer solchen Definition wird insbesondere die synchrone Erbringung der Tätigkeiten bei der Dienstleistungserstellung betont. Während damals noch die zeitliche und räumliche Synchronität als Einheit betrachtet wurde, kann heute bspw. im Rahmen von E-Services, Apps etc. die räumliche Synchronität der Austauschpartner und der von diesen einzubringenden Objekte in den Dienstleistungsprozess eine geringere bzw. keine mehr Rolle spielen. Aus der prozessorientierten Perspektive entstammt auch das so genannte Uno-actu-Prinzip, welches vereinfacht ausgedrückt besagt, dass die Produktion und Konsumption als ein wesentliches Merkmal von Dienstleistungen simultan erfolgt (Bordoloi et al., 2021; Gaitanides, 2017; Grönroos, 2015; Zeithaml et al., 2012). Darüber hinaus schließt eine Prozessorientierung an die vorgelagerten Potenziale und das nachgelagerte Ergebnis an. So kann zum einen aus der potenzialorientierten Abgrenzung vor dem Hintergrund der Synchronität übernommen werden, dass aufgrund der vom Nachfrager einzubringenden Personen und Objekte die Qualität der Dienstleistung im Rahmen der Leistungserstellung durch zwei Faktoren schwanken kann: die Anbieterpotenziale und die mangelnde Beteiligung der Nachfrager (z. B. durch fehlende Informationen). Zum anderen kann aus der Prozessbetrachtung auf die Immaterialität des Leistungsergebnisses abgestellt werden, die ebendiesen synchronen Kontakt und damit die Integration des Nachfragers bzw. dessen eingebrachte Ressourcen (z. B. Objekte oder Informationen) bei der Leistungserstellung erfordert (Benkenstein, 2017). Während die eigentlichen Dienstleistungen nicht für spätere Verwendungen lagerbar sind, können gleichwohl die Anbieterpotenziale als vorhandene Kapazitäten in einer Leistungsbereitschaft gehalten werden.

– Ergebnisorientierte Definition: Eine solche Abgrenzung von Dienstleistungen zielt vornehmlich auf das Ergebnis der Leistungserstellung ab und geht auf Maleri und Frietzsche (2008) zurück, wonach nur das Ergebnis der Produktion am Markt als Wirtschaftsgut absetzbar ist. Den Autoren folgend handelt es sich bei Dienstleistungen um immaterielle Wirtschaftsgüter. Hierbei besteht allerdings wieder die Schwierigkeit der klaren Trennung zwischen materiellen und immateriellen Gütern bzw. das Problem, dass Dienstleistungen nur selten als reine Dienstleistungen mit lediglich immateriellem Charakter auftreten. So sind diese oftmals an Nachfrager gebunden (z. B. Friseurbesuch) oder beinhalten deren Objekte (z. B. Autoreparatur), welche in den Dienstleistungsprozess im Sinne des Uno-actu-Prinzips eingebracht werden. Das Ergebnis der Dienstleistung ist somit weitgehend individuell bzw. heterogen, je nach spezifischen Anforderungen des Nachfragers (Zeithaml et al., 2012). Außerdem ergibt sich daraus die Besonderheit, dass Dienstleistungen weder lager- noch transportfähig sind (Bordoloi et al., 2021; Meffert et al., 2018), wenngleich die Objekte und Subjekte, an denen die Leistungen vollbracht wurden, im Anschluss daran durchaus eine Lager- und Transportfähigkeit aufweisen können (z. B. Autos, Uhren oder Tiere). Außerdem verweist Hilke (1989) mit seinem Verbundkasten darauf, dass, anders herum betrachtet, Sachgüter prinzipiell gar nicht ohne Dienstleistungen vermarktet werden können, da bereits der Verkauf oder der Transport durch den Anbieter oder ein Logistikunternehmen eine Dienstleistung darstellen.

Die soeben diskutierten unterschiedlichen Definitionsansätze über die konstitutiven Merkmale von Dienstleistungen können in einem weiteren Schritt integriert werden. Dies wird in der Betriebswirtschaftslehre bzw. im Dienstleistungsmanagement als so genannter **phasenbezogener Ansatz** bezeichnet. Donabedian (1966) hat diesen Gedanken erstmals in die Diskussion eingebracht, indem er bezgl. der Qualität medizinischer Dienstleistungen auf eine Potenzial- (Structure), Prozess- (Process) und Ergebnisqualität (Outcome) bei der Qualitätsmessung ärztlicher Leistungen abstellte (Donabedian, 1980). Auf Basis der drei Ansätze hat auch Hilke (1989) sein phasenbezogenes Modell von Dienstleistungen ausgearbeitet (vgl. Abb. 1.5). Der Ansatz verdeutlicht folglich den Zusammenhang zwischen potenzial-, prozess- und ergebnisorientierter Abgrenzung bei der Erstellung von Dienstleistungen. Während in der Phase A die Dienstleistung im Sinne von Fähigkeit und Bereitschaft zur Erbringung einer individuellen bzw. heterogenen Leistung und in der Phase C diese im Sinne von Ergebnis einer Tätigkeit gesehen wird, liegt der Fokus auf der Phase B, bei der eine Dienstleistung im Sinne von Tätigkeit verstanden wird. Hier ist insbesondere die Integration eines Fremdfaktors entscheidend, an dem oder an dessen Objekten die Dienstleistung erbracht wird (Benkenstein, 2017). Dies hat zur Konsequenz, dass der Nachfrager der Dienstleistung entweder sich selbst oder weitere materielle Güter, Nominalgüter, Rechte oder Informationen in den Leistungserstellungsprozess einbringt. Dabei steht wieder die Synchronität von Produktion und Konsumption der Leistung (Uno-actu-Prinzip) im Vordergrund. Sowohl Corsten und Gössinger (2015) als auch Fließ (2009) und weitere Autoren stellen dabei explizit auf die Kundenintegration als Besonderheit von Dienstleistungen ab (Bordoloi et al., 2021; Grönroos, 2015; Zeithaml et al., 2012), womit der Phase B des Dienstleistungsprozesses die höchste Gewichtung bezgl. der relativen Bedeutung einzelner Phasen zukommt (Bruhn et al., 2019). Dieser Umstand wurde bereits bei der Diskussion der Einzeldefinitionen angedeutet.

Zusammenfassend findet sich bei Lehmann (1995) ein Überblick über **Charakteristika** eines typischen Sachgutes im Vergleich zu einer typischen Dienstleistung, die einerseits ergänzend und andererseits zusammenfassend zu den bisher erläuterten konstitutiven Merkmalen sind (vgl. Tab. 1.4).

Insbesondere vor dem Hintergrund der letzten Zeile in der Abbildung sei auf einen weitere wichtigen Umstand verwiesen, den Bordoloi et al. (2021) hervorheben. So ist es für Dienstleistungen ebenso typisch, dass im Gegensatz zu Sachgütern keine Übertragung von Eigentum an einer Sache erfolgt (Wirtz und Lovelock, 2022). Im Rahmen der Theorie der Verfügungsrechte (Property-rights-Theorie) wird bspw. disku-

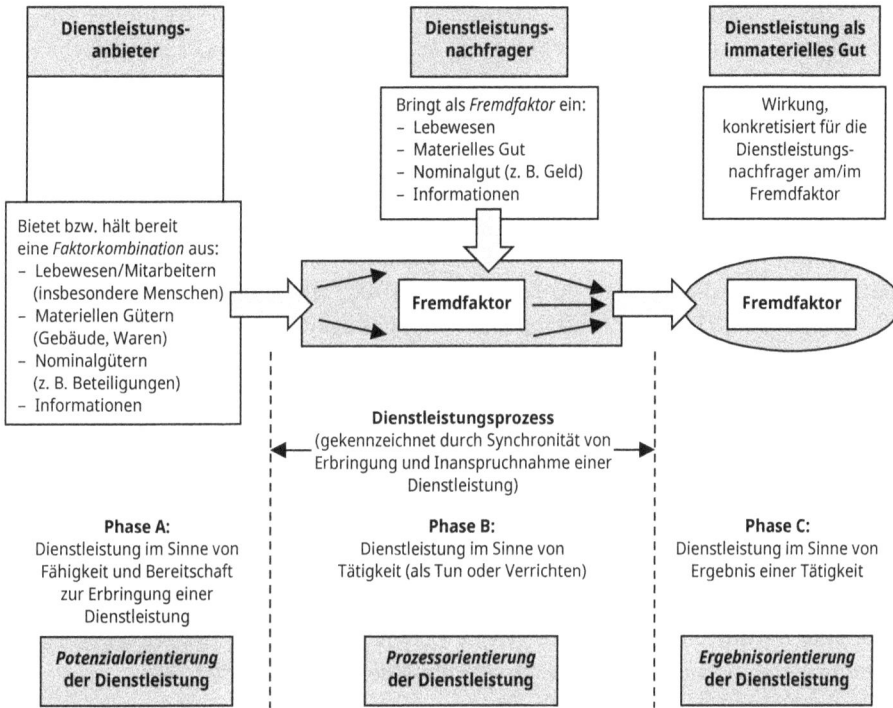

Abb. 1.5: Phasenbezogener Ansatz mit den drei konstitutiven Merkmalen von Dienstleistungen (Hilke, 1989).

Tab. 1.4: Typische Merkmale von Sachgütern und Services (Lehmann, 1995).

Typische Charakteristika eines Sachgutes	Typische Charakteristika einer Dienstleistung
Gegenständlich	Immateriell
Inspektion vor dem Kauf möglich	Bedingt zeig-/prüfbar vor dem Kauf
Quantität und Qualität sind messbar	Quantität und Qualität sind schwer erfassbar
Produktion in der Regel ohne Käuferbeteiligung	Käufer ist in der Regel Teil der Leistungserstellung
Produktion und Konsumption fallen zeitlich auseinander	Produktion und Konsumption fallen zeitlich und zum Teil räumlich zusammen
Lagerfähig und transportierbar	Nicht lagerfähig und transportierbar
Form wird im Produktionsprozess festgelegt	Form wird bei der Leistungserstellun festgelegt (Integration externer Faktor)
Eigentums-/Besitzwechsel mit Kauf	Kein Eigentumswechsel beim Kauf

tiert, dass der Wert knapper Ressourcen bei ökonomischen Austauschbeziehungen nicht alleine aus der Sache selbst resultiert, sondern daraus, was der Eigentümer mit dieser Sache machen darf. Entscheidend sind also seine Verfügungsrechte an einem Wirtschaftsgut. Auch wenn das Eigentum und damit die Sache bei materiellen Gütern oftmals übertragen wird, können die Verfügungsrechte dennoch aufgrund gesetzlicher Regelungen auch bei diesen Gütern eingeschränkt sein. So können bspw. Lärmvorschriften dem Eigentümer eines Gebäudes in einem Wohngebiet untersagen, dort eine Fabrik, eine Bar oder ein Restaurant zu eröffnen. In diesem Kontext entstehen bei Dienstleistungen weitere Problembereiche, da hierbei nicht das Eigentum an einer Sache, sondern lediglich **temporäre Verfügungsrechte** für einen bestimmten Zeitraum übertragen werden. Daraus ergeben sich zum Teil ganz andere ökonomische Anreizstrukturen, wie mit den dabei eingebrachten knappen Ressourcen umgegangen wird (z. B. die Schonung bzw. der Erhalt einer Mietsache wie es ein Auto oder ein Kopierer darstellen können). Hierzu werden Details weiter unten im Rahmen der Übertragung von Verfügungsrechten beim Konsum von Dienstleistungen diskutiert.

Bevor im Weiteren auf unterschiedliche Typologien von Dienstleistungen aus einer betriebswirtschaftlichen Perspektive eingegangen wird, kann als Abgrenzung mit einem phasenbezogenen Fokus folgende, in der aktuellen Literatur übliche integrierende **Definition** festgehalten werden (in Anlehnung an Meffert et al., 2018; ein Überblick über weitere Definitionsansätze findet sich bei Leimeister, 2020):

Bei Dienstleistungen handelt es sich um eigenständige, marktfähige Leistungen, bei denen die Fähigkeiten eines Anbieters im Sinne von internen und externen Produktionsfaktoren (Potenzialorientierung) im Leistungserstellungsprozess (Prozessorientierung) eingebracht werden, um am externen Faktor (Kunde) bzw. an den von diesem in den Erstellungsprozess eingebrachten Objekten nutzenstiftende Wirkungen zu erzielen (Ergebnisorientierung).

1.3.2 Bildung von Dienstleistungstypologien

Vor allem in der deutschsprachigen Literatur zum Dienstleistungsmanagement und -marketing wurde zu Beginn der Forschung im Dienstleistungsbereich verstärkt auf die Systematisierung von Dienstleistungen im Rahmen so genannter Typologien hingearbeitet, um über das Aufzeigen einer Problemstruktur **Handlungsempfehlungen** für die Praxis abzuleiten (Hadwich und Bruhn, 2017; Meffert et al., 2018). In der englischsprachigen Literatur wurde dagegen zunächst auf pragmatische Fragestellungen bezgl. des Service-designs und der Service-experience abgestellt (Wirtz und Lovelock, 2022; Zeithaml et al., 2012). Ein Blick in die aktuelle Literatur zum Dienstleistungsmanagement und -marketing zeigt allerdings, dass sich die beiden Forschungsrichtungen zunehmend angeglichen haben, zumal die Bildung von Typologien in der deutschsprachigen Literatur seit Ende der 1990er Jahre abgeschlossen zu sein scheint. Dennoch verdeutlichen Typologien auf Basis qualitativer, sachbezogener Charakteristika, dass unterschiedliche

Dienstleistungsarten existieren. Diese Leistungen werden systematisiert und aus der Perspektive des Marketings vor allem vor dem Hintergrund der divergierenden Ansprüche an die Vermarktung diskutiert. Eine erste Typologie wurde bereits bei der Unterscheidung in investive und konsumtive Dienstleistungen im Hinblick auf die Leistungsverwertung gebildet. Darüber hinaus können Dienstleistungstypologien an den phasenbezogenen Ansatz nach Hilke (1989) angelehnt werden, da sie aufgrund ihrer verschiedenen Betrachtungswinkel Bezug auf die unterschiedlichen Phasen der Leistungserstellung nehmen (Bieberstein, 2006). Vor allem mehrdimensionale Typologien versuchen, zwei oder mehrere unterschiedliche Faktoren aus dem phasenbezogenen Ansatz nach Hilke (1989) für die Systematisierung zu berücksichtigen. Dies gilt bspw. für die Typologie nach Woratschek (1996), die aus informationsökonomischer Sicht alle Phasen der Dienstleistungserstellung einbezieht. Zudem beruhen Typologien im Gegensatz zu Klassifikationen auf mehreren Merkmalen. Corsten und Gössinger (2015) liefern ein sehr umfangreiches Bild zum aktuellen Stand der Diskussion. Dabei legen die Autoren drei Anforderungen an Typologien fest, die allerdings praktisch nicht immer umzusetzen sind, da eine Einordnung unterschiedlicher Dienstleistungen auch aufgrund der Komplexität, wie sie bereits in der vorhergehenden Diskussion deutlich wurde, oftmals schwerfällt. Erstens soll die Echtheit gewährleistet sein, was bedeutet, dass möglichst keine leeren Kategorien bzw. Felder innerhalb der Typologie existieren. Zweitens muss Vollständigkeit herrschen, d. h., dass alle Objekte sich in die gebildeten Unterklassen einsortieren lassen. Drittens muss bei der Einteilung in die vorhandenen Unterklassen Eindeutigkeit herrschen, ein Objekt darf folglich nicht verschiedenen Unterklassen angehören (Corsten und Gössinger, 2015). In der Literatur werden zur Systematisierung ein- und mehrdimensionale Typologien diskutiert, welche hier nicht vollumfänglich, sondern nur exemplarisch aufgegriffen und kurz vorgestellt werden.

Eindimensionale Typologien sind einfach und überblicksartig aufgebaut und dienen dazu, erste mögliche Problemfelder aufzuzeigen, indem Merkmale von Dienstleistungen aufgegriffen werden (vgl. Tab. 1.5). Zudem stellen sie meist die gegenüberliegenden Pole auf der betrachteten Dimension dar, helfen allerdings im Rahmen von Forschung und Management aufgrund teilweise unklarer Zuordnungen in feste Raster nur eingeschränkt bei der Ausgestaltung von Vermarktungsanforderungen (Hadwich und Bruhn, 2017; Haller und Wissing, 2020). Im Hinblick auf die verschiedenen Dimensionen wurde bereits an anderer Stelle auf den Unterschied zwischen investiven und konsumtiven Dienstleistungen (Leistungsverwertung) verwiesen bzw. wurde diese Unterscheidung kritisch diskutiert. Darüber hinaus ist auch beim Individualisierungsgrad eine klare Trennung zwischen individuellen und standardisierten Dienstleistungen nicht immer eindeutig möglich.

Im Hinblick auf eine eindimensionale Typologisierung ergänzen Bruhn et al. (2019) die zu Beginn diskutierte **Systematik der Wirtschaftsgüter** von Maleri und Frietzsche (2008). Hierbei wird auf der dritten Ebene in Bezug auf die Hervorhebung von Dienstleistungen eine weitere Unterteilung in persönliche und automatisierte Dienstleistungen vorgenommen (ähnlich Bieberstein, 2006). Persönliche Dienstleistungen müssen

Tab. 1.5: Eindimensionale Systematisierungen unterschiedlicher Dienstleistungen (Corsten und Gössinger, 2015).

Merkmal	Ausprägungen
Leistungsverwertung	Investive Dienstleistungen
	Konsumtive Dienstleistungen
Produktbeziehung	Primäre Leistungen (Core-services)
	Sekundäre Leistungen (Secondary-services)
Produktverbindung	Isolierte Leistungen
	Kombinierte Leistungen
Verwendungsbereich	Interne Leistungen (im Unternehmen)
	Externe Leistungen (Marktleistungen)
Kaufphase	Pre-sales-Services
	After-sales-Services
Ausprägung des Faktors menschliche Arbeitsleistung	Körperliche Dienstleistungen
	Geistige Dienstleistungen
Dominanz der internen Faktoren	Sachbezogen (maschinenintensiv)
	Personenbezogen (personalintensiv)
Integrationsgrad der Nachfrager	Direkte Abhängigkeit (gebunden)
	Indirekte Abhängigkeit (ungebunden)
Individualitätsgrad	Individualisierte Dienstleistungen
	Standardisierte Dienstleistungen
Räumliche Nähe zum Nachfrager	Präsenzdienstleistungen
	Distanzdienstleistungen
Technologieeinsatz	Technologiefreier Kundenkontakt
	Technologiegestützter Kundenkontakt
	Technologiebasierter Kundenkontakt
Vertragsverhältnis	Einzelvertraglich erbracht
	Dauervertraglich erbracht
Exklusion der Nachfrage	Individualdienstleistungen
	Kollektivdienstleistungen

von Menschen entweder in Interaktion mit anderen Menschen oder an Objekten erbracht werden, während automatisierte Dienstleistungen von Maschinen entweder an Menschen oder an Objekten erbracht werden (vgl. Abb. 1.6). Aufgrund der fehlenden bzw. geringen Differenzierbarkeit wird von Bruhn et al. (2019) die Potenzialdimension auf einer darunter liegenden Ebene vernachlässigt, wodurch sich im Hinblick auf den phasenbezogenen Ansatz von Hilke (1989) lediglich zwei weitere Kategorien bilden. Bei der Prozessorientierung steht jeweils der Leistungserstellungsprozess im Vordergrund. An Objekten ist dies bspw. die Hausüberwachung und an Menschen sind dies die Leistungen eines Touristikunternehmens, wobei von Automaten erstellte Dienstleistungen Parkuhren oder Spielautomaten sein können. Bei der Ergebnisorientierung kann bspw. bei persönlichen Dienstleistungen zwischen einem Fensterputzer (Objekte) und dem öffentlichen Nahverkehr (Menschen) sowie bei automatisierten Dienstleistungen zwischen einem Schuhputzautomat (Objekte) und einem Bankautomat (Menschen) differenziert werden.

```
                    ┌─────────────────┐
                    │ Systematik der  │
                    │ Wirtschaftsgüter│
                    └─────────────────┘
            ┌──────────────┴──────────────┐
        ┌─────────┐                   ┌──────────────┐
        │Realgüter│                   │ Nominalgüter │
        └─────────┘                   └──────────────┘
      ┌─────┴─────┐
 ┌──────────┐ ┌──────────┐
 │Immaterielle│ │Materielle│
 │   Güter    │ │  Güter   │
 └──────────┘ └──────────┘
  ┌────┴────┐        ┌────┴────┐
┌────────┐┌────────┐┌────────┐┌────────┐
│Arbeits-││Dienst- ││Infor-  ││Rechte  │
│leistun-││leistun-││mationen││        │
│gen     ││gen     ││        ││        │
└────────┘└────────┘└────────┘└────────┘
```

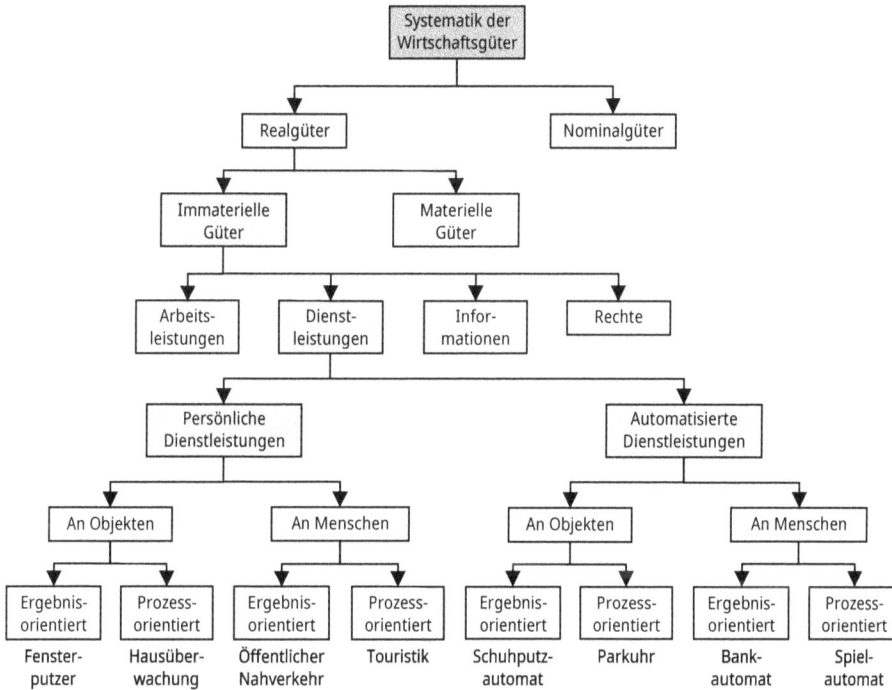

Abb. 1.6: Dienstleistungstypologie als Erweiterung der Systematik der Wirtschaftsgüter (Bruhn et al., 2019).

Eine Typologie mit Bezug zu den **nutzenstiftenden Wirkungen** von Dienstleistungen in Austauschprozessen stellt Meyer (1994) vor dem Hintergrund objektgerichteter Dienstleistungen (produktions- und sachleistungsorientiert) und personengerichteter Dienstleistungen (unmittelbar verbrauchsorientiert) auf (auch Corsten und Gössinger, 2015). Dabei unterscheidet Meyer (1994) zusätzlich zwischen substanziellem Nutzen bei der Erhaltung, Steigerung, Wiederherstellung und Vernichtung von Sachen und Personen sowie räumlichem und zeitlichem Nutzen bei ebendiesen Sachen und Personen (vgl. Abb. 1.7). Der Gedanke der Nutzenstiftung wurde ebenfalls bei der Systematik der Wirtschaftsgüter diskutiert und wird weiter unten bei der Vorstellung der Grundlagen der Marketingkonzeption eines Dienstleistungsanbieters wieder aufgegriffen. Insgesamt betrachtet zielt die Typologie von Meyer (1994) insbesondere auf das Ergebnis der Produktion einer Dienstleistung ab (Bieberstein, 2006).

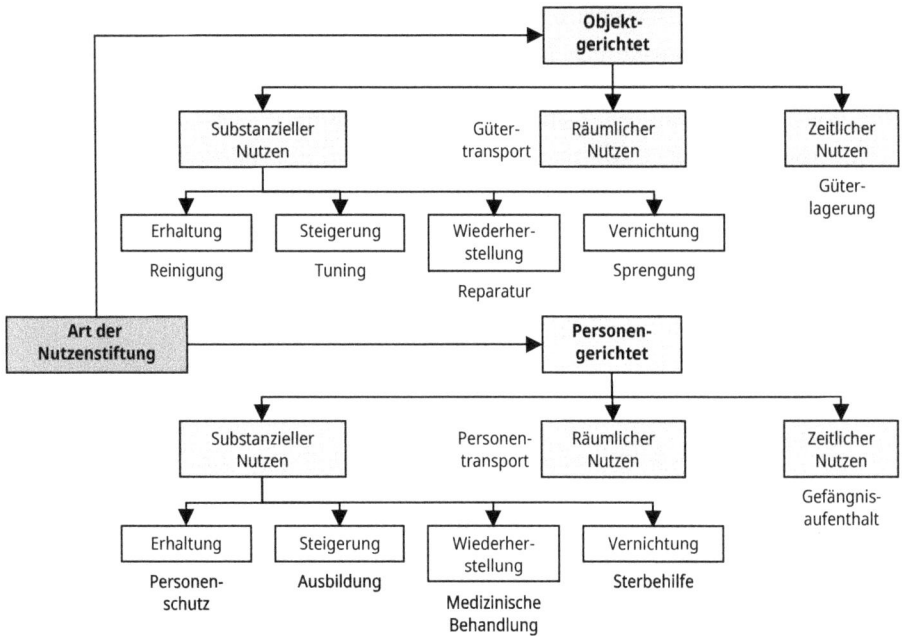

Abb. 1.7: Dienstleistungstypologie nach Art der Nutzenstiftung (Meyer, 1994).

Mehrdimensionale Typologien schaffen im Gegensatz zu den bislang aufgezeigten eindimensionalen Typologien einen tieferen Einblick in die besonderen Problembereiche bei der Vermarktung von Dienstleistungen, erschweren aber gleichzeitig die klare Trennung zwischen bestimmten Kategorien, wie es bspw. bei der aus zwei Dimensionen bestehenden Typologie von Wirtz und Lovelock (2022) der Fall ist, da die Autoren eine 2x2-Matrix mit starren Grenzen verwenden (Corsten und Gössinger, 2015). Hierbei spielen die Dimensionen der Dienstleistungsnatur (materielle oder immaterielle Handlung) bzw. des Dienstleistungsobjekts (Menschen oder Sachen) eine besondere Rolle. Folglich werden zwei Klassifikationsmerkmale der eindimensionalen Typologien miteinander kombiniert. Es ergeben sich also vier Felder die 1) auf den menschlichen Körper gerichtete materielle Handlungen (z. B. medizinische Behandlung oder Personenbeförderung) bzw. 2) auf den menschlichen Geist gerichtete immaterielle Handlungen (z. B. Schulung oder Theater) ergeben. Zudem kategorisieren die Autoren in Bezug auf Sachen zwischen 3) auf Gegenstände gerichtete materielle Handlungen (z. B. Frachttransporte oder Wäscherei) bzw. 4) auf immaterielle Werte gerichtete Handlungen (z. B. Bank- und Steuerberatungsleistungen). Am Beispiel medizinischer Leistungen wird die Problematik einer kategorialen Einordnung deutlich, da diese sowohl auf den menschlichen Körper als auch in einer weitergehenden Betrachtung auf den Geist gerichtet sein können, von Wirtz und Lovelock (2022) allerdings auf den Körper bezogen werden (vgl. Tab. 1.6).

Tab. 1.6: Dienstleistungstypologie nach Lovelock (Wirtz und Lovelock, 2022).

		Leistungsempfänger	
		Menschen	**Sachen**
Art des Prozesses	**Materielle Handlung**	Auf den menschlichen Körper gerichtete Dienstleistungen – Gesundheitsdienste – Personenbeförderung – Schönheitssalon – Sicherheitswesen – Restaurants – Haarschnitt	Auf materielle Gegenstände gerichtete Dienstleistungen – Frachttransport – Maschinenreparatur und -wartung – Hausmeisterdienste – Wäscherei – Landschaftspflege – Tierärztliche Dienste
	Immaterielle Handlung	Auf den menschlichen Geist gerichtete Dienstleistungen – Schulung – Radiosendung – Informationsdienste – Social Media/Web-Dienste – Theater/Musical – Museum	Auf immaterielle Werte gerichtete Dienstleistungen – Banken – Rechtsbeistand – Steuerberatung/Buchführung – Sicherheitsdienste – Versicherungen

Das Problem der eindeutigen Abgrenzung umgehen Engelhardt et al. (1993), indem sie bei ihrer **zweidimensionalen Typologie** zum einen die prozess- und ergebnisorientierte Definition von Dienstleistungen als Dimensionen übernehmen und zum anderen für diese eine Immaterialitäts- (Leistung als Ergebnis) und eine Integrationsachse (Leistung als Prozess) als ein Kontinuum einführen, auf denen die jeweilige Ausgestaltung abgebildet wird (vgl. Abb. 1.8). Auf der Integrationsachse unterscheiden Engelhardt et al. (1993) zwischen autonomen und integrierten Leistungen. Auf der Immaterialitätsachse wird durch die Endpunkte materiell und immateriell eine Unterscheidung zwischen Sachgütern und Dienstleistungen bzw. Kombinationen von beiden Güterarten möglich. Damit werden ähnliche Gedanken wie beim Verbundkasten von Hilke (1989) hinzugezogen, wobei die Betrachtung um die Kundenintegration als wichtigem Bestandteil bei Dienstleistungen erweitert wird. Dadurch werden bei Engelhardt et al. (1993) vier Grundtypen von Leistungen abgegrenzt, die in der Abbildung exemplarisch dargestellt sind (Fließ, 2009):

– Typ I beinhaltet vornehmlich Dienstleistungen, in die der Kunde in hohem Maße durch die Einbringung seiner Person oder eigener Ressourcen integriert ist. Hierbei kann es sich bspw. im Rahmen einer Unternehmensberatung im B2B oder bei einer ärztlichen Diagnose im B2C um die Weitergabe von Informationen handeln. Die Berater können die Leistung ohne diese nicht erbringen und die Ärzte können ebenso keine Diagnose erstellen. Das Ergebnis ist dabei überwiegend immateriell, kann aber in den genannten Beispielen auch eine Veränderung der Produktionsanlagen oder körperliche Auswirkungen zur Folge haben.

- Typ II bezeichnet Leistungen, in die der Kunde wieder in hohem Ausmaß integriert ist, die Auswirkungen aber vornehmlich materiell sind. Hierbei kann es sich um die Erstellung einer Maschine im Anlagenbau (B2B) oder die Anfertigung eines Maßanzuges (B2C) handeln. Ohne die Einbringung des Kunden bzw. die Weitergabe von spezifischen Informationen ist die Leistungserstellung unmöglich.
- Typ III umfasst Leistungen, die vom Anbieter vorwiegend autonom und somit ohne die Ressourcen eines potenziellen Kunden erstellt werden. Hierbei handelt es sich vor allem um Sachgüter mit nur geringem Dienstleistungsanteil (z. B. Aktenordner, Stühle oder Konserven). Damit ist das Leistungsergebnis materiell. Während der erste Typ eher reine Dienstleistungen beinhaltet, handelt es sich beim dritten Typ somit vorwiegend um Vermarktungsprobleme bei Sachgütern.
- Typ IV benennt schließlich Leistungen, die wieder weitgehend autonom erstellt werden. Allerdings ist dabei das Leistungsergebnis überwiegend immateriell (z. B. Datenbanken oder Software), wobei es an materielle Komponenten gekoppelt sein kann und bspw. standardisierte Informationen beinhaltet, die zuweilen auch automatisiert weitergegeben werden. Auch wenn die Typologie deutlich älter ist, können hier bspw. zahlreiche Internet-basierte Services einsortiert werden.

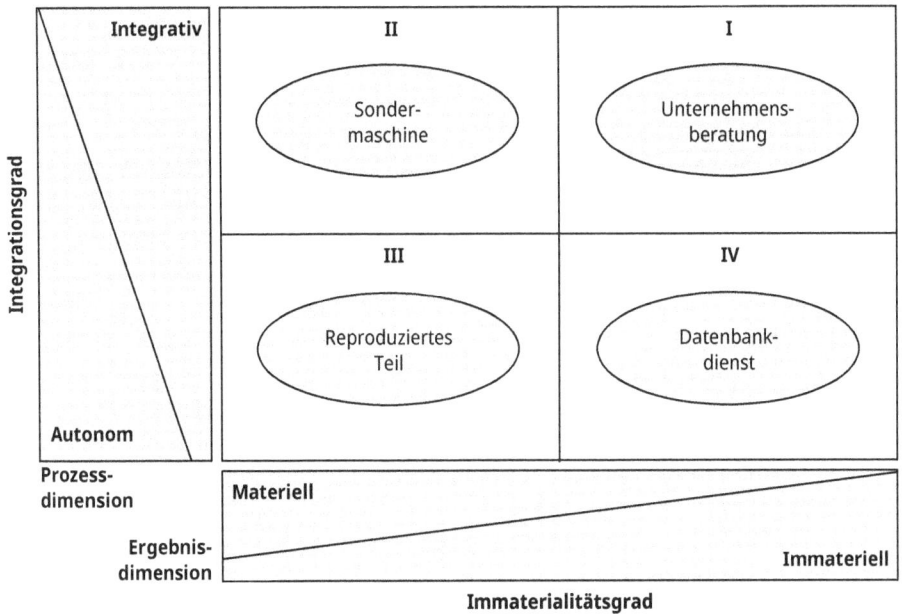

Abb. 1.8: Dienstleistungstypologie nach Engelhardt, Kleinaltenkamp und Reckenfelderbäumer (Engelhardt et al., 1993).

Insgesamt lässt sich bezgl. der Typologie von Engelhardt et al. (1993) sagen, dass sich durch die zugrunde gelegten Kontinuen auf beiden Achsen die Zahl der möglichen Positionierungen unterschiedlicher Leistungen deutlich erhöht, da harte Grenzen vermieden werden. Dennoch bleibt die generelle **Kritik an Leistungstypologien**, dass es sich eher um eine Deskription vorhandener Leistungen als um eine konkrete Ableitung von Handlungsempfehlungen für die Praxis des Marketings handelt. Zudem fügen Bruhn et al. (2019) hinzu, dass die Problematik der klaren Abgrenzung sowohl der ein- als auch der zwei- oder mehrdimensionalen Typologien durch die Einführung eines Achsenkontinuums streng genommen nicht widerlegt werden kann.

Schließlich erweitert Woratschek (1996) die bisher diskutierten zweidimensionalen Typologien um eine **dritte Dimension**, die sich auf den Grad der Verhaltensunsicherheit der beiden Marktpartner bezieht (vgl. Abb. 1.9). Er begründet dies vor allem mit der Problematik der Wahrnehmung der Qualität bzw. der Qualitätsbeurteilung der zu beschaffenden Absatzleistung. Dies kann zu ökonomisch relevanten Konsequenzen aus der Transaktion für beide Marktseiten führen, wobei sich die Beurteilungsdefizite sowohl auf die Immaterialität als auch auf die Komplexität des Absatzobjektes zurückführen lassen. Zudem müssen beide Marktseiten Informationen in den Leistungserstellungsprozess einbringen. Somit besteht Unsicherheit in Bezug auf die Potenziale der Marktpartner, welche sich vor allem im Verhalten der beteiligten Personen manifestieren. In der Risikoebene ist die Verhaltensunsicherheit im Hinblick auf die eingebrachten Potenziale bspw. bei Gütertransporten relativ niedrig. Dahingegen resultiert bei Investmentfonds ein höheres wahrgenommenes Risiko, zum einen aufgrund der Freiheitsgrade des Anbieters, zum anderen kann der Nachfrager dem Anbieter Informationen über seine tatsächlichen Absichten oder seine finanzielle Lage vorenthalten; wenngleich beide Dienstleistungen eher standardisiert sind und autonome Leistungen darstellen. Im Gegensatz dazu erfordert bspw. der Verkauf einer Skiausrüstung oder der Gruppenunterricht (z. B. Nachhilfe oder Schulungen) eine Integration des Nachfragers auf der Prozessebene der Leistungserstellung. Auch diese beiden Leistungen sind dennoch eher standardisierte Dienstleistungen. Wird schließlich mit der Ergebnisebene eine zusätzliche Differenzierung in Richtung standardisierter versus individualisierter Dienstleistungen vorgenommen, so entstehen vier weitere Kategorien von Leistungsangeboten. Allerdings steigt dadurch aufgrund zusätzlicher spezifischer Charakteristika nochmals die Komplexität der Zuordnung und die daraus resultierenden Handlungsempfehlungen für die Leistungsvermarktung.

Vor allem der Umstand der Unsicherheit bezgl. des Verhaltens der Marktakteure (Risikoebene) wird sowohl bei den Besonderheiten der Produktion als auch bei der Konsumption von Dienstleistungen erneut aufgegriffen, da es sich bei der Typologie von Woratschek (1996) um einen informationsökonomischen Ansatz handelt (Hadwich und Bruhn, 2017). In diesem Kontext stellt Zeithaml (1981) eine weitere, jedoch eindimensionale **informationsökonomische Typologie** von Leistungen vor (auch Zeithaml et al., 2012), welche weiter unten im Rahmen der Ansätze der neueren mikroökonomischen Theorie ausführlich diskutiert wird. Abschließend kann festgehalten werden,

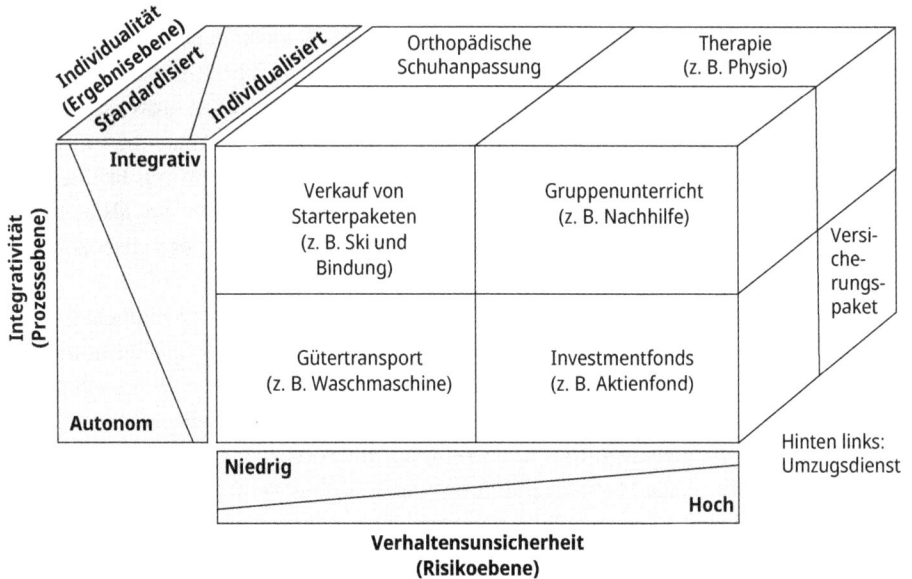

Abb. 1.9: Dienstleistungstypologie nach Woratscheck (Woratschek, 1996).

dass mit der dreidimensionalen Typologie nach Woratschek (1996) alle drei Phasen der Dienstleistungserstellung im Sinne von Hilke (1989) einbezogen werden.

1.4 Service-dominant-logic als integrative Perspektive

Wie die bisherigen Ausführungen zeigen, wird an vielen Stellen in der Dienstleistungsliteratur diskutiert, dass die Integration eines externen Faktors (Nachfrager) in den Erstellungsprozess ein Wesensmerkmal von Dienstleistungen ist (z. B. Benkenstein, 2017; Corsten und Gössinger, 2015; Engelhardt et al., 1993; Fließ, 2009; Grönroos, 2015; Haller und Wissing, 2020; Hilke, 1989; Weiber et al., 2022; Wirtz und Lovelock, 2022; Zeithaml et al., 2012). In diesem Kontext ist die Theorie der Service-dominant-logic (SDL) nach Vargo und Lusch (2004/2008) als integrative Sicht von volks- und betriebswirtschaftlichen Gedanken gewissermaßen als revolutionärer Ansatz zu bezeichnen (Haller und Wissing, 2020). Gleichzeitig handelt es sich nicht nur um einen der bedeutendsten Beiträge zum Dienstleistungsmanagement der letzten Jahren, sondern auch um einen äußerst interessanten Ansatz zur **Veränderung des Marktverständnisses** und den auf Märkten stattfindenden Austauschprozessen (Bruhn et al., 2019; Kotler und Armstrong, 2020). Obwohl die SDL die wissenschaftliche Diskussion vorangetrieben hat, wird der Ansatz durchaus kritisch in der Dienstleistungsliteratur gesehen (Corsten und Gössinger, 2015), was unter anderem an seinem Abstraktionsniveau liegt (Kleinaltenkamp, 2017). Bevor allerdings die Annahmen und Implikationen der SDL erläutert werden, wird zunächst die Entwicklung des Marketings nach dem zweiten Weltkrieg jenseits der Unterscheidung in die einzelnen Theoriezyklen des sektoralen Marketings und quasi als Vorläufer der SDL aufgegriffen (vgl. Abb. 1.10). Dabei verweisen insbesondere Esch et al. (2017) in der noch andauernden letzten Entwicklungsphase indirekt durch die stärkere Partizipation von Kunden in der Leistungsentwicklung und -erstellung auf eines der konstitutiven Merkmale von Dienstleistungen. Zugleich deutet dieser Gedanke auf die Grundidee einer gemeinsamen Produktion von Werten hin, wie sie in der SDL stattfindet (Horbel et al., 2017), ohne dass die Autoren diesen Punkt vertiefen (auch Meffert et al., 2019).

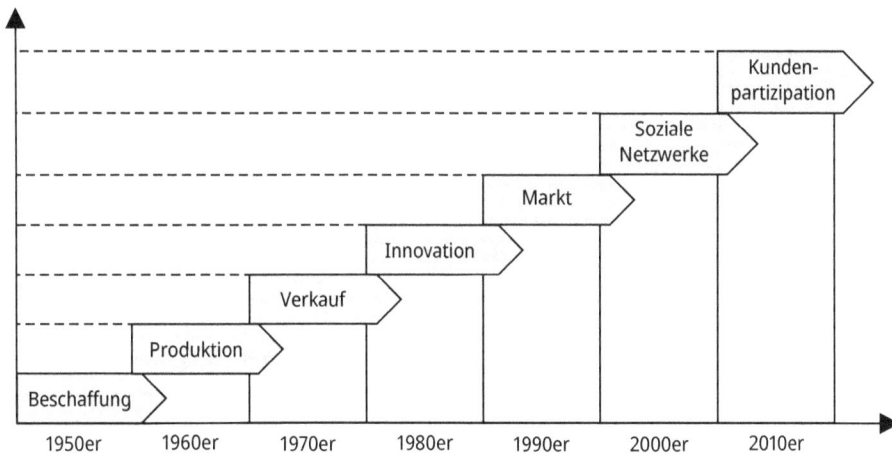

Abb. 1.10: Entwicklung des Marketings (in Anlehnung an Esch et al., 2017).

Während zu Beginn der 1950er Jahre bis zum Ende der 1970er Jahre die traditionellen Elemente der Wertkette eines Industriebetriebs, von der Beschaffung über die Produktion bis hin zum Absatz (Verkauf), im Vordergrund standen, beginnt in den 1980er bis in die 1990er Jahre durch die Öffnung der Grenzen und eine zunehmende Internationalisierung des Warenhandels die Bedeutung des Marketings respektive des Denkens vom Markt her zu wachsen. Dies ist gegensätzlich zu der in den 1970er Jahren bis dahin im Vordergrund stehenden Absatzorientierung der Disziplin, welche historisch gesehen eher von der Produktionsseite der Unternehmen kommend die dort hergestellten Produkte an aktuelle und potenzielle Kunden überträgt, d. h. der Fokus lag bis dahin auf der Distribution bzw. dem Verkauf der vorproduzierten Waren. Wichtiger wird nun vor dem Hintergrund von ersten Sättigungstendenzen auf Konsumgütermärkten, bspw. Güter des täglichen Bedarfs wie Kaffee, und einem zunehmenden Wettbewerb durch ausländische Anbieter, bspw. in der Automobilindustrie, dass die Anbieter innovative Produkte entwickeln und zudem stärker auf die konkreten Wünsche ihrer unterschiedlichen Zielgruppen mit jeweils spezifischen Bedürfnissen eingehen, d. h. stärker von der Marktseite her denken. Darüber hinaus verschiebt

sich durch die Fortschritte im Bereich der Informations- und Kommunikationstechnologien in der Mitte der 1990er Jahre der **Gedanke des Marketings** von Unternehmen
mit Beginn der 2000er Jahre zusätzlich in Richtung auf eine stärkere Orientierung an
(virtuellen) sozialen Netzwerken und dem Austausch von Nachfragern untereinander
(Word-of-mouth) sowie zwischen Unternehmen und Nachfragern. Dies wird vor allem
durch die neuen Kommunikationskanäle im Internet mit seinen entsprechenden
Diensten (z. B. WWW) möglich. Damit werden klassische Kommunikationskanäle wie
Fernseh-, Radio-, Zeitschriften- und Außenwerbung zwar nicht obsolet, aber durch
neue, mittlerweile sehr deutlich gewachsene Formen der Online-Kommunikation ergänzt (ZAW, 2023).

Neuere Forschungsansätze mit Beginn der 2010er Jahre betonen eine stärkere
Kundenpartizipationsorientierung, an der auch der Gedanke der SDL ansetzt.
Dabei wird die eingangs diskutierte ökonomische Perspektive auf Wirtschaftsgüter
im Sinne einer nutzenstiftenden Wirkung von Dienstleistungen weiterentwickelt
(Corsten und Gössinger, 2015). So greift die SDL zunächst den Gedanken des Ge-
brauchs- oder Tauschwerts von Gütern auf. Diesbezüglich speist sich der Wert
einer Leistung aus verschiedenen nutzenstiftenden Quellen (z. B. Leistung, Mitarbeiter oder Unternehmensmarke), die in der Summe zur Bedürfnisbefriedigung
beitragen (Maleri und Frietzsche, 2008), und von Nachfragern in Relation zum am
Markt zu zahlenden Preis zzgl. weiterer Kosten der Transaktion (z. B. Versand) gesetzt werden (Kotler und Armstrong, 2020). Außerdem trägt die spezifische Nutzengenerierung in Form des resultierenden Nettonutzens zur Abgrenzung gegenüber
dem Wettbewerb bei (Voeth und Herbst, 2013). Das Besondere an dem Ansatz der
SDL ist nun, dass der Nachfrager einen so genannten Co-creator-of-value darstellt
(Vargo und Lusch, 2016). Die gesamte Perspektive des Marketings wird somit auf
eine gemeinsame Wertschöpfung mit Kundenpartizipation verschoben, wie es im
Dienstleistungsmarketing und -management mit seinem Uno-actu-Prinzip respektive der Integration des externen Faktors in den Leistungserstellungsprozess der
Fall ist (Horbel et al., 2017). Die Begründer der SDL überwinden dadurch die vorherrschende Perspektive einer Goods-dominant-logic (GDL), bei der Sachgüter die
wichtigsten Austauschgüter auf Märkten darstellen. In einer solchen wird Vargo
und Lusch (2004/2008) folgend der Value-in-exchange (Transaktionswert) von Sachgütern in der bisherigen Sichtweise von Anbietern quasi vorproduziert, gelagert
und dann von Nachfragern im Anschluss an den Austauschprozess (Ware gegen
Geld) durch den Ge- und Verbrauch wieder vernichtet. So wird bspw. ein Auto vom
Anbieter vorproduziert und verliert nach dem Kauf mit den Nutzungsjahren durch
Verschleiß wieder an Wert, bis es schließlich am Ende seines Lebenszyklus vernichtet bzw. recycelt werden muss.

In Bezug auf die oben dargestellte historische Entwicklung des Marketings sprechen Vargo und Lusch (2010) auch von einer Entwicklung weg vom Ansatz des To-
market (die Bewegung von Materie), über die heute vorherrschende Perspektive des
Marketing-to (das Management von Kunden und Märkten) hin zu einem Marketing-

with (die Kollaboration zwischen Kunden und Partnern, um Werte zu erzeugen und zu erhalten). Die Aufzählung gibt einen Überblick über die zehn **Grundannahmen (Foundational-premises)** der SDL (Vargo et al., 2008):

- FP$_1$: Service ist die grundlegende Form des Austauschs.
- FP$_2$: Indirekte Austauschformen überdecken die fundamentale Basis des Austauschs.
- FP$_3$: Güter sind die Distributionsmechanismen zur Erbringung von Services.
- FP$_4$: Operante Ressourcen (Wissen) sind die fundamentale Quelle von Wettbewerbsvorteilen.
- FP$_5$: Alle Volkswirtschaften sind serviceorientierte Volkswirtschaften.
- FP$_6$: Der Konsument ist immer an der Erzeugung des Wertes einer Leistung beteiligt (Co-creator-of-value).
- FP$_7$: Das Unternehmen kann keine Werte liefern, sondern lediglich Wertangebote offerieren.
- FP$_8$: Eine servicezentrierte Perspektive ist von Natur aus kunden- und beziehungsorientiert.
- FP$_9$: Alle sozialen und wirtschaftlichen Akteure integrieren Ressourcen.
- FP$_{10}$: Der Wert wird immer individuell und phänomenologisch durch den Nutznießer der Leistung determiniert.

In diesem Kontext ist FP$_1$ in Verbindung mit FP$_3$ hervorzuheben, gemäß derer in der SDL Sachgüter lediglich die Distributionsmechanismen für Services sind. Der Wert wird zudem erst nach dem Kauf, d. h. bei der Nutzung als Value-in-use (Nutzungswert) erzeugt und nicht bereits im Vorfeld vom Anbieter festgelegt (FP$_{10}$). Der Anbieter macht damit nur Wertangebote an potenzielle Nachfrager (FP$_7$), die diese durch den Kauf und die Nutzung bzw. den Verbrauch der Güter annehmen (siehe auch die Anpassungen bei Vargo und Lusch, 2016). Grönroos und Voima (2013) verweisen insbesondere auf die **gemeinsame Sphäre (Joint-sphere)**, in der der wahre Wert einer Ressource erst durch die Interaktion von Anbieter und Nachfrager entsteht. Sie entwickeln damit das ihrer Meinung nach nicht klar abgegrenzte Konstrukt des Co-creation -of-value als Funktion der Interaktion beider Marktpartner weiter und beziehen sich gleichzeitig wieder stärker auf die Besonderheiten von Dienstleistungen mit dem Wesensmerkmal der Integration des externen Faktors in den Leistungserstellungsprozess (Horbel et al., 2017). Allerdings bleibt es dabei, dass die SDL eine übergreifende, quasi revolutionäre Perspektive für das Marketingverständnis darstellt, indem zunächst davon ausgegangen wird, dass alle Sachgüter Distributionsmechanismen für Dienstleistungen darstellen, die als Wertangebote von Unternehmen die Bedürfnisse von Nachfragern befriedigen können. Am Beispiel eines Autos besteht die potenzielle Bedürfnisbefriedigung vereinfacht ausgedrückt in dem Service mit dem Auto von A nach B in einer vom Nachfrager erwarteten respektive vom Anbieter gebotenen Qualität zu gelangen. Die Bedürfnisbefriedigung liegt damit weniger in dem Besitz des Autos per se, d. h. im Gegenstand des Autos.

Dieser Grundgedanke passt auch in die weiter oben diskutierte End-of-ownership-Debatte, bei der es um die generelle Zunahme der Nachfrage respektive gesamtgesellschaftliche Gründe für das Wachstum und die Bedeutung von Dienstleistungen geht (Haller und Wissing, 2020). Im Kontext des Autos würde dies auf Carsharing- und Leasing-Angebote oder die Vernetzung verschiedener Mobilitätsträger hindeuten, bei denen Nachfrager anstelle des Kaufs eines Gegenstands lediglich eine Nutzungsgebühr für tatsächlich erbrachte Mobilitätsdienstleistungen zahlen. Insoweit ist der Gedanke auch konform mit der zuvor diskutierten Perspektive der VWL, die eine **intersektorale Verschiebung (Tertiärisierung)** hin zu deutlich mehr Dienstleistungen in der volkswirtschaftlichen Wertschöpfung beschreibt (Destatis, 2023c). Ein abschließendes Beispiel stellt ein beliebiges Arzneimittel dar. Der Nachfrager möchte den Service der Verbesserung seines Gesundheitszustands bzw. Schmerzfreiheit erreichen. Dagegen sind die Farbe der Tablette, die Darreichungsform und der Besitz des Arzneimittels zweitrangig. Im Vordergrund steht die Dienstleistung, die Tablette ist also lediglich der Distributionsmechanismus für die eigentliche Leistung der Schmerzfreiheit bzw. -reduktion.

Kritisch ist an der SDL anzumerken, dass, wenngleich der **Service-Gedanke** dem Ansatz quasi immanent ist, doch stärker auf die Wertangebote von Sachgütern abgestellt wird und diese von Nachfragern oftmals auch eher wahrgenommen werden (Haller und Wissing, 2020). Zudem kann an dem genannten Beispiel des Autos eingewendet werden, dass Nachfrager existieren, die sich durchaus an dem Besitz eines Autos als Gegenstand erfreuen, bei denen also das rein rationale Argument des Transportes von A nach B in den Hintergrund rückt. Sonst wäre es kaum zu erklären, dass es Nachfrager gibt, die mehr als ein Auto ihr Eigentum nennen. Gleiches gilt auch für viele andere Sachgüter wie Ferienhäuser, Fahrräder, Motorräder, Kleidungsstücke oder Produkte der Unterhaltungselektronik. Dagegen ist der SDL bei dem Beispiel des Medikaments wohl eher zuzustimmen. Der Gedanke, dass die Anbieter mit ihren Produkten (Distributionsmechanismen) lediglich Wertangebote liefern, die der Bedürfnisbefriedigung ihrer potenziellen Nachfrager auf den angestrebten Zielmärkten dienen, scheint darüber hinaus eine Annahme zu sein, der, einem klassischen Marketingverständnis folgend, wahrscheinlich die wenigsten Hersteller von Konsumgütern folgen werden. So werden bspw. Autohersteller wie Audi oder Toyota auf die Charakteristika (z. B. Design und Wirtschaftlichkeit) sowie das Fahrerlebnis bei ihren Fahrzeugen verweisen und weniger auf den Mobilitätsservice, der hinter den Produkten steht. Dennoch bedeutet der Gedanke der SDL für die Praxis, dass Anbieter sehr deutlich auf den gebotenen Customer-value und die Service-experience als Erlebnis der Inanspruchnahme bei der Zusammenstellung und dem Angebot ihrer Leistungen im Vergleich zu Wettbewerbsangeboten abstellen sollten. Schließlich entscheiden die Nachfrager, welchen Wert Services haben und ob sie diese wahrnehmen möchten. Außerdem zeigen die Ausführungen, dass die SDL im Vergleich zur GDL den Fokus noch viel stärker als die historisch gewachsene Führungsphilosophie des Marketings auf die Nachfrageseite verschiebt (vgl. Tab. 1.7).

Tab. 1.7: Unterschiedliche Annahmen der GDL und SDL (Vargo und Lusch, 2010).

	GDL	SDL
Werttreiber	Tauschwert	Nutzwert bzw. kontextbezogener Wert
Werterzeuger	Unternehmen, oftmals unter Zuhilfenahme von Lieferanten	Unternehmen, Netzwerkpartner und Kunden
Prozess der Werterzeugung	Unternehmen fügen Werte in Produkten zusammen und erhöhen diesen durch weitere Features	Unternehmen machen Wertangebote und Nachfrager führen den Prozess durch Nutzung weiter
Zweck des Wertes	Steigerung des Firmenwerts	Erhöhung von Anpassungs- und Überlebensfähigkeit sowie des Wohlbefindens des Gesamtsystems durch den Dienst an Anderen
Maßzahl für den Wert	Nominaler Wert wird durch den Preis erzeugt	Anpassungs- und Überlebensfähigkeit des Systems der Nutznießer
Ressourceneinsatz	Vorwiegend operande Ressourcen (Ge- und Verbrauchsgüter)	Vorwiegend operante Ressourcen (Wissen), die manchmal in Güter übertragen werden
Rolle des Unternehmens	Produktion und Distribution von Werten	Wertangebote und Kollaboration im Rahmen der Dienstleistungserstellung
Rolle der Güter	Output-Einheiten bzw. operande Ressourcen, die Werte haben	Güter als Vehikel für operante Ressourcen, die durch Kompetenzen des Unternehmens Nutzen stiften
Rolle des Kunden	Nutzung oder Vernichtung von erzeugten Werten	Gemeinsame Erzeugung von Werten durch Kollaboration

2 Produktion und Konsumption von Dienstleistungen

Nach einer generellen Darstellung des Dienstleistungsbegriffs erfolgt im zweiten Kapitel zunächst eine nähere Betrachtung der Dienstleistungsproduktion (Abschnitt 2.1). Hierbei wird insbesondere das bedeutsamste Charakteristikum in der Form der Integration des externen Faktors Kunde bei der Leistungserstellung am Beispiel des Aktivitätsgrades von Nachfragern verdeutlicht. Zudem wird herausgearbeitet, dass es sich bei der Dienstleistungsproduktion um einen gemeinsamen Wertschöpfungsprozess handelt, wie er in der SDL diskutiert wurde. In diesem Zusammenhang wird auch das **Grundmodell der Dienstleistungsproduktion** mit einer Vor- und Endkombination von internen und externen Produktionsfaktoren vorgestellt. Aus produktionswirtschaftlicher Sicht helfen so genannte Blueprint-Diagramme, die Prozesskette sowohl für Mitarbeiter als auch für Nachfrager zu verdeutlichen. Nach einer produktionswirtschaftlichen Sicht auf Dienstleistungen erfolgt in einem weiteren Abschnitt die Fokussierung auf Einflussfaktoren auf die Dienstleistungskonsumption (Abschnitt 2.2). Hierbei werden die theoretischen **Grundlagen des Kaufentscheidungsverhaltens** diskutiert, was vor dem Hintergrund der Informationsbeschaffung in der später diskutierten Situationsanalyse mit Hilfe der Markt- und Wettbewerbsforschung eine bedeutende Rolle spielt. Dadurch wird eine Brücke zwischen der Bereitstellung und dem Kauf bzw. der Inanspruchnahme von Dienstleistungen in einem gemeinsamen Wertschöpfungsprozess gebildet. Für das Nachfragerverhalten spielen die Ansätze der so genannten **neueren mikroökonomischen Theorie** mit der Theorie der Verfügungsrechte, der Informationsökonomik, der ökonomischen Vertragstheorie und der Transaktionskostentheorie eine wichtige Rolle, um aus ökonomischer Perspektive die Besonderheiten bei der Konsumption von Dienstleistungen zu erläutern (Abschnitt 2.2.1). Im Anschluss daran erfolgt mit der Behandlung **verhaltenswissenschaftlicher Theorien** eine stärkere Hinwendung zu psychologischen und soziologischen Ansätzen zur Erklärung des Kaufverhaltens von Nachfragern auf Dienstleistungsmärkten (Abschnitt 2.2.2). Dabei spielen insbesondere die im Rahmen von Strukturmodellen (statisch) und Prozessmodellen (dynamisch) diskutierten Konstrukte eine wichtige Rolle. Über das Thema der Kundenzufriedenheit wird schließlich von der Einzeltransaktion zwischen Dienstleistungsanbieter und -nachfrager abstrahiert und die Betrachtung auf den Wiederkauf von Dienstleistungen gelegt. Die in diesem Zusammenhang angeführte **Service-profit-chain** stellt den integrativen Ansatz am Ende des zweiten Hauptkapitels dar, indem innerhalb der Wirkungskette über die interne und externe Servicequalität auf die Kundenzufriedenheit bzw. die Kundenbindung übergleitet und damit die Mehrfachtransaktion im Relationship-Marketing als wichtiger Ansatz des Dienstleistungsmarketings vorgestellt wird (Abschnitt 2.3).

https://doi.org/10.1515/9783110620443-002

2.1 Grundstruktur der Produktion von Dienstleistungen

Bereits in vorangegangenen Kapiteln wurde die relative Bedeutung der einzelnen Phasen im phasenbezogenen Ansatz von Dienstleistungen explizit herausgearbeitet (Hilke, 1989). Hierbei kommt insbesondere der zweiten Phase (Phase B) eine besondere Bedeutung zu (Bruhn et al., 2019), da dort die Integration des externen Faktors (Kunde) im Leistungserstellungsprozess im Vordergrund steht. Die Integration des Kunden arbeiten auch Corsten und Gössinger (2015) als zentrales Merkmal der Dienstleistungserstellung heraus. Der Nachfrager ist durch das **Uno-actu-Prinzip** in gewisser Weise Produzent und Konsument von Dienstleistungen, die seinen individuellen Anforderungen entsprechen sollen und bei denen er durch die Einbringung externer Produktionsfaktoren in den Leistungserstellungsprozess integriert ist.

Im Vergleich zu internen Produktionsfaktoren (elementare Faktoren wie die ausführende Arbeit, die Betriebsmittel und die Werkstoffe [Roh-, Hilfs- und Betriebsstoffe] sowie dispositive Faktoren wie die Planung, die Organisation, die Leitung und die Überwachung), deren Unterteilung in zwei Oberkategorien auf Gutenberg (1951b) zurück geht und ursprünglich die Besonderheiten von Dienstleistungen (z. B. Wissen, Informationen oder Technologien) nicht explizit einbezieht, handelt es sich bei den externen Produktionsfaktoren um die Einbringung des Nachfragers mit seiner Person, seinen Objekten (materiell) oder seinen Informationen/Rechten (immateriell). Diese externen Faktoren benötigt der Anbieter, um die eigentliche Dienstleistung in der Leistungserstellung zu produzieren. In diesem Zusammenhang diskutieren Meffert et al. (2018) die Integration des Nachfragers mit seinen externen Produktionsfaktoren anhand des **Aktivitätsgrades** (AG_N). Dieser ist wie folgt definiert:

$$AG_N = \frac{Vom\ Nachfrager\ zu\ erbringende\ Aktivitäten}{Gesamtheit\ der\ zu\ erbringenden\ Aktivitäten}$$

$$AG_A = 1 - AG_N$$

Aus der Definition wird deutlich, dass die Aktivitätsgrade von Anbieter (AG_A) und Nachfrager in einer **substitutionalen Beziehung** zueinanderstehen, d. h. vereinfacht ausgedrückt, je stärker der Nachfrager mit seinen externen Produktionsfaktoren in den Leistungserstellungsprozess integriert ist, desto weniger muss der Dienstleister von seinen eigenen Produktionsfaktoren in den Prozess einbringen. Dies eröffnet unter Kostengesichtspunkten Einsparpotenziale, wenn bei der Leistungserstellung Funktionen auf den Nachfrager übertragen werden, indem dieser zu einer stärkeren aktiven Beteiligung aufgefordert wird (z. B. die Eingabe der eigenen Daten oder die Leistungsauswahl über einen PC oder ein Tablet). Die stärkere Einbindung der Nachfrager mit seinen externen Produktionsfaktoren wird als Externalisierung und die stärkere Einbringung der internen Produktionsfaktoren des Anbieters als Internalisierung bezeichnet. Dadurch reduziert sich gleichzeitig der entstehende Nutzen für diejenige Marktseite, welche über die eingebrachten Produktionsfaktoren mehr in den Prozess der Leistungserstellung integriert wird.

Corsten (1985) diskutiert dies anhand der Isoleistungslinie (vgl. Abb. 2.1), an der sich stetige Aktivitätsgrade abbilden lassen (Bruhn et al., 2019; Corsten und Gössinger, 2015). Allerdings muss der Anbieter immer einen Mindestaktivitätsgrad erbringen, der sich daraus ergibt, dass er ein Mindestmaß an eigenen Produktionsfaktoren (z. B. eine Internetseite mit einer Eingabemaske oder das Personal in seiner Filiale) bereitstellen muss, damit eine vermarktungsfähige Leistung in Form einer Dienstleistung erbracht werden kann. Daraus lässt sich dann entweder eine **Internalisierungs- oder Externalisierungsstrategie** ableiten (Corsten, 2000). In diesem Kontext verdeutlichen Meffert et al. (2018) unterschiedliche Alternativen am Beispiel eines Restaurants. Während ein Selbstbedienungs- oder Fast Food-Restaurant einen sehr hohen Aktivitätsgrad des Nachfragers erfordert (Externalisierung), ist dies bei einem klassischen Restaurant oder einem Lieferservice genau umgekehrt (Internalisierung). Der Nachfrager wird damit zum Prosumer

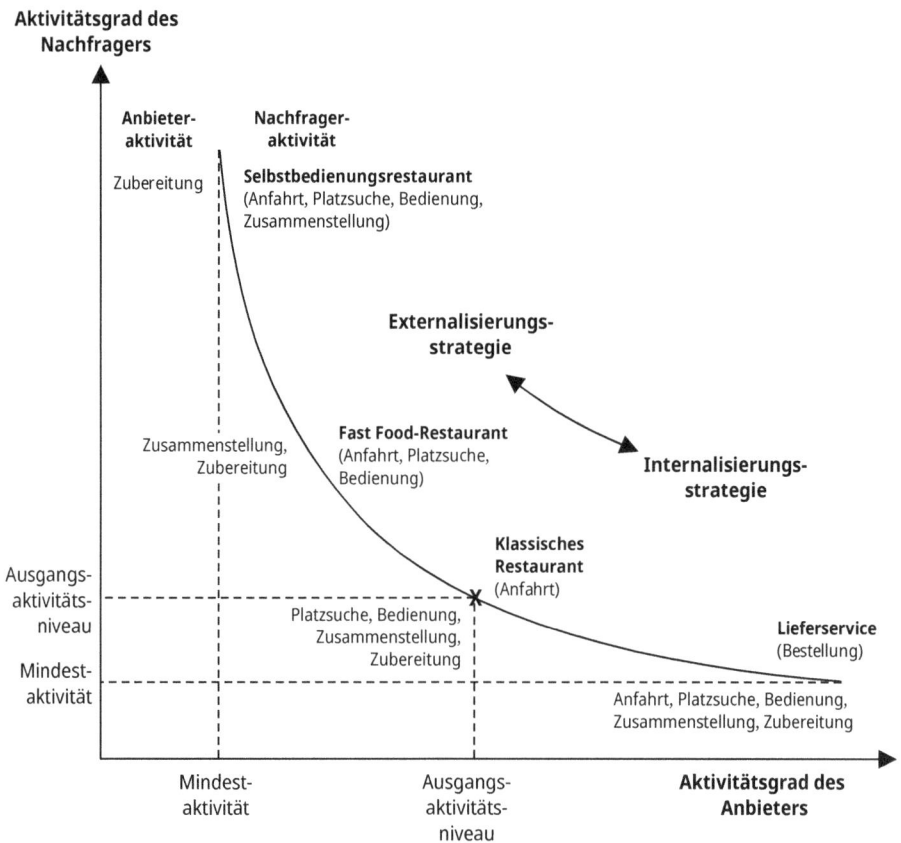

Abb. 2.1: Isoleistungslinie mit Externalisierung und Internalisierung (Meffert et al., 2018).

(Producer und Consumer; Toffler, 1980) bzw. zum Co-Producer, wie er in der SDL diskutiert wurde (Grönroos und Voima, 2013; Vargo und Lusch, 2004; Vargo und Lusch, 2008).

Zeithaml et al. (2012) differenzieren in Bezug auf die Aktivitäten eines Kunden zwischen drei **Integrationsgraden** (auch Weiber et al., 2022; Wirtz und Lovelock, 2022). Bei einem geringen Integrationsgrad handelt es sich meist um standardisierte Leistungen, bei denen der Nachfrager den Leistungserstellungsprozess lediglich anstößt (z. B. bei einem Flug, einer Hotelübernachtung, bei Reinigungsleistungen oder bei Wartungsarbeiten an einer Industriemaschine). Wenngleich der Service unabhängig vom Einzelkunden erbracht wird, ist seine Anwesenheit dennoch erforderlich, oder, wie bei Reinigungsleistungen, ist zumindest die Bezahlung des erhaltenen Services erforderlich. Bei einem mittleren Integrationsgrad muss der Kunde einen Input leisten, indem er bspw. Informationen, Material oder seine Person bereitstellt. An dem zur Verfügung gestellten Material kann dann entweder ein weitgehend standardisierter Service (z. B. Fensterputzer) oder, wenn es sich um Personen handelt, ein teilweise individualisierter Service (z. B. Personentransport) vollbracht werden. Die Verantwortung bzw. Steuerung des Leistungserstellungsprozesses liegen allerdings im Wesentlichen beim Anbieter. Insgesamt kann die Qualität der Dienstleistung aber durchaus von den Informationen des Kunden abhängen (z. B. bei einer ärztlichen Untersuchung). Schließlich unterscheiden Zeithaml et al. (2012) noch einen hohen Integrationsgrad, bei dem der Kunde die Leistungserstellung aktiv steuert bzw. wesentlich zum reibungslosen Prozessablauf beiträgt. Dies sind oftmals individualisierte Services und die Dienstleistung kann nicht ohne Beteiligung des Kunden erfolgen. Sein Verhalten und seine Informationsweitergabe bestimmen somit entscheidend die Qualität des Leistungsergebnisses (z. B. bei einer Hüftoperation oder einer Unternehmensberatung).

Ergänzend hierzu kann das konstituierende Merkmal der Kundenintegration, neben dem Bezug zum Aktivitäts- oder Integrationsgrad und vor dem Hintergrund der SDL, auch aus der Perspektive eines Wertschöpfungsprozesses betrachtet werden. Fließ (2009) teilt diesen in die Spezifizierungs-, die Realisierungs-, die Nutzungs- und die Nachkaufphase ein (vgl. Abb. 2.2). Die Mitwirkung des Kunden gilt im Dienstleistungsprozess als unverzichtbar und gleichzeitig als bedeutsamstes Merkmal, da er als externer Faktor den Prozess der Leistungserstellung sowohl auslöst als auch beendet. Die Abbildung differenziert zwischen den Kundenaktivitäten und den Anbieteraktivitäten, wobei über die gesamte Leistungserstellung beide Parteien durch die Einbringung der externen und internen Produktionsfaktoren den Prozess steuern und damit zusammen für die Qualität der Leistung verantwortlich sind. Im Sinne der SDL handelt es sich um die **Co-Produktion** von Werten, die dadurch entstehen, dass der Anbieter Wertangebote tätigt, die durch den Kunden der Leistung vor dem Hintergrund der Bedürfnisbefriedigung beurteilt und als wertvoll eingestuft werden. Es handelt sich bei der Dienstleistungsproduktion immer um einen integrativen Leistungserstellungsprozess (Weiber et al., 2022).

In die gleiche Richtung geht der Ansatz von Weiber und Ferreira (2014), die einen eigenständigen Wertschöpfungsprozess des Kunden unterstellen, der den Konsum-

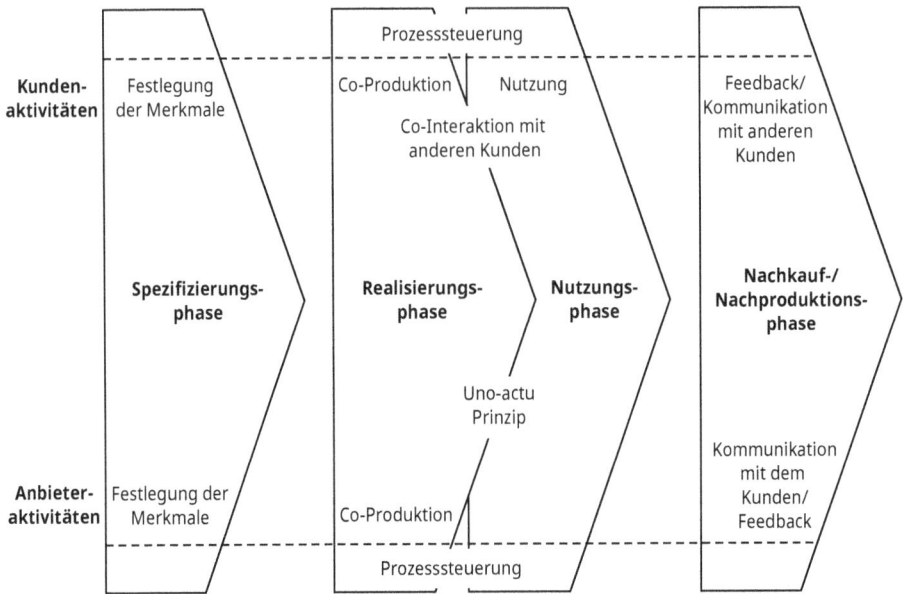

Abb. 2.2: Kundenintegration als gemeinsamer Wertschöpfungsprozess (Fließ, 2009).

und Nutzungsprozess in die Betrachtung integriert und damit stärker auf den Kunden und seine in den Prozess einzubringenden **Ressourcen** fokussieren (Weiber, 2017). Hierzu gehören:

–   Physische Ressourcen (z. B. körperliche Kraft, Vitalität, Begabung und Persönlichkeitsmerkmale),
–   Materielle Ressourcen (z. B. materielle Güter, Finanzmittel und Arbeitszeit),
–   Kulturelle/psychosoziale Ressourcen (z. B. Gefühle, Einstellungen und Wertvorstellungen),
–   Rollen (z. B. Familienposition, gesellschaftlicher Status und berufliche Funktion) und
–   Kompetenzen (z. B. explizites/implizites Wissen und Fach- und Methodenkompetenz).

Weiber und Ferreira (2014) generieren daraus eine eigenständige **Wertkette des Kunden** (Corsten und Gössinger, 2015). Die eingebrachten Ressourcen interpretieren sie als Leistungsbereitschaft der potenziellen Kunden, die diese in den Leistungserstellungsprozess als Co-creation-of-value in die Wertschöpfungskette des Dienstleistungsanbieters integrieren (auch Bieger, 2007; Fantapié Altobelli und Bouncken, 1998; Fließ, 2009; Maleri und Frietzsche, 2008). Einen Schritt weiter gehen Stabell und Fjeldstad (1998), die aufgrund des hohen Individualisierungsgrads und der Kundenintegration von einem so genannten Wertshop sprechen. Sie betonen dadurch, im Gegensatz zu den traditionellen linearen Analysen eines Wertschöpfungsprozesses (Porter, 1985), welche von der Transformation von Input (Ressourcen) in vermarktungsfähigen Output (Produkte und/oder Dienstleistungen) ausgehen, die Simultaneität bzw. die kundenspezifi-sche Anpassung der primären Wertaktivitäten im Leistungserstellungsprozess, lehnen sich also viel stärker an die individuelle Problemlösung an (Corsten und Gössinger, 2015; Popp et al., 2017). Stabell und Fjeldstad (1998) definieren hierzu die Problemdefini-tion und Akquisition, die Problemlösungsalternativen, die Entscheidung, die Ausfüh-rung und die Kontrolle bzw. die Evaluation des Ergebnisses. Dazu stellt der Anbieter die im Sinne Porters sekundären (unterstützenden) Aktivitäten der Unternehmensinfra-struktur, des Personals, der Technologie und der Beschaffung bereit. Auf die Darstel-lung von Wertkette und Wertshop eines Dienstleistungsanbieters wird weiter unten im Rahmen des strategischen Dienstleistungsmarketings vertieft eingegangen.

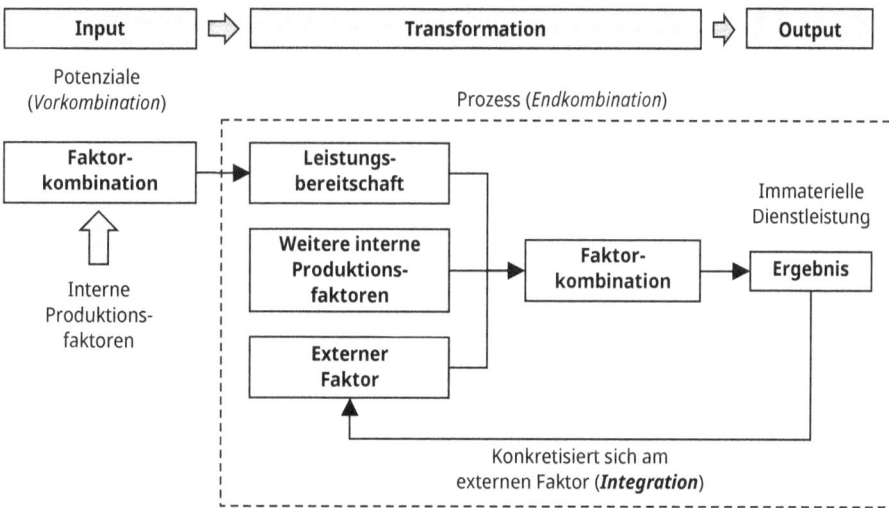

Abb. 2.3: Grundmodell der Dienstleistungsproduktion (in Anlehnung an Corsten und Gössinger, 2015).

Die bisherige Diskussion führt schließlich zu dem in der Literatur zahlreich diskutier-ten **Grundmodell der Dienstleistungsproduktion** nach Corsten und Gössinger (2015), welches die Autoren auch als die Grundstruktur einer Dienstleistungsproduktion be-zeichnen (vgl. Abb. 2.3). Ähnliche Modelle vom Input der Ressourcen über die Transfor-mation bis hin zum ökonomischen Output unter Beachtung der Charakteristika von Services liefern Parasuraman (2002/2010) oder Ojasalo (1999) bzw. Grönroos und Ojasalo (2004), werden aber an dieser Stelle nicht weiter diskutiert. In Bezug auf das Modell von Corsten und Gössinger (2015) unterscheiden die Autoren zwischen der Vor- und Endkombination der in den Prozess eingebrachten Produktionsfaktoren (Corsten, 1985; Corsten, 2017). Eine solche grundlegende mehrstufige Unterteilung der Kombination von Produktionsfaktoren bei der Dienstleistungsproduktion geht auf Maleri (1973) zu-rück (siehe Maleri und Frietzsche, 2008). Außerdem orientiert sich die so genannte Grundstruktur am phasenbezogenen Ansatz mit den konstitutiven Dienstleistungsmerkmalen der Potenziale, Prozesse und Ergebnisse (Hilke, 1989; siehe auch Kleinaltenkamp, 1997). Dabei erzeugt die Vorkombination betrieblicher (interner) Produktionsfaktoren (Potenzial- und Verbrauchsfaktoren) zunächst lediglich eine Leistungsbereitschaft bzw. das Leistungspotenzial des Anbieters. Erst durch die Einbringung des Kunden (externer Faktor), der wiederum die externen Produktionsfaktoren in den Leistungserstellungsprozess einbringt (Personen, Objekte, Informationen oder Rechte), entsteht in Verbindung mit weiteren internen Produktionsfaktoren in der Endkombination das Leistungsergebnis als immaterielle Dienstleistung (Corsten, 2017), die sich wiederum am Kunden (externer Faktor) konkretisiert (Bruhn et al., 2019).

Aus produktionswirtschaftlicher Sicht ist vor dem Hintergrund des integrativen Leistungserstellungsprozesses bedeutsam, dass der Kunde zu jedem Zeitpunkt der Prozesskette weiß, sowohl in der Potenzialphase (Phase A) als auch in der Prozessphase (Phase B) nach Hilke (1989), welche externen Produktionsfaktoren von ihm bereitgestellt werden müssen. Hierzu gehören die oben genannten Personen, Objekte, Rechte, Nominalgüter, Informationen oder auch Tiere und Pflanzen (Weiber et al., 2022). Während Reinartz und Berkmann (2017) dies unter dem Terminus des Customer-engagement diskutieren, wurde die Stärke der Kundenbeteiligung weiter oben auch als Aktivitätsgrad bezeichnet (Corsten, 1985; Meffert et al., 2018). Darüber hinaus erörtert Malicha (2005) bezgl. einer integrativen Faktorkombination bzw. der Förderung der Integration des Kunden beim Service-encounter (Kundenkontakt) die auftretende **Problematik der Evidenz** im Dienstleistungsbereich. So muss der Kunde als wesentlicher Bestandteil der Produktion und damit der Qualität des Leistungsergebnisses zu jedem Zeitpunkt Kenntnis über den Prozessablauf in der konkreten Wertschöpfung haben (Fließ, 2009). Wirtz und Lovelock (2022) bezeichnen den Kundenkontakt auch als Moment-of-truth für beide Seiten, wobei High- (z. B. Unternehmensberatung oder Operation) und Low-contact-Services (z. B. Online-banking oder Fast Food-Restaurant) existieren (auch Zeithaml et al., 2012). In diesem Zusammenhang muss der Kunde wissen, was er zu welchem Zeitpunkt machen muss bzw. was von ihm in seinem Verantwortungsbereich erwartet wird, um einen komplikationsfreien Leistungserstellungsprozess in der angestrebten Qualität zu gewährleisten. Dabei unterscheidet Malicha (2005) drei Evidenzbereiche, zu denen die Problemevidenz (Was soll gemacht werden?), die Integrationsevidenz (Wann und wo soll der Kunde mitwirken?) und die Faktorevidenz (Womit soll der Kunde mitwirken?) gehören (vgl. Abb. 2.4).

Während die kommunikative Verdeutlichung der Teile einer Prozessevidenz vor allem auf der Anbieterseite verortet werden können, stehen demgegenüber auf der Nachfragerseite zwei unterschiedliche **Barrieren**, die zu einem Qualitätsverlust beim Leistungsergebnis führen können. Hierzu gehören sowohl die kundenseitigen Fähigkeitsbarrieren als auch die Willensbarrieren. Dies bedeutet für den Anbieter, dass der Kunde möglicherweise einerseits nicht nur gar nicht in der Lage ist, bestimmte externe Produktionsfaktoren in den Dienstleistungsprozess einzubringen, sondern, dass er unter Umständen andererseits auch gar nicht den Willen dazu hat. Letzteres könnte daran liegen, dass er Teile der Prozesskette bspw. im Verantwortungsbereich der in-

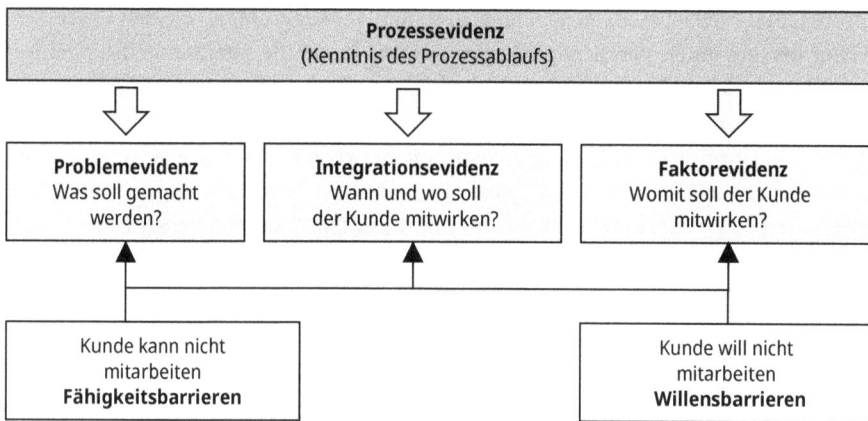

Abb. 2.4: Prozessevidenz und Barrieren auf Kundenseite (Malicha, 2005).

ternen Produktionsfaktoren des Anbieters sieht (z. B. das Ausfüllen von Formularen oder das Einholen von Informationen). Schmitz und Lerch (2017) verweisen in diesem Kontext auf die Problematik eines dysfunktionalen Kundenverhaltens, welches von unkooperativem und aggressivem Verhalten in der Interaktion bis hin zu Schädigungen an fremdem Eigentum bzw. dem Ruf des Dienstleistungsanbieters reichen kann. Ein Beispiel hierfür wäre das Leasing inkl. der Wartung eines Fotokopierers oder einer sonstigen Büromaschine, bei der die Kunden respektive die Mitarbeiter mit den entsprechenden Geräten nicht sorgsam genug umgehen, sodass es zu Schäden kommt oder der Servicevertrag über die kalkulierte Intensität hinaus genutzt wird.

Eine Möglichkeit, die **Prozessevidenz** zu erhöhen und damit die Integrationsfähigkeit des Nachfragers zu verbessern, besteht in einer verbesserten Kommunikation des Anbieters (z. B. durch Informationsbroschüren und -zeitschriften, Schulungen [Coaching/Tutoring], Beratungsgesprächen, Kundenvorträgen, Informationen auf der Website sowie Kundenforen und -clubs oder virtuellen Unterweisungen). Dagegen könnte die Integrationsbereitschaft des Nachfragers vor allem durch finanzielle und immaterielle Anreize (z. B. Preissenkungen oder Rabatte bei Beteiligung, Gewinnspiele, kostenlose Zusatzangebote, Belobigungen und öffentlichkeitswirksame Anerkennung sowie Zeitgewinne und größere Kontrolle über den Leistungsprozess) gesteigert werden (Maleri und Frietzsche, 2008; Weiber et al., 2022). Zudem ist auf der internen Seite, d. h. im Verantwortungsbereich des Anbieters, ein so genanntes Blueprint-Diagramm hilfreich (Kingman-Brundage, 1989; Shostack, 1982/1984; Wirtz und Lovelock, 2022; Zeithaml et al., 2012). So können den Mitarbeitern in Bezug auf die gesamte Dienstleistungstransaktion, die sich auch aus mehreren Dienstleistungsepisoden mit zeitlichen Unterbrechungen zusammensetzen kann (z. B. von der Flugbuchung bis zum eigentlichen Transfer oder zwischen der Aufnahme in ein Krankenhaus über die stationäre Unterbringung bis hin zur Operation und der Entlassung bzw. Rehabilitation), die einzelnen Service-encounter und damit die zahlreichen Moments-of-truth verdeutlicht werden (Fließ und Dyck, 2017;

Grönroos, 2015; Weiber et al., 2022). Blueprints sind Flussdiagramme, die den Prozessablauf über den gesamten Wertschöpfungsprozess und damit die Integration des Nachfragers in den jeweiligen Prozessschritten visualisieren (Fließ und Dyck, 2017). Dabei muss sichergestellt werden, dass der Nachfrager die einzelnen Episoden, die nur Teilaspekte einer Dienstleistungstransaktion darstellen, immer wieder im Gesamtzusammenhang und in Bezug zur Gesamtqualität des Leistungsergebnisses bzw. des dafür erforderlichen eigenen Inputs sieht (Scheuch, 2002). Fließ und Dyck (2017) verdeutlichen zudem, dass auch die im Rahmen der SDL diskutierte gemeinsame Sphäre der Wertgenerierung abgebildet werden kann (Grönroos und Voima, 2013).

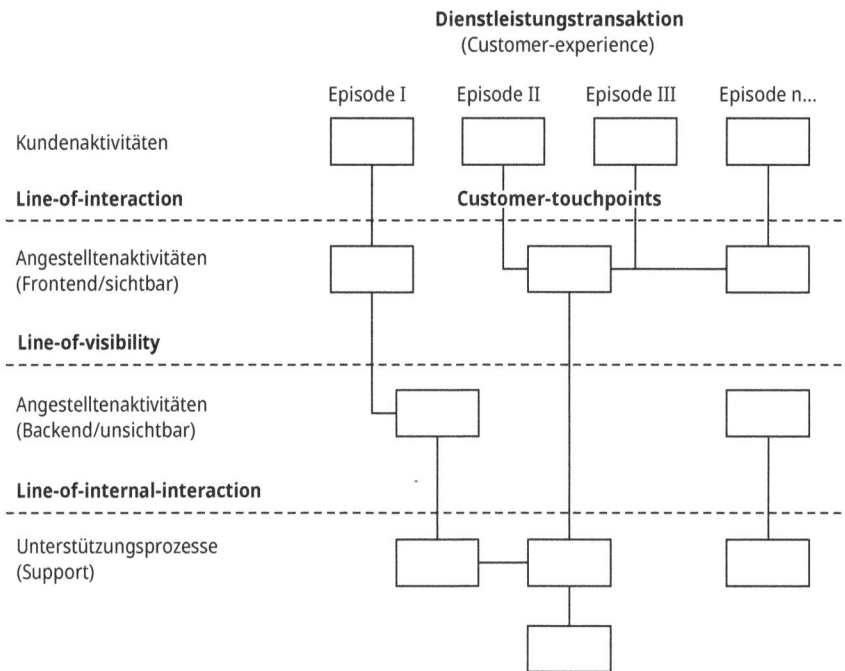

Abb. 2.5: Bestandteile eines Blueprint-Diagramms (in Anlehnung an Zeithaml et al., 2012).

Darüber hinaus wird im Hinblick auf den Service-encounter und dessen Darstellung in einem **Blueprint-Diagramm** auf die Customer-touchpoints (Kundenkontaktpunkte) abgestellt; die gleichzeitig die Customer-experience (Kundenerlebnis) im Frontend bzw. während der gesamten Dienstleistungstransaktion mit dem Kunden darstellen (Bruhn, 2019b; Fließ und Dyck, 2017; Patricio et al., 2011). Ergänzend ist zwischen der Interaktionslinie (Line-of-interaction) und der Sichtbarkeitslinie (Line-of-visibility) zu unterscheiden, welche das Frontend (sichtbar) vom Backend (unsichtbar) trennt (vgl. Abb. 2.5). Während folglich die Line-of-visibility die im Dienstleistungsprozess sichtbaren von den nicht-sichtbaren Aktivitäten im Hintergrund trennt (z. B. die Auslastung bzw. Terminvergabe einer Steuerkanzlei oder die Materialverfügbarkeit für eine Autoreparatur), handelt es sich bei der Line-of-interaction um den eigentlichen Kundenkontakt (Kingman-Brundage, 1989; Shostack, 1982/1984; Wirtz und Lovelock, 2022). Dieser erfolgt an unterschiedlichen analogen oder digitalen Customer-touchpoints (z. B. der Website, der Telefon-Hotline oder in der Filiale des Anbieters). Auf die Relevanz der einzelnen Customer-touchpoints für die angestrebte Servicequalität in der Leistungserstellung sollte ebenfalls im Blueprint-Diagramm hingewiesen werden, um für die Co-Produktion der Dienstleistung bei den Mitarbeitern das notwendige Problembewusstsein zu erzeugen und somit die Customer-experience während der gesamten Transaktion zu maximieren (Fließ und Dyck, 2017). Die Thematik wird beim operativen Dienstleistungsmarketing bezgl. der Servicequalität wieder aufgegriffen. Schließlich werden in einem Blueprint-Diagramm mit der Line-of-internal-interaction auch Support-Prozesse abgebildet, die die Linie zwischen den unsichtbaren Serviceaktionen der Angestellten im Backend von weiteren Prozessen zur Aufrechterhaltung der Leistungsbereitschaft (z. B. die Datenbankverwaltung in der EDV-Abteilung, die Reinigung eines zurückgegebenen Mietwagens oder die Aufbereitung eines Bettes in einem Krankenhaus) darstellt. Ausführliche Darstellungen des Blueprinting finden sich in der entsprechenden Literatur (Fließ und Dyck, 2017; Kingman-Brundage, 1989; Shostack, 1982/1984; Wirtz und Lovelock, 2022; Zeithaml et al., 2012).

2.2 Einflüsse auf die Konsumption von Dienstleistungen

2.2.1 Ansätze der neueren mikroökonomischen Theorie

Die Ansätze der neueren mikroökonomischen Theorie werden in der Literatur auch als **Neue Institutionenökonomik (NIÖ)** bezeichnet und stellen eine Weiterentwicklung der älteren Institutionenökonomik dar, die im Wesentlichen auf den Annahmen der Neoklassik beruhen (Bayon, 1997; Richter und Furubotn, 2010; Göbel, 2021; Voigt, 2009). Die NIÖ ist besonders hilfreich im Kontext der Konsumption von Dienstleistungen, da nicht nur die Entstehung von Unternehmen (z. B. im Rahmen der Transaktionskostentheorie) und das Anbieterverhalten, sondern auch das Nachfragerverhalten vor dem Hintergrund des Kaufs und der Konsumption von materiellen und immateriellen Gütern mit Teilaspekten der NIÖ (z. B. mit der Informationsökonomik) erklärt werden kann. Abgesehen vom Wettbewerb auf Dienstleistungsmärkten stellen die Nachfrager nach Dienstleistungen den wichtigsten Marktpartner im Rahmen des Dienstleistungsmarketings dar. Es wurde bereits deutlich, dass das Verhältnis der Marktpartner bei Dienstleistungen insbesondere durch die Schwankung der Dienstleistungsqualität durch den Potenzialfaktor menschliche Arbeitsleistung, die Integration des externen Faktors mit der Problematik der Informationsweitergabe im Wertschöpfungsprozess und die Nicht-Lager- und Nicht-Transportfähigkeit der überwiegend immateriellen Leistungen geprägt ist (Meffert et al., 2018). Die daraus entstehenden Probleme werden in den unterschiedlichen Ansätzen der NIÖ auf übergeordneter Ebene diskutiert und können daraus abgeleitet auf das Dienstleistungsmarketing übertragen werden. Dadurch ist die NIÖ geeignet, Handlungsempfehlungen für die Ausgestaltung des Dienstleistungsmarketings unter besonderer Berücksichtigung der Dienstleistungskonsumption zu geben.

Während sich bspw. ein Vorteil der Integration der Nachfrager durch die Bereitstellung von Informationen im Produktionsprozess und somit tendenziell durch eine hohe Passgenauigkeit der Dienstleistung (Individualität) zeigt, wirkt sich dies anders herum vor Vertragsabschluss (ex-ante) auf beiden Marktseiten negativ auf das wahrgenommene Risiko und die resultierende Unsicherheit über die Ergebnisqualität der Dienstleistung aus. Dies erfordert als Lösungsansatz bspw. Leistungsstandards und Garantien als **Regel- und Handlungssysteme** bezgl. der Vertragsgestaltung (Kleinaltenkamp und Marra, 1995). Weiter oben wurde die resultierende Verhaltensunsicherheit im Rahmen der Evidenz des Dienstleistungsprozesses aus der Perspektive der Nachfrager diskutiert (Malicha, 2005; Weiber et al., 2022; Woratschek, 1996). Allerdings besteht Verhaltensunsicherheit auch in Bezug auf den Anbieter. Einerseits aus Fähigkeitsbarrieren bezüglich des zur Verfügung gestellten Leistungspotenzials des Anbieters und andererseits aus Willensbarrieren im Leistungserstellungsprozess, die beide zu schwankenden Leistungsergebnissen und damit zu Unsicherheit bei den Nachfragern führen können (Schade und Schott, 1993). Je nach Art der Dienstleistung liegen die Unsicherheiten wegen unterschiedlicher Informationsverteilung entweder stärker bei den Leistungsfähigkeiten des Anbieters und dem Ergebnis der Dienstleistung (z. B. Reparaturdienstleistungen) oder bei dessen Leistungswillen bezgl. des Leistungserstellungsprozesses (z. B. Führungen und Reisen). Es können also wieder alle drei Phasen der Dienstleistungsproduktion betroffen sein. Letztendlich entstehen durch die unterschiedlichen Informationsstände für beide Marktpartner Handlungsspielräume, die durch opportunistisches Verhalten zum Schaden des anderen Marktpartners ausgenutzt werden können. Darüber hinaus sind Dienstleistungen immaterielle Eigenschaftsbündel bzw. Leistungsversprechen (Kaas, 1992; Schade und Schott, 1993), die im Vorfeld einer Transaktion nicht wie Produkte inspiziert und in diskreten Verträgen ausgetauscht werden können. Ihre Erstellung wird oftmals in einem unvollständigen Vertrag vereinbart, der mehr oder weniger explizite Regelungen für unsichere Entwicklungen enthält. Diese Regelungen und Übereinkünfte müssen dann nachträglich angepasst werden oder es werden bewusst Lücken und Ausgestaltungsspielräume in diesen Verträgen gelassen (Kaas, 2001).

An den zuvor diskutierten Beispielen wird deutlich, dass bei Dienstleistungstransaktionen sowohl das Produktionsrisiko als auch das wahrgenommene Kaufrisiko steigen (Woratschek, 1996). Aus einem theoretischen Blickwinkel ist die NIÖ als ein Theoriegebäude des unvollkommenen Marktes in der Lage, die Folgen exogener Unsicherheit über die Umwelt in Verbindung mit Informationsasymmetrien zwischen Austauschpartnern auf Märkten zu analysieren (Richter und Furubotn, 2010). Dabei führt das Verhalten der Marktteilnehmer (endogene Unsicherheit) und asymmetrisch verteiltes Wissen zugunsten einer Marktpartei zu **diskretionären Handlungsspielräumen** (Kaas, 1990). Gleiches gilt für Dienstleistungen und deren Vertragsgestaltung

(Meffert et al., 2018), bei dem durch Informationsprobleme auf Basis der konstitutiven Charakteristika von solchen Leistungen für beide Marktseiten zusätzliche Kosten entstehen (z. B. durch eine erhöhte Unsicherheit beim Kauf und das gesteigerte Risiko bezgl. des Opportunismus der Marktpartner). Aufgrund des gewählten Abstraktionsniveaus bleiben Handlungsempfehlungen allerdings auf einem eher allgemeinen Niveau, während eine verhaltenswissenschaftliche Analyse an einigen Stellen einen tieferen Einblick in das Handeln von Individuen in realen Entscheidungssituationen erlaubt. Verhaltenswissenschaftliche und (institutionen-)ökonomische Ansätze schließen sich allerdings nicht aus, sondern ergänzen sich bei der Beantwortung unterschiedlicher Fragestellungen aus dem Dienstleistungsmarketing und werden darum gemeinsam unter dem Punkt der Einflussfaktoren auf die Konsumption von Dienstleistungen diskutiert (Kaas, 1994; Gümbel und Woratschek, 1995).

Institutionen werden bereits in der **klassischen Ökonomik** in einem bescheidenen Anfangsstadium diskutiert (z. B. die Metapher der unsichtbaren Hand des Marktes). Bei Smith (1776) erfolgt dies durch die Berücksichtigung von Moral, Sitten und Traditionen als Handlungsrestriktionen und bei Hume (1751) durch die Funktionsweise von Eigentumsrechten (Göbel, 2021). Die explizite ökonomische Betrachtung von Institutionen (Institutionenökonomik) hat sich allerdings vor allem aus den als realitätsfern geltenden Annahmen der Neoklassik entwickelt, bei der Institutionen zunächst vernachlässigt werden (Erlei et al., 2016). In der Neoklassik gilt der Preis in arbeitsteiligen, interaktiven Wirtschaften als einziger Koordinationsmechanismus, der stets zu einem Marktgleichgewicht und damit zu einer effizienten Allokation von Ressourcen führt. Gleichzeitig gelten als Annahmen die vollständige Markttransparenz und eine polypolistische Marktstruktur. Dadurch ist eine administrative Koordination ineffizient und findet nicht statt. Folglich spielen Institutionen für das Handeln der wirtschaftlichen Akteure und politischen Entscheidungsträger keine Rolle (Erlei et al., 2016), da die Marktteilnehmer ihre Pläne jeweils unendlich schnell den gegebenen Marktbedingungen bei symmetrisch verteilter Information anpassen. Der Preismechanismus signalisiert in diesem Kontext alle relevanten Informationen in aggregierter Form. Außerdem impliziert das Fehlen von räumlichen, zeitlichen und sachlichen Präferenzen sowie die Existenz homogener Güter und Produktionsfaktoren, dass keine langfristigen Geschäftsbeziehungen mit Reputation und Vertrauen zwischen den Tauschpartnern aufgebaut werden und Transaktionen damit regelmäßig auf Spotmärkten in vollständigen Verträgen und ohne Transaktionskosten abgeschlossen werden (Voigt, 2009). Im Gegensatz dazu zeigen sich in der Realität einer interaktiven Wirtschaft sowohl ein Koordinations- als auch ein Motivationsproblem. Ersteres besteht aus dem Bereitstellungs- und Suchproblem – möglicherweise werden nicht alle präferierten Güter bereitgestellt und gewünschte Güter müssen in einer aufwändigen Suche gefunden werden. Letzteres besteht aus dem Mess- und Spezifitätsproblem – eine Bewertung der Güter bzw. des Verhaltens der Akteure ist nicht immer problemlos möglich und Vertragspartner können nicht beliebig gewechselt werden. Daher ist interaktives Wirtschaften durch Arbeitsteilung und den Tausch von Verfügungsrechten an Gütern zur besseren Ausnutzung von Ressourcen gekennzeichnet (Göbel, 2021).

Die **ältere Institutionenökonomik** lehnt in der Folge daraus wesentliche Postulate der Neoklassik, wie den methodologischen Individualismus, die Hypothese vollkommener Rationalität individuellen Handelns (homo oeconomicus) und die Tendenz zum Gleichgewicht komplett ab, wohingegen die NIÖ darum bemüht ist, die realitätsfernen Annahmen der Neoklassik stärker an die Realität anzulehnen (Weiber und Adler, 1995b; Weiber und Adler, 1995c). An den genannten Postulaten wird grundsätzlich festgehalten, jedoch werden diese in ihrem Absolutheitsanspruch abgeschwächt und durch die Integration von Nebenbedingungen ergänzt. So werden Anomalien im menschlichen Verhalten, die dem Modell des homo oeconomicus entgegenstehen (z. B. ein beschränkt-rationales Verhalten der Akteure) in die Theorien und Modelle der NIÖ integriert (Erlei et al., 2016; Jost, 2007). Zentrale Merkmale sind die begrenzte Fähigkeit der Informationsaufnahme und -verarbeitung, das opportunistische Verhalten und auch auf Dauer angelegte Verträge zwischen wirtschaftlichen Akteuren (Kooperationen). Dabei schaffen Institutionen Ordnung im sozialen Bereich, dort wo Menschen ihr Verhalten am Handeln anderer Menschen orientieren. Eine Kooperation in einer arbeitsteiligen Wirtschaft kann folglich nur gelingen, wenn die beteiligten Akteure korrekte Erwartungen hinsichtlich der Handlungen der übrigen Akteure hegen. Folglich muss der Wahlbereich von Handlungen limitiert werden, um das Wohlstandniveau insgesamt zu heben (Voigt, 2009). Institutionen stellen damit von Menschen geschaffene Beschränkungen der Handlungsfreiheit zur Regelung von sozialen Interaktionen dar (North, 1990). Die Handlungsoptionen der bezgl. der Vertragsfreiheit miteinander kontrahierenden Wirtschaftssubjekte werden nicht nur durch Regeln begrenzt, sondern es werden gleichzeitig Durchsetzungsmechanismen für diese Regeln geschaffen (Ostrom, 2005). Zudem erfordert die dabei stattfindende Inanspruchnahme des Marktes und der Rechtsordnung den Einsatz von Ressourcen. Die in diesem Zusammenhang gegründeten Organisationen stellen daher die personelle und sachliche Umsetzung solcher Institutionen dar, um wechselseitige Verhaltenserwartungen zu erzeugen und insgesamt die Unsicherheit für die jeweils beteiligten Wirtschaftsakteure zu reduzieren. Organisationen und deren Formen sind folglich die personifizierte Kehrseite von Institutionen, um Anreize zu setzen und menschliches Verhalten zu steuern bzw. zu kanalisieren (Erlei et al., 2016; Richter und Furubotn, 2010). Dabei wird regelkonformes Verhalten positiv und regelwidriges Verhalten negativ sanktioniert (Ostrom, 2005).

Insgesamt werden autonom entstandene und geplante **Institutionen** unterschieden, die zudem entweder auf informellen (Konventionen, Traditionen oder Sitten) oder formellen Regeln (Normen und rechtliche Vorschriften) beruhen. Des Weiteren können diese, ähnlich einer Trennung in Staat und Gesellschaft, sowohl extern (d. h. organisierte staatliche Überwachung) als auch intern (z. B. Überwachung durch wirtschaftliche Akteure) organisiert sein (Voigt, 2009). Institutionen finden sich auf einer Vielzahl von Aggregationsstufen wieder (z. B. Naturgesetze, Kultur, rechtliche Rahmenbedingungen oder Marktsysteme). In Bezug auf die Problematik von Dienstleistungen kann allerdings auf die allgemeine markt- und wohlfahrtstheoretische Bedeutung von Institutionen verzichtet werden (Erlei et al., 2016). Der Fokus wird vielmehr auf die Besonderheiten der Anwendung der NIÖ auf Marktinstitutionen und Unternehmen in Dienstleistungsmärkten gelegt bzw. wird vor allem die Bedeutung für die Konsumption von Dienstleitungen herausgearbeitet.

Zu den **Ansätzen der NIÖ** gehören im Allgemeinen die Theorie der Verfügungsrechte (Property-rights-theory), die Informationsökonomik (Economics-of-information, teilweise auch Signaling-theory), die ökonomische Vertragstheorie (bestehend aus Principal-agent- und Relational-contracting-theory) sowie die Transaktionskostentheorie (Transaction-cost-theory), die in der Summe aus den Gedanken der Neoklassik weiterentwickelt wurden (vgl. Abb. 2.6). Die Transaktionskostentheorie wird zuweilen als integrierende Perspektive betrachtet, weil sie Elemente der zuvor genannten Ansätze in ihren Grundannahmen beinhaltet (z. B. Opportunismus, Informationsasymmetrien sowie Beherrschungs- und Überwachungsstrukturen durch Vertragsgestaltung). Auch die Informationsökonomik und die ökonomische Vertragstheorie haben als gemeinsame Basis Informationsasymmetrien, sodass insgesamt deutlich wird, dass zwischen den einzelnen theoretischen Ansätzen eine durchaus enge Verflechtung besteht (Klein und Adler, 2017).

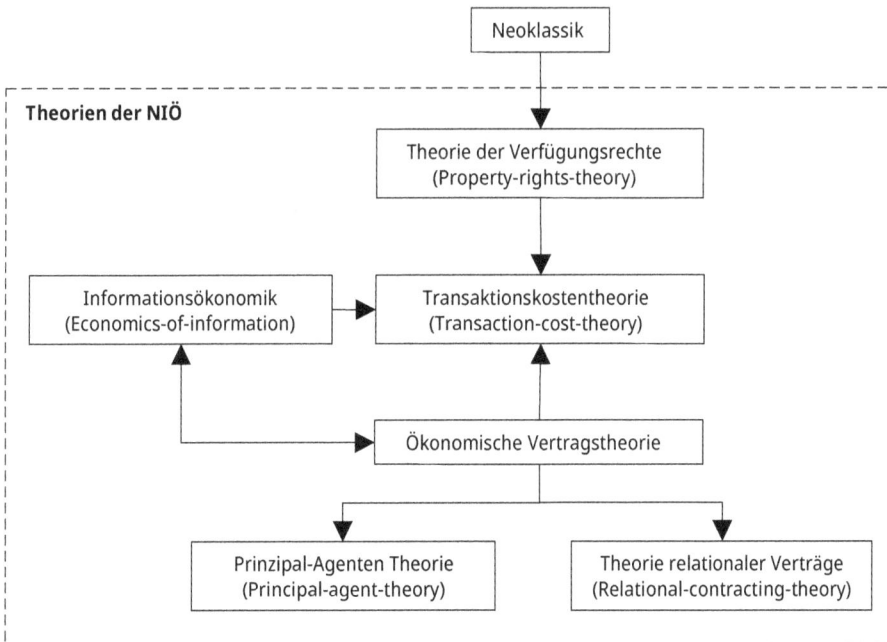

Abb. 2.6: Verzahnung der Ansätze zur NIÖ (Klein und Adler, 2017).

Theorie der Verfügungsrechte (Property-rights-theory)
Die Theorie der Verfügungsrechte beschäftigt sich mit der effizienten Verteilung von Verfügungsrechten an materiellen und immateriellen Vermögensgegenständen (Gümbel und Woratschek, 1995; Jost, 2007) sowie der Übertragung dieser Rechte. Dazu gehören ein Gut zu benutzen (usus), dessen Form zu verändern (abusus), sich den Ertrag aus dessen Nutzung anzueignen (usus fructus) und die genannten Rechte zu veräußern (ius abutendi). Es können absolute (d. h. vollständige Verfügungsrechte wie das Privateigentum) und relative Verfügungsrechte (d. h. durch Verträge partiell eingeschränkte Rechte) unterschieden werden. In diesem Zusammenhang sind Property-rights wechselseitig akzeptierte Handlungsmöglichkeiten oder sanktionierte Verhaltensbeziehungen zwischen Menschen. Property-rights bestehen aus Nutzungsrechten und -kosten, die saldiert den Gesamtnutzen einer Ressource und damit ihren ökonomischen Wert wiedergeben (Richter und Furubotn, 2010). Dieser setzt sich nicht alleine aus der Substanz eines Gutes zusammen, sondern daraus, was ein ökonomischer Akteur mit der Ressource machen darf, d. h. seinen Verfügungsrechten an der Ressource. In einer Welt der Knappheit ist es notwendig, sich mit der Regelung von **Handlungs- und Verfügungsrechten** über Ressourcen auseinanderzusetzen. In der Property-rights-Theorie bilden Verfügungsrechte den Kernpunkt von Transaktionsbeziehungen, da für die an einer Transaktion beteiligten Wirtschaftsakteure letztendlich das Recht entscheidend ist, mit dem erworbenen Gut bestimmte Handlungen vornehmen zu dürfen (Weiber und Adler, 1995b). Die Verteilung der Verfügungsrechte erfolgt zum einen durch übergeordnete Institutionen wie den Staat in der Form einer Verfassung und von Gesetzen, zum anderen werden Verfügungsrechte auch häufig zwischen Individuen oder Gruppen in der Form von Verträgen übertragen (Meffert et al., 2018).

In einer Volkswirtschaft führt der Tausch von Verfügungsrechten zu einer besseren Ausnutzung von Ressourcen durch eine Kanalisierung individuellen Verhaltens und trägt damit prinzipiell zu einer Wohlfahrtssteigerung bei (Göbel, 2021). Somit kann das individuelle Verhalten durch eine geeignete Allokation und Nutzung von Verfügungsrechten an naturgemäß knappen gesellschaftlichen und betrieblichen Ressourcen (Güter und Dienstleistungen) optimal gesteuert werden. Eine Grundüberlegung der Property-rights-Theorie besteht darin, dass, unabhängig von der Ausgangszuordnung der Rechte, die Wirtschaftsakteure diese so lange austauschen werden, bis eine effiziente Ressourcennutzung erreicht ist (Coase-Theorem). Privateigentum und Vertrag sind damit grundlegende Bestandteile einer freien und interaktiven Wirtschaft (Coase, 1960). Allerdings bedarf es einer klaren Spezifizierung der Property-rights, was in der Realität nicht immer gegeben ist. Eine **Verdünnung der Verfügungsrechte** (z. B. durch staatliche Eingriffe wie Umweltsteuern oder Bau- und Mietrecht) schützt zum einen die schwache Partei vor negativen externen Effekten (Schädigung Dritter), reduziert aber zum anderen die Ressourcenattraktivität und beschränkt die ökonomischen Handlungsmöglichkeiten für den Eigentümer. Zudem kann eine Einschränkung der Property-rights nicht nur der Art nach erfolgen (usus, abusus etc.), sondern auch der Menge nach (Privat- vs. Gemeineigentum). Die Probleme der Mengenteilung bestehen in der

Übernutzung und der Unterinvestition (Göbel, 2021), was auch als Tragedy-of-the-commons bezeichnet wird (Ostrom, 1990). Insgesamt betrachtet bestimmt die Spezifizierung der Property-rights an Wirtschaftsgütern deren ökonomischen Wert – je exklusiver die Verfügungsrechtsstruktur ausgeprägt ist, desto höher der ökonomische Wert einer Ressource – und somit das ökonomische Geschehen.

Im Dienstleistungsmarketing steht in der Regel die Übertragung von Verfügungsrechten an einer Dienstleistung und den daraus erlangten Vorteilen dem Tausch von Verfügungsrechten an einer monetären Gegenleistung gegenüber. In diesem Kontext besteht jedoch die Problematik, dass der Nachfrager bei Dienstleistungen kein Eigentum an einer Sache erwirbt, sondern lediglich **temporäre Verfügungsrechte** an den knappen Ressourcen des Anbieters (Bordoloi et al., 2021), indem er für einen bestimmten Zeitraum bspw. das Recht erwirbt, auf das Personal (z. B. einen Arzt oder Fitnesstrainer), die Maschinen (z. B. medizinische Diagnosegeräte oder Fitnessgeräte) oder die Räumlichkeiten (z. B. das Krankenzimmer oder das Fitnessstudio) des Dienstleistungsanbieters zurückzugreifen bzw. den bewerteten Nutzen daraus zu ziehen. Als Gegenleistung muss er dazu dem Anbieter der Leistung einen Preis für die erhaltene Dienstleistung bezahlen. Damit entsteht gleichzeitig das Problem, diese Verfügungsrechte gegenüber dem Marktpartner auch durchzusetzen. Dies gilt sowohl für die Nachfragerseite, d. h. die Durchsetzung eines temporären Anspruchs im Sinne eines Rechts auf die vertraglich vereinbarte Zeit (z. B. im Rahmen einer physiotherapeutischen Behandlung oder der Nutzung eines Rechenzentrums), als auch auf der Anbieterseite, d. h. der Schutz bzw. ordnungsgemäße Erhalt oder die lediglich vereinbarte Abnutzung der Ressource (z. B. der sorgsame Umgang mit einem geleasten Kopierer oder Mietwagen). Dieser Anspruch des Anbieters liegt zum einen in der Unversehrtheit bzw. dem Erhalt der Maschinen (z. B. der Umgang mit einem Leihwagen oder den Geräten im Fitnessstudio), wobei hierzu prinzipiell auch der adäquate Umgang mit dem Personal gezählt werden könnte, und zum anderen im Schutz des geistigen Eigentums (z. B. bei den Leistungen eines Unternehmensberaters, im Bereich der Unterhaltungsindustrie oder bei softwaretechnischen Leistungen). Kann dies nicht gewährleistet werden, können die Verfügungsrechte nicht durchgesetzt werden, was wiederum Auswirkungen auf die Motivation hat, in diese knappen Ressourcen und deren Erhalt seitens des Anbieters zu investieren.

Darüber hinaus sind die Verfügungsrechte zu spezifizieren, die in Zusammenhang mit der Integrationsleistung des Nachfragers in den **Leistungserstellungsprozess** des Dienstleistungsanbieters stehen, also seine Beteiligung und seine entsprechende Verantwortung für die Qualität des Leistungsergebnisses. Zusammengenommen haben die Problematik der Verdünnung von Verfügungsrechten sowie die Kosten der Bestimmung, Durchsetzung und Übertragung bei ökonomischen Austauschbeziehungen (Transaktionen) den bereits angedeuteten Einfluss auf das Verhalten der einzelnen Wirtschaftsakteure. Daher muss vor allem bei sehr stark standardisierten Dienstleistungen möglichst ausgeschlossen werden, dass Nachfrager eine Ressource kostenlos nutzen können (z. B. das Media-Streaming). Neben der vollständigen (z. B. Fensterreinigung oder Wartung einer Maschine) bzw. vertraglich eingeschränkten Spezifizierung der Verfügungsrechte

(z. B. Mietwagen oder Hotelübernachtung) ist bei Dienstleistungen in der Leistungserstellung auch eine Mengenteilung mit den sich daraus ergebenden positiven (z. B. Kostenreduktion) und negativen Konsequenzen (z. B. Kapazitätsproblematik) von Bedeutung. Dieser Fall tritt bspw. ein, wenn sich mehrere Unternehmen an einem Fuhrpark beteiligen oder sich Kapazitäten in einem Rechenzentrum teilen. Aufgrund der Immaterialität sowie der Simultaneität der Dienstleistungserstellung und des -verbrauchs (Uno-actu-Prinzip) steigt der Anspruch an die Gestaltung der Verfügungsrechte, da sich Dienstleistungen nach der Erstellung weder veräußern lassen noch selbst einen Ertrag einbringen (Meffert et al., 2018). Bei einer Mengenteilung erfolgt zudem ein Kampf um knappe Ressourcen, die seitens des Anbieters nicht uneingeschränkt auf alle Nachfrager verteilt werden können. Dies wurde bereits bei der weiter oben geführten Diskussion um die End-of-ownership-Problematik (z. B. im Falle eines Car-sharing-Anbieters) diskutiert oder kann auf die Debatte zur Net-neutrality bezgl. der zur Verfügung stehenden Bandbreite und damit der Geschwindigkeit der Datenübertragung im Internet angewendet werden (Krämer et al., 2013).

Informationsökonomik (Economics-of-information)
Die Informationsökonomik befasst sich mit der Analyse von Märkten bei asymmetrischer Informationsverteilung und der daraus resultierenden Unsicherheit zwischen den Marktteilnehmern (Spence, 1976). Sie basiert darauf, dass es je nach Branche und Betrachtungsperspektive (z. B. Autowerkstatt versus Versicherung oder Leihwagenunternehmen) eine besser und eine schlechter informierte Marktseite gibt (Kaas, 1995a; Weiber et al., 2022). Dadurch kommt es zu einem Anreiz für opportunistisches Verhalten der wirtschaftlichen Akteure. Um **Informationsasymmetrien** abzubauen werden drei Arten von Mechanismen unterschieden:

– Erstens besteht die Möglichkeit einer leistungsbezogenen Informationsübertragung durch Screening und Signaling sowohl auf der Anbieter- als auch auf der Nachfragerseite (Weiber et al., 2022). Beim Screening handelt es sich um den Abbau von Informationsasymmetrie durch die weniger informierte Marktseite. Dabei kann der Anbieter einer Dienstleistung bspw. eine Bonitätsprüfung einholen, Marktforschung betreiben oder eine Aufforderung zur Selbsteinordnung (Self-selection) geben (z. B. bei Versicherungsverträgen mit unterschiedlich hoher Selbstbeteiligung). Selbstselektionsmechanismen sind dadurch gekennzeichnet, dass der besser informierten Marktseite ein Anreiz gegeben wird, ihre, der anderen Marktseite verborgenen Eigenschaften, durch Selbstoffenbarung darzulegen (Fließ, 2009). Der Nachfrager wiederum kann den Beschreibungen des Anbieters folgen und Preisvergleiche als eine leistungsbezogene Informationssuche vornehmen oder bezüglich der Leistungsqualität auf Word-of-mouth von solchen Nachfragern zurückgreifen, die bereits Erfahrungen mit einem spezifischen Anbieter gemacht haben oder er kann eigene Erfahrungen extrapolieren (Weiber und Adler, 1995a). Weiterhin können Garantien, Testurteile und spezifische Investitionen des Anbieters in Werbung und Markenaufbau sowie Spezialausrüstung als Informationssubstitute fungieren. Dagegen ist eine vorvertragliche Prüfung (Examination), wie bei Produkten, bei Dienstleistungen wegen eines geringen Ausmaßes an vorab überprüfbaren physikalisch-technischen Eigenschaften zum Zeitpunkt des Vertragsabschlusses kaum möglich. Als einen Ersatz für die nicht durchführbare Qualitätsprüfung verwenden Nachfrager jedoch häufig den Preis einer angebotenen Dienstleistung (Meffert et al., 2018) oder hohe Werbeausgaben (Kaas, 1990) als Qualitätsindikatoren. Demgegenüber stellen Screening-Mechanismen der schlechter informierten Marktseite gleichzeitig Möglichkeiten des Signaling der besser informierten Marktseite dar (Connelly et al., 2011). Ein Signal (auch als cue[s] im Marketing bezeichnet; Helm und Mark, 2007) ist eine glaubwürdige Information, die dem schlechter informierten Marktpartner einen Rückschluss auf die signalisierte Eigenschaft bzw. die Leistungsfähigkeit eines Anbieters erlaubt (z. B. durch Darstellung der eigenen Leistungspotenziale oder Referenzkunden). In der Literatur werden die Bedeutung der Dienstleistungsmarke, des äußeren Erscheinungsbildes und der Hervorhebung der Qualifikation der Mitarbeiter diskutiert, welche über Zertifikate und Garantien vor dem Hintergrund der Immaterialität der Leistung zusätzlich unsicherheitsreduzierend wirken (Meffert et al., 2018). Gerade auch eine Selbstbindung durch Zufriedenheitsgarantien signalisiert über den freiwilligen Verzicht auf opportunistische Handlungsspielräume ein besonderes Vertrauen in die eigene Leistungsqualität (Kaas, 1992). Bezüglich eines Signaling durch den Nachfrager ist auf die Preisgabe konkreter Informationen, der Angabe eines Kundenprofils oder der Bereitschaft zur Selbstselektion hinzuweisen (Meffert et al., 2018), wie es von Versicherungen durch ihre unterschiedlichen Tarifstrukturen oder über die Selbstbeteiligung in ihren Verträgen abgebildet wird.

– Zweitens können leistungsübergreifende Substitute in Form von Reputation (Firmenimage oder Goodwill) zum Abbau von Informationsasymmetrien und damit Unsicherheit beitragen (Weiber et al., 2022). Reputation stellt den guten Ruf einer spezifischen Marktpartei dar, welcher aufgrund der Interaktion zwischen den Marktteilnehmern und der in der Vergangenheit gezeigten Sorgfalt und Berechenbarkeit der Handlungen eines Marktteilnehmers entsteht (Spremann, 1988). Reputation stellt damit die öffentliche Information über die bisherige Vertrauenswürdigkeit eines Marktakteurs dar. Solche Unternehmen, die sich eine gute Reputation für ihre Leistungsfähigkeit und ihren Leistungswillen aufgebaut haben, genießen Vertrauen auf dem Markt (Kaas, 1992). Vertrauen und der Aufbau von Reputation sind gerade im Dienstleistungsmanagement das möglicherweise bedeutsamste Vermarktungsinstrument (Kaas, 1990). Anbieterreputation stellt gleichsam eine Geisel in den Händen der Kunden dar, die bei einem funktionierenden Reputationsmechanismus zerstört werden kann. Der gute Ruf wird bei jedem neuen Vertrag respektive jeder neuen Leistungserstellung erneut aufs Spiel gesetzt und eine einzige schlechte Erfahrung kann diesen guten Ruf zerstören und damit zukünftige Erträge des Dienstleistungsanbieters gefährden oder sogar vernichten (Kaas, 1992). Für Dienstleistungsanbieter ist dies vor allem vor dem Hintergrund der zunehmenden Bedeutung von Kundenbewertungsportalen im Internet relevant, da sich Neukunden durch diese Bewertungsportale schnell und kostengünstig einen Überblick über die vergangene Leistungserbringung verschaffen können. Außerdem können bei hoher Reputation auch Reputationsprämien für die geleistete Qualität durch eine möglicherweise deutlich höhere Zahlungsbereitschaft der Kunden abgeschöpft werden (Meffert et al., 2018).

– Drittens können marktergänzende und -ersetzende Institutionen zur Reduzierung von Informationsasymmetrien eingesetzt werden. Solche Institutionen stellen bspw. Informationsvermittler oder eine private (Berufsverbände oder Gütesiegel) bzw. staatliche Marktregulierung dar. Letztere erfolgt insbesondere auf solchen Dienstleistungsmärkten, bei denen eine besonders hohe Informationsasymmetrie besteht oder bei denen die Folgen einer Fehlentscheidung für die Nachfrager besonders hoch sind (z. B. Gesundheit, Rechtsberatung, Finanzen oder Versicherungen).

Ausgangspunkt der informationsökonomischen Überlegungen bildet eine **Einteilung von Leistungseigenschaften**, welche die unterschiedlichen Beurteilungsmöglichkeiten der Marktpartner vor und nach Vertragsabschluss beinhalten (Weiber und Adler, 1995b). Zeithaml (1981) hat diese Eigenschaftskategorien auf Dienstleistungen übertragen und zeigt damit, dass im Dienstleistungsbereich wegen der fehlenden ex-ante Überprüfbarkeit der meisten Eigenschaften vor allem die Erfahrung mit und das Vertrauen in den Dienstleistungsanbieter eine entscheidende Rolle im Vorfeld und bei der Konsumption von Dienstleistungen spielen. Die von Zeithaml (1981) vorgelegte Unterteilung kann auch als eindimensionale Typologisierung von Dienstleistungen aufgefasst werden, wie es weiter oben diskutiert wurde, wird jedoch aufgrund der informationsökonomischen Grundlagen erst an dieser Stelle näher erläutert (vgl. Abb. 2.7).

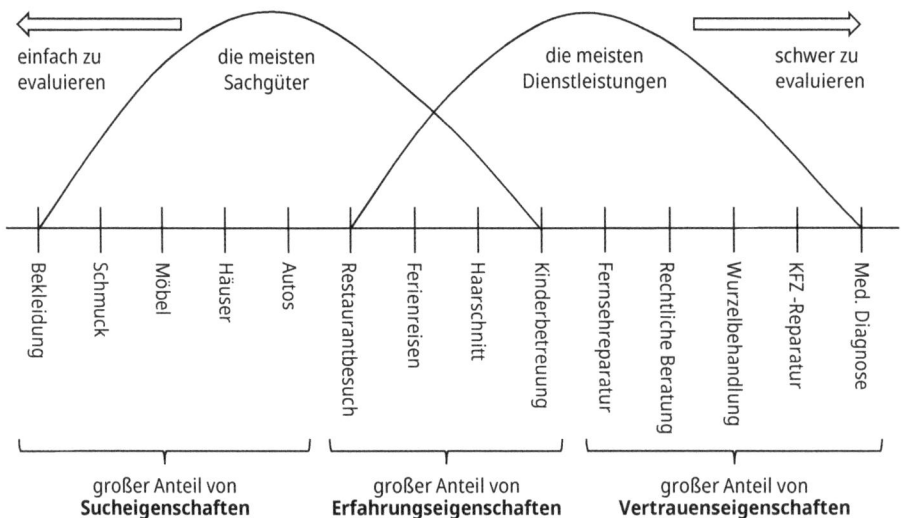

Abb. 2.7: Leistungstypologie nach Zeithaml (Zeithaml, 1981).

Je nach Dominanz einzelner Eigenschaftskategorien sind unterschiedliche der oben diskutierten Mechanismen zur Reduktion von Informationsasymmetrien zielführend. Die drei folgenden **Eigenschaftskategorien** gehen auf Darby und Karni (1973) zurück und bestehen aus:

- Sucheigenschaften (Search-qualities): Eine Beurteilung ist aus der subjektiven Sicht der Marktpartner durch Inspektion des Leistungsangebots oder durch eine entsprechende Informationssuche vor Vertragsabschluss (ex-ante) vollständig bzw. weitestgehend möglich.
- Erfahrungseigenschaften (Experience-qualities): Eine Beurteilung ist aus der subjektiven Sicht der Marktpartner erst nach Vertragsabschluss (ex-post) bzw. nach dem Ge- oder Verbrauch möglich.
- Vertrauenseigenschaften (Credence-qualities): Eine Beurteilung ist aus der subjektiven Sicht der Marktpartner weder vor noch nach Vertragsabschluss möglich bzw. sind die Kosten der Beurteilung prohibitiv hoch (eine Beurteilung kann aber möglicherweise durch Dritte [z. B. Experten oder Stiftung Waren-/Finanztest] erfolgen).

Darauf aufbauend haben Weiber und Adler (1995c/1995b) das so genannte **informationsökonomische Dreieck** entwickelt (vgl. Abb. 2.8), in dem Leistungen, je nach Vorhandensein bzw. Stärke der einzelnen Eigenschaftskategorien, eingeordnet werden können. Dienstleistungen verfügen im informationsökonomischen Sinn aufgrund der Immaterialität als konstitutive Eigenschaft über keine oder nur ein geringes Ausmaß an Sucheigenschaften (Weiber und Adler, 1995c; Zeithaml, 1981). Hierzu gehört das tangible Umfeld eines Anbieters (z. B. die Ausstattung eines Krankenhauses oder einer Arztpraxis). Vor allem Erfahrungseigenschaften (z. B. die Behandlung durch den Arzt und der langfristige Erfolg der Medikation) bzw. Vertrauenseigenschaften (z. B. die Gewissheit, dass der Arzt die bestmögliche Therapie angewendet hat) dominieren bei Dienstleistungen. Zudem ändert sich die Einordnung einer Leistung aus der Kundenperspektive mit der Dauer einer bestehenden Geschäftsbeziehung (z. B. die Erfahrungen mit einer Autowerkstatt), da sich die Beurteilbarkeit der Leistungseigenschaften mit der Erfahrung des Nachfragers verändert (Meffert et al., 2018). Ob es sich um Such-, Erfahrungs- oder Vertrauenseigenschaften handelt, hängt neben der eigenen Erfahrung vor allem vom subjektiven Anspruchsniveau, dem Expertenwissen und der konkreten Situation ab (Adler, 1996).

Als **qualitätsdifferenzierende Signale** werden gerade bei Erfahrungseigenschaften Referenzkunden und Kundenempfehlungen genannt. Zudem spielt die Reputation eines Unternehmens bei der Unsicherheitsreduktion bezgl. Vertrauenseigenschaften eine wichtige Rolle. Demgegenüber funktioniert das Signaling nicht, wenn Vertrauenseigenschaften dominieren, da die Kunden diese nicht durch Erfahrung mit einer Dienstleistung überprüfen bzw. beurteilen können. Dies lässt sich dadurch begründen, dass die Messkosten prohibitiv hoch sind; bis hin zu einer Unmöglichkeit der Evaluation (Fließ, 2009). Käufer vertrauen einem Unternehmen mit hoher Qualität bei Such- und

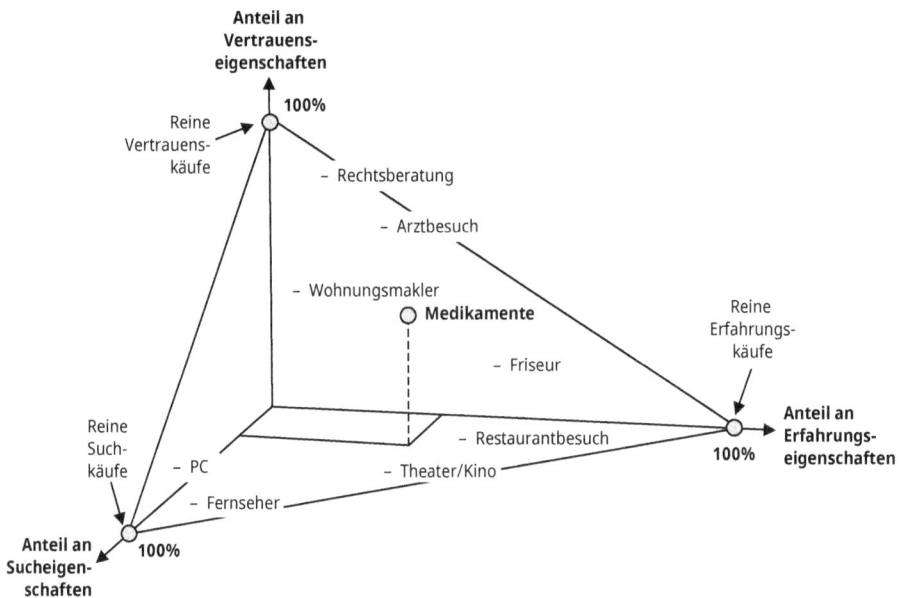

Abb. 2.8: Informationsökonomisches Dreieck (Weiber und Adler, 1995c/1995b).

Erfahrungseigenschaften jedoch oftmals auch in Bezug auf Vertrauenseigenschaften. Zudem übertragen sie die Leistungsfähigkeit und den Leistungswillen zwischen den Einzelleistungen des Unternehmens (Kaas, 1995b). In umgekehrter Weise ist es auch für den Dienstleistungsanbieter vor Vertragsabschluss (ex-ante) schwierig, die Eigenschaften eines Nachfragers zu beurteilen. Ein Versicherungsunternehmen kann den Nachfrager durch Verträge mit Selbstbeteiligung zwar dazu veranlassen, seine Präferenzen in eingeschränktem Maße offenzulegen, das tatsächliche Verhalten offenbart sich allerdings erst nach Vertragsabschluss (ex-post) in der konkreten Erfahrung mit dem Versicherungsnehmer (z. B. in der Häufigkeit der Wahrnehmung von Versicherungsleistungen). Außerdem muss bspw. eine Krankenversicherung darauf vertrauen, dass der Versicherungsnehmer alles daransetzt, seine eigene Gesundheit zu erhalten bzw. zu schonen (Vertrauenseigenschaften des Nachfragers). Als weiteres Beispiel kann die (schlechte) Zahlungsmoral einiger Nachfrager genannt werden. Gerade kleineren Handwerksbetrieben entsteht dadurch oftmals ein existenzbedrohendes Problem, da diese einen Zahlungsverzug oder -ausfall wegen oftmals geringer Rücklagen nur sehr schlecht kompensieren können. Die Bereitschaft zu einer relativ hohen Anzahlung seitens des Nachfragers stellt in diesem Fall ein glaubwürdiges Signal zur Unsicherheitsreduktion auf der Anbieterseite dar.

Ökonomische Vertragstheorie (Principal-agent- und Relational-contracting-theory)
Die **Prinzipal-Agenten-Theorie (Principal-agent-theory)** behandelt potenzielle Zielkonflikte, welche aus einem Vertragsverhältnis zwischen mindestens zwei Personen
resultieren, d. h. dem Prinzipal und dem Agenten. Prinzipal ist dabei der Auftraggeber
und Agent der Auftragnehmer (Bayon, 1997). Daraus folgt, dass die Rollen der Personen, je nach Betrachtungsfokus, durchaus wechseln können. Die Beziehung ist dadurch gekennzeichnet, dass der Agent eigennutzorientierte Entscheidungen trifft, die
jedoch gleichzeitig das Nutzenniveau des Prinzipals beeinträchtigen. Das Problem besteht folglich darin, dass der Nutzen beider Marktpartner aus einer Transaktion vom
Ergebnis der Kooperation abhängt. Diese wird somit nicht nur von unsicheren Umweltzuständen (parametrische Unsicherheit), sondern auch vom Kooperationsbeitrag
des jeweiligen Partners (strategische Unsicherheit) beeinflusst (Kaas, 1992). Letztere
wird auch als **Marktunsicherheit** bezeichnet und kann sich auf Preise und Leistungen beziehen, d. h. zahlt der Nachfrager einen adäquaten Preis und bekommt er
dafür auch eine adäquate Leistung vom Kooperationspartner (Preisunsicherheit). Die
Probleme zwischen Auftraggeber und Auftragnehmer sind vor allem auf Messpro-
bleme im Hinblick auf den Output bzw. den Leistungsbeitrag beider Parteien zurückzuführen (Göbel, 2021). Wer in einer Beziehung Prinzipal und wer Agent ist, kann, wie
bereits angedeutet, nur situativ geklärt werden. Jeder Partner kann in Bezug auf
einen bestimmten Aspekt der Kooperation Prinzipal, aber in Bezug auf einen anderen
Aspekt Agent sein. Es kommt somit zu wechselnden Rollenverteilungen (Bauer und
Bayon, 1995), die auch als eine Art Metamorphose der Principal-agent-Beziehung von
der Akquisitionsphase vor Vertragsabschluss über die Erstellungsphase bis hin zur
Verwendungsphase nach der Leistungserbringung beschrieben werden kann (Kaas,
1992). Diese aus dem industriellen Anlagengeschäft kommende Diskussion kann sehr
gut auf individualisierte Dienstleistungen übertragen werden (Schade und Schott,
1993), da bei Dienstleistungen stets die prozessuale Betrachtung einer Transaktion bei
hoher Kundenintegration deutlich hervortritt, wie dies auch schon im gemeinsamen
Wertschöpfungsprozess diskutiert wurde (Fließ, 2009). Zudem existieren neben einer
1:1-Beziehung auch übergreifende 1:n- bzw. n:n-Beziehungen in hierarchischen Gebil-
den (z. B. in der Team-Produktion und in Koalitionen), die zu Loyalitätskonflikten und
einer Verstärkung der Messproblematik führen (Göbel, 2021).

In einer Principal-Agent Beziehung geht es bei der Marktunsicherheit vor dem
Hintergrund der Leistungsunsicherheit vor allem um die Verhaltensunsicherheit zwischen den Vertragspartnern (vgl. Abb. 2.9), sofern keine weiteren Sachgüter inkludiert
sind (Merkmalsunsicherheit), bei denen die Attribute eine mangelnde Qualität aufwie-
sen (Weiber et al., 2022). Eine Verhaltensunsicherheit resultiert prinzipiell auf beiden
Seiten, d. h. dem Dienstleistungsanbieter und dem Kunden, jeweils aus asymmetrischer
Informationsverteilung vor (ex-ante) und/oder nach Vertragsabschluss (ex-post). Diesbezüglich wird zusätzlich ein opportunistisches Verhalten der Vertragsparteien unterstellt
(Spremann, 1990). Zu den **Arten der Verhaltensunsicherheit** gehören (Akerlof, 1970;
Arrow, 1985; Stiglitz, 1974):

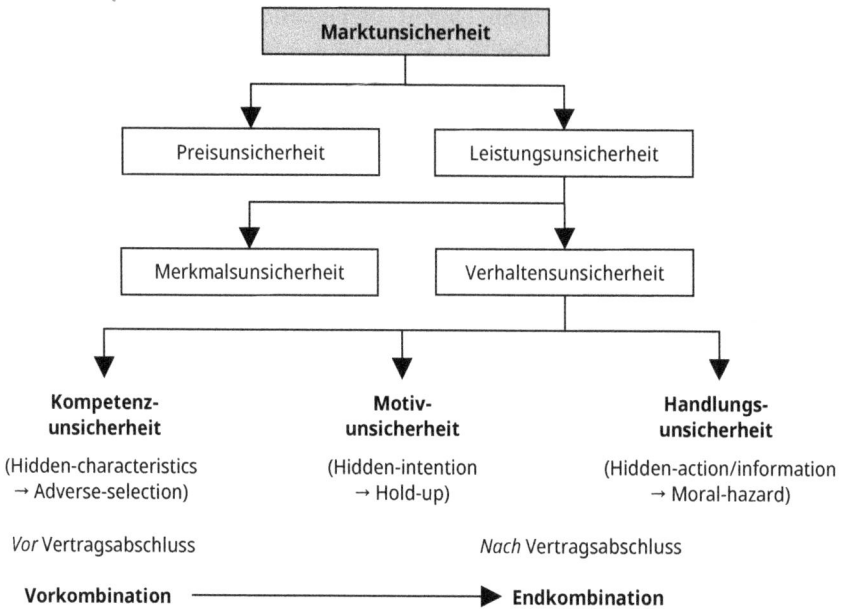

Abb. 2.9: Erscheinungsformen der Marktunsicherheit (in Anlehnung an Weiber et al., 2022).

- Hidden-characteristics (Kompetenzunsicherheit): Ex-ante-Unsicherheit über die Charakteristika der Leistung bzw. des Leistungserbringers bezgl. der eingebrachten Potenziale, die möglicherweise zu einer Falschauswahl (Adverse-selection) führt, d. h. es sind im Extremfall nur noch schlechte Leistungserbringer am Markt vertreten, da die guten Dienstleister nicht den adäquaten Preis für ihre Leistungsqualität erzielen können.
- Hidden-intention (Motivunsicherheit): Ex-ante Unsicherheit über die Intentionen des Leistungserbringers, die möglicherweise zu einem Überfall (Hold-up) führt und damit ex-post in der Endkombination bei der Leistungserstellung deutlich wird, d. h. eine oder beide Parteien offenbaren ihre wahren Absichten in der Geschäftsbeziehung erst nach Vertragsabschluss.
- Hidden-action (Handlungsunsicherheit): Ex-post Unsicherheit über die Aktionen des Leistungserbringers, die möglicherweise zu einem moralischen Risiko (Moral-hazard) führt, d. h. der Agent tätigt oder unterlässt Handlungen, weil diese durch die Messproblematik vom Prinzipal nicht im Hinblick auf ihren Erfolgsbeitrag zur Kooperation in der Endkombination überprüft werden können, was durch die Integration des externen Faktors bei Dienstleistungen prinzipiell für beide Marktseiten zutreffen kann.

Aus Hidden-characteristics in einer Dienstleistungsbeziehung folgt, dass der Kunde vor Vertragsabschluss bspw. nicht in der Lage ist, die Leistungsfähigkeit eines Anbieters von Autoreparaturen zu überprüfen, die dieser in der Vorkombination durch seine internen Produktionsfaktoren zusammenstellt. Der Anbieter kann hierzu eine gute Qualität durch Zertifikate signalisieren und der Kunde kann sich auf die Erfahrung anderer Kunden der Werkstatt berufen. Hidden-characteristics wirken somit, bezogen auf persönliche Eigenschaften des Personals und das Ergebnis der Leistungserstellung, insbesondere im Zusammenspiel mit der Leistungsfähigkeit eines Anbieters auf die Dienstleistungsqualität (Woratschek, 1996). Bei Versicherungsunternehmen ist die Prinzipal-agent-Beziehung dagegen zunächst umgekehrt. Der Anbieter muss sicherstellen, dass der potenzielle Kunde die Informationen bspw. über seinen Gesundheitszustand bei einer Krankenversicherung wahrheitsgemäß angibt. Dennoch kann der Kunde Hidden-intentions nach Vertragsabschluss durch einen riskanten oder ungesunden Lebenswandel offenbaren, d. h. Hidden-actions durchführen und damit einen verminderten Leistungsbeitrag zeigen. In Bezug auf die Autowerkstatt kann diese bspw. kostspielige Reparaturen an dem Wagen des Kunden vornehmen, die eigentlich für das aktuell bestehende Problem am Fahrzeug unnötig oder zumindest fragwürdig sind (Hidden-action), die die Werkstatt jedoch vorher als Hidden-intention verborgen hat. Da die Kosten der Aufdeckung für einen einzelnen Nachfrager sehr hoch sind, kann dieser ohne Expertenwissen oftmals kein Fehlverhalten der Werkstatt nachweisen oder wirksam in die Vertragsgestaltung einbauen. Dementsprechend wirken Hidden-intentions und Hidden-actions bezogen auf Handlungen und Absichten im Zusammenspiel mit dem Leistungswillen eines Dienstleisters auf die Dienstleistungsqualität (Woratschek, 1996). Als Mechanismus zur Abmilderung einer asymmetrischen Informationsverteilung und zur Reduktion von Verhaltensunsicherheit im Dienstleistungsbereich, bei deutlich ausgeprägten Vertrauenseigenschaften einer Leistung, kann wieder die Reputation eines Leistungsanbieters angeführt werden, die bei funktionierendem **Reputationsmechanismus** als Geisel in der Hand des Nachfragers wirkt. Insgesamt eröffnet die aufgrund der Immaterialität schwierigere Beurteilbarkeit der Leistung dem Agenten größere Spielräume, sodass es sinnvoll erscheint, die Typen asymmetrischer Informationen und deren Auswirkungen durch opportunistisches Verhalten bei Dienstleistungen umfassend zu berücksichtigen (Meffert et al., 2018).

Da beim Leistungstausch alle Spielarten des Opportunismus in Betracht kommen, müssen **Anreize und Kontrollmechanismen** für eine Situation vor und nach Vertragsabschluss entwickelt werden, um die besonderen Risiken der Transaktionspartner einzudämmen (Kaas, 1995b; Kaas und Posselt, 2007). In der Literatur werden hierzu die Möglichkeiten der Senkung von Informationsasymmetrien, der Zielharmonisierung und der Vertrauensbildung diskutiert (vgl. Tab. 2.1). Dabei muss jeweils beachtet werden, dass, je nach Ausprägung der Transaktionsbeziehung, die Zuordnung der Rolle von Prinzipal und Agent unterschiedlich ist. Zum Tragen kommt hier insbesondere die unterschiedliche Verteilung von Informationsasymmetrien. In der ökonomischen Betrachtung ist bspw. beim Abschluss einer privaten Krankenversicherung einerseits der Nachfrager der Prinzipal, der bei der Auswahl der Krankenversicherung (ex-ante) ein Interesse daran hat, dass diese ihn nicht nach Vertragsabschluss (ex-post) durch unnötige Tariferhöhungen oder Zahlungsverzögerungen bzw. Nicht-Zahlungen im Sinne von Hidden-action (Hold-up) ausbeutet. Dies gilt vor allem, wenn die Wechselmöglichkeiten durch eine fehlende Mitnahmemöglichkeit von angesparten Versicherungsbeiträgen, wie dies bspw. die Altersrücklagen in der privaten Krankenversicherung in Deutschland darstellen, de facto ausgeschlossen sind. Andererseits ist die Krankenversicherung ebenfalls in Bezug auf Informationsasymmetrien in einer schlechten Position, da sie sicherstellen muss, dass der Nachfrager wahrheitsgemäße Angaben zu seiner Risikoaffinität und eventuellen Vorerkrankungen macht, damit es nicht ex-post zu einer umgekehrten Situation der Hidden-intention (Moral-hazard) bzw. Hidden-action (Hold-up) kommt. Zusammenfassend kann festgehalten werden, dass die Principal-agent-Beziehung im Dienstleistungsbereich grundsätzlich durch vorhandene Informationsasymmetrien, Zielkonflikte und Unsicherheit gekennzeichnet ist (Weiber und Adler, 1995b). Dabei treten durch die Integration des externen Faktors in die Dienstleistungsproduktion vor allem Probleme im Hinblick auf unvollständige Verträge auf. So können sich selbst durchsetzende Verträge, bei der keine Partei Anreize zu einem opportunistischen Verhalten hat, oder die Antizipation von Agency-Problemen und deren entsprechende Einbindung in die Vertragsgestaltung, kostspielige Nachverhandlungen verhindern.

Tab. 2.1: Mögliche Lösungsansätze für Principal-agent-Probleme (Göbel, 2021; Klein und Adler, 2017).

Vertrags-abschluss	Informationsasym-metrie senken		Ziele harmonisieren		Vertrauen bilden	
	Prinzipal	Agent	Prinzipal	Agent	Prinzipal	Agent
Vor (ex-ante)	Screening	Signaling	Verträge zur Auswahl vorlegen	Self-selection, Reputation	Screening von Vertrauens-würdigkeit	Reputation signalisieren
Nach (ex-post)	Monitoring	Reporting	Anreiz-Verträge gestalten	Commitment, Bonding, Reputation	Vertrauens-vorschuss, Extrapolation guter Erfahrung	Sozialkapital aufbauen

In der **Theorie relationaler Verträge (Relational-contracting-theory)** werden genauso wie bei Principal-agent-Beziehungen Probleme diskutiert, die aus der Vertragsgestaltung zwischen zwei Parteien resultieren (Macneil, 1978). Im Gegensatz zur Principal-agent-Theorie werden mögliche Vertragsprobleme allerdings nicht ex-ante antizipiert und Korrekturen sowie notwendige Anpassungen werden zunächst weder schriftlich fixiert noch thematisiert (Kaas, 1995b). Alle Eventualitäten, die ex-ante nicht vorhergesehen werden können, werden von den Vertragsparteien vielmehr bewusst als Lücken im Vertrag gelassen und durch nachträgliche Arrangements (z. B. implizit aufgrund gesellschaftlicher Normen, sofern beide Vertragsparteien dies akzeptieren) gelöst. Damit handelt es sich um **unvollständige Verträge**, die auch als relationale oder kontingente Verträge bezeichnet werden. Eine Begründung für die Auslassung unvorhersehbarer Zustände besteht bspw. darin, dass die Kosten der Vertragsgestaltung mit einer zunehmenden Absicherung aller Eventualitäten deutlich in die Höhe gehen.

Vor allem **Geschäftsbeziehungen** stellen relationale Verträge dar, bei denen Informationsasymmetrien zwischen den Vertragsparteien herrschen (Kaas, 1992). Damit sind die Relational-contracting-Theorie und die daraus abgeleiteten Handlungsempfehlungen vor allem für die Gestaltung von langfristig angelegten Geschäftsbeziehungen im Dienstleistungsbereich geeignet, bei denen häufig mehrere Transaktionen über einen längeren Zeitraum getätigt werden, die in einem inneren Zusammenhang stehen, oder die, in Bezug auf die Gesamtbetrachtung einer Transaktion, Teilleistungen (Episoden) darstellen (Plinke et al., 2011; Kaas, 1995b). Hierbei kommen keine klassischen Verträge zur Anwendung, wie es bspw. zeitpunktorientierte Kaufverträge für standardisierte Produkte oder Transaktionen ohne spezifische Investitionen darstellen, die als bilaterale Koordination im Fall der Nicht-Erfüllung durch Gerichte relativ einfach geklärt werden können. Vielmehr handelt es sich bei Dienstleistungsverträgen eher um neoklassische Verträge, die zeitraumorientiert sind und Leistungsversprechen mit spezifischen Investitionen, hoher Unsicherheit und keiner Möglichkeit der Vorwegnahme aller Eventualitäten beinhalten (z. B. bei den Dienstleistungen eines Bauträgers). Vorhandene Lücken in der Vertragsgestaltung können in diesem Fall im Rahmen einer trilateralen Koordination durch unabhängige Dritte als Schiedsstelle geklärt werden. Dagegen handelt es sich bei langfristigen Geschäftsbeziehungen viel häufiger um so genannte unvollständige Verträge, die auf einen unbestimmten Zeitraum abgeschlossen und/oder regelmäßig erneuert werden (z. B. Wartungsverträge). Diese können weder durch Gerichte noch durch sonstige Drittparteien im Konfliktfall zufriedenstellend gelöst werden. Unvollständige Verträge sind auf Kooperation angelegt und beinhalten entweder eine zweiseitige Kontrolle der Vertragspartner (bilateral, z. B. zwei kooperierende Unternehmen die sich über die Vertragsbestandteile der zu erbringenden Dienstleistungen und deren Auslegung einigen müssen) oder eine vereinheitlichte Kontrolle (vertikale Integration, z. B. werden Arbeitsverträge im Rahmen einer Hierarchie durch Anweisung koordiniert). Sie stellen damit komplexe Gebilde auf Basis gemeinsamer Normen dar, deren Lücken nicht durch Vertragsrecht geschlossen werden können, sondern die durch glaubhafte Zusicherungen und durch den Aufbau von Vertrauen über die Handhabung der Verfügungsrechte an ökonomischen Ressourcen abgesichert werden. Zudem sind relationale Verträge durch eine Vielzahl vertraglich nicht eindeutig spezifizierbarer Teilleistungen gekennzeichnet (Dietl, 2007).

Die Relational-contracting-Theorie befasst sich mit allen langfristigen Formen des Austausches zwischen Individuen und/oder Organisationen bzw. der Bedeutung von Verträgen bei der Gestaltung sozialer Interaktionen. Dabei werden Verträge im nicht-rechtlichen Sinn (ökonomische Verträge) als das Verhältnis zwischen den Wirtschaftsakteuren aufgefasst. Jedoch haben Unsicherheiten über das Verhalten der Vertragspartner zur Folge, dass diese stets unvollkommen sind und nach Vertragsabschluss konkretisiert und angepasst werden müssen. Bei Dienstleistungen binden sich die Partner bspw. durch **standardisierte Leistungsversprechen** aneinander (z. B. durch langfristige Wartungs-/Instandhaltungs- oder sonstige Serviceverträge), wodurch es zu einer starken Interaktion zwischen dem Personal des Anbieters und dem Kunden bzw. dessen Personal kommt. Serviceverträge zeichnen sich vor allem durch ein hohes Ausmaß an Erfahrungseigenschaften im Rahmen der Interaktion der Vertragspartner aus. Zudem investieren beide Vertragsparteien partnerspezifisch und sind auf das Fairplay der jeweils anderen Vertragspartei angewiesen. Ein Dienstleistungsunternehmen soll bspw. einerseits die Kopieranlagen eines Unternehmens regelmäßig warten und in einem vereinbarten, angemessenen Betriebszustand halten. Andererseits soll der Kunde die Geräte pfleglich behandeln und nur gemäß den Vertragsbestimmungen nutzen. Beide Parteien haben in dieser Konstellation jedoch stets den Anreiz, den eigenen Einsatz zu reduzieren bzw. die Nutzung der Kopieranlagen über die eigentliche Bestimmung hinaus auszuweiten. Gleiches gilt für einen Versicherungsvertrag, bei dem die Qualität der Behandlung des Schadenfalls, die Abwicklung und die Freundlichkeit der Mitarbeiter erst nach dem Eintreten eines Schadens beurteilt werden kann. Allerdings muss der Vertrag über die zu erbringenden Leistungen bereits im Vorfeld und auf einen längeren Zeitraum abgeschlossen werden. Dies erzeugt bspw. gerade im Bereich der privaten Krankenversicherung für beide Parteien eine erhöhte Unsicherheit, da hier die Vertragspartner durch regulatorische Wechselbarrieren stark eingeschränkt sind.

Einen anderen Fall stellen bspw. die Leistungen einer Unternehmensberatung dar. Es handelt sich hierbei meist um **nicht-standardisierte Leistungsversprechen**, die sich nicht nur durch Erfahrungseigenschaften, sondern auch durch Vertrauenseigenschaften auszeichnen und deren Ergebnis darum oftmals erst lange nach der eigentlichen Leistungserbringung, d. h. der Beratung und Implementierung von Verbesserungsvorschlägen, evaluiert werden kann. Zum Teil ist sogar nicht klar zu trennen, ob eine Verbesserung oder Verschlechterung der Situation auf den Beratungsinput oder auf andere wirtschaftliche Rahmenbedingungen zurückzuführen sind. Hier können explizite Anreize in die Vertragsgestaltung zwischen Anbieter und Nachfrager aufgenommen werden (z. B. variable Vergütungsbestandteile wie eine erfolgsabhängige Bezahlung oder Boni bei Zielerfüllung). Darüber hinaus dienen auch Kontrollen nach der Leistungserstellung bzw. implizite Verträge mit nicht kodifizierten Leistungsansprüchen (z. B. Kulanz) oder die Einhaltung von Qualitätsstandards zur Absicherung der Geschäftsbeziehung. Außerdem spricht sich das jeweilig gezeigte Verhalten und der Umgang mit auftretenden Problemen bei anderen Marktteilnehmern herum (Kaas und Posselt, 2007), sodass hier von der Wirksamkeit des Reputationsmechanismus ausgegangen werden kann, der opportunistisches Verhalten begrenzt (Spremann, 1988). Bei den genannten Beispielen treten allerdings je nach Grad der Vertrauenseigenschaften wieder die Messproblematik des Leistungsoutputs und ein Zurechnungsproblem zutage. Gerade bei Vertrauenseigenschaften einer Leistung ist die Messung des Outputs zum Teil mit hohen zusätzlichen Kosten verbunden bzw. gar unmöglich (z. B. bei einer Unternehmensberatung, wenn andere Einflüsse ebenfalls eine Rolle spielen). Möglicherweise kommt es bei Kulanz und Zufriedenheitsgarantien eines Anbieters sogar zu einem doppelten Moral-hazard, bei dem der Kunde mit sehr hoher Wahrscheinlichkeit die Gutmütigkeit des Dienstleistungsanbieters opportunistisch ausnutzen wird, indem generell eine schlechte Leistung unterstellt wird (Kaas, 2001). Darüber hinaus kann auch die mangelnde Weitergabe von Informationen durch den Auftraggeber zu einer Verschlechterung der wirtschaftlichen Situation beigetragen haben, sodass sich prinzipiell beide Parteien in die Gefahr der Ausbeutung begeben. Ein Aufbau von Vertrauen in langfristigen Geschäftsbeziehungen, ein Verzicht auf kurzfristige Gewinne und die Pflege der Reputation am Markt spielen daher eine besondere Rolle. Als Vertrauen wird die freiwillige Einbringung einer Vorleistung unter Verzicht auf explizite vertragliche Sicherungs- und Kontrollmaßnahmen gegen opportunistisches Verhalten bezeichnet. Es besteht die Erwartung, dass sich die andere Vertragspartei trotz fehlender Schutzmaßnahmen nicht opportunistisch verhält (Göbel, 2021). Vertrauen ist damit eher eine Ergänzung zu expliziten Sicherungsmaßnahmen, es sei denn, der Reputationsmechanismus wirkt. Gleiches gilt für irreversible Investitionen in qualitätssteigernde Maßnahmen, wie bspw. die Investition in Humankapital und dessen Weiterbildung (z. B. bei Beratungsunternehmen oder gesundheitsbezogenen Dienstleistern).

Transaktionskostentheorie (Transaction-cost-theory)
Die Transaktionskostentheorie wurde bereits als eine zum Teil integrierende Theorie charakterisiert. Dies liegt vor allem daran, dass der so genannte Governance-Ansatz Teile der anderen Theorien beinhaltet (Williamson, 1975). Das Ziel der Transaktionskostentheorie besteht darin, organisationsrelevante Eigenschaften von Transaktionen ausfindig zu machen, da Transaktionen Kosten der Organisation wirtschaftlicher Aktivitäten in Form von Information, Kommunikation und Koordination erzeugen. Dabei soll für jeden Typ die jeweils effiziente Koordinationsform (Beherrschungs- und Überwachungsstruktur) bzw. diejenige Form ermittelt werden, die zu den vergleichsweise geringsten Transaktionskosten führt (Dietl, 2007). Im ursprünglichen Sinn sind Transaktionskosten die **Kosten der Marktinanspruchnahme** bzw. die Marketingkosten (Coase, 1937). Hierbei handelte es sich zunächst um externe Transaktionskosten für die Anbahnung, den Abschluss sowie die Überwachung und Durchsetzung von Verträgen. Mittlerweile zählen hierzu auch die internen Transaktionskosten der Information, Koordination, Kontrolle und Kommunikation in Organisationen. Allerdings handelt es sich nicht nur um Kosten im pagatorischen Sinn, sondern auch um Opportunitätskosten (Zeit, Mühe und verpasste Gelegenheiten). Informationsasymmetrien haben dabei einen besonderen Einfluss auf die Höhe der Transaktionskosten (Wiegandt, 2009). Die Transaktionskostentheorie stellt damit institutionelle Arrangements für wirtschaftliche Leistungsbeziehungen in den Vordergrund ihrer Betrachtung. Es gäbe also kein Organisationsproblem, würde die Art der Koordination ökonomischer Aktivitäten keine Kostenkonsequenzen zur Folge haben. Ein Dilemma besteht allerdings in der Mess- und Bewertungsproblematik von Transaktionskosten in

Unternehmen und in Geschäftsbeziehungen, mit der sich ein zweiter Bereich der Transaktionskostentheorie beschäftigt, der sog. Messkostenansatz (Alchian, 1984). Dieser wird für die generelle Betrachtung der Konsumption von Dienstleistungen jedoch vernachlässigt.

Bei der Übertragung von Verfügungsrechten im Sinne der Transaktionskostentheorie kommen Markt-, Unternehmens- und politische Transaktionskosten zur Geltung, wobei Letztere zum Aufbau und zur Erhaltung eines Wirtschaftssystems dienen und damit die institutionellen Rahmenbedingungen des Wirtschaftens festlegen. Marktliche Koordinationsformen zeichnen sich gegenüber unternehmensinterner Koordination (Hierarchie) durch eine wesentlich höhere Anreizintensität aus, vor allem wenn keine spezifischen Investitionen bspw. in eine Technologie oder Geschäftsbeziehung getätigt werden müssen und die praktische Abwicklung und Vereinbarung durch das Vorhandensein einer ausreichenden Zahl potenzieller Austauschpartner am Markt sowie eine umfassende Vertragsgestaltung leicht möglich und kontrollierbar sind. Demgegenüber sind die bürokratischen Kontrollmechanismen bei unternehmensinterner Koordination ausgeprägter als bei marktlichen Koordinationsformen, erzeugen aber höhere Transaktionskosten und Inflexibilität (Dietl, 2007). Die Transaktionskostentheorie ist durch zentrale **Verhaltens- und Umweltannahmen** geprägt, welche in ihrem Zusammenspiel zu einer Informationsverkeilung (Information Impactedness) führen können und die resultierenden Transaktionskosten damit in die Höhe treiben (Williamson, 1975):

- Begrenzte Rationalität: Dieser Annahme folgend sind Informationen nicht kostenlos erhältlich und wegen der beschränkten menschlichen Informationsaufnahme- und -verarbeitungskapazitäten nicht uneingeschränkt zu verwenden; zudem sind die für das Zustandekommen einer Transaktion relevanten Informationen ungleich verteilt.
- Opportunismus: Dies bedeutet, dass Wirtschaftsakteure Eigennutzenmaximierer sind und ihren eigenen Vorteil auch zum Nachteil anderer Akteure mit List und Tücke suchen; Opportunismus setzt Informationsasymmetrie voraus und birgt vor allem gepaart mit spezifischen Investitionen eine Ausbeutungsgefahr.
- Unsicherheit: Tritt als parametrische (umweltbezogene) und strategische (verhaltensbedingte) Unsicherheit auf; vor allem die strategische Unsicherheit über die Leistungsfähigkeit und den Leistungswillen der Wirtschaftsakteure, gepaart mit opportunistischen Verhalten, wirkt transaktionskostenerhöhend.
- Spezifität: Das Problem der Spezifität wird dadurch eklatant, dass spezifische Investitionen in eine Geschäftsbeziehung höhere Erträge (Quasirenten) erzeugen, die jedoch in keiner anderen Verwendung realisiert werden können, und dadurch Abhängigkeiten schaffen; Ausprägungen sind Standort-, Sach-/Humankapital-, Abnehmer-, Zeit- und Markennamenspezifität.

Neben diesen Grundannahmen wirken sich auch die Transaktionshäufigkeit (Wiederholung von Transaktionen in Geschäftsbeziehungen) und die Transaktionsatmosphäre (Umwelt, faire Abwicklung, Vertrauen und Reputation) auf die **Transaktionskostenstruktur** und deren Höhe aus, weil sich die Koordinationsaufgaben für gelegentliche und ständig wiederholbare Transaktionen auch auf Dienstleistungsmärkten unterscheiden (vgl. Abb. 2.10). Einerseits amortisieren sich spezifische Investitionen mit zunehmender Häufigkeit in engen Kooperationen oder durch die unternehmensinterne Erstellung einer Dienstleistung gegenüber den Kosten der permanenten Suche nach neuen Austauschpartnern (flexible Marktlösung). Alle Beteiligten machen so Erfahrungen miteinander und fassen Vertrauen, welches andererseits die Geschäftsbeziehung stabilisiert und opportunistisches Verhalten durch eine positive Atmosphäre eindämmt, allerdings die Marktpartner nicht vollkommen vor Opportunismus schützt (Kaas, 1995b). Das opportunistische Verhalten nach Vertragsabschluss und damit die Gefahr der Ausbeutung lässt sich letztendlich nur durch die Vertragsgestaltung, rechtliche Zwangsmittel und finanzielle Anreize absichern (Dietl, 2007).

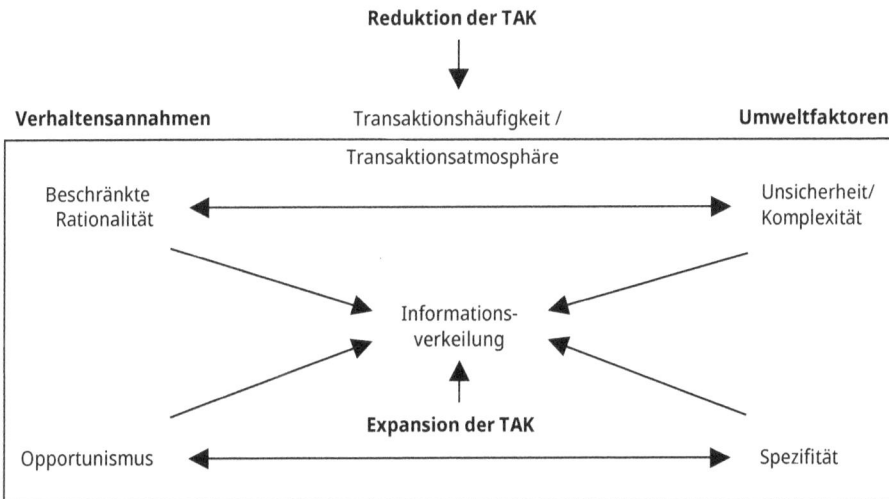

Abb. 2.10: Verdeutlichung der Annahmen der Transaktionskostentheorie (Klein, 2004).

Durch Investitionen in eine **langfristige Geschäftsbeziehung** mit dem Aufbau von Vertrauen zwischen den Marktpartnern, welches zu einer hohen Bindungsintensität führt, können bei wiederholter Inanspruchnahme desselben Dienstleistungsanbieters Such-, Wechsel- und Informationskosten reduziert werden (Meffert et al., 2018). Darüber hinaus trägt Wettbewerb auf Dienstleistungsmärkten dazu bei, dass Anbieter sich nicht opportunistisch verhalten, sofern Nachfrager den Anbieter bspw. bei standardisierten Dienstleistungen problemlos wechseln können. Wenn zusätzlich noch ein effektiver Reputationsmechanismus wirkt, dann sinkt die Gefahr der Ausbeutung für den Nachfrager. In Bezug auf das Problem der Spezifität kann jedoch selbst bei einer ex-ante unspezifischen Investition durch eine fundamentale Transformation diese ex-post spezifisch werden. Dies ist bspw. durch den Aufbau von Spezialwissen eines Mitarbeiters des Dienstleisters oder das erlangte Wissen in einer Kundenbeziehung gegeben. Vor dem

Vertragsabschluss herrscht intensiver Wettbewerb, bei dem auf Dienstleistungsmärkten bspw. viele potenzielle Anbieter einer großen Menge von Nachfragern gegenüberstehen. Nach dem Vertragsabschluss sammeln gerade auf individualisierten Dienstleistungsmärkten, durch die starke Interaktion von Anbieter und Nachfrager, beide Vertragsparteien transaktionsspezifisches Know-how und tätigen partnerspezifische Investitionen, sodass die Geschäftsbeziehung sich fundamental transformiert. Geeignete Kooperationsdesigns zur nachvertraglichen Absicherung sind dann Anreizsysteme, Garantien und eine Selbstbindung durch spezifische Investitionen der jeweils anderen Marktseite. Aus den Ausführungen wird deutlich, dass sich der Beitrag der Transaktionskostentheorie insbesondere für das Kaufverhalten im B2B-Bereich eignet, wo, neben der Existenz von langfristigen Geschäftsbeziehungen (gilt auch für den B2C-Bereich), vor allem höhere spezifische Investitionen der Marktpartner getätigt werden. In diesen Zusammenhang passt auch, dass die Transaktionskostentheorie einen wichtigen Beitrag zur Entstehung von Unternehmen liefert (Richter und Furubotn, 2010; Göbel, 2021).

2.2.2 Verhaltenswissenschaftliche Ansätze

Die Diskussion im vorangegangenen Abschnitt hat gezeigt, dass ökonomische Theorien, die unter dem Terminus der NIÖ diskutiert werden, auf die Problembereiche der Produktion und insbesondere der Konsumption von Dienstleistungen angewendet werden können. Außerdem können Handlungsempfehlungen abgeleitet werden, die allerdings eher globalerer Natur sind und generelle Konstellationen der Vermarktung erklären helfen (Bayon, 1997). Darüber hinaus ist es unerlässlich, dass Verhalten von Nachfragern auf Dienstleistungsmärkten in bestimmten Situationen aus verhaltenswissenschaftlicher Perspektive zu beleuchten, um aus der Erklärung von konkreten Ursache-Wirkungs-Beziehungen Handlungsempfehlungen für das Management von Dienstleistungsunternehmen und die Gestaltung der Instrumente des Marketings in den verschiedenen Dienstleistungsbranchen abzuleiten (Bruhn et al., 2019). Damit gewinnen vor allem **psychologische und soziologische Theorien** an Bedeutung, die eher in der Lage sind, einen Blick auf konkrete Entscheidungssituationen zu lenken. Bereits im vorherigen Abschnitt wurden auf Basis informationsökonomischer Ansätze das Problem der asymmetrischen Informationsverteilung vor dem bzw. während des Konsums von Dienstleistungen diskutiert. Dies führt zu Unsicherheiten auf der Nachfragerseite, ob die Dienstleistung seitens des Anbieters in der entsprechenden Qualität erbracht werden kann, weil bspw. die internen Produktionsfaktoren des Anbieters (z. B. das eingesetzte Personal und die Hilfsmittel in der Service-Situation) erst in der Endkombination (Uno-actu) offengelegt werden und sich auch erst dann die Auswirkungen auf die erbrachte Qualität der Dienstleistung zeigen. Gleiches gilt für die Anbieterseite, da Nachfrager sich selbst, Informationen über sich (z. B. im Rahmen einer ärztlichen Diagnose) oder weitere externe Produktionsfaktoren (z. B. Gegenstände im Verantwortungsbereich des Nachfragers) in den gemeinsamen Wertschöpfungsprozess einbringen (Maleri und Frietzsche, 2008). Diese Situation führt auf Dienstleistungsmärkten zu einem höheren wahrgenommenen Risiko in der Vermarktung und damit zu einer besonderen Bedeutung des Vertrauensaufbaus bzw. der Reputation am Markt. Dies wurde an den Eigenschaften von Gütern (Such-, Erfahrungs- und Vertrauenseigenschaften) ausführlich dargelegt (Zeithaml, 1981).

Sowohl das wahrgenommene Risiko als auch das wahrgenommenen Vertrauen sind Konstrukte (Gröppel-Klein und Kobel, 2017), die verstärkt in den **Verhaltenswissenschaften** diskutiert werden (Kroeber-Riel und Gröppel-Klein, 2019); sie können als zwei Seiten einer Medaille betrachtet werden. Mit einem Abbau des Risikos folgt gleichzeitig ein Aufbau des wahrgenommenen Vertrauens gegenüber einem Dienstleistungsanbieter. Darüber hinaus spielen jedoch weitere Faktoren bei der Konsumption von Dienstleistungen eine wichtige Rolle. Im verhaltenswissenschaftlichen Kontext existieren auf der einen Seite Strukturmodelle, die sich mit einzelnen Einflussfaktoren auf das Kaufverhalten von Nachfragern befassen und damit eine eher statische Erklärungskraft besitzen (Meffert et al., 2019). Dabei werden vor allem partielle, d. h. einzelne Einflussfaktoren wie Informationsaufnahme, Motivation, Einstellung oder Involvement betrachtet (Kroeber-Riel und Gröppel-Klein, 2019), da sich die so genannten Totalmodelle aufgrund ihrer Komplexität und der Besonderheiten unterschiedlicher Branchen, Unternehmen und Nachfrager als wenig praktikabel gezeigt haben (Bruhn et al., 2019). Bei Totalmodellen handelt es sich eher um eine theoretische Gesamtsicht auf das Kaufverhalten, bei der versucht wird, alle Faktoren gleichzeitig einzubeziehen (z. B. Blackwell et al., 2005; Howard und Sheth, 1969). Auf der anderen Seite verfolgen Prozessmodelle eine eher dynamische Sicht auf den gesamten Kaufentscheidungsprozess. Hier hat sich das Modell von Kotler durchgesetzt (Kotler und Armstrong, 2020; Kotler und Keller, 2016), welches streng genommen ebenfalls als Totalmodell zu bezeichnen ist (Meffert et al., 2019). Kotler und Armstrong (2020) teilen den Kaufentscheidungsprozess eines Nachfragers in fünf Phasen ein. In Prozessmodellen wird folglich auf die einzelnen Phasen der Kaufentscheidung fokussiert, wenngleich diese selbstverständlich von den einzelnen Einflussfaktoren auf das Kaufverhalten flankiert werden, sodass beide verhaltenswissenschaftlichen Ansätze, sowohl die Struktur- als auch die Prozessmodelle, in einem engen Zusammenhang gesehen werden können. Ein vor allem in der Werbeforschung zum Einsatz kommendes Prozessmodell ist das so genannte AIDA-Modell (Lewis, 1903). Das Akronym setzt sich aus den einzelnen Komponenten Attention (Aufmerksamkeit), Interest (Interesse), Desire (Wunsch) und Action (Handlung) zusammen (Meffert et al., 2019) und gilt als Paradigma der Werbegestaltung. Der Rezipient durchläuft idealtypisch die unterschiedlichen Prozessstufen an denen sich eine wirksame Werbung orientieren sollte, um schließlich das gewünschte Kaufverhalten für ein Produkt oder eine Dienstleistung auszulösen. In einer Gesamtsicht können sowohl die einzelnen Partialansätze, die sich mit den Einflussfaktoren auf das Entscheidungsverhalten von Konsumenten befassen, als auch das weiter unten im Vordergrund stehende 5-Phasenmodell des Kaufverhaltens (Kotler und Armstrong, 2020; Kotler und Keller, 2016) auf die Konsumption von Dienstleistungen übertragen werden.

Ausgangspunkt der im Rahmen von Partialansätzen betrachteten Faktoren mit Einfluss auf das Kaufverhalten war die Weiterentwicklung der behavioristischen zur neobehavioristischen Psychologie. Die **Behavioristen** sahen im Individuum vor allem eine Blackbox, die auf verschiedene Reize (Stimuli) der Umwelt auf Basis psychischer und biologischer Prozesse im menschlichen Körper unterschiedlich reagiert (Kroeber-Riel und Gröppel-Klein, 2019; Scharf et al., 2022). Das Verhalten kann im Sinne des Behaviorismus bezgl. des zugeführten Reizes zumindest in Teilen erklärt werden (Mazur, 2006; Voeth und Herbst, 2013). Bekannte Ansätze der Forschung hierzu sind die Experimente von Pawlow mit der klassischen Konditionierung (Pawlowscher Hund) sowie die Studien von Skinner mit der operanten Konditionierung (Skinner-Box) von Tieren. Die dabei durchgeführten Tierexperimente haben, vereinfacht ausgedrückt, gezeigt, dass der Organismus in der Lage ist zu Lernen und dass aufgrund eines Stimulus ein bestimmtes Verhalten hervorgerufen werden kann (ausführlich Mazur, 2006; Schiffman und Wisenblit, 2015). Dies kann auch auf die Situation auf Dienstleistungsmärkten übertragen werden. Stimuli der Dienstleistungsanbieter können bspw. in der Form von Werbung über die Erhältlichkeit einer Leistung oder über Preisinformationen gesendet werden. Potenzielle Nachfrager reagieren entsprechend, wenn der Anbieter sein Dienstleistungsangebot bspw. verknappt oder saisonal beschränkt. Außerdem wählen Nachfrager unterschiedliche Verkaufsstätten, Absatzwege oder Anbieter. Dieser Ansatz mag in einfachen Kaufentscheidungssituationen zu befriedigenden Ergebnissen führen, ist aber vor dem Hintergrund eines komplexen Marktumfeldes mit zahlreichen Anbietern und Nachfragern nur bedingt einsatzfähig bzw. umsetzbar. Darüber hinaus ist viel bedeutsamer, dass die Aussagekraft der behavioristischen Forschung im Hinblick auf das individuelle Kaufverhalten stark eingeschränkt ist, weil es daran mangelt, dass die Frage nach dem Grund des individuellen Verhaltens nicht geklärt werden kann. So existieren nur zwei beobachtbare Variablen, nämlich Reiz (Stimulus) und Verhalten (Response) des Individuums (vgl. Abb. 2.11).

Aus diesem Grund entwickelte sich der **Neobehaviorismus** als weitere Strömung der Psychologie, der davon ausgeht, dass ein Stimulus (S) erst im Organismus (O) verarbeitet wird und dann zu einer Reaktion bzw. Response (R) führt. Der Organismus stellt folglich die nicht-beobachtbare, intervenierende Variable (Blackbox) dar, welche im Hinblick auf weitere Bestandteile näher untersucht wird (Kotler und Armstrong, 2020; Scharf et al., 2022). Mit der Weiterentwicklung der behavioristischen zur neobehavioristischen Forschung wurde also versucht, den Organismus quasi aufzuspalten und stärker die Gründe des Verhaltens und den Kaufentscheidungsprozess in den Fokus zu rücken. So wird in dem heute vorherrschenden Stimulus-Organism-Response-Modell (SOR-Modell) davon ausgegangen, dass im Organismus Motivations-, Entscheidungs- und Lernprozesse stattfinden, mit Hilfe derer das Konsumverhalten besser erklärt werden kann. Meffert et al. (2019) bezeichnen diese auch als intrapersonale Faktoren des Nachfragers. Intrapersonale Faktoren werden oftmals unter den Termini der aktivierenden (emotionalen) und kognitiven Prozesse zusammengefasst, wobei diese nicht immer eindeutig voneinander zu trennen sind (z. B. bei der Einstellung eines Individuums zu einem Objekt, bei der

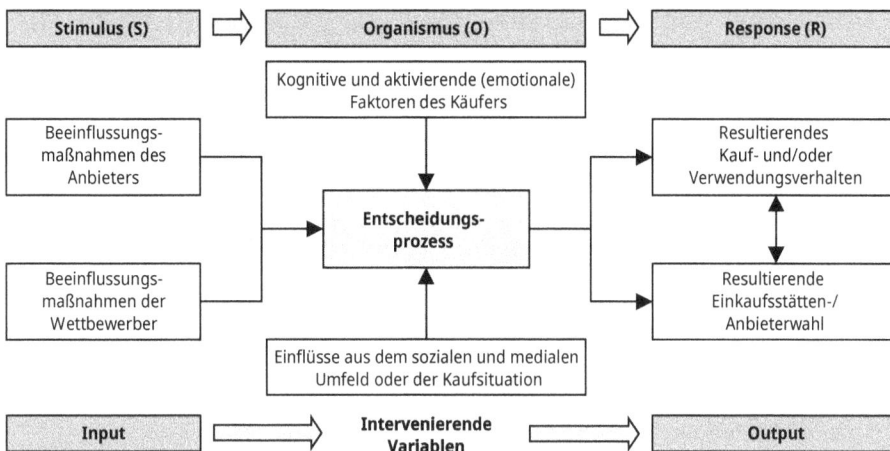

Abb. 2.11: SOR-Modell des Kaufverhaltens (in Anlehnung an Voeth und Herbst, 2013).

beide Perspektiven zusammenfließen), sondern es herrschen allenfalls entweder die emotionale oder die kognitive Perspektive vor bzw. interagieren diese (Kroeber-Riel und Gröppel-Klein, 2019). Zudem hat sich die Kaufverhaltensforschung dahingehend weiterentwickelt, dass mit der Soziologie eine weitere Verhaltenswissenschaft Einzug gehalten hat, welche soziale Faktoren, die außerhalb des Individuums liegen (z. B. Gruppenzugehörigkeit, kultureller Hintergrund oder mediale Einflüsse), in die Betrachtung integriert. In der Literatur werden diese als interpersonelle Faktoren bezeichnet (Meffert et al., 2019). In den Ansatz kann auch das oben diskutierte Prozessmodell integriert werden, indem berücsichtig wird, dass die Einflussfaktoren unter Hinzunahme bzw. Betrachtung eines situativen Kontextes auf den Entscheidungsprozess im Individuum wirken (Kotler und Armstrong, 2020), wenngleich dieser in einer separaten Modellklasse diskutiert und in einzelne Phasen zerlegt wird. Damit verbindet das SOR-Modell mit der weitergehenden Untersuchung des Organismus die Ansatzpunkte der Psychologie, die sich stärker mit dem Individuum befasst, und der Soziologie, welche den Fokus auf die Interaktion zwischen Individuen legt. Beide Verhaltenswissenschaften werden damit quasi als Hilfswissenschaften in Ergänzung zu den ökonomischen Ansätzen verwendet, um das Kaufverhalten von Individuen auf Dienstleistungsmärkten in unterschiedlichen Situationen erklären zu können. Darüber hinaus werden bei der Erklärung des Kaufverhaltens die Erkenntnisse und Theorien der Kommunikationswissenschaft im Kontext sozialer Einflussfaktoren einbezogen, wenn folglich stärker auf Einflüsse aus dem medialen Umfeld der Nachfrager und deren Erklärungsbeitrag für das Kaufverhalten fokussiert wird. So liefert die Konstruktion der medialen Umwelt eines Nachfragers und die dadurch begründete selektive Informationsaufnahme, weil Nachfrager bspw. bestimmte mediale Angebote bevorzugen, ebenfalls einen wichtigen Erklärungsbeitrag zum Konsumverhalten. In diesen Kontext fallen auch die Rezeption von und die Interaktion in den sozialen Medien. Der so genannten Agenda-setting-Hypothese folgend, bestimmt die Medienagenda zudem die Publikumsagenda, d. h., diejenigen Themen in einer Gesellschaft, die für wichtig empfunden bzw. diskutiert und daher auch gekauft und konsumiert werden (Röhner und Schütz, 2020).

Meffert et al. (2019) folgend beschäftigt sich die Kaufverhaltensforschung damit, die zentralen Bestimmungsgründe des Nachfragerverhaltens zu identifizieren und entsprechende Erklärungsansätze zu liefern, um steuernd auf Märkte Einfluss nehmen zu können. Im Zusammenhang mit dem vorliegenden Buch handelt es sich vor allem um das Kaufverhalten auf Dienstleistungsmärkten, bei dem die Charakteristika dieses Wirtschaftsgutes zu berücksichtigen sind. So können mit Meffert et al. (2019) folgende **zentrale Fragestellungen** abgeleitet werden (auch Scharf et al., 2022):

– Wer kauft? (Kaufakteure und Träger der Kaufentscheidung),
– Was? (Kaufobjekte),
– Warum? (Kaufmotive),
– Wie? (Kaufentscheidungsprozesse und -praktiken),
– Wie viel? (Kaufmenge),
– Wann? (Kaufzeitpunkt und -häufigkeit) und
– Wo bzw. bei Wem? (Einkaufsstätten- und Lieferantenwahl).

Kognitive Faktoren

In Bezug auf kognitive Prozesse des Individuums greift die Forschung auf die bereits oben erwähnten behavioristischen **Lerntheorien** der klassischen und operanten Konditionierung zurück (Voeth und Herbst, 2013). In diesem Kontext sind kognitive Prozesse gedankliche, rationale Vorgänge im Individuum, folglich eine willentliche Steuerung des Verhaltens (Kroeber-Riel und Gröppel-Klein, 2019). In der Literatur werden diese gedanklichen Prozesse analog zur elektronischen Informationsverarbeitung in die Informationsaufnahme (Aufmerksamkeit), die -verarbeitung (Wahrnehmung) und die -speicherung (Lernen und Gedächtnis) unterteilt (Hoyer et al., 2018; Kroeber-Riel und Gröppel-Klein, 2019; Scharf et al., 2022), wobei oftmals das Modell des menschlichen Gedächtnisses zur Visualisierung herangezogen wird (vgl. Abb. 2.12).

Die **Informationsaufnahme** setzt in einem ersten Schritt voraus, dass ein Organismus bereit ist, einen äußeren Reiz (Stimulus) aufzunehmen, was über das Ultrakurzzeitgedächtnis geschieht, den so genannten sensorischen Informationsspeicher bzw. Ultrakurzzeitspeicher (Esch et al., 2017). Dazu wird die Aufmerksamkeit des Individuums benötigt, die einen Filter darstellt, wie viel mentale Aktivität ein Nachfrager einem bestimmten Stimulus zubilligt. Die Aufmerksamkeit ist limitiert, sie ist selektiv und sie kann geteilt werden, wobei von fokussierter (ein Objekt) und nicht fokussierter Aufmerksamkeit (mehrere weitere Objekte) gesprochen wird (Hoyer et al., 2018).

In einem zweiten Schritt schließt sich die **Informationsverarbeitung** der gebotenen Reize im Übergang zum Kurzzeitgedächtnis (Kurzzeitspeicher) an. Dieser Prozess wird auch als Wahrnehmung bezeichnet. Bei der Wahrnehmung selektiert das Indivi-

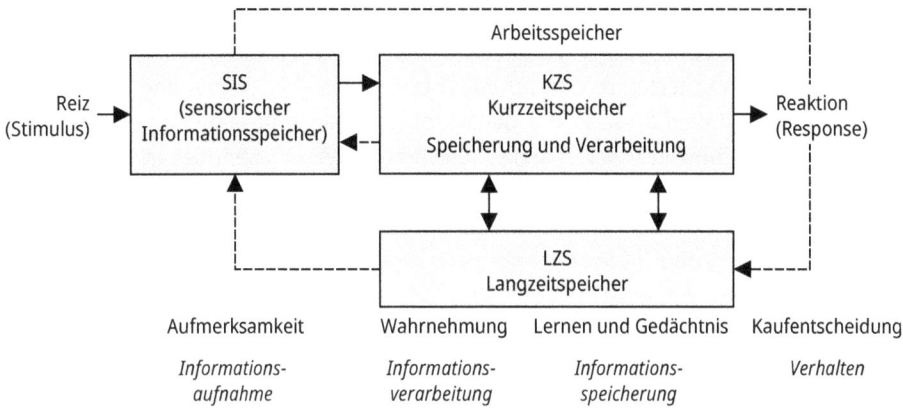

Abb. 2.12: Modell des menschlichen Gedächtnisses (in Anlehnung an Esch et al., 2017).

duum nach der Wichtigkeit und Bedeutung, es findet also eine Beurteilung statt, um das Gehirn nicht durch die einströmenden Reize zu überlasten. Der Prozess der Wahrnehmung besteht in der Auseinandersetzung mit den Eigenschaften eines Stimulus, welche über die fünf Sinne (Seh-, Hör-, Geschmacks-, Geruchs- und Tastsinn) stattfindet (Solomon, 2019). Nach Kroeber-Riel und Gröppel-Klein (2019) nehmen Nachfrager bevorzugt solche Reize wahr, die den eigenen Bedürfnissen und Wünschen entsprechen. Um überhaupt wahrgenommen zu werden, müssen die einströmenden Reize zudem eine Mindestintensität haben (Hoyer et al., 2018; Solomon, 2019). Unterschwellige Reize werden in diesem Kontext auch als subliminal bezeichnet. Inwieweit diese für das Marketing eingesetzt werden können, ist in der Wissenschaft umstritten. Dennoch kursieren immer noch Gerüchte um ein Experiment des Marktforschers James M. Vicary, in dem dieser angeblich unterschwellige Werbung getestet haben soll. Ebendieses fiktive Experiment wurde in dem Buch von Packard (1957) zu den so genannten geheimen Verführern aufgegriffen und damals unter dem Vorwurf der Manipulation von Nachfragern kontrovers diskutiert. Allerdings hat sich herausgestellt, dass das Experiment so nie stattgefunden hat. Trotzdem wird von Zeit zu Zeit über diese Werbetechnik der kurzzeitigen, unterschwelligen Darbietung von Marken, Produkten etc. und ihre Wirksamkeit diskutiert. Um die Wahrnehmung von Nachfragern zu erlangen, werden, im Gegensatz zu subliminalen Reizen, allerdings so genannte Schlüsselreize (Cues), wie bspw. Humor, Kinder oder erotische Darstellungen eingesetzt (Schiffman und Wisenblit, 2015).

An den Prozess der Verarbeitung schließt sich in einem dritten Schritt die **Informationsspeicherung** an, die in der Literatur auch unter den Termini Lernen und Gedächtnis bzw. Erinnern diskutiert wird (Hoyer et al., 2018; Kroeber-Riel und Gröppel-Klein, 2019; Mazur, 2006; Solomon, 2019). Bei dieser werden Informationen in assoziativen Netzwerken bzw. Schemata im Langzeitgedächtnis (Langzeitspeicher) strukturiert und kategorisiert, was als Wissen bezeichnet wird (Hoyer et al., 2018), aus denen diese dann bei Bedarf durch die Erinnerung hervorgerufen werden können. In der Kognitionsforschung wird noch einmal zwischen dem prozeduralen Gedächtnis, welches im Stamm- und Kleinhirn lokalisiert wird und für das Erlernen von Fertigkeiten und Handlungen zuständig ist, und dem deklarativen Gedächtnis, welches Informationen über Objekte und deren Beziehungen untereinander speichert, unterschieden (Scharf et al., 2022). Für diesen Teil des Gedächtnisses ist die Sprache eine wichtige Voraussetzung. Zudem wird das deklarative Gedächtnis einerseits in das semantische Gedächtnis unterteilt, das Fakten, Regeln und Interpretations- bzw. Problemlösungsmuster abspeichert, und andererseits in das episodische Gedächtnis, das autobiografisch angelegt ist und vor allem die eigene Person betrifft, indem die zeitliche Abfolge erlebter Episoden gespeichert wird (Kroeber-Riel und Gröppel-Klein, 2019). Das prozedurale Gedächtnis beruht auf unbewussten, impliziten Vorgängen. Wenn ein Konsument ein Produkt oder eine Dienstleistung nutzt, kommt es dabei zu automatisierten Prozessen (z. B. bei der Nutzung eines Autos, von Skiern oder der Bedienung einer Maus oder eines Computers für eine Suchanfrage). Dagegen wird das deklarative Gedächtnis angesprochen, wenn in der Werbung Personen als Testimonials bestimmte Aussagen zu Produkten und Dienstleistungen tätigen. Im Rahmen des eigenen Konsumverhaltens erinnert sich das Individuum dann möglicherweise daran, dass bspw. eine Persönlichkeit des öffentlichen Lebens ein bestimmtes Produkt oder die Services eines bestimmten Anbieters nutzt und damit zufrieden ist oder auf deren Vorzüge hinweist (Scharf et al., 2022). Insgesamt betrachtet stehen aus der Marketingsicht beim Lernen insbesondere die Einprägung von Marken, Produkten, Dienstleistungen, Werbebotschaften und Unternehmen im Vordergrund (Esch et al., 2017), wodurch es am Ende zu einer Reaktion (Response) kommen soll, die dazu führt, dass Nachfrager als Verhaltenskomponente bestimmte Marken oder Produkte respektive Dienstleistungen kaufen bzw. präferieren oder sich zumindest an die Werbung für ebendiese erinnern (Mazur, 2006; Solomon, 2019).

Aktivierende (emotionale) Faktoren

Stärker emotionale Prozesse werden auch als aktivierende Prozesse bezeichnet, da die Aktivierung als innerer Erregungszustand das Fundament für zahlreiche weitere psychologische Prozesse im Individuum bildet (Voeth und Herbst, 2013). Grundlegend für den Einstieg in die zentralen Konstrukte der Emotion, Motivation, Einstellung und des Involvements bildet damit die Aktivierung eines Organismus. Die **Aktivierung** setzt den Organismus in eine Verhaltensbereitschaft und ist somit die Wachheit eines Individuums. Ohne die Aktivierung kann es nicht zur Aufmerksamkeit in Bezug auf einen bestimmten Umweltreiz kommen (Solomon, 2019). Die Stärke der Aktivierung ist folglich ein Maß dafür, wie wach, reaktionsbereit und leistungsfähig das Individuum ist. Allerdings kann es in diesem Kontext, der Lambda-Hypothese folgend, auch zu einer Überaktivierung kommen (Kroeber-Riel und Gröppel-Klein, 2019). Die Lambda-Hypothese besagt, dass mit zunehmender Aktivierung des Organismus die Leistungsfähigkeit zunächst steigt, ab einem maximalen Aktivierungsniveau dann aber wieder abnimmt. Die Aktivierung wird darum oftmals im Sinne einer Gauß-Kurve von Schlaf über entspannte Wachheit, die wache Aufmerksamkeit, starke Erregung bis Panik dargestellt (Voeth und Herbst, 2013). Eine solche Überaktivierung des Organismus kann daher zu panikartigen Reaktionen führen, wodurch das genaue Gegenteil, nämlich keine Leistungsbereitschaft erzielt wird. Mit der Leistungsbereitschaft eines Individuums ist aus der Marketingperspektive gemeint, dass ein Individuum wach ist und bspw. die Bereitschaft zeigt, die Werbebotschaft eines Dienstleistungsanbieters zu lernen oder im Rahmen eines Verkaufsgesprächs die Informationen des Vertriebsmitarbeiters aufzunehmen und aktiv zu verarbeiten (Wahrnehmung).

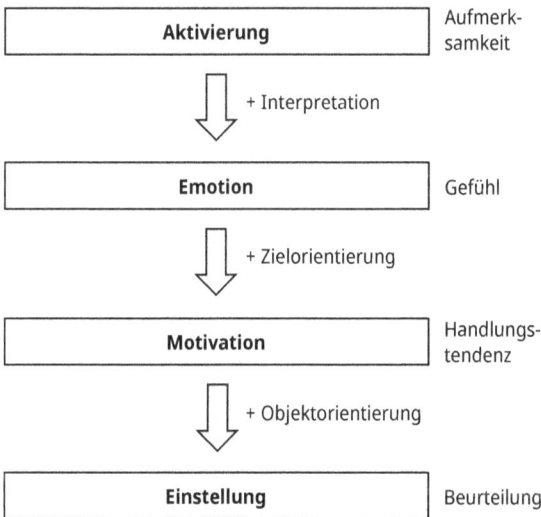

Abb. 2.13: Zusammenhang der aktivierenden Prozesse (in Anlehnung an Esch et al., 2017).

Emotionen sind innere Erregungsvorgänge, die sich zwar nach außen zeigen können und mehr oder weniger bewusst erlebt werden, aber prinzipiell auf das eigene Erleben gerichtet sind. Es handelt sich bei Emotionen um zentralnervöse Erregungsmuster, die zusätzlich vom Organismus interpretiert werden (Kroeber-Riel und Gröppel-Klein, 2019). Die Resultate können positive oder negative innere Bilder sein. Allerdings fehlt Emotionen i. d. R. eine Ausrichtung auf konkrete Handlungsziele (vgl. Abb. 2.13). Emotionen werden im Marketing von Dienstleistungsunternehmen eingesetzt, um bspw. positive Stimmungen zu erzeugen und Sympathie zu wecken. Dazu werden oftmals die oben genannten Kindchen- oder Erotik-Schemata als Schlüsselreize (Cues) eingesetzt (Kroeber-Riel und Gröppel-Klein, 2019), welche die Wahrnehmung steigern sollen. Hierzu gehört zusätzlich der Einsatz von Humor, um Botschaften des Anbieters besser aufzunehmen. Gleichzeitig können aber auch mit Furcht-Appellen, wie sie von Versicherungen werblich eingesetzt werden, negative Emotionen erzeugt werden, die

das Individuum veranlassen sollen, bspw. eine Hausrat-, Kranken-, Diebstahlschutz-
oder Sterbeversicherung abzuschließen.

In Erweiterung dessen ist die **Motivation** eines Individuums eine Emotion, die
mit einer Zielorientierung in Bezug auf ein bestimmtes Verhalten verknüpft ist. Um
ein vorgegebenes Ziel zu erreichen, muss der Organismus folglich eine gewisse
Handlungstendenz zeigen. Streng genommen sind Motive überdauernde wertgela-
dene Eigenschaften (Dispositionen) im Hinblick auf Ziele, wohingegen die Motivation stärker den Prozess zu einem bestimmten Zeitpunkt ausdrückt, der sich aus der
subjektiven Erwartung, dass ein bestimmter Zustand eintritt, und dem diesen bei-
gemessenen Wert (Valenz) zusammensetzt (Vroom, 1964). Die Motivation zum Handeln wird also durch Motive ausgelöst. In der Psychologie wird noch zusätzlich zur
Handlungstendenz die eigentliche Auslösung der Handlung durch Willenskraft diskutiert und als Volition bezeichnet (Heckhausen und Gollwitzer, 1987). Dieser Blick
auf die Motivation eines Individuums fokussiert stärker auf den Prozess und stellt
deshalb eine Prozesstheorie der Motivation dar. Zudem wird deutlich, dass mit der
Willenskraft kognitive und emotionale Faktoren in Verbindung miteinander stehen.
Dagegen hat Maslow (1943) mit seiner Bedürfnispyramide einen sozialpsychologischen Ansatz vorgelegt, welcher zu den Inhaltstheorien der Motivation zählt und
stärker die einzelnen Faktoren hervorhebt. Im eigentlichen Sinn stellt die Pyramide
von Maslow eine hierarchische Abbildung von Bedürfnissen, d. h. Mangelempfinden, des Individuums dar (Kotler und Armstrong, 2020). Das Individuum möchte
Maslow folgend dieses Mangelempfinden abstellen und entwickelt darum eine
Handlungstendenz, die Stufen der Pyramide nach oben zu streben. Maslow (1943)
unterteilt physiologische, Sicherheits-, soziale und individuelle Bedürfnisse als Man-
gelbedürfnisse sowie final das Streben nach Selbstverwirklichung als unstillbares
Wachstumsbedürfnis auf der obersten Stufe. Dazu müssen die jeweils unteren Stufen jedoch sukzessiv befriedigt worden sein. Insgesamt ist die Bedürfnispyramide
von Maslow eine sehr positive Theorie der Motivation, die bspw. kein Machtstreben
oder Gewalt enthält sowie keine kulturellen Unterschiede einbezieht. Zudem geht
Maslow davon aus, dass jeder Mensch stets nach Höherem strebt. Folglich ist die
Bedürfnispyramide wissenschaftlich umstritten und empirisch wenig belegt, darum
ist sie auch eher als eine idealtypische Taxonomie von Motiven zu verstehen.

Kombination aktivierender und kognitiver Faktoren

Im Gegensatz zu den bisher behandelten Konstrukten ist die **Einstellung** einer Person
die individuelle Motivation im Hinblick auf ein bestimmtes Objekt, welches ein Thema,
eine Person oder eine Sache sein kann. Bei der Einstellung wird die zuvor diskutierte Motivation mit einer kognitiven Beurteilung verknüpft, d. h. bei dem Konstrukt der Einstellung verbinden sich emotionale und kognitive Aspekte des Kaufverhaltens noch viel
stärker als dies bisher angedeutet wurde (Kroeber-Riel und Gröppel-Klein, 2019). Zudem
handelt es sich bei der Einstellung um eine zeitlich überdauernde Disposition gegenüber

einem Objekt (Solomon, 2019). Im Sinne der in der Literatur allgemein akzeptierten Dreikomponententheorie der Einstellung, die auf Rosenberg und Hovland (1960) zurück geht, kommt neben diesen beiden Komponenten noch die Intention hinzu (konative Komponente), ein bestimmtes Verhalten auch durchzuführen (z. B. Hoyer et al., 2018; Schiffman und Wisenblit, 2015). In älteren Studien zur Einstellung wird davon ausgegangen, dass die Einstellung das Verhalten bestimmt. Zudem werden zwischen der Intention für eine Handlung und dem tatsächlichen Verhalten hohe Korrelationen unterstellt, sodass davon auszugehen ist, dass bei einer Intention (Verhaltensabsicht) eines Individuums ein entsprechendes Verhalten (z. B. Kauf, Miete oder Leasing) mit hoher Wahrscheinlichkeit erfolgt (Ajzen und Fishbein, 1980; Gefen et al., 2003; Grewal et al., 1998; Gupta et al., 2004).

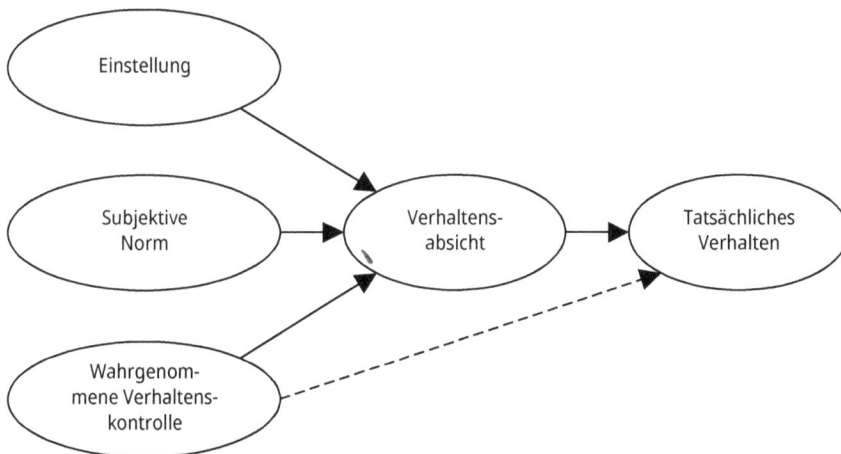

Abb. 2.14: Theorie des geplanten Verhaltens (Ajzen, 1991).

In Bezug auf die **Messung von Einstellungen** gibt es zahlreiche Ansätze, die vor allem auf die kognitive und emotionale Beurteilung der betrachteten Objekte abstellen. Hierbei spielen die Verknüpfung von Idealvorstellungen der Nachfrager und der realen Wahrnehmung eines Objekts eine wichtige Rolle (vgl. Boltz und Trommsdorff, 2022; Kroeber-Riel und Gröppel-Klein, 2019; Solomon, 2019). Außerdem zeigen neuere Forschungsansätze (siehe Esch et al., 2017), dass situative Faktoren, Persönlichkeitsmerkmale und das Involvement (Ich-Beteiligung) als relevante Faktoren in die Betrachtung einbezogen werden sollten, um Einstellungen vollumfänglich abzubilden. Außerdem legen Fishbein und Ajzen (1975) mit der Theory-of-reasoned-action (TRA) und Ajzen (1985/1991) mit der Weiterentwicklung zur Theory-of-planned-behavior (TPB) einen vielzitierten und wichtigen Beitrag zur Erklärung der Beziehung zwischen Einstellungen und geplantem Verhalten vor (vgl. Abb. 2.14), indem zunächst in der TRA mit der subjektiven Norm, d. h. die soziale Kontrolle durch andere Individuen, und darauf aufbauend in der TPB mit der so genannten wahrgenommenen Verhaltenskontrolle (z. B. auf Basis persönlicher oder situativer Faktoren wie Budget- und Zeiteinflüsse) weitere Erklärungsfaktoren einbezogen werden (siehe Kroeber-Riel und Gröppel-Klein, 2019). Zudem wurde die TPB im Marketing als Verhaltensbasis in die Innovationsforschung integriert bzw. insbesondere in der Akzeptanzforschung zu neuen Technologien weiterentwickelt (z. B. Davis, 1989; Davis et al., 1989; Venkatesh et al., 2012). Insgesamt wird deutlich, dass, ausgehend von der Aktivierung des Organismus, bis hin zur Einstellung gegenüber Objekten der Grad der kognitiven Beteiligung zunimmt. Darüber hinaus herrscht Einigkeit darüber, dass die psychologischen Konstrukte einer Operationalisierung und Messung bedürfen, um voneinander unterschieden werden zu können (Kroeber-Riel und Gröppel-Klein, 2019). Schließlich wird bereits an der TRA/TPB deutlich, dass psychologische Einflussfaktoren in Beziehung zu sozialen Aspekten des individuellen Entscheidungsverhaltens stehen, d. h. der sozialen Kontrolle durch andere Menschen aus dem direkten und/oder weiteren Umfeld des Nachfragers.

Im vorherigen Abschnitt wurde angedeutet, dass das **Involvement** einen Verstärker der individuellen Einstellung zu einem Objekt darstellt respektive diese zumindest beeinflusst (vgl. Abb. 2.15). Das Involvement wird auch als Ich-Beteiligung bezeichnet, welches gleichzeitig eine Brücke zu den weiter unten behandelten Prozessmodellen des Kaufverhaltens bildet. Die Forschung zum Involvement geht unter anderem auf Lastovicka (1979) und Laurent und Kapferer (1985) zurück und hat in vielen Bereichen im Marketing Anwendung gefunden (siehe Klein und Sharma, 2022a).

Zaichkowsky (1985) definiert Involvement als die individuell **wahrgenommene Relevanz** eines Objektes basierend auf den eigenen Bedürfnissen, Werten und Interessen. Damit ist das Involvement als Metakonzept nicht nur auf konkrete Produkte, sondern auch auf Situationen und Personen übertragbar, weil der Terminus des Objekts in der Involvement-Forschung generisch verwendet wird und dadurch verschiedene Arten des Involvements existieren (Solomon, 2019). Im Marketing wird oftmals von hohem und niedrigem Involvement eines Individuums gesprochen, wobei mit der Zunahme der Stärke des Involvements gleichzeitig die kognitive Steuerung zunimmt. Im Umkehrschluss dazu nimmt mit der Abnahme der Stärke des Involvement die emotionale Steuerung des Individuums zu (Esch et al., 2017), sodass es zu einem unterschiedlichen Vorgehen bei der individuellen Entscheidungsfindung kommt. Außerdem sprechen Kroeber-Riel und Gröppel-Klein (2019) beim Involvement von einem hypothetischen Konstrukt, welches einen individuellen Zustand der Aktivierung kennzeichnet, der sich wiederum auf das gedankliche Entscheidungsengagement und damit auf die Suche nach Informationen im Entscheidungsprozess auswirkt (Voeth und Herbst, 2013). Der Entscheidungsprozess eines Indiviuums wird weiter unten im Detail diskutiert. Zudem wird das Involvement in der Literatur oftmals als zentrales Konstrukt gesehen (Boltz und Trommsdorff, 2022), welches viele Entscheidungen von Nachfragern im Kaufentscheidungsprozess erklären kann (z. B. Sharma und Klein, 2020), wodurch die angesprochene Brückenfunktion, d. h. die Bedeutung des Involvements für das Zusammenwirken kognitiver und emotionaler Prozesse im Verhalten von Nachfragern hervorgehoben wird (Kroeber-Riel und Gröppel-Klein, 2019).

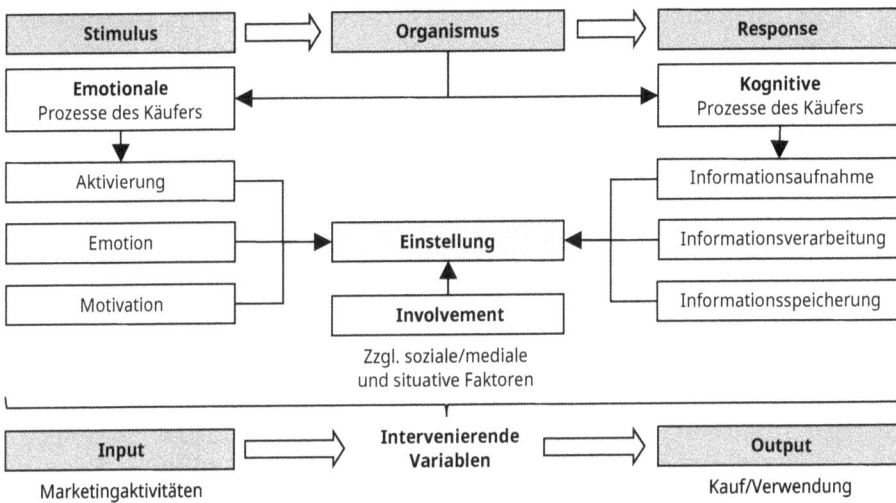

Abb. 2.15: Zusammenfassung aktivierender und kognitiver Prozesse (in Anlehnung an Voeth und Herbst, 2013).

Neben den bisher erörterten Einflussgrößen wird in der Kaufverhaltensforschung auch das Konstrukt des **wahrgenommenen Risikos** als entscheidungsbeeinflussende Variable diskutiert. Das individuell wahrgenommene Risiko bei einer Transaktion entsteht aus den unterschiedlichen Informationsständen zwischen Anbieter und Nachfrager, wie sie auch die Informationsökonomik diskutiert. Diese führen zu einer Unsicherheit über die Konsequenzen eines Kaufs oder einer Nutzung, d. h. dem Grad zu dem Zustände in der Zukunft nicht vorhergesagt werden können, respektive das Ausmaß bzw. die Eintrittswahrscheinlichkeit dafür, dass sich diese Konsequenzen negativ auswirken (Kroeber-Riel und Gröppel-Klein, 2019). Bauer (1960/1967) unterstellt dabei, dass die Nachfrager ihr empfundenes Risiko möglichst geringhalten wollen. Darüber hinaus unterscheidet die Risikotheorie unterschiedliche Arten des wahrgenommenen Risikos (Homburg, 2020; Hoyer et al., 2018). Dazu gehören das finanzielle Risiko, welches Nachteile sind, die ein einzelner Nachfrager bei Fehlkäufen zu tragen hat. Dies spielt insbesondere bei hohen Preisen von Produkten oder Dienstleistungen eine wichtige Rolle, da dort die Verluste bei Fehlkäufen besonders hoch sind. Nachfrager werden in solchen Fällen deutlich mehr Zeit auf die Informationssuche aus unterschiedlichen Quellen verwenden, um damit eine asymmetrische Informationsverteilung abzubauen und das eigene Informationslevel zu heben. Anbieter können diesen Teil des Risikos durch eigene Websites, ausführliche Beschreibungen, Referenzkunden und Weiterempfehlungen, eigene Produkt- und Dienstleistungstests oder den Verweis auf Drittparteien wie die Stiftung Warentest abbauen. Darüber hinaus besteht das funktionale Risiko, welches dadurch entsteht, dass ein Produkt oder eine Dienstleistung nicht in der ausgelobten Art und Weise funktionieren. Hier wirken insbesondere Funktions- oder Geld-zurück-Garantien bei Unzufriedenheit, um diesen Teil des wahrgenommenen Risikos abzubauen. Beim physischen Risiko bestehen zudem körperliche Gefährdungen und beim psychischen Risiko wirken sich diese emotional und kognitiv aus, was bei Fehlkäufen mit starker Markenidentifikation der Fall sein kann, wenn das neue Produkt nicht die Erwartungen erfüllt. Auch hier wirken die bereits genannten Instrumente, um diesen Teil der wahrgenommenen Risiken abzubauen. Bauer (1960) unterscheidet zudem das soziale Risiko, was daraus entsteht, dass Individuen sich am Verhalten und an den Beurteilungen ihrer Mitmenschen orientieren. Ein sozialer Konsum spielt insbesondere vor dem Hintergrund der Bezugsgruppen eines Individuums oder dem kulturellen Hintergrund eine sehr wichtige Rolle, wie sie weiter unten diskutiert werden. So versucht das Individuum durch entsprechendes Konsumverhalten, d. h. Konformität, sich der Gruppe zuzuordnen und keine negativen Sanktionen zu erfahren. Schließlich kann ein zeitliches Risiko dadurch entstehen, dass Zeit aufgewendet werden muss, um bspw. eine Dienstleistung in Anspruch zu nehmen und dass zudem zusätzliche Zeit aufgewendet werden muss, um diese nochmals bzw. bei einem anderen Anbieter wahrzunehmen, wenn der ursprüngliche Dienstleister nicht die erwartete respektive ausgelobte Qualität erbracht hat. Gleiches gilt für ein nicht die Erwartungen erfüllendes Produkt, welches nochmal gekauft werden muss, was dann wiederum mit dem finanziellen Risiko einhergeht. Wirtz und Lovelock (2022) verweisen im Zusammenhang mit dem wahrgenommenen Risiko darauf, dass im Gegensatz zu Produkten, die bei Unzufriedenheit oder Mängeln umgetauscht werden können, diese Möglichkeit bei Services durch die Intangibilität an den meisten Stellen nicht gegeben ist. Dies ist insbesondere immer dann der Fall, wenn die Dienstleistungen an Personen oder an deren Eigentum vollbracht werden und bspw. keine Sachgüter involviert sind, die ausgetauscht werden können (z. B. ein verschmutzter Leihwagen).

Im Gegensatz zum wahrgenommenem Risiko ist das **wahrgenommene Vertrauen** der Gegenspieler, d. h. die andere Seite der Medaille, die hilft, das wahrgenommene Risiko in einer bestimmten Kaufsituation zu reduzieren (Meffert et al., 2019). Somit steigt mit einem Abbau des wahrgenommenen Risikos gleichzeitig das wahrgenommene Vertrauen in einen Dienstleistungsanbieter, in Produkte oder Marken etc. Dagegen ist umgekehrt davon auszugehen, dass bei einem hohen wahrgenommenen Vertrauen tendenziell ein geringeres wahrgenommenes Risiko besteht. Hierbei wird bereits die Bedeutung von Marken und des Reputationsaufbaus eines Anbieters durch eine starke Marke bzw. das Markenversprechen deutlich. Auch das wahrgenommene Vertrauen wurde bei den Vertrauenseigenschaften in der Informationsökonomik diskutiert. So entsteht Vertrauen aus der sozialen Interaktion zwischen Menschen, die auf unterschiedliche Art von anderen Menschen abhängen, um ihre persönlichen Ziele zu erreichen. Seit Morgan und Hunt (1994) wird das Vertrauenskonstrukt im Marketing verstärkt vor dem Hintergrund des Aufbaus von Beziehungen diskutiert (auch Bauer et al., 2006; Gröppel-Klein und Kobel, 2017). Außerdem wird nach Mayer et al. (1995) Vertrauen oftmals als die Bereitschaft einer Seite dieser sozialen Interaktion bezeichnet, sich den Handlungen der anderen Seite unter der Erwartung auszusetzen, dass diese Handlungen in einer bestimmten Art und

Weise vorgenommen werden, unabhängig von der Möglichkeit diese zu überwachen. Typisch dafür ist, dass der Vertrauende damit verwundbar ist und, wie auch in der Transaktionskostentheorie erörtert, die Gefahr des opportunistischen Verhaltens besteht. Diese relativ technisch klingende Abgrenzung umfasst sowohl emotionale (z. B. die Verwundbarkeit und die Vorteilsnahme durch Opportunismus) als auch kognitive Aspekte (z. B. durch die Vorhersage des Ergebnisses). Vertrauen in einen Dienstleistungsanbieter umfasst Mayer et al. (1995) folgend zunächst die Kompetenz (Ability), d. h. die Fähigkeit des Anbieters, eine Leistung auf dem geforderten Niveau und damit entsprechend der getätigten Vereinbarungen zu erbringen. Darüber hinaus spielt die Redlichkeit (Integrity) eine wichtige Rolle, d. h. der Leistungsanbieter hält das, was er verspricht, und handelt bei der Leistungserstellung entsprechend. Schließlich ist das Wohlwollen (Benevolence) eine weitere zentrale Komponente, d. h. der Leistungserbringer handelt im Sinne des Nachfragers und versucht nicht, lediglich seinen eigenen Nutzen aus der Transaktion zu maximieren. Im Marketing werden in Bezug auf eine Messung des wahrgenommenen Vertrauens häufig diese drei allgemein anerkannten Dimensionen getestet (Colquitt et al., 2007; Schlosser et al., 2006). Darüber hinaus werden in der Literatur mit der Glaubwürdigkeit, der Reputation, der Verlässlichkeit, der Anpassungsbereitschaft, der Vorhersagbarkeit und der Gegenseitigkeit noch weitere Komponenten in das wahrgenommene Vertrauen einbezogen, die teilweise einen engen Bezug zueinander haben und damit nicht immer klar voneinander abzugrenzen sind (Bauer et al., 2006; Gröppel-Klein und Kobel, 2017; Lorbeer, 2003). Letztendlich spielt die Vertrauensneigung (Trust-propensity) des Nachfragers eine weitere wichtige moderierende Rolle, die Stärke der vom Individuum wahrgenommenen Vertrauenswürdigkeit (Trustworthiness) des Leistungserbringers zu beurteilen. Gerade vor dem Hintergrund der Intangibilität des Leistungsergebnisses und der oftmals fehlenden Erfahrung mit einem Service-Provider spielt im Dienstleistungsmarketing das Vertrauen in den Anbieter eine wichtige Rolle. Vertrauen in den Leistungserbringer kann zudem durch eine vorhandene hohe Reputation am Markt unterstützt werden.

Weiterhin spielen im Kontext psychologischer Konstrukte **wahrgenommene Dissonanzen** eines Nachfragers eine Rolle zur Erklärung des Kaufverhaltens. Hierzu liefert die Dissonanztheorie einen wichtigen Erklärungsbeitrag, die von Festinger (1957) begründet wurde und davon ausgeht, dass Nachfrager ein dauerhaftes Gleichgewicht ihres kognitiven Systems (Konsistenz) anstreben und damit Unstimmigkeiten in ihren Einstellungen und ihrem Verhalten abbauen bzw. zu vermeiden versuchen (Kroeber-Riel und Gröppel-Klein, 2019). Der Theorie folgend wird davon ausgegangen, dass Nachfrager eine Dissonanz dadurch ausgleichen, dass sie weitere bestätigende Informationen vor und nach einem Kauf suchen, die die eigene Entscheidung unterstützen (z. B. die Bestätigung durch Anbieterwerbung, Testinformationen oder die positiven Urteile von Freunden und Bekannten). Dagegen vermeiden oder verdrängen sie die Informationen, die die Dissonanz erhöhen und im Widerspruch zur beabsichtigten oder getätigten Entscheidung stehen (z. B. negative Testergebnisse, Kritik von Freunden oder Werbung von potenziellen Wettbewerbern). Dissonanz bezieht sich damit zum einen auf die Informationsaufnahme und zum anderen auf Wahlentscheidungen im Kaufprozess (Kroeber-Riel und Gröppel-Klein, 2019). Die Stärke der Dissonanz hängt mit Faktoren wie der eigenen Kompetenz, dem Informationsniveau, der persönlichen Verantwortung für eine Kaufentscheidung und der subjektiven Toleranz gegenüber kognitiven Unstimmigkeiten zusammen, die in der Konsequenz zu negativen Emotionen führen. Aus der Marketingperspektive eines Dienstleistungsanbieters werden kognitive Dissonanzen durch persönliche Gespräche, After-sales-Services oder Möglichkeiten des Direktmarketings (z. B. Kundenbriefe oder E-Mails) abgebaut, indem der Nachfrager nochmals in seiner Kaufentscheidung bestätigt bzw. beglückwünscht wird und die Vorzüge des eigenen Leistungsangebots hervorgehoben werden. Zudem kann der Dienstleistungsanbieter im Vorfeld des Vertragsabschlusses versuchen, die Unstimmigkeiten aus der Welt zu räumen, indem bspw. Testurteile oder Qualitätsberichte vorgelegt werden, auf eine hohe Anzahl von Referenzkunden oder Empfehlungen verwiesen wird oder Zufriedenheitsgarantien gegeben werden.

Soziale Einflüsse
In Bezug auf interpersonelle Einflüsse auf das Kaufverhalten sind auch soziale und mediale Faktoren von Bedeutung. Hierbei handelt es sich grob gesagt um Einflüsse, die aus der Umwelt auf das Individuum einwirken. Dargestellt an einem **Schalenmodell** stellt die innere Schale die psychologischen (emotional/kognitiv) und persönlichen Faktoren (z. B. Alter, Einkommen und Wohnort) des Nachfragers dar, wohingegen die äußere Schale weitere soziale und mediale Einflüsse auf das Kaufverhalten beinhaltet (Kotler und Armstrong, 2020). Hierzu zählen die Familie, die soziale Schicht oder der kulturelle Hintergrund. Außerdem unterscheiden Kroeber-Riel und Gröppel-Klein (2019) die physische (Landschaft, Gebäude etc.) und die soziale Umwelt (durch menschliche und tierische Interaktion konstruiert), wobei in beiden Dimensionen sowohl die nähere (z. B. Familie, Freunde und Büro) als auch die weitere Umwelt (z. B. Organisationen wie Parteien) des Nachfragers abgegrenzt werden (vgl. Abb. 2.16).

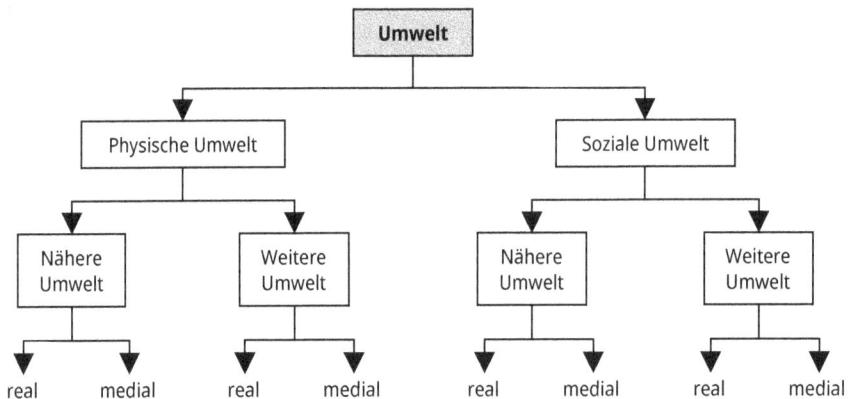

Abb. 2.16: Physische und soziale Umweltdimensionen (Kroeber-Riel und Gröppel-Klein, 2019).

Zudem kann es sich bei der **Umwelt** um die Erfahrungsumwelt handeln, die vom Nachfrager durch direkte Kontakte wahrgenommen wird, und um die Medienumwelt, die nur indirekt, durch die Einschaltung von Medien (z. B. klassische Massenmedien wie Radio und Fernsehen oder soziale Medien) erzeugt wird (Kroeber-Riel und Gröppel-Klein, 2019). Durch diese Unterscheidung wird zum einen deutlich, dass die Umwelt durch Dinge und andere Individuen konstruiert wird, und zum anderen, dass der Nachfrager i.d.R. mit seiner Umwelt interagiert und dadurch eine Beeinflussung auf das eigene Entscheidungsverhalten resultiert. Dabei üben andere Individuen einen schwächeren und/oder stärkeren Einfluss aus, je nach Prädisposition des Einzelnen. Im Marketing wird dies durch Messskalen wie die so genannte Beeinflussungsneigung (Susceptibility-to-interpersonal-influence) versucht abzubilden (Bearden et al., 1989). Außerdem wird untersucht, inwieweit der Medienkonsum einen Einfluss auf das individuelle Kaufverhalten hat, was auch für die Schaltung von zielgruppengenauer Werbung von Bedeutung ist. In den folgenden Ausführungen wird vor allem auf die nähere und weitere soziale bzw. mediale Umwelt des Nachfragers fokussiert und weniger auf die physische Umwelt.

Im Kontext der sozialen Umwelt kann auf die Bedeutung von **sozialen Gruppen** verwiesen werden. Eine Gruppe wird als Mehrzahl von Personen bezeichnet, die über einen längeren Zeitraum in wechselseitigen Beziehungen zueinander stehen (Kroeber-Riel und Gröppel-Klein, 2019). Dabei ist das Ausmaß des Gruppeneinflusses auf das eigenen Kaufverhalten stark von der Identifikation mit der Gruppe gesteuert (Esch et al., 2017; Meffert et al., 2019). Identifiziert sich ein Individuum stark mit einer Gruppe, dann wird diese auch als Bezugs- oder Referenzgruppe (Peer-group) bezeichnet (Schiffman und Wisenblit, 2015; Solomon, 2019). In der Literatur wird darüber hinaus zwischen informalen Gruppen (Primärgruppen) wie dem Freundeskreis oder der Familie und formalen Gruppen (Sekundärgruppen) wie Gewerkschaften, Parteien oder Unternehmen unterschieden, bei denen ein Individuum aktives oder passives Mitglied sein kann (Mitgliedschaftsgruppe). Damit existiert bei einer formalen Mitgliedschaft auch eine formale Organisation dieser Gruppen (Meffert et al., 2019), wohingegen diese formale Organisation bei Primärgruppen wie bspw. der Familie oder dem Freundeskreis entfällt (Kroeber-Riel und Gröppel-Klein, 2019). In diesem Kontext ist das Konzept des Meinungsführers (Opinion-leadership) bedeutsam, welcher bei sozialen Medien (Social-media) auch als Influencer bezeichnet wird (Schiffman und Wisenblit, 2015). Solche Meinungsführer haben im Kommunikationsprozess einen besonderen Einfluss auf die Meinungen, Einstellungen und das Verhalten von Nachfragern. Damit ist Meinungsführung keine erkennbare Eigenschaft einer Person, sondern sie stellt auf die Kommunikation in Gruppen ab (Kroeber-Riel und Gröppel-Klein, 2019). Meinungsführer finden sich daher in allen weiter unten diskutierten sozialen Schichten und sind oftmals Experten, weil sie sich mit einem bestimmten Themengebiet gut auskennen bzw. sich besonders intensiv damit beschäftigen (Homburg, 2020). Darüber hinaus können Meinungsführer auch institutionalisiert sein (z. B. Wissenschaftler oder Politiker). Allerdings ist die Meinungsführerschaft sehr stark auf einzelne, spezifische Produktkategorien bezogen, d. h., dass einzelne Personen innerhalb einer Gruppe keine Meinungsführer über sämtlichen

Produkte und Dienstleistungen sind und dort Hilfestellung im Konsum durch Kommunikation und Sanktionierung von Fehlverhalten geben, sondern nur in eng abgegrenzten Bereichen (Schiffman und Wisenblit, 2015).

In Bezug auf den Einfluss von sozialen Gruppen und Meinungsführern (Influencern) auf das Entscheidungsverhalten streben Individuen tendenziell **positive Sanktionen** an (z. B. Lob und Zustimmung) und verhalten sich damit im Hinblick auf ihre Bezugsgruppe konform, um den vorgegebenen Gruppennormen (Wertvorstellungen) zu genügen. So wird unterstellt, dass individuelles Verhalten oftmals stärker von sozialen Normen und Bezugsgruppeneinfluss abhängt als von individuellen Prädispositionen (Kroeber-Riel und Gröppel-Klein, 2019). Darüber hinaus möchte das Individuum durch eine Konsumdemonstration seine soziale Gruppenzugehörigkeit (z. B. zur Umweltbewegung) nach außen zeigen (Solomon, 2019). Gerade im Kontext von Social-media wird darauf verwiesen, das persönliche Kommunikation bzw. Mund-zu-Mund Propaganda (Word-of-mouth) und Referenzen durch andere Nachfrager oder positive Bezugsgruppen, mit denen sich ein Individuum identifiziert (z. B. Musikgruppen, Schauspieler oder Umweltaktivisten) einen deutlich stärkeren Einfluss auf die einzelne Kaufentscheidung haben, weil eine höhere Glaubwürdigkeit unterstellt wird. Gleichzeitig kann es durch negative Mund-zu-Mund Propaganda zu erheblichen Gewinneinbußen kommen, wenn dadurch eine Gruppe von Nachfragern Konsumverzicht ausübt, wodurch Meinungsführer und Influencer bzw. deren Identifikation eine wichtige Zielgruppe bezgl. der unternehmensseitigen Kommunikation sind (Kilian und Kreutzer, 2022; Solomon, 2019). Dieser Zusammenhang wird im Rahmen der Kommunikationspolitik erneut anhand des zweitstufigen Kommunikationsmodells aufgegriffen (Schiffman und Wisenblit, 2015). Allerdings verweisen Kroeber-Riel und Gröppel-Klein (2019) auch darauf, dass es zu Unabhängigkeit oder Anti-Konformität kommen kann, wenn sich Individuen von bestimmten Gruppen distanzieren wollen. Solomon (2019) bezeichnet dies als negative Bezugsgruppen.

Eine besonders wichtige Gruppe, in der das Individuum zwangsläufig einen wichtigen Teil darstellt, ist die **Familie** (Hoyer et al., 2018; Schiffman und Wisenblit, 2015). Diese hat oftmals einen besonderen Einfluss auf das Verhalten von Nachfragern, da Individuen in eine Familie hineingeboren werden und dort über viele Jahre gemeinsam mit ihren Eltern leben (Esch et al., 2017). Damit fungieren die Eltern durch den engen und regelmäßigen persönlichen Kontakt als Rollenvorbilder für das eigene Konsumverhalten oder geben respektive leben Konsumnormen vor. Zudem werden oftmals familiäre Kaufentscheidungen als Gruppenentscheidungsprozess getroffen, bei denen es auf die Rollen und die Machtstellung der einzelnen Personen ankommt (Meffert et al., 2019). Aus diesem Grund spielen Familien und Kinder, denen bei bestimmten Produkten und Dienstleistungen ein wichtiger Einfluss auf kollektive Kaufentscheidungen zugesprochen wird, im Marketing und in der Werbung ebenso wie der Familienlebenszyklus sowie die familiäre Abstammung eine bedeutsame Rolle (Kroeber-Riel und Gröppel-Klein, 2019; Schiffman und Wisenblit, 2015).

Eng verwandt mit dem Begriff der sozialen Gruppe ist auch die soziale Schicht bzw. Lage/Klasse (Hoyer et al., 2018; Schiffman und Wisenblit, 2015). Die **soziale Schicht** ist eine Einordnung der Gesellschaft nach dem Status einzelner Individuen innerhalb der sozialen Hierarchie (Hoyer et al., 2018). Dabei wird der Status oftmals in Bezug auf das Einkommen und/oder die Schul-/Ausbildung bzw. den Beruf festgelegt, bei dem die gruppierten Individuen folglich den gleichen soziökonomischen Status haben. Daraus folgen Termini wie Unter-, Mittel- und Oberschicht oder auch Arbeiterklasse (z. B. Coleman, 1983; Hoyer et al., 2018; Solomon, 2019). Mit der sozialen Schichtzuordnung eines Individuums werden unterschiedliche Statussymbole und Konsummuster in Beziehung gebracht (Kroeber-Riel und Gröppel-Klein, 2019), die im Marketing von Dienstleistungen im Hinblick auf die Abgrenzung unterschiedlicher Zielgruppen zu beachten sind. Die Forschung zu sozialen Klassen und Schichten wurde allerdings als eindimensional und mit wenig Erklärungsbeitrag bezgl. komplexer und/oder variierender Verhaltensmuster kritisiert.

Daher wurden zweidimensionale Ansätze verfolgt, die neben der Schichtzugehörigkeit auch die **Lebensstile (Lifestyles)** von Menschen stärker berücksichtigen (Hoyer et al., 2018; Freter, 2008; Kroeber-Riel und Gröppel-Klein, 2019; Solomon, 2019). Durch den Lebensstil erhält das Verhalten eines Individuums über typische Einstellungen und Aktivitäten gesellschaftlicher Gruppen ein spezifisches Profil. Auch der familiäre Lebensstil, in dem das einzelne Individuum aufwächst, spielt eine prägende Rolle (Kroeber-Riel und Gröppel-Klein, 2019). Eine bekannte Lebensstiluntersuchung ist die so genannte VALS-Typologie (Value-and-lifestyle-Segmentierung), die auf Mitchell (1983) basiert und aktuell acht statt der ursprünglichen neun unterschiedlichen Lebensstile von Nachfragern herauskristallisiert (Piirto, 1991). Diese basieren auf den Ressourcen des Individuums, die sich, neben klassischen soziodemografischen Faktoren wie Alter, Einkommen und Bildungsgrad, auch auf die Persönlichkeitsmerkmale (z. B. Selbstvertrauen, Intellekt und Innovationsneigung) stützen. Die **Persönlichkeit** eines Individuums bezeichnet ein immanentes, einzigartiges und relativ stabiles Verhaltens-, Reaktions- und Kommunikationsmuster (Kroeber-Riel und Gröppel-Klein, 2019). In der VALS-Typologie existieren Survivors, mit geringen persönlichen Ressourcen, Believers, Strivers, Makers, Thinkers, Achievers, Experiencers, bis hin zu Innovatoren, welche die höchsten persönlichen Ressourcen aufweisen (VALS, 2022). Jedoch wurde die VALS-Typologie vor dem Hintergrund kultureller Besonderheiten als zu kulturspezifisch für den nordamerikanischen Kontinent und damit als wenig universell einsetzbar kritisiert.

Dagegen wurden die Ansätze der Lebensstilforschung in der deutschsprachigen Literatur mit der Schichtzugehörigkeit (soziale Lage) kombiniert und zu so genannten **sozialen Milieus** als zweidimensionalem Ansatz weiterentwickelt (Kroeber-Riel und Gröppel-Klein, 2019). Ein Beispiel stellen die Sinus-Milieus dar, die ebenso wie die VALS-Lebensstiltypologie eine grobe Einteilung der (deutschen) Bevölkerung in unterschiedliche Gruppen darstellen. Dazu wird neben der Schichtzugehörigkeit respektive sozialen Lage (Unterschicht/untere Mittelschicht, mittlere Mittelschicht und Oberschicht/obere Mittelschicht) die Grundorientierung von Menschen als philosophisches Lebensstilkonzept einbezogen. Hierbei handelt es sich vornehmlich um die **Werte** eines Menschen, also die Auffassung von Wünschenswertem, die für diesen kennzeichnend sind und gleichzeitig die Art, Mittel und Ziele des Handelns beeinflussen (Meffert et al., 2019). Die drei Oberkategorien enthalten die Begriffe Tradition, Modernisierung und Neuorientierung (Sinus, 2022). Zu den daraus abgeleiteten zehn sozialen Milieus gehören analog der Schichtzugehörigkeit von oben nach unten:

- expeditives Milieu (10 %),
- Milieu der Performer (10 %),
- postmaterielles Milieu (12 %),
- konservativ-gehobenes Milieu (11 %),
- traditionelles Milieu (10 %),
- nostalgisch-bürgerliches Milieu (11 %),
- adaptiv-pragmatische Mitte (12 %),
- konsum-hedonistisches Milieu (8 %),
- neo-ökologisches Milieu (8 %) und
- prekäres Milieu (9 %).

Auffällig ist an den Sinus-Milieus, dass die Größe der zehn Milieus sich mit annähernd 10 % gleich verteilen. Werden soziale Zusammenhänge, wie oben bereits angesprochen, als Schalenmodell dargestellt, dann existieren oberhalb von sozialen Gruppen und Schichten noch die Termini Subkultur und Kultur auf höher gelegenen Schalen des Modells. Insbesondere der Begriff der **Kultur** hat aufgrund von Migrationsbewegungen in den letzten Jahrzehnten bezgl. des Konsumentenverhalten und der Berücksichtigung im Marketing an Bedeutung gewonnen (de Mooji, 2019), da in unterschiedlichen Kulturkreisen unterschiedliche Konsummuster vorherrschen (Solomon, 2019; Zentes et al., 2013), die bei sämtlichen Vermarktungsbemühungen eines Dienstleistungsanbieters berücksichtigt werden müssen (De Mooij und Hofstede, 2002/2011; Müller und Gelbrich, 2015). Kroeber-Riel und Gröppel-Klein (2019) beschreiben Kultur als gesellschaftlich übereinstimmende Merkmale im Denken, Fühlen und Handeln. Außerdem verweist Solomon (2019) auf unterschiedliche Mythen, Rituale und Artefakte in verschiedenen Kulturen. In der Literatur wird oftmals die Definition von Hofstede (2001) herangezogen, der Kultur als eine kollektive Programmierung des Geistes (Collective-programming-of-the-mind) bzw. die mentale Software eines Individuums abgrenzt (Schiffman und Wisenblit, 2015). Spezifische kulturelle Verhaltensmuster umfassen damit Werte (Normen), gesellschaftliches Wissen und kultur-typische Handlungsmuster (Kroeber-Riel und Gröppel-Klein, 2019). Schiffman und Wisenblit (2015) bezeichnen Kultur auch als die unsichtbare Hand, die im Hintergrund auf natürliche Art und automatisch das Konsumverhalten leitet. Hofstede (2001) arbeitet in seinen empirischen Studien sechs unterschiedliche Dimensionen heraus auf denen sich Kulturen voneinander unterscheiden und die er während seiner Tätigkeit bei IBM auf Basis einer mehrjährigen Studie in ca. 60 unterschiedlichen Nationen herausgefiltert hat (Hofstede, 2022). Jedoch haben weitere Forscher andere oder zusätzliche kulturelle Dimensionen bzw. kulturelle Werte herausgearbeitet (z. B. Schwartz, 1992/1994; Schwartz und Bilsky, 1987). So ist eine weitere, relativ groß angelegte Untersuchung die auf House (1998) zurückgehende GLOBE-Studie (House et al., 2001; House et al., 2004), welche mittlerweile in ca. 150 Nationen durchgeführt wird (GLOBE, 2022). Teilweise überlappen sich die beiden Studien in Bezug auf die gefundenen Dimensionen (Kutschker und Schmid, 2011; Müller und Gelbrich, 2015), wobei in der GLOBE-Studie Führungs- und organisatorische Dimensionen ergänzt werden (vgl. Tab. 2.2).

Tab. 2.2: Kulturelle Dimensionen der Hofstede/GLOBE-Studie (Kutschker und Schmid, 2011; Müller und Gelbrich, 2015).

Hofstede	GLOBE	Kurzbeschreibung
Kollektivismus vs. Individualismus	Institutioneller Kollektivismus (I)	Gruppeninteressen haben auf mehreren Ebenen Vorrang vor individuellen Interessen; Ausrichtung des Handelns stärker an der Gruppe als an individuellen Bedürfnissen
	Gruppen-/ Familienkollektivismus (II)	
Maskulinität vs. Femininität	Selbstbewusstsein/ Bestimmtheit	Durchsetzungsorientierung, Dominanzstreben und Aggressivität im Handeln innerhalb der Gesellschaft
	Geschlechtergleichberechtigung	Männliche und weibliche Werte bzw. Vorstellungen stehen gleichberechtigt nebeneinander
Machtdistanz	Machtdistanz	Natürliche Existenz von Macht, Hierarchien sowie Unterschiede in der Gesellschaft wird eher akzeptiert oder eher abgelehnt
Unsicherheitsvermeidung	Unsicherheitsvermeidung	Individuen vermeiden unsichere und unbekannte Situationen (Ambivalenz), da diese Unbehagen erzeugen; sie wollen die Umstände lieber durch Regeln und Gesetze kontrollieren
Langzeit- vs. Kurzzeitorientierung		Langfristige Lösungen, Kontinuität, Beziehungen in Netzwerken und Traditionen werden stärker als kurzfristige Erfolge und Freizeit favorisiert
Nachgiebigkeit vs. Beherrschung		Individuen geben auf Basis ihrer Sozialisierung und Erziehung eher ihren Impulsen nach und belohnen sich oder versuchen ihre Wünsche stärker zu kontrollieren

Tab. 2.2 (fortgesetzt)

Hofstede	GLOBE	Kurzbeschreibung
	Leistungsorientierung	Ausmaß der Förderung und der Belohnung von Leistungen in einer Gesellschaft bzw. Honorierung von Innovationen
	Humanorientierung	Gesellschaftlicher Stellenwert von Freundlichkeit, Fairness sowie Altruismus
	Zukunftsorientierung	Planungen und Investitionen in die Zukunft werden gesellschaftlich praktiziert und auch geschätzt

Insbesondere die Forschung im Umfeld von Hofstede (2022) ist in der Literatur auch zahlreich kritisiert worden. Neben der methodischen Vorgehensweise bei der Extraktion der Dimensionen und dem Problem, dass es sich in der Originalstudie lediglich um IBM-Mitarbeiter handelte und damit wahrscheinlich die Organisationskultur einen Einfluss ausgeübt hat (Müller und Gelbrich, 2015), ist ein weiterer Kritikpunkt, dass die erhobenen Dimensionen auf der Makroebene Länder mit Kulturen gleichsetzen. Aufgrund von Migration und gesellschaftlicher Integration (z. B. innerhalb der Europäischen Union) wird es folglich zu einer Verschmelzung von Wertvorstellungen und gesellschaftlichen Normen kommen, da Kulturen nicht an Ländergrenzen enden (Fischer und Schwartz, 2011; McSweeney, 2002; Venaik und Brewer, 2013). Eine Forderung daraus ist, dass kulturelle Werte auf **Individualniveau** zu erheben sind, um zu verwertbaren Aussagen für das Management- und Marketinghandeln zu kommen (Müller und Gelbrich, 2015). Außerdem gibt es einen Streitpunkt darüber, ob sich verschiedene Kulturen aufgrund des zunehmenden Flugverkehrs, der Migration sowie der Digitalisierung und sozialer Medien eher angleichen (Konvergenzhypothese) oder eher auseinander bewegen (Divergenzhypothese), somit auch weiterhin unterschiedlich sind (Mitry und Smith, 2009; de Mooij, 2019; De Mooij und Hofstede, 2002; Parment, 2013). Andere Autoren sprechen von einer globalen Konsumentenkultur (Global-consumer-culture), bei der es zu regionalen Anpassungen im Konsum kommt, die aber gleichzeitig Unterschiede nicht verneint und dadurch versucht, die beiden sich widerstrebenden Positionen zu vereinen (Cleveland und Bartsch, 2019; Klein und Sharma, 2022b; Steenkamp, 2001/2019).

Während der Kulturbegriff in der Literatur als ein intergesellschaftlicher Begriff behandelt wird, existieren innerhalb von Gesellschaften **Subkulturen** (Mowen und Minor, 2001), die eine intragesellschaftliche Abgrenzung darstellen und damit bspw. die Bewohner eines bestimmten, räumlich abgegrenzten Gebiets sind (Kroeber-Riel und Gröppel-Klein, 2019). Subkulturen können auch soziale Gruppen oder Schichten innerhalb einer Gesellschaft sein (z. B. Religionsgemeinschaften, Migranten- oder Altersgruppen). In Bezug auf unterschiedliche Altersgruppen wird bspw. von den Baby Boomern, den Millennials (Generation Y) und der Generation Z (Zoomer) als abgrenzbare Kohorten bestimmter Geburtsjahrgänge gesprochen, denen darüber hinaus eigenständige Charakteristika und Verhaltensmuster unterstellt werden (Mowen und Minor, 2001; Schiffman und Wisenblit, 2015; Solomon, 2019). Allerdings ist kritisch anzumerken, dass es wahrscheinlich nicht die eine Jugendkultur gibt, d. h., dass alle Jugendlichen einer bestimmten Altersklasse (z. B. Baby Boomer oder Generation Z) gleiche Konsummuster zeigen (z. B. in Bezug auf ihre Social-media-Nutzung). Aus diesem Grund sollte auch das Konstrukt der Subkultur zunächst auf Individualniveau gemessen werden, um verwertbare Aussagen für das Dienstleistungsmarketing zu generieren (Gelbrich, 2017). Im Weiteren können dann Segmente (Cluster) mit Personen gebildet werden, die gleiche/ ähnliche soziodemografische Merkmale oder Verhaltensmuster aufweisen, und damit einer Subkultur zuzurechnen sind. Die Clusterbildung wird nochmals vertiefend bei den Auswertungsverfahren in der Marktforschung und bei der Marktsegmentierung im strategischen Marketing aufgegriffen.

Sozialpsychologische Ansätze

Im Kontext sozialpsychologischer Ansätze werden psychologische und soziologische Ansätze miteinander verbunden. Um das Anpassungsverhalten von Individuen in sozialen Gruppen, Schichten oder Kulturkreisen zu erklären, können Erkenntnisse der **Balancetheorie** herangezogen werden (Bruhn et al., 2019). Allgemein besagt diese, dass Personen bestrebt sind, sich den Erwartungen, Wünschen und Normen anzupassen, um ein psychisches Gleichgewicht herzustellen. Ebenso wie bei der Theorie kognitiver Dissonanzen versucht das Individuum, bestehende Spannungszustände abzubauen. Darum hat sich historisch gesehen die Balancetheorie aus der Theorie kognitiver Dissonanzen weiterentwickelt (Festinger, 1954/1957; Heider, 1944), sodass ein Individuum bspw. seine Einstellungen so justiert, dass ein Gleichgewicht herrscht. Allerdings geht der Fokus bei der Balancetheorie weiter, da diese speziell für die Arbeitsorganisation und damit für die Interaktion zwischen Menschen entwickelt wurde. Aus diesem Grund kann sie im Gegensatz zur Dissonanztheorie auf die Beziehung zwischen Mitarbeiter und Kunden auf Dienstleistungsmärkten übertragen werden. Bruhn et al. (2019) verweisen darauf, dass die Einstellung eines Mitarbeiters sich auf den potenziellen Kunden einer Dienstleistung überträgt. Auf der Basis der so genannten Mere-exposure-Hypothese (Obermiller, 1985), die besagt, dass die Stärke der Einstellung gegenüber einem Objekt über die Intensität des Kontakts gesteuert werden kann, würde dies bedeuten, dass der Mitarbeiter durch seine Kommunikation und seine eigene Persönlichkeit bzw. dem Auftreten gegenüber dem Kunden dessen Meinung zu einem bestimmten Leistungsangebot positiv beeinflussen kann. Dem Gedanken der Balancetheorie folgend liegt dies darin begründet, dass der Kunde bestrebt ist, sich seinem Gegenüber anzupassen. Hilfreich ist diese Erkenntnis bspw. beim Aufbau einer möglichst engen Kundenbeziehung im Kundenbindungsmanagement.

In einem weiteren Gedankengang hat sich aus der Balancetheorie die **Equity-Theorie** entwickelt, die als Gleichheits- oder Gerechtigkeitstheorie bezeichnet wird

(Adams und Rosenbaum, 1962). Die Equity-Theorie geht im Wesentlichen auf Adams (1963/1965) zurück und wurde zunächst auf die Arbeitsorganisation angewendet (Weinert, 2004). Der Kerngedanke ist, dass Menschen Vergleiche zwischen den geleisteten Bemühungen (Input) und den resultierenden Belohnungen (Output) anderer Menschen oder Gruppen von Menschen anstellen, die zum einen für das Individuum relevant sind und sich zum anderen in einer ähnlichen oder der gleichen Situation befinden. Kommt es zu Ungleichheiten in der Bewertung, dann resultiert Ungerechtigkeit (Inequity), die zu einem motivationalen Zustand im Individuum führt, die wahrgenommene Ungleichheit abzustellen (Weinert, 2004). Auch dies kann auf Fragestellungen des Dienstleistungsmarketings und damit des Managements von Austauschprozessen auf Dienstleistungsmärkten übertragen werden. So kann sich ein Nachfrager im Vergleich zu anderen Kunden eines Unternehmens benachteiligt fühlen, weil ein höherer Preis verlangt wird, die Mitarbeiter sich anders als erwartet verhalten oder Freunde und Bekannte von anderen Erfahrungen mit dem Anbieter berichten. Adams (1963/1965) verweist nun darauf, dass Individuen zur Wiederherstellung von Gerechtigkeit erstens ihren Input verringern, was im Dienstleistungsbereich den Grad der Integration in den Leistungserstellungsprozess bedeuten könnte. Zwei Folgen daraus wären, dass entweder die Qualität der Dienstleistung leidet oder der Anbieter einen größeren Input seiner internen Produktionsfaktoren leisten muss. Zweitens kann der Nachfrager seine Beziehung mit dem Dienstleistungsanbieter beenden, sofern keine vertragliche Bindung besteht, oder sobald diese vertragliche Bindung ausläuft (Homburg, 2020). Bestehen zudem die ersten beiden Möglichkeiten nicht, so kann das Individuum drittens seine Einstellung gegenüber den geleisteten Inputs (z. B. Geld, Zeit oder Informationen) und den erhaltenen Outputs (z. B. Menge und Qualität der Dienstleistung) verändern. Wie schon bei der Einstellung diskutiert, kommt es zu einer Veränderung der Beurteilung und damit zu einer Veränderung der kognitiven Komponente der Einstellung. Hierbei ist kritisch anzumerken, dass es aufgrund der Immaterialität der Leistung und der bereits im Rahmen der Informationsökonomik (Dominanz von Erfahrungs- und Vertrauenseigenschaften) angesprochenen Beurteilungsproblematik nur schwer möglich ist, die Inputs und Outputs zu präzisieren, denn sowohl von Seiten des Anbieters als auch von Seiten des Nachfragers bestehen deutlich größere Interpretationsspielräume als bei materiellen Produkten (Meffert et al., 2018).

Neben den bereits genannten Ansätzen spielt auch die **Attributionstheorie** eine wichtige Rolle für die Erklärung des Nachfragerverhaltens auf Dienstleistungsmärkten. Diese beinhaltet neben einer psychologischen Komponente ebenfalls eine soziale Komponente, mit Hilfe derer die Interaktion des Individuums mit seiner Umwelt erklärt werden kann. Attributionstheorien befassen sich allgemein mit der Zuschreibung von Ursachen zu wahrgenommenen Wirkungen bzw. Ereignissen (Kroeber-Riel und Gröppel-Klein, 2019; Weinert, 2004). Ein Beobachter schließt von einem bestimmten Ereignis auf die Ursache, die zu diesem Ergebnis geführt hat (Kausalbeziehung), wobei es sich aber nicht um eine wissenschaftliche Attribution, sondern um die Attribution von Laien handelt. Darum wird in diesem Zusammenhang auch vom fundamentalen Attributionsfehler

(Korrespondenzfehler) gesprochen (Aronson et al., 2014), da bspw. unerfahrene Nachfrager dazu neigen, Prädispositionen eines Individuums, wie die schmutzige Kleidung oder einen schlechten Haarschnitt des Mitarbeiters für das Ergebnis einer Dienstleistung systematisch zu überschätzen und die bestehenden situativen Einflüsse, wie eine mangelhafte eigene Beteiligung oder klimatische Umstände bei der Leistungserbringung zu unterschätzen. Eine sehr bekannte Attributionstheorie wurde von Kelley (1972/1973) aufgestellt und geht auf Heider (1944) zurück. Dabei wird zwischen interner und externer Attribution unterschieden. Individuen verarbeiten für ihre Ursachenzuschreibung dem Kovariationsprinzip folgend drei Dimensionen von Informationen und setzen diese miteinander in Beziehung. Zunächst wird die Konsistenz des Verhaltens eines Mitarbeiters dahingehend überprüft, ob es immer wiederkehrend, d. h. wiederholt in einer bestimmten Situation auftritt, oder nur eine Ausnahme darstellt. Wenn die Konsistenz niedrig ist, dann wird das Verhalten des Mitarbeiters als Ausnahme eingestuft. Ist der Mitarbeiter beim Service-encounter bspw. generell freundlich bei der Bedienung von Kunden und nur einmal unfreundlich, dann scheint das eine Ausnahme zu sein. Wenn die Konsistenz hoch ist, dann erfolgt eine weitere Bewertung dahingehend, ob ein Konsensus mit dem Verhalten anderer Mitarbeiter in der gleichen Situation vorliegt. Verhalten sich andere Mitarbeiter ähnlich, ist der Konsens hoch, entsprechend anders herum ist er niedrig. Schließlich zeigt die Distinktheit an, ob sich der Mitarbeiter nur in dieser einen oder in wenigen Situationen so verhält (niedrig) oder, ob der Mitarbeiter sich immer so in den unterschiedlichsten Situationen verhält (hoch). Sind dabei der Konsensus und die Distinktheit niedrig, dann wird das Verhalten (Wirkung) dem Mitarbeiter (Ursache) zugeordnet, es erfolgt eine interne Attribution. Sind beide Informationskriterien dagegen hoch, dann erfolgt für das Verhalten eine externe Attribution, d. h. es wird der besonderen Situation zugeordnet. So kann es sich bspw. um einen besonders schwierigen Kunden handeln, der sich dysfunktional verhält (siehe Schmitz und Lerch, 2017) oder um äußere Umstände (z. B. das Wetter, Material- bzw. akute Maschinenprobleme oder die allgemeine wirtschaftliche Situation). Die Attributionstheorie nach Kelley (1972/1973) wird nochmals weiter unten im Bereich des Personalmanagements (Distributionspolitik) aufgegriffen, da in Bezug auf das Führungsverhalten eines Vorgesetzten ebenfalls wichtige Implikationen herausgearbeitet werden können. Je nach Attribution, wird die Führungskraft unterschiedlich gegenüber dem Mitarbeiter auftreten, wenn sie die beschriebene Situation beobachtet. Damit wird gleichzeitig deutlich, dass die Komplexität der Beurteilung durch die Evaluation der drei Beobachtungskriterien sehr hohe Ansprüche an die Mitarbeiterführung stellt und im Fall der externen Attribution auch die Kunden durch die Integration in der Leistungserstellung von Dienstleistungen für das Fehlverhalten verantwortlich gemacht werden müssen bzw. dem betroffenen Mitarbeiter aus dem Fehlverhalten keine negativen Konsequenzen drohen dürfen. Hinzu kommt wieder die Schwierigkeit der Beurteilung bei Dienstleistungen, weil es sich um immaterielle Wirtschaftsgüter handelt.

Darüber hinaus kann in Bezug auf Umwelteinflüsse auf das Kaufverhalten auch die **soziale Austauschtheorie** einen wichtigen Erklärungsbeitrag leisten. Diese wurde von

Homans (1958/1961) entwickelt, indem dieser sich zunächst empirische Gegebenheiten in zwischenmenschlichen Beziehungen ansah und darauf aufbauend logisch stimmige Erklärungsansätze für das Verhalten von Menschen in sozialen Gruppen entwickelte. Die soziale Austauschtheorie geht davon aus, dass zwischen Individuen Werte ausgetauscht werden, die als Goods bezeichnet werden (Homans, 1958). Mittelfristig bedeutet dies, dass einer der Austauschpartner einen Wert liefert, für den er früher oder später durch die Lieferung eines anderen Wertes durch den Austauschpartner kompensiert wird. Hierbei ist es das Ziel, die Gleichheit der ausgetauschten Werte herzustellen (Bagozzi, 1975). Die Austauschpartner streben also an, dass Gerechtigkeit zwischen ihnen herrscht, wobei sich beide Partner bewusst sind, dass eine Ausnutzung bzw. Übervorteilung des jeweils anderen Partners (Opportunismus) zu negativen Konsequenzen führt (Homans, 1961). Dieser Gedanke wurde von Bagozzi (1975) auf das Marketing übertragen, da im Marketing Austauschprozesse zwischen Marktpartnern stattfinden. Damit hat Bagozzi (1975) den heute weit verbreiteten Gedanken geprägt, dass das Marketing nicht nur im Sinne von Meffert et al. (2019) eine marktorientierte Unternehmensführung ist, die sich an den Bedürfnissen der Nachfrager orientiert, sondern konkret auch das Management von Austauschprozessen zur Erlangung von Wettbewerbsvorteilen (ähnlich Voeth und Herbst, 2013). Auch die American Marketing Association (AMA) verwendet in ihrer aktuellen Definition diesen Prozessgedanken, bei dem Werte erzeugt, kommuniziert und an unterschiedliche Zielgruppen übertragen werden (AMA, 2017). So beurteilen Kunden die Beziehung zu einem Dienstleistungsanbieter vor dem Hintergrund, welchen Nutzen sie aus dem Austausch ziehen. Dieser Nutzen besteht aus dem Leistungsnutzen und weiteren Bestandteilen wie den Zusatzleistungen, dem Personal oder der Reputation des Anbieters (Voeth und Herbst, 2013). Gleichzeitig werden auch die Kosten der Inanspruchnahme berücksichtigt, die bspw. im Preis, der aufzuwendenden Zeit und den notwendigen sonstigen eigenen Ressourcen in der Interaktion mit dem Dienstleistungsanbieter (Integrativität) begründet liegen (Kotler und Armstrong, 2020). Aus dem daraus resultierenden Nettonutzen (Perceived-value) folgt einerseits die Kaufentscheidung und andererseits, inwieweit eine Kundenbeziehung mit dem Anbieter aufrechterhalten wird. Die geschilderte Thematik wird nochmals weiter unten bei der Diskussion um die Kundenzufriedenheit sowie als Grundlage der Marketingkonzeption aufgegriffen.

Den gleichen Grundgedanken wie die soziale Austauschtheorie hat zudem die **Anreiz-Beitrags-Theorie**, welche ebenfalls von einem interpersonellen Gleichgewicht von Input- und Output-Faktoren in sozialen Austauschprozessen ausgeht (Barnard, 1938; March und Simon, 1958; Simon, 1952/1957). Zudem entstammt sie ebenso wie die Equity-Theorie der Arbeitsorganisation, lässt sich aber zur Erklärung sozialer Einflussfaktoren auf das Kaufverhalten auf Dienstleistungsmärkten übertragen. Die Anreiz-Beitrag-Theorie geht von einer begrenzten Rationalität der Entscheider und unvollständigen Informationen aus, sodass sie sich ebenso an die Grundgedanken der Informationsökonomik und der Transaktionskostentheorie anschließt, allerdings einen verhaltenswissenschaftlichen Ursprung hat. Im Kontext der Anreiz-Beitrags-

Theorie vergleichen Nachfrager nach Dienstleistungen die Beiträge, welche sie selbst zusätzlich zum vom Anbieter geforderten Preis im Rahmen der Integration in den Leistungserstellungsprozess erbringen müssen. Diese dürfen nicht höher als die erhaltene Gegenleistung sein bzw. muss der Nutzen der erhaltenen Dienstleistung oberhalb der eigenen Beiträge liegen, da das Individuum zusätzlich nur eine begrenzte Bereitschaft zeigt, sich bei der Leistungserstellung zu engagieren. Im Sinne einer Nettonutzenbetrachtung muss dieser folglich positiv sein, damit ein Kunde die Leistung als wertvoll wahrnimmt und es eventuell zu einer Kundenbindung kommt. Wird der theoretische Ansatz aus der Arbeitsorganisation in das Marketing übertragen, kann zudem gefolgert werden, dass das Dienstleistungsunternehmen durch die Schaffung von Gemeinsamkeiten bzw. gemeinsamer Werte und den Verweis auf ebendiese die Kundenbeziehung positiv beeinflussen kann.

An diesem letzten Punkt setzt das so genannte **Emotional-contagion-Konzept** an, welches, übertragen auf Dienstleistungsunternehmen besagt, dass positive Emotionen von Mitarbeitern auf Kunden und damit die Kundenbeziehung übertragen werden können. Die Idee geht auf Hochschild (1983) zurück und findet heute im Marketing verstärkt Anwendung (Meffert et al., 2018). Dabei werden Emotionen zum einen über die primitive (z. B. Gesichtsausdrücke, Stimmlage und Gesten) und zum anderen die bewusste Ansteckung (z. B. aktive Anpassung der eigenen Gefühlslage an den Mitarbeiter des Unternehmens) auf den Kunden übertragen. Die Mitarbeiter können folglich beim Service-encounter durch eine besondere Freundlichkeit, serviceorientiertem Verhalten und Anpassung von Sprache und Stimme an die Kundenbedürfnisse den Austauschprozess positiv beeinflussen. Dies liegt darin begründet, dass Kunden stets aktiv nach sozialen Informationen suchen. Allerdings müssen diese auch authentisch sein (Hennig-Thurau et al., 2006). Dadurch ist es langfristig möglich, die Einstellung es Kunden in Bezug auf die Dienstleistung, die Mitarbeiter und das Dienstleistungsunternehmen positiv zu beeinflussen (Barsade, 2002).

Mediale Einflüsse

Bevor auf den individuellen Kaufentscheidungsprozess im Individuum fokussiert wird, wird abschließend auf den Umstand eingegangen, dass persönliche Kaufentscheidungen bezgl. der Umwelt aufgrund medialer Stimuli beeinflusst werden (Kroeber-Riel und Gröppel-Klein, 2019). Dabei wirkt die Medienumwelt wie eine **zweite Realität** des Nachfragers, denn die wahrgenommene Umwelt ist nicht objektiv und für alle Individuen gleich, sondern die Wirklichkeit wird aufgrund von Umwelteindrücken (persönlich oder medial) und eigenen Erfahrungen aktiv und individuell vom Menschen konstruiert. Diesem Gedanken widmet sich auch die philosophische Position des Konstruktivismus (z. B. von Glasersfeld, 1997; Watzlawick, 1995/2010). Diese verabschiedet sich in mehreren, teils voneinander abweichenden Strömungen mit Fokus auf das individuell wahrnehmende Subjekt bzw. die Interaktion zwischen kulturell geprägten Subjekten (z. B. radikaler Konstruktivismus vs. interaktionistischer Konstruktivismus) von der naiven Vorstellung, dass es eine absolute Wahrheit und damit eine von allen als objektiv und gleich wahrgenommene Wirklichkeit gibt (Reich, 2010; von Glasersfeld, 1997; Watzlawick, 1995). Das menschliche Gehirn erzeugt kein fotografisches Abbild von der Wirklichkeit, sondern es schafft durch selektive Wahrnehmungen der Sinne ein eigenes Bild der Welt und damit eine subjektive Realität; wahr ist folglich, was wahrgenommen wird. Die selektive Wahrnehmung wurde bereits weiter oben diskutiert. Zudem ist der Mensch kein passives Wesen, das lediglich darauf wartet, von einem Kommunikator oder einem Medium beeinflusst zu werden.

An dieser Stelle setzt die **mediale Beeinflussung** des Kaufverhaltens an, indem Nachfrager bestimmte Medienangebote als Rezipienten nutzen, die von Medienunternehmen für unterschiedliche Zielgruppen zusammengestellt werden (Gläser, 2021). Hierbei kommt diesen Unternehmen, die auch als Massenmedien bezeichnet werden (Kroeber-Riel und Gröppel-Klein, 2019), wenn eine räumlich und zeitliche Distanz zwischen Sendung und Empfang von Botschaften und eine einseitige Kommunikation vorliegen, eine Aufgabe zu, die in der Literatur auch als so genannte Gatekeeper-Funktion bezeichnet wird (White, 1950; Shoemaker und Reese, 2014). Die dabei auftretenden Selektions- und Reduktionseffekte werden in der Kommunikationswissenschaft als Kontroll-Metapher bezeichnet (Krippendorff, 1994; Shoemaker und Vos, 2009). Zudem hängen die genannten Effekte davon ab, wie spezifische Medien, Redaktionen, Kollegen, Herausgeber sowie Verleger oder Eigentümer zu bestimmten Themengebieten eingestellt sind, welche Zielgruppen bedient werden sollen und wie das Angebot der Nachrichtenagenturen (z. B. DPA oder Reuters) ausfällt. Zusätzlich entstehen organisatorische und technische Zwänge durch Zeit- und Konkurrenzdruck (Merten et al., 1994). Die Forschung zu den unterschiedlichen Einflussfaktoren (unabhängige Variable) auf die Auswahl ist vielfältig und der Zusammenhang zwischen den genannten Faktoren und den resultierenden Medieninhalten (abhängige Variable) nicht immer klar herausgearbeitet (Shoemaker und Reese, 2014). Dennoch wird deutlich, dass Medienunternehmen einen bedeutsamen Einfluss darauf haben, was Nachfrager zu sehen und lesen bekommen. Damit prägen sie die wahrgenommene Realität ihrer Konsumenten. Die Massenmedien werden nochmals ausführlich in der Kommunikationspolitik diskutiert.

Dies führt zu der in der Literatur diskutierten **Agenda-setting-Hypothese** (Kroeber-Riel und Gröppel-Klein, 2019). Dieser zur Folge bestimmen die Massenmedien weitgehend, was auf der Tagesordnung der Publikumsagenda steht bzw. mit welchen Themen sich die Gesellschaft zu einem bestimmten Zeitpunkt oder über einen gewissen Zeitraum beschäftigt (vgl. Abb. 2.17). Dies liegt darin begründet, dass bestimmte Sachverhalte verstärkt medial thematisiert werden. Kroeber-Riel und Gröppel-Klein (2019) folgend sind die Medien zwar zunächst für diejenigen Dinge verantwortlich, die von der Allgemeinheit wahrgenommen und diskutiert werden (Tagesordnung), aber sie sind nicht dafür verantwortlich, wie über diese Themen in der Bevölkerung gesprochen wird. Bonfadelli und Friemel (2017) verweisen ergänzend darauf, dass die Zusammenhänge komplex sind und heben kritisch hervor, dass nicht abschließend

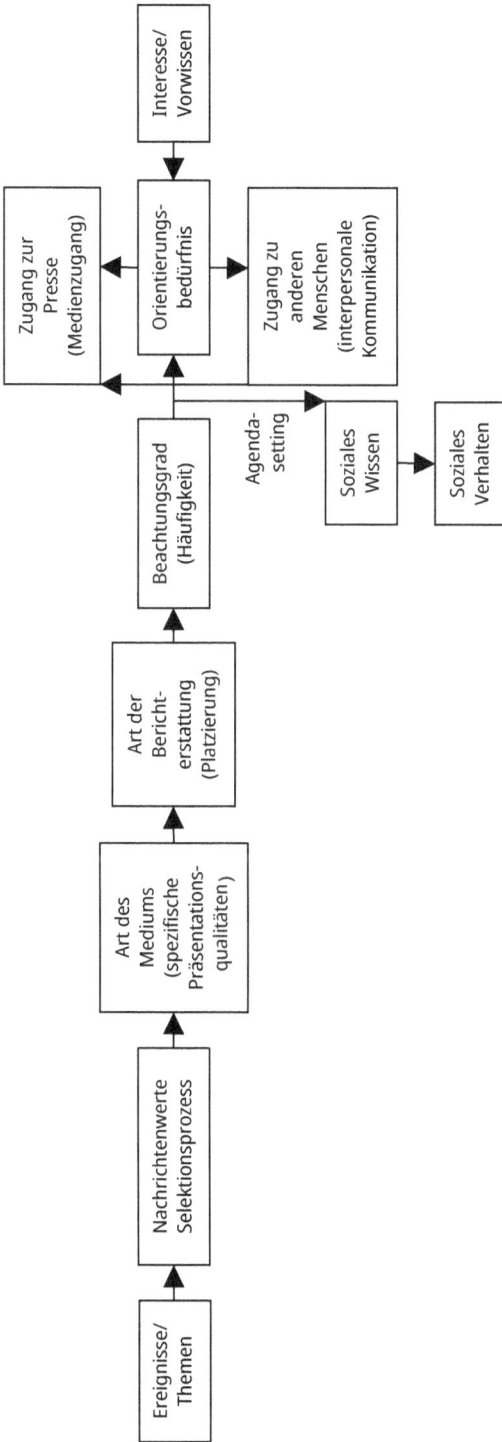

Abb. 2.17: Agenda-setting-Prozess (Rössler, 1997).

geklärt ist, ob die Medienagenda die Publikumsagenda bestimmt oder ob Medien als Seismographen lediglich das wiedergeben, was innerhalb der Gesellschaft diskutiert wird. Nach Rössler (1997) wird das Orientierungsbedürfnis in einer vielgestaltigen Medienlandschaft neben dem Agenda-setting auch von dem Interesse bzw. Vorwissen des Rezipienten, dem Zugang zu anderen Medien und schließlich dem Zugang zu anderen Menschen innerhalb der interpersonalen Kommunikation (z. B. durch Word-of-mouth) beeinflusst. Aus der Medienagenda wird dann die Publikumsagenda, die das soziale Wissen darstellt und einen Einfluss auf das (soziale) Verhalten von Individuen in der Gesellschaft hat.

Daneben werden in der Literatur auch Verstärkung, Glaubwürdigkeit und Kultivierung durch Realitätsverzerrung als wichtige Einflussfaktoren der Medien auf die Wirklichkeit des Konsumenten diskutiert (Kroeber-Riel und Gröppel-Klein, 2019). Medien wirken bspw. durch **Verstärkung**, indem sie bestimmte Themen wiederholen, die dann von ihren Rezipienten vermehrt diskutiert werden. Dies greift auf die Theorie der kognitiven Dissonanz zurück, die besagt, dass Individuen ein Ungleichgewicht in ihrem kognitiven System vermeiden wollen. Aus diesem Grund werden Inhalte gesucht, die den eigenen Einstellungen und Meinungen nicht widersprechen. Ein solches Bedürfnis wird seitens der Medien bedient, indem diese sich an bestimmte Zielgruppen richten, die bspw. einem bestimmten inhaltlichen (z. B. Tageszeitungen oder Fachzeitschriften) oder politischen Spektrum (z. B. FAZ und Die Welt vs. Der Spiegel und Süddeutsche) zuzuordnen sind. Dadurch verstärken sich die Einstellungen und Meinungen, die von den Lesern, Sehern oder Zuhörern bestimmter Anbieter widergespiegelt bzw. wiederholt werden. Dies wurde bereits von Klapper (1960) diskutiert.

Auch der Ansatz der **Glaubwürdigkeit** als Einflussfaktor im medialen Kommunikationsprozess geht bereits auf ältere Forschungsansätze zurück. So haben Hovland und Weiss (1951) in Laborexperimenten untersucht, welche Faktoren die Glaubwürdigkeit einer Botschaft erhöhen. Dabei setzt sich die Glaubwürdigkeit aus den beiden Dimensionen Sachkenntnis und Vertrauenswürdigkeit zusammen. Das Individuum beurteilt die Glaubwürdigkeit einer Botschaft in Bezug auf die unterstellte Sachkenntnis des Senders und das eigene Vertrauen in das Medium. Glaubwürdigere Quellen erzielen dann in der Folge einen höheren Einfluss auf die eigenen Einstellungen und Meinungen. Wobei sowohl die Glaubwürdigkeit als auch die Vertrauenswürdigkeit stets auf Basis einer subjektiven Einschätzung beurteilt wird.

Schließlich geht die **Kultivierung** davon aus (Gerbner, 1973; Gerbner et al., 2002), dass Individuen, die vor allem das Massenmedium Fernsehen sehr häufig nutzen, mit der Zeit unterstellen, dass die tatsächliche Welt so aussieht wie die dort gezeigte Welt (Busselle und van den Bulck, 2020). Es kommt folglich zu einer Adaption und Integration der im Fernsehen gezeigten Themen, Bilder und Geschichten in die eigene Lebenswelt. Berichte über Verbrechen werden bspw. übertragen und in die eigenen Vorstellungen von der Realität integriert. Dadurch resultiert eine deutliche Überschätzung von Kriminalität in der Praxis und damit eine Verzerrung im Vergleich zu deren realem Auftreten. Der Effekt der Kultivierung findet sich auch in dem heute diskutierten Terminus der Scripted-reality (Drehbuchwirklichkeit) wieder. Dieser besagt, dass die in den Medien gezeigte Realität aufgrund von Verzerrung nicht der realen Welt entspricht, sondern für die Zielgruppe speziell aufbereitet bzw. inszeniert wird. So treten bestimmte Berufsgruppen und Bildungsschichten häufiger auf oder Verhaltensweisen werden bewusst überzeichnet. Damit ist das Gezeigte nicht authentisch, auch wenn stets der Eindruck einer Dokumentation von den Bildschaffenden respektive Produzenten vermittelt wird.

Ergänzend zur bisherigen Diskussion kommt heutzutage die besondere Bedeutung der so genannten **sozialen Medien (Social-media)** hinzu, die dazu führen, dass nicht mehr alleine die Medienunternehmen das Agenda-setting beeinflussen, sondern, dass eine partizipative bzw. kollektive Auswahl von Inhalten und Themen erfolgt (Keyling, 2017). In der Literatur wird darum auch von einem Audience-gatekeeping (Shoemaker und Vos, 2009) bzw. Secondary-gatekeeping gesprochen (Singer, 2014). Dies lehnt sich an das so genannte zweistufige Kommunikationsmodell von Haselhoff (1970) an, welches im Rahmen der Kommunikationspolitik intensiver diskutiert wird. Verkürzt bedeutet eine zweistufige, derivative Kommunikation, dass die an den Empfänger gerichtete Kommunikationsbotschaft von diesem zusätzlich durch weitere Kontaktbotschaften und Konsumdemonstrationen an zusätzliche Nachfrager im Rahmen der individuellen Meinungsbildung verbreitet wird (Bruhn, 2018; Schiffman und Wisenblit, 2015). Für das Marketing von Dienstleistungsanbietern ist es darum wichtig, neben der direkten Ansprache der eigenen Zielgruppe auch die weiter oben diskutierten Meinungsführer (Influencer) zu identifizieren und positiv zu beeinflussen, die als Multiplikatoren einer Werbebotschaft fungieren können. Dies reduziert zum einen die Kommunikationskosten für den Anbieter und erhöht zum anderen die eigenen Absatzchancen gegenüber dem Wettbewerb. Darüber hinaus werden Meinungsführer im persönlichen Kommunikationsprozess und bei der Verbreitung von Nachrichten oder Erfahrungen mit dem Dienstleistungsanbieter als besonders glaubwürdig respektive authentisch wahrgenommen. Gerade durch die Zunahme virtueller Dienstleistungen spielen die Kommunikation von Influencern und positives Word-of-mouth im Social-media-Bereich eine wichtige Rolle (Kilian und Kreutzer, 2022). Schließlich führen ein gestiegener Wettbewerb und die zahlreichen medialen Angebote zu einer stärkeren Fokussierung auf die Interessen der Zielgruppe, sodass es insgesamt realistisch erscheint, dass die klassische Gatekeeper-Funktion der Medien heute ebenfalls besonders von den Interessen der eigenen Zielgruppen beeinflusst wird.

Fokussierung auf den Kaufentscheidungsprozesses

Die Untersuchung des Entscheidungsprozesses von Nachfragern berücksichtig zwar ebenfalls die bisher diskutierten Einflussfaktoren auf das Kaufverhalten, die sich aus psychologischen, soziologischen, sozialpsychologischen und kommunikationstheoretisch basierten Faktoren zusammensetzen, fokussiert aber vor allem auf den eigentlichen Prozess der Entscheidungsfindung. Der individuelle Kaufentscheidungsprozess ist dem finalen Kauf und der Nutzung von Produkten und Dienstleistungen zeitlich vorgelagert (ex-ante). Darüber hinaus fließt in die Betrachtung das Verhalten nach dem Kauf ein (ex-post), wodurch die gesamte Betrachtung sehr gut geeignet ist, die Themen Kundenzufriedenheit und Kundenbindung ebenfalls abzubilden. Außerdem wird in der Literatur in Bezug auf das Entscheidungsverhalten von Nachfragern der Adoptionsprozess von Leistungen diskutiert. So legen Schiffman und Wisenblit (2015) ein erweitertes Adoptionsmodell vor, welches die Stufen des Kaufentscheidungsprozesses enthält, wie sie auch im weiter unten fokussierten fünfstufigen Modell von Kotler und Armstrong (2020) diskutiert werden. Die Adoption als individueller Kauf bzw. als Übernahme eines Produktes und die Diffusion als aggregierte Betrachtung von Übernahme- bzw. Kaufentscheidungen von mehreren Personen bzw. in einem gesamten Markt im Sinne von Rogers (1976/2003) werden an dieser Stelle jedoch nicht weiter erörtert (Homburg, 2020; Schiffman und Wisenblit, 2015), sondern später noch einmal aufgegriffen (insb. in der Leistungsgestaltung). Insgesamt geht der Kaufentscheidungsprozess weiter als das Zusammenspiel von aktivierenden und kognitiven Prozessen im Individuum (z. B. Kroeber-Riel und Gröppel-Klein, 2019). Diese Einflussfaktoren spielen weiterhin eine Rolle, jedoch wird der Fokus auf eine **Gesamtsicht des Kaufprozesses** hin verschoben (dynamische Perspektive). Eine solche Gesamtsicht verfolgen auch die oben genannten Totalmodelle des Kaufverhaltens, welche jedoch eine eher systematisierende Funktion haben (z. B. Blackwell et al., 2005; Howard und Sheth, 1969). Diejenigen Modelle, die auf den Entscheidungsprozess und damit auf eine dynamische Perspektive des Entscheidungsverhaltens fokussieren, werden als Prozessmodelle des Kaufverhaltens bezeichnet. Damit werden die Einflussfaktoren in den Prozessmodellen nicht obsolet, beeinflussen die Entscheidungsfindung des Individuums in den einzelnen Phasen des Kaufprozesses allerdings unterschiedlich stark (Foscht et al., 2017).

In Prozessmodellen werden Konsumenten meist als Problemlöser betrachtet, welche vor allem eine rationale Perspektive auf die Kaufentscheidung einnehmen (Haller und Wissing, 2020; Solomon, 2019). Aus der **verhaltenswissenschaftlichen Entscheidungstheorie** ist jedoch bekannt, dass Menschen in ihrem individuellen Problemlösungsprozess nicht stets nach der idealen Lösung streben, sondern sich teilweise mit suboptimalen Lösungen zufrieden geben. Dies liegt darin begründet, dass das entscheidende Subjekt einerseits nicht alle Informationen kennt, um diese gegeneinander abzuwägen, und andererseits nicht alle Konsequenzen des Handelns bekannt sind (z. B. Amann, 2019; Göbel, 2018). Außerdem resultiert eine eher begrenzte Rationalität im Entscheidungsprozess daraus, dass Informationen nicht kostenlos und unendlich schnell verfügbar sind bzw. die menschliche Verarbeitungskapazität im Hinblick auf die Komplexität der Informationen begrenzt ist (Kahneman, 2003; Simon et al., 2007; Viale, 2021). Dieser Sachverhalt wurde bereits bei den Theorien der NIÖ im Rahmen der Informationsökonomik und der Transaktionskostentheorie diskutiert (Spence, 1976; Williamson, 1975). Ein bekanntes Modell (vgl. Abb. 2.18), das auf der verhaltenswissenschaftlichen Entscheidungstheorie basiert und die soeben diskutierte Problematik implementiert, stellt das so genannte Satisficing-Modell dar (Simon, 1955; Simon et al., 2007).

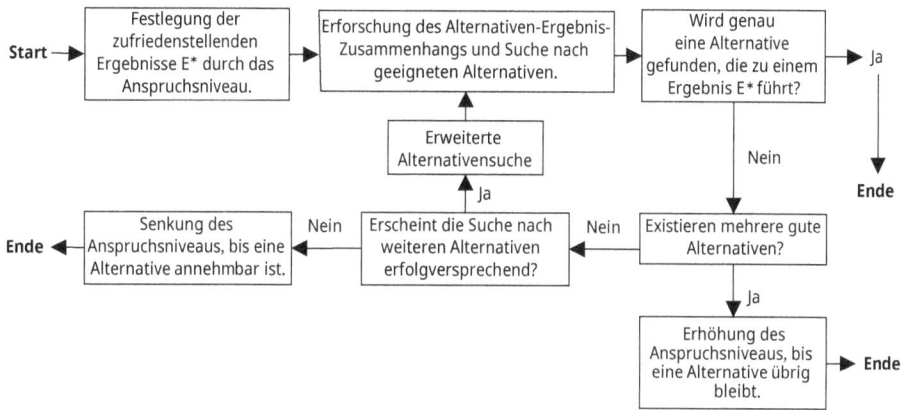

Abb. 2.18: Satisficing-Modell (in Anlehnung an Erlei et al., 2016).

Beim Satisficing-Modell strebt der Nachfrager danach, ein bestimmtes, zufrieden-stellendes Level an Informationen auf Basis von auf Erfahrung basierenden Heu-ristiken (Entscheidungsregeln) zu verarbeiten bzw. die Alternativen entsprechend seinem individuellen Anspruchsniveau zu bewerten. Darüber hinaus sinkt beim Satisficing-Modell das Anspruchsniveau (Aspiration-level) eines Entscheiders an-nahmegemäß, wenn es über einen längeren Zeitraum aufgrund der gefundenen In-formationen über Produkte und Dienstleistungen nicht ausreichend befriedigt werden kann. Dagegen steigt es, wenn der Nachfrager aus der Erfahrung lernt, dass das eigene Anspruchsniveau durch die am Markt angebotenen Leistungen re-lativ leicht befriedigt werden kann. Im Bewertungsprozess kommt es allerdings zu **verzerrenden Effekten** (z. B. Anchoring, Framing oder Status-quo-bias), die auch weiter unten in der beim Pricing behandelten Prospect-theory diskutiert werden (Kahneman und Tversky, 1979/1984; Tversky und Kahneman, 1992). Zudem existie-ren weitere Verzerrungen (vgl. Tab. 2.3), die in der verhaltenswissenschaftlichen Ent-scheidungstheorie ausführlich diskutiert und auf den Kauf von Dienstleistungen übertragen werden können (z. B. Ariely, 2008; Göbel, 2018; Kahneman, 2012; Kahne-man et al., 2021; Scherm und Julmi, 2019).

Ein in der Literatur vielzitiertes Prozessmodell der Kaufverhaltensforschung geht auf Kotler und Armstrong (2020) zurück. Diese unterteilen den Kaufprozess in fünf Pha-sen (vgl. Abb. 2.19). In der ersten Phase steht die Feststellung einer individuellen Pro-blemlage bzw. die **Erkennung eines Bedürfnisses**, also ein Mangelempfinden und den Wunsch diesen abzustellen (Hoyer et al., 2018; Solomon, 2019; Thommen et al., 2020). Hierzu gehört auch das Erreichen persönlicher Ziele durch Kaufentscheidungen bzw. Produkte und Dienstleistungen (Bagozzi und Dholakia, 1999). Unterschiedliche sozio-

Tab. 2.3: Verzerrende Effekte in individuellen Entscheidungssituationen (Scherm und Julmi, 2019).

Kategorie	Bezeichnung	Beschreibung
Selbstbezogene Verzerrungen	Overconfidence-bias (Selbstüberschätzung)	Überschätzung der Erfolgswahrscheinlichkeiten und der eigenen planerischen Fähigkeiten
	Hindsight-bias (Rückschaufehler)	Im Nachhinein Überschätzung dessen, was der Entscheider vor einem Ereignis über dessen Ausgang gewusst hat
	Egocentric-bias (Egozentrische Neigung)	Tendenz, sich bei Entscheidungen zu sehr auf die eigene Meinung zu verlassen oder von sich eine höhere Meinung zu haben als das Umfeld
	Self-service-bias (Selbstwertdienliche Verzerrung)	Tendenz, Erfolge sich selbst, Misserfolge aber äußeren Umständen zuzuschreiben
Wahrnehmungs-verzerrungen	Framing-effect (Einrahmungseffekt)	Beeinflussung der Entscheidungen durch Art und Kontext der Problemformulierung
	Anchoring-effect (Ankereffekt)	Beeinflussung der Entscheidungen durch aktuell verfügbare Informationen trotz eingeschränkter Relevanz, sodass sie in Richtung dieses Ankers verzerrt werden
	Confirmation-trap (Bestätigungsfehler)	Ausblendung/Unterbewertung der Informationen, die eigenen Überzeugungen widersprechen
Stabilitäts-induzierte Verzerrungen	Status-quo-bias (Status-quo-Verzerrung)	Negative Beurteilung einer Abweichung vom Status quo trotz Vorteilhaftigkeit
	Sunk-cost-effect (Ausgabeneffekt)	Beeinflussung der Entscheidung durch die Kosten früherer und nicht mehr rückgängig zu machender Endscheidungen
Sozial-induzierte Verzerrungen	Herd-behavior (Herdenverhalten)	Unreflektierte Übernahme von Meinungen anderer
	Bandwagon-effect (Mitläufereffekt)	Tendenz, sich denjenigen anzuschließen, die als erfolgreich eingeschätzt werden
	Groupthink (Gruppendenken)	Unreflektierte Anpassung der eigenen Meinung an die Meinung der Gruppe
Zuneigungs-induzierte Verzerrungen	Inappropriate-attachment (Unangebrachte Zuneigung)	Verzerrte Beurteilung durch die emotionale Verbindung zu Menschen, Projekten, Organisationen oder anderen Dingen

Tab. 2.3 (fortgesetzt)

Kategorie	Bezeichnung	Beschreibung
Vereinfachungs-induzierte Verzerrungen	Halo-effect (Halo-Effekt)	Überstrahlung der gesamten Wahrnehmung von einzelnen Merkmalen, die überproportional berücksichtigt werden
	Primacy- und Recency-effect (Primär- und Rezenzeffekt)	Eindrücke zu Beginn oder am Ende eines Ereignisses dominieren den Gesamteindruck
	Heuristic-impulse (Heuristische Impulse)	Neigung, in mehrdeutigen Situationen einfachen Lösungen nachzugeben, weil diese die Situation handhabbarer erscheinen lassen

demografische Charakteristika (z. B. Geschlecht, Alter oder Einkommen), soziale Lagen, Lebensstile sowie familiäre und kulturelle Hintergründe können dabei zu unterschiedlichen Bedürfnissen im Hinblick auf klassische oder digitale Dienstleistungen bzw. einer Erwartungshaltung diesen gegenüber führen. Gleichzeitig besteht der Wunsch nach einer möglichst schnellen und umfassenden Befriedigung durch die am Markt angebotenen Leistungen. Dabei wird zwischen internen (z. B. Hunger oder Durst) und externen Reizen (z. B. der Geruch aus einer Bäckerei) unterschieden (Kotler und Armstrong, 2020).

Abb. 2.19: Fünf-Phasen-Modell des Kaufverhaltens (Kotler und Armstrong, 2020).

In der zweiten Phase folgt die **Informationssuche**, bei der wiederum zwischen den internen Informationen, abgespeichert im Gedächtnis, und der externen Informationssuche bspw. durch Anbieterwerbung, Fernseh- oder Zeitungsberichte, Empfehlungen von Freunden, Diskussionen in Online-Foren oder sonstigen Informationen unterschieden wird (Hoyer et al., 2018; Solomon, 2019). Wie stark das Individuum nach weiteren Informationen sucht, hängt auch mit dem bereits weiter oben diskutierten Involvement, dem wahrgenommenen Kaufrisiko und den Kosten der Informationssuche zusammen (Haller und Wissing, 2020). Das Involvement fungiert dabei als Verstärker und wirkt sich auf das gedankliche Entscheidungsengagement bzw. die Suche nach Informationen im Entscheidungsprozess aus (Voeth und Herbst, 2013). Im Kontext der internen Suche eines Individuums nach Informationen und der weiter unten folgenden Bewertung von Alternativen wird im Kontext mit den kognitiven Konstrukten des Lernen und Erinnerns das so genannte Consideration-set (auch Evoked- oder Relevant-set) diskutiert

(Hoyer et al., 2018; Schiffman und Wisenblit, 2015). Dieses bezieht alle Marken oder Leistungen ein, die beim Nachfrager prinzipiell in Frage kommen (Haller und Wissing, 2020; Voeth und Herbst, 2013). Das Consideration-set ist allerdings ein Teil des Awareness-set, welches alle Marken oder Produkte beinhaltet, die der potenzielle Nachfrager kennt bzw. aus der Erinnerung abrufen kann (Known-brands). Das Awareness-set stellt zudem einen Teil des Available-set dar, d. h. aller am Markt zur Verfügung stehenden Anbieter (vgl. Abb. 2.20).

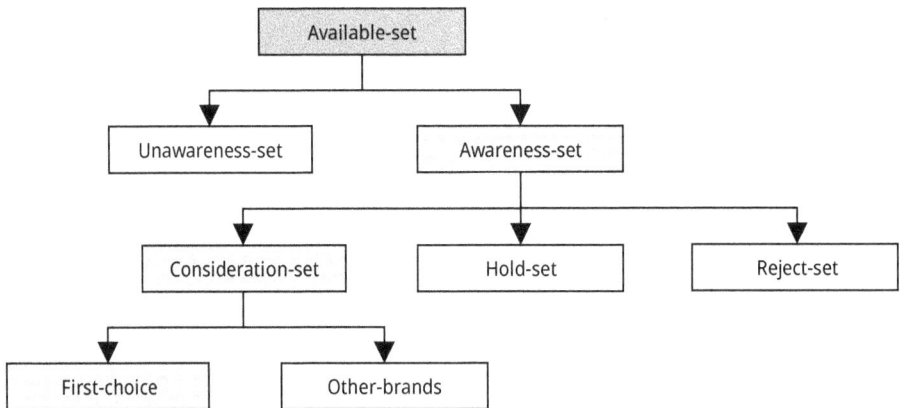

Abb. 2.20: Vom Available-set zum Consideration-set (in Anlehnung an Hoyer et al., 2018; Schiffman und Wisenblit, 2015).

Somit muss durch einen bestimmten Anbieter erst einmal das Bewusstsein (Awareness) und in der Folge die Vertrautheit (Familiarity) für eine bestimmte Dienstleistung sichergestellt werden (Hoyer et al., 2018), bevor diese in die nähere Betrachtung bzw. in die mögliche Auswahl, d. h. in das **Consideration-set** rückt. McKinsey (2009) folgend wird dieser Umstand in der Praxis auch als so genannter Marketing-funnel bezeichnet, welcher insgesamt betrachtet ebenfalls einen prozessualen Blick auf das Kaufverhalten darstellt. Am Ende des so genannten Marketing-funnels werden aus den bis hierhin vornehmlich psychologischen Zielen eines Dienstleistungsanbieters die ökonomischen Ziele bzw. Outputs, indem Nachfrager eine bestimmte Leistung auswählen und dieser idealerweise treu bleiben (Wiederkauf). Neben dem Awareness-set und dem in einer hierarchischen Betrachtung weiter untenstehenden bzw. dem eigentlichen Kauf näherkommenden Consideration-set existiert das so genannte Hold-set (auch Inert-set). Dieses enthält alle Marken, die quasi als Rückfalloption eventuell in Frage kommen, aber zunächst nicht in der direkten Auswahl liegen. Auf gleicher Ebene befindet sich zudem gedanklich das Reject-set (auch Inept-set), welches sämtliche abgelehnten Marken enthält (Hoyer et al., 2018). Während alle bisher betrachteten kognitiven Sets dem potenziellen Nachfrager bekannte Marken oder Leistungen enthalten, wird in der Literatur auch das Unawareness-set diskutiert (Unknown-brands), da dem Nachfrager nicht alle am

Markt erhältlichen Leistungen bekannt sind (Schiffman und Wisenblit, 2015). Aus der Perspektive eines Dienstleistungsanbieters ist es bezgl. des Consideration-sets relevant, die First-choice (erste Wahl), d. h. die individuell präferierte Marke unter anderen Anbietern (Other-brands) zu sein (Voeth und Herbst, 2013). Dabei ist zusätzlich zu beachten, dass es auch bei der Erinnerung, also der internen Informationssuche im Gedächtnis und der eigenen Erfahrungen mit Produkten und Dienstleistungen, zu kognitiven Verzerrungen kommen kann, wie sie weiter oben bereits diskutiert wurden (Scherm und Julmi, 2019). Diese stehen einer möglichst rationalen Bewertung der Alternativen entgegen.

In der dritten Phase wird bei der **Bewertung der Alternativen** zwischen einer Beurteilung mit hoher und geringer Anstrengung unterschieden (Hoyer et al., 2018). Nach Haller und Wissing (2020) hängt die Intensität der Informationssuche und der Rationalität im Kaufentscheidungsprozess, d. h. der kognitiven Beurteilung der gebotenen Entscheidungsalternativen, auch vom Involvement ab (Esch et al., 2017). Bei hoher Anstrengung werden viele Entscheidungskriterien herangezogen und ausführliche Informationen gesucht, um die vorhandenen Alternativen bezgl. des Nutzens bzw. der Ausprägung und der Wichtigkeit einzelner Kriterien zu bewerten, um zu einer Kaufentscheidung zu gelangen. Die Literatur zur Entscheidungstheorie diskutiert hier unterschiedliche Entscheidungsregeln (z. B. mit kompensatorischem Ansatz, d. h. ein Ausgleich schlechter mit guten Ausprägungen einer Leistung ist möglich, und nicht-kompensatorischem Ansatz, d. h. es ist zwischen den einzelnen Kriterien und deren Ausprägungen bei verschiedenen Leistungen kein Ausgleich möglich). Bei Entscheidungen mit geringer Anstrengung wird dieser Prozess dagegen eher abgekürzt (z. B. aus Zeitgründen oder einer geringen Zahl vorhandener Informationen) und es werden weniger Kriterien bzw. Heuristiken, als vereinfachte Entscheidungsregeln, die bspw. auf Erfahrungen aus der Vergangenheit beruhen, in Betracht gezogen (Schiffman und Wisenblit, 2015; Solomon, 2019). Hierbei spielen auch Marken eine wichtige Rolle, die einen Wiedererkennungswert haben sollen und für ein bestimmtes Qualitätsversprechen stehen; sie sollen dem Nachfrager die Entscheidung erleichtern (Esch et al., 2017).

In der vierten Phase erfolgt der Übergang zur eigentlichen **Kaufentscheidung**. Dazu werden in der Literatur unterschiedliche Entscheidungsstile diskutiert (Kroeber-Riel und Gröppel-Klein, 2019). Diese gehen im Wesentlichen auf die Forschung von Sproles und Kendall (1986) zurück (auch Kendall Sproles und Sproles, 1990). Die Autoren unterscheiden Personen bezgl. ihres so genannten Style-inventory, welches auf acht unterschiedlichen Entscheidungsstilen basiert, die im Rahmen einer Studie herauskristallisiert wurden und auf denen die Personen verschieden starke Ausprägungen zeigen und damit in bestimmte Richtungen bezgl. ihres Entscheidungsverhaltens tendieren (Sproles und Kendall, 1986). Hierzu gehören

– der perfektionistische Entscheider (Perfectionistic, high-quality-conscious), der eine hohe Qualität und damit viele Informationen sucht,

- der markenbewusste Entscheider (Brand-conscious, „price-equals-quality"), der namhafte Marken bei seiner Kaufentscheidung bevorzugt,
- der Neuheiten suchende Entscheider (Novelty-fashion-conscious), der modebewusst und innovativ ist bzw. auf der Suche nach Neuem,
- der Entspannung suchende Entscheider (Recreational-hedonistic), der das Einkaufen als Genuss und Erholung auffasst,
- der preisbewusste Entscheider (Price-conscious, „value-for-money"), der ein Schnäppchenjäger ist und geldwerte Vorteile sucht,
- der impulsive Entscheider (Impulsive, careless), der ohne starken kognitiven Einsatz eher spontan und gefühlsmäßig einkauft,
- der überforderte Entscheider (Confused-by-overchoice), der komplexe und detaillierte Informationen tendenziell vermeidet, um sich nicht selbst zu überlasten und
- der gewohnheitsorientierte Entscheider (Habitual, brand-loyal), der bei guter Erfahrung mit einer Marke dieser treu bleibt.

Neben der Komplexität einer solchen Vielzahl von unterschiedlichen Entscheidungsstilen ist an der Typologie von Sproles und Kendall (1986) zu kritisieren, dass der gesamte Bereich des Online-Kaufs aufgrund des Alters der Studie noch keine Rolle spielt, und dass die gefundenen Entscheidungsstile z. T. kulturell anders ausgeprägt sind bzw. differieren, sodass es zwingend erforderlich ist, diese stets auf individuellem Niveau für bestimmte Entscheidungssituationen zu erheben (Durvasula et al., 1993; Klein und Sharma, 2022b; Leo et al., 2005; Walsh et al., 2001). In der deutschsprachigen Literatur wurde der Ansatz auf vier Ausprägungen unterschiedlichen **Entscheidungsverhaltens** heruntergebrochen, bei denen zwischen einer stärkeren bzw. schwächeren kognitiven Kontrolle bzw. umgekehrt, zwischen einer stärkeren bzw. schwächeren emotionalen Kontrolle differenziert wird. Hinzu kommt dass Nachfrager in bestimmten Situationen auch eher reaktiv und damit automatisch bei der Entscheidungsfindung agieren (Kroeber-Riel und Gröppel-Klein, 2019). Zu den vier Entscheidungsstilen gehören
- der extensive Stil, bei dem das Individuum nach vielen Informationen sucht und Alternativen eher ausführlich bewertet (kognitive Dominanz), um das individuelle Anspruchsniveau zu befriedigen (z. B. weil es sich um eine preislich hohe Leistung handelt oder die Entscheidung erstmalig getroffen wird), wobei allerdings auch emotionale Aspekte (z. B. beim Autokauf, dem Kauf eines teuren Mobiltelefons oder der Wahrnehmung einer Dienstleistung der plastischen Chirurgie) eine Rolle spielen können,
- der limitierte Stil, bei dem kognitive Aspekte dominieren, da möglicherweise bereits eine Erfahrung mit der Marke oder dem Anbieter vorliegt, was zu einer Vereinfachung in der Entscheidungsfindung führt, d. h. es werden auch nicht mehr alle erhältlichen Informationen in Betracht gezogen bzw. in den Planungsprozess integriert, sondern es dominieren Schlüsselinformationen im

Entscheidungsprozess (z. B. unterschiedliche Marken, wichtige Attribute der Leistung oder Preisinformationen),

– der habitualisierte Stil, bei dem es vor allem zu einer reaktiven (automatisierten) Entscheidung kommt, da bspw. das wahrgenommene Risiko eines Kaufs als gering eingeschätzt wird, der Nachfrager Güter des täglichen Bedarfs aufgrund des persönliche Geschmacks oder von Erfahrungen immer wieder kauft sowie bei kleineren Dienstleistungen (z. B. der Besuch einer Waschstraße oder eines Friseurs), wo der Preis eher niedrig anzusiedeln ist und

– der impulsive Entscheidungsstil, bei dem vor allem emotional, aber auch reaktiv entschieden wird, da die Leistungen und Marken werblich bspw. sehr stark emotional aufgeladen sind oder für das Budget des Nachfragers (z. B. beim Kauf eines Schokoriegels) kaum eine Rolle spielen und oftmals spontan gekauft werden.

Schließlich behandelt die fünfte Phase im diskutierten Prozessmodell das **Nachkaufverhalten**, welches im Wesentlichen auf das Thema der Kundenzufriedenheit fokussiert, allerdings gleichzeitig als Brücke hinüber zur Diskussion um das Thema Wiederkauf bzw. Kundenbindung im Dienstleistungsmarketing fungiert (Hohenberg, 2017). Dadurch wendet sich der Blickwinkel von einem transaktionsorientierten hin zu einem beziehungsorientierten Marketing wie es bspw. Bruhn und Hadwich (2017) als Grundkonzept des Dienstleistungsmanagements und -marketings ansehen. Dieser Gedanke wird weiter unten am Beispiel der so genannten Service-profit-chain ausgeführt.

Aus der Sicht des Verhaltens nach dem Kauf bzw. der Erstellung einer Dienstleistung (z. B. eine Hotelübernachtung, ein Flug oder ein Krankenhausaufenthalt) stellt sich jedoch zunächst die Frage nach der Zufriedenheit eines Nachfragers mit der erhaltenen Serviceleistung (Roth und Bösener, 2017). Dabei ist allgemein anerkannt, dass **Kundenzufriedenheit** aus einem Vergleichsprozess zwischen den individuellen Kundenerwartungen (Soll-Leistung) und der aktuell wahrgenommenen Leistung (Ist-Leistung) resultiert (Homburg, 2020). Dies wird auch als C/D-Paradigma bezeichnet, da der Vergleichsprozess im Ergebnis zu einer Bestätigung (Confirmation) bzw. zu einer Ablehnung (Disconfirmation) im Sinne einer Abweichung nach oben (Übererfüllung der Erwartungen) oder nach unten (Untererfüllung der Erwartungen) führt (Roth und Bösener, 2017).

Die grundlegende Idee des **C/D-Paradigmas** kann auf die Aussagen zur Attributionstheorie zurückgeführt werden, nach der Menschen versuchen Ursachenzuschreibungen vorzunehmen (Haller und Wissing, 2020; Hoyer et al., 2018; Roth und Bösener, 2017). Aufbauend auf Zeithaml et al. (1993) verweisen Haller und Wissing (2020) darauf, dass die Erwartungen eines Nachfragers sich aus den eigenen Erfahrungen mit Services einer bestimmten Art (auch von Wettbewerbern), den persönlichen Bedürfnissen, der informellen Kommunikation mit Freunden, Bekannten oder von Bewertungsplattformen bzw. der formalen (massenmedialen) Kommunikation des Dienstleistungsanbieters (z. B. Werbung mit expliziten Serviceversprechen), situativen Faktoren sowie dem erwarteten Opfer (z. B. Geld- und Zeiteinsatz) bilden. Zudem formen sich die Erwartungen bereits im Vorfeld des Vertragsabschlusses für eine Dienstleistung (ex-ante), werden aber erst im Nachhinein, beim Service-encounter, der wahrgenommenen Leistung (ex-post) gegenübergestellt (Wirtz und Lovelock, 2022).

Bei einer Konfirmation (Ist = Soll) auf dem angestrebten Referenzniveau (z. B. bezgl. der Qualität der Dienstleistung und beteiligter Produkte, der Zeit bis zur Ausführung, der Freundlichkeit des Personals oder des Preisniveaus) ist der Nachfrager zufrieden bzw. resultiert eine indifferente Zufriedenheit. Zeithaml et al. (1993) führen ergänzend dazu den Terminus der **Toleranzzone (Zone-of-tolerance)** in die Diskussion ein (ausführlich Zeithaml et al., 2012), da Nachfrager oftmals keine Vorstellung von einem absoluten Wert der Qualität haben. Außerdem hat der Nachfrager in Bezug auf den erwarteten Service eine gewisse Bereitschaft, von dem gewünschten Niveau (Desired-service) abzurücken, beurteilt den erhaltenen Service aber dennoch oberhalb dessen, was subjektiv als adäquat (Adequate-service) eingestuft wird, und ist deshalb mit diesem zufrieden (auch Grönroos, 2015). Die Toleranzzone kann bspw. die Wartezeit in einem Restaurant, bis der Kunde bedient wird, betreffen oder die Gründlichkeit der Reinigung eines Autos in der Waschstraße. Im Gegensatz zur Konfirmation wird bei der Diskonfirmation dahingehend unterschieden, ob diese negativ oder positiv ist. Bei einer negativen Diskonfirmation (Ist < Soll) resultiert annahmegemäß Unzufriedenheit, da der Nachfrager aus dem angestrebten Referenzniveau mehr erwartet hat als er bekommt. Unter Einbezug der Toleranzzone liegt die Leistung damit noch unterhalb dieser Zone. Bei einer positiven Diskonfirmation (Ist > Soll) resultiert dagegen eine hohe Zufriedenheit, da der Nachfrager mehr bekommt als er erwartet hat (Homburg, 2020). Homburg und Bucerius (2016) sprechen von einer Begeisterung des Kunden (Roth und Bösener, 2017). Zeithaml et al. (1993) folgend liegt die erhaltene Leistung folglich oberhalb der Toleranzzone, die den Bereich des gewünschten Service, am oberen Ende, bis hin zu einem adäquaten Service, am unteren Ende, definiert.

Ergänzend verweisen Wirtz und Lovelock (2022) explizit darauf, dass die beiden Termini Servicequalität und Kundenzufriedenheit unterschiedliche Konstrukte darstellen, auch wenn zu vermuten ist, dass es sich beim Abgleich der Qualitätserwartung und der Qualitätswahrnehmung, dessen Resultat im C/D-Paradigma die Kundenzufriedenheit darstellt, um identische Konstrukte handelt. So stellt die **Dienstleistungsqualität** eine relativ stabile Einstellung gegenüber bzw. den Glauben an die Leistungsfähigkeit eines Unternehmens dar. Dagegen bezieht sich die Kundenzufriedenheit auf eine einzelne Transaktionsepisode bzw. Konsumsituation. Der Kunde unterstellt bei Starbucks bspw. generell eine hohe Qualität der Kaffee- und sonstigen ergänzenden Produkte bzw. der gesamten Dienstleistung von der Kaffeezubereitung bis hin zur Verköstigung. Er kann aber dennoch mit einem einzelnen Besuch einer Starbucks-Filiale in einer bestimmten Kaufsituation unzufrieden sein. Beide Konstrukte stehen damit in engem Zusammenhang, sind aber nicht das Gleiche (Wirtz und Lovelock, 2022). Auf das Konstrukt der Dienstleistungsqualität wird im Rahmen der Leistungspolitik fokussiert.

Außerdem verweisen Bruhn et al. (2019) auf die Bedeutung der **Beziehungsqualität** im Dienstleistungsmarketing, da es durch die Integration des Nachfragers in die

Leistungserstellung im Rahmen des Service-encounter zu einem sehr engen Kontakt zwischen den Mitarbeitern des Anbieters und dem Nachfrager kommt, was gleichzeitig zu einem Aufbau von Vertrauen in den Anbieter führt (Grönroos, 2015). Damit ist das Personal insbesondere für die transaktionsspezifische Zufriedenheit des Nachfragers verantwortlich und gleichzeitig nicht nur für das Vertrauen, sondern auch die Vertrautheit mit dem Anbieter bzw. den konkreten Ansprechpartnern im Rahmen der Leistungserstellung (Hadwich, 2003). In diesem Kontext steht auch die Beziehungszufriedenheit, die der Kundenzufriedenheit eine dynamische Perspektive über einen längeren Zeitraum innerhalb einer Geschäftsbeziehung gibt (auch Liljander und Strandvik, 1995). Im Gegensatz dazu beinhaltet das C/D-Paradigma eher eine statische Perspektive der Kundenzufriedenheit (Bruhn, 2016). Auf die Beziehungsqualität in Kundenbeziehungen wird ebenfalls weiter unten im Rahmen der Diskussion um die Leistungsqualität und vor allem die Erörterung verschiedener Qualitätsmodelle im operativen Marketing fokussiert.

Im Dienstleistungsmarketing ist die **Messung der Kundenzufriedenheit** eine wichtige Informationsquelle, um die eigenen Services zu verbessern und an die Erwartungen anzupassen (Roth und Bösener, 2017; Zeithaml et al., 2012). Hierbei besteht allerdings die Schwierigkeit darin, was ein Dienstleister unternehmen kann, wenn die Erwartungen einzelner Dienstleistungsnachfrager unrealistisch hoch sind oder über die Zeit, durch eine sehr gute Leistungsqualität des Anbieters und in Verbindung mit der Anspruchsinflation des Nachfragers, immer höher werden. Bruhn (2000) bezeichnet dies als Erwartungsspirale (auch Bruhn und Georgi, 2000). Zeithaml et al. (2012) verweisen darauf, dass Nachfrager Services erwarten, wie diese versprochen wurden.

Darüber hinaus sollte dies auch in die Kommunikation des Unternehmens einfließen, um keine unrealistischen Erwartungen seitens der Nachfrager zu wecken. Es ergibt darum Sinn, ein systematisches **Erwartungsmanagement** zu betreiben (Bruhn und Georgi, 2000; Richter, 2005). Günter (2008) betont zudem die Implementierung eines Beschwerdemanagements, um Unzufriedenheit und daraus folgende negative Kommunikation zu verhindern. Voeth und Herbst (2013) sehen darin die Chance, unzufriedene Kunden in der Nachkaufphase durch die Annahme von Beschwerden und deren adäquate Berücksichtigung (z. B. durch eine nachträgliche Anpassung der Leistung) doch noch zu zufriedenen Kunden zu transferieren. In diesem Kontext spielt auch die Fairness innerhalb der Austauschbeziehung eine Rolle, die mit den Aussagen der sozialpsychologischen Theorien zu menschlichen Austauschprozessen erklärt werden. So geht bspw. die Equity-Theorie davon aus (Adams und Rosenbaum, 1962), dass Menschen nach einem gerechten Ausgleich von Inputs und Outputs in Beziehungen streben (Hoyer et al., 2018).

Darüber hinaus stellt sich die Frage, ob der Dienstleister stets bestrebt sein sollte, die Erwartungen zu übertreffen. Mit dem Satisficing-Modell aus der verhaltenswissenschaftlichen Entscheidungstheorie lässt sich argumentieren (Erlei et al., 2016), dass sich durch eine konstante Übererfüllung des Dienstleistungsanbieters das **Referenzniveau** stetig nach oben anpassen würde und damit die Kosten des Services möglicherweise nicht mehr den daraus resultierenden Umsätzen entsprächen. Mit der Theorie kognitiver Dissonanzen kann außerdem argumentiert werden, dass Dienstleistungsanbieter bestrebt sein sollten, ihre Nachfrager nach dem Kauf einer Leistung in der getätigten Entscheidung zu bestärken und zusätzliches, bestätigendes Informationsmaterial mitzugeben oder sonstige Referenzen auch nach dem Kauf zu kommunizieren, um die kognitive Spannung im Individuum abzubauen, die zu einem möglichen Bedauern des getätigten Kaufs führen könnte (Hoyer et al., 2018). Diese Dissonanz entsteht dadurch, dass vom Nachfrager vernachlässigte Alternativen am Markt nicht nur Nachteile gegenüber der gekauften Leistung haben und diese Nachfrager darum ein wahrgenommenes Nachkaufrisiko bzw. Unsicherheit darüber empfinden, ob sie eine richtige Entscheidung getroffen haben. In diesem Kontext ist auch davon auszugehen, dass das wahrgenommene Risiko und damit die Dissonanz i.d.R. mit dem Preis eines Gutes steigen dürfte. Eine zusätzliche Bestätigung in der Nachkaufphase dient somit ebenfalls der Sicherstellung der Kundenzufriedenheit und steigert dadurch die Wahrscheinlichkeit eines Wiederkaufs und eine Stärkung des Vertrauens in den Dienstleistungsanbieter bzw. in die aktuelle Kundenbeziehung (Bruhn et al., 2019; Gröppel-Klein und Kobel, 2017).

Trotz der positiven **Effekte von Kundenzufriedenheit** und damit deren Bedeutung im Dienstleistungsmarketing in Form gesteigerter Loyalität (Wiederkauf beim Anbieter) und positiver Mund-zu-Mund-Propaganda (positives Word-of-mouth), auf die Hirschman (1970) hinweist (vgl. Abb. 2.21), existieren auch so genannte Variety-seeker (Hoyer et al., 2018), die, trotz der Zufriedenheit mit einer Dienstleistung, aufgrund ihres Abwechslungsbedürfnisses den Anbieter für Folgekäufe wechseln (Homburg, 2020). Neben den von Hirschman (1970) diskutierten positiven Auswirkungen der Loyalität (Loyalty), durch Wiederkäufe beim selben Leistungsanbieter und durch positives Word-of-mouth (Voice [+]), bestehen mit der Abwanderung der Kunden (Exit) respek-

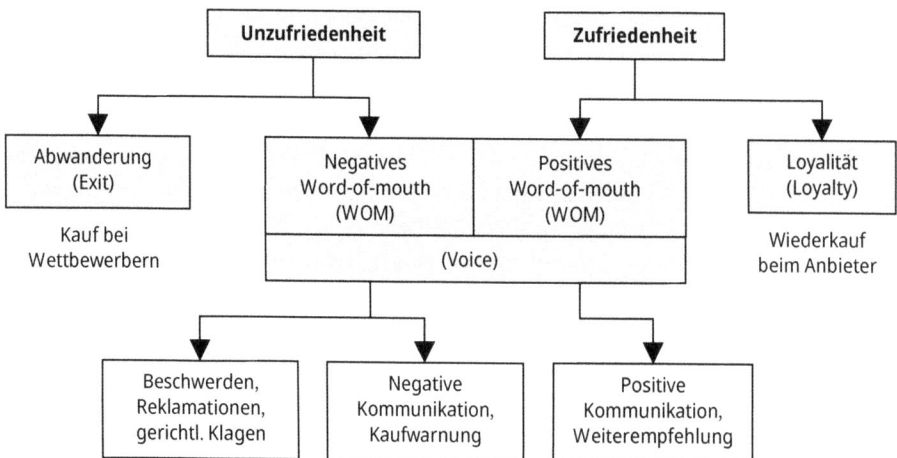

Abb. 2.21: Mögliche Reaktionen auf Zufriedenheit und Unzufriedenheit (in Anlehnung an Hirschman, 1970).

tive negativen Äußerungen gegenüber dem Leistungsanbieter selbst (z. B. durch Beschwerden und Reklamationen) oder gegenüber anderen Nachfragern als negatives Word-of-mouth (Voice [−]) zusätzlich negative Effekte einer Kundenunzufriedenheit.

2.3 Service-profit-chain als integrative Perspektive

Vor dem Hintergrund der Ausführungen zur Produktion und Konsumption von Dienstleistungen sowie dem Entscheidungsprozess von Nachfragern mit seinen fünf Phasen wurde bereits die besondere Bedeutung der Kundenzufriedenheit hervorgehoben. Im nächsten Schritt wird der Zusammenhang zur Kundenbindung und dem Erfolg von Dienstleistungsunternehmen aufgezeigt. So wird in der Literatur die Kundenzufriedenheit als wichtiger Einflussfaktor auf die Wiederkaufentscheidung und damit die Bindung von Nachfragern diskutiert (Homburg, 2020; Wirtz und Lovelock, 2022). In diesem Kontext sehen Bruhn und Hadwich (2017) das **Relationship-Marketing** als einen zentralen Baustein des Dienstleistungsmarketings an, wie es zudem bereits von Grönroos (1990) diskutiert wird (auch Grönroos, 2015), und verweisen auf die Erfolgskette aus wahrgenommener Dienstleistungsqualität, Kundenzufriedenheit, Kundenbindung und ökonomischem Erfolg eines Dienstleisters (Bruhn, 2016; Meffert et al., 2018). Auch Zeithaml et al. (2012) stellen auf die Bedeutung der Kundenbindung bei Dienstleistungen ab (Hohenberg, 2017). Damit wandelt sich die bisher implizite Betrachtung von Einmaltransaktionen auf Dienstleistungsmärkten (Transaction-focus) hin zur Hervorhebung von Wiederkäufen und damit von Mehrfachtransaktionen (Retention-focus), bei denen Nachfrager die Leistungen eines Anbieters wiederholt in Anspruch nehmen (Grönroos, 1990/2015; Wirtz und Lovelock, 2022; Zeithaml et al., 2012).

Die Forschungsarbeiten um Heskett et al. (1994) gehen noch einen Schritt weiter, indem nicht nur die externe Perspektive aus der Kundensicht und dem unternehmerischen Erfolg hervorgehoben wird (siehe Bruhn et al., 2019), sondern gleichzeitig mit der internen Perspektive aus der Mitarbeitersicht ein integrativer Blick auf den Erfolg von Dienstleistungsunternehmen vorgenommen wird. Diese Betrachtung wird als Service-profit-chain bezeichnet (auch Heskett et al., 1997). Bei der **Service-profit-chain** sind vor dem Hintergrund der Zusammenführung der beiden Perspektiven generell zwei Dinge hervorzuheben (vgl. Abb. 2.22). Zum einen erfolgt eine Vernetzung mit der internen, produktionswirtschaftlichen Sichtweise, die vor allem auf den internen Produktionsfaktor des betrieblichen Personals eines Dienstleisters und die interne Servicequalität bzw. die resultierende Mitarbeiterzufriedenheit und -bindung abstellt. Somit wird unterstellt, dass zufriedene Mitarbeiter einerseits produktiver und andererseits länger an das Unternehmen gebunden sind. Daraus resultiert wiederum, dass die Mitarbeiter auch eine höhere externe Servicequalität erbringen. Folglich thematisiert die die Service-profit-chain zum anderen die externe Sichtweise der Konsumption von Dienstleistungen auf dem angestrebten externen Qualitätsniveau entsprechend der Kundenbedürfnisse. Die resultierende Kundenzufriedenheit und -loyalität führt im Anschluss daran zum finalen

Ziel, dem ökonomischen Erfolg des Unternehmens. Durch wiederkehrende Kunden wachsen die Umsätze und damit wird die Profitabilität des Unternehmens gesteigert (Roth und Bösener, 2017). Dies beruht auf dem Umstand, dass durch Kundenloyalität bspw. Preisaufschläge (Preispremium) realisiert werden können und die Nachfrager eine geringere Preissensitivität entwickeln. Zudem empfehlen loyale Kunden den Dienstleister weiter. Darüber hinaus argumentieren Wirtz und Lovelock (2022), dass sich in der Service-profit-chain die Bereiche Marketing, Personalwesen und IT in leistungsfähigen Dienstleistungsorganisationen idealtypisch in einer Kausalkette integrieren lassen. Aus der Forschung ist zudem bekannt, dass die Profitabilität von Kunden bzw. die mit diesen erzielbaren Deckungsbeiträgen mit der Dauer einer Geschäftsbeziehung zunehmen, wodurch die Bedeutung des Auf- und Ausbaus von Geschäftsbeziehungen bzw. der Kundenbindung und nicht nur die Themen Kundenorientierung und Kundenzufriedenheit heute deutlich stärker in Wissenschaft und Praxis fokussiert werden (Haller und Wissing, 2020).

Vor allem die Seite der externen Servicequalität verdeutlicht, dass über die Kundenzufriedenheit und den bereits angedeuteten Wiederkauf die resultierende Kundenloyalität eine besondere Rolle spielt (auch Hirschman, 1970). Dabei umfasst die Betrachtung der **Kundenbindung** neben dem tatsächlichen Kaufverhalten und der Weiterempfehlung auch die Verhaltensabsichten, die sich aus der Wieder- und Zusatzkaufabsicht sowie der Weiterempfehlungsabsicht zusammensetzt (Homburg et al., 2017). Während in der englischsprachigen Literatur keine strenge Trennung erfolgt, wird in der deutschen Literatur außerdem in Bezug auf die Kundenbindung zwischen der Gebundenheit („nicht wechseln können") und der Verbundenheit mit einem Unternehmen („nicht wechseln wollen") differenziert, die auf Freiwilligkeit beruht und damit die Voraussetzung für Kundenloyalität ist (Eggert, 1999; Jaritz, 2008; Wirtz und Lovelock, 2022).

Auch wenn prinzipiell beide Termini, sowohl die Gebundenheit als auch die Verbundenheit, als Grundlage tatsächliche oder wahrgenommene Wechselbarrieren haben, resultiert die **Gebundenheit** vor allem aus dem Aufbau von Wechselbarrieren seitens des Anbieters (z. B. technisch, ökonomisch oder rechtlich). Dieser kann bspw. bei Dienstleistungen vertragliche Bindungen schaffen (z. B. Mobilfunkanbieter oder Fitnessstudios) bzw. im Produktbereich technische Standards oder Inkompatibilitäten aufrechterhalten, indem proprietäre Systeme eingesetzt werden, die den Wechsel für einen Nachfrager kostspielig machen (z. B. die Apple-Welt). Dies erhöht die Transaktionskosten bzw. sind die bisher getätigten Investitionen dann als Sunk-costs zu bezeichnen, wie es weiter oben im Rahmen der Transaktionskostentheorie diskutiert wurde. Hier greift der als kognitive Verzerrung bei Entscheidungen benannte Ausgabeneffekt, der eine zukünftige Entscheidung im Hinblick auf bereits getätigte Ausgaben im Sinne der verhaltenswissenschaftlichen Entscheidungstheorie verzerrt. Darüber hinaus können auch Regulierungen und sonstige gesetzliche Vorschriften einen Wechsel erschweren (z. B. bei einer privaten Krankenversicherung, bei der nur für Neuverträge ab dem Jahr 2009 ein Teil der Altersrückstellungen zu einem neuen Anbieter mitgenommen werden können [Verbraucher-

Betriebspolitik und System der Leistungserbringung

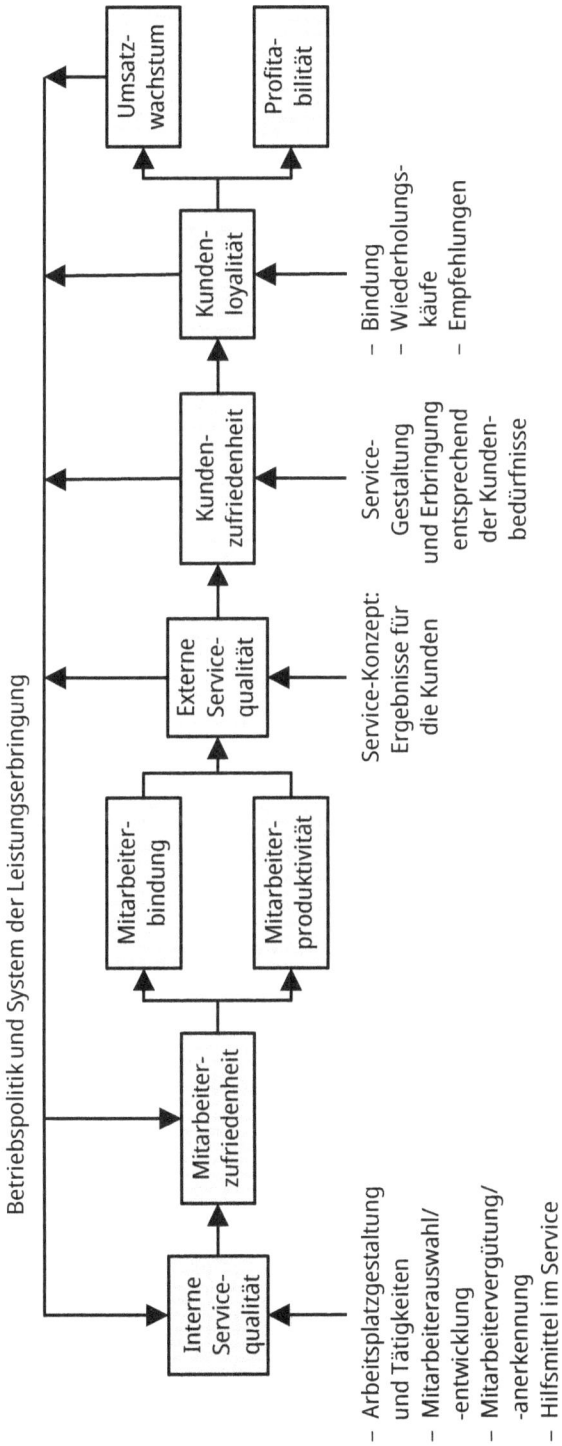

Abb. 2.22: Modell der Service-profit-chain (Heskett et al., 1994).

zentrale, 2023]). Bei der Gebundenheit erfolgt die Wechselbarriere folglich vor allem aus dem Zwang durch den Anbieter oder den Gesetzgeber.

Dagegen entstehen bei der **Verbundenheit** eher psychologische und soziale Wechselbarrieren, die auf Vertrauen und gemeinsame Werte aufbauen bzw. verbindet der Nachfrager ein positives Gefühl mit einem Anbieter (Peter, 1999). Dieser kann das positive Gefühl bspw. durch Kundenzeitschriften, Kundenclubs, Hotlines, Garantien, Boni, Einladungen zu Events, einen besonderen Status (z. B. Frequent-flyer), Kundenforen (z. B. Virtual-communitys) oder den persönlichen Kontakt herstellen. Letzteres zielt vor allem auf den Aufbau sozialer Wechselbarrieren ab. Hierzu gehört auch das aus dem B2B- Bereich bekannte Key-account-Management (Schlüsselkundenmanagement), bei dem ein enger Kontakt und eine intensive Betreuung zu besonders wichtigen Kunden (z. B. auf Basis von Umsatz oder Deckungsbeitrag) aufgebaut wird, um dadurch eine langfristige Bindung zu erzielen und Zusatzkäufe zu realisieren.

Abschließend kann nochmals darauf verwiesen werden, dass die Kundenloyalität aus der Service-profit-chain die (freiwillige) Verbundenheit zu einem Dienstleistungsunternehmen voraussetzt (Haller und Wissing, 2020). Damit können zwar psychologische und soziale Wechselbarrieren bestehen, der Nachfrager bleibt einem Anbieter allerdings freiwillig treu, weil er die Leistungen desselben über die Zeit zu schätzen gelernt hat. Diese nachfragerseitige Kundenloyalität führt dann im Weiteren zu Umsatzwachstum und zu einer höheren Profitabilität für das betrachtete Unternehmen. Somit können loyale Kunden auch als Stammkunden bezeichnet werden, die ihren Bedarf regelmäßig beim gleichen Anbieter decken. Bruhn (2016) stellt in diesem Kontext auf das **Commitment** eines Nachfragers innerhalb der Phasen einer Kundenbeziehung und dessen wichtigem Einfluss auf die Stärke der Bindung in einer Geschäftsbeziehung ab (auch Hunt et al., 2006). Commitment bezeichnet den Glauben, dass die Beziehung zu einem bestimmten Unternehmen besonders wichtig ist (Morgan und Hunt, 1994). Diese Beziehung sollte darum aufrechterhalten werden (Grönroos, 2015). Hierbei stehen zunächst nicht einzelne Leistungen im Vordergrund, sondern der Dienstleistungsanbieter als

Stärke einer Kundenbeziehung		
Psychologische Indikatoren	Verhaltensbezogene Indikatoren	Ökonomische Indikatoren
- Wahrgenommene Leistungsqualität - Wahrgenommener Wert - Beziehungsqualität: Vertrauen und Vertrautheit - Kundenzufriedenheit - Commitment	– Kaufverhalten: Bindung durch Gebundenheit und Verbundenheit – Kommunikationsverhalten: Word-of-mouth-Kommunikation – Integrationsverhalten – Informationsverhalten	– Umsatz und Absatz – Kundendeckungsbeitrag – Kundenwert (z. B. Customer-lifetime-value) - Marktanteil - Share-of-wallet

Abb. 2.23: Indikatoren für die Stärke einer Kundenbeziehung (Bruhn, 2016).

Gesamtunternehmen (Bruhn, 2016). Wenn die Beziehung zu einem Anbieter als positiv angesehen wirkt, steigt folglich das Commitment mit diesem Unternehmen und damit die Wiederkaufbereitschaft bzw. die Bindung zu diesem Anbieter. Im Sinne der Verbundenheit stellt das Commitment daher, neben der Leistungs- und Beziehungsqualität sowie der Kundenzufriedenheit, eine hohe psychische Wechselbarriere dar und somit einen wichtigen psychologischen Indikator für die Stärke einer Kundenbeziehung (vgl. Abb. 2.23). Darüber hinaus sind die Treiber des Commitments bspw. gemeinsame Werte, der Beziehungsnutzen, die Reputation des Anbieters, die Vertrautheit mit Ansprechpartnern und der wahrgenommene ökonomische Wert einer Geschäftsbeziehung aus der Kundensicht (Lacey, 2007). In der Literatur wird weiterhin zwischen drei Arten des Commitments differenziert (Gustaffson et al., 2005). Das affektive Commitment bezeichnet den Grad der emotionalen Verbundenheit. Das Fortsetzungscommitment umfasst den Willen des Kunden, die Geschäftsbeziehung mit einem Anbieter fortzusetzen. Schließlich stellt das Verpflichtungscommitment ein mehr oder weniger erzwungenes Commitment dar. Während die Verpflichtung eine Art der Gebundenheit ist und das affektive Commitment die emotionalen Wechselbarrieren beinhaltet, ist insbesondere das Fortsetzungscommitment aus der Sicht eines Kundenbeziehungsmanagements eine wichtige Stellgröße (Bruhn, 2016). Dagegen äußern sich die verhaltensbezogenen Indikatoren für die Stärke einer Kundenbeziehung bspw. im Kauf- und Kommunikationsverhalten eines Kunden. Schließlich stellen die ökonomischen Indikatoren den messbaren ökonomischen Wert eines Kunden dar. Die Indikatoren für die Stärke einer Kundenbeziehung werden darum vor allem vor dem Hintergrund des ökonomischen Wertes eines Kunden weiter unten beim Controlling der Marktbeziehungen noch einmal aufgegriffen.

3 Marketingkonzeption eines Dienstleistungsanbieters

Nachdem in vorangegangenen Kapiteln auf die Besonderheiten von Dienstleistungen sowie deren Produktion und Konsumption fokussiert wurde, stehen im folgenden Kapitel die Entscheidungstatbestände einer Marketingkonzeption für Dienstleistungsunternehmen im Vordergrund. Eine **Marketingkonzeption** ist vor allem in der deutschsprachigen Literatur oftmals in der Formulierung der Hauptkapitel eines Lehrbuches anzutreffen (vgl. Abb. 3.1), um den systematischen Ablauf darzustellen, der bei Problemstellungen mit Vermarktungsbezug im Allgemeinen bzw. der Marketingplanung im Besonderen auftritt (z. B. Becker, 2019; Meffert et al., 2018; Voeth und Herbst, 2013).

Die Marketingkonzeption geht auf Becker (2019) zurück, der ein entscheidungsprozessuales Vorgehen bei der Marketingplanung in die Literatur eingeführt hat. Diesem Ansatz zur Folge ist eine Marketingkonzeption ein Handlungsplan (Fahrplan), der sich an Zielen orientiert, die notwendigen Routen (Strategien) festlegt und diese mit Hilfe operativer Entscheidungen (Marketinginstrumente) umsetzt. In einem erweiterten Verständnis handelt es sich um einen **Entscheidungsprozess**, welcher von der Analyse der Ausgangslage (Situationsanalyse), über die festzulegenden Zielsetzungen, die Strategiewahl, die instrumentelle Umsetzung sowie das Controlling unterschiedliche Bereiche zur systematischen Bearbeitung einer Marketingfragestellung aus der Managementperspektive benennt (Voeth und Herbst, 2013).

In dem vorliegenden Lehrbuch wird ebendies inhaltlich auf **Dienstleistungen** bzw. deren Vermarktung übertragen (vgl. Bieberstein, 2006; Meffert et al., 2018), was in der deutschsprachigen Marketingforschung, ebenso wie die Übertragung auf Industriegüter (vgl. Backhaus und Voeth, 2014; Kleinaltenkamp, 2021; Weiber et al., 2022), noch eher selten der Fall ist; zumindest, wenn die Zahl der bisher erschienenen Spezialtitel im Vergleich zu den allgemeinen Lehrbuchveröffentlichungen im Marketing herangezogen wird. Da es sich um eine Fokussierung auf das Marketing handelt, fallen zudem einige Fragestellungen wie bspw. der Produktionsfokus mit der konkreten Leistungserstellung (Service-operations-Management) bzw. das Ressourcenmanagement im Detail heraus. Diese beziehen sich weniger auf die Vermarktungsperspektive, sondern eher auf das gesamte Management eines Dienstleistungsunternehmens. Sie gehen darum über die eigentliche Problematik der Vermarktung von Dienstleistungen hinaus, wenngleich es wichtige Bestandteile des Managements von Dienstleistungsunternehmen in einem erweiterten Fokus sind (z. B. Bordoloi et al., 2021; Burr und Stephan, 2019; Corsten und Gössinger, 2015; Fließ, 2009; Haller und Wissing, 2020; Hollins und Shinkins, 2006; Leimeister, 2020; Maleri und Frietzsche, 2008). Diesbezüglich darf bei allen Vermarktungsbemühungen und Marketingplanungen des Anbieters nicht die Integration des Kunden (externer Faktor) in den Leistungserstellungsprozess mit allen daraus resultierenden Konsequenzen für die Absatzseite im Sinne der Gestaltung

https://doi.org/10.1515/9783110620443-003

der Leistungspotenziale sowie der Qualitätssicherung des Leistungsergebnisses vernachlässigt werden.

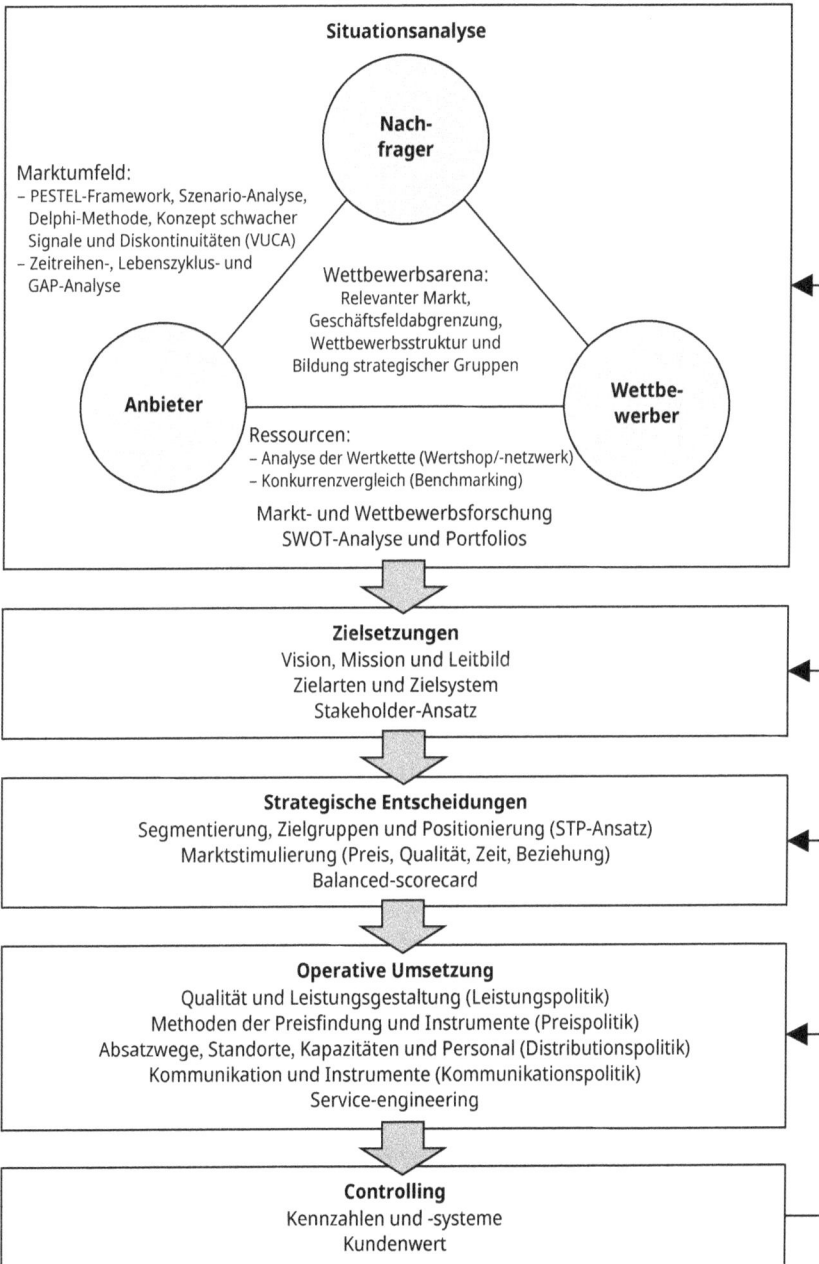

Situationsanalyse

Nach-frager

Marktumfeld:
– PESTEL-Framework, Szenario-Analyse, Delphi-Methode, Konzept schwacher Signale und Diskontinuitäten (VUCA)
– Zeitreihen-, Lebenszyklus- und GAP-Analyse

Wettbewerbsarena:
Relevanter Markt, Geschäftsfeldabgrenzung, Wettbewerbsstruktur und Bildung strategischer Gruppen

Anbieter

Wettbe-werber

Ressourcen:
– Analyse der Wertkette (Wertshop/-netzwerk)
– Konkurrenzvergleich (Benchmarking)

Markt- und Wettbewerbsforschung
SWOT-Analyse und Portfolios

Zielsetzungen
Vision, Mission und Leitbild
Zielarten und Zielsystem
Stakeholder-Ansatz

Strategische Entscheidungen
Segmentierung, Zielgruppen und Positionierung (STP-Ansatz)
Marktstimulierung (Preis, Qualität, Zeit, Beziehung)
Balanced-scorecard

Operative Umsetzung
Qualität und Leistungsgestaltung (Leistungspolitik)
Methoden der Preisfindung und Instrumente (Preispolitik)
Absatzwege, Standorte, Kapazitäten und Personal (Distributionspolitik)
Kommunikation und Instrumente (Kommunikationspolitik)
Service-engineering

Controlling
Kennzahlen und -systeme
Kundenwert

Abb. 3.1: Marketing-Konzeption eines Dienstleistungsanbieters.

Nutzen (N/ZB)
Kosten (k)
Preis (p)

Nach-frager

$N_A/$
ZB_A

Nettonutzen-differenz

$\Delta+$

Netto-nutzen-vorteil$_A$

Nutzen-differenz

Netto-nutzen (NN$_A$)

$N_W/$
ZB_W

p_A

Netto-Nutzen (NN$_W$)

Preis-differenz

Preis$_A$
(p_A)
(inkl. Beschaffung)

p_W

Preis$_W$
(p_W)
(inkl. Beschaffung)

k_A

Kosten-differenz

Kosten$_A$
(k_A)
(inkl. Vertrieb)

k_W

Kosten$_W$
(k_W)
(inkl. Vertrieb)

Anbieter

Wettbe-werber

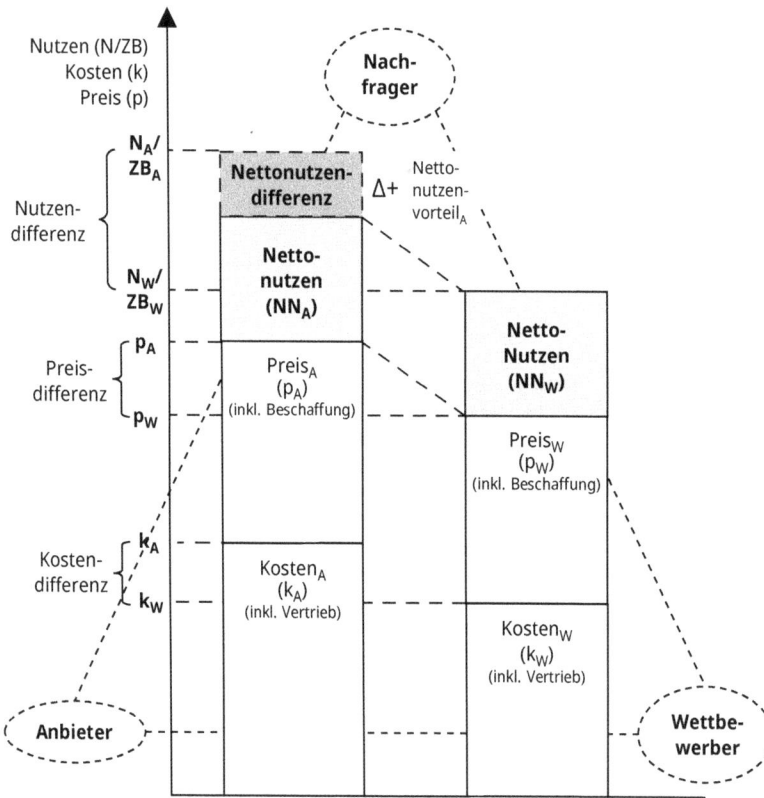

Abb. 3.2: Service-value (Nettonutzen) im Vergleich zum Wettbewerb (Nettonutzendifferenz).

Während in den vorangegangenen Kapiteln die Systematisierung von Dienstleistungen sowie die Besonderheiten von Produktion und Konsumption im Vordergrund standen, liegt der Fokus in den folgenden Ausführungen zur Ausgestaltung der Marketingkonzeption gedanklich im Wesentlichen auf den Quellen zur Realisierung und Festigung von Wettbewerbsvorteilen gegenüber Konkurrenten. Dies geschieht auf Basis der Nutzenbewertung seitens aktueller und potenzieller Nachfrager, da diese durch die Konkurrenzangebote ebenfalls einen Nutzen erfahren bzw. für die Leistungen der Wettbewerber einen Preis aufbringen müssen. Der Grundgedanke der **Nutzengenerierung** wurde bei der Systematisierung der Wirtschaftsgüter in Ansätzen diskutiert und wird hier an einer modellhaften Darstellung mit zwei Anbietern weiter vertieft (vgl. Abb. 3.2). Diesbezüglich steht im strategischen Marketing zunächst die Erzeugung des Nutzenbündels (Strategie-Mix) im Vordergrund, d. h. die Routen auf dem Weg zum Leitbild des Unternehmens (Vision und Mission), während sich das operative Marketing mit der Ausgestaltung des Nutzenbündels (Instrumenten-Mix) befasst, d. h. den konkreten Umsetzungsentscheidungen auf der festgelegten Route zum Ziel (Becker, 2019). Vor dem Hintergrund der Nutzengenerierung wurde die Differenz aus den gebotenen Nutzen ($N_{A/W}$) und den dafür zu zahlenden Preisen weiter oben als jeweiliger Nettonutzen ($NN_{A/W}$) bezeichnet (Plinke, 2000). In der Literatur findet sich in diesem Kontext auch der Terminus des wahrgenommenen Wertes (Perceived-value) einer Leistung (Kotler und Armstrong, 2020). Darüber hinaus wird in der Dienstleistungsliteratur vom so genannten Service-value gesprochen (Fließ, 2009). Insgesamt handelt es sich bei allen drei Termini jedoch um den grundsätzlich gleichen Sachverhalt, dass Nachfrager den situativ bezogenen Nutzen, transferiert in die maximale Zahlungsbereitschaft ($ZB_{A/W}$), mit dem am Markt zu zahlendem Preis ($p_{A/W}$) für die Leistungen zweier im Beispiel genannten Dienstleistungsanbieter in Relation setzen. Darüber hinaus fallen für beide Optionen Beschaffungskosten an (z. B. Lieferkosten oder Zeiteinsatz durch die Integration in den Erstellungsprozess bei Services), welche die nachfragerseitigen Transaktionskosten darstellen (Plinke, 2000; Williamson, 1975). Aus Vereinfachungsgründen werden diese in die final zu zahlenden Preise integriert, ebenso wie die Produktionskosten (Stückkosten) der Anbieter ($k_{A/W}$) bereits gedanklich die Vertriebskosten beinhalten, welche wiederum die Transaktionskosten der Anbieter darstellen. Aus dem Vergleich der wahrgenommenen Nettonutzen beider Anbieter resultiert die so genannte Nettonutzendifferenz bzw. die Präferenz des Nachfragers für eines der beiden Angebote am Markt, d. h. dass einer der beiden Dienstleister einen Nettonutzenvorteil (hier $\Delta +$ für A) bietet und dadurch im Modell von dem betrachteten Nachfrager vorgezogen wird (siehe Backhaus und Schneider, 2020; Voeth und Herbst, 2013; Weiber et al., 2022).

Die genannten **Wettbewerbsvorteile** entstehen also auf der einen Seite durch ein herausragendes Leistungsangebot, welches über dem vom Nachfrager zugrunde gelegten Anspruchsniveau liegt und damit eine attraktive Tauschrelation (Leistung gegen Geld) im Sinne eines realisierten Nettonutzens darstellt (Plinke, 2000). Bei Services spricht (Grönroos, 2015) im Hinblick auf den Leistungserstellungsprozess auch von der Flexibilität und der Anpassungsfähigkeit des Anbieters an die spezifischen Kundenerfordernisse; folglich eine stärkere Individualisierung der Dienstleistung. In der Literatur wird dies auch als der Kundenvorteil aus der Tauschrelation bezeichnet (Backhaus und Voeth, 2014; Fließ, 2009). Dabei ist allerdings von einem relativen Kundenvorteil (Nettonutzenvorteil) – im Vergleich zum Wettbewerber – auszugehen. Außerdem betrifft der Kundenvorteil die Effektivitätsdimension einer marktlichen Austauschbeziehung (Backhaus und Schneider, 2020; Weiber et al., 2022). Auf der anderen Seite entstehen Wettbewerbsvorteile durch einen Ressourcenvorteil des Anbieters, der im Vergleich zum Wettbewerb in einer besseren Kosten- bzw. Produktivitätsposition ist und damit einen Leistungserstellungsvorteil realisiert (aus Vereinfachungsgründen inkl. der Transaktionskosten aus dem Vertrieb von Leistungen). Dies wird als Anbietervorteil bezeichnet, wobei auch hier von einem relativen Anbietervorteil auszugehen ist. Der Anbietervorteil entspricht der Effizienzdimension einer marktlichen Austauschbeziehung (Backhaus und Schneider, 2020; Weiber et al., 2022). Zusammen genommen bilden beide Dimensionen den absoluten Wettbewerbsvorteil eines Anbieters auf einem Dienstleistungsmarkt (Plinke, 2000), was in der Literatur gleichzeitig als komparativer

Konkurrenzvorteil (KKV) bezeichnet wird (Backhaus und Schneider, 2020; Backhaus und Voeth, 2014). Meffert et al. (2019) sehen zudem ebenso wie Backhaus und Schneider (2020) vier wichtige Kriterien zum Auf- und Ausbau eines Wettbewerbsvorteils:

- die Wichtigkeit besagt, dass die Leistungseigenschaft(en), die den Vorteil erzeugen soll(en), für den Nachfrager aus seiner individuellen Perspektive als wichtig eingestuft wird (werden),
- die Wahrnehmbarkeit bedeutet, dass der Leistungsvorsprung des Anbieters gegenüber dem Wettbewerb vom Nachfrager auch wahrgenommen wird bzw. beziffert werden kann,
- die Dauerhaftigkeit drückt aus, dass der Leistungsvorteil gegenüber dem Wettbewerb auch langfristig eingehalten bzw. behauptet werden kann und
- die Effizienz bezieht sich auf die Wirtschaftlichkeit des Vorteils, der für den Anbieter somit einen signifikanten Beitrag zur Erreichung seiner Marketingziele bzw. seiner Gewinnsituation liefert.

Damit beziehen sich die ersten beiden Kriterien vor allem auf die Perspektive der Nachfrager, den Kundenvorteil, und die folgenden beiden Kriterien auf die Perspektive des Anbieters, den Anbietervorteil (Backhaus und Schneider, 2020). Während die bisherigen Ausführungen die Art des Wettbewerbsvorteils und die Kriterien für dessen Auf- und Ausbau behandeln, diskutiert Plinke (2000) zudem die Wirkungen dieses Wettbewerbsvorteils. Hierbei kann vor allem die Dauerhaftigkeit hervorgehoben werden (auch Backhaus und Voeth, 2014), die im **Aufbau von Wettbewerbsbarrieren** mündet. Hierzu gehören Substitutions-, Imitations- und Mobilitätsbarrieren sowie die weiter oben diskutierte Kundenbindung. Fließ (2009) bezeichnet dies als Strukturmodell des Wettbewerbsvorteils. Die aufgezeigten Barrieren tragen dazu bei, dass Nachfrager einem bestimmten Anbieter gegenüber loyal bleiben, was wiederum im Sinne der Service-profit-chain zu einem gesteigerten ökonomischen Erfolg beiträgt. Im Folgenden werden die in den Kapiteln vier bis acht erörterten Inhalte grob vorgestellt, die sich, wie bereits erläutert, an dem allgemeinen Ablauf einer Marketingkonzeption anlehnen (Becker, 2019).

Im ersten Teil (Kapitel 4) der Ausführungen zur Marketingkonzeption werden in der **Situationsanalyse** vor dem Hintergrund der Etablierung von Wettbewerbsvorteilen und dem Aufbau von Wettbewerbsbarrieren zunächst das Marktumfeld und die Wettbewerbsarena eines Dienstleisters näher betrachtet. Beim Marktumfeld spielen vor allem qualitative und quantitative Prognoseverfahren eine wichtige Rolle, um Rahmenfaktoren näher zu beleuchten und Entwicklungen zu prognostizieren, die außerhalb eines spezifischen Marktes liegen, aber dennoch das Handeln des Anbieters auf ebendiesem Markt tangieren. Zu den qualitativen Verfahren gehören bspw. das so genannte PESTEL-Framework, die Szenarioanalyse oder die Delphi-Methode. Dagegen gehören zu den quantitativen Verfahren die Zeitreihen-, Lebenszyklus- oder GAP-Analyse. In der sich als Marketingdreieck ergebenden Wettbewerbsarena (Anbieter, Nachfrager und Wettbewerb) wird zunächst das Konzept des relevanten Marktes diskutiert (Backhaus und Schneider, 2020), welches aus Marketingsicht eine bedeutende Rolle zur Umschreibung der konkreten Anbieter-Nachfrager-Wettbewerber-Konstellation in den Geschäftsfeldern des Unternehmens spielt. Darüber hinaus sollten Dienstleistungsanbieter die Triebkräfte des Wettbewerbs innerhalb ihrer Branche (Wettbewerbsstruktur) und die daraus resultierende Wettbewerbsintensität analysieren. Hervorzuheben ist in diesem Kontext auch die Bildung strategischer Gruppen, bei denen es sich um Unternehmen handelt, die gleiche oder ähnliche Strategien verfolgen. So können bspw. besonders zentrale Wettbewerber stärker in den Blick genommen werden. Um die eigenen Ressourcen in den Fokus zu rücken, wird anschließend das Konzept der Wertkette bzw. des Wertshops erörtert und über die Idee des Benchmarkings in Verbindung zu den Ressourcen der Wettbewerber gesetzt. Eine Integration der Ausführungen zur Situationsanalyse erfolgt schließlich im Rahmen der SWOT- und Portfolioanalyse, wodurch die aus dem Marktumfeld und der Wettbewerbsarena als externer Dimension (z. B. Marktwachstum) resultierenden Chancen und Risiken in Verbindung zu den eigenen Ressourcen als interner Dimension (z. B. Marktanteil) bzw. den damit in Bezug stehenden Stärken und Schwächen gesetzt werden.

Im zweiten Teil (Kapitel 5) werden die **Zielsetzungen** eines Dienstleistungsanbieters thematisiert. In diesem Kontext spielt das Leitbild eine wichtige Rolle, welches vor allem die Vision und Mission des Unternehmens enthält. Zudem sind Leitbilder so konzipiert, dass sie nach innen motivierend auf das aktuelle und das zukünftige Personal wirken und gleichzeitig dabei helfen sollen, die Ziele des Unternehmens sowohl nach innen als auch nach außen zu kommunizieren. Im Anschluss daran werden unterschiedliche Zielarten erörtert und die Zusammenhänge zwischen verschiedenen Zielen bzw. die Existenz einer Ziel-Mittel-Hierarchie mit Ober- und Unterzielen sowie deren Operationalisierung diskutiert. Schließlich sind bei der Festlegung eines Zielsystems als integrierende Perspektive auch die Stakeholder von Bedeutung, welche alle von den Aktivitäten eines Unternehmens betroffenen Personen und Organisationen darstellen. So werden unternehmerische Ziele meist als Kompromiss zwischen internen und externen Stakeholdern (z. B. der Vorstand, die Mitarbeiter, die Anwohner, die Politik oder die Gewerkschaften) auf Basis einer unterschiedlichen Machtverteilung festgelegt. In diesem Kontext muss auch eine systematische Stakeholder-Analyse durchgeführt werden.

Im dritten Teil (Kapitel 6) werden verschiedene Optionen im Bereich der **Marketingstrategien** aus der Perspektive eines Dienstleistungsunternehmens behandelt. Nach Backhaus und Schneider (2020) findet die Strategiebildung in Unternehmen auf verschiedenen Ebenen statt, womit eine unterschiedliche Tragweite der strategischen Planung resultiert (auch Bea und Haas, 2019; Reisinger et al., 2017; Welge et al., 2017). Dabei ist aus der Marketingsicht besonders die Geschäftsfeldebene relevant, weil sich hier die direkten Austauschbeziehungen in den einzelnen Produkt-Markt-Beziehungen eines Dienstleistungsanbieters manifestieren und Wettbewerbsvorteile realisiert werden. Dies wurde bereits weiter oben erörtert und ist auch Bestandteil der Situationsanalyse. Dennoch müssen Strategien auf der Geschäftsfeldebene mit den Strategien auf der

Gesamtunternehmensebene im Sinne der Leitbildgestaltung (Vision und Mission) harmonieren, um ein einheitliches Bild des Unternehmens über die Generierung des Nutzenbündels nach außen zu erzeugen. Nach Welge et al. (2017) entspricht dieser Betrachtungsfokus einer Differenzierung nach den organisatorischen Ebenen von Strategien. Zudem weisen Backhaus und Schneider (2020) darauf hin, dass es bei der Einordnung des strategischen Marketings auf die Perspektive bzw. die definitorische Abgrenzung des Marketings (z. B. das globale Verständnis des Marketings als marktorientierte Unternehmensführung) ankommt (Meffert et al., 2019). Ein besonders wichtiger Ansatz des strategischen Marketings entspringt dem Gedanken der Marktparzellierung (Becker, 2019), der in der englischsprachigen Literatur auch als STP-Ansatz diskutiert wird (Chernev, 2018; Freter, 2008; Kotler und Armstrong, 2020). Hierunter sind die Konzepte der Marktsegmentierung, Zielgruppenauswahl und Positionierung zu verstehen. In der deutschsprachigen Literatur wird dies bspw. ausführlich bei Freter (2008) diskutiert. Außerdem spielt die Marktstimulierung im strategischen Marketing eine wichtige Rolle. Hierzu gehören insbesondere die Hervorhebung von Preis und Qualität als generische Wettbewerbsstrategien im Sinne von Porter (1980/1985) oder die Zeit- bzw. die weiter oben bereits angedeutete Profilierung über die Kundenbeziehungen (Benkenstein und Uhrich, 2021; Voeth und Herbst, 2013). Als integrative Perspektive wird an dieser Stelle die von Kaplan und Norton (1992) entwickelte Balanced-scorecard (BSC) hervorgehoben, da sie sich, obwohl oftmals unter dem Blickwinkel des Controllings diskutiert, zur Umsetzung von Unternehmensvision und -mission in Strategien sowie in konkrete Zielsetzungen und Messgrößen eignet (Kaplan und Norton, 1996a). In diesem Zusammenhang betonen Welge et al. (2017), dass die BSC bei der Strategieimplementierung bzw. der Ableitung mittelfristiger Ziele und Maßnahmen hilfreich ist. Somit handelt es sich streng genommen sogar um eine doppelte Integration. In Bezug auf das Controlling wird die BSC insbesondere als Kritik an der Dominanz klassischer finanzwirtschaftlicher Kennzahlen aufgefasst.

Der vierte Teil (Kapitel 7) beinhaltet das **operative Marketing** eines Dienstleistungsanbieters. Insbesondere in der englischsprachigen Literatur werden die klassischen 4Ps, bestehend aus der Produkt- (Product), Preis- (Price), Distributions- (Place) und Kommunikationspolitik (Promotion) auf bis zu 7Ps ausgedehnt. Damit erfolgt eine Ergänzung der Marketinginstrumente um die besondere Berücksichtigung von physischer Ausstattung (Physical-evidence), Prozessmanagement (Processes) und Personal (Personnel). Ein Blick in die deutschsprachige Literatur zeigt allerdings, dass dieser Ansatz sich nur teilweise durchgesetzt hat. Zu finden ist hier bspw. die besondere Berücksichtigung des Personals als fünftes Marketing-Instrument (Bruhn et al., 2019; Meffert et al., 2018). Dagegen können Prozesse der Leistungserstellung entweder als allgemeine Anforderungen an das Dienstleistungsmanagement betrachtet werden (Corsten und Gössinger, 2015; Fließ, 2009), oder, ebenso wie die physische Ausstattung eines Anbieters, die so genannten Servicescapes (Bitner, 1992), aus der Marketingperspektive durchaus gedanklich in den Bereich der Distributionspolitik bzw. den Vertrieb von

Dienstleistungen eingeordnet werden. Dies kann prinzipiell auch für den Bereich des Personals so interpretiert werden, da gerade im Bereich des Dienstleistungsvertriebs und der Uno-actu-Leistungserstellung mit einer Integration des externen Faktors beim Service-encounter das Dienstleistungspersonal als besonders relevant für die Qualitätswahrnehmung und Markenbildung des Anbieters angesehen wird. Schließlich findet sich teilweise eine separate Behandlung des Themenbereichs Qualitätsmanagement (Meffert et al., 2018), der traditionellerweise zur Leistungspolitik gezählt wird, auch wenn im Dienstleistungsbereich zusätzlich auf die Beziehungsqualität abgestellt wird.

In diesem Lehrbuch werden die **Marketinginstrumente** auf die klassischen vier Instrumente beschränkt. So wird der Qualitätsbegriff sowie die Verfahren der Messung und Sicherstellung der Leistungs- und Beziehungsqualität in den Bereich der Leistungspolitik integriert, da Fragen dazu die Generierung von Wettbewerbsvorteilen über die Leistungsgestaltung betreffen. Außerdem beinhalten die Ausführungen Grundsätze zur Markierung von Kontaktträgern, zu Leistungsprogrammen und der Bündelung von Leistungen sowie dem Lebenszyklus von Dienstleistungen (Innovationsmanagement). Im Rahmen der Preispolitik werden Methoden der Preisfindung bei Dienstleistungen (Kosten-, Nachfrager- und Wettbewerbsorientierung) sowie die Instrumente des Pricing diskutiert, welche vor allem verschiedene Formen der Preisdifferenzierung aber auch Ansätze der Konditionengestaltung beinhalten. Die Distributionspolitik befasst sich mit Fragestellungen zu den Absatzwegen, über die die Leistungen des Unternehmens vertrieben werden, sowie mit logistischen Entscheidungen. In diesem Zusammenhang wird, neben der Gestaltung der Absatzwege eines Dienstleisters, auf das Standort-, das Kapazitäts- und das Personalmanagement abgestellt. Vor allem bei Letzterem wird wegen der Bedeutung des Personals beim Service-encounter und der Leistungsqualität ausführlicher auf die Auswahl, Entwicklung, Führung und Motivation bzw. die zum Einsatz kommenden Anreizsysteme eingegangen. Im Anschluss daran werden in der Kommunikationspolitik vor allem die Fragestellungen der externen Kommunikation in den Vordergrund gerückt, d. h. es wird auf die kommunikativen Beziehungen zu den aktuellen und potenziellen Nachfragern fokussiert. Bruhn (2018) unterscheidet weiterhin die interne Kommunikation mit den Mitarbeitern sowie die interaktive Kommunikation zwischen Mitarbeitern und Nachfragern (auch Zeithaml et al., 2012), deren Bedeutung allerdings an anderen Stellen bereits thematisiert wurde, insbesondere in der Distributionspolitik durch die Integration des Kunden als externer Faktor bei der Leistungserstellung (Service-encounter). Darüber hinaus werden zahlreiche Instrumente der Kommunikationspolitik erörtert, die sich nach einem eher unpersönlichen (Massenkommunikation) und einem eher persönlichen Fokus (direkte Kommunikation) systematisieren lassen. Auch bei Letzterem wird wieder implizit auf die Bedeutung der Mitarbeiterkommunikation mit den Kunden des Dienstleisters abgestellt. Schließlich stellt die integrative Perspektive im Bereich des operativen Marketings das so genannte Service-engineering dar, welches in der amerikanischen Literatur auch als Service-design oder New-service-development bezeichnet wird und dort einen eher gestalterischen Fokus aufweist (Fitzsimmons und Fitzsimmons, 2000; Ramaswamy, 1996/

1999). Beim Service-engineering handelt es sich um einen systematischen Ansatz von der Ideensammlung über die Leistungsgestaltung bis hin zur Einführung in den Markt, bei dem auch ingenieurwissenschaftliche Methoden eingesetzt werden (Bullinger und Schreiner, 2006). Dabei kommen innerhalb des gesamten Engineering-Prozesses sämtliche Bereiche des operativen Marketings zur Anwendung. So wird zwischen der Definitionsphase, der Anforderungsanalyse, der Dienstleistungskonzeption, der Dienstleistungsrealisierung, der Vorbereitung der Markteinführung sowie der eigentlichen Markteinführung unterschieden (Meiren, 2001; Schneider et al., 2006).

Im fünften Teil (Kapitel 8) wird auf das Thema **Marketing-Controlling** fokussiert. Hier spielt neben der Etablierung von Kennzahlen(-systemen) für die einzelnen Objekte des Controllings vor allem der Bereich des Kundenwerts aus der Marketingsicht eine wichtige Rolle, weshalb dieser als integrierende Perspektive abschließend behandelt wird.

4 Situationsanalyse zur Bestimmung der Ausgangslage

Wie bereits im vorherigen Kapitel ausgeführt, startet die Marketingkonzeption eines Dienstleisters mit einer **Situationsanalyse**, innerhalb derer das Marktumfeld, die Wettbewerbsarena sowie die eigenen Ressourcen analysiert werden (Abschnitt 4.1). Sie stellt quasi die Ausgangslage für die Wertangebote eines Anbieters auf einem oder mehreren relevanten Dienstleistungsmärkten dar. Die Analyse des **Marktumfelds** wird als Umweltanalyse i.w.S. bezeichnet und beinhaltet in einem ersten Schritt verschiedene Konzepte zur Analyse der Umwelt außerhalb der Wettbewerbsarena eines Dienstleister, wobei die Umwelt i.w.S. jedoch einen Einfluss auf die Gestaltung der Rahmenbedingungen und das Geschehen auf den relevanten Märkten hat (z.B. durch die Wirtschaftslage, die Verfügbarkeit und Preise von Einsatzstoffen, die Gesetzgebung oder Marktzugangsbeschränkungen). Zu den Analyseinstrumenten gehören bspw. das PESTEL-Framework sowie die Szenario- oder die GAP-Analyse (Abschnitt 4.1.1). Im nächsten Schritt folgt die Analyse der **Wettbewerbsarena**, die so genannte Umwelt i.e.S. Diese wird aus dem relevanten Markt eines Dienstleisters mit den entsprechenden aktuellen und potenziellen Nachfragern sowie den (potenziellen) Wettbewerbern gebildet. Bereits weiter oben wurde dies als Marketingdreieck bezeichnet. In diesem Kontext sind auch die Geschäftsfelder des Unternehmens als selbstständige Einheiten mit ihren jeweils konkreten Marktbeziehungen abzugrenzen, bevor im Weiteren eine Analyse der Wettbewerbsstruktur vorgenommen werden kann. Diese bildet die Triebkräfte des Wettbewerbs und lässt zudem strategische Gruppen erkennen, d.h. Unternehmen, die sich in Bezug auf die eingesetzten Marketingstrategien ähnlich verhalten (Abschnitt 4.1.2). Während die bisherigen Analysen vor allem auf die externen Dimensionen des Unternehmens fokussieren, müssen in einem weiteren Schritt die eigenen Stärken und Schwächen in einer **Ressourcenanalyse** als interne Dimensionen bestimmt werden. Dazu gehört vor allem ein Blick auf die eigene Wertkette bzw. bei Dienstleistungsunternehmen auch als Wertshop bezeichnet, bei dem im Gegensatz zur traditionellen Wertkettenanalyse insbesondere auf die Integration des externen Faktors fokussiert wird. In diesem Zusammenhang werden die eigenen Stärken und Schwächen mit denen des Wettbewerbs im Rahmen eines Konkurrenzvergleichs, das so genannte Benchmarking, gegenübergestellt. (Abschnitt 4.1.3). Die entsprechenden Informationen zum Marktumfeld sowie den Akteuren im Marketingdreieck können im Rahmen der Analyse mit den Methoden und Instrumenten der **Markt- und Wettbewerbsforschung** erhoben werden (Abschnitt 4.2). In diesem Abschnitt werden konkrete Methoden und Instrumente vorgestellt, mit denen im unternehmerischen Umfeld systematisch Daten gewonnen werden können. Darüber hinaus werden in diesem Abschnitt grundlegende Auswertungsmöglichkeiten vorgestellt, die im Rahmen deskriptiver, explorativer oder konfirmatorischer Forschungsdesigns Anwendung finden. Die integrative Perspektive bezgl. der Situationsanalyse bildet schließlich die Kombination aus internen und externen Erkenntnissen.

https://doi.org/10.1515/9783110620443-004

Hierzu dient die **SWOT- bzw. Portfolio-Analyse** (Abschnitt 4.3). Mit den beiden aufeinander aufbauenden Instrumenten ist es möglich, die eigenen Stärken und Schwächen (interne Dimension) mit den Chancen und Risiken der Umwelt (externe Dimension) für bestehende Geschäftsfelder zu visualisieren und im Anschluss daran erste Handlungsempfehlungen, so genannte Basisstrategien, abzuleiten. Damit dient der letzte Abschnitt auch als Überleitung in das folgende Kapitel zu den Zielsetzungen des Unternehmens und den daran anschließenden strategischen Handlungsoptionen.

4.1 Marktumfeld, Wettbewerbsarena und Ressourcen

4.1.1 Analyse des Marktumfelds (Umwelt i. w. S.)

Bei der Analyse des Marktumfelds eines Dienstleistungsanbieters handelt es sich um eine Umweltanalyse i. w. S. Für einen solchen ersten Teil der Situationsanalyse werden im Folgenden bekannte Instrumente, d. h. so genannte **Prognoseverfahren** aus der Literatur zum strategischen Management und Marketing diskutiert. Dazu gehören einerseits qualitative Prognoseverfahren zur Beschreibung von Marktumfeldern. Diese beruhen vor allem auf einer subjektiv begründeten Beurteilung des jeweiligen Prognosegegenstandes (z. B. die Entwicklung von gesellschaftlichen Umfeldern, die Globalisierung oder konkrete Marktentwicklungen). Zu den beschriebenen Verfahren gehören das PESTEL-Framework, die Stakeholder-Analyse, die Szenario-Analyse, die Delphi-Methode und das Konzept der schwachen Signale, welches gerade in den letzten Jahren vor dem Hintergrund zahlreicher Diskontinuitäten und Transformationen im wirtschaftlichen und politischen Umfeld (z. B. in der Automobilindustrie, in der Klimapolitik, bei der Digitalisierung oder durch die Covid19-Pandemie) an Bedeutung gewonnen hat. Darüber hinaus kommt ein Begriff wieder verstärkt in die wissenschaftliche Diskussion zurück, welcher seitens des amerikanischen Militärs mit dem Ende der 1980er bzw. dem Beginn der 1990er Jahre durch das U.S. Army War College geprägt wurde (AWC, 2022). Dieser kennzeichnet das Umfeld, in welchem die Streitkräfte tätig waren bzw. aktuell noch sind, und wird als VUCA (Volatility, Uncertainty, Complexity, Ambiguity) bezeichnet. VUCA-Umfelder sind hochgradig von Disruption und Dynamik gekennzeichnet. Andererseits gehören zur Analyse des Marktumfelds bzw. den diesbezüglichen Instrumenten auch quantitative Prognoseverfahren, die auf Basis mathematisch-statistischer Verfahren Aussagen hinsichtlich zukünftiger Entwicklungen eines Prognosegegenstandes generieren. Traditionell werden dazu im strategischen Management Zeitreihenanalysen (z. B. naiver Ansatz, gleitende Durchschnitte, exponentielle Glättung, Trendextrapolation oder Saisonindizes) eingesetzt, die auf kausalen Annahmen über Vergangenheitsdaten basieren (Bordoloi et al., 2021). Außerdem spielen Lebenszyklusanalysen von Märkten, Technologien, einzelnen Leistungen oder Kunden eine Rolle (Brockhoff, 2011; Hammann und Erichson, 2000). Schließlich existiert mit der GAP-Analyse ein Ansatz, der die strategischen Zielvorstellungen eines Unternehmens mit der tatsächlichen Entwicklung abgleicht und mit dem sich eine strategische und operative Lücke zu einem bestimmten Planungszeitpunkt bzw. in einer definierten Ausgangssituation visualisieren lassen.

PESTEL-Framework

Das so genannte PESTEL-Framework gehört zu den **qualitativen Verfahren**, um die globale Umwelt eines Unternehmens zu analysieren (Johnson et al., 2018; Rothaermel, 2020). Mit dem Akronym werden die Bereiche der politischen (Political), ökonomischen (Economic), soziokulturellen (Social), technologischen (Technological), ökologischen (Ecological) und rechtlichen Umwelt (Legal) bezeichnet (vgl. Tab. 4.1).

Der Grundgedanke einer entsprechenden Analyse lässt sich bereits auf Farmer und Richman (1970) zurückführen, die ökonomische, soziokulturelle, technologische und politische Faktoren als Segmente der globalen Unternehmensumwelt berücksichtigen (Lynch, 2006; Welge et al., 2017). Im Rahmen einer PESTEL-Analyse sind zunächst die **relevanten Umweltfaktoren** zu analysieren, da nicht für alle Unternehmen alle Faktoren gleichermaßen relevant sind. In diesem Zusammenhang ist darauf aufbauend eine Priorisierung nach Wichtigkeit vorzunehmen, um die größten Hebel bzw. die stärksten Auswirkungen zu identifizieren. Dabei werden den identifizierten Schlüsselfaktoren unterschiedliche Eintrittswahrscheinlichkeiten zugeordnet. Anschließend werden Prognosen darüber aufgestellt, wie die Faktoren sich in der Zukunft entwickeln und welche Chancen und Risiken sich daraus für das analysierende Unternehmen ergeben. Dabei sind auch die Interdependenzen zwischen den einzelnen Bereichen zu beachten. Schließlich werden in einem letzten Schritt auf Basis der Auswirkungen auf das Zielsystem des Unternehmens entsprechende Strategien erarbeitet, um eine nachhaltige Unternehmensentwicklung sicherzustellen (Reisinger et al., 2017).

Das PESTEL-Framework kann auch als übergeordneter Ansatz der Umweltanalyse i.w.S. angesehen werden. Es dient damit als **Orientierungsrahmen** für die im Folgenden diskutierten qualitativen Prognoseverfahren zur Analyse der Ausgangslage, zu denen die Szenario-Analyse, die Delphi-Methode, das Konzept der schwachen Signale sowie der Stakeholder-Ansatz gehören. Die genannten Verfahren dienen als Prognoseinstrumente dazu, aus der Gegenwart weitere Erkenntnisse über zukünftige Entwicklungen in den Dimensionen des PESTEL-Frameworks zu generieren (Hungenberg, 2014). Gerade vor dem Hintergrund der Entwicklungen in der Digitalisierung, der Forschung zur künstlichen Intelligenz (KI), dem Voranschreiten des autonomen Fahrens und Fortschritten in der Robotik können diese vor allem auf einer Vielzahl von qualitativen Einschätzungen basierenden Verfahren helfen, aus der Gegenwart Trends und Prognosen für die Zukunft der Wirtschaft im Allgemeinen und unterschiedlicher Dienstleistungsbranchen im Besonderen zu entwickeln. Es können somit auch erste Ideen für neue Geschäftsmodelle generiert werden, die dann durch den Einsatz weiterer quantitativer Verfahren an Detaillierungsgrad zunehmen. In diesem Kontext sind bspw. die in der Szenario-Analyse enthaltenen Störereignisse in gesellschaftlichen Entwicklungen (z. B. Ab-

Tab. 4.1: PESTEL-Framework (Reisinger et al., 2017).

Politische Faktoren (P)	Ökonomische Faktoren (E)
Einflussfaktoren, die von der Politik an die Unternehmen herangetragen werden: – Regierungsform und Parteipolitik – Stabilität der politischen Umwelt – Steuer-, Arbeitsmarkt- und Sozialpolitik – Industrie- und Subventionspolitik – Privatisierung und Deregulierungen – Entwicklungen in der Wirtschaftspolitik – Einfluss der Gewerkschaften – Globalpolitische Entwicklungen – Internationale Konflikte	Einflussfaktoren, die sich auf Expansion und Nachfrage auswirken: – Wirtschaftswachstum – Zinsen und Kreditsicherheit – Wechselkurse – Arbeitslosenrate – Bruttosozialprodukt – Pro-Kopf-Einkommen – Inflation – Sparquote – Konsumneigung
Soziokulturelle Faktoren (S)	**Technologische Faktoren (T)**
Einflussfaktoren, die durch gesellschaftliche Veränderungen resultieren: – Demographische Entwicklungen – Wertewandel, Konsumentenverhalten und Kundenpräferenzen – Bildungsniveau und -entwicklung – Arbeitsmentalität und Freizeitverhalten – Neue Lebensmodelle und lokale Lifestyle-Trends – Haushaltsgrößen und Familienstruktur	Einflussfaktoren, die sich auf Verfahren, Kosten und Angebot/Nachfrage auswirken: – State-of-the-art-Technologien – Prozess- und Produktinnovationen – Konkurrierende und Substitutionstechnologien – Lebenszyklusphasen von Technologien – Informations- und Kommunikationstechnologien – Patentanmeldungen
Ökologische Faktoren (E)	**Rechtliche Faktoren (L)**
Einflussfaktoren, die aufgrund ökologischer Entwicklungen resultieren: – Verfügbarkeit von Rohstoffen, Luft, Wasser und Energie – Energiepreise und erneuerbare Energien – Umweltbewusstsein und Umweltschutz – Klimawandel – Recyclingmaterial und -kosten – Regelungen für Energieverbrauch und Abfallentsorgung	Einflussfaktoren, die als rechtliche Faktoren Regelungen/Verordnungen betreffen: – Unternehmensverfassungsrecht – Gesellschafts- und Arbeitsrecht – Wettbewerbs- und Patentrecht – Finanz- und Steuerrecht – Umweltschutz und Haftungsregelungen – Wirtschafts-/Investitionsregulierungen und Handelsbeschränkungen – Einfluss des EU-Rechts

lehnung der KI), Gesetzes- und Regulierungsvorhaben, Pandemien wie Covid19 sowie in nationalen und internationalen Spannungen (z. B. die Spaltung der europäischen Gesellschaften oder die politischen Entwicklungen in Russland und China) zu sehen, die einen Einfluss auf (neue) Geschäftsmodelle im Dienstleistungsbereich haben, welche auf den genannten Technologien und Entwicklungen beruhen. Hier könnten auch das Konzept der schwachen Signale oder die Analyse von Diskontinuitäten in VUCA-Umfeldern hilfreich sein. Ferner werden in der Zukunft durch den Einsatz der neuen Technologien, insbesondere der weiteren Digitalisierung und dem Einsatz von KI (z. B. ChatGPT, Replit, SlidesAI, Wordtune oder Writesonic), Veränderungen in der Arbeitswelt bezgl. aktueller und zukünftiger Dienstleistungen in Gang gesetzt, die zum einen bisherige Dienstleistungen obsolet werden lassen (z. B. die Lektorate in Verlagen oder Versicherungsmathematiker) und zum anderen neue bzw. innovative Dienstleistungen entstehen lassen (z. B. standardisierte juristische, steuerliche oder medizinische Auskünfte bzw. Diagnosen). Zur Abschätzung dieser Entwicklungen könnten bspw. Delphi-Analysen eingesetzt werden.

Außerdem werden im PESTEL-Framework zur Analyse der einzelnen Dimensionen bzw. zur Analyse der globalen Unternehmensumwelt auch **Leitindikatoren** aus unterschiedlichen Bereichen eingesetzt (Bea und Haas, 2019), wie es bspw. die Indikatoren des Instituts für Wirtschaftsforschung in München (Ifo), des Instituts für Weltwirtschaft in Kiel (IfW), des Deutschen Instituts für Wirtschaftsforschung in Berlin (DIW) oder des Rheinisch-Westfälischen Instituts für Wirtschaftsforschung in Essen (RWI) darstellen. Diese sind vor allem hilfreich, wenn die wirtschaftliche Entwicklung aus volkswirtschaftlicher bzw. makroökonomischer Sicht im Vordergrund steht. Außerdem werden Indikatoren aus den Bereichen Bevölkerung, Technologie, Politik und Gesellschaft untersucht (Bea und Haas, 2019). Die gemeinsame Frage ist hierbei jeweils, welche der zur Verfügung stehenden Indikatoren die Entwicklung in den betrachteten Dimensionen bzw. Feldern am besten abbilden, d. h. wie aussagekräftig die Prognoseergebnisse vor dem Hintergrund der unternehmerischen Erfordernisse sind. Ferner können im Kontext des PESTEL-Frameworks **Input-Output-Analysen** hilfreich sein, die von ihrem Grundgedanken her auf Leontieff (1986) zurückgehen (Destatis, 2010; RfB, 2022). Dabei werden die Transaktionsbeziehungen zwischen einzelnen Wirtschaftssektoren bzw. Wirtschaftsbereichen betrachtet. In Bezug auf Deutschland werden bspw. die Beziehungen der einzelnen Sektoren in den offiziellen Berechnungen des statistischen Bundesamts zur volkswirtschaftlichen Gesamtrechnung durchgeführt (Destatis, 2022c). Diese bieten allerdings lediglich ein makroökonomisches Bild der Beziehungen, wobei feingliedrigere Analysen die Sektoren in weitere Bereiche aufteilen, sodass auch detaillierte Analysen im Rahmen ökonomischer Prognosen ermöglicht werden (Bleses, 2007).

Szenario-Analyse

Das Verfahren der Szenario-Analyse geht auf den amerikanischen Physiker, Militärstrategen und Futurologen Herman Kahn zurück, Gründer des Hudson Institute, der in den 1950er Jahren bei der RAND-Corporation arbeitete und dort militärische Szenarien entwickelte, um auf gegnerische Handlungen besser vorbereitet zu sein (Kahn und Wiener, 1967; RAND, 2022a). Allerdings fand die Szenario-Analyse erst in den 1970er Jahre aufgrund der steigenden Dynamik und Komplexität im Jahrzehnt der Ölkrise durch Anwendungen der SHELL-Corporation Einzug in die Managementforschung (Bea und Haas, 2019). In die deutschsprachige Literatur wurden die Szenario-Analyse und ihre einzelnen Ablaufschritte vor allem durch Geschka und von Reibnitz (1986) eingeführt. Die Szenario-Analyse ist eine Planungstechnik, die auf Basis eines Annahmenbündels und dieses bestimmende exogene Einflussfaktoren auf das Untersuchungsfeld in der Gegenwart eine vorausschauende Betrachtung der Zukunft vornimmt, ohne diese Entwicklungen direkt aus der Vergangenheit fortzuschreiben (Götze, 1993; Mietzner, 2009). Dabei spielt die Analyse von spekulativen Störereignissen zu späteren Zeitpunkten eine wichtige Rolle. Außerdem hat eine Szenario-Analyse immer einen **langfristigen Planungshorizont**, wobei durch den Einfluss der Störereignisse auch zunächst undenkbare Dinge einer beschränkt vorhersehbaren Zukunft explizit in die Prognose einbezogen werden. Diesbezüglich wird in der Literatur auch von einem Zeitraum von 10–20 Jahren gesprochen, wodurch jedoch aufgrund des heuristischen Ansatzes nicht von höchster Präzision auszugehen ist (Berekoven et al., 2009). Aus einer systematischen Analyse der Ausgangslage sollen so durch alternative, konsistente Projektionen in die Zukunft (Szenarien) zielführende Strategien gefunden und umgesetzt werden, um die Unternehmensentwicklung langfristig positiv zu beeinflussen. Dabei wird die Szenario-Analyse typischerweise als Trichter dargestellt (Welge et al., 2017), der sich aus den beiden Extremszenarien des Worst- sowie des Best-case bildet (vgl. Abb. 4.1).

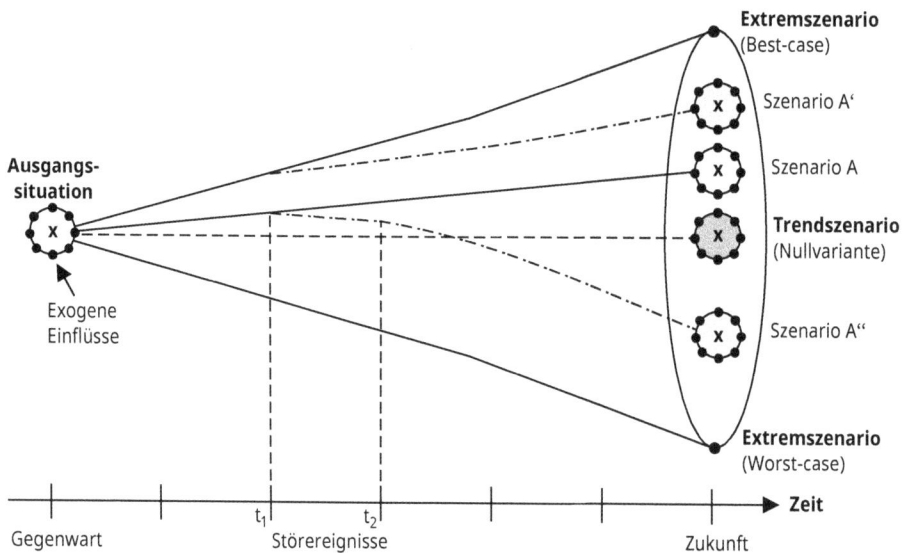

Abb. 4.1: Szenario-Trichter (in Anlehnung an Geschka, 1999).

Der Ablauf einer Szenario-Analyse folgt einem bis zu achtstufigen **systematischen Vorgehen** (Bea und Haas, 2019; Berekoven et al., 2009; Geschka, 1999; Johnson et al., 2018; Reisinger et al., 2017; Welge et al., 2017).

- Im ersten Schritt wird bei einer Untersuchungsfeldanalyse ein Annahmenbündel definiert und strukturiert. Dabei handelt es sich um die aktuell vorliegende Situation, in der sich ein Unternehmen bspw. mit seinen Geschäftsbereichen und/oder mit seinen Leistungen befindet.
- Im zweiten Schritt werden im Rahmen der Umfeldanalyse exogene Einflussfaktoren (Deskriptoren) auf das Untersuchungsfeld identifiziert und gleichzeitig die wichtigsten Faktoren systematisch und strukturiert herausgearbeitet.
- Im dritten Schritt werden Trendprojektionen in die Zukunft vorgenommen, indem Entwicklungstendenzen für das Untersuchungsfeld prognostiziert werden.
- Im vierten Schritt werden alternative, konsistente Annahmenbündel im Rahmen einer Auswirkungsanalyse im Hinblick auf ihren Einfluss in der Zukunft gebildet.
- Im fünften Schritt werden bei der Szenario-Entwicklung ein mögliches Szenario (A) für die Zukunft und ein so genanntes Trendszenario (Nullvariante), welches durch Trendextrapolation gebildet wird, bzw. die beiden Extremszenarien aufgestellt. Letztere bilden den Trichter und bestehen aus dem Best- und dem Worst-case-Szenario.
- Im sechsten Schritt müssen im Rahmen einer Störfallanalyse Aussagen zu potenziellen Störereignissen (z. B. t_1, t_2 etc.), d. h. zunächst undenkbare Entwicklungen (z. B. gesellschaftlich-politische Entwicklungen, Gesetzesänderungen, Veränderungen im globalen Kontext o. ä.), festgehalten werden und deren Auswirkungen auf unterstellte Szenarien (A' oder A") untersucht werden.
- Im siebten Schritt werden nach Abschluss der Projektionen und Szenario-Bildungen Konsequenzen für das zu Beginn festgelegte Untersuchungsfeld im Rahmen einer Auswirkungsanalyse abgeleitet. Diese ergeben sich bspw. aus den Chancen und Risiken für einzelne Geschäftsbereiche oder Leistungsangebote eines Dienstleistungsanbieters.
- Im achten Schritt werden bei der Strategie- und Maßnahmenplanung wirksame strategische Leitlinien und im Folgenden auch Maßnahmen für deren Umsetzung ausgearbeitet. In diesen Leitlinien wird festgelegt, wie ein Unternehmen sich für die Zukunft am besten aufstellt, um auf die prognostizierten Szenarien adäquat vorbereitet zu sein.

Delphi-Methode

Die so genannte Delphi-Analyse basiert gedanklich auf dem aus der griechischen Mythologie stammenden Orakel von Delphi, bei dem die Götter, repräsentiert durch versierte Priester, dem Hilfesuchenden Ratschläge geben. Die Delphi-Methode ist eine mehrstufige und **strukturierte Befragung** von Experten bezgl. deren subjektiver Beurteilungen eines Prognosegegenstandes. Sie kann zudem die zuvor diskutierte Szenario-

Analyse unterstützen (Geschka, 1999). Damit gehört die Delphi-Methode zu den qualitativen Prognoseverfahren, die Vorhersagen über Zeitpunkte in der Zukunft tätigen. Dieses Verfahren wurde ebenfalls von der RAND-Corporation entwickelt und geht auf Helmer-Hirschberg (1967) zurück (RAND, 2022b). In die deutschsprachige Literatur wurde die Delphi-Methode vor allem durch Brockhoff (1977) unter dem Oberbegriff der gruppenbasierten Expertenbefragung eingeführt. Bei einer Delphi-Befragung werden 10–20 Experten in einer Gruppe zusammengefasst und separat über einen formalisierten, schriftlichen Fragebogen mit Hilfe von offenen und geschlossenen Fragen innerhalb einer bestimmten Zeitspanne um eine erfahrungsbasierte Einschätzung eines Untersuchungsgegenstands gebeten (Brockhoff, 2011; Welge et al., 2017).

Nachdem in einer ersten Runde die Fragebögen durch einen unabhängigen Moderator systematisch ausgewertet wurden, werden die **Ergebnisse aggregiert** und den Experten für eine nächste Runde erneut vorgelegt (Feedback-Mechanismus). Allerdings enthalten die Fragebögen in den folgenden Runden jeweils die deskriptiven Auswertungen zu den Gruppenergebnissen in anonymisierter Form, sodass keine Beeinflussung durch einzelne Experten möglich ist, die bspw. als Koryphäen auf ihrem Gebiet gelten oder eine dominante Meinung ausüben. Ein solches anonymisierte Vorgehen wird als Vorteil der Methode angesehen, wenngleich sich besonders überzeugte respektive überzeugende Experten mit ihrer Meinung dennoch durchsetzen können. Außerdem werden durch das mehrstufige Vorgehen Extremmeinungen systematisch abgemildert, die sonst zu überproportional starken Verzerrungen bzw. Schwankungen im Urteil über die Fragestellung führen. Schließlich nähert sich im Befragungsprozess die individuelle Expertenmeinung in mehreren Runden einer zentralen Mehrheitsmeinung zu dem untersuchten Prognosegegenstand an (Brockhoff, 1977). Bei dem Verfahren ist die Zahl der durchzuführenden Runden nicht vorgegeben, sondern hängt auch von der Konvergenz der Meinungen im Prozess der wechselnden Befragungen und Auswertungen ab (Brockhoff, 2011). Berekoven et al. (2009) sprechen in diesem Zusammenhang von mindestens drei Befragungsrunden.

Insgesamt werden durch das **iterative Vorgehen** innerhalb der Delphi-Methode fundiertere Aussagen bzw. realistischere Einschätzungen gegeben und das Fehlerrisiko der Prognose wird gesenkt. Ziel ist es, ein eindeutigeres Bild über den Untersuchungsgegenstand zu bekommen. Themenbereiche einer Delphi-Befragung können bspw. die Entwicklung neuer Technologien, gesellschaftlicher Entwicklungen oder genereller Dienstleistungen respektive neuer Geschäftsmodelle vor dem Hintergrund innovativer Technologien sein bzw. ebenfalls, stärker anbieterbezogen, der Absatz bestimmter Produkte.

Konzept schwacher Signale

Das Konzept der schwachen Signale wurde von Ansoff (1975) entwickelt. Welge et al. (2017) bezeichnen es auch als dritte Entwicklungsstufe der **strategischen Frühaufklärung**, die mit dem Einbezug von Kennzahlen (Planungsrechnungen und Abweichungs-

bzw. Auswirkungsanalysen) und etwas später von internen und externen Indikatoren (z. B. Auftragseingänge, Investitionsklima oder Bruttosozialprodukt) begonnen hat. Ansoff (1975) geht davon aus, dass sich Diskontinuitäten (Strategic-surprises) in der Entwicklung von Umweltzuständen durch schwache Signale ankündigen. Auf diese sollten Unternehmen durch strategische Handlungsalternativen unmittelbar reagieren (Before-the-fact) und nicht erst dann, wenn sich eindeutige Entwicklungen bzw. Konturen abzeichnen (After-the-fact), die dann zu einer ad-hoc-Reaktion der verantwortlichen Unternehmensplaner führt (Bea und Haas, 2019). Ansoff (1975) schlägt dafür eine Erweiterung der bis dahin üblichen Auswirkungsanalyse von Umweltveränderungen vor, wobei er zwei Thesen aufstellt: auf der einen Seite hat sich die Umweltdynamik erhöht und gleichzeitig, auf der anderen Seite, die Unternehmensreagibilität verlangsamt (Bea und Haas, 2019).

Merkmale bzw. **Quellen schwacher Signale**, die strategische Auswirkungen haben können, sind bspw. unstrukturierte Informationen aus dem Unternehmensumfeld, Initiativen für Gesetzesänderungen und/oder die aktuelle Rechtsprechung, gesellschaftliche Ereignisse, die verstärkt medial aufgegriffen werden, Innovationen und/oder eine Veränderung von nachfragerseitigen Bedürfnissen bzw. einem Wertewandel sowie intuitive Urteile und qualitative Bewertungen von Mitarbeitern und Experten (Welge et al., 2017). Oftmals treten diese Signale auch in gehäufter Form auf und betreffen die Strategien und Maßnahmen von Unternehmen. An den Ausführungen wird deutlich, dass es sich bei dem oben diskutierten Vorgehen der PESTEL-Analyse um ähnliche Fragestellungen handelt, da auch beim PESTEL-Framework die Umwelt i.w.S., d. h. das politische, ökonomische, soziale, technologische, ökologische und rechtliche Umfeld, systematisch nach Veränderungen untersucht wird. Als alternative Reaktionsstrategien werden im Konzept schwacher Signale Reaktionen nach außen und innen vorgeschlagen (Ansoff, 1975), die entweder in eine Wahrnehmung der Signale, Flexibilität in Bezug auf Anpassungen oder eine direkte Reaktion als Basisstrategien münden sollen. Bei Ansoff (1975) ist die resultierende Basisstrategie vor dem Hintergrund von Chancen und Risiken durch sich abzeichnende Veränderungen der Unternehmensumwelt damit eine Funktion der verfügbaren Informationen über diese Umwelt. Ein Problem besteht allerdings darin, dass nicht ganz klar bzw. eindeutig definiert ist, was die Charakteristika schwacher Signale sind (Bea und Haas, 2019).

Diskontinuitäten und VUCA-Umfelder

Ein ähnlicher Ansatz wie das Konzept schwacher Signale wird im Rahmen der strategischen Frühaufklärung unter dem Terminus des Diskontinuitätenmanagements erörtert. Außerdem wird es von Schoemaker (1995) in Zusammenhang zu der weiter oben diskutierten Szenario-Analyse gebracht. Dieser definiert Diskontinuitäten als „Things we don't know we don't know." Dabei steht das Erkennen und Management dieser Unwägbarkeiten im Vordergrund, die auch als **Disruptionen** bezeichnet werden können (Hungenberg, 2014; Reisinger et al., 2017), und die in allen Bereichen einer Volkswirtschaft vorkommen. Disruptionen resultieren daraus, dass sich Unternehmen in einer multilateralen Welt mit vielen internationalen Verflechtungen sowie einer Zunahme der Digitalisierung in allen Bereichen, von der Produktion über den Vertrieb bis hin zur Konsumption von Produkten und Dienstleistungen, einer großen Zahl von Herausforderungen gegenübersehen. Dabei sind disruptive Veränderungen solche Prozesse, die das grundlegende Selbstverständnis über die Voraussetzungen in einem Markt infrage stellen (z. B. durch neue Anbieter oder eine Veränderung der regulatorischen Rahmenbedingungen). So hat der Dieselskandal nicht nur das Unternehmen Volkswagen tangiert, sondern das komplette Marktumfeld für die nationale und internationale Automobilindustrie hin zu einer Verstärkung der Bemühungen, Subventionen und Regulierungen um die so genannte E-Mobility verändert. Darüber hinaus bewegt die End-of-ownership-Debatte mit neuen, digitalen Geschäftsmodellen die Automobilindustrie seit einigen Jahren (Reutterer und Schneider, 2017). Backhaus und Schneider (2020) bezeichnen eine damit einhergehende Anpassung von Gesetzesnormen und der aktuellen Rechtsprechung als eine Veränderung der exogenen Marktregeln, die wiederum zu einer Anpassung unternehmerischer Geschäftsfelder, Leistungsprogramme und Prozesse führt. Ähnliches hat die Covid19-Pandemie gezeigt, die in vielen Ländern Entscheidungen rund um das Thema Digitalisierung beschleunigt bzw. wie ein Brennglas auf bisherige Versäumnisse hingewiesen hat. Dies führte zu teilweise großen Veränderungen der Rahmenbedingungen für Unternehmen und Gesellschaften sowie einem starken Wachstum vor allem auch digitaler Dienstleistungen im Bereich Online-Handel, Lieferdienste und einer generellen Forderung, nicht nur bürokratische Hemmnisse abzubauen, sondern diese auch stärker in digitale Prozesse und Services zu transformieren. Außerdem rückte im Bildungsbereich das Thema Distance-education an Schulen und Universitäten stärker in den Fokus und im Personalbereich werden in einigen Bereichen die Vorteile des Remote-office als Working-from-home intensiver diskutiert.

Im Kontext der Covid19-Pandemie hat ein verhältnismäßig alter Begriff wieder stärkeren Zulauf bekommen, der in der Literatur als VUCA bezeichnet wird (Barber, 1992), und auf ebendiese Diskontinuitäten bzw. Disruptionen im wirtschaftlichen und gesellschaftlichen Kontext abstellt. Das Akronym **VUCA (Vulnerability, Uncertainty, Complexity, Ambiguity)** wurde durch das amerikanische Militär zu Beginn der 1980er Jahre bzw. das U.S. Army War College geprägt (AWC, 2022). So bewegen sich Streitkräfte in so genannten VUCA-Umfeldern, die durch Volatilität, Unsicherheit, Komplexität und Zweideutigkeit geprägt sind, was auf Unternehmen übertragen werden kann, die in Märkten aktiv sind, die ebenfalls durch Disruption und komplexe Dynamiken bzw. einem begrenzten Wissen über die Natur, vorkommende Muster und bestehende Abhängigkeiten gekennzeichnet sind (Mack et al., 2016). Solche Disruptionen stellen für die am Markt bestehenden Unternehmen (Incumbents) Gefahrenpotenziale dar, wenn diese sich träge verhalten. Hungenberg (2014) bezeichnet dies auch als Incumbentinertia. Bei einer entsprechenden Dynamik und dem rechtzeitigen Erkennen der sich daraus ergebenden Möglichkeiten können Disruptionen aber auch Chancen für besonders agile Unternehmen und Raum für Start-ups bieten. Hungenberg (2014) diskutiert drei Ebenen, auf denen Disruptionen stattfinden können:

- Produkt- und Dienstleistungsangebote: Neue Produkte kommen mit neuen Leistungsmerkmalen auf den Markt und stiften damit einen neuen bzw. zusätzlichen Nutzen aus der Nachfragersicht (z. B. zahlreiche Dienstleistungen im Bereich des Online-Handels oder neue Geschäftsmodelle rund um die Mobilität).
- Bisherige Wertschöpfungsketten: Eine Auslagerung von Teilen der unternehmerischen Wertschöpfungskette auf Lieferanten und/oder Nachfrager (Vorwärts- und Rückwärtsintegration) führt dazu, dass das Selbstverständnis von Industrien bzw. der Bereich der Potenziale zur Gewinnerwirtschaftung sich verändert (z. B. während der Covid19-Pandemie wurden einerseits Restaurants geschlossen und damit Dienstleistungen im Lokal beschränkt, andererseits sind die Online-Lieferdienste bzw. Außer-Haus-Lieferungen stark gewachsen, was möglicherweise zu einer nachhaltigen Veränderung der Restaurantlandschaft in Deutschland führen könnte).
- Transfer des geschaffenen Kundennutzens: Hiermit sind neue Möglichkeiten der Umsatz- und Gewinngenerierung gemeint, wenn Unternehmen ihre digitalen Services bspw. gratis anbieten und im Gegensatz dafür an der Werbung oder dem Verkauf der Kundendaten verdienen (z. B. im Bereich Apps und digitale Services).

Aus einer praktischen Perspektive sprechen allerdings verschieden Gründe dafür, dass Disruptionen unternehmensseitig nicht wahrgenommen oder zu spät bemerkt werden. Möglicherweise werden disruptive Innovationen im Prozess- und Leistungsbereich sogar durch äußere (Branchenumfeld oder Regulierung) und/oder innere Umstände (Unternehmensstrukturen oder -abläufe) verhindert bzw. auch zu spät implementiert (vgl. Abb. 4.2). Bei der verhaltenswissenschaftlichen Entscheidungstheorie wurde bereits auf die begrenzte Informationsaufnahme- und -verarbeitungskapazität hingewiesen, die dazu führt, dass eine **Tendenz zum Tagesgeschäft** besteht (z. B. bekannte Unternehmensab-

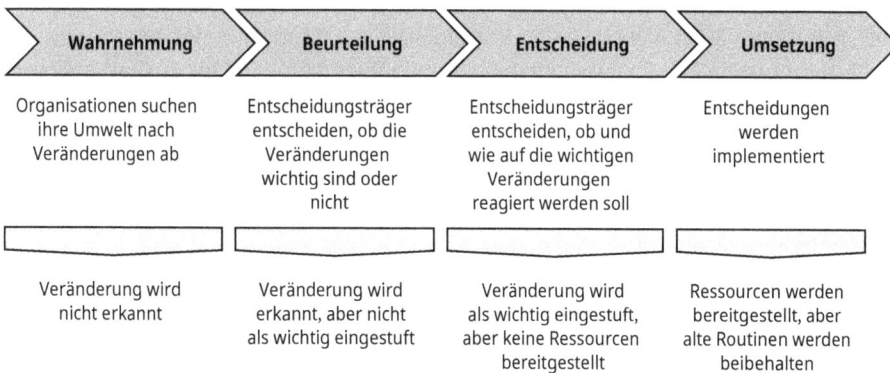

Wahrnehmung	Beurteilung	Entscheidung	Umsetzung
Organisationen suchen ihre Umwelt nach Veränderungen ab	Entscheidungsträger entscheiden, ob die Veränderungen wichtig sind oder nicht	Entscheidungsträger entscheiden, ob und wie auf die wichtigen Veränderungen reagiert werden soll	Entscheidungen werden implementiert
Veränderung wird nicht erkannt	Veränderung wird erkannt, aber nicht als wichtig eingestuft	Veränderung wird als wichtig eingestuft, aber keine Ressourcen bereitgestellt	Ressourcen werden bereitgestellt, aber alte Routinen werden beibehalten

Abb. 4.2: Ablauf und Probleme beim Management von Diskontinuitäten (Hungenberg, 2014).

läufe) und möglicherweise kognitive Verzerrungen eine suboptimale Entscheidung herbeiführen. Ein Fokus auf Routinen und möglichst stabile Prozesse kann zudem aus dem Zwang zur Kostenorientierung resultieren oder es können kurzfristig orientierte Anreizstrukturen (z. B. im Vertrieb) auf Umsatz, Deckungsbeitrag sowie Gewinn vorherrschen. Diskontinuitäten führen dann in das so genannte Innovator's-Dilemma, weil bereits etablierte Leistungen bzw. Marktangebote eine höhere Profitabilität erbringen. Gerade vor dem Hintergrund, dass Kunden möglicherweise zur neuen Leistung abwandern (Kannibalisierung), werden Veränderungen als Bedrohung wahrgenommen (Hungenberg, 2014).

In der Gesamtbetrachtung liefern **qualitative Prognoseverfahren** gute Ergebnisse für neue, bisher noch nicht aufgetretene Situationen (Hungenberg, 2014), wie sie bspw. in der Szenario-Analyse als spekulative Störereignisse integriert werden. Darüber hinaus benötigen die Verfahren oftmals nur wenige Experten bzw. Interviews, was jedoch gleichzeitig ein Nachteil sein kann, weil dann die empirische Basis im Sinne existierender Datenpunkte über die Zeit sehr klein ist. Außerdem kann die Auswahl der Experten, wie bei der Delphi-Methode, die Prognoseergebnisse stark verzerren bzw. in eine bestimmte Richtung beeinflussen. Möglicherweise sind die befragten Experten gegenüber einem Untersuchungsfeld auch voreingenommen und kommen dann aufgrund von Wunschdenken und politischen Interessen (z. B. betroffene Stakeholder) zu falschen oder sehr ungenauen Vorhersagen.

Zeitreihenanalysen

Zeitreihenanalysen gehören, wie auch die noch weiter folgenden Methoden, zu den **quantitativen Prognoseverfahren**, bei denen Aussagen zu einem Prognosegegenstand aufgrund mathematisch-statistischer Verfahren getätigt werden. Zeitreihenanalysen werden oftmals zur Berechnung bzw. Schätzung der Nachfrageentwicklung auf Märkten angewendet und basieren generell auf dem gleichen Grundgedanken. Bei einer Zeitreihenanalyse wird aus Beobachtungen der Vergangenheit in Bezug auf eine (univariat) oder mehrere (multivariat) interessierende Variablen eine Prognose für die Zukunft entwickelt (Brockhoff, 2011; Götze, 2010), Dabei werden Regelmäßigkeiten (Muster) in der gemessenen Datenbasis genutzt und als Längsschnittanalyse, quasi über die Zeit, in die Zukunft projiziert (Holland und Scharnbacher, 2015). Die Verfahren der Zeitreihenanalyse werden in der Literatur auch Extrapolationsverfahren genannt (Hammann und Erichson, 2000). Darüber hinaus kommen neben Zeitreihenanalyse auch Regressionsmodelle zum Einsatz, die in der Literatur unter dem Terminus der Trendextrapolation manchmal separat behandelt werden (z. B. Brockhoff, 2011). Außerdem unterteilt Thonemann (2015) Zeitreihenprognosen in solche mit konstantem Niveau, solche mit Trend und solche mit Saisonalität (vgl. Abb. 4.3). Zeitreihen weisen also bestimmte Merkmale auf (Götze, 2010; Schira, 2021), vor deren Hintergrund entsprechend unterschiedliche Verfahren der Fortschreibung einer Zeitreihe entwickelt wurden. Hierzu gehören die angesprochenen Trends, saisonale Effekte, Zykluslängen und Zufallsabweichungen (Noise), wobei letztere in der Praxis eher weniger einbezogen werden, da unterstellt wird, dass sich Zufallsabweichungen bei hinreichend großen Zeiträumen im Zeitablauf ausgleichen (Haller und Wissing, 2020; Holland und Scharnbacher, 2015).

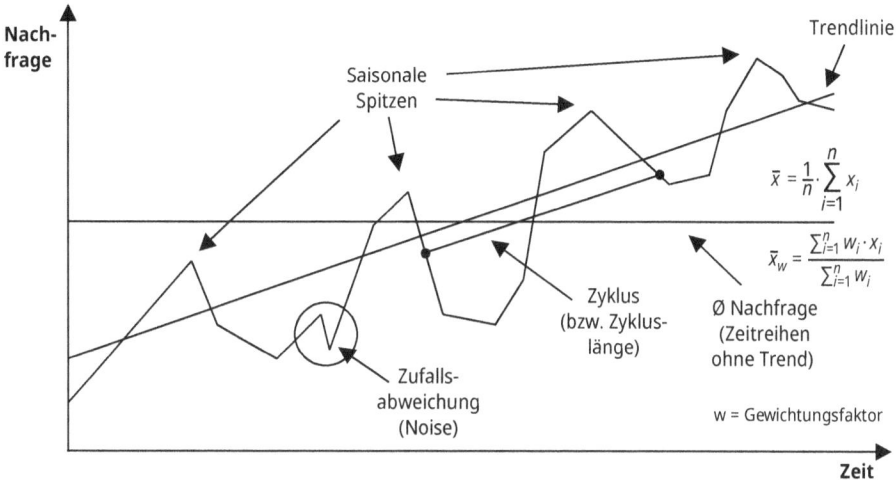

Ende der Kurve: die Beschriftungen lauten:

Nachfrage (vertikale Achse)

Trendlinie

Saisonale Spitzen

$$\bar{x} = \frac{1}{n} \cdot \sum_{i=1}^{n} x_i$$

$$\bar{x}_w = \frac{\sum_{i=1}^{n} w_i \cdot x_i}{\sum_{i=1}^{n} w_i}$$

Zyklus (bzw. Zyklus-länge)

Ø Nachfrage (Zeitreihen ohne Trend)

Zufalls-abweichung (Noise)

w = Gewichtungsfaktor

Zeit (horizontale Achse)

Abb. 4.3: Allgemeine Darstellung von Zeitreihen (in Anlehnung an Haller und Wissing, 2020).

Zu den **klassischen Verfahren** gehören der naive Ansatz, die gleitenden Durchschnitte und die exponentielle Glättung, die zu den Zeitreihen mit konstantem Niveau gehören (Thonemann, 2015), sowie die Trendextrapolation (Regressionsmodelle). Jedoch spielen gerade bei Dienstleistungen an vielen Stellen saisonale Effekte (z. B. in der Reisebranche, bei bestimmten Sportarten, in der Gastronomie, bei Theatern oder Kinos etc.) eine wichtige Rolle (Bordoloi et al., 2021; Haller und Wissing, 2020), sodass in solchen Fällen Saisonindizes in die Berechnung einfließen, um die Prognosegenauigkeit zu erhöhen. In der Literatur gibt es mittlerweile eine Vielzahl von relativ komplexen Prognoseansätzen höherer Ordnung, allerdings werden hier nur die grundlegenden Verfahren diskutiert (z. B. Treyer, 2010).

Beim **naiven Ansatz** wird davon ausgegangen, dass sich die Nachfrage nach einer bestimmten Dienstleistung konstant bzw. ohne Trends und Schwankungen verhält, d. h., dass die Prognose des folgenden Zeitpunkts auf dem Datum des aktuell realisierten Wertes beruht (No-change-Prognose). Wenngleich eine solch stabile Nachfrage für einige Branchen durchaus berechtigt erscheint und die Werte relativ einfach zu ermitteln sind (z. B. haushaltsnahe oder industrielle Reparaturdienstleistungen), ist der naive Ansatz aus der praktischen Perspektive für die Prognose der Nachfrageentwicklung eher als Basis bzw. als kurzfristig einsetzbare Methode zu bezeichnen. Darüber hinaus kann der naive Ansatz um eine Veränderungsrate ergänzt werden, die als Adjustierung in die Prognose einfließt (Same-change-Prognose), um diese realitätsnäher zu gestalten.

Dies kann die Veränderung, d. h. das Wachstum zur Vorperiode sein, die als Fortschreibung in die aktuelle Prognose einbezogen wird. Denkbar wäre auch eine durchschnittliche Wachstumsrate über mehrere vorhergehende Perioden. Allerdings bleibt es immer eine Wiederholung vergangener Daten.

Eine weitere, relativ einfache Methode ist diejenige der **gleitenden Durchschnitte**, bei der kleinere Abweichungen durch die Prognosefunktion geglättet werden (Bordoloi et al., 2021; Sander, 2019). Bei der Berechnung der einfachen gleitenden Durchschnitte werden bspw. bei Dreierdurchschnitten die letzten drei Vergangenheitswerte addiert und durch Drei geteilt. Daraus ergibt sich der Vorhersagewert für die Prognoseperiode. Es können allerdings auch Fünfer-, Siebener- oder anders geartete Durchschnitte gebildet werden, wobei die Glättung mit der Zahl der berücksichtigten Vergangenheitswerte steigt (Holland und Scharnbacher, 2015). Das Verfahren ist sehr einfach anzuwenden, vor allem, wenn die Nachfrage über die Zeit relativ stabil ist und nur kleinere Schwankungen aufweist, denn größere Zufallsschwankungen sind mit dem Verfahren nicht prognostizierbar. Außerdem hängt die Zahl der Durchschnitte stark mit der Zahl der für die Berechnung zur Verfügung stehenden vergangenen Perioden ab. Je mehr Daten aus der Vergangenheit in die Berechnung eingehen, desto besser wird die Prognose, wenn es nicht zu besonders starken Schwankungen kommt. Ist bei der Prognosevariable ein Trend erkennbar, so können auch gewichtete gleitende Durchschnitte berechnet werden, wobei der letzten (jüngeren) Perioden meist eine höhere Bedeutung für die Vorhersage eingeräumt wird. In diesem Zusammenhang können bspw. die Wachstumsraten (in %) der letzten drei oder sieben Perioden berechnet und auf diese Weise in die Prognoseperiode fortgeschrieben werden (Haller und Wissing, 2020). Wird eine Periode als Tag definiert, so können auch die zurückliegenden Tage als Gewichtungsfaktor in die Berechnung einbezogen werden, wobei dann der jüngste zurückliegende Tag den höchsten Gewichtungsfaktor bekommt. Werden bspw. die drei letzten Tag für die Prognose des vierten Tages verwendet, so werden die Absatzzahlen des Vortags mit drei, die des davorliegenden Tages mit zwei etc. multipliziert und in die Durchschnittsberechnung einbezogen. Insgesamt wird das Verfahren der gewichteten gleitenden Durchschnitte auch als einfache exponentielle Glättung bezeichnet und stellt den Übergang zur exponentiellen Glättung dar. Nach Bordoloi et al. (2021) stellen gewichtete gleitende Durchschnitte (GGØ) das am meisten angewendete Verfahren zur Nachfrageprognose im Dienstleistungsbereich dar. Die Berechnung wird allgemein wie folgt vorgenommen:

$$GG\emptyset = \frac{\sum_{n=1}^{N} Nachfrage\ Periode\ n \cdot Gewicht\ Periode\ n}{\sum_{n=1}^{N} Gewicht\ der\ Periode\ n}$$

Dagegen wird bei der **exponentiellen Glättung** in die Prognose explizit ein so genannter Glättungsfaktor (Glättungskonstante) einbezogen, welcher auf Erfahrung basiert und der dazu führt, dass Fehleinschätzungen in der Vergangenheit besser in die Prognose einbezogen werden können (Brockhoff, 2011; Holland und Scharnbacher, 2015; Sander, 2019). Je nach Glättungsfaktor (α) erfolgt eine stärkere (kleiner Faktor) oder eine schwächere Glättung (großer Faktor). Bei einem kleineren Faktor gehen ältere Werte stärker in die Berechnung ein, wodurch es zu dem genannten stärkeren Glättungseffekt kommt. Eine exponentielle Glättung erster Ordnung wird mit der folgenden Formel für die Prognose der nächsten Periode bzw. den Prognosefehler berechnet (Brockhoff, 2011; Lilien und Rangaswamy, 2003):

$$Prognose_{t+1} = \alpha \cdot tatsächl.\ Wert_t + (1 - \alpha) \cdot Prognosewert_t$$

$$Prognosefehler\ (in\ \%) = \frac{tatsächl.\ Wert_t - Prognosewert_t}{tatsächl.\ Wert_t} \cdot 100$$

In komplexeren Modellen können zudem Trend- und Saisonanpassungen vorgenommen werden (Bordoloi et al., 2021). So existieren Verfahren der **Trendextrapolation**, die sich eines regressionsanalytischen Ansatzes (Regressionsmodelle) bedienen (Homburg, 2000; Schira, 2021). Dabei wird der Trend durch die Steigung entweder einer linearen Funktion oder einer Wachstumsfunktion dargestellt (Hammann und Erichson, 2000; Holland und Scharnbacher, 2015; Weis, 2018), die ebenfalls auf den Gesetzmäßigkeiten der Vergangenheit beruht. In der einfachsten Form wird für die Trendextrapolation mittels des Verfahrens der kleinsten Quadrateschätzung bspw. eine lineare Trendfunktion ermittelt, welche durch eine Minimierung der Summe der quadratischen Abweichungen von dieser Trendfunktion (Ausgleichsgerade) gebildet wird (Holland und Scharnbacher, 2015; Schira, 2021; Sydsaeter et al., 2018). Dazu müssen für die untenstehende unterstellte lineare Trendgerade (y = a + b · x), eine einfache lineare Funktion mit einem Achsenabschnitt (a) und einer Steigung (b), zwei Parameter bestimmt werden, die sich mathematisch aus zwei Normalgleichungen mit jeweils zwei Unbekannten (x und y) ergeben (Hackl, 2012; Haller und Wissing, 2020; Holland und Scharnbacher, 2015):

$$y = a + b \cdot x$$

$$\sum y = n \cdot a + b \cdot \sum x$$

$$\sum x \cdot y = a \cdot \sum x + b \cdot \sum x^2$$

Auf Basis von gegebenen Werten für x (z. B. Zeit in Tagen, Monaten oder Jahren) und y (z. B. die nachgefragte Menge der Leistung) kann so relativ einfach durch das Additionsverfahren (z. B. Gauß-Algorithmus) für zwei Gleichungen mit zwei Unbekannten eine lineare **Prognosefunktion** ermittelt werden, die sich wie folgt berechnet:

$$21.190 = 12 \cdot a + b \cdot 78 / \cdot 13$$

$$141.570 = 78 \cdot a + b \cdot 650 / \cdot (-2)$$

- - - - - - - - - - - - - -

$$275.470 = 156 \cdot a + b \cdot 1.014$$

$$-283.140 = -156 \cdot a - b \cdot 1.300$$

- - - - - - - - - - - - - -

$$-7.670 = 0 \cdot a - b \cdot 286 / :(-286)$$

$$b = 26{,}8$$

- - - - - - - - - - - - - -

$$21.190 = 12 \cdot a + 26{,}8 \cdot 78$$

$$a = 1.591{,}5$$

- - - - - - - - - - - - - -

$$\hat{y}_{x+1} = 1.591{,}5 + 26{,}8 \cdot x$$

Für die zwei **Prognosemonate** Januar und Februar ergeben sich damit aufgrund der geschätzten Prognosefunktion in der letzten Zeile der Berechnung Werte von gerundet y_{13} = 1940 Kunden und y_{14} = 1967 Kunden (vgl. Tab. 4.2).

Tab. 4.2: Trendextrapolation auf Basis von zwei Normalgleichungen.

Monat (n)	Kunden (y)	x	x^2	x^*y
Januar	1.600	1	1	1.600
Februar	1.750	2	4	3.500
März	1.720	3	9	5.160
April	1.630	4	16	6.520
Mai	1.680	5	25	8.400
Juni	1.810	6	36	10.860
Juli	1.520	7	49	10.640
August	1.850	8	64	14.800
September	1.910	9	81	17.190
Oktober	1.870	10	100	18.700
November	2.000	11	121	22.000
Dezember	1.850	12	144	22.200
Σ	**21.190**	**78**	**650**	**141.570**
Januar ($\widehat{y_{13}}$)	*1.940*	–	–	–
Februar ($\widehat{y_{14}}$)	*1.967*	–	–	–

Der vorgestellte Ansatz kann relativ einfach durch die Eingabe der Daten in SPSS (*ursprünglich*: Statistical Package for the Social Sciences) und der Prozedur einer **linea-**

ren Einfachregression geprüft werden (Bühl, 2019; Brosius, 2018), welche gerundet die gleichen Werte wie die Ermittlung über das lineare Gleichungssystem mit den beiden Normalgleichungen ergibt (Hackl, 2012; Holland und Scharnbacher, 2015).

Außerdem wurde angedeutet, dass bei Dienstleistungen oftmals saisonale Effekte existieren, welche in der Prognose berücksichtigt werden müssen, um eine möglichst korrekte Nachfrage vorherzusagen bzw. eine möglichst hohe Prognosegenauigkeit zu erzielen. Für diese saisonalen Effekte können **Saisonindizes** mit unterschiedlich komplexen Verfahren aus den Vergangenheitswerten berechnet werden und in die Prognose der betrachteten Folgeperioden einfließen (Holland und Scharnbacher, 2015; Schira, 2021; Thonemann, 2015). Dabei wird der Saisonindex bspw. berechnet (vgl. Tab. 4.3), indem die Vorperiodendurchschnitte (z. B. die Jahre 2021 und 2022) für jeden Zeitabschnitt, in welchem Daten vorliegen (z. B. Monat), berechnet werden. Dies wird auch als Phasendurchschnittsverfahren bezeichnet (Schira, 2021). Das entsprechende Ergebnis muss dann durch den Gesamtdurchschnitt dividiert werden (Bordoloi et al., 2021). Liegen nur Daten für ein Jahr vor bzw. wird nur ein bestimmtes Jahr als repräsentativ unterstellt (z. B. kann es in einem Jahr zu besonderen Effekten wie Covid19 gekommen sein, sodass die Zahlen für das Jahr nicht aussagekräftig für die sonstigen Jahre sind), kann auch der Durchschnitt nur eines Jahres herangezogen werden. Aus dieser Berechnung ergibt sich der Saisonindex für die jeweiligen Monate, der wiederum mit der insgesamt prognostizierten Nachfrage für das Folgejahr auf die einzelnen Zeitabschnitte verteilt werden kann. Wird im untenstehenden Fall bspw. die Nachfrage für das Folgejahr 2023 mit 1.200 als stabil unterstellt (siehe Haller und Wissing, 2020), dann kann entsprechend der jeweils auf Basis von Durchschnitten ermittelten Saisonindizes pro Monat, für die darüber hinaus eine insgesamt stabile Saisonfigur unterstellt wird (Schira, 2021), die Ge-

Tab. 4.3: Prognose mit Einbezug eines Saisonindexes (Haller und Wissing, 2020).

Monat	2021	2022	Ø 2021–22	Saisonindex	Prognose 2023
Januar	80	100	90	0,957	(1.200/12)*0,957 = 96
Februar	75	85	80	0,851	(1.200/12)*0,851 = 85
März	80	90	85	0,904	(1.200/12)*0,904 = 90
April	90	110	100	1,064	(1.200/12)*1,064 = 106
Mai	115	131	123	1,309	(1.200/12)*1,309 = 131
Juni	110	120	115	1,223	(1.200/12)*1,223 = 122
Juli	100	110	105	1,117	(1.200/12)*1,117 = 112
August	90	110	100	1,064	(1.200/12)*1,064 = 106
September	85	95	90	0,957	(1.200/12)*0,957 = 96
Oktober	75	85	80	0,851	(1.200/12)*0,851 = 85
November	75	85	80	0,851	(1.200/12)*0,851 = 85
Dezember	80	80	80	0,851	(1.200/12)*0,851 = 85
∑	1.055	1.201			
ØØ	–	–	94	–	–
Prognose	–	–	–	–	$\widehat{y_{2023}}$ = **1.200**

samtzahl auf die einzelnen Monate verteilt werden. Dieser Ansatz kann im weiteren mit der Methode der exponentiellen Glättung oder der Trendextrapolation verfeinert werden, um die Prognosegenauigkeit zu erhöhen (Bordoloi et al., 2021; Thonemann, 2015), wird an dieser Stelle allerdings nicht weiter vertieft.

Lebenszyklusanalyse

Die so genannten Lebenszyklusanalysen werden, je nach Betrachtungsfokus, in der Literatur unterschiedlich eingeordnet (z. B. Bea und Haas, 2019; Benkenstein und Uhrich, 2021; Bruhn et al., 2019; Haller und Wissing, 2020; Lynch, 2006; Welge et al., 2017). Stehen Markt-, Technologie- oder Dienstleistungszyklen im Vordergrund, so zählen diese in der Situationsanalyse eher zur Umweltanalyse i. w. S. (Marktumfeld). Stehen dagegen unternehmensindividuelle Produkt-/Dienstleistungs-, Programm- oder Kundenzyklen im Vordergrund, so zählen sie zur Ressourcenanalyse. Darüber hinaus besteht Einigkeit darin, dass Lebenszyklusanalysen ein wichtiges Instrument der Situationsanalyse eines Dienstleistungsanbieters darstellen, um quantitative Prognosen über die weitere **Entwicklung des Unternehmens** treffen zu können. Bruhn et al. (2019) gehen sogar so weit anzumerken, dass das Lebenszykluskonzept bei Dienstleistungen eine noch größere Bedeutung als im Konsumgüterbereich hat, da der Entwicklungsprozess sich bei Dienstleistungen, gestützt auf die Diffusionsforschung, langsamer entwickelt (siehe auch die integrative Perspektive des Service-engineering). Lebenszyklen von Technologien, Industrien oder konkreten Dienstleistungen und/oder Produkten werden allgemein in Relation zur Zeit als unabhängige Variable in die Bereiche Einführung, Wachstum, Reife und Degeneration eingeteilt (Bea und Haas, 2019; Lynch, 2006). Hierbei werden allgemeine Gesetzmäßigkeiten untersucht (Haller und Wissing, 2020), um diese anschließend systematisch auf die eigene Unternehmenssituation zu übertragen. Insbesondere auf Porter (1980) geht der Gedanke zurück, dass sich ganze Industrien in einem Lebenszyklus befinden, was bspw. an der abnehmenden Bedeutung von Kohle oder anderer fossiler Energieträger deutlich wird. Daraus lassen sich entsprechende Ableitungen für das Wettbewerbsumfeld und die Wettbewerbsdynamik sowie für die eigenen Produkte und Dienstleistungen tätigen. Bei Porter (1980) resultiert dieser Ansatz in die weiter unten diskutierten Five-forces.

Bruhn et al. (2019) teilen die zentralen Möglichkeiten der Lebenszyklusanalyse eines Dienstleistungsanbieters in die Bereiche Markt, Dienstleistung und Kunde ein. Dabei ist der Grundgedanke, dass die betrachteten Objekte über eine begrenzte Lebenszeit verfügen, in denen mit der Nachfrage die Absätze, Umsätze, Deckungsbeiträge oder Cash-flows sich über die Zeit als unabhängige Variable entwickeln (Bea und Haas, 2019). Beim **Marktlebenszyklus** werden einzelne Dienstleistungsbranchen betrachtet, die sich jeweils in unterschiedlichen Entwicklungsstadien befinden, um daraus Handlungsempfehlungen für das eigene Unternehmen abzuleiten. So hat sich bspw. die klassische Unterhaltungsindustrie von einer Produktion auf Datenträgern oder der Gestaltung des linearen Fernsehens und Radios hin zu einer Entwicklung von Streaming- und On-demand-Diensten mit Cloud-basierten und mobilen Lösungen entwickelt, da die Präferenzen der Nachfrager bezgl. der Konsumption von Medienangeboten in den letzten Jahren viel stärker in diese Richtung gehen. Das bedeutet, dass die traditionellen Akteure in diesen Märkten (z. B. Fernseh-/Radioanstalten oder Musikverlage) vor großen Herausforderungen mit ihren alten Geschäftsmodellen stehen, die zunehmend von neuen Akteuren wie Netflix oder Spotify als mächtige Marktakteure verdrängt werden. In diesem Kontext hat sich bspw. das Unternehmen Disney weiterentwickelt und stärker auf einen eigenen Streaming-Dienst in Ergänzung zu den klassischen CD-/DVD- und Blu-ray-Produktionen gesetzt.

In Bezug auf **Dienstleistungszyklen** stehen in einem Markt einzelne Services bzw. Anwendungen im Vordergrund. So wachsen bspw. Car-sharing-Angebote, sodass Unternehmen der Automobilindustrie, die lediglich auf den Verkauf ihrer Autos setzen, von diesen neuen Anbietern mit den entsprechenden Services negativ beeinflusst werden. Ebenso trifft es z. B. Mobilfunkunternehmen, die einen relativ intransparenten Mobilfunkservice anbieten, wie er noch vor Jahren üblich war, um Preisvergleiche am Markt zu erschweren. Mobilfunkangebote werden heute zunehmend flexibler. Schließlich trifft es die Finanzbranche im Moment relativ hart, dass zunehmend Online-Banken und so genannte Roboadvisor (z. B. durch das Angebot des privaten Handels mit Aktien oder von computergemanagten ETFs) das klassische Geschäft der Geldanlage über traditionelle Banken von der Sättigung in den Verfall treiben, sodass die Margen in diesen Bereichen stark sinken und zu einem Umdenken und neuen Ausrichtungen bei diesen Anbietern führen, um den Eliminationsrisiken und einer Substitutionsgefahr bei den eigenen Services zu entgehen.

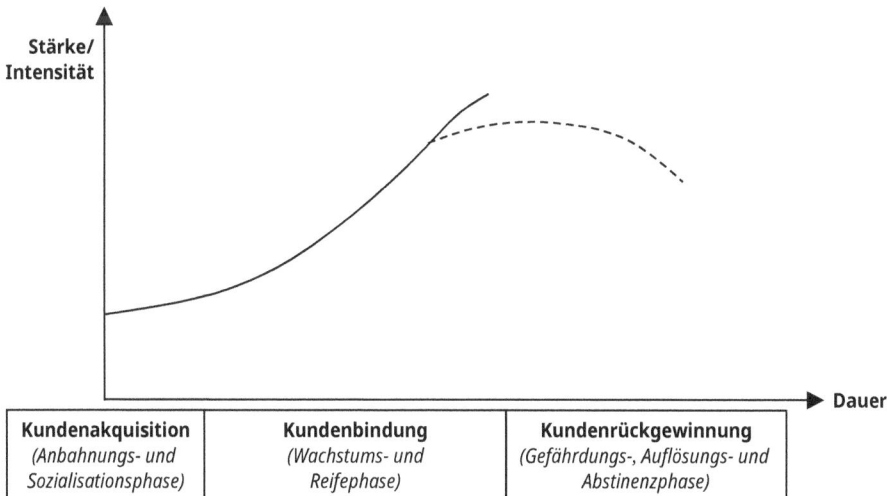

Abb. 4.4: Phasen und Intensität des Kundenbeziehungszyklus (Bruhn, 2016).

Darüber hinaus spielt vor dem Hintergrund der weiter oben diskutierten Kundenbindung und des Relationship-Marketings auch der **Kundenlebenszyklus** in der Analyse der Ausgangssituation eine bedeutende Rolle. Meffert et al. (2018) sehen das Management der Kundenbeziehungen als Grundkonzept des Dienstleistungsmarketings (Bruhn und Hadwich, 2017). Der Kundenbeziehungszyklus setzt sich ebenso wie Markt- und Dienstleistungszyklen aus den Phasen des Wachstums und der Degeneration zusammen (Stauss, 2000a). Im Allgemeinen werden dabei jedoch drei Phasen unterschieden (vgl. Abb. 4.4): die Kundenakquisition, die Kundenbindung und die Kundenrückgewinnung (Bruhn, 2016; Bruhn et al., 2019). Gerade im Bereich der Kundenrückgewinnung diskutieren bspw. Voeth und Herbst (2013), wie die Integration eines Beschwerdemanagements die Chance erhöht, aus Kunden, die sich in der Abwanderungsphase befinden, Bestandskunden zu entwickeln und damit im Nachgang die Kundenzufriedenheit bei unzufriedenen Kunden doch noch sicherzustellen bzw. zu steigern (Stauss und Seidel, 2014). Dieser Aspekt wird weiter unten im operativen Marketing nochmals ausführlicher diskutiert.

GAP-Analyse

Die GAP-Analyse kann gedanklich als eine Fortentwicklung der genannten Lebenszyklusanalysen – bezogen auf einen konkreten Planungszeitpunkt – bezeichnet werden, bei der auf Basis von Prognosen und Szenarien über die Entwicklung eines Betrachtungsgegenstands (z. B. die Nachfrage nach den eigenen Dienstleistungen) **Lücken** in der Unternehmensentwicklung aufgezeigt und im Hinblick auf strategische und operative Handlungsempfehlungen analysiert werden (vgl. Abb. 4.5).

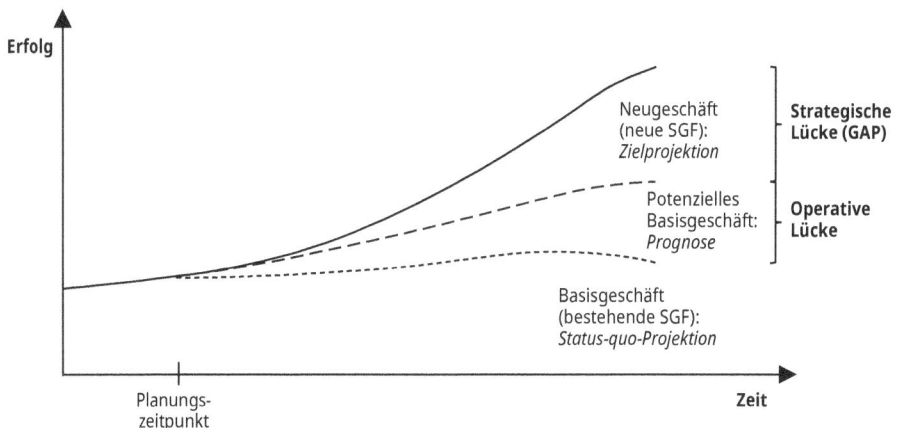

Abb. 4.5: GAP-Analyse mit strategischer und operativer Lücke (Bea und Haas, 2019).

Die **GAP-Analyse** stellt ein weiteres wichtiges quantitatives Prognoseinstrument dar (Welge et al., 2017), welches auf der mathematisch-statistischen Prognose von Zielwerten beruht. Dabei wird von einem Planungszeitpunkt aus die Entwicklung der bestehenden Leistungen, strategischen Geschäftsfelder (bestehende SGF) etc. betrachtet, wenn keine strategischen oder operativen Veränderungen aus der Analyse der Ist-Situation und der Entwicklung des Basisgeschäfts (Status-quo-Projektion) vorgenommen werden. Allerdings könnte dieses Basisgeschäft aufgrund einer operativen Lücke positiver ausfallen, wenn Anpassungen im operativen Bereich vorgenommen würden, um diese Lücke zu schließen (Bea und Haas, 2019). Die Schließung folgt bspw. als Resultat aus Rationalisierungsanstrengungen, Kostensenkungsmaßnahmen oder einer stärkeren Mitarbeitermotivation durch das Personalmanagement. Insgesamt bezieht sich dies auf eine Verbesserung des Tagesgeschäfts. Gelingt die Schließung einer solchen operativen Lücke, so kann das Unternehmen ein potenzielles Basisgeschäft (erweitertes Basisgeschäft) entwickeln, was oberhalb der Status-quo-Projektion als so genannte erwartete Entwicklung (Prognose) läge. Haller und Wissing (2020) sprechen auch von einem konservativen (Status-quo-Projektion) bzw. von einem progressiven Wird-Szenario (Prognose). Daneben besteht jedoch eine weitere Lücke zwischen dem potenziellen Basisgeschäft und dem möglichen Neugeschäft, welches zu einer deutlichen Verbesserung der Ausgangslage und damit zu einer gewünschten Entwicklung (Zielprojektion) als Soll-Szenario führen würde. Diese so genannte strategische Lücke kann allerdings nur durch Schaffung neuer Erfolgspotenziale erfolgen, was bedeutet, dass die aktuellen Strategien des Dienstleisters einer Anpassung bzw. einer Transformation in neue Strategien bedürfen. Unternehmen können sich, wie bspw. in der Softwarebranche von einigen Akteuren vollzogen, von einem Modell des Verkaufs von Software auf CDs und DVDs hin zu einem Lizenzmodell und der Distribution über das WWW oder hin zu Cloud-Lösungen entwickeln (z. B. Microsoft, Adobe oder SPSS). Dieser Strategiewechsel ermöglicht unter Umständen die Schaffung neuer strategischer Geschäftsfelder (SGF). Insgesamt ist die GAP-Analyse vor dem Hintergrund der unternehmerischen Ziele der Übergang von der Situationsanalyse zu Beginn in die darauffolgende Strategiewahl. Sie hat damit eine besondere Bedeutung für das strategische Management im Allgemeinen und das strategische Marketing im Besonderen (Bea und Haas, 2019; Welge et al., 2017).

4.1.2 Analyse der Wettbewerbsarena (Umwelt i. e. S.)

Während sich die bisherigen Ausführungen innerhalb der Situationsanalyse auf das Marktumfeld (Umwelt i. w. S.) konzentriert haben, wird im Folgenden die Wettbewerbsarena eines Dienstleistungsanbieters näher beleuchtet (Benkenstein und Uhrich, 2021). Backhaus und Schneider (2020) bezeichnen dies auch als Spielarena, in der das wettbewerbliche Spiel um die vorhandene sowie die potenzielle Nachfrage stattfindet. Standen beim Marktumfeld qualitative (z. B. PESTEL-Framework, Szenario-

Analyse und Delphi-Methode) und quantitative Prognoseverfahren (z. B. Zeitreihen und GAP-Analyse) im Vordergrund, geht es bei der Wettbewerbsarena (Umwelt i. e. S.) viel stärker um den konkreten Aufbau von **Wettbewerbsvorteilen** gegenüber den Mitbewerbern und die Erlangung eines Nettonutzenvorteils im Rahmen der nachfragerseitigen Nutzenbewertungen. Zu den diskutierten Konzepten gehören bspw. die Abgrenzung des relevanten Marktes (Benkenstein und Uhrich, 2021), eines aus der Marketing-Perspektive besonders wichtigen Ansatzes zur Beschreibung der konkreten Anbieter-Nachfrager-Wettbewerber-Konstellationen, welche gleichzeitig die Akteure im Marketingdreieck darstellen. Zudem spielen die Geschäftsfeldabgrenzung, die Abgrenzung strategischer Gruppen von Dienstleistungsanbietern und die mit diesen in Zusammenhang stehenden Triebkräfte des Wettbewerbs eine besondere Rolle. Letzteres wird auch als Wettbewerbsstrukturanalyse (Five-forces) bezeichnet.

Abgrenzung des relevanten Marktes
Bei der Systematik der Wirtschaftsgüter wurde bereits diskutiert, dass Märkte abstrakte Orte des Tausches sind, auf denen ökonomische **Transaktionsbeziehungen** durchgeführt werden (Schmalen und Pechtl, 2019). Dabei können volkswirtschaftlich unterschiedliche Marktformen unterschieden werden, die sich auf die Zahl der vorhandenen Wettbewerber und Nachfrager auf einem Markt beziehen (Wöhe et al., 2020). An dieser Stelle wird bereits deutlich, dass die Abgrenzung nicht immer einfach ist und eine volkswirtschaftliche bzw. juristische Betrachtung durchaus eng mit dem Konzept der Abgrenzung des relevanten Marktes aus marketingtheoretischer Perspektive zusammenhängt.

Auf der Anbieterseite wird im Rahmen der **Marktformenabgrenzung** volkswirtschaftlich von Angebotsmonopolen und -oligopolen bzw. einer vollkommenen Konkurrenz (Polypol) gesprochen, je nachdem, ob ein Anbieter bzw. wenige oder viele Anbieter vielen Nachfragern gegenüberstehen. Dem entspricht auf der Nachfragerseite das Nachfragemonopol bzw. -oligopol, wenn ein bzw. wenige Nachfrager vielen Anbietern gegenüberstehen. In der Betriebswirtschaftslehre wird oftmals idealtypisch von einer vollkommenen Konkurrenz (Polypol) mit vielen kleinen Anbietern und Nachfragern ausgegangen, wenngleich bspw. auf Energie- oder Logistikmärkten eher Angebotsoligopole bestehen. Tritt der Staat als Nachfrager auf (z. B. im Rahmen öffentlicher Ausschreibungen), so kann auch von einem Nachfragemonopol gesprochen werden, wenn dieselben Leistungen sonst nicht von privaten Unternehmen oder von Konsumenten nachgefragt werden. Das hier vorgestellte Schema kann gedanklich auf eine 3x3-Matrix ausgebaut werden, sodass sich insgesamt neun unterschiedliche Ausprägungen von Marktformen ergeben, die allerdings eher einen theoretischen Charakter haben und für die folgenden Ausführungen eine untergeordnete Rolle spielen. Mit rechtlichen Fragen bestehender Marktformen und der Abgrenzung von Märkten aus volkswirtschaftlicher Perspektive beschäftigt sich vor allem das Bundeskartellamt, da im Rahmen der sozialen Marktwirtschaft monopolartige Strukturen, und damit marktbeherrschende Stellungen verhindert werden sollen, weil diese zu einer

Verschlechterung der Marktsituation für Nachfrager und/oder potenzielle bzw. aktuelle Anbieter führen. Die Aufgaben des Bundeskartellamts bestehen in der Durchsetzung des Kartellverbots, der Fusionskontrolle, der Missbrauchsaufsicht und des Verbraucherschutzes (Bundeskartellamt, 2022). Dies ist hauptsächlich im Gesetz gegen Wettbewerbsbeschränkungen (GWB, 2022), aber auch im Europäischen Recht (Art. 101 f.) im Vertrag über die Arbeitsweise der europäischen Union (AEUV, 2009) geregelt. Außerdem spielt in einer weitergehenden Abgrenzung im Kontext der Aufrechterhaltung des Wettbewerbs auch das Gesetz gegen den unlauteren Wettbewerb eine wichtige Rolle (UWG, 2022).

Im Gegensatz zu den volkswirtschaftlichen und rechtlichen Fragestellungen sind für die Betriebswirtschaftslehre die konkreten **Anbieter-Nachfrager-Wettbewerber-Konstellationen** bedeutsam. Hiermit beschäftigt sich das Konzept des relevanten Marktes (Bauer, 1989). Backhaus und Schneider (2020) verweisen jedoch darauf, dass aus praktischer Sicht oftmals gar nicht hinterfragt wird, wie diese konkreten Konstellationen aussehen, da Unternehmen traditionell oder aus anderen Gründen auf einem bestimmten Markt tätig sind. Das kann dazu führen, dass, wie schon bei den qualitativen Prognoseverfahren diskutiert, Disruptionen auftreten können, die für die bestehenden Unternehmen am Markt (Incumbents) zu Risiken und Existenzbedrohungen werden, wenn kleine, agile Start-ups den relevanten Markt mit innovativen Leistungen betreten. Aus marketingtheoretischer Perspektive wird der relevante Markt im Hinblick auf eine sachliche, eine räumliche und eine zeitliche Dimension abgegrenzt (Meffert et al., 2019).

Zunächst spielt die **sachliche Abgrenzung** eine wichtige Rolle. Hierbei kann zwischen einer eher anbieter- sowie einer eher nachfragerbezogenen Perspektive unterschieden werden (Sander, 2019). Bei einer eher anbieterbezogenen Perspektive steht vor allem die physikalisch-technische Äquivalenz von Produkten (z. B. Stoff, Verarbeitung, Form oder Gestaltung) oder der Beschaffenheit bzw. Ausführung von Services (z. B. Dauer, Ort, eingesetzte Hilfsmittel oder beabsichtigte Wirkungen) im Vordergrund. Einen Schritt weiter geht das Konzept der funktionalen Ähnlichkeit (Benkenstein und Uhrich, 2021). Bei diesem steht die Frage nach der Befriedigung gleicher Bedürfnisse im Vordergrund. Dies schließt bspw. ein, dass in Gesundheitsmärkten unterschiedliche Therapieformen zu den gleichen Ergebnissen führen können, die jedoch von verschiedenen Akteuren (z. B. Physiotherapieeinrichtungen, Krankenhäuser oder Rehabilitationszentren) angeboten werden. Damit erweitert sich der relevante Markt, und damit die Zahl der Wettbewerber für einen einzelnen Anbieter. Beim Konzept der funktionalen Ähnlichkeit stehen nicht die Güter im Vordergrund, sondern die nutzenstiftenden Wirkungen (Bauer, 1989), womit alle Güter, die die gleichen nutzenstiftenden Wirkungen intendieren in einem Wettbewerbsverhältnis stehen. Noch einen Schritt weiter gehen die aus der Volkswirtschaftslehre entliehenen Konzepte wie bspw. das Konzept der Reaktionsverbundenheit, bei dem diejenigen Güter im Vordergrund stehen, die bei wettbewerbsgerichteten Strategien und Maßnahmen aufeinander reagieren (Benkenstein und Uhrich, 2021). Allerdings bezieht sich das letzte der genannten Konzepte immer noch auf eine eher anbieterseitige Einschätzung. Dagegen ist ein Konzept, dass sich stärker auf reale Veränderungen und damit auf eine nachfragerbezogene Perspektive fokussiert, die Kreuzpreiselastizität der Nachfrage, bei der Güter bezüglich ihrer Mengenreaktion auf Preisveränderungen dem gleichen Markt zugeordnet werden. Demzufolge werden hierbei Substitutionsintensitäten gemessen (Backhaus und Schneider, 2020). Die Kreuzpreiselastizität zweier Güter A und B, auch als Triffinscher Koeffizient bezeichnet, berechnet sich wie folgt:

$$Kreuzpreiselastizität\ (KPE) = \frac{\Delta x_A}{x_A} \div \frac{\Delta p_B}{p_B}$$

Neben der Schwierigkeit einer Grenzwertfestlegung bei der Kreuzpreiselastizität stellt sich die Frage nach der Umsetzung im Management, da die Berechnung des Triffinschen Koeffizienten eine eher volkswirtschaftliche Betrachtung der Marktabgrenzung ist (Bauer, 1989). Einen weiteren Ansatz der eher nachfragerbezogenen Konzepte der sachlichen Abgrenzung des relevanten Marktes stellt das Konzept der **subjektiven Austauschbarkeit** dar. Hierbei wird ebenfalls die Substituierbarkeit von Leistungen aus der Sicht von Nachfragern beurteilt, die generell oder in einer bestimmten Situation Güter auf Basis ihrer Austauschbarkeit über Leistungswahrnehmungen und Präferenzurteile beurteilen (Benkenstein und Uhrich, 2021). Damit beinhaltet es die weiter unten diskutierte Thematik der Positionierungsanalyse, von Voeth und Herbst (2013) als qualitative Marktanalyse bezeichnet, in der ebenfalls die Wettbewerbsverhältnisse auf Basis von Präferenzurteilen abgebildet werden. Das Konzept der subjektiven Austauschbarkeit wird auch als Substitution-in-use-Ansatz bezeichnet und vor dem Hintergrund des Marketings als besonders zielführend für die Abgrenzung des relevanten Marktes aus sachlicher Perspektive angesehen (Ratneshwar und Shocker, 1991), da hierbei eine Beurteilung der unternehmerischen Wertangebote durch die subjektiven Einschätzungen der Nachfrager erfolgt.

Darüber hinaus erfolgt eine **räumliche Abgrenzung** des relevanten Marktes, indem Unternehmen festlegen, in welchem Marktgebiet sie ihre Dienstleistungen anbieten. Voeth und Herbst (2013) verweisen darauf, dass dies oftmals keine regionale oder nationale Entscheidung ist, da viele Unternehmen in einem internationalen Wettbewerb stehen. Wenngleich auch Dienstleistungsanbieter aus dem Ausland auf dem deutschen Markt ihre Leistungen anbieten und umgekehrt, so besteht bei Dienstleistungen, gerade bei solchen mit hoher Personalintensität, immer das Problem, dass diese Leistungen von Mitarbeitern an Nachfragern bzw. von denen zur Verfügung gestellten externen Produktionsfaktoren erbracht werden. Unter Einbezug der Außenhandelsstatistik kann darauf verwiesen werden, dass die Internationalisierung von Dienstleistungen, d. h. deren Export über Ländergrenzen hinweg, zumindest bei den traditionellen Dienstleistungen noch deutlich geringer ausfällt als bei Produkten und Rohstoffen (Destatis, 2022a; WTO, 2022). Allerdings kann ebenso unterstrichen werden, dass im Rahmen der Globalisierung ausländische Dienstleistungsanbieter ihre Leistungen über Tochtergesellschaften auf dem deutschen Markt anbieten und damit im Wettbewerb mit heimischen Anbietern stehen. Außerdem werden heutzutage bereits viele digitale Dienstleistungen im Bereich Telekommunikation, Internet-Auskünfte, Suchmaschinen, Apps etc. angeboten, sodass Anbieter bei diesen Leistungen per se in einem internationalen Wettbewerb stehen, sofern dies nicht durch rechtliche Regulierungen eingeschränkt wird. Prinzipiell erfolgt eine räumliche Marktabgrenzung nach lokalen, regionalen, nationalen und internationalen Gesichtspunkten, mit denen sich das Feld der potenziellen Wettbewerber und Nachfrager, und damit der Akteure im Marketingdreieck, entsprechend vergrößert. Damit vergrößern sich auch die potenziellen Rückkoppelungen über Stadt-, Bundesland- bzw. Ländergrenzen hinweg, die bspw. zu einem stärkeren Abstimmungsbedarf im Rahmen der Preisdifferenzierung, der Austauschbarkeit der Leistungen durch günstigere Angebote ausländischer Wettbewerber oder zur Beachtung internationaler Anbieternetzwerke führen können. Vor allem Backhaus und Voeth (2010) diskutieren diese Problematik im Konzept der anbieter-, nachfrager- und wettbewerbsbezogenen Rückkopplungen, mit Hilfe derer sie zwischen Aufgaben des nationales und internationalen Marketings differenzieren. Solche Rückkopplungen können zu unterschiedlichen Kostenpositionen und Reaktionsgeschwindigkeiten auf Marktänderungen der einzelnen Wettbewerber sowie zu Größenvorteilen und Synergieeffekten bei ebendiesen führen. Darüber hinaus existieren auch rechtliche bzw. regulatorische Handelshemmnisse (z. B. bestimmte Ausbildungen oder Zertifikatsnachweise im Gesundheitsbereich, Einfuhrbeschränkungen oder -quoten sowie Local-content-Vorschriften), die zu den nicht-tarifären Handelshemmnissen gezählt werden, oder so genannte tarifäre Handelshemmnisse (z. B. Zölle, Steuern oder Subventionen). Beides wird im internationalen Marketing und Management zu protektionistischen Maßnahmen gezählt, um die heimischen Anbieter vor ausländischer Konkurrenz zu schützen (Albaum et al., 2016; Backhaus und Voeth, 2010; Kutschker und Schmid, 2011; Zentes et al., 2013).

Schließlich existiert noch eine **zeitliche Abgrenzung** des relevanten Marktes, die sich darauf bezieht, zu welchen Zeitpunkten bestimmte Services angeboten werden. So existieren bspw. saisonale Einflüsse bei Reisedienstleistungen, die dazu führen, dass Märkte wiederkehrenden zeitlichen Veränderungen unterliegen, was sich wiederum auf die betrachteten Wettbewerber und Nachfrager auswirkt. So werden Reisen in die Berge im Sommer vor allem von Wanderern nachgefragt und im Winter von Ski- und Snowboardfahrern. Auch Kreuzfahrten unterliegen saisonalen Einflüssen, die manche Passagen im Winter eher unattraktiv erscheinen lassen. Gleichzeitig gibt es aber Anbieter, die sich bspw. eher auf das Sommergeschäft in südliche Regionen spezialisieren, und wiederum andere Anbieter, die Nordkap-Reisen etc. anbieten. Ähnliches gilt für Sportveranstaltungen (z. B. Fußballbundesliga bzw. Welt- oder Europameisterschaften), die nur in eng abgegrenzten Zeiträumen angeboten werden. Je nach Betrachtungsfokus schrumpft oder wächst damit der relevante Markt unter zeitlichen Gesichtspunkten bzw. ist dieser aus der Unternehmenssicht nur zu bestimmten Zeiten attraktiv. Im Gegensatz zur sachlichen und zur räumlichen Abgrenzung des relevanten Marktes verweisen Backhaus und Schneider (2020) allerdings darauf, dass eine zeitliche Marktabgrenzung deutlich seltener erfolgt, da nur wenige Güter heute zeitlich begrenzt angeboten werden.

Eng mit der Abgrenzung des relevanten Marktes aus volkswirtschaftlicher bzw. aus betriebswirtschaftlicher Perspektive verbunden ist die **quantitative Beschreibung** desselben. Dies bezeichnen Voeth und Herbst (2013) auch als quantitative Marktabgrenzung und ordnen diese der übergreifenden Analyse des Marktes zu. Im Wesentlichen gehören hierzu die Analyse des Marktpotenzials, des Marktvolumens und der Marktanteile bzw. des Marktsättigungsgrades. Aus einer unternehmensindividuellen Perspektive gehören hierzu außerdem die Analyse des Absatzpotenzials, des Absatzvolumens sowie des Marktausschöpfungsgrades (Meffert et al., 2019). Das Marktpotenzial beschreibt die maximale Aufnahmefähigkeit eines Marktes, d. h. die Obergrenze für die Nachfrage bei einer hundertprozentigen Sättigung des Marktes. Dieses kann bspw. aus einer multiplikativen Verknüpfung der möglichen Zahl der Nachfrager, d. h. alle Personen oder Unternehmen, für die eine Dienstleistung prinzipiell attraktiv erscheint respektive in Frage kommt, mit den Leistungseinheiten pro Kaufakt bzw. der Kauffrequenz, dem Lebenszyklus einer Leistung und möglicherweise den Preisen berechnet werden (z. B. Kotler und Armstrong, 2020; Voeth und Herbst, 2013). Es wird deutlich, dass gerade der Lebenszyklus von Leistungen schwierig zu prognostizieren ist und stark von Trends und Innovationen im Markt abhängt. Zudem ist auch die Preisentwicklung zur Berechnung des monetären Marktpotenzials nur bedingt vorherzusagen. Letztendlich ist die potenzielle Zahl von Nachfragern stark mit der räumlichen Abgrenzung des relevanten Marktes verknüpft, sodass hier auch nicht immer eindeutige Aussagen getätigt werden können. Dagegen besteht das Marktvolumen in der gegenwärtig ausgeschöpften Menge eines Marktes bzw. stellt es die aktuell realisierten Geldeinheiten aller Anbieter auf einem Markt dar. Dadurch wird deutlich, dass beide Größen sowohl in Mengen- als auch in Geldeinheiten (Umsätze) bestimmt werden können. Aus dem Verhältnis von berechnetem Marktvolumen und geschätztem Marktpotenzial lässt sich zudem der Marktsättigungsgrad als relative Ausschöpfung des Marktpotenzials bestimmen:

$$Marktsättigungsgrad = \frac{Marktvolumen}{Marktpotenzial}$$

Da der Marktsättigungsgrad angibt, wie viel eines potenziellen Marktes bereits ausgeschöpft wurde, lassen sich damit auch gleichzeitig Rückschlüsse auf die **Wettbewerbsintensität** in diesem Markt ziehen, da in stark ausgeschöpften Märkten der verbleibende Teil an neuen Kunden nur noch gering ist. Die einzelnen Unternehmen müssen darum immer energischer (z. B. durch Preiszugeständnisse) darum kämpfen neue Kunden zu gewinnen. Außerdem werden nach dem Erreichen der Marktsättigung die Neukunden des einen Unternehmens zu abgewanderten Kunden eines anderen Unternehmens. Ist der Markt dagegen noch wenig ausgeschöpft, bspw. auf neuen Märkten, die durch Innovationen und neue Bedürfnisse entstehen, dann wird die Wettbewerbsintensität geringer sein, da noch ausreichend Potenzial nach oben und damit Verteilungsmasse für alle Akteure am Markt besteht. Der Zugewinn des einen Unternehmens (Neukunden) geht dann nicht zwangsweise auf Kosten eines anderen Unternehmens (Kundenabwanderung), was in der Spieltheorie auch als Nullsummenspiel bezeichnet wird (Dixit und Nalebuff, 2018; Holler et al., 2019). Dieser Sachverhalt wird weiter unten nochmals im Rahmen der Triebkräfte des Wettbewerbs (Five-forces) aufgegriffen.

Wird dagegen eine **unternehmensindividuelle Betrachtung** vollzogen, so bedeutet das Absatzpotenzial die maximal mögliche Absatzmenge für ein bestimmtes Unternehmen und das Absatzvolumen die aktuell ausgeschöpfte Menge des Absatzpotenzials (Voeth und Herbst, 2013). Wird das Absatzvolumen ins Verhältnis zum Absatzpotenzial gesetzt, dann wird teilweise auch vom Marktausschöpfungsgrad als unternehmensindividuelle Größe gesprochen, wobei allerdings die Trennung von Marktsättigungsgrad und Marktausschöpfungsgrad nicht immer eindeutig ist bzw. beide Termini gleich verwendet werden (Meffert et al., 2019). Während das Absatzvolumen und das Absatzpotenzial eines einzelnen Unternehmens sich vor allem auf Mengengrößen beziehen ist der Marktanteil eine prozentuale Betrachtung des Anteils eines Unternehmens am gegenwärtig ausgeschöpften Markt (Bendle et al., 2020; Davis, 2018; Wöltje, 2020). Dieser berechnet sich absolut und relativ (zum stärksten Wettbewerber) wie folgt:

$$Martkanteil\ (absolut) = \frac{Absatzvolumen}{Marktvolumen}$$

$$Martkanteil\ (relativ) = \frac{Marktanteil\ des\ eigenen\ Unternehmens}{Marktanteil\ stärkster\ Wettbewerber}$$

Geschäftsfeldabgrenzung

Die Abgrenzung von Geschäftsfeldern bzw. die strategischen Geschäftsfelder eines Dienstleistungsanbieters hängen ebenfalls eng mit der Abgrenzung des relevanten Marktes des Dienstleisters zusammen (Benkenstein und Uhrich, 2021; Meffert et al., 2018). **Strategische Geschäftsfelder (SGF)** sind die Planungseinheiten eines betrachteten Unternehmens, welche eine eigenständige und von anderen SGF unabhängige Marktaufgabe haben. Damit besitzen SGFs auch eigene Potenziale zur Erlangung von Wettbewerbsvorteilen im marketingstrategischen Dreieck. Sie liefern damit nicht lediglich Vorleistungen oder Unterstützung (Support) an andere Bereiche des Unternehmens, sondern stehen auf dem relevanten Markt gegenüber den Nachfragern mit Wettbewerbsleistungen in Konkurrenz zu anderen Wettbewerbern. Bea und Haas (2019) sprechen darum auch von einem erweiterten Marktmodell zur Abgrenzung von SGFs. Basierend auf Abell (1980) werden SGFs aufgrund von drei Dimensionen eingeteilt (vgl. Abb. 4.6), die am Ende des Planungsprozesses Produkt-Markt-Kombinationen widerspiegeln, welche unterschiedliche Markträume und damit Wettbewerbsarenen bedienen (Benkenstein und Uhrich, 2021).

Solche **Produkt-Markt-Kombinationen** dienen also der Beantwortung der Frage: Welche Produkte werden für welche Märkte angeboten? Dazu gehört zunächst das Kundenproblem (Was?). Dabei geht es einerseits um die Bedürfnisse der Nachfrager

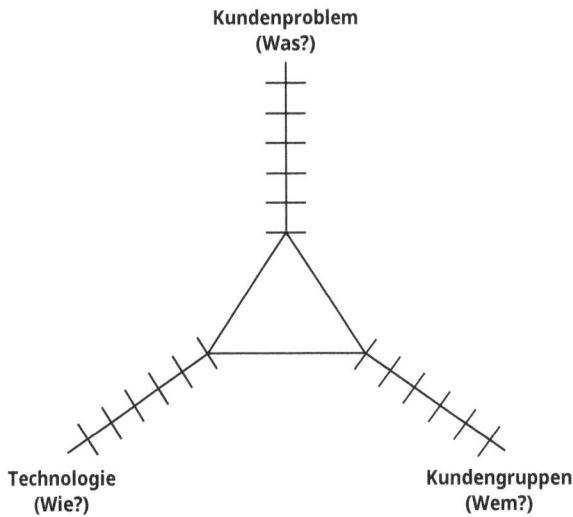

Abb. 4.6: Bildung strategischer Geschäftsfelder (Bea und Haas, 2019).

und andererseits um die Funktionen, die von der oder den angebotenen Dienstleistungen des Unternehmens zur Lösung der vorliegenden Bedürfnissituation geboten werden. Der Bereich Sicherheit kann bspw. den Schutz von Personen, Tieren, Gebäuden, Grundstücken, Gegenständen, Fahrzeugen, Warenlieferungen, Veranstaltungen, Hard- und Software etc. betreffen. In diesem Kontext haben unterschiedliche Kundengruppen (Wem?) ebendieses Bedürfnis, welche wiederum von einem Sicherheitsunternehmen anvisiert werden können. Dabei kann es sich um kleine, mittlere oder große Produktionsbetriebe, Versicherungen, Logistikunternehmen, Vereine, Privatpersonen usw. handeln. Schließlich werden zur Befriedigung des Bedürfnisses nach Sicherheit unterschiedliche Technologien (Wie?) eingesetzt. Es stellt sich folglich die Frage, wie das Bedürfnis nach Sicherheit bei verschiedenen Kunden befriedigt werden kann. Dies kann auf unterschiedliche Art und Weise erfolgen, indem bspw. Sicherheitsmitarbeiter, Lichtschranken, Videokameras, Gebäude und Zäune, Tresore, Hard- und Software, Versicherungen etc. eingesetzt werden.

Die genannten drei Dimensionen ergänzen Bea und Haas (2019) um Nachfrager und Wettbewerber, sodass ein **erweitertes Marktmodell** entsteht. Es handelt sich damit um die Kombination aus der Einteilung von Abell (1980) mit dem marketingstrategischen Dreieck, wie es weiter oben eingeführt wurde. In Ergänzung zum Planungskonzept des SGF werden in einem Organisationskonzept auf der Ebene des einzelnen Dienstleistungsanbieters die Geschäftsfelder zu strategischen Geschäftseinheiten (SGE) bzw. Strategic-business-units (SBU) zusammengefasst. Dabei kann eine SGE (SBU) auch einem SGF entsprechen (Bea und Haas, 2019; Benkenstein und Uhrich, 2021). Während es sich bei SGFs folglich um eine Außenorientierung aufgrund der Marktorientierung und -bearbeitung eines Dienstleisters handelt, betreffen die SGEs die Innenorientierung des Unternehmens aufgrund organisatorischer Gegebenheiten wie Arbeitsteilung, Ressourceneinsatz und Zuständigkeiten und der Bildung organisatorischer Einheiten. Allerdings bleibt festzuhalten, dass SGFs und SGEs eigenständige strategische Handlungspläne und Maßnahmen zu deren Umsetzung am Markt verfolgen, eigene Führungskompetenzen beinhalten und eigenständige Beiträge zum Erfolg des Gesamtunternehmens innerhalb definierter Abrechnungskreise liefern (Welge et al., 2017). Darüber hinaus bilden SGFs die Basis für die weiter unten diskutierte SWOT-Analyse bzw. die darauf aufbauende Portfolio-Bildung respektive die Grundlagen für Strategien im Marketing (Backhaus und Schneider, 2020).

Wettbewerbsstrukturanalyse

In Zusammenhang mit der Abgrenzung des relevanten Marktes bzw. der strategischen Geschäftsfelder steht die auf Porter (1980) zurückgehende Wettbewerbsstrukturanalyse, welche in der Literatur auch als branchenbezogene Analyse der **Triebkräfte des Wettbewerbs** (Five-forces-Modell) bezeichnet wird. Zudem steht die Wettbewerbsstrukturanalyse in Beziehung zu der unten diskutierten Bildung strategischer Gruppen. Voeth und Herbst (2013) fassen die Wettbewerbsstrukturanalyse, die Analyse strategischer Gruppen und die ebenfalls diskutierte Konkurrenzanalyse (Benchmarking) als Wettbewerbsanalyse mit jeweils unterschiedlichem Detailierungsgrad bzw. Fokus zusammen. Insgesamt geht die Wettbewerbsstrukturanalyse auf die Forschung zur Industrieökonomik (Industrial-organization-Ansatz) zurück (Chamberlin, 1933; Mason, 1939), die die Strukturmerkmale einer Branche in den Fokus rückt und dabei die Rivalität zwischen den einzelnen Unternehmen bzw. die Intensität und Dynamik des Wettbewerbs in einem Markt näher betrachtet (Bea und Haas, 2019; Scherm und Julmi, 2019).

Einerseits wird aus den Ausführungen deutlich, dass die Termini **Branche und Markt** oftmals synonym verwendet werden, obwohl der Begriff Branche auf eine Industrie bzw. einen Wirtschaftszweig (z. B. Sicherheitsdienstleistungen oder Versicherungen) abstellt und meist die Anbieterperspektive einnimmt. Zuweilen befindet sich bei der Definition der Branche als Wesensmerkmal auch die weiter oben zur Abgrenzung des relevanten Marktes verwendete Substituierbarkeit von Leistungen, was dazu führt, dass Unternehmen mit austauschbaren Leistungen zu einer Branche zusammengefasst werden. Daneben können Fertigungstechniken oder verwendete Materialien ebenso zur Branchenabgrenzung verwendet werden. Dagegen ist der Begriff des (relevanten) Marktes eher ein kleiner Teil, d. h. ein Segment davon (z. B. Personenschutz oder Krankenversicherer), und beinhaltet meist die Nachfragerperspektive. Außerdem treffen auf Märkten definitionsgemäß Angebot und Nachfrage zusammen, um Markttransaktionen mit ihren Produkten und Dienstleistungen gegen Geldzahlungen oder Substitute davon durchzuführen.

Andererseits betrifft die Analyse der Triebkräfte des Wettbewerbs eine Outside-in-Perspektive, die auch als **Market-based-view** bezeichnet wird (Scherm und Julmi, 2019). Bei einem Market-based-view werden die Strategien und der Erfolg eines Unter-

nehmens aus der Analyse der Marktstruktur und dem Verhalten der Wettbewerber abgeleitet (Structure-conduct-performance-Paradigma), welche zusammen die Marktsituation abbilden, in denen sich alle Unternehmen der Branche befinden. In diesem
Kontext schaffen Wettbewerbsvorteile einzelner Anbieter so genannte Wettbewerbsbarrieren, die verhindern, dass neue Anbieter in den Markt eintreten. Porter (1980) und
der neueren industrieökonomischen Forschung folgend beruhen die Triebkräfte des
Wettbewerbs innerhalb einer Branche auf fünf Dimensionen, den oben bereits erwähnten Five-forces (vgl. Abb. 4.7). Studien dazu haben gezeigt, dass diese fünf Triebkräfte
einen Einfluss auf die Rentabilität der Unternehmen und die Attraktivität der gesamten
Branche haben (Bea und Haas, 2019; Lynch, 2006; Welge et al., 2017).

Von links nach rechts befinden sich bezgl. der fünf **Triebkräfte** zunächst auf der Be-
schaffungsseite die Lieferanten einer Branche, die diese mit Ressourcen wie Gebrauchs-
und Verbrauchsmaterial sowie vorgelagerten Services oder als Sub-Unternehmen aus-
statten. Diese Lieferanten gewinnen immer dann an Macht und stellen somit eine Gefahr
für Unternehmen innerhalb der Branche dar, wenn es nur wenige Lieferanten gibt (Zahl
und Größe), die Vorleistungen hoch-spezifisch sind (Einzigartigkeit) und damit bei einem
Wechsel zu einem anderen Lieferanten Sunk-costs darstellen (Umstellungskosten) oder
im Falle von Subunternehmen bspw. die Gefahr besteht, dass Lieferanten dadurch zu
Rivalen im Markt werden (Vorwärtsintegration). Eine weitere Triebkraft stellen potenzielle Anbieter dar, wobei vor allem die Eintrittsbarrieren maßgeblich das Gefahrenpotenzial für die angestammten Anbieter ausmachen. Markteintrittsbarrieren stellen bspw.
Größenvorteile etablierter Wettbewerber dar, so genannte Economies-of-scale, die durch
Fixkostendegression (Economies-of-scale) entstehen, und zusätzlich Erfahrungskurve
(Lernkurve), die auch als Economies-of-learning bezeichnet werden. Auf der einen Seite
führen hohe Produktionsmengen und Marktanteile dazu, dass sich die Fixkosten auf
eine höhere Stückzahl verteilen und damit der Anteil der fixen Kosten in einer einzelnen Leistung (fixe Stückkosten) sinkt, was Preisspielräume ermöglicht. Auf der anderen
Seite führen Erfahrungskurveneffekte dazu, dass durch Lerneffekte der Anteil der auf
die Wertschöpfung zurückzuführenden Stückkosten (variable Stückkosten) dadurch
sinkt, dass Rüstkosten für die Maschinen sinken und Mitarbeiter durch Erfahrung hin-
zulernen bzw. Arbeiten schneller und möglicherweise auch qualitativ besser erbringen
können. Darüber hinaus haben neue Wettbewerber es bei einer starken Kundenbindung schwer, die Nachfrager von ihren neuen Leistungen aufgrund von Markenidentität und Kundenloyalität zu überzeugen oder etablierte Distributionssysteme (z. B.
Handelsvertreter oder Vertriebsagenturen) gewähren keinen Marktzutritt. Schließlich
können auch Vergeltungsmaßnahmen der aktuellen Wettbewerber und staatliche Regulierung (z. B. im Gesundheitswesen) einen Marktzutritt erschweren. Als weitere Triebkraft können die am Markt angebotenen Leistungen auch durch Ersatzleistungen
bedroht werden. Hier besteht eine Substitutionsgefahr durch neue Leistungen, die stark
von der Substitutionsneigung der Nachfrager beeinflusst wird. Außerdem spielen das
Preis-Leistungs-Verhältnis sowie ebenfalls die generellen Wechselmöglichkeiten bspw.
aufgrund staatlicher Regulierung eine wichtige Rolle (z. B. Schornsteinfegerpflicht bei

Abnehmermacht (Verhandlungsstärke)
- Konzentration bzw. Größe gegenüber den Unternehmen
- Abnahmevolumen gegenüber den Unternehmen in der Branche
- Umstellungskosten der Abnehmer im Vergleich zu Umstellungskosten der Unternehmen
- Informationsstand der Abnehmer
- Fähigkeit zur Rückwärtsintegration
- Ersatzprodukte/-Dienstleistungen
- Durchhaltevermögen bzw. eigene Ressourcenstärke
- Wirtschaftliche Situation bzw. Preissenkungsanreize
- Preis im Verhältnis zu den gesamten Umsätzen bzw. Gewinnsituation

Eintrittsbarrieren für potenzielle Wettbewerber
- Größenvorteile (Economies-of-scale)
- Kostenvorteile (Lernkurve, Zugang zu Material, Technologie-Know-how, staatl. Subventionen)
- Umstellungskosten in der Produktion
- Produktionsunterschiede zu den bereits am Markt etablierten Unternehmen
- Markenidentität mit bisherigen Angeboten
- Zugang zu etablierten Distributionssystemen
- Kapitalbedarf für den Markteintritt (Finanzierung)
- Zu erwartende Vergeltungsmaßnahmen der am Markt etablierten Unternehmen
- Staatliche Regulierung/Politik

Rivalität der Wettbewerber in der Branche (Wettbewerbsintensität)
- Konzentration/Größenverteilung/Wachstum
- Kostenstruktur bzw. Fixkosten/Wertschöpfung
- Kapazitäten/Phasen der Überkapazität
- Produktdifferenzierung/Markenidentitäten
- Umstellungskosten auf andere Leistungen
- Heterogenität der Konkurrenten
- Komplexität der Informationslage
- Strategische Ausrichtungen/Interessen
- Austrittsbarrieren (spezifische Investitionen)

Substitutionsgefahr durch Ersatzleistungen
- Substitutionsneigung der Abnehmer
- Relatives Preis-Leistungs-Verhältnis
- Umstellungskosten der Abnehmer
- Staatliche Regulierung

Lieferantenmacht (Verhandlungsstärke)
- Einzigartigkeit bzw. Differenzierung der verschiedenen Inputfaktoren
- Umstellungskosten bei Lieferanten und/oder Unternehmen
- Lieferantenkonzentration/-größe
- Bedeutung des Auftragsvolumens für die Lieferanten
- Kosten im Verhältnis zu den gesamten Branchenumsätzen
- Einfluss der Inputs auf die Kosten
- Gefahr der Vorwärtsintegration im Vergleich zur Rückwärtsintegration durch Unternehmen der Branche

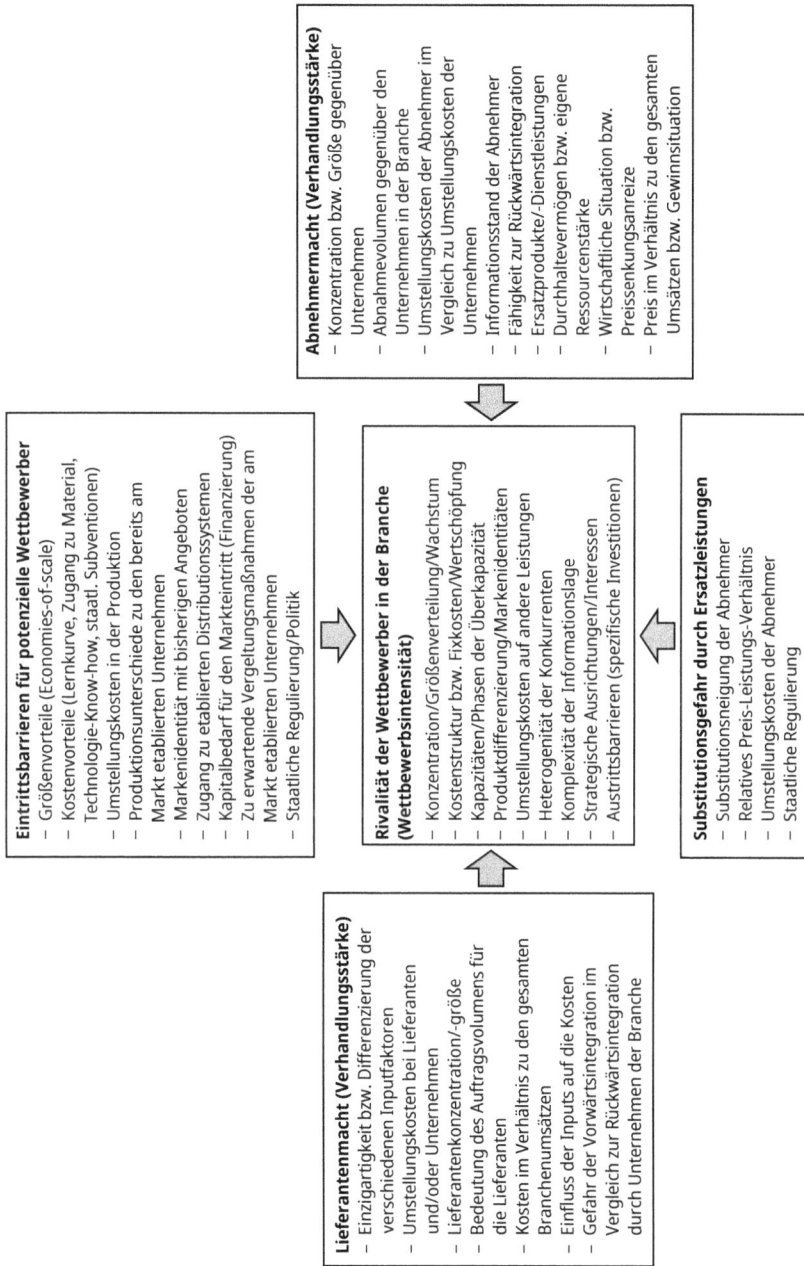

Abb. 4.7: Wettbewerbsstrukturanalyse (Welge et al., 2017).

der Heizungswartung oder Meisterzwang bei vielen Handwerksbetrieben). Auf der Abnehmerseite stellt die Macht der Nachfrager ein wesentliches Gefahrenpotenzial dar. Hier wirken ähnliche Einflussfaktoren als Triebkräfte, die bereits bei den Lieferanten eine Gefahr für die etablierten Unternehmen im Markt darstellen, jedoch aus einer entsprechend umgekehrten Perspektive. So zählt vor allem die Zahl und Größe der Abnehmer bzw. deren Abnahmevolumen dazu. Je geringer zudem die Umstellungskosten auf alternative Leistungen, desto stärker der Wettbewerb innerhalb der Branche um ebendiese Nachfrager und desto höher wahrscheinlich auch der Preisdruck. Außerdem können Abnehmer zu Rivalen werden, wenn die Fähigkeit bzw. die Möglichkeit zur Rückwärtsintegration besteht, und damit Leistungen der Branche von den Abnehmern in der Zukunft selbst erstellt werden. Schließlich werden der Grad der Rivalität bzw. die Wettbewerbsintensität innerhalb der Branche auch von den darin befindlichen Anbietern determiniert. So führt eine geringe Kapazitätsauslastung i. d. R. dazu, dass Unternehmen versuchen, auf Kosten der übrigen Wettbewerber die eigenen Kapazitäten besser auszulasten. Ferner spielen wieder Größenvorteile und das Marktwachstum eine wichtige Rolle. Bei wachsenden Märkten führt die Hinzugewinnung von Neukunden nicht automatisch zu einem geringeren Marktanteil bei den übrigen Wettbewerbern, da die Marktsättigung noch nicht zu 100 % erreicht ist, d. h. es besteht noch nicht ausgeschöpftes Marktpotenzial. Im umgekehrten Fall stellt der Zugewinn eines Anbieters einen gleich hohen Verlust eines oder mehrerer anderer Anbieter dar (Nullsummenspiel). Letztendlich spielen auch die Austrittsbarrieren (z. B. aufgrund hoher spezifischer Investitionen) und möglicherweise die Branchenkultur für die Wettbewerbsintensität eine wichtige Rolle.

Burr (2017) hat einen Versuch unternommen, die zunächst auf Industrie- und Konsumgütermärkte abzielende Wettbewerbsstrukturanalyse von Porter (1980) auf **Dienstleistungsmärkte** und ihre Besonderheiten zu übertragen (vgl. Abb. 4.8). Dabei verweist er zugleich auf das Problem, dass Dienstleistungsmärkte bzw. -branchen i. d. R. schwerer als klassische Industrie- und Konsumgütermärkte abzugrenzen sind. Dies liegt heute oftmals daran, dass durch das Internet zahlreiche neue Anbieter und neue Leistungen hinzugekommen sind, die dazu führen, dass bspw. auf dem Markt für IT-Dienstleistungen die Grenze zwischen Telekommunikationsunternehmen und Medienunternehmen schwer zu ziehen ist (Burr, 2017). Gleiches gilt für das Facility-Management, welches sich vom traditionellen Hausmeisterservice durch das IT-gesteuerte Gebäudemanagement deutlich weiterentwickelt hat. Zudem kann im Bereich der Medizin auf Ferndiagnosen durch Videosprechstunden oder die Durchführung von Operationen über weite räumliche Entfernungen mit Hilfe von Operationsrobotern (z. B. DaVinci) verwiesen werden. Daraus wird ersichtlich, dass gerade die Zunahme IT-gestützter Dienstleistungen zu einem etwas anderen Bild bei der Wettbewerbsstruktur bzw. zu anderen Gefahrenpotenzialen auf Dienstleistungsmärkten führen kann, d. h. die Zahl der potenziellen Anbieter

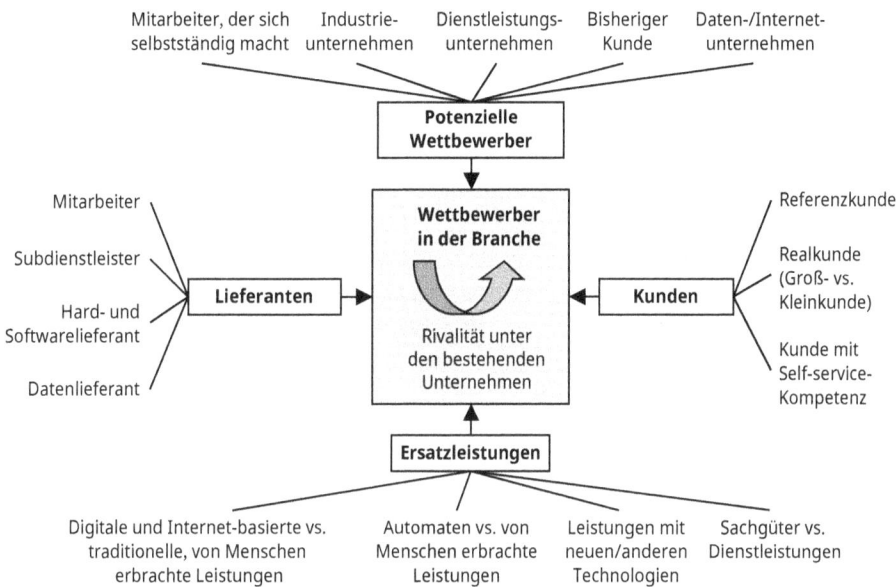

Abb. 4.8: Triebkräfte des Wettbewerbs auf Dienstleistungsmärkten (Burr, 2017).

und Ersatzleistungen steigt noch einmal deutlich, wodurch zusätzlich auf die bereits weiter oben diskutierte besondere Bedeutung der Kundenbindung verwiesen werden kann. In diesem Zusammenhang spielt auch die Reputation bzw. das Vertrauen im Rahmen der Integration des Nachfragers in den Leistungserstellungsprozess (Uno-actu) sowie die Vermarktung von Erfahrungs- und Vertrauensgütern eine viel stärkere Rolle bei der Beschreibung der Rivalität bzw. der Wettbewerbsintensität innerhalb einer spezifischen Dienstleistungsbranche (Burr, 2017). Folglich bleibt auch für Dienstleistungsanbieter und deren Abgrenzung des relevanten Marktes bzw. die Zuordnung zu einer Branche und deren Analyse bedeutsam, welche Leistungen aus der Perspektive der Nachfrager substituierbar sind, welche Gefahren durch neue Wettbewerber sowie Vorwärts- und/oder Rückwärtsintegration ausgehen und welche Gefahrenpotenziale sich daraus für die gesamte Branche ergeben.

Bildung strategischer Gruppen

In Verbindung mit der Wettbewerbsstrukturanalyse nach Porter (1980) steht auch die Bildung strategischer Gruppen (Welge et al., 2017), die ebenfalls auf die Forschung zur Industrieökonomik (Industrial-organization-Forschung) zurückgeht bzw. eine Erweiterung des Grundgedankens derselben darstellt (Porter, 1981; Scherm und Julmi, 2019). Eine strategische Gruppe dient der Einteilung von Wettbewerbern, welche bezüglich bestimmter strategischer Dimensionen ein weitgehend **homogenes Verhalten** aufweisen (Welge et al., 2017). Hierdurch sind strategische Gruppen eine Systematisierung der brancheninternen Struktur. Der Ansatz der Analyse strategischer Gruppen wurde erst-mals von Hunt (1972) geprägt, der damit Anbieter mit identischem Verhalten identifi-zierte, um auf empirischer Basis Wettbewerber zu klassifizieren, die unterschiedliche Rentabilitäten am Markt aufwiesen (Backhaus und Voeth, 2014). Strategische Dimensio-nen stellen Eintritts- bzw. Mobilitätsbarrieren dar (z. B. spezifische Investitionen, Techno-logie-Know-how, Kostensituation, vertikale Integration, Spezialisierung, Leistungsqualität oder rechtlicher Rahmen), die eine strategische Gruppe von außen gegenüber Wettbe-werbern abschirmen (z. B. in der Pharmaindustrie mit verschreibungspflichtigen Rx, OTC, Generics und Supplements). Zur besseren Visualisierung und zur Förderung des Problembewusstseins kann die Bildung strategischer Gruppen in einer Landkarte darge-stellt werden. Damit handelt es sich, im Gegensatz zur weiter unten diskutierten Markt-segmentierung, welche sich auf die Nachfrager und deren Charakteristika (z. B. Alter oder Einkommen) in einem relevanten Markt bezieht, bei der Bildung strategischer Gruppen quasi um eine Wettbewerbersegmentierung auf Basis von strategischen Di-mensionen. Über die Bildung homogener Unternehmensgruppen können die eige-nen Gewinnpotenziale durch Subgruppen rivalisierender Unternehmen in der Folge weiter abgegrenzt werden. Zudem können strategische Optionen abgeleitet werden, um Wettbewerbsvorteile weiter auszubauen und/oder abzusichern (Welge et al., 2017). Schließlich kann auch der Wechsel in eine günstigere strategische Gruppe oder die Schaf-fung einer neuen strategischen Gruppe aus der durchgeführten Analyse resultieren.

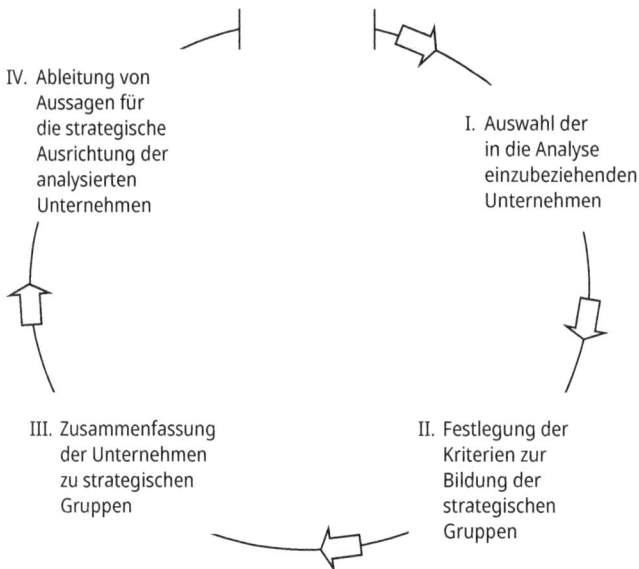

Abb. 4.9: Ablauf zur Bildung strategischer Gruppen (Backhaus und Voeth, 2014).

Backhaus und Voeth (2014) schlagen zur **Ermittlung strategischer Gruppen** ein insgesamt vierstufiges Vorgehen vor (vgl. Abb. 4.9). Nach der Auswahl der betrachteten Unternehmen im relevanten Markt im ersten Schritt werden in einem zweiten Schritt Kriterien zur Gruppenbildung festgelegt. Dazu müssen die relevanten strategischen Entscheidungsparameter bestimmt werden. Neben der Auswahl der wichtigsten Kriterien ist darauf zu verweisen, dass die Komplexität mit der Zahl der Kriterien steigt, und damit die Problematik der Definition trennscharfer Gruppen von Unternehmen, die anschließend zusammengefasst werden. Im dritten Schritt steht die eindeutige Festlegung unterschiedlicher Strategien der gruppierten Unternehmen im Vordergrund, um im vierten Schritt Aussagen und Konsequenzen für das eigene strategische Verhalten ableiten zu können (Backhaus und Schneider, 2020).

4.1.3 Analyse der unternehmerischen Ressourcen

Die Analyse der eigenen Ressourcen bzw. deren Konfiguration in Form von Kompetenzen (Fähigkeiten) stellt den dritten Teil der Situationsanalyse eines Dienstleisters dar. Außerdem wird zur Vervollständigung des Lagebilds oftmals ein Vergleich mit den Ressourcen und Kompetenzen der Wettbewerber im so genannten Benchmarking vorgenommen. Der Ansatz der Ressourcenanalyse geht auf den **Resource-based-view** der Unternehmung zurück (Scherm und Julmi, 2019). Hierbei handelt es sich, als Gegenposition zum Market-based-view, um eine Inside-out-Perspektive (Welge et al., 2017), die unterstellt, dass sich Unternehmen aufgrund ihrer eigenen strategischen Ressourcen, welche in einer Branche unterschiedlich verteilt respektive ausgeprägt sind, entsprechend unterschiedlich verhalten. Dies führt wiederum zu variierendem Erfolg der einzelnen Anbieter, wodurch unternehmensspezifische Ressourcenbündel die Quelle des Unternehmenserfolgs bzw. -misserfolgs darstellen (Resources-conduct-performance-Paradigma). Ein weiterer Faktor, neben der Heterogenität der Ressourcenverteilung, stellt deren Immobilität dar. So postuliert der ressourcenorientierte Ansatz, dass bestimmte Ressourcen nur eingeschränkt mobil bzw. handelbar sind (z. B. eigene Fertigungstechnologien, spezifische Vertriebsnetze oder Reputation am Markt), und damit nicht einfach über Markttransaktionen zu erwerben sind, sondern nur selbst (spezifisch) aufgebaut werden können (Scherm und Julmi, 2019). Dies gilt vor allem für immaterielle Ressourcen und ist damit besonders aussagekräftig für Dienstleister. Reisinger et al. (2017) liefern in diesem Kontext einen Überblick über verschiedene Unternehmensressourcen im Hinblick auf ihre (Im-)Materialität (vgl. Abb. 4.10).

Darüber hinaus führen **Wettbewerbsbeschränkungen**, die sich durch asymmetrische Informationsverteilungen und Unsicherheiten auf den Faktormärkten für die eingesetzten Ressourcen (z. B. das eingesetzte Fachpersonal und die verwendeten Technologien) sowie eine begrenzte Substituierbarkeit und Imitierbarkeit im Wettbewerb bilden (z. B. durch Schulungen, Spezialwissen, Patente oder Erfahrung), dazu, dass Wettbewerbsvorteile einzelner Unternehmen nicht einfach durch andere Unter-

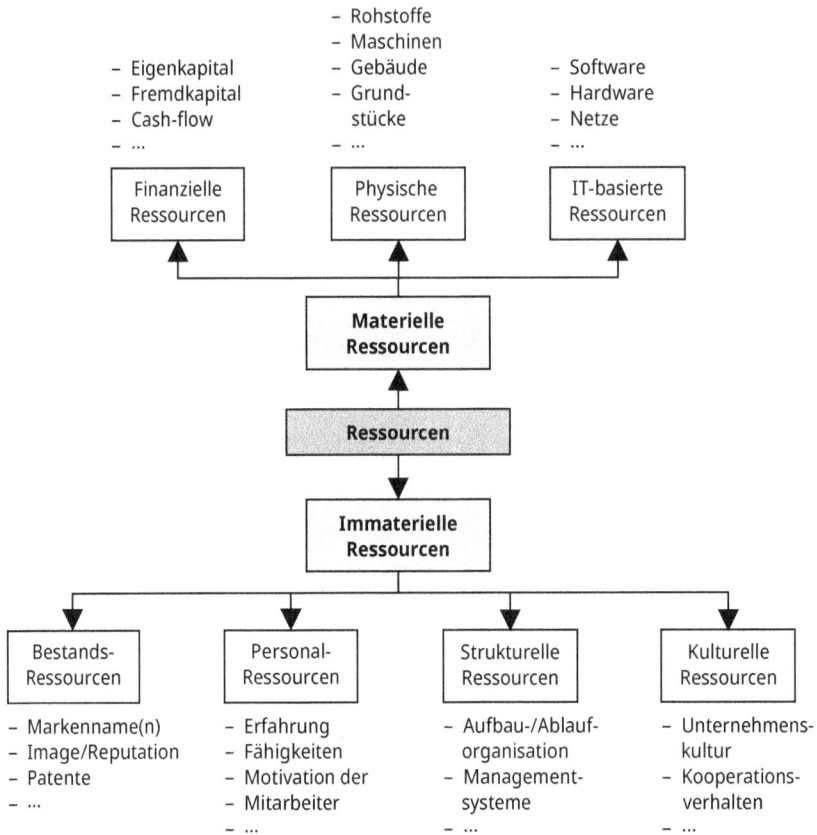

Abb. 4.10: Einteilung von materiellen und immateriellen Ressourcen (Reisinger et al., 2017).

nehmen aufgeholt bzw. übertroffen werden können (Lynch, 2006; Welge et al., 2017). Die strategische Bedeutung von Ressourcen ergibt sich daher durch deren Fähigkeit zur Generierung eines Kundennutzens bzw. Nettonutzens, der denjenigen der andere Anbieter am Markt übertrifft, d. h. die Existenz eines Nettonutzenvorteils.

Der Grundgedanke der Bedeutung von Ressourcen zur Generierung und Aufrechterhaltung von Wettbewerbsvorteilen geht auf Penrose (1959) zurück, der Unternehmen nicht als rein administrative Einheit betrachtet, sondern als eine Kombination von Ressourcen, d. h. Mittel oder Quellen, die bei der betrieblichen Transformation vom Input zum Output eingesetzt werden. Barney (1997) hat zudem den Begriff der **VRIO-Analyse** geprägt (Rothaermel, 2020). Hierbei wird:

– nach der Wertigkeit einer Ressource (Value) gefragt bzw. ob diese die Bedrohungen und Unsicherheiten der Umwelt bewältigen kann,
– nach deren Seltenheit (Rareness) bzw. der Gefahr der Substituierbarkeit durch andere Ressourcen,

- nach der Imitationsgefahr durch Wettbewerber (Imitability), weil diese beim Fehlen der Ressource einen Nachteil haben und zudem durch den Erwerb der Ressource einen Kostennachteil realisieren sowie
- nach der Möglichkeit des Einsatzes und der adäquaten Ausschöpfung in der eigenen Organisation (Organization).

Sofern jede der vier Fragen mit einem Ja beantwortet werden können, hat die betrachtete Ressource das Potenzial, einen Vorteil gegenüber anderen Unternehmen in der Branche zu begründen. Alleine der Besitz einer Ressource begründet noch keinen Vorteil im Wettbewerb gegenüber anderen Unternehmen (Fließ, 2009). Schließlich spiegelt sich im ressourcenorientierten Ansatz der Unternehmenserfolg in Form **ökonomischer Renten** wider, was einen Brückenschlag zur Mikroökonomie darstellt (Welge et al., 2017). So genannte Ricardo-Renten entstehen durch die Verfügungsgewalt über knappe Ressourcen, wie es beispielsweise Standortvorteile oder Patente darstellen. Dies führt gegenüber Wettbewerbern zu dauerhaften Kostenvorteilen. Außerdem existieren Bain-Renten, die aus einer monopolartigen Stellung am Markt durch Skaleneffekte und Differenzierung resultieren, welche gleichzeitig Marktbarrieren darstellen. Schumpeter-Renten entstehen dadurch, dass es Unternehmen gelingt in einem dynamischen Wettbewerbsprozess Innovationen einzuführen und darüber Pioniergewinne abzuschöpfen, bis der Vorteil von Imitatoren eingeholt wird. In Ergänzung dazu postuliert der ressourcenbasierte Ansatz, dass diese Pioniergewinne durch einen so genannten First-mover-advantage verstetigt werden. Schließlich existieren so genannte Quasi-Renten, die aufgrund der Spezifität einer Ressource entstehen, da diese in der aktuellen Verwendung einen höheren Rückfluss als in der nächstbesten Verwendung erzielen. Dies gilt vor allem für unternehmensspezifische Ressourcen (z. B. Spezial-Know-how und Patente).

Eine Ergänzung des traditionellen Resource-based-view stellt der so genannte **Competence-based-view** dar, der sich auf die Konfiguration von Ressourcen bezieht, welche dem Ansatz zur Folge die Kompetenzen einer Unternehmung darstellen (Scherm und Julmi, 2019). Somit sind die Existenz bzw. die Verfügbarkeit von Ressourcen einer Herausbildung von (Kern-)Kompetenzen zeitlich vorgelagert. Allerdings werden in der Literatur beide Termini auch gleichgesetzt oder in den Kontext wissensbasierter Ansätze eingeordnet (Barney, 1991/1997; Welge et al., 2017). Müller-Stewens und Lechner (2016) sehen Kompetenzen eines Anbieters in Abgrenzung zu den Ressourcen als eine wesentliche Quelle von Wettbewerbsvorteilen. Dabei können sich Kompetenzen aus individuellen Fähigkeiten einzelner Mitarbeiter oder organisatorischen Routinen und koordinierten Handlungen ergeben. Diese resultieren allerdings erst aus einem langwierigen Entwicklungsprozess. Darüber hinaus sind Kompetenzen an spezifisches bzw. implizites Wissen gebunden (Scherm und Julmi, 2019), wodurch wieder die weiter oben diskutierte Heterogenität, Immobilität und Wettbewerbsbeschränkungen als Grundtheoreme ressourcenbasierter Ansätze zum Tragen kommen. In Ergänzung zur Diskussion um den Resource-based-view werden die Ressourcen bzw. Kompetenzen eines Unternehmens an dieser Stelle zusammenfassend nach den Dimensionen der Nicht-Imitierbarkeit, der Nicht-Substituierbarkeit sowie der

Tab. 4.4: Kriterien für die Bewertung von Unternehmenskompetenzen (Faix und Kupp, 2002).

Kategorie	Kriterien	Beispiele
Nicht-Imitierbarkeit	Rechtliche	Patente, Arbeitsverträge
	Zeitliche	Zeitaufwand für die Kompetenzentwicklung
	Wissensspezifische	Personengebundenheit bzw. organisatorische Eingebundenheit des Wissens, implizites Wissen
	Kostenspezifische	Kosten der Imitation durch Konkurrenten
Nicht-Substituierbarkeit	Technologische	Aktuelle Veröffentlichungen, Patentanmeldungen der Konkurrenten, Zitierhäufigkeit von Patenten
	Zeitliche	Entwicklungsdauer, Übernahme der Kompetenz durch die Konkurrenz
	Wissensspezifische	Informationsredundanzen aufgrund wiederholter Kommunikation von Wissen über Unternehmensbereiche hinweg
	Kostenspezifische	Grad der Komplexität und Eingebundenheit
Fähigkeit zur Nutzenstiftung	Leistungsspezifische	Bekanntheitsgrad, Kompetenz als Kaufgrund, Beitrag zu kaufentscheidungsrelevanten Eigenschaften, Auswirkungen auf die Nutzenposition gegenwärtiger und zukünftiger Produkte
	Kostenspezifische	Exklusiver Zugang zu Ressourcen, Loyalität der Zulieferer, Kundenbindung, spezialisierte Produktionstechnik, Auswirkungen auf die Kostenposition gegenwärtiger und zukünftiger Produkte

Fähigkeit zur Nutzenstiftung gegenüber den Nachfragern eingeteilt (vgl. Tab. 4.4). Aus den jeweils einzelnen Dimensionen und deren unternehmensindividueller Ausprägung ergibt sich dann der Wert eines spezifischen Kompetenzbereichs für das Unternehmen (Scherm und Julmi, 2019).

Analyse der Wertkette (Wertshop/-netzwerk)

An die Hervorhebung der eigenen Ressourcen eines Unternehmens bzw. dessen Kernkompetenzen schließt sich die Diskussion um die Wertkette als Geburtsstätte zur **Erzeugung von Wettbewerbsvorteilen** an (Lynch, 2006). Die Analyse der Wertkette geht ursprünglich auf Porter (1985) zurück und wurde in Bezug auf Dienstleistungsunternehmen um die Termini Wertshop und Wertnetzwerk ergänzt bzw. auf Dienstleistungsanbieter übertragen (Stabell und Fjeldstad, 1998). Nach Porter (1985) besitzt jedes Unternehmen eine individuelle Wertkette (Bea und Haas, 2019), die widerspiegelt, wo konkret im Herstellungsprozess Werte geschaffen werden bzw. wie die Verbindung zu den hauptsächlichen Unternehmensfunktionen ist (vgl. Abb. 4.11).

Abb. 4.11: Abbildung der betrieblichen Wertkette (Porter, 1985).

Zum einen können über eine Analyse der Wertkette die Werttreiber eines Unternehmens hervorgehoben werden. Diese stellen das Differenzierungspotenzial gegenüber anderen Unternehmen dar, welches sich in der Folge in der Generierung höherer Zahlungsbereitschaften und somit auch höherer Erlöse niederschlägt. Zum anderen dient die Wertkettenanalyse dazu, die Kostentreiber innerhalb des Unternehmens ausfindig zu machen respektive Potenziale für die Generierung von Kostenvorteilen in den unterschiedlichen Bereichen des Unternehmens zu erkennen. Hierzu werden neben den primären Aktivitäten, die aus der Eingangslogistik, den Operationen (Produktion), dem Marketing und Vertrieb, der Ausgangslogistik und dem Kundendienst bestehen, auch unterstützende (sekundäre) Aktivitäten gezählt, die sich aus der Unternehmensinfrastruktur, der Personalwirtschaft, der Technologieentwicklung sowie der Beschaffung zusammensetzen (Welge et al., 2017). Darüber hinaus nimmt die Wertkette explizit auf die **Gewinnspanne** Bezug, wodurch es sich streng genommen um eine Wertschöpfungskette handelt, die nicht nur die physikalisch-technischen Aktivitäten entsprechend ihres Durchlaufs beschreibt (Fließ, 2009), sondern zusätzlich noch eine Aussage zur Wertschöpfung beinhaltet. Die Wertschöpfung wird in der Literatur als Gesamtleistung (Umsätze) abzüglich der Vorleistungen definiert und stellt damit im eigentlichen Sinn eine monetäre Bewertung der betrieblichen Wertkette dar. Folglich zeigt die unternehmerische Wertschöpfung an, welche Werte durch den betrieblichen Transformationsprozess zwischen dem Input der Ressourcen und dem Output vermarktungsfähiger Leistungen insgesamt geschaffen werden (Schmalen und Pechtl, 2019).

Einerseits ist die Wertkette sehr stark an klassischen betrieblichen Funktionen orientiert, was auch im Bereich moderner Produktionsbetriebe aufgrund zunehmender Digitalisierung sowie der Auslagerung von Prozessen nicht immer zwangsweise zutrifft. Andererseits ist die traditionelle Wertkette nicht mit der Vorstellung eines Dienstleistungsanbieters vereinbar, der i. d. R. keine fertigen Produkte auf dem Lager führt und diese dann mit Hilfe von Marketing- und Vertriebsaktivitäten an Nachfrager verkauft bzw. ergänzend hierzu bei Gebrauchsgütern einen Kundendienst oder produktbegleitende Services wie Lieferung und Installation anbietet. Bereits weiter oben wurde diskutiert, dass bei Dienstleistungen die Produktion Uno-actu erfolgt, d. h., dass der einzelne Nachfrager und seine extern hinzugefügten Ressourcen (z. B. Objekte, Informationen und Rechte) in die Leistungserstellung im Sinne einer **Co-creation-of-value** integriert sind (Bieger, 2007; Fantapié Altobelli und Bouncken, 1998; Fließ, 2009). Produktion und Konsumption fallen daher in enger zeitlicher Abstimmung zusammen. Aus diesem Grund haben sich in der Dienstleistungsliteratur Ergänzungen respektive Erweiterungen der Wertkettenanalyse nach (Porter, 1985) herausgebildet (Benkenstein et al., 2007), wie es bspw. Fantapié Altobelli und Bouncken (1998) vornehmen, die die klassische Wertkette auf ein Dienstleistungsunternehmen übertragen (vgl. Abb. 4.12). Während die unterstützenden Aktivitäten ähnlich gelagert sind, zumindest was ihre Grundstruktur bzw. Unterteilung in Unternehmensinfrastruktur, Personalwirtschaft, Forschung und Entwicklung sowie Beschaffung angeht, unterscheiden sich die primären Wertaktivitäten signifikant vom traditionellen Ansatz der Wertkettenanalyse. Zum einen liegt dies daran, dass bei Dienstleistungen die Vermarktung, und damit die Akquisition potenzieller Dienstleistungsnachfrager bereits viel früher als bei Produktionsbetrieben ansetzt. Zum anderen steht bei Dienstleistungen die Integration des externen Faktors Kunde in den Erstellungsprozess (Kontaktphase) viel stärker im Vordergrund, während dies bei Produktionsbetrieben, abgesehen von einer Just-in-time-Produktion mit nur geringen Zeitspannen

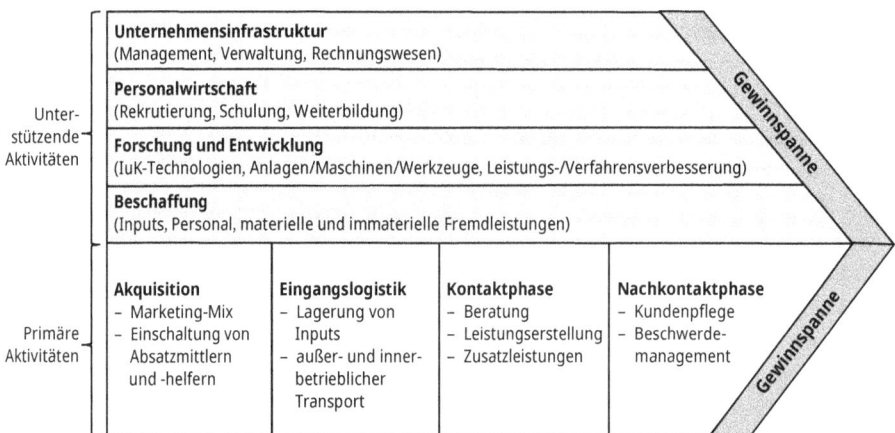

Abb. 4.12: Übertragung der Wertkette auf ein Dienstleistungsunternehmen (Haller und Wissing, 2020).

zwischen Verkauf und Eigentumsübertragung an einem Sachgut, die Lagerung der gefertigten Produkte (Halb- und Fertigfabrikate) ist.

Stabell und Fjeldstad (1998) sprechen in Ergänzung dazu von einem so genannten **Wertshop**. Bei einem Wertshop rückt die Simultaneität bzw. die kundenspezifische Anpassung der primären Wertaktivitäten in den Vordergrund, was daran liegt, dass es sich bei der Dienstleistungsproduktion um einen interaktiven Leistungserstellungsprozess handelt. Dies steht im Gegensatz zur klassischen linearen Analyse eines Wertschöpfungsprozesses bzw. dessen sequentielle Aneinanderreihung von Aufgaben (Fließ, 2009), welche von der Transformation von Input (Ressourcen) in vermarktungsfähigen Output (Produkte) im Rahmen der betrieblichen Transformation ausgeht (Schmalen und Pechtl, 2019). Daneben stellt der Anbieter zusätzlich die im Sinne von Porter (1985) als sekundäre (unterstützende) Wertaktivitäten bezeichnete Unternehmensinfrastruktur, das Personal, die Technologie (Forschung und Entwicklung) und die Beschaffungsmöglichkeiten des Unternehmens bereit. Der Ansatz von Stabell und Fjeldstad (1998) geht im Wesentlichen auf Thompson (1967) zurück. Im Gegensatz zum Modell von Fantapié Altobelli und Bouncken (1998) wird allerdings viel stärker einer individuellen Problemlösung Rechnung getragen (Corsten und Gössinger, 2015; Popp et al., 2017). Im Wertshop nach Stabell und Fjeldstad (1998) kann dies am Beispiel einer niedergelassenen Arztpraxis veranschaulicht werden (vgl. Abb. 4.13). Es wird deutlich, dass durch die Einteilung in die fünf Phasen der Problemfindung und Akquisition des Kunden, über die Eruierung von Lösungsalternativen, die Entscheidung für eine Alternative, die Ausführung sowie die Kontrolle und Evaluation des Ergebnisses der Dienstleistung viel stärker der iterative bzw. interaktive Problemlösungs- respektive Entscheidungsfindungsprozess im Vordergrund steht. Dabei handelt es sich um eine Folge von Aktivitäten, die der Integration bedarf und bei der der Nachfrager zum einen Informationen zu seinem aktuellen Zustand gibt und zum anderen im Rahmen der Ausführung Compliance mit der gewählten Lösungsalternative zeigen muss (z. B. Gewichtsreduktion, Übungen oder Medikamenteneinnahme), da er nicht nur ein integraler Bestandteil der Leistungserstellung, sondern aktiv an der Qualität des Leistungsergebnisses beteiligt ist. Damit geht der Wertshop deutlicher auf individualisierte Dienstleistungen ein und rückt stärker die Werttreiber des Unternehmens anstelle der Kostenvorteile in den Vordergrund, die potenziell eine höhere Zahlungsbereitschaft bewirken können (z. B. zusätzliche IGeL-Leisungen). Zudem kommt es bei Dienstleistungen, wie bereits weiter oben diskutiert, stärker auf die Problemlösungskompetenz, das Vertrauen in den Anbieter und die Reputation am Markt an (Fließ, 2009).

Schließlich erweitern Stabell und Fjeldstad (1998) ihren Ansatz um eine weitere, stärker nach extern ausgerichtete Wertschöpfungskonfiguration, das so genannte **Wertnetzwerk** (Popp et al., 2017), bei dem es die zentrale Aufgabe bzw. Aktivität des Dienstleistungsanbieters ist, Nachfrager bzw. Anbieter und Nachfrager wie ein Intermediär zusammenzubringen. Stabell und Fjeldstad (1998) nennen in ihrem Aufsatz eine Filialbank als Beispiel, die sowohl Geldanlegern als auch Kreditnehmern einen Ressourcenpool zur Verfügung stellen. Darüber hinaus sind Telekommunikationsun-

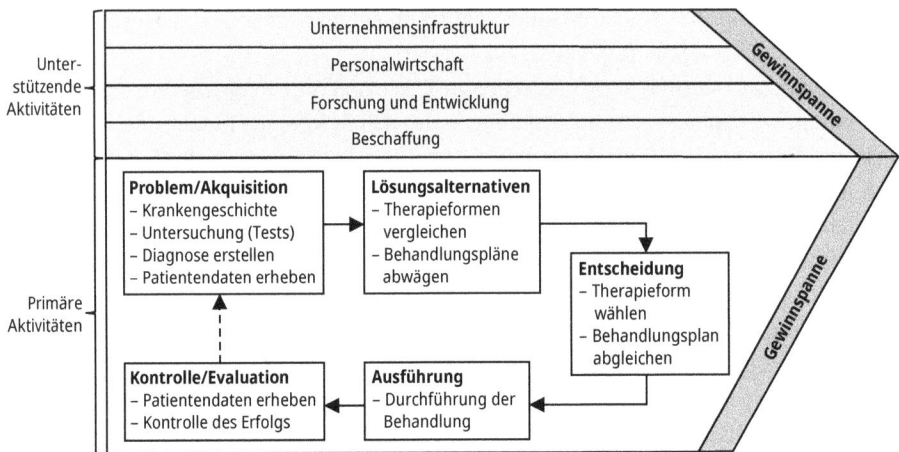

Abb. 4.13: Beispiel des Wertshops einer Arztpraxis (in Anlehnung an Stabell und Fjeldstad, 1998).

ternehmen, Logistikanbieter oder digitale Plattformen wie Amazon oder Ebay typische Beispiele, die auf den Netzwerkgedanken aufbauen. Dabei spielen Wert- und Kostentreiber gleichermaßen eine wichtige Rolle (Fließ, 2009), da die Zahl der Netzwerkteilnehmer den Wert für die anderen Teilnehmer bestimmt, was in der Literatur auch als direkter Netzwerkeffekt bezeichnet wird (Buxmann et al., 2015; Weiber, 2002). Darüber hinaus sind die Auslastung der Kapazitäten, die Synchronisierung der primären Aktivitäten, vor dem Hintergrund der Bedürfnisse der Nachfrager, sowie die Verbindungen zu anderen Netzwerken und Lerneffekte bedeutsam. Die Logik der einzelnen Aktivitäten im Rahmen der Wertgenerierung sind in einem Wertnetzwerk weder sequentiell, wie es im Modell der traditionellen Wertkette von Porter (1985) oder bspw. in der Übertragung nach Fantapié Altobelli und Bouncken (1998) der Fall ist, noch zyklisch, wie in einem Wertshop, sondern simultan durch die einzelnen Akteure im Netzwerk, die aufeinander abgestimmt werden müssen (vgl. Tab. 4.5). Fließ (2009) nennt als vergleichendes Beispiel die Wertschöpfungskonfiguration eines Restaurants, welches sowohl als Wertkette organisiert sein kann, in dem standardisierte Mahlzeiten zubereitet und den Kunden am Tisch serviert werden, aber auch als Wertshop, in dem der Kunde, bis auf die Beschaffung der Zutaten, einen Einfluss auf die Speisen entsprechend seiner individuellen Bedürfnisse nehmen kann. Darüber hinaus bietet ein Restaurant ein Wertnetzwerk, wenn dort bspw. Veranstaltungen wie Dating-dinners durchgeführt werden, indem Nachfrager zusammengeführt werden und sich daraus die Wertschöpfung ergibt. Letzteres gilt auch für Reisebuchungsplattformen wie Check24, Expedia, Booking.com, HRS oder Airbnb, die als Integrator Anbieter und Nachfrager von Reisen sowie von Transport- und Unterbringungsmöglichkeiten zusammenbringen (Müller-Seitz, 2017).

Tab. 4.5: Merkmale unterschiedlicher Wertschöpfungskonfigurationen (Fließ, 2009; Stabell und Fjeldstad, 1998).

	Wertkette	Wertshop	Wertnetzwerk
Werterzeugung	Transformation von Inputs in Leistungen	Lösung von Problemen der Kunden	Verbindung von einzelnen Kunden
Primäre Aktivitäten	Akquisition, Eingangslogistik, Kontaktphase, Nachkontaktphase	Problemfindung/-akquisition, Lösungsalternativen, Entscheidung, Ausführung, Kontrolle/Evaluation	Netzwerkpromotion und Vertragsmanagement, Netzwerkservices, Infrastrukturoperationen
Aktivitätenlogik	Sequentiell	Zyklisch	Simultan
Zentrale Kostentreiber	Skaleneffekte, Kapazitätsauslastung		Skaleneffekte, Kapazitätsauslastung
Zentrale Werttreiber		Reputation, Kompetenz	Skaleneffekte, Kapazitätsauslastung
Wertstruktur des Geschäfts	Verbundene Ketten	Empfohlene Shops	Verknüpfte Netzwerke

Konkurrenzvergleich (Benchmarking)

Genauso wie das eigene Dienstleistungsunternehmen verfügen die Wettbewerber in der Branche über eigenständige Ressourcen und Kompetenzen, die es zu analysieren und bezgl. der eigenen Fähigkeiten abzugleichen gilt. Darum wird in Ergänzung zur Analyse der eigenen Ressourcen und Fähigkeiten ein permanenter **Abgleich**, d. h. ein Benchmarking der materiellen und immateriellen Produkte, Methoden, Prozesse und/oder Funktionsbereiche des eigenen Unternehmens mit den besten Unternehmen einer Branche, aber auch anderer Branchen vorgenommen, um daraus übertragbare Lerneffekte zu erzielen.

Beim **Benchmarking** sollen nicht nur die Stärken und Schwächen anderer Unternehmen erkannt, sondern gleichzeitig auch Erkenntnisse für die Anpassung der eigenen Position im Wettbewerb erzielt werden (Corsten und Gössinger, 2015). Deshalb messen Reisinger et al. (2017) der Konkurrenzanalyse bzw. dem Wissen um Stärken und Schwächen der Wettbewerber eine zentrale Bedeutung zu. In der Literatur wird die Einordnung der Konkurrenzanalyse und der daraus abgeleitete Konkurrenzvergleich allerdings nicht einheitlich vollzogen, da sie sinngemäß zum einen der Wettbewerbsarena, zum anderen, aufgrund des expliziten Vergleichs mit dem eigenen Unternehmen, auch der Unternehmensanalyse zugeordnet werden kann (Bea und Haas, 2019; Benkenstein und Uhrich, 2021; Reisinger et al., 2017; Voeth und Herbst, 2013; Welge et al., 2017). Aufgrund der Nähe zu den eigenen Ressourcen und Kompetenzen wird sie hier der Ressourcenanalyse (Unternehmensanalyse) zugeordnet.

Zielgrößen der Konkurrenzanalyse können die Kosten- und Qualitätsstruktur der Wettbewerber, mögliche Zeitvorteile oder auch Aussagen zur Kundenzufriedenheit und damit zum Bindungspotenzials des Wettbewerbs sein (Corsten und Gössinger, 2015). Welge et al. (2017) nennen als Checkliste für einen Konkurrenzvergleich die Marketingressourcen und -fähigkeiten, die Ressourcen der Leistungserbringung und das Forschungspotenzial, die Finanzkraft und Rentabilität sowie das Managementpotenzial und die -fähigkeiten als Oberkategorien für eine detailliertere Analyse. In Anlehnung an Porter (1980) sollten zudem Annahmen über die Ziele der betrachteten Wettbewerber in die Konkurrenzanalyse integriert werden, um daraus im Weiteren Ableitungen für die eigenen Strategien des Unternehmens zu treffen. In diesem Zusammenhang gliedert er die Wettbewerbsanalyse in vier Schritte (Bea und Haas, 2019; Welge et al., 2017):

– Identifikation von Konkurrenten und Beschreibung ihrer gegenwärtigen Strategien,
– Analyse der Selbsteinschätzung des Konkurrenten und ihrer Beurteilung der Branchenzukunft,
– Ermittlung der Stärken und Schwächen der Konkurrenten und
– Identifikation der zukünftigen Ziele der Konkurrenten.

Aus der Analyse kann anschließend ein **Reaktionsprofil (Polaritätsprofil)** erarbeitet werden (Voeth und Herbst, 2013), in welches die Werte des eigenen Unternehmens zum Vergleich eingetragen werde. Im Hinblick auf die Informationsbeschaffung sehen sich Unternehmen jedoch einigen Schwierigkeiten gegenüber, da sensible Informationen zu den Absichten und Kennzahlen fremder Unternehmen, neben der Festlegung einer relevanten Vergleichsbasis, nicht vollumfänglich frei verfügbar sind. Jedoch verweisen Voeth und Herbst (2013) darauf, dass durch die Verbreitung des Internets und neuer Informations- und Kommunikationstechnologien die Erhebung von Vergleichsdaten heute deutlich einfacher geworden bzw. die Zugänglichkeit der Daten deutlich verbessert ist. Zu den Informationskanälen für die Datenbeschaffung zählen neben Websites, Publikationen (z. B. Geschäftsberichte) und Veranstaltungen der Wettbewerber (z. B. Tag der offenen Tür), Verbandsstatistiken und Branchenstudien, amtliche Quellen (z. B. Destatis), Informationsdienste (z. B. Statista), Medien, Zeitungen und Berichterstattungen in der Presse, Messen, Investoren, Lieferanten, Kunden oder ehemalige Mitarbeiter (Reisinger et al., 2017; Scherm und Julmi, 2019; Voeth und Herbst, 2013). Neben der Auswahl der Quellen in Bezug auf deren Verfügbarkeit, Objektivität und Umfang sollten in das Benchmarking aufgrund steigender Komplexität und damit auch Kosten der Beurteilung nicht zu viele Wettbewerber einbezogen werden. Im Idealfall erfolgt der Vergleich mit dem besten Wettbewerber, wozu ebenfalls entsprechende Annahmen zu tätigen sind, welche der Kennzahlen die größte Relevanz respektive Aussagekraft für das eigene Unternehmen haben. Darüber hinaus müssen die Zahlen interpretiert werden, weil es teilweise widersprüchliche und vage Signale bzw. Zahlen geben kann. Zudem ist hinzuzufügen, dass nicht nur die aktuellen Wettbewerber in die Ausgangsbetrachtung einbezogen werden können. Wie im Rahmen der Wettbewerbsstrukturanalyse sollten erstens zukünftige Wettbewerber und zweitens substitutive Leistungen ebenfalls beachtet werden (Scherm und Julmi, 2019).

4.2 Informationsgenerierung durch Marktforschung

Während die bisher diskutierten Ansätze der Situationsanalyse den konzeptionellen Rahmen für die Analyse der strategischen Ausgangslage eines Dienstleistungsanbieters darstellen, wird darüber hinaus die Methodik für die operative Umsetzung, d. h. die konkrete Informationsgenerierung benötigt. An diesem Punkt setzt die Marktforschung an, die es ermöglicht, die für unternehmerische Entscheidungen benötigten **Informationen über Märkte** zu generieren (Berekoven et al., 2009; Voeth und Herbst, 2013). Informationen werden sowohl für die Planung als auch für die Organisation, die Umsetzung sowie die Kontrolle betrieblicher Entscheidungen benötigt. Letztendlich sollen die erhobenen Informationen aus der Marketingperspektive dazu dienen, alle Vermarktungsbemühungen auf die Bedürfnisse und Wünsche der Nachfrager hin abzustimmen (Olbrich et al., 2012), um einen dauerhaften Wettbewerbsvorteil gegenüber alternativen Wettbewerbsangeboten zu erzielen. Damit soll insgesamt den beiden Dimensionen der Effektivität (Nachfragervorteil) und der Effizienz (Anbietervorteil) entsprochen werden. Zu den benötigten Informationen gehören Brancheninformationen (z. B. Umsatzentwicklungen, Fusionen und Kooperationen), Wettbewerbsinformationen (z. B. aktuelle Leistungsangebote und Potenziale), Informationen über das Nachfragerverhalten (z. B. aktuelle Nachfrage nach Dienstleistungen, Präferenzstrukturen und Trends) und auch allgemeine Wirtschaftsinformationen (z. B. Entwicklung des Bruttoinlandsprodukts oder der Inflation). Ferner sind Informationen über aktuelle und zukünftige Technologien der Leistungserstellung und Kommunikation (z. B. neue Applikationen und Internet-basierte Services), zur politischen und rechtlichen Situation (z. B. Regulierungen auf nationalem, europäischen und internationalen Niveau) sowie zu sonstigen relevanten gesellschaftlichen Entwicklungen (z. B. demografische Entwicklungen, nationale und internationale Krisen oder Kaufboykotte) sowohl in der Ausgangssituation des Anbieters als auch in der Beobachtung angestammter und potenzieller Märkte von hohem Nutzen für die einzelnen Anbieter. Auf Basis der erhobenen Informationen können dann die verfolgten Strategien sowie die dabei zur Anwendung kommenden Instrumente eines Dienstleistungsanbieters evaluiert und ggf. angepasst werden.

Insgesamt sollte das bei der Informationsgenerierung angewendete Vorgehen nach Möglichkeit **wissenschaftlichen Kriterien** folgen und die erhobenen Informationen sollten nützlich, vollständig, aktuell und wahrheitsgemäß sein, um dadurch gleichsam zielführend in den Entscheidungsprozess einfließen zu können (Berekoven et al., 2009). Nur so können valide Aussagen sowohl zu den Akteuren im Marketingdreieck, welches aktuell verstärkt einen Bestandteil der Situationsanalyse darstellt, als auch zu den Strategien und Instrumenten des weiteren Entscheidungsprozesses getätigt werden (Voeth und Herbst, 2013). Allerdings handelt es sich bei der Informationsgenerierung um ein vielgliedriges und schwieriges Entscheidungsproblem, denn die Grenze zwischen einem zu wenig und einem zu viel an Informationen über die Marktgegebenheiten im Sinne eines Kosten-Nutzen-Kalküls und einer Erfolgsprognose ist ex-ante oftmals schwer abzuschätzen und ex-post nicht immer einfach bzw. eindeutig zu bewerten. Nach Hammann und Erichson (2000) bestehen die Entscheidungsprobleme verkürzt dargestellt in den Bereichen:

- Informationsbedarf: Neben der Art der benötigten Informationen (z. B. für eine Einführungskampagne, ein Investitionsobjekt, eine Dienstleistungsinnovation etc.) und der Qualität derselben, d. h. dem Nutzen, den bestimmte Informationen aufgrund unterschiedlicher Genauigkeit und Aktualität bieten, wird auch nach deren Ausmaß bzw. Umfang, d. h. der Detailtiefe der benötigten Informationen unterschieden.
- Informationsbeschaffung: Diese beschäftigt sich mit der Art und Weise, nach welcher die Informationen für bestimmte vorliegende Entscheidungsprobleme beschafft werden können (z. B. interne oder externe Daten bzw. Eigen- oder Fremdforschung).
- Informationsbudget: Die Aufstellung eines Budgets stellt mitunter den schwierigsten Teil der Informationsgenerierung dar, da zahlreiche Unsicherheiten bestehen (z. B. über zukünftige Erträge und Aufwendungen oder die Höhe des Cash-flows auf Basis der aus der Informationsgenerierung gewonnenen Erkenntnisse bzw. deren unternehmerischen Konsequenzen), welche allerdings wiederum in sehr hohem Maße das Budget für die Informationsgewinnung bzw. dessen Höhe und die Dauer von dessen Bereitstellung beeinflussen; in diesem Kontext stellt die Informationsgenerierung einen Kostenfaktor dar (z. B. für Gehälter, Material, Reisen, Datenerhebung und -auswertung, Gutachten etc.), der durch zukünftige Projekte, wie innovative Dienstleistungen oder Effizienzvorteile durch organisatorische Anpassungen (z. B. der IT-Infrastruktur), verdient werden muss.

Zur **Informationsgenerierung** bedient sich das Marketing qualitativer Verfahren, wie Interviews mit Experten und Fokusgruppen bzw. deren Inhaltsanalysen, sowie quantitativer Verfahren, welche unter dem Einsatz mathematisch-statistischer Methoden erfolgen (Baur und Blasius, 2019; Buber und Holzmüller, 2009; Backhaus et al., 2015; Backhaus et al., 2021; Schnell et al., 2018). Hierzu gehören neben einfachen univariaten auch bi- und multivariate Auswertungsverfahren. Praktisch werden oftmals zunächst qualitative Studien durchgeführt, die dann mit Hilfe quantitativer Daten weiterverfolgt bzw. deren Ergebnisse dahingehend untermauert werden. Je nach Schwierigkeitsgrad der Informationsbeschaffung, Größe bzw. Finanzkraft des Unternehmens und Kompetenz der Mitarbeiter kann die Informationsgenerierung unternehmensseitig vorgenommen werden oder von Beratungen und Brokern bzw. Marktforschungsagenturen (institutionelle Marktforschung) zugeliefert werden (Berekoven et al., 2009). Dabei folgt der konkrete Forschungsprozess einem idealtypischen Ablauf (Berekoven et al., 2009;

Hammann und Erichson, 2000; Kreis et al., 2021; Schnell et al., 2018), der wiederum in drei zentrale Schritte unterteilt werden kann (vgl. Abb. 4.14).

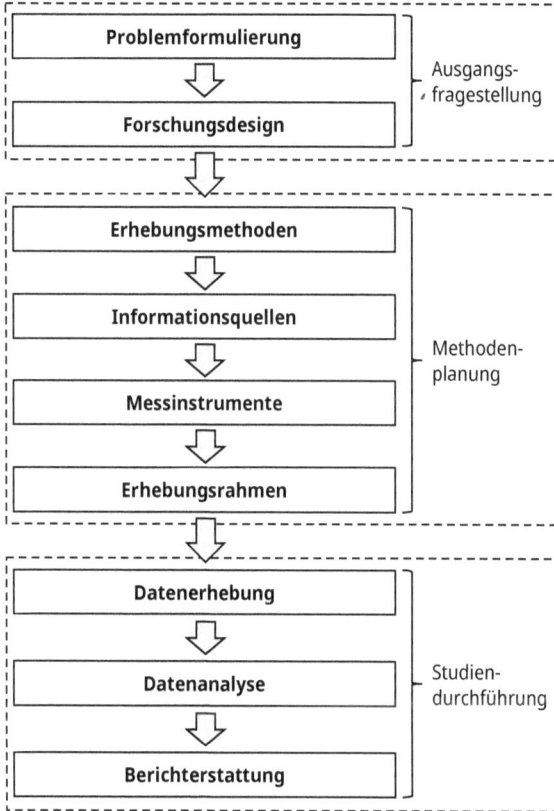

Abb. 4.14: Phasen eines idealtypischen Marktforschungsprozesses (Berekoven et al., 2009; Kreis et al., 2021).

Ausgangsfragestellung

Im Kontext der Ausgangsfragestellung werden die Problemformulierung und die Festlegung des Forschungsdesigns vorgenommen. So besteht zunächst die Frage, welches konkrete Problem mit Hilfe der Informationsbeschaffung durch die Marktforschung gelöst werden soll. Bei der **Problemformulierung** geht es um den Untersuchungsgegenstand bzw. die Forschungsfrage, die einen wichtigen Einfluss darauf hat, welcher Informationsbedarf besteht bzw. wie die Informationen zu beschaffen sind. Die möglichst präzise Ableitung einer Forschungsfrage stellt die Weichen für den Erfolg bzw. die Nützlichkeit der erhobenen Daten (Kreis et al., 2021). Abgeleitet aus dem Untersuchungsgegenstand muss zunächst festgelegt werden, ob für die spätere Datenerhebung eine Querschnittsanalyse (Cross-sectional-analysis) ausreicht, bei der lediglich zu einem Zeitpunkt Daten erhoben werden. Bei der Beschreibung eines Marktes im Hinblick auf Marktanteile der einzelnen Wettbewerber oder der Erhebung der Struktur der Nachfrager oder der Nachfrage nach unterschiedlichen Leistungsangeboten eines Dienstleisters zum aktuellen Zeitpunkt würde dieses Vorgehen ausreichen. Sollen dagegen Kundenzufriedenheitsstudien durchgeführt werden, bietet es sich vor dem Hintergrund der in einer ersten Studie gefundenen Ergebnisse und der im Anschluss daran durchgeführten Maßnahmen an, mehrere Studien in einem zeitlichen Abstand, d. h. in einem bestimmten Zeitraum durchzuführen, um aus einem komparativ-statischen Vergleich der Ergebnisse einer solchen Längsschnittanalyse (Longitudinal-analysis) die Effektivität und Effizienz der eingesetzten Maßnahmen beurteilen zu können. Auch bei Absatz- oder Umsatzentwicklungen über die Zeit, wie sie bspw. in Zeitreihenanalysen untersucht werden, müssen zu mehreren Erhebungszeitpunkten Datenpunkte gesammelt werden. Bei Quer- und Längsschnittanalysen ist also der Zeitbezug das Unterscheidungsmerkmal (Kreis et al., 2021; Olbrich et al., 2012). Außerdem können Experimente durchgeführt werden, bei denen eine oder mehrere unabhängige Variablen systematisch manipuliert werden, um die Auswirkungen dieser Manipulation an einer Experimentalgruppe zu überprüfen. Gleichzeitig sollte an einer Kontrollgruppe untersucht werden, ob dort ebenfalls Veränderungen bei der unterstellten unabhängigen Variable zum Zeitpunkt der Erhebung vorzufinden sind, um den Nettoeffekt des so genannten Treatments zu ermitteln. Zusätzlich sollten konfundierende Variablen (Störfaktoren), kontrolliert werden, um deren beeinflussenden Effekt beurteilen zu können (Schnell et al., 2018). Für Unternehmen spielen bspw. Conjoint-Experimente eine besondere Rolle, mit Hilfe derer Zahlungsbereitschaften gemessen werden können oder die im Rahmen der Leistungsgestaltung hilfreich sind, um die Nutzenbewertung der Nachfrager zu analysieren. Durch die hohe Komplexität werden Experimente jedoch meist für wissenschaftliche Problemformulierungen eingesetzt und dienen bspw. der Überprüfung von Theorien, welche meist als komplexe Hypothesengebäude in Modellen abgebildet werden, wie sie weiter unten noch diskutiert werden. Schließlich ist mit dem Untersuchungsgegenstand und dem daraus abgeleiteten Informationsbedarf ein direkter Bezug zu den eingesetzten Methoden sowohl im Rahmen der Erhebung als auch im Rahmen der Datenanalyse verbunden.

Auch die Festlegung des **Forschungsdesigns** wirkt sich prinzipiell auf die Methoden der Datengewinnung und der -analyse aus. In der wissenschaftlichen Literatur werden explorative, deskriptive und konfirmatorische Forschungsdesigns unterschieden (Kreis et al., 2021; Malhotra et al., 2017; Olbrich et al., 2012; Voeth und Herbst, 2013). Bei **explorativen Designs** steht die Informationsgenerierung in einem Entdeckungszusammenhang, bei dem die Untersuchungsfragen meist noch nicht sehr präzise ausformuliert sind, da das Wissen zu Beginn der Untersuchung (z. B. über Märkte und Nachfrager) noch beschränkt ist bzw. keine einschlägigen Erfahrungen aufgrund früherer Studien bestehen. Das Untersuchungsfeld ist also erst relativ grob abgesteckt. Mit explorativen Forschungsdesigns werden erste Einblicke in einen Markt gewonnen oder die für das Problem überhaupt relevanten Einflussfaktoren identifiziert. Darauf aufbauend werden meist weitere Studien konzipiert. Außerdem kommen oftmals die weiter unten diskutierten struktur-entdeckenden Datenanalyseverfahren bei explorativen Designs zum Einsatz, weil noch keine detaillierten Ursache-Wirkungsbeziehungen unterstellt werden können. Auch das so genannte Data-mining kann ein wichtiger Ansatz für explorative Studien sein, d. h. die in diesem Kontext eingesetzten Verfahren. Dabei werden große Datensätze (z. B. Scanner-Daten oder Kundendatenbanken) systematisch nach Besonderheiten bzw. Regelmäßigkeiten im Hinblick auf Kundencharakteristika, das Kaufverhalten und/oder die Ausgaben pro Kauf o. ä. untersucht. Allerdings werden dann meist struktur-prüfende Verfahren wie Regressions- und Varianzanalysen angewendet. Zudem werden in explorativen Forschungsdesigns neben den beschriebenen quantitativen Verfahren auch Verfahren der qualitativen Datenanalyse eingesetzt, wie es bspw. Experteninterviews oder Fokusgruppen darstellen.

Dagegen bestehen bei **deskriptiven Designs** bereits erste Vorüberlegungen zu einem Markt oder dem Verhalten der Nachfrager, wodurch es einen Beschreibungs-zusammenhang über Phänomene der Realität gibt (Kreis et al., 2021). Diese werden für das Unternehmen erhoben und aufbereitet, indem bspw. Marktanteile ermittelt werden oder Nachfrager im Hinblick auf ihr Kaufverhalten beschrieben werden. In diesem Kontext kommen struktur-beschreibende Datenanalyseverfahren zum Einsatz. Deskriptive Studien werden oftmals in der praktischen Marktforschung durchgeführt (Voeth und Herbst, 2013), was auch mit dem Komplexitätsgrad der in Frage kommenden Methoden zusammenhängt. Dieser ist als geringer einzuschätzen, weil weniger multivariate Verfahren der Statistik eingesetzt werden, sondern vor allem Häufigkeiten, Mittelwerte und Streuungen relevant sind. Allerdings urteilen Olbrich et al. (2012), dass auch deskriptive Studien durchaus auf kausale Zusammenhänge zwischen den Daten hinweisen können, wenn bspw. erste Analysen auf Zusammenhänge in den Daten durchgeführt werden, indem bspw. die weiter unten diskutierten Korrelationsanalysen zum Einsatz kommen. In diesem Zusammenhang ist zwischen Korrelation und Kausalität zu unterscheiden (Kreis et al., 2021). Die Merkmale einer Kausalbeziehung in Abgrenzung zu Korrelationen, beides sind gleichermaßen empirische Zusammenhänge, liegen darin, dass

- eine Unterteilung in mindestens eine unabhängige und eine abhängige Variable vorgenommen werden kann,
- die unabhängige Variable der abhängigen Variablen zeitlich vorgelagert ist,
- alternative Erklärungsmöglichkeiten nach Möglichkeit ausgeschlossen oder kontrolliert werden können und
- (idealerweise) eine theoretische Begründung für den Kausalzusammenhang vorliegt.

Kausalitäten werden vor allem in **konfirmatorischen Designs** im Hinblick auf eine Analyse von Wirkungszusammenhängen überprüft, die damit in einem Begründungs-zusammenhang stehen. Darum werden solche Studien auch als Kausalstudien bezeichnet, bei denen im Vorfeld der Untersuchung bereits Ursache-Wirkungs-Hypothesen bestehen, die im Rahmen der Studie überprüft werden und damit relativ hohe Anforderungen an das Design der Methoden und die Analyse der Daten stellen (Kreis et al., 2021). Bei konfirmatorischen Designs kommen struktur-prüfende Datenanalyseverfahren wie die Kausalanalyse (Strukturgleichungsmodellierung) zur Anwendung, die ebendiese Fragestellungen beantworten können und bei deren Anwendung eine Unterteilung in unabhängige und abhängige Variablen erfolgt.

Neben den beschriebenen Wirkungshypothesen für die Überprüfung kausaler Zusammenhänge (d. h. Ursache-Wirkungs-Zusammenhänge) existieren wissenschaftstheoretisch noch weitere **Arten von Hypothesen** (Töpfer, 2012). Ein ebenfalls strukturprüfendes Verfahren ist die Varianzanalyse oder Varianten davon, welche typischerweise bei Experimenten eingesetzt wird. Varianzanalysen dienen der Überprüfung von Unterscheidungshypothesen, die Aussagen über die Verteilung bzw. den Unterschied von Merkmalen bei Objekten mit einer unterschiedlichen Klassenzugehörigkeit überprüfen. Hierbei stellt die Klassenzugehörigkeit der Objekte die unabhängige Variable dar (z. B. Männer und Frauen oder Personen verschiedener Altersgruppen), während die Merkmale der Objekte (z. B. die Ausgabenbereitschaft) die abhängige Variable ist. Existieren nur zwei unterschiedliche Klassen, so können relativ einfache t-Tests durchgeführt werden, die prinzipiell zu den struktur-entdeckenden Verfahren gezählt werden können, sofern der Forscher zuvor keine Unterschiedshypothese aufgestellt hat. Es sollten allerdings nicht beliebige t-Tests durchgeführt werden, was in der Literatur auch als p-fishing/-hacking bezeichnet wird (Töpfer, 2012), bei dem unsystematisch Gruppen von Probanden auf signifikante Unterschiede bei bestimmten abhängigen Variablen untersucht werden. Darüber hinaus existieren Zusammenhangshypothesen, die Vorabaussagen darüber treffen, welche Objekte zwei interessierende Merkmale aufweisen bzw. in welche Richtung die Merkmale gehen. Dies wird bei Korrelationsanalysen durchgeführt, bei denen bereits vorab ein positiver, neutraler oder negativer Zusammenhang zwischen den Merkmalen zweier Objekte unterstellt wird (z. B. Alter und Ausgabenbereitschaft für bestimmte Dienstleistungen). Allerdings wird bei Korrelationsanalysen zunächst keine Unterteilung in abhängige und unabhängige Variable vorgenommen. Korrelationen sind darum auch nicht mit der oben angesprochenen Kausalität zu verwechseln. Korrelationsanalysen können prinzipiell, ebenso wie t-Tests, zu den struktur-entdeckenden Verfahren gezählt werden, helfen aber durchaus für weitere Analysen im Rahmen der Begründung von Strukturen in einem vorliegenden Datensatz. Schließlich charakterisieren Verteilungshypothesen den Entwicklungsstand eines Sachverhalts über die Anzahl von Objekten einer Klasse. Damit können Verteilungshypothesen bereits bei deskriptiven Studien eingesetzt werden, um solche vorab unterstellten Sachverhalte zu prüfen. Es kann bspw. die Hypothese überprüft werden, dass in einem Dienstleistungsmarkt Direktwerbung oder Social-media-Marketing zu einem bestimmten Prozentsatz eingesetzt wird. Aus der vorangegangenen Diskussion zur Ausgangsfragestellung wird die besondere Bedeutung der möglichst detaillierten Problemformulierung sowie der akkuraten Festlegung des Forschungsdesigns deutlich, da beide Schritte im Marktforschungsprozess Einfluss auf das weitere Vorgehen sowie die Güte der erhobenen Daten bzw. den daraus abgeleiteten Managementimplikationen für den Anbieter haben.

Methodenplanung

Im Rahmen der Methodenplanung müssen ebenso wie bei der Ausgangsfragestellung mit Problemformulierung und Forschungsdesign unterschiedliche Entscheidungstatbestände abgearbeitet werden. Insgesamt besteht die Methodenplanung aus vier **Schritten**: Zunächst muss mit der Primär- und/oder Sekundärforschung die Erhebungsmethodik festgelegt werden, die zudem in einem engen Zusammenhang mit den Informationsquellen stehen. So können die Daten entweder unternehmensintern und/oder -extern generiert werden. Darauf aufbauend müssen die Messinstrumente, d. h. die Verfahren bzw. die Operationalisierung und Skalierung, sowie der Erhebungsrahmen, d. h. die Art und Zahl der zu befragenden Erhebungseinheiten und damit die Probanden einer Stichprobe bestimmt werden. Dies liegt darin begründet, dass nur in sehr seltenen Fällen alle für eine bestimmte Fragestellung in Betracht kommenden Personen, die so genannte Grundgesamtheit, einbezogen werden können. Bei einer Kundenzufriedenheitsstudie eines Anbieters von unternehmensbezogenen Dienstleistungen im B2B mag dies gelingen, da die Zahl der Kunden eher beschränkt ist, bei einem Anbieter von Services für Endkunden (B2C) ist dies aufgrund der deutlich höheren Zahl von Konsumenten eher unwahrscheinlich. In diesem Fall muss mit Stichproben gearbeitet werden, die auf Basis statistischer Verfahren einen Rückschluss auf die Grundgesamtheit zulassen.

Im Hinblick auf die **Erhebungsmethoden** wird generell zwischen der Sekundär- (Desk-research) und der Primärmarktforschung (Field-research) unterschieden (Berekoven et al., 2009; Hammann und Erichson, 2000), welche bezgl. der **Informationsquellen** beide sowohl interne als auch externe Daten erheben können (vgl. Tab. 4.6). Damit hängen die ersten beiden Schritte der Methodenplanung eng zusammen, sodass eine 4x4-Matrix aus Erhebungsmethoden und Informationsquellen gebildet werden kann.

Bei der **Sekundärmarktforschung** werden bereits vorhandene Daten ausgewertet, die allerdings für andere Zwecke und in der Vergangenheit erhoben wurden (Voeth und Herbst, 2013). Die Sekundärmarktforschung bzw. die Analyse von Sekundärdaten hat oftmals den Vorteil einer Kosten- und Zeitersparnis. Außerdem geben Sekundärdaten erste Hinweise auf Marktgegebenheiten und -entwicklungen. Neben der Kosten- und Zeitersparnis können Sekundärdaten auch die einzige vorhandene Quelle sein oder aber dazu dienen, weitere Marktforschungsstudien zu planen und durchzuführen (Berekoven et al., 2009). Dabei kann unternehmensintern nach vorhandenem Datenmaterial gesucht werden, welches bspw. in der Kostenrechnung oder in Form bereits beschaffter Marktstudien vorliegen kann. Das vorhandene Datenmaterial wird dann meist in einem Data-warehouse bzw. Management-Informationssystem abgespeichert

(Hammann und Erichson, 2000). Darüber hinaus können Sekundärdaten unternehmensextern erworben (z. B. von Informationsdiensten oder aus Adressdatenbanken) oder sogar kostenfrei beschafft werden (z. B. von Industrieverbänden, Berufsgenossenschaften oder aus der amtlichen Statistik). Mögliche Nachteile bestehen jedoch darin, dass die zur Verfügung stehenden Daten veraltet oder nicht ausreichend detailliert sind. Außerdem können diese in anderen Einheiten bzw. einer abweichenden Gliederungssystematik vorliegen. Ein Unterschied bezieht sich bspw. auf die Maßeinheiten (z. B. Absolutwerte, Prozentwerte oder Währungen) oder das Aggregationsniveau bzw. die Klassengrößen (z. B. bei kategorial erhobenen Daten wie Alter oder Einkommen). Schließlich können die Daten ungeeignete Erhebungseinheiten (z. B. abweichende Kundengruppen) betreffen, die Qualität kann unzureichend oder kaum überprüfbar sein und/oder das Untersuchungsziel war im Detail ein anderes (Kreis et al., 2021).

Tab. 4.6: Zusammenhang zwischen Erhebungsmethoden und Informationsquellen.

		Erhebungsmethoden	
		Sekundärforschung	Primärforschung
Informa- tions- quellen	unter- nehmens- intern	Leistungs- oder Kundenstatistik Kostenrechnung Berichtswesen Marktstudien	Service- oder Vertriebsmitarbeiter Führungskräfte Sonstige Mitarbeiter
	unter- nehmens- extern	Amtliche Statistik (Destatis) Verbandsstatistiken Berufsgenossenschaften Informationsdienste (Statista etc.) Zeitungen und Zeitschriften Kataloge, Prospekte, Adressdaten Messen und Ausstellungen	Beobachtung Befragung Experiment Panel

Dagegen handelt es sich bei der **Primärmarktforschung** um die originäre Erhebung von Daten, um daraus problemspezifische Informationen gewinnen zu können. Damit ist die Beschaffung von Primärdaten in Bezug auf den Aufwand der Datenerhebung als deutlich aufwändiger anzusehen, zumindest immer dann, wenn es sich um die Beschaffung unternehmensexterner Daten über aktuelle und potenzielle Nachfrager und/oder Wettbewerber handelt. Günstiger können unter Umständen unternehmensinterne Daten sein, da diese vor allem auf das eigene Personal (z. B. Service- oder Vertriebsmitarbeiter) ausgerichtet sind. Primärerhebungen werden im Allgemeinen in das Instrument der Befragung und der Beobachtung unterteilt. Zudem stellen Experimente eine Mischform aus beiden Instrumenten dar. Experimente spiegeln lediglich einen spezifischen Untersuchungsplan wider, der sowohl auf Basis von Befragungen (Befragungsexperiment) als auch auf Basis von Beobachtungen (Beobachtungsexperiment) durchgeführt werden kann. Schließlich existiert mit Panels eine weitere Mischform, die vor allem im Hinblick auf die Abbildung dynamischer Effekte über die Zeit eine wichtige Rolle spielen und damit die oben genannten Längsschnittanalysen (Longitudinalanalysis) darstellen (Kreis et al., 2021). Alle Messinstrumente gelten prinzipiell auch für unternehmensinterne Informationsquellen. Im Vergleich zu Sekundärdaten ist der zentrale Vorteil von Primärdaten jedoch darin zu sehen, dass diese deutlich aussagekräftiger und aktueller sind, da sie für spezifische Zwecke erstmalig erhoben werden. So sind Sekundärdaten stets vergangenheitsbezogen und selten genau auf die eigene Fragestellung ausgerichtet. Damit sind Primärdaten zugleich als exklusiv zu betrachten und i. d. R. für Wettbewerber nicht einsehbar (Voeth und Herbst, 2013). Zudem ist die Güte von Sekundärdaten oftmals nicht zu beurteilen, da selten Einblicke in die Methodik, die Durchführung der Erhebung und die Datenanalyse gewährt werden oder es fehlen Kennzahlen, die eine genauere Beurteilung der statistischen Güte des Datenmaterials zulassen (z. B. Signifikanzen oder Probandencharakteristika). Dagegen haben Primärdaten den zentralen Nachteil, dass ihre Beschaffung deutlich zeit- und kostenintensiver ist. Darüber hinaus müssen Mitarbeiter besondere Fähigkeiten etwa im Bereich der Gestaltung von Fragebögen oder der Auswertung mittels statistischer Programme haben, sofern keine Marktforschungsagenturen eingesetzt werden. Insgesamt ist bei der Methodenauswahl, neben der statistischen Datengüte und dem Forschungsdesign, auch die Praktikabilität zu beachten. In Bezug auf die Durchführbarkeit der Erhebung bezieht sich dies sowohl auf Wirtschaftlichkeitsüberlegungen (Kosten-Nutzen-Aspekte) als auch auf die Anwendbarkeit von Messverfahren. So können bei einer Beschreibung von Märkten (z. B. Umsätze, Marktanteile oder Wachstumsraten) unter Umständen Verbandsstatistiken als Sekundärdaten herangezogen werden. Außerdem wird die Suche, Aufbereitung und Auswertung von Sekundärdaten oft als erster Schritt einer Marktforschungsstudie angesehen, auf den dann aufbauend weitere Primärerhebungen konzipiert und durchgeführt werden können (Olbrich et al., 2012).

Zu den **Messinstrumenten** der Primärforschung, die sich aus der Marketingperspektive vor allem an aktuellen und potenziellen Nachfragern und deren Bedürfnisse (unternehmensextern) orientiert, aber auch die Existenz und Charakteristika von Wettbewerbern beinhalten kann, gehören die Beobachtung und die Befragung. Dabei handelt es sich zunächst um eine Querschnittsanalyse (Cross-sectional-analysis) der Datenerhebung. Unter **Beobachtungen** wird die von Personen oder mit technischen Hilfsmitteln vollzogene systematische Erfassung von sinnlich wahrnehmbaren Sachverhalten zum Zeitpunkt ihres Geschehens verstanden (Meffert et al., 2019). Damit verzichten Beobachtungen auf die Kommunikation zwischen den Beobachtern und den Auskunftspersonen, wodurch unbewusste Sachverhalte besser aufgenommen werden können. So kommt es auch nicht zu einer Beeinflussung (Bias), sofern der Beobachtete nichts von der Beobachtung weiß. Bei den verschiedenen Beobachtungsarten kann es sich um die Zählung von Personen, die eine Filiale bzw. die Geschäftsräume eines Dienstleistungsanbieters betreten, bis hin zum Verhalten der Nachfrager in den Geschäftsräumen (Kundenlaufstudien) handeln. Darüber hinaus zählen Handhabungsstudien bei der Nutzung von Apps, Online-Services oder Produkten, Surfstudien beim Besuch einer Website (z. B. mit Hilfe von Heat-maps, die besonders intensiv mit der Maus besuchte Bereiche in verschiedenen Farbcodes anzeigen) oder Blickaufzeichnungen über das Surfverhalten oder die visuelle Aufnahme einer Werbeanzeige oder eines Werbespots zu den Beobachtungen. Bei Letzteren werden Spezialbrillen verwendet, die das Wandern (Sakkaden) und Verweilen (Fixationen) der Pupillen aufzeichnen (Kroeber-Riel und Gröppel-Klein, 2019). Auch Hautwiderstands- und Hautthermikmessungen sowie die Stimmfrequenzanalyse werden zu den Beobachtungen gezählt (Hammann und Erichson, 2000).

Beobachtungen können neben den bisher beschriebenen Fremdbeobachtungen generell auch als **Selbstbeobachtungen** durchgeführt werden, wenn bspw. Nachfrager bestimmte, an sich selbst beobachtete Sachverhalte zum Einkaufsverhalten aufschreiben. Hierbei sind allerdings die möglichen Verzerrungen und Ungenauigkeiten zu beachten. Zudem handelt es sich dabei eher um naive anstelle von wissenschaftlichen Beobachtungen (Voeth und Herbst, 2013). Letztere sollten wegen der Vergleichbarkeit der erhobenen Daten weitgehend standardisiert erfolgen. Werden zudem bei **Fremdbeobachtungen** technische Hilfsmittel wie Scannerkassen und Videokameras oder Personen (externe Beobachter) eingesetzt, dann weiß der Proband möglicherweise, dass er beobachtet wird und ändert sein Verhalten. Dies kann immer dann der Fall sein, wenn nach allgemeinen Normen sozial unakzeptable Sachverhalte geschehen (z. B. das Vordrängeln in einer Warteschlange oder die Manipulation eines Bedienautomaten). Dieser Sachverhalt wird in der Literatur unter dem Terminus unterschiedlicher Bewusstseinsgrade von Beobachtungen zusammengefasst (Meffert et al., 2019). In diesem Kontext kann auch zwischen Laborbeobachtungen, in denen die Beobachtungssituation aufgrund der äußeren Gegebenheiten meist explizit ist, und Feldbeobachtungen unterschieden werden, bei denen die Beobachtung eher unauffällig bzw. unerkannt (verdeckt) erfolgen kann, wodurch i. d. R. die Qualität der Daten steigt (Kreis et al., 2021). Auch wenn verdeckte Beobachtungen den Vorteil aufweisen, dass dadurch oftmals unbeabsichtigte oder unbewusste Sachverhalte aufgenommen werden können, weil die Probanden sich nicht verstellen, so besteht der große Nachteil von Beobachtungen ganz allgemein darin, dass die im weiter oben diskutierten SOR-Modell des Kaufverhaltens vorliegenden Input- (Stimulus) und Output-Variablen (Response) zwar beobachtet werden können, allerdings nur in seltenen Fällen die intervenierenden Variablen. Hierunter fallen vor allem die Gründe des Verhaltens sowie die Einstellung oder das Involvement des Nachfragers. Diese intervenierenden Variablen stellen im SOR-Modell vor allem psychologische, soziologische und mediale Beeinflussungsfaktoren des Kaufverhaltens dar, welche nur schwer durch Beobachtungen erfasst werden können. So kann bei Beobachtungen meist nicht eindeutig vom individuellen Verhalten auf die dahinterliegenden Gründe geschlossen werden, zumindest würde dies die Datenqualität negativ beeinflussen, da die Beobachter viele Annahmen und Interpretationen tätigen bzw. viele weitere Beeinflussungsfaktoren kontrollieren müssten. Darüber hinaus sind Beobachtungen durch die oftmals eingesetzten technischen Hilfsmittel komplex, zeitaufwändig und daher schließlich kostenintensiv. Darum sollte das beobachtbare Verhalten in möglichst kurzen Zeitabständen und wiederholt auftreten, wobei für Verallgemeinerungen auch auf die Vergleichbarkeit zwischen den Probanden zu achten ist.

Im Gegensatz zu Beobachtungen stellen **Befragungen** wohl das gebräuchlichste Instrument bei Primärerhebungen dar, um einen tieferen Einblick in die Beweggründe für bestimmte Kaufentscheidungen und/oder Verhaltensweisen von Nachfragern zu erhalten. Befragungen verfolgen das Ziel, ausgewählte Personen durch verbale oder nicht-verbale Stimuli (z. B. Bildvorlagen oder Produkte) zu Aussagen über einen Untersuchungsgegenstand zu bewegen (Meffert et al., 2019). Dabei müssen zunächst qualitative Befragungen von quantitativen Befragungen unterschieden werden. Bei **qualitativen Befragungen** (z. B. Tiefeninterviews [Exploration] oder Gruppendiskussionen [Fokusgruppe]) stehen vor allem offene Fragen im Vordergrund, um stärker die Hintergründe für ein spezifisches Verhalten zu ermitteln oder die relevanten Problemdimensionen aufzuzeigen (Berekoven et al., 2009; Buber und Holzmüller, 2009; Denzin et al., 2024; Kirchmair, 2022; Naderer und Balzer, 2011; Voeth und Herbst, 2013). Qualitative Befragungen finden oftmals mit nur wenigen Probanden und in der Form von Fokusgruppen oder Tiefeninterviews mit Nachfragern und/oder Experten zu einem Thema statt, die zudem nach dem Standardisierungsgrad unterschieden werden. Allerdings weisen nicht-standardisierte Designs das Problem der Vergleichbarkeit der Antworten und damit der Übertragbarkeit auf die Grundgesamtheit auf. Dies ist generell ein Problem, wenn offene Fragen gestellt werden, da nicht alle Personen gleichermaßen kognitiv in der Lage sind, sich zu bestimmten Sachverhalten (eindeutig) auszudrücken. Darüber hinaus müssen die offenen Antworten systematisch ausgewertet und vergleichbar gemacht werden, wodurch eine deutlich größere Gefahr des Bias, d. h. einer Verzerrung der Daten, durch den Interviewer bzw. den Datenauswerter besteht. Um die Auswertung der Daten weitgehend zu standardisieren und damit vergleichbar zu machen ist die so genannte Inhaltsanalyse von Mayring (2015) ein bekanntes Vorgehen. Außerdem existieren für qualitative Befragungen Auswertungsprogramme (z. B. MAXQDA), die eine systematische Auswertung unterstützen helfen (MAXQDA, 2023), und bei Gruppendiskussionen werden Moderatoren eingesetzt, die den Gesprächen eine stärkere Struktur geben sollen. Allerdings besteht hierbei ebenfalls das Problem des Bias, weil der Moderator bewusst oder unbewusst Einfluss auf die Probanden nimmt (z. B. durch Aussehen, Kleidung, Ausdrucksweise oder Gesprächsführung). Darüber hinaus kann es zu gruppendynamischen Effekten kommen, bei denen sich bspw. die meinungsstarken Teilnehmer in der Diskussion durchsetzen, indem sie andere Teilnehmer in ihrem Antwortverhalten einschüchtern oder zumindest beeinflussen. Ein solches Problem wurde bereits weiter oben bei dem Verfahren der Delphi-Methode beschrieben. Im Kontext qualitativer Befragungen sollten technische Hilfsmittel zur Dokumentation eingesetzt werden (z. B. Diktiergeräte oder Videokameras), um die Antworten im Nachhinein zu transkribieren und besser auswerten zu können. Insgesamt betrachtet haben sich heute viele unterschiedliche, leistungsfähige Techniken für qualitative Befragungen durchgesetzt (Baur und Blasius, 2019; Buber und Holzmüller,

2009; Kirchmair, 2022; Naderer und Balzer, 2011), sodass diese Art der Befragung auch als Vorstudien für spätere quantitative Befragungen eingesetzt werden können, wenn nach einer Phase der Exploration im Weiteren deskriptive oder konfirmatorische Forschungsdesigns angewendet werden sollen. Ein solches Vorgehen, d. h. die Verbindung von qualitativer und quantitativer Marktforschung, wird in der Literatur als Mixed-methods-Ansatz bezeichnet (Tashakkori und Teddlie, 2010).

Bei **quantitativen Befragungen** liegt meist ein höherer Standardisierungsgrad vor (Berekoven et al., 2009), auch wenn durchaus offene Fragen in den Befragungsablauf integriert werden können. Zudem fällt die Standardisierung bei den unterschiedlichen Befragungsarten, insbesondere wenn es sich um schriftliche Fragebögen handelt, deutlich leichter. Bei quantitativen Befragungen werden generell mündliche und schriftliche Befragungen unterschieden (Esch et al., 2017; Kreis et al., 2021). Unter **mündlichen Befragungen** werden einerseits persönliche Interviews (Face-to-face-interviews) verstanden, bei denen der Interviewer dem Probanden während der Befragung gegenübersitzt oder steht und damit während des Interviews permanent anwesend ist. Dabei orientiert er sich an dem vorliegenden Fragebogen mit geschlossenen oder offenen Fragen. Somit kann es durch die Anwesenheit des Interviewers bzw. dessen Kleidung, Ausstrahlung und Ausdrucksweise zu einem starken Einfluss auf den Befragten kommen. Setzt der Interviewer als Hilfsmittel einen PC, Laptop oder ein Tablet ein, wird von einem Computer-assisted-personal-interview (CAPI) gesprochen, was mehr und mehr zum Standard avanciert. In dem Zusammenhang werden traditionelle Fragebögen auf Papier auch als Paper-and-pencil-Befragungen bezeichnet, die allerdings zunehmend seltener eingesetzt werden. Im Rahmen der schriftlichen Befragungen ist dies durch den Einsatz des Internets bzw. WWW bedingt. Darüber hinaus lassen sich durch den Einsatz technischer Hilfsmittel für den Interviewer viel einfacher Filter einbauen, da nicht alle Fragen für alle Probanden relevant sind (Häder, 2019). Andererseits können Befragungen als telefonische Interviews in mündlicher Form erfolgen. Hierbei werden meist ebenfalls standardisierte Fragebögen eingesetzt. Diese Art der Befragung wird in der Marktforschungspraxis als Computer-assisted-telephone-interview (CATI) bezeichnet und bspw. bei kurzen Befragungen zur Kundenzufriedenheit eingesetzt (z. B. im Anschluss an eine Autoinspektion/-reparatur in einer Werkstatt). Durch die Fortschritte in der Digitalisierung bzw. durch den Einsatz Künstlicher Intelligenz (KI) können solche Befragungen heute auch automatisiert durch Spracherkennungssysteme erfolgen. Allerdings können dann keine tiefergehenden Rückfragen semantischer Natur, sondern nur solche von syntaktischer Natur gestellt werden, wenn der Proband bspw. undeutlich oder zu leise geantwortet hat. Bei Telefonbefragungen müssen die Probanden jedoch im Vorfeld ihr Einverständnis erklärt bzw. nachweisbar dokumentiert haben (z. B. im Rahmen einer Leistungserstellung auf den Vertragsunterlagen oder durch das Ankreuzen auf einem Bestellformular), da Privatpersonen nach § 7 UWG nicht einfach zu marktforscherischen oder werblichen Zwecken kontaktiert werden dürfen (UWG, 2022); umgangssprachlich findet sich hierfür auch der Terminus der Kaltakquise. Insgesamt besteht bei telefonischen ebenso wie bei persönlichen Befragungen die Gefahr des Interviewer

Bias, da die Probanden durch Stimmlage und Ausdrucksweise beeinflusst werden können.

Im Gegensatz zu den mündlichen Befragungen erfolgen **schriftliche Befragungen** zum einen durch die Versendung eines gedruckten Fragebogens (Paper-and-pencil-Fragebogen), was allerdings meist mit sehr geringen Rücklaufquoten korrespondiert (Kreis et al., 2021), da der Aufwand für die Befragten als hoch anzusehen ist. Zudem können dabei auch keine oder nur wenige Filterfragen angewendet werden, da dies die kognitiven Anforderungen an die Probanden zusätzlich erhöht. Bei Filterfragen erfolgen, wie oben bereits angedeutet, Sprünge im Fragebogen, da nicht alle Fragen für alle Probanden gleichermaßen relevant sind. So können diese bspw. bei einführenden Fragen in einer bestimmten Art und Weise geantwortet haben, sodass Teile der folgenden Fragen nicht mehr oder nur eingeschränkt anwendbar sind, oder einige Fragen können aufgrund bestimmter Charakteristika der Probanden für diese irrelevant sein (z. B. Geschlecht, Interessen oder Versicherungsstatus in einer Krankenversicherung). Darüber hinaus muss bei der Versendung eines Fragebogens im Hinblick auf dessen Beantwortung zusätzlich beachtet werden, dass nicht genau nachvollziehbar ist, wer den Bogen letztendlich ausgefüllt hat. Dieses Identitätsproblem hat bedeutende Auswirkungen auf die Datenqualität. Schließlich ist der Versand von gedruckten Fragebögen relativ teuer. Zum anderen besteht heute durch das WWW und Fortschritte in der Mobilfunktechnik eine einfache Möglichkeit der Verbreitung von Online-Fragebögen als schriftliche Befragungsform. Hierzu werden die Probanden mittels eines Links in einer E-Mail oder auf einer Website bzw. in einem privaten oder beruflichen Virtual-social-network (z. B. Facebook, Instagram, LinkedIn oder Xing) auf einen Online-Fragebogen geführt. Allerdings muss bei der E-Mail Ansprache bei Privatpersonen wieder der § 7 UWG beachtet werden und die nicht zu vernachlässigende Problematik von Spam-Mails könnte einen negativen Einfluss auf die Rücklaufquote haben (UWG, 2022). Zudem können Befragte über einen QR-Code auf die Seite geführt werden, wodurch sich die Beantwortung über das Mobiltelefon anbietet, was zusätzlich die Bequemlichkeit und Schnelligkeit für die potenziellen Probanden erhöht. Ein weiterer Vorteil, welcher zur steigenden Popularität von Online-Befragungen gegenüber anderen Erhebungsarten und -methoden beiträgt (siehe ADM, 2022), ist die Tatsache, dass durch eine Zunahme der Datenübertragungsraten, durch Flatrates der Mobilfunknutzer sowie durch eine Vergrößerung der Bildschirmdiagonalen die Darstellung von Texten und vor allem Farbabbildungen in Online-Fragebögen deutlich vereinfacht wird und somit das Design viel ansprechender als bei klassischen Paper-and-pencil-Befragungen gestaltet werden kann. Zudem lassen sich auch bewegte Bilder, rotierende Objekte und weitere interaktive Elemente integrieren. Abschließend ist noch zu berücksichtigen, dass die vor einigen Jahren in der wissenschaftlichen Literatur diskutierte digitale Spaltung (Digital-divide) heute wahrscheinlich deutlich abgeschwächt sein dürfte. Eine digitale Spaltung bedeutet, dass durch Online Befragungen nur solche Probanden aufgenommen werden können, die über einen Internet-Anschluss verfügen (weltweit ca. 4,9 Mrd. [ca. 62 %]; Statista, 2021/2022). Dadurch fallen unter Umständen ältere Zielgruppen aus dem Probandenkreis heraus, da die Netzverfügbarkeit und -nutzung dort immer noch als geringer einzustufen ist. Möglicherweise werden auch nur solche Personen erreicht, die über einen höheren sozioökonomischen Status verfügen, da Internetanschlüsse und Flatrates kostenintensiv sind (Choi und DiNitto, 2013; Kubicek und Welling, 2000; Vogels, 2021; Wei und Blanks Hindman, 2011). Im Gegensatz zur digitalen Spaltung kann es allerdings sowohl bei Offline- als auch bei Online-Fragebögen immer noch zu einem so genannten Verzerrungseffekt durch Selbstselektion (Self-selection-bias) kommen, da sich nur die sich besonders für die Thematik des Fragebogens interessierenden Personen an der Befragung beteiligen.

Experimente stellen kein eigenständiges Instrument der Primärforschung dar, sondern spiegeln lediglich einen spezifischen Untersuchungsplan wider, bei dem durch eine systematische Manipulation die Wirkung einer oder mehrerer unabhängiger auf eine oder mehrere abhängige Variablen untersucht wird. Dabei werden konfundierende Effekte (Störfaktoren) kontrolliert oder nach Möglichkeit ausgeschlossen. Es handelt sich damit um wiederholbare, unter kontrollierten, vorher festgelegten Bedingungen durchgeführte Versuchsanordnungen (Meffert et al., 2019). Experimente können entweder als Befragungs- oder Beobachtungsexperimente bzw. als Labor- oder Feldexperimente durchgeführt werden und stellen somit eine Mischform dar (Voeth und Herbst, 2013). Kreis et al. (2021) urteilen, dass Experimente sowohl in der wissenschaftlichen als auch in der praktischen Marktforschung eine besondere Bedeutung erzielen, wenn zum einen kausale Effekte im Rahmen der Kaufentscheidung oder Kundenzufriedenheit aufgedeckt und Theorien des Kaufverhaltens oder der Einstellung und Akzeptanz etc. weiterentwickelt werden sollen. Zum anderen können damit auch die Wirkungen von unternehmerischen Marketingmaßnahmen prognostiziert werden (z. B. Leistungs-, Preis- und Werbetests). Bei Experimenten werden entweder unabhängige Gruppen gebildet (Independent-groups), die unterschiedliche Beeinflussungsmaßnahmen (Treatments) erhalten, oder es werden alle Probanden gleichermaßen allen Maßnahmen ausgesetzt (Repeated-measures), um deren Wirkung im Zeitablauf zu messen. Darüber hinaus werden bei Experimenten oftmals so genannte Experimental- und Kontrollgruppen gebildet, wobei die Experimentalgruppe das Treatment erhält und die Kontrollgruppe nicht. Dadurch können konfundierende Effekte herausgerechnet bzw. kontrolliert werden (z. B. Alter, Geschlecht, sozialer Status oder weitere externe Einflussgrößen), die möglicherweise einen Einfluss auf die Effektstärke der unabhängigen auf die abhängige Variable haben und damit das Ergebnis verfälschen. Sie müssen in die Betrachtung einbezogen werden, da der Marktforscher nach dem Nettoeffekt einer unabhängigen auf eine abhängige Variable bzw. nach den Haupt- (unabhängige Variable) und den so genannten Interaktionseffekten mit einer Drittvariablen (Störgröße) sucht (Kreis et al., 2021). So stellt bspw. die Werbeerinnerung als Einflussfaktor einen so genannten Moderator auf die Stärke des Zusammenhangs zwischen der Werbung, welcher ein Individuum ausgesetzt ist, und dem Absatz oder Umsatz einer bestimmten Unternehmensleistung dar (Müller, 2009). In einem Experiment muss darum die Werbeerinnerung als moderierender Effekt systematisch in den vorgesehenen Versuchsaufbau integriert werden, um den Interaktionseffekt zu bestimmen. Dafür werden zusätzlich Interaktionsdiagramme gebildet, die die Werbewirkung bei niedriger und hoher Werbeerinnerung darstellen und so auf Unterschiede hinweisen. Gleichermaßen könnte auch das Involvement in eine bestimmte Leistungskategorie oder das Alter etc. einen Einfluss auf die Stärke des Zusammenhangs zwischen Werbung und Absatz bzw. Umsatz haben. Darüber hinaus treten bei Kausalstudien direkte und indirekte Effekte von unabhängigen und abhängigen Variablen auf (Hayes, 2018; Preacher und Kelley, 2011; Weiber und Mühlhaus, 2014). Dies bedeutet vereinfacht gesagt, dass eine Drittvariable als Mediator für die Erklärung der Kausalbeziehung zwischen zwei oder mehreren Variablen essenziell ist, um diese vollständig aufklären zu können. Dabei wird von indirekten Effekten gesprochen, wenn ein Teil der Beziehung zwischen unabhängiger und abhängiger Variablen über diese Drittvariable läuft und damit zum totalen Effekt (direkter und indirekter Effekt) beiträgt; es handelt sich dann um eine teilweise Mediation. Darüber hinaus kann die Drittvariable auch direkt zwischen der unabhängigen und der abhängigen Variablen stehen. Folglich wirkt die unabhängige Variable erst auf den Mediator und dieser dann auf die abhängige Variable, wodurch eine Erklärung des Effekts ohne diese Drittvariable überhaupt nicht möglich ist; eine so genannte vollständige Mediation (Aguinis et al., 2017; Judd et al., 2014). So kann bspw. die Einstellung zu einem bestimmten Sachverhalt oder das Involvement mit einem Objekt auch einen mediierenden Effekt auf die Beziehung zwischen Werbung und Absatz bzw. Umsatz haben. Neben unterschiedlichen experimentellen Designs sind außerdem theoretische Überlegungen bzw. bereits durchgeführte empirische Vorstudien hilfreich, um solche Phänomene zu testen, denn nur so können Annahmen über einen Moderator und/oder einen Mediator getätigt werden (Müller, 2009). Schließlich werden in der praktischen Marktforschung Experimente im Rahmen der Neuproduktentwicklung bzw. des Innovationsmanagements als Markt- oder Storetests durchgeführt. Dabei werden bspw. in einem Feldexperiment neue Dienstleistungen in einem abgegrenzten Markt eingeführt, um Auswirkungen auf die Nachfrage zu messen. Darüber hinaus können auch lokale oder regionale Testmärkte mit unterschiedlichen Preisstrukturen gebildet werden, um daran anschließend Vergleiche und Marktsimulationen im Hinblick auf die Wirkungen von Preisveränderungen durchzuführen zu können. Allerdings muss auch hierbei wieder der Effekt von Störgrößen (z. B. Maßnahmen der Konkurrenz durch Service-Innovationen oder Werbung) möglichst umfassend im Rahmen des Experimentaldesigns berücksichtigt respektive kontrolliert werden.

Während bisher vor allem Querschnittsanalysen (Cross-sectional-analysis) im Vordergrund standen, stellen **Panels** ebenfalls eine weitere Mischform dar, also kein eigenständiges Instrument der Primärforschung, die vor allem auf Längsschnittanalysen (Longitudinal-analysis) abzielt. Berekoven et al. (2009) bezeichnen dieses Instrument auch als so genannte Tracking-Forschung (Kreis et al., 2021). Darunter werden Untersuchungen verstanden, die bei einer gleichbleibenden, klar abgegrenzten Zahl von Untersuchungseinheiten in regelmäßigen Abständen zu einem vergleichbaren bzw. identischen Untersuchungsgegenstand durchgeführt werden (Meffert et al., 2019). Hierbei ist es das Ziel der Untersuchung, Markt- oder Verhaltensänderungen sowohl bei Verbrauchern (Verbraucherpanel) und Unternehmen (Unternehmenspanel) als auch im Handel (Handelspanel) zu analysieren. Neben der Analyse von dynamischen Effekten können mit einem Panel auch kleinere Stichproben systematisch zu einem bestimmten Sachverhalt als Langzeitstudie zielgerichtet ausgewertet werden. Neben einem Panel, welches bspw. die interne Kundendatenbank eines Unternehmens darstellt (interne Informationsquellen), können Paneldaten auch extern hinzugekauft werden (externe Informationsquellen), da sich Agenturen als Adress-Broker darauf spezialisiert haben (Berekoven et al., 2009), Datenbanken mit Probanden anzulegen, die sich bspw. für ein bestimmtes Thema oder bestimmte Produkte und Dienstleistungen interessieren (z. B. Mobilfunk oder Online-Services). Diese können dann in zeitlichen Abständen immer wieder befragt werden, wodurch bspw. Änderungen im Kauf- und Nutzungsverhalten oder der Einstellung gegenüber bestimmten Themen ersichtlich werden. Wenngleich Panel Vorteile nicht nur für einfache Beobachtungen und Befragungen bzw. im Rahmen von Experimenten aufweisen, werden in der Literatur vor allem vier **zentrale Probleme** diskutiert, die die Qualität des Panels und damit die Qualität der mit Hilfe des Panels erhobenen Daten beeinflussen (Berekoven et al., 2009; Kreis et al., 2021; Meffert et al., 2019; Voeth und Herbst, 2013):

- Coverage-Problematik: An das Panel werden bezgl. der Zusammensetzung der Teilnehmer vor dem Hintergrund des Stichprobendesigns und der Marktabdeckung relativ hohe Anforderungen gestellt, wodurch die Auswahl bzw. Rekrutierung der Probanden, die bestimmte, gleichbleibende soziodemografische Kriterien wie Alter, Geschlecht, Wohnort etc. erfüllen müssen, schwierig ist.
- Panelsterblichkeit: Dies beinhaltet das Ausscheiden von Teilnehmern aus dem Panel während dessen Laufzeit, die dann auf Basis der vorliegenden soziodemografischen Kriterien und der besonderen Interessen oder Verhaltensweisen möglichst aus einer vorgehaltenen Reserve ersetzt werden müssen, um die Lücken zu füllen und damit sich die Qualität der Daten nicht verschlechtert.
- Panelerstarrung: Ein solches Problem tritt immer dann auf, wenn die Gruppe der Teilnehmer bezgl. der zu Beginn ausgewählten Kriterien (z. B. Soziodemografika, Einstellungen, Interessen etc.) relativ konstant bleibt, sich allerdings die Grundgesamtheit hinsichtlich ihrer vorliegenden Struktur verändert, wodurch eine Panelrotation erfolgen muss, um diese Effekte auch im Panel abbilden zu können.
- Paneleffekte: Aufgrund von Lern- und Bewusstseinsprozessen kommt es seitens der Panelteilnehmer zu einer Veränderung, die ebenfalls nicht mehr der Grundgesamtheit entspricht, wenn bspw. aufgrund der Beobachtungssituation im Panel und aufgrund sozialer Erwünschtheit die Teilnehmer ihr Verhalten ändern.

Neben einer Kombination aus Informationsquellen und Erhebungsmethoden mit verschiedenen Messinstrumenten muss der Marktforscher bezgl. der Methodenplanung auch Überlegungen dazu anstellen, wie die Daten bei den internen und/oder externen Probanden konkret gemessen werden sollen. In einem weiteren Verständnis kann dies als die **Operationalisierung**, d. h. die Messbarmachung eines Sachverhalts bezeichnet werden (Schnell et al., 2018). Dabei erfolgt weiter unten noch eine Unterscheidung zwischen einem beobachtbaren Sachverhalt und einem theoretischen Konstrukt, welches auf Umwegen einer Messung zugeführt wird. In diesem Kontext stellen verschiedene Erhebungsmethoden und im Weiteren auch die Methoden der Datenauswertung an die Messung unterschiedliche Ansprüche. Hierunter werden in der Marktforschungsliteratur vor allem die Messniveaus, die Skalierung und die Gütekriterien der Messung diskutiert (Berekoven et al., 2009; Hammann und Erichson, 2000; Haedrich et al., 1986). Darüber hinaus muss der Marktforscher sich bspw. im Rahmen eines Fragebogens über den zielgerichteten Aufbau (z. B. logische Reihenfolge und Umbrüche), Filterfragen (nicht alle Fragen sind für die Gesamtzahl der Befragten relevant), die Formulierung der Fragen und die Gestaltung des gesamten Fragebogendesigns Gedanken machen. So müssen bei der Gestaltung des Fragebogens grundlegende Anforderungen an die Formulierung der Fragen beachtet werden, da diese einen erheblichen Einfluss auf die Güte der Messung haben. Während die Konstruktion der Fragen lange Zeit als Kunstlehre galt (Kreis et al., 2021), weil neben dem sprachlichen Feingefühl auch germanistische Kenntnisse, das Wissen um psychologische, soziologische und kommunikationswissenschaftliche Theorien sowie letztendlich die Erfahrung des Untersuchungsleiters eine wichtige Rolle spielen, werden heute einige wichtige Prinzipien in der einschlägigen Marktforschungsliteratur diskutiert (Brace und Bolton, 2022; Koch und Riedmüller, 2021; Kreis et al., 2021; Schnell et al., 2018), deren detaillierte Behandlung hier allerdings zu weit geht. Um Fehler bei der Messung zu verhindern oder mindestens zu minimieren sollten zudem im Vorfeld der Messung unbedingt Pre-Tests durchgeführt werden. Dadurch können Konzeptionsfehler (z. B. gewählte Einheiten, Kategorien oder Verständnisprobleme) aufgedeckt werden, die sich im Nachhinein selten oder nur zu sehr hohen Kosten korrigieren lassen (Schnell et al., 2018). Neben dem Problem, dass die Verallgemeinerung der erhobenen Daten im Zweifelsfall nicht gegeben ist, muss die gesamte Studie im Extremfall erneut durchgeführt werden, was zusätzliche Kosten und zeitliche Verzögerungen erzeugt.

Messen bezeichnet generell die systematische Beobachtung und Aufzeichnung von empirischen Sachverhalten. In der Wissenschaftstheorie werden diese Aufzeichnungen auch als Protokollaussagen bezeichnet (Seiffert, 1996), bei dem von realen Sachverhalten auf übergeordnete Gesetzmäßigkeiten geschlossen wird (Induktion). Berekoven et al. (2009) nennen das Ergebnis der Messung eine nach festgelegten Regeln durchgeführte systematische Zuordnung von Zahlen oder Symbolen, d. h. die Merkmalsausprägungen bei Untersuchungseinheiten, zu Merkmalen bzw. deren unterstellten Dimensionen. Was und wie gemessen wird sollte sich dabei möglichst eng an die gegebene Fragestellung und den aus Voruntersuchungen bereits bekannten Sachverhalten respektive den aus der Wissenschaft bekannten Theorien und Modellen zu einem Themengebiet anlehnen (Popper, 1994). Durch eine Messung entstehen Daten, die als Messwerte im Weiteren Informationen für Entscheidungen im Dienstleistungsmarketing liefern (z. B. Nutzungsverhalten, Einstellung oder Kaufwahrscheinlichkeit). Diese Messwerte haben verschiedene **Messniveaus**, welche bestimmen, wie mit den erhobenen Daten mathematisch umgegangen werden darf (Hammann und Erichson, 2000). Einen Maßstab dafür liefert die verwendete Skala, die einen unterschiedlichen Informationsgehalt haben kann; diesbezüglich wird auch vom Skalenniveau gesprochen. In der Statistik werden vier verschiedene Messniveaus unterschieden (Bortz und Schuster, 2010; Schnell et al., 2018), die zudem als metrisch (kardinal) und nicht-metrisch (kategorial) unterteilt werden können (Berekoven et al., 2009), wohingegen in der praktischen Marktforschung bspw. im häufig zur Anwendung kommenden Statistikprogramm SPSS (*ursprünglich*: Statistical Package for the Social Sciences) nur drei Messniveaus gewählt werden können, da die beiden höchsten Messniveaus als metrisch zusammengefasst werden (vgl. Tab. 4.7). Außerdem ist zu beachten, dass eine Transformation von höheren Messniveaus auf geringere Messniveaus stets möglich ist, für den umgekehrten Fall gilt dies allerdings nicht. Darum ist es sinnvoll, nach Möglichkeit mit höheren Messniveaus zu arbeiten, um sich mehr Optionen der Datenanalyse vorzubehalten, sofern dies bei den Probanden nicht zu einer unnötigen Steigerung der Komplexität bei der Beurteilung führt. Die Optionen der Datenanalyse beziehen sich vor allem auf die Möglichkeiten der weiter unten diskutierten Analyseverfahren, welche unterschiedliche Messniveaus voraussetzen. Ein einfaches Beispiel ist das Alter, welches in Kategorien (z. B. < 20 Jahre, 20–29 Jahre, 30–39 Jahre etc.) oder direkt als Zahl (z. B. 30 Jahre) eingestuft bzw. abgefragt werden kann. Dagegen besteht diese Möglichkeit beim Geschlecht nicht. Bei der Auswahl von Gründen für ein bestimmtes Kaufverhalten hängt es von der Art der Fragestellung, und damit vor allem von der unten diskutierten Art der Skalierung ab, auf welchen Messniveau der Sachverhalt letztendlich gemessen wird.

Das niedrigste Messniveau ist das **Nominalniveau**, bei welchem keinerlei mathematische Operationen (addieren, subtrahieren, multiplizieren und dividieren) erlaubt sind, da einem Untersuchungsobjekt nur eine Ausprägung im Sinne einer 0/1-Entscheidung (zweiklassig), d. h. liegt vor oder liegt nicht vor (Identitäten), zugeordnet wird (z. B. Geschlecht, Unternehmensgröße, Kauf/Nicht-Kauf oder Einkommensklasse). Mathematisch gesprochen entspricht dies einer Ungleichheit ($A = A \neq B$). Somit können bei mehreren Untersuchungsobjekten bspw. die Zahl der Ja- und Nein-Antworten gezählt werden (absolute Häufigkeiten) oder prozentual in Bezug auf eine Basis (Gesamtzahl der Ja-/Nein-Antworten) wiedergegeben werden (relative Häufigkeiten). Zudem sind der Modalwert und Kontingenzkoeffizienten erlaubt, darüber hinaus sind jedoch keine weiteren Operationen möglich. Das Gleiche gilt bspw. für die Abfrage von Einkommensklassen (mehrklassig), bei denen nach der Zuordnung zu einer bestimmten Klasse lediglich die Ermittlung absoluter und relativer Häufigkeiten im Vergleich mit den anderen Einkommensklassen möglich ist. Allerdings beinhalten Einkommens- oder Altersklassen dennoch einen höheren Informationsgehalt, da zusätzlich eine Rangordnung der beurteilten Objekte bzw. der Einstufung der Probanden angegeben werden kann. So ist die weitere Aussage möglich, dass Untersuchungseinheiten einer höheren Klasse mehr Einkommen beziehen. Eine solche Messung hat darum **Ordinalniveau**, d. h. die Messwerte lassen sich in eine mathematische Rangfolge ($A > B > C$) bringen und darum sind auch Aussagen zur Präferenz (Vorziehenswürdigkeit) von Untersuchungseinheiten in Bezug auf Objekte (z. B. unterschiedliche Dienstleistun-

Tab. 4.7: Messniveaus und ihre Eigenschaften (Berekoven et al., 2009; Hammann und Erichson, 2000).

Messniveau		Mathematische Operationen	Beschreibung	Statistiken	Beispiele
Nicht-metrische Niveaus	**Nominalniveau**	$A = A \neq B$	Klassifikation	Häufigkeiten Modalwerte Kontingenzen	Geschlecht Kaufgründe
	Ordinalniveau	$A > B > C$	Klassifikation Rangordnung	Median Quantile Rangkorrelation	Altersklassen Markenpräferenz
Metrische Niveaus	**Intervallniveau**	$A > B > C$ $A - B = B - C$	Klassifikation, Rangordnung Abstände	Mittelwerte (arithm.) Standardabweichung Korrelationen	Intelligenzquotient Kalenderzeit
	Verhältnisniveau	$A = x \cdot B$ $\rightarrow x = A / B$	Klassifikation Rangordnung Abstände Verhältnisse (absoluter Nullpunkt)	Mittelwerte (geom.) Variationskoeffizient	Alter Umsatz Gewinn

gen, Marken, Leistungsausprägungen oder Preise) möglich. Beide Messniveaus, sowohl Nominal- als auch Ordinalniveau, werden den nicht-metrischen Messniveaus zugeordnet und zudem als kategoriale Niveaus bezeichnet.

Dagegen zählen das Intervall- und das Verhältnisniveau zu den metrischen Messniveaus (auch kardinale Niveaus), wobei das Verhältnisniveau auch als Rationiveau bezeichnet wird. Insgesamt sind bei den metrischen Skalen unterschiedliche Ausprägungen der vier mathematischen Operationen erlaubt. Beim **Intervallniveau** können bspw. neben einer Rangordnung (A > B > C) auch die Abstände zwischen Messwerten (A – B = B – C) angegeben werden, wodurch Addition und Subtraktion erlaubt sind. Klassische Beispiele sind Kalenderzeiten, Intelligenzquotienten und Temperaturskalen. Es sind allerdings keine weiteren Operationen erlaubt, da das Intervallniveau keinen natürlichen Nullpunkt hat. Besonders deutlich wird das an unterschiedlichen Temperaturskalen (z. B. Celsius, Fahrenheit oder Kelvin), bei denen die Null jeweils unterschiedlich definiert wird. Dagegen hat das **Verhältnisniveau** einen absoluten Nullpunkt (z. B. Alter, Betriebszugehörigkeit, Dauer der Geschäftsbeziehung, Umsatz oder Gewinn). Damit können beim Verhältnisniveau auch mathematische Verhältnisse angegeben werden (A = x · B bzw. x = A / B), was dem Messniveau den entsprechenden Namen verliehen hat. Aus diesem Grund können zusätzlich zur Addition und Subtraktion auch die Multiplikation und Division durchgeführt werden. So ist eine 40-jährige Frau doppelt so alt wie eine 20-jährige Frau oder ein Gewinn von 2 Mio. Euro entspricht der Hälfte eines Gewinns von 4 Mio. Euro bzw. sind 4 Mio. Euro das Doppelte von 2 Mio. Euro. Aus den Ausführungen wird deutlich, dass die unterschiedlichen Messniveaus eine hierarchische Ordnung mit verschiedenen Ausprägungen des Informationsgehalts der Daten darstellen. Vereinfacht ausgedrückt bedeutet ein höheres Messniveau auch einen höheren Informationsgehalt. Aus diesem Grund ist bspw. bei der Gestaltung eines Fragebogens im Vorfeld ausführlich über das Messniveau nachzudenken, um sich bei der Auswertung nicht unnötig einzuschränken, denn die Transformation von höheren in niedrigere Messniveaus ist stets möglich, allerdings nicht anders herum. Darüber hinaus verlangen unterschiedliche Auswertungsmethoden unterschiedliche Messniveaus (Backhaus et al., 2015; Backhaus et al., 2021), was weiter unten nochmals aufgegriffen wird. Allerdings kann es aus Gründen einer vereinfachten Auswertung als auch wegen einer leichteren Beantwortung der Fragen durch die Probanden durchaus sinnvoll sein, dass in einem Fragebogen geringere Messniveaus eingesetzt werden. Die gegebene Fragestellung sollte hier als Leitfaden eingesetzt werden.

Im Gegensatz zum Messniveau der Werte wird in der Literatur mit dem Terminus **Skalierung** meist die konkrete Art der Messung gleichgesetzt (Berekoven et al., 2009), d. h. die Konstruktion von Messskalen und die Zuordnung der Zahlen und Symbole zu Objekten (Hammann und Erichson, 2000). Eine Untersuchungseinheit muss dabei bezgl. des Messwertes (Ausprägung) entweder sich selbst einstufen oder fremd eingestuft werden. Dies liegt darin begründet, dass die Skalierung darauf abzielt, vor allem die intervenierenden Variablen des weiter oben diskutierten SOR-Modells zu messen. Zusätzlich muss zwischen manifesten und latenten Variablen unterschieden werden. Während bspw. der Preis, die Anzahl der Bestandteile einer Leistung, die Absatzmenge, der Umsatz oder die Größe einer Person bzw. ihr biologisches Geschlecht oder ihr verfügbares Haushaltseinkommen offen (manifest) vorliegen und leicht quantifizierbar sind, beziehen sich latente Variablen auf so genannte theoretische Konstrukte (auch als hypothetische Konstrukte bezeichnet), die, da sie nicht empirisch erkennbare Sachverhalte sind (Gedankenkonstrukte), erst auf Umwegen messbar gemacht werden können und Bestandteile von Hypothesen und Theorien sind (Eisend und Kuß, 2021). Diese Unterscheidung geht auf die Sprachwissenschaft zurück, welche in eine theoretische Sprache (nicht-beobachtbare Objekte) und eine Beobachtungssprache (beobachtbare Objekte) unterteilt (Seiffert, 1996). Für diese theoretischen Konstrukte müssen Indikatoren gefunden werden, welche dann durch konkrete Messgrößen abgebildet werden (Bühner, 2021). Theoretische Konstrukte müssen im Rahmen der Operationalisierung folglich in beobachtbare Objekte übersetzt werden (Latecha und Davidov, 2019; Schnell et al., 2018). So kann bspw. die Arbeitsleistung (theoretisches Konstrukt) eines Servicemitarbeiters durch die bedienten Kunden (Indikator) gemessen werden, indem die Kunden pro Stunde gezählt werden (Messgröße). Gleiches gilt für den Modernisierungsgrad eines Dienstleistungsbetriebs, welcher durch die Ersatzinvestitionen (z. B. in Maschinen oder Softwareprogramme) abgebildet werden kann, welche wiederum als Betrag in Euro (€) oder einer anderen Währungseinheit (z. B. US-Dollar [$] oder japanische Yen [¥]) ausgedrückt bzw. gemessen werden können. Allerdings müssen in jedem Fall, zusätzlich zur Indikator- und Messproblematik, die Konstrukte vorab definiert werden, d. h. Worte (Syntaktik) müssen mit einem Vorstellungsinhalt (Semantik) belegt werden, um ein einheitliches Verständnis bzw. eine begriffliche Abgrenzung von anderen Konstrukten zu erreichen (Prim und Tilmann, 1996; Schnell et al., 2018; Seiffert, 1996). Bei dieser Abgrenzung wird deutlich, dass Definitionen nicht wahr oder falsch sein können, sondern nur zweckmäßig oder unzweckmäßig für einen bestimmten Sachverhalt, wenn sie bspw. zu keinem besseren, eindeutigen Verständnis eines theoretischen Konstrukts beitragen. Daher müssen Definitionen eine klare Struktur und eine hohe Präzision aufweisen bzw. im Rahmen der gesamten Marktforschungsstudie einheitlich verwendet werden. Berekoven et al. (2009) sprechen bei theoretischen Konstrukten davon, dass qualitative Merkmale in quantitative Größen transformiert werden. Diese Transformation geschieht durch die bereits angesprochene Selbst- oder Fremdeinstufung der Untersuchungseinheiten.

Zu den **Selbsteinstufungsverfahren** zählen in der Marktforschung alle Arten von so genannten Ratingskalen (vgl. Abb. 4.15). Vereinfacht ausgedrückt werden Probanden einer Studie dazu aufgefordert, ihre Position auf einer bestimmten Dimension (Merkmalsausprägung) eines Merkmals selbst anzugeben (Greving, 2009; Koch und Riedmüller, 2021). In Bezug auf die Nachfrage (Merkmal) nach einer bestimmten Dienstleistung kann dies bspw. die Dimensionen (Merkmalsausprägungen) sehr wenig, wenig, mittel, viel oder sehr viel beinhalten. Der vorgegebene Maßstab kann in numerischer, grafischer oder verbaler Form bzw. monopolar oder bipolar vorliegen. Jedoch liefern solche

Ratingskalen streng genommen statistisch nur ein ordinales Messniveau. In den Wirtschaft- und Sozialwissenschaften herrscht allerdings weitgehend Konsens, dass von einem metri- schen Messniveau auszugehen ist, wenn die Skala durch grafische und numerische Unter- stützung symmetrisch formuliert ist und die Abstände der Skala (numerisch) als identisch (z. B. 1, 2, 3 etc.) angegeben werden (z. B. Franzen, 2019; Greving, 2009; Schnell et al., 2018). Innerhalb eines Fragebogens werden manchmal mehrere Ratingskalen in Bezug auf Eigen- schaften einer Leistung abgefragt, um die Bedeutung dieser Eigenschaften für die Nachfra- ger zu ermitteln. Alternativ dazu können auch mehrere Ratingskalen zu einer so genannten Konstantsummenskala zusammengefasst werden, bei der die Untersuchungseinheiten eine konstante Summe (z. B. 10 oder 100) auf diese Eigenschaften verteilen. Dies erspart die Ver- wendung mehrerer Ratingskalen, was den Fragebogen aufbläht und komplexer machen würde, und es können auf einfache Art und Weise die relativen Wichtigkeiten, d. h. die Prä- ferenz von Eigenschaften oder Ausprägungen, direkt im Rahmen der Selbsteinstufung er- mittelt werden (Koch und Riedmüller, 2021). Aus der Marketingperspektive ist es für Unternehmen oftmals von besonderer Bedeutung zu erfahren, an welchen Stellschrauben zuerst gedreht werden sollte, um bspw. die Kundenzufriedenheit zu erhöhen. Folglich ist die Ermittlung der subjektiven relativen Wichtigkeit der Eigenschaften eines Untersu- chungsgegenstands für Nachfrager hierfür bedeutsam.

Darüber hinaus bestehen bei Ratingskalen zwei weitere Problembereiche, die bei der entsprechenden Konstruktion einer Ratingskala zu berücksichtigen sind und die in der Literatur unterschiedlich diskutiert werden:

– Erstens beschäftigt sich die Polung der Skala damit, ob sich die Werte bei einer mo- nopolaren Skala bspw. von klein nach groß oder von groß nach klein orientieren; ver- einfacht ausgedrückt handelt es sich also um die Richtung der Skala. In Deutschland sind die Menschen an das Schulnotensystem gewöhnt, in dem die Eins den besten Wert darstellt, in anderen Kulturen trifft dies allerdings nicht zu. So werden bspw. in den USA Skalen oftmals von groß nach klein formuliert. Hierfür würde aus deutscher Sicht sprechen, dass höhere Werte stets mehr bedeuten als geringere Werte. Aller- dings kann die Frage nicht abschließend geklärt werden und ist auch kulturspezifisch geprägt. Zusätzlich kann dazu geraten werden, die Polung der Skala zwischen abge- fragten Merkmalsdimensionen zu wechseln, um die Konzentration bei den Probanden aufrecht zu erhalten. Bei der Auswertung kann die Skala dann rechnerisch durch Neu- kodierung umgepolt werden (Stufen plus Eins minus jeweiligem Messwert $[X + 1 - x_n]$). Dies hat allerdings auch den nicht zu vernachlässigenden Nachteil, dass der Aufwand für die Erhebung steigt, da die Probanden mehr Zeit benötigen, die Datenqualität durch Unaufmerksamkeit leidet und bei komplexen Erhebungen möglicherweise die Quote derjenigen steigt, die die Erhebung vor dem Ende abbrechen und darum ein Vielzahl fehlender Werte (Missing-values) erzeugen.

– Zweitens muss bei der Anzahl der Messpunkte aus der Perspektive des Informati- onsgehalts überlegt werden, wie viele Abstufungen eine sinnvolle Größe darstellen,

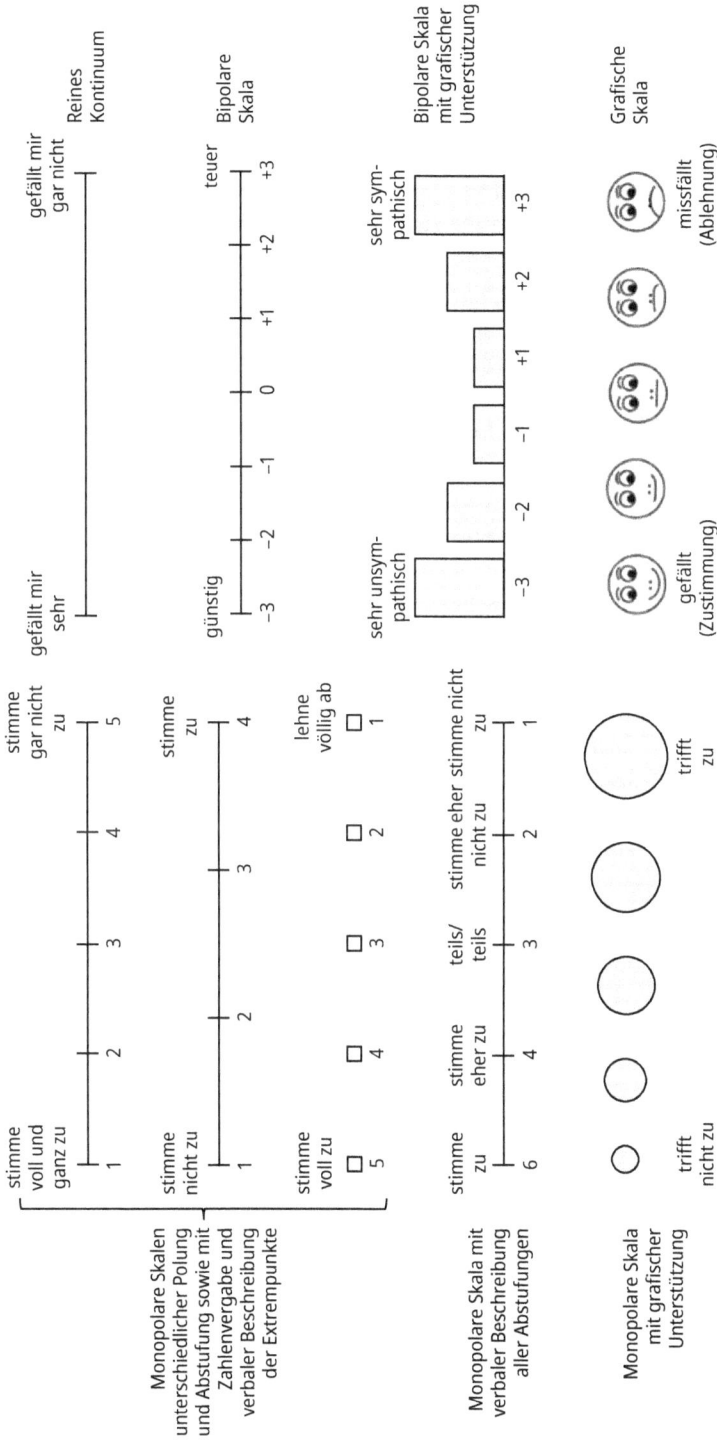

Abb. 4.15: Unterschiedliche Arten von Ratingskalen (Berekoven et al., 2009).

um aussagefähige Ableitungen zu einem bestimmten Sachverhalt zu treffen. So ist zu konstatieren, dass mit zunehmender Skalenbreite der gegenteilige Effekt eintritt. Untersuchungseinheiten können möglicherweise die graduellen Unterschiede bspw. zwischen sieben und acht auf einer zehnstufigen Skala oder noch extremer zwischen 89 und 92 auf einer hundertstufigen Skala nicht mehr differenzieren, sofern die Skala numerisch beschriftet ist. Eine Möglichkeit wäre an dieser Stelle, auf die verbale Beschriftung zu verzichten und die Abstände zwischen den Endpunkten im Nachhinein zu messen (z. B. in Millimetern) oder einen digitalen Schieberegler anzubieten, um die Beurteilung für den Probanden zu vereinfachen. Damit betrifft die Abstufung der Skala die Diskriminierungsfähigkeit der Messwerte. Bei einer solchen grafischen Skala können feine Unterschiede allerdings kaum noch optisch eindeutig dargestellt werden; eine große Skalenbreite ist dann nicht mehr zweckmäßig und verringert den Aussagegehalt der gemessenen Werte. In diesem Zusammenhang steht auch die Frage bezüglich einer geraden (z. B. vier- oder sechsstufig) oder ungeraden Anzahl von Messpunkten (z. B. fünf- oder siebenstufig). Auch hierzu werden in der Literatur keine abschließenden Aussagen getroffen, da unterschiedliche Argumente vorliegen. Für eine gerade Zahl spricht, dass Probanden so zu einer positiven oder negativen Tendenz gezwungen werden. Allerdings können möglicherweise nicht alle Probanden zu allen Fragen eine klare Einstufung vornehmen. Es ist darum ratsam, bei geraden Skalenbreiten eine so genannte „Weiß nicht"-Kategorie als weitere Einstufungsmöglichkeit einzufügen. Gerade bei Onlinebefragungen mit erzwungenen Antworten, d. h. Probanden können erst fortfahren, wenn alle Fragen eines Abschnitts beantwortet wurden (Forced-choice), kann dies zu Reaktanz-Effekten (Ablehnung) führen (Schnell et al., 2018). Probanden brechen die Befragung dann ab und alle bisherigen Antworten sind möglicherweise verloren, wenn zusätzlich noch zu viele Missing-values vorliegen, da der Proband bereits sehr früh abgebrochen hat. In diesem Kontext ist es ratsam, zwischen erzwungenen und freiwilligen Antworten zu wechseln bzw. gerade die erzwungenen Antworten zielgerichtet – nur falls unbedingt erforderlich – einzusetzen. Zudem spricht für eine ungerade Zahl von Antwortmöglichkeiten, dass die Probanden mit einer Einstufung in der Mitte der Skala ihre Unentschlossenheit ausdrücken können. Die Mitte kann dann als „Weiß nicht"-Einstufung interpretiert werden. Hierbei besteht jedoch wiederum die Gefahr, dass Probanden aus Bequemlichkeit eine so genannte Flucht in die Mitte antreten und die Daten innerhalb der Auswertung dann keine ausreichende Streuung mehr aufweisen, um sinnvolle Ergebnisse über unterschiedliche Untersuchungseinheiten oder Gruppen von Einheiten zu erzielen. Es ist darum ratsam, die Zahl der Messpunkte problemspezifisch anzupassen. Auch wenn Ratingskalen bezgl. ihres Messniveaus durchaus kritisiert werden und bei den Probanden aus Bequemlichkeit eine Tendenz zu Extremwerten oder in die Mitte der Skala vorliegen können (Schnell et al., 2018), stellen diese in der praktischen Marktforschung vor dem Hintergrund der Selbsteinstufung ein sehr häufig angewendetes Skalierungsverfahren dar und können relativ einfach aufgestellt werden (Berekoven et al., 2009). Zudem sind sie durch die Unterstellung eines metrischen Messniveaus für sämtliche Auswertungsverfahren geeignet.

Das Prinzip der **Fremdeinstufung** beruht darauf, dass den Untersuchungseinheiten meist eine so genannte Batterie von Items vorgelegt wird, die jedoch nicht die eigentliche Messskala darstellen, sondern, dass die Werte erst nachträglich durch den Untersuchungsleiter aufgrund unterstellter Annahmen und unter mathematischer Verknüpfung der einzelnen Elemente berechnet werden (Berekoven et al., 2009). Während die Positionierung auf der Skala bei der Selbsteinstufung durch den Probanden selbst erfolgt, geschieht dies bei der Verwendung einer Fremdeinstufungsskala folglich durch eine andere Person. Bei der Studienkonzeption müssen daher in einem ersten Schritt Annahmen zu den Items der Skala getätigt werden und in einem zweiten Schritt müssen die Regeln der Verknüpfung der Items in der späteren Auswertung festgelegt werden, bevor der Proband sich dann in der eigentlichen Erhebung durch Selbsteinstufung auf den einzelnen Items positioniert. Fremdeinstufungen werden bei komplexen theoretischen Konstrukten wie dem Involvement, der Einstellung, dem wahrgenommenen Vertrauen, der Kundenzufriedenheit etc. angewendet. Zu den Verfahren der **subjektiven Fremdeinstufung** gehört die Indexbildung (Schnell et al., 2018), bei der jedoch die Auswahl der Items und die Berechnung der Position auf der endgültigen Skala relativ willkürlich erfolgen, da zusätzlich die Gewichtungen (gleich oder ungleich), mit denen die Items für die Indexbildung in die Berechnung der Skala eingehen, im subjektiven Ermessen des Forschers liegen (Berekoven et al., 2009). Subjektive Fremdeinstufungen stellen bspw. Indizes zur Berechnung von Kennzahlen für die Unternehmensplanung auf Basis einer Anzahl von Items als arithmetischer oder geometrischer Mittelwert dar.

Zu den Verfahren der **objektiven Fremdeinstufung** gehört die eindimensionale Skalierung, bei der die so genannten Likert-, Thurstone-, Guttman- oder Rasch-Skalen verwendet werden. Alle diese Skalen werden sehr aufwendig konstruiert, meist in der Einstellungsforschung verwendet und über Statements operationalisiert, wobei der Einstellungswert einer Person erst im Nachhinein berechnet wird (ausführlich Boltz und Trommsdorff, 2022; Schnell et al., 2018). Allerdings wird aufgrund der Ähnlichkeit der Formulierung der Items als Statements und der zugehörigen Skalierung (z. B. fünfstufige Ratingskala) in vielen Bereichen der wissenschaftlichen und praktischen Marktforschung auch von Likert-type-Skalen gesprochen, welche die populärste Anwendungsform darstellen. So kann bspw. auf einer fünfstufigen Likert-type-Skala von „1 = stimme voll und ganz zu" bis „5 = stimme überhaupt nicht zu" gefragt werden, wie hoch die Wahrscheinlichkeit ist, dass Probanden eine bestimmte Marke im nächsten Monat kaufen, nutzen, weiterempfehlen etc. würden. Während es sich hierbei streng genommen um ein Verfahren der Selbsteinstufung mittels Rating-Skala handelt, werden Likert-type-Skalen im Rahmen der Messung komplexer Konstrukte (z. B. Involvement, Gesundheitsbewusstsein oder Kundenzufriedenheit) verwendet, indem aus einer Mehrzahl von Items für einzelne latente Konstrukte (z. B. im Rahmen von Strukturgleichungs- oder Pfadmodellen) für spezifische Probanden Gesamtwerte berechnet werden, die dann im Hinblick auf ihre Güte überprüft und in die Schätzung des unterstellten Modells eingehen. Solche Gesamtwerte können bspw. Faktorwerte sein, die die Ausprägung eines individuellen Probanden auf der Skala bzw. dem daraus berechneten (aggregierten) Faktor wiedergeben (siehe hierzu auch die weiter unten diskutierte Faktorenanalyse). Solche Skalen werden als Multi-item-Skalen bezeichnet (Kreis et al., 2021). Ihnen wird in der Literatur zu statistischen Verfahren i. d. R. eine höhere Güte im Vergleich zu so genannten Single-item-Skalen gerade vor dem Hintergrund der Messung theoretischer Konstrukte zugesprochen. Eine weitere Ausführung würde an dieser Stelle allerdings zu weit gehen, darum wird auf die umfangreiche Spezialliteratur zu diesem Thema verwiesen (z. B. Backhaus et al., 2015; Hair et al., 2018; Weiber und Mühlhaus, 2014).

Zu den Verfahren der objektiven Fremdeinstufung gehört außerdem die mehrdimensionale Skalierung, bei der das semantische Differenzial und die Multiattributmodelle unterschieden werden. In diesem Zusammenhang stellt das **semantische Differential** ein äußerst beliebtes Skalierungsverfahren der praktischen Marktforschung dar, welches von den Psychologen Osgood et al. (1957) entwickelt wurde. Dabei werden Gegensatzpaare von Begriffen mit Hilfe bipolarer Ratingskalen gemessen (z. B. heiß – kalt, gut – schlecht, stark – schwach, schön – hässlich etc.). Semantische Differentiale eignen sich besonders für die Imageforschung, denn mit ihnen können Images von Objekten (z. B. Produkte, Marken, Unternehmen oder Personen) relativ einfach ermittelt und als Profillinie dargestellt werde (Schnell et al., 2018). Mit weiteren multivariaten Verfahren (z. B. explorative Faktorenanalyse) lassen sich bei semantischen Differentialen zudem unabhängige Dimensionen ermitteln, da die Gegensatzpaare bspw. im Hinblick auf die Beurteilung einer Anbieterleistung nicht unabhängig voneinander bewertet werden. Als Resultat spannen die Dimensionen dann den semantischen Raum auf, indem sich ein Untersuchungsobjekt für das Individuum oder eine Gruppe von Individuen (durchschnittlich) befindet. Allerdings muss konstatiert werden, dass semantische Differentiale nur sehr allgemeine, metaphorische Merkmale eines Untersuchungsobjekts abfragen (z. B. die Anmutung eines Objekts) und folglich nur sehr allgemeine Aussagen zum Untersuchungsgegenstand zulassen (Berekoven et al., 2009).

Bei den **Multiattributmodellen** werden Objekten im Vorfeld bestimmte Attribute zugeschrieben, deren Zuweisung über eine Befragung von Probanden zu bestimmten Items durch den Untersuchungsleiter nachträglich komponierend (z. B. Fishbein oder Trommsdorff) oder dekomponierend (z. B. Multidimensionale Skalierung) ermittelt werden. Auch diese Verfahren eignen sich zur Messung von Einstellungen gegenüber Objekten (zur Diskussion um die Differenzierung zwischen einem mehrdimensionalen Image und einer eher eindimensionalen Einstellung vgl. Boltz und Trommsdorff, 2022; Kroeber-Riel und Gröppel-Klein, 2019). Bei den komponierenden Verfahren werden einzelne Eigenschaften eines Objekts (z. B. eine Dienstleistung) mittels Selbsteinstufung abgefragt und die Einstellung wird im Nachhinein daraus ermittelt, indem nach einem bestimmten Algorithmus die Einzelwerte der Beurteilung miteinander verknüpft werden. Dieser ist für die genannten Beispiele des Fishbein- (multiplikativ) und Trommsdorff-Modells (additiv) unterschiedlich, da von unterschiedlichen theoretischen Annahmen ausgegangen wird. Das Resultat ist jedoch bei beiden die aggregierte Einstellung einer Person gegenüber dem untersuchten Objekt. Bei einer Dienstleistung (Objekt) müssen die relevanten Leistungseigenschaften, welche für die Einstellungsbildung entscheidend sind, allerdings im Vorfeld abgegrenzt werden. Weiter oben wurde bereits diskutiert, dass es sich nach der Drei-Komponenten-Theorie um eine affektive und eine kognitive Komponente handelt (Rosenberg und Hovland, 1960), die als Einstellung einer Person gegenüber einem Untersuchungsgegenstand einen gebündelten Einfluss auf die konative Komponente, d. h. die Verhaltensbereitschaft bzw. das tatsächliche Verhalten haben. Berekoven et al. (2009) formulieren in diesem Zusammenhang treffend, dass die Einstellung nichts anderes als die Zusammenfassung von Images (Teileinstellungen) gegenüber einem Untersuchungsgegenstand zu einem Gesamtwert (eindimensionale Größe) ist. Im Gegensatz dazu zählt die Multidimensionale Skalierung (MDS) zu den dekomponierenden Verfahren der Multiattributmodelle. Das Verfahren ist in der Lage, durch Selbsteinstufung der Probanden mit Hilfe eines Vergleichs von Objekten (z. B. Marken) im Hinblick auf deren (Un-)Ähnlichkeit, diese in einem mehrdimensionalen mathematischen Raum darzustellen (Backhaus et al., 2021; Malhotra et al., 2017). Dieser mathematische Raum stellt die modellhafte Abbildung des Wahrnehmungsraums einer Person dar, in dem sich diese Objekte (z. B. Leistungen oder Personen) zwischen unterschiedlichen, relevanten Beurteilungsdimensionen befinden. Die Beurteilung erfolgt im Gegensatz zu den komponierenden Verfahren nicht auf vorab festgelegten Eigenschaften, sondern auf Basis eines Gesamtvergleichs der jeweiligen Objekte. Somit sind die Bezeichnung bzw. Interpretation der im Rahmen der Analyse ermittelten Dimensionen als Beurteilungseigenschaften nach der Berechnung des mathematischen Raums vom Untersuchungsleiter vorzunehmen. Diese Art der Skalierung wird auch sehr häufig bei Positionierungsanalysen eingesetzt, um darauf aufbauend aus der Lage der Objekte im Wahrnehmungsraum der Befragten bspw. entsprechende Strategien zur Veränderung der Position abzuleiten. Die Positionierung wird im Rahmen des strategischen Marketings detaillierter behandelt.

Zusätzlich zu den Messniveaus und der Skalierung müssen Aussagen zur **Güte der Daten** getätigt werden. Dabei werden vor allem drei Hauptkriterien unterschieden (Himme, 2009; Schnell et al., 2018). Hierzu gehören aufeinander aufbauend die Objektivität, die Reliabilität und die Validität (Berekoven et al., 2009). Darüber hinaus können insbesondere aus der Sicht eines Unternehmens noch die Wirtschaftlichkeit und die Praktikabilität als erweiterte Gütekriterien hervorgehoben werden (Bühner, 2021; Hammann und Erichson, 2000). Während die ersten drei Kriterien insbesondere aus statistischen Erfordernissen abgeleitet sind, handelt es sich bei der Wirtschaftlichkeit darum, ob eine Messung unter Kosten-Nutzen-Aspekten als angemessen zu bezeichnen ist. Generell zielt die menschliche Neugierde darauf ab, besonders viele Informationen aus einer Messung zu generieren, um sich vor allem im Vorhinein der Messung nicht zu beschränken. Allerdings verursacht jede Marktforschung zum einen direkte Kosten für die Erstellung, Durchführung und Auswertung der Daten und zum anderen werden personelle Ressourcen selbst bei einer extern erstellten Marktstudie auch zeitlich gebunden, was als indirekte Kosten ebenfalls zu den Gesamtkosten der Studie beiträgt. Eine Beurteilung zur Wirtschaftlichkeit, d. h. zum optimalen Ressourceneinsatz vor dem Hintergrund des aus der Studie erzeugten Nutzens durch die Generierung zusätzlicher Informationen, kann jedoch stets nur situationsbedingt erfolgen. Außerdem spielt die Praktikabilität der verwendeten Messinstrumente eine wichtige Rolle. Meist stehen mehrere Messinstrumente zur Auswahl, die neben der Tatsache, dass sie eine unterschiedliche Eignung für eine vorliegende Fragestellung aufweisen, auch einen unterschiedlichen Aufwand voraussetzen bzw. einen unterschiedlichen Anspruch an die Kenntnisse und Erfahrungen des Untersuchungsleiters stellen. In Verbindung mit der Wirtschaftlichkeit kann hierbei nach der Devise vorgegangen werden: so viel wie nötig und so wenig wie möglich. Allerdings ist auch die Praktikabilität von der Situation und dem Ziel der Untersuchung abhängig. Sowohl die Wirtschaftlichkeit als auch die Praktikabilität sind keine statistischen Gütemaße, sondern erlauben eine zusätzliche Bewertung von Methoden und Auswertungsverfahren aus der Perspektive eines einzelnen Unternehmens.

In Bezug auf die drei Hauptkriterien stellt die **Objektivität (Unabhängigkeit)** das schwächste Gütekriterium dar. Streng genommen ist sie auch kein statistisches Gütemaß, da in der Statistik lediglich zwischen dem zufälligen (Reliabilität) und dem systematischen Fehler (Validität) unterschieden wird. Dennoch ist die Objektivität nicht nur für die wissenschaftliche, sondern auch für die praktische Marktforschung von hoher Bedeutung. Die Objektivität gibt an, inwieweit die Auswahl des Forschungsinstrumentariums, die Formulierung einzelner Fragen und Antwortmöglichkeiten (Durchführungsobjektivität) sowie die Ergebnisse (Auswertungsobjektivität) und die Interpretation der erhaltenen Daten (Interpretationsobjektivität) unabhängig von der Person des Versuchsleiters sind (ausführlich Bühner, 2021). Damit spiegelt Objektivität die Forderung wider, dass die gesamte Untersuchung frei von verfälschenden Randfaktoren ist. Unterschiedliche Personen dürfen die Untersuchung bzw. die Daten folglich nicht durch ihre subjektiven Wertvorstellungen (z. B. Einstellungen zu bestimmten Themen), Wünsche (z. B. eigene Karriere) respektive Zielsetzungen (z. B. Generierung höherer Budgets für einen bestimmten Unternehmensbereich) beeinflussen können, was bereits bei der Auswahl bzw. der Formulierung Fragen beginnt und bei der Interpretation bzw. der Präsentation der Ergebnisse endet.

Eine statistische Minimalforderung an die gemessenen Daten besteht darin, dass bei aufeinander folgenden Messungen (Messwiederholungen) an einem Objekt mit dem gleichen Instrumentarium und unter den sonst gleichen Bedingungen dieselben Ergebnisse resultieren (Schnell et al., 2018). In diesem Fall wäre die Varianz der gemessenen Werte und der tatsächlichen Werte identisch und die Messung somit frei von zufälligen Fehlern. Vereinfacht gesagt sind damit die Schwankungen um einen gemessenen Mittelwert klein, was auch als Präzision der Messung bezeichnet und mit

der empirischen Standardabweichung (Standard-deviation) als Wurzel der Varianz angegeben wird. Der soeben genannte Grundgedanke wird als **Reliabilität (Zuverlässigkeit)**
einer Messung bezeichnet, welche damit angibt, ob bei unterschiedlichen Messzeitpunk-
ten mit demselben Instrumentarium die Ergebnisse identisch, d. h. zeitlich stabil sind.
Trifft dies zu, liegt eine hohe formale Messgenauigkeit (Präzision) vor (Berekoven et al.,
2009; Bühner, 2021). Die so genannte Wiederholungsreliabilität (Test-retest-reliability)
wird über eine Korrelation der in zeitlichen Abständen gemessenen Werte bestimmt,
kann allerdings das Problem beinhalten, dass Erinnerungs- bzw. Lern-/Anpassungseffekte
bei den Probanden auftreten, die zu einer Über- oder Unterschätzung der Wiederholungsreliabilität führen. Aus diesem Grund wird zusätzlich die Halbierungsreliabili-
tät (Split-half-reliability) unterschieden, bei deren Messung die Probanden in zwei
Gruppen unterteilt werden und die zeitlich zu einem gleichen Zeitpunkt gemessenen Ergebnisse ebenfalls miteinander korreliert werden. Bei einer Messung zum
gleichen Zeitpunkt kann zudem die so genannte Paralleltestreliabilität (Parallel-test-
reliability) verwendet werden, bei der zwei ähnliche, äquivalente Messinstrumente in
einem sehr stark verkürzten zeitlichen Abstand (z. B. innerhalb desselben Fragebogens)
verwendet werden, um den gleichen Sachverhalt zu messen, und die Daten im Anschluss korreliert werden. Abgesehen von den hohen Anforderungen an das zweite Instrumentarium können allerdings auch hierbei die genannten Effekte auftreten.

In der Marktforschungspraxis hat sich vor allem in Bezug auf die Messung von
Multi-item-Skalen zu einem identischen Zeitpunkt Cronbachs α als Gütemaß durchgesetzt, welches Werte zwischen 0 und 1 annehmen kann (Cronbach, 1951), und die Korre-
lation zwischen den einzelnen Items und damit die interne Konsistenz einer Skala
ermittelt. Zur Beurteilung wird eine Mindestkorrelation von 0,7 gefordert (Cortina,
1993; George und Mallery, 2003; Himme, 2009; Lance et al., 2006) und es wird von einer
Austauschbarkeit der Indikatoren als fehlerhafte Messung, d. h. einer reflektiven
Messung des Konstrukts ausgegangen (Götz und Liehr-Gobbers, 2004; Homburg und
Baumgartner, 1995). Darüber hinaus ist zu berücksichtigen, dass Cronbachs α keine
Mehrdimensionalität einer Messskala prüfen kann, d. h. die Probanden haben in diesem Fall bei der Beurteilung unterschiedliche, voneinander unabhängige Dimensionen
bei ihrer Einstufung berücksichtigt. Allerdings kann sich bspw. das latente Konstrukt
der Kundenzufriedenheit aus der eigentlichen Leistung, den Mitarbeitern, der Dokumentation, der Kommunikation usw. zusammensetzen (Homburg und Rudolph, 1998),
wodurch Cronbachs α an dieser Stelle zu verzerrten Ergebnissen führt. Daneben kann
die so genannte Trennschärfe berechnet werden, die die Korrelation eines Items mit
der Skala misst und ein weniger populäres Gütekriterium im Kontext der Reliabilität
von Multi-item-Skalen darstellt. Der Trennschärfekoeffizient kann Werte zwischen 0
und 1 annehmen und sollte idealerweise oberhalb von 0,3 liegen (Bühner, 2021). Alle
Items, die einen kleineren Wert erzeugen, können darum aussortiert werden. Gleiches
gilt für Cronbachs α, wenn durch die Auslassung eines Items sich der Gesamtwert der
Skala verbessert. Abschließend sei noch darauf verwiesen, dass eine detailliertere Ausführung zu den Besonderheiten der reflektiven und formativen Messung theoretischer

Konstrukte sowie deren mehrdimensionaler Operationalisierung an dieser Stelle zu weit geht, darum wird auf die umfangreiche Spezialliteratur zum Thema verwiesen (z. B. Bagozzi und Yi, 1988; Christophersen und Grape, 2009; Eggert und Fassott, 2003; Giere et al., 2006; Götz und Liehr-Gobbers, 2004; Homburg und Baumgartner, 1995; Jarvis et al., 2003).

Das stärkste Gütekriterium stellt die **Validität (Gültigkeit)** dar, die angibt, ob ein Test wirklich das misst, was er zu messen vorgibt (Bühner, 2021), also dem tatsächlich zu messenden Sachverhalt (z. B. Involvement, Einstellung oder Kundenzufriedenheit). Sie umschließt respektive beinhaltet damit gleichzeitig die Reliabilität, denn ein Skalierungsverfahren, was den tatsächlich zu messenden Sachverhalt misst, ist streng genommen auch frei von zufälligen Fehlern. Die Validität beschäftigt sich daher mit dem systematischen Fehler einer Messung, inwieweit folglich der gemessene Wert mit dem wahren Wert eines Konstrukts korreliert (theoretische Validität). Ist diese Korrelation hoch, so wird auch von materieller Messgenauigkeit (Richtigkeit) gesprochen (Berekoven et al., 2009). Wiederholte Messungen können zwar durchaus reliabel sein, da die Präzision der empirischen Werte hoch ist, weil Probanden sich stets auf demselben Wert einstufen, jedoch kann es immer noch sein, dass aufgrund eines systematischen Einflusses die Richtigkeit des gemessenen Mittelwerts fraglich ist, da dieser einen großen Abstand zum wahren Mittelwert hat (Schnell et al., 2018). Dies kann entweder aus einem ungeeigneten Messinstrument oder den falschen Probanden für die vorliegende Fragestellung resultieren. Die Auswahl der falschen Probanden wird weiter unten noch einmal aufgegriffen (z. B. durch einen Self-selection-bias). In der Literatur zum Thema hat sich eine Unterteilung in drei Validitätskonzepte durchgesetzt (Bühner, 2021; Hammann und Erichson, 2000; Schnell et al., 2018):

– Inhaltsvalidität (Content-validity): Hierbei handelt es sich um die subjektive Beurteilung, ob ein Messinstrument in der Lage ist, den angestrebten Sachverhalt zu repräsentieren bzw. zu messen. Es stellt sich also die Frage, ob die Variablen eines Messmodells dem inhaltlich-semantischen Bereich des Konstrukts angehören und die konstruierten Items alle Bedeutungsinhalte und Facetten des Konstrukts wiedergeben. Damit erfordert die Inhaltsvalidität eine präzise inhaltliche Definition eines Konstrukts. Eine Beurteilung geschieht auf Basis von Expertenurteilen oder Plausibilitätsüberlegungen (Face-validity) und kann damit immer nur subjektiv angegeben werden, d. h. es kann keine objektive Quantifizierung erfolgen.

– Kriteriumsvalidität (Criterion-validity): Diese liegt vor, wenn die Messungen eines Konstrukts mit der Messung eines anderen Konstrukts, dem empirischen Außenkriterium, stark korrelieren (empirische Validität). Es wird zum einen unterschieden, ob die Messungen des Kriteriums gleichzeitig erfolgen. Bei dieser so genannten Übereinstimmungsvalidität (Concurrent-validity) werden bspw. die Ergebnisse zweier Messverfahren, von denen eines der Verfahren bereits hinreichend validiert wurde, auf ihren Zusammenhang überprüft (z. B. ein Intelligenztest und gleichzeitig die Erhebung der Schulnoten eines Probanden). Zum anderen kann die Messung zu einem späteren Zeitpunkt erfolgen, was als Vorhersagevalidität (Predictive-validity) bezeichnet wird (z. B. die Messung der Kundenzufriedenheit und dem zukünftigen Wiederkaufverhalten als zu prognostizierendem Außenkriterium). Es ist leicht ersichtlich, dass die Schwierigkeit bei der Messung der Kriteriumsvalidität darin besteht, ein bereits hinreichend validiertes Außenkriterium zu identifizieren.

– Konstruktvalidität (Construct-validity): Dieses Konzept ist der anspruchsvollste Maßstab zur Beurteilung der Validität. Die Konstruktvalidität bildet die Frage ab, ob ein Messinstrument überhaupt geeignet ist, das Konstrukt bzw. den Sachverhalt zu messen, den der Untersuchungsleiter messtechnisch abbilden möchte; ist es also zulässig zur Abbildung der Fragestellung bzw. ist es in der Lage, den wahren Wert eines Konstrukts zu messen (theoretische Validität). In diesem Zusammenhang wird einerseits die Konvergenzvalidität (Convergent-validity) unterschieden, welche einen hohen Zusammenhang zwischen den Indikatoren eines Konstrukts (z. B. Involvement) mit Hilfe von Korrelationen zwischen diesen überprüft. Darüber hinaus können auch die Ergebnisse einer neuen Skala mit bereits validierten Tests verglichen werden, wobei hohe Zusammenhänge erwartet werden. Andererseits wird die Diskriminanzvalidität (Discriminant-validity) unterschieden, bei der das Ergebnis der Konstruktmessung mit der Messung anderer Konstrukte verglichen wird, welche eben vorgeben, eines oder mehrere andere Konstrukte zu messen. Hierbei wird von niedrigen Zusammenhängen ausgegangen, da sonst keine Unterscheidung der Konstrukte vorliegt. Sozusagen bleibt die Schlussfolgerung, dass die Indikatoren nicht hinreichend diskriminieren und somit dasselbe Konstrukt messen. Zur Bestimmung der Konstruktvalidität wird in der Testtheorie bspw. die so genannte Multitrait-multimethod-Matrix von Campbell und Fiske (1959) herangezogen. Heute werden allerdings verstärkt multivariate Verfahren wie bspw. die konfirmatorische Faktorenanalyse eingesetzt (Backhaus et al., 2015; Brown, 2015; Hair et al., 2018), bei denen meist eindeutige Grenzwerte für unterstellte Gütekriterien (z. B. Composite-reliability [CR] für die Konvergenzvalidität und Average-variance-extracted [AVE] oder Maximum-shared-variance [MSV] für die Diskriminanzvalidität respektive das so genannte Fornell-Larcker-Kriterium [Fornell und Larcker, 1981]) vorliegen bzw. ausführlich in der Literatur diskutiert werden (Bagozzi, 1980/1981). Außerdem wird in jüngerer Zeit verstärkt das Problem des so genannten Common-method-bias (auch Common-method-variance) im Kontext der Konstruktvalidität diskutiert. Letzteres bezieht sich darauf, dass in einem Fragebogen die Probanden die unabhängigen und abhängigen Variablen gleichzeitig beurteilen sollen. Vereinfacht ausgedrückt kann es im Sinne eines Common-method-bias immer dann zu Verzerrungen bei der Konstruktmessung kommen, wenn die Probanden diesen Umstand erkennen und die Beantwortung der Fragen dadurch beeinflusst wird (z. B. soziale Erwünschtheit oder der Wunsch nach Konsistenz in der Beantwortung der Fragen). In der Literatur werden unterschiedliche Verfahren zur Einschränkung eines Common-method-bias diskutiert, deren Beschreibung an dieser Stelle allerdings zu weit geht (Podsakoff et al., 2003; Podsakoff et al., 2012; Richardson et al.,

2009; Williams et al., 1989). Außerdem kann im Marketing relativ einfach auf bereits validierte Skalen zurückgegriffen werden, die aus der Literatur zusammengetragen und in einschlägigen Handbüchern veröffentlicht werden (z. B. Bearden et al., 2011; Bruner II, 2019). Insgesamt hilft dies nicht nur in der wissenschaftlichen, sondern auch in der praktischen Marktforschung dabei, die Konstruktvalidität und damit die Güte der Daten zu verbessern.

In Ergänzung zu den drei Validitätskonzepten, die sich auf nicht-experimentelle Studien beziehen (Himme, 2009), wird in der Literatur zwischen interner und externer Validität bezgl. experimenteller Studien unterschieden (Campbell und Stanley, 1963). Als besondere Form von Tests beschäftigen sich Experimente mit der Analyse des Einflusses von unabhängigen auf abhängige Variablen. Wie bereits diskutiert, stellen sie eine Mischform der Befragung und/oder Beobachtung dar bzw. folgen einem systematischen Design (Versuchsplan). Hierbei wird von **interner Validität** gesprochen, wenn sich die Veränderung der abhängigen Variablen alleine auf den experimentellen Input zurückführen lässt, somit also konfundierende Effekte (Störfaktoren) entweder kontrolliert oder ausgeschlossen werden können (Schnell et al., 2018). Folglich dürfen keine Alternativerklärungen für die gefundenen Ergebnisse vorliegen und das Messniveau sowie die Skalierung respektive die weiter unten diskutierte Stichprobenauswahl müssen den Erfordernissen der Erhebung entsprechen (Hammann und Erichson, 2000). Eine solche Forderung kann oftmals nur für Laborexperimente zu einem hohen Grad eingehalten werden, die somit eine höhere interne Validität aufweisen, bei gleichzeitig eher geringerer externer Validität. Dagegen befasst sich die **externe Validität** damit, inwieweit die Ergebnisse eines Experiments auf die Realität bzw. andere Situationen übertragen werden können; wie folglich die Güte von Prognosen über die Realität auf Basis der gefundenen Werte bzw. deren Generalisierbarkeit zu beurteilen ist. Dies spricht wiederum eher für die Durchführung von Feldexperimenten in der natürlichen Umgebung der Probanden, bei denen die künstliche, verzerrende Laborsituation entfällt. Allerdings werden die Kontrolle der Störvariablen sowie die präzise Durchführung der Messung damit erschwert. Insgesamt wird deutlich, dass interne Validität nicht nur externe Validität bedingt (Helfrich, 2016), sondern dass sich interne und externe Validität gegenseitig beeinflussen bzw. in einem Trade-off zueinander stehen, d. h. je mehr von der einen Seite, desto weniger von der anderen Seite (Himme, 2009).

Nach der Festlegung der Messinstrumente muss in der Methodenplanung der **Erhebungsrahmen** definiert werden. Unter dem Erhebungsrahmen wird die sachliche, räumliche und zeitliche Abgrenzung der Grundgesamtheit verstanden (Hammann und Erichson, 2000), bei der es sich um die **Auswahlbasis** einer Marktforschungsstudie handelt (vgl. Abb. 4.16). Dies sind alle Personen bzw. Objekte, die für einen Themenbereich, d. h. die Forschungsfrage, in Betracht kommen. Bei Seife (sachlich) wäre dies bspw. fast die gesamte Bevölkerung in Deutschland (räumlich). Zusätzlich stellt sich die Frage, ob es nur die Nutzer des letzten Quartals oder alle diejenigen sind, die generell schon einmal Seife genutzt haben (zeitlich). Erschwerend kommt hinzu, dass neben den Nutzern auch die Käufer oder Entscheider betrachtet werden können (z. B. bei familiären Kaufentscheidungen). Bei einer Dienstleistung wie der Scheibenreinigung stellen sich ähnliche Fragen. Hierbei kommt es zusätzlich darauf an, welche Art von Scheiben gemeint sind (z. B. Autos oder Häuser) und, ob es sich bspw. um eine professionelle Dienstleistung im B2B oder um eine häusliche Dienstleistung im B2C handelt.

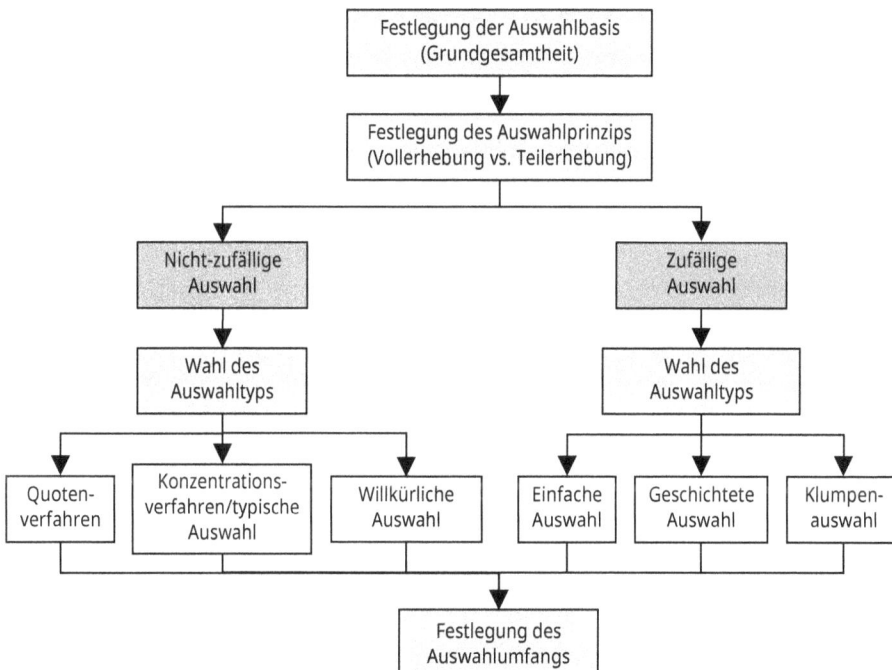

Abb. 4.16: Elemente des Auswahlplans (in Anlehnung an Hammann und Erichson, 2000).

Je nach Fragestellung variiert folglich die Größe der Grundgesamtheit, sodass nicht immer eine **Vollerhebung** mit der kompletten Grundgesamtheit durchgeführt werden kann, weil sonst die Zahl der Interviews und damit die Kosten der Befragung, abgesehen vom zeitlichen Aufwand, zu hoch wären (Voeth und Herbst, 2013). Dies wäre zwar oftmals wünschenswert und bspw. bei einer Kundenzufriedenheitsstudie eines B2B-Anbieters im Anlagenbau aufgrund der geringeren Zahl von Kunden durchaus möglich, in vielen anderen Problembereichen jedoch aus den genannten Gründen nicht zweckmäßig. Der Vorteil einer Vollerhebung besteht jedoch darin, dass bei einer Befragung aller Probanden keine systematischen und zufälligen Fehler gemacht werden können (Bühner, 2021), wie sie bspw. bei Teilerhebungen in die Betrachtung einbezogen werden müssen. So setzt sich der beobachtete Wert (Observed-value) immer aus dem wahren Wert (True-value) und einem Messfehler zusammen (Schnell et al., 2018), der wiederum in den systematischen Fehler (Systematic-error) und den zufälligen Fehler (Random-error) unterteilt wird (Churchill, 1979; Eisend und Kuß, 2021; von der Lippe und Kladroba, 2002). Daher muss bei **Teilerhebungen** die Stichprobe so ausgewählt werden, dass diese repräsentativ für die Grundgesamtheit steht, damit die Daten im Anschluss an die Erhebung verallgemeinert werden können (Berekoven et al., 2009; Kreis et al., 2021). Dies ist dann der Fall, wenn der beobachtete Wert möglichst nah am wahren Wert liegt, indem systematische und zufällige Fehler minimiert werden. Allerdings wird der Begriff Repräsentativität in der Wissenschaft kritisch diskutiert (Schnell et al., 2018; von der Lippe und Kladroba, 2002), da hierbei von bestimmten entscheidungsrelevanten Merkmalen bei den Untersuchungseinheiten ausgegangen wird, die somit in der Grundgesamtheit als bekannt vorausgesetzt werden. Streng genommen kann die Repräsentativität jedoch nur durch ein zufälliges Auswahlverfahren der Stichprobenteilnehmer gewährleistet werden, was in der Praxis aufgrund der weiter unten diskutierten Schwierigkeiten meist nicht angewendet wird; meist kommen Verfahren der nicht-zufälligen Auswahl zum Einsatz. Zusätzlich verweisen von der Lippe und Kladroba (2002) darauf, dass beim Unterschied zwischen dem gemessenen (X_O) und dem tatsächlichen Wert (X_T) statistisch nur zwischen einem systematischen (X_S) und einem zufälligen Fehler (X_R) zu unterscheiden ist. Um diese beiden Fehler weichen der gemessene Wert in der Stichprobe und der tatsächliche Wert in der Grundgesamtheit voneinander ab:

$$X_O = X_T + X_S + X_R$$

Der **Zufallsfehler** lässt sich mathematisch berechnen (Berekoven et al., 2009), da es sich um Streuungen um einen (richtigen) Mittelwert handelt, die mit einer größer werdenden Probandenzahl kleiner werden (Gesetz der großen Zahl). Eine Maßzahl hierfür ist die Standardabweichung (Standard-deviation) oder bei Multi-item-Skalen die so genannte Skalenreliabilität (Cronbachs α), welche durch Messwiederholungen angibt, wie gut bestimmte Fragen (Items) eine eindimensionale Skala messen (z. B. das Involvement); mit anderen Worten, inwieweit die Messung frei von zufälligen Fehlern ist. Cronbachs α wurde oben bereits diskutiert. Darüber hinaus kann der Marktforscher eine bestimmte, tolerierte Irrtumswahrscheinlichkeit (α) für den ermittelten Wert als so genanntes Signifikanzniveau festlegen, die im Rahmen eines Signifikanztests mit Hilfe der Wahrscheinlichkeitsrechnung überprüft wird (z. B. bei der Hypothesenüberprüfung des Effekts einer unabhängigen auf eine abhängige Variable). Mit Hilfe der Irrtumswahrscheinlichkeit bzw. umgekehrt, der so genannten Vertrauenswahrscheinlichkeit (1-α), kann dann bestimmt werden, welcher statistischer Fehler bei der Übertragung des ermittelten Wertes auf die Grundgesamtheit auftritt; wie wahrscheinlich es folglich ist, dass der Marktforscher sich irrt, wenn er davon ausgeht, dass der gemessene Wert dem tatsächlichen Wert entspricht (Bühner, 2021). Dies wird auch als Fehler 1. Art (α-Fehler) bezeichnet, d. h. ein Marktforscher nimmt an, dass eine Alternativhypothese zutrifft (Variable hat einen Effekt), obwohl die Nullhypothese gültig ist (Variable hat keinen statistisch signifikanten Effekt). Ein anderer Ausdruck für die Vertrauenswahrscheinlichkeit ist das so genannte Konfidenzniveau, welches auch als Konfidenzintervall (Vertrauensbereich) angegeben wird, in dem ein Mittelwert bei unterstelltem Konfidenzniveau liegt (Bortz und Schuster, 2010). Dabei ist zu beachten, dass das gewählte Signifikanzniveau für den statistischen Test von der Fragestellung abhängt. Ein Marktforscher, der die Einstellung zu bestimmten digitalen Dienstleistungen misst, kann einen höheren Fehler akzeptieren als ein Pharmakologe, der als Nebenwirkung eines neuen Wirkstoffs das Todesrisiko eines Patienten in Kauf nehmen muss. Gleiches gilt für einen Ingenieur, der eine Brücke baut, die möglicherweise einstürzen kann (z. B. Bortz und Schuster, 2010; Bühner, 2021). Geläufige Fehlertoleranzen in der Marktforschung bewegen sich auf einem α-Niveau von 5 % (signifikant), 1 % (sehr signifikant) und 0,1 % (höchst signifikant). Diese gehen auf Fisher (1925) zurück, werden heute allerdings teilweise auch als willkürlich kritisiert (Aguinis et al., 2010; Krueger, 1998). Wird das Risiko also als geringer eingeschätzt (z. B. keine Todes- oder Verletzungsgefahr), so kann durchaus eine Fehlertoleranz von 10 % (schwach signifikant) angenommen werden; die Fragestellung und die Einschätzung des Marktforschers sind also letztendlich entscheidungsrelevant für die Wahl des Signifikanzniveaus.

Dahingegen betrifft der **systematische Fehler** die Auswahl der Probanden, da es sich um eine Abweichung vom tatsächlichen (wahren) Mittelwert handelt; es werden folglich die falschen Probanden befragt. Dies ist mathematisch mit Hilfe der Wahrscheinlichkeitsrechnung nicht quantifizierbar (Berekoven et al., 2009). Der systematische Fehler resultiert bspw. daraus, dass der Marktforscher nicht an die richtigen Probanden herankommt (z. B. zeitlich oder räumlich), veraltete Adressdaten vorliegen oder die gesuchten Probanden kein Interesse an einer Teilnahme haben, wodurch ein Non-response-bias auftritt (Schnell et al., 2018). Zudem können bestimmte Personen, ganz im Gegenteil, ein besonderes Interesse haben, bspw. wegen hoher Computer- oder Mobilfunk-Affinität oder generell einem hohen Involvement für ein bestimmtes Thema (z. B. bestimmte Dienstleistungen rund um das Automobil) oder Objekt (vor allem bei Produkten), an einer Studie teilnehmen; diese Individuen sind dann in der Stichprobe überrepräsentiert. Hierbei wird auch vom Self-selection-bias gesprochen. Personen ordnen sich also mehr oder weniger selbstständig der Stichprobe zu, was bei Online-Befragungen als Problem auftreten kann, wenn der Link oder QR-Code zur Befragung bspw. über soziale Netzwerke breit gestreut wird. Außerdem muss untersucht werden, ob zwischen Personen, die entweder sehr früh (Early-response-bias) oder aber sehr spät (Late-response-bias) geantwortet haben, Unterschiede im Antwortverhalten bestehen. Schließlich können systematische Fehler dadurch auftreten, dass eine Überforderung vorliegt, weil die Fragen zu kompliziert oder unspezifisch gestellt wurden, oder der Interviewer einen Einfluss durch sein Auftreten und Ausdrucksverhalten ausübt. Letzteres wird als Interviewer-bias bezeichnet. Im technischen Bereich können eine falsche Messmethode oder ein nicht geeichtes bzw. falsch kalibriertes Messinstrument zu einem systematischen Fehler führen. Der systematische Fehler wird auch im Rahmen der Validität thematisiert, d. h. inwieweit ein Messinstrument und die zugehörigen Messwerte frei von systematischen Fehlern sind, da das Instrument genau das misst, was es zu messen vorgibt und so möglichst frei von systematischen Verzerrungen ist. Sowohl die Reliabilität als auch die Validität bzw. die Objektivität wurden bereits vor dem Hintergrund der Messinstrumente diskutiert. Insgesamt betrachtet reduziert die Größe der Stichprobe bzw. die Anzahl der Messungen nur den zufälligen Fehler, es können aber dennoch die falschen Probanden untersucht werden, sodass immer noch von einem systematischen Fehler auszugehen ist; damit ist die Stichprobe nicht repräsentativ für die Grundgesamtheit, d. h. alle für eine Befragung in Betracht kommenden Untersuchungseinheiten (Koch und Riedmüller, 2021; von der Lippe und Kladroba, 2002).

Bei der Festlegung von Voll- oder Teilerhebung handelt es sich um das Auswahlprinzip. Daneben spielen bei Teilerhebungen noch der Auswahltyp sowie der Auswahlumfang eine wichtige Rolle, um insgesamt eine möglichst hohe Repräsentativität bzw. einen geringen systematischen und zufälligen Fehler zu gewährleisten (Kaya und Himme, 2009; Koch und Riedmüller, 2021). Das **Auswahlprinzip** der zufälligen Auswahl (Zufallsauswahl) für Teilerhebungen ist in der marktforscherischen Praxis nur schwer zu erfüllen, da nur in seltenen Fällen alle Personen der Grundgesamtheit die gleiche, berechenbare und von Null verschiedene Wahrscheinlichkeit haben, in die untersuchte Stichprobe zu gelangen. Die Zufallsauswahl folgt damit dem Zufallsprinzip; es müssen folglich alle Personen der Grundgesamtheit bekannt sein und der Marktforscher hat keinen Einfluss auf die Auswahl der Probanden. Eine Zufallsauswahl ist somit objektiv und ohne Verzerrung, hat aber den Nachteil, dass Probanden nicht im Nachhinein ergänzt werden können, wenn andere Probanden nicht erreichbar sind oder kein Interesse haben, da sonst das Zufallsprinzip verletzt wäre (Voeth und Herbst, 2013). Die Grundidee einer Zufallsauswahl von Probanden folgt dem Urnenmodell, bei dem sich unterschiedliche Kugeln in einer Urne befinden, die daraus zufällig gezogen werden (z. B. die Lottozahlen). Während früher Tabellen mit Zufallszahlen publiziert wurden, besteht heute die Möglichkeit, sich in Programmen (z. B. Microsoft Excel) Zufallszahlen ausgeben zu lassen, die dann für Personen in einer Liste mit Namen und Adressen stehen. Berekoven et al. (2009) nennen daneben noch die systematische Zufallsauswahl, bei der in einer Liste mit Elementen (potenzielle Probanden) zunächst zufällig ein Startpunkt gezogen wird und dann jedes n-te Element in die Stichprobe kommt – als Vorlage dienten früher oftmals Telefonbücher, das Schlussziffernverfahren, bei der alle Elemente mit einer bestimmten Schlussziffer in die Stichprobe gelangen, und die Buchstabenauswahl, bei der Personen mit einem bestimmten Anfangsbuchstaben im Namen für die Stichprobe gezogen werden.

Bei dem **zufälligen Auswahltyp** der einfachen Auswahl (Simple-sampling) wird eine heterogene Grundgesamtheit herangezogen, bei der keine Annahme über ihre Zusammensetzung nach bestimmten Charakteristika oder nach vorher festgelegten Kriterien vorliegt (Bortz und Schuster, 2010; Kreis et al., 2021). Eine Kenntnis der Merkmalsstruktur der Grundgesamtheit ist im Vorhinein also nicht notwendig. Dagegen erfolgt bei einer geschichteten Auswahl bzw. einer Klumpenauswahl eine Vorabunterteilung der Grundgesamtheit in Gruppen auf Basis bestimmter Annahmen über deren Charakteristika. Hierzu gehören bspw. das Geschlecht, das Einkommen sowie die Haushalts- oder Unternehmensgröße. Folglich muss die Verteilung dieser Merkmale in der Grundgesamtheit bekannt oder leicht zu erheben sein. Bei der geschichteten Auswahl (Stratified-sampling) werden dann aus den in sich homogenen Gruppen (Schichten) mittels multipler Zufallsauswahl einzelne Untersuchungseinheiten zufällig gezogen. Diese sind innerhalb der Gruppe im Hinblick auf die unterstellten Merkmale gleich (homogen). Außerdem wird von einer proportional geschichteten Stichprobe gesprochen, wenn jede Gruppe in der Stichprobe im Verhältnis zu ihrem Auftreten in der Grundgesamtheit vertreten ist. Um eine disproportional geschichtete Stichprobe handelt es sich, wenn dieses Verhältnis auf Basis sachlogischer Überlegungen nicht durchgängig eingehalten wird, weil bestimmte Gruppen eine besondere Bedeutung für einen Dienstleister haben (z. B. im Hinblick auf die Unternehmensgröße bei einem Anbieter für professionelle Dienstleistungen im B2B). Bei einer Klumpenauswahl (Cluster-sampling) als zufälligem Auswahltyp werden aus heterogenen Gruppen (Klumpen), die Konglomerate von Einheiten darstellen, eine bestimmte Anzahl von Klumpen ausgewählt und mit allen Untersuchungseinheiten in die Stichprobe einbezogen (Berekoven et al., 2009). Damit stellen Klumpen nicht einzelne Elemente der Grundgesamtheit dar, sondern ganze Gruppen von Elementen. Diese sind innerhalb der Gruppe im Hinblick auf die unterstellten Merkmale ungleich (heterogen). Der praktische Vorteil besteht darin, dass die Grundgesamtheit nicht vollständig vorliegen muss, sondern nur die interessierenden Gruppen, wodurch Kritiker auch von einer Pseudo-Stichprobe sprechen, da nicht ausgewählte Klumpen unberücksichtigt bleiben. Eine typische Klumpenauswahl liegt bspw. vor, wenn heterogene Bundesländer, Kreise, Städte oder Gemeinden zufällig für eine Stichprobe ausgewählt werden und innerhalb dieser Klumpen alle interessierenden Untersuchungseinheiten (z. B. Krankenhäuser für einen professionellen Reinigungsdienst) befragt werden (Voeth und Herbst, 2013). Allerdings kann es zu einem Klumpeneffekt kommen, wenn die ausgewählten Klumpen in sich relativ homogen sind, folglich die Ergebnisse nur wenig variieren. So entsteht möglicherweise ein systematischer Fehler, wenn in einer bestimmten Gemeinde vorwiegend Arbeitersiedlungen, Villengegenden, Senioren oder junge Familien, d. h. Personen mit ähnlichen Charakteristika, existieren. Eine solche Stichprobe kann dann nicht repräsentativ für die Grundgesamtheit sein.

Da die Zufallsauswahl in der Marktforschungspraxis nur schwer umsetzbar ist, wird als Auswahlprinzip meist auf die Verfahren der nicht-zufälligen Auswahl (bewusste Auswahl) zurückgegriffen. In diesem Kontext stellt eine der prominentesten **nicht-zufälligen Auswahltypen** das Quotenverfahren (Quota-sampling) dar. So unterstellen Berekoven et al. (2009) eine Verbreitung von ca. 80 % bei praktischen Marktforschungsstudien. Das Quotenverfahren kommt unter den Auswahltypen der bewussten Auswahl zudem der zufälligen Auswahl am nächsten. Beim Quotenverfahren wird versucht Repräsentanz herzustellen (Hammann und Erichson, 2000), indem die Struktur der Grundgesamtheit auf die Stichprobe übertragen wird. Dafür wird für jedes Quotierungsmerkmal bezgl. dessen relativer Häufigkeit in der Grundgesamtheit der entsprechende Anteil in der Stichprobe berechnet, sodass diese anteilsmäßig übereinstimmen (Voeth und Herbst, 2013). Die Erhebung wird dann nach der entsprechenden Quotenanweisung durchgeführt, indem von der Liste der geforderten Quotierungsmerkmale (z. B. Alter oder Geschlecht) die bereits erfüllten Merkmalsausprägungen (z. B. Altersgruppen oder Geschlechtszugehörigkeit) gestrichen werden. Es ist leicht ersichtlich, dass mit der Zahl der Merkmale und deren Ausprägungen bzw. mit dem Fortgang der Untersuchung es immer schwieriger wird, die noch fehlenden Kombinationen bei einer Untersuchungseinheit (z. B. bestimmtes Alter, Geschlecht, Religion, Familienstand, Einstellung etc.) zu finden. Abgesehen davon, dass die Interviewer die Quotierungsmerkmale einhalten müssen, ist zudem nicht immer ganz klar, welche Merkmale für die Untersuchung die zentralen Einflussfaktoren sind und wie deren Verteilung in der Grundgesamtheit ist. Daneben existieren das Konzentrationsverfahren (Cut-off-sampling) bzw. die typische Auswahl (Judgement-sampling), die beide ähnlich sind und bei denen auf Basis eines (Experten-)Urteils eine spezifische und für die Fragestellung besonders relevante Gruppe von Untersuchungseinheiten ausgewählt wird (Berekoven et al., 2009; Hammann und Erichson, 2000). Diesen kommt entweder ein bestimmtes Gewicht zu (Cut-off-sampling) oder sie verfügen über bestimmte, wichtige Merkmale (Judgement-sampling), welche für die unterstellte Grundgesamtheit typisch sind (z. B. Personen einer bestimmten Altersgruppe, eines bestimmten Geschlechts, Kunden mit einer bestimmten Dauer der Geschäftsbeziehung oder Unternehmen einer bestimmten Größe etc.). Beide Verfahren sind bezgl. der Repräsentativität als kritisch zu betrachten, da die Entscheidung über die relevanten Untersuchungseinheiten sehr stark auf subjektivem Ermessen seitens der Untersuchungsleitung bzw. der Unternehmensvertreter beruht. Ein Vorteil besteht allerdings darin, dass beide Verfahren relativ kostengünstig durchzuführen sind. Das Verfahren mit dem geringsten Anspruch im Hinblick auf die Repräsentativität der Untersuchungseinheiten stellt die willkürliche Auswahl (Convenience-sampling) dar. Dabei greift der Marktforscher ohne irgendwelche Annahmen beliebige Untersuchungseinheiten aus der Grundgesamtheit heraus und bittet diese um Teilnahme an der Studie. Die Gefahr eines Convenience-sample besteht vor allem, wenn ein Fragebogen online über einen Link oder einen QR-Code distribuiert wird. Wird zudem noch um Weiterempfehlungen gebeten, wird auch von einem Schneeballverfahren (Snowball-sampling) gesprochen. Dies hat zunächst den Vorteil, dass durch die Empfehlung an Freunde und Bekannte die Stichprobe schnell größer wird und die Zahl der Ausfälle sich durch die Empfehlung im Rahmen der persönlichen Kommunikation möglicherweise reduziert. Neben den geringeren Kosten und dem Zeitfaktor ist allerdings ein Problem darin zu sehen, dass die bereits genannte Selbstselektions-Problematik (Self-selection-bias) verstärkt auftritt, weil nur die interessierten bzw. hoch involvierten oder besser gesagt, die motivierten Probanden an der Marktforschungsstudie teilnehmen.

Schließlich muss als letzter Schritt nach der Festlegung des Auswahlprinzips respektive der damit einhergehenden Auswahltypen der **Auswahlumfang**, d. h. die Zahl der in die Stichprobe einzubeziehenden Untersuchungseinheiten festgelegt werden. Dies ist von unterschiedlichen Faktoren abhängig, wobei Bortz und Schuster (2010) auf diese Frage antworten, dass die Stichprobe so groß wie eben möglich sein sollte. Bereits weiter oben wurde erwähnt, dass die Größe der Stichprobe den zufälligen Fehler, d. h. die Streuung um einen Mittelwert reduziert. Neben dem zugelassenen Stichprobenfehler bzw. der Vertrauenswahrscheinlichkeit und Verteilungsannahmen über die Grundgesamtheit (Koch und Riedmüller, 2021), kommt es zunächst auf die gewählten Auswertungsverfahren an, welche bestimmte Voraussetzungen an die Stichprobengröße bzw. die Verteilung der Gruppengrößen bei der Untersuchung von Gruppenunterschieden haben (Bortz und Schuster, 2010). Die weiter unten angesprochene Varianzanalyse setzt bspw. streng genommen gleiche Gruppengrößen voraus (Jan und Shieh, 2014; Levy, 2007; Tomarken und Serlin, 1986), für die in diesem Kontext diskutierte Faktorenanalyse werden in der Literatur eine bestimmte Anzahl notwendiger Probanden pro Frage (Item) diskutiert (Subject-to-item-ratio) und eine Conjoint-Analyse benötigt prinzipiell nur einen Probanden (Hair et al., 2018; Osborne und Costello, 2004), da es sich um einen Individualanalyse handelt, deren Daten i.d. R. erst nach der Auswertung standardisiert bzw. aggregiert werden (Backhaus et al., 2021). Ein weiterer wichtiger Faktor ist die vermutete Effektstärke (Bortz und Schuster, 2010; Cohen, 1988), die zwischen unabhängiger und abhängiger Variablen geschätzt wird. Unterstellt der Marktforscher große Effektstärken (z. B. der Einfluss des Preises auf die nachgefragte Menge), so sind kleinere Stichproben als bei vermuteten kleinen Effektstärken ausreichend, wenn bspw. eine Variable Alter nur einen als gering unterstellten Einfluss auf die Kaufwahrscheinlichkeit hat. Anders gesprochen können große Einflüsse auch mit kleinen Stichprobengrößen aufgedeckt und damit zu einem signifikanten Ergebnis in der statistischen Auswertung führen. Inwieweit Effekte durch eine Stichprobe aufgedeckt werden können, gibt die statistische Power (Teststärke) einer Stichprobe wieder, d. h. die Wahrscheinlichkeit, dass ein Effekt aufgedeckt wird, wenn dieser auch tatsächlich vorliegt; folglich eine falsche Nullhypothese korrekterweise abzulehnen. Während weiter oben der Fehler 1. Art (α-Fehler) diskutiert wurde, betrifft die statistische Power den so genannten Fehler 2. Art (β-Fehler). Das ist die Gefahr, eine korrekte Alternativhypothese abzulehnen, obwohl diese zutrifft und damit ein statistisch signifikanter Effekt besteht (Bühner, 2021). Mit der statistischen Power sinkt folglich die Wahrscheinlichkeit, einen solchen Effekt nicht zu finden. Neben der verwendeten Stichprobengröße und der vermuteten Effektstärke spielen im Rahmen so genannter Power-Analysen auch die Verfahren und die zugelassene Irrtumswahrscheinlichkeit (α-Fehler) eine Rolle (Bortz und Schuster, 2010; Bühner, 2021; Cohen, 1988).

Studiendurchführung

Bevor eine Studie ins Feld geht (Go-live), sei nochmals darauf hingewiesen, dass unbedingt ein Pre-test durchgeführt wird, um Konzeptionsfehler frühzeitig aufzudecken zu können (Schnell et al., 2018). Im Rahmen der eigentlichen Studiendurchführung wird zunächst dem Auswahlplan gemäß bei Primärstudien die **Datenerhebung** durchgeführt bzw. werden die Daten bei Sekundärstudien aus den entsprechenden Quellen zusammengetragen. Dabei kommen im Rahmen der klassischen Instrumente neben der Studienleitung auch Interviewer als unterstützende Personen zum Einsatz, die im Vorfeld sorgfältig zu schulen sind, um den Interviewer-bias möglichst klein zu halten. Heute werden allerdings viele Studien mittels Online-Fragebögen realisiert, da bei Primärerhebungen und vor allem in der praktischen Marktforschung das Instrument der Befragung dominiert. Durch Online-Befragungen wird die Kodierung der einzelnen Variablen deutlich vereinfacht (z. B. Malhotra et al., 2017), wobei dennoch ein Codeplan aufgestellt werden sollte, welcher Auskunft darüber gibt, welche Frage respektive welche Auswahlmöglichkeit in welcher Variablen in der Datenmatrix zu finden ist. In diesem Kontext müssen die Daten möglicherweise nachkodiert werden (Schnell et al., 2018) und die Beschriftung der Variablen geändert oder vervollständigt bzw. deren Messniveau festgelegt werden, um die Fehleranfälligkeit bei der Analyse zu reduzieren. Im Gegensatz zu Paper-and-pencil-Fragebögen entfällt bei Online-Erhebungen die Übertragung der Daten in eine maschinenlesbare Form in ein Statistikprogramm (z. B. SPSS, STATA, R oder SAS), da eine heruntergeladene Datei importiert werden kann. Bevor allerdings die Daten mit den zur Verfügung stehenden uni-, bi- und multivariaten Verfahren, je nach Forschungsdesign (deskriptiv, explorativ oder konfirmatorisch), ausgewertet werden können (Berekoven et al., 2009; Weis und Steinmetz, 2012), muss in einem weiteren Schritt eine Datenbereinigung durchgeführt werden (z. B. um nicht komplett ausgefüllte Bögen). Zusätzlich müssen Entscheidungen darüber getroffen werden, wie mit fehlenden Werten (Missing-values) umzugehen ist. Wurden Probanden mit zu vielen Missing-values zuvor nicht aus der Stichprobe entfernt, so können diese entweder fallweise bei den angewendeten Auswertungsverfahren ausgelassen oder die fehlenden Werte können bei metrischem Messniveau durch Mittelwerte ersetzt werden. Dies setzt allerdings voraus, dass aus logischen und inhaltlichen Gesichtspunkten nicht bereits eine Gruppierung der Probanden vorliegt, bei dem von unterschiedlichem Antwortverhalten auszugehen ist. In diesem Fall müssen separate Mittelwerte ersetzt werden. Darüber hinaus kommt es bei einigen Probanden zu Ausreißern, über die ebenfalls fallbezogen zu entscheiden ist (Outlier-Diagnostik), da Ausreißer die Ergebnisse stark in eine bestimmte Richtung verzerren können (z. B. bei maximalen Zahlungsbereitschaften). Statistiken zur Diagnose von Ausreißern sind, neben einer ersten grafischen Analyse über Box-plots und Diagramme, Kennwerte wie Cooks- oder Mahalanobis-distance (Bortz und Schuster, 2010). Alle Maßnahmen zu Beginn der Datenauswertung beziehen sich vor allem auf die Qualität der Daten und sollen diesbezüglich zu einer Verbesserung beitragen (Schendera, 2007; Schnell et al., 2018). Insgesamt ist jedoch zu berücksichtigen, dass der Untersuchungsleiter so wenig wie möglich in die empirischen Daten eingreift, da die Grenze zwischen Datenbereinigung und -manipulation als äußerst schmal einzustufen ist.

Bei der **Datenanalyse** kommen vor dem Hintergrund des Forschungsdesigns unterschiedliche Auswertungsverfahren zum Einsatz. Diese lassen sich zum einen nach der Anzahl der Variablen in uni-, bi- und multivariate Verfahren unterteilen (Weis und Steinmetz, 2012). Zum anderen spielt das Messniveau bei der Anwendung der Verfahren eine wichtige Rolle, da diese ein bestimmtes Messniveau voraussetzen (Backhaus et al., 2015; Backhaus et al., 2021; Hair et al., 2018). Aus der Perspektive des weiter oben diskutierten Forschungsdesigns erscheint zudem eine Unterteilung nach struktur-beschreibenden (deskriptiv), struktur-entdeckenden (explorativ) und struktur-prüfenden Verfahren (konfirmatorisch) zielführend (vgl. Tab. 4.8). Eine detaillierte Beschreibung aller Verfahren würde jedoch zu weit führen, darum werden nur einige zentrale Verfahren herausgehoben und in ihren Grundzügen beschrieben. Darüber hinaus wird auf die umfangreiche Spezialliteratur (z. B. Backhaus et al., 2015; Backhaus et al., 2021; Bortz und Schuster, 2010; Bühner, 2021; Darlington und Hayes, 2017; Hair et al., 2018; Hayes, 2018; Kline, 2016; Kumar et al., 2019; Malhotra et al., 2017; Schendera, 2014; Weiber und Mühlhaus, 2014) sowie die praktischen geleiteten Werke zu diesem Thema verwiesen (z. B. Bühl, 2019; Brosius, 2018; Field, 2017; Weis und Steinmetz, 2012).

Tab. 4.8: Systematisierung von Datenanalyseverfahren.

Verfahrens-kategorie	Forschungs-design	Verfahren	Ausgewählte Problemstellung
Struktur-beschreibend	Deskriptive Datenanalyse	Häufigkeiten (absolut/relativ)	Kennzahlenermittlung, Marktanalysen, Monats-/Jahresvergleiche
		Modus, Median und Mittelwerte	Marktanalysen, Datenreduktion, Konkurrenzvergleiche
		Streuungen	Vergleichsanalysen, Abweichungsanalysen
Struktur-entdeckend (Interdependenz-analyse)	Explorative Datenanalyse	Korrespondenzanalyse	Visualisierung von qualitativen Daten durch Profilbildung und Streuung (Kreuztabellen)
		Multidimensionale Skalierung	Räumliche Darstellung von Objekten, Positionierung (Alternative zur Faktorenanalyse)
		Clusteranalyse	Datenreduktion, Marktsegmentierung, Gruppenbildung für Varianzanalysen
		Faktorenanalyse (explorativ)	Datenreduktion, Kundenzufriedenheit, Käuferanalysen, Positionierung (*entdeckend*)

Tab. 4.8 (fortgesetzt)

Verfahrens-kategorie	Forschungs-design	Verfahren	Ausgewählte Problemstellung
Struktur-prüfend (Dependenz-analyse)	Konfirmatorische Datenanalyse	T-Tests	Gruppenunterschiede bei zwei Gruppen auf Basis von Mittelwertdifferenzen (↔ Varianzanalyse)
		Korrelationsanalyse	Analyse von Zusammenhängen (gerichtet oder ungerichtet) bei metrisch- oder ordinal-skalierten Daten (↔ Regressionsanalyse)
		Kontingenzanalyse	Beobachtete/erwartete Häufigkeiten (Kreuztabellen), Zusammenhänge bei nominalskalierten Daten
		Diskriminanzanalyse	Zuordnung von Objekten zu bestehenden Gruppen (Überprüfung Clusteranalyse), Risikoklassifikation, Käufergruppenanalysen,
		Varianzanalyse	Gruppenunterschiede bei mehr als zwei Gruppen (↔ t-Test), Produktgestaltung, Produktplatzierung, Werbewirkung, Experimente (Experimental- und Kontrollgruppe)
		Regressionsanalyse	Beziehungen zwischen Variablen, Werbewirkung, Absatzprognosen, Preis-Absatz-Funktionen (linear, nicht-linear), Zuordnung zu Gruppen (logistisch)
		Zeitreihenanalyse	Marktentwicklungen, saisonale Schwankungen, Absatzprognosen, Lebenszyklusanalysen
		Conjoint-Analyse	Leistungsgestaltung, Innovationsmanagement, Nutzenmessung/Präferenzanalyse, Messung von Zahlungsbereitschaften
		Faktorenanalyse (konfirmatorisch)	Datenreduktion, Kundenzufriedenheit, Käuferanalysen, Positionierung (*prüfend*)
		Kausalanalyse	Analyse von kausalen Zusammenhängen, Theoriebildung/-überprüfung

Die **struktur-beschreibenden Verfahren** werden vor allem bei einer deskriptiven Datenanalyse eingesetzt. Hierzu gehören vor allem absolute und relative Häufigkeiten sowie die Lageparameter einer Datenverteilung wie bspw. der Modus als der am Häufigsten genannter Wert. Dafür muss lediglich ein nominales oder ordinales Messniveau vorliegen (kategoriale Variablen). Bei ordinalem Messniveau können zusätzlich eine Reihenfolge (z. B. die Präferenz von unterschiedlichen Dienstleistungsangeboten) und der Median analysiert werden. Liegen metrische Daten vor, so können Mittelwerte gebildet und miteinander verglichen werden. Zusätzlich können Gruppen gebildet werden, die sich durch bspw. unterschiedliche Mittelwerte charakterisieren lassen. Allerdings erfolgt hierbei noch keine weitergehende Analyse. Außerdem kann es sinnvoll sein, bei Ausreißern auf den Median abzustellen, da der Mittelwert sonst verzerrt wird. Die ermittelten Werte können neben den genannten Lageparametern zudem über Streuungsmaße weiter umschrieben und miteinander verglichen werden. Zu den Streuungsmaßen gehören bspw. die Spannweite, d. h. die Breite der Werte zwischen Minimum und Maximum, die Standardabweichung und die Quantile (Prozentränge), welche die Werte ebenfalls gruppieren und angeben, wie viele der Werte jeweils ober- oder unterhalb bestimmter Grenzen liegen (z. B. Quartile als vier Viertel der Gesamtzahl der Werte). Für eine erste umfassendere deskriptive Analyse bietet sich ein Box-plot-Diagramm (Kastengrafik) an, welches sämtliche Werte in einer grafisch aufbereiteten Form enthält. Für weitere Analysen ist zudem die Verteilung der Werte wichtig, denn viele Verfahren setzen eine Normalverteilung der empirischen Daten voraus. Neben statistischen Tests auf Normalverteilung (z. B. Kolmogorov-Smirnov-, Lillefors- oder Anderson-Darling-Test) können auch eine grafische Abbildung der Datenpunkte bzw. die Berechnung von Schiefe (Skewness) und Wölbung (Kurtosis) erste Hinweise auf die Verteilung geben. Aus praktischer Perspektive kommen deskriptive Datenanalysen häufig vor (z. B. Marktanteile, Unterschiede im Kauf-/Nutzungsverhalten, Meinungen zu Vor-/Nachteilen von Leistungen bei Nachfragern) und beinhalten vor allem univariate Methoden der Datenanalyse, aus wissenschaftlicher Sicht sind sie eher der Einstieg in eine tiefergehende Datenanalyse.

Der Übergang zu den **struktur-entdeckenden Verfahren (Interdependenzanalyse)** im Rahmen der explorativen Datenanalyse ist an dieser Stelle fließend, da bspw. mit Hilfe von Signifikanztests überprüft werden kann, ob eine Mittelwert signifikant von einem bereits bekannten Mittelwert in der Grundgesamtheit abweicht bzw. in welchem Vertrauensbereich (Konfidenzintervall) der tatsächliche Mittelwert bei gegebener Verteilungsannahme und einer festgelegten Vertrauenswahrscheinlichkeit in der Grundgesamtheit liegt. Mit **t-Tests** können zudem Mittelwertunterschiede in zwei Gruppen (z. B. Männer und Frauen oder Neu- und Stammkunden) auf Signifikanz überprüft werden. Das Typische bei Interdependenzanalysen ist, dass vorab keine Unterscheidung in abhängige und unabhängige Variablen vorgenommen wird, darum sind t-Tests streng genommen keine struktur-entdeckenden Verfahren, da bereits eine Hypothese bezgl. der Gruppenunterschiede (Unterschiedshypothese) angenommen wird, die mittels eines t-Tests überprüft wird. Es sollte für die Überprüfung also stets von sachlogischen Überlegungen (Begründungszusammenhang) ausgegangen werden, bevor der Untersuchungsleiter ein bloßes Durchtesten vornimmt, was auch als p-Fishing bezeichnet wird und bereits weiter oben angedeutet wurde. Hier wird deutlich, dass auch der Übergang zwischen den struktur-entdeckenden und den struktur-prüfenden Verfahren fließend ist, je nachdem mit welcher Intention die Verfahren vom Forscher eingesetzt werden. Außerdem lassen sich erste Zusammenhänge zwischen Variablen mit **Korrelationsanalysen** entdecken. Erfolgt diese Analyse ungerichtet (z. B. der Rauchkonsum und die Wahrscheinlichkeit der Ausbildung eines Karzinoms hängen zusammen), so handelt es sich bei der Korrelationsanalyse um eine Strukturentdeckung. Werden dagegen gerichtete Annahmen getroffen (z. B. ein höherer Rauchkonsum geht mit einer höheren Wahrscheinlichkeit der Ausbildung eines Karzinoms einher), so erfolgt streng genommen wieder eine Unterteilung in eine unabhängige und eine abhängige Variable, sodass von einer Strukturprüfung auszugehen ist. Wie oben ebenfalls ausgeführt, sind außerdem Korrelationen und Kausalitäten voneinander zu trennen. Bei der Korrelationsanalyse kommen je nach Messniveaus verschiedene Korrelationskoeffizienten zum Einsatz (z. B. Spearmans Rho, Kenndalls Tau oder Pearsons R), welche den Zusammenhang zwischen Variablen paarweise (bivariat) untersuchen. Jedoch kann eine Trennung nach bi- und multivariaten Verfahren im Folgenden nicht stringent durchgehalten werden, da es bei den eingesetzten Auswertungsmethoden auf die Fragestellung ankommt, wie viele Variablen in die Analyse einbezogen werden. Darüber hinaus ist der Übergang zur Einfachregression an dieser Stelle fließend, bei der auf Basis von sachlogischen Überlegungen der Einfluss bzw. die Stärke des Einflusses einer Variablen (unabhängig) auf eine andere Variable (abhängig) untersucht wird. Das standardisierte Ergebnis des Regressionskoeffizienten entspricht in diesem Fall dem Korrelationskoeffizienten, wobei die Regressionsanalyse zusätzliche Werte zur Interpretation liefert und zu den strukturprüfenden Verfahren gehört (Kausalitätsannahme).

Während die bisherige Diskussion eher auf die Schnittmengen abgestellt hat, zählt zu den klassischen Verfahren der Strukturentdeckung die **Korrespondenzanalyse**. Damit können auf der Basis von Kreuztabellen (z. B. einer Gegenüberstellung von Geschlecht mit den Ausprägungen männlich, weiblich und divers sowie dem Nutzungsverhalten in Bezug auf bestimmte Dienstleistungen mit viel, mittel oder wenig) die gefundenen nominalen und ordinalen Daten visualisiert werden. So werden mit einer Kreuztabelle absolute und relative Häufigkeiten zeilen- und spaltenweise anschaulich gegenübergestellt. Sie können ergänzend dazu, wie bei der multidimensionalen Skalierung, in einem mehrdimensionalen Raum dargestellt werden. Im Gegensatz zur Korrespondenzanalyse erfordert die **multidimensionale Skalierung (MDS)** jedoch ordinale oder metrische Daten und die Einordnung erfolgt auf Basis von wahrgenommenen Ähnlichkeiten zwischen Objekten. Ihre Grundlagen wurden bereits bei den Skalen zur Fremdeinstufung diskutiert. Zudem kann die MDS zur Positionierungsanalyse im strategischen Marketing eines Dienstleistungsanbieters eingesetzt werden.

Schließlich existieren noch zwei weitere klassische Verfahren der Interdependenzanalyse, welche vor dem Hintergrund der Reduktion einer Rohdatenmatrix eingesetzt werden (Datenverdichtung). Diese stellt die Gesamtzahl der erhobenen Daten bei einer Stichprobe dar und kann darum zu Beginn der Analyse relativ komplex sein. Mit einer **Clusteranalyse** kann in diesem Kontext die Zahl der Probanden, eine zeilenweise Reduktion der Ausgangsdaten, vorgenommen werden, indem diese in Gruppen eingeteilt werden. Die Clusteranalyse gehört zu den Standardverfahren der Marktsegmentierung und liefert damit ebenfalls einen wichtigen Beitrag zum strategischen Marketing eines Dienstleistungsanbieters. Der Grundgedanke einer Clusterung besteht darin, die Zahl der Objekte (z. B. Nachfrager oder Unternehmen) zu reduzieren, wobei die Ähnlichkeiten dieser Objekte betrachtet werden. Die Einteilung erfolgt durch eine Zusammenfassung homogener Gruppen, die untereinander (zwischen den Gruppen) möglichst heterogen sein sollen. Für die entsprechende Analyse müssen Clustervariablen definiert werden, die vom Untersuchungsleiter als relevant für die Gruppenbildung betrachtet werden (z. B. Alter, Geschlecht, Einkaufsverhalten oder Einstellung). Eine Berechnung geschieht dann auf Basis eines unterstellten Proximitätsmaßes, mit dem die Ähnlichkeiten bzw. die Distanzen zwischen den Objekten bestimmt werden (z. B. Minkowski-Metrik oder Euklidische Distanz). Im Anschluss daran erfolgt die Fusionierung zu Clustern mit einem festgelegten Gruppierungsverfahren (z. B. Linkage- oder Ward-Verfahren). Dabei besteht jedoch die Schwierigkeit in der Wahl der optimalen Clusterzahl. Neben der Festlegung eine Stopp-Regel (z. B. der Test von Mojena oder die Fehlerquadratsumme) können die resultierenden Cluster mit statistischen Kennwerten näher beschrieben werden. So gibt der F-Wert an, wie homogen ein Cluster ist (möglichst < 1), und der T-Wert sagt aus, wie eine Clustervariable in der Gruppe repräsentiert ist (< 0 = unterrepräsentiert und > 0 = überrepräsentiert). Der T-Wert dient folglich zur Charakterisierung des jeweiligen Clusters und nicht zur Beurteilung der Güte der gefundenen Lösung. Der Untersuchungsleiter kann sich schließlich zur Anwendung weiterer Analyseverfahren die Probanden in einer neuen Gruppierungsvariablen ausgeben lassen und hat somit die Komplexität der Rohdatenmatrix reduziert.

Im Gegensatz zur Clusteranalyse verfolgt die **(explorative) Faktorenanalyse** den Ansatz einer Reduktion der Variablenzahl, d. h. einer spaltenweisen Reduktion der Datenmatrix. Dies erfolgt auf Basis von Korrelationen zwischen den metrischen Variablen. So wird unterstellt, dass Ähnlichkeiten in der Bewertung auf einen dahinterliegenden, unabhängigen Faktor zurückgehen. Sofern dies der Fall ist, kann die Ausgangsdatenmatrix ohne Informationsverlust auf diese Faktoren reduziert werden. So können bspw. für Kundenzufriedenheitsuntersuchungen zentrale Dimensionen (Faktoren) gefunden werden, auf Basis derer die Befragten einen Dienstleistungsanbieter beurteilt haben (z. B. die Leistungseigenschaften, das Personal oder die Erreichbarkeit), obwohl in der Befragung deutlich mehr Items vorgelegt wurden. Das Ausgangsziel war es dabei, möglichst viele Facetten der Kundenzufriedenheit abzubilden. Zu Beginn der Analyse wird zunächst die Korrelationsmatrix auf ihre Eignung für eine Faktorenanalyse untersucht (z. B. Kaiser-Meyer-Olkin-Kriterium oder Bartlett-Test), wobei im Weiteren die Schwierigkeit in der Extraktion der Faktoren besteht. Das Ziel ist es, die Faktoren so zu extrahieren, dass möglichst viel der Ausgangsvarianz in den Variablen erklärt wird. Wie viel ein Faktor erklären kann, wird als der Eigenwert des Faktors bezeichnet. Bei zuvor standardisierten Variablen sollten bspw. nach dem Kaiser-Kriterium alle Faktoren mit Eigenwerten > 1 extrahiert werden. Wie viel die Faktoren dagegen gemeinsam an der Varianz einer Ausgangsvariablen erklären können, wird als Kommunalität bezeichnet. Sie dient zur Beurteilung der Güte der gefundenen Faktorenstruktur, denn je mehr Varianz die extrahierten Faktoren an den Variablen gemeinsam erklären, desto besser ist das Ergebnis. Oftmals wird hier ein Richtwert von > 0,3 gewählt, in der Literatur finden sich jedoch durchaus unterschiedliche Richtwerte. Wurde die Zahl der Faktoren auf Basis sachlogischer Überlegungen (z. B. Eigenwerte oder Elbow-Kriterium) festgelegt, so kann die Interpretation der Faktoren erfolgen, indem die Faktorladungen (Korrelation der Variablen mit jedem Faktor) nach ihrer Größe den einzelnen Faktoren zugeordnet werden, wobei zur Erleichterung der Zuordnung die Faktorenmatrix rotiert wird (z. B. Varimax-Rotation). Dabei werden i. d. R. nur solche Werte berücksichtigt, die auf einen Faktor mit > 0,5 laden, da hier ein enger Zusammenhang zwischen Faktor und Item unterstellt wird. Die Faktorextraktion spielt vor allem für die Interpretation der Faktoren eine wichtige Rolle. Bei einer Hauptkomponentenanalyse als Extraktionsmethode ist nach einem Sammelbegriff für die auf den Faktor besonders hochladenden Variablen zu suchen, wohingegen bei einer Hauptachsenanalyse die Ursache zu suchen ist, die für die hohen Ladungen spricht. Die Begründung für diesen Unterschied ist in den verschiedenen Ausgangsvoraussetzungen beider Verfahren zu suchen, denn die Hauptachsenanalyse kommt dem Grundgedanken eines konfirmatorischen Ansatzes der Faktorenanalyse näher, wie sie weiter unten diskutiert wird. Die Reduktion der Datenmatrix erfolgt schließlich dadurch, dass für die Probanden Faktorwerte berechnet und in neuen Variablen abgespeichert werden, welche die Ausprägungen der Probanden auf den jeweiligen Faktoren wiedergeben. Mit den Faktorwerten können dann weitere Analysen erfolgen (z. B. Gruppenunterschiede oder Regressionsanalysen).

Die **struktur-prüfenden Verfahren (Dependenzanalyse)** werden bei den so genannten konfirmatorischen Datenanalysen eingesetzt, wobei t-Tests und Korrelationsanalysen als Brücke zwischen strukturentdeckenden- und strukturprüfenden Verfahren bereits oben diskutiert wurden, da es hierbei auf die Intention des Marktforschers ankommt respektive darauf, ob bereits Hypothesen vorliegen und somit eine Unterteilung in unabhängige und abhängige Variablen vorgenommen wurden. Zu den klassischen strukturprüfenden Verfahren gehört die ebenso wie die Korrespondenzanalyse auf Kreuztabellen aufbauende Kontingenzanalyse. Bei einer **Kontingenzanalyse** steht jedoch die Prüfung der Zusammenhänge zwischen den Variablen auf Signifikanz mittels eines so genannten Chi-Quadrat-Unabhängigkeitstests im Vordergrund, welcher lediglich ein nominales Messniveau voraussetzt und die gemessenen mit den erwarteten Häufigkeiten vergleicht (z. B. der Einfluss von Einkommensklasse oder Geschlecht und Kaufbereitschaft). Allerdings kann der Chi-Quadrat-Unabhängigkeitstest nur einen Zusammenhang zwischen den Variablen aufdecken, es sind zunächst keine Aussagen zur Stärke des Zusammenhangs möglich. Aus diesem Grund wird zusätzlich ein Stärkemaß ähnlich dem eines Regressionskoeffizienten berechnet (z. B. Phi- oder Kontingenzkoeffizient sowie Cramers V).

Ein weiteres dependenzanalytisches Verfahren ist die **Diskriminanzanalyse**, welche versucht, eine bestimmte Anzahl von Gruppen optimal voneinander zu trennen bzw. neue Untersuchungseinheiten bereits bestehenden Gruppen zuzuordnen. Das gedankliche Vorgehen ist damit umgekehrt zur Clusteranalyse, bei der die Gruppen zunächst auf Basis von Ähnlichkeiten von Objekten gebildet werden. Bei der Diskriminanzanalyse wird zudem untersucht, wie viel einzelne Variablen zur Trennung der Gruppen beitragen. Die neuen Objekte können dann auf Basis unterschiedlicher Merkmalsausprägungen den Gruppen zugeordnet werden (z. B. einzelne Personen mit ihren relevanten Charakteristika und Wechselbereitschaft zum Wettbewerber mit niedrig/hoch oder einer Risikoklasse bezgl. der Kreditwürdigkeit). Während die unabhängige Variable ein metrisches Messniveau verlangt, erfordert die abhängige Variable lediglich ein nominales Datenniveau. Zudem baut eine Diskriminanzanalyse, ähnlich wie die Varianzanalyse, auf den Grundgedanken der Regressionsanalyse auf.

Die **Varianzanalyse (ANOVA)** hat ihre besondere Stärke darin, dass signifikante Unterschiede in den Mittelwerten von Variablen vor dem Hintergrund einer unabhängigen Variablen mit nominalem Messniveau simultan untersucht werden können. Diese so genannte Gruppierungsvariable (Faktor) kann allerdings, im Vergleich zu einem einfachen t-Test mit zwei Gruppen, mehrere Gruppen (Faktorstufen) enthalten. Die Analyse ist in der Lage, jede Gruppe mit jeder anderen zu vergleichen und das Ergebnis im Rahmen eines Post-hoc-Tests in übersichtlicher Form darzustellen, sodass der Untersuchungsleiter relativ einfach analysieren kann, zwischen welchen Gruppen signifikante Unterschiede bestehen (z. B. bei der Produkt- oder der Werbeplatzierung und den Verkaufszahlen oder dem Geschlecht und der Einstellung zu einer Marke). Zudem können mehrfaktorielle Varianzanalysen (multiple ANOVA) auch mehrere unabhängige Gruppierungsvariablen enthalten und multivariate Varianzanalysen (MANOVA) darüber hinaus auch mehrere abhängige Variablen, sodass bei relativ komplexen faktoriellen Designs nicht nur die Haupteffekte eines Faktors mit unterschiedlichen Faktorstufen, sondern auch die Interaktionseffekte zwischen den Faktoren, d. h. deren gemeinsame Wirkung, auf signifikante Unterschiede bezgl. einer oder mehrerer abhängiger Variablen überprüft werden können. Werden darüber hinaus Kovariaten (Störterme) im Rahmen einer ANCOVA oder MANCOVA einbezogen, d. h. eine oder mehrere metrisch skalierte unabhängige Variable(n), die laut Vermutung einen Einfluss auf eine oder mehrere abhängige Variable(n) ausüben und damit einen Beitrag zur Erklärung bestimmter Effekte liefern, dann entstehen sehr schnell sehr komplexe Untersuchungsdesigns, deren Interpretation zunehmend schwieriger wird. Aufgrund der Vielzahl von Anwendungsmöglichkeiten (auch bei wiederholter Messung eines oder verschiedener Treatments wie es bspw. Repeated-measure-designs im Rahmen von Panels darstellen) ist die Varianzanalyse das Standardverfahren bei experimentellen Studien respektive eines der Standardverfahren, neben der folgenden Regressionsanalyse, im Rahmen struktur-prüfender Verfahren der konfirmatorischen Datenanalyse. Generell beruht das Vorgehen innerhalb einer Varianzanalyse auf einer Zerlegung der Gesamtstreuung einer empirisch gemessenen abhängigen Größe um den Mittelwert zum einen zwischen den einzelnen Gruppen (erklärte Abweichung vom Gesamtmittelwert) und zum anderen innerhalb einer Gruppe (nicht-erklärte Abweichung vom Gruppenmittelwert). Diese wird anschließend auf statistische Signifikanz überprüft.

Während die Varianzanalyse damit in der Lage ist, Unterschiedshypothesen zwischen Gruppen zu überprüfen (unterschiedliche Klassenzugehörigkeit), untersucht die **Regressionsanalyse** generell den Zusammenhang zwischen zwei Variablen mit metrischem Messniveau auf Basis von kausalen Unterstellungen, bei denen die unabhängige Variable im Rahmen einer linearen Einfachregression ein metrisches Datenniveau voraussetzt. Werden mehrere unabhängige Variablen einbezogen, so wird von einer multiplen Regressionsanalyse gesprochen. Eine weitere Verfahrensvariante ist die logistische Regression, die ähnlich wie die Diskriminanzanalyse, Objekte zu Gruppen zuordnen kann. Dabei setzt die abhängige Variable lediglich nominales Datenniveau voraus (z. B. Kaufwahrscheinlichkeiten auf Basis von Merkmalen von Personen). Darüber hinaus existieren auch nicht-lineare Regressionsverfahren, die die Regressionsfunktion an einen kurvenförmigen Verlauf anpassen (z. B. bei Preis-Absatz-Funktionen). Generell können mit einer (linearen) Regressionsanalyse neben den genannten Wirkungshypothesen (Kausalhypothesen), d. h. wie verändert sich eine abhängige Variable, wenn sich eine oder mehrere unabhängige Variablen verändern (Prognose), auch die Ursachen der Veränderung näher untersucht werden. Hierbei stehen nicht die Prognosen der möglichst genauen Werte der abhängigen Variablen im Vordergrund, sondern die Einflussfaktoren bzw. die Stärke des Einflusses einzelner Variablen einer multiplen Regression auf die abhängige Variable. Zur Schätzung der Regressionskoeffizienten wird eine Funktion so in eine Menge von empirischen Datenpunkten (Punktewolke) gelegt, dass die quadratischen Abweichungen einzelner Punkte von der Funktion in der Summe minimiert werden (Ordinary-least-squares). Die Abweichungen der empirischen Werte von der Regressionsfunktion werden als Residuen bezeichnet, die damit für die Güte der Schätzung eine entscheidende Rolle spielen. Darüber hinaus besteht noch eine Abweichung zum Mittelwert der Daten, welche als erklärte Streuung bezeichnet wird. Die erklärte Streuung ergibt zusammen mit den Residuen die Gesamtstreuung der Werte. Wird nun die erklärte Streuung ins Verhältnis zur Gesamtstreuung gesetzt, so resultiert das Bestimmtheitsmaß (R^2) der Schätzung. Dies ist ein wichtiges Gütemaß, wenn die Schätzung der Regressionsfunktion beurteilt werden soll. Es kann Werte zwischen Null und Eins annehmen, da es den Anteil der aufgeklärten Varianz in den Werten und damit die Prognosegenauigkeit der Schätzung des Wertes der abhängigen Variablen bei einem vorgegebenen Wert der unabhängigen Variablen mittels der Regressionsfunktion wiedergibt. Zusätzlich ist die Signifikanz der aus den empirischen Daten ermittelten Funktion mittels F-Test wichtig, um die Übertragbarkeit auf die Grundgesamtheit und damit eine Verallgemeinerung der geschätzten Regressionsfunktion zu ermöglichen. Liegt der Fokus dagegen auf einzelnen Einflussfaktoren im Rahmen einer Ursachenanalyse, so spielt ein zweites Gütemaß eine wichtigere Rolle. Dabei gibt die Signifikanz des t-Tests für einzelne Regressionskoeffizienten zum einen wieder, ob ein einzelner Faktor einen Einfluss hat, und zum anderen zeigt dessen standardisierter Wert an, wie hoch dieser Einfluss im Vergleich zu den übrigen Regressionskoeffizienten ausfällt. Darüber hinaus lässt das Vorzeichen des Regressionskoeffizienten eine Aussage zu, ob dieser Einfluss positiv oder negativ ist, sich also erhöhend oder senkend auswirkt (z. B. der Einfluss von Werbeausgaben, Promotion und Preis auf die Nachfrage nach einer Dienstleistung). Im Rahmen der Prüfung der Modellprämissen muss unter anderem noch untersucht werden, ob die Abweichung der Residuen nicht zufällig (Autokorrelation) ist (z. B. Durbin-Watson-Test) und ob sich ein Einflussfaktor als lineare Funktion der übrigen Faktoren (Multikollinearität) berechnen lässt (z. B. Variance-inflationfactor), da beide Effekte die Güte der Schätzung verringern. Auf den Regressionsanalytischen Ansatz bauen auch die weiter oben diskutierten Zeitreihen im Rahmen der Situationsanalyse auf. Bei einer Zeitreihenanalyse ist die unabhängige Variable stets die Zeit und die abhängige Variable eine in diesem Zusammenhang interessierende Größe. So werden Marktentwicklungen, Absatzprognosen und saisonale Schwankungen im Absatz untersucht, um dahinterliegende Effekte wie die Urlaubszeit, das Wetter oder weitere Einflussfaktoren herausarbeiten zu können. Im Rahmen von Lebenszyklusanalysen von Dienstleistungen können auch Prognosen zum verbleibenden Absatz bis zur Elimination oder dem Aufkommen von und der Substitution durch Ersatzleistungen getätigt werden.

Ein weiteres dependenzanalytisches Verfahren, welches allerdings im Gegensatz zu den bisher diskutierten Verfahren erst relativ spät Verbreitung in der praktischen Marktforschung gefunden hat und auf den Verfahren der Regressions- und Varianzanalyse aufbaut, ist die Conjoint-Analyse und ihre Varianten. Solche **Conjoint-Analysen** werden vor allem zur Produktgestaltung und zum Innovationsmanagement bzw. für Präferenzanalysen und zur Zahlungsbereitschaftsmessung eingesetzt und stellen dort sehr leistungsfähige Analyseverfahren dar. Zudem können auf Basis der Präferenzurteile Marktsimulationen durchgeführt werden, was zusätzlich die Leistungsfähigkeit des Verfahrens erhöht. Die Conjoint-Analyse beruht generell auf der Messung des Gesamtnutzens (Grad der Bedürfnisbefriedigung) eines aus verschiedenen Eigenschaften bestehenden Objekts, von dem im Weiteren indirekt auf die einzelnen Teilnutzenwerte von Eigenschaftsausprägungen geschlossen wird. Produkte und Dienstleistungen stellen so genannte Eigenschaftsbündel dar, die in der Leistungspolitik eines Anbieters komponiert werden und deren Gesamtnutzen sich additiv aus den Ausprägungen der einzelnen Eigenschaften zusammensetzt. Im Gegensatz zur direkten Messung der Eigenschaftsausprägungen und deren relativer Wichtigkeit (kompositionell) müssen Nachfrager jedoch lediglich Globalurteile abgeben, aus denen die Teilnutzenwerte dann indirekt berechnet werden (dekompositionell). Dies kommt einem natürlichen Entscheidungsprozess deutlich näher und schränkt das strategische Antwortverhalten ein, was bspw. Vorteile für die Messung von Zahlungsbereitschaften für diese Eigenschaftsbündel mit sich bringt. Außerdem kann der Abwägungsprozess von

Nachfragern durch das Globalurteil besser abgebildet werden, da einzelne Eigenschaftsausprägungen in einem kompensatorischen Verhältnis stehen. In der Realität enthalten Leistungen selten das Maximum aller Ausprägungen bzw. steigt dann der Preis überdeutlich. Nachfrager müssen also einen Trade-off zwischen Eigenschaften, die ihnen besonders wichtig sind, den übrigen Eigenschaften und dem Preis einer Leistung bilden. Dies schränkt allerdings gleichzeitig die Analyse ein, denn der Untersuchungsleiter muss so genannte K.o.-Kriterien vorab identifizieren und aus der Analyse ausschließen, was bei einer sehr großen Kundenbindung bspw. die Marke sein kann (z. B. Apple oder Samsung). Im Anschluss daran wird ein Erhebungsdesign konzipiert, bei dem die vorgelegten Stimuli konstruiert werden, die bei der Profilmethode bspw. aus Kombinationen von jeweils einer Eigenschaftsausprägung einer jeden Eigenschaft bestehen. Dabei wird die Zahl der Stimuli in einem so genannten reduzierten Design verringert, um die Probanden kognitiv nicht zu überlasten. So sollten nicht mehr als maximal 16 Stimuli zur Beurteilung vorgelegt werden, die die Probanden entweder in eine Rangfolge (Ranking) bringen oder mit einem Punktwert (Rating) versehen müssen. Auf Basis dieser Informationen wird dann ein Basisnutzen (Konstante) sowie die Abweichungen von diesem Basisnutzen als Teilnutzenwerte geschätzt. Außerdem lässt die Spannweite der Teilnutzenwerte eine Berechnung der relativen Wichtigkeit einzelner Eigenschaften zu, d. h. den Beitrag zur Nutzengenerierung einer Eigenschaft. Im Gegensatz zu einer direkten Befragung muss hier keine zusätzliche Abfrage (z. B. über eine Konstantsummenskala) erfolgen. Bei der Leistungsgestaltung kann so bspw. ermittelt werden, welche Eigenschaft den größten Beitrag zur Gesamtnutzenveränderung hat. Wurde zudem der Preis in die Stimuli integriert, lassen sich maximale Zahlungsbereitschaften berechnen. Abschließend muss bei Marktsimulationen davon ausgegangen werden, dass die Probanden unter Hinzuziehung einer Entscheidungsregel (z. B. First-choice) die Leistung mit dem höchsten Gesamtnutzen (Maximum-utility) kaufen würden.

Schließlich existieren mit der konfirmatorischen Faktorenanalyse und der Kausalanalyse bzw. den Pfadmodellen noch zwei weitere, wichtige struktur-prüfende Verfahren, die allerdings verstärkt in wissenschaftlichen Studien eingesetzt werden. Die **konfirmatorische Faktorenanalyse** dient ebenso wie ihr Schwesterverfahren, die explorative Faktorenanalyse, als Einzelverfahren der Datenreduktion. Dabei werden allerdings vorab unterstellte Faktoren (Dimensionen) mit den dazugehörigen Indikatoren im Rahmen der Messung überprüft und es wird die Güte der Messung bestimmt. Auf Basis von Validitätskennzahlen (Konvergenz- und Diskriminanzvalidität) werden die dabei reflektiv gemessenen Variablen als austauschbare Indikatoren (fehlerbehaftete Messungen) des latenten Konstrukts auf Basis ihrer Ladungen auf das Konstrukt entweder in die Analyse einbezogen oder ausgeschlossen. Dies hilft vor allem dabei, die weiter oben diskutierten latenten Konstrukte (z. B. Kundenzufriedenheit, Einstellung oder Involvement) in allen ihren Facetten abzubilden. Im Anschluss daran werden wieder Faktorwerte berechnet, die die Ausprägungen der Untersuchungseinheiten auf einem Faktor darstellen und die für weitere Analysen (z. B. Regressions- oder Varianzanalysen bzw. Pfadmodelle) in einer neuen Variablen im Datensatz abgespeichert werden können.

Einen Schritt weiter gehen **Kausalanalysen**, bei denen oftmals konfirmatorische Faktorenanalysen das so genannte Messmodell darstellen und im Rahmen der Analyse zusätzlich eine multivariate Regressionsanalyse im Rahmen eines Strukturmodells vorgenommen wird, bei der direkte, indirekt und totale Effekte zwischen den exogenen und endogenen Variablen abgebildet werden können. Die exogenen Variablen kommen von außen und beeinflussen die innen liegenden endogenen Variablen im Strukturmodell, werden aber selbst nicht von anderen Variablen beeinflusst. Die endogenen Variablen können, zusätzlich zu den exogenen Variablen, von anderen endogenen Variablen beeinflusst werden. Alle endogenen Variablen, die nur von anderen exogenen oder endogenen Variablen beeinflusst werden, werden Outcome-Variablen genannt. Zwischen anderen Variablen liegende endogene Variablen stellen Mediatoren (indirekte Effekte) dar, die zur Erklärung kausaler Zusammenhänge aufgrund der Annahmen des Untersuchungsleiters benötigt werden und in Kombination mit direkten Effekten den totalen Effekt auf die unterstellten Outcome-Variablen bilden. Bei einer Kausalanalyse empfehlen Anderson und Gerbing (1988) ein zweistufiges Vorgehen, bei dem zuerst die Faktorenanalyse separat berechnet und optimiert sowie anschließend die Kausalanalyse durchgeführt wird. In der Praxis existiert mit SPSS AMOS ein Programm, welches in der Lage ist, für reflektive Messmodelle beide Analysen auf Basis eines grafischen Ansatzes durchführen zu können, indem der Untersuchungsleiter das Strukturmodell aufzeichnet und mit einem Messmodell unterlegt. Die Vorgehensweise hinter SPSS AMOS basiert auf dem Ansatz der Kovarianzanalyse. Dagegen besteht mit SmartPLS ein neueres, ebenfalls grafisch aufgebautes Programm, welches zusätzlich formative Messmodelle integrieren kann, d. h. das latente Konstrukt setzt sich aus den einzelnen Indikatoren zusammen und stellt eine fehlerhafte Messung dar. Das Verfahren basiert allerdings auf einem varianzanalytischen Ansatz. Bei Pfadmodellen werden im Prinzip manifest gemessene Variablen (z. B. Preis) oder die Faktorwerte aus einer Faktorenanalyse für latente Variablen (z. B. Einstellung) mittels eines regressionsanalytischen Ansatzes in einem Strukturmodell überprüft. Die Pfadanalyse ist also Teil der Kausalanalyse, mit der die kausalen Beziehungen zwischen Variablen überprüft werden können. Dabei können ebenfalls direkte, indirekte und totale Effekte mit Hilfe des Bootstrappings auf ihre Signifikanz überprüft werden (Hayes, 2018). Die kurzen Ausführungen zeigen bereits, dass die letzten beiden dependenzanalytischen Verfahren relativ komplex sind und zahlreiche statistische Vorkenntnisse benötigen.

Abschließend muss nochmals gesagt werden, dass die Ausführungen zur Datenanalyse lediglich eine kurze Synopse darstellen, die dem Leser weitere Anregungen geben soll. Insgesamt wird für alle Verfahren auf die einschlägige **Spezialliteratur** verwiesen (z. B. Backhaus et al., 2015; Backhaus et al., 2021; Bortz und Schuster, 2010; Brosius, 2018; Bühl, 2019; Bühner, 2021; Darlington und Hayes, 2017; Field, 2017; Hair et al., 2018; Hayes, 2018; Kline, 2016; Kumar et al., 2019; Malhotra et al., 2017; Schendera, 2014; Weiber und Mühlhaus, 2014; Weis und Steinmetz, 2012).

Schließlich erfolgt am Ende der Studiendurchführung die **Berichterstattung**, bei der unter Berücksichtigung der Empfänger die Ausgangsfragestellung, die Auswertungsmethoden und die zentralen Studienergebnisse in anschaulicher Art und Weise dargestellt bzw. Schlussfolgerungen und Handlungsempfehlungen für das Management abgeleitet werden (Malhotra et al., 2017). Dies kann zum einen im Rahmen einer Präsentation und/oder zum anderen durch einen detaillierteren Forschungsbericht geschehen (Weis und Steinmetz, 2012). Hierbei ist besonders darauf zu achten, dass eine zielgruppenadäquate Aufbereitung der Daten erfolgt und die Möglichkeiten der Visualisierung über aussagekräftige Grafiken, Diagramme und Tabellen berücksichtigt werden. Bei Tabellen zählt oftmals die Devise, dass weniger mehr ist. So sollte der Untersuchungsleiter sich nicht in langatmigen Zahlenkolonnen verirren, sondern Tabellen als Synopse der gefundenen Ergebnisse mit den zentralen Effekten, den Auswirkungen und den Kennzahlen begreifen (z. B. Nicol und Pexman, 2010). Liegt zudem ein schriftlicher Forschungsbericht vor, so dienen Abbildungen und Tabellen dazu, das Geschriebene zusammenzufassen und überblicksartig für die Informationsbedürfnisse der relevanten Empfänger auf deren Niveau aufzubereiten. Gleiches gilt für die Darstellung der Ergebnisse in Grafiken, Diagrammen und Tabellen im Rahmen einer Präsentation (z. B. Bühler et al., 2019; Hüttmann, 2018), bei denen vor allem auf eine verzerrungsfreie Darstellung zu achten ist, um nicht zu falschen Schlussfolgerungen zu verleiten. Dies resultiert bspw. daraus, dass mit der Skalierung der Achsen oder bei Vergleichen durch unkorrekte Volumina und Größenverhältnisse in der Darstellung die Ergebnisse optisch verzerrt werden. Krämer (2015) liefert hierzu sehr anschauliche Beispiele, wie mit Statistik falsche Erwartungen geweckt werden können. Schließlich sollte die Berichterstattung auch Grenzen der Ergebnisse bzw. deren Übertagbarkeit aufzeigen. Die klare Kommunikation solcher Limitationen hilft dabei, unerfüllbare Erwartungen bei den Adressaten zu vermeiden. Auch wenn in der praktischen Marktforschung oftmals die Ermittlung von detaillierten Kennzahlen und deren Angabe, bspw. im Rahmen multivariater Verfahren wie einer Regressions- oder Varianzanalyse, eine untergeordnete Rolle spielen, so sollte dennoch auf solche wissenschaftlichen Standards geachtet werden, wodurch sich der Kreis zu den zu Beginn angeführten Punkten schließt. Mit Reliabilitäts- und Validitätskennzahlen kann beurteilt werden, inwieweit sich die empirischen Ergebnisse im Rahmen einer Stichprobe auf die Grundgesamtheit übertragen lassen, d. h. es können Aussagen zur Güte der vorliegenden Resultate und Interpretationen bzw. deren Verallgemeinerbarkeit getätigt werden.

4.3 SWOT-Analyse und Portfolios als integrative Perspektiven

Die so genannte SWOT-Analyse gehört zu den Grundprinzipien der Darstellung der Ist-Situation, der Zielschärfung und der späteren Strategieformulierung eines Dienstleistungsunternehmens. In Verbindung mit der Strategieformulierung nennen Welge et al. (2017) den Aufbau von Stärken bzw. die Vermeidung von Schwächen, die Konzentration der eigenen Kräfte, die Optimierung der Ressourcenbasis, die Ausnutzung bzw. den

Aufbau von Synergiepotenzialen sowie das SWOT-Prinzip. Damit stellt die **SWOT-Analyse** ebenso wie die daraus abgeleitete Portfolio-Analyse eine integrative Perspektive der bis hierhin diskutierten Ansätze der Situationsanalyse dar (Mintzberg, 1990; Scherm und Julmi, 2019), indem die Umwelt des Unternehmens (Marktumfeld und Wettbewerbsarena) in Beziehung zu den eigenen Stärken und Schwächen gesetzt wird (Ressourcen). Bisher wurden die einzelnen Sachverhalte, die möglichen Analyseinstrumente und die Verfahren der Informationsgenerierung (Marktforschung) getrennt voneinander betrachtet und erhoben (Rothaermel, 2020). Das SWOT-Prinzip lässt sich in die so genannte TOWS-Matrix überführen und ist gleichzeitig die Grundlage für die Einordnung bzw. Abbildung von Objekten des Unternehmens in der Portfolioanalyse. Dabei werden in der aus den 1970er Jahren aus dem Finanzbereich stammenden **Portfolioanalyse** Objekte in einem zweidimensionalen Raum abgebildet (z. B. Geschäftsfelder, Produkte oder Dienstleistungen), um daraus Normstrategien für das unternehmerische Handeln abzuleiten. In ihrer Ursprungsform hatte die Portfolioanalyse als Bezugsgröße strategische Geschäftsfelder (Welge et al., 2017), ist aber heute ein beliebtes Management-Instrument, um auch Unternehmensleistungen und deren unterschiedliche Entwicklungen abzubilden (Bruhn et al., 2019). Zudem liegt der Portfolioanalyse das Lebenszykluskonzept zugrunde, welches ebenfalls der Ableitung von Normstrategien für die Bezugsobjekte dienen kann, die sich in unterschiedlichen Phasen des Lebenszyklus befinden und darum verschiedene strategische Erfordernisse haben.

In einer **SWOT-Analyse** wird die Umwelt eines Anbieters und der aus dieser resultierenden Chancen und Risiken (externe Dimension) mit den eigenen Stärken und Schwächen (interne Dimension) des Unternehmens zusammengeführt (Bell und Rochford, 2016), um in Anschluss daran die Erfolgspotenziale für den Anbieter abzuleiten. So ergibt sich vor allem aus den in der Umwelt vorliegenden Chancen in Kombination mit den Stärken des Unternehmens der Erfolg der Zukunft, sofern das Unternehmen die Fähigkeit besitzt diese aufeinander abzustimmen und daraus Strategien zu entwerfen (Wheelen et al., 2015), um diese Erfolgspotenziale abzusichern (Scherm und Julmi, 2019). Folglich stellt den Kern der SWOT-Analyse die Eruierung bzw. das Zusammenführen der Stärken (Strengths), Schwächen (Weaknesses), Chancen (Opportunities) und Risiken (Threats) dar. Das Resultat der Zusammenführung kann dann in die so genannte TOWS-Matrix überführt werden (vgl. Tab. 4.9). Jedoch verweist Valentin (2005) darauf, dass diese nicht lediglich eine Aufzählung von Stichpunkten und Checklisten sein darf, sondern dass die Matrix eine Kombination der Dimensionen darstellt, aus der die entsprechenden Strategien (SO-, WO-, ST- und WT-Strategien) systematisch abgeleitet werden können. Diesen Sachverhalt wiederum kritisiert Mintzberg (1990) an der so genannten Design-school der Strategiefindung, da seiner Ansicht nach Strategien eher selten in einem rationalen Entscheidungsprozess im Sinne eines Top-down-Ansatzes gebildet werden (Lynch, 2006; Rothaermel, 2020), sondern sich aus intendierten Strategien (Top-down-Plan), nicht realisierten Strategien, auf Basis nicht vorhersagbarer Umstände, und emergenter Strategien, auf Basis von neuen Entwicklungen und autonomen Entscheidungen (Bottom-up), in den letztendlich realisierten

Strategien manifestieren (Mintzberg et al., 2005). Dennoch bleibt festzuhalten, dass die TOWS-Matrix einen systematischen Ansatz widerspiegelt, um für jeder der vier Felder Strategien ableiten zu können (Welge et al., 2017).

Tab. 4.9: TOWS-Matrix (Wheelen et al., 2015).

		Interne Faktoren (Stärken und Schwächen)	
		Strengths (S)	Weaknesses (W)
Externe Faktoren (Chance und Risiken)	Opportunities (O)	SO-Strategien (Erzeuge Strategien, die Stärken nutzen, um Chancen zu ergreifen)	WO-Strategien (Erzeuge Strategien, die Chancen nutzen, um Schwächen zu überwinden)
	Threats (T)	ST-Strategien (Erzeuge Strategien, die Stärken nutzen, um Gefahren zu vermeiden)	WT-Strategien (Erzeuge Strategien, die Schwächen minimieren, um Gefahren zu vermeiden)

- SO-Strategien: Verfügt das Unternehmen bspw. über Stärken in der Leistungserstellung (z. B. durch digitale Prozesse), beim Marktanteil, in den Kundenbeziehungen (z. B. durch besondere Kundennähe und Vertrauen) oder dem Servicepersonal (z. B. durch motivierte und gut ausgebildete Mitarbeiter) und befindet es sich auf einem stark wachsenden Markt mit nur geringer ausländischer Konkurrenz oder regulatorischen Vorschriften, die kurzfristig nicht eingeholt werden können, so sollten daraus Strategien abgeleitet werden, die diese Stärken unterstützen und gleichzeitig die sich ergebenden Chancen aus dem Marktwachstum und der Begrenzung des Marktzugangs nutzen.
- ST-Strategien: Besitzt das Unternehmen dagegen dieselben Stärken, allerdings stagniert das Marktwachstum oder es drohen neue gesetzliche Vorgaben oder eine explizite Deregulierung als Gefahren aus dem Marktumfeld und der Wettbewerbsarena, so sollte das Unternehmen mit den vorhanden Stärken die eigene Position absichern und den Marktanteil entweder halten oder versuchen auszubauen, um daraus Markteintrittsbarrieren zu erzeugen, die möglicherweise aus der drohenden Deregulierung verloren gehen.
- WO-Strategien: Wechselt die Position des Unternehmens auf der internen Dimension, indem das Unternehmen Schwächen aufweist, da bspw. die Digitalisierung der Geschäftsprozesse verpasst bzw. im Verhältnis zum Wettbewerb stark verzögert wurde oder ist der eigene Marktanteil im Vergleich zu den Wettbewerbern deutlich geringer, wodurch keine Skaleneffekte (z. B. Fixkostendegression) oder Lerneffekte nur in deutlich geringerem Ausmaß erzielt werden können, so sollten

Strategien gewählt werden, die bei gegebenen Chancen (z. B. Marktwachstum), diese nutzen, um Schwächen zu überwinden.

– WT-Strategien: Auf der anderen Seite sollten bei gegebenen Schwächen und deutlichen Gefahren aus dem Marktumfeld bzw. innerhalb der Wettbewerbsarena Strategien gebildet werden, die die eigenen Schwächen minimieren, um die potenziellen Gefahren möglichst zu vermeiden.

Aufbauend auf die SWOT-Analyse hilft die **Portfolio-Analyse** ebenfalls bei der Strategiebildung. Darüber hinaus ist sie ein Instrument zur Visualisierung der Ist-Situation, die gleichzeitig die Kommunikation über die aktuelle Situation des Unternehmens durch grafische Abbildung von Untersuchungsobjekten fördern soll. Aus der Positionierung der eigenen Geschäftsfelder oder sonstiger Objekte, wie bspw. Kunden oder einzelne Leistungen bzw. Marken im Verhältnis zum Wettbewerb, können mit Hilfe der Portfolioanalyse so genannte Normstrategien als angestrebte Entwicklungsrichtungen abgeleitet werden. Dabei wird oftmals der Vergleich zum Hauptwettbewerber gesucht bzw. abgebildet, was auch ein Ziel des weiter oben diskutierten Benchmarkings ist. Wie auch die zuvor diskutierte SWOT-Analyse verbindet die Portfolio-Analyse die interne mit der externen Dimension der Situationsanalyse und schafft somit einen integrativen Ansatz als Grundlage der Strategiebildung. Gleichzeitig kann durch die Analyse der Betrachtungsobjekte ein Risikoausgleich erfolgen (Bea und Haas, 2019), was auf den Ursprung der Portfolio-Analyse im Bereich der Finanzportfolios bzw. der Portfoliotheorie hinweist, bei denen es um eine effiziente Streuung der Anlageobjekte geht. Dies bedeutet eine rationale Anlagestrategie nach dem Prinzip der Diversifikation, um die Gesamtrendite des Portfolios vor dem Hintergrund des Risikos zu maximieren. Insgesamt strebt das Ziel-Portfolio einen Ausgleich zwischen innovativen, risikoreichen und risikoarmen Erfolgsobjekten an, um im Zeitablauf einen Gleichgewichtszustand zu erzielen. Begründer der Portfoliotheorie ist Markowitz (1952), welcher für ein ausgeglichenes Portfolio nach dem zuvor genannten Prinzip fordert, dass die Wertpapiermischung nach den Kriterien Verzinsung und Risikostreuung erfolgen sollte. Der Portfolioansatz lässt sich auf die oben beispielhaft genannten Objekte eines Dienstleistungsunternehmens übertragen, wobei ursprünglich die strategischen Geschäftsfelder größerer Unternehmen positioniert wurden. In Ergänzung dazu kann auch das weiter oben erörterte Lebenszykluskonzept in die Analyse integriert werden, d. h. ein idealtypischer Lebenszyklus von der Innovation (Markteinführung) bis hin zur Elimination (Marktherausnahme), da mit der Platzierung innerhalb einer Portfoliomatrix gleichzeitig die Position im Lebenszyklus eines Objekts (z. B. eines Geschäftsfelds oder einer Leistung) sowie wünschenswerte Entwicklungspfade (Normstrategien) verdeutlicht werden können (Welge et al., 2017).

Eines der bekanntesten Portfolios ist die so genannte **BCG-Matrix** der Boston Consulting Group, welche ein Marktanteils-Marktwachstums-Portfolio darstellt (vgl. Abb. 4.17). Dies liegt einerseits darin begründet, dass die interne Dimension aus der Stärken-Schwächen-Analyse auf das Niveau des relativen Marktanteils im Vergleich zum Haupt-

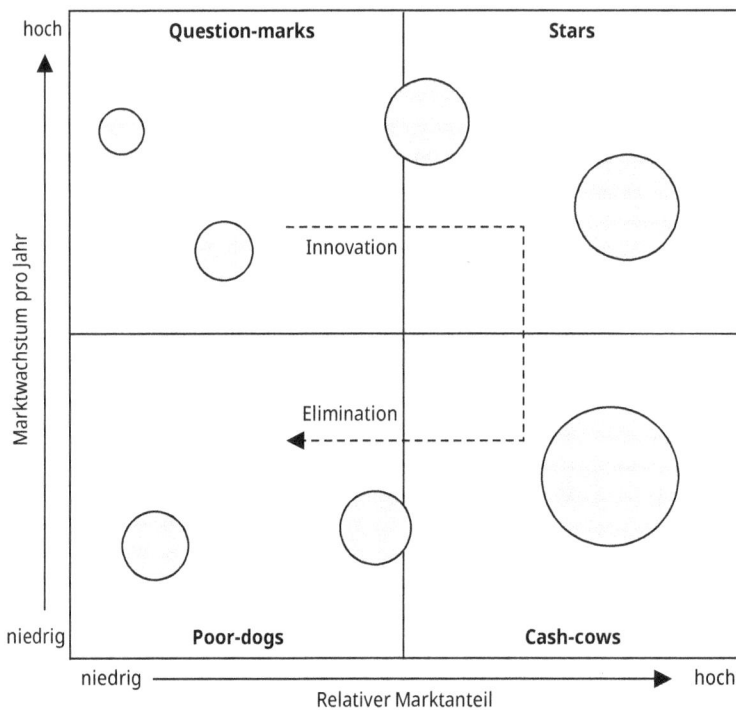

Abb. 4.17: Darstellung des BCG-Portfolios mit idealtypischem Lebenszyklus.

wettbewerber aggregiert wird. Dessen Bedeutung wird durch das Erfahrungskurve als wesentlichem strategischen Erfolgsfaktor verdeutlicht, welches grob gesprochen besagt, dass mit jeder Verdopplung der kumulierten Ausbringungsmenge die auf Erfahrung beruhenden Kosten der Leistungserstellung durch Lerneffekte sinken, weil bspw. erfahrenere Mitarbeiter zu einer Reduktion der Rüst- bzw. Vorbereitungskosten beitragen. Aus diesem Grund haben hohe Marktanteile im Vergleich zum Wettbewerb eine wichtige strategische Bedeutung, um Kostenvorteile zu realisieren. Andererseits besteht die externe Dimension aus der Chancen-Risiko-Analyse im Marktwachstum. So stellt das Marktwachstum die Aggregation aller Chancen und Risiken aus der Umwelt dar. Insbesondere für die externe Dimension spielt das zuvor genannte Lebenszykluskonzept von Geschäftsfeldern, Leistungen oder Märkten eine zentrale Rolle als strategischer Erfolgsfaktor, da innovative Leistungen in der Lage sind, wachsende und damit attraktive Märkte zu erzeugen. Diese sind darum für das Unternehmen auch besonders attraktiv (Bea und Haas, 2019).

Im Rahmen der BCG-Matrix werden vier **Felder** gebildet, deren Grenzen sich beim relativen Marktanteil daraus ergeben, dass Werte größer als Eins eine relativ betrachtet stärkere Position, d. h. einen größeren Marktanteil, gegenüber dem Hauptwettbewerber anzeigen, während Werte kleiner als Eins eine schwächere Position darstellen. Dagegen

kann die Achse des Marktwachstums durch die Bildung des durchschnittlichen Marktwachstums über alle betrachteten Objekte des Portfolios oder durch Hinzuziehung
eines Gewichtungsfaktors berechnet werden, der die relative Wichtigkeit (z. B. in Abhängigkeit von der Größe des Marktes) wiedergibt (Bea und Haas, 2019). Zudem bietet
es sich an, zur besseren Visualisierung zusätzlich die Bedeutung der Objekte durch die
Größe der Kreise darzustellen (z B. Umsatz einer Leistung). Aus der so erzeugten Matrix
(Ist-Portfolio) mit ihren vier Feldern lassen sich im Folgenden unterschiedliche Normstrategien ableiten. In diesem Zusammenhang werden Objekte mit hohem Marktwachstum und einer schwachen Wettbewerbsposition (relativer Marktanteil kleiner als Eins)
als Question-marks (Fragezeichen) bezeichnet. Bei diesen sollte das Unternehmen selektiv vorgehen, da es sich um Innovationen in der Einführungsphase bzw. Nachwuchsleis-
tungen handelt, deren zukünftige Entwicklung noch schwer abzusehen ist. Strategien
sollten vor allem auf die Steigerung des Marktanteils abzielen, um die eigene Wettbewerbsposition zu verbessern und somit relativ zügig potenzielle Kostenvorteile durch Erfahrungskurveneffekte, und damit die Senkung der variablen Stückkosten zu realisieren.
Dies erfordert jedoch Ausgaben für Forschung und Entwicklung, Erweiterungsinvestitionen in die Kapazität oder die Prozesstechnologie des Unternehmens sowie möglicherweise
den Aufbau eines Vertriebssystems oder Einführungswerbung, sodass bei den Fragezeichen auch vor dem Hintergrund eines zunächst negativen Cash-flows (vereinfacht als Ein-
zahlungen - Auszahlungen einer Periode) im Anfangsstadium des Markteintritts selektiv
vorgegangen werden sollte. Dagegen stellen Stars (Sterne) solche Objekte des Unternehmens dar, die den Sprung in die nächste Phase des Lebenszyklus geschafft haben und bei
denen das Unternehmen eine führende Marktposition durch einen relativen Marktanteil
über Eins erreicht hat. Dies führt meist zu einem ausgeglichenen Cash-flow, sodass sich
die Stars auf wachsenden Märkten quasi selbst finanzieren und damit für das Unternehmen sehr attraktiv sind. Als Normstrategie wird darum vorgeschlagen, Stars zu fördern
und in den Ausbau bzw. die Absicherung der Marktposition zu investieren. Dagegen sind
Cash-cows (Geldkühe) solche Objekte, die die Phase der Reife oder Sättigung erreicht
haben. Das Unternehmen hat bei diesen eine herausragende Wettbewerbsposition, da der
relative Marktanteil über Eins liegt und das Unternehmen dadurch eine günstigere Kostenposition mit höheren Gewinnspannen einnimmt, allerdings handelt es sich um stagnie-
rende oder sogar schrumpfende Märkte. Dadurch sind Erweiterungsinvestitionen in
solche Objekte wenig zielführend, sondern Investitionen dienen bei den Cash-cows nur
noch dem Ersatz oder der Rationalisierung. Da Gewinnsteigerungen in schrumpfenden
Märkten kaum möglich sind, sollte das Unternehmen die aktuelle Position halten und den
positiven Cash-flow ernten. Die freiwerdende Liquidität (Zahlungsfähigkeit zu einem bestimmten Zeitpunkt) kann dann in Question-marks oder Stars investiert werden. Schließlich stellen Poor-dogs (Arme Hunde) die Problem- bzw. Auslaufobjekte des Unternehmens
dar, weil diese sich am Ende des Lebenszyklus und damit in der späten Sättigungs- bzw.
bereits in der Degenerationsphase befinden. Das Unternehmen nimmt hier nicht nur eine
schlechtere Wettbewerbsposition ein, sondern gleichzeitig schrumpft der Markt kontinuierlich weiter. Während die Konkurrenzintensität tendenziell zunimmt und sich durch ste-

tig sinkende Preise auszeichnet, realisiert das Unternehmen zusätzlich Kostennachteile, was zu maximal ausgeglichenen, jedoch eher negativen Cash-flows führen dürfte. Hier sollten letztendlich Desinvestitionsstrategien durch Liquidierung (z. B. Elimination oder Verkauf) erfolgen, da die Erfolgsobjekte wenig Zukunft haben.

Neben dem beschriebenen Marktanteils-Marktwachstums-Portfolio existieren mit dem Wettbewerbsvorteils-Marktattraktivitäts-Portfolio (McKinsey-Portfolio) u. ä. noch einige weitere Ansätze der Übertragung der **Portfoliotheorie** auf das strategische Marketing und Management (Welge et al., 2017), die jeweils versuchen, aus der Einordnung in unterschiedliche Felder Normstrategien für die Unternehmensführung und das Management der betrachteten Objekte abzuleiten.

5 Zielsetzungen eines Dienstleistungsanbieters

Auch wenn im vorangegangenen integrativen Abschnitt zur SWOT- und Portfolioanalyse bereits auf erste strategische Optionen hingewiesen wurde, werden in den folgenden Ausführungen zunächst die Zielsetzungen eines Dienstleistungsanbieters diskutiert. Bei der Festlegung von unternehmerischen Zielsetzungen ist auf den normativen Rahmen der Zielbildung abzustellen, der quasi die Persönlichkeit eines Unternehmens und damit die Rechtfertigung für das eigene Dasein abbildet. Dies wird auch als **Unternehmenszweck** bezeichnet. Hierzu entwickeln Unternehmen eine auf die Zukunft gerichtete Vision und eine auf die Gegenwart fokussierte Mission, die in der Zielpyramide eines Unternehmens über den Unternehmensgrundsätzen (Wertvorstellungen) und der Darlegung des Selbstbilds als eigene Identität (Corporate-identity) stehen. Die übergeordneten Unternehmensziele werden meist in einem Leitbild festgehalten, um ebendiese Ziele nach innen und außen zu dokumentieren (Abschnitt 5.1). Darüber hinaus erfüllt die Festlegung unternehmerischer Zielsetzungen einige Funktionen (z. B. Steuerung des Unternehmens und Motivation der Mitarbeiter), welche auf Basis bestimmter Elemente klassifiziert werden können. Dazu gehören der Inhalt (Art der Ziele), die Beziehungen (Interdependenzen), die Hierarchie (Rangordnung) und die Operationalisierung (Messbarmachung) der Ziele, um diese schließlich in einem konsistenten **Zielsystem** zusammenzufassen (Abschnitt 5.2). Dieses möglichst konsistente Zielsystem ist allerdings nicht Selbstzweck oder Automatismus, es entsteht auch nicht alleine auf Basis der Willensbildung unternehmerischer Akteure in verantwortlicher Position, sondern das Zielsystem ergibt sich stets als ein Kompromiss aus den Individualzielen und den Interessen einzelner von den Entscheidungen und Handlungen eines Unternehmens betroffenen Personen und Organisationen. Diese werden allgemein als **Stakeholder** bezeichnet, welche als so genannte Anspruchsgruppen auch ein Bedrohungspotenzial auf das Unternehmen ausüben können, da interne und externe Stakeholder über unterschiedliche Machtbasen verfügen. Diese Problematik wird abschließend als integrativer Ansatz bzw. Einflussfaktor auf das Zielsystem eines Dienstleistungsanbieters diskutiert (Abschnitt 5.3).

5.1 Vision, Mission und Leitbild

Jedes Unternehmen hat eine eigene Persönlichkeit, welche die Frage nach dem „Wer bin ich?" und damit nach dem **Unternehmenszweck** beantwortet. Im Gegensatz zu einzelnen Individuen arbeiten in Unternehmen jedoch regelmäßig mehrere Individuen zusammen. Die Unternehmenspersönlichkeit steckt hierbei den normativen Rahmen für das Handeln der Individuen in ihrem Unternehmen ab (Hungenberg, 2014; Vahs und Schäfer-Kunz, 2015), denn diese Personen verfolgen i.d.R. auch eigene Interessen (z. B. Karriere, Ansehen oder Verdienst). In diesem normativen Handlungsrahmen erfolgt die Festlegung von Zielen, Strategien und Instrumenten, wobei das unternehmenspolitische

https://doi.org/10.1515/9783110620443-005

Handeln bzw. letztendlich das Handeln der Menschen im Unternehmen zunächst mit einer Vision und/oder einer Mission beginnt (Thommen et al., 2020; Scherm und Julmi, 2019). Nach Meffert et al. (2019) stehen beide im Sinne einer Pyramide als Unternehmenszweck an der Spitze und geben so den Rahmen für das weitere unternehmerische Handeln vor (vgl. Abb. 5.1).

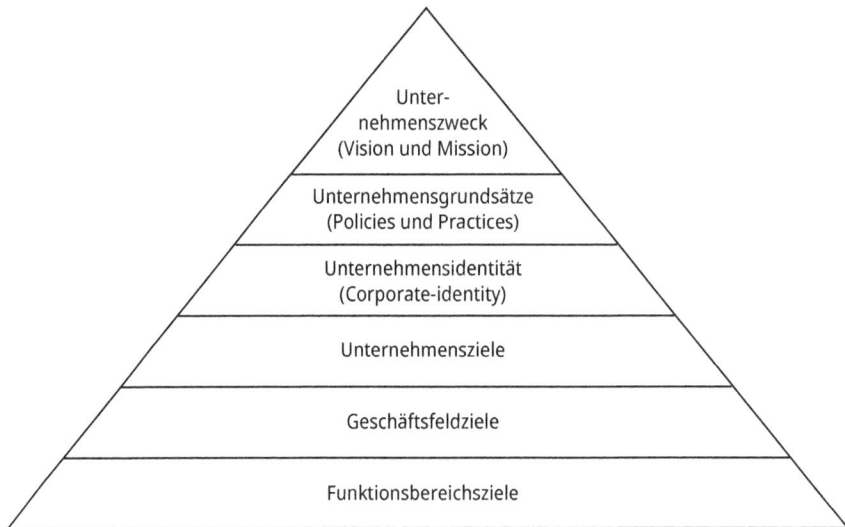

Abb. 5.1: Mögliche Zielpyramide eines Dienstleistungsanbieters (in Anlehnung an Meffert et al., 2019).

Eine **Vision** ist auf die Zukunft gerichtet und beantwortet die Frage „Wo sehen wir uns selbst langfristig?". Vahs und Schäfer-Kunz (2015) betrachten eine Vision auch als eine generelle unternehmerische Leitidee mit szenarisch angelegten, aber dennoch realistischen Aussagen über die angestrebte Zukunft. Sie gibt die zentrale Richtung und das Selbstverständnis eines Unternehmens vor, wobei die Vision sinnstiftend, motivierend, handlungsleitend und integrierend sein soll (Scherm und Julmi, 2019). Die unternehmerische Vision ist insbesondere darauf ausgerichtet, wie das Unternehmen einen langfristigen Nutzen für die Nachfrager stiften kann. So möchte bspw. der Gesundheitskonzern Fresenius (2023) die „Zukunft lebenswert gestalten. Für Patienten. Weltweit. Jeden Tag." Die Hotelgruppe Hilton (2023) möchte „Die Erde mit dem Licht und der Wärme der Gastfreundschaft erfüllen." Im Gegensatz dazu ist die **Mission** eines Unternehmens zwar eng mit der Vision verknüpft bzw. darauf aufbauend, aber dennoch konkreter als diese. Sie ist vor allem auf die Gegenwart ausgerichtet, d. h. sie soll die zeitlich näherliegende Frage beantworten „Warum gibt es uns?". Die Mission fokussiert auf die grundlegende, gesellschaftlich als wertvoll erachtete Unternehmensaufgabe. So sagt Fresenius (2023) „Wir bieten die bestmögliche Versorgung. Nachhaltig in verschiedenen Gesundheitssystemen. Für eine wachsende Anzahl von Patienten weltweit." Hilton (2023) möchte „Das gastfreundlichste Unternehmen der Welt sein, indem es herzliche Erfahrungen für Gäste, sinnvolle Gelegenheiten für Mitarbeiter, einen hohen Wert für die Eigentümer und einen positiven Einfluss für unsere Gemeinschaft erzeugt." Beide Unternehmen sehen in den jeweils unterschiedlichen Missionen ihre Existenzberechtigung. Darüber hinaus gibt die Mission auch mehr oder weniger deutlich an, welche Produkte und Dienstleistungen das Unternehmen anbietet und welche Probleme es löst. In der Vision von Tim Cook für Apple (2023) wird bspw. deutlich, dass das Unternehmen glaubt auf der Erde zu sein, um die besten Produkte herzustellen und die Welt besser zu machen als sie vorgefunden wurde („We believe that we are on the face of the earth to make the best products on earth and to leave the world better than we found it."). Ergänzend dazu gibt Apple (2023) in der Mission an, dass sie mit ihren innovativen Produkten und Services gegenüber den Kunden die beste Nutzererfahrung liefern wollen („Apple's mission is to bring the best user experience to its customers through its innovative hardware, software, and services.").

Tab. 5.1: Auszug aus dem Leitbild von Fresenius Medical Care (Fresenius, 2023).

„Wir kommen aus zahlreichen Kulturen und wir haben alle unterschiedliche Erfahrungen. Diese Grundwerte inspirieren, verbinden und vereinen uns alle bei Fresenius Medical Care weltweit. Sie machen aus unserer Vision Realität und sie leiten uns in unserem Handeln, bei Entscheidungen und in unserem Verhalten. Und sie helfen uns dabei, Fresenius Medical Care in eine erfolgreiche Zukunft zu führen."

Gemeinschaftlich: Wir wissen, wie wir durch Zusammenarbeit unserer gemeinsamen Vision folgen und unsere Ziele als Unternehmen erreichen.
Wir arbeiten als Team.
Wir teilen unsere Informationen und Erfahrungen untereinander, da wir so aus unseren Fehlern und voneinander lernen können. Wir gehen Herausforderungen gemeinsam an, indem wir uns an Kollegen in der Nähe und in der Ferne wenden. Wir sind offen in unserer Kommunikation.

Proaktiv: Wir übernehmen die Initiative, um mit unserer Arbeit einen Unterschied zu bewirken.
Wir gehen Aufgaben an.
Wir hinterfragen den Status quo und zeigen Interesse daran, was um uns herum passiert. Wir stellen die nötigen Fragen, um zu verstehen, was getan werden muss. Wir übernehmen die Verantwortung für die Ergebnisse.

Zuverlässig: Wir sind ein vertrauenswürdiger Begleiter für unsere Patienten, Partner und Mitarbeiter.
Wir stehen zu unserem Wort.
Wir lassen uns an unseren eigenen Ansprüchen messen, verhalten uns respektvoll und gehen mit gutem Beispiel voran. Wir handeln tagtäglich nach dem Grundsatz der Integrität und gemäß unseren Standards.

Exzellent: Wir steigern kontinuierlich die Qualität und entwickeln uns weiter, damit unser Geschäft auch in Zukunft erfolgreich ist.
Wir übertreffen Erwartungen.
Wir tun immer unser Bestes, damit die Dinge heute besser sind als sie gestern waren. Wir bringen unsere Ideen für Verbesserungen und Innovationen ein.

In einer zweiten Stufe folgen die **Unternehmensgrundsätze (Policies-and-practices)**, welche die Wertvorstellungen des Unternehmens gegenüber, den Mitarbeitern, Kunden und sonstigen Stakeholdern darstellen. Diese finden sich in der so genannten Unternehmensverfassung (Corporate-governance) bzw. in Verhaltenskodizes (Codes-of-conduct). Die Corporate-governance gibt die Grundsätze der Unternehmensführung bzw. den Ordnungsrahmen zur Leitung und Überwachung des Unternehmens auf Basis von Regeln wider. Diese Regeln sind sehr stark an die ethischen Vorstellungen einer Gesellschaft bzw. eines Kulturkreises angelehnt, in der die Unternehmen agieren und ihre Leistungen anbieten. In einer engeren Auslegung ist die Unternehmensverfassung lediglich der rechtliche Rahmen, der die wirtschaftlichen Aktivitäten vor dem Hintergrund von Schutzvorkehrungen (Gesellschafts- und Mitbestimmungsgesetze) regelt (z. B. in Satzungen, Tarifverträgen und Betriebsvereinbarungen). Diese können dann durch weitere Governance-Leitlinien unternehmensseitig ergänzt werden bzw. werden so genannte Codes-of-conduct aufgestellt, um die Handlungen des Managements und der übrigen Mitarbeiter auf die Regeln guter Unternehmensführung auszurichten (Vahs und Schäfer-Kunz, 2015). Die Unternehmensverfassung dient vor allem dazu, dass die Handlungen der Mitarbeiter im Einklang mit den Stakeholdern des Unternehmens stehen und das Mechanismen zur Konfliktregulierung existieren. Das Einhalten der Gesetze und zusätzlichen Regeln des Verhaltenskodex wird zudem im Geschäftsbericht dokumentiert (Compliance). Zu diesem Zweck entwickeln Unternehmen auch **Leitbilder**, die nach innen und außen dokumentieren, was die Grundsätze der Unternehmensführung sind, d. h. wie die Arbeits- und Sozialbeziehungen nach innen und nach außen gestaltet sind (vgl. Tab. 5.1). Zudem können Leitbilder auch den Unternehmenszweck enthalten. Sie werden vom Management angestoßen, welches später auch für die Einhaltung des Leitbilds verantwortlich ist, und unter Einbezug von Mitarbeitern unterschiedlicher Hierarchieebenen im Gegenstromverfahren sukzessive entwickelt, um nicht am Ende des Erstellungsprozesses unerfüllbare Idealvorstellungen zu erhalten (Scherm und Julmi, 2019).

Ein ähnlich gelagertes Konzept ist die auf der dritten Stufe angelegte so genannte **Unternehmensidentität (Corporate-identity)** eines Unternehmens (Meffert et al., 2019; Schmalen und Pechtl, 2019). Diese spiegelt das Selbstbild des Unternehmens wider, welches jedoch neben den Verhaltensgrundsätzen (Corporate-behavior) aus einem Leitbild im Wesentlichen auch Vorgaben für das Erscheinungsbild (Corporate-design) und die interne und externe Kommunikation (Corporate-communications) beinhaltet (Vahs und Schäfer-Kunz, 2015). Während Vision, Mission und Leitbild stärker aus der Managementliteratur entstammen, ist die Corporate-identity ein in der Marketing- und Werbepraxis entstandenes Konzept (Birkigt und Stadler, 1980; Keite, 2019). Neben einer Diskussion der Unternehmensidentität in der Kommunikationspolitik im Kontext einer integrierten Kommunikation (z. B. Bruhn, 2018) wird diese ebenso in der Personalforschung behandelt (z. B. Berthel und Becker, 2022; Stock-Homburg und Groß, 2019), da die vom Management aufgestellten Verhaltensgrundsätze und die tatsächlich gelebte Unternehmenskultur Parallelen aufweisen sollten.

Insgesamt bilden der Unternehmenszweck, die -grundsätze und die -identität den normativen Rahmen zu einer Entwicklung der im folgenden Abschnitt behandelten unternehmerischen Ziele sowie des Zielsystems als Summe einzelner Ziele.

5.2 Ausgestaltung der Ziele und des Zielsystems

Der bisher diskutierte normative Handlungsrahmen stellt nach Meffert et al. (2019) die übergeordneten Ziele eines Unternehmens dar. Ziele können allgemein als im- oder explizite **Wunschzustände** für die Zukunft definiert werden, die als Ergebnisse unternehmerischen Handelns eintreten sollen bzw. an denen das Handeln der Mitarbeiter gemessen wird (Becker, 2019; Meffert et al., 2019; Wöhe et al., 2020). Für diese Messung kann generell eine Optimierung, d. h. die Erreichung von optimalen Zuständen (Maximum oder Minimum) bzw. eines eindeutig vorgegebenen Wertes, oder eine Satisfizierung, d. h. die Vorgabe von Mindest- oder von Höchstwerten, angestrebt werden (Scherm und Julmi, 2019; Schmalen und Pechtl, 2019). Für die Evaluation des Zielerreichungsgrads werden dann betriebswirtschaftliche Kennzahlen herangezogen, wie sie weiter unten im Controlling diskutiert werden. Außerdem haben Ziele verschiedene Funktionen, mit denen einerseits ein Aktionismus des Managements verhindert und andererseits das unternehmerische Handeln für die relevanten Stakeholder messbar gemacht werden sollen (Scherm und Julmi, 2019; Welge et al., 2017). Zu den **Funktionen von Zielen** gehören:

- Selektionsfunktion: Es erfolgt eine bewusste Auswahlentscheidung zwischen mehreren Handlungsalternativen, wodurch Handlungspräferenzen charakterisiert werden.
- Orientierungsfunktion: Die verabschiedeten Ziele dienen den Mitarbeitern zur Ausrichtung ihrer eigenen, nachgeordneten Aktivitäten auf übergeordnete Wertvorstellungen.
- Steuerungsfunktion: Neben der Verleihung einer Orientierung steuern bzw. lenken Ziele auch die Verhaltensweisen der Mitarbeiter durch eine Vorgabe von Leistungsgrößen (Sollvorgaben), ohne im Detail die einzelnen Handlungen vorzuschreiben.
- Koordinationsfunktion: Zudem werden durch die Vorgabe von Zielen die Handlungen unterschiedlicher Bereiche und Abteilungen im Unternehmen im- bzw. explizit aufeinander abgestimmt und damit gleichzeitig harmonisiert.
- Motivations- und Anreizfunktion: Ziele veranlassen die Mitarbeiter zu einer Leistungssteigerung im Hinblick auf die Sollvorgaben und bieten bei Erfüllung gleichzeitig die Möglichkeit Anreize zu setzen, die sich in einer Steigerung des Ansehens oder einer Erhöhung der Bezüge manifestieren können.
- Bewertungsfunktion: Ohne die Setzung von Zielen ist eine Bewertung der unternehmerischen Handlungen bzw. der Aktivitäten der Mitarbeiter nicht möglich, wodurch auch andere Stakeholder (z. B. Eigentümer oder Kapitalmarkt) die Ziel-

erfüllung, das Wirtschaften und damit den Wert eines Unternehmens nicht beurteilen können.
- Kontrollfunktion: Somit dienen Ziele letztendlich der Kontrolle bzw. dem Vergleich und sind damit für unternehmerische Entscheidungsprozesse unverzichtbar.

Neben den Funktionen von Zielen können diese klassifiziert werden. Dabei sind typische Elemente dieser Klassifikation der Inhalt (Art der Ziele), die Beziehungen (Interdependenzen), die Hierarchie (Rangordnung) und die Operationalisierung (Messbarmachung). Nach dem **Inhalt (Art der Ziele)** können generell Formal- und Sachziele unterschieden werden (Thommen et al., 2020; Vahs und Schäfer-Kunz, 2015; Wöhe et al., 2020). Formalziele sind die Erfolgsziele eines Unternehmens, die sich am ökonomischen Prinzip bzw. dessen mengen- (Produktivität) und wertmäßiger Ausprägung (Wirtschaftlichkeit) orientieren. Dabei ist das oberste Formalziel der Gewinn; zumindest bei privatwirtschaftlichen Unternehmen. Der Gewinn ist als absolute Differenz einer Periode zwischen dem Ertrag aus dem Verkauf der Leistungen sowie dem Aufwand für die Erstellung dieser Leistungen definiert. Daneben kann auch die Rentabilität als relative Kennzahl herangezogen werden, welche allgemein ausgedrückt als die Relation zwischen dem Gewinn und des für die Erwirtschaftung dieses Gewinns eingesetzten Kapitals definiert ist. Sachziele sind alle übrigen Zielarten. Hierzu gehören Leistungsziele (z. B. Leistungsprogramm, Marktanteile, Faktor-/Leistungsqualität oder Anzahl der Betriebsstandorte), Finanzziele (z. B. Liquidität, Kapital- und Vermögensstruktur und Investitionsprogramm), soziale Ziele (z. B. Entlohnung, Arbeitsbedingungen, Führungsstil und Mitbestimmung) sowie ökologischen Ziele (z. B. Ressourcenschonung, Müllvermeidung bzw. Recycling und Vermeidung negativer externer Effekte). Gerade die ökologischen Ziele werden vor dem Hintergrund der Klimadebatte und gesellschaftlicher Veränderungen immer wichtiger und von einer kritischen Öffentlichkeit auf nationaler, europäischer und internationaler Ebene intensiv diskutiert (auch Meffert et al., 2019). Somit zählen Nachhaltigkeit (Sustainability) und Ressourcenschonung zunehmend zu den Grundsätzen guter Unternehmensführung.

Außerdem werden Ziele auf der Ebene des Marketings nach ihrer Art in ökonomische und psychografische Ziele unterteilt (Voeth und Herbst, 2013). Zu den **ökonomischen Zielen** werden vor allem solche gezählt, die sich, vereinfacht gesprochen, leichter in Zahlen (z. B. Mengen oder Geldbeträge) fassen lassen, die also aus Markttransaktionen resultieren. Hierzu gehören bspw. der Absatz, der Umsatz, der Marktanteil oder der Deckungsbeitrag. Damit gehören zu den **psychografischen Zielen** vor allem solche, die diese Markttransaktionen erst ermöglichen (z. B. Motive, Einstellungen, Involvement oder Kaufwahrscheinlichkeiten) und zudem schwerer zu operationalisieren bzw. zu messen sind. Daraus wird deutlich, dass psychografische Ziele den ökonomischen Zielen vorgelagert sind (Esch et al., 2017). Dies zeigt ein weiteres Zielelement auf, welches als die Beziehungen zwischen einzelnen Zielen bezeichnet wird (vgl. Abb. 5.2).

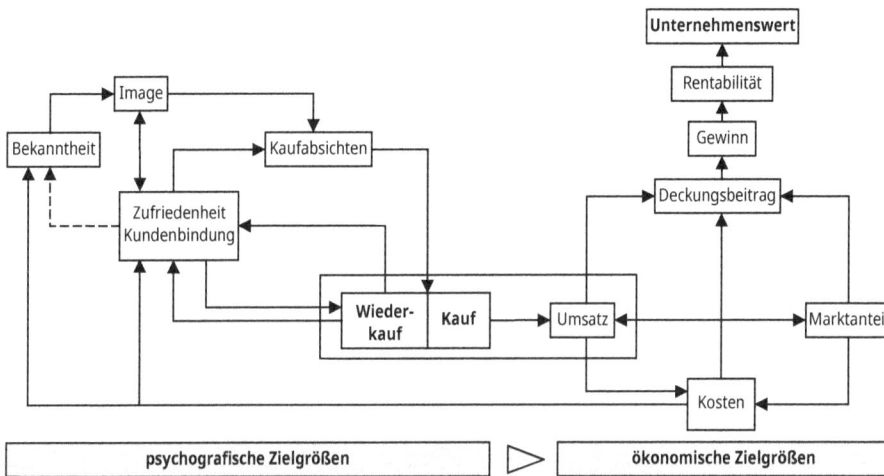

Abb. 5.2: Beziehungen zwischen Zielgrößen im Marketing (Esch et al., 2017).

Für das Marketing zeigen die **Beziehungen (Interdependenzen)** zwischen Zielen nicht nur, dass die ökonomischen auf die psychografischen Ziele aufbauen, sondern dass diese sich auch gegenseitig bedingen. Somit wirkt bspw. die Zufriedenheit aus einem Kauf auf die Wiederkaufabsichten und der Wiederkauf steigert gleichzeitig die Kundenbindung. Im Übergang zu den ökonomischen Zielen wirkt zudem der Umsatz auf den Deckungsbeitrag, den Marktanteil und die Kosten. Außerdem wird mit zunehmendem Umsatz über den Deckungsbeitrag und den Marktanteil der Gewinn gesteigert und der Marktanteil schafft gleichzeitig, vor dem Hintergrund der Erfahrungskurve, mögliche Kostenvorteile. Diese wirken dann wiederum auf die Bekanntheit, das Image und die Kundenbindung im Bereich der psychografischen Ziele. Zurückgehend auf Heinen (1966) wird in der Literatur bei den Interdependenzen von Zielen generell zwischen Komplementarität, Konkurrenz und Neutralität unterschieden. Eine Komplementarität zwischen Zielen liegt immer dann vor, wenn diese sich gegenseitig ergänzen. Die Reduzierung der Kosten hilft bspw. gleichzeitig dabei, den Gewinn zu steigern, sofern die Umsätze konstant bleiben. Zudem unterstützt die Steigerung des Unternehmensimages oder des Markenvertrauens den Umsatz; beides ergänzt sich sinnvoll. Eine Konkurrenz bedeutet, dass sich Ziele negativ beeinflussen oder sogar gegenseitig ausschließen können (Zielantinomie). So konterkariert eine Erhöhung der Qualität der Leistungen die Einsparung von Kosten in der Leistungserstellung oder eine technisch perfekte Lösung wirkt sich meist negativ auf die Rentabilität aus. Schließlich liegt eine Neutralität der Ziele vor, wenn es keinen Wirkungszusammenhang zwischen den einzelnen Zielen gibt (Indifferenz). So hat eine Reduktion des Energieverbrauchs oder die Abfallvermeidung in der Produktion keinen Einfluss auf das Betriebsklima oder eine schnellere Akquisition von Personal. Genauso indifferent stehen die Erfolge in unterschiedlichen Geschäftsbereichen gegenüber, wenn zugleich keine Synergieeffekte durch eine gemeinsame Beschaffung angestrebt werden. Allerdings muss konstatiert werden, dass vor dem Hintergrund des gesamten Unternehmenserfolgs (Gewinn) die einzelnen Ziele sich trotzdem komplementär oder konkurrierend beeinflussen können, da aus der Gesamtperspektive meist die Kostenseite gleichermaßen betroffen ist (z. B. regionale Produkte oder Biokost in der Verwaltungskantine [höhere Einstandspreise] und zusätzliche Qualitätskontrollen in der Produktion [höhere Personalkosten]). Folglich ist eine klare Trennung praktisch nicht immer eindeutig möglich und es wird insgesamt deutlich, dass ein Bündel von Zielen sich stets gegenseitig beeinflusst (Schmalen und Pechtl, 2019).

Zudem wird in Verbindung mit der Zielpyramide nach Meffert et al. (2019) erkennbar, dass Ziele in einer **Hierarchie (Rangordnung)** stehen. Es wurde bereits erörtert, dass übergeordnete Ziele in Form von Unternehmenszweck, -grundsätzen und -identität bestehen; diese sind die handlungsleitenden Ziele eines Unternehmens. Daraus abgeleitet bestehen weitere, konkretere Handlungsziele in den Unternehmens-, Geschäftsfeld- und Funktionsbereichszielen, sofern es sich um größere Unternehmen mit einer entsprechenden detaillierten Organisation handelt (nachgeordnete Ziele). Dagegen haben kleinere Dienstleistungsunternehmen oftmals keine Geschäftsfelder, d. h. Einheiten mit eigenständigen Marktaufgaben, sondern lediglich ein Leistungsprogramm, sodass auf die Unternehmensziele direkt die Ziele in den Funktionsbereichen (z. B. im Marketing oder Personal) als nachgeordnete Ziele folgen. Im Marketing als Funktionsbereich eines Unternehmens gehören zu den Zielen etwa die Steigerung des Absatzes, Umsatzes oder Marktanteils einzelner Leistungen. Für das Ziel der Marktanteilssteigerung als Oberziel im Marketing kann dies dann bspw. auf eine Erhöhung der Marktpräsenz, d. h. die Leistungen werden bekannter und damit steigt die Chance auf eine Erhöhung des Absatzes, oder eine Verbesserung der Qualität zurückzuführen sein, da potenzielle Nachfrager prinzipiell Leistungen mit höherer Qualität wertschätzen (Zwischenziele). Allerdings können auch diese beiden Zwischenziele vor dem Hintergrund der Steigerung des Marktanteils als Oberziel wiederum auf unterschiedliche Art und Weise verfolgt werden. So kann die Marktpräsenz einerseits durch den Ausbau des Filialnetzes oder andererseits durch die Erhöhung des Bekanntheitsgrads durch Werbung erfolgen. Darüber hinaus kann das Ziel einer Verbesserung der Leistungsqualität einerseits durch eine Erhöhung der Aufwendungen für Qualität (z. B. durch Forschung und Entwicklung oder die Schulung der Mitarbeiter) oder andererseits durch eine Verbesserung der Qualitätskontrolle (z. B. durch bessere Dokumentation oder Kontrolle nach der Leistungserstellung) erfolgen (vgl. Abb. 5.3).

Insgesamt betrachtet hat das Oberziel des Marktanteilsausbaus im Marketing wiederum eine positive Auswirkung auf die Gewinnsituation als oberstes Formalziel eines Unternehmens. Hieran wird deutlich, dass Ziele in einer Hierarchie zueinanderstehen, die gleichzeitig als Mittel-Zweck-Beziehung aufgefasst werden kann (Becker, 2019). Dabei sind die weiter untenstehenden Ziele stets Mittel zum Zweck, d. h. der Erfüllung höher gelagerter Ziele; sie stehen in einem Wirkungszusammenhang (Means-end-relationship). Zudem steigt die Zahl der Ziele, je weiter die Hierarchie nach unten verfolgt wird. Damit steigt gleichzeitig die Zahl der Möglichkeiten und der Detaillierungsgrad, um die höher

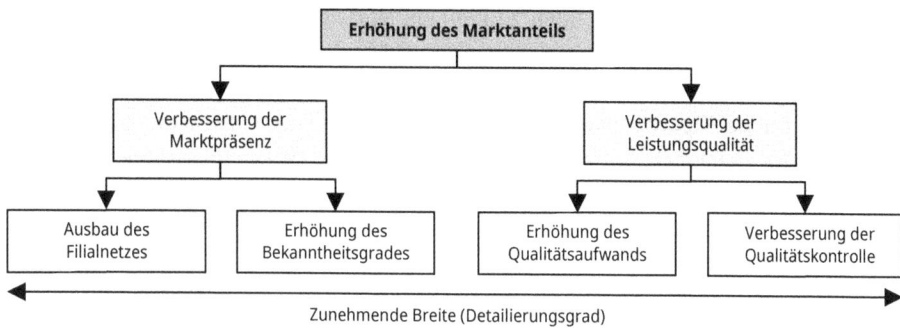

Abb. 5.3: Ober- und Unterziele im Marketing.

gelagerten Ziele zu erreichen (Wöhe et al., 2020). In diesem Kontext wird auch von einem **Zielsystem** gesprochen, welches unter anderem realistisch, verständlich, widerspruchsfrei und insgesamt kontrollierbar gestaltet sein sollte (vgl. Tab. 5.2). Innerhalb der Unternehmensberatungsliteratur haben sich für die Anforderungen an ein Zielsystem die beiden leicht zu merkenden Akronyme SMART und AROMA etabliert. Smarte Ziele sind spezifisch, messbar, akzeptiert, realistisch und terminiert bzw. sind aromatische Ziele aussagefähig, realistisch, objektiv, messbar und annehmbar.

Tab. 5.2: Anforderungen an ein Zielsystem (Scherm und Julmi, 2019).

Anforderung	Beschreibung
Realitätsbezug	Die Einzelziele sollten als solche erreichbar sein
Widerspruchsfreiheit	Die Einzelziele sollten nach Möglichkeit untereinander kompatibel sein
Vollständigkeit	Das Zielsystem sollte möglichst viele Ziele des Unternehmens berücksichtigen
Anpassungsfähigkeit	Die Integration neuer Ziele sollte möglich sein
Verständlichkeit	Die Einzelziele sollten verständlich formuliert sein
Akzeptanz	Die Einzelziele sollten von den individuellen Aufgabenträgern anerkannt sein
Motivation	Die Einzelziele sollten einen Impuls zur Verbesserung der gegenwärtigen Situation geben
Kontrollierbarkeit	Der Grad der Zielerreichung sollte überprüfbar sein

Als letztes Element der Zielklassifikation wird in der Literatur die **Operationalisierung (Messbarmachung)** diskutiert. Ziele müssen messbar gemacht werden, um die Anforderungen an ein Zielsystem erfüllen sowie die Hierarchie und die Beziehungen zwischen den Einzelzielen abbilden zu können. Nur so können konkrete Handlungs-empfehlungen für die wirtschaftliche Steuerung, d. h. die betrieblichen Entscheidungs-prozesse im Unternehmen gegeben werden. Zurückgehend auf Heinen (1966) und Wild (1982) gehören zur Operationalisierung im Wesentlichen eine Abgrenzung nach Objekt (Was?), Maßstab (Wie?), Ausmaß (Wie viel?), Zeitbezug (Wann?), Raumbezug (Wo?) und personellem Bezug (auch Becker, 2019; Scharf et al., 2022; Welge et al., 2017). Je präziser die Operationalisierung der Ziele erfolgt, desto leichter fällt am Ende die Kon-trolle der Zielerreichung (Welge et al., 2017).

- Objekt: Das Objekt bezieht sich wie bereits oben unter dem Zielinhalt diskutiert auf die Art des Ziels, indem festgelegt wird, was konkret das Marketingziel ist (Was soll erreicht werden?). So kann es das Ziel sein, den Bekanntheitsgrad be-stimmter Marken zu erhöhen bzw. den Umsatz, Deckungsbeitrag oder Gewinn einer Leistung zu steigern.
- Maßstab: Der Maßstab bestimmt die Einheiten bzw. Kennwerte der Messung (Wie soll etwas gemessen werden?). In Bezug auf den Bekanntheitsgrad als Ziel-objekt kann weiterhin zwischen der gestützten Bekanntheit (Recognition), bei der mit Bildvorlagen oder Namensnennungen gearbeitet wird, und der ungestützten Bekanntheit (Recall), ohne jegliche Hilfestellung, unterschieden werden. So wer-den bspw. die Zahl der Nennungen oder die Zahl der richtigen Erinnerungen ge-zählt, die die Grundlage für die Erhöhung der Bekanntheit darstellen. Es geht also um eine weitere Konkretisierung des Zielinhalts, um ein Objekt der Messung auf Basis einer Maßzahl sowie einer Veränderung zugänglich zu machen.
- Ausmaß: Das Ausmaß des Ziels ist ebenfalls zu bestimmen (Wie viel soll erreicht werden?). Eine Steigerung des Bekanntheitsgrades benötigt zur Erfolgskontrolle einen konkreten Wert, um oder auf den die Messgröße verändert werden soll. Hierbei spielt die Angabe eines genauen Wertes, Zielkorridors oder Grenzwertes (Mindest-/Höchstwert) eine wichtige Rolle. Da allerdings konkrete Werte oftmals schwer anzugeben sind und auch die Messung Schwächen aufweist, könnte bei der Bekanntheit bspw. ein Mindestausmaß angegeben werden.
- Zeitbezug: Weiterhin muss ein Zeitbezug angegeben werden (Wann soll das Ziel erreicht werden?). Der Zeitbezug für die Erhöhung des Bekanntheitsgrads kann bspw. der kommende Monat, das nächste Quartal oder bis zum Ende des ak-tuellen Geschäftsjahres sein.
- Raumbezug: Ähnlich dem Zeitbezug muss auch ein Raumbezug angegeben wer-den (Wo soll das Ziel erreicht werden?). Der Raumbezug wäre bspw. die Er-höhung des Bekanntheitsgrads von Marken bei einer bestimmten Kundengruppe oder in einer konkreten Absatzregion.
- Personeller Bezug: Idealerweise sollte auch ein personeller Bezug für die Zielerrei-chung festgelegt werden (Wer ist verantwortlich?). So kann es sich bspw. um den Vertriebs- oder Niederlassungsleiter, die Verantwortlichen im Marketing oder die Mitarbeiter in einer bestimmten Länderregion handelt, die die Maßnahmen zur Stei-gerung des Bekanntheitsgrades ausarbeiten und/oder letztendlich umsetzen sollen.

5.3 Stakeholder-Ansatz als integrative Perspektive

Der auf Freeman (1984/1994) zurückgehende Stakeholder-Ansatz spielt vor allem vor dem Hintergrund des unternehmerischen Zielsystems eine sehr wichtige Rolle (Donaldson und Preston, 1995; Mitchell et al., 1997; Scherm und Julmi, 2019), leitet aber auch zum folgenden Kapitel der Strategiebildung als integrative Perspektive über. Die Betrachtung eines Unternehmens aus der Sicht der Stakeholder leistet vor dem Hintergrund der **Konsensfindung** bei den Zielen, der Entwicklung von Strategien und der Durchführung von Maßnahmen einen wichtigen Beitrag zum Management eines Dienstleistungsunternehmens. Dies liegt darin begründet, dass die Unternehmensziele entweder kompatibel oder inkompatibel mit den Zielen und Interessen unterschiedlicher Stakeholder sein können, wohingegen deren Unterstützung bei der Zielumsetzung aber durchaus erforderlich sein kann (Friedman und Miles, 2002). So hängt bspw. die Einführung digitaler Dienstleistungen (z. B. die aktuellen Entwicklungen zur künstlichen Intelligenz und darauf aufbauende Leistungsangebote) nicht nur von der unternehmensseitigen Machbarkeit und vom Interesse potenzieller Kunden an diesen Leistungen ab, sondern vielleicht in viel stärkerem Maße ebenso vom gesellschaftlichen Umfeld, der Politik, Verbänden und sonstigen Lobbygruppen. Hinzu kommen Erfordernisse des Datenschutzes bzw. aus der aktuellen und zukünftigen Rechtsprechung sowie von Institutionen auf europäischer Ebene, die insgesamt den Interessen des Unternehmens entgegenstehen können und gleichzeitig sogar über ausreichend Macht und konkreten Einfluss verfügen, unternehmerische Innovationen zu verhindern.

Freeman (1984) kritisiert die damals stark vereinfachte Produktionssichtweise auf ein Unternehmen, welches externe Ressourcen von seinen Lieferanten erhält und diese mit internen Ressourcen im Rahmen der Produktion verbindet, um daraus innerhalb der betrieblichen Transformation marktfähige Produkte für aktuelle und potenzielle Kunden zu erzeugen. Im Gegensatz dazu betrachtet er aus der Managementperspektive die unterschiedlichen Individuen und Gruppen von Individuen, die gegenseitig Informationen über ihre Interessen austauschen. Diese werden als **Stakeholder** bezeichnet, weil sie einen Anteil (Stake) an unternehmerischen Entscheidungen haben und sich über die Eigentümer hinausbewegen. Hierzu gehörten zu Beginn neben dem Management, als Vertretung der Eigentümer, lediglich die Eigentümer, die Lieferanten, die Mitarbeiter und die Kunden (Freeman, 1984). Im Gegensatz zu dieser Perspektive steht die auf Rappaport (1986) zurückgehende Fokussierung auf die **Shareholder**, welche als Anteilseigner die Eigentümer eines Unternehmens darstellen und damit an dessen Wertsteigerung bzw. der Steigerung des Wertes ihres Anteils oder der gehaltenen Aktien (Shareholdervalue) interessiert sind. Die Eigentümer stellen eine wichtige, aber eben nur eine Interessengruppe dar. Die Debatte um eine Stakeholder- vs. Shareholderorientierung wird an dieser Stelle nicht weiter vertieft (Knoll und Wenger, 2007), es sei aber darauf verwiesen, dass gerade durch die zunehmende gesamtgesellschaftliche Ausrichtung auf eine stärkere Beachtung ethischer Handlungsweisen von Unternehmen als erweitertem normativen Rahmen der Zielbildung von Unternehmen die Debatte um eine reine Shareholderorientierung heute kritisch gesehen wird. In diesem Kontext sind auch die Konzepte der Corporate-citizenship (CC) oder der Corporate-social-responsibility (CSR) zu sehen. Bei der CC übernehmen Unternehmen stärker Verantwortung in ihrem lokalen sozialen Umfeld und bei dem Gedanken der CSR wird dieser soziale Aspekt ergänzt um die Themen Ökologie und Nachhaltigkeit (Sustainability). Letztendlich spiegeln sich diese Interessenlagen auch in der Berichterstattung großer Unternehmen und damit in einer guten Corporate-governance wider, wie es bereits oben bei den Unternehmensgrundsätzen angedeutet wurde.

Dem **Stakeholder-Ansatz** folgend werden heute in einem weiteren Verständnis alle Anspruchsgruppen als Stakeholder bezeichnet, die von den Entscheidungen und Handlungen des betrachteten Unternehmens betroffen sind (Lynch, 2006; Mitchell et al., 1997). Aus dieser Betroffenheit resultieren unterschiedliche Interessen gegenüber einem Dienstleistungsunternehmen, die damit gleichzeitig zu unterschiedlichen Bedrohungspotenzialen führen (Freeman, 1994). Zur Analyse der Stakeholder wird in der Literatur ein auf die Gedanken von Mitchell et al. (1997) zurückgehendes mehrstufiges Vorgehen diskutiert (Bea und Haas, 2019; Welge et al., 2017):

- In einem ersten Schritt ist die Umwelt nach relevanten Anspruchsgruppen einem Scanning zu unterziehen, welches zur Bildung einer so genannten Stakeholder-Landkarte führt (Göbel, 1995), in der alle Anspruchsgruppen aufgelistet werden. Im Allgemeinen wird bei Stakeholdern heute zwischen internen und externen Stakeholdern unterschieden, welche in einer spezifischen Marktsituation jedoch in unterschiedlicher Form bzw. nicht alle gleichzeitig auftreten können. Daneben findet sich in der Literatur noch eine weitere Einteilung, die zwischen primären (marktbezogenen) Anspruchsgruppen wie Kunden und Lieferanten und sekundären (nichtmarktbezogenen) Anspruchsgruppen wie Umweltverbänden oder lokalen Politikern unterscheidet. Letztere können nicht unmittelbar durch das Unternehmen beeinflusst werden, sondern ihr Interesse am Unternehmen ergibt sich durch weitergehende Marktverflechtungen. Im ersten Schritt werden die verschiedenen Interessengruppen auch charakterisiert und bspw. nach Demografie, Zielsetzungen und Ansprüchen systematisiert.
- In einem zweiten Schritt werden relevante Trends in einem Monitoring herausgearbeitet, d. h. es können Gruppen von Stakeholdern gebildet werden, die im Hinblick auf ihre Ziele bzw. ihre Relevanz für das Unternehmen näher spezifiziert werden. Die Ansprüche können bspw. materiell, informationsbezogen, politisch oder gesellschaftlich sein und sich auf implizite oder explizite Formen berufen, d. h. ohne oder mit vertraglicher Basis (Cornell und Shapiro, 1987). Damit ist das Monitoring detaillierter und fokussierter als die erste Phase des Scannings der gesamten Stakeholder-Landschaft und dient gleichzeitig als Vorbereitung des nächsten Schrittes (Welge et al., 2017).
- Im dritten Schritt schließt sich das Forecasting an, bei dem die relevanten Gruppen weiter bspw. im Hinblick auf die Dringlichkeit, die Macht und die Legitimität des Anliegens untersucht werden (Mitchell et al., 1997). Gerade im Bereich des

Monitorings und Forecastings spielen die in der Situationsanalyse diskutierten qualitativen Prognoseverfahren eine wichtige Rolle, bei denen ein Zukunftsbild über das Ausmaß und die Geschwindigkeit von Veränderungen bestimmter Umweltsegmente (auch PESTEL-Analyse) gezeichnet wird.

– In einem vierten Schritt, dem so genannten Assessment, werden die Bedrohungen und Chancen aus der bisherigen Analyse für das Unternehmen bewertet und in entsprechende Strategien überführt, um auf die analysierten Bedrohungslagen adäquat reagieren zu können. Das Unternehmen kann bspw. generell kooperieren oder unterstützend wirken bzw. versuchen auszuweichen und weiter zu beobachten oder auf eine explizite, auch juristische Konfrontation mit den Stakeholdern eingehen. Die Auswahl eines entsprechenden Vorgehens geschieht je nach Kooperationsbereitschaft oder Gefahr durch die betrachteten Stakeholder (z. B. Savage et al., 1991).

Abb. 5.4: Beispiele für interne und externe Stakeholder.

Die analysierten Bedrohungen und Chancen ergeben sich aufgrund von **Machtbasen** (Mitchell et al., 1997), über die einzelne interne und/oder externe Stakeholder sowie Gruppen von solchen Stakeholdern verfügen (vgl. Abb. 5.4). Nach Mintzberg (1983) ist eine allgemein anerkannte Definition von Macht im unternehmerischen Kontext die Fähigkeit, organisatorische Ergebnisse zu bewirken oder zu beeinflussen. Macht basiert stets auf der asymmetrischen Verteilung von Ressourcen (z. B. Budgets, hierarchische

Stellung oder rechtliche Lage), die wiederum die Machtbasen eines Individuums oder einer Gruppe darstellen. Letztendlich hängt die Ausgestaltung des Zielsystems immer von der Verteilung der Ressourcen und damit der Machtverteilung der einzelnen internen und externen Stakeholder ab. Das Zielsystem ergibt sich damit stets als Kompromiss zwischen den an den Unternehmensabläufen beteiligten internen Stakeholdern und deren individuellen Zielen (z. B. Führungskräfte oder Mitarbeiter) sowie den Zielen der externen Stakeholder (z. B. Behörden, Mitarbeiterfamilien, Gewerkschaften, Wettbewerbern oder Umweltgruppen). In Bezug auf die internen Stakeholder kann die Unterteilung von Machtbasen nach French und Raven (1959) herangezogen werden, die zwischen Belohnungs-, Bestrafungs-, Legitimations-, Identifikations- und Expertenmacht unterscheiden. Im unternehmensinternen Kontext kann eine Belohnung (z. B. Beförderung) oder Bestrafung (z. B. Abmahnung oder Versetzung) auch durch die Legitimation auf Basis eines hierarchischen Über- und Unterordnungsverhältnisses erfolgen. Darüber hinaus können Mitarbeiter ihre Führungskräfte aber auch als charismatische Vorbilder ansehen, wodurch die Machtbasis der Identifikation entsteht. Schließlich spielt das Wissen um Technologien, Prozesse, Spezifikationen oder rechtliche Gegebenheiten eine wichtige Rolle, die ein Individuum zu einem Experten erhebt und damit Macht verleiht ohne, dass dieses Individuum zwangsweise über eine exponierte hierarchische Stellung im Unternehmen verfügt. Machtbasen können damit formell oder informell begründet sein und mit der Bestrafungsmacht besteht zusätzlich eine explizit negativ, auf Bedrohung ausgerichtete Machtbasis. Im Gegensatz dazu verfügen die externen Stakeholder durch die Mobilisierung öffentlichen oder politischen Drucks bzw. der Marktkräfte, durch Gesellschafteraktionen oder sonstige direkte Einflussnahme über die Macht, das Zielsystem eines Unternehmens zu beeinflussen. Hierbei stehen ihnen ebenfalls unterschiedliche Machtbasen zur Verfügung (Mitchell et al., 1997; Welge et al., 2017): Bindungsmacht entsteht durch den vertraglich manifestierten Anspruch auf Mitsprache (z. B. im Aktien- und/oder Mittbestimmungsgesetz), Vergeltungsmacht beruht auf dem Sanktionspotenzial durch Aufruf zum Streik oder Betriebsstörungen (z. B. Gewerkschaften und NGOs), Substitutionsmacht kann durch alternativen Konsum oder Verweigerung einer Kreditvergabe realisiert werden (z. B. Kunden oder Banken als Fremdkapitalgeber) und schließlich potenziert Koalitionsmacht die Machtbasen durch Kombination unterschiedlicher Interessen der einzelnen Stakeholder und/oder der Auslösung negativen Word-of-mouths (z. B. Aufruf zum Kaufboykott oder Shitstorm) über soziale Medien.

6 Strategische Entscheidungen im Dienstleistungsmarketing

Die strategischen Entscheidungen in der Marketingkonzeption eines Dienstleisters fügen sich direkt an die Situationsanalyse und die Festlegung des Zielsystems, da strategische Entscheidungen sowohl eine ausführliche Situationsanalyse erfordern, als auch auf Basis von Zielsetzungen erfolgen. Jedoch sind dafür zunächst die **strategischen Entscheidungen** von operativen Entscheidungen eines Dienstleisters abzugrenzen (Abschnitt 6.1). Während es sich bei operativen Entscheidungen um konkrete Beeinflussungsmaßnahmen für Märkte handelt, betreffen strategische Entscheidungen die langfristigen Richtungsvorgaben für die von einem Unternehmen gestalteten Nutzenbündel. Strategien sind darum als generelle Routen durch die Wettbewerbsarena und das Marktumfeld eines Dienstleistungsanbieters aufzufassen. Dabei sind Strategien auch als evolutionärer Prozess begriffen werden, weil die intendierten Strategien aufgrund von sich dynamisch ändernden Umweltfaktoren nicht immer den realisierten Strategien entsprechen (Mintzberg, 1990). Außerdem werden unterschiedliche Arten von Strategien unterschieden. So werden nach der Entwicklungsrichtung bspw. Wachstums, Stabilisierungs- und Schrumpfungsstrategien abgegrenzt und im Hinblick auf die organisatorischen Grenzen werden Strategien oftmals in Kooperationen, Zusammenschlüssen und Internationalisierung unterteilt. Allerdings werden Letztere vor allem bei größeren Unternehmen auf höherer Unternehmensebene festgelegt. Aus der Marketingperspektive ist darum vor allem die Einteilung von Strategien nach der organisatorischen Ebene bedeutend. Die hierbei festgelegten Strategien beziehen sich auf die **Geschäftsfeldebene** (Backhaus und Schneider, 2020), es handelt sich damit im Dienstleistungsmarketing meist um geschäftsfeldbezogene Strategien (Abschnitt 6.2). Im Detail werden hier vor allem Strategien der Marktparzellierung und der Marktstimulierung behandelt. Dabei bedeutet die Marktparzellierung eine Abkehr von der klassischen Massenmarktstrategie, bei der alle Nachfrager eines relevanten Marktes die stofflich, technisch oder informatorisch gleichen Leistungen erhalten. Damit erfolgt eine so genannte Parzellierung des Marktes (Becker, 2019), welche durch die **Segmentierung von Nachfragern** und deren Zusammenfassung zu homogenen Gruppen vorgenommen wird (Freter, 2008), die untereinander in Bezug auf festgelegte, kauf- und/oder nutzungsrelevante Kriterien möglichst heterogen sind (Abschnitt 6.2.1). Im Gegensatz dazu beinhaltet die **Marktstimulierung** die Setzung von Kaufanreizen für Nachfrager, um sich gegenüber Wettbewerbern auf strategisch relevanten Dimensionen, d. h. Qualität, Preis, Zeit und Beziehung, eindeutig abzugrenzen (Abschnitt 6.2.2). Schließlich wird mit der **Balanced-scorecard (BSC)** ein integrativer Ansatz der Strategieformulierung diskutiert, der dabei hilft, von der Unternehmensvision bzw. -mission über die Strategieformulierung hin zu konkreten Zielsetzungen und Messgrößen zu gelangen, um die gewählten strategischen Entscheidungen entsprechend evaluieren zu können (Abschnitt 6.3). Hierbei wird auf die Ausgewogenheit (Balanced) von vier internen und ex-

https://doi.org/10.1515/9783110620443-006

ternen Perspektiven im Hinblick auf einen Berichtsbogen (Scorecard) abgestellt, welche in ihrer Kombination eine Gesamtsicht auf das Unternehmen bieten (Kaplan und Norton, 1996a). Eine BSC ist für einen Dienstleistungsanbieter besonders geeignet, da mit den vier Perspektiven die Treiber bzw. Ziele innerhalb der Leistungsressourcen (Potenziale), der Leistungserstellung, der Leistungsvermarktung und des Leistungsergebnisses identifiziert, visualisiert und kommuniziert werden können (Kaplan und Norton, 1996b).

6.1 Abgrenzung strategischer Entscheidungen

Die Diskussion zu Strategien von Unternehmen ist sehr weit ausdifferenziert und die Bezeichnungen und Systematisierungen variieren. Darüber hinaus besteht ein Unterschied zwischen der Literatur zum strategischen Management und derjenigen zum strategischen Marketing, obwohl unterschiedliche Strategieoptionen an den verschiedenen Stellen durchaus ähnlich diskutiert werden (z. B. Aaker und Moorman, 2018; Backhaus und Schneider, 2020; Bea und Haas, 2019; Benkenstein und Uhrich, 2021; Meffert et al., 2019; Welge et al., 2017). Dadurch fallen ein Gesamtüberblick über strategische Entscheidungen und eine Einordnung derselben in unterschiedliche Bereiche respektive eine Abgrenzung zu operativen Entscheidungen im Unternehmen nicht immer ganz einfach. Um zunächst vereinfachend mit Becker (2019) zu sprechen, sind Strategien eines Unternehmens die Routen um sicherzustellen, dass operative Entscheidungen zu einem gewünschten Ergebnis im unternehmerischen Sinne führen. Hierbei wird das gewünschte Ergebnis durch die Zielsetzungen des Unternehmens festgelegt. Chandler (1962) sieht Strategien als ein auf die Unternehmensziele abgestellten **Handlungsrahmen** für operative Entscheidungen. Damit sind Strategien gleichzeitig langfristige, grundsätzliche Richtungsentscheidungen bzw. Prädispositionen (vgl. Tab. 6.1), denn die eingeschlagenen Routen können nicht in kurzen zeitlichen Abständen immer wieder geändert werden (z. B. die bearbeiteten Zielgruppen in einem relevanten Markt), da sie strukturbestimmende und damit konstitutive Entscheidungen für das Morgen darstellen und oftmals von hohen und zum Teil spezifischen Investitionen in Betriebsmittel (z. B. Standorte und/oder Maschinen) und Personal (z. B. Fachkräfte und Spezialisten) begleitet werden.

Es geht bei Strategien also zusammenfassend darum, wie ein Nutzenbündel für einen Dienstleister als Wertangebot gegenüber den Nachfragern geschnürt wird. Zudem entscheiden Strategien darüber, wie dieses Wertangebot gegenüber dem Wettbewerb abgegrenzt wird bzw. welche Wettbewerbsvorteile aus der Sicht der Nachfrager durch das Unternehmen versucht werden aufzubauen. Strategien haben eine **Lenkungsfunktion**, während Maßnahmen als Umsetzungsentscheidungen die konkrete Ausgestaltung des Nutzenbündels beinhalten. Maßnahmen stellen die operativen Handlungen des Unternehmens dar, die problemlösungsorientiert und kurzfristig angelegt sind. Wie bereits oben diskutiert, betreffen Strategien eher die Effektivität („die richtigen Dinge machen") und operative Handlungen eher die Effizienz („die Dinge richtig machen") unternehmeri-

Tab. 6.1: Differenzierung zwischen Strategie und Taktik (Becker, 2019).

Strategie = Grundsatzregelungen (grundsätzliche Prädispositionen)	Taktik = operative Handlungen (laufende Dispositionen)
Merkmale:	**Merkmale:**
– strukturbestimmend (konstitutiv)	– ablaufbestimmend (situativ)
– echte Wahlentscheidungen	– Routineentscheidungen (habitualisiert)
– mittel bis langfristig orientiert	– kurzfristig orientiert
– verzögert bzw. in Stufen wirksam	– unmittelbar wirksam
– schwer korrigierbar	– leicht korrigierbar
Entscheidungssituation:	**Entscheidungssituation:**
– komplexes, schlecht strukturiertes Entscheidungsfeld (Unsicherheitsgrad hoch)	– überschaubares, gut strukturiertes Entscheidungsfeld (Unsicherheitsgrad niedrig)
– heute werden grundsätzliche Entscheidungen für morgen getroffen	– heute werden problemlösungsorientierte Entscheidungen für heute getroffen
– ganzheitliches Denken notwendig (Unternehmen als Ganzes umfassen)	– partikulares Denken steht im Vordergrund (einzelne Aktionsbereiche betreffend)
– makro-betonte, eher qualitative Betrachtungsweise	– mikro-betonte, eher quantitative Betrachtungsweise
Grundorientierung (gesamt): Effektivität ⇒ „die richtigen Dinge machen"	**Grundorientierung (gesamt):** Effizienz ⇒ „die Dinge richtig machen"

scher Entscheidungen. Allerdings wurde bereits bei der Diskussion zur TOWS-Matrix ausgeführt, dass Mintzberg (1990) an dieser an die so genannte Design-school angelehnte Herangehensweise an Strategien kritisiert, dass es in der Realität aufgrund interner und externer Vorkommnisse (z. B. durch den Einfluss von Stakeholdern und deren Machtbasen bzw. der Machtverteilung) zu Abweichungen von den ursprünglich intendierten Strategien und den letztendlich realisierten Strategien kommt (Mintzberg et al., 2005). Diesem Gedanken folgend handelt es sich bei der Aufstellung eines Handlungsrahmens also lediglich um idealtypische Grundsatzregelungen. In der Unternehmenspraxis hat dies zur Folge, dass unrealisierte Strategien wegen unvorhergesehener Rahmenbedingungen verworfen werden und dagegen so genannte emergente Strategien stattdessen in das Blickfeld der Entscheider gelangen, die allerdings zunächst nicht beabsichtigt waren (z. B. aufgrund neuer Wettbewerber auf dem Markt oder Aktivitäten seitens der Regulierungsbehörden). Dadurch entstehen Unternehmensstrategien nicht nur durch einen systematischen Planungsprozess im Unternehmen, sondern auch durch evolutionäre Prozesse (z. B. Lernen und Anpassung) im Zeitablauf (Mintzberg, 1987).

In der Managementliteratur wird bezüglich der Strategieoptionen im Wesentlichen eine Differenzierung nach drei unterschiedlichen Bereichen vorgenommen, welche für die weitere Einteilung von Strategien im Marketing hilfreich ist (z. B. Welge et al., 2017). Erstens gehören hierzu die **organisatorischen Ebenen**, sofern eine komplexe organisatorische Rahmenstruktur vorliegt. Ähnlich wie bei der Einteilung der Zielebenen können bei den Strategien solche für das Gesamtunternehmen von solchen für einzelne Geschäftsfelder bzw. -einheiten und solche für einzelne Funktionsbereiche (z. B. Logistik oder Personal) unterschieden werden, was meist bei kleineren Unternehmen der Fall ist, die nicht über separate Geschäftseinheiten verfügen. Für die Gesamtunternehmensebene spielt dabei vor allem die Wertsteigerung des Gesamtportfolios an Unternehmenswerten eine bedeutende Rolle, wie dies bereits im Rahmen der Portfolioanalyse diskutiert wurde. Meffert et al. (2019) folgend, welche Marketing als das Konzept einer marktorientierten Unternehmensführung begreift, müssen Unternehmensstrategien folglich aus dem Gedanken der Marktorientierung abgeleitet werden.

In diesem Kontext werden, wie weiter oben bereits ausgeführt, in größeren Unternehmen **Geschäftsfelder** auf der nächsten Ebene abgegrenzt werden, welche auf relevanten Märkten agieren (Wettbewerbsarena) und organisatorisch zu strategischen Geschäftseinheiten zusammengefasst werden (Backhaus und Schneider, 2020). Unternehmensstrategien beziehen sich dabei auf die Ressourcenverteilung und die Synergiewirkungen zwischen diesen Geschäftseinheiten vor dem Hintergrund der Wertsteigerung und damit auf Produkt-Markt-Kombinationen (Ansoff, 1965). Becker (2019) bezeichnet diese auf Ansoff (1965) zurückgehenden übergreifenden strategischen Optionen für Geschäftsfelder als Marktfeldstrategien. Dabei unterteilt Ansoff (1965) die beiden Dimensionen Produkte und Märkte (vgl. Abb. 6.1). Aus alten und neuen Produkten, welche auch allgemein als Leistungen bezeichnet werden können, um dem Dienstleistungsmarketing stärker gerecht zu werden, sowie alten und neuen Märkten ergeben sich damit vier unterschiedliche strategische Stoßrichtungen (Becker, 2019): Marktdurchdringung, Marktentwicklung, Leistungsentwicklung und Diversifikation, wobei letztere die aus Unternehmenssicht komplexeste Option darstellt, da sowohl mit neuen Leistungen als auch auf neuen Märkten die Unsicherheit für das Unternehmen über Erfolg oder Misserfolg am größten ausfällt. Somit werden vor dem Hintergrund von Synergiepotenzialen neue Geschäftsfelder erschlossen, die entweder auf Basis einer horizontalen Erweiterung (d. h. auf derselben Wertschöpfungsstufe), einer vertikalen Erweiterung (d. h. durch Einschluss vor- und/oder nachgelagerter Stufen) oder durch eine laterale Erweiterung (d. h. durch das Vordringen in bisher unbekannte Bereiche mit keinem Bezug zu den angestammten Geschäftsfeldern) erfolgt. Die so genannte Produkt-Markt-Matrix hat Ansoff (1965) insbesondere vor der weiter oben diskutierten GAP-Analyse als Möglichkeit gesehen, um durch die strategischen Stoßrichtungen, die idealtypisch einer Z-Strategie, beginnend bei der Marktdurchdringung, folgen sollen, eine möglicherweise auftretende strategische Lücke zu schließen (Graumann, 2014; Meffert et al., 2019).

Die genannten Produkt-Markt-Kombinationen gehören zu den so genannten Wachstumsstrategien eines Unternehmens (Aaker und Moorman, 2018). Dadurch wird eine zweite Unterteilung von Strategien ersichtlich, welche die **organisatorische Entwicklungsrichtung** darstellt. Außerdem existieren, neben den genannten Wachstumsstrategien, weiterhin Stabilisierungs- und auch Schrumpfungsstrategien (Bea und Haas, 2019; Reisinger et al., 2017; Wheelen et al., 2015). Stabilisierungsstrategien sollen die Posi-

Märkte		
Alt	*Neu*	
Marktdurchdringung (z. B. Erhöhung der Verwendung, Gewinnung von Kunden der Wettbewerber oder Erschließung von Nicht- Verwendern)	**Marktentwicklung** (z. B. Gewinnung neuer Absatzgebiete, Schaffung neuer Teilmärke oder Erschließung von Zusatzmärkten)	*Alt*
Leistungsentwicklung (z. B. Entwicklung von Innovationen, Ausbau von Grund- und Zusatznutzen oder Leistungsvarianten und -programmerweiterung)	**Diversifikation** (z. B. horizontale, vertikale und/oder laterale Diversifikation durch internes Wachstum oder Zusammenschlüsse)	*Neu*

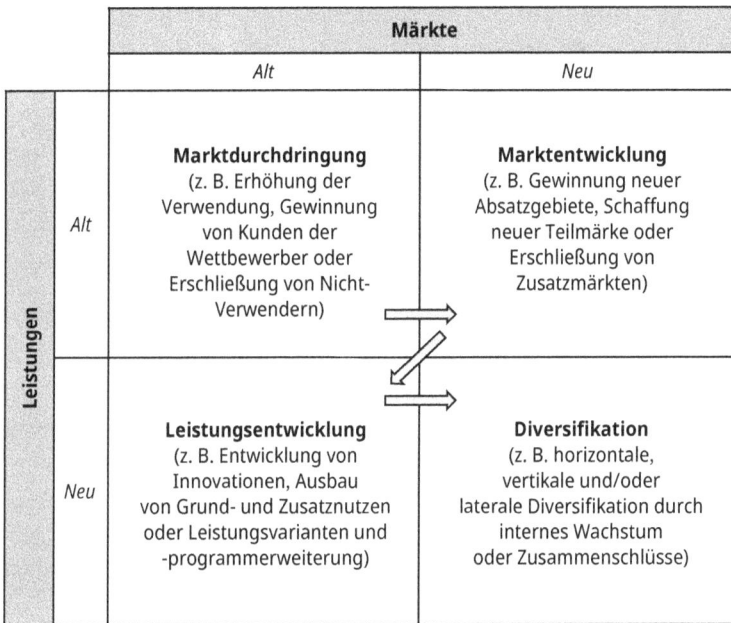

Abb. 6.1: Produkt-Markt-Matrix nach Ansoff (Becker, 2019).

tion eines Unternehmens absichern und bei Schrumpfungsstrategien handelt es sich um einen systematischen Rückzug aus bisher vorliegenden Geschäftsfeldern (z. B. durch Liquidation).

Darüber hinaus betrifft die Diversifikation möglicherweise auch einen dritten Bereich der Unternehmensstrategien, sofern es sich nicht um ein internes, d. h. organisches Wachstum des Unternehmens aus eigener Kraft handelt (Johnson et al., 2018). Hierzu werden die **organisatorischen Grenzen** gezählt. Hierbei erfolgt das Wachstum des Unternehmens durch externe Faktoren wie Kooperationen (Kooperationsstrategien) und/oder Zusammenschlüsse (Übernahmen und Fusionen). Während Kooperationen auf einer freiwilligen Basis zwischen wirtschaftlich und rechtlich selbstständigen Unternehmen vollzogen werden, um gemeinsam Synergiepotenziale in der Erstellung und/ oder Vermarktung von Leistungen zu erzielen (z. B. Autoversicherungen mit einer Werkstattbindung in den Verträgen), verlieren (schwächere) Unternehmen bei Übernahmen (Acquisition) zumindest ihre wirtschaftliche Selbstständigkeit und bei Fusionen (Merger) sowohl ihre wirtschaftliche als auch ihre rechtliche Selbstständigkeit, da der übernommene Teilnehmer vom Markt verschwindet und der betriebliche Transformationsprozess in den Transformationsprozess des aufnehmenden Unternehmens integriert wird (z. B. bei der Übernahme von E-Plus durch O2 im Telekommunikationsbereich). Außerdem können die Grenzen der Unternehmung auch dadurch ausgedehnt werden, dass eine Internationalisierungsstrategie verfolgt wird, was Becker (2019) unter dem Terminus der Marktarealstrategien zusammenfasst (z. B. bei bekannten Logistikdienstleistern wie DHL,

DSV, DB Schenker oder Hapag-Lloyd). Da die zuletzt diskutierten Ausprägungen von Strategieoptionen zumindest bei größeren Unternehmen mit einer entsprechenden organisatorischen Ausdifferenzierung auf der Unternehmensebene festgelegt werden (z. B. Meffert et al., 2019; Reisinger et al., 2017; Welge et al., 2017), wird hier vor allem auf die klassischen Ansätze im strategischen Marketing fokussiert (z. B. Kotler und Armstrong, 2020). Diese sind den geschäftsfeldbezogenen Strategien zuzuordnen (z. B. Backhaus und Schneider, 2020; Meffert et al., 2019; Voeth und Herbst, 2013).

6.2 Geschäftsfeldbezogene Strategien im Dienstleistungsmarketing

Da sich die traditionellen Ansätze des strategischen Marketings auf die Ebene unterhalb des Gesamtunternehmens und damit auf die Ebene der strategischen Geschäftsfelder bzw. -einheiten als deren organisatorische Zusammenfassung beziehen (Backhaus und Schneider, 2020; Kotler und Armstrong, 2020; Meffert et al., 2019), werden in den folgenden Ausführungen die Marktparzellierungs- und die Marktstimulierungsstrategien näher diskutiert (z. B. Becker, 2019).

Die Idee der geschäftsfeldbezogenen **Marktparzellierung** ist als eine Abkehr von der so genannten Massenmarktstrategie zu sehen, die den gesamten Markt als undifferenzierte Einheit, d. h. mit vergleichbaren Bedürfnissituationen seitens der Nachfrager betrachtet. Die Parzellierung zielt auf die Tatsache ab, dass sich Nachfrager trotz gleicher Grundbedürfnisse (z. B. Kommunikation, Mobilität, Unterhaltung, Erholung oder Gesundheit), in der konkreten Ausgestaltung, d. h. dem Wunsch nach Leistungen, die diese Grundbedürfnisse erfüllen, voneinander in den Details der Leistungsgestaltung unterscheiden, die sie für die Bedürfnisbefriedigung seitens der Dienstleistungsanbieter wünschen. In einer modernen Volkswirtschaft ist ein solcher Ansatz mehr oder weniger als selbstverständlich anzusehen, wenngleich es Leistungen gibt, gerade bei innovativen Produkten oder Dienstleistungen von Start-up-Unternehmen, die zunächst nur in einer Variante, d. h. undifferenziert am Markt angeboten werden. In der englischsprachigen Literatur ist die Marktparzellierung als so genannter STP-Ansatz bekannt (Chernev, 2018; Freter, 2008; Kotler und Armstrong, 2020). Dabei bezieht sich das Akronym auf das Segmenting (Marktsegmentierung), Targeting (Zielgruppenauswahl) und Positioning (Positionierung). Es bleibt allerdings festzuhalten, dass der STP-Ansatz ein Stück weiter geht als zahlreiche deutschsprachigen Quellen die Marktparzellierung beschreiben (z. B. Voeth und Herbst, 2013), da neben der Marktsegmentierung und der Auswahl der Zielsegmente zusätzlich die strategische Positionierung als integraler Bestandteil diskutiert wird. Bei der Marktparzellierung geht es also im Wesentlichen darum, wer für die Leistungen eines Anbieters als Zielgruppe in Frage kommt respektive ausgewählt wird und wie sich das Angebot auf den kaufentscheidungsrelevanten Dimensionen der Nachfrager von den Wettbewerbsangeboten differenzieren lässt, d. h. welche Vorteile bestehen.

Darüber hinaus leitet der STP-Ansatz zum Bereich der **Marktstimulierung** über. In Bezug auf die Marktstimulierung wird in der Management- und Marketingliteratur vor allem auf Porter (1980/1985) zurückgegriffen, der mit den so genannten generischen Wettbewerbsstrategien einen wichtigen Beitrag zur Strategiediskussion geleistet hat. Bei der Marktstimulierung steht vor allem im Vordergrund, wie die Nutzenvorteile eines Unternehmens auf den kaufentscheidungsrelevanten Dimensionen der Zielgruppe gegenüber Wettbewerbern auf- bzw. ausgebaut werden; wie wird folglich die Nachfrage stimuliert, sodass die anvisierten Nachfrager (Zielsegmente) die Leistungen gegenüber den Wettbewerbsleistungen präferieren. Damit stehen beide Strategiebereiche, sowohl die Marktparzellierung als auch die Marktstimulierung, in einem engen sachlogischen Zusammenhang. Porter (1980/1985) folgend bestehen die generischen Wettbewerbsstrategien aus den beiden Dimensionen Qualität und Kosten, die sowohl aus der Gesamtmarkt- als auch aus der Teilmarktperspektive, d. h. in Bezug auf Marktsegmente oder -nischen, vor dem Hintergrund von realisiertem Marktanteil und Return-on-investment (auch Kapitalrentabilität = Gewinn/eingesetztes Kapital) diskutiert werden. Während aus der Marketingperspektive die Qualitätsführerschaft auch als Präferenzstrategie mit dem Fokus auf der Bildung von Marken zusammengefasst werden kann, bezieht sich die Kostenführerschaft vor allem auf das Angebot eines attraktiven Preises innerhalb der anvisierten Marktsegmente bei gleichzeitiger Erzeugung einer Standardqualität. Außerdem werden die generischen Wettbewerbsstrategien heute um die Dimensionen Zeit, in der einschlägigen Literatur teilweise als Timing-Strategien bezeichnet, und Beziehung ergänzt (z. B. Benkenstein und Uhrich, 2021; Voeth und Herbst, 2013).

6.2.1 Marktparzellierung (STP-Ansatz)

Viele Absatzmärkte von Unternehmen im Dienstleistungsbereich sind gerade vor dem Hintergrund unterschiedlicher Bedürfnisse durch den Wunsch der Nachfrager nach individualisierten Dienstleistungen geprägt. In Bezug auf die individuellen Bedürfnissituationen ist dies verständlich, aus der Unternehmenssicht erzeugt eine gesteigerte Individualisierung jedoch auch höhere Kosten. Ein Dienstleister muss sich darum Gedanken machen, ob er mit seinem Leistungsangebot den relevanten Markt mit einem weitgehend standardisierten Angebot (undifferenziert) oder einer stärker individualisierten Leistung (differenziert) bearbeitet. Diese Entscheidung fällt in den Bereich der so genannten Strategie der Marktparzellierung (STP-Ansatz). Wird der Markt als Ganzes mit unternehmensseitig weitgehend standardisierten Leistungen angesprochen, so handelt es sich um eine **Massenmarktstrategie**. Diese ist insbesondere auf Konsumgütermärkten anzutreffen, sofern bei den Nachfragern keine spezifischen Bedürfnisse vorliegen. Eine Massenmarktstrategie wird darum auch als undifferenziertes Marketing bezeichnet. Ein Beispiel hierfür ist die weiße Nivea-Creme in klassischer runder, blauer Dose oder die Haselnusscreme Nutella. Beide Produkte sind standardisiert und es existieren keine Variationen des Originalprodukts; wenngleich beide Unternehmen, sowohl Beiersdorf als auch Ferrero zusätzliche Produkte auf den jeweiligen Märkten anbieten, die einen anderen Ansatz verfolgen (z. B. Nivea for Men und Kinder ...). Dies wird noch ausführlicher bei den Ausführungen zu den Markenstrategien diskutiert.

Ein weiteres, sehr naheliegendes Beispiel führt hinüber zur Segmentierungsstrategie. So hat das Softgetränk Coca-Cola in ganz Deutschland einen standardisierten Geschmack. Jedoch existieren auf dem Markt für Softgetränke durchaus Nachfrager mit unterschiedlichen Bedürfnissen bezgl. Kaloriengehalt oder Geschmacksrichtung. Das Unternehmen reagiert darauf, indem bspw. kalorienarme Sorten angeboten werden oder der Geschmack des Ausgangsprodukts variiert wird (z. B. Kirsch- oder Vanille-Cola). Damit verlässt Coca-Cola den Ansatz eines undifferenzierten Marketings, wie es für die Ursprungscola anzutreffen ist, zugunsten einer Marktsegmentierungsstrategie, die auf Basis individueller Bedürfnisse die Nachfrager in Gruppen mit weitgehend ähnlichen Bedürfnissen einteilt (z. B. mittels Cluster-Analyse). Kotler und Armstrong (2020) nennen dies auch **Zielgruppenmarketing**. Streng genommen ist hierbei zusätzlich auf der einen Seite zwischen einer totalen Marktabdeckung, d. h. es werden alle Segmente mit jeweils auf die Segmente zugeschnittenen Leistungsangeboten abdeckt (differenziertes Marketing), und auf der anderen Seite einer partiellen Marktabdeckung zu unterscheiden, d. h. es wird lediglich ein Teil der Segmente oder auch nur ein Segment mit jeweils auf diese(s) zugeschnittenen Leistungen bedient (konzentriertes Marketing). Hierbei bietet es sich gerade für kleinere Unternehmen an, im Rahmen der Marktsegmentierung und in Verbindung mit der Positionierungsanalyse nach Marktnischen zu suchen, die von größeren Wettbewerbern als unattraktiv empfunden (z. B. wegen des geringeren potenziellen Absatzvolumens) oder aufgrund fehlender Kompetenzen nicht bedient werden. Allerdings ist auch als mögliches Risiko zu beachten, dass die Marketinginstrumente in solchen Marktnischen meist hoch spezialisiert sind (z. B. Leistungsgestaltung, Preissetzung, Absatz- oder Kommunikationswege) und darum bei einem Misserfolg nicht ohne weiteres auf andere Segmente übertragen werden können.

Sowohl die Massenmarktstrategie mit standardisierten Leistungen als auch die Marktsegmentierungsstrategie mit gruppenbezogenen bzw. individualisierten Leistungen sind auch prinzipiell im Bereich des **Dienstleistungsmarketings** anzutreffen (Wirtz und Lovelock, 2022). In einer generischen Betrachtung entlang des Lebenslaufs von Leistungen ist zu beobachten, dass eine undifferenzierte Marktbearbeitung oftmals in jungen, wachsenden Märkten anzutreffen ist, um die Grundbedürfnisse mit einer neuen Leistung zu befriedigen, und im Zeitablauf die Leistungen stärker auf einzelne Zielgruppen zugeschnitten werden, um unterschiedliche Bedürfnisse stärker zu berücksichtigen (Scharf et al., 2022). Dies wird nochmals im Rahmen der Leistungspolitik eines Dienstleisters aufgegriffen. Allerdings ist insgesamt zu konstatieren, dass es aufgrund der Charakteristika von Dienstleistungen und hierbei insbesondere der Integration des externen Faktors in der Leistungserstellung – das gilt bspw. für medizinische Diagnosen oder Friseurbesuche, aber auch für Anfragen im Internet bezgl. digitaler Dienstleistungen wie eine Routenbeschreibung – zu einer stärkeren Segmentierung bzw. Individualisierung kommt, als dies bei zahlreichen Konsumgütern möglich wäre.

In einem ersten Schritt stellt sich im Rahmen des **STP-Ansatzes** die Frage, nach welchen Kriterien die potenziellen Marktsegmente gebildet werden (Segmenting), bevor in einem zweiten Schritt eine bestimmte Anzahl von Segmenten als Zielgruppen ausgewählt werden (Targeting), die dann in einem dritten Schritt vor dem Hintergrund der Positionierung gegenüber Wettbewerbern untersucht und mittels eines spezifischen Einsatzes der Marketinginstrumente (Marketing-Mix) bearbeitet werden (Positioning). Hierbei kann die Positionierung gleichermaßen Ausgangs- und Endpunkt des STP-Ansatzes sein. Dies liegt darin begründet, dass mit einer Positionierungsanalyse Marktsegmente und -nischen vor dem Hintergrund von entscheidungsrelevanten Dimensionen der Nachfrager nach Dienstleistungen identifiziert werden können. Dazu werden zu Beginn der Analyse das eigene Unternehmen und/oder die eigene Marke im psychologischen Wahrnehmungsraum der Nachfrager in Relation zu den Wettbewerbsprodukten abgebildet. Die Positionierung stellt in diesem Fall den Startpunkt der Analyse dar (Ist-Situation). In diesem Kontext beschreiben Voeth und Herbst (2013) die Positionierung als qualitative Analyse des relevanten Marktes, bei der die Angebots-, Nachfrage- und Wettbewerbsbedingungen grafisch abgebildet werden. Dagegen besteht eine quantitative Marktanalyse unter anderem in der Analyse von Marktpotenzial, -volumen und -anteil, was weiter oben bei der Abgrenzung des relevanten Marktes thematisiert wurde. Gleichzeitig können auf Basis einer Marktsegmentierung mit anschließender Zielgruppenauswahl (Markterfassung) über eine Positionierungsanalyse auch entsprechende Positionierungsstrategien abgeleitet werden (Marktbearbeitung). In diesem Kontext bezeichnen Kotler und Armstrong (2020) den ersten Teil der Segmentierung und Zielgruppenfestlegung als die Auswahl der zu bedienenden Kunden (Marktauswahl) und den zweiten Teil der Positionierung bzw. Differenzierung von den Angeboten der Wettbewerber als die Ausgestaltung des Nutzenversprechens (Marktbearbeitung). In der Phase der Marktbearbeitung erfolgt dann auf die Entwicklung von Positionierungsstrategien eine entsprechende Ausgestaltung des Marketing-Mix. Becker (2019) diskutiert ebenfalls die Ambivalenz der Positionierung, die zum einen als Grobpositionierung in einem größeren Markt (Massenmarkt) und zum anderen im Segmentierungsfall auf einzelne Marktsegmente angewendet werden kann. Die Ausführungen zur Marktparzellierung folgen dem klassischen STP-Ansatz mit nachgelagerter Beschreibung der Positionierungsanalyse und den möglichen Positionierungsstrategien.

Marktsegmentierung (Segmenting)

Allgemein gesprochen ist eine Marktsegmentierung die Zerlegung eines Gesamtmarktes in Teilmärkte und der erste Schritt bei der Marktparzellierung (STP-Ansatz). Im Detail bedeutet dies die Aufdeckung von möglichst **homogenen Gruppen** von Nachfragern (intern), die zwischen den gefundenen Marktsegmenten (extern) möglichst heterogen in Bezug auf bestimmte Eigenschaften und Verhaltensweisen sind (Becker, 2019; Meffert et al., 2019). Diese typischen Merkmale werden auch als Marketing-Mix-bezogene Reaktionskoeffizienten bezeichnet (Freter, 2008). Praktisch werden Marktsegmentierungen oftmals mit dem strukturentdeckenden Verfahren der Clusteranalyse durchgeführt (Backhaus et al., 2021), in welches die entsprechenden Ausprägungen von Nachfragern einbezogen werden. Aus den gebildeten Marktsegmenten werden dann Zielsegmente ausgewählt und mit einem spezifischen Marketing-Mix entsprechend gewählter Positionierungsstrategien bearbeitet. Darüber hinaus gibt Freter (2008) eine ausführliche Synopse über weitere Verfahren der Identifikation von Marktsegmenten. Diese unterscheiden sich darin, ob Nachfrager a-priori auf Basis eines direkt beobachtbaren Sortierkriteriums bestimmten, bereits vorhandenen Gruppen zugeordnet werden (z. B. Stamm- und Neukunden; Käufer und Nichtkäufer; Inlands- und Auslandskunden; privat oder gewerblich) oder a-posteriori auf Basis einer Datenerhebung und eines anschließenden konstruktbasierten (z. B. Wertvorstellungen, Einstellungen, Image, oder Motive) oder reaktionsbasierten Clusterings (z. B. Nutzenbewertung, Präferenzen oder Produktwahl) mit einer vorab nicht festgelegten Gruppenzahl in diese unterteilt werden. Letztendlich bleibt aber das übergeordnete Ziel der Marktsegmentierung die Zusammenfassung von Nachfragern mit homogenem Verhalten bzw. ähnlichen Präferenzen bezgl. des Kaufs und/oder der Nutzung von Dienstleistungen, um Streuverluste zu vermeiden, d. h. die Ansprache von Nachfragern, die generell nicht kaufen würden. Damit soll ein möglichst effektiver und effizienter Einsatz der Marketinginstrumente bzw. der vorhandenen, knappen Ressourcen durch eine optimale Allokation der Marketingbudgets gewährleistet werden.

In der Literatur existieren eine Vielzahl unterschiedlicher **Segmentierungskriterien**, die meist zu Oberkategorien zusammengefasst werden. Eine Basis bilden die geografischen, demografischen und psychografischen Kriterien (Kotler und Armstrong, 2020). Zu den geografischen Segmentierungskriterien gehören bspw. Länder, Regionen oder sogar Straßenzüge (Mikrogeografie). Zu den demografischen Kriterien gehören bspw. das Alter, Geschlecht, Schulabschluss, Beruf oder Einkommen. Schließlich bilden die psychografischen Segmentierungskriterien bspw. Persönlichkeitsmerkmale, Lebensstile, Wertevorstellungen oder Einstellungen. Diese grundlegenden Kategorien werden zudem durch kaufverhaltensbezogene Kriterien ergänzt, die sich vor allem auf die Bestandteile des Marketing-Mix beziehen bzw. diese widerspiegeln. Hierzu gehören bspw. die Leistungs- und Markenwahl (Leistungspolitik), die bevorzugten Preisklassen oder die Sonderangebotsnutzung (Preispolitik), die gewählten Einkaufsstätten oder Vertriebswege (Distributionspolitik) und schließlich die Mediennutzung (Kommunikationspolitik) nach ihrer Art und Intensität (siehe auch Becker, 2019; Meffert et al., 2019). Eine sehr umfangreiche Unterteilung und Beschreibung liefert Freter (2008), der in demografische, soziologische, psychografische, physiologische, kaufverhaltensbezogene und Zeitkriterien unterteilt, welche leicht auf Dienstleistungen und ergänzende Faktoren angepasst wurde (vgl. Abb. 6.2). Wie aus der Abbildung hervorgeht, werden die Reaktionskoeffizienten als übergeordnete Konstrukte (z. B. Demografie, Soziologie, Psychografie etc.) durch eine Beschreibung von Eigenschaften und Verhaltensweisen gebildet. Nachfrager die die gleichen Eigenschaften und Verhaltensweisen aufweisen bzw. auf diesen Dimensionen gleiche oder ähnliche Ausprägungen haben, bilden dann zusammen eine homogene

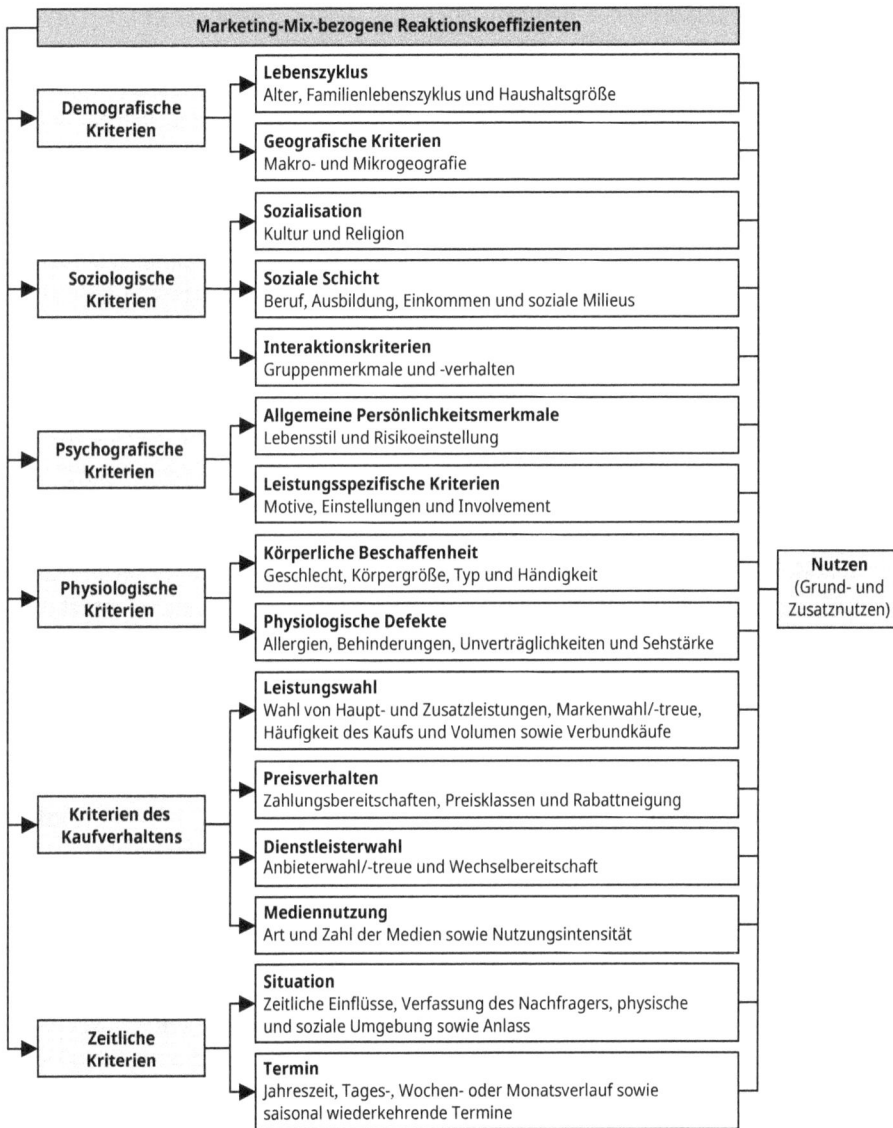

Abb. 6.2: Beispielhafte Marktsegmentierungskriterien (Freter, 2008).

Gruppe (Marktsegment). In Ergänzung zu diesem Grundgedanken der Marktsegmentierung ist zu beachten, dass aus der Perspektive der Nachfrager die Leistungen eines Anbieters und deren konkrete Eigenschaften für die Nutzengenerierung verantwortlich sind. Aus diesem Grund empfiehlt Freter (2008) zusätzlich das übergeordnete Konstrukt des Nutzens, der durch Leistungen als Bündel von Eigenschaften von verschiedenen Nachfragern in unterschiedlicher Höhe wahrgenommen wird, als

Marktsegmentierungskriterium heranzuziehen. Der Nutzen wurde weiter oben bereits ausführlich diskutiert und stellt ein zentrales Konstrukt im Marketing dar. Das Konzept der **Nutzensegmentierung (Benefit-segmentation)** geht auf Yankelovich (1964) und Haley (1968) zurück, die den stark deskriptiven Charakter der traditionellen Marktsegmentierung kritisieren.

Während der wahrgenommene (erwartete) Nutzen auf Basis unterschiedlicher Leistungskomponenten des Angebots das Kauf- bzw. Auswahlverhalten von Nachfragern kausal bedingt, beschreiben die Marketing-Mix bezogenen Reaktionskoeffizienten Segmente, lassen aber keinen direkten Schluss auf das zukünftige Wahlverhalten bzw. die **Präferenzen von Nachfragern** zu (Becker, 2019). Werden nun auf der Basis von Nutzenbeurteilungen von Leistungen bzw. deren Eigenschaften und Eigenschaftsausprägungen die Nachfrager mit Hilfe einer Conjoint-Analyse in einem ersten Schritt untersucht, so können diese dann in einem zweiten Schritt mit einer Clusteranalyse in homogene Gruppen aufgrund ähnlicher Nutzenbewertungen eingeteilt werden. Außerdem erlaubt das Verfahren der Conjoint-Analyse eine Durchführung von Marktsimulationen im Rahmen dessen Leistungen systematisch verändert und somit besser vor dem Hintergrund der Nutzengenerierung auf die Bedürfnisse der Segmente angepasst werden können. Dabei können auch Wettbewerbsleistungen in die Betrachtung einbezogen werden, sodass das Verfahren insgesamt als sehr gut geeignet für die strategische Marktsegmentierung und weitergehende Entscheidungen im Rahmen der Leistungsgestaltung bzw. im Innovationsmanagement (operatives Marketing) beurteilt werden kann.

Grundsätzlich können beliebig viele der genannten Kriterien in die Berechnung einbezogen werden, sofern diese vorab spezifiziert oder hinreichend erhoben wurden. Allerdings ergibt dies aus praktischer Perspektive und unter ökonomischen Gesichtspunkten oftmals wenig Sinn. So erhöht zwar der Einbezug einer Vielzahl von Kriterien zunächst den Informationsgehalt, ab einem bestimmten Punkt steigen jedoch lediglich die Komplexität und damit die Kosten der Segmentierungsanalyse. Dadurch wird die spätere Marktbearbeitung unnötig verkompliziert oder sogar unmöglich gemacht, weil einzelne Segmente entweder nicht erreichbar sind, nicht hinreichend differenziert werden können oder ihre Bearbeitung unwirtschaftlich erscheint. Aus diesem Grund sind in Bezug auf die Eignung unterschiedlicher Kriterien zur Marksegmentierung bestimmte Anforderungen zu stellen. In der Literatur werden darum folgende **Beurteilungskriterien** für die Marktsegmentierungskriterien unterschieden (Becker, 2019; Freter, 2008; Meffert et al., 2019):

– Kaufverhaltensrelevanz: Dies stellt die bedeutsamste Anforderung an die Kriterien der Marktsegmentierung dar, weil bei der Bildung von Zielgruppen darauf abzustellen ist, dass diese entsprechend der Eigenschaften und Verhaltensweisen gebildet werden, die für das Kauf- und/oder Nutzungsverhalten einer bestimmten Dienstleistung verantwortlich sind. Ohne eine Kaufverhaltensrelevanz können zum einen keine

Marketinginstrumente eingesetzt werden und zum anderen ist keine Prognose über bspw. Absätze, Umsätze oder Deckungsbeiträge möglich.

– Messbarkeit: Wenn die ausgewählten Marktsegmentierungskriterien nicht messbar, d. h. operationalisiert und erfasst werden können, können auch keine der im Rahmen der Informationsgenerierung diskutierten mathematisch-statistischen Verfahren eingesetzt werden, um die entsprechenden Marktsegmente zu identifizieren. Allerdings erfordern viele der kaufverhaltenstheoretischen Konstrukte ein umfassendes theoretisches Verständnis, um zu einer validen Messung des Verhaltensbezugs zu gelangen.

– Trennschärfe: Darüber hinaus muss der Verhaltensbezug nicht nur gemessen werden können, sondern die aus der Messung resultierenden Marktsegmente müssen sich zusätzlich zu einer formalen mathematisch-statistischen Trennung auch im Sinne einer Bildung inhaltlich homogener Gruppen voneinander unterscheiden lassen, um eine überschneidungsfreie Bearbeitung mit einem spezifischen Marketing-Mix zu gewährleisten.

– Zugänglichkeit: Die Auswahl der Marktsegmentierungskriterien muss zudem gewährleisten, dass die daraus folgenden Segmente mit Hilfe eines Marketing-Mix erreichbar bzw. zugänglich sind. Es muss also eine direkte Ansprache der Segmente durch das Unternehmen im Rahmen der Marktbearbeitung über eine entsprechend ausgestaltete Leistung, Preis-, Distributions- und Kommunikationspolitik möglich sein.

– Handlungsfähigkeit: Diese Anforderung steht in enger Verbindung zur Zugänglichkeit, da das Unternehmen zusätzlich auch handlungsfähig sein muss, d. h. der Einsatz der Marketinginstrumente muss möglich sein, um die gebildeten Marktsegmente nicht nur identifizieren zu können, sondern anschließend auch zu bearbeiten.

– Wirtschaftlichkeit: Die Auswahl der Kriterien hat zudem so zu erfolgen, dass eine anschließende Segmentbildung und -bearbeitung aus der Unternehmenssicht auch wirtschaftlich, d. h. effizient möglich ist. Hierbei ist zu beachten, dass der Nutzen der Segmentierung nicht die anfallenden Kosten im Rahmen spezifischer Marktbearbeitungsstrategien überschreitet. Dieser Punkt ist gilt auch für die Auswahl entsprechender Zielgruppen im zweiten Schritt der Analyse.

– Zeitliche Stabilität: Ein weiteres Kriterium, welches ebenfalls bei der Auswahl der Zielgruppen als Beurteilungskriterium seine Gültigkeit behält, um einen gewissen Planungszeitraum zu ermöglichen, ist die Bedeutung der zeitlichen Stabilität. So erscheinen Segmente, die nur für kurze Zeiträume bestehen, ungeeignet für eine Marktbearbeitung mit einem spezifischen Marketing-Mix. Hiervon abzugrenzen sind jedoch wiederkehrende Segmente aufgrund saisonaler Einflüsse, wie sie bereits im Rahmen der Abgrenzung des relevanten Marktes diskutiert wurden (z. B. Wander- und Skitouren als Dienstleistung in den Alpen im Sommer und Winter).

Zielgruppenauswahl (Targeting)

Der zweite Schritt einer Marktparzellierung (STP-Ansatz) besteht in der Auswahl der zu bearbeitenden Zielgruppen. Diese Phase wird auch als strategische Marktsegmentierung bezeichnet (Freter, 2008), da es sich hierbei, sofern nicht alle der ermittelten Segmente mit einem auf die Segmente bezogenen Angebot bedient werden (totale Marktabdeckung mit differenziertem Marketing), um eine Auswahl der attraktivsten Zielgruppen handelt (partielle Marktabdeckung mit konzentriertem Marketing). Diese haben einerseits aufgrund ihres Charakters eine längerfristige, und damit strategische Bedeutung für das Unternehmen. Andererseits sollten die **Zielsegmente** vor dem Hintergrund der Positionierungsstrategien als besonders relevant gelten, da für einzelne Marktsegmente in der Folge ein spezifischer Marketing-Mix bereitgestellt werden muss, um sich mit dem eigenen Leistungsangebot von den Wettbewerbern zu differenzieren (Kotler und Armstrong, 2020). Ein segmentspezifischer Instrumentaleinsatz führt unter Umständen zu einer Veränderung der Leistungsangebote, der Preissetzung, der Vertriebs- und/oder der Kommunikationswege, um die eigene Position zu festigen oder sich als Unternehmen neu zu positionieren. Darüber hinaus können auch komplett neue Leistungsangebote gestaltet werden, die so vom Unternehmen in anderen Segmenten bisher nicht angeboten wurden.

Eine Auswahl von Zielsegmenten erfolgt oftmals in einem dreistufigen Vorgehen (Meffert et al., 2019). Dabei muss neben der Bewertung der gebildeten Segmente auch eine Entscheidung dazu getroffen werden, welche der Segmente hinreichend attraktiv erscheinen, um diese mit den Leistungsangeboten des Unternehmens zu bedienen, da Unternehmen i. d. R. nicht über ausreichend Ressourcen verfügen, um alle der gebildeten Marktsegmente mit einem spezifischen Marketing-Mix zu bedienen. Im ersten Schritt werden alle mit den Unternehmens- oder Geschäftsfeldzielen nicht kompatiblen Marktsegmente aus der weiteren Betrachtung ausgeschlossen (Kotler und Armstrong, 2020). Dieser Schritt kann als **Grobselektion** bezeichnet werden, wobei das vornehmliche Entscheidungskriterium die übergeordneten Ziele und Wertvorstellungen darstellt. Dienstleister die bspw. eine hohe Qualität und die Beachtung von Sonder- bzw. Spezialwünschen von Nachfragern im Rahmen ihrer Mission und übergeordneten Werte definieren, werden ihre Aufmerksamkeit nicht auf Marktsegmente richten, in denen Nachfrager mit starker Preisorientierung, Standardqualitäten oder einer rudimentären Angebotsgestaltung in Form eines Basisangebots (No-frills-Konzept) zusammengefasst sind.

Im Anschluss daran werden die verbleibenden Marktsegmente dann in einem zweiten Schritt einer detaillierteren Analyse unterzogen. In dieser **Feinselektion** werden weitere Kriterien erarbeitet, gewichtet und im Anschluss daran vor dem Hintergrund der Ausprägungen in den Segmenten evaluiert. Dabei können ähnlich Ansätze wie bei der weiter oben diskutierten Wettbewerbsstrukturanalyse als Bewertungskriterien herangezogen werden. Darüber hinaus geschieht eine Bewertung auch vor dem Hintergrund der Akteure im Marketingdreieck. So werden neben übergeordneten marktbezogenen quantitativen Größen (z. B. Marktpotenzial und -wachstum) die konkreten Nachfrager-, Wettbewerbs- und Anbieterverhältnisse in die Betrachtung einbezogen. Letztendlich können auch vor dem Hintergrund dynamischer Umfelder (VUCA) die externen Stakeholder (z. B. Politik, Lobbyverbände und Umweltgruppen) mit ihren Bedrohungspotenzialen und Machtbasen eine wichtige Rolle bei der Auswahl von Zielsegmenten spielen. So erlangen aufkommende Umweltauflagen und -taxonomien auf nationaler und internationaler, insbesondere der EU-Ebene, Gesetzesänderungen und gesellschaftliche Strömungen möglicherweise eine umsatz- bzw. gewinnrelevante Rolle, die vor dem Hintergrund der zeitlichen Stabilität und der wirtschaftlichen Nachhaltigkeit von Marktsegmenten zu berücksichtigen sind.

Im Detail können bspw. folgende **Bewertungskategorien** näher betrachtet werden (in Anlehnung an Freter, 2008; Kotler und Armstrong, 2020; Meffert et al., 2019):

- Marktbezogene Kriterien: Hierzu gehören bspw. Marktpotenzial, Marktvolumen, Segmentgröße, Wachstumspotenzial, Wettbewerbsintensität, Marktbarrieren (z. B. spezifische Investitionen), Protektionsmöglichkeiten (z. B. Lizenzen oder Qualifikation), Markteintrittskosten, zeitliche Stabilität der Segmente, Kundenbindungsstärke bzw. Wechselverhalten, Preissensibilität, Machtposition von Kunden und Lieferanten, Innovationsrate und Technologieintensität, potenzielle Ersatzleistungen (Substitutionsleistungen) oder wirtschaftliche Entwicklung.
- Anbieterbezogene Kriterien: Dazu zählen bspw. Absatzpotenzial, erreichbarer segmentspezifischer Marktanteil, Fit zu den eigenen Stärken und Schwächen, Beziehungen zu anderen Segmenten (z. B. Komplexität, Synergien, Imagetransfer oder die Kannibalisierung der eigenen Leistungen), vorhandene Ressourcen (z. B. Produktion und Vertrieb/Marketing), Kapitalbedarf für den Segmenteinstieg, Betriebsgrößenerfordernis, benötigter zusätzlicher Personalbedarf, zusätzliche Kosten, mögliche Preisspielräume, Absatz- und/oder Umsatzsteigerungen, Rentabilität bzw. zusätzlicher Gewinn, erforderliches Know-how oder eigene Wettbewerbsvorteile zur Differenzierung.

Um die einzelnen Kriterien bzw. die betrachteten Marktsegmente zu bewerten, werden unterschiedliche **Bewertungsmethoden** herangezogen. Zu den qualitativen Bewertungsmethoden im Rahmen der Evaluation gehören Checklisten, Profile, Nutzwert- (Scoring) oder Portfolioanalysen. Dagegen können zu den quantitativen Bewertungsmethoden Break-even-Analysen, die Absatzsegmentrechnung, Amortisations- oder Kapitalwertrechnungen gezählt werden (Freter, 2008), welche an dieser Stelle jedoch nicht näher erläutert werden. Teilweise beziehen sich die vorherigen Ausführungen auf mögliche Bewertungsmethoden, teilweise werden Methoden auch weiter unten im operativen Marketing oder im Rahmen des Controllings der Marktbeziehungen diskutiert.

In einem dritten Schritt erfolgt schließlich die **Auswahl der optimalen Zahl** von verbleibenden Segmenten aus der Bewertungsphase, die als hinreichend attraktiv im Sinne der zugrunde gelegten Kriterien und deren Gewichtungen beurteilt wurden. Hierbei kann das Kriterium der Gewinnmaximierung herangezogen werden (vgl. Abb. 6.3).

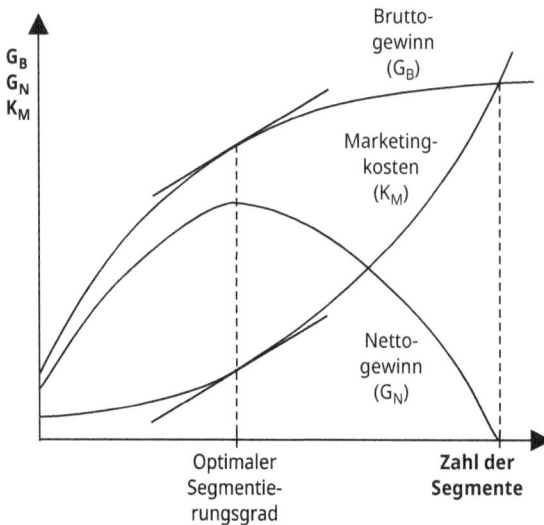

Abb. 6.3: Optimale Anzahl der zu bearbeitenden Segmente (Scharf et al., 2022).

Wird der Bruttogewinn der einzelnen Segmente (ohne die entstehenden Marketing-kosten) addiert, so kann unterstellt werden, dass dieser mit einem degressiven Verlauf steigt. Dies liegt darin begründet, dass jedes weitere hinzugefügte Segment wahrscheinlich eine geringere Attraktivität für das Unternehmen hat, weil die Ab-/Umsätze zusätzlich in kontinuierlich kleiner und unattraktiver werdenden Segmenten sinken und gleichzeitig die Gefahr der Kannibalisierung der übrigen Leistungen des Unternehmens steigt, d. h. Nachfrager wandern aufgrund der fehlenden Trennschärfe bspw. zwischen unterschiedlichen Preisklassen, wenn Leistungen nicht mehr ausreichend differenziert werden können. Im Gegensatz dazu steigen die Marketingkosten für die Erarbeitung eines spezifischen Marketing-Mix mit einem progressiven Verlauf, da Leistungen und Preise verändert sowie Vertriebs- und Kommunikationswege separat bearbeitet werden müssen. So müssen für zusätzliche Segmente möglicherweise Vertriebsmitarbeiter eingestellt oder Absatzmittler akquiriert werden (z. B. Reisebüros bei einem Anbieter von Pauschal- und Individualreisen). Diese Tatsache macht sich dann mit einer zunehmenden Zahl von Segmenten immer deutlicher in überproportional steigenden Kosten bemerkbar. Mathematisch liegt der **optimale Segmentierungsgrad** an der Stelle, bei der die Steigungen der beiden Funktionen identisch sind bzw. der Bruttogewinn und die Marketingkosten den größten Abstand aufweisen (Scharf et al., 2022). Auch wenn die Diskussion um eine mathematische Ermittlung des optimalen Segmentierungsgrads eher akademischer Natur ist, so liegt die praktische Bedeutung dennoch in der Erkenntnis, dass vor dem Hintergrund der Gewinnmaximierung ein Bereich besteht, in dem die Effizienz, d. h. die Wirtschaftlichkeit einer weiteren Marktsegmentbearbeitung kritisch zu hinterfragen ist. Allerdings hängt die

Zahl bzw. die Auswahl der Marktsegmente nicht nur von ökonomischen Kriterien ab, sondern es muss auch beachtet werden, welche Segmente zum einen von den Wettbewerbern bereits besetzt werden, Nachfrager erwarten dann möglicherweise dort auch die Leistungen des eigenen Unternehmens, und zum anderen, welche Synergiepotenziale oder Verbundeffekte in Produktion und Konsumption zu erwarten sind.

Positionierung (Positioning)

Nach der Markterfassung erfolgt mit der Positionierung der dritte Schritt im STP-Ansatz (Marktbearbeitung). Allgemein gesprochen ist eine Positionierung die grafische Abbildung des **psychologischen Wahrnehmungsraums** der Nachfrager in einem mehrdimensionalen Koordinatensystem (Positionierungsmodell). Dieser kann aus Objekten (z. B. Produkten oder Dienstleistungen), Marken oder Wettbewerbern bestehen, um zu verdeutlichen, in welchem Verhältnis die positionierten Objekte zueinanderstehen (Esch et al., 2017; Freter, 2008; Trommsdorff, 2004). Allerdings muss hierbei beachtet werden, dass mit der Zahl der Dimensionen des Wahrnehmungsraums deren Interpretation erschwert wird.

Die durchgeführte räumliche Abbildung der im Wettbewerb stehenden Alternativen mit den von den Nachfragern wahrgenommenen Ausprägungen für bestimmte Eigenschaften kann als **Positionierungsanalyse** bezeichnet werden. Die Positionierungsanalyse stellt den ersten Teil der Positionierung dar. Neben den (kaufrelevanten) Eigenschaften und den aktuellen Positionen der Objekte (Realleistungen), enthält ein solcher Wahrnehmungsraum außerdem Anforderungsprofile (Idealleistungen), die von den Nachfragern ebenfalls vorgegeben bzw. zusätzlich ermittelt werden (Freter, 2008). Um eine solche Positionierungsanalyse durchführen zu können erlangt das weiter oben diskutierte Awareness-set an Bedeutung, da die teilnehmenden Probanden die Objekte im Rahmen der Erhebung beurteilen bzw. auf den kaufrelevanten Eigenschaften miteinander vergleichen müssen (Voeth und Herbst, 2013). Somit müssen diese im Vorfeld auch bekannt sein und nach Möglichkeit auch in Betracht (Consideration-set) kommen (Freter, 2008). Diesbezüglich wird es für eine unbekannte Marke oder eine Leistungsinnovation deutlich schwerer, in den Wahrnehmungsraum der Nachfrager zu kommen, da solche Objekte bei den meisten Probanden wahrscheinlich noch nicht im Awareness-set vorliegen dürften. Eine Positionierung erzeugt dann im Vorfeld einer Segmentierung einen Nutzen zur Auffindung von bisher nicht durch Wettbewerber besetzte Marktnischen. In einem zweiten Teil werden aus den in der Positionierungsanalyse gesammelten Informationen so genannte **Positionierungsstrategien** auf Basis der gefundenen Ergebnisse abgeleitet, d. h. die einzelnen Positionen im Wahrnehmungsraum werden zielgerichtet mit einem spezifischen Marketing-Mix bearbeitet. Bei der Positionierung wird von der Annahme ausgegangen, dass die Nachfrager eine Leistung wählen, die ihren Vorstellungen am besten entspricht (Was bringt mir die Leistung?). Darüber hinaus hängt der Unternehmenserfolg davon ab, inwieweit sich der Anbieter von anderen am Markt oder in diesem speziellen Segment angebotenen Leistungen differenzieren kann (Esch et al., 2017; Kotler und Armstrong, 2020; Wirtz und Lovelock, 2022), indem er einen Vorteil in der Psyche der Nachfrager erzeugt (Warum ist die Leistung besser als eine andere?).

Zur Durchführung einer Positionierung stehen bspw. mit der Multidimensionalen Skalierung (MDS) oder der Faktorenanalyse zwei **multivariate Analyseverfahren** zu Verfügung. Jedoch ist das Vorgehen bei beiden Verfahren unterschiedlich, da im Rahmen der MDS die relevanten Eigenschaften nicht vorgegeben werden, sondern es ist im Nachhinein zu interpretieren, was die Probanden beim Vergleich der Objekte als relevante Eigenschaften herangezogen haben. Die MDS ermittelt den Wahrnehmungsraum durch eine mathematische Berechnung der (Un-)Ähnlichkeiten unterschiedlicher Bewertungsobjekte (nicht-merkmalsgestützt). Dabei werden die Beurteilungsobjekte von den Probanden im Ganzen bewertet (Voeth und Herbst, 2013), wodurch das Verfahren eine relativ geringe Anforderung an die Beurteilung von Objekten bezgl. einzelner Eigenschaftsdimensionen stellt. Es eignet sich darum auch für eher habitualisierte Kaufentscheidungsprozesse. Dagegen werden die Beurteilungsdimensionen, d. h. die zu bewertenden Eigenschaften, bei einer Faktorenanalyse vorgegeben (merkmalsgestützt) bzw. aus der Verdichtung der einzelnen Leistungseigenschaften als unabhängige Dimensionen berechnet, wie es weiter oben beschrieben wurde. Es müssen also Annahmen darüber getroffen werden, welche der Eigenschaften und Eigenschaftsausprägungen unterschiedlicher Objekte für die Probanden kaufrelevante Eigenschaften darstellen und diese müssen außerdem durch die Probanden auch beurteilbar sein. Das Verfahren eignet sich dadurch eher für extensive und limitierte Kaufentscheidungsprozesse, bei denen die Nachfrager eine Einschätzung zu den unterschiedlichen Eigenschaften vornehmen können bzw. eine Meinung darüber haben, wie sich bestimmte Objekte (z. B. Wettbewerbsmarken und/oder -leistungen) voneinander unterschieden. Anschließend wird der Wahrnehmungsraum durch die Berechnung und Übertragung von Faktorwerten aufgespannt. Wichtig ist bei den Eigenschaften und deren Ausprägungen zudem, dass diese kaufrelevant, messbar, wahrnehmbar, unabhängig voneinander und diskriminierungsfähig, d. h. die Objekte unterschieden sich bezgl. der Eigenschaften eindeutig voneinander, und letztendlich auch durch den Anbieter beeinflussbar sind (Brockhoff, 1999; Voeth und Herbst, 2013).

In Bezug auf den Wahrnehmungsraum müssen zudem **Idealpositionen** in die Betrachtung integriert werden, auf Basis derer die im zweiten Teil abzuleitenden Positionierungsstrategien erfolgen. Dies kann sowohl gemeinsam mit der Abfrage der Realleistungswahrnehmungen erfolgen oder im Anschluss daran (Backhaus et al., 2015). Hierbei ist zwischen dem Idealpunkt- und dem Idealvektormodell zu unterscheiden (Brockhoff, 1999; Freter, 2008). Beim Idealpunktmodell existiert für Nachfrager ein idealer Punkt bei einer relevanten Eigenschaft bzw. eine ideale Ausprägung dieser Eigenschaft. Damit stellt diese den höchsten Nutzen für eine Person dar (Backhaus et al., 2015). Eine Abweichung vom Idealpunkt nach oben oder nach unten wird gleichermaßen als schlecht beurteilt. Für die Interpretation bedeutet dies, dass bspw. in einem zweidimensionalen Raum eine ideale Kombination der Ausprägungen beider Eigenschaften existiert. Werden zudem so genannte Isopräferenzlinien einbezogen, so stellen Kombinationen der Eigenschaftsausprägungen auf einer Isopräferenzlinie austauschbare Kombinationen von Ausprägungen auf diesen beiden Eigenschaften dar. Je weiter sich ein Objekt vom Idealpunkt entfernt, desto schwächer ist zudem die Präferenz des Nachfragers für dieses Objekt ausgeprägt. Dagegen folgt das Idealvektormodell der Annahme, dass mehr einer Ausprägung bei einer bestimmten Eigenschaft als besser im Hinblick auf den Nutzenbeitrag bzw. weniger als schlechter beurteilt wird. Die Präferenz wird gebildet, indem das Lot auf den Vektor gefällt wird. Objekte, die auf dem Vektor weiter vorne liegen, weisen damit eine höhere Präferenz auf (vgl. Abb. 6.4). Darüber hinaus bestimmt der Winkel des Vektors die relative Wichtigkeit (Bedeutung) der jeweiligen Eigenschaft für den Nachfrager; je kleiner, desto bedeutsamer. Rechnerisch werden sowohl der Idealpunkt als auch der Idealvektor über eine so genannte Präferenzregression im Anschluss an die Aufstellung des Wahrnehmungsraums in das Koordinatensystem eingefügt (Backhaus et al., 2015). Welches der beiden Modelle aussagekräftiger ist, hängt dabei von sachlogischen Überlegungen und der Möglichkeit konkreter Merkmalskombination bei den Nachfragern ab. So kann bei der Qualität bspw. unterstellt werden, dass stets eine höhere Leistungsqualität als besser wahrgenommen wird. Dagegen könnte es bei Farbaspekten bezgl. eines Produktes oder der Anzahl von Features bezgl. einer Dienstleistung eine ideale Ausprägung geben. Bei der Interpretation der Analyse des Wahrnehmungsraums zeigen sich zum einen die Wettbewerbsintensitäten, wobei näher beieinander liegende Objekte in einem stärkeren Wettbewerb miteinander stehen. Zum anderen können

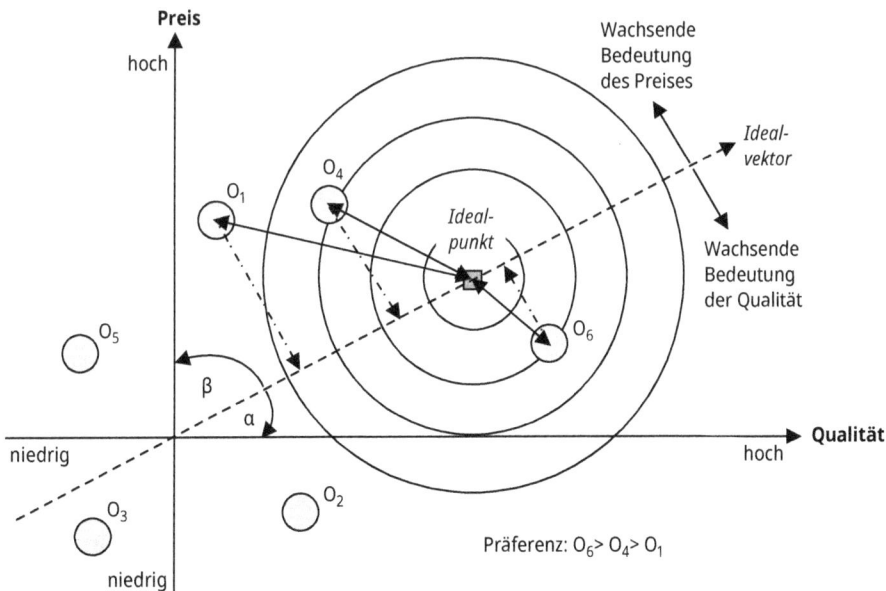

Abb. 6.4: Grundidee eines psychologischen Wahrnehmungsraums (in Anlehnung an Voeth und Herbst, 2013).

durch den Einbezug von Präferenzen durch Idealpositionen Aussagen über die Vorziehenswürdigkeit (Präferenz) der Objekte getätigt werden.

Bei der folgenden Ableitung von **Positionierungsstrategien** auf Basis des aufge-
spannten Wahrnehmungsraums kann laut Esch et al. (2017) zwischen dem alten und
dem neuen Positionierungsraum unterschieden werden (vgl. Abb. 6.5). In der Literatur werden die Optionen zudem unter einer Beibehaltung bzw. Stärkung der aktuellen Position, einer Umpositionierung (Repositionierung) bzw. einem Auffinden
von bisher nicht besetzten Positionen (Neupositionierung) zusammengefasst (Kotler
und Armstrong, 2020; Wirtz und Lovelock, 2022).

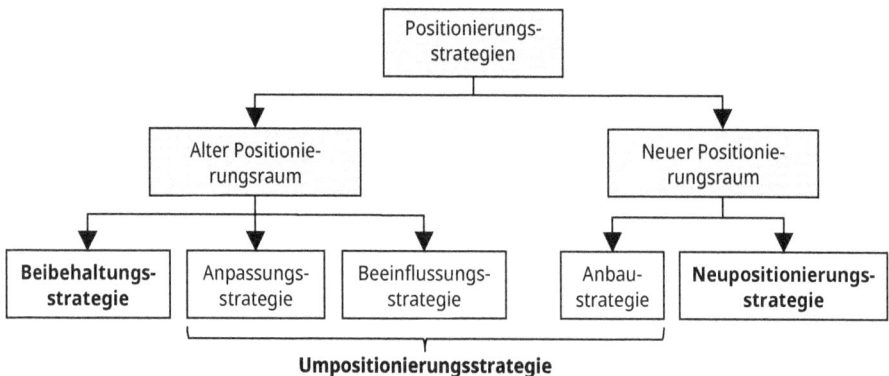

Abb. 6.5: Strategieoptionen der Positionierung (Esch et al., 2017).

Bei der **Beibehaltung der Position**, d. h. der Stärkung der aktuellen Position, verfügt
der Anbieter in einem Marktsegment vor dem Hintergrund der Wettbewerbsintensität
wahrscheinlich bereits über einen relativ hohen Marktanteil, da er sich nah am Ideal
der Nachfrager befindet, und möchte diese Position im angestammten Marktsegment
gegenüber seinen Wettbewerbern festigen. Hierzu werden im operativen Marketing
meist kommunikative Maßnahmen (z. B. Werbung und Social-media) eingesetzt, die das
eigene Nutzenversprechen unterstreichen.

Bei einer **Umpositionierung** besteht möglicherweise ein größerer Abstand zu den
Idealvorstellungen der Nachfrager und das Segment verfügt bereits über mehrere Anbieter, die in einem Segment mit hoher Wettbewerbsintensität um Marktanteile kämpfen.
In diesem Fall können Anbieter sich durch eine physikalisch-technische Veränderung
der Leistung bzw. einer Zusammenstellung neuer Komponenten bei Dienstleistungen
den Idealvorstellungen der Nachfrager über eine Anpassungsstrategie nähern. Dies wird
operativ in der Leistungspolitik umgesetzt, wobei auf der Leistungsebene die Gefahr
einer Me-too-Leistung entstehen kann, d. h. das eigene Leistungsangebot gleicht sich zu
stark den Wettbewerbsleistungen an, womit gleichzeitig die durch eine Marktsegmentierung beabsichtigte Differenzierung der Leistungsangebote konterkariert wird. Alternativ
können Anbieter versuchen, die Idealvorstellungen der Nachfrager über Kommunikati-

onspolitik und eine Beeinflussungsstrategie in ihrem eigenen Sinne zu verändern. Hierbei kann zum einen das Ideal der Nachfrager explizit im Sinne der eigenen Leistungen bzw. die eigene Position verändert werden oder die Wettbewerber werden kommunikativ vom Ideal der Nachfrager weggerückt. Die Strategie ist als riskant einzustufen, wenn Wettbewerber durch eigene Kommunikation erfolgreich darauf reagieren können, weil so ein verstärkter Kampf der Werbebudgets und damit eine Erhöhung der Marketingkosten erfolgt. Oftmals werden auch Kombinationen aus einer Leistungsanpassung und einer kommunikativen Verschiebung des Ideals angewendet (Esch et al., 2017). Darüber hinaus können Anbieter im Rahmen der Umpositionierung eine Anbaustrategie verfolgen. Hierbei wird zusätzlich zum alten Positionierungsraum bzw. Marktsegment ein neuer Positionierungsraum angebaut. Dadurch besteht jedoch die Gefahr, dass einige Nachfrager aus dem alten Segment aufgrund der geänderten Positionierungsaussage als Kunden der Leistung verloren gehen, da sie sich nicht mehr mit dem Anbieter identifizieren. Allerdings können auch neue Kunden hinzugewonnen werden und der Abstand zum Wettbewerb bleibt bestehen.

Die riskanteste Strategie ist die **Neupositionierung**, bei der der alte Positionierungsraum komplett verlassen wird und die Marke oder Leistung vollkommen neu positioniert wird, weil bspw. bisherige Idealpositionen bereits von starken Wettbewerbern besetzt werden. Ein prominentes Beispiel ist die Marke Jägermeister, welche weg von einem eher angestaubten Altherrenimage auf eine neue, junge und dynamische Zielgruppe hin positioniert wurde. Diese konsumiert die Marke Jägermeister nun im Umfeld von Clubs, Partys und Rockevents. Auf der einen Seite kann dadurch einem intensiven Wettbewerb in einem hart umkämpften Marktsegment ausgewichen werden. Auf der anderen Seite sind jedoch hohe Aufwendungen in die Leistungsgestaltung und kommunikative Maßnahmen aufzubringen. Darüber hinaus besteht das Risiko, dass die Neupositionierung nicht die erwünschten Effekte erzielt, im neuen Marktsegment ebenfalls eine hohe Wettbewerbsintensität besteht oder mit Abwehrreaktionen der dort bereits ansässigen oder sich bedroht gefühlten Wettbewerber zu rechnen ist.

6.2.2 Marktstimulierung (Preis, Qualität, Zeit und Beziehung)

Die zuvor behandelten Positionierungsstrategien stehen in einem engen Zusammenhang mit der Marktstimulierung, welche im Anschluss an die Frage, wer als Nachfrager von einer Leistung des Dienstleistungsanbieters profitieren soll (Marktsegmentierung und Zielgruppenauswahl), auf die Frage überleitet, warum ein Nachfrager von einer Leistung profitiert und wie der Anbieter sich diesbezüglich vom Wettbewerb auf bestimmten, entscheidungsrelevanten Dimensionen differenzieren kann (Positionierung und Marktstimulierung). Bevor im operativen Marketing eine konkrete Umsetzung des Nutzenversprechens erfolgt, ist folglich im strategischen Marketing das Nutzenbündel aus Grund- und Zusatznutzen langfristig vor dem Hintergrund von erzielbaren **Wettbewerbsvorteilen** zu gestalten (Scherm und Julmi, 2019), sodass für die Nachfrager somit ein höherer Nettonutzen als derjenige der Leistungen von Wettbewerbern erzeugt wird. Becker (2019) bezeichnet diesen Teil der geschäftsfeldbezogenen Marketingstrategien auch als die Art und Weise der Marktbeeinflussung. Darüber hinaus müssen hierbei die Marketingziele beachtet werden, da nicht nur nicht mit den Zielen kompatible Segmente ausgeschlossen werden, sondern eine nicht zu den Zielen des Unternehmens passende Marktstimulierung ebenfalls keine Anwendung finden sollte. Außerdem hängen die möglichen Hebel zur Beeinflussung von Märkten und Marktsegmenten damit zusammen, welche Präferenzen Nachfrager haben und wie der Anbieter vor diesem Hintergrund wahrgenommen wird. Neben einem klassischen Preis- vs. Qualitätswettbewerb, dessen Grundgedanke den generischen Wettbewerbsstrategien nach Porter (1980/ 1985) folgt, kann ein Unternehmen auch Zeitvorteile bieten oder durch eine besonders enge Beziehung zu seinen Nachfragern einen Vorteil gegenüber dem Wettbewerb erzeugen (Benkenstein und Uhrich, 2021; Bruhn et al., 2019; Voeth und Herbst, 2013).

Die Aussagen von Porter (1980/1985) zu den generischen Wettbewerbsstrategien basieren auf Analysen im Zusammenhang mit dem **Profit-impact-of-market-strategies-Projekt (PIMS-Projekt)** der 1960er Jahre, welches wiederum auf das zur damaligen Zeit sehr stark diversifizierte Unternehmen General Electric zurückgeht. Die Führungskräfte von General Electric wollten wissen, warum ihre einzelnen Geschäftsfelder unterschiedlich erfolgreich am Markt waren. In diesem Kontext wurden im strategischen Management Variablen identifiziert, die die Kapitalrentabilität (ROI) eines Unternehmens positiv beeinflussen. Hierbei brachten die empirischen Untersuchungen vor allem den Zusammenhang zwischen dem relativen Marktanteil und dem ROI hervor, welcher grafisch in einer U-Kurve verdeutlicht wurde. Einerseits existieren kleine Unternehmen mit einem geringeren relativen Marktanteil, die sich jedoch über einen Leistungsvorteil mit einer besonders hohen Qualität gegenüber dem Wettbewerb differenzieren und dadurch auf dem Gesamtmarkt, d. h. in einer Branche, erfolgreich sind. Sie verfolgen dabei eine Strategie der Qualitätsführerschaft. Bei diesen Unternehmen kompensiert der höhere Preis aufgrund eines Qualitätsvorteils die in der Folge geringere abgesetzte Menge. Andererseits existieren erfolgreiche Unternehmen mit einem höheren relativen Marktanteil, die sich über einen Kostenvorteil von den übrigen Unternehmen auf dem Gesamtmarkt differenzieren; diese Unternehmen verfolgen eine Strategie der Kostenführerschaft. So schlägt sich der Kostenvorteil in einem geringeren Preis nieder, dessen Folgen für einen geringeren Deckungsbeitrag wiederum durch die größere verkaufte Menge kompensiert werden. Darüber hinaus existieren Unternehmen, die weder über einen Leistungs- noch über einen Kostenvorteil auf dem Gesamtmarkt verfügen. Diese bewegen sich folglich zwischen den Stühlen und sind mit dieser Vorgehensweise weniger erfolgreich. Scharf et al. (2022) weisen außerdem darauf hin, dass es sich bei der Position zwischen den Stühlen vor dem Hintergrund eines zunehmend polarisierten Kaufverhaltens und gesteigerter Marktsättigung um einen gefährlichen Bereich in der Wahrnehmung der Nachfrager handelt, da keine eindeutige Zuordnung erfolgt und somit weder Marken- noch Preiskäufer vollständig überzeugt werden können. Aus diesem Grund sollten Unternehmen die Mittelposition auf dem

Gesamtmarkt so schnell wie möglich wieder in Richtung einer eindeutigen Position verlassen.

Neben den beiden genannten **generischen Wettbewerbsstrategien** der Qualitäts- und der Kostenführerschaft identifiziert Porter (1980/1985) jedoch eine weitere Strategie, die als Konzentration auf Schwerpunkte in einem Marktsegment (Nischenbildung) bezeichnet wird. Solche Nischen können sich auf Zielgruppen, Regionen, Leistungsarten oder sonstige relevante Strategiedimensionen (z. B. Zeit, Innovation oder Kooperation) beziehen (Scherm und Julmi, 2019; Welge et al., 2017). Dabei verfolgen erfolgreiche Unternehmen einerseits eine selektive Qualitätsführerschaft, d. h. eine hohe Flexibilität in Bezug auf Wünsche der Nachfrager (Leistungsanpassung), eine hohe Kompetenz in der Befriedigung spezifischer Bedürfnisse oder eine Leistungsspezialisierung in einer Marktnische mit überdurchschnittlich hohen Preisen. Andererseits können diese auch mit einem stark reduzierten Sortiment eine Niedrigpreisstrategie in einem Segment mit einem hohen relativen Marktanteil verfolgen. Sofern eindeutig voneinander trennbare Marktsegmente und Leistungsangebote vorliegen, können Unternehmen in beiden Bereichen, d. h. in unterschiedlichen Segmenten, erfolgreich sein (vgl. Tab. 6.2). Aus der Marketingperspektive wird dies auch als Mehrmarken-Strategie (Multi-branding) bezeichnet. Alle verfolgten Wettbewerbsstrategien zielen letztendlich darauf ab, dem betrachteten Unternehmen gegenüber den Triebkräften des Wettbewerbs eine vorteilhafte Position auf dem jeweiligen Markt zu verschaffen, d. h. die Wettbewerbskräfte bestmöglich abzuwehren, das Kräftegleichgewicht des Wettbewerbs im eigenen Sinne zu beeinflussen und auf eine Veränderung der Wettbewerbsgrundlagen möglichst frühzeitig reagieren zu können (Welge et al., 2017). Die Grundlagen für die Strategien der Preis- bzw. Qualitätsführerschaft werden im Folgenden diskutiert und im Anschluss daran um die Zeit- und die Beziehungsführerschaft ergänzt (Bruhn et al., 2019; Voeth und Herbst, 2013).

Tab. 6.2: Porters generische Wettbewerbsstrategien auf Geschäftsfeldebene (in Anlehnung an Welge et al., 2017).

		Strategischer Vorteil	
		Leistungsvorteil	*Kostenvorteil*
Strategisches Zielobjekt	*Gesamtmarkt*	**Differenzierung** (Qualitätsführerschaft)	**Kostenführerschaft** (Preisführerschaft)
	Teilmarkt	**Konzentration** auf Schwerpunkte (Marktsegmente/Nischen)	

Preisführerschaft (Kostenvorteil)

Eine Strategie der Preisführerschaft, auch als **Preis-Mengen-Strategie** bezeichnet (Becker, 2019), basiert vor allem auf einem Kostenvorteil und damit einer überlegenen

Kostenposition gegenüber Wettbewerbern. Dies ist unabhängig davon, ob eine Betrachtung auf der Gesamtmarktebene oder auf der Ebene von separierbaren Teilmärkten bzw. Nischen erfolgt. Damit rücken drei Aspekte bei der Betrachtung in den Vordergrund (Voeth und Herbst, 2013):

- Erstens bedarf es für eine erfolgreiche Umsetzung der Preisführerschaft einer ausführlichen Analyse der Kosten (Kostenstruktur) in einem Unternehmen (statische Betrachtung) sowie einer Analyse der Kostenentwicklung (dynamische Betrachtung).
- Zweitens ist ein Kostenmanagement im Hinblick auf die aktuelle und zukünftige Situation der Kosten des Unternehmens vorzunehmen. Dabei stehen insbesondere die Hebung von Effizienzpotenzialen im Vordergrund und die konsequente Ausrichtung auf die Einsparung von Kosten in der Beschaffung, Leistungserstellung und Vermarktung von Leistungen.
- Drittens muss es dem Unternehmen möglich sein, die überlegene Kostenposition nicht nur in die eigenen Preisforderungen zu transformieren, sondern gleichzeitig muss diese auch wirksam und glaubwürdig nach außen an die Nachfrager kommuniziert werden, um sich darüber vom Wettbewerb abzugrenzen.

Bei einer **statischen Betrachtung**, d. h. einer Bestandaufnahme der aktuellen Kostensituation sind vor allem aktuelle Informationen aus dem Rechnungswesen zu beschaffen. Dabei steht nicht nur die Ermittlung der Kostenarten, sondern auch die Ermittlung der Stückkosten bzw. deren Bestandteile im Rahmen der Leistungserstellung und -vermarktung im Vordergrund. Kostenvorteile und deren Ursprung können damit vor dem Hintergrund des weiter oben diskutierten Kostenstrukturvergleichs (Benchmarking) gegenüber dem Wettbewerb analysiert werden. Voeth und Herbst (2013) sehen darin das zentrale Problem. Lassen sich die eigenen Kosten noch relativ einfach durch die eigene Kosten- und Leistungsrechnung (internes Rechnungswesen) erheben, so gestaltet sich dies im Rahmen des Benchmarkings in Bezug auf die Wettbewerber schwieriger. Hier können genauere (technische) Leistungsanalysen (auch als Reverse-engineering bezeichnet), die sich allerdings höchstens auf die eingesetzten Maschinen, EDV-Anlagen und die technischen Hilfsmittel eines Dienstleistungsanbieters beziehen, Einkaufsanalysen der Beschaffungsprozesse des Wettbewerbs, allgemein zugängliche Veröffentlichungen (z. B. Geschäftsberichte oder Verbandsstatistiken) sowie Kunden- und Absatzmittlerinformationen genutzt werden. Außerdem können Unternehmensberatungen mit einer Analyse der allgemeinen Kostenstruktur in einer Branche beauftragt werden. Diese verfügen möglicherweise durch Spezialisierung und Erfahrung in der Analyse von Beschaffungsprozessen für Einsatzmaterialien über einen besseren Einblick in die Marktstrukturen.

In Bezug auf eine **dynamische Betrachtung**, d. h. der Entwicklung der Kosten, steht insbesondere das Konzept der Erfahrungskurve im Vordergrund (Backhaus und Schneider, 2020). Da eine Strategie der Preisführerschaft zukunftsgerichtet ist, muss nicht nur auf eine Analyse der aktuellen Kostenposition, sondern vor allem auf eine Entwicklung der Kosten abgestellt werden. Die Grundaussage der Erfahrungskurve stellt einen Zusammenhang zwischen der kumulierten Ausbringungsmenge, d. h. der erbrachten Leistungen, und den auszahlungswirksamen, inflationsbereinigten Stückkosten her (Henderson, 1984). Es kann unterstellt werden, dass, je nach Branche, mit einer Verdopplung der kumulierten Ausbringungsmenge eine Senkung der auszahlungswirksamen Stückkosten um 20–30 % erfolgt. Allerdings sinken dabei nur die auf die Erfahrung in der Leistungserstellung basierenden Kostenanteile, da positive Effekte durch Lernen und Rationalisierung im Leistungserstellungsprozess erzielt werden können (variable Stückkosten). Dies geschieht bspw. durch die zunehmende Erfahrung der Mitarbeiter, was eine schnellere Auftragsbearbeitung und möglicherweise eine Senkung der Rüstkosten ermöglicht, weil Arbeiten zusätzlich in einer höheren Qualität durchgeführt werden können. Zudem entstehen Preisspielräume bei der Beschaffung von Einsatzmaterialien aufgrund einer größeren Nachfrage am Beschaffungsmarkt. Damit betreffen Aussagen zur Erfahrungskurve lediglich die auf die Wertschöpfung bezogenen Kosten. Dies wird oftmals unter dem Terminus der Lerneffekte (Economies-of-learning) durch Ausweitung der produzierten Menge gefasst (Welge et al., 2017). Darüber hinaus ist zu beachten, dass die Erkenntnisse der Erfahrungskurve ursprünglich aus dem verarbeitenden Gewerbe gewonnen wurden. Allerdings können die Grundaussagen durchaus auf Dienstleistungsanbieter übertragen werden. Einen weiteren Bereich betrifft die so genannte Fixkostendegression. Hohe Ausbringungsmengen und Marktanteile führen zusätzlich dazu, dass sich die Fixkosten auf eine höhere Stückzahl verteilen und damit der Anteil der fixen Kosten in einer einzelnen Leistung (fixe Stückkosten) sinkt. Diese Art der Ausweitung wird auch als Größeneffekt (Economies-of-scale) bezeichnet. Insgesamt betrachtet entstehen durch beide Effekte für Anbieter zusätzliche Kosten- und damit Preisspielräume, wodurch beide Effekte auf Größenvorteile und damit auf den Vorteil hoher Marktanteile in der Leistungserstellung abstellen. Eine Betrachtung von Größenvorteilen spielt auch vor dem Hintergrund des Wettbewerbs eine zentrale Rolle. Treffen Unternehmen in einem Markt auf einen Wettbewerber, der aufgrund seiner Erfahrung, einer größeren Ausbringungsmenge durch Internationalisierung oder Vorteile durch Kooperationen im Vertrieb eine überlegene Kostenposition inne hat (z. B. Backhaus und Voeth, 2010), so erscheint eine Strategie der Preisführerschaft aufgrund der langfristig wahrscheinlich unterlegenen Kostenposition als wenig zielführend, da letztendlich nur ein Unternehmen Kostenführer auf einem Markt sein kann. Eine zusätzliche Gefahr besteht hier in der Initiierung eines ruinösen Preiswettbewerbs.

Zudem ist die Einführung eines **Kostenmanagements** erforderlich, welches auf eine effiziente Organisation aller nach innen und außen gerichteten Aktivitäten abzielt, um die genannten Kosteneffekte langfristig aufrecht zu erhalten. Zum einen zählen dazu Bemühungen um eine Rationalisierung der Erstellung von Dienstleistungen (Bruhn et al., 2019). Dies kann bspw. durch einen konsequenten Lieferantenwechsel erfolgen, Verlagerungen von Standorten, Einkaufskooperationen, eine Substituierung des Servicepersonals durch Automaten (Digitalisierung), einen höheren Aktivitätsgrad der Nachfrager in der Endkombination der Leistungserstellung oder bereits in der Vorphase (z. B. eigenständige Datenaufnahme), eine Reduktion bzw. hochgradige Standardisierung der

Qualität der erbrachten Leistungen, einer Beschränkung des Angebots bzw. so genannte No-frills-Angebote, bei denen lediglich Basisleistungen in einem Grundpaket angeboten werden (z. B. Ryanair im Bereich von Flugdienstleistungen) oder mit Hilfe der Etablierung von Me-too- bzw. No-name-Marken. Schließlich müssen die Preisvorteile am Markt effektiv kommuniziert werden können. Dies bedeutet, dass der aus dem Kostenvorteil resultierende Preisvorteil in der Wahrnehmung der Nachfrager nicht nur sichtbar ist, sondern er muss gleichzeitig auch bedeutsam sein, um einen tatsächlichen Wettbewerbsvorteil gegenüber anderen Unternehmen am Markt darzustellen (Backhaus und Schneider, 2020), d. h. Nachfrager sind bereit, lediglich eine Standardqualität nachzufragen oder einen höheren Aktivitätsgrad an den Tag zu legen, um im Gegensatz dazu einen Preisvorteil gegenüber Wettbewerbsangeboten zu erhalten. Dies wird umso schwieriger, wenn ein Markt bereits durch eine hohe Wettbewerbsintensität gekennzeichnet ist (Voeth und Herbst, 2013). Hier besteht wieder die Gefahr der Initiierung eines ruinösen Preiswettbewerbs.

Qualitätsführerschaft (Differenzierungsvorteil)

Eine Strategie der Qualitätsführerschaft, auch als Präferenzstrategie bezeichnet (Becker, 2019), zielt im Gegensatz zur Kostenführerschaft vor allem auf eine hohe Qualität der angebotenen Leistungen, eine umfangreiches Leistungsprogramm mit zahlreichen Zusatzleistungen, einer Sicherstellung der Innovationsfähigkeit des Anbieters, Standortvorteile durch ein ausgedehntes Filialnetz und den unbedingten Servicewillen und die Erreichbarkeit der Mitarbeiter als Potenziale zur Differenzierung im Wettbewerb ab (Backhaus und Schneider, 2020; Haller und Wissing, 2020; Meffert et al., 2018). Da die Leistungsqualität im Rahmen der Leistungspolitik weiter thematisiert wird, soll an dieser Stelle auf die strategische Bedeutung von Marken bzw. der Markenbildung fokussiert werden. Eine Präferenzstrategie zielt letztendlich auf die Etablierung innovativer **Marken** mit einem hohen Qualitätsversprechen, eine positive Einstellung gegenüber bevorzugten Marken und eine hohe Kaufbereitschaft bzw. eine langfristige Kundenbindung an solche Marken ab (Aaker und Moorman, 2018; Becker, 2019). In einem eher traditionellen Verständnis ist eine Marke eine Herkunftsbezeichnung, die Auskunft über den Anbieter der Leistung gibt und für eine gleichbleibende Qualität steht (Esch et al., 2017). Außerdem sind Marken nach dem deutschen Markengesetz § 3 schutzfähig, wenn sie in der Lage sind, Leistungen eines Unternehmens von denen anderer Unternehmen zu unterscheiden. Markenbildungen können bspw. als Wortzeichen, Buchstabengruppen, Zahlen, Bild-/Hörzeichen, Produktformen oder Farbkombinationen vorliegen (MarkenG, 2021).

Sowohl das klassische Verständnis als auch die rechtliche Abgrenzung einer Marke ist allerdings aus der Perspektive der Nachfrager unbefriedigend, da weder die Unverwechselbarkeit noch das Image einer Marke und damit die Identifikations- und Differenzierungsfunktion von Marken eine Rolle spielen. In der Literatur hat sich heute durchgesetzt, dass Marken **Vorstellungsbilder** in den Köpfen von Anspruchsgruppen sind, die eine Identifikations- und Differenzierungsfunktion haben und das Wahlverhalten von Nachfragern prägen. Diese erzeugten Vorstellungsbilder kreieren ein semantisches Netzwerk, welches mit sachlichen, emotionalen, verbalen und nonverbalen Eigenschaften verknüpft ist (Esch et al., 2017). Damit sind der Aufbau und der Erhalt einer Marke ein langfristig angelegtes, d. h. strategisches Konzept, und starke Marken haben zahlreiche eigenständige Eigenschaften und Assoziationen im semantischen Netzwerk von Nachfragern. Zudem können Marken vor dem Hintergrund einer Präferenzstrategie das weiter oben diskutierte wahrgenommene Risiko eines Kaufs senken, da der Nachfrager i. d. R. darauf vertrauen kann, dass der Markenanbieter seine bisherigen Investitionen in die eigene Marke nicht verlieren möchte (Gewinneinbußen), wenn das positive Image der Marke (Reputation) am Markt durch negatives Word-of-mouth zerstört wird. Damit erzeugen starke Marken nicht nur einen Zusatznutzen durch die Erhöhung des Vertrauens, sondern sind gleichzeitig in der Lage, einen so genannten Halo-Effekt auf andere Leistungen des Unternehmens zu übertragen. Sie liefern dadurch vor dem Hintergrund eines zunehmenden Information-overload durch das kontinuierliche Leistungsversprechen eine Orientierungsfunktion und erzeugen zusätzlich Preisspielräume für den Anbieter (Becker, 2019). Außerdem wird in der Literatur zwischen dem Markenkern unterschieden, der eine nachhaltige Differenzierung vom Wettbewerb erlaubt, indem er eine unverwechselbare Kombination von Nutzenmerkmalen enthält, und der Markierung. Letztere bezieht sich auf eine einzigartige Gestaltung der Leistungen und aller damit verbundener tangibler Elemente. Bei Dienstleistungen sind das vor allem die physischen Attribute wie Räumlichkeiten, Transportmittel, Bekleidung des Personals, Geschäftskorrespondenz etc. Folglich stellen Markenkern und Markierung zwei Bestandteile dar, die untrennbar miteinander verbunden sind (Voeth und Herbst, 2013).

Letztendlich wird bei der oben diskutierten Positionierungsanalyse oftmals über die **Positionierung von Marken** auf einem relevanten Markt diskutiert (Esch et al., 2017; Freter, 2008). Hierbei ist das Markenimage die Realleistungswahrnehmung im Wahrnehmungsraum der Nachfrager und die von den Anbietern beabsichtigten Assoziationen und Einordnungen stellen gleichsam als Markenidentität die angestrebte Position zwischen allen anderen Marken in diesem Wahrnehmungsraum dar. Die von den Nachfragern wahrgenommenen Markenerlebnisse sollten folglich möglichst den angestrebten Markenidentitäten entsprechen, da hierdurch das Markenimage langfristig geprägt wird. Zudem wird die Wahrnehmung des Markenerlebnisses durch die so genannte Customer-journey (Kundenreise) des Nachfragers beeinflusst, bei der er im Kontakt-, Kauf- und Leistungserstellungsprozess im Rahmen der Dienstleistungstransaktion an unterschiedlichen Customer-touchpoints (Kundenkontaktpunkte) mit dem Unternehmen und den Mitarbeitern (Service-encounter) und dadurch mit der Unternehmensmarke bzw. den einzelnen Unternehmensleistungen in Kontakt kommt (Brock et al., 2017; Theobald und Jentschke, 2020; Wirtz und Lovelock, 2022; Zeithaml et al., 2012).

In Ergänzung dazu spielen **Markenwerte** eine wichtige Rolle, da diese neben den Markenassoziationen die ökonomische Komponente der Bemühungen des Anbieters um einen konsistenten Markenaufbau beinhalten (Berry, 2000). In Bezug auf die Messung von Markenwerten erhebt Interbrand (2022) in jedem Jahr den Wert der wertvollsten Marken. Abgesehen davon, dass die Schätzung starken Schwankungen unterlegen sein dürfte, haben Markenwerte neben einer finanzwirtschaftlichen Komponente, die sich in den Bilanzen und der Bilanzierung von Markenwerten als so genannte Assets eines Unternehmens (Goodwill) bezgl. der Kreditvergabe, der Bestimmung von Lizenzgebühren oder der Ermittlung eines Verkaufspreises des Unternehmens oder seiner Teile widerspiegelt, auch eine nachfragerseitige Komponente in der Form zukünftiger Ab- und Umsätze. Aaker und Moorman (2018) schlagen zur Beurteilung des Markenwerts aus Marketingsicht die Einbeziehung des Markenbewusstseins (Brand-awareness), der wahrgenommenen Qualität (Perceived-quality), den Markenassoziationen (Brand-associations) und der Markentreue (Brand-loyalty) vor, die ebenfalls eine Auswirkung auf die langfristigen finanziellen Ziele eines Unternehmens haben, indem sie den Wert des Unternehmens erhöhen. Unter dem strategischen Aspekt der Markenbildung zählen zu den generellen **Markenstrategien**:

– die Einzelmarkenstrategie (Mono-Marke): Hierbei bildet jede Leistung des Unternehmens eine eigene Marke, was insbesondere bei einem heterogenen Leistungsprogramm als vorteilhaft betrachtet werden kann, da es nicht zu Verwechslungen kommen kann. Zudem kann sich das Unternehmen zusätzlich besser auf die Bedürfnisse der einzelnen Zielgruppen einstellen, was zu einer schärferen Profilbildung und Freiheiten in der Positionierung beiträgt, da keine Rücksicht auf andere Leistungen genommen werden muss. Während es zu keinem Badwill-Transfer kommen kann, wenn die Qualitätserwartungen der Nachfrager bei einer Mono-Marke nicht eingehalten werden, besteht ein gravierender Nachteil jedoch darin, dass eine einzelne Leistung die kompletten Investitionen in die Markenbildung tragen muss. Diese Strategie setzt darum voraus, dass das Absatzvolumen der Einzelmarke wirtschaftlich tragfähig und zeitlich stabil ist. Damit ist diese Strategie bei sehr kurzen Lebenszyklen einer Leistung wenig zielführend.

– die Familienmarkenstrategie (Range-Marke): Bei dieser Markenstrategie werden weitgehend homogene Leistungen unter einer Marke zusammengefasst. Dies kann auch eine Weiterentwicklung der Mono-Marke sein, wenn des Leistungsprogramm von einer zunächst einzelnen Marke auf weitere Leistungen in derselben Kategorie ausgedehnt wird. Neue Leistungen profitieren dann vom Goodwill der bereits etablierten Marke. Außerdem besteht der Vorteil einer Range-Marke darin, dass die Investitionen von mehreren Leistungen getragen werden müssen, d. h. die Absatzvolumina können rechnungstechnisch zusammengefasst werden, was dadurch eine einfachere Quersubventionierung einzelner, schwächerer Leistungen erlaubt. Zudem können solche Familienmarken dazu genutzt werden, den Nachfragern alle benötigten Leistungen aus einer Hand anzubieten. Dies wird als Angebotssystem bezeichnet und in der Leistungspolitik nochmals thematisiert.

Wenn allerdings einige der angebotenen Leistungen wirtschaftlich nicht mehr tragfähig sind und deshalb eliminiert werden, leidet möglicherweise das Image der gesamten Markenfamilie. Bei Entscheidungen zu einzelnen Leistungen muss folglich stets Rücksicht auf die gesamte Range genommen werden und dadurch müssen Verbundeffekte stärker beachtet werden.

– die Dachmarkenstrategie (Company-Marke): Hierbei handelt es sich sozusagen um das gegenüberliegende Extrem zur Einzelmarke, indem das Unternehmen mit seinem Markennamen stellvertretend für alle Leistungen aus dem Leistungsprogramm des Anbieters steht. Dies ist vorteilhaft, wenn die Leistungen des Anbieters sehr homogen sind. Zudem trägt das gesamte Unternehmen in diesem Fall die Investitionen in die Dachmarke und es ist relativ einfach, neue Leistungen unter das gemeinsame Dach einzufügen oder diese bei kürzeren Lebenszyklen wieder zu entfernen, da das Unternehmen als Ganzes im Vordergrund steht. Schließlich muss bei neuen Leistungen auch keine Suche nach schutzfähigen Markenbildungen erfolgen. Allerdings besteht der Nachteil, dass durch eine Company-Marke keine eigenständige Profilierung einzelner (innovativer) Leistungen erfolgen kann, somit entfällt tendenziell die Konzentration auf einzelne, spezifische Zielgruppen. Letztendlich besteht auch das Risiko, dass sich ein Badwill-Transfer ergibt, wenn das Unternehmen in einzelnen Bereichen nicht die Qualitätserwartungen der Nachfrager erfüllt.

Insbesondere vor dem Hintergrund der Erweiterung einer bisher am Markt eingeführten Marke wird auch von **Markendehnungen** als Wachstumsstrategie innerhalb eines bestehenden Markensystems gesprochen (Becker, 2019; Esch et al., 2017; Kapferer, 1992). Bei Markendehnungen muss unterschieden werden, ob es sich einerseits um ein vergleichbare Leistungskategorie (Linienerweiterung) oder andererseits um eine neue Leistungskategorie (Markenerweiterung) handelt. Während es bei Ersterem vergleichbare Dienstleistungen sind, steht bei Letzterem die Übertragung des positiven Images auf andersgeartete Leistungen im Vordergrund. Mit beiden Strategien sollen die bisherigen Investitionen in eine Marke kapitalisiert werden bzw. die aufgebauten Vorstellungsbilder auf die neue Leistung transferiert und das Einstiegsrisiko gesenkt werden, wobei eine Markenerweiterung jedoch die komplexere und damit auch riskantere Strategie darstellt. Darüber hinaus können Markeninhaber auch eine Markenlizenzierung betreiben, indem der Name an Lizenznehmer weitergegeben wird, die unter dem eigenen Markennamen entsprechende Dienstleistungen anbieten. Hierbei besteht allerdings die Gefahr, dass gerade im Dienstleistungsbereich Qualitätsversprechen nicht eingehalten werden und dadurch das Image der Gesamtmarke leidet. Darüber hinaus können Markenallianzen gebildet werden, bei denen sich zwei Partner mit einer starken Marke in unterschiedlichen Bereichen zusammenschließen, um von dem jeweils positiven Image des anderen Partners zu profitieren. Im Gegensatz zu einer Markendehnung kann das Risiko reduziert werden und damit ein effektiverer und effizienterer Zugang zu neuen Leistungskategorien gewährleistet werden.

Dienstleistungsanbieter, die in mehreren Geschäftsfeldern aktiv sind und für unterschiedliche Zielgruppen verschiedene Leistungen unter unterschiedlichen Markennamen anbieten, haben oftmals **komplexe Markenarchitekturen** mit mehreren Marken (Kapferer, 1992). Ein Vorteil besteht darin, dass durch die Einführung von Erst-, Zweit- und Drittmarken eine Differenzierung vom Wettbewerb auf der Marktsegmentebene möglich wird und damit eine Strategie der Konzentration auf Schwerpunkte in Bezug auf Zielgruppen, Regionen oder Leistungsarten vollzogen werden kann, ohne dass das Unternehmen in eine Situation zwischen den Stühlen auf dem Gesamtmarkt gerät.

Zeitführerschaft (Geschwindigkeitsvorteil)
Eine Strategie der Zeitführerschaft wird insbesondere vor dem Hintergrund der Technologisierung und verkürzter Lebenszyklen von Leistungen und den aus Geschwindigkeitsvorteilen resultierenden Potenzialen zur Generierung von Wettbewerbsvorteilen in der Literatur diskutiert (Backhaus und Schneider, 2020; Benkenstein und Uhrich, 2021; Dichtl, 1994; Perillieux, 1987). Diesbezüglich wird die Zeitführerschaft auch unter den Terminus der **Timing-Strategie** für den Markteintritt gefasst (Bruhn et al., 2019). Voeth und Herbst (2013) verweisen darauf, dass ein Timing sowohl marktbezogen (z. B. im internationalen Marketing) als auch segmentbezogen, d. h. im relevanten Markt, betrachtet werden kann.

Die Zeitführerschaft basiert auf einem **Zeitvorteil** bei der Einführung von (innovativen) Leistungen und damit auf dem Vorteil, den der Pionier durch seine Position als Erster am Markt gegenüber Marktfolgern in Form von Pioniergewinnen bzw. einem höheren Cash-flow realisiert, den so genannten First-mover-advantage (Jakopin und Klein, 2012). Darüber hinaus haben Pioniere bei einer erfolgreichen Innovation durch den frühen Markteintritt auch die längste Verweildauer am Markt, können Know-how über den Markt aufbauen und sind möglicherweise in der Lage, den Standard im Hinblick auf die Zusammensetzung und die Qualität einer Leistung zu bestimmen. Zudem können durch Patente spätere Lizenzeinnahmen erzeugt werden. Der Faktor Zeit ist dabei umso wichtiger, je leichter sich Leistungsinnovationen durch Wettbewerber imitieren lassen. Zudem steht der Zeitvorteil vor dem Hintergrund der Erfahrungskurve in einem dynamischen Kostenmanagement im Zusammenhang mit der Erlangung von Kostenvorteilen gegenüber Wettbewerbern (Benkenstein und Uhrich, 2021). Die dadurch entstehenden Markteintrittsbarrieren geben dem Leistungsanbieter eine monopolartige Stellung in diesem Markt, wenn er es durch seine exponierte Stellung schafft, die Markteintrittskosten der übrigen Wettbewerber zu erhöhen und deren Umsatzpotenziale zu senken (Porter, 1985).

Neben den genannten Vorteilen entstehen bei Pionieren im Vergleich zu den Folgern in einem Markt deutlich höhere **Markterschließungskosten**, weil neben den höheren Aufwendungen für Forschung und Entwicklung auch die zu leistende Überzeugungsarbeit bei den Kunden für innovative Leistungen deutlich größer ist. Dies kommt den Folgern ebenfalls zu Gute, die dann auf bereits abgebaute oder überwundene Widerstände treffen (Voeth und Herbst, 2013). Außerdem können die Folger im Markt die Vorarbeiten des Pioniers in Forschung und Entwicklung nutzen und somit schneller zu einer marktfähigen Leistung gelangen. Möglicherweise können auch Standardisierungsvorteile genutzt werden und das Verhalten der Nachfrager in diesem Markt ist bereits bekannt, was insgesamt die Kosten senkt. Allerdings bleibt den Marktfolgern bei sehr kurzen Lebenszyklen deutlich weniger Zeit, um die Aufwendungen für die neuen Leistungen zu amortisieren (vgl. Abb. 6.6).

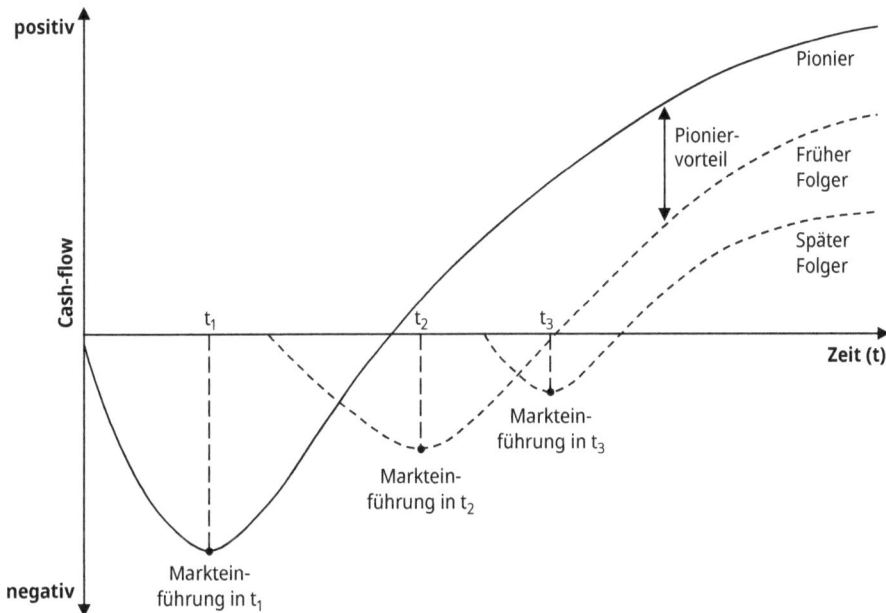

Abb. 6.6: Zeitführerschaft und Pioniervorteil (Voeth und Herbst, 2013).

Eine **Zeitführerschaft** kann auch auf die Erstellung von Leistungen in einem bestehenden Marktsegment übertragen werden, da hier Geschwindigkeit ebenfalls einen Wettbewerbsvorteil vor dem Hintergrund der knappen Ressource Zeit darstellen kann. Zudem erhöht ein Zeitvorteil bei der Leistungserstellung gerade vor dem Hintergrund von Dienstleistungen die Kundenzufriedenheit der Nachfrager, da die Zeit eine knappe Ressource ist, die bei der Entscheidung für die Leistung eines bestimmten Anbieters für eine andere Verwendung nicht mehr zur Verfügung steht (Opportunität). Somit kann dies gleichzeitig zu einem Qualitätsvorteil der Leistung führen. Sind Nachfrager zudem bereit, für einen Zeitvorteil aufgrund ihrer subjektiv wahrgenommenen Opportunitätskosten bzw. dem aus der Zeitersparnis resultierenden Opportunitätsnutzen ein Preispremium zu bezahlen, dann führt dies zusätzlich zu einem Wettbewerbsvorteil und damit zu einer weiteren Verbesserung der Gewinnsituation des Anbieters durch einen Kosten- und einen Qualitätsvorteil. Backhaus und Schneider (2020) unterscheiden bezgl.

des Zeitvorteils des Kunden zwischen einer Zeitreduktion bis zur Leistungserbringung, d. h. der Leistungsnutzen bzw. das Ergebnis einer Leistung steht schneller zur Verfügung, und der parallelen Verwendung der eingesparten Zeit für andere Aktivitäten (Opportunitäten), d. h. der eigentliche Prozess der Leistungserstellung wird verkürzt und somit steht die Zeit dem Kunden für andere Dinge zur Verfügung (vgl. Abb. 6.7). Dies stellt sich gerade bei der Erbringung von Dienstleistungen durch die Integration des Kunden als externem Faktor in den Leistungserstellungsprozess als bedeutsam heraus, weil es einen verkürzten Einsatz der externen Produktionsfaktoren (z. B. Personen oder Objekte) bedingt und ergänzend dazu schneller zum erwünschten Ergebnis führt. Dadurch verringert der Nachfrager gemäß seiner unterstellten Opportunitätskostenfunktion die wahrgenommenen Opportunitätskosten durch eine Vorverlagerung bzw. schnellere Erzielung des Leistungsergebnisses. Der gleiche Effekt kann auch durch eine parallele Zeitverwendung erzielt werden, die die Steigung der Opportunitätskostenfunktion verringert und damit ebenfalls zu geringeren wahrgenommenen Opportunitätskosten führt. Bei der parallelen Zeitverwendung verkürzt sich die Leistungserstellung und der Nachfrager kann in der dadurch freiwerdenden Zeit anderen nutzenstiftenden Aktivitäten nachgehen. Vor dem Hintergrund des Faktors Zeit spielt insbesondere die weitere Digitalisierung von Dienstleistungen eine wichtige Rolle, da sich hierbei der Opportunitätsnutzen für die Nachfrager insbesondere durch eine Zeitreduktion bis zur Leistungserbringung (z. B. keine Wartezeiten auf einen Termin bzw. sofortige Verfügbarkeit des Leistungsergebnisses) und die Zeitersparnis im Prozess der Leistungserstellung (z. B. durch schnellere Transportwege und weniger Zeiteinsatz des Nachfragers) signifikant erhöhen lässt. Der Nutzenzuwachs auf der Nachfragerseite kann so für andere Opportunitäten verwendet werden. Dadurch erhalten Nachfrager insgesamt eine größere Autonomie über die Verwendung ihrer Zeit, was einen

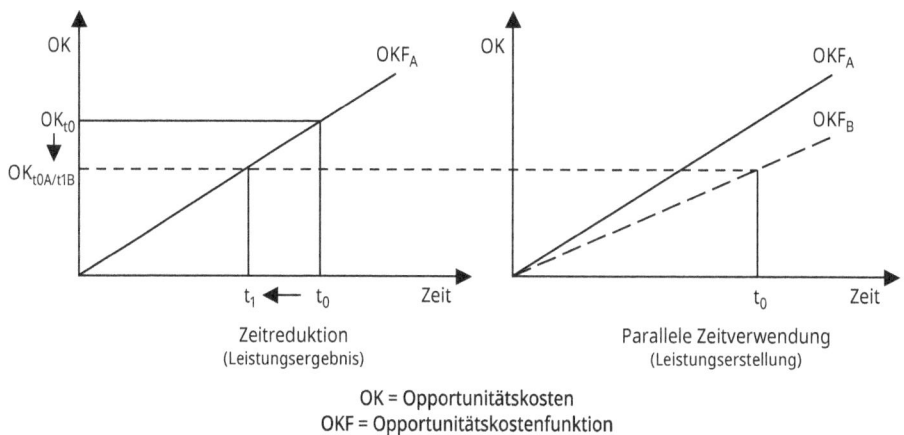

Zeitreduktion
(Leistungsergebnis)

Parallele Zeitverwendung
(Leistungserstellung)

OK = Opportunitätskosten
OKF = Opportunitätskostenfunktion

Abb. 6.7: Senkung zeitbasierter Opportunitätskosten von Dienstleistungsnachfragern (Backhaus und Schneider, 2020).

nicht zu unterschätzenden Wettbewerbsvorteil darstellen kann, sofern dies von den Nachfragern zum einen wahrgenommen wird und zum anderen bedeutsam ist (Backhaus und Schneider, 2020).

Beziehungsführerschaft (Beziehungsvorteil)

Aus der Perspektive der Marketingstrategien zur Stimulierung eines Marktes ist neben den grundlegenden Dimensionen Preis, Qualität und Zeit auch die Dimension Beziehung bzw. das Streben nach Beziehungsvorteilen in den letzten Jahren immer wichtiger geworden (Voeth und Herbst, 2013). Ursachen hierfür können in einer auf vielen Märkten steigende Marktsättigung, die zu einer Intensivierung des Wettbewerbs führt, und der Angleichung von erbrachten Qualitäten der Wettbewerbsleistungen durch eine zunehmende Standardisierung gesehen werden. Letzteres trifft zwar erst einmal nicht auf hochgradig individualisierte Dienstleistungen zu, allerdings finden sich auch auf Dienstleistungsmärkten durch die zunehmende Digitalisierung von Leistungen und/oder Abwicklung mit Hilfe digitaler Prozesse (z. B. in der Luftverkehrs-, Reise- und Kommunikationsbranche) zahlreiche Standardisierungstendenzen. Außerdem erlangt die Generierung von Beziehungsvorteilen vor dem Hintergrund der Diskussion um Kundenzufriedenheit, Kundenbindung und schließlich dem ökonomischen Erfolg von Dienstleistungsunternehmen an Bedeutung, wie es im Rahmen der Service-profit-chain und des Relationship-Marketings weiter oben diskutiert wird (Bruhn, 2016; Grönroos, 1990; Heskett et al., 1994; Heskett et al., 1997). Bruhn et al. (2019) diskutieren die Beziehung zu Kunden und deren Bindung auch unter dem Terminus der auf die Marktteilnehmer gerichteten Kundenstrategien. Der Vorteil einer großen Zahl von Stammkunden liegt darin begründet, dass die Kosten für die Gewinnung neuer Kunden als deutlich höher einzuschätzen sind (z. B. durch Lockangebote, Einführungsrabatte oder eine zeitintensivere Überzeugungsarbeit) als die Betreuung der gegenüber einem Unternehmen bereits vorhandenen, loyalen Kunden (Hart et al., 1991). In diesem Kontext gewinnt das **Bestandskundenmanagement** als zentraler Bestandteil einer Beziehungsführerschaft an Bedeutung. Die Beziehungsführerschaft ist als weitere strategische Option in der Lage, die Gewinnsituation des Anbieters zu verbessern, da Bestandskunden mit der Dauer der Geschäftsbeziehung profitabler werden (Reichheld und Sasser, 1990).

In Bezug auf die Effizienzdimension der Marktbearbeitung reduzieren Stammkunden die Kosten der Akquisition dadurch, dass sie die Angebote und Leistungen des Unternehmens bereits kennen. Im Hinblick auf die Effektivitätsdimension steigt das Transaktionsvolumen durch den Kauf größerer Mengen. Zudem können Stammkunden einfacher von weiteren Leistungen des Anbieters überzeugt werden (Cross-selling). Unter Umständen sind bei **Stammkunden** auch höhere Preise (Preisaufschläge) durchsetzbar, ohne dass es zu einer Abwanderung kommt, weil der Kunde den Leistungen vertraut und bereits Erfahrungen mit diesen hat. Dies erhöht gleichzeitig die Wechselkosten des Nachfragers. Schließlich reduzieren Stammkunden die Marketingkosten für die Anwerbung neuer Kunden, da über positives Word-of-mouth zusätzliche Kunden kostengünstig überzeugt werden. Voeth und Herbst (2013) heben damit zu Recht als vierte strategische Dimension die Beziehungsführerschaft gerade auf gesättigten Märkten oder Märkten mit hoher Wettbewerbsintensität hervor. Dabei müssen Anbieter zur Umsetzung einer Strategie der Beziehungsführerschaft ein systematisches Kundenbindungsmanagement bzw. Beziehungsmanagement einführen (Hohenberg, 2017), welches sicherstellt, dass solche Nachfrager, welche eine Ersttransaktion beim Leistungsanbieter absolviert haben, über die dadurch erreichte Kundenzufriedenheit zu Stammkunden transformiert werden (vgl. Abb. 6.8).

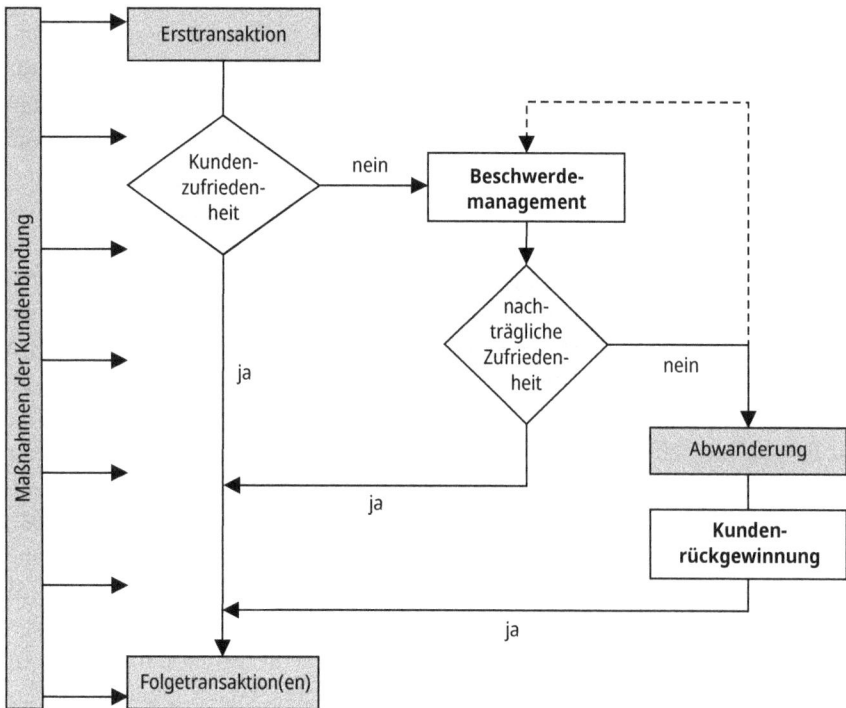

Abb. 6.8: Bestandteile eines Beziehungsmanagements (Voeth und Herbst, 2013).

Dabei ist ein zentraler Bestandteil der Maßnahmen zur Kundenbindung die Einführung eines Beschwerdemanagements sowie, für den Fall der Abwanderung, eines Kundenrückgewinnungsmanagements (Bruhn, 2016; Zeithaml et al., 2012). Beides dient dazu, diejenigen Kunden, die mit der Ersttransaktion nicht zufrieden sind, im Nachgang der Transaktion zufrieden zu stellen (Hollins und Shinkins, 2006; Wirtz und Lovelock, 2022; Zeithaml et al., 2012), um die Wahrscheinlichkeit der Abwanderung zur reduzieren und diejenige der Rückgewinnung (Service-recovery) zu erhöhen. Allerdings wird in der amerikanischen Literatur das **Service-recovery-Management** von einem Beschwerdemanagement (Complaints-Management) abgegrenzt, weil es insgesamt eine eher strategische Ausrichtung im Gegensatz zum operativen Beschwerdemanagement hat und von vornherein darauf abzielt, die Abwanderung von Kunden zu verhindern bzw. Abwanderungsgründe rechtzeitig zu analysieren und entsprechend im Vorfeld zu beheben (Evanschitzky et al., 2017; Grönroos, 2015; Zeithaml et al., 2012).

Das **Beschwerdemanagement** (Complaints-Management) setzt an den Ausführungen zum weiter oben im Zusammenhang mit dem Prozessmodell der Kaufentscheidung diskutierten C/D-Paradigma der Kundenzufriedenheit an. So kann es bspw. aufgrund einer negativen Diskonfirmation (Ist < Soll) im Rahmen einer einzelnen Transaktionsepisode bei der Ersttransaktion trotz einer hohen Dienstleistungsqualität dazu kommen, dass bei einem Nachfrager Unzufriedenheit resultiert, da seine erwartete Qualität über der gebotenen Qualität der Leistung und auch oberhalb der Toleranzzone liegt (Zeithaml et al., 2012). Basierend auf den Aussagen von Hirschman (1970) wäre eine der möglichen Folgen ein negatives Word-of-mouth (Voice). Dabei kann der Kunde seine Unzufriedenheit mit anderen aktuellen und potenziellen Nachfragern teilen oder eine Kaufwarnung aussprechen. Darüber hinaus kann es auch zu Beschwerden oder Reklamationen beim Anbieter kommen. An dieser Stelle sollte das Management von Beschwerden ansetzen, indem die negativen Auswirkungen seitens des Anbieters aufgegriffen und gleichzeitig Beschwerden sogar stimuliert werden, um eine unkontrollierte Kundenkommunikation zu verhindern. Dieses gedachte Vorhaben setzt allerdings eine Unternehmenskultur voraus, die akzeptiert, dass Beschwerden von Kunden keine negativen Störgeräusche darstellen oder zu beruflichen Konsequenzen bei demjenigen führen, der die Beschwerde entgegennimmt und sich um deren Bearbeitung kümmert. Zudem sind nicht alle Beschwerden mit Reklamationen aufgrund einer mangelhaften Leistung gleichzusetzen, sondern zunächst lediglich die Artikulation von Unzufriedenheit. Zudem ist es im Beschwerdemanagement wichtig, bei den Beschwerdeführern eine Beschwerdezufriedenheit herzustellen, um die Chance auf eine nachträgliche Zufriedenheit des Nachfragers zu erhöhen. In diesem Kontext sehen Voeth und Herbst (2013) als Grundlage für Beschwerdezufriedenheit die Qualität der Interaktion mit dem Servicepersonal, die Zugänglichkeit bzw. Erreichbarkeit der Mitarbeiter, die Reaktionsgeschwindigkeit auf die eingebrachte Beschwerde sowie die Angemessenheit und die Fairness der Bearbeitung sowie des resultierenden Ergebnisses an (Schöler und van Aaken, 2017; Zeithaml et al., 2012). Hierbei hat der gesamte Beschwerdemanagementprozess nicht nur eine direkte Auswirkung, die sich unmittelbar an einzelnen Beschwerden und deren Stimulierung orientiert, sondern führt gleichzeitig in einem indirekten Prozess auch dazu, dass der Anbieter aufgrund der gewonnenen Informationen zukünftige Prozesse im Dienstleistungsunternehmen verbessern und die Qualität der erstellten Leistungen insgesamt erhöhen kann (Schöler und van Aaken, 2017; Stauss und Seidel, 2014). Weitere Erläuterungen zu Beschwerden werden bei den Verfahren zur Messung der Dienstleistungsqualität vorgenommen.

Dagegen setzt ein **Kundenrückgewinnungsmanagement** (Customer-recovery-Management) zu einem späteren Zeitpunkt an, und so an einem weiteren Effekt der aus dem C/D-Paradigma resultierenden Unzufriedenheit des Kunden. Dies bezieht sich nach Hirschman (1970) auf die Abwanderung (Exit) des Kunden, wenn das Beschwerdemanagement nicht zu einer nachträglichen Zufriedenheit des Kunden geführt hat oder dieser generell zu einer Abwanderung tendiert, immer wenn die Leistung nicht der erwarteten Qualität entspricht. Kunden wandern dann für Folgetransaktionen zu Wettbewerbern. Homburg und Schäfer (1999) verweisen jedoch darauf, dass auch verlorene Kunden unter Umständen für längere Zeit treue Kunden waren und über eine Rest-Loyalität (Goodwill) gegenüber dem Anbieter verfügen (Stauss, 2000b; Stauss und Friege, 1999). Möglicherweise kommt es nach einer Rückgewinnung sogar zu einer stärkeren Loyalität, da die Nachfrager die Bemühungen des Anbieters honorieren (vgl. Abb. 6.9). Aufgrund spezifischer Investition in die Rückgewinnung von Kunden sind diese Nachfrager allerdings einem systematischen Rückgewinnungsprozess (Customer-recovery-program) zuzuführen (Evanschitzky et al., 2017; Homburg und Schäfer, 1999; Stauss und Friege, 1999/2017). Dieser Rückgewinnungsprozess beginnt in einem ersten Schritt mit der Identifikation von für die Rückgewinnung geeigneten abgewanderten Kunden. Hierbei spielt der Kundenwert eine wichtige Rolle, der sich aus dem unmittelbaren Marktpotenzial des Kunden (z. B. aktuelle und zukünftige Erträge nach Rückgewinnung) und dem Ressourcenpotenzial (z. B. Referenz für andere Kunden und Informationspotenzial zur Leistungsverbesserung) zusammensetzt (Bruhn, 2016; Meffert et al., 2018). Der Kundenwert wird im Rahmen des Controllings des Dienstleistungsmarketings weiter unten noch ausführlicher diskutiert. In einem zweiten Schritt sind die Ursachen der Abwanderung zu analysieren und dann in einem dritten Schritt zu beheben. In einem vierten Schritt werden geeignete Rückgewinnungsmaßnahmen implementiert, welche in einem fünften Schritt in die Nachbetreuung der zurückgewonnenen Kunden münden.

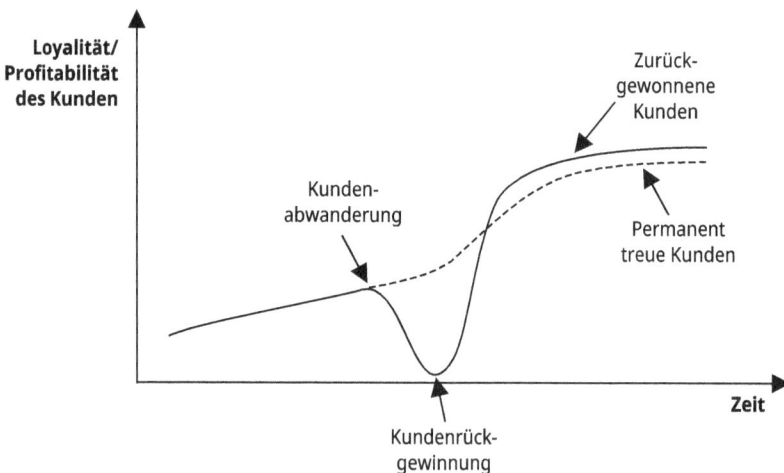

Abb. 6.9: Loyalität und Profitabilität für treue und zurückgewonnene Kunden (Homburg und Schäfer, 1999).

6.3 Balanced-scorecard als integrative Perspektive

Eine integrative Perspektive für den Zusammenhang zwischen der Vision/Mission eines Unternehmens, den diskutierten strategischen Optionen und den Zielen stellt die so genannte Balanced-scorecard (BSC) dar. Auch wenn die von Kaplan und Norton (1992) entwickelte BSC wegen der expliziten Verwendung von Kennzahlen oftmals im Kontext des Controllings (Graumann, 2014), und damit nachgelagert diskutiert wird, eignet sie sich insbesondere zur Verdeutlichung der Umsetzung von der Unternehmensvision/-mission über die Strategien in konkrete Zielsetzungen und Messgrößen (Kaplan und Norton, 1996a). Damit verbindet die BSC die beiden vorangegangenen Kapitel zu den Unternehmenszielen und -strategien bzw. dient die BSC als methodisches Instrument der **Strategieformulierung**, wobei die Gesamtunternehmensebene und die Geschäftsfeldebene auch in separaten BSCs betrachtet werden können (Graumann, 2014). Welge et al. (2017) betonen, dass die BSC bei der Strategieimplementierung bzw. der Ableitung mittelfristiger Ziele und Maßnahmen hilfreich ist. Reisinger et al. (2017) sehen in der BSC ein Instrument der Evaluation der strategischen Ziele eines Unternehmens. Darüber hinaus wird die BSC von Kaplan und Norton (1996a) als umfassendes Management-Informationssystem aufgefasst (Thommen et al., 2020). Dies verdeutlicht den integrativen Charakter der BSC, welcher vor allem in der Erweiterung der meist kurzfristig orientierten finanzwirtschaftlichen Kennzahlen (z. B. Umsatz, Deckungsbeitrag, Gewinn oder Rentabilität) zur Steuerung eines Unternehmens oder strategischen Geschäftsfelds hin zu einer Ausgewogenheit (Balance) von vier unterschiedlichen internen und externen Perspektiven (Scorecard) liegt (vgl. Abb. 6.10). Die finanzwirtschaftliche Perspektive stellt also lediglich eine dieser Sichtweisen zur Steuerung eines Geschäftsfelds dar.

Eine zusammenfassende Betrachtung der Strategieformulierung resultiert vor allem aus der Erkenntnis, dass zahlreiche **Werttreiber** und damit dauerhafte Wettbewerbsvorteile immaterieller Natur sind (Graumann, 2014); sie lassen sich nicht alleine durch finanzwirtschaftliche Kennzahlen aus dem Rechnungswesen abbilden (z. B. Kundentreue oder Mitarbeiterkreativität und -wissen). Außerdem stellen finanzwirtschaftliche Kennzahlen wie die Liquidität oder die Rentabilität lediglich das am Markt bewertete Ergebnis des Leistungserstellungsprozesses im Sinne eines Spätindikators dar. Aus diesem Grund verweisen Kaplan und Norton (1996a) auf die Unterscheidung zwischen klassischen Ergebniskennzahlen, so genannte Spätindikatoren wie die Fluktuation, Mitarbeiterproduktivität, Kundenzufriedenheit oder Umsatzrentabilität, und den Leistungstreibern (Value-drivers) des Unternehmens, so genannte Frühindikatoren wie die Qualifikation, Innovationsrate, Durchlaufzeiten und Fehlerquote, die zudem für eine bestimmte Geschäftseinheit typisch sind. Ein weiterer Vorteil einer BSC wird in der Intention gesehen, die Strategieumsetzung sowie die dafür relevanten Kenngrößen zur Zielerreichung allen Mitarbeitern transparent zu machen. Dadurch wird eine explizite Handlungsorientierung hervorgerufen, was Kaplan und Norton (1996a) auch als „translating strategy into action" bezeichnen, also eine konkrete Umsetzung von Strate-

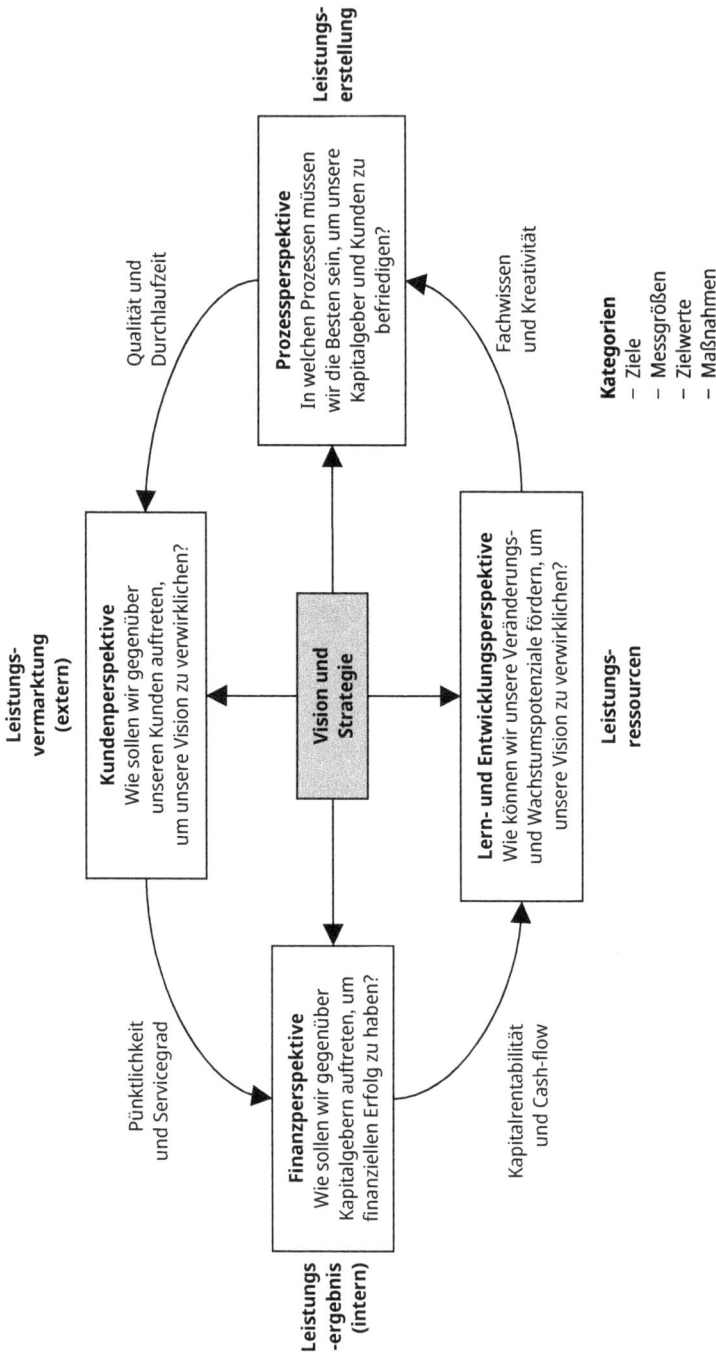

Abb. 6.10: Grundidee einer Balanced-scorecard (in Anlehnung an Graumann, 2014; Kaplan und Norton, 1996b).

gien in entsprechende operative Instrumente. Schließlich stehen die vier Perspektiven der BSC bzw. die darin enthaltenen Indikatoren für den Unternehmenserfolg in einer engen Ursache-Wirkungs-Beziehung und sind somit nicht unabhängig voneinander zu betrachten (Welge et al., 2017). Kaplan und Norton (1996a) verweisen hierbei auch auf die Wirkmechanismen und Studien zur Service-profit-chain (Heskett et al., 1994; Heskett et al., 1997).

Die **Wirkungskette** beginnt bei der BSC in der Lern- und Entwicklungsperspektive, welche bei einem Dienstleister die internen Ressourcen und damit die Leistungspotenziale eines Unternehmens enthält. Zudem unterstützen das Fachwissen und die Kreativität der Mitarbeiter die Prozessperspektive der BSC, bei der es um die kundengerechte Leistungserstellung und die Verbesserung der internen und externen Prozesse geht. Die hierbei gewährleistete Prozessqualität und Durchlaufzeit wirkt sich wiederum auf die Kundenperspektive und damit die Leistungsvermarktung aus. Ein kundengerechtes externes Leistungsergebnis, was bspw. getragen wird von einer hohen Pünktlichkeit, einem hohen Servicegrad und einer daraus resultierenden Kundentreue hat schließlich einen positiven Einfluss auf die Finanzperspektive, die nach der externen Leistungsvermarktung das interne Leistungsergebnis beinhaltet. Damit ist die finale Wirkung das am Markt bewertete Ergebnis des Leistungserstellungsprozesses im Sinne einer hohen Kapitalrentabilität bzw. eines hohen Zahlungsüberschusses (Cash-flow). Letztere stellen wiederum den finanziellen Erfolg des Unternehmens dar, was aus der traditionellen Perspektive des Controllings die zentrale Kenngröße für das langfristige Überleben am Markt ist (Welge et al., 2017). Außerdem kann der erwirtschaftete Erfolg im Anschluss daran in die Lern- und Entwicklungsperspektive fließen (z. B. in die Schulungen oder Gehälter von Mitarbeitern) oder auch teilweise als Dividende an die Aktionäre als Eigentümer des Unternehmens ausgezahlt werden. Kaplan und Norton (1996a) betonen vor allem, dass die drei vorgelagerten Perspektiven mit der vierten, finanzwirtschaftlichen Perspektive über die zahlreichen Ursache-Wirkungs-Beziehungen zu verknüpfen sind, da bspw. Qualität, Kundenzufriedenheit oder Personalentwicklung alleine betrachtet keinen Selbstzweck darstellen, sondern letztendlich dem Unternehmenserfolg dienen. Damit ist bei einer BSC gerade auch vor dem Hintergrund einer marktorientierten Unternehmensführung die kundenorientierte Umsetzung der Vision im Gegensatz zu den traditionellen finanzwirtschaftlichen Ansätzen der Strategieimplementierung und -bewertung hervorzuheben. Letztendlich wird die Strategieentwicklung somit im Sinne von Mintzberg (1987) als Lernprozess aufgefasst, für die die unternehmerische Vision die Grundlage darstellt (Kaplan und Norton, 1996a).

Im Rahmen der Planung einer BSC werden bei der Operationalisierung für jede der vier Perspektiven in einer ersten Stufe die **Leistungstreiber** ermittelt und in einer so genannten Strategy-map als strategische Ziele für jede Perspektive abgebildet. Dabei werden gleichzeitig die Ursache-Wirkungs-Beziehungen zwischen den strategischen Zielen und den unterschiedlichen Ebenen aufgezeigt. In dieser grundlegenden Stufe der BSC-Entwicklung sind folglich die Vision aus dem unternehmerischen Leitbild und die

Strategien in ein ausgewogenes Zielsystem zu übersetzen und es ist ein Konsens zwischen den verantwortlichen Managern, bspw. in einem interdisziplinären Brainstorming, herzustellen (Kaplan und Norton, 1996b). Hierbei müssen Annahmen über wichtige Erfolgsfaktoren getätigt werden, die den Gesamterfolg eines Geschäftsfelds wesentlich beeinflussen (Graumann, 2014). Ein stark vereinfachtes Beispiel soll dies verdeutlichen: Abgeleitet aus der Vision, innovative Dienstleistungen für das Morgen auf hohem individuellem Niveau anzubieten, gehören zu den strategischen Zielen der Lern- und Entwicklungsperspektive bspw. eine Erhöhung der Akademikerquote oder die Mitarbeiterentwicklung im Hinblick auf Dienstleistungsinnovationen. In der Prozessperspektive kann dies verknüpft sein mit der Steigerung der Innovationsrate, Verkürzung der Entwicklungszeiten und der Erhöhung der Flexibilität der Prozesse, in der Kundenperspektive bedeutet dies dann eine Verbesserung des Images und der stärkeren Einbindung von individuellen Kundenwünschen in den Leistungserstellungsprozess (Individualisierungsgrad) und in der Finanzperspektive resultiert die Wirkungskette schließlich in einer Ertragssteigerung durch höhere Absätze, einer Erhöhung der Rentabilität und schließlich einer Steigerung des Shareholder-values.

Dies führt hinüber zur zweiten Stufe, in der die Strategien verknüpft, kommuniziert und weiter konkretisiert werden, indem nachgelagerte **Ziele und Messgrößen** definiert werden. Dabei werden folgende beispielhaft angeführten Punkte als wichtige Kategorien und Messgrößen in den vier unterschiedlichen Perspektiven angeführt (Engel, 2001; Graumann, 2014; Kaplan und Norton, 1996a; Welge et al., 2017):

- Lern- und Entwicklungsperspektive: Mitarbeiter (z. B. Zufriedenheit, Fluktuation, Mitarbeiterproduktivität, Wertschöpfung, Überstunden oder Ausschuss), Innovationen (z. B. Weiterbildungsaufwand, Schulungstage, Einsparungen durch Verbesserungsvorschläge, Innovationsrate oder Patentanmeldungen) sowie Organisations- und Informationssysteme (z. B. Intranet, interne Besprechungen oder Bedarfsdeckung durch interne Informationen).
- Prozessperspektive: Entwicklungsprozesse (z. B. Entwicklungsdauer bis zur Marktreife, Zahl der Entwicklungsprojekte oder Änderungskosten), Betriebsprozesse (z. B. Auslastungsquote, Automatisierungsgrad, Durchlaufzeit, Lagerumschlag oder Prozesskostensätze) und Dienstleistungsprozesse (z. B. Anteil nachbetreuter Kunden, Reaktionszeit bei Kundenbeschwerden oder kundeninduzierte Leistungsverbesserungen).
- Kundenperspektive: vorhandene Kunden (Beschwerde- und Reklamationsquote, Wiederkaufrate, Dauer der Kundenbeziehung oder Deckungsbeiträge), Neukunden (z. B. Anteil Neukunden am Gesamtumsatz, durchschnittlicher Umsatz Neukunden, Besuchsrate der Website oder Besucher pro Unternehmensveranstaltung) und Gesamtheit der Kunden (z. B. Zu- und Abgänge, Stammkundenrate oder Umsatzanteil je Kundengruppe).
- Finanzperspektive: Wachstumsphase (z. B. Auftragseingänge, Umsatzwachstum oder Umsatzanteil der Produktinnovationen), Reifephase (z. B. Umsatzrentabilität, Deckungsbeitragsrentabilität oder Umschlagskennziffern) und Erntephase (z. B.

Cash-flow-Rentabilität, Investitionsdeckung, Verschuldungsgrad oder durchschnittliches Zahlungsziel) eines Geschäftsfelds.

In einer dritten Stufe müssen die Strategien dann in der **konkreten Planung** verankert werden, indem Zielwerte für die verschiedenen Messgrößen und strategische Maßnahmen abgestimmt werden. Hierbei betonen Kaplan und Norton (1996a), dass mit einer zunehmenden Zahl von Kennzahlen die Komplexität der Messung und Steuerung steigt, wobei jedoch der Leitsatz „you can't manage what you can't measure" gilt; gesteuert werden können folglich nur die Dinge, die vorab auch gemessen werden können. Somit sollte aus allen Bereichen mindestens eine zu den strategischen Zielen passende Kennzahl angewendet werden, welche für den Ursache-Wirkungs-Zusammenhang zwischen den strategischen Zielen besonders aussagekräftig ist. Daraus entsteht dann in der Summe ein möglichst ausgewogenes System aus harten (z. B. Rentabilität) und weichen (z. B. Kundenzufriedenheit) bzw. internen (z. B. Mitarbeiterproduktivität) und externen (z. B. Wiederkaufrate) Kennzahlen (Graumann, 2014). Zusätzlich müssen in dieser dritten Stufe die unternehmerischen Ressourcen allokiert (Budgetierung) und Meilensteine (Milestones) für die Zielerreichung festgelegt werden.

In der vierten Stufe folgt das **Lernen und Anpassen**, indem die Ergebnisse der dritten Umsetzungsstufe vor dem Hintergrund der Entwicklung der einzelnen Messgrößen und der durchgeführten Maßnahmen analysiert und die Strategien evtl. angepasst werden.

7 Operative Umsetzung des Dienstleistungsmarketings

Die operative Umsetzung im Dienstleistungsmarketing befasst sich mit der konkreten Gestaltung des Service-value (Fließ, 2009), was der Ausgestaltung des weiter oben diskutierten Nutzenbündels entspricht. Somit handelt es sich beim operativen Marketing im Wesentlichen um Entscheidungen zur Effizienz (Wirtschaftlichkeit) in den aktuellen und potenziellen Austauschbeziehungen. Dagegen wurde die generelle Schaffung des Nutzenbündels im strategischen Marketing behandelt. Das Nutzenbündel gibt die Route im Wettbewerb auf dem Weg zur Vision und Mission eines Dienstleistungsunternehmens wieder. Damit steht beim strategischen Marketing vor allem die Effektivität (Wirksamkeit) der Bearbeitung des relevanten Marktes im Vordergrund (Becker, 2019). Operative Entscheidungen betreffen folglich die konkrete Zusammensetzung des Leistungsversprechens eines Anbieter, um gegenüber Wettbewerbern in Austauschbeziehungen einen höheren Nettonutzen und damit die **Umsetzung des Kundenvorteils** gemäß der strategischen Überlegungen zu erzielen (Bagozzi, 1975; Plinke, 2000). Aus dem daraus wahrgenommenen Nettonutzenvorteil wird dann eine entsprechende Präferenz für das eigene Angebot erzeugt (Backhaus und Schneider, 2020; Weiber et al., 2022). Insgesamt sind das strategische und das operative Marketing also nicht vollkommen losgelöst voneinander zu betrachten, sondern bedingen sich wechselseitig.

Darüber hinaus wurde weiter oben erörtert, dass vor allem in der amerikanischen Literatur aufgrund der Charakteristika von Dienstleistungen (Variabilität der erbrachten Qualität wegen unterschiedlicher Potenziale, Prozessintegration des Nachfragers beim Service-encounter [Uno-actu] und ein vorwiegend immaterielles Leistungsergebnis) bis zu sieben **Instrumente** im operativen Marketing unterschieden werden (siehe Booms und Bitner, 1981; Zeithaml et al., 2012). So sieht bspw. Grönroos (1990) die Instrumentalerweiterung darin begründet, dass bei Dienstleistungsanbietern nicht alle eingesetzten Ressourcen und Aktivitäten bei Dienstleistungstransaktionen mit den klassischen vier auf McCarthy (1960) zurückgehenden Instrumenten berücksichtigt werden können. Zeithaml et al. (2012) verweist auf die Besonderheiten von Services und darum auf eine entsprechende Erweiterung des klassischen Marketing-Mix um drei Instrumente. Allerdings muss konstatiert werden, dass sich die zusätzlich hervorgehobenen Mitarbeiter (People), die Prozesse (Processes) und die physische Ausstattung (Physical-evidence) in der deutschsprachigen Literatur bisher kaum durchgesetzt haben und die zusätzliche Unterteilung auch nicht vollumfänglich überzeugt. So stellen Meffert et al. (2018) auf die Bedeutung der Mitarbeiter ab, indem Sie die Personalpolitik als fünftes Marketinginstrument diskutieren, weisen aber gleichzeitig darauf hin, dass, einer traditionellen Marketingdefinition folgend, nur externe, auf den Kunden gerichtete Aktivitäten zur Verhaltensbeeinflussung in den Marketinginstrumenten berücksichtigt werden. Außerdem ordnet Fließ (2009) Mitarbeiter, Prozesse und Ausstattung im Dienstleistungsmanagement in die Bereiche Leistungserstellung und -ergebnis ein, indem sie

https://doi.org/10.1515/9783110620443-007

dem phasenbezogenen Ansatz in ihren Ausführungen folgt, wohingegen die klassischen vier Marketinginstrumente lediglich dem Teil des Leistungsergebnisses zugerechnet werden.

Zum einen mag diese Vernachlässigung an der immer noch, im Verhältnis zum klassischen Konsumgütermarketing, geringen Zahl der Lehrbuchveröffentlichungen im Dienstleistungsmarketing (und Industriegütermarketing) liegen, zum anderen lassen sich alle drei Bereiche aber auch in die Distributions- bzw. Vertriebspolitik und/oder die Kommunikationspolitik eines Anbieters integrieren, da insbesondere im Bereich des Personals (People) neben Vertriebsaufgaben auch kommunikationspolitische Aufgaben im Vordergrund stehen. Gleiches gilt für die Behandlung des Leistungserstellungsprozesses (Processes) und der physischen Ausstattung (Physical-evidence), welche insbesondere im Rahmen der Distributionspolitik zutage treten. Aufgrund der möglichen Einordnungen werden in den folgenden Kapiteln zum operativen Marketing die vier Instrumente der **Leistungspolitik** (Abschnitt 7.1), der **Preispolitik** (Abschnitt 7.2), der **Distributionspolitik** (Abschnitt 7.3) und der **Kommunikationspolitik** (Abschnitt 7.4) als auf den Kunden gerichtete Aktivitäten zur Verhaltensbeeinflussung vorgestellt. Zudem werden diese um die Charakteristika des Dienstleistungsmarketings ergänzt, allerdings integrierend und nicht separat wie bspw. bei Wirtz und Lovelock (2022), und es werden die Bezüge zum weiter oben diskutierten Modell der Dienstleistungsproduktion mit den Bereichen der Vor- und Endkombination an den entsprechenden Stellen akzentuiert (Corsten, 1985; Corsten, 2017).

Abschließend wird in Bezug auf eine integrative Perspektive mit dem so genannten **Service-engineering** zudem eine übergreifende Analyse der Erzeugung sowie der Ausgestaltung des Nutzenbündels Dienstleistung vorgenommen (Abschnitt 7.5). Beim Service-engineering handelt es sich um sämtliche Aktivitäten von der Entwicklung der Ideen für neue Dienstleistungen bis hin zu deren Markteinführung (Haller und Wissing, 2020). Dabei sind die Schwerpunkte des Service-engineering sehr stark durch ein ingenieurwissenschaftliches Vorgehen geprägt und in hohem Maße auf die Schnittstelle Anbieter-Kunde ausgerichtet, um eine effektive, d. h. anforderungsgerechte, und effiziente, d. h. wirtschaftliche, Ausgestaltung des Nutzenbündels Dienstleistung zu gewährleisten. Außerdem ist das Service-engineering aus der Kritik an einem eher Trial-and-error gestützten Prozess der Entwicklung neuer Dienstleistungen hervorgegangen. So kritisieren Haller und Wissing (2020), dass viele Leistungsinnovationen in der Praxis immer noch eher sporadisch und somit spontan entwickelt werden, anstelle einem systematischen Prozess mit Fokus auf die Bedürfnisse der potenziellen Kunden und Zielgruppen zu folgen.

7.1 Leistungspolitik

Im Rahmen der Leistungspolitik steht die **Konzeption** des Leistungsergebnisses und damit das Management bzw. die Bereitstellung der Potenziale eines Dienstleistungsanbieters in der Vorkombination im Vordergrund. Allerdings manifestiert sich das eigentliche

Produkt Dienstleistung erst im Rahmen des Leistungserstellungsprozesses als immaterielles Ergebnis in der Endkombination uno-actu am Kunden oder an den zur Verfügung gestellten Objekten, Informationen sowie den eingebrachten Rechten. Werden Dienstleistungen als Output-Güter verstanden, welche der Befriedigung verschiedener menschlicher Bedürfnisse dienen und in unterschiedlichen Formen auf Märkten angeboten werden (Corsten und Gössinger, 2015), so erzeugen sie einen jeweils anders ausgeprägten Nutzen, d. h. den Grad der Bedürfnisbefriedigung bei den Nachfragern. Aus diesem Grund spielt nicht nur aus produktionswirtschaftlicher, sondern auch aus absatzwirtschaftlicher Perspektive das beabsichtigte Qualitätsniveau der Leistungen eine wichtige Rolle (z. B. Bruhn, 2019b). Bereits in den Ausführungen zum strategischen Dienstleistungsmarketing wurde mit den generischen Wettbewerbsstrategien nach Porter (1980/ 1985) darauf hingewiesen, dass Leistungserbringer unterschiedliche Qualitätsniveaus zur Stimulierung eines Marktes respektive zur Erlangung von Wettbewerbsvorteilen auf diesem Markt einsetzen können. Zusätzlich wurde im Kundenbindungsmanagement herausgearbeitet, dass auch die Qualität in der Beziehung zum Anbieter zu beachten ist. Deshalb nehmen das Management sowie die Sicherstellung der **Qualität** auch einen großen Raum in der Leistungspolitik ein. Allerdings sind bei Dienstleistungen neben dem herstellerseitig beabsichtigten Qualitätsniveau durch die Integration des externen Faktors Kunde zum einen die Beteiligung desselben an der letztendlichen Qualität der Leistung und zum anderen die subjektive Wahrnehmung in Bezug auf die erwartete und die gebotene Qualität vermarktungstechnisch zu beachten (Abschnitt 7.1.1). Darüber hinaus geht es in der Leistungspolitik um die konkrete **Ausgestaltung** von Dienstleistungen. Hierzu gehören bspw. die Unterscheidung von Core- und Secondary-services (Wirtz und Lovelock, 2022; Meffert et al., 2018), die Markierung der Leistungsträger, weil das eigentliche Produkt sich als immaterielles Gut einer Markierung weitgehend entzieht, sofern nicht materielle Bestandteile hinzugefügt werden, die Bündelung von Leistungen zu Paketen, wobei Pakete, d. h. Verbundsysteme sowohl aus Dienstleistungen als auch aus Sach- und Dienstleistungen denkbar sind (Corsten und Gössinger, 2015), und zusätzlich die Gestaltung von auf die Kunden abgestimmten Leistungsprogrammen (Abschnitt 7.1.2). Diese Entscheidungstatbestände müssen dabei sowohl vor dem Hintergrund einer statischen Betrachtung als auch bezgl. des Lebenszyklus von Leistungen gesehen werden. Aus einer dynamischen Perspektive werden darum die Leistungsinnovation, die Leistungsvariation, die Leistungsdifferenzierung sowie die Elimination nicht mehr ausreichend am Markt nachgefragter Leistungen diskutiert (z. B. Fließ, 2009). Insgesamt geht es in der Leistungspolitik folglich darum, welche Leistungen aktuellen und potenziellen Nachfragern im Rahmen von Austauschprozessen am Markt angeboten werden.

7.1.1 Grundlegende Entscheidungen zur Qualität

7.1.1.1 Qualitätsbegriff und -modelle

Bereits Garvin (1984) hat auf die Bedeutung der Qualität bei ökonomischen Austausch-prozesse auf Märkten hingewiesen. Außerdem wurde zuvor diskutiert, dass die Quali-tätsführerschaft unter strategischen Aspekten als eine Möglichkeit zur Differenzierung vom Wettbewerb (Präferenzstrategie) angesehen werden kann (Backhaus und Schnei-der, 2020; Becker, 2019; Porter, 1980). Auf Garvin (1984) geht auch die Unterscheidung des Terminus Qualität in fünf verschiedene Teilbereiche zurück, was dabei hilft, einen oftmals immer noch eher technischen Blick auf die Qualität gedanklich zu erweitern. In diesem Kontext wird bei den **Qualitätsansätzen** unterschieden zwischen (auch Hol-lins und Shinkins, 2006):

- dem transzendenten Qualitätsansatz, der sich in einem philosophischen Sinne da-rauf bezieht, dass Qualität etwas Natürliches, Angeborenes darstellt und stets die absolute, d. h. kompromisslose Orientierung am aktuellen Standard bzw. die Aus-richtung auf die bestmögliche Leistung ist,
- dem produktbasierten Qualitätsansatz, bei dem die Produkt- oder Servicequalität ein Bündel von präzisen und messbaren Eigenschaften darstellt, die somit im Vor-feld festgelegt werden und dann als Attribute eines Gutes in der geforderten Menge umgesetzt werden,
- dem nutzerorientierten Qualitätsansatz, bei dem der Nutzer einer Leistung den Maßstab für die Beurteilung der Qualität vorgibt, d. h. es wird nur diejenige Qua-lität als Attribute einer Leistung angeboten, die vom Nutzer aus seiner subjekti-ven Sicht benötigt respektive nachgefragt wird,
- dem produktionsorientierten Qualitätsansatz, der die Betrachtung auf den Anbie-ter lenkt und damit auf eine fehlerfreie Produktion gemäß festgelegter Standards und Spezifikationen abstellt, bei dem Abweichungen zu einem Qualitätsverlust in den Produkten und Dienstleistungen führen und
- dem wertorientierten Qualitätsansatz, der den größten Schritt in Bezug auf die Qualität darstellt, da hierbei Qualität als Verhältnis aus Nutzen und Kosten be-trachtet wird, sodass unterstellt wird, dass Nachfrager ein subjektives Verständ-nis davon haben, was der Wert ist, den sie bei einer Leistung im Verhältnis zu deren Preis bekommen, d. h. das von ihnen individuell wahrgenommene Preis-Leistungs-Verhältnis („value-for-money").

In Bezug auf den wertorientierten Ansatz hat schon Vershofen (1943) herausgearbeitet, dass Qualität keine absolute Größe darstellt, sondern sich auf einen Vergleich, nicht al-leine auf den Anbieter, sondern auf die Qualität der Produkte der Wettbewerber und den Preis bzw. die Preise der Wettbewerber bezieht. Abgesehen von dem zuerst genannten transzendenten Qualitätsbegriff, der eher eine Allgemeingültigkeit des Qualitätsbegriffs respektive einen idealtypischen Ansatz zur Ausgestaltung der Qualität von Produkten und Dienstleistungen anstrebt und somit wenig zu einem managementorientierten Ansatz bezgl. des Einsatzes knapper Ressourcen beiträgt, wird an den übrigen vier Teilbereichen bzw. Qualitätsansätzen deutlich, dass die Qualität die bewertete Eigenschaft im Gesamten bzw. die Bewertung von Attributen einer Leistung ist. Dies bedeutet im Konkreten, dass Qualität immer eine Vergleichsgröße in die Betrachtung einbezieht (Corsten und Gössinger, 2015). Da jedoch der Kunde letztendlich aus seiner **subjektiven Wahrnehmung** die Qualität einer Leistung beurteilt, hat sich in der Marketingliteratur insbesondere ein kunden- bzw. wertorientiertes Verständnis von Qualität durchgesetzt. Allerdings darf selbstverständlich nicht vernachlässigt werden, dass der Anbieter der Leistungen sich mit einer produkt- bzw. produktionsorientierten Sichtweise quasi wie bei einem geforderten Sollwert diesem Qualitätsverständnis annähert.

Zudem verdeutlicht ein Blick in die Literatur zum Qualitätsmanagement bzw. den Ansätzen der Qualitätsnormung, dass **Qualität** nach DIN EN ISO 9000:2015 als der „Grad, in dem ein Satz inhärenter Merkmale eines Objekts Anforderungen erfüllt" definiert wird (DIN-EN-ISO-9000, 2022). Die Qualität eines Objekts (z. B. eines Produktes oder einer Dienstleistung) stellen folglich einerseits möglichst objektiv, d. h. intersubjektiv überprüfbare Eigenschaften bzw. Indikatoren einer Leistung dar, welche jedoch andererseits den subjektiven Anforderungen respektive Bedürfnissen eines oder mehrerer Individuen entsprechen sollen (Bezold, 1996;Wimmer, 1987).

Auch bezüglich der **Dimensionen der Qualität** ist die Arbeit von Garvin (1988) ein wichtiger Baustein für eine aus der Perspektive des Marketings erweiterte Sichtweise auf die Qualität von Wirtschaftsgütern (Zollondz, 2011). Dieser unterscheidet zwischen Gebrauchsnutzen (Performance), Ausstattung (Features), Zuverlässigkeit (Reliability), Normgerechtigkeit (Conformance), Haltbarkeit (Durability), Kundendienst (Serviceability), Ästhetik (Aesthetics) und Qualitätsimage (Perceived-quality). Wie jedoch an den beispielhaften Dimensionen Ausstattung, Haltbarkeit oder Ästhetik ersichtlich wird, sind nicht alle Dimensionen übertragbar bzw. nur dann einsetzbar, wenn die Dienstleistung zusätzlich an materielle Güter gekoppelt ist (z. B. bei einem Leihwagen oder einem künstlichen Hüftgelenk). Im Kontext mit Dienstleistungen sind Weiterentwicklungen dieses Gedankens sinnvoll, wie sie bspw. im Rahmen der Informationsökonomik bereits diskutiert wurden. Darauf verweist Zeithaml (1981) und unterteilt anhand der Tatsache, dass bei der Güterbeurteilung asymmetrische Informationen vorliegen, in Such-, Erfahrungs- und Vertrauenseigenschaften von Wirtschaftsgütern. Wenngleich nur in wenigen Ausnahmen davon auszugehen ist, dass diese Güter lediglich eine der genannten Eigenschaften im Hinblick auf die Beurteilung ihrer Qualität vorweisen, so bewegen sich Dienstleistungen vor allem im Bereich der Erfahrungs- (z. B. Hotelaufenthalt oder Flugreise) bis hin in den Bereich der Vertrauenseigenschaften (z. B. komplexe, wissensbasierte ärztliche Diagnosen und Prozeduren oder juristische Beratungsleistungen).

Da der informationsökonomische Ansatz weiter oben diskutiert wurde, ist an dieser Stelle auf einen weiteren, bekannten Qualitätsansatz zu verweisen. So hat Donabedian (1966/1980) sein **Qualitätsmodell** anhand der medizinischen Qualität entwickelt. Dieser Ansatz hat sich heute im Dienstleistungsmarketing in Bezug auf eine qualitätsbezogene Betrachtung einzelner Dienstleistungsphasen durchgesetzt (vgl. Abb. 7.1), wie sie bereits im phasenbezogenen Ansatz nach Hilke (1989) in seiner verallgemeinernden Gesamtsicht dargestellt wurden. In Bezug auf die Potenzialqualität spielt die Struktur eines Anbieters im Gesundheitswesen eine wichtige Rolle. Hierbei kann zwischen den personellen Voraussetzungen, d. h. der Anzahl, Qualifikation und Weiterbildung der Mitarbeiter, den sachlichen Voraussetzungen, d. h. der Einrichtung, Ausrüstung und der Verfügbarkeit von Hilfsmitteln, und den organisatorischen Voraussetzungen, d. h. der Erreichbarkeit und Servicebereitschaft des Anbieters, unterschieden werden. Bei der Prozessqualität wird zwischen der zeitlichen Integration (z. B. Leistungszeitpunkt, -dauer und Wartezeiten), dem Umfang der Integration (z. B. die geforderten Aktivitäten, die Korrektheit der Diagnose und die angesetzte Therapie sowie die Einbringung von Objekten, Informationen und Rechten) und der Qualität der Integration (z. B. Freundlichkeit des Personals und Gesprächsführung) unterschieden. Schließlich hat die Ergebnisqualität die überwiegende Immaterialität der Leistung zu berücksichtigen (z. B. die Veränderung des Gesundheitszustands oder Heilerfolgs bzw. die Beeinflussung von Morbidität und Letalität, die Patientenzufriedenheit und schließlich, in einem weitergehenden Verständnis, die Änderung gesundheitsbezogener Verhaltensweisen des Patienten).

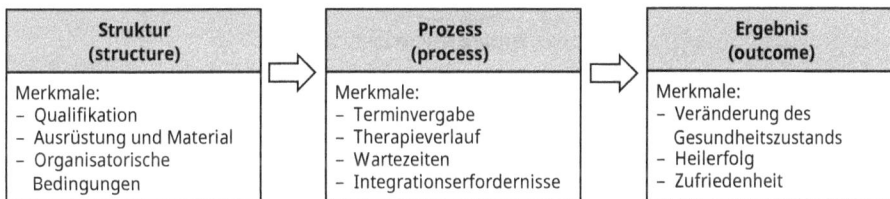

Struktur (structure)		Prozess (process)		Ergebnis (outcome)
Merkmale: – Qualifikation – Ausrüstung und Material – Organisatorische Bedingungen	⇒	Merkmale: – Terminvergabe – Therapieverlauf – Wartezeiten – Integrationserfordernisse	⇒	Merkmale: – Veränderung des Gesundheitszustands – Heilerfolg – Zufriedenheit

Abb. 7.1: Dimensionen der Dienstleistungsqualität im Drei-Phasen-Ansatz (in Anlehnung an Donabedian, 1966/1980).

Eine Weiterentwicklung und damit auch eine Verallgemeinerung auf andere Dienstleistungen stellt der Ansatz von Meyer und Mattmüller (1987) dar. Im **Modell der Qualitätsdimensionen** integrieren Meyer und Mattmüller (1987) ebenfalls alle drei Phasen der Dienstleistungserstellung mit Potenzialen, Prozess und Ergebnis (Corsten, 2017; Hilke, 1989). Allerdings gehen die Überlegungen weiter, weil die Einflussmöglichkeiten des Nachfragers bzw. dessen aktive Beteiligung durch die Integration und Interaktion im Leistungserstellungsprozess, d. h. die nachfragerseitige Potenzialqualität im Sinne von Personen und weiterer externer Produktionsfaktoren, ebenfalls in die Dienstleistungsproduktion einfließt. Hierbei entstehen im Hinblick auf alle drei Dimensionen der Qualität jeweils wechselseitig die beiden Fragen was ein Dienstleistungsnachfrager wie erhält und was ein Dienstleistungsanbieter wie zu leisten vermag (vgl. Abb. 7.2).

Bei der Potenzialqualität des **Anbieters** ist zudem zwischen dem Spezifizierungspotenzial als einer Qualitätsdimension und dem Kontaktpotenzial als einer

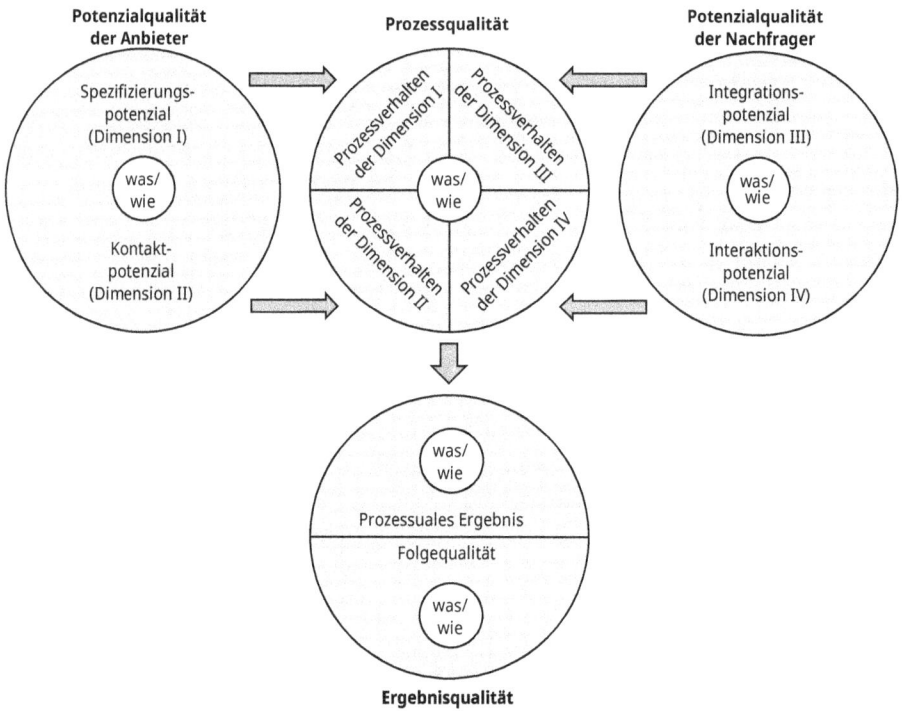

Abb. 7.2: Qualitätsdimensionen nach Meyer und Mattmüller (Meyer und Mattmüller, 1987).

weiteren Dimension zu unterscheiden. Beim Spezifizierungspotenzial (Dimension I) legt der Anbieter die beabsichtigte Qualität über die eingebrachten Produktionsfaktoren, die versprochenen Qualitäten sowie die Dokumentationen durch Urkunden und Preise darüber fest. Hinzu kommt jedoch bezgl. der angestrebten Qualität als weitere Besonderheit bei Dienstleitungen das Kontaktpotenzial (Dimension II) der eingesetzten Mitarbeiter beim Service-encounter, die sich aus der Kunden- und Serviceorientierung in einer konkreten Kundenkontaktsituation ergibt (Bruhn, 2019b). Bezogen auf die Potenzialqualität des **Nachfragers** spielen zum einen die Integrationsqualität (Dimension III) und zum anderen die Interaktionsqualität (Dimension IV) eine wichtige Rolle, deren Grad sich bspw. im Hinblick auf die oben diskutierten Willens- und Fähigkeitsbarrieren unterscheiden lassen und damit auch die Grundeinstellung des Kunden gegenüber dem Anbieter und die Notwendigkeit der Integration in den Leistungserstellungsprozess bzw. der Beteiligung an der Ergebnisqualität wiedergibt (Weiber et al., 2022). Insgesamt ist damit eine konstante Qualität bei Dienstleistungen nicht möglich. Im Rahmen der Prozessqualität fließen die beidseitigen Potenziale in der Leistungserstellung zusammen und ergeben in der Kombination des Prozessverhaltens der einzelnen Dimensionen I-IV das Was und das Wie für beide Marktpartner. Somit ist die Ergebnisqualität das prozessuale Resultat aus der Phase der Leistungserstellung. Meyer und

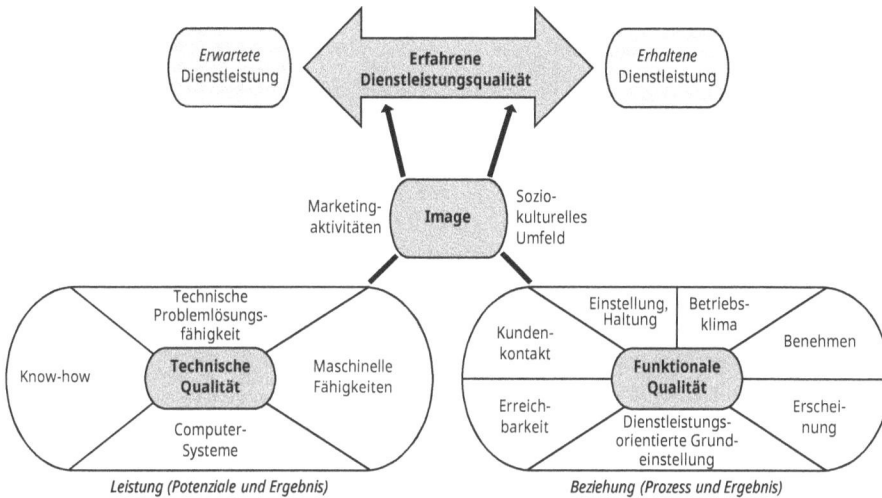

Abb. 7.3: Qualitätsmodell nach Grönroos (Grönroos, 1984).

Mattmüller (1987) unterscheiden jedoch zwischen dem zeitpunktbezogenen Ergebnis, welches sich direkt am Ende des Leistungserstellungsprozesses einstellt, und einer Folgequalität bzw. Folgewirkungen, die sich möglicherweise erst viel später einstellen (z. B. im Rahmen einer medizinischen Behandlung) und sich darüber hinaus dem direkten Einflussbereich des Anbieters entziehen (z. B. weil Prothesen verschleißen oder der Patient durch negative Verhaltensänderungen zu einer Verschlechterung seines Zustands beiträgt).

Eine Erweiterung der Modelle zu den Dimensionen der Dienstleistungsqualität stellen solche Qualitätsmodelle dar, die vor allem auf den Abgleich von der erwarteten und der wahrgenommenen Leistungsqualität, und damit folglich auf einer Bewertung von Soll und Ist fokussieren. Diese beziehen Erkenntnisse aus dem weiter oben diskutierten C/D-Paradigma der Kundenzufriedenheit ein und kombinieren sie mit einzelnen Phasen der Dienstleistungserstellung. Einer dieser Ansätze ist das Qualitätsmodell von Grönroos (1984/2015). In diesem Modell ist die Qualität das Resultat eines **Vergleichsprozesses** zwischen der erwarteten Qualität und der beim Service-encounter erhaltenen Qualität, wobei es sich wieder um eine subjektive Sichtweise des Nachfragers handelt (vgl. Abb. 7.3). Gemäß des C/D-Paradigmas entsteht eine hohe erfahrene Qualität, wenn die erhaltene Leistung die erwartete Leistung (deutlich) übertrifft. Wie auch weiter oben diskutiert, kann dies bei überzogenen Erwartungen dazu führen, dass eine versprochene und gleichzeitig auch gebotene Qualität in der Leistungserstellung als schlecht wahrgenommenen wird (Bruhn, 2000; Bruhn und Georgi, 2000; Zeithaml et al., 2012). Außerdem ist zu berücksichtigen, dass der Nachfrager durch die Integration bei der Leistungserstellung zur Qualität des Leistungsergebnisses beiträgt. So bringt er bspw. bei medizinischen Dienstleistungen seinen Körper ein oder verhält sich in bestimmter Art und Weise. Zudem bringt er möglicherweise materielle Gegenstände mit und/oder stellt diese zur Verfügung, an denen die Dienstleistung (z. B. eine Autoreparatur) vorgenommen wird. Schließlich gibt der Nachfrager zusätzliche Informationen oder überträgt Rechte an den Anbieter (auch Corsten und Gössinger, 2015).

Im Modell von Grönroos (1984) ist die erwartete Qualität durch die Marketingaktivitäten des Anbieters (z. B. Kommunikation und Reputationsaufbau) und durch die Aktivitäten der Nachfrager bzw. deren soziokulturellem Umfeld (z. B. WOM, Kundenbedürfnisse oder Erfahrungen) geprägt. Dadurch entsteht ein bestimmtes **Anbieterimage**, welches bezgl. einer technischen und einer funktionalen Komponente unterteilt werden kann. Allerdings ordnet Grönroos (1984) der technischen Komponente (Was?), die zudem objektiv messbar ist, eine größere Bedeutung als der funktionalen Komponente (Wie?) zu, welche subjektiv wahrgenommen wird (Grönroos, 2015). Liegt eine objektiv hohe technische Qualität vor, so ist der Nachfrager eher geneigt, dem Anbieter kleinere Fehler zu verzeihen, sofern diese nicht wiederholt respektive gehäuft vorkommen (Bruhn, 2019b). Während die technische Qualität die eigentliche Leistung darstellt (eingebrachte Potenziale führen zu einem versprochenen bzw. erwartetem Ergebnis), kann die funktionale Qualität anhand der Subdimensionen auch eher der Beziehungsebene im Austausch mit den Mitarbeitern des Dienstleisters zugeordnet werden (Prozesse und deren Abläufe führen zu einem bestimmten wahrgenommenen Ergebnis). Damit kann insgesamt kritisiert werden, dass im Modell von Grönroos (1984/2015) weichere Faktoren zugunsten einer technischen Qualität eher vernachlässigt werden, da Letztere zugleich besser messbar ist (objektiviert).

Ein in der Literatur und Praxis weit verbreitetes Qualitätsmodell stellt das von Parasuraman et al. (1985) vorgelegte **GAP-Modell** dar (Zeithaml et al., 2012), welches hin zum weiter unten diskutierten SERVQUAL-Ansatz zur Messung der Dienstleistungsqualität ausgebaut wurde, der sich sehr stark auf die fünfte Lücke beim Service-encounter und damit oberhalb der so genannten Line-of-visibility bezieht (siehe Blueprinting), bei der die erwartete mit der wahrgenommenen Dienstleistungsqualität wieder im Rahmen eines Vergleichsprozesses abgeglichen wird (vgl. Abb. 7.4).

Bereits in ihrem konzeptionellen Ausgangsmodell werden zu den einzelnen Dimensionen der Qualitätsbeurteilung allerdings erste Vorschläge unterbreitet, die die Autoren später empirisch weiterentwickeln (Parasuraman et al., 1988; Parasuraman et al., 1991). Das **Modell der Dienstleistungsqualität** von Parasuraman et al. (1985) behandelt in GAP 1 („Listening-gap") die Diskrepanz zwischen der von den potenziellen Nachfragern erwarteten Qualität und den Kundenerwartungen in der Wahrnehmung des Managements (Parasuraman et al., 1985; Zeithaml et al., 2012). Diese kann bspw. durch fehlende oder verzerrte Marktforschung bzw. mangelnde Kommunikation im Unternehmen entstehen. In GAP 2 („Service-design-and-standards-gap") entsteht eine Lücke dadurch, dass zwischen der Wahrnehmung des Managements und den daraus resultierenden Spezifikationen in Bezug auf festgelegte Qualitätsstandards im Unternehmen (intendierte Qualität), eine Diskrepanz entsteht. In einem weiteren GAP 3 („Service-performance-gap") entsteht die potenzielle Abweichung aus der Lücke zwi-

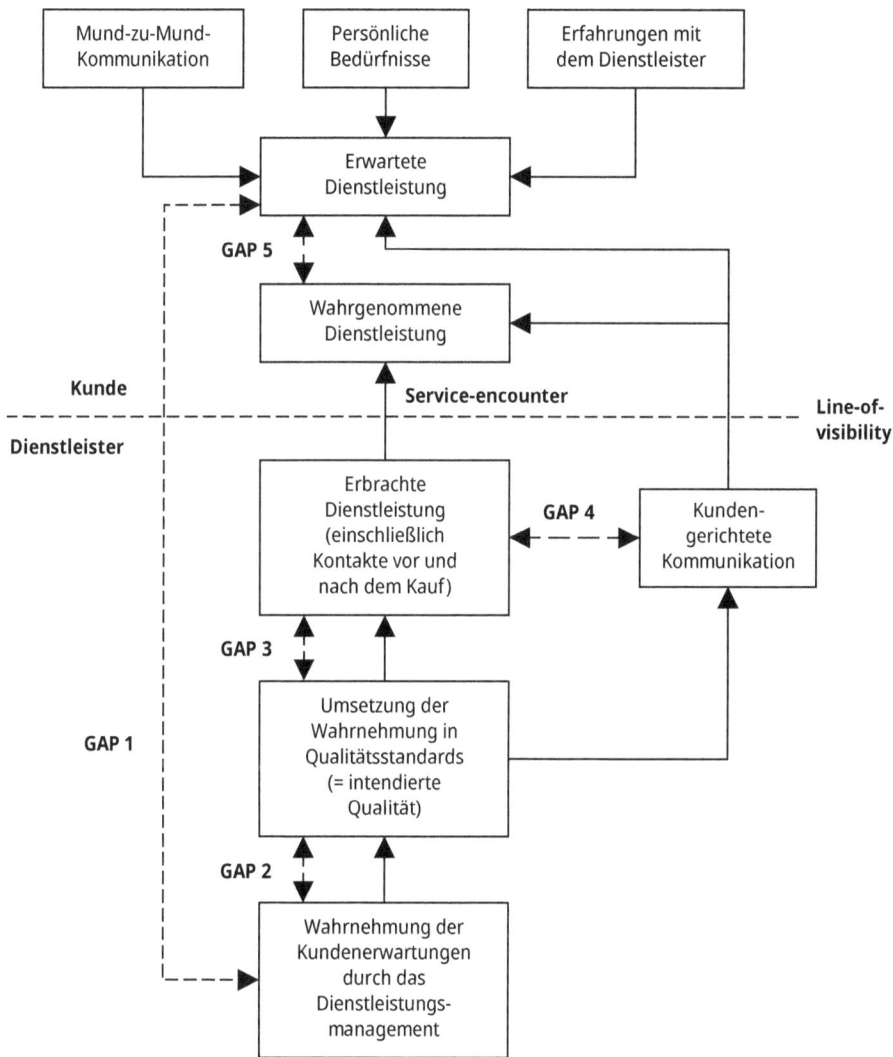

Abb. 7.4: GAP-Modell der Dienstleistungsqualität (Parasuraman et al., 1985).

schen den festgelegten Standards und der erbrachten Dienstleistung beim Service-encounter im Frontend. Hierbei spielt allerdings die wahrgenommene Dienstleistung seitens der Kunden zunächst noch keine Rolle. Die nächste Diskrepanz besteht in GAP 4 („Communication-gap") in der auf die Kunden gerichteten Kommunikation über die Qualitätsstandards und der erbrachten Dienstleistung. Allerdings wirkt sich diese sowohl auf die ex-ante erwartete als auch auf die ex-post wahrgenommene Dienstleistung bezgl. der jeweiligen Evaluation aus. Bis hierhin sprechen Parasuraman et al. (1985) und Zeithaml et al. (2012) von den so genannten anbieterseitigen Lücken („Provider-gaps"). Daraufhin entsteht schließlich das GAP 5 („Customer-gap") im Prozess der Leistungserstellung, indem die Nachfrager ihre aus persönlichen Bedürfnissen, eigenen Erfahrungen oder Word-of-mouth gebildeten Erwartungen mit der wahrgenommenen Dienstleistung beim Service-encounter abgleichen.

Darüber hinaus geben Zeithaml et al. (2012) **zentrale Einflussfaktoren** auf die entstehenden Lücken. GAP 1 resultiert vor allem aus eine inadäquaten Marktforschungsorientierung, einer fehlenden kommunikativen Vernetzung zwischen den Mitarbeitern im Service und dem oberen Management, einem geringen Beziehungsfokus im Sinne der Kundenbindung (Customer-relationship-Management) und der in diesem Zusammenhang fehlenden Implementierung eines Beschwerdemanagements, um die Rückgewinnung von Kunden (Service-recovery) zu gewährleisten (Grönroos, 2015; Hollins und Shinkins, 2006; Payne und Frow, 2005; Schöler und van Aaken, 2017; Wirtz und Lovelock, 2022; Zeithaml et al., 2012). Beim GAP 2 handelt es sich um ein schwaches Design des Services bzw. der darin beinhalteten Qualitätsstandards, eine Vernachlässigung der von den potenziellen Kunden geforderten Standards sowie eine mangelhafte Umsetzung bzw. Beachtung der von Bitner (1992) unter dem Terminus Servicescapes vorgetragenen Umweltdimensionen eines Dienstleisters (Bitner, 1990). Das Kunstwort ergibt sich aus der Zusammensetzung von Service und Landscapes und beinhaltet im Wesentlichen das physikalische bzw. wahrnehmbare Umfeld, die Landschaften eines Dienstleistungsanbieters. Die Details dazu werden weiter unten im Rahmen der Distributionspolitik aufgegriffen. In den gleichen Zusammenhang fällt das unter den Begriff Ausstattungspolitik (Physical-evidence) gefasste zusätzliche Instrument im Dienstleistungsmarketing, das ebenfalls in die Distributionspolitik integriert wurde. In Bezug auf GAP 3 diskutieren Zeithaml et al. (2012) als Einflussfaktoren auf den beabsichtigten Service insbesondere Mängel in der Personalpolitik im Hinblick auf geforderte Anforderungs- sowie erbrachte Qualifikationsprofile, das Scheitern des Anbieters, Nachfrage und Angebot aufeinander abzustimmen, die Problematik der Integration des externen Faktors bzw. seiner weiteren externen Produktionsfaktoren und Mängeln in der bereits oben diskutierten Problemevidenz sowie Probleme im Bereich weiterer Intermediäre, die bspw. in den Vertrieb oder die Erbringung des Services involviert sind. Das GAP 4 hat als zentrale Einflussfaktoren die Vernachlässigung einer abgestimmten, auf die Kunden gerichteten Kommunikation des Anbieters, ein ineffektives Management der Kundenerwartungen, dadurch das Kommunikationskanäle nicht aufeinander abgestimmt sind und Kunden nicht richtig informiert werden, das Wecken zu hoher Erwartungen über das angestrebte Qualitätsniveau, eine nicht adäquate interne Kommunikation zwischen den Mitarbeitern im Service und dem Vertrieb des Unternehmens sowie eine unangemessene Preispolitik, die zum einen sehr hohe Erwartungen weckt und zum anderen nicht die Verbindung aus gefordertem Preis und wahrgenommenem Service, das Preis-Leistungs-Verhältnis, im Sinne eines wertorientierten Qualitätsansatzes (Value-for-money) berücksichtigt (Garvin, 1984). Schließlich begründet sich GAP 5 darin, dass der erwartete Service in Bezug auf die erhaltene Qualität nicht der wahrgenommenen Qualität entspricht, wobei Zeithaml et al. (1993) von einer Toleranzzone (Zone-of-tolerance) ausgehen (Zeithaml et al., 2012), im Rahmen derer die Nachfrager zwischen einem gewünschten und einem adäquaten Service unterscheiden, und die dennoch zu einer Zufriedenheit mit dem Anbieter im Hinblick auf die erfahrene Qualität führen (auch Grönroos, 2015). Ansätze dazu wurden bereits im Rahmen der Kundenzufriedenheit diskutiert und werden im folgenden Qualitätsmodell von Liljander und Strandvik (1995) sowie im Kontext der Messung der Dienstleistungsqualität mit dem SERVQUAL-Ansatz nochmals aufgegriffen (Parasuraman et al., 1988; Parasuraman et al., 1991).

Schließlich wurde das ursprüngliche GAP-Modell von Luk und Layton (2002) um zwei **zusätzliche Lücken** erweitert, die zum einen die Lücke der im Kundenkontakt erfolgten Mitarbeiterwahrnehmung der Kundenerwartungen sowie die Lücke zwischen der Wahrnehmung der im Kundenkontakt befindlichen Mitarbeiter und der Wahrnehmung des Managements über die Kundenerwartungen betreffen. Diesbezüglich wird von Luk und Layton (2002) kritisiert, dass die Mitarbeiter im Servicebereich (Frontend) nicht explizit im Ursprungsmodell erwähnt werden und darum in ihrem eigenen Modell ergänzt werden müssen.

Das Qualitätsmodell von Liljander und Strandvik (1995) stellt ebenso wie das GAP-Model einen Vergleich zwischen aktueller Leistung und einem Vergleichsstandard im Rahmen des Service-encounters dar (auch Liljander und Strandvik, 1993a/1994), der sich aus den in der Literatur diskutierten Faktoren wie Erwartungen, Markenversprechen, Leistungen der Wettbewerber und eigenen Wünschen zusammensetzt (z. B. Haller und Wissing, 2020). Darüber hinaus wird erstens die von Zeithaml et al. (1993) diskutierte Toleranzzone einbezogen. Zweitens besteht das Modell aus zwei Ebenen, welche nicht ausschließlich auf den Vergleich von erwarteter und wahrgenommener Leistung (inkl. Toleranzzone) abzielen, sondern die Konstrukte **Episodenwert und Beziehungswert** als Folge des Vergleichs bzw. dessen (Nicht-)Bestätigung einbeziehen. Damit beinhaltet das Modell eine Betrachtung von mehr als einer Interaktionsepisode bei Dienstleistungstransaktionen im Sinne einer Geschäftsbeziehung (vgl. Abb. 7.5). Das Modell von Liljander und Strandvik (1995) verfolgt somit einen wertorientierten Ansatz im Sinne eines Verhältnisses von Leistung und Opfer (Garvin, 1984), jedoch einmal in Bezug auf eine Einzelepisode und einmal in Bezug auf die Beziehung zum Anbieter. Dadurch ist das Modell explizit dynamisch bezgl. der Qualitätsbewertung von Dienstleistungsprozessen angelegt. In diesem Kontext wird deutlich, dass neben der Leistungsqualität auch die Beziehungsqualität bei Dienstleistungen eine bedeutende Rolle spielt.

Drittens bezieht das Modell die **Zufriedenheit** in die Betrachtung ein. Neben der einzelnen Episodenzufriedenheit mit einem fixierten Start- und Endpunkt (Einzelinteraktion) respektive deren Wert (Episodenqualität minus Episodenopfer) wird auch die Beziehungszufriedenheit und deren Wert (Beziehungsqualität minus Beziehungsopfer) betrachtet. Dies geschieht allerdings nur vor dem Hintergrund, dass es mindestens zu einer zweiten Episode kommt (Mehrfachinteraktion). Im Modell werden hierzu die beiden Kontaktebenen Erstepisode und Zweit- bzw. Mehrfachepisode (Beziehung) jeweils unter Einbezug des C/D-Paradigmas der Kundenzufriedenheit unterteilt (Liljander und Strandvik, 1993b; Zeithaml et al., 2012). Die Verknüpfung beider Ebenen erfolgt einerseits

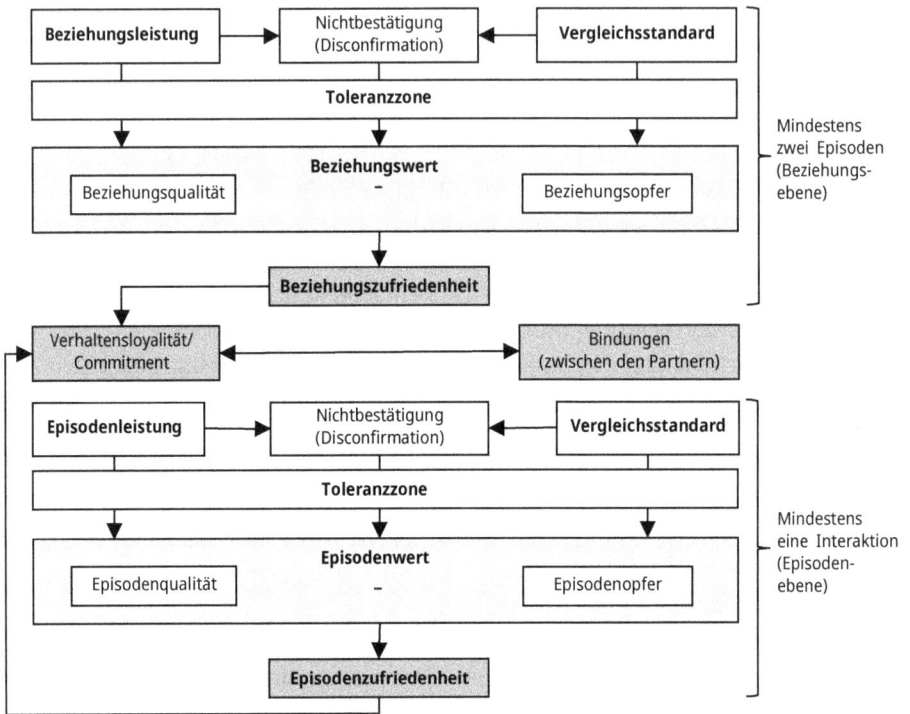

Abb. 7.5: Qualitätsmodell nach Liljander und Strandvik (in Anlehnung an Bruhn, 2019b).

über Bindungen (Austrittsbarrieren), die sich nach Liljander und Strandvik (1995) aus den vom Anbieter gestaltbaren und den vom Anbieter nicht-gestaltbaren Rahmenbedingungen zusammensetzen (z. B. rechtliche, ökonomische, technologische, psychologische, kulturelle und geografische), sowie andererseits durch Commitment und Loyalität beider Seiten (Grönroos, 2015; Heskett et al., 1997; Hunt et al., 2006; Morgan und Hunt, 1994). Dabei kann das Commitment positiv, negativ oder indifferent sein, wodurch sich neun unterschiedliche Beziehungskonstellationen ergeben (Corsten und Gössinger, 2015), die jedoch hier nicht weiter diskutiert werden. Zudem verweisen Liljander und Strandvik (1995) darauf, dass die Beurteilung der Qualität prinzipiell auch möglich ist, ohne dass der Kunde eine Leistung in Anspruch genommen hat, die Zufriedenheit jedoch nur aus einem Kundenkontakt hervorgerufen werden kann. Damit wird durch die Betrachtung der Zufriedenheit explizit auf die Kundenbeziehung respektive Kundenbindung im Kontext von Dienstleistungsprozessen Bezug genommen. Eine als positiv empfundene Qualität einer Dienstleistungstransaktion führt zunächst zur Zufriedenheit innerhalb der Erstepisode und gleichzeitig, bei einer Betrachtung weiterer Episoden, auch zu einer potenziellen Zufriedenheit mit der Beziehung, sodass eine höhere Kundenbindung bzw. letztendlich ein höherer Unternehmenserfolg resultieren (Corsten und Gössinger, 2015).

7.1.1.2 Messung der Qualität

Bereits in Bezug auf das GAP-Modell nach Parasuraman et al. (1985) wurde angedeutet, dass neben den Einflussfaktoren auf die Qualität, auf die oftmals in Qualitätsmodellen Bezug genommen wird, auch die Messung der Qualität im Dienstleistungsprozess (Leistungs- und Beziehungsqualität) und daraus abgeleitet die mögliche Ausgestaltung von Qualitätsstandards sowie das Erwartungsmanagement eine wichtige Rolle spielen (Bruhn, 2019b; Grönroos, 2015). Während über die generelle Bedeutung sowie die Messung der Qualität und deren Sicherstellung im Dienstleistungskontext ein Konsens sowohl in der Literatur als auch in der Praxis besteht, herrscht bezgl. der Verfahren und deren Eignung zur Messung in spezifischen Situationen keine Einigkeit. So existiert mittlerweile eine **Vielzahl von Verfahren**, welche für unterschiedliche Unternehmenskontexte und -situationen mehr oder weniger nützlich scheinen (vgl. Abb. 7.6). Prinzipiell können bei der Qualitätsmessung auch mehrere Verfahren gleichzeitig eingesetzt werden, um die jeweiligen Stärken auszunutzen und ein besseres Gesamtbild über die eigene Qualität zu erzeugen. Zudem entstammen die Verfahren unterschiedlichen Bereichen; vom Marketing, über das Projektmanagement und die Produktentwicklung bis hin zu Handel und Vertrieb. Außerdem können die Verfahren danach systematisiert werden, ob eine unternehmens- oder kundenorientierte Perspektive eingenommen wird (Bartsch, 2017; Benkenstein und Holtz, 2001; Bruhn, 2019b; Meffert et al., 2018; Woratschek et al., 2017). In Ergänzung dazu systematisieren Haller

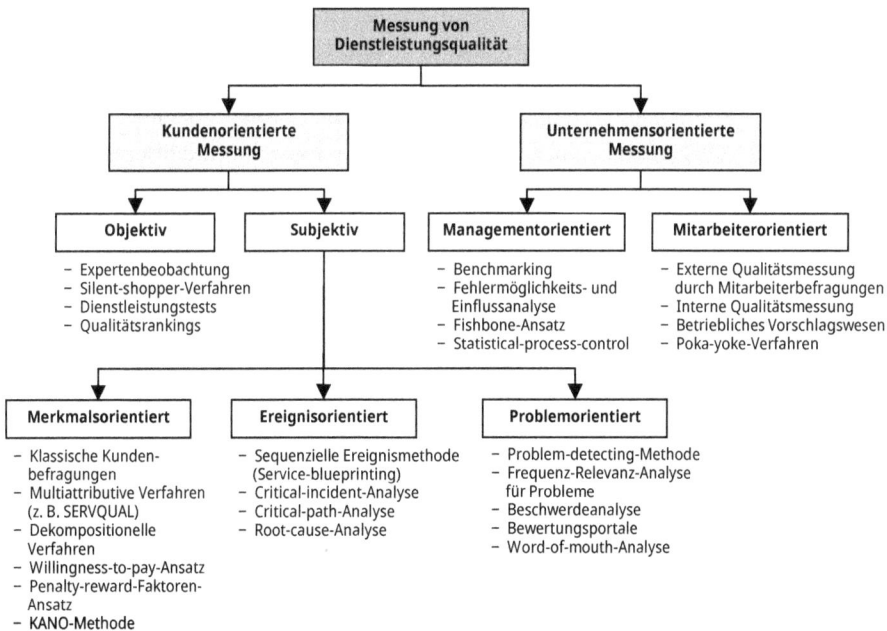

Abb. 7.6: Verfahren zur Messung der Dienstleistungsqualität (Bruhn, 2019b).

und Wissing (2020) danach, ob es sich um direkte oder indirekte Verfahren handelt und Corsten und Gössinger (2015) unterscheiden im Bereich der kundenseitigen Messung lediglich multiattributive und ereignisorientierte Verfahren (auch Hentschel, 1992; Meister und Meister, 2018).

Im Detail können **unternehmensorientierte Ansätze** zur Messung der Dienstleistungsqualität in management- und mitarbeiterorientierte Verfahren unterschieden werden. Bei den mitarbeiterorientierten Verfahren stehen vor allem die Mitarbeiter im Frontend beim Service-encounter im Vordergrund, die an der Sichtbarkeitslinie (Line-of-visibility) täglich mit den aktuellen und potenziellen Kunden interagieren, während managementorientierte Verfahren die Sichtweise des Führungspersonals stärker in den Fokus rücken. Bei den **kundenorientierten Ansätzen** wird zunächst zwischen (quasi-)objektiven und subjektiven Verfahren unterschieden. Die (quasi-)objektiven Verfahren sind vornehmlich darauf angelegt, die Qualitätsbeurteilung durch externe Personen wie bspw. Marktforscher oder Qualitätsexperten durchführen zu lassen; die Ergebnisse sind damit quasi-objektiviert, wenngleich stets Menschen die Kriterien und Gewichtungen der Bewertungen vornehmen und die Beurteilung durchführen. Daneben existieren subjektive Verfahren, die vor allem die Nachfrager nach den anbieterbezogenen Dienstleistungen in den Vordergrund rücken. Dabei können die Analysen merkmalsorientiert, ereignisorientiert oder problemorientiert vorgenommen werden. Bei den merkmalsorientierten Verfahren werden Kunden bspw. um eine Einschätzung in Bezug auf typische Merkmale einer Dienstleistung (z. B. der Preis, die Freundlichkeit des Personals, die Schnelligkeit der Ausführung oder die Sauberkeit der Räumlichkeiten) und deren einzelne Ausprägungen (z. B. gut – schlecht, schnell – langsam, viel – wenig, stimme zu – stimme nicht zu etc.) gebeten. Damit setzt sich die Gesamtbewertung aus einzelnen Komponenten (Merkmalen) zusammen. Bei den ereignisorientierten Verfahren wird die gesamte Dienstleistungstransaktion bspw. im Hinblick auf kritische Ereignisse im Leistungsprozess untersucht, die eine Abweichung von festgelegten Qualitätsstandards nach sich ziehen. So können bereits im Vorfeld mögliche Gefahren oder Schwachpunkte identifiziert, isoliert und möglichst auch vermieden werden, indem das Problembewusstsein der Mitarbeiter dahingehend geschult wird. Bei den problemorientierten Verfahren wird weniger auf den Prozess der Leistungserstellung (Prozessperspektive) und damit eine ex-ante Betrachtung, sondern viel stärker auf das Leistungsergebnis (Ergebnisperspektive) und damit eine ex-post Betrachtung abgestellt. Es werden Probleme im Nachhinein identifiziert, um daraus für zukünftige Dienstleistungstransaktionen zu lernen, Beschwerden von Kunden analysiert oder das Kommunikationsverhalten von Kunden (WOM) über Bewertungsportale analysiert.

Für die Überprüfung der Zweckmäßigkeit von Verfahren in bestimmten Situationen schlagen Meffert et al. (2018) sechs unterschiedliche **Eignungskriterien** vor (leicht ergänzt):

– Relevanz: Sind die beabsichtigten Qualitätsmesskriterien relevant für die Kundenentscheidung, d. h. für den Kauf oder die Inanspruchnahme einer Dienstleistung?

– Vollständigkeit: Ermöglicht ein Verfahren die Messung aller aus der Kundensicht relevanten Qualitätskriterien bei der Beurteilung der Leistung?
– Aktualität: Repräsentieren die Ergebnisse aktuelle Beurteilungen der Qualität aus Kundensicht, sodass ohne großen zeitlichen Verzug auf die Einschätzungen reagiert werden kann?
– Eindeutigkeit: Lassen die Messergebnisse eindeutige Rückschlüsse auf die kundenseitigen Qualitätsbeurteilungen bezgl. einer bestimmten Dienstleistung zu?
– Steuerbarkeit: Liefern die Ergebnisse gezielte Ansatzpunkte für eine Qualitätsverbesserung, d. h. können Marketinginstrumente eingesetzt werden, um die Qualitätsbeurteilung aus der Nachfragersicht zu verbessern?
– Kosten: Rechtfertigt das Verfahren den finanziellen und personellen Aufwand, der mit der Messung verbunden ist, weil im Anschluss daran eine Verbesserung zu positiven Effekten auf den unternehmerischen Erfolg führt?

Im Folgenden werden einige **ausgewählte Verfahren** näher beleuchtet, wobei insbesondere der SERVQUAL-Ansatz im Fokus steht (Parasuraman et al., 1988; Parasuraman et al., 1991). Für weitere Details zu den übrigen Ansätzen sei zusätzlich zu den folgenden Ausführungen auf die Spezialliteratur verwiesen (Bruhn, 2019b; Pfeifer und Schmitt, 2021; Schmitt und Pfeifer, 2015; Weghorn, 2022). Ergänzend dazu sei angemerkt, dass die KANO-Methode auch in der Leistungsgestaltung Anwendung findet, weswegen sie explizit weiter unten bei der Leistungsgestaltung vorgestellt wird.

Unternehmensorientierte Messung
In Anlehnung an die bereits oben behandelten Gedanken des GAP-Modells geht es bei den unternehmensorientierten Messansätzen darum (Parasuraman et al., 1985), die Erwartungen des Kunden an die Dienstleistungsqualität zu antizipieren und in anbieterseitige Qualitätsstandards, neben den möglicherweise im Rahmen der Gesetzgebung oder seitens einer Zertifizierung bestehenden Anforderungen, umzusetzen. Dabei stehen entweder die Führungskräfte bzw. das Management oder die Mitarbeiter im Frontend im Vordergrund.

Managementorientierte Verfahren
Eine erste unternehmensorientierte Messung der Dienstleistungsqualität in Bezug auf die Führungskräfte stellt das Benchmarking dar. Mit **Benchmarking** wurden bereits weiter oben Best-practices in Verbindung gebracht (Hollins und Shinkins, 2006), d. h. Unternehmen sammeln relevante Daten von Wettbewerbern oder Unternehmen anderer Branchen, um diese mit den eigenen Stärken und Schwächen bei Potenzialen, Prozessen und Ergebnissen zu vergleichen (Camp, 1994). Dadurch können Leistungslücken im Hinblick auf die Qualität aufgedeckt und anschließend geschlossen werden (Park et al., 2015). Jedoch besteht die Schwierigkeit zum einen in der Generierung der externen Daten und zum anderen in der Auswahl der zentralen Kennzahlen, die im Hin-

blick auf die Qualität entscheidende Informationen für das Management der Qualität liefern.

Die **Fehlermöglichkeits- und Einflussanalyse (FMEA)** zielt im Wesentlichen darauf ab (Masing, 1995; Pfeufer, 2021), Fehler bereits im Vorfeld zu vermeiden, indem Schwachstellen in den Dienstleistungssystemen und -prozessen aufgedeckt und entstehende Konsequenzen analysiert werden. Dabei wird ein klassischer Entscheidungsprozess durchschritten, der mit der Fehlerbeschreibung (Was sind potenzielle Fehlerquellen?), der Risikobeurteilung (Wie groß sind die Schwere und Auftretenswahrscheinlichkeit des Fehlers?), der Maßnahmen (Welche Maßnahmen sind zur Vermeidung oder zur Lösung zu ergreifen?) sowie der Ergebnisse (Welchen Erfolg bringen Verbesserungen zur Fehlervermeidung?) vier Phasen durchläuft. Dabei dient der in der Risikobeurteilung berechnete FMEA-Wert vor allem der Rangordnung von unterschiedlichen Fehlern, und damit einer Abstufung von Risiken innerhalb der Leistungserstellung, die in der Konsequenz zu möglichen Qualitätseinbußen führen. Folglich sollten die Fehler mit dem höchsten FMEA-Wert, also der höchsten Priorität, zuerst angegangen und mit möglichen Maßnahmen zu deren Vermeidung belegt werden.

Der **Fishbone-Ansatz** kombiniert die Technik des Brainwriting mit einer Methode zur Visualisierung, dem so genannten Ishikawa-Diagramm, wobei die Methode nur zur systematischen Problemanalyse aufgrund von Ursache-Wirkungs-Beziehungen geeignet ist, da keine weiteren Maßnahme zur Problemlösung aufgezeigt werden (Bruhn, 2019b). In einem ersten Schritt werden alle Faktoren gesammelt und schriftlich fixiert, die zu Qualitätseinbußen in der Leistungserstellung führen können. Diese werden dann in einem zweiten Schritt visualisiert, indem der Kopf des Ishikawa-Diagramms (Fischgräte) das zu lösende Problem repräsentiert. Hauptgräten im Diagramm bilden zentrale Dimensionen (z. B. Personal, Technik oder Kommunikation), die auf dem Weg zum Problem zum Einsatz kommen; diese wirken somit direkt auf das bezeichnete Problem als Hauptursache ein (Hollins und Shinkins, 2006). An die Hauptgräten werden dann weitere Nebengräten angefügt, die auf der Dimension mögliche Nebenursachen für das am Kopf befindliche Problem darstellen. Dies könnte bei der Dimension Personal bspw. die mangelnde Qualifikation der Mitarbeiter im Frontend, das mangelnde Qualitätsbewusstsein dieser Mitarbeiter oder die fehlenden bzw. verfügbaren Arbeitskräfte vor Ort sein. Bei der Dimension der eingesetzten Maschinen/Technik könnten veraltete Systeme, eine fehlende Vernetzung der Systeme, kein Internetzugang oder zu wenige Arbeitsplätze zu einer adäquaten Kundenbedienung die Ursachen des Problems sein. Weitere beispielhafte Dimensionen könnten auch Methoden, Materialien oder Umwelt sein. Mit dem Fishbone-Ansatz wird folglich ein Bewusstsein für mögliche Probleme, ein Verständnis sowie eine Diskussionsgrundlage für das Management in Bezug auf die Prozess- und Leistungsqualität geschaffen, welche vor allem aus dem Bereich der bereitgestellten und eingesetzten Potenziale stammen, allerdings bietet der Ansatz keine spezifischen Problemlösungen (Schmitt und Pfeifer, 2015; Pfeifer und Schmitt, 2021).

Der Ansatz der **Statistical-process-control** wurde ursprünglich für industrielle Anwendungen entwickelt (Roes und Dorr, 1997). Statistical-process-control zielt darauf ab, objektiv quantifizierbare Daten über einen Produktionsprozess zu erheben und auf Basis dessen die Prozesse der Leistungserstellung, übertragen auf einen Dienstleistungsanbieter, zu standardisieren respektive zu verbessern (Oakland und Oakland, 2019). Zu solchen quantifizierbaren Daten gehören bspw. die Anzahl der Kundenbeschwerden und Retouren, die Wartezeiten beim Service-encounter, die Transportzeiten oder die Kundefluktuation, die im einfachsten Fall über Strichlisten oder Excel-Tabellen festgehalten werden können (Haller und Wissing, 2020). Durch die systematische Erhebung der Daten und der Bildung von Fehlerquoten können die daraus ermittelten Kennzahlen (KPIs) zur Minimierung und damit zur Qualitätsverbesserung an unterschiedlichen Stellen des Leistungserstellungsprozesses eingesetzt werden. So können mangelhafte Prozesse umstrukturiert bzw. verbessert werden.

Mitarbeiterorientierte Verfahren

In Bezug auf die mitarbeiterorientierten Verfahren stehen die Mitarbeiter im Frontend im Vordergrund. Hierbei wird bspw. die **externe Qualitätsmessung** durch Mitarbeiterbefragungen zur Qualitätsverbesserung eingesetzt. Indem die Mitarbeiter im Service-encounter die Sicht der Kunden einnehmen, kann auf die bereits diskutierte Problematik im Rahmen des GAP-Modells abgestellt werden, bei der eine Lücke daraus entsteht, dass die Führungskräfte eine andere Vorstellung davon haben, welche Qualitätsansprüche die Nachfrager an die Dienstleistungen des Unternehmens bzw. deren Qualität stellen. Dabei handelt es sich um eine interne Marktforschung, die für die aktuelle Gestaltung und für zukünftige, innovative Dienstleistungen eine wichtige Rolle spielt bzw. auf externe Einschätzungen seitens der Kunden beruht. Auch wenn den Mitarbeitern im Frontend die komplette Übersicht über die Prozesse in einem Dienstleistungsunternehmen fehlen, so sind diese doch deutlich näher am Leistungserstellungsprozess in der Endkombination beteiligt als die Führungskräfte bzw. das höhere Management. Dadurch können Fragestellungen danach beantwortet werden, was die Kunden im Leistungserstellungsprozess stört, welche Qualität verlangt wird und wo es Probleme in der Leistungserstellung bei Qualität, Umfang, Dauer, Termintreue etc. gibt. Gleichzeitig kann eine Priorisierung der identifizierten Problembereiche vorgenommen werden. An dem Vorgehen ist allerdings kritisch hervorzuheben, dass Mitarbeiter stets einen Anreiz haben, Probleme aus ihrem eigenen Verantwortungsbereich gegenüber anderen Problemen in der Leistungserstellung klein zu reden. Im Gegensatz dazu stehen bei der **internen Qualitätsmessung** die internen Kundenbeziehungen und die dabei gebotene Servicequalität durch die Befragung der eigenen Mitarbeiter im Vordergrund (z. B. die Support-Prozesse bei einer Autovermietung in Form von Rücknahme, Reinigung und IT-Leistungen gegenüber den Mitarbeitern im Frontend oder die Support-Prozesse im Krankenhaus in Form des Patientenmanagements, den Laboren, den bildgebenden Verfahren oder der Bettenaufbereitung für die einzelnen

Stationen). Wie bereits im Rahmen der Service-profit-chain nach Heskett et al. (1997) diskutiert, spielt die Mitarbeiterzufriedenheit bei der Gewährleistung der externen Qualität in der Dienstleistungserstellung eine wichtige Rolle. Die Mitarbeiterzufriedenheit beim so genannten internen Kunden hängt stark damit zusammen, inwieweit interne Support-Prozesse aus der Perspektive nachgeordneter Organisationseinheiten im Sinne einer internen Kunden-Lieferantenbeziehung möglichst reibungslos ablaufen. Hierzu können interne Befragungen durchgeführt werden (Hadwich und Keller, 2015). Aus den Ergebnissen der internen Zufriedenheit werden dann Verbesserungen eingeleitet, die sich sowohl auf die interne als auch die externe Qualität beziehen können.

Einen weiteren Ansatz der Qualitätserhebung bzw. der anschließenden Verbesserung von Leistungsprozessen und -ergebnissen stellt das **betriebliche Vorschlagswesen** dar, welches auch unter dem Terminus des internen Ideenmanagement diskutiert wird (Hürth, 2010; Thom, 2003). Der Grundgedanke, Ideen der Mitarbeiter in einem Betrieb in die Unternehmensplanung aufzunehmen und insbesondere zur Verbesserung der eigenen Prozesse im Qualitätsmanagement einzusetzen, geht bereits in das 19. Jahrhundert zurück (z. B. bei Unternehmen wie Krupp, AEG oder Carl Zeiss). Dabei ist es wichtig für die Motivation, dass die Mitarbeiter durch das Setzen von Anreizen zur Einbringung von Verbesserungsvorschlägen angeregt werden. Dies geschieht bspw. durch Prämien und/oder dadurch, dass die besten Vorschläge im Unternehmen zügig umgesetzt werden. Darüber kann in einem zentralen Begutachtungsprozess eine offiziell etablierte Kommission oder in einem dezentralen Begutachtungsprozess direkt der Vorgesetzte entscheiden (Bruhn, 2019b; Hauschildt et al., 2016; Vahs und Brem, 2015). Um die Güte eines betrieblichen Vorschlagswesens zu beurteilen, können Kennzahlen wie bspw. die Vorschlags-, Beteiligungs- oder Umsetzungsquote erhoben werden. Wenngleich der Prozess des betrieblichen Vorschlagswesens zeitaufwändig ist und nicht alle Vorschläge umgesetzt werden können, so liegt auch hier wieder der Vorteil auf der Hand, dass Vorschläge von Mitarbeitern im Servicebereich einen direkten Bezug zur Leistungserstellung und damit zur Qualitätsverbesserung gegenüber den Kunden des Unternehmens haben.

Mit dem **Poka-yoke-Verfahren** (Unbeabsichtigter-Fehler-Verhinderung) existiert ein weiteres mitarbeiterorientiertes Verfahren, welches vor allem auf das Ziel der Fehlervermeidung und damit auf die Prävention (Qualitätssicherstellung) abstellt (Weghorn, 2022). Im eigentlichen Sinne werden potenzielle Fehlerquellen wie bei der Fehlermöglichkeits- und Einflussanalyse (FMEA) vorab analysiert und dann durch unterschiedliche Fehlervermeidungsstrategien zu verhindern versucht (Pfeufer, 2021). Das Verfahren basiert, ähnlich wie das ebenfalls aus Japan stammende Kaizen (Veränderung zum Besseren), auf dem Ansatz, die eigenen Produkte und Prozesse permanent zu verbessern. Das Poka-yoke-Verfahren wurde ursprünglich von Shingo (1986) entwickelt und ins Englische übersetzt, wodurch es auch in der westlichen Welt eine weite Verbreitung gefunden hat. Allerdings werden beim Poka-yoke-Verfahren nicht nur Risiken beurteilt und Maßnahmen zu deren Vermeidung fixiert, sondern es werden technische Einrichtungen oder materielle Produkte so konzipiert bzw. konstruiert, dass Mitarbeiter bestmöglich daran gehindert werden Fehler zu begehen. Stecker werden bspw. so konzipiert, dass diese nur in eine bestimmte Richtung oder in einer bestimmten Reihenfolge verwendet werden können. Darüber hinaus können technische Anlagen nicht gestartet werden, ohne dass Sicherheitseinrichtungen einrasten oder verriegelt werden. Beides verhindert in stressigen Situationen, dass es zu einer Fehlbedienung von Anlagen kommt oder zum Aufenthalt von Personen im Gefahrenbereich, die dann möglicherweise Unfälle und Personenschäden nach sich ziehen (z. B. im Operationssaal, wo unter hohem Zeitdruck und Risiko gearbeitet werden muss, oder bei der Bedienung von Sägen, Kränen oder großen Robotern). Auch eine eindeutige Farbgebung oder Kennzeichnung von im Produktionsprozess verwendeten Teilen trägt dazu bei Verwechslungen zu vermeiden, die Qualitätseinbußen nach sich ziehen, die Kosten der Leistungserstellung in die Höhe treiben und gleichzeitig die Zufriedenheit der Kunden durch Verzögerungen oder mangelhafte Ausführungen senken. Außerdem werden in Bezug auf eine festgelegte Prozesskette in der Logistik Fehler in einem großen Lager dadurch minimiert, dass aufeinander folgende Arbeitsschritte erst dann durchgeführt werden können, wenn ein Mitarbeiter einen logisch vorgelagerten Arbeitsschritt durch eindeutige Bestätigung (z. B. über einen Handscanner) abschließt. Zudem werden die Mitarbeiter beim Zusammenstellen der Waren (Kommissionierung) durch das Aufleuchten von Lampen mit unterschiedlichen Farben durch den vordefinierten Prozess gelenkt. In anderen Bereichen verhindert wiederum bei der Bedienung von Computerprogrammen die Einstellung in der Software, dass logisch aufeinander aufbauende Schritte in einer anderen als der vorgesehenen Reihenfolge durchgeführt werden können (z. B. SAP). Außerdem können im Dienstleistungsprozess benötigte Materialien vorab zusammengestellt und verpackt werden (z. B. bei mobilen ärztlichen Einsätzen oder der Erstellung von Gutachten auf Baustellen), sodass die Mitarbeiter trotz stressiger Situationen keinen zur Leistungserstellung benötigten materiellen Bestandteil vergessen. Auch wenn an dieser Stelle kritisiert werden kann, dass die soziale Komponente, d. h. die Beziehungsebene im Dienstleistungsprozess teilweise auf eine rein mechanische Abarbeitung von Prozessschritten reduziert wird (Bruhn, 2019b), besteht die Philosophie des Poka-yoke insgesamt weniger darin, die Mitarbeiter zu kontrollieren, sondern vielmehr durch technische Maßnahmen potenzielle Fehler zu verhindern und damit die Mitarbeiter in der Leistungserstellung zu unterstützen.

Kundenorientierte Messung
Im Zusammenhang mit einer kundenorientierten Messung der Dienstleistungsqualität werden in der Literatur deutlich mehr Verfahren diskutiert, die dazu dienen, eine Beurteilung aus der Perspektive einer nachfrageseitig wahrgenommenen Leistungsqualität zu erheben und daraus Managementimplikationen für die Umsetzung im Unternehmen abzuleiten. Kundenorientierte Verfahren ziehen die Einschätzungen externer Akteure heran, um daraus Verbesserungen im Bereich der Leistungsqualität zu erzielen. Einer-

seits dienen die (quasi)objektiven Verfahren dazu, eine möglichst unabhängige Einschätzung der Qualität zu generieren, indem Beurteilungen durch Drittparteien in den Vordergrund gerückt werden, deren originäre Intention nicht in der Wahrnehmung bzw. dem Kauf der Leistung besteht. Andererseits werden bei den subjektiven Verfahren merkmalsorientierte, ereignisorientierte und problemorientierte Verfahren unterschieden, bei denen direkt bei den Nachfragern der Leistungen angesetzt wird (Bartsch, 2017; Woratschek et al., 2017).

(Quasi)objektive Verfahren
Bei den **Expertenbeobachtungen** werden die im Bereich der Marktforschung bereits diskutierten Fremdbeobachtungen durch geschulte Experten beim Service-encounter eingesetzt (z. B. Hammann und Erichson, 2000; Kreis et al., 2021). Damit können direkt beobachtbare Sachverhalte im Leistungserstellungsprozess dokumentiert und nach vorab festgelegten Kriterien evaluiert werden. In diesem Kontext können auch technische Hilfsmittel wie Videokameras und Tonbandgeräte zum Einsatz kommen. Auch wenn die Methode insgesamt dem Versuch einer Quasiobjektivierung der Messung gleichkommt, so bleibt letztendlich der Mensch als Beobachter und Auswerter mit seiner subjektiven Einschätzung erhalten, hat das Verfahren zwei weitere, besonders hervorzuhebende Nachteile. Der erste Nachteil leitet sich aus der Tatsache ab, dass bei Beobachtungen nur sinnlich wahrnehmbare Tatbestände erfasst werden können. Zudem besteht als zweiter Nachteil die Gefahr, dass die beim Service-encounter beobachteten Mitarbeiter ihr Verhalten im Umgang mit Kunden aufgrund sozialer Erwünschtheit anpassen, weil sie aufgrund rechtlicher Rahmenbedingungen wie dem Datenschutz oder dem Betriebsverfassungsgesetz (z. B. die Einschaltung des Betriebsrats) vorab informiert werden müssen. Dadurch kommt es zu einer verzerrten Beurteilungssituation und somit zu einer eingeschränkten Validität der erhobenen Daten im Hinblick auf eine von diesen Mitarbeitern regelmäßig erbrachte Dienstleistungsqualität.

Die Probleme des vorherigen Verfahrens können teilweise mit dem so genannten **Silent-shopper-Verfahren** abgemildert werden (auch Mystery-shopper genannt), bei dem für die Mitarbeiter im Frontend unbekannte Testkäufer die Dienstleistungen eines Anbieters über einen direkten Kontakt in Anspruch nehmen und diese möglichst objektiv bewerten. Aus einer anschließenden Analyse können dann Rückschlüsse in Bezug auf eine Verbesserung der Leistungsqualität gezogen werden. Hierbei stellen quantitative und qualitative Faktoren wie bspw. die Beratungsqualität, die Freundlichkeit und Kompetenz der Mitarbeiter, die Sauberkeit und Ordnung der Arbeitsplätze, die Schnelligkeit der Bearbeitung, die Einhaltung etablierter Servicestandards, die Verfügbarkeit des Angebotssortiments oder das Leistungsergebnis wichtige Beurteilungskriterien dar (Bruhn, 2019b). Diese müssen im Vorfeld möglichst eindeutig definiert werden, um eine Vergleichbarkeit der Ergebnisse vor dem Hintergrund der eigenen Zielsetzungen herzustellen. Neben dem Vorteil, dass die Mitarbeiter mit Kundenkontakt in ihrem natürlichen Arbeitsumfeld und ohne ihr Wissen bezgl. des erbrachten Services evaluiert werden, können auch Testkäufe bei Wettbewerbern durchgeführt werden (Benchmarking). Ein derartiger Vergleich wird auch von Drittparteien (z. B. Stiftung Finanztest) zur Messung der Servicequalität von unterschiedlichen Dienstleistern einer Branche durchgeführt (z. B. Banken oder Versicherungen). Ein anschließender Vergleich mit der Leistungsqualität der Wettbewerber liefert dann weitere Erkenntnisse zur Verbesserung der eigenen Servicequalität. Der Nachteil besteht allerdings darin, dass die Qualität der Analyse mit der Schulung und Qualität der durchführenden Personen zusammenhängt. Im Gegensatz zu Beobachtungen mit technischen Hilfsmitteln ist eine Standardisierung des Verfahrens und damit die unverfälschte Aufnahme der Servicequalität durch die menschliche Komponente erschwert.

Bei **Dienstleistungstests** sind bspw. die allgemein bekannten Analysen und Bewertungen von Bestandteilen der in einem Markt angebotenen Leistungen der Stiftung Waren-, Öko- und Finanztest bzw. des deutschen Kundenbarometers zu nennen. Auch sonstige Drittparteien wie die Zeitschrift FOCUS aus dem Hubert Burda Media-Verlag bzw. die Frankfurter Allgemeine oder die ZEIT führen Tests durch, sind allerdings eher durch **Qualitätsrankings** bekannt geworden. Diese haben in den letzten Jahren durch die Verbreitung des Internets deutlich zugenommen, sodass bspw. Nachfrager nach ärztlichen Dienstleistungen in Bezug auf einzelne Fachrichtungen sich ein Bild über bekannte Spezialisten machen können, indem sie auf die genannten Publikationen zurückgreifen. Dabei ist allerdings zwischen quasi objektiven Rankings, die Leistungen auf Basis vorab festgelegter Kriterien miteinander vergleichen und hier im Vordergrund stehen, und subjektiven Rankings auf Basis individueller Beurteilungen bestimmter Zielgruppen zu unterscheiden (z. B. Männer/Frauen, Professoren/Studenten, junge/ alte Menschen etc.). Letztere sind meist nicht repräsentativ, sondern eher ein Querschnitt aktueller Trends und Meinungen. Insgesamt ist zu verzeichnen, dass Anbieter im Falle einer guten oder sehr guten Bewertung bzw. eines herausragenden Rankings dieses Ergebnis oder die resultierende Platzierung verstärkt in ihre Vermarktungsbemühungen einfließen lassen. Im Rahmen der Unternehmens- und Leistungskommunikation wird dann bspw. durch eine besondere Hervorhebung auf die Tests und Rankings verwiesen. Kritisch anzumerken ist, dass Rankings, die Kriterien aus unterschiedlichen Bereichen zu einem globalen Wert verdichten, für Nachfrager mit verschiedenen Bedürfnissen aufgrund der manchmal fehlenden Transparenz der Auswahl und Bedeutung (Gewichtung) der zugrunde gelegten Kriterien nicht immer hilfreich sind, sondern die Kunden zuweilen eher verunsichern. Außerdem kann eine Globalbeurteilung eines ganzen Bündels von Eigenschaften in Form eines Produktes oder einer Dienstleistung (z. B. Erhältlichkeit des Service, Terminvergabe, Freundlichkeit, Sauberkeit der Räumlichkeiten, Preis etc.) in eine ungerechtfertigten Vereinfachung bzw. Zuspitzung münden, welche bereits durch eine kleinere Veränderung der Gewichtungen einzelner Kriterien (z. B. Urteile der Stiftung Waren- oder Finanztest) zu einem anderen Ergebnis führen würde. Hierzu sei zusätzlich auf die allgemeine Kritik an Scoring-Modellen verwiesen (z. B. Rahn und Mintert, 2019).

Problemorientierte subjektive Verfahren

Den weitaus größeren Teil der kundenorientierten Messung stellen die eindeutig als subjektiv klassifizierten Verfahren dar, die allgemein in problemorientierte, ereignisorientierte und merkmalsorientierte Verfahren unterteilt werden. Bei den problemorientierten Verfahren ist die **Problem-detecting-Methode** ein Ansatz, welcher, wie die übrigen Verfahren in diesem Bereich, auf die aus der Kundenperspektive relevanten Problembereiche in der Leistungserstellung und deren subjektive Beurteilung abstellt. Hierbei müssen zunächst die Problembereiche im Vorfeld der Leistungswahrnehmung definiert werden. Dabei kann es sich um materielle (z. B. einen Leihwagen, dessen Sauberkeit oder Schadenfreiheit) und immaterielle Bestandteile (z. B. die Verfügbarkeit, die Abholung und Rückgabe, die Freundlichkeit im Service oder Preise und Rabatte) handeln. Außerdem muss die Bedeutung der einzelnen Bestandteile für jeden Kunden einzeln erhoben werden. Im Anschluss daran werden dann Indizes gebildet, die, wie bei der Fehlermöglichkeits- und Einflussanalyse, die Bildung einer Reihenfolge der Probleme nach ihrer Bedeutung im Leistungsprozess wiedergeben.

Eine Weiterentwicklung des Verfahrens stellt die **Frequenz-Relevanz-Analyse für Probleme (FRAP)** dar, die auf die Feststellung der Relevanz eines Problems und gleichzeitig dessen Frequenz (Häufigkeit) im Leistungsprozess abstellt (Bruhn, 2019b). Bei dem Verfahren wird grundsätzlich von der Annahme ausgegangen, dass ein Bestandteil einer Dienstleistung respektive ein Problem bei deren Bereitstellung umso bedeutsamer ist, je wichtiger (Relevanz) dieses Merkmal ist und je häufiger (Frequenz) es in der Leistungserstellung auftritt. Dazu müssen Kunden (1) im Vorfeld befragt werden, welche konkreten Probleme aus einer vorab definierten Problemliste bereits aufgetreten sind, (2) wie wichtig ihnen diese sind, indem auf das Ausmaß der Verärgerung abgestellt wird, und (3) welche Reaktionen sie ins Auge gefasst haben (z. B. Beschwerde [Voice] oder Rücktritt vom Kauf [Exit]). Die Frequenz eines bestimmten Problems ergibt sich relativ einfach als Kennzahl aus Frage (1), während die Relevanz multiplikativ aus den Fragen (2) und (3) verknüpft wird. Zunächst müssen also Punktwerte für die Einschätzung der Nachfrager festgesetzt werden. Das Ergebnis der Multiplikation ist dann ein Relevanzwert, der zusammen mit dem Frequenzwert in ein Raster (Diagramm) eingeordnet und damit für alle Mitarbeiter visualisiert wird. Dadurch kann relativ übersichtlich auf die dringendsten Probleme im Rahmen der Leistungserstellung aufmerksam gemacht werden. Darüber hinaus können Problemwertindizes berechnet werden, indem die Relevanzwerte in Bezug zur Zahl der befragten Nachfrager gesetzt werden.

Ein relativ einfach einzusetzendes Verfahren der kundenseitigen Messung stellen die oben im Rahmen der Kundenbindungsdiskussion bzw. der Beziehungsführerschaft bereits angesprochenen **Beschwerdeanalysen** dar. Diese sind vor allem vor dem Hintergrund des Beschwerdemanagements und der Kundenrückgewinnung im Relationship-Marketing von hoher Bedeutung (Grönroos, 1990; Haller und Wissing, 2020; Homburg und Schäfer, 1999). Hierbei sind Beschwerden zunächst mündliche oder schriftliche Unmutsäußerungen, die bei zielgerichteter Auswertung durch das Unternehmen wichtige Marktforschungsinformationen für eine Verbesserung der eigenen Leistungen und Prozesse darstellen. Aus diesem Grund fordern Voeth und Herbst (2013) die Auswertung und Integration von Beschwerden in einem systematischen Beschwerdemanagementprozess mit externem und internem Prozessablauf, um diese für das Unternehmen verwertbar zu machen (vgl. Abb. 7.7). Dabei startet der direkte Beschwerdemanagementprozess zunächst mit einer Beschwerdestimulierung (z. B. durch den Abbau von Hürden, indem Mitarbeiter nach den Problemen und der Zufriedenheit des Kunden fragen), über die Beschwerdeannahme, eine zügige Beschwerdebearbeitung und schließlich eine entsprechende Beschwerdereaktion. Möglicherweise können abwanderungswillige Kunden bei einer sach- und problemadäquaten Beschwerdeannahme sowie einer als adäquat und gerecht empfundenen Beschwerdereaktion zurückgewonnen werden. In diesem Kontext hat sich zudem das Konzept der Complaint-ownership als sinnvoll erweisen (Haller und Wissing, 2020), bei dem der Erstkontakt gegenüber dem Kunden die Beschwerde nicht als Problem und/oder als störend betrachtet, sondern das Eigentum an dieser Beschwerde annimmt und den Kunden von der ersten Kontaktaufnahme bis zur Lösung begleitet, d. h. einer fairen Lösung durch den Anbieter aus der Sicht des Kunden, um Beschwerdezufriedenheit zu erzielen. Voeth und Herbst (2013) nennen im Zusammenhang mit der Beschwerdezufriedenheit die Qualität der Interaktion mit dem Servicepersonal, die Zugänglichkeit bzw. Erreichbarkeit der Mitarbeiter, die Reaktionsgeschwindigkeit sowie die Angemessenheit und Fairness des Ergebnisses (Schöler und van Aaken, 2017; Zeithaml et al., 2012). Hierbei ist ebenfalls wichtig, dass Beschwerdebarrieren abgebaut werden und es dem Kunden so erleichtert wird, sich bei einer als unzureichend wahrgenommenen Qualität über entsprechende Informationskanäle (z. B. Telefon oder Internet) gegenüber dem Anbieter zu äußern (Bruhn, 2019b). Bereits weiter oben wurden dies auch als Customer-touchpoints bezeichnet. Innerhalb des indirekten Beschwerdeprozesses können Unternehmen dann die kundenseitig eingegangenen Beschwerden auswerten (z. B. nach Häufigkeit, Relevanz und/oder Ergebnis), daraus Kennzahlen für ein Beschwerdecontrolling berechnen und die ermittelten Kennwerte sowie mögliche Lösungs- und Verbesserungsansätze anschließend an die verantwortlichen Führungskräfte und die Mitarbeiter im Frontend im Rahmen des Beschwerdereportings weitergeben, um in

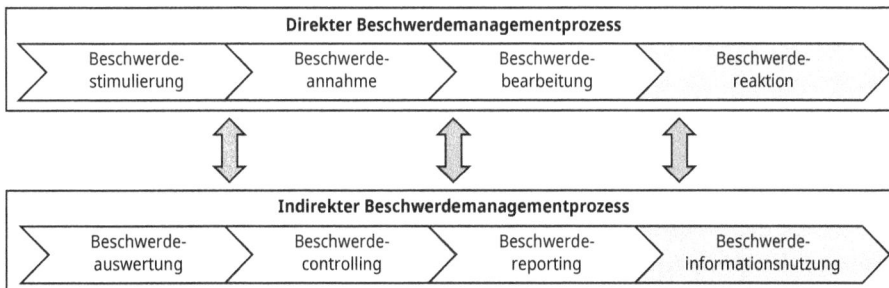

Abb. 7.7: Direkter und indirekter Beschwerdemanagementprozess (in Anlehnung an Voeth und Herbst, 2013).

einer Gesamtbetrachtung die Kundenbeschwerden als sinnvolle Beschwerdeinformationen zur Verbesserung der eigenen Prozesse und Services, d. h. letztendlich der Qualität der Dienstleistungen zu nutzen.

Neben unternehmensseitig angestoßenen und durchgeführten Beschwerdeanalysen können in Bezug auf eine problemorientierte Messung der Qualität auch **Bewertungsportale** im Internet bezgl. der Nennung von Problemen mit dem eigenen Unternehmen oder Teilbereichen bzw. Services und der dabei geführten Problemdiskussion analysiert werden, um aus den geäußerten Beschwerden, Bedenken oder Empfehlungen Rückschlüsse auf die seitens der Kunden wahrgenommene Qualität zu ziehen. Bei einer systematischen Analyse können so die eigenen Leistungen und Prozesse verbessert werden.

In diesem Zusammenhang spielen virtuelle soziale Netzwerke (VSN) als Teil von Social-media eine immer wichtigere Rolle (Grönroos, 2015). Eine solche Betrachtung kann auch als **Word-of-mouth-Analyse** bezeichnet werden. Dabei ergeben sich im Kommunikationsprozess zwischen aktuellen und potenziellen Nachfragern sowohl Chancen als auch Risiken. Chancen entstehen daraus, dass der Leistungsanbieter versuchen kann, durch adäquate Ansprache der Teilnehmer in VSN bzw. Internetforen oder Blogs die Beschwerden zu kommentieren und die eigenen Leistungen in ein positives Bild zu rücken respektive negative Ausführungen im Sinne einer Richtigstellung und der Weitergabe zusätzlicher Informationen abzumildern. Gleichzeitig besteht allerdings auch die Gefahr, dass die anbieterseitigen Zusatzinformationen oder Richtigstellungen von den Teilnehmern und vor allem den Meinungsführern in diesen Medien nicht angenommen, sondern, im Gegenteil, als anbieterseitige und damit einseitige Kommunikation bzw. Unternehmenswerbung verunglimpft werden. So kann aus einem negativen WOM auch ein Shitstorm werden. Darüber hinaus wird im Rahmen der Kommunikationspolitik diskutiert, dass auch anbieterseitig geführte Diskussionsforen ein Teil der unternehmerischen Kommunikation darstellen können. Unter Umständen wird dadurch eine bessere Steuerung der geäußerten Kommentare und eine schnellere Reaktion auf bzw. gezieltere Ansprache von Beschwerden einzelner Kunden möglich.

Ereignisorientierte subjektive Verfahren

Die ereignisorientierten Verfahren zur Messung der Dienstleistungsqualität zielen vor allem darauf ab, den Prozess der Leistungserstellung respektive die für die Leistungsqualität des Ergebnisses relevanten Prozessschritte zu analysieren, um daraus abgeleitet potenzielle Fehlerquellen bereits im Vorfeld zu vermeiden. Hierzu werden die Leistungsprozesse durch Befragung, Dokumentation und/oder Visualisierung verbessert. Zu den ereignisorientierten Verfahren kann zunächst das bereits im Rahmen der Dienstleistungsproduktion diskutierte Service-blueprinting gezählt werden, welches auch als **sequenzielle Ereignismethode (Service-blueprint)** bezeichnet wird. Neben der Darstellung einer Dienstleistungstransaktion mit einzelnen Episoden, und damit der Abbildung von Dienstleistungsprozessen, die in der Summe die Customer-experience mit dem Anbieter im Rahmen der gesamten Transaktion und den gebotenen Customer-touchpoints ausmachen (Fließ und Dyck, 2017; Wirtz und Lovelock, 2022; Zeithaml et al., 2012), dient ein Service-blueprint der Sicherstellung von Qualität. Bevor Service-blueprints erstellt werden, müssen darum in einem ersten Schritt die für die Leistungsqualität relevanten Prozessschritte identifiziert werden bzw. muss die gesamte Transaktion analysiert werden. Dabei spielen sichtbare Prozesse mit den Angestellten im Frontend (Line-of-interaction) beim Service-encounter genauso wie für den Nachfrager unsichtbare Prozesse der Angestellten im Backend (Line-of-visibility) eine wichtige Rolle für die Leistungsqualität. In der Literatur wird der Service-encounter manchmal auch als der Augenblick der Wahrheit (Moment-of-truth) bezeichnet, da der Anbieter nun die von ihm kommunizierten Verspechen (siehe das GAP-Modell) einlösen muss (Wirtz und Lovelock, 2022). In diesem Kontext sind alle potenziellen Customer-touchpoints zu berücksichtigen. Dies können sowohl analoge als auch digitale Kanäle sein, je nach Art der Dienstleistung und der Möglichkeit der Kontaktaufnahme mit dem Leistungsanbieter (z. B. persönlich, telefonisch oder im Internet). Touchpoints können aber auch die Filialen oder sonstigen physischen Möglichkeiten der Kontaktaufnahme im Rahmen der Dienstleistungstransaktion darstellen, sodass nicht nur die traditionellen Kommunikationskanäle in den Fokus rücken. Dadurch können gleichzeitig diejenigen Punkte identifiziert werden, an denen die Kunden sich selbst oder ihre externen Produktionsfaktoren (z. B. materielle Produkte oder Informationen) für den Leistungserstellungsprozess bereitstellen müssen, um die anvisierte Leistungsqualität zu erzielen (Bruhn, 2019b). Darüber hinaus sind für die Qualitätsmessung und deren Sicherstellung auch die Unterstützungsprozesse im Support (Line-of-internal-interaction) zu berücksichtigen, um eine reibungslose Bereitstellung der sonstigen Einsatzfaktoren nach Raum, Zeit und Menge sicherzustellen (zu weiteren Details bspw. Benkenstein und von Steglin, 2005; Bruhn, 2019b). In einem zweiten Schritt werden die analysierten Prozessschritte, Touchpoints und benötigten Produktionsfaktoren dann in einem Diagramm visualisiert und allen betroffenen Mitarbeitern kommuniziert. Ein Blueprint-Diagramm hat den Vorteil, dass durch Visualisierung die einzelnen Prozessschritte mit den jeweils dazugehörigen kritischen Punkten, die potenzielle Fehlerquellen oder Verzögerungen darstellen, für alle Mitarbeiter leichter zu erfassen sind als dies bspw. Qualitätsdokumentationen in Prozessberichten und Excel-Listen vermögen.

Bei der **Critical-incident-Analyse** handelt es sich um ein älteres Verfahren (Flanagan, 1954), welches ebenfalls auf den Prozess der Leistungserstellung bzw. dessen Stärken und Schwächen abzielt, indem kritische Ereignisse identifiziert bzw. analysiert werden. Dabei werden Kunden mittels Befragung dazu angeleitet, positive oder negative Ereignisse auf Basis der eigenen Erfahrung mit dem Dienstleistungsanbieter zu nennen. Hierbei stellt ein kritisches Ereignis eine klar abgegrenzte, beobachtbare und beurteilbare menschliche Aktivität dar, die im Hinblick auf den zu erbringenden Service besonders relevant und damit kritisch für die Qualität bzw. den Erfolg der Leistungserstellung ist (Bitner et al., 1985; Bitner et al., 1990). Zu ihrer Identifikation werden standardisierte offene Fragen gestellt, welche zum einen positive und negative Ereignisse aus der Kundensicht abfragen. Zum anderen wird erfragt, was konkret passiert ist bzw. wer für was verantwortlich war (Haller und Wissing, 2020). Nach Bitner et al. (1990) lassen sich diese kritischen Ereignisse generell in drei Kategorien einteilen, deren Ergebnisse (Outcomes) für Kunden jeweils negativ oder positiv sein können und die damit die Kundenzufriedenheit mit der Dienstleistungsqualität negativ oder positiv beeinflussen:

– Gruppe 1 – Angestelltenreaktionen auf einen mangelhaften Service: Hierbei handelt es sich um nicht erhältliche Services bzw. deren Bestandteile (Unavailable-services), eine ungewöhnlich langsame Erstellung der Services (Unreasonably-slow-services) oder Probleme bei anderen Hauptbestandteilen des Service (Core-service-failures).
– Gruppe 2 – Angestelltenreaktionen auf Kundenanforderungen und -nachfragen: Dazu gehören Kunden mit besonderen Bedürfnissen und Anforderungen (Special-needs-customers), geäußerte Kundenpräferenzen (Customer-preferences), kundenseitig verursachte Probleme und Fehler (Admitted-customer-error) und andere, potenziell störende Personen bzw. Kunden (Potentially-disruptive-others).
– Gruppe 3 – Angestelltenverhalten als unaufgeforderte bzw. ungefragte Aktionen: Hierbei handelt es sich um die Aufmerksamkeit der Mitarbeiter gegenüber dem Kunden (Attention-paid-to-customer), ein über das gewöhnliche Ausmaß hinausgehendes Verhalten des Personals (Out-of-the-ordinary-behavior), das Mitarbeiterverhalten im Rahmen kulturell gelebter (informeller) Normen (Context-of-cultural-norms), den durch das Personal gebotenen Gesamtservice (Gestalt-evaluation) und die Leistungserbringung durch die Mitarbeiter trotz widriger Umstände (Performance-under-adverse-circumstances).

Insgesamt betrachtet soll mit der Critical-incident-Analyse ein möglichst **umfassendes Bild** der gesamten Dienstleistung erhoben werden, um in den relevanten Handlungsbereichen, in denen von den Kunden eine besonders schwache Qualität wahrgenommen wurde, Ziele zu formulieren und Verbesserungsmaßnahmen einleiten zu können. Im Vergleich zu den weiter unten ausgeführten merkmalsorientierten Verfahren ergibt sich der Vorteil, dass die Nachfrager frei über ihre Wahrnehmung sprechen können und nicht zu im Vorfeld festgelegten, abstrakten Kriterien Stellung beziehen müssen. Dadurch können konkrete Situationen identifiziert werden, in denen es zu Qualitätseinbußen kommt, sodass im Anschluss daran punktgenaue Veränderungen vorgenommen werden können. Dies ist vor allem hilfreich, wenn Dienstleistungsanbieter über mehrere Filialen verfügen und Probleme nicht generell, sondern nur in einzelnen Geschäftsstellen auftreten. Allerdings ist das Verfahren in der Erhebung und Auswertung durch die offenen Fragen auch sehr aufwändig (Stauss, 1999).

Außerdem existiert mit der **Critical-path-Analyse** eine Weiterentwicklung der Critical-incident-Analyse, die im Gegensatz zum vorherigen Verfahren allerdings weniger auf die einzelne Dienstleistungsepisode, sondern auf die Beziehungsperspektive zwischen Anbieter und Nachfrager abstellt. Damit rücken Abwanderungsprozesse in den Vordergrund, die einen kritischen Wechselpfad in der Kundenbeziehung darstellen (Roos und Strandvik, 1996; Roos, 1999). Das Verfahren lehnt sich an die Forschungen um das weiter oben diskutierte Beziehungsqualitätsmodell von Liljander und Strandvik (1995) an. Die Critical-path-Analyse bezieht den gesamten Abwanderungsprozess in die Betrachtung ein, welcher von einem kritischen Auslöser bis hin zu einer neuen Beziehung reicht. Damit ist der Ansatz des Kundenrückgewinnungsmanagements ebenfalls einbezogen (Homburg und Schäfer, 1999). Michalski (2002) hat diesbezüglich einzelne Phasen der Abwanderung unterschieden, die sich in die Latenzphase (initialer Auslöser durch ein negatives Ereignis), die Wahrnehmungsphase (erster Wechselgedanke des Kunden), die Dialogphase (Äußerung von Beschwerden), die Entscheidungsphase (Einbezug attraktiver Wettbewerbsangebote im Abwägungsprozess über einen Wechsel) und die Umsetzungsphase (Kündigung der bisherigen Anbieterbeziehung) trennen lassen. Hierbei existieren prozessfördernde (z. B. eine unbefriedigende Anbieterkommunikation oder Empfehlungen von Freunden und Bekannten) und prozesshemmende Faktoren (z. B. Bequemlichkeit, Zeit und Standort des Anbieters). Außerdem unterteilt Roos (1999) im Kontext der Kundenrückgewinnung zwischen umkehrbaren und unumkehrbaren Prozessen. Insgesamt erfolgt die Analyse kritischer Pfade über strukturierte Interviews, im Rahmen derer nicht nur die Ursachen für eine Abwanderung der Kunden zutage gefördert werden, sondern gleichzeitig auch typische Abwanderungsprozesse nach Auslöser und Dauer des Prozesses identifiziert werden können. Damit ist auch dieses Verfahren in seiner Durchführung und Auswertung ebenso wie die Critical-incident-Analyse als umfangreich einzustufen. Jedoch liefert es zahlreiche Informationen nicht nur über die kritischen Ereignisse der Kundenabwanderung (Pick, 2017; Evanschitzky et al., 2017), sondern auch über typische Prozesse und damit Einwirkungsmöglichkeiten des Anbieters im Rahmen des Kundenrückgewinnungsmanagements.

Schließlich besteht mit der **Root-cause-Analyse** ein weiteres ereignisorientiertes Verfahren, welches insbesondere auf die Abwanderungsgründe bei Unzufriedenheit mit der dargebotenen Leistungsqualität eines Dienstleistungsanbieters fokussiert. Das Verfahren wurde ursprünglich von Wilson et al. (1993) entwickelt und stellt eine Methode der Problemlösung dar, bei der die Ursprünge eines Problems (Root-causes) identifiziert werden. Es stehen folglich bei der Übertragung auf betriebswirtschaftliche Probleme zum einen die Prozesse, die zu einer Abwanderung führen, und zum anderen und insbesondere die Gründe für die Abwanderung im Vordergrund, die wiederum in einen kausalen Zusammenhang zur letztendlichen Abwanderungsentscheidung eines Kunden gebracht werden. Hierbei kann versucht werden, das resultierende Problem der Abwanderung entweder durch ein reaktives oder ein proaktives Management zu beheben. Bei einem reaktiven Management werden durch eine schnelle Reaktion des Anbieters allerdings lediglich die Symptome der Abwanderung bekämpft und es kann mitunter zu spät sein, wohingegen bei einem proaktiven Management versucht wird, die resultierenden Probleme vor ihrem Auftreten durch eine sorgfältige Diagnose der Ausgangssituation zu verhindern. Dabei wird meist zutage gefördert, dass es sich bei den Abwanderungsgründen häufig um ein vielschichtiges Problem handelt und oftmals nicht ein einzelnes Ereignis die Entscheidung des Kunden bzw. die Wahrnehmung der Leistungsqualität beeinflusst. In Bezug auf das Qualitätsmanagement wird die Perspektive bei der Root-cause-Analyse darum weg von einzelnen Ereignissen hin auf sämtliche Kontaktpunkte, Erlebnisse und damit den gesamten Kundenlebenszyklus gelegt (Bruhn, 2019b). Im Rahmen der Durchführung werden abgewanderte Kunden auf Basis von Kundenbefragungen und Kundengesprächen zur Überprüfung vorab festgelegter Hypothesen über die Abwanderungsgründe, d. h. den Ursachen ihrer Entscheidung befragt (z. B. Venohr und Christoph, 1999). Im Umkehrschluss können dann die Leistungseigenschaften im Hinblick auf die von Nachfragern geforderte Qualität gestaltet werden. Insgesamt betrachtet ist auch dieses Verfahren wieder als sehr aufwändig bezgl. der Vorbereitung, Erhebung und Auswertung zu bezeichnen, wenngleich die Vielschichtigkeit einer Abwanderungsentscheidung mit der Root-cause-Analyse sehr gut herausgearbeitet werden kann.

Merkmalsorientierte subjektive Verfahren

Insbesondere die Diskussion zu den drei zuletzt genannten ereignisorientierten Verfahren hat gezeigt, dass diese zwar detaillierte Ergebnisse liefern können, allerdings weniger zu einer regelmäßigen Qualitätsmessung geeignet sind, da der Aufwand für die Erhebung und Auswertung der Daten relativ komplex ist. An diesem Punkt setzen merkmalsorientierte Verfahren an. Diese beruhen auf weitgehend standardisierten Befragungen mit geschlossenen und/oder offenen Fragen. Zudem fragen sie eines oder mehrere Merkmale der Dienstleistung respektive der Einschätzung der Servicequalität eines Dienstleisters bzw. die Zufriedenheit mit den Services des Anbieters ab (Bruhn, 2019b; Haller und Wissing, 2020). Bei den **klassischen Kundenbefragungen** erfolgt die Erhebung entweder durch eine globale Einschätzung oder durch die Zerlegung einer Gesamtleistung in mehrere Attribute (Merkmale) und deren einzelner Messung. Folglich wird bei der Globalabfrage die Qualität auf Basis einer einzigen, meist geschlossenen Frage und auf Basis einer weiter oben diskutierten mehrstufigen Zustimmungsskala vorgenommen. Globalabfragen beziehen sich auf die Wahrnehmung der Gesamtqualität, können aber prinzipiell auch die Einschätzung oder die Zufriedenheit mit einer einzelnen Komponente der Leistung beinhalten. Kommen dabei offene Fragen zum Einsatz, haben die Nachfrager zusätzlich die Möglichkeit eine ausführlichere Einschätzung abzugeben, wobei sich jedoch gleichzeitig der kognitive Aufwand erhöht. Insgesamt besteht das Problem bei Globalabfragen darin, dass durch die Gesamtbeurteilung der Qualität, vor allem, wenn lediglich eine geschlossene Frage zum Einsatz kommt, das Dienstleistungsunternehmen aus dem Gesamturteil nicht auf die einzelnen Komponenten und deren Gewichtung schließen kann. Dennoch werden bei Dienstleistungsanbietern mit hoher Kundenfrequenz (z. B. Fitnessstudios, Hotels, Einkaufszentren oder Krankenhäuser) für eine relativ einfache Zufriedenheitsmessung Informationskioske mit meist drei- bis fünfstufigen Smiley-Ratingskalen und oftmals in abgestuften Ampelfarben eingesetzt. Jedoch ergibt sich aus der Managementperspektive stets das Problem, an welcher Stelle bzw.

mit welchem konkreten Teil der Leistungsqualität der Befragte unzufrieden war (z. B. Mitarbeiter, Terminvergabe, Reaktionsgeschwindigkeit auf Kundenanfragen, Wartezeiten bis zur Bedienung, Zustand der Räumlichkeiten, Entfernung zum Anbieter oder auch Dauer der Leistungserstellung), sodass absolute bzw. relative Häufigkeiten lediglich ein globales Bild der Zufriedenheit an einem bestimmten Tag wiedergeben, die dann interpretiert und zum Tagesgeschehen in Bezug gesetzt werden müssen.

Eine Abhilfe schafft die systematische **Zerlegung der Leistung** in Komponenten, da Produkte und Dienstleistungen Eigenschaftsbündel darstellen, deren Merkmale (Attribute) bis zu einem gewissen Grad separat gemessen werden können. Wird somit nach der Bedeutung einzelner Attribute für den gesamten Leistungserstellungsprozess gefragt, ergibt sich daraus ein weitaus detaillierteres Bild der Leistungsqualität bzw. der Zufriedenheit der Kunden mit diesem Eigenschaftsbündel. Allerdings steigen mit zunehmendem Detaillierungsgrad sowohl die kognitiven Anforderungen als auch der Zeiteinsatz des Nachfragers. Jedoch können dann im Anschluss an die Auswertung konkrete Managemententscheidungen bzw. Verbesserungen an den einzelnen Attributen ansetzen. Dennoch verweist Frodl (2017) in Bezug auf klassische Kundenbefragungen am Beispiel einer medizinischen Dienstleistung auf ein generelles Problem. Erstens kommt es zu Beurteilungsdefiziten, da potenziellen Kunden und solchen, die zu Beginn einer Leistungserstellung befragt werden, meist die für diese Dienstleistung typische Erfahrung mit dem Anbieter fehlt, um die Qualität vollständig oder zumindest in Teilen bewerten zu können. Eine Ausnahme würde lediglich ein chronisch erkrankter Patient darstellen, der bereits eine längere Zeit in Behandlung bei einer bestimmten Einrichtung ist. Zweitens führt eine Befragung direkt im Anschluss an eine Leistungserstellung zu Beurteilungseffekten, da die kürzlich zurückliegenden Erfahrungen im Rahmen einer Leistungsepisode einen stärkeren Einfluss haben als weiter zurückliegende Leistungsepisoden bzw. gerade die an den Eckpunkten gemachten Erfahrungen einen besonders starken Effekt auf die Gesamtbeurteilung ausüben. Dies wurde weiter oben als verzerrende Effekte in Entscheidungssituationen diskutiert (Primacy- und Recency-Effekt; Scherm und Julmi, 2019). Drittens kann es zu Problemen durch Erinnerungsfehler kommen, wenn Kunden mit einer zeitlichen Verzögerung nach der Leistungserstellung befragt werden. In einer Gesamtbetrachtung weisen klassische Kundenbefragungen zwar einige Nachteile auf, sind dafür aber relativ leicht durchführbar. Zudem gelten vor allem die zuletzt genannten Problembereiche generell für alle Arten von Kundenbefragungen.

Zur Abmilderung der genannten Probleme wurden multiattributive Verfahren der Messung der Dienstleistungsqualität entwickelt. In diesem Kontext versucht der **SERVQUAL-Ansatz (*SERV*ice*QUAL*ity)** mit Hilfe einer multiattributiven Messung ein zusätzliches Problem klassischer Kundenbefragungen zu beheben (Hentschel, 2000). So wurde diskutiert, dass bei der Zerlegung einer Dienstleistung als Eigenschaftsbündel zwar unterschiedliche Merkmale im Hinblick auf die wahrgenommene Qualität und die Relevanz (Gewichtung) der Merkmale für die Qualitätsbeurteilung untersucht werden können, allerdings fehlt bisher der explizite Einbezug der Kundenerwartungen. Diesbezüglich beruht der SERVQUAL-Ansatz einerseits auf der Forschung zur Kundenzufriedenheit und dem oben diskutierten C/D-Paradigma, welche die Kundenerwartungen bezgl. einzelner Attribute einer Dienstleistung einbezieht. Andererseits stellt der Ansatz das ebenfalls oben im Rahmen des GAP-Modells nach Parasuraman et al. (1985) diskutierte GAP 5 in den Mittelpunkt bzw. werden die darin enthaltenen beiden zentralen Bereiche auf einer siebenstufigen Zustimmungsskala operationalisiert. Dabei handelt es sich um den Abgleich der beim Service-encounter wahrgenommenen Qualität mit der vom Nachfrager erwarteten Qualität. Letztere setzt sich bspw. aus der Anbieterkommunikation, eigenen Bedürfnissen und Erfahrungen oder kundenseitiger Kommunikation (WOM) zusammen (Zeithaml et al., 1993; Zeithaml et al., 2012).

Die bei der gleichzeitigen Messung sowohl der erwarteten (Soll-Profil) als auch der wahrgenommenen Qualität (Ist-Profil) mittels Doppelskala zur Anwendung kommenden fünf **Dimensionen der Leistungsqualität** haben Parasuraman et al. (1988) im Rahmen ihrer Forschung in mehreren Schritten aus einer Vielzahl von Ausgangsfragen (Items) herausgearbeitet (Corsten und Gössinger, 2015; Hentschel, 1990). Dabei wurden erwachsene Individuen zu ihrer Einschätzung über klassische Service-provider mit ursprünglich 97 Items befragt (z. B. Autoreparaturwerkstätten, Banken und Telefongesellschaften). Die Befragungsergebnisse wurden anschließend faktoranalytisch auf fünf unabhängige Dimensionen reduziert, wobei die Skala jedoch später noch einmal verfeinert wurde (Parasuraman et al., 1991). Der finale, standardisierte Fragebogen besteht aus insgesamt 22 Items (Zeithaml et al., 2012). Zu den zentralen Dimensionen gehören:

- Tangibles Umfeld (Tangibles): Hierunter werden materielle Bestandteile der Dienstleistung bzw. ein angemessenes, die Qualität unterstreichendes Erscheinungsbild wie die Geschäftsräume und technische Ausstattung, die Einrichtung der Filialen, die Kleidung der Angestellten und die Gestaltung der Werbematerialien und Korrespondenz verstanden.
- Zuverlässigkeit (Reliability): Diese Dimension umfasst eine präzise und zuverlässige Ausführung der Leistung im Sinne des Kunden wie bspw. die Einhaltung von Terminen, das Interesse an der Lösung des Kundenproblems, die korrekte Ausführung des Service zum versprochenen Zeitpunkt sowie insgesamt fehlerfreie Aufzeichnungen (z. B. Kundendaten und Korrespondenz).
- Reaktionsfähigkeit (Responsiveness): Darunter wird die schnelle und problemadäquate Reaktion der Ansprechpartner verstanden, indem die Mitarbeiter über den Zeitpunkt der Leistungsausführung Auskunft geben, die Kunden umgehend bedienen, stets die Bereitschaft zeigen Kunden zu bedienen und ausreichend Zeit für den einzelnen Kunden aufzubringen.
- Leistungskompetenz (Assurance): Hierunter werden vor allem das Fachwissen und die Problemlösungskompetenz des Personals, ein Vertrauen erweckendes Verhalten und sicheres Auftreten der Mitarbeiter sowie eine gleichbleibende Höflichkeit gegenüber allen Kunden verstanden.
- Einfühlungsvermögen (Empathy): In dieser Dimension finden sich Verständnis und Engagement für die Belange der Kunden, indem Mitarbeiter jedem Kunden ihre individuelle Aufmerksamkeit widmen, den Zeitpunkt der Leistung auf die

Kundenwünsche abstimmen, eine persönliche Ansprache sowie Verständnis für die Interessen der Kunden wählen und schließlich auf spezifische Servicebedürfnisse einzelner Kunden eingehen.

Trotz einer mittlerweile weiten Verbreitung hat die von Parasuraman et al. (1991) entwickelte Skala in der Literatur zahlreiche Kritik erfahren, sodass sie weiterentwickelt bzw. auf andere Branchen angepasst wurde (z. B. für den Gesundheitsbereich Lee, 2017; Lee et al., 2000). Außerdem werden die Differenzbildung sowie eine mögliche Anspruchsinflation bei der erwarteten Dienstleistungsqualität kritisiert, die zu Fehlinterpretationen bezgl. der gemessenen Leistungsdifferenz und damit die Managementimplikationen im Hinblick auf Qualitätsverbesserungspotenziale führen kann (z. B. Brady et al., 2002). Bruhn (2019b) verweist darauf, dass in Bezug auf die erwartete Leistungsqualität nicht eindeutig festzustellen ist, welches Serviceniveau die befragten Kunden bei der Beurteilung zugrunde legen. Dies könnte das gewünschte, das angemessene, das mindeste, das ideale oder aber das erwartete Serviceniveau sein. Schließlich werfen Chatterjee und Chatterjee (2005) sowie Tsai und Lu (2006) die Frage nach der Diskriminanzvalidität der fünf zentralen Dimensionen auf. Im Kontext der Kritik stellen Cronin Jr. und Taylor (1991/1994) mit dem einstellungsbasierten **SERVPERF-Ansatz (*SERVicePERF*ormance)** eine vereinfachte Version dar, die anstatt auf die Differenz lediglich auf die wahrgenommene Leistungsqualität im Rahmen eines multiattributiven Modells abstellt

Tab. 7.1: Items zu den Kundenerwartungen im SERVQUAL-Ansatz (in Anlehnung an Parasuraman et al., 1991).

Tangibles Umfeld (Tangibles)	Hervorragende ‚Dienstleister/Branche' verfügen über eine moderne Ausstattung
	Einrichtungen hervorragender ‚Dienstleister/Branche' fallen angenehm ins Auge
	Mitarbeiter hervorragender ‚Dienstleister/Branche' sehen immer gepflegt aus
	Werbematerialien und Briefe eines hervorragenden ‚Dienstleister/Branche' sollten ansprechend gestaltet sein
Zuverlässigkeit (Reliability)	Wenn hervorragende ‚Dienstleister/Branche' die Einhaltung eines Termins versprechen, so wird dies auch getan
	Wenn Kunden ein Problem haben, sollte das Interesse an dessen Lösung bei hervorragenden ‚Dienstleister/Branche' erkennbar sein
	Hervorragende ‚Dienstleister/Branche' sollten ihre Aufgaben gleich beim ersten Mal richtig erfüllen.
	Hervorragende ‚Dienstleister/Branche' sollten ihre Leistungen zum versprochenen Zeitpunkt ausführen
	Hervorragende ‚Dienstleister/Branche' bestehen auf fehlerfreie Aufzeichnungen

Tab. 7.1 (fortgesetzt)

Reaktions-fähigkeit (Respon-siveness)	Mitarbeiter hervorragender ‚Dienstleister/Branche' können eine exakte Angabe über den Zeitpunkt der Leistungserstellung geben
	Mitarbeiter hervorragender ‚Dienstleister/Branche' bedienen ihre Kunden sofort
	Mitarbeiter hervorragender ‚Dienstleister/Branche' sind stets bereit, ihren Kunden zu helfen.
	Mitarbeiter hervorragender ‚Dienstleister/Branche' sind nie zu beschäftigt, um auf Kundenanfragen einzugehen
Leistungs-Kompetenz (Assurance)	Das Verhalten der Mitarbeiter hervorragender ‚Dienstleister/Branche' weckt immer Vertrauen bei den Kunden.
	Kunden von hervorragenden ‚Dienstleister/Branche' fühlen sich bei allen Transaktionen sicher
	Mitarbeiter hervorragender ‚Dienstleister/Branche' sind gleichbleibend höflich zu den Kunden
	Mitarbeiter hervorragender ‚Dienstleister/Branche' verfügen über das Fachwissen zur Beantwortung von Kundenfragen
Einfühlungs-vermögen (Empathy)	Hervorragende ‚Dienstleister/Branche' widmen jedem Kunden ihre individuelle Aufmerksamkeit
	Hervorragende ‚Dienstleister/Branche' bieten ihre Dienste zu Zeiten an, die den Kunden gerecht werden
	Hervorragende ‚Dienstleister/Branche' haben Mitarbeiter, die sich den Kunden persönlich widmen
	Hervorragende ‚Dienstleister/Branche' liegen die Interessen der Kunden am Herzen
	Die Mitarbeiter hervorragender ‚Dienstleister/Branche' verstehen die spezifischen Bedürfnisse ihrer Kunden

und die Anbieterleistung als Summe aller Bewertungen der ursprünglich 22 Items des SERVQUAL-Ansatzes ermittelt (vgl. Tab. 7.1). Hierdurch sinkt beim SERVPERF-Ansatz der kognitive Aufwand für die Probanden und damit der gesamte Erhebungsaufwand signifikant.

Neben der diskutierten Übertragung auf andere Branchen müssen zudem Anpassungen in Bezug auf digitale Dienstleistungen vorgenommen werden (z. B. Nemati et al., 2012), wodurch die ursprünglichen Dimensionen und Items nicht unmittelbar übernommen werden können. Parasuraman et al. (2005) entwickeln dazu ebenfalls einen angepassten **E-S-QUAL-Ansatz (*Electronic-Service-Qua*lity)** mit insgesamt vier Dimensionen und wiederum 22 Items, mit denen Probanden die Servicequalität einer Website beurteilen sollen. Zu den Dimensionen gehören die Erreichbarkeit (Efficiency), die Abwicklung (Fulfillment), die Systembereitschaft (System-availability) und die Privatsphäre (Privacy). Bei der Erreichbarkeit stehen die Einfachheit und die Geschwindigkeit, mit der die Seite erreicht werden kann, im Vordergrund. Bei der Abwicklung geht es um die Verfügbarkeit der Produkte bis hin zur konkreten Lieferung (z. B. bei einem Online-Händler). Die Systembereitschaft stellt vor allem auf die technische Verfügbarkeit (z. B. Stabilität) und volle Funktionsfähigkeit ab (z. B. Hyperlinks). Schließlich bezieht sich die Privatsphäre auf die Bereiche Datensicherheit und -schutz. Außerdem ergänzen die Autoren die Betrachtung um einen weiteren Ansatz, **E-RecS-QUAL (*E-RecoveryService-Qual*ity)**, der sich auf unregelmäßige, nicht routinemäßige Services mit respektive auf einer Website bezieht (z. B. bei Kundenanfragen oder -beschwerden), die nicht mit dem gleichen Erhebungsinstrument getestet werden können, da sich routinemäßige und nicht routinemäßige Services deutlich voneinander unterscheiden und außerdem nicht von allen Kunden gleichermaßen in Anspruch genommen werden, sofern es zu keinen Komplikationen kommt. Für den Service-recovery-Fragebogen werden drei Dimensionen auf Basis von 11 Items extrahiert, die Reaktionsfähigkeit (Responsiveness), Kompensation (Compensation) und den Kontakt (Contact) beinhalten. Unter der Reaktionsfähigkeit fällt die Behandlung von Problemen und Retouren. Bei der Kompensation handelt es sich um den Grad, mit dem der Anbieter der Website Kunden für Probleme entschädigt. Schließlich betrifft die Kontaktdimension die Verfügbarkeit von Personal bzw. Assistenten, die entweder Online oder am Telefon für Hilfe zur Verfügung stehen. Somit liegen mit E-S-QUAL und E-RecS-QUAL zwei Ansätze für elektronische Services vor, die sich auf die dort wahrgenommene Leistungsqualität beziehen.

Die bisher diskutierten Verfahren zur merkmalsorientierten subjektiven Messung der Dienstleistungsqualität beruhen auf einem kompositionellen Ansatz, bei dem sich die Leistungsqualität aus einzelnen Dimensionen zusammensetzt, welche die verschiedenen Eigenschaften eines Eigenschaftsbündels darstellen. Daneben existieren auch **dekompositionelle Verfahren**, die dabei einer umgekehrten Herangehensweise folgen. Bei den dekompositionellen Verfahren werden die Beiträge einzelner Leistungsdimensionen bezgl. der von den Nachfragern wahrgenommenen Qualität aus einer Gesamtbeurteilung von Leistungsangeboten des Leistungsanbieters extrahiert. Das grundsätzliche Vorgehen wurde bereits weiter oben mit dem multivariaten Marktforschungsverfahren der Conjoint-Analyse und deren Verfahrensvarianten verdeutlicht (Backhaus et al., 2021; Green und Rao, 1971; Green et al., 2001; Vermeulen et al., 2008), welche einen nutzenorientierten Ansatz der Präferenzmessung darstellen und auch in der Marktsegmentierung als nutzenorientierte Segmentierung eingesetzt werden (Freter, 2008; Louviere, 1988), wie es oben diskutiert wurde. Der Vorteil liegt darin begründet, dass die Beurteilung realitätsnäher, d. h. näher am tatsächlichen Entscheidungs- bzw. Beurteilungsprozess eines Individuums ist. Der Grundgedankte einer Conjoint-Analyse basiert darauf, dass Individuen gesamte Angebote und damit Dienstleistungstransaktionen bezgl. ihres Gesamtnutzens bewerten anstatt auf einzelne Merkmale der Leistung (z. B. innerhalb einer Episode) im Detail abzustellen (Strebinger et al., 2000). Im Rahmen des Verfahrens werden dann aus den Gesamtbewertungen die Teilnutzenwerte für einzelne Eigenschaften und deren Ausprägungen berechnet. Dadurch kommt es zum einen zu einer geringeren kognitiven Belastung, sofern nicht zu viele Qualitätsmerkmale einer Leistung in die Analyse aufgenommen werden (Lines und Denstadli, 2004; Pullman et al., 1999). Zum anderen verhindert das Verfahren durch die Trade-off-Bildung zwischen den Merkmalen, dass die Nachfrager bspw. im Rahmen einer erwarteten Leistung dem Gedanken der Anspruchsinflation unterliegen, indem bei allen Merkmalen stets von einer idealen Ausprägung, folglich einer Idealqualität ausgegangen wird. Außerdem können im Anschluss aus den Teilnutzenwerten der Merkmalsausprägungen, d. h. der Beiträge einzelner Attribute, über die relativen Wichtigkeiten der Merkmale Rangfolgen für einzelne Qualitätsmerkmale einer Dienstleistung bzgl. deren Bedeutung für die Präferenz des Nachfragers gebildet werden. Dafür müssen die zentralen Qualitätsmerkmale der Leistung allerdings, wie auch bei einer kompositionellen Messung, im Vorfeld bestimmt und hierbei zusätzlich mit vorab festgelegten Ausprägungen belegt werden. Sofern dies in der Konzeption gelingt, kann mit der Conjoint-Analyse ein Urteil über eine komplette Leistung (Eigenschaftsbündel mit verschiedenen Attributen) bzgl. einzelner Qualitätsausprägungen erhoben werden. Zudem hat sich die Conjoint-Analyse durch die vorhandene Computerunterstützung über viele Jahre in unterschiedlichen Branchen bewährt und ist heutzutage auch unkomplizierter einsetzbar (Bruhn, 2019b).

Eine Ergänzung dazu stellen **Willingness-to-pay-Ansätze (WTP-Ansätze)** dar, die entweder dem kompositionellen oder dem dekompositionellen Ansatz der Qualitätsmessung (Conjoint-Analyse) folgen. Allerdings wird gerade bei der Messung von Zahlungsbereitschaften den dekompositionellen Ansätzen eine höhere Validität zugesprochen (Backhaus et al., 2021; Backhaus et al., 2005b; Voeth und Niederauer, 2008). Bei den WTP-Ansätzen zur Messung der Dienstleistungsqualität handelt es sich im Sinne von Garvin (1984) um einen wertorientierten Ansatz der Leistungsqualität, bei dem der Kunde die Qualitätswahrnehmung als Verhältnis aus Nutzen und Kosten betrachtet. Wichtig ist daher, dass im Rahmen der Leistungsbeurteilung der Preis als Qualitätsmerkmal einer Leistung in die Analyse (z. B. Conjoint-Analyse) einbezogen wird. Dadurch können Nachfrager die aus den Merkmalen einer Dienstleistung resultierende Qualität ins Verhältnis zu dem dazu geforderten Preis setzen („Value-for-money"). Der diskutierte dekompositionelle Ansatz hat hier wieder den Vorteil, dass Nachfrager einen Trade-off zwischen den gebotenen Eigenschaften und deren Ausprägungen bilden müssen, sodass eine Anspruchsinflation möglichst vermieden wird. In einer Gesamtbetrachtung von Conjoint-Analyse und ergänzendem WTP-Ansatz muss allerdings konstatiert werden, dass sich diese Verfahren eher im Vorfeld der Leistungserstellung, bspw. bei der Konzeption von Dienstleistungen oder Dienstleistungsinnovationen, bei der Leistungsprogrammgestaltung oder bei der weiter unten diskutierten Preissetzung für Dienstleistungen eignen. Dies liegt darin begründet, dass Nachfrager zwar gesamte Angebote beurteilen, dies jedoch weniger im Anschluss an die Leistungserstellung, sondern vielmehr im Vorfeld bei der Konzeption der Leistungen. So werden bei der Vorgehensweise keine Qualitätswahrnehmungen in Bezug auf die Erfahrung mit einer bestimmten Leistungsepisode oder -transaktion abgefragt. Mit der Conjoint-Analyse werden eher reale oder hypothetische Leistungsangebote im Vorfeld, d. h. bei der Ausgestaltung vor dem Hintergrund der Qualitätsbeurteilung überprüft.

Ein weiteres Verfahren der merkmalsorientierten Qualitätsmessung stellt der so genannte **Penalty-reward-Faktoren-Ansatz** dar, der auch als Penalty-reward-contrast-analysis bezeichnet wird (Brandt, 1987/1988). Der Ansatz liegt im Wesentlichen in der Zwei-Faktoren-Theorie nach Herzberg et al. (1959) begründet, welcher die Motivation zu Arbeiten in Motivatoren und Hygienefaktoren unterteilt. Darüber hinaus liegt die Zwei-Faktoren-Theorie den Ausführungen zum KANO-Modell und zur Mitarbeitermotivation in der Distributionspolitik zugrunde, die beide weiter unten erörtert werden. In diesem Kontext geht das Verfahren des Penalty-reward-Ansatzes, aufbauend auf die theoretischen Grundüberlegungen von Herzberg et al. (1959), generell davon aus, dass bei jeder erbrachten Dienstleistung in der Wahrnehmung der Nachfrager Qualitätsfaktoren existieren, die sich positiv oder negativ auf die Zufriedenheit mit dieser Dienstleistung auswirken. Folglich existieren auf der einen Seite Qualitätsfaktoren, die zu Unzufriedenheit bei Nachfragern führen, wenn diese nicht erfüllt werden (Penalty-Faktoren). Diese können auch als Mindestanforderungen bezeichnet werden, weil der Kunde bei Erfüllung kein besseres globales Qualitätsurteil über eine Leistung abgibt (Bruhn, 2019b). Auf der anderen Seite bestehen solche Qualitätsfaktoren, die die Zufriedenheit mit der Qualität bzw. die Qualitätswahrnehmung der Leistung erhöhen (Reward-Faktoren). Bei einer Übererfüllung der Erwartungen bezgl. dieser Faktoren wird der Gesamtleistung somit ein höherer Wert zugeordnet. In einer Untersuchung von Brandt (1987) wurde zur Identifizierung der jeweiligen Faktoren die Zufriedenheit mit einer Gesamtleistung sowie mit deren einzelnen Bestandteilen geprüft. Insgesamt konnten die dabei festgelegten Attribute der Leistung auf Basis der Eingruppierung von Befragten, die die Leistung eines Anbieters als über- oder unterdurchschnittlich bzw. durchschnittlich im Vergleich zu anderen Leistungsanbietern eingeordnet haben, in solche Faktoren eingeteilt werden, die entweder bei Zufriedenheit belohnt oder bei Unzufriedenheit bestraft werden. Zudem existieren hybride Faktoren, die in Bezug auf die Qualitätswahrnehmung als neutral eingestuft werden. Während der Nachfrager den Dienstleister also bei den Reward-Faktoren gedanklich quasi belohnt, ihm also Bonuspunkte zuteilt (Brandt, 1988), bestraft er ihn bei den Penalty-Faktoren, indem eine Nichterfüllung zu Unzufriedenheit in der Leistungswahrnehmung führt. Aus der Unternehmenssicht, und damit für das Qualitätsmanagement, ist es also wichtig, die jeweiligen Faktoren innerhalb der eigenen Dienstleistung bzw. Branche zu identifizieren (Brandt, 1988), um zum einen negative Konsequenzen (Bestrafung durch Penalty-Faktoren) durch den Einsatz von Ressourcen zu beseitigen und gleichzeitig den Fokus auf die Faktoren mit positiven Konsequenzen (Belohnung durch Reward-Faktoren) zu legen (Corsten und Gössinger, 2015).

Ein ähnliches Verfahren stellt die von Kano et al. (1984) entwickelte so genannte **KANO-Methode** dar. Diese eignet sich allerdings nicht nur für die kundenseitige, merkmalsorientierte Messung der Dienstleistungsqualität, sondern vor allem im Bereich der Gestaltung von Dienstleistungen, was gleichermaßen für Conjoint-Analysen und WTP-Ansätze gilt. In Bezug auf die KANO-Methode wird das Verfahren aus dem genannten Grund jedoch weiter unten ausführlicher erörtert.

7.1.1.3 Sicherstellung der Qualität

Zur Sicherstellung der Leistungs- und Beziehungsqualität ist es nicht nur erforderlich, die aktuelle Qualitätswahrnehmung zu erheben und darauf aufbauend Verbesserungen in Teilbereichen (z. B. Schulung der Mitarbeiter im Frontend und bei den Support-Prozessen) oder bei einzelnen Attributen (z. B. im Hinblick auf die Termintreue oder den Einsatz digitaler Unterstützungssysteme) vorzunehmen, sondern die Qualität ist unter Managementaspekten langfristig zu gestalten und abzusichern. In diesem Zusammenhang spielen Qualitätsmanagementsysteme eine wichtige Rolle (Weghorn, 2022). Zu einem der bekanntesten Qualitätsmanagementsysteme gehört das so genannte **Total-quality-Management (TQM)**, welches als Führungskonzept zu verstehen ist und darum im Hinblick auf das gesamte Unternehmen als umfassende Qualitätsphilosophie angelegt wird (Meffert et al., 2018; Rothlauf, 2014; Zollondz, 2011). Außerdem bezeichnet (Elter, 1997) das TQM als die am höchsten entwickelte Form eines Qualitätsmanagementsystems. In Ergänzung dazu kann das TQM sinnbildlich mit dem Gedanken eines kontinuierlichen Verbesserungsprozesses (KVP) verglichen werden. Dadurch hat das Qualitätsmanagement im Sinne des TQM eine dynamische Ausrichtung und es kommt ebenso bezgl. der unten diskutierten Zertifizierung nach der Normenreihe DIN EN ISO 9000 ff. zum Einsatz (DIN-EN-ISO-9000, 2022), ist folglich in andere Systeme zur Sicherstellung der Qualität integriert bzw. beeinflusst diese maßgeblich. Außerdem ordnen Haller und Wissing (2020) das TQM als allgemeingültig ein, d. h. es kann sowohl auf Sachgüter als auch auf Dienstleistungen übertragen werden (Benkenstein und Holtz, 2001), auch wenn diese Übertragung in der Literatur erst später erfolgt ist. Allerdings kommt bei Dienstleistungen erschwerend hinzu, dass diese Uno-actu erstellt werden, sodass der Nachfrager bei der Leistungserstellung integriert ist und damit für die Qualität eines immateriellen Leistungsergebnisses durch seine Mitwirkung und die Einbringung externer Produktionsfaktoren bis zu einem gewissen Grad mitverantwortlich ist. So erfordern Dienstleistungen stets unterschiedliche Integrations- bzw. Aktivitätsgrade. Dies beginnt mit einem geringeren Einfluss bei digitalen Dienstleistungen (z. B. eine Datenbankabfrage oder Google-Suche) und geht bis hin zu einer sehr starken Integration bei medizinischen Dienstleistungen (z. B. eine Operation am Knie oder eine Physiotherapieleistung), bei denen die Qualität des Leistungsergebnisses entscheidend von der eigenen Konstitution und/oder dem Verhalten bzw. der Verhaltensänderung nach einem medizinischen Eingriff abhängt. Zudem können hochgradig individualisierte Dienstleistungen aufgrund der Nicht-Lagerfähigkeit nicht einfach gegen eine fehlerfreie Leistung mit höherer Qualität ausgetauscht werden, falls Qualitätsprobleme auftreten (Corsten und Gössinger, 2015; Haller und Wissing, 2020).

Im Kontext des TQM bezieht sich der Terminus Total auf sämtliche Stakeholder des Unternehmens, d. h. neben den internen Mitarbeitern und Führungskräften werden auch externe Stakeholder jenseits der Unternehmensgrenzen (z. B. Lieferanten und Abnehmer) einbezogen (Meffert et al., 2018). Darüber hinaus bedeutet Qualität die kontinuierliche Orientierung aller Aktivitäten an den Qualitätsanforderungen der externen und internen Kunden sowie eine kontinuierliche Verbesserung der Prozesse im Unternehmen, um die geforderte Qualität sicherzustellen (Oakland et al., 2021). Qualität und konsequente Kundenorientierung werden somit zum obersten Unternehmensziel. Schließlich bezieht sich das Management auf die Vorbildfunktion und das Commitment der Führungsebene für sämtliche Mitarbeiter im Erstellungsprozess der Leistungen. In Bezug auf Führungstechniken spielen hierbei die Delegation an untere Hierarchieebenen und die Partizipation der Mitarbeiter eine wichtige Rolle (Corsten und Gössinger, 2015). Dadurch wird jeder Mitarbeiter zu einem **Qualitätsmanager** (Weghorn, 2022). Als Fazit bleibt festzuhalten, dass trotz der erwähnten Schwierigkeiten bei Dienstleistungen die Etablierung eines TQM bei Dienstleistungsanbietern sinnvoll ist, um Qualitätsschwankungen beim Service-encounter sowie in den unterschiedlichen Filialen oder Geschäftsräumen eines Dienstleistungsanbieters möglichst vorzubeugen. Außerdem kann so sichergestellt werden, dass die durch die Unternehmenskommunikation geweckten Kundenerwartungen bezgl. der zu erbringenden Leistungsqualität (Leistungsversprechen) bei den aktuellen und potenziellen Nachfragern im Leistungsergebnis erfüllt werden.

Das Vorgehen beim TQM folgt einem traditionellen Entscheidungsprozess von der Planung über die Realisation und Kontrolle (Hentschel, 1992). In der Literatur zum TQM wird vom **Regelkreiskonzept** gesprochen (vgl. Abb. 7.8), welches bei der weiter unten diskutierten Qualitätszertifizierung nach DIN EN ISO 9001 bzw. der Normenreihe DIN EN ISO 9000 ff. ebenfalls zum Einsatz kommt (DIN-EN-ISO-9000, 2022). Bei einer solchen Qualitätszertifizierung werden generelle Aussagen zu Qualitätsmanagementsystemen vorgegeben, jedoch keine konkreten Leistungsqualitäten eines Anbieters überprüft. Außerdem kommt der Regelkreis auch im nachfolgend diskutierten Qualitätsmodell der European Foundation for Quality (EFQM) zur Anwendung (Zollondz, 2011). Die Idee des Regelkreises geht auf Deming (1982) zurück, der einen regelkreisbasierten Ansatz von Shewhart (1939) weiterentwickelte (Shewhart-Zyklus), bei dem durch einen systematischen Prozess wertvolles Wissen gewonnen und so zu einer kontinuierlichen Verbesserung beigetragen werden sollte (Deming-Institute, 2022). Das heute unter dem Namen PDCA-Zyklus bekannte Regelkreiskonzept mit den Bestandteilen Plan, Do, Check, Act wurde ursprünglich als PDSA-Zyklus, mit S für Study, in den 1950er Jahren in den USA eingeführt. Zu der Vertauschung kam es bei einer Vortragsreihe in Japan (Moen und Norman, 2009).

In Anlehnung an das Regelkreiskonzept lassen sich die operativen Aufgaben für einen Dienstleister bezgl. eines TQM systematisch in einzelne Aufgabenbereiche und die dabei eingesetzten Instrumente zerlegen (ausführlich Bruhn, 2019b; Kiran, 2017; Oakland et al., 2021). In der ersten **Qualitätsplanungsphase** werden insbeson-

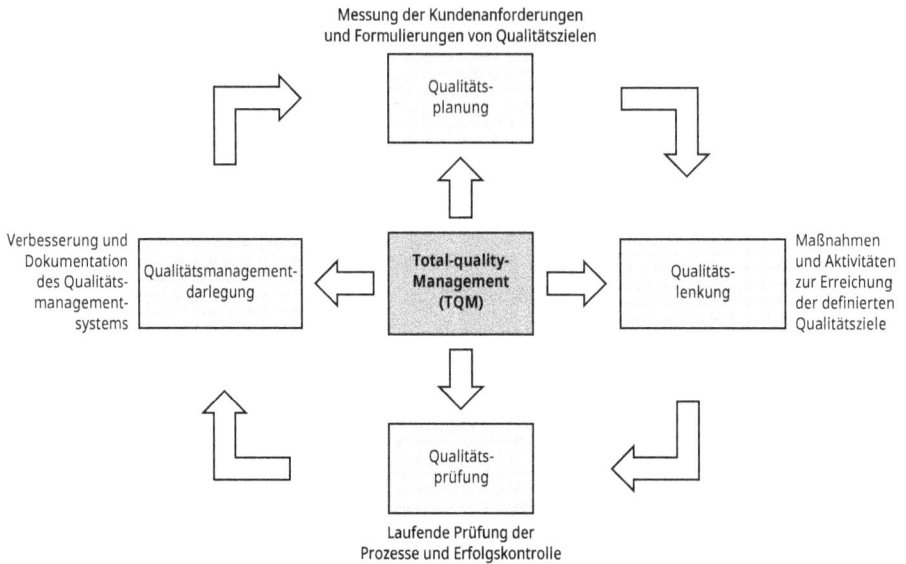

Abb. 7.8: Idealtypischer Regelkreis des TQM (in Anlehnung an Bruhn, 2019b).

dere die Qualitätsziele formuliert. Diese beruhen auf den vorab bei externen und internen Kunden gemessenen Anforderungen, wie es mit den zuvor diskutierten Verfahren (z. B. durch Mitarbeiterbefragungen, multiattributive Messung oder Beschwerdeanalysen) möglich ist. Der interne Kundenbegriff und die Befriedigung interner Kundenbedürfnisse sowie der Mitarbeitermotivation wurde bereits im Rahmen der Service-profit-chain als ein zentraler Bestandteil des unternehmerischen Erfolgs herausgearbeitet (Heskett et al., 1994; Heskett et al., 1997). Hierbei kommt es auf die Qualitätserwartungen und die von den Kunden wahrgenommene Leistungsqualität an, um die bezgl. des GAP-Modells diskutierten Lücken zwischen Management-, Mitarbeiter- und Kundenwahrnehmungen zu schließen (Parasuraman et al., 1985).

In der zweiten **Qualitätslenkungsphase** werden Maßnahmen und Aktivitäten eingesetzt, um die definierten Qualitätsanforderungen zu erfüllen (ausführlich Bruhn, 2019b). In Bezug auf die Mitarbeiter als Qualitätsmanager handelt es sich um qualitätsorientierte Personalbeschaffung, -einsatz und -entwicklung, damit Mitarbeiter auch für zukünftige Aufgaben die notwendigen Kenntnisse und Fähigkeiten mitbringen (Berthel und Becker, 2022; Stock-Homburg und Groß, 2019). Darüber hinaus müssen qualitätsorientierte Anreizsysteme geschaffen werden, um die Motivation der Mitarbeiter im Frontend und bei den Support-Prozessen vor dem Hintergrund der Qualitätsziele aufrecht zu erhalten bzw. zu fördern. Darüber hinaus ist die formale Organisation im Hinblick auf den Aufbau und die Abläufe (Prozesse und Kommunikation) an den festgelegten Qualitätsanforderungen auszurichten

(Gaitanides, 2012; Schulte-Zurhausen, 2013). Schließlich muss das Qualitätskonzept von den Führungskräften bzw. im gesamten Management als Vorbild gelebt werden (Oakland et al., 2021), sodass bezgl. der informellen Organisation die Unternehmenskultur ebenso auf das Ziel der Qualität auszurichten ist. Hierbei spielen die bereits angesprochene Delegation und Partizipation der Mitarbeiter eine wichtige Rolle, sodass Mitarbeiter im Kundenkontakt Eigenverantwortung für die festgelegten Qualitätsanforderungen gegenüber den Kunden übernehmen können (von Rosenstiel et al., 2020; Weibler, 2023).

Die dritte **Qualitätsprüfungsphase** dient dazu, die eingesetzten Maßnahmen zur Sicherstellung der Qualität zu beobachten, zu beurteilen, zu messen und zu vergleichen, um bei jeweiligen Abweichungen von den festgelegten Qualitätsanforderungen und Spezifikationen darauf aufbauend in der letzten Phase Veränderungsmaßnahmen vornehmen zu können (Oakland et al., 2021). Hierzu werden interne und externe Qualitätskontrollen durchgeführt, bei denen die weiter oben diskutierten unternehmens- (Management und Mitarbeiter) und kundenorientierten Verfahren (quasi objektive sowie merkmals- und problemorientierte Verfahren) zum Einsatz kommen (auch Weghorn, 2022).

Schließlich werden in der vierten Phase der **Qualitätsmanagementdarlegung** die aus der vorherigen Phase geplanten Veränderungsmaßnahmen zur Steigerung der Leistungsqualität systematisch durchgeführt und für zukünftige Probleme und Einsätze dokumentiert. Dabei kommen neben Qualitätshandbüchern auch Statistiken und Audits respektive Zertifizierungen zur Anwendung (Oakland et al., 2021). Vor allem Audits bieten einen systematischen und unabhängigen Ansatz, um Kriterien der Qualitätsbeurteilung bzw. deren Erfüllung objektiv und nachweislich zu überprüfen (Gietl und Lobinger, 2022). Diese werden weiter unten bei der Zertifizierung nochmals aufgegriffen.

Das TQM hat seit der Mitte der 1990er Jahre vor allem bei Sachleistungsbetrieben einen großen Zuspruch erfahren (Haller und Wissing, 2020). Ergänzend dazu haben Sureshchandar et al. (2001a/2001b) auf Basis einer Literaturanalyse ein komplexes Modell mit zwölf Dimensionen entwickelt, welches auf die Übertragung der Grundgedanken des TQM auf Dienstleistungen abstellt (vgl. Abb. 7.9). Das so genannte **Total-quality-service-Modell (TQS-Modell)** fokussiert vor allem auf die sozio-kulturellen Faktoren im Rahmen des Qualitätsmanagements für Services. Diese entstehen durch die zusätzlichen Ressourcen, die Integration sowie die Aktivitäten des externen Faktors Kunde bzw. die erst beim Service-encounter endgültige Festlegung der Leistungsqualität. Zudem stellen die Autoren in ihrem Modell die Zusammenhänge von in der Literatur oftmals einzeln diskutierten Ansätzen zum Thema Service und Qualität dar. Diese wurden bspw. oben im SERVQUAL-Ansatz in Form des tangiblen Umfelds (Erscheinungsbild; weiter unten Servicescapes), im Rahmen des TQM als visionärer Führungsstil und Maßnahmen im Bereich Humanressourcen (HRM) oder Informationen und Analysen sowie in Bezug auf die Service-profit-chain als Mitarbeiter- und Kunden-

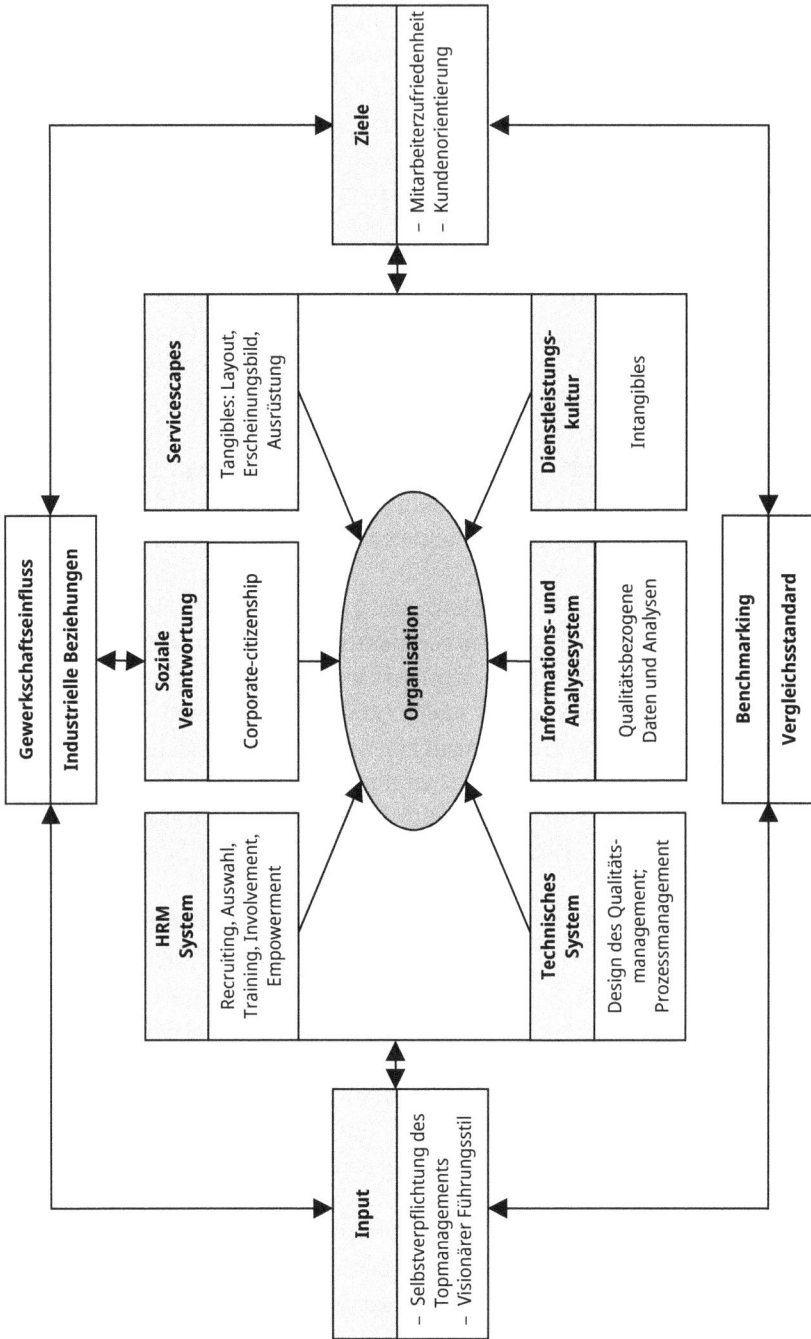

Abb. 7.9: Integratives Total-quality-service-Modell (Sureshchandar et al., 2001a/2001b).

orientierung (Ziele) diskutiert. Aus diesem Grund ist ebenso der integrative Ansatz des TQS-Modells hervorzuheben.

Neben dem TQM und dem TQS-Modell existiert ein weiteres, in der Literatur oftmals zitiertes Basismodell zum Qualitätsmanagement, welches auf eine Initiative der European Foundation for Quality Management (EFQM) aus dem Jahr 1988 zurückgeht (EFQM, 2022). In diesem wird vor allem auf die Frage abgestellt, wie Unternehmen Exzellenz im Sinne des TQM und einer kontinuierlichen Verbesserung erlangen können. Außerdem werden Preise an Unternehmen vergeben, die sich dem Ansatz des Exzellenzstrebens verpflichtet haben. Auch der Ludwig-Erhard-Preis basiert auf den so genannten Levels-of-excellence (LEP, 2022). Im Rahmen des aktuellsten **EFQM-Modells** werden in den Bereichen Ausrichtung (1–2), Realisierung (3–5) und Ergebnisse (6–7) insgesamt sieben Kriterien für herausragende Organisationen erarbeitet, ursprünglich waren dies acht Kriterien (Haller und Wissing, 2020), die gleichzeitig Chancen für Verbesserungen darstellen (EFQM-Modell, 2021):

- Kriterium 1 – Zweck, Vision und Strategie: Der Zweck einer Organisation beschreibt die Bedeutung der Tätigkeit, den Nutzen für die Stakeholder und den Beitrag für das Umfeld. Die Vision ist der Wegweiser für Entscheidungen und beschreibt, wo das langfristige Ziel der Organisation liegt; zusammen mit dem Zweck ist die Vision der Handlungsrahmen für die Strategieentwicklung. Schließlich beschreibt die Strategie, wie die Organisation ihren Zweck erfüllen möchte.
- Kriterium 2 – Organisationskultur und -führung: Unter der Organisationskultur werden die Werte und Verhaltensnormen verstanden, die von den Mitarbeitern und Teams geteilt werden. Diese prägen das Verhalten gegenüber den internen und externen Stakeholdern der Organisation (Interessengruppen). Die Organisationsführung bezieht sich darauf, wie zum einen die Richtungsvorgaben von oben in der Form von Anweisungen ablaufen und wie zum anderen die Organisation als Ganzes, auf allen Ebenen und in allen Bereichen geführt wird. Vorbildliche Führung inspiriert und verändert unter Umständen Werte und Standards.
- Kriterium 3 – Interessengruppen einbinden: Herausragende Organisationen berücksichtigen Stakeholder-Interessen in den fünf großen Bereichen Kunden (nachhaltige Beziehungen aufbauen), Mitarbeiter (gewinnen, einbeziehen, entwickeln und halten), wirtschaftliche und regulatorische Gruppen (kontinuierliche Unterstützung sicherstellen), Gesellschaft (zu Entwicklung, Wohlergehen und Wohlstand beitragen) sowie Partner und Lieferanten (Beziehungen aufbauen und Beitrag für einen nachhaltigen Nutzen sicherstellen).
- Kriterium 4 – Nachhaltigen Nutzen schaffen: Dies ist die Voraussetzung für den langfristigen Erfolg einer Organisation und ihre finanzielle Stärke. Nachhaltiger Nutzen muss geplant und entwickelt, kommuniziert und vermarktet, geliefert und schließlich als Gesamtergebnis definiert und verwirklicht werden.
- Kriterium 5 – Leistungsfähigkeit und Transformation vorantreiben: Neben dem Tagesgeschäft und dessen Weiterentwicklung durch Verbesserung laufender Prozesse nehmen exzellente Organisationen Veränderungen in- und außerhalb der

eigenen Grenzen fortlaufend auf und treiben damit die eigene Transformation voran. Wichtig dafür sind Innovation und Technologie, Daten, Informationen und Wissen sowie der gezielte Einsatz vorhandener Ressourcen.

- Kriterium 6 – Wahrnehmungen der Interessengruppen: Darüber hinaus ist es eine Voraussetzung exzellenter Organisationen, dass sie Ergebnisse berücksichtigen, die auf Rückmeldungen wichtiger Stakeholder aus dem dritten Kriterium beruhen. Dabei nehmen sie die subjektiven Wahrnehmungen dieser Interessengruppen durch systematische Analysen auf, um anschließend Anpassungen in Strategie und Umsetzung (Leistungen) vorzunehmen.
- Kriterium 7 – Strategie- und leistungsbezogene Ergebnisse: Der letzte Punkt fokussiert darauf, dass herausragende Organisationen die Fähigkeit haben, ihren gesetzten Zweck zu erfüllen, ihre Strategien umzusetzen und durch ihre Leistungen einen nachhaltigen Nutzen erzeugen. Außerdem sind sie hinreichend agil, um dynamisch in eine erfolgreiche Zukunft zu gehen. Zudem ist es dafür wichtig, dass Daten systematisch analysiert, Wirkungszusammenhänge erkannt und die erzielten Ergebnisse für eine kontinuierliche Verbesserung genutzt werden.

Die Struktur des EFQM-Modells lässt sich damit aus den drei Bereichen (Ausrichtung, Realisierung und Ergebnisse), die von den verbliebenen sieben Kriterien ausgefüllt werden, auf die drei Grundfragen reduzieren, warum eine Organisation existiert, wie sie beabsichtigt, ihren Zweck zu erreichen und ihre Strategie umzusetzen sowie was sie bisher erreicht hat (EFQM-Modell, 2021). Als Analyse-Tool und Werkzeug auf dem Weg zur kontinuierlichen Verbesserung fungiert die so genannte **RADAR-Logik**. Ein Akronym, welches sich aus den Teilen Results (Ergebnisse), Approaches (Vorgehensweisen), Deployment (Umsetzung), Assess (Bewerten) und Refine (Verbessern) zusammensetzt. Dabei wird seitens der beteiligten Unternehmen der EFQM eine Selbstbewertung vorgenommen, um Verbesserungspotenziale zu identifizieren, die für die unternehmerische Zukunft erwünschte Ergebnisse erzielen sollen, sowie die dafür notwendigen Handlungen zu beschreiben. Bei dieser Bewertung werden insgesamt 1000 Punkte in den zentralen Bereichen Führung, Prozesse und Ergebnisse vergeben, wobei die beiden Bereiche Führung und Prozesse als so genannte Befähiger bezeichnet werden (500 Punkte), welche eine Organisation zu erwünschten Ergebnissen bringen soll bzw. die sich in bestimmten Ergebnissen manifestieren sollen (vgl. Abb. 7.10). Befähiger (50%) werden auch als Leading-indicators bezeichnet und beschreiben Sachverhalte, welche die Bemühungen eines Anbieters für eine hohe Qualität und somit die Ausgestaltung des Qualitätsmanagementsystems zum Ausdruck bringen. Basis dafür stellen die Führung der Organisation (100 Punkte) über Mitarbeiter (100 Punkte), Strategie (100 Punkte) und Partnerschaften/Ressourcen (100 Punkte) bis hinüber zu Prozessen dar (100 Punkte), welche in Produkte und Dienstleistungen resultieren. Anhand der Befähiger kann ebenfalls überprüft werden, inwieweit und mit welchen spezifischen Maßnahmen Unternehmen das Qualitätsmanagement auf dem Weg zu einer kontinuierlichen Verbesserung im Sinne eines TQM umsetzen. Daneben werden auch die Ergebnisse bewertet (500

Punkte). Die Ergebnisse (50%) werden als Lagging-indicators bezeichnet und betreffen die Wirkungen des kontinuierlichen Bestrebens nach Exzellenz, d. h. des Qualitätsmanagements, wobei die mitarbeiterbezogenen (100 Punkte), die kundenbezogenen (150 Punkte) und die gesellschaftsbezogenen Ergebnisse (100 Punkte) zu den Schlüsselergebnissen (150 Punkte) führen. Insgesamt sollen durch Lernen, Kreativität und Innovation die Leading-indicators und damit die Qualität der Organisation permanent verbessert werden. Der Logik folgend ist die Organisation dann der Exzellenz verpflichtet (Committed-to-excellence).

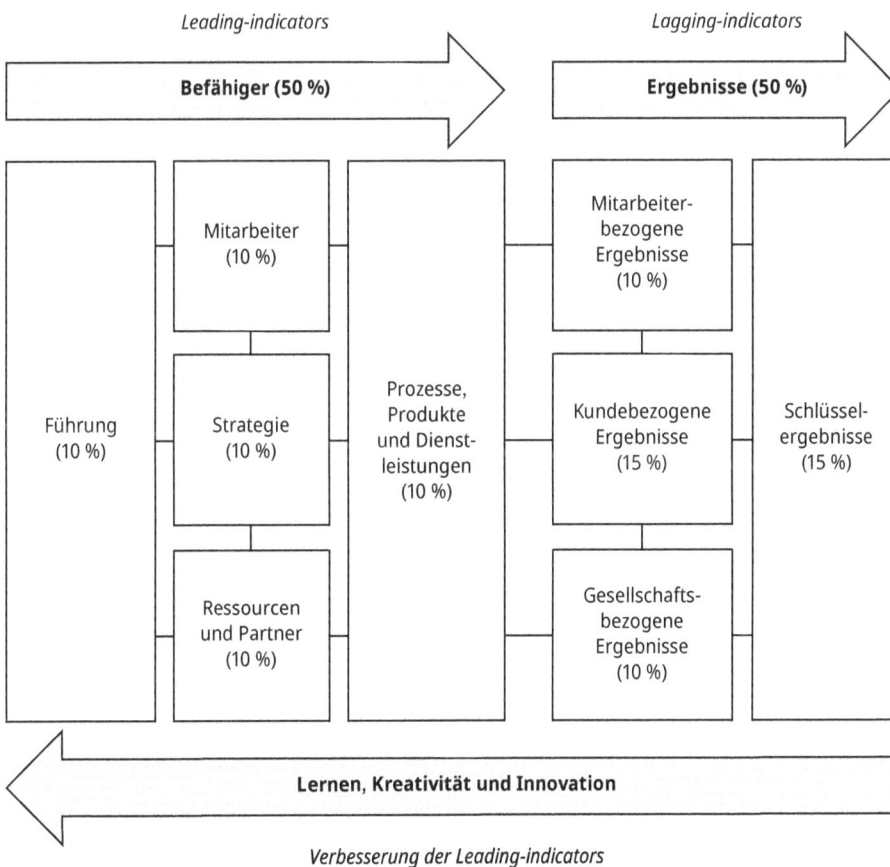

Leading-indicators   Lagging-indicators

Befähiger (50 %)   **Ergebnisse (50 %)**

Führung (10 %)	Mitarbeiter (10 %)	Prozesse, Produkte und Dienst-leistungen (10 %)	Mitarbeiter-bezogene Ergebnisse (10 %)	Schlüssel-ergebnisse (15 %)
	Strategie (10 %)		Kundebezogene Ergebnisse (15 %)	
	Ressourcen und Partner (10 %)		Gesellschafts-bezogene Ergebnisse (10 %)	

Lernen, Kreativität und Innovation

Verbesserung der Leading-indicators

Abb. 7.10: Ansatz des EFQM-Modells für Exzellenz (in Anlehnung an Haller und Wissing, 2020).

Ein weiterer systematischer Ansatz des Qualitätsmanagements ist die **Zertifizierung** nach DIN EN ISO 9000 ff. (DIN-EN-ISO-9000, 2022), wobei streng genommen nach DIN EN ISO 9001:2015 (aktuell gültige Version) zertifiziert wird. Das Akronym DIN bezeichnet die Deutsche Industrienorm (Deutsches Institut für Normung), die durch den Zusatz EN um eine Europäische Normung (Europäische Norm) und durch den Zusatz

ISO um eine Internationale Normung (Internationale Organisation für Normung) ergänzt wurde. Insgesamt handelt es sich bei der DIN EN ISO 9000 ff. um eine Norm bzw. um eine Ansammlung von Normen (Normenfamilie) zur Gestaltung von Qualitätsmanagementsystemen (vgl. Tab. 7.2).

Tab. 7.2: Grundlagen der Normenreihe ISO 9000 ff. (in Anlehnung an DIN-EN-ISO-9000, 2022; ISO, 2022a).

Normenreihe	Inhalte		
ISO 9000:2015	*Grundlagen und Begriffe* zu Qualitätsmanagementsystemen; ehemals acht, seit 2015 *sieben Grundsätze*: 1. Kundenorientierung 2. Verantwortlichkeit der Führung 3. Einbeziehung der beteiligten Personen 4. Prozess- und systemorientierter Managementansatz 5. Kontinuierliche Verbesserung 6. Sachbezogener Entscheidungsfindungsansatz 7. Lieferantenbeziehungen zum gegenseitigen Nutzen		
ISO 9001:2015	*Anforderungen* an das Qualitätsmanagementsystem: 1.-3. Allgemeines (Anwendungsbereich, Verweise auf andere Normen, Terminologie)		
	Plan	4.	Organisationsumfeld (Stakeholder)
		5.	Führungsverhalten/Verantwortlichkeiten
		6.	Planung der Qualität
	Do	7.	Bereitstellung der Mittel/Unterstützung
		8.	Durchführung/Betrieb
	Check	9.	Bewertung der Leistung/Kundenzufriedenheit
	Act	10.	Verbesserung/Korrekturmaßnahmen
ISO 9004:2018	*Leitlinien zur Wirkungsverbesserung*, Leitfaden zum Übertreffen der Forderungen der ISO 9001 im Sinne der kontinuierlichen Verbesserung (TQM), eines nachhaltigen Erfolgs und organisatorischer Exzellenz		
ISO 19011:2018	*Regeln zur Auditdurchführung*, Qualifikationskriterien für Qualitätsauditoren und das Management von Auditprogrammen		

Neben der umfassenden Qualitätsphilosophie des TQM beinhaltet die Normenfamilie auch die Umsetzung des Regelkreiskonzepts und die Durchführung von Qualitätsaudits. Eine Zertifizierung soll dazu dienen, die nachfragerseitige Qualitätsunsicherheit bereits vor dem Kauf bzw. der Nutzung einer Dienstleistung durch das Aussenden eines glaubhaften **Qualitätssignals** zu reduzieren (Fließ, 2009), wie es bereits beim informationsökonomischen Ansatz des Signaling diskutiert wurde. Es soll folglich das wahrgenommene Risiko gegenüber einem Anbieter ab- und Vertrauen in die Leistungsfähigkeit, d. h. dessen Potenziale, durch die Bestätigung einer Drittpartei bzw. eines Gütesiegels aufgebaut werden.

Im Gegensatz zum EFQM-Modell, welches ebenfalls ein in sich geschlossenes Bewertungssystem darstellt, gleichzeitig aber zur Selbstbewertung eingesetzt werden kann, bedeutet eine Zertifizierung eine offizielle, schriftliche Feststellung durch einen **unparteiischen Dritten** (Bruhn et al., 2019), dass ein Objekt bestimmte Anforderungen erfüllt, die von einer unabhängigen Stelle festgelegt wurden (Haller und Wissing, 2020). Der Anbieter signalisiert damit für seine zertifizierten Objekte Konformität mit den festgelegten Anforderungen und zugrunde gelegten Normen. Hierbei können die Objekte entweder Produkte, Dienstleistungen und Verfahren oder ganze Qualitäts- und Umweltmanagementsysteme sein. Ihren Ursprung hat die Normenfamilie der DIN EN ISO 9000 ff. im Jahr 1987 vor allem im Ingenieurbereich. Sie fokussierte darum ursprünglich stärker auf die Produktion von Sachgütern (Produktionsbereichsorientierung). Dienstleistungen wurden in früheren Versionen der Normenreihe noch nicht explizit betrachtet (Meister und Meister, 2018; Pfitzinger, 2016). Jedoch hat sich dies in den Anpassungen über die Zeit geändert, indem bspw. als Prüfmittel zur Messung und Sicherstellung der Qualität nicht mehr nur Geräte und Menschen, sondern mittlerweile auch Befragungen zur Erhebung der Zufriedenheit zugelassen sind. Zudem ist die Normenfamilie heute stärker auf einen strategischen Ansatz hin ausgerichtet.

Dennoch muss kritisch angemerkt werden, dass die Zertifizierung nach DIN EN ISO 9001:2015 keinen echten Wettbewerbsvorteil mehr darstellt, wie er oben diskutiert wurde (Backhaus und Schneider, 2020), da die Normung eine große Breitenwirkung entfaltet hat und lediglich Aussagen darüber tätigt, dass ein Qualitätsmanagementsystem implementiert wurde, welches den zugrunde gelegten Anforderungen und Normen folgt. Im Detail beinhaltet die **Normenreihe** die

- DIN EN ISO 9000:2015: Hier werden Grundlagen und Begriffe eines Qualitätsmanagementsystems durch sieben Grundsätze definiert (DIN-EN-ISO-9000, 2022; ISO, 2022a/2022b), welche sich an die Inhalte des TQM anlehnen und unter anderem die Kundenorientierung, die Verantwortung der Führung, eine kontinuierliche Verbesserung und den Einbezug aller beteiligten Personen (Mitarbeiter als Qualitätsmanager) beinhalten.
- DIN EN ISO 9001:2015: An dieser Stelle werden Anforderungen an das Qualitätsmanagementsystem formuliert (DIN-EN-ISO-9001, 2022), welche zu Beginn in drei Abschnitten auf Allgemeines verweisen (z. B. den Anwendungsbereich, andere Normen und Terminologie), sich aber im Wesentlichen am so genannten PDCA-Zyklus (Deming-Kreis) orientieren (Deming, 1982). Dieser stellt einen klassischen Entscheidungsprozess mit unterschiedlichen Phasen dar. Zu den vier Elementen eines systematischen Qualitätsmanagements gehören im Kontext der Norm in der Planungsphase (Plan) der Einbezug der Stakeholder, die Festlegung der Verantwortlichkeiten und die Planung der angestrebten Qualität (Qualitätsspezifikationen). Danach werden in der Umsetzungsphase (Do) Mittel für die Umsetzung der angestrebten Ziele bereitgestellt und die Umsetzung im Unternehmen durchgeführt. In der Prüfphase (Check) wird die erbrachte Leistungsqualität überprüft und die Zufriedenheit der Kunden mit der Leistungsqualität erhoben. Danach

werden in der Dokumentationsphase (Act) Verbesserungen bzw. Korrekturen durchgeführt.

– DIN EN ISO 9004:2018: In dieser Norm werden ergänzend Leitlinien zur Wirkungsverbesserung der Organisation formuliert (DIN-EN-ISO-9004, 2022), um die Anforderungen aus der ISO 9001 zu übertreffen. Dabei stehen eine kontinuierliche Verbesserung, ein nachhaltiger Erfolg und, in der neuesten Version, mit der organisatorischen Exzellenz auch eine Anlehnung an andere Qualitätsmodelle wie bspw. das EQM-Modell (EFQM-Modell, 2021) im Vordergrund. In diesem Zusammenhang werden einem Unternehmen Werkzeuge zur Selbstbewertung an die Hand gegeben, um zu überprüfen, in welchem Ausmaß die in der Norm vorgegebenen Konzepte seitens des Unternehmens implementiert wurden.

– DIN EN ISO 19011:2018: Schließlich werden unterschiedliche Regeln für die Auditdurchführung aufgestellt (DIN-EN-ISO-19011, 2022). Neben der Qualifikation der Auditoren sind dies Regeln für das Management eines Auditprogramms, von der Vorbereitung über die Beurteilung der Kompetenz der Auditoren bis hin zur Steuerung eines Qualitätsaudits und die dabei auftretenden Risiken. Der Leitfaden soll Auditoren außerdem darin unterstützen, den PDCA-Zyklus für das eigene Unternehmen bei allen für die Qualität bzw. das Audit relevanten Themenbereichen konsequent umzusetzen.

Insgesamt betrachtet verfolgen Unternehmen unterschiedliche interne und externe **Zielsetzungen** mit der Zertifizierung des eigenen Qualitätsmanagementsystems (vgl. Abb. 7.11). Bereits weiter oben wurde jedoch angemerkt, dass eine Zertifizierung kaum noch einen echten Wettbewerbsvorteil darstellt (Backhaus und Schneider, 2020), da eine Zertifizie-

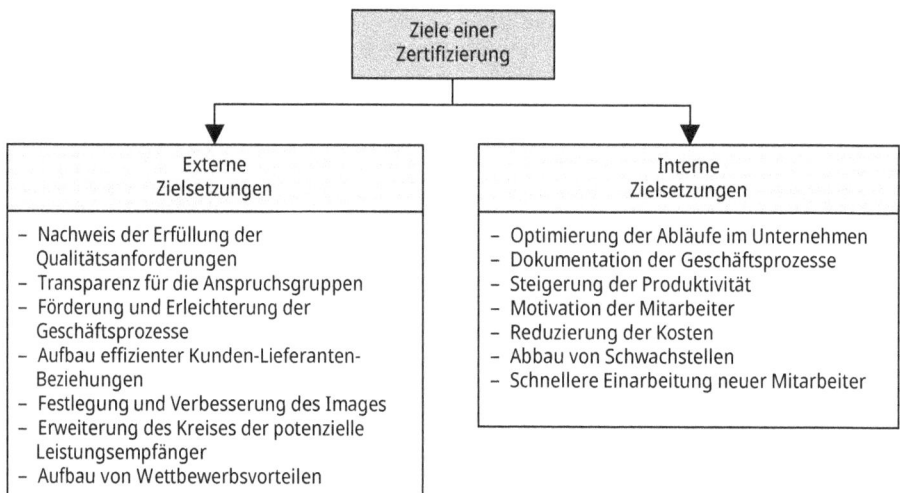

Abb. 7.11: Ziele einer Zertifizierung (Bruhn, 2019b; Haller und Wissing, 2020).

rung nach DIN EN ISO 9001 in vielen Branchen heute tendenziell einem Marktstandard gleichkommt.

7.1.2 Gestaltung von Dienstleistungen

Bei der Gestaltung von Dienstleistungen kann, vergleichbar zu Sachgütern, prinzipiell zwischen drei Dimensionen unterschieden werden. Bei der ersten Dimension handelt es sich um die **Gestaltung einzelner Leistungen**, die sich aus Core- und Secondary-services zusammensetzen und den von den Kunden gestellten Anforderungen bezgl. der ausgelobten Qualität und des beworbenen Umfangs entsprechen sollen. Hierbei spielt auch die Markierung von Kontaktträgern zur Kenntlichmachung des Leistungsangebots eine wichtige Rolle. Kontaktträger können sowohl Subjekte als auch Objekte sein (Abschnitt 7.1.2.1). Außerdem kann die Betrachtung einer Einzelleistung wie bei klassischen Mehrprodukt-unternehmen in einer zweiten Dimension zu einem gesamten **Leistungsprogramm** des Dienstleistungsunternehmens ausgedehnt werden. Hierbei handelt es sich entweder um weitere, einzeln vermarktbare Leistungsangebote oder es werden Leistungsergänzungen angeboten (Meffert et al., 2018; Wirtz und Lovelock, 2022). Darauf aufbauend können auch Bündel von Leistungen, bestehend aus Haupt- und Nebenleistungen, respektive Kombinationen mit Sachgütern angeboten werden. Solche Leistungspakete sind zum einen ökonomisch vorteilhaft, weil Leistungen in einem Angebotsverbund (Produktionsseite) stehen, oder zum anderen, weil Nachfrager aufgrund eines Nachfrageverbunds (Nachfrageseite) sich ergänzende Leistungen als Paket erwerben möchten (Abschnitt 7.1.2.2). Schließlich kann eine bisher eher statische Betrachtung auf eine dritte Dimension mit dynamischem Charakter ausgedehnt werden, da Dienstleistungen genauso wie Sachgüter einem **Lebenszyklus** unterliegen. Dieser reicht von der Leistungsinnovation über Variationen, Differenzierungen oder Vereinheitlichungen im Leistungsprogramm bis hin zur Elimination nicht mehr am Markt nachgefragter Leistungen bzw. Leistungspakete (Abschnitt 7.1.2.3).

7.1.2.1 Leistungszusammensetzung und Markierung
In der Leistungspolitik hängt die im Abschnitt zu den Qualitätsmodellen als wichtig hervorgehobene Leistungs- und Beziehungsqualität, auch vor dem Hintergrund von Einmal- und Folgetransaktionen, sehr eng mit der Ausgestaltung der konkreten **Haupt- und Nebenleistungen** zusammen, die wiederum sehr eng mit dem Aufbau der eigenen Ressourcen (Potenziale) und der Bereitstellung von zeitlichen, räumlichen sowie personellen Kapazitäten eines Dienstleistungsanbieters in der Vorkombination verbunden ist. Folglich muss der Anbieter möglichst permanent leistungsfähig sein. Im Gegensatz zu einem Sachgüterproduzenten kommt es dabei weniger zu einem Out-of-stock-Problem, sondern es resultieren durch Fehlplanungen in der Prognose der nachgefragten Mengen und im Ressourcenmanagement Kapazitätsengpässe, die eine kurzfristige Terminvergabe (z. B.

Juristen, Werkstätten oder Inspektions- und Reparaturservices) bzw. sofortige Leistungserstellung (z. B. Ärzte oder Krankenhäuser) unmöglich machen und damit zu negativen Konsequenzen für die Kundenzufriedenheit führen. Dies geht bis hin zu persönlichen, gesundheitlichen, steuerlichen oder juristischen Komplikationen für Nachfrager ebensolcher Dienstleistungen, welche einem hohen zeitlich Druck unterliegen.

Die Hauptleistung wird in der Literatur auch als **Core-service** bezeichnet (Bruhn et al., 2019; Fließ, 2009; Grönroos, 2015; Wirtz und Lovelock, 2022). Die Gestaltung der Hauptleistung bezieht sich bei einem Arzt bspw. auf die Diagnose sowie die Therapieempfehlung, bei einem Hotel stellt diese die Bereitstellung eines Zimmers und damit einer Übernachtungsmöglichkeit dar und bei einer Airline besteht die Hauptleistung in dem Transport des Kunden von einem Ort (Flughafen) zu einem anderen Ort (Flughafen). Um diese Aufgaben in der beabsichtigten Qualität erfüllen zu können, muss der Anbieter in der Vorkombination die entsprechenden materiellen und personellen Kapazitäten bereitstellen und auf die Nachfrage bzw. deren Schwankungen abstimmen (Corsten und Gössinger, 2015). Darüber hinaus können zur Leistungsdifferenzierung vom Wettbewerb gerade bei hochgradig standardisierten Dienstleistungen (z. B. Autovermietung, Flugreisen, Banken, Hotelübernachtungen, Online Ticketkauf oder Datenbankabfragen) weitere Nebenleistungen angeboten werden, welche die Hauptleistung ergänzen. Die ergänzenden Nebenleistungen werden auch als **Secondary-service** bezeichnet. Der Gedanke kann in Zusammenhang mit dem Schalenmodell von Kotler und Armstrong (2020) gebracht werden. Kotler und Armstrong (2020) unterscheiden zwischen dem Core-product mit den Kerneigenschaften des Eigenschaftsbündels zur Bedürfnisbefriedigung, die den so genannten Grundnutzen liefern, dem Actual-product mit den Charakteristika wie Form, Farbe und Qualität sowie dem Augmented-product mit den produktbegleitenden Dienstleistungen, d. h. ergänzende Services wie Lieferung, Zahlungsabwicklung, Aufbau und Wartung. Gerade auf Märkten mit standardisierten Produkten stellen ergänzende Leistungen das Differenzierungspotenzial für Anbieter durch die Bildung eines Zusatznutzens dar (Herrmann und Huber, 2013). In Bezug auf Services sind diese möglicherweise an ein Produkt gekoppelt (z. B. die Inspektion einer Maschine, eine Flugreise oder die Hotelübernachtung), allerdings stellt die erste Schale (Service zur Bedürfnisbefriedigung) in Verbindung mit der zweiten Schale (Service als Bündel von Qualitätseigenschaften) im Dienstleistungsmarketing die zentrale Leistung dar (Core-service). Streng genommen wäre dies also eine einzige Schale. Dagegen kann bei hochgradig standardisierten Services die Differenzierung über die dritte Schale, d. h. nun eigentlich die zweite Schale, mit ergänzenden Dienstleistungen erfolgen (Secondary-services).

Allerdings stellt sich hierbei kritisch die Frage, ob diese zusätzlichen Dienstleistungen in die Hauptleistung integriert werden müssen oder als separate Services und damit ergänzend angeboten werden können. Dies hängt vor dem Hintergrund des **Differenzierungspotenzials**, wie bei Produkten auch, stark von der Zahlungsbereitschaft der Nachfrager für Zusatzleistungen ab. So kann ein Hotel bspw. einen Shuttle-Service zum Flughafen, zum Bahnhof oder in die Innenstadt anbieten, sich um die Reinigung von Kleidung bemühen, Tickets für Kulturveranstaltungen buchen oder auch lediglich einen Kühlschrank oder Bügeleisen auf dem Zimmer bereitstellen. In Bezug auf Secondary-services wird darum schnell klar, dass die Frage nach dem Marktstandard eine zentrale Rolle spielt. Dies bedeutet, dass der Anbieter einen quasi zum Marktstandard gewordenen Service wie ein TV-Gerät oder ein Telefon auf dem Zimmer nicht als ergänzende Leistung vermarkten kann, da bei Nachfragern diesbezüglich entweder keine oder nur eine geringe Zahlungsbereitschaft besteht. Die ergänzende Leistung fließt somit zwar in den Abgleich von erwarteter und erhaltener Dienstleistungsqualität ein und führt damit bei Erfüllung zu neutraler Zufriedenheit bzw. bei Nichterfüllung zu Unzufriedenheit, darüber hinaus sind Nachfrager allerdings nicht bereit, für solche, dem Marktstandard entsprechenden Leistungsbestandteile extra zu bezahlen. Das Thema der Zufriedenheit wurde zum einen im Rahmen der Diskussion um die Kundenzufriedenheit und zum anderen bei der Messung der Dienstleistungsqualität (z. B. bei SERVQUAL-Ansatz) bereits erörtert. Ergänzend muss bei dem Hotel-Beispiel erwähnt werden, dass diese zusätzlich als Qualitätssignal und Information über den erwartbaren Marktstandard in bestimmte Hotelklassen eingeteilt werden, sodass Nachfrager bereits im Vorfeld Rückschlüsse auf die Wahrscheinlichkeiten des Vorhandenseins der gebotenen Services ziehen können.

Inwieweit Secondary-services eine tatsächliche Möglichkeit zur Differenzierung darstellen bzw. vom Anbieter als separate Leistungen vermarktet werden können, stellt somit eine wichtige Fragestellung dar. In diesem Kontext kommt ein weiteres Verfahren zum Einsatz, die so genannte **KANO-Methode** (Kano et al., 1984), die in Bezug auf die Messung der Leistungsqualität bereits als multiattributiver kundenorientierter Messansatz einsortiert wurde.

Die KANO-Methode beruht, ebenso wie der weiter oben erörterte Penalty-reward-Faktoren-Ansatz, auf dem gleichen Prinzip nach Herzberg et al. (1959), welcher Hygienefaktoren und Motivatoren im Bereich der Mitarbeitermotivation unterscheidet. Allerdings fokussiert der auf den Penalty-reward-Faktoren-Ansatz übertragene Gedanke auf die konkrete Beziehung von Attributen zur Gesamtzufriedenheit mit einer Dienstleistung, wohingegen die KANO-Methode, d. h. das daraus resultierende **KANO-Modell** (vgl. Abb. 7.12), auf die Beziehung zwischen einzelnen Attributen und deren Erfüllung bzw. die Zufriedenheit mit diesen Attributen beruht (Mikulic und Prebezac, 2011; Sauerwein, 2000). Aus diesem Grund wird die KANO-Methode an dieser Stelle diskutiert, da sie sich zur Gestaltung von Dienstleistungen und deren Bestandteilen sowie gleichzeitig zur Gestaltung von Leistungsinnovationen eignet. In dem Ansatz der Zufriedenheit mit Leistungsattributen von Kano et al. (1984) werden generell drei Typen von Attributen unterschieden, die aus der Nachfragerperspektive einen Einfluss auf die Zufriedenheit mit Produkten und Dienstleistungen haben. Der Gedanke geht darauf zurück, dass Leistungen Bündel von Eigenschaften (Attributen) darstellen, die in unterschiedlichen Ausprägungen vorliegen (Bailom et al., 1996). Darüber hinaus wird unterstellt, dass die Leistungseigenschaften nicht unbedingt einen linearen Zusammenhang haben müssen, d. h., dass mit jeder Einheit Leistungssteigerung im Sinne einer Verbesserung eines bestimmten Attributs die Attributzufriedenheit des Nachfragers um eine gleiche, konstante Einheit steigt. Als Folge

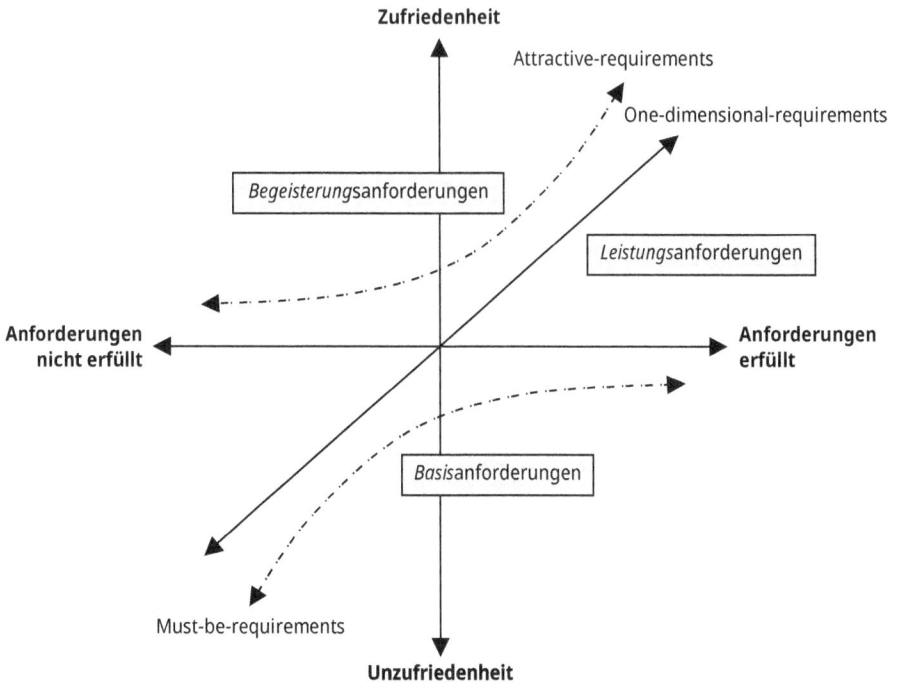

Abb. 7.12: KANO-Modell der Kundenzufriedenheit (Kano et al., 1984).

daraus resultieren im Modell für die drei Typen von Attributen unterschiedliche Verläufe bezgl. der verschiedenen Erfüllungsrade der jeweiligen Eigenschaft.

Ein erster Typ von Attributen sind die **Basisanforderungen (Must-be-requirements)**, die auch als Basisattribute bei der Leistungsbewertung oder im Sinne von Herzberg et al. (1959) als Dissatisfier bezeichnet werden können (Matzler et al., 1996; Matzler et al., 2009; Sauerwein, 2000). In Bezug auf ein Hotel kann dies bspw. ein geputztes Zimmer und frische Bettwäsche sein. Solche Basisanforderungen führen in Bezug auf die Kundenbeurteilung allerdings noch nicht zur Zufriedenheit mit dem Leistungsangebot, sondern können, je nach Erfüllungsgrad, als einzelne Leistungsbestandteile lediglich den Grad der Unzufriedenheit beeinflussen bzw. zu Nicht-Unzufriedenheit führen. Dies wird an dem degressiven Verlauf der Kurve (sinkende Steigung) zwischen den Bereichen der Nichterfüllung und der Erfüllung von Basisanforderungen deutlich. In einer weiteren Fassung stellen diese somit K.o.-Kriterien dar, die aus der Nachfragerperspektive bei einer Dienstleistung mindestens erfüllt sein müssen. Andersherum argumentiert, handelt es sich bei den Basisanforderungen folglich um den Marktstandard, den der Dienstleistungsanbieter bei seinen eingesetzten Technologien (z. B. ein Flatscreen auf dem Zimmer) und dem Personal im Service-encounter (z. B. im Hinblick auf die grundlegende Freundlichkeit sowie die Fähigkeiten und das Wissen der Mitarbeiter) nicht unterschreiten darf, um keine Unzufriedenheit mit dem Leistungsangebot zu riskieren. Die Basisanforderungen werden zudem von den Kunden nicht explizit geäußert, sie sind sozusagen selbstverständlich und offensichtlich (Matzler et al., 1996). Für diese Art von Attributen besteht darum auch keine Zahlungsbereitschaft, sodass sich diese nicht als Secondary-services eignen, welche separat vermarktet werden können.

Einen zweiten Typ von Attributen bilden die **Leistungsanforderungen (One-dimensional-requirements)** ab, die von den Nachfragern artikuliert und spezifiziert werden, wodurch sie messbar und folglich mit den Leistungsattributen von Wettbewerbern vergleichbar sind (Matzler et al., 1996). Daraus folgt auch, dass eine Leistung in Bezug auf die Qualität im Vergleich zu einem vom Nachfrager gewünschten Niveau bzw. im Vergleich zu einem als geringer beurteilten Leistungsattribut der Wettbewerber umso besser wahrgenommen wird, je höher der Erfüllungsgrad der Leistungseigenschaft bei einem Anbieter ausfällt. Darüber hinaus wird in Bezug auf die Leistungsanforderungen ein linearer Zusammenhang unterstellt, d. h. die Einschätzung steigt mit jeder Einheit Verbesserung um einen konstanten Wert. Hierdurch steigt im Modell die Zufriedenheit mit dem einzelnen Attribut sowie mit dem insgesamt erhaltenen Eigenschaftsbündel Dienstleistung linear („je mehr, desto besser"). Zudem konkurrieren Anbieter bei den Leistungsanforderungen mit ihren Wettbewerbern um den Erfüllungsgrad des jeweiligen Attributs. Daher kann ein Dienstleister bei den Leistungsanforderungen im Hinblick auf die zweite Dimension nicht nur eine Nicht-Unzufriedenheit bei seinen Kunden erzeugen, sondern Leistungsanforderungen können auch zu einer Zufriedenheit mit dem Bestandteil der Leistung führen; sie stellen damit so genannte Satisfier dar (Herzberg et al., 1959). Werden die artikulierten Spezifikationen einer Leistung, das erwartete Niveau in Bezug auf die Qualität, allerdings als nicht hinreichend bzw. schlechter als die Ausprägungen bei den Wettbewerbern bewertet, dann bewegt sich der Anbieter unterhalb der Zufriedenheit. Bei einem Hotel könnten solche Attribute bspw. ein Kühlschrank auf dem Zimmer, lange Öffnungszeiten der Rezeption oder die besondere Freundlichkeit und Zuvorkommenheit des Personals sein.

Ein dritter Typ von Attributen sind die **Begeisterungsanforderungen (Attractive-requirements)**, die zum einen den größten Einfluss auf die Attraktivität und damit die Zufriedenheit eines Nachfrager haben (progressiver Funktionsverlauf), die aber zum anderen von diesem weder explizit geäußert noch erwartet werden (Matzler et al., 1996). Da solche Attribute nicht erwartet werden, können sie als Satisfier lediglich den Grad der Zufriedenheit beeinflussen; eine Abwesenheit solcher Eigenschaften führt beim Nachfrager also nicht zu Unzufriedenheit. Es handelt sich bei den Begeisterungsanforderungen damit weder um Marktstandards, die als K.o.-Kriterien vorausgesetzt werden, noch um spezifische Leistungsanforderungen, welche der Nachfrager auf ihren Erfüllungsgrad überprüft und im Hinblick auf Wettbewerbsangebote vergleicht. Bezogen auf ein Hotel, könnten Begeisterungsanforderungen bspw. ein Shuttle-Service zum Flughafen oder die Erfüllung von Wünschen außerhalb der offiziellen Rezeptionszeiten (auch bei einem kleineren oder Inhaber-geführten Hotel) sein.

Es wird deutlich, dass die Einteilung der drei Typen von Attributen sehr stark von der erwarteten Leistungsqualität bzw. der individuellen Erwartung an den Leistungsumfang abhängt. In der Praxis werden darum bei dem oben genannten Hotelbeispiel unterschiedliche Kategorien (Sterne) von Leistungen als Qualitätssignale angeboten, die sich gleichzeitig im Preisniveau der Leistungen widerspiegeln. Nichtsdestotrotz können Dienstleistungsanbieter wertvolle Rückschlüsse aus der Ermittlung bzw. einer Einteilung von Basis-, Leistungs- und Begeisterungsanforderungen seitens der Nachfrager auf die eigene Leistungsgestaltung und die Preissetzung der Leistungsangebote ziehen. Zum Zweck der Einteilung von Attributen haben Kano et al. (1984) darum einen Fragebogen entwickelt, der auf einem **multiattributivem Messansatz** der Leistungsqualität bei (potenziellen) Kunden beruht. Dabei wird aus einer paarweisen Kombination von funktionalen und dysfunktionalen Fragen zu den Eigenschaften einer zugrunde gelegten Leistung eine Matrix ermittelt, die als Grundlage für die Einteilung in die drei Eigenschaftskategorien dient. Während die funktionalen Fragen nach der Einschätzung zum Vorhandensein eines Attributs fragen, stellen die dysfunktionalen Fragen die Abwesenheit einer solchen Eigenschaft. Folglich handelt es sich um die gegenteilige Frage, d. h. die Einschätzung zur Nichterfüllung eines bestimmten Attributs (Matzler et al., 1996; Matzler et al., 2009; Mikulic und Prebezac, 2011). Die Schwierigkeit besteht darin, dass der Konstrukteur des Fragebogens sich in die Lage eines Kunden versetzen muss und neben den Standardattributen auch solche Faktoren vorab identifiziert, die potenzielle Begeisterung auslösen können, da die Methode nicht in der Lage ist, die relevanten Attribute im Vorfeld zu bestimmen. Außerdem schlagen Matzler et al. (1996) vor, neben der paarweisen Kombination von Attributen auch nach deren Wichtigkeit zu fragen, um eine bessere Einschätzung von deren Relevanz zu erhalten. Vor dem Hintergrund einer Gesamtbetrachtung schärft die KANO-Methode das Bewusstsein für die Bedeutung einzelner Leistungseigenschaften bzw. deren Qualitätsniveau im Hinblick auf die Zufriedenheit mit einer Dienstleistung. Dadurch können Prioritäten in der Leistungsgestaltung identifiziert und adressiert werden. Daher ist das Modell auch eher für die Leistungsgestaltung als für die Bewertung der wahrgenommenen Dienstleistungsqualität eines Anbieters zu einem bestimmten Zeitpunkt geeignet. Zudem hilft es dabei Secondary-services zu identifizieren, die neben der Hauptleistung, je nach Erfüllungsgrad, eine Zahlungsbereitschaft bei den Nachfragern erzeugen.

Eine weitere systematische Methode zur Gestaltung von Dienstleistungen stellt das **Quality-function-deployment (QFD)** dar (Akao, 2004; Mizuno und Akao, 1994). Dabei wird auf Basis eines korrelationsorientierten Ansatzes in zwei zentralen Fragestellungen danach gefragt, was Kunden in einem bestimmten Zielsegment haben wollen (Kundenanforderungen) und wie es durch den Dienstleister angeboten wird (Leistungsmerkmale). Das QFD stellt folglich eine Verbindung aus Marktsicht und technischen Gegebenheiten durch die Leistungspotenziale des Anbieters dar bzw. erfolgt eine Einschätzung aus der Kundensicht sowie der Perspektive der technischen Mitarbeiter, die für die Gestaltung der Services verantwortlich sind. Zudem werden explizit die in einem bestimmten Marktsegment relevanten Wettbewerber und deren Leistungsangebote (Leistungsqualitäten) in die Betrachtung einbezogen. Prinzipiell kann das QFD sowohl für noch nicht vorhandene Leistungen eines Anbieters, d. h. die Gestaltung neuer Leistungen, als auch für einen Vergleich aktueller Marktleistungen (Benchmarking) herangezogen werden (Fließ, 2009). Methodisch handelt es sich wieder um einen multiattributiven Ansatz, der unter dem Aspekt der Qualitätssicherung und Differenzierung gegenüber dem Wettbewerb eingesetzt wird (Kiran, 2017). Darüber hinaus können durch die systematische Vorgehensweise im Analyseprozess und die finale Visualisierung Verbesserungspotenziale für die eigenen Leistungen aufgedeckt werden, da das QFD in einer Gegenüberstellung der relevanten Attribute einer Leistung im House-of-quality mündet (Hauser und Clausing, 1988; Ramaswamy, 1996). Die Aufstellung des House-of-quality ist daher das zentrale Resultat des QFD (Fließ, 2009). Das House-of-quality erhält seinen prägnanten Namen dadurch, dass es sich in der Visualisierung an ein Haus mit einem Dach bzw. zwei Seitenflügeln anlehnt.

Zur Durchführung des QFD sind im Groben sechs **Analyseschritte** durchzuführen (Gogoll, 2000), deren Gesamtzahl in der Literatur allerdings durch verschiedene Detaillierungsgrade auch abweichend diskutiert wird. Zu den sechs zentralen Schritten im Entscheidungsprozess gehören:

- Schritt 1: Es ist zunächst auf Basis der Strategie des Dienstleisters das relevante Marktsegment zu ermitteln, welches als Kundengruppe die Dienstleistung des Anbieters bzw. die Leistungen der Wettbewerber nutzt (Wer?).
- Schritt 2: Hier werden die zentralen (gewichteten) Kundenanforderungen innerhalb des Segments an die Dienstleistung bspw. auf Basis von Wünschen, Bedürfnissen und geäußerten Erwartungen erfasst, für die die Nachfrager auch bereit sind einen Preis zu bezahlen (Was?).
- Schritt 3: Anschließend werden die notwendigen Qualitätsmerkmale der Dienstleistung formuliert (B2C) bzw. in einem Lastenheft (B2B) festgelegt, wobei die meist global formulierten Anforderungen in Leistungsspezifika (B2C) bzw. ein Pflichtenheft (B2B) zu transformieren sind (Wie?).
- Schritt 4: Darauf aufbauend müssen die Zielgrößen (Merkmalsausprägungen) für die transformierten Qualitätsmerkmale festgelegt werden, d. h. die Nutzenbestandteile einer Leistung im Sinne einer Minimierung, Maximierung oder eines spezifizierten Zielwerts oder -bereichs (Wie viel?).
- Schritt 5: Außerdem müssen die Korrelationen (Wechselwirkungen) zwischen den Anforderungen und den Qualitätsmerkmalen der Dienstleistung untersucht werden, indem der Unterstützungsgrad (positive bzw. negative Richtung oder Neutralität) zwischen den einzelnen Anforderungen (Was's?) und den Leistungsdimensionen (Wies?) untersucht wird.
- Schritt 6: Schließlich werden im Rahmen des Benchmarkings die von Kunden und Mitarbeitern auf Basis von Punktskalen bewerteten Dienstleistungen aller Wettbewerber im Marktsegment (Scores) als Vergleichsobjekte herangezogen, um Entwicklungspotenziale und Wettbewerbsvorteile der eigenen aktuellen oder neu zu gestaltenden Dienstleistung herauszuarbeiten.

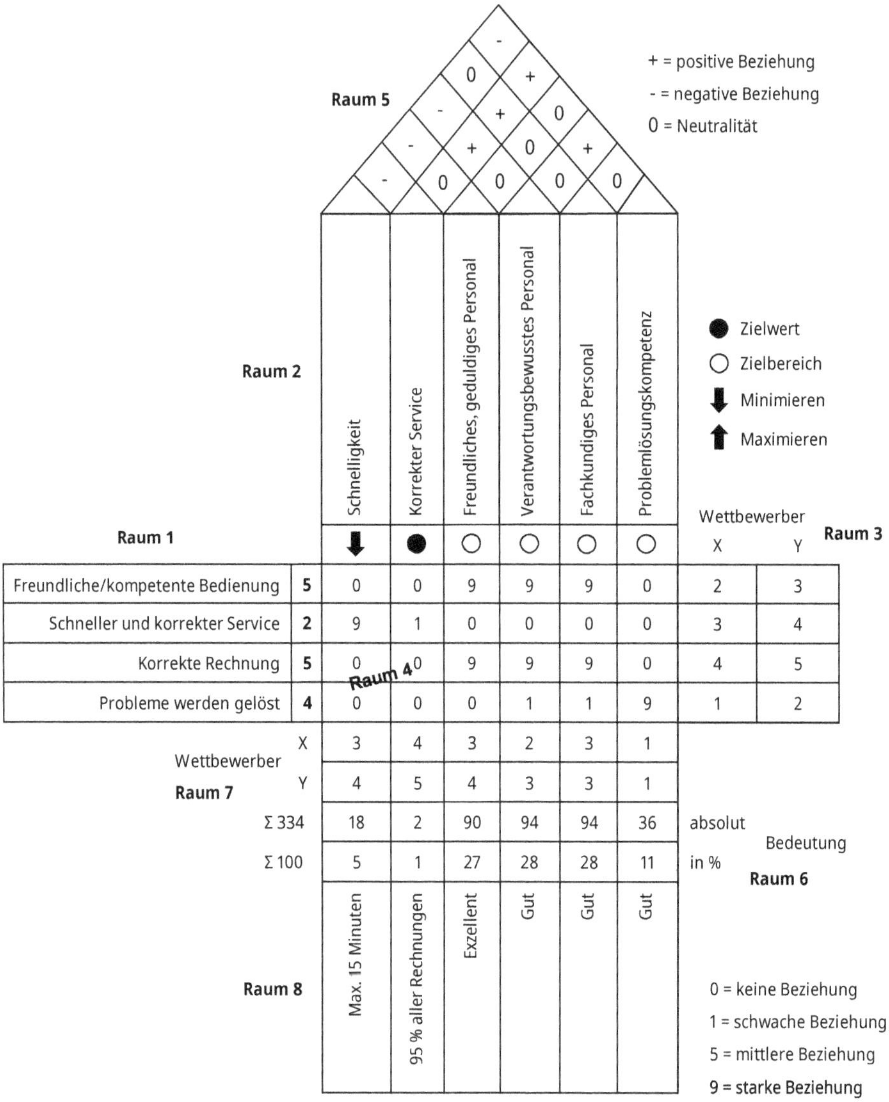

Abb. 7.13: Stark vereinfachtes House-of-quality für ein Hotel (abgewandelt von Haller und Wissing, 2020).

Im **House-of-quality** bilden sich schließlich auf Basis der Zusammenführung aller Detailanalysen insgesamt acht Räume (ähnlich Bruhn, 2019b; Fließ, 2009; Gogoll, 2000; Haller und Wissing, 2020), welche die drei zentralen Dimensionen Nachfragersicht, Leistungscharakteristika und Wettbewerbsangebote beinhalten (vgl. Abb. 7.13). Im ersten Raum werden die zentralen Kundenanforderungen mit ihrer Gewichtung (Skala: 1–5) abgebildet (linker Seitenflügel). Im zweiten Raum finden sich die Leistungsattribute (Qualitätsmerkmale), die zur Erfüllung der Anforderungen notwendig sind bzw. in Frage kommen (1. Etage). In diesem Zusammenhang muss festgelegt werden, ob ein konkreter Zielwert/-bereich oder eine Wirkungsrichtung (Minimierung/Maximierung) vorgegeben wird. Der dritte Raum beinhaltet das Benchmarking mit den direkten Wettbewerbern in Bezug auf die Kundeneinschätzung (rechter Seitenflügel), wenn es sich um aktuelle Dienstleistungen handelt, respektive lediglich die Einschätzung der potenziellen Wettbewerbsleistungen in einem Marktsegment, wenn der Anbieter eine neue Dienstleistung entwickeln möchte und dabei die kundenseitige Einschätzung der Wettbewerber in die Planung einbezieht (Skala: 1–5). Hierbei können zur Visualisierung auch zusätzliche Graphen eingesetzt werden, die durch eine Verbindung der Punktbewertung mit Linien die Unterschiede wie bei der Darstellung in einem semantischen Differential noch einmal stärker verdeutlichen. Der vierte Raum beinhaltet das eigentliche Haus als Matrix im Zentrum der Darstellung, in dem die Wechselbeziehungen (Korrelationen) zwischen den Anforderungen und den Leistungsattributen hergestellt werden. Dabei wird i. d. R. eine logarithmische Skala verwendet mit 0 = keine Beziehung, 1 = schwache Beziehung, 5 = mittlere Beziehung und 9 = starke Beziehung (Erdgeschoss). Zudem werden im fünften Raum die Wechselbeziehungen zwischen den einzelnen Leistungsattributen aufgeführt (Dachgeschoss). Dabei wird gefragt, ob die Leistungsattribute in einer positiven (+), neutralen (0) oder negativen (-) Beziehung zueinanderstehen, d. h., ob die Verbesserung eines Attributs zu einer Verbesserung oder zu einer Verschlechterung eines anderen Attributes führt bzw. keinen Einfluss auf dieses hat. Folglich handelt es sich im Gegensatz zum vierten Raum nicht um die Beziehung der Anforderungen mit den Attributen, sondern um die Beziehung der Attribute untereinander. Dadurch können positive oder negative Trade-offs bzw. Synergieeffekte aufgedeckt werden, die bei der Leistungsgestaltung oder Verbesserung Berücksichtigung finden. Im sechsten Raum wird die Bedeutung der Leistungsattribute aus der Multiplikation der Wechselbeziehung von Anforderung und Attribut (0, 1, 5 oder 9) mit der Gewichtung durch die Kundenbewertung ermittelt und zu einer Summe aggregiert (2. Untergeschoss). Neben einem absoluten Punktwert wird zudem zur besseren Übersichtlichkeit die relative Bedeutung in Prozent angegeben. Darüber hinaus werden im siebten Raum die bisherigen kundenseitigen Einschätzungen durch die interne Sichtweise der für die Leistungsgestaltung verantwortlichen Manager bezgl. der eigenen bzw. der Wettbewerbsleistungen (Skala: 1–5) ergänzt, je nachdem ob es sich um eine neue (Innovation) oder eine am Markt aktuell angebotene eigene Leistung handelt (1. Untergeschoss). An dieser Stelle wird die oben diskutierte Marktsicht mit den technischen Gegebenheiten des Anbieters (Leistungspotenziale) in Verbindung gebracht. Auch hier kann für das Benchmarking zur besseren Veranschaulichung wieder ein Graph ergänzt werden. Im achten Raum werden schließlich die konkreten Zielgrößen für die Dienstleistungsplanung vorgegeben, welche in Verbindung zur Wirkungsrichtung aus dem zweiten Raum stehen und somit einen konkreten Zielwert/-bereich oder eine Wirkungsrichtung (Minimierung/Maximierung) enthalten (3. Untergeschoss).

Neben den Entscheidungen über die Bestandteile der Haupt- und Nebenleistungen (Core- und Secondary-services) müssen in der Leistungspolitik auch Entscheidungen zur **Markierung** getroffen werden. Im Gegensatz zu Sachleistungen können die Dienstleistungen als immaterielle Güter nicht direkt durch den Anbieter markiert werden. Eine Markierung ist generell die Kenntlichmachung der Leistung, indem bspw. ein Markenname oder Logo auf die Sache selbst oder das Firmengebäude des Anbieters aufgedruckt wird (Wirtz und Lovelock, 2022).

Zunächst ist anzumerken, dass die Markierung eine **gestaltungstechnische Ausprägung** besitzt und es sich bei der weiter oben diskutierten Markenbildung um einen strategischen Ansatz im Rahmen einer Qualitätsführerschaft handelt. Marken stellen Nutzenversprechen eines Anbieters bzw. ein dauerhaftes Qualitätsversprechen für eine relevante Zielgruppe dar, welches die Anbieterleistung von den Leistungen anderer Anbieter differenzieren und dadurch einen nachhaltigen Erfolg liefern sollen (Meffert et al., 2019). Im klassischen Verständnis ist die Marke eine Herkunftsbezeichnung, welche Auskunft über einen Anbieter gibt und nach dem deutschen Markengesetz (§ 3) auch schützenswert ist, wenn sie in der Lage ist, eine klare Unterscheidung von Wettbewerbsangeboten zu bieten. Solch schützenswerte Marken können bspw. als Wortzeichen, Zahlen oder Farbkombinationen vorliegen (MarkenG, 2021). Daraus wird ersichtlich, dass beide Aspekte eng miteinander verbunden sind, auch wenn die Markierung zusätzlich zur Differenzierung bzw. Wiedererkennung eine zentrale gestalterische Komponente beinhaltet (Bieberstein, 2006). Außerdem ist es nach dem Markenrecht unerheblich, ob es sich um Sachgüter oder Dienstleistungen handelt, weil der Schutz eines eingetragenen Zeichens für beide gleichermaßen gilt. Dieser Schutz besteht nach § 47 Markengesetz zunächst für zehn Jahre, kann allerdings jeweils um weitere zehn Jahre verlängert werden (MarkenG, 2021).

Abgesehen von der Unterscheidung in Markenbildung als strategischer Ansatz und Markierung als Gestaltungskomponente sind bei der konkreten Umsetzung die Unterscheidbarkeit und Einprägsamkeit bedeutende Faktoren (Wirtz und Lovelock, 2022). Zeithaml et al. (2012) heben darum insbesondere hervor, dass Dienstleistungsanbieter die Intangibilität berücksichtigen müssen und daher viel stärker auf das tangible Umfeld fokussieren sollten als Sachgüterproduzenten. Dies wurde bereits im SERVQUAL-Ansatz diskutiert. Hierbei ist es wichtig, die Marke für die aktuellen und potenziellen Nachfrager präsent zu machen. Daher stellen sich als zentrale Entscheidungsbereiche die **Träger der Markierung** heraus, also die Fragestellung an welchen Subjekten und Objekten des Leistungsanbieters die Marke bzw. das Logo und/oder weitere gestalterische Elemente implementiert werden können. Haller und Wissing (2020) unterscheiden in diesem Kontext zwischen dem Kontaktpersonal, den Betriebsmitteln und weiteren materiellen Komponenten.

Beim **Kontaktpersonal** sowohl im Frontend (Service-encounter) als auch im Backend (Support) können bei (potenziellem) Kundenkontakt bspw. einheitliche Uniformen bzw. Dresscodes mit dem Logo des Anbieters eingesetzt werden. Dadurch wird es für den Kunden zu jeder Zeit ersichtlich, wen er in Bezug auf die Erbringung des Services oder sonstige Fragen zum Unternehmen ansprechen kann. Außerdem besteht der Vorteil auf der Mitarbeiterseite darin, dass die Mitarbeiter sich jederzeit während der Arbeit als ein Repräsentant des Unternehmens fühlt. Dies ist besonders wichtig vor dem Hintergrund, dass die Mitarbeiter im Service jederzeit für die Qualität der Leistungserbringung gegenüber dem Kunden verantwortlich zeichnen und damit im Servicebereich eine besonders bedeutende Aufgabe einnehmen. Der Mitarbeiter ist zudem Teil der Corporate-identity, die er im Fall des Auftretens gegenüber den aktuellen und potenziellen Kunden mit seinem möglichst einheitlichen, freundlichen und zielkonformen Verhalten, dem Corporate-behavior, substanziell prägt. Während eine Uniformierung in Deutschland vor dem Hintergrund des Verlustes der Individualität noch eher kritisch gesehen wird und sich erst seit einigen Jahren so langsam durchsetzt, ist der informellere Dresscode eher akzeptiert (z. B. bei Unternehmensberatungen oder Banken durch Anzüge und Kostüme). Zudem kann hier durch Anstecknadeln die Erkennbarkeit sichergestellt werden. Durch eine Zunahme amerikanischer Ketten und der Franchise-Gastronomie steigt allerdings auch die Akzeptanz einer Uniformierung zunehmend (Haller und Wissing, 2020). Darüber hinaus ist der weiße Kittel im Gesundheitswesen schon lange ein Erkennungsmerkmal für das ärztliche Personal und der Blaumann lässt auf einen Fabrikarbeiter oder Handwerker schließen. In diesen Bereichen können zusätzlich Logos und Schriftzüge auf Brust und Rücken sowie Hosen und Jacken nicht nur die Identifizierung des Unternehmens sicherstellen, sondern gleichzeitig auch eine Abgrenzung zu Mitbewerbern sowie werbliche Aspekte berücksichtigen.

Im Hinblick auf die eingesetzten **Betriebsmittel** steigt die Zahl der Möglichkeiten für eine eindeutige Markierung noch einmal deutlich, weil es sich hierbei um Sachgüter bzw. Gegenstände handelt, die für die Leistungserbringung eine Voraussetzung darstellen. Abgesehen von einigen baurechtlichen Vorschriften im Außenbereich eines Unternehmens können Gebäude, Maschinen, Fahrzeuge oder sonstige Einrichtungen des Unternehmens (z. B. Büro- oder Filialausstattung) relativ einfach durch die Anbringung eines Logos oder Schriftzugs für Kunden oder Passanten kenntlich gemacht werden. Vor dem Hintergrund der Corporate-identity spielt hierbei die Gestaltung im Sinne des Corporate-designs mit einheitlichen Schriftarten, Schriftgrößen, Farben etc. eine wichtige Rolle. Die Terminologie wurde bereits bei der Erörterung des Leitbilds eines Dienstleistungsanbieters aufgegriffen.

Außerdem steht das Corporate-design in einem engeren Zusammenhang mit weiteren **materiellen Komponenten**. Diese stellen bspw. Plakate, Flyer, Informationsbroschüren, Homepages, Newsletter, Beschreibungen, Beschilderungen, Geschäftskorrespondenz, Präsentationsunterlagen, Visitenkarten etc. dar. Darüber hinaus können in einem Hotel bzw. bei einer Airline oder bei einem Taxiunternehmen Handtücher, Erfrischungstücher, Seifen oder Notizzettel ebenso markiert werden. Auch Merchandising-Artikel mögen bei dem ein oder anderen Dienstleister, neben den klassischen Werbegeschenken mit Firmenaufdruck (z. B. Blöcke, Schlüsselanhänger oder Kugelschreiber), wie sie als Werbemittel weiter unten diskutiert werden, eine bedeutende Rolle spielen. Einige Fitnessstudios setzen diese Möglichkeit ein (z. B. FitX mit Flaschen und Handtüchern). Zudem ist das erfolgreiche Beispiel des Hardrock-Cafés zu nennen, in dem die Dienstleistung Gastronomie, mit einem ausgeklügelten Merchandising-Konzept verbunden (z. B. T-Shirts, Gläser, Schals und sonstige Artikel rund um das Thema Rockmusik), die gesamte Marke Hardrock-Café prägt bzw. dieser wirtschaftlich zum Erfolg verhilft. Seit den 1990er Jahren rücken in Bezug auf die Markierung von Betriebsmitteln und weiterer materiellen Komponenten auch die Themen Düfte und Luftqualität, Beleuchtung und Klang/Musik als Möglichkeiten der Markierungspolitik eines Anbieters stärker in den Fokus (z. B. Kellaris et al., 1993; Knoblich et al., 2003; Mitchell et al., 1995). Eine angenehme Atmosphäre kann nicht nur einladend wirken, sondern auch differenzierend gegenüber Wettbewerbsangeboten bzw. kann sie den unternehmerischen Wiedererkennungswert erhöhen, weil Menschen viele Dinge unterbewusst über die Sinne als positiv oder angenehm wahrnehmen (z. B. Gerüche oder Klänge). Insgesamt wird der Gedanke der Markierung noch einmal bei der Behandlung der Vertriebspolitik bzw. der Gestaltung der Servicescapes aufgegriffen (Bitner, 1992). Außerdem stellen Markierungsformen ebenfalls wichtige Komponenten im Rahmen der Kommunikationspolitik bzw. der gesamten Customer-experience mit einem Service-provider dar.

7.1.2.2 Leistungsprogramme und Bündelung von Leistungen

Die Programmpolitik umfasst alle Entscheidungstatbestände, welche sich auf die Gestaltung der in einem relevanten Absatzmarkt insgesamt angebotenen Leistungen und damit das Leistungsprogramm beziehen (Homburg, 2020). Hierbei kann ein Dienstleistungsunternehmen auch mehrere Märkte bearbeiten, wie es oben im Kontext des relevanten Marktes diskutiert wurde, und somit für jeden der bearbeiteten Märkte ein spezifisches Leistungsprogramm bereitstellen. Folglich handelt es sich bei dem Leistungsprogramm eines Dienstleistungsanbieters um die parallele Anzahl von Haupt- (Core-) und ergänzenden Nebenleistungen (Secondary-services). Somit ist die Programmpolitik eine Erweiterung der bisherigen eindimensionalen Betrachtungsweise der Leistungspolitik (eine Leistung) um eine zweite Dimension (mehrere Leistungen). Eine **Ausgestaltung des Leistungsprogramms** sollte damit starten, dass der Anbieter alle bisherigen Einzelleistungen in einem relevanten Markt im Hinblick auf deren Beitrag zum Unternehmenserfolg analysiert, sofern es sich nicht um ein Start-up-Unternehmen handelt, das als Einproduktunternehmen zunächst nur mit einer Leistung am Markt präsent ist. Schließlich beanspruchen diese Leistungen die unternehmerischen Potenziale und damit knappe Ressourcen, die in ihre beste Verwendung geführt werden sollten. In der Literatur wird diese erste Analyse auch als Programm- bzw. Angebotsstrukturanalyse bezeichnet (Haller und Wissing, 2020; Meffert et al., 2019). Die hierbei zum Einsatz kommenden Verfahren sind Umsatz-, Kunden- und Altersstrukturanalysen sowie Kosten-, Deckungsbeitrags- und Gewinnanalysen.

Bei **Strukturanalysen** werden vereinfacht gesagt die absoluten und relativen Häufigkeiten einer Leistung im Hinblick auf ein relevantes Kriterium untersucht; es werden also konkrete Vergleiche angestellt. Neben den Einzelumsätzen bestimmter Dienstleistungen und deren Unterteilung in Haupt- (Core-) und Nebenleistungen (Secondaryservices) können dies auch die Kunden bezgl. ihrer Größe bzw. den nachgefragten Mengen oder aber die Abhängigkeiten von einzelnen Kunden sein. Zudem kann das Alter der einzelnen Leistungen untersucht werden, d. h. wie lange eine Dienstleistung bereits in einer bestimmten Form am Markt erstellt wird. Eine solche Analyse ist insbesondere vor dem Hintergrund der Innovationsfähigkeit eines Anbieters bzw. der Erstellung neuer Dienstleistungen sowie der Elimination lange am Markt vorhandener Leistungsangebote von besonderer Bedeutung, weil hierdurch die Wettbewerbsfähigkeit des Anbieters beeinflusst wird. Dies spielt auch in Bezug auf den weiter unten diskutierten Lebenszyklus von Leistungen eine wichtige Rolle. In der konkreten Umsetzung helfen bei Strukturanalysen bspw. ABC-Analysen, Lorenzkurven oder Portfolios, mit denen sich die Verteilungen von Merkmalsbeträgen (z. B. Umsatz oder Alter) auf unterschiedliche Merkmalsträger (z. B. Leistungen oder Kunden) sehr gut visualisieren bzw. in Kategorien einteilen lassen und die zur weiteren Kommunikation anregen. Zudem basieren Portfolioanalysen auf dem angesprochenen Lebenszykluskonzept von Leistungen und/ oder strategischen Geschäftsfeldern, sodass diese bezgl. des Alters in Verbindung mit anderen ausgewählten Kriterien (z. B. Mengen und/oder Umsätze) gebracht werden können. Dies wurde auch bei der Vorstellung der Portfolioanalyse diskutiert (Reichmann et al., 2017).

In Bezug auf die sonstigen Analysen zu **Kosten, Deckungsbeitrag oder Gewinn** einzelner Leistungen zum gesamten Leistungsprogramm werden insbesondere die Verfahren der Kostenrechnung eingesetzt (Däumler und Grabe, 2013b; Graumann, 2014; Horvath et al., 2020; Reichmann et al., 2017). Hierbei werden einzelne Erfolgsträger, d. h. die einzelnen Dienstleistungen, stärker in den Fokus gerückt bzw. im Detail untersucht. Die zum Einsatz kommenden Verfahren sind bspw. die ein- und mehrstufige Deckungsbeitragsrechnung. Bei Letzterer wird eine stufenweise Aufteilung der Fixkosten auf Einzelleistungen vorgenommen, wobei die Verrechnung möglichst verursachungsgerecht (z. B. über Zuschlagssätze) erfolgen soll. Zudem kann die Deckungsbeitragsrechnung einzelner Leistungen zu einer so genannten Leistungserfolgsrechnung ausgebaut werden, wenn sämtliche Leistungen bezgl. ihres Erfolgsbeitrags (Gewinn) betrachtet und die Fixkosten stufenweise aufgeteilt werden (Reichmann et al., 2017). Bei Dienstleistungen spielt zusätzlich zu den traditionellen Verfahren der Kosten- und Leistungsrechnung die von Johnson und Kaplan (1987) als Kritik an den klassischen Verfahren entwickelte Prozesskostenrechnung (Activity-based-costing) eine wichtige Rolle (Coenenberg und Fischer, 1991; Däumler und Grabe, 2015; Friedl, 2017), da Dienstleistungen kostenrechnerisch meist aus einer Aneinanderreihung von Prozessen (Arbeitsschritten) zu Prozessketten bestehen. Die Standardverfahren der Kostenrechnung bergen das Problem, dass diese nicht kostenstellenübergreifend konzipiert sind, wohingegen bei Dienstleistungen innerhalb der Prozesskette als Regelfall – im Gegensatz zu Sachgüterproduzenten – meist mehrere unterschiedliche Kostenstellen involviert sind (Coenenberg und Fischer, 1991). Kostenstellen werden im Rahmen der Kostenstellenrechnung für die Verrechnung der Gemeinkosten gebildet (Verrechnungsebene), also jene Kosten, die einer einzelnen Leistung bzw. einem in- oder externen Kunden (Kostenträger) nicht direkt zugerechnet werden können. Sofern bei Dienstleistungen keine Sachgüter eingesetzt bzw. weitergegeben werden, die dann Einzelkosten darstellen und direkt verrechnet werden können, ist auch dies bei Dienstleistungen damit eher die Regel als die Ausnahme. Daher fokussiert die Prozesskostenrechnung vor allem auf eine bessere Verrechnung von Gemeinkosten, wie sie durch den Prozessfokus bei Dienstleistungen zahlreich entstehen. So kann bspw. der Arbeitseinsatz eines oder mehrerer Mitarbeiter im Service (Front-office) unter ökonomischen Aspekten, d. h. der Effizienz der Kostenrechnung, nicht verursachungsgerecht auf einen einzelnen Kunden umgerechnet werden. Mit der Prozesskostenrechnung werden Kosten für solche direkten Tätigkeiten im Rahmen der Dienstleistungstransaktion kalkuliert und auf den Leistungserstellungsprozess umgelegt, wodurch auch Kostentreiber im Prozess identifiziert werden können (Graumann, 2021). Im Gegensatz dazu werden Back-office-Aktivitäten weiterhin über die Verwaltungskosten auf die einzelnen Leistungen verrechnet. Weitere Details zur Prozesskostenrechnung werden unten im Rahmen der Preispolitik diskutiert. In Bezug auf neue Leistungen im Programm finden zudem Amortisationsrechnungen oder die Break-even-Analyse Anwendung, die bei der Abschätzung helfen, ab welcher nachgefragten Menge eine Leistung oberhalb der Gewinnschwelle und damit rentabel erbracht werden kann. Beide Verfahren gehören zu den statischen Verfahren der Investitionsrechnung (Becker und Peppmeier, 2022; Busse von Colbe und Witte, 2018).

Außerdem lässt sich das Leistungsprogramm eines Anbieters durch die beiden Dimensionen **Programmbreite und -tiefe** beschreiben (vgl. Abb. 7.14). Bei der Breite des Leistungsprogramms handelt es sich um die in der Horizontalen unterschiedlichen Leistungen des Anbieters. Diese werden meist nach Kategorien unterteilt, wobei einzelne Kategorien auf höherer Ebene auch zu Gruppen bzw. Linien zusammengefasst werden. Allerdings werden alle drei Begriffe in der Literatur auch synonym verwendet (Fließ, 2009; Homburg, 2020). Eine Einteilung in Leistungskategorien erfolgt auf der Basis von Ähnlichkeiten der innerhalb einer Kategorie einsortierten Leistungen. So kann bspw. ein Reiseveranstalter Flug-, Schiffs-, Bahn-, Bus- und Hotelleistungen anbieten, während eine Versicherung Haftplicht-, Auto-, Hausrat-, Kranken-, Lebens-, Sterbe- und Reiseversicherungen in ihr Programm aufnehmen könnte. Je breiter das Leistungsprogramm, desto attraktiver ist es für einen Nachfrager unter dem Aspekt der Bequemlichkeit (One-stop-shopping) und möglicherweise auch unter dem Aspekt der Preisgestaltung. Zudem handelt es sich aus der Nachfragersicht möglicherweise zusätzlich um einen Nachfrageverbund (Meffert et al., 2019), weil Leistungen sehr gut zusammenpassen. Aus der Unternehmenssicht steigt durch die Breite des Leistungsprogramms zwar die Komplexität in den Managementaufgaben durch die zeitliche und räumliche Abstimmung der Angebote mit den Kapazitäten, sowohl bei der Potenzial- als auch bei der Prozessgestaltung, allerdings lässt sich dadurch eventuell eine Risikoreduktion durch die geringere Abhängigkeit von einem einzelnen Marktsegment oder Gesamtmarkt bzw. den darauf auftretenden Nachfrageschwankungen herbeiführen (z. B. durch saisonale Einflüsse oder Wettbewerbsaktivitäten). Bei der Tiefe des Leistungsprogramms werden im Nachgang verschiedene Leistungsarten bzw. -varianten innerhalb einer Kategorie (bzw. Gruppe oder Linie) unterschieden. Folglich gibt die Tiefe die Auswahlmöglichkeiten des Kunden in einer Kategorie vor. Anbieter können so bezüglich ihrer angebotenen Programmstruktur unterschieden werden. Darüber hinaus sollte ein konsistentes Programm die angesprochenen Verbundeffekte bei den Nachfragern berücksichtigen, da sich hieraus wiederum Möglichkeiten der Zusammenfassung von einzelnen Haupt- und/ oder Nebenleistungen durch Bündelung ergeben. Ein Hotel bietet als Hauptleistung bspw. die Übernachtung an, kann als Nebenleistung aber auch zusätzlich Frühstück, Reinigung von Kleidung und Organisation von kulturellen Angeboten (z. B. Kartenverkauf) offerieren. Dies kann dann nicht nur zusätzlich erfolgen, sondern auch gleichzeitig als ein Paket (z. B. Hotelübernachtung mit Frühstück, Candle-light-dinner, Fitness- und Sport- sowie Wellness-Angebote). Weiter oben wurde jedoch angesprochen, dass hierbei zu beachten ist, welche der Teilleistungen bereits zum Marktstandard (z. B. in einer Hotelklasse) gehören und darum keine weitere Zahlungsbereitschaft bei aktuellen und potenziellen Nachfragern erzeugen.

Abb. 7.14: Vereinfachtes Beispiel des Leistungsprogramms eines Reiseveranstalters.

Wie bereits angedeutet, ergeben sich für einen Leistungsanbieter durch die Bereitstellung mehrerer Leistungen in einem Leistungsprogramm Möglichkeiten zur Zusammenfassung von Einzelleistungen. Hierbei handelt es sich um die **Bündelung von Leistungen (Bundling)** zu so genannten Angebotspaketen, die eine Kombination aus Core- und/oder Secondary-services darstellen können. Der Gedanke der Bündelung von einzelnen Leistungen zu Paketen kann auf zwei Gedanken zurückgehen. Einerseits können nachfragerseitige Verbundeffekte bestehen (Corsten und Gössinger, 2015), weil sich Dienstleistungen gegenseitig ergänzen (Komplementarität) bzw. in einem engen Verwendungszusammenhang stehen. Ein ambulanter Pflegedienst könnte bspw. auch eine Mahlzeitenlieferung, einen Reinigungsservice sowie einen Wäscheservice anbieten. Alle Dienstleistungen stehen in einem sich ergänzenden Zusammenhang und könnten seitens eines Pflegebedürftigen nachgefragt werden. Im Beispiel eines Hotels könnte die Übernachtung (Core-service) von den Mahlzeiten (Secondary-services) gedanklich getrennt werden und darum als

Leistungsbündel angeboten werden, da beide Leistungsarten in einem Nachfrage-verbund stehen. Gleiches wäre auch bei einem Fitnessstudio möglich, bei dem das Kursangebot, die Sauna, das Schwimmbad oder Massagen ergänzende Dienstleistun-gen darstellen oder bei einem Sicherheitsdienst, der neben der eigentlichen Haupt-leistung der Gebäudebewachung auch Reinigungsarbeiten und Hausmeisterdienste anbieten kann. Andererseits können anbieterseitige Verbundeffekte bestehen, weil durch die Hauptleistung bereits Kapazitäten (Leistungspotenziale) des Anbieters aufgebaut wurden und durch zusätzliche Leistungen diese besser ausgeschöpft wer-den oder zusätzliche Einnahmequellen generiert werden, sofern keine Konkurrenz bei der Nutzung von Produktionsfaktoren besteht. Bei einem Krankenhaus, dessen originäre Aufgabe die stationäre Unterbringung eines kranken Menschen und die Durchführung entsprechender Prozeduren zur Heilung oder Verbesserung des Ge-sundheitszustands sind, können bspw. ambulante Leistungen als ergänzende Ser-vices erbracht (z. B. Voruntersuchungen oder Rehabilitationsmaßnahmen) und mit den Krankenversicherungen abgerechnet werden. Ein weiteres Beispiel stellen Pau-schalreisen dar. So verfügt das Reiseunternehmen TUI neben einer Schiffs- auch über eine Bus- und eine Flugzeugflotte. Zudem existieren TUI-Hotels, sodass unter-schiedliche Leistungen des Anbieters neben einer separaten Vermarktung auch als Leistungsbündel angeboten werden können. In der Literatur wird der anbieterseitige Verbundeffekt als Economies-of-scope bezeichnet und ist von den weiter oben diskutierten Economies-of-scale (Größenvorteile) abzugrenzen. Zusammenfassend ist allerdings nicht immer klar zu trennen, ob der Gedanke des nachfrager- bzw. des anbieterseitigen Verbundeffekts im Vordergrund steht, da komplementäre Leistun-gen generell einen Vorteil bei der Nachfrage aber auch bei der Leistungserstellung erzeugen. Außerdem dient beides dazu, für den Anbieter einen Wettbewerbsvorteil gegenüber anderen Leistungsanbietern zu erzeugen. Wie auch bei Sachgütern kön-nen außerdem Leistungen gebündelt werden, die aus der Nachfragersicht zwar kei-nen Verwendungszusammenhang haben, aber dennoch in einem Paket mit einem Rabatt angeboten werden. Dies wird oftmals als Preisbündelung bezeichnet und weiter unten nochmals aufgegriffen (Diller et al., 2021; Herrmann und Huber, 2013; Roth, 2017), wobei einige Autoren die Termini auch als gleichbedeutend verwenden (Stremersch und Tellis, 2002).

Technisch gesprochen werden bei einer Leistungsbündelung drei **Bündelfälle** un-terschieden (Adams und Yellen, 1976). So kann es sich um ein reine Bündelung (Pure-bundling), eine gemischte Bündelung (Mixed-bundling) sowie um eine Entbündelung (Unbundling) von ehemals als Bündel angebotenen Leistungen bzw. deren Einzel-preisstellung handeln (Fließ, 2009; Herrmann und Huber, 2013). Im Gegensatz zum Pure-bundling, bei dem der Leistungsanbieter lediglich das komplette Bündel anbietet (z. B. Übernachtung inkl. Frühstück) und diese Leistungen nicht durch den Nachfrager separat nachgefragt werden können, bestehen beim Mixed-bundling Wahlmöglichkei-ten. Inwieweit für den Anbieter eine Vorteilhaftigkeit der einen gegenüber der ande-ren Alternative besteht, hängt sowohl von der Kostenstruktur bei der Erbringung der einzelnen Leistungen und den existierenden Verbundeffekten auf der Anbieterseite (z. B. Auslastung der Kapazitäten) als auch und vor allem von der Zahlungsbereitschaft der jeweiligen Nachfrager ab. Unter Berücksichtigung der bei den Nachfragern gemessenen Zahlungsbereitschaften für Einzel- respektive Bündelleistungen kann der Anbieter hier Deckungsbeitrags- und Gewinnanalysen durchführen (z. B. Simon und Fassnacht, 2016). Erweisen sich schließlich Bündelungsansätze von Dienstleistungen vor dem Hintergrund der Umsatz-, Deckungsbeitrags- oder Gewinnmaximierung bzw. der Differenzierung vom Wettbewerb oder dem Aufbau von Marktbarrieren für Wettbewerber als nicht mehr zielführend, so können durch ein Unbundling ehemals gebündelte Leistungen wieder aufgelöst und damit separat vermarktet werden. Folglich kann diese Form der Preissetzung auch als Ursprungsausrichtung von Leistungen zu separaten Preisen aufgefasst werden; ein Anbieter offeriert also kein Bündelangebot. In diesem Kontext spielt auch der Lebenszyklus von Leistungen eine wichtige Rolle. Wenn in einem Paket bspw. Leistungen enthalten sind, deren Lebenszyklus sich dem Ende neigt, während andere Leistungen in diesem Paket weiter in hohen Mengen nachgefragt werden, würde sich ebenso eine Entbündelung anbieten. Während bei Sachgütern hier noch Lagerabverkäufe stattfinden könnten ergibt sich diese Argumentation bei Dienstleistungen aufgrund der simultanen Produktion und Konsumption eines immateriellen Leistungsergebnisses nur in seltenen Fällen, d. h. nur, wenn an die Leistung ein Sachgut gekoppelt ist oder noch weitere Produktionsfaktoren bzw. das dafür eingesetzte Kapital in irgendeiner Form gebunden sind. Bündelungsoptionen werden im Detail nochmals bei der Diskussion der Preispolitik aufgegriffen.

Eine **theoretische Grundlage** für die Bündelung von Leistungen stellen aus der Nachfragersicht die Prospect-theory und das Mental-accounting dar (Heath et al., 1995; Herrmann und Huber, 2013). Der auf Kahneman und Tversky (1979) zurückgehende Ansatz der Prospect-theory bezieht insbesondere die Wertschätzung der Nachfrager vor dem Hintergrund von relativen Gewinnen und Verlusten in die Betrachtung ein (Tversky und Kahneman, 1992). Zudem wurde die Prospect-theory von Thaler (1985/ 2008) zum Mental-accounting weiterentwickelt, welches das Phänomen untersucht, dass Individuen mentale Konten für einzelne Ausgabenpositionen bilden, d. h. eine Kategorisierung für finanzielle Transaktionen ähnlich wie bei einer unternehmerischen Buchführung anlegen. Somit wird die Logik der Prospect-theory dahingehend erweitert, dass Individuen Güter, die als Eigenschaftsbündel aus unterschiedlichen Dimensionen bestehen, oder Bündel von Gütern unter dem Gesichtspunkt der Attraktivität des in Frage stehenden Gesamtpakets (hedonistische Verzerrung) betrachten (Thaler und Johnson, 1990). Damit behandeln beide Ansätze die weiter oben im Rahmen des Kaufentscheidungsprozesses diskutierten verzerrenden Effekte in Entscheidungssituationen. Sie helfen dabei, das menschliche Entscheidungsverhalten aus der Perspektive einer verhaltenswissenschaftlichen Entscheidungstheorie, und damit unter dem Aspekt der beschränkten Rationalität zu erklären. Darüber hinaus können die theoretischen Grundüberlegungen auf die hier behandelte Problematik der Bündelung von Dienstleistungen angewendet werden.

Die **Prospect-theory** geht zunächst von individuellen Entscheidungen unter Risiko aus (Amann, 2019; Pfister et al., 2017; Göbel, 2018). Prospects stellen in diesem Kontext Alternativen einer Kaufentscheidung dar, d. h. unterschiedliche Dienstleistungen, die zu Gewinnen (Gains) und Verlusten (Losses) führen. Annahmegemäß wählt das Individuum die Alternative mit dem größten Nutzen (Value), also dem höchsten persönlichen Gewinn. Zum einen wird dieser allerdings mit einer subjektiven Eintrittswahrscheinlichkeit gewichtet und zum anderen geschieht die Beurteilung relativ zu einem Referenzpunkt (Coding), welcher den Ankerpunkt der Beurteilung bzw. den Punkt unveränderten Wohlstands darstellt. In der Darstellung der subjektiven Nutzenfunktion (v[x]) ist dies der Mittelpunkt (Ursprung) des Koordinatensystems (vgl. Abb. 7.15). Im Gegensatz zur bis dahin gängigen Theorie des Erwartungsnutzens zur Erklärung von menschlichen Entscheidungen, die von rational-handelnden Individuen ausgeht, wird damit in der Prospect-theory das Framing von Ereignissen (Editing) berücksichtigt. Schließlich wird davon ausgegangen, dass Individuen Vereinfachungen bei der Bewertung einer Situation bzw. den zu bewertenden Prospects vornehmen. Somit ist der Referenzpunkt durch den Kontext der Entscheidungssituation vom Anbieter beeinflussbar (z. B. durch eine entsprechende Präsentation des Leistungsangebots und seiner Bestandteile).

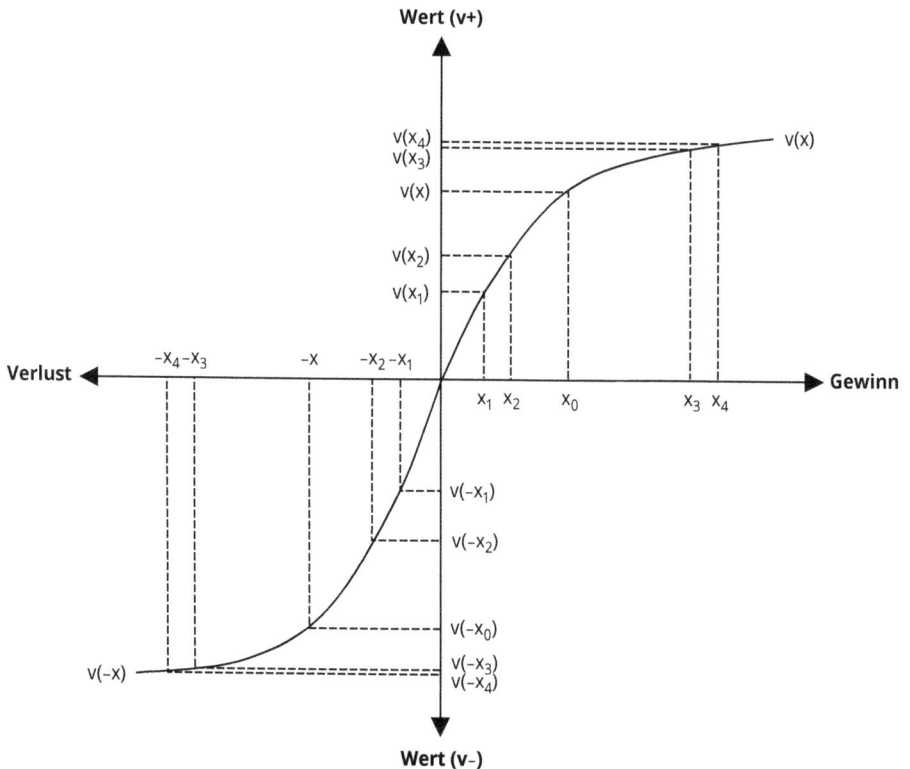

Abb. 7.15: Wertfunktion der Prospect-theory (Kahneman und Tversky, 1979).

Darüber hinaus gelten weitere Annahmen über den Verlauf der **individuellen Nut-zenfunktion** im positiven (v[x]) und im negativen (v[-x]) Bereich. Beide Funktionen gehen von einem sinkenden Grenznutzen(-schaden) aus, d. h. einer abnehmenden Sensitivität, allerdings verläuft die Funktion in der Gewinnzone konkav mit langsam abnehmender Sensitivität und in der Verlustzone konvex mit zunächst stärkerer Sensitivität. Dies liegt einerseits darin begründet, dass Individuen eine Verlustaversion (Loss-aversion) haben (Kahneman et al., 1991), die Nutzenfunktion verläuft darum in der Verlustzone steiler als in der Gewinnzone. Dies kann mit dem Besitztumseffekt (Endowment-effect) erklärt werden (Weber, 1993). In der Folge davon werden gleich hohe Gewinne ($v[x_0]$) anders als gleich hohe Verluste ($v[-x_0]$) bewertet. Andererseits gleichen sich die Verläufe jedoch ab einer bestimmten Verlusthöhe wieder an ($\Delta v[x_1;x_2] \neq \Delta v[-x_1;-x_2]$ bzw. $\Delta v[x_3;x_4] \approx \Delta v[-x_3;-x_4]$), da unterstellt wird, dass Individuen ab einem gewissen Punkt fatalistisch urteilen („Jetzt kommt es auch nicht mehr drauf an."). Der Schmerz über Verluste ist also deutlich größer als die Freude über Zugewinne. Aus diesen Annahmen wird ersichtlich, dass Nachfrager nicht absolute, sondern relative Unterschiede wahrnehmen, da ein Preisunterschied von 5,- € und 10,- € (100%) anders als der gleiche absolute Preisunterschied von 505,- € und 510,- € (1%) ausfällt. Dieser Zusammenhang konnte in zahlreichen empirischen Studien zum Entscheidungsverhalten von Individuen nachgewiesen werden (Kahneman, 2012; Kahneman et al., 2021).

An dieser Stelle zeigen sowohl die Prospect-theory als auch die Weiterentwicklung zum Mental-accounting ihre Bedeutung für die Bündelung von Leistungen und damit das Framing der Entscheidungssituation (Soman und Gourville, 2001), da Individuen Leistungen gedanklich zu Paketen verknüpfen und somit eine Entbündelung von Haupt- und Zusatzleistung als Verlust einordnen (Herrmann und Huber, 2013). Außerdem bewerten sie nicht die absolute Höhe, sondern die relative Höhe von Gewinn und Verlust in Bezug auf den Referenzpunkt (Anker). Dabei wird das Coding in erheblichem Ausmaß von der Präsentationsform der zu bewertenden Teilaspekte einer Transaktion beeinflusst (Thaler und Johnson, 1990). Aus den individuellen Nutzenfunktionen im positiven und negativen Bereich folgend, wird die Bezahlung mehrerer Teilleistungen (Verlust) als unangenehmer empfunden als die Bündelung zu einem Gesamtpreis, was als **Multiple-losses** bezeichnet wird, da die Kurve im höheren negativen Bereich flacher als am Anker (Ursprung) verläuft. Auch die Auflösung einer vormals als Bündel angebotenen Kombination von Dienstleistungen wird somit als negativer empfunden als ein darüber liegender erhöhter Bündelpreis. Hierbei spielen allerdings die individuelle Wahrnehmung der Wertfunktion sowie die individuellen maximalen Zahlungsbereitschaften eine wichtige Rolle. Außerdem darf das Gesamtbudget für die Transaktion nicht durchbrochen werden. Sofern der Nachfrager beide Leistungen in Anspruch nehmen möchte, spricht dies aber vor allem bei höherwertigen Leistungen für eine Bündelung der Teilleistungen zu einem Gesamtpaket (Integration). Umgekehrt wird allerdings ein Rabatt auf ein Leistungspaket (Gewinn) als geringer empfunden, da die Funktion im positiven Bereich insgesamt flacher verläuft. Aus diesem Grund sollten Rabatte auf Teilleistungen (Segregation) eines Bündelpakets oder einzelne Leistungskomponenten separat ausgewiesen werden, was als **Multiple-gains** bezeichnet wird, wenn der Anbieter die einzelnen Nutzenkomponenten bzw. die besonderen preislichen Vorteile seines Angebotspakets hervorheben möchte, da der Wert des Zugewinns durch die separierten Rabatte für den Nachfrager vor allem im vorderen, steileren Bereich der Gewinnzone insgesamt als höher empfunden wird (Diller et al., 2021). Darüber hinaus lässt sich ableiten, dass Bündel so geformt sein sollten, dass (1) eine Leistung stets mit einer anderen Leistung, die Nachfrager ehedem kaufen möchte, kombiniert werden, dass (2) die zu einem Paket zusammengeführten Einzelpreise möglichst weit auseinander liegen, da hierdurch die Attraktivität des Angebots steigt, und dass (3) der Ursprungspreis und der reduzierte Bündelpreis getrennt voneinander ausgewiesen werden (Herrmann und Huber, 2013).

7.1.2.3 Lebenszyklus von Dienstleistungen

Bisher wurde die Leistungspolitik vorwiegend aus einer statischen Perspektive betrachtet, indem einzelne Leistungen (Core- und Secondary-services) sowie das Leistungsprogramm eines Dienstleisters thematisiert wurden. Vereinzelt wurde bereits auf die dynamischen Aspekte der Leistungspolitik verwiesen. Dies gilt ebenfalls vor dem Hintergrund der Qualitätsmessung und der Zufriedenheit der aktuellen Kunden mit den Leistungen des Anbieters. Bei einer expliziten Einbeziehung des Lebenszyklus von Dienstleistungen steht allerdings nicht nur die Analyse des aktuellen Leistungsprogramms im Fokus, sondern in besonderem Maße auch der gesamte Prozess zwischen der Markteinführung neuer und/oder innovativer Dienstleistungen bis hin zur Elimination veralteter und/oder verlustbringender Dienstleistungen. Es handelt sich folglich um eine dritte Dimension der Leistungspolitik mit dem Fokus auf die **Dynamik von Leistungen**. Wie zu erkennen ist, steht der Lebenszyklus von Leistungen in engem Zusammenhang mit programmpolitischen Entscheidungstatbeständen über die Zeit. So kann ein Dienstleistungsanbieter neben der Beibehaltung (Status-quo) des aktuellen Leistungsprogramms mit aktuellen Leistungskategorien und Leistungsarten auch eine Änderung desselben vornehmen, bei der entweder die Struktur verändert wird, eine Ausweitung vorgenommen wird oder eine Einengung des Programms erfolgt (Kleinaltenkamp und Ginter, 1998).

Bei einer **Strukturveränderung** wird entweder eine Gewichtsverlagerung bei der Leistungsvermarktung vorgenommen, d. h. die marketingpolitische Unterstützung für einzelne Leistungen im Angebotsprogramm, indem bspw. verstärkte Werbebemühungen unternommen werden oder in der Leistungserstellung mehr Kapazitäten bereitgestellt werden (vgl. Abb. 7.16). Dadurch kann der Blick seitens der Nachfrager auf diese Leistungen gelenkt werden, die bei stärkerer Nachfrage in der Folge zu einer Verlagerung in der relativen Zusammensetzung des Programms führen (z. B. im Hinblick auf Absatzzahlen oder Umsätze). Somit ändert sich allerdings in Bezug auf die Breite und Tiefe des Leistungsprogramms nichts. Bei einer Leistungsvariation wird dagegen eine

Leistung in Teilen oder komplett überarbeitet und im Hinblick auf aktuelle Markterfordernisse an die Bedürfnisstruktur der Nachfrager oder neue technische Entwicklungen angepasst. Dabei verschwindet die alte Leistung in ihrer bisherigen Zusammensetzung und es wird nur noch die neue, veränderte Leistung angeboten. Ein weiterer Grund für eine Variation kann auch die bessere Differenzierung vom Wettbewerb und damit der Aufbau von Wettbewerbsvorteilen sein. In diesem Kontext gewinnen die weiter oben besprochenen Strategien der Positionierung durch Um- oder Neupositionierung eine wichtige Bedeutung (Esch et al., 2017), um den Vorteil für die aktuellen und potenziellen Nachfrager sichtbar zu machen und an diese zu kommunizieren.

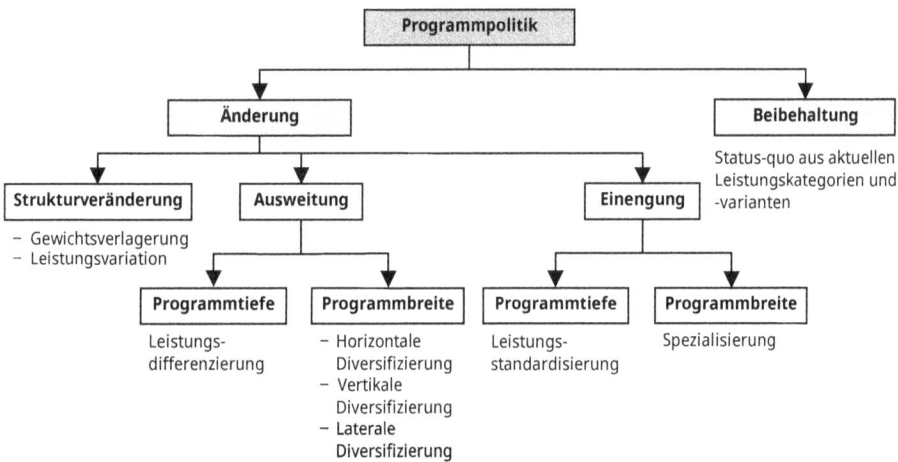

Abb. 7.16: Programmpolitische Entscheidungsalternativen über die Zeit (in Anlehnung an Kleinaltenkamp und Ginter, 1998).

Bei der **Ausweitung des Leistungsprogramms** erfolgt im Hinblick auf die Tiefe des Leistungsprogramms eine Leistungsdifferenzierung. Bei einer Leistungsdifferenzierung wird wie bei einer Variation versucht, die Bedürfnisse der Nachfrager besser zu adressieren, allerdings bleibt die Ursprungleistung weiterhin bestehen, es werden lediglich einzelne Komponenten an verschiedene individuelle Bedürfnisse angepasst. Dies bedeutet somit gleichzeitig, dass verschiedene Leistungen, die mehr oder weniger ähnliche Grundbestanteile haben, parallel angeboten werden, sich folglich lediglich im Hinblick auf den gebotenen Umfang und damit die Qualität unterscheiden. So kann ein Versicherer bspw. eine Autoversicherung mit unterschiedlicher Selbstbeteiligung oder eine Haftpflichtversicherung mit verschiedenen Deckungsgraden anbieten. Die Nachfrager können sich dann durch Selbstselektion aufgrund ihrer eigenen Risikoeinschätzung und Zahlungsbereitschaften eines der Angebote aussuchen und dieses vor dem Kauf mit den Leistungen der Wettbewerber bezgl. der eigenen Präferenzen vergleichen. Gleiches tritt bei Softwarepaketen auf, wenn diese verschiedene Umfänge (z. B. Microsoft Office) enthalten oder bei einem Hotel, welches Übernachtungen mit und ohne Frühstück anbietet.

Vor dem Hintergrund eines Wettbewerbsvorteils können Nachfrager durch die gesteigerte Flexibilität in der Auswahl möglicherweise besser akquiriert und es können zusätzliche Marktsegmente angesprochen werden. Im Hinblick auf die Breite des Leistungsprogramms kann der Anbieter sich durch Diversifikation von den Wettbewerbsangeboten abheben. Hierbei werden Leistungen anderer Kategorien angeboten bzw. Core- und Secondary-services aus unterschiedlichen Bereichen, die bisher nicht am Markt angeboten wurden, zu (neuen) Paketen verknüpft. Erfolgt eine horizontale Diversifikation, so bleibt der Anbieter in seinem bisherigen Bereich bzw. der Marktstufe. Ein Softwareanbieter könnte bspw. Cloud-Lösungen, Programmierservices oder Beratungsleistungen im IT-Bereich anbieten. Dies wären Leistungen, die so vorher nicht vorlagen und damit neue Zielgruppen erschließen, das Angebot folglich der Breite nach ausweiten. Neben einer Steigerung der Attraktivität des Angebots können dadurch eventuelle Nachfrageverbünde ausgenutzt werden. Eine Ausweitung könnte auch durch vertikale Diversifikation erfolgen, indem der Softwareanbieter marktstufenübergreifend in vor und/oder nachgelagerte Bereiche eindringt. Ein Softwareanbieter kann bspw. einerseits die Herstellung und Vernetzung von IT-Systemen in sein Leistungsprogramm aufnehmen und andererseits den Verkauf von Rechneranlagen bzw. den Betrieb von Rechenzentren übernehmen. Der oben genannte Reiseveranstalter, der in seinem Programm bereits eine Fluglinie sowie Busse und Hotels besitzt und darüber hinaus noch weitere Freizeitaktivitäten anbietet, überschreitet schließlich nicht nur die horizontalen und vertikalen Grenzen seinen ursprünglichen Geschäftsmodells der Zusammenstellung bzw. Vermittlung von Reiseleistungen. Indem er den Transport und die Unterkunft der Gäste am Urlaubsort organisiert, bewegt er sich bereits in einer lateralen Diversifikation bei der durch die Organisation von Freizeitaktivitäten oder das Investment in einen Unterhaltungs-/Themenpark die Geschäftstätigkeit in andere Bereiche ausdehnt wird, welche ursprünglich nicht nur die Zusammenstellung der Reise und Buchung von Kapazitäten bei fremden Dienstleistungsanbietern beinhalten. Damit können ebenso wie bei der Differenzierung zusätzliche Marktsegmente bzw. neue Zielgruppen mit eigenen Angeboten besser adressiert werden. Somit bietet sich die Diversifikation auch bei stärker individualisierten Dienstleistungen an, während die Produktvariation und -differenzierung vor allem für standardisierte Dienstleistungen geeignet scheint (Fließ, 2009).

Bei der **Einengung des Leistungsprogramms** erfolgt eine Reduktion bisher in einzelnen Marktsegmenten bzw. auf den relevanten Märkten angebotenen Dienstleistungen. Es erfolgt wieder eine Unterscheidung in die Tiefe des Leistungsprogramms, bei der es vor allem um die Leistungsstandardisierung geht. Dadurch wird eine zuvor vorgenommene Ausweitung durch Leistungsdifferenzierung durch die Elimination quasi zurückgenommen. Die Gründe hierfür können eine sinkende Nachfrage nach speziellen Leistungen (Absatz/Umsatz) oder deren Lebenszyklusende (Alter der Leistungen) sowie die signifikante Einsparung von Fixkosten durch Reduzierung der bereitgestellten Kapazitäten sein. Hierdurch kann möglicherweise die Profitabilität des Gesamtunternehmens erhöht werden. Allerdings muss der Nachteil des Absatz- bzw.

Umsatzverlusts durch verloren gegangene Kunden, deren spezielle Bedürfnisse und Präferenzen nun nicht mehr befriedigt werden können, überkompensiert werden. Daneben können auch die Leistungen der Wettbewerber, die über einen Wettbewerbsvorteil verfügen, ebenso wie der Eintritt neuer Wettbewerber oder von substitutiven Leistungen am Markt zu einer solchen Entscheidung führen. Dies wurde bereits bei den Five-forces diskutiert, den Triebkräften des Wettbewerbs in einem Markt (Porter, 1980). Im Hinblick auf die Breite des Leistungsprogramms kann der Anbieter im Gegensatz zu einer zuvor vorgenommen Diversifikation nunmehr eine Spezialisierung auf bestimmte Geschäftsbereiche, Leistungen bzw. Marktsegmente vornehmen. Dadurch kann er sich bspw. wieder auf seine Kernkompetenzen konzentrieren, wodurch der zuvor vorgenommene Komplexitätsaufbau durch einen Verkauf von bestimmten Unternehmensteilen, Betriebsmitteln oder eine Einstellung des Leistungsangebots somit durch einen Komplexitätsabbau wieder zurückgenommen wird. Ähnlich wie bei der Leistungsstandardisierung besteht allerdings auch hier die Gefahr, dass Nachfrager zu Wettbewerbsunternehmen abwandern. Dies wird umso stärker, je mehr Verbundwirkungen im aktuellen Leistungsprogramm des Anbieters bestehen (Meffert et al., 2019). Darüber hinaus können durch die Verknüpfung von Kapazitäten, Kosten, Prozessen oder die Zusammenfassung zu Bündelleistungen auch angebotsseitige Verbundwirkungen (Economies-of-scope) bestehen, die bei einer Einengung Berücksichtigung finden müssen.

Schließlich stehen im Zusammenhang mit der Veränderung im Leistungsprogramm auch Entscheidungen zur Einführung **innovativer Dienstleistungen**. Hierbei können die bisherigen Betrachtungen zum Leistungsprogramm vor dem Hintergrund der Zeitdimension bzw. dem Lebenszyklus von Dienstleistungen, wie zu Beginn des Abschnitts angedeutet, um die drei Bereiche „noch nicht auf dem Markt", „auf dem Markt vertreten" und „nicht mehr auf dem Markt" als explizite Integration des Entwicklungs- und Marktzyklus ergänzt werden (vgl. Abb. 7.17).

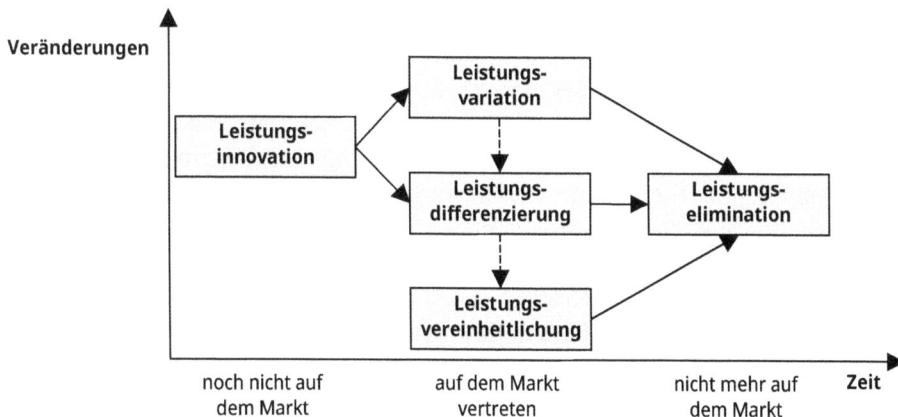

Abb. 7.17: Von der Leistungsinnovation zur -elimination (in Anlehnung an Meffert et al., 2018).

Im Hinblick auf **Leistungsinnovationen** kann zwischen einem erweiterten Begriff, welcher sämtliche neuen Leistungen eines Unternehmens einbezieht (Meffert et al., 2019), und einem engeren Innovationsbegriff, der auf die Perspektive der Nachfrager fokussiert (Homburg, 2020), unterschieden werden. In Bezug auf Letzteren handelt es sich bei Innovationen um solche Leistungen, die von Kunden als neu, d. h. bisher noch nicht am Markt erhältlich wahrgenommen werden. Diese dienen zur Befriedigung von aktuellen und/oder potenziellen Bedürfnissen. Neben der internen Ideenfindung durch individuelle und durch gruppenbezogene Kreativtechniken (z. B. Attribute-listing, Mindmapping, Brainstorming und -writing) oder durch externe Ideenquellen (z. B. Kundenbefragungen und Messebesuche) sowie dem oben diskutierten Verfahren des QFD mit seinem House-of-quality spielen bei unternehmerischen Innovationsprozessen vor allem Wirtschaftlichkeitsanalysen und Prognosen zur Adoption und Diffusion neuer Leistungen wichtige Rollen (Rogers, 1976/2003). Bei den Wirtschaftlichkeitsanalysen kommen zur Ideenauswahl und Konzeptbewertung insbesondere Checklisten und Nutzwertanalysen (Ranking und Rating) zum Einsatz (Homburg, 2020), während bei der Beurteilung der Marktfähigkeit von Leistungskonzepten Verfahren zur Absatzprognose mit Break-even-Analysen (statische Investitionsrechnung) und Kapitalwertberechnungen (dynamische Investitionsrechnung) kombiniert werden (Busse von Colbe und Witte, 2018; Becker und Peppmeier, 2022), Präferenzen und Zahlungsbereitschaften bspw. über Conjoint-Analyse ermittelt und Testmärkte (z. B. abgegrenzte Absatzregionen) eingesetzt werden, um die tatsächliche Umsetzung und den Verkauf von Leistungen im Feld zu überprüfen, bevor eine Innovation im Gesamtmarkt umgesetzt wird (Homburg, 2020; Meffert et al., 2019). In diesem Zusammenhang handelt es sich bei der Diffusion um die Gesamtausbreitung von Innovationen in einem Markt (sozialen System) im Zeitablauf mit Erst- und Wiederkäufen, während es sich bei der Adoption um eine individuelle Übernahme, d. h. die individuelle Nachfrage nach dieser Innovation handelt. Rogers (2003) beschreibt hierbei unterschiedliche Adopterkategorien. Zu diesen gehören Innovatoren, frühe Adopter, frühe und späte Mehrheit sowie Nachzügler. Je nach Struktur des Marktes aggregiert sich die Ausgestaltung der Adopterkategorien zu bestimmten Diffusionsverläufen. Dabei hängt der Verlauf der Diffusion bspw. von Faktoren wie der Einzigartigkeit der Leistung, der Komplexität (Erklärungsbedürftigkeit), der Risikobereitschaft der Nachfrager, der Reputation des Anbieters und rechtlichen Rahmenbedingungen (z. B. bei medizinischen Dienstleistungen) ab. Aufgrund der besonderen Bedeutung von Leistungsinnovationen wird am Ende des operativen Teils mit dem Service-engineering eine integrative Perspektive zum Innovationsmanagement bei Dienstleistungen diskutiert, die neben operativen auch strategische Aspekte der Entwicklung neuer Leistungen beinhaltet.

Letztendlich bedeutet die **Elimination** einer Leistung die Herausnahme aus dem Markt. Die Gründe für Eliminationsentscheidungen wurden bereits oben im Rahmen der Einengung des Leistungsprogramms erörtert und liegen bspw. in der fehlenden Profitabilität durch eine mangelnde Nachfrage am Ende des Lebenszyklus einer Leistung bei gleichzeitig hohen Bereitstellungskosten für interne Produktionsfaktoren (Potenziale) bzw. den Aufwendungen für die Vermarktung der Leistung (z. B. Werbung). Darüber hinaus können auch Kundenbeschwerden über die Leistungserstellung sowie deutlich bessere Wettbewerbsangebote im Hinblick auf die Leistungsqualität und die geforderten Preise zu einer Eliminationsentscheidung führen. Im Gegensatz dazu kann es auch aufgrund von vertraglichen Zusagen (z. B. langfristige Verträge) oder rechtlichen Gegebenheiten (z. B. Krankenhäuser einer bestimmten Versorgungsstufe laut Krankenhausplan im Gesundheitswesen oder Energieversorger im Bereich Strom und Gas, die eine Grundversorgung anbieten müssen) dazu kommen, dass Eliminationsentscheidungen nicht autonom von den Leistungsanbietern getroffen werden können oder hohe ökonomische und rechtliche Hürden beinhalten.

7.2 Preispolitik

Neben der Festlegung der Qualität, der Ausgestaltung von Leistungen und Entscheidungen zum aktuellen und zukünftigen Leistungsprogramm eines Anbieters müssen die Preise und Konditionen im Rahmen des Austauschprozesses mit aktuellen und potenziellen Nachfragern ebenfalls festgelegt werden (Diller et al., 2021; Diller und Hermanns, 2003; Simon und Fassnacht, 2016). Preise stellen das Opfer eines Kunden oder einer Kundengruppe als Durchschnitt in einem bestimmten Marktsegment dar, das i. d. R. als monetäre Gegenleistung für die von Anbieter erhaltenen Dienstleistungen erbracht werden muss. Außerdem können sich Preise für einzelne Leistungen über die Zeit ändern und müssen am Markt durchgesetzt werden. Ferner müssen Preise für innovative bzw. neue Leistungen festgelegt werden und auf die übrigen Preise im Leistungsprogramm abgestimmt werden, sodass die preisliche Attraktivität des gesamten Leistungsprogramms im Preisgefüge des Wettbewerbs sowie vor dem Hintergrund von Verbundeffekten der Nachfrage sichergestellt ist. Alle dazu gehörenden Entscheidungstatbestände umfasst die Preispolitik (Homburg, 2020), die manchmal auch als Preis- und Konditionenpolitik oder als Kontrahierungspolitik bezeichnet wird. An dieser Stelle wird allerdings vereinfacht und wie meist üblich von der Preispolitik gesprochen wird. Außerdem können Konditionen (Rabatte, Zahlungsbedingungen und Kredite) auch unter die Instrumente der Ausgestaltung der Preisforderung gefasst werden, d. h. das Finetuning in konkreten Marktsituationen, sofern Nachfrager bestimmte Voraussetzungen erfüllen. Es bestehen folglich zwei Bereiche im Rahmen des betrieblichen Pricings. In einem ersten Schritt werden jedoch zunächst einige **Besonderheiten der Preispolitik** von Dienstleistungsanbietern diskutiert, die zum einen aus der Immaterialität des Leistungsergebnisses und dessen Qualität bzw. Beurteilbarkeit der Qualität aus Nachfragersicht resultieren, und zum anderen durch die Bereitstellung von Potenzialen, d. h. der Aufrechterhaltung der Kapazitäten, und der Integration des externen Faktors in den Leistungserstellungsprozess aus der Anbieterperspektive begründet sind (Abschnitt 7.2.1). In einem zweiten Schritt werden darauf aufbauend drei verschiedene Ansatzpunkte für die übergreifende Preisfestlegung auf Dienstleistungsmärkten, d. h. die generellen **Methoden der Preisfindung** diskutiert (Abschnitt 7.2.2). Hierzu zählen die Kosten des Anbieters (kostenorientierte Preisfindung), die Zahlungsbereitschaften der Nachfrager (nachfragerorientierte Preisfindung) und die Wettbewerbspreise (wettbewerbsorientierte Preisfindung). Dabei können Nachfrager und Wettbewerber auch unter dem Aspekt einer marktorientierten Preisfindung zusammengefasst werden, es handelt sich um eine Outside-in-Perspektive auf das Pricing, wohingegen die Kostenorientierung eine Inside-out-Perspektive darstellt. Die unternehmerische Preispolitik soll durch diese drei Betrachtungsperspektiven insbesondere sicherstellen, dass der Anbieter einer Leistung zum einen marktgerechte Preise für seine Leistungen fordert und zum anderen einen möglichst hohen Überschuss über die bei der Leistungserbringung und der Bereitstellung von Kapazitäten entstehenden Kosten erwirtschaftet. So erfolgt eine Kalkulation der Preise im Dienstleistungsbereich bspw. vor dem Hintergrund bzw. mit dem Ziel der Kapazitätsauslastung, der Abschöpfung von Zahlungsbereitschaften zur Deckung der Kosten, der psychologischen Beeinflussung der Nachfrager und/oder der Erreichung eines möglichst hohen Marktanteils, um sich langfristig gegenüber der Konkurrenz am Markt behaupten zu können (Diller et al., 2021). Neben den erwähnten generellen Methoden der Preisfindung spielen im Rahmen der Preispolitik eines Dienstleisters in einem dritten Schritt die **Instrumente der Preispolitik** eine wichtige Rolle, die gleichzeitig für eine effektivere und eine effizientere Ausgestaltung der zunächst global festgelegten Preisforderung Sorge tragen, und somit die genannten Ziele vervollständigen helfen (Abschnitt 7.2.3). Neben einer besseren Ansprache einzelner Zielsegmente vor dem Hintergrund von Zahlungsbereitschaften durch das Instrument der Preisdifferenzierung mit den Spezialformen des Revenue-Managements (auch Yield-Management), der nichtlinearen Preise sowie der Preis- und/oder Nachfragerbündelung gehören dazu die bereits angesprochenen Möglichkeiten der Konditionengestaltung.

7.2.1 Grundlagen des Pricings für Dienstleistungen

Insgesamt geht es bei der Preispolitik darum, wie viel ein Nachfrager für die Leistungen eines Anbieters als Gegenleistung im Rahmen von Austauschprozessen bezahlen muss. In diesem Kontext muss vor allem berücksichtigt werden, dass Dienstleistungen zahlreiche Erfahrungs- und Vertrauensguteigenschaften haben (Schön, 2017; Zeithaml, 1981), da es sich um immaterielle Leistungen handelt, deren Evaluation durch die **Nachfragerseite** aufgrund der Nichtlagerfähigkeit ex-ante nur eingeschränkt möglich ist. Dies wurde im Rahmen des Nachfragerverhaltens bereits ausführlich diskutiert. Es besteht somit einerseits eine attributbezogene Preisunsicherheit bzgl. der Qualität der Leistungen, welche andererseits in Kombination mit einer Verhaltensunsicherheit bzgl. der Aktionen des Anbieters in der Leistungserstellung auftritt (Weiber et al., 2022). So besteht ein gewisses Risiko, dass der Anbieter, als stärkere Marktseite und Leistungserbringer, Opportunismus vorausgesetzt, den Nachfrager, als schwächere

Marktseite und Leistungsempfänger, durch falsche Versprechungen über Umfang und Qualität der Dienstleistung ausbeutet. Damit ist wiederum die Ermittlung des Preis-Leistungs-Verhältnisses und die Feststellung der Zahlungsbereitschaft der Nachfrager nur eingeschränkt möglich bzw. unterliegt möglicherweise Beurteilungsverzerrungen. Daher spielt das Preisvertrauen und die Glaubwürdigkeit der angepriesenen bzw. gebotenen Preisfairness bei Dienstleistungen bezgl. einer nachfragerbezogenen Preisfindung eine entscheidende Rolle (Diller et al., 2021; Pechtl, 2014; Simon und Fassnacht, 2016; Wirtz und Lovelock, 2022). Hierbei können verhaltenswissenschaftliche Ansätze der Preistheorie neben der ökonomischen Perspektive zentrale Erkenntnisse liefern (z. B. Preisgerechtigkeit, Preiserlebnis oder Preisinteresse). Folglich werden diese ebenfalls diskutiert.

Außerdem wird deutlich, dass der Preis im Sinne des Marketings bzw. in einer betriebswirtschaftlichen Definition das Opfer des Kunden darstellt, was dem schließlich aufzubringenden Entgelt entspricht, dieses aber ins Verhältnis zum Leistungsumfang des erhaltenen Eigenschaftsbündels gesetzt werden muss (Diller et al., 2021). Der Preis setzt sich also aus der **Relation zweier Einzelkomponenten** zusammen. In Bezug auf Dienstleistungen stellt sich demnach die Frage, welchen Umfang der Nachfrager in welcher Qualität erhält, wie also das Eigenschaftsbündel eines Anbieters im Verhältnis zum geforderten Entgelt konkret ausgestaltet ist. Daraus folgt logischerweise, dass eine Veränderung von Preisforderungen im Sinne einer Erhöhung oder Senkung des Preises, stets zwei Ansatzpunkte haben kann. Einerseits kann der Preis durch eine Erhöhung oder Senkung des Entgelts verändert werden, während gleichzeitig der Leistungsumfang respektive die Qualität der Leistung konstant gehalten wird. Dies wird für Nachfrager direkt durch eine Änderung auf dem bildlich gesprochenen Preisschild bzw. der erhaltenen Rechnung/Quittung deutlich. Andererseits kann der Anbieter die Zusammenstellung, d. h. den Umfang und damit die Qualität der Leistung im Sinne einer Erhöhung oder Reduzierung der Attribute der Leistung verändern, sodass der resultierende Preis, das konstante Entgelt im Verhältnis zur erhaltenen Leistung, entweder steigt (bei einer Reduktion des Leistungsumfangs) oder sinkt (bei einer Erhöhung des Leistungsumfangs). Eine solche Veränderung des Preises ist für Nachfrager vor allem durch die Immaterialität der Leistung bzw. der prägnanten Erfahrungs- und Vertrauensguteigenschaften von Dienstleistungen nicht so leicht nachzuvollziehen wie eine Veränderung der Entgeltforderung (Zeithaml et al., 2012). Dies gilt in besonderem Maße für personalintensive Dienstleistungen, bei denen nur wenige oder keine Sachgüter eingesetzt werden. In diesem Kontext wird darum manchmal von versteckten Preiserhöhungen gesprochen, wenn Anbieter die Leistung reduzieren und gleichzeitig kommunizieren, die Preise konstant gehalten zu haben. Dies trifft dann zwar auf die Entgeltforderung zu, aber nicht auf den Leistungsumfang, sodass es sich betriebswirtschaftlich gesprochen um eine Preiserhöhung handelt. In speziellen Bereichen, wie dem deutschen Gesundheitswesen und hier vor allem in der ambulanten und stationären Versorgung, werden Preise zudem aus verschiedenen Gründen künstlich undurchsichtig gehalten, da Nachfrager aus der gesetzlichen

Krankenversicherung ihre Versichertenkarte quasi wie eine Kreditkarte an die Leistungserbringer aushändigen und später keine Abrechnung über die erbrachten Leistungsumfänge und damit -qualitäten erhalten. Zudem sind diese bei Dienstleistungen mit einem hohen wissensbasierten Anteil für Laien schwer nachvollziehbar. Einer der Gründe für diese besondere Situation liegt sicherlich darin, dass die Entscheidung zum Arzt zu gehen nicht primär von ökonomischen Faktoren abhängen soll.

Weiterhin ist aus der **Anbieterperspektive** bei Dienstleistungen vor allem auf die erschwerte Zurechnung von Kosten in Bezug auf die Aufrechterhaltung der Potenziale und vor allem in Bezug auf die eigentliche Leistungserstellung in der Endkombination hinzuweisen. Weiter oben wurde in diesem Kontext bereits die Prozesskostenrechnung erwähnt, da bei der Dienstleistungserstellung oftmals mehrere Kostenstellen und damit Personal aus unterschiedlichen Bereichen beteiligt ist, welches die möglichst verursachungsgerechte Verrechnung der Gemeinkosten erschwert, d. h. alle nicht auf eine einzelne Leistung (Kostenträger) direkt zurechenbaren Kosten. Darüber hinaus ist der Nachfrager als externer Faktor bei Dienstleistungen mit seinen oftmals beizubringenden externen Produktionsfaktoren (z. B. Sachmittel, Informationen oder Rechte) in den Leistungserstellungsprozess integriert. Durch die Integration des Nachfragers kommt es in der Prozesskette zu Auslagerungen und nachfragerseitig zu erbringenden Aktivitäten, die nicht nur die Festlegung der Qualität des Leistungsergebnisses, sondern gleichzeitig auch die Bestimmung und Kommunikation der Preisforderungen für den Anbieter deutlich erschweren (Meffert et al., 2018; Simon und Fassnacht, 2016). Jedoch hat der Preis für den Anbieter nicht nur über die Kosten einen wichtigen Einfluss auf den unternehmerischen Gewinn, sondern zusätzlich durch die multiplikative Verknüpfung mit der abgesetzten Menge von Services, die in der Summe die Umsätze eines Dienstleisters in seinem Serviceprogramm ausmachen (Esch et al., 2017; Pechtl, 2014; Schön, 2017). Lediglich kleine Veränderungen in den Preisen können im Kontext der nachgefragten Mengen daher einen sehr großen Einfluss auf den Unternehmensgewinn haben. Außerdem sind die Absatzmengen mit dem Marktanteil und dem Voranschreiten auf der Erfahrungskurve verknüpft. Diese haben in Bezug auf die variablen Kosten der Wertschöpfung daher einen wichtigen Einfluss auf die Kostensituation des Anbieters. Folglich müssen Preis- und Konditionenentscheidungen vor dem Hintergrund von Umsatz-, Kosten- und letztendlich Gewinnauswirkungen unter kurz- und langfristigen Gesichtspunkten sorgsam abgewogen werden, da gerade bei Dienstleistungen für beide Marktseiten zahlreiche Unwägbarkeiten bestehen, die im Vorfeld nur schwer abzugrenzen sind, sich im Nachhinein aber durchaus gravierend bemerkbar machen können.

7.2.2 Generelle Methoden der Preisfindung

Bei den generellen Methoden der Preisfindung bzw. der Festlegung der Preise eines Dienstleistungsanbieters kann auf das weiter oben erörterte strategische Dreieck zurückgegriffen werden. Hierdurch werden die auf Märkten oder in einzelnen Segmenten des relevanten Marktes tätigen Akteure deutlich und somit auch die verschiedenen Perspektiven einer Preisfindung bzw. -festlegung, sofern keine weiteren Einflussfaktoren wie bspw. rechtliche Rahmenbedingungen der Preisgestaltung (z. B. in der Strom-/Gaswirtschaft oder im Gesundheitswesen) in der Preispolitik des Anbieters Berücksichtigung finden müssen (vgl. Abb. 7.18). Im Sinne des **marketingstrategischen Dreiecks** besteht mit der Anbieterperspektive die Orientierung an den eigenen Kosten aus der Kostenträgerrechnung, mit der Nachfragerperspektive die Ausrichtung an der Zahlungsbereitschaft der Nachfrager bzw. durch Aggregation an der Preis-Absatz-Funktion eines Segments oder Marktes und mit der Wettbewerbsperspektive die Orientierung an der Preissetzung und der Konditionenpolitik der größten bzw. für den Anbieter relevanten Wettbewerber. Hierbei können im Zeitablauf zusätzlich zu potenziellen Wettbewerbern auch substitutive Leistungen einbezogen werden, die zusammen einen Teil der Triebkräfte des Wettbewerbs in einem Markt bzw. einer Branche darstellen (Porter, 1980/1985). In diesem Kontext sei nochmals darauf verwiesen, dass Nachfrager und Wettbewerber auch unter der Outside-in-Perspektive zu einer marktorientierten Preisfindung zusammengefasst werden können, während aus einer Inside-out-Perspektive der Anbieter eine kostenorientierte Preisfindung verfolgt. Bei einseitigem Fokus werden jedoch entweder kosten- oder marktbezogene Effekte vernachlässigt, sodass in der Summe immer alle drei Perspektiven in die Preisfindung auf dem relevanten Markt einfließen sollten (Wirtz und Lovelock, 2022). Außerdem ist unter strategischen Aspekten anzumerken, dass die resultierenden Preisforderungen für Leistungen, Leistungspakete und das Leistungsprogramm in der Summe mit den beabsichtigten Strategien harmonieren müssen. In diesem Zusammenhang diskutieren Simon und Fassnacht (2016) die Bedeutung unterschiedlicher Preispositionen (niedrig, mittel, Premium und Luxus) bzw. Chancen und Risiken sowie mögliche Dynamiken beim Wechsel der preispolitischen Position eines Anbieters, was hier allerdings zugunsten einer grundlegenden Darstellung der Preispolitik allenfalls indirekt behandelt wird.

7.2.2.1 Kostenorientierte Preisfindung

Ein erster Blick fällt auf das Unternehmen und damit die Inside-out-Perspektive des betrieblichen Pricings. Im Rahmen einer kostenorientierten Preisfindung stehen die Dienstleistungen als Kostenträger des Unternehmens im Vordergrund, was auch als Cost-based-Pricing bezeichnet wird (Wirtz und Lovelock, 2022). Kostenträger sind die Leistungen, die ein Unternehmen am Markt anbietet, wobei es sich streng genommen auch um interne Leistungen handeln kann, die dann im Rahmen der innerbetrieblichen Leistungsverrechnung die Kosten ihrer Erzeugung tragen müssen. Der Fokus

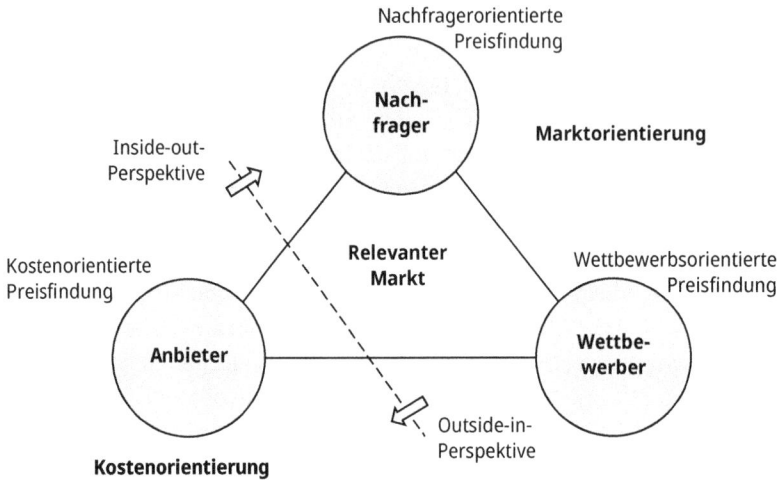

Abb. 7.18: Generelle Möglichkeiten der Preisfindung.

liegt hierbei aber auf den externen Marktleistungen. Die Informationsgrundlage für die Bepreisung von Marktleistungen findet sich im betrieblichen Rechnungswesen bzw. in der **Kosten- und Leistungsrechnung**, die das Ziel verfolgt, die bei der Produktion von Sachgütern und Dienstleistungen entstandenen Kosten möglichst verursachungsgerecht auf die Leistungen des Unternehmens zu verteilen. In der Kosten- und Leistungsrechnung werden nach der Beschäftigungsabhängigkeit unterschiedliche Kostenarten (z. B. Material, Betriebsmittel und Personal) in variable Kosten und fixe Kosten sowie nach der Verrechnungsebene in Einzelkosten (direkt) und Gemeinkosten (indirekt) eingeteilt (Coenenberg et al., 2016; Friedl et al., 2022; Graumann, 2021). Während die Einzelkosten direkt auf die Kostenträger (Leistungen) verrechnet werden, müssen die Gemeinkosten als indirekte Kosten den Umweg über die Kostenstellenrechnung nehmen, dem Ort, an dem sie durch den Einsatz betrieblicher Ressourcen entstehen. Dagegen entstehen variable Kosten, wenn etwas produziert wird und dafür Ressourcen (z. B. Material) beansprucht werden, und fixe Kosten, wenn die Betriebsbereitschaft aufrechterhalten wird, diese aber nicht zwangsläufig beschäftigt ist, weil im Moment bspw. nichts produziert respektive geleistet wird (z. B. Gebäude und Maschinen). Dadurch haben Fixkosten bei hohen vorgehaltenen Kapazitäten (z. B. Personal oder Fuhrpark) einen belastenden negativen Effekt, der sich letztendlich auf die Preise durchschlägt, da, vereinfacht ausgedrückt, langfristig zum Überleben des Unternehmens am Markt alle Kosten durch die erwirtschafteten Umsätze gedeckt werden müssen. Daraus wird ersichtlich, dass Fixkosten immer Gemeinkosten sind (z. B. Hausmeister oder Verwaltung), aber Gemeinkosten nicht immer Fixkosten, da diese zusätzlich auch variabel sein können (z. B. Strom). Allerdings ist die Einteilung in der Praxis nicht immer einfach, da beispielsweise unechte Gemeinkosten entstehen, wenn aus ökonomischen Gründen auf eine möglichst genaue Zuordnung auf einzelne Kostenträger verzichtet wird (z. B. Schmerztabletten für Patienten im Krankenhaus oder Stromzähler für eine ganzes Gebäude oder einer kompletten Anlage anstelle einzelner Abteilungen oder Geräte).

Das Ziel der kostenorientierten Preisfindung besteht darin, dass das geforderte Entgelt, je nach Kostenrechnungsverfahren, entweder langfristig oberhalb der Vollkosten oder zumindest kurzfristig oberhalb der Teilkosten liegen muss. Voeth und Herbst (2013) bezeichnen Kosteninformationen auch als Baseline für das Pricing eines Anbieters, weil sonst Verluste erwirtschaftet werden. Welches **Verfahren der Kostenrechnung** zur Anwendung kommt, hängt zunächst vom Betrachtungshorizont ab. So spielen die Fixkosten kurzfristig nur eine untergeordnete Rolle, da der bei einer Teilkostenrechnung im Fokus stehende Deckungsbeitrag, entweder als Stückbetrachtung (db = p − k_v) oder als Summenbetrachtung über alle identischen Leistungen (DB = [p − k_v] · x), zur Deckung der Fixkosten des Bereichs oder Unternehmens dient (z. B. Gebäude, Maschinen und Personal), die durch die Betriebsbereitschaft, d. h. die unternehmensseitig vorgehaltenen Kapazitäten vorliegen (Däumler und Grabe, 2013b/2013a). Letztendlich dient jeder positive Deckungsbeitrag erst einmal diesem Ziel, d. h. die ehedem vorhandenen Fixkosten zu decken. Außerdem wird derjenige Teil der fixen Kosten, der durch ungenutzte Kapazitäten entsteht, als Leerkosten ($K_L = K_f − K_N$) bezeichnet. Die Leerkosten haben dadurch quasi einen besonderen negativen Effekt. Dieser Teil der Fixkosten ist nicht nur unabhängig von der produzierten Menge, sondern mit ihnen wird aktuell auch nichts produziert. Leerkosten sind in der Kapazitätsplanung darum zu minimieren bzw. nach Möglichkeit gänzlich zu vermeiden (Maleri und Frietzsche, 2008). Dagegen wird der durch die genutzten Kapazitäten entstehende Fixkostenblock dementsprechend als Nutzkosten ($K_N = K_f · AG$) bezeichnet. Je besser folglich die Kapazitäten ausgelastet sind, desto höher ist der Anteil der Nutzkosten an den gesamten Fixkosten. Ein preisliches Entgegenkommen des Dienstleistungsanbieters zur besseren Auslastung seiner Kapazitäten, und damit die Erhöhung des Auslastungsgrads, kann darum kurzfristig durchaus positive Wirkungen im Hinblick auf die gesamte Kostensituation des Unternehmens haben, sofern dadurch langfristig keine negative Preisspirale mit permanent sinkenden Marktpreisen aufgrund der Preisnachgiebigkeit des Anbieters entsteht. Der Auslastungsgrad (AG) ist wie folgt definiert:

$$Auslastungsgrad\ (AG) = \frac{tatsächliche\ Auslastung}{maximal\ mögliche\ Auslastung} \cdot 100$$

In diesem Zusammenhang kann bei einer kurzfristigen Optimierung auf Basis von Deckungsbeiträgen der Preis auch mit dem strategischen Ziel der Preisunterbietung von Wettbewerbern eingesetzt werden. Die Grundlage dafür bietet die kurzfristige Preisuntergrenze, die durch die Teilkosten bestimmt wird. Langfristig müssen jedoch alle Kosten gedeckt werden, sodass die langfristige Preisuntergrenze stets durch die Vollkosten und deren vollständiger Deckung vorgegeben wird. Ein Verfahren der Vollkostenrechnung, das die beabsichtigten Absatzmengen einbezieht und sich an der Deckung der Fixkosten orientiert, ist die **Break-even-Analyse** (vgl. Abb. 7.19). Aus diesem Grund ist die Break-even-Analyse streng genommen bereits ein kostenrechnerisches Verfahren, das die Marktseite der Preisfestlegung einbezieht, weil eine Prognose der Absatzmengen zur Ermittlung des Break-even-Punktes unter Berücksichtigung von resultierenden Umsätzen und den dabei entstehenden Vollkosten notwendig ist (Bruhn, 2019a). Außerdem handelt es sich um eine statische Betrachtung, bei der die insgesamt vorhandenen Fixkosten (K_f) zur Bereitstellung einer Dienstleistung (z. B. Betriebsmittel, Versicherungen und Personal) ins Verhältnis zum Stückdeckungsbeitrag (db = p – k_v) mit den durchschnittlichen variablen Kosten (k_v) gesetzt werden (z. B. Treibstoffe, Hygienemittel, Papier oder sonstige Werkstoffe).

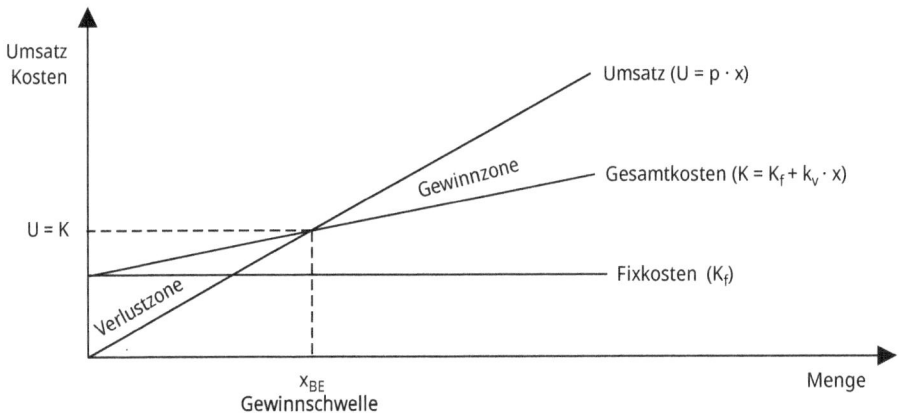

Abb. 7.19: Vereinfachte grafische Darstellung der Break-even-Analyse.

Mathematisch wird dies durch eine **Gleichsetzung** der Kostenfunktion (K = k_v · x + K_f) mit der (prognostizierten) Umsatzfunktion (U = p · x) gelöst, wobei vereinfacht von linearen Kosten- und Umsatzverläufen ausgegangen wird. Es wird also nach dem Schnittpunkt der beiden mathematischen Funktionen gesucht. Daraus berechnet sich die benötigte Absatzmenge der Leistung als Gewinnschwelle (Break-even), um in die grafisch rechts vom Break-even-Punkt liegende so genannte Gewinnzone zu gelangen. Ist ein Dienstleister in der Gewinnzone, dann stellt jede weitere verkaufte Einheit einer Dienstleistung einen Gewinn dar, da zum einen alle fixen Kosten gedeckt sind und zum anderen die variablen Kosten durch einen sich über diesen befindenden Preis, d. h. durch einen positiven Stückdeckungsbeitrag (db = p – k_v), kompensiert werden. Jede darunter liegende verkaufte Einheit einer Leistung, d. h. die Absatzmenge liegt diesseits vom Break-even-Punkt, realisiert dagegen einen Verlust. Der mathematische Zusammenhang lautet wie folgt:

$$K_F + k_v \cdot x = p \cdot x$$

$$\Rightarrow x_{BE} = \frac{K_f}{p - k_v}$$

Werden in diese Betrachtung bereits die Gewinnüberlegungen des Anbieters einbezogen, so kann die berechnete Formel um den **geplanten Gewinn** erweitert werden. Das ist der Betrag, den der Anbieter vor dem Hintergrund seines Wettbewerbs im Marktsegment oder auf dem Gesamtmarkt für angemessen, realistisch oder auch marktüblich betrachtet. Die obige Relation wird dann erweitert, indem der Gewinn (G) den fixen Kosten (K_f) zugeschlagen wird. Der Gedanke erschließt sich relativ einfach, wenn bedacht wird, dass der Gewinn quasi eine zusätzliche fixe Größe darstellt, welche auf jeden Fall durch den erwirtschafteten Stückdeckungsbeitrag (db = p − k_v) gedeckt werden soll. Der Stückdeckungsbeitrag wird auch als Deckungsspanne (ds) bezeichnet. Damit erhöht sich in logischer Konsequenz die erforderliche Break-even-Menge und es resultiert folgende Formel:

$$x_{BE} = \frac{K_f + G}{p - k_v}$$

Zusätzlich verweisen Simon und Fassnacht (2016) im Kontext der Break-even-Analyse auf die Unterscheidung zwischen kapitalintensiven, technikintensiven und personenintensiven Dienstleistungen (vgl. Abb. 7.20).

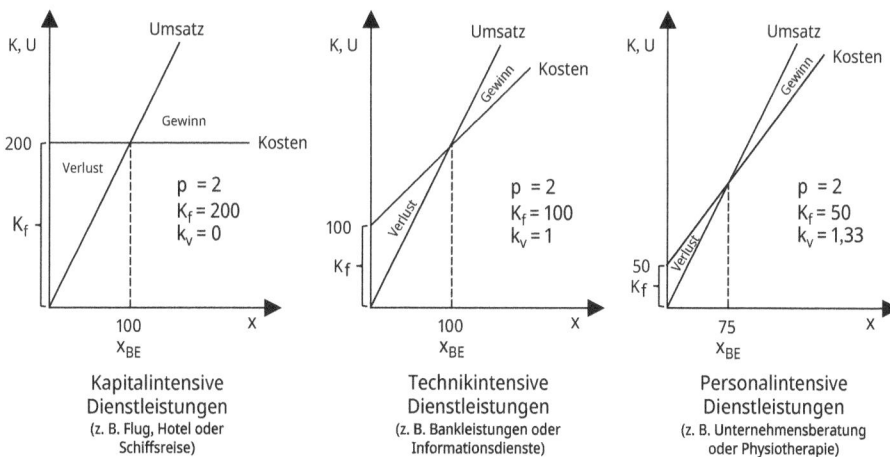

Abb. 7.20: Break-even-Menge bei unterschiedlichen Dienstleistungstypen (Simon und Fassnacht, 2016).

Bei den **kapitalintensiven Dienstleistungen** setzen sich die Kosten im Wesentlichen aus den fixen Kosten für die Räumlichkeiten, die Maschinen und den Fuhrpark zusammen. Variable Kosten sind dagegen vernachlässigbar. So sind bspw. bei Flug- oder Schiffsreisen die Abschreibungen auf die Maschinen der zentrale Kostenfaktor, sodass die Kosten für jeden weiteren Passagier eher gering sind. Damit ist die Auslastung der Kapazitäten zur Amortisation der Fixkosten ein wesentlicher Bestandteil der kostenorientierten Preispolitik eines Dienstleisters in diesem Bereich, denn oberhalb der Fix-kosten entsteht tendenziell der Gewinn für den Anbieter. Bei **technikintensiven Dienstleistungen** spielt die eingesetzte Technologie bzw. der aktuelle Stand der Tech-nik und die Abschreibungen auf diese ebenfalls eine wichtige Rolle. Darüber hinaus werden aber mehr Personen als bei einer kapitalintensiven Dienstleistung benötigt bzw. entstehen variable Kosten in deutlich größerem Umfang, wenn Mitarbeiter einge-setzt werden, die zusätzliche Materialien und sonstige Werkstoffe verbrauchen, um die Kundenwünsche zu bedienen. Damit verkleinert sich sowohl die Verlustzone, als auch die Gewinnzone, weil zwar die Fixkosten im Vergleich zu den kapitalintensiven Dienst-leistungen sinken, aber gleichzeitig die entstehenden variablen Kosten stärker in die Preisgestaltung einfließen müssen. Schließlich verkleinert sich die Verlustzone bei **per-sonalintensiven Dienstleistungen** tendenziell weiter, weil die Fixkosten durch den Einsatz von Gebäuden und Maschinen nur noch einen kleinen Teil der gesamten Kosten der Leistung ausmachen und lediglich zusätzliches Personal eingestellt werden muss, welches durch den variablen Einsatz und den Verbrauch von Materialien und sonstigen Verbrauchsstoffen (z. B. Hygieneartikel in der Medizin oder Wartungs- und Reparatur-arbeiten bei Fahrzeugen/Maschinen) insbesondere variable Kosten erzeugt. Darüber hi-naus verkleinert sich tendenziell die Gewinnzone, weil die variablen Kosten deutlich stärker in der Preisgestaltung berücksichtigt werden müssen. Die Steigung der Kosten-kurve vergrößert sich nochmals, während der Ausgangspunkt, d. h. die Fixkosten des Anbieters, niedriger als bei den technikintensiven Dienstleistungen liegt. Allerdings muss beachtet werden, dass vor allem in Deutschland das festangestellte Personal so-wohl bei technikintensiven (z. B. Bankleistungen) als auch bei personalintensiven Dienstleistungen (z. B. Unternehmensberatungen) einen großen Fixkostenblock ausma-chen können. Möglichkeiten einer Variabilisierung bestehen hierbei im Bereich einer flexiblen Vertragsgestaltung, von Zeitarbeitskräften und von freien Mitarbeitern (Free-lancern). Zudem werden die Innovationen im Bereich der KI in der Zukunft gerade im Hinblick auf leicht standardisierbare Teilleistungen von bspw. Juristen, Steuerberatern oder bei ärztlichen Diagnosen die vormals hohen Personalkosten reduzieren helfen. Eine Tatsache, die gerade auch vor dem Hintergrund des Fachkräftemangels bedeutsam sein dürfte.

Außerdem spielen für eine detailliertere Preisfestlegung vor dem Hintergrund von fixen und variablen Kosten die resultierenden **Kostenverläufe** eine wichtige Rolle, da bspw. Fixkosten des Personals oder der Betriebsmittel als sprungfixe Kosten auftreten. Dies ist bei Sachgütern und Dienstleistungen gleichermaßen der Fall, weil die Erhöhung der Kapazität aufgrund zusätzlicher Gehälter von Festangestellten oder der Erhöhung der Abschreibungen durch zusätzliche Betriebsmittel die fixen Kosten sprunghaft ansteigen lassen. Bei kleineren Leistungsanbietern hat das vor dem Hin-tergrund der Gesamtkosten des Betriebs einen stärkeren prozentualen Effekt als bei großen Unternehmen. Hierbei wird die Bedeutung von hohen Marktanteilen aus der Perspektive der Kosten deutlich. Zudem sinkt mit steigender Absatzmenge der Fixkos-tenanteil in jeder einzelnen Leistung, was als Fixkostendegression bezeichnet wird.

Damit sinken nicht nur die fixen Stückkosten ($k_f = K_F/x$), sondern durch höhere Beschaffungsmengen für Werkstoffe meist auch die variablen Stückkosten ($k_v = K_v/x$) und somit in der Summe auch die gesamten Stückkosten ($k = k_f + k_v$) der erbrachten Dienstleistungen. Dabei verändern sich die variablen Kosten, je nach ihrem Reagibilitätsgrad (RG), proportional, degressiv oder progressiv mit der Leistungsmenge, was auch als **Kostenelastizität** bezeichnet wird, gemäß folgender Formel:

$$Reagibilität sgrad\ (RG) = \frac{prozentuale\ variable\ Kostenänderung}{prozentuale\ Beschäftigungsmenge} \cdot 100$$

Neben dem bisherigen Fokus auf variable und fixe Kosten spielt die Einteilung in Einzel- (direkt) und Gemeinkosten (indirekt) eine weitere, vor allem bei Dienstleistungen nicht zu vernachlässigende Rolle. Dabei handelt es sich um eine Unterteilung von Kostenarten nach der **Verrechnungsebene**. Unter dem Aspekt der möglichst verursachungsgerechten Zuordnung von Kosten zu den sie verursachenden Kostenträgern, die internen und externen Leistungen des Unternehmens, werden Gemeinkosten über den Umweg der Kostenstellenrechnung verteilt und letztendlich den erbrachten Leistungen zugeordnet. Einzelkosten können dagegen direkt einem Kostenträger und damit der Leistung für einen Kunden zugeordnet werden (z. B. ein Herzschrittmacher bei einer Krankenhausbehandlung). Allerdings ist eine Unterteilung in Einzel- und Gemeinkosten nicht immer eindeutig vorgegeben, sie richtet sich unter anderem nach ökonomischen Gesichtspunkten, d. h. dem Aufwand der Erfassung (Effizienz). So handelt es sich beispielsweise um unechte Gemeinkosten, wenn auf eine Umlage von Strom (z. B. aufgrund teurer Zähler und einer umständlichen Ablesung) oder geringwertigen Materialien (z. B. Schmerztabletten oder Hygieneartikel bei einer Krankenhausbehandlung) verzichtet wird. Eine Umlage auf die Leistungen muss dann mit Durchschnittswerten oder über Zeiteinheiten erfolgen. Außerdem beinhalten personalintensive Dienstleistungen vor allem die Zeit der Mitarbeiter beim Service-encounter im Front-office, wobei dieser Zeitaufwand meist nur schwer und oftmals nicht eindeutig einer einzelnen Dienstleistung zuzuordnen ist. Schließlich sind bei Dienstleistungen im Rahmen von Frontend- und Backend-Tätigkeiten (Support-Prozesse) sowie zusätzlichen Maschinenauslastungen und dem Einsatz von ergänzenden Sachgütern i. d. R. mehrere Kostenstellen involviert, sodass die verursachungsgerechte Zuordnung der Gemeinkosten auch dadurch erschwert ist. In der Kosten- und Leistungsrechnung werden zunächst die innerbetrieblich von Vorkostenstellen (Nebenkostenstellen) erbrachten Leistungen für andere Einheiten (z. B. der Support durch die IT oder den Hausmeister/Pförtner) und die dabei entstehenden Einzel- (z. B. Abschreibungen für Betriebsmittel und Materialkosten) und Gemeinkosten (z. B. Strom und Personalleistungen von Reinigungskräften) dieser Kostenstellen im Rahmen der innerbetrieblichen Leistungsverrechnung auf die Endkostenstellen (Hauptkostenstellen) verrechnet, um diese dann ergänzend zu den Einzel- und Gemeinkosten der Endkostenstellen in einem weiteren Schritt auf die in den Endkostenstellen an externen Kunden erstellten Leistungen (Kostenträger) zu verrechnen. Bei Sachgütern sind dies die Produkte, wohingegen dies bei Dienstleistungen die entsprechenden erbrachten immateriellen Leistungen am oder für den Kunden sind (z. B. die Inspektion in einer Autowerkstatt).

Im Anschluss an dieses mehrstufige Vorgehen der möglichst verursachungsgerechten Zuordnung von Kosten können dann vor der **Kalkulation der Preise** die somit verrechneten Gemeinkosten pro Leistungseinheit (z. B. mittels Zuschlagskalkulation) mit den Einzelkosten der Kostenträger zu den Gesamtkosten einer Leistung zusammengeführt werden. Hierbei können die Einzelkosten direkt auf eine einzelne Leistung verrechnet werden und umgehen dadurch die Kostenstellenrechnung nicht nur gedanklich, sondern in der Folge auch inhaltlich (Coenenberg et al., 2016; Friedl et al., 2022; Graumann, 2021). Das zumeist angewendete Verfahren zur Preiskalkulation wird als Costplus-pricing bezeichnet, weil auf die so ermittelten Stückkosten (k) für eine Leistung bei der Vollkostenrechnung in einem nächsten Schritt ein prozentualer Aufschlag kalkuliert wird (Zeithaml et al., 2012). Wird dabei ein möglicher Verkaufspreis in die Betrachtung einbezogen, d. h. es erfolgt bereits eine Einbeziehung von Marktgegebenheiten, dann wird vom Target-return-pricing gesprochen. Sofern das Unternehmen eine bestimme prozentuale Spanne (Marge) realisieren möchte, müssen die Kosten hierbei über Kostenstruktur- und Kostenreduktionsmaßnahmen entsprechend angepasst werden. Beim Costplus-pricing sind folglich die Kosten die Berechnungsbasis (Vorwärtsrechnung), während beim Target-return-pricing die Berechnungsbasis der Verkaufspreis ist (Rückwärtsrechnung). Der Preis für eine Dienstleistung (p_{DL}) mit nach kostenrechnerischen Prinzipien definiertem Leistungsumfang errechnet sich dann nach dem Cost-plus-pricing unter Einbezug des Gewinnaufschlags (g), also vor dem Hintergrund einer **Vollkostenrechnung**, folgendermaßen:

$$p_{DL} = k \cdot \left(1 + \frac{g}{100}\right)$$

Werden dagegen bei der Preisfestlegung nur die variablen Stückkosten pro Leistungseinheit und nicht die gesamten Stückkosten, die auch den Fixkostenanteil in der Form der fixen Stückkosten (k_f) beinhalten würden, berücksichtigt, dann ergibt sich die Preisforderung (p_{DL}) für eine Dienstleistung nach der **Teilkostenrechnung** mit Einbezug eines Aufschlags auf die variablen Stückkosten (k_v), der auch als Aufschlag auf die Deckungsspanne (ds) oder Deckungsspannenaufschlag bezeichnet wird, gemäß folgender Formel:

$$p_{DL} = k_v \cdot \left(1 + \frac{ds}{100}\right)$$

Hierbei muss berücksichtigt werden, dass **Fixkosten immer Gemeinkosten** darstellen, aber Gemeinkosten auch variable Kosten beinhalten können, bei denen als unechte Gemeinkosten auf eine Umlegung aus Praktikabilitäts- oder Effizienzgesichtspunkten verzichtet wird, wie dies weiter oben diskutiert wurde. Damit werden die gesamten variablen Kosten allerdings in solchen Fällen auch systematisch unterschätzt.

Aufgrund der Schwierigkeiten bei der Einbeziehung mehrerer Kostenstellen und dem Fokus auf den Leistungserstellungsprozess wurde die traditionelle Kostenrechnung für Dienstleistungen jedoch zu einer **Prozesskostenrechnung (Activity-based-costing)** weiterentwickelt (Johnson und Kaplan, 1987). So bestehen Dienstleistungen in Bezug auf die Kosten- und Leistungsrechnung vor allem aus einer Aneinanderreihung von Arbeitsschritten (Prozessen), die wiederum zu Prozessketten zusammengefasst werden können (Däumler und Grabe, 2015). Dies können die traditionellen Verfahren der Kosten- und Leistungsrechnung nicht oder nur eingeschränkt leisten (Coenenberg und Fischer, 1991; Friedl, 2017). Außerdem besteht heute ein zusätzlicher Fokus auf die Kostentreiber der Leistungserstellung, da Produkte und Dienstleistungen auf Märkten zur Stärkung der Wettbewerbsposition möglichst qualitativ besser, schneller, bedarfsgerechter und vor allem kostengünstiger angeboten werden müssen, um dadurch zusätzlich die Gewinnpotenziale des Unternehmens zu erhöhen. Die Prozesskostenrechnung fokussiert vor allem auf die bessere Verrechnung von Gemeinkosten und unterstützt so die Identifikation von Kostentreibern im Produktionsprozess. Das Problem bei Dienstleistungen besteht allerdings darin, dass bspw. der Arbeitseinsatz eines oder mehrerer Mitarbeiter im Service (Front-office) nicht verursachungsgerecht auf einen einzelnen Kunden umgerechnet werden kann, dabei aber einen wichtigen und bei personalintensiven Dienstleistungen gleichzeitig großen Bestandteil der insgesamt entstehenden Kosten ausmacht. Hierbei spielen auch die Integration der Kunden in der Interaktion zwischen Leistungserbringer und Leistungsempfänger bzw. die Integrationsfähigkeit des Kunden und seine Mitarbeit, hier sieht sich der Anbieter den weiter oben diskutierten Willens- und Fähigkeitsbarrieren gegenüber, eine wesentliche Rolle. Dadurch ist die Dauer der Leistungserstellung im Vorfeld nicht genau absehbar und bei persönlich erbrachten Dienstleistungen nur schwer zu standardisieren. Im Gegensatz dazu muss der Preis jedoch vor der Erbringung der Leistung kalkuliert und ausgewiesen werden. Ein aufwändiger, d. h. betreuungsintensiver Kunde müsste darum eigentlich mehr für eine vergleichbare Leistung bezahlen, was im Vorfeld der Leistungserstellung aber nicht immer oder nur schwer kalkulierbar und darum nur eingeschränkt durch die Leistungsumfänge, die Qualität der Leistung und die daraus resultierende Preisdifferenzierung, wie sie weiter unten als Instrument der Preispolitik diskutiert wird, vorab kostenrechnerisch abgebildet werden kann.

Mit dem Ansatz der Prozesskostenrechnung können zumindest die Kosten direkter Tätigkeiten (Front-office) im Rahmen der gesamten Dienstleistungstransaktion, d. h. leistungsnahe Tätigkeiten, besser kalkuliert und somit auch besser auf den Leistungserstellungsprozess umgelegt werden (Graumann, 2021). Hierbei geht es vor allem um sich oftmals wiederholende (repetitive) Tätigkeiten (Däumler und Grabe, 2015). Indirekte Tätigkeiten (Back-office) werden oftmals weiterhin als Verwaltungskosten über die klassischen Kosten- und Leistungsrechnungsverfahren verteilt (z. B. der IT-Support oder Wartungsarbeiten), da sie leistungsfernere Bereiche darstellen. Diese können aber prinzipiell genauso als interne Dienstleistungen den Aktivitäten im Front-office, anstatt durch Umlagesätze, durch Prozesskosten belastet werden. Da die Prozesskostenrechnung den Grundgedanken verfolgt, dass die **Leistungserstellung als Prozess (Workflow)** stattfindet, wird die funktionsorientierte Sichtweise traditioneller Methoden damit erweitert (Coenenberg und Fischer, 1991; Friedl, 2017). Außerdem fördert ein solcher Ansatz die Transparenz des Ressourcenverbrauchs, kann die Effizienz des Leistungserstellungsprozesses steigern und damit letztendlich eine Verbesserung der Kostenkalkulation ermöglichen (Däumler und Grabe, 2015). Dabei wird grob so vorgegangen, dass vor allem die Gemeinkosten wiederkehrender Tätigkeiten im Rahmen einer Tätigkeitsanalyse in Teilprozesse, d. h. sachlich zusammenhängende Aktivitäten innerhalb einer Kostenstelle, zerlegt werden, um dann anschließend zu Hauptprozessen zusammengefasst zu werden. Hierbei sind Teilprozesse die kleinste Einheit, für die Kosten und Zeiten separat erfasst werden können, wenn diese unternehmerische Ressourcen in Anspruch nehmen (z. B. Formulare ausfüllen oder Beschwerden aufnehmen). Als Methoden kommen bspw. Ablaufpläne, Stellenbeschreibungen, Selbstaufzeichnungen der Mitarbeiter oder Einschätzungen der Kostenstellenleiter zum Einsatz. Anschließend werden diese Teilprozesse dann zu Hauptprozessen verdichtet (z. B. Autoinspektion), d. h. ein Hauptprozess bedient sich quasi aus mehreren Kostenstellen und den darin stattfindenden Teilprozessen. Prinzipiell können sowohl die Teilprozesse noch feiner zerlegt (Elementaraufgaben bzw. kleinste Aktivitäten) als auch die Hauptprozesse nochmals auf einer höheren Ebene zu übergeordneten Geschäftsprozessen (z. B. Materialbeschaffung, Logistik, Kundenabwicklung, Management) aggregiert werden, sofern dies unter dem Gesichtspunkt der Effizienz Sinn ergibt und unter dem Gesichtspunkt der Effektivität zu einer Verbesserung der Kostenrechnung führt.

Für die Berechnung der Kosten werden zunächst Prozesskosten für **leistungsmengeninduzierte Teilprozesse (lmi-Prozesse)** erstellt, die sich aus der Division von Prozesskosten, d. h. die gesamten Kosten der Erbringung des Teilprozesses (TP), und Prozessmenge ergeben, d. h. wie oft wird dieser Prozess bei der Leistungserstellung nachgefragt (im Folgenden Graumann, 2021; Remer, 2005; Wilde, 2004). Folglich sind dies alle Aktivitäten, die sich auf den variablen Einsatz der unternehmerischen Ressourcen für bestimmte zu erledigende Aufgaben beziehen. Die Mitarbeiter müssen bspw. den Kunden begrüßen, die Daten aufnehmen, die Formulare ausfüllen, telefonieren, E-Mails schreiben, die ausgefüllten Formulare ausdrucken, Kundenbeschwerden entgegen nehmen etc. Als Basis dafür dienen die Mitarbeitergehälter bzw. die Aufteilung der Gehälter auf die einzelnen lmi-Prozesse über eine Einschätzung der prozentualen Verteilung der gesamten Arbeitszeit auf die einzelnen Teilprozesse. Zudem wird gezählt, wie häufig der einzelne Teilprozess benötigt wird. Für die lmi-Prozesskosten ergibt sich dann folgende Formel:

$$lmi - Prozesskosten\ (\text{€}/TP) = \frac{\sum lmi - Prozesskosten}{\sum lmi - Prozessmenge}$$

Darüber hinaus müssen übergeordnete Umlagefaktoren als prozentualer Aufschlag für **leistungsmengenneutrale Teilprozesse (lmn-Prozesse)** berechnet werden, die bspw.

durch unterschiedliche Leitungsaufgaben (z. B. Team- oder Abteilungsleitung) entstehen und somit die fixen Teile der unternehmerischen Ressourcen einbeziehen. Die Kosten für diese Tätigkeiten werden darum jeweils ins Verhältnis zu den gesamten lmi-Prozesskosten aller Teilprozesse gesetzt, um als Resultat einen lmn-Umlagesatz zu erhalten. Dies geschieht mit folgender Formel:

$$lmn - Umlagesatz\ (in\ \%) = \frac{\sum lmn - Kosten}{\sum lmi - Prozesskosten} \cdot 100$$

Anschließend werden die lmi-Prozesskosten der einzelnen Teilprozesse mittels Zuschlagskalkulation mit dem lmn-Umlagesatz verrechnet, sodass sich der gesamte **Prozesskostensatz** für den einzelnen lmi-Teilprozess inkl. des zu berücksichtigenden lmn-Umlagesatzes wie folgt ergibt:

$$Prozesskostensatz\ (in\ \text{€}) = lmi - Prozesskosten \cdot (1 + lmn - Umlagesatz)$$

Der **Hauptprozesskostensatz** ergibt sich dann logischerweise durch die Addition aller einem Hauptprozess zuordenbaren Teilprozesskostensätze, die nun den zugeschlagenen lmn-Kostensatz (lmn-Umlagesatz) enthalten, nach folgender Formel:

$$Hauptprozesskostensatz\ (in\ \text{€}) = \sum Prozesskostensätze\ (in\ \text{€})$$

Durch eine solche prozessorientierte Aufteilung bzw. Kalkulation der Kosten werden die Gemeinkosten deutlich näher am **Workflow der Leistungserstellung** durch mehrere Kostenstellen ausgerichtet als dies die üblichen Verfahren der Kosten- und Leistungsrechnung erlauben. Außerdem argumentiert Graumann (2014), dass sich durch das Vorgehen der Prozesskostenrechnung die Zuschlagsätze im Vergleich zur traditionellen Zuschlagskalkulation, und damit die resultierenden Fehlkalkulationen, wertmäßig signifikant reduzieren. Damit können auch die im Anschluss daran kalkulierten Preise der einzelnen Dienstleistungen im Rahmen eines Cost-plus-pricings besser berechnet werden. So entstehen möglicherweise Spielräume für kurzfristige Preisreaktionen oder langfristige Preisveränderungen. Außerdem zeigen sich durch die Analyse der Kostentreiber (Cost-driver) innerhalb der Hauptprozesse möglicherweise Verbesserungspotenziale für das gesamte Kostenmanagement des Unternehmens.

7.2.2.2 Nachfragerorientierte Preisfindung

Während die kostenorientierte Preisfindung die Inside-out-Perspektive des betrieblichen Pricings darstellt, ist die nachfragerorientierte Preisfindung ein erster von zwei Teilen des Einbezugs von Gegebenheiten des relevanten Marktes. Die nachfragerorientierte Preisfindung stellt folglich eine Outside-in-Perspektive dar, denn die Wertvorstellungen (Perceived-value respektive Service-value) der Nachfrager in Bezug auf die Leistungen des Anbieters (Fließ, 2009; Zeithaml et al., 2012), d. h. die Nutzenvorstellungen und die Nutzenbewertungen von Dienstleistungen, sind eine zentrale Größe für die Gestaltung nachfragerorientierter Preise, was auch als Value-based-Pricing bezeichnet wird (Wirtz und Lovelock, 2022). Der Terminus des Nutzens wurde bereits an mehreren Stellen diskutiert, er stellt den Grad der Bedürfnisbefriedigung durch eine Leistung dar. Der Nachfrager hat ein bestimmtes Mangelempfinden, d. h. ein Bedürfnis, welches er in der Folge abstellen möchte. Dazu sind unterschiedliche Sachgüter- und Dienstleistungen in der Lage, die in einer arbeitsteiligen Wirtschaft von anderen Wirtschaftsakteuren produziert und auf Märkten zum Kauf und/oder zur Nutzung angeboten werden. **Nutzenvorstellungen** ergeben sich stets subjektiv; zum einen aus den individuellen Anforderungen an eine Dienstleistung und zum anderen aus der Einschätzung oder der Erfahrung mit den angebotenen Qualitäten am Markt. Unter dem Blickwinkel der Qualität als mehrdimensionalem Konstrukt des Eigenschaftsbündels Dienstleistung (d. h. unterschiedliche Attribute des Bündels haben verschiedene qualitative Ausprägungen), hängt der Nutzen der Leistung folglich von unterschiedlichen Qualitätseigenschaften ab. Hierzu gehören neben technischen Qualitäten in der Ausführung auch die weiter oben diskutierte Freundlichkeit des Personals oder die Reputation des Anbieters, falls es sich nicht um digitalisierte Dienstleistungen (z. B. durch eine Datenbankabfrage oder eine künstliche Intelligenz) handelt. Hier ist weiterhin der Aufbau der Bedienterminals oder Websites (Usability) relevant sowie die zeitlichen Komponenten (z. B. die Schnelligkeit und jederzeitige Verfügbarkeit des Online-Services auf der Website des Anbieters). Allerdings stiften Leistungen auch insgesamt einen höheren Nutzen, sofern der Nachfrager eine hohe Dringlichkeit empfindet und dies durch die Verfügbarkeit der Leistung bei einem Anbieter mit freien Kapazitäten befriedigt werden kann.

Um eine Maßgröße für den subjektiven Nutzen einer Dienstleistungen in einer bestimmten Situation zu haben, erfolgt eine gedankliche und auch messtechnische Transformation. So spiegelt das Nutzenkonstrukt, ausgedrückt in monetären Einheiten, die Zahlungsbereitschaft für eine Leistungen wider. Diese kann damit für gleiche Leistungen ebenfalls unterschiedlich sein. Die Nutzen- bzw. Wertvorstellungen von Dienstleistungen (Service-value) sind zunächst auf das einzelne Individuum beschränkt (Fließ, 2009). Zu einer besseren Marktbearbeitung können die so genannten Zahlungsbereitschaften individueller Nachfrager aber im Rahmen der Marktsegmentierung auch als Durchschnittswerte betrachtet werden. Ein wichtiges Ziel der nachfragerorientierten Preisfindung ist es folglich, die **maximale Zahlungsbereitschaft** eines Nachfragers (die Transformation aus den Nutzenvorstellungen in einer bestimmten Situation) oder einer Gruppe von Nachfragern (als Mittelwert) zu bestimmen, um einerseits einen möglichst hohen Überschuss des für eine Leistung entrichteten Entgelts über die mit der Erstellung der Leistung verbundenen Kosten zu erreichen ($\Rightarrow$ max.$\Delta = p - k$) und andererseits die Wertvorstellung des Kunden möglichst genau zu treffen, um die Differenz aus dem wahrgenommenen Nutzen und den am Markt zu entrichtenden Preis zu minimieren ($\Rightarrow$ min.$\Delta = ZB - p$). Dadurch wird der Gewinn für den Anbieter maximal und die so genannte Konsumentenrente (Nettonutzen) damit abgeschöpft.

Zur **Zahlungsbereitschaftsmessung** werden unterschiedliche Verfahren angewendet (vgl. Abb. 7.21), die nach den Methoden der Marktforschung in Beobachtungen und Befragungen unterteilt werden können (Homburg, 2020; Sattler und Nitschke,

2003; Simon und Fassnacht, 2016). Darüber hinaus werden in der neueren Literatur auch Bietverfahren diskutiert (Schreier und Werfer, 2007; Lusk und Shogren, 2007; Skiera und Revenstorff, 1999; Skiera und Spann, 2003).

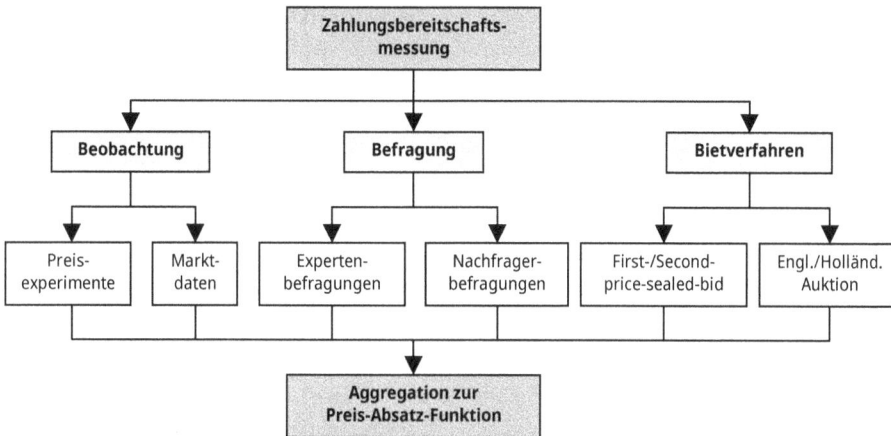

Abb. 7.21: Verfahren zur Zahlungsbereitschaftsmessung (Homburg, 2020).

Zu den **Beobachtungen** gehören vor allem die Analyse der aktuellen Marktdaten und systematische Preisexperimente im Feld, d. h. vor Ort am Point-of-sale (POS), wo Leistungen seitens der Nachfrager erworben werden. Durch die digitale Erfassung von Preispunkten über Scanner respektive die Abspeicherung der gezahlten Preise und der zugehörigen abgesetzten Mengen von Leistungen können die Auswirkungen von Veränderungen in den Preisen relativ einfach erhoben werden. Allerdings handelt es sich bei Marktdaten im engeren Sinn um Vergangenheitsdaten und die Erhebung erfolgt für kleinere Dienstleistungsanbieter oder hochgradig personalisierte Dienstleistungen (z. B. im Hotel), im Gegensatz zu den großen Datenmengen im Lebensmitteleinzelhandel (Big-data), auf eher geringerem Niveau; wenngleich durch die digitale Erfassung und Verarbeitung von Preis- und Leistungsinformationen solche Daten prinzipiell vorliegen. Außerdem können Experimente mit dem Preis als zentraler manipulierter (unabhängiger) Variable und deren Auswirkungen auf die nachgefragten Mengen in abgegrenzten Zeiträumen ebenfalls relativ einfach durchgeführt und die entsprechenden Wirkungen beobachtet werden. Mit beiden Verfahren werden folglich tatsächliche Marktergebnisse (Revealed-preferences) erhoben. Diese weisen zumindest im Hinblick auf Vergangenheitswerte eine hohe Validität auf. Darüber hinaus wurde für die Durchführung von Experimenten im Rahmen der Marktforschung diskutiert, dass Störvariablen (z. B. Konkurrenzwerbung oder -preisänderungen bzw. sonstige Veränderungen im Marketing-Mix) kontrolliert werden müssen. Dies ist bei stark individualisierten Dienstleistungen nicht immer möglich und erschwert die Vergleichbarkeit der Daten. Idealerweise existiert zudem eine andere Filiale des Dienstleistungsanbieters, die damit als

Kontrollgruppe fungiert, sodass Nettoeffekte der Preisänderungen berechnet werden können. Somit können die genannten Störvariablen, wenn auch nicht ausgeschlossen, zumindest kontrolliert werden.

Zu den klassischen Verfahren der Zahlungsbereitschaftsmessung gehören weiterhin Befragungen von Experten oder Nachfragern. Bei **Expertenbefragungen** geben solche Personen, die über eine besonders gute Marktkenntnis verfügen, eine Einschätzung über von den Nachfragern akzeptierte Preise. Dies können langjährige Mitarbeiter, Personen aus Unternehmensverbänden und Kammern (z. B. IHK) sowie Wissenschaftler der angewandten Forschung sein, deren Forschungsschwerpunkt sich in dem betrachteten Bereich befindet. Allerdings sind hierbei strategische Einflüsse im Antwortverhalten zu berücksichtigen, die aus bestimmten Interessenlagen resultieren. Ein Mitarbeiter möchte bspw. seinen Bereich besonders fördern, die Verbandsvertreter haben ein politisches Interesse an ihrem Themenbereich und Wissenschaftler können durch Auftragsarbeiten oder aus Interesse an der Stärkung ihres eigenen Forschungsschwerpunkts in ihrer Urteilskraft beeinflusst sein. Dennoch können Experteneinschätzungen in wenig erschlossenen Märkten (z. B. Internationalisierung) oder bei Leistungsinnovationen durchaus hilfreich sein. Eine systematische Methode, um die subjektiven Einflüsse zu reduzieren, stellt die weiter oben diskutierte Delphi-Methode dar, bei der eine Gruppe von Experten in mehreren Runden zu einem Thema befragt wird und die Ergebnisse durch die Zusammenfassung und Wiedervorlage sich in Richtung einer Konsensmeinung bewegen. Allerdings bleibt es insgesamt bei dem Problem, dass es sich lediglich um hypothetische Angaben (Stated-preferences) handelt.

Eine weitere Methode stellt die direkte bzw. indirekte Nachfragerbefragung dar (Homburg, 2020). **Direkte Kundenbefragungen** basieren bspw. auf offenen Fragen zur Preisbereitschaft oder zur Akzeptanz von Preisbereichen, leiden allerdings darunter, dass einerseits Nachfrager strategisch antworten (strategischer Bias) und andererseits ihre Antworten zumeist keine Konsequenzen für das eigene Verhalten haben (hypothetischer Bias), da i. d. R. keine Kaufverpflichtung zum genannten Preis besteht. Bei so genannten kompositionellen Verfahren (Self-explicated-Methoden) werden Nachfragern zudem Leistungen oder Konzepte von geplanten Leistungen vorgelegt, die aus einzelnen Merkmalen (Attributen) und zugehörigen Merkmalsausprägungen bestehen. Diese sollen die Nachfrager einzeln beurteilen (Dorsch und Teas, 1992; Leigh et al., 1984; Srinivasan, 1988; Srinivasan und Park, 1997). Eines der Attribute stellt der Preis mit verschiedenen Merkmalsausprägungen dar. Auf Basis der Berechnung von Teilnutzenwerten für alle Merkmalsausprägungen können durch Einbezug eines Ankerpreises für ein vorab festgelegtes Leistungsangebot dann Zahlungsbereitschaften für eine Nutzeneinheit berechnet und durch Addition zu Gesamtnutzenwerten in der Folge auch maximale Zahlungsbereitschaften für aktuell am Markt erhältliche Leistungen oder Leistungskonzepte simuliert werden. Daher lassen sich mit der Methode auch Präferenzen zwischen den Wettbewerbsangeboten abbilden. Außerdem kann durch die Ermittlung relativer Wichtigkeiten über die Spannweite der Teilnutzenwerte zwischen der höchsten und der niedrigsten Ausprägung eines Merkmals untersucht werden, welche Attribute der Leistung zu einer besonders starken Veränderung der Nutzenbeurteilung und damit der Zahlungsbereitschaft führen. Kompositionelle Verfahren sind damit auch für die Leistungsplanung geeignet.

Aufgrund der Vielzahl zu beurteilender Merkmale bzw. Merkmalsausprägungen und der genannten Biases bei direkten Abfragen zum Preis werden Self-explicated-Methoden jedoch durch **indirekte Kundenbefragungen** ergänzt, die auch als dekompositionelle Methoden bezeichnet werden. Hierzu zählt bspw. die weiter oben diskutierte Conjoint-Analyse (Agarwal und Green, 1991; Leigh et al., 1984; Sattler und Hensel-Börner, 2001; Strebinger et al., 2000; Tacke und Pohl, 1998; Teichert, 1994), die methodisch als Preisexperiment im Labor bezeichnet werden kann (Voeth und Herbst, 2013), da Angebote systematisch verändert werden, um daraus die Präferenzen von Nachfragern im Rahmen einer umgekehrten Verfahrensweise abzuleiten. Hierbei wird der Preis zur Bestimmung der Zahlungsbereitschaft ebenfalls in die Erhebung integriert, allerdings bewerten die Befragungsteilnehmer nun nicht mehr einzelne Merkmale und deren Ausprägungen, sondern komplette Leistungsangebote. Dadurch reduziert sich die Gefahr des strategischen Antwortverhaltens, da die Befragten einen Trade-off zwischen den einzelnen Attributen bilden müssen, was einem realen Entscheidungs- bzw. Auswahlverhalten näher kommt, wodurch dekompositionellen Methoden und insbesondere der Conjoint-Analyse zur Messung von Zahlungsbereitschaften eine höhere Validität zugesprochen wird. Wenngleich beide Formen der Kundenbefragungen im Gegensatz zum oben diskutierten vergangenheitsbezogenen Ansatz von Beobachtungen (Revealed-preferences) damit einen Zukunftsbezug aufweisen, handelt es sich auch bei Kundenbefragungen wieder um so genannte Stated-preferences, da in der Regel keine Handlungskonsequenzen folgen, die Zahlungsbereitschaft somit nur hypothetisch erfasst wird (Backhaus et al., 2005a; Backhaus et al., 2005b).

Eine weitere Kategorie, die insbesondere in neuerer Zeit populärer geworden ist, stellen so genannte **Bietverfahren** dar (Krishna, 2002; Milgrom, 2004; Skiera und Spann, 2003). Methodisch handelt es sich dabei ebenfalls um Preisexperimente (Voeth und Herbst, 2013), die zur Ermittlung von Zahlungsbereitschaften sowohl im Feld als auch im Labor unter künstlichen Bedingungen eingesetzt werden können. Diese werden als anreizkompatibel aufgefasst, wenn Nachfrager mit dem Bieten auch eine reale Konsequenz wahrnehmen müssen, d. h. bei Höchstgebot zu einem Kauf verpflichtet sind (Schreier und Werfer, 2007; Lusk und Shogren, 2007; Sichtmann und Stingel, 2007; Skiera und Revenstorff, 1999). Damit schränkt sich allerdings gleichzeitig das Anwendungsfeld deutlich ein, da es nur auf reale Kaufsituationen angewendet werden kann, bei denen Leistungen angeboten und direkt in Anspruch genommen werden, was für Dienstleistungen, auch vor dem Hintergrund eines höheren Individualisierungsgrads gegenüber weitgehend standardisierten Produkten, nur eingeschränkt zu realisieren ist. Zu den klassischen Bietverfahren gehören bspw. First-price- und Second-price-sealed-bid-Auktionen, wobei Letztere auch als Vickrey-Auktion bezeichnet werden (Vickrey, 1961). Bei beiden Bietverfahren geben alle Teilnehmer verdeckt ein Angebot über ihre Zahlungsbereitschaft ab. Das höchste Gebot gewinnt die Auktion und der Nachfrager kauft zum von ihm genannten Preis (First-price). Bei der Vickrey-Auktion gewinnt der höchste Bieter ebenfalls, zahlt allerdings nur den Preis des zweithöchsten Gebots. Durch die Entkopplung von Kaufgebot und Kaufpreis besteht folglich kein Anreiz, die individuelle Zahlungsbereitschaft strategisch zu unterschätzen, da der Nachfrager das Risiko trägt, keinen Zuschlag zu erhalten. Bei der Englischen Auktion bekommt derjenige Nachfrager mit der höchsten Zahlungsbereitschaft den Zuschlag und zahlt auch entsprechend seines vorliegenden Gebots, jedoch werden die Gebote in dieser so genannten Forward-auction solange offen abgegeben, bis der Auktionator die Gebotsphase beendet bzw. kein höheres Gebot mehr abgegeben wird. Diese Auktionsform ist vor allem durch die Auktionshäuser Christie's und Sotheby's bekannt geworden. Bei der Holländischen Auktion erfolgt der Bietmechanismus als so genannte Reverse-auction, bei der der Preis systematisch sinkt. Namensgeber sind die niederländischen Blumenauktionen, bei denen eine Preisuhr rückwärts läuft und derjenige den Zuschlag bekommt, der per Knopfdruck die Uhr als Erster stoppt. Auch hierbei besteht Anreizkompatibilität, die maximale Zahlungsbereitschaft zu offenbaren und nicht strategisch zu unterschätzen, da wieder die Gefahr besteht, keinen Zuschlag zu erhalten.

Die bisher diskutierten Verfahren zur Zahlungsbereitschaftsmessung sind vor dem Hintergrund einer individuellen Betrachtung von sehr hoher Bedeutung. Allerdings sehen sich Dienstleistungsanbieter auch bei starker Individualisierung ihrer Leistungen meist Nachfragern aus unterschiedlichen Marktsegmenten gegenüber, von denen Durchschnittspreise gefordert werden. Dies gilt gleichermaßen für eine Leistungsindividualisierung, wenn Nachfrager sich folglich die Leistungen je nach Bedarf aus einzelnen Attributen zusammenstellen können. Auch hier muss der Anbieter zunächst Durchschnittspreise der Leistungsbestandteile auf Basis der Einschätzungen in diesem Marktsegment festlegen. In diesem Kontext spielt ein zweiter wichtiger Aspekt der nachfragerorientierten Preisfindung eine wichtige Rolle. Dies ist die Aggregation der individuellen Zahlungsbereitschaften zur so genannten Preis-Absatz-Funktion. Eine **Preis-Absatz-Funktion (PAF)** ergibt sich durch die gedankliche Aneinanderreihung von individuellen maximalen Zahlungsbereitschaften der Höhe nach (Simon und Fassnacht, 2016). Die entstehende Punktewolke der Einzeldaten strebt dadurch in eine bestimmte Richtung, weil mit zunehmender Höhe der individuellen Zahlungsbereitschaften, bis auf wenige Ausnahmen (z. B. der Veblen-Effekt [Veblen, 1899] oder der Bandwagon-Effekt [Lazarsfeld et al., 1944]), immer weniger Nachfrager bereit sind, eine Leistung nachzufragen. Durch Verfahren der Regressionsanalyse können PAFs geschätzt werden, indem eine Funktion durch die Punktewolke gelegt wird, die sich dieser durch Minimierung der quadrierten Abweichungen (OLS-Regression) mathematisch am besten anpasst (Backhaus et al., 2021; Schendera, 2014). Dabei stellt in der Betriebswirtschaftslehre, im Gegensatz zur meist üblichen Darstellung in der Volkswirtschaftslehre, der Preis die unabhängige Variable, den Aktions- bzw. Gestaltungsparameter, und die nachgefragte Menge die abhängige Variable, den Reaktionsparameter, dar. Darüber hinaus wird idealtypisch von einem linearen Zusammenhang mit der Gleichung $x(p) = a - b \cdot p$ ausgegangen, wobei in der Realität unterschiedliche

Kurvenverläufe möglich sind (Diller et al., 2021; Homburg, 2020). In diesem Kontext stellt eine bekannte und in der Praxis häufig vorzufindende Form die auf Gutenberg (1951a) zurückgehende so genannte doppelt-geknickte PAF dar (vgl. Abb. 7.22). Diese besitzt neben zwei Bereichen mit einem relativ steilen Kurvenverlauf bzw. einer starken Steigung auch einen mittleren Bereich mit schwacher Steigung. Der mittlere Bereich wird auch als monopolistischer Spielraum bzw. als akquisitorisches Potenzial des Unternehmens bezeichnet, da dort die Nachfrage nur leicht auf Preisänderungen reagiert. In diesem Zusammenhang spielen Preisschwellen bzw. deren Kenntnis und die Bedeutung von Referenzwerten bzw. deren Einbezug für die subjektive Bildung maximaler Zahlungsbereitschaften eine wichtige Rolle. Eine solche Perspektive wird weiter unten bei den Ausführungen zur verhaltenswissenschaftlichen Preistheorie erörtert.

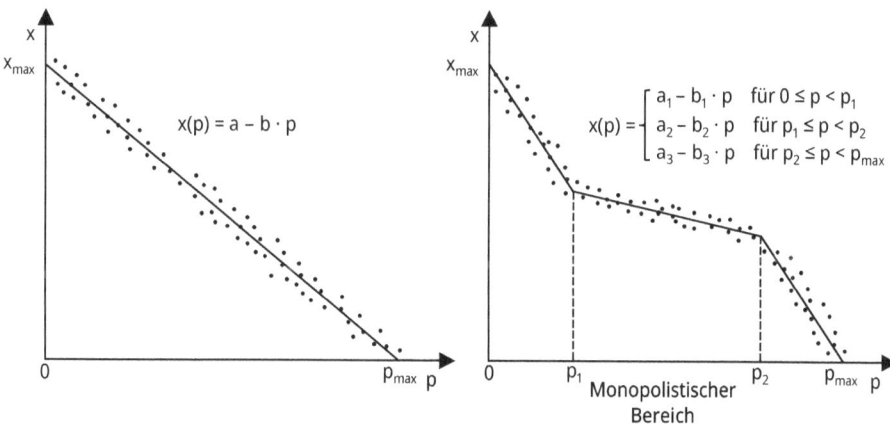

Abb. 7.22: Vergleich von linearer und doppelt-geknickter Preis-Absatz-Funktion.

Die Reaktion der Nachfrage in einem bestimmten Teil der Funktion ist ein wichtiger Kennwert der PAF. Diese so genannte **Elastizität (ε)** gibt an, wie das mathematische Verhältnis aus relativer Absatzänderung (%[$\Delta x/x$]) zu einer sie verursachenden relativen Preisänderung (%[$\Delta p/p$]) lautet, wobei zwischen Bogen- und Punktelastizität unterschieden wird. Die Bogenelastizität (ε_B) stellt, vereinfacht ausgedrückt, eine durchschnittliche Veränderung der nachgefragten Menge in einem Intervall dar, also der Vergleich der Absatzmengen ($\Delta x = x_2 - x_1$) zweier Preise ($\Delta p = p_2 - p_1$) jeweils im Verhältnis zu ihren Ursprungswerten (x_1 und p_1), d. h. als relative Änderungen (%Δ). Da hierbei jedoch ein prozentualer Unterschied resultiert, je nachdem, ob es sich um eine Preissenkung oder eine Preiserhöhung handelt, werden im Nenner nicht x_1 und p_1 genommen, sondern jeweils der Mittelwert aus den beiden Werten ([$x_2 + x_1$]/2 und [$p_2 + p_1$]/2), sodass die Richtung, d. h. eine Preissenkung oder -erhöhung, letztendlich keine Rolle mehr spielt. Die

Bogenelastizität (ε_B) ergibt sich damit nach der so genannten Mittelwertmethode wie folgt:

$$\varepsilon_B = \frac{x_2 - x_1}{\frac{x_2 + x_1}{2}} : \frac{p_2 - p_1}{\frac{p_2 + p_1}{2}} = \frac{x_2 - x_1}{p_2 - p_1} \cdot \frac{p_2 + p_1}{x_2 + x_1}$$

Üblich ist jedoch die Verwendung der Punktelastizität (ε_P), d. h. die Veränderung der nachgefragten Menge, wenn von einem bestimmten Punkt abgewichen wird, also eine Preiserhöhung oder Preissenkung von einem bestimmten Ausgangspunkt erfolgt. Die **Punktelastizität (ε_P)** ist folgendermaßen definiert:

$$\varepsilon_P = \frac{\partial x}{x} : \frac{\partial p}{p} = \frac{\partial x \cdot p}{\partial p \cdot x}$$

Dies bedeutet, dass die vom Preis p abhängige nachgefragte Menge x(p) = a – b · p sich entsprechend der Elastizität in einem betrachteten Punkt um einen bestimmten Betrag ändert. Anders ausgedrückt lautet die Frage, wie stark sich die Nachfrage ändert, wenn der Preis um 1% steigt oder sinkt. Somit kann die **Preiselastizität** aus der Ableitung der PAF und dem Verhältnis von Preis und Menge im betrachteten Punkt der Funktion wie folgt ermittelt werden:

$$\varepsilon = x'(p) \cdot \frac{p}{x}; \; mit \; x'(p) = \frac{\partial x}{\partial p}$$

Wird außerdem davon ausgegangen, dass die Nachfrage mit jeder Erhöhung des Preises sinkt, so kann standardmäßig von **negativen Elastizitäten** ausgegangen werden. Aus Vereinfachungsgründen wird allerdings der Betrag der Preiselastizität angegeben, also auf das negative Vorzeichen verzichtet.

Dabei nimmt die Elastizität an jeder Stelle einer PAF einen unterschiedlichen Wert an. Ist der betragsmäßige Wert > 1, so wird von einer preiselastischen Nachfrage ausgegangen, d. h. die resultierende Nachfrage reagiert überproportional auf Preisänderungen. Liegt der betragsmäßige Wert zwischen 0 und 1, so wird von einer unelastischen Nachfrage gesprochen. Genau in der Mitte der PAF beträgt der betragsmäßige Wert 1; dies entspricht auch dem Umsatzmaximum (vgl. Abb. 7.23). Bis zu diesem Punkt steigen die Umsätze, aber mit fallender Rate und verhältnismäßig unelastisch, ab diesem Punkt sinken die Umsätze mit steigender Rate und verhältnismäßig elastisch bis zum Prohibitivpreis. Der so genannte **Prohibitivpreis (p_{max})** stellt einen weiteren Kennwert der PAF dar, da der Preis nicht über diesem Punkt hinausgehen darf bzw. ab diesem Punkt kein Absatz mehr erfolgt, weil kein Nachfrager bereit ist, Preise jenseits des Prohibitvpreises zu akzeptieren. Dies entspricht dem Verhältnis aus Achsenabschnitt a und Steigung b der PAF. Außerdem stellt die so genannte **Sättigungsmenge (x_{max})** die genau gegenüberliegende Seite der PAF dar, d. h. bei einem Preis von Null wird ebenfalls kein weiterer Absatz erfolgen, da der Markt gesättigt ist. Dies entspricht dem Achsenabschnitt a in der Regressionsgleichung (Diller et al., 2021; Simon und Fassnacht, 2016). Beide Punkte können bei bekannter Preis-Absatz-Funktion x(p) = a – b · p mathematisch relativ

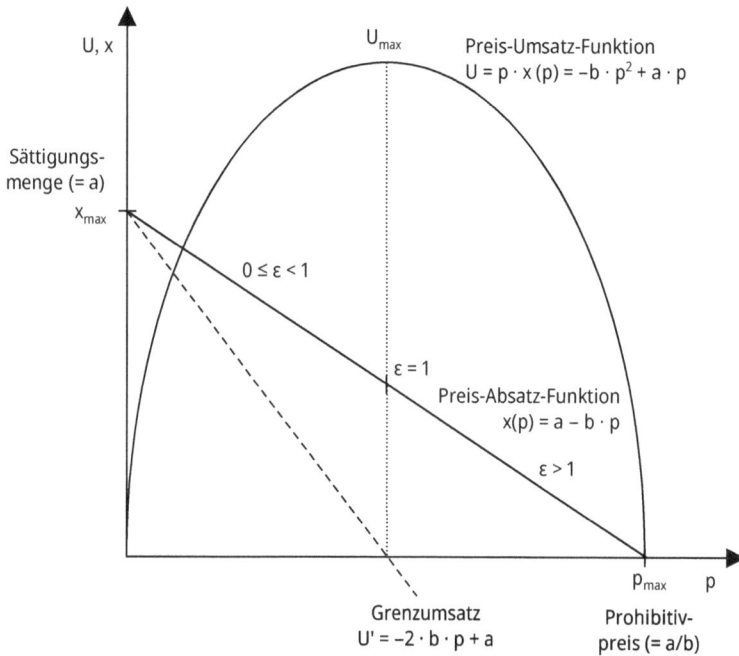

Abb. 7.23: Preis-Umsatz-Funktion bei linearer Preis-Absatz-Funktion (in Anlehnung an Diller et al., 2021).

leicht durch Einsetzen von Null entweder für x oder p in der zuvor genannten Gleichung ermittelt werden.

Die bisherigen Ausführungen verdeutlichen, dass die Messung von Zahlungsbereitschaften und die Kenntnis bzw. die Berechnung der PAF einen wesentlichen Bestandteil der nachfragerorientierten Preisfindung eines Dienstleistungsanbieters darstellen. Bei der PAF handelt es sich allerdings um einen **statischen Zusammenhang** zwischen dem geforderten Preis und der nachgefragten Menge, d. h. es werden keine Carry-over-Effekte und damit zeitliche Einflüsse berücksichtigt. Damit stellen im Modell Preisveränderungen auf Basis der aktuellen Situation keine Referenzpreise für zukünftige Reaktionen der Nachfrager dar. Darüber hinaus gilt bei der PAF die Ceteris-paribus-Annahme, d. h., dass bei Preisänderungen alle weiteren Bereiche des Marketing-Mixes konstant bleiben. Wie bei der Messung individueller Zahlungsbereitschaften bereits angedeutet, ist dies für stark individualisierte Dienstleistungen nur schwer realisierbar. Dies gilt umso mehr, je stärker sich Wettbewerbsangebote voneinander unterscheiden. In solchen Fällen haben die Daten der PAF nur eine geringere Vergleichbarkeit bzw. Aussagekraft. Außerdem ist der Anbieter streng genommen nur in einer monopolistischen Marktsituation in der Lage, mit Hilfe der PAF sowie dem Einbezug seiner Kostensituation den resultierenden Gewinn im so genannten Cournot-Punkt zu optimieren (Diller et al., 2021; Simon und Fassnacht, 2016). Aus diesem Grund ist es wichtig, mit möglichst vielen Alleinstellungsmerkmalen einer Leistung den monopolistischen Spielraum für das eigene Unternehmen zu vergrößern bzw. hohe Marktanteile zu realisieren, um die Gestaltungsmöglichkeiten der Preispolitik zu erweitern. Außerdem spielt vor dem Hintergrund einer doppelt-geknickten PAF die Kenntnis der Schwellenwerte zwischen den beiden Bereichen mit starker Steigung und dem mittleren, monopolistischen Bereich eine besonders wichtige Rolle. Dort hat die Preispolitik des Anbieters ein besondere Attraktivität, d. h. ein akquisitorisches Potenzial im Vergleich zu den Preisen anderer Wettbewerber, wenn diese ober- oder unterhalb eines solchen Bereichs anbieten. Der monopolistische Bereich stellt quasi einen Durchschnittspreis in einem Markt mit vergleichbaren Angeboten dar (Gutenberg, 1951a). Die beiden Schwellenwerte werden auch als Preisschwellen bezeichnet. Existieren Preisschwellen in einem Markt, d. h. liegt eine doppelt-geknickte PAF vor, so geben diese mehr oder weniger den Handlungsspielraum vor, innerhalb dessen der Anbieter den Preis optimieren kann. Wettbewerber ober- oder unterhalb der Preisschwellen lösen dagegen bei Nachfragern starke Preisreaktionen aus.

Referenz- und Schwellenwerte bei der Beurteilung der Marktpreise eines Dienstleistungsanbieters und seiner Wettbewerber leiten über zur Bedeutung der **verhaltenswissenschaftlichen Preistheorie** bzw. zu den Einflüssen von Psychologie und Soziologie auf die Preisbeurteilung. Dies wird auch als so genanntes Behavioral-pricing bezeichnet (Moser und Schumann, 2017; Pechtl, 2014). Im Gegensatz zur klassischen Preistheorie, die vor allem auf rationale Kosten-Nutzen-Überlegungen seitens der Nachfrager abstellt, zeigen empirische Studien, dass Menschen beschränkt-rational handeln, weil bspw. asymmetrische Informationen vorliegen oder Gruppeneinflüsse bzw. weitere Umweltfaktoren auf die Preiswahrnehmung einwirken, wie sie bereits im Rahmen der Kaufverhaltensforschung diskutiert wurden (Homburg, 2020). Einflüsse der Verhaltenswissenschaften auf die Preisbeurteilung sind in der Vergangenheit zahlreich untersucht worden. Diller et al. (2021) unterscheiden hypothetische Konstrukte, die sich in solche mit eher aktivierendem oder kognitivem Charakter sowie in Preisintentionen unterteilen lassen. Neben den beeinflussenden Faktoren aus dem weiter oben erörterten SOR-Modell können verhaltenswissenschaftliche Preiskonstrukte auch entlang des Kaufprozesses systematisiert werden (Simon und Fassnacht, 2016). Zu den dabei oftmals diskutierten Konstrukten, die von Anbietern in ihrer Preisgestaltung berücksichtigt werden sollten, gehören bspw. die Preiserlebnisse, die Preisinteressen, die Preiswahrnehmung, die Preisbeurteilung, das Preislernen und die -kenntnis sowie die Preisbeurteilung.

Preiserlebnisse gehören aufgrund ihres emotionalen Charakters zu den angenehmen bzw. unangenehmen Empfindungen über Preise, welche mehr oder weniger bewusst und nicht regelmäßig auftreten. Preiserlebnisse können dabei zusätzlich zum Serviceentgelt von den Rabattbestandteilen oder den Bestandteilen eines Preissystems ausgehen. Dabei werden diese nach Stärke (Intensität), Richtung (positiv/negativ) und Art (Inhalt/Qualität) unterschieden. Vor allem das Wissen um die Art des Erlebnisses spielt bei der Preisgestaltung eine wichtige Rolle. Somit kann ein reduzierter Preis Freude, Stolz oder sogar Euphorie (Kaufrausch) auslösen und dem Nachfrager gegenüber Freunden und Bekannten ein gewisses Prestige für das ergatterte Schnäppchen verschaffen (z. B. ein besonders günstiger Servicevertrag oder Online-Service oder ein Rabatt im Rahmen einer Reparatur). Darüber hinaus können auch Überraschungen über die Preisgünstigkeit bzw. Belohnungen für die besonderen Mühen auf der Suche nach dem günstigsten oder besten Anbieter als positive Erlebnisse resultieren (z. B. ein Rabatt durch den Kauf in einer Aktionswoche). Schließlich kann der Anbieter auch ein besonders luxuriöses Erlebnis verkörpern, indem mit der Ausgestaltung der Leistungen und dazugehöriger Preise ein bestimmter Status von Reichtum und Schönheit vermittelt wird (z. B. bei Reisen). Negativ können sich allerdings auch Preisstress und Preisärger auswirken, wenn Nachfrager intensive Suchprozesse nach günstigen Preisen durchführen und sich nach dem Kauf möglicherweise ärgern, wenn doch noch ein besseres Angebot existiert. Auch der Preisneid darüber, dass andere Nachfrager weniger für eine vergleichbare Leistung bezahlt haben, kann zu den negativen Bestandteilen des Preiserlebnisses gehören.

Das **Preisinteresse** gehört in den Bereich der Informationsaufnahme zu Beginn eines Kaufprozesses und ist eher rational geprägt. Preisinteressen spiegeln das Bedürfnis eines Nachfragers wider, Preisinformationen zu suchen, um diese dann bei der Kaufentscheidung, meist vor dem Hintergrund vorher festgelegter Budgets oder genereller Entscheidungsregeln (z. B. Sparsamkeit, Qualitätsorientierung oder Risikovermeidung) zu berücksichtigen. Bei besonders starkem Preisinteresse kann davon ausgegangen werden, dass die Nachfrager nicht bereit sind, für eine Leistung einen sehr hohen oder einen höheren Preis als den allgemeinen Marktdurchschnitt zu bezahlen. Dabei sind sich diese Nachfrager meist der am Markt angebotenen Alternativen bewusst und achten darauf bzw. gewichten und vergleichen sie einzelne Bestandteile von Leistungen unterschiedlicher Wettbewerber miteinander. Das Preisinteresse kann durchaus, neben den rationalen Komponenten des Preisinteresses, auch ein Preiserlebnis als soziale Komponente vermitteln, wenn bspw. der Sparsame durch seine Marktkenntnis und seinen besonders günstigen Kauf ein gewisses Prestige in seiner Bezugsgruppe erlangt. Darüber hinaus kann die Bestätigung durch andere Personen auch zu einer kognitiven Entlastung im Individuum führen, dies wurde als Abbau kognitiver Dissonanzen bezeichnet, welche nach einem Kauf, vor allem bei höherpreisigen Services und Produkten, mentalen Stress im Individuum erzeugen. Die Individuen sind dann bemüht, diesen Stress durch Bestätigung darüber, dass sie eine gute Wahl getroffen haben, abzubauen. Ein solcher Abbau kann neben Freunden und Bekannten allerdings auch durch den Anbieter selbst erfolgen, indem dieser bspw. weiteres Informationsmaterial liefert oder auf positive Tests (z. B. bei einer Versicherung) verweist.

Das Konstrukt der **Preiswahrnehmung** wurde bereits weiter oben bei der Leistungsbündelung mit Hilfe der Prospect-theory und des Mental-accountings diskutiert. Die Preiswahrnehmung ist die sensorische Aufnahme von Signalen und Informationen eines Anbieters bezgl. seiner Preise, die vom Individuum selektiert und in subjektive Preiseindrücke dekodiert werden. Dabei ist das Entgelt das Opfer eines Kunden für eine Leistung, welches von verschiedenen Nachfragern bezgl. des eigenen Erlebens, der Sozialisation, der Budgetsituation und des Framings der Preispräsentation bzw. des

Preisankereffekts, der die Wahrnehmungsgrundlage bildet, unterschiedlich empfunden wird. Neben dem Framing treten in Bezug auf die Preiswahrnehmung noch weitere verzerrende Effekte als Biases in einer Entscheidungssituation auf, wie sie ebenfalls im Rahmen des Kaufverhaltens erörtert wurden (z. B. Endowment-, Cash- oder Sunk-cost-Effekt). Darüber hinaus werden auch Vereinfachungen als Effekte der Preiswahrnehmung diskutiert. Hierzu gehören die bereits erwähnten Preisschwellen als sehr wirksame Heuristik in der Preiswahrnehmung, die zu einer Bildung von Kategorien wie teuer, normal und günstig führen, und bei denen es folglich zu einer sprunghaften Veränderung der Preiswahrnehmung kommt. Der so genannte Preisrundungseffekt geht in dieselbe Richtung. So wird oftmals die Endziffer Neun oder bei höheren Preisforderungen die Fünf verwendet, um eine besonders knappe Kalkulation zu verdeutlichen. Zudem bezieht der Preisfigureneffekt die gesamte Ziffernfolge in die Betrachtung ein. Vor allem die linke Ziffer ist dabei ausschlaggebend, weil sich Individuen bspw. bei einer Preisforderung von 9,99 € nur an die Neun erinnern, obwohl das Angebot fast 10,- € gekostet hat. Anbieter mit größeren Leistungsprogrammen nutzen zudem den Eckartikeleffekt, bei dem es sich um besonders wichtige Leistungen handelt, die von den Nachfragern eine besondere Aufmerksamkeit bei der Preisbeurteilung erlangen (z. B. die Coreservices eines Anbieters oder seiner Wettbewerber). Diese üben dann zugleich einen Preisfärbungseffekt aus, indem die Preiswahrnehmung auf das restliche Leistungsprogramm des Anbieters übertragen wird.

Das Konstrukt der **Preisbeurteilung** ist nicht einfach von der Preiswahrnehmung abzugrenzen, da es auch bei der eher unbewussten Preiswahrnehmung bereits zu einer kognitiven Einschätzung der gebotenen Preise seitens der Nachfrager kommt. Dabei liegt die Preisbeurteilung allerdings eher nachgelagert, da weniger emotionale und verzerrende Effekte auftreten und dagegen eher eine rationale, stärker kognitiv geleitete Beurteilung über die Preisgünstigkeit und die -würdigkeit eines Angebots erfolgt. Das Ergebnis ist dann ein aggregiertes Preisurteil. Preisgünstigkeitsurteile werden durch Indikatoren messbar gemacht. Hierzu gehören bspw. die so genannten Referenzpreise (Pechtl, 2014). Diese stellen Vergleichspreise dar, die bei der Beurteilung des Preises eines Anbieters durch den Nachfrager herangezogen werden. Sie stammen aus eigenen Erfahrungen, Aktivitäten des Anbieters (z. B. Werbung), Wettbewerbsaktivitäten oder sonstigen medialen Einflüssen (z. B. Tests, Verbrauchersendungen oder WOM in sozialen Netzwerken). So sollten Anbieter versuchen, möglichst hohe Referenzpreise für ihre Leistungen zu etablieren, um mit dem eigenen Angebot als preisgünstig wahrgenommen zu werden, und möglichst niedrige Referenzpreise zu vermeiden, indem sie sich bspw. vom Wettbewerb mit den eigenen Leistungen abgrenzen und sich dadurch einen Preisspielraum erhalten. In diesem Kontext sollten auch Sonderangebote nur sehr restriktiv eingesetzt werden. Hier hat die Unterscheidung nach Thaler (1983) in Akquisitions- und Transaktionsnutzen als Erweiterung der klassischen Sichtweise, dass der Nutzen aus der Leistung selbst entsteht (Akquisitionsnutzen), einen wesentlichen Beitrag geleistet. Der Akquisitionsnutzen stellt den Grad der Bedürfnisbefriedigung dar und entspricht dem oben diskutierten Nettonutzen, als Differenz aus Nutzen bzw. maximaler Zahlungsbereitschaft und am Markt zu zahlendem Preis (Winkelmann, 2013a). Durch die Hinzuziehung eines Transaktionsnutzens wird explizit auf eine zweite Komponente der Nutzenentstehung verwiesen, welche sich aus der Transaktion, also dem eigentlich Kauf ergibt. Hierbei spielt die Differenz aus Referenzpreis am Markt und zu zahlendem Preis bei einem Anbieter eine wichtige Rolle. Ein Transaktionsnutzen entsteht, wenn der zu zahlende Preis geringer als der vom Nachfrager unterstellte Referenzpreis ist („a good deal"), es handelt sich damit also nicht um den Leistungsnutzen aus der Akquisition eines Gutes, sondern um den Preisnutzen aus der Transaktion. Durch die relative Beurteilung absolut gleicher Preisreduktionen gewinnt die Auslobung von (hohen) prozentualen Rabatten eine besondere Bedeutung bei der Gestaltung des Transaktionsnutzens, wie es oftmals im Handel vorzufinden ist. Ein solches Vorgehen findet sich insbesondere für Discounter oder sonstigen Händlern mit starkem Preisfokus als strategischer Ausrichtung. Damit sind insgesamt sowohl der Akquisitions- als auch der Transaktionsnutzen für die Beurteilung der Preisgünstigkeit eines Anbieters bedeutsam. Darüber hinaus hängt die Preiswürdigkeit stark mit dem Umstand bzw. der Ausprägung einer preisorientierten Qualitätsbeurteilung seitens der Nachfrager zusammen, d. h. einer hohen Korrelation zwischen Preis und Qualität in der individuellen Beurteilung. Preiswürdigkeitsurteile sind somit stark mit dem Akquisitionsnutzen durch das gesamte Eigenschaftsbündel und seine Attributqualitäten verknüpft. Hohe Leistungsqualitäten reduzieren das subjektiv empfundene Kaufrisiko. Schafft es der Anbieter folglich, seine Leistungen als qualitativ hochwertig zu etablieren, dann entstehen entsprechende Preisspielräume, welche von Nachfragern auf der Suche nach hohen Qualitäten im Hochpreissegment auch explizit gesucht werden. Hierbei fungiert der Preis als Qualitätsindikator. Werden entsprechend hohe Qualitäten glaubhaft angeboten, dann kann dies das Preiswürdigkeitsurteil positiv beeinflussen. Jedoch hängt die individuelle Beurteilung stark von der subjektiven Qualitätsbeurteilung und den an die Leistung gestellten Anforderungen, der individuellen Marktkenntnis, der eigenen Erfahrung, den angebotenen Qualitäten bzw. Standards und deren Streuung im Markt ab.

Die Konstrukte **Preislernen und -kenntnis** stellen das kognitiv geprägte Wissen eines Nachfragers um die Preise am Markt dar. So wird auf Basis von Beobachtungen und Erfahrungen (Preislernen) der Wissensstand im Langzeitgedächtnis (Preiskenntnis) angehäuft. Dadurch tritt das Preiswissen in der Nachkaufphase auf bzw. macht es sich in der Suchphase durch Abfrage aus dem eigenen Gedächtnis bemerkbar. In der Literatur werden unterschiedlichen Merkmale des Preiswissens unterschieden. Hierzu gehören der Inhalt (Gegenstand des Preiswissens), der Umfang (Menge an verfügbaren Preisinformationen), die Genauigkeit (im Hinblick auf Präzision und Aktualität), die Form der Abspeicherung (Skalenniveau und assoziative Zuordnung), der Verfügbarkeit (im Gedächtnis oder als Aufzeichnung) und der Selbstsicherheit (explizit und damit konkrete Preisinformation bzw. implizit als unbewusste, lediglich grobe Einschätzung der Attraktivität eines Preises). Außerdem kann sich das Preiswissen auf allgemeine Preise im Markt, einzelne Marken oder Geschäfte bzw. typische Zeitpunkte für Preisaktionen beziehen. Hierbei können Anbieter die Nachfrager auf die eigenen Preise konditionieren, indem sie ihnen dieselben Preiserlebnisse über einen längeren Zeitraum bieten. Dadurch entstehen so genannte Preisimages; bspw. als günstiger Anbieter oder als Anbieter mit einem guten Preis-Leistungs-Verhältnis. Im Idealfall führt dies zu einer so genannten Preishabitualisierung, die auch beim Entscheidungsverhalten von Nachfragern diskutiert wurde. Bei habitualisiertem Verhalten werden bestimmte Verhaltensweisen immer wieder durchgeführt. Dies bezieht präferierte Anbieter, Marken oder Geschäfte ein.

Konstrukte aus dem Bereich der **Preisintentionen** bilden eine Gruppe von Faktoren, welche sich in Anlehnung an die Einstellungstheorie als Zustände gelernter und relativ dauerhafter Bereitschaften darstellen, in einer konkreten Entscheidungssituation ein bestimmtes Preisverhalten zu zeigen. Hierzu gehören (1) die Preisbereitschaften eines Individuums. Preisbereitschaften stellen die konkrete Absicht dar, in einer bestimmten Kaufsituation nicht mehr als einen zuvor festgelegten maximalen Betrag zu bezahlen, d. h. die auf eine Situation bezogene maximale Zahlungsbereitschaft eines Individuums. Annahmegemäß entspricht dies dem wahrgenommenen Nutzen als Grad der Bedürfnisbefriedigung (Akquisitionsnutzen). Die Messung maximaler Zahlungsbereitschaften und deren Aggregation in einem Markt oder Marktsegment zur PAF wurde bereits oben bei der klassischen Preistheorie ausführlich diskutiert (Homburg, 2020). Außerdem spielen (2) die Preispräferenzen von Nachfragern eine wichtige Rolle. Im Gegensatz zu Preisbereitschaften beziehen sich Preispräferenzen nicht auf einzelne Leistungen, sondern auf eine generelle Einstellung gegenüber bzw. ein spezielles Interesse an bestimmten Preislagen, Marken, Betriebsstätten, Angebotsvarianten (z. B. Bündel), Einkaufszeitpunkten, Sonderangeboten oder Rabatten. Zudem erlangt (3) die Preiszufriedenheit im Kontext von Preisintentionen ein Bedeutung. Die Preiszufriedenheit stellt das gedankliche Ergebnis einer Gegenüberstellung von Preiserwartungen und entsprechenden Preiserfahrungen dar, wie sie weiter oben in ähnlicher Weise beim C/D-Paradigma der Kundenzufriedenheit erörtert wurde. Im eigentlichen Sinn bezieht sich die Preiszufriedenheit auf die Nachkaufphase einer Transaktion. Da diese aber zugleich eine sehr starke intentionale Komponente für Folgekäufe hat, wird sie in der Literatur unter den Preisintentionen diskutiert. Außerdem bezieht die Preiszufriedenheit die Konstrukte der Preisgünstigkeit- und -würdigkeit ein und wird auch von der Preistransparenz, der -sicherheit und der -zuverlässigkeit eines Anbieters bzw. einer Einkaufsstätte beeinflusst. Damit wirkt sich das resultierende Gesamturteil intentional auf weitere, zukünftige Leistungsinanspruchnahmen aus. Auswirkungen der Kundenzufriedenheit auf die Kundenbindung und den ökonomischen Erfolg des Unternehmens wurden bei der Service-profit-chain diskutiert. Schließlich stellen (4) das Preisvertrauen/-risiko und die Preisfairness weitere wichtige Einflussfaktoren auf die Intentionen der Nachfrager dar (Wirtz und Lovelock, 2022). Als erster Teil bezieht sich das Preisvertrauen/-risiko auf die Einschätzung bzw. Hoffnung des Kunden, dass der Anbieter sich in aktuellen und zukünftigen Transaktionen nicht opportunistisch, d. h. zum Schaden des Kunden, verhält. Hierbei spiegelt das wahrgenommene Vertrauen allgemein betrachtet die Gegenseite zum wahrgenommenen Kaufrisiko wider. Wahrgenommenes

Vertrauen wird aufgebaut, wenn ein Anbieter, neben der Kompetenz zur Leistungserbringung auf dem versprochenen Niveau und einem dafür als angemessen empfundenen Preis, sich weiterhin integer verhält, d. h. so handelt, wie es angekündigt wurde,
und die Situation des Nachfragers darüber hinaus nicht ausbeutet (Mayer et al., 1995).
Preisrisiko entsteht dagegen bei hohen Investitionen/Konsumausgaben, einer Bindung
an den Anbieter durch langfristige Verträge oder wenn der Nachfrager die gebotene
Qualität nicht beurteilen kann und mitunter eine mangelhafte bzw. gefährliche Leistung erhält (z. B. durch mögliche physische und psychische Gesundheitsgefahren bei
Urlaubsreisen, ärztlichen Diagnosen oder Schönheitsoperationen). Ein zweiter Teil be-
zieht sich auf die wahrgenommene Fairness von Preisen, welche sich ebenfalls auf die
Intentionen der Nachfrager in zukünftigen Entscheidungssituationen auswirken kann.
Das Fairnesskonstrukt wurde bisher eher wenig untersucht (Kahneman et al., 1986; Xia
et al., 2004). Als Komponenten der wahrgenommenen Preisfairness können aber Faktoren wie die Ehrlichkeit, Gerechtigkeit, Respekt und Achtung, Konsistenz im Verhalten,
Kulanz bei eigenem Fehlverhalten, Mitsprache bei der Preisfestlegung und Zuverlässigkeit seitens des Leistungsanbieters gewertet werden. Dabei spielen auch Vergangen-
heitserfahrungen des Nachfragers und das Verhalten der Wettbewerber eine wichtige
Rolle. Gerade im Hinblick auf Preiserhöhungen gewinnt die Ehrlichkeit und Transparenz eine wesentliche Rolle. So werden Preiserhöhungen auf Basis von Kostenerhöhun-
gen eher als fair wahrgenommen als Preiserhöhungen zur Steigerung des Gewinns
(Simon und Fassnacht, 2016).

7.2.2.3 Wettbewerbsorientierte Preisfindung

Mit einer nachfragerorientierten Preisfindung wurde ein erster Teil des Einbezugs
des relevanten Marktes auf die Preisfindung eines Anbieters diskutiert. Die wettbewerbsorientierte Preisfindung stellt den zweiten Teil der Outside-in-Perspektive dar.
So ist die Preisbereitschaft der Nachfrager auch in starkem Maße von der (preislichen) **Attraktivität der Wettbewerbsangebote** abhängig, die daher bei der Preisfestlegung eines Dienstleistungsanbieters ebenfalls zu beachten sind. Dies wird auch als
Competition-based-Pricing bezeichnet (Wirtz und Lovelock, 2022). Hierbei handelt es
sich zunächst um eine horizontale Betrachtung der wettbewerbsbezogenen Preisinformationen, die im Ergebnis zu einer relativen Preispositionierung gegenüber den
Angeboten der Wettbewerber führt (Voeth und Herbst, 2013). Vor dem Hintergrund
einer vertikalen Betrachtung spielen ergänzend hierzu die preislichen Angebote der
Lieferanten in der Supply-chain eine wichtige Rolle, die durch die Beschaffung von
Werkstoffen und Betriebsmitteln aus vorgelagerten Stufen als Kosten in die Potenziale und damit im Anschluss daran in die Leistungserstellung und somit in die Preisforderung für das Leistungsergebnis eingehen. Zudem haben nachgelagerte Stufen
vor dem Hintergrund der später diskutierten Distributionspolitik, d. h. vor allem im
Vertrieb der Leistungen über unternehmensfremde Distributionsorgane (z. B. Absatzmittler oder Franchising) ein Interesse an der Preisgestaltung des Anbieters, weil dies

den gesamten Channel-profit und damit die Aufteilung der Marge zwischen den beteiligten Parteien betrifft.

Bei Dienstleistungen kommt in der wettbewerbsbezogenen Preisgestaltung sowohl horizontal als auch vertikal erschwerend hinzu, dass die Wettbewerbspreise aufgrund der höheren Marktintransparenz durch Individualisierung des Leistungsangebots und der Immaterialität des Leistungsergebnisses sowohl von Nachfragern als auch von den Anbietern bei der Preisfestlegung und -ausgestaltung oftmals nur unzureichend vergleichbar sind. Dies trifft weniger auf standardisierte Leistungen wie eine Flugreise, einen Leihwagen oder einen einfachen Online-Service (z. B. Datenbankabfragen oder Standard-Versicherungen für den Hausrat) zu, aber umso stärker auf komplexe Leistungen von Unternehmensberatungen oder gesundheitliche Präventionsleistungen von Ärzten und Therapeuten. Darüber hinaus ist der Nachfrager in die Leistungserstellung gerade bei Letzteren sehr stark integriert, was in Verbindung mit der hohen Individualisierung ebenfalls die **Vergleichbarkeit der Angebote** unterschiedlicher Wettbewerber erschwert. Außerdem gibt es in einigen Märkten durch eine hohe Regulierungsdichte auf nationaler und/oder EU-Ebene (z. B. Gesundheitswesen oder Telekommunikation und Energiemärkte) nur geringe Preisspielräume zwischen den Anbietern, wodurch sich der Wettbewerb vor allem auf Qualitätsebene der Leistungen abspielt. Neben den zahlreichen Erfahrungseigenschaften von Dienstleistungen verfügen bspw. Beratungsleistungen und Leistungen der Gesundheitsvorsorge zusätzlich über ausgeprägte Vertrauenseigenschaften, bei denen Anbieter einen deutlichen Know-how-Vorsprung haben und der Nachfrager damit auf die sachgemäße und auf eine nach dem neuesten Stand der Technik befindliche Ausführung vertrauen muss. Dagegen sind die Sucheigenschaften und damit auch die preisliche Transparenz für einzelne Leistungsbestandteile bei solchen Know-how-intensiven Dienstleistungen als eher gering einzuordnen.

Darüber hinaus bestehen auf Dienstleistungsmärkten oftmals komplexe Preisstrukturen, eine Bündelung von Leistungen, eine Aufteilung in Core- und Secondary-services, die flexibel hinzugebucht werden können (z. B. Hotelaufenthalte mit Frühstück, Sauna, Wellness etc.), und somit der Versuch einer ausführlichen Differenzierung vom Wettbewerb darstellen. Aus diesem Grund erscheinen klassische ökonomische Verfahren einer wettbewerbsorientierten Preisfindung (z. B. Oligopolpreisbildung) als eher ungeeignet. Der Anbieter muss bei Dienstleistungen also vor allem den individuellen Nutzen seiner immateriellen Leistung gegenüber Wettbewerbsangeboten glaubhaft abgrenzen und stärker auf verhaltenswissenschaftliche Aspekte und Wirkungen der eigenen Preissetzung gegenüber der Preissetzung der Wettbewerber abstellen. Hierbei kommt es insbesondere auf die **Nutzen- und Preistransparenz** der Dienstleistungen an, die bei Speditionen und Autowäschen eher hoch und bei Banken, Versicherungen und Beratungen tendenziell geringer ist. Außerdem werden bspw. Hotels und Urlaubsreisen eine eher geringe Preistransparenz, dafür aber eine hohen Nutzentransparenz und Telekommunikationsanbieter eine eher hohe Nutzentransparenz bei geringer Preistransparenz zugesprochen. Je größer allerdings die Transparenz ist, desto eher

eignen sich nach Meffert et al. (2018) die Möglichkeiten einer wettbewerbsorientierten Preissetzung.

In der konkreten Umsetzung kann sich ein Dienstleistungsanbieter bei einer wettbewerbsorientierten Preisfindung prinzipiell wirtschaftsfriedlich oder kampforien-
tiert verhalten (Gutenberg, 1951a). Bei einer wirtschaftsfriedlichen Verhaltensweise
wird der eigene Preis so gesetzt, dass er möglichst dem **Marktpreis** entspricht, der
Anbieter ist dann ein Preisanpasser (Pechtl, 2014). Dies lässt sich bei standardisierten
Dienstleistungen aufgrund der größeren Markttransparenz umsetzen. Dabei handelt
es sich um homogene Dienstleistungen ohne größeres Differenzierungspotenzial.
Damit können gleichzeitig Preiskämpfe vermieden werden.

Homburg (2020) spricht von Preiskriegen, wenn Wettbewerber mehrfach und in
kurzer Folge versuchen, den Marktpreis zu unterbieten. Geschieht dies unterhalb der
durchschnittlich im Markt herrschenden Kostenstrukturen und -verläufe, so kann der
Preis als strategische Waffe im Wettbewerb zur Verdrängung von Wettbewerbern eingesetzt werden. Neben preisbezogenen Fehleinschätzungen in Bezug auf die Wettbewerbspreise und die Aktionen der Wettbewerber passiert dies vor allem, wenn Unternehmen
auf eine Ausdehnung des Marktanteils fokussieren oder über deutliche Überkapazitäten
verfügen, wie dies bei kapitalintensiven oder teilweise auch bei technikintensiven
Dienstleistungen der Fall ist. Bei einem solchen Verhalten sind einzelne Wettbewerber
durch die **Unterbietung** des Marktpreises mit einer kampforientierten Verhaltensweise
am relevanten Markt aktiv. Zumindest kurzfristig erfolgreich ist dies bei einer hohen
Preiselastizität der Nachfrage. Langfristig muss der Anbieter jedoch seine eigene Kostensituation berücksichtigen. Erfolgversprechend ist eine Preisunterbietung nur, wenn die
Absatzmengenänderung die Deckungsbeitragseinbußen ausgleicht und/oder die Fixkosten weiterhin ausreichend durch die verbliebenen Deckungsbeiträge für andere Dienstleistungen gedeckt sind. Zu einer theoretischen Betrachtung und Erklärung der Resultate
von Preiskriegen trägt hier die Spieltheorie bei (Dixit und Nalebuff, 2018; Holler et al.,
2019; Meyer, 2009). Bei dieser wird modellhaft untersucht, dass sich eine Eigendynamik
von Preissenkungen entwickeln kann, die letztendlich und unter bestimmten Voraussetzungen zu einer Situation führt, in der sich die beteiligten Unternehmen durch eine
einmalige oder eine Folge von Preissenkungen insgesamt schlechter als zuvor stellen
(Gefangenendilemma).

Für den Fall das Wettbewerber eine Preissenkung vornehmen, schlagen Kotler
und Armstrong (2020) ein **Reaktionsprogramm** vor, welches sowohl auf Sachgüter
als auch auf Dienstleistungen anwendbar ist. Dieses basiert einerseits auf der Analyse
der Gründe für die Anpassung des Wettbewerbers (z. B. Marktanteilsausdehnung,
Kapazitätsauslastung, Kostenveränderungen oder kurz- bzw. langfristige Ziele) und
andererseits auf den eigenen Möglichkeiten vor dem Hintergrund des Leistungsle-
benszyklus, des eigenen Marktanteils, der Unternehmensressourcen und Kostensituation, dem Leistungsprogramm, der Reaktion der übrigen Wettbewerber und vor
allem der Nachfragerreaktionen auf eine eigene Preisanpassung (vgl. Abb. 7.24).

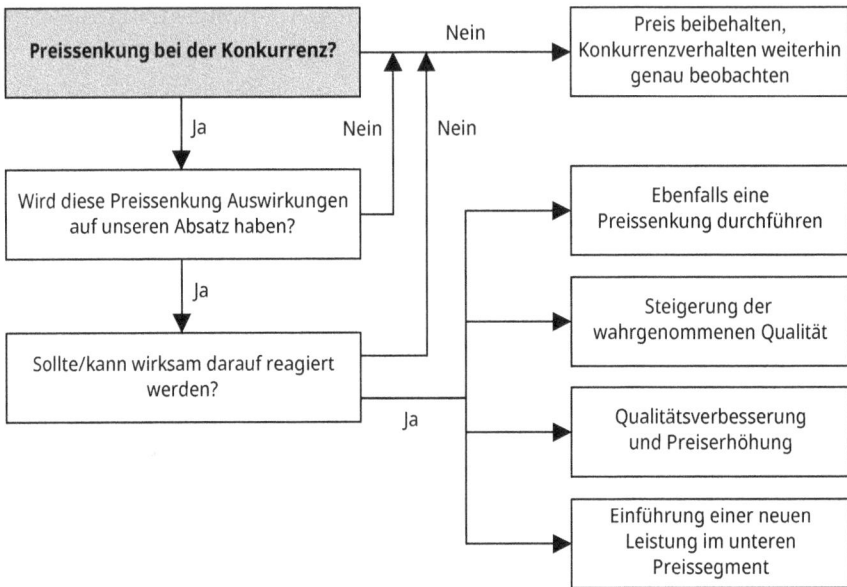

Abb. 7.24: Beispielhaftes Reaktionsprogramm bei Preissenkungen der Konkurrenz (Kotler und Armstrong, 2020).

Sofern wirksam auf die **Preisanpassung** reagiert werden kann, kann der Dienstleister den Preis für vergleichbare Leistungen ebenfalls senken, muss dann möglicherweise keine Marktanteilsverluste hinnehmen, aber Deckungsbeitragseinbußen, die zu Gewinneinbußen führen, weil durch die beidseitige Preissenkung keine neuen Kunden hinzugewonnen werden können. Außerdem kann er die wahrgenommene Qualität durch kommunikationspolitische Maßnahmen steigern und gleichzeitig seine Preisstruktur beibehalten, um sich vom preisgünstigeren Wettbewerber durch die Erhöhung der Wertschätzung für die eigene Leistung abzuheben. Zudem kann er die Qualität objektiv verbessern und den Preis erhöhen. Hierdurch wird die bisherige Leistung höherpreisig positioniert und so vom Wettbewerb abgegrenzt. Allerdings müssen ausreichend Nachfrager dazu bereit sein, den höheren Preis zu bezahlen, weil sie eine objektive Qualitätsverbesserung honorieren. Schließlich kann der Anbieter, wie dies auch im Rahmen der Positionierungsstrategien diskutiert wurde, die bisherige Leistung beibehalten, gleichzeitig aber eine neue Leistung auf einem niedrigeren Preisniveau einzuführen, die dann ersatzweise in den Wettbewerb mit der von der Konkurrenz preislich gesenkten Leistung eintritt. Dies entspricht der Strategie der Preisdifferenzierung für unterschiedliche Marktsegmente und stellt eines der weiter unten diskutierten Instrumente der Preispolitik dar. Hierdurch werden die eher globalen preislichen Vorstellungen des Anbieters aus einer kostenorientierten, nachfragerorientierten und wettbewerbsorientierten Preisfindung für bestimmte Marktsituationen konkreter ausgestaltet.

Schließlich kann eine umgekehrte Orientierung in einem kampforientierten preislichen Wettbewerb die **Überbietung** des Marktpreises als so genannter Preisführer darstellen (Pechtl, 2014). Hierbei ist der Preis für die eigenen Leistungen oder einzelne Leistungen oberhalb des Marktpreises. Dies kann bei Leistungen mit ausgesprochener Präferenzwirkung bzw. einer starken Korrelation zwischen Preis und Qualitätsbeurteilung, d. h. der Preis ist ein Indikator für eine höhere Leistungsqualität des Anbieters (Preis als Qualitätsindikator), erfolgversprechend sein. Hierbei müssen jedoch die erhöhten Deckungsbeiträge die Absatzmengenverluste kompensieren, weil in einer solchen Situation weniger Nachfrager bereit sein werden, höhere Preise für eine über dem allgemeinen Marktstandard liegende Qualität zu bezahlen. Außerdem müssen die Qualitätseigenschaften bzw. die Attribute der Dienstleistungen dann auch von den Nachfragern bereits vor dem Kauf hinreichend durch Leistungsvergleiche, Erfahrungsberichte etc. beurteilbar sein. Dies trifft lediglich zu, wenn Dienstleistungen einen hohen Anteil vom Sachgütern beinhalten oder die Qualitätskomponenten (z. B. die Inhalte/Umfänge der Leistung oder die zeitliche Abwicklung) weitgehend standardisiert und somit überhaupt vergleichbar sind, sodass es letztendlich nur auf die Mengen in der Leistungserbringung ankommt. In einer solchen Situation kann der Anbieter in der Kommunikationspolitik auf seine besonders hohe Leistungsqualität verweisen und durch Erfahrungsberichte (z. B. positives WOM) von anderen Nachfragern bestätigen lassen.

7.2.3 Instrumente der Preispolitik

In den bisherigen Ausführungen zur Preispolitik wurden generelle Methoden der Preisfindung erörtert, die allerdings eine eher globale Orientierung im Hinblick auf die Preise bzw. das Preisniveau eines Dienstleistungsanbieters liefern. In Bezug auf unterschiedliche Marktsituationen und Preisverhandlungen werden diese im Weiteren durch die Diskussion um die Instrumente der Preispolitik ergänzt. Folglich handelt es sich, neben einer besseren Ansprache von Zielsegmenten und einzelner Nachfrager in konkreten Dienstleistungstransaktionen, um das **Finetuning der Preisforderung**. Dies geschieht insbesondere vor dem Hintergrund unterschiedlicher Zahlungsbereitschaften, wie sie bei einer nachfragerorientierten Preisfindung erörtert wurden. Zu den weiteren Instrumenten der Preispolitik zählen die Möglichkeiten der Preisdifferenzierung (Abschnitt 7.2.3.1), die Spezialformen des Revenue-Managements, der nicht-linearen Preise sowie der Preis- und/oder Nachfragerbündelung (Abschnitt 7.2.3.2) und schließlich die Möglichkeiten der Konditionengestaltung (Abschnitt 7.2.3.3).

7.2.3.1 Möglichkeiten der Preisdifferenzierung

Eine Preisdifferenzierung basiert auf der Annahme, dass in unterschiedlichen Märkten die Nachfrager jeweils unterschiedliche Zahlungsbereitschaften haben. Dies ist vor allem bezgl. des strategischen Ansatzes der Marktsegmentierung (STP-Ansatz), wie er weiter oben diskutiert wurde, von besonderer Bedeutung (Freter, 2008). Eine Preisdifferenzierung liegt somit vor, wenn ein Dienstleistungsanbieter für die gleichen oder nur geringfügig veränderte Leistungen in verschiedenen Marktsegmenten unterschiedliche Preise anbietet (Homburg, 2020). Die Grundidee der Preisdifferenzierung besteht darin, dass dadurch die **maximalen Zahlungsbereitschaften** der Nachfrager dieser Segmente besser abgeschöpft werden können. Darüber hinaus können die Kapazitäten durch das Instrument der Preisdifferenzierung besser gesteuert werden, wie es im Spezialfall des Revenue-Managements noch erläutert wird. Eine der Grundvoraussetzungen der Preisdifferenzierung ist allerdings, dass unterschiedliche Zahlungsbereitschaften vorliegen und sich die Märkte bzw. Marktsegmente isolieren lassen, weil es sonst möglicherweise zu Wanderungsbewegungen und Reaktanzeffekten kommen kann, da Nachfrager zu günstigeren Segmenten und damit Preisen wechseln oder aus Frustration über die unterschiedlichen Preise bei Wettbewerbern kaufen. Wenn Märkte folglich transparent, d. h. Informationen sehr schnell ausgetauscht werden können, und Dienstleistungen hochgradig standardisiert und somit auch vergleichbar sind, bspw. bei Onlinedienstleistungen, dann ist das Instrument der Preisdifferenzierung eher ungeeignet respektive nur in bestimmten, eng abgegrenzten Bereichen erfolgversprechend (z. B. im Rahmen der Anbieterselektion aufgrund personeller Charakteristika). Der Ausgangsgedanke der Abschöpfung der maximalen Zahlungsbereitschaften und damit der Konsumentenrente geht auf Pigou (1920) zurück, der von Preisdiskriminierung ersten, zweiten und dritten Grades spricht (vgl. Abb. 7.25). Im Gegensatz zum Begriff der Preisdiskriminierung in der englischen Literatur hat sich im deutschen Sprachraum der Terminus Preisdifferenzierung durchgesetzt, da die Diskriminierung negativ konnotiert ist. Dies hat vor allem mit seiner Verwendung in der Soziologie und Politologie zu tun.

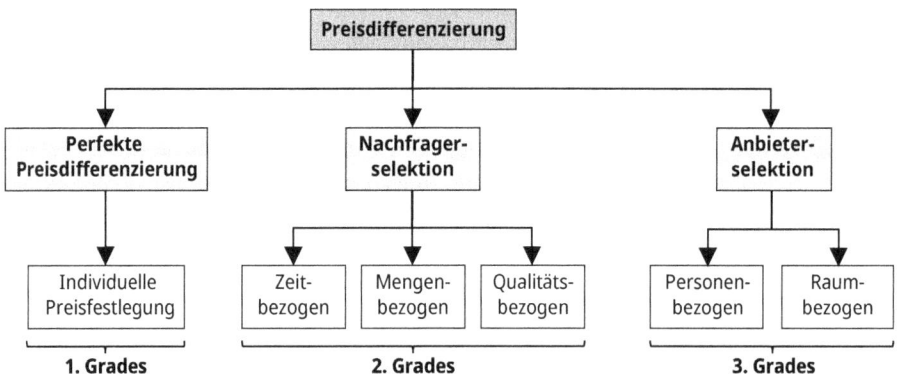

Abb. 7.25: Möglichkeiten der Preisdifferenzierung (ähnlich Skiera und Spann, 2002).

Eine Preisdifferenzierung **ersten Grades** liegt vor, wenn der Anbieter versucht, auf Basis individueller Verhandlungen mit jedem Nachfrager einen individuellen Preis auszuhandeln. Die Intention des Anbieters besteht darin, in einem interaktiven Prozess möglichst nah an die maximale Zahlungsbereitschaft jeder einzelnen Person heranzukommen, unabhängig davon, welche Eigenschaften (z. B. Wohnort) oder welche Kaufpräferenzen diese Person besitzt (z. B. Qualität). Neben klassischen Geschäftsverhandlungen über Leistungen und Preise im B2B zählen Basare, Verkäuferinteraktionen und Auktionen zur individuellen Preisdifferenzierung, wenn bei diesen Formen Preise für jeden einzelnen Kunden festgelegt werden. In solchen Fällen weicht der Anbieter meist durch die Gewährung eines Rabatts vom Standardpreis ab. Eine Preisdifferenzierung ersten Grades kann auch als perfekte Preisdifferenzierung bezeichnet werden, da der Markt idealtypisch nur noch aus Individualpreisen in Höhe der maximalen Zahlungsbereitschaften besteht und somit die Konsumentenrente vollständig zugunsten der Produzentenrente abgeschöpft wird.

Eine Preisdifferenzierung **zweiten Grades** liegt vor, wenn der Nachfrager sich durch sein Verhalten einem bestimmten Preis zuordnet. Hierbei wird auch von Selbstselektion gesprochen, da der Nachfrager entscheidet, welchem Preis er sich zuordnet. Unterschieden wird nach der Zeit, der Menge und der Qualität:

– Die ausgelobten Preise können aufgrund des unterschiedlichen Nutzungs- oder auch Kaufzeitpunkts der Leistung, bezgl. unterschiedlicher Mengen einer Leistung oder wegen Qualitätsunterschieden in den Leistungsbestandteilen variieren. Klassische Beispiele für unterschiedliche Preise nach der Zeit sind die Wochenendtarife bei Verkehrsmitteln oder Leihwagen sowie unterschiedliche Preise bei Flügen und Hotels, wobei entweder nach konkreten Tagen oder nach einer bestimmten Saison (z. B. Winter/Sommer oder Schulferien) differenziert wird. Außerdem kann auch preislich danach differenziert werden, wie schnell ein Kunde bspw. bei einer Reparatur seines Autos oder bei Wartungsarbeiten an einer Maschine die eingebrachten Sachgüter wieder vollständig nutzen kann (z. B. aufgrund der Dringlichkeit des Bedarfs). Darüber hinaus kann auch die frühere Buchung einer Leistung honoriert werden (z. B. Frühbucherrabatt). Einen Spezialfall, den insbesondere Airlines, Hotels und Autovermietungen einsetzen, stellt das Revenue-Management dar, welches auch als Yield-Management (Ertragsmanagement) bezeichnet wird. Diese Anbieter maximieren ihren Umsatz respektive Ertrag auf Basis der verschiedenen Zeitpunkte des Vertragsabschlusses, aber in Bezug auf eine identische Leistung (z. B. ein Flug von Düsseldorf nach Pittsburgh). Das Revenue-Management wird weiter unten noch detaillierter erörtert. Zusammenfassend sei jedoch gesagt, dass eine statische zeitbezogene Preisdifferenzierung durch das Revenue-Management dynamisiert wird. Außerdem können so die Kapazitäten kapitalintensiver Dienstleistungen besser gesteuert werden.

– Bei unterschiedlichen Preisen aufgrund der nachgefragten Menge handelt es sich typischerweise um Mengenrabatte. Hierbei erweitern einzelne Nachfrager ihre Nachfrage und erwerben damit mehrere Leistungen zum gleichen Zeitpunkt. Ein Dienstleister kann bspw. einen Rabatt anbieten, wenn der Nachfrager aus dem gesamten

Leistungsprogramm mehrere Leistungen bucht, wie dies bspw. bei Reisen, Bankleistungen oder Datenbankdiensten geschieht. Zudem können Nachfrager animiert werden, ihre Nachfrage vorzuverlegen, indem Sie bspw. zum aktuellen Zeitpunkt bereits mehrere Termine buchen oder einen Gutschein erwerben, der zur Nutzung mehrerer Leistungen bzw. Termine berechtigt (z. B. in einem Wellness-Center). Dabei dienen beide Ansätze, sowohl die Differenzierung nach der Zeit als auch nach der Menge, der besseren Planbarkeit bzw. Auslastung der Kapazitäten. Eine mengenbezogene Differenzierung mit vorverlagerter Nachfrage hat zudem den Vorteil, dass der Anbieter bereits fixe Erlöse erzielt, mit denen die Abschreibungen für Maschinen und/oder Räumlichkeiten (Fixkosten) gerade bei kapital- oder technikintensiven Dienstleistungen gedeckt werden können.

– Schließlich wird bei einer Differenzierung nach der Qualität auch von einer leistungsbezogenen Preisdifferenzierung gesprochen. Hierbei werden Leistungsvarianten angeboten, aus denen die Nachfrager ebenfalls durch eigene Entscheidung auswählen können. Dabei handelt es sich prinzipiell um die gleiche Kernleistung (Core-service), welche allerdings um Zusatzleistungen (Secondary-services) ergänzt werden können. Die Kernleistung ohne Zusätze wird auch als No-frills-Strategie (ohne Schnickschnack) bezeichnet. Wenn die Nachfrager mit der Grundleistung, bspw. eine Airline, die als Basispaket den Flug ohne Kofferaufgabe und Speisen/Getränke anbietet, oder ein Telefon-Provider, der einen Tarif nur zum Telefonieren (ohne SMS und Internet) anbietet, zufrieden sind, dann beziehen sie damit eine geringere Qualität als solche Personen, die die Aufgabe des Gepäcks oder eine SMS-Flat bevorzugen. Im Kino findet sich eine solche leistungsbezogene Preisdifferenzierung auch als Sperrsitz, Rang und Loge, da jeweils ein unterschiedlicher Sitzkomfort geboten wird. Allerdings wurde weiter oben im Rahmen der Leistungspolitik bereits diskutiert, dass hierbei die Frage nach dem Marktstandard aufkommt (z. B. im KANO-Modell). So werden heute kaum noch Telefontarife angeboten, bei denen SMS und Internet explizit ausgeschlossen sind.

Bei einer Preisdifferenzierung **dritten Grades** nimmt der Anbieter im Rahmen einer klassischen Segmentierung die Einteilung der Nachfrager aufgrund gruppenbezogener Eigenschaften vor, es findet folglich eine Anbieterselektion statt. Einzelne Individuen fallen dann entweder in eine solche Kategorie oder eben nicht. Hierzu gehören die personenbezogene und die räumliche Preisdifferenzierung:

– Die personenbezogene Preisdifferenzierung besteht darin, dass der Anbieter vorab festlegt, welche Charakteristika eine bestimmte Person haben muss, um die Voraussetzungen für einen der angebotenen personenbezogenen Preise zu erfüllen. So existieren bspw. Senioren, Schüler- oder Studententarife sowie Tarife für Personen mit Behinderungen. Allgemein akzeptiert ist auch eine Preisdifferenzierung in Bezug auf unterschiedliche Marktstufen, sodass im B2B-Bereich, wenn Unternehmen bspw. Wartungsservices für Gebäude und Maschinen kaufen, andere Preise als für Endkunden

(B2C) gelten. Schließlich kann auch der Wert eines Kunden im Sinne seiner Profitabilität als personenbezogenes Charakteristikum herangezogen werden. So können Kunden bspw. auf Basis ihres Customer-lifetime-values in unterschiedliche Segmente eingeteilt werden und bei besonders hohem Kundenwert mit Sonderaktionen und Rabatten für ihre Treue und Ausgabenbereitschaft belohnt werden. Die Idee der Kundenbindung und der Kundenwert wurden bereits oben diskutiert. Dienstleistungsanbieter müssen allerdings gerade bei personenbezogenen Preisdifferenzierungen auf zunehmend verschärfte rechtliche Rahmenbedingungen achten (Pechtl, 2014), die sich aus dem Allgemeinen Gleichbehandlungsgesetz (AGG, 2022) ergeben, welches umgangssprachlich auch als Antidiskriminierungsgesetz bezeichnet wird. So muss sich bspw. eine Differenzierung der Preise für Männer und Frauen aus einer sachlichen Begründung ergeben, da niemand aufgrund seines Geschlechts diskriminiert werden darf. Zudem ist es auf europäischer Ebene verboten, von Personen aus anderen EU-Ländern aufgrund ihrer Herkunft, d. h. ihrer Staatsangehörigkeit, in Deutschland für die gleiche Dienstleistung unterschiedliche Preise zu verlangen (CG-EU, 2010).

– Dagegen kann der Dienstleistungsanbieter auch eine räumliche Preisdifferenzierung wählen, um bspw. Kostendifferenzen bei unterschiedlichen Filialen in Regionen mit verschiedenen Miet- und Lohnniveaus oder unterschiedliche Transportkosten für Sachgüter und Personal auszugleichen. Darüber hinaus können Preise auch danach differenziert werden, ob der Dienstleister bspw. eine Reparatur vor Ort beim Kunden oder in seinen eigenen Geschäftsräumen vornimmt. Außerdem dürfen in verschiedenen Ländermärkten auch unterschiedliche Kaufkraftniveaus berücksichtigt werden, sodass vergleichbare Dienstleistungen in unterschiedlichen Ländern zu verschiedenen Preisen angeboten werden. In Bezug auf den Einsatz einer räumlichen Preisdifferenzierung kann jedoch eingewendet werden, dass der Nachfrager sich hier durch Umzug, d. h. Wanderungsbewegungen, einer anderen Region zuordnen kann, was jedoch nur durch einen höheren Aufwand und damit höhere nachfragerseitige Kosten möglich wird. Allerdings muss konzediert werden, dass das Internet gerade bei Sachgütern zu einer Einschränkung der Möglichkeiten regionaler Preisdifferenzierungen und damit bspw. zu einer Angleichung der Preise innerhalb der EU geführt hat, weil hier die Transportkosten weniger ins Gewicht fallen. Die Reaktionsmöglichkeiten durch Preisoptimierung vor dem Hintergrund der dabei entstehenden Transaktionskosten und der nachfragerseitigen Realisierung von Arbitragegewinnen durch Ausnutzung von Preisunterschieden diskutieren Backhaus und Voeth (2010). Aufgrund der eingeschränkten Möglichkeiten des Transports von Personal sind solche Gefahren bei personenbezogenen Dienstleistungen aber als geringer zu bewerten und eher für digitalisierte Dienstleistungen denkbar (z. B. Datenbankabfragen oder Gentests). Darüber hinaus fallen hierunter auch Leistungen, bei denen Daten ausgetauscht und externe Produktionsfaktoren eines Nachfragers relativ leicht verschickt werden können (z. B. bei der Reparatur von Brillen oder Laptops).

Vor dem Hintergrund einer Gewinnmaximierung ergeben Preisdifferenzierungen ökonomisch immer dann einen Sinn, wenn der zusätzliche Aufwand durch die Differenzierung und separate Ansprache der entstandenen preisbezogenen Marktsegmente bzw. die Anpassung der übrigen Bestandteile des Marketing-Mix (z. B. durch Leistungsvariationen, zusätzliche Distributionskanäle oder Preisverhandlungen) mit Hilfe des zusätzlichen Ertrags aus der Preisdifferenzierung überkompensiert wird (Fassnacht, 1996/1998). Außerdem wurde bereits weiteroben erörtert, dass unterschiedliche Zahlungsbereitschaften der Nachfrager vorliegen müssen und sich die gebildeten Marktsegmente möglichst trennscharf separieren lassen (Simon und Fassnacht, 2016). Damit ist die vorherige **Durchführung einer Marktsegmentierung** ein elementarer Bestandteil einer Preisdifferenzierung. Schließlich sollten die Leistungen durch Alleinstellungsmerkmale einen monopolistischen Spielraum für den Anbieter erzeugen, das so genannte Akquisitionspotenzial des Unternehmens (Gutenberg, 1951a).

Eine **Gewinnmaximierung** mittels einer Preisdifferenzierung kann unter der vereinfachten Annahme der Existenz einer einzigen Preis-Absatz-Funktion und linearer Funktionsverläufe an einem Beispiel verdeutlicht werden (vgl. Abb. 7.26). Das maximale Gewinnpotenzial des Anbieters ergibt sich aus der Fläche A-B-C unterhalb der PAF (x[p]), die sich rechts seiner variablen Stückkosten (k_v) befindet. Daraus resultiert bei Einheitspreissetzung der optimale Gewinn als das größte Rechteck A-D-H-L mit einem optimalen Preis p^*, einer optimalen Menge x^* und einem optimalen Stückgewinn von $g = p^* - k_v$. Bei einer Preisdifferenzierung und unter der Annahme, dass sich insgesamt drei Marktsegmente isolieren lassen, würde der Anbieter durch zwei weitere Preise p_1^* und p_2^* nunmehr die Fläche unterhalb seines Gewinnpotenzials A-B-C in drei Rechtecke anstatt in lediglich ein Rechteck aufteilen. Hierdurch realisiert er eine zusätzliche Absatzmenge ($\Delta x = x_2^* - x^*$) zu einem geringeren Preis p_2^* (Niedrigpreissegment) und ein Teil (x_1^*) der bisherigen Menge (x^*) wird zu einem höheren Preis p_1^* (Hochpreissegment) gekauft. Außerdem wird deutlich, dass sich der Gesamtgewinn erhöht, da nun weitere Zahlungsbereitschaften abgeschöpft werden, was aus der Addition der Flächen A-E-F-M, M-G-H-L und L-I-J-K resultiert, die in der Summe größer als die vorherige Fläche A-D-H-L bei Einheitspreissetzung sind, nämlich um die zusätzlichen Rechtecke D-E-F-G und I-J-K-L. Der Anbieter schöpft zusätzliche Konsumentenrente ab, weil die ehemals zwei Dreiecke ober- und unterhalb des Einheitspreisrechtecks zwar in vier Dreiecke aufgeteilt werden, diese aber flächenmäßig kleiner sind als die Gesamtfläche der beiden vorherigen Dreiecke. Würde dieser Gedanke durch die Erhöhung der Marktsegmente und unter der vereinfachten Annahme einer einzigen PAF gedanklich fortgeführt, so würde der Anbieter seinen Gewinn noch weiter erhöhen. Es würden also weitere Schnitte in die Nachfragerachse (horizontal) durch zusätzliche Schnitte in die Preisachse (vertikal) erfolgen und dadurch die Zahl der Rechtecke erhöht. Dabei muss allerdings praktisch berücksichtig werden, dass die Segmente weiterhin isoliert werden müssen und bspw. die Kommunikation mit den in den Segmenten befindlichen Nachfragern ebenfalls separiert werden muss. Im Hinblick auf eine perfekte Preisdifferenzierung ersten Grades wären alle maximalen Zahlungsbereitschaften der Nachfrager (C) zwischen den variablen Stückkosten

(A) und dem Prohibitivpreis (B) abgeschöpft, was wiederum dem Gewinnpotenzial des Anbieters bzw. der Fläche A-B-C entspricht. Dadurch sinkt die Konsumentenrente auf null und der Dienstleistungsanbieter maximiert seine Produzentenrente (Simon und Fassnacht, 2016).

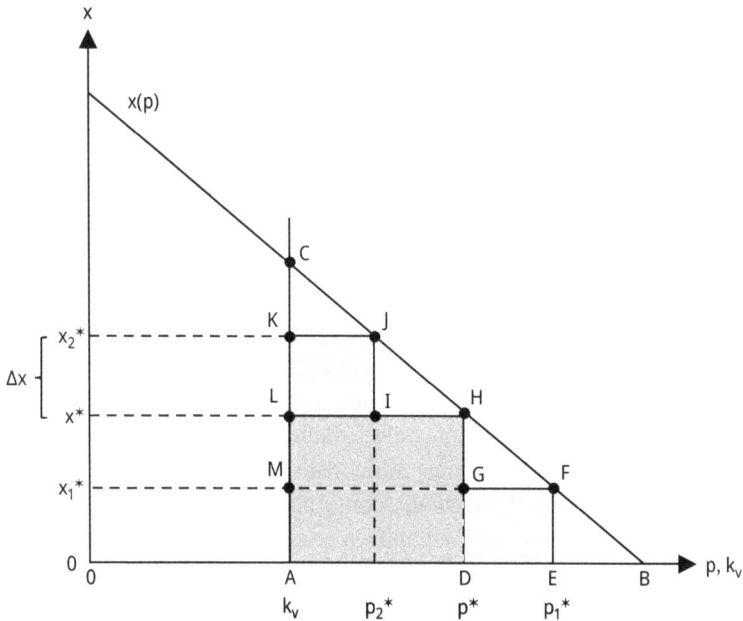

Abb. 7.26: Gewinnsteigerung durch Preisdifferenzierung (in Anlehnung an Simon und Fassnacht, 2016).

7.2.3.2 Sonderformen der Preisdifferenzierung

Eine erste Sonderform der Preisdifferenzierung stellt das **Revenue-Management (Yield-Management)** dar (auch Bordoloi et al., 2021; Chiang et al., 2007; Desiraju und Shugan, 1999; Fassnacht und Homburg, 1997/1998; Gönsch, 2017; Klein und Steinhardt, 2008). Ein Revenue-Management eignet sich insbesondere für Airlines, Hotels und Autovermietungen, welche auf Basis der verschiedenen Zeitpunkte des Vertragsabschlusses, aber in Bezug auf eine identische Leistung (z. B. ein Transatlantikflug), ihren Umsatz respektive Ertrag maximieren und zudem die Auslastung so besser steuern können. Außerdem können Restaurants und Eventagenturen ihre Erträge ebenfalls auf diese Art steigern (Corsten und Gössinger, 2015), allerdings ist dafür eine gewisse Größe des Anbieters unabdingbar. Streng genommen handelt es sich um eine zeitbezogene Preisdifferenzierung zweiten Grades mit Nachfragerselektion, die aber nicht nur den Ausweis unterschiedlicher Preise für verschiedene Daten des Vertragsabschlusses erfordert, sondern im Hintergrund durch komplexe Datenbanken mit zahlreichen Vergangenheitsdaten, Erfahrungswerten und Branchendurchschnitten sowie unter Zuhilfenahme statistischer Berechnungen über das Kaufverhalten von Nachfragern mit unterschiedlichen Charakteristika gleichzeitig eine Optimierung von Kapazitäten und Erträgen betreibt.

Ein Revenue-Management ist insbesondere bei **hoher Kapitalintensität (Fixkostenintensität)** der Dienstleistungen geeignet, was bei den oben genannten Leistungen der Fall ist. Darüber hinaus wird die Preissensibilität der Nachfrager genutzt, für die die zeitliche Dimension eine besonders wichtige Eigenschaft bei tendenziell stark standardisierten Dienstleistungen darstellt, wie es bspw. Flugleistungen oder Hotelübernachtungen darstellen (Meffert et al., 2018). So haben Privatreisende tendenziell eine höhere Preissensibilität, und damit eine deutlich geringere Zahlungsbereitschaft als Geschäftsreisende, für die das Unternehmen, in dessen Auftrag bspw. diese Airline-Kunden reisen, die Kosten des Fluges übernimmt. Außerdem benötigen Geschäftsreisende aufgrund eines möglicherweise engen Zeitplans und kurzfristiger Absagen eine hohe zeitliche Flexibilität. Der Zeitpunkt der Buchung der Leistung liefert somit einen sehr hohen Nutzenbeitrag, obwohl es sich im Kern um die gleiche Leistung (z. B. Flug von Hamburg nach Wien) handelt; abgesehen davon, dass Geschäftsreisende häufiger Business- und First-class buchen. Im Gegensatz dazu spielt für Privatreisende der Preis eine viel wichtigere Rolle als der Nutzenbeitrag der zeitlichen Komponente und der Zeitpunkt der Buchung liegt mit der Eintragung des Urlaubs in der Regel auch deutlich weiter vor der eigentlichen Leistungserstellung. Außerdem kommen bei Urlaubsreisen Frühbucherrabatte im Charterbereich hinzu, die dem Anbieter ein besseres Management seiner Kapazitäten im Gegensatz zu Linienflügen erlauben. Hierbei ist die Steuerungsgrundlage für den Absatz die Opportunitätskosten der Nachfrager, um gleichzeitig die vorhandenen Kapazitäten des Anbieters möglichst optimal auszulasten (Klein und Steinhardt, 2008).

Beim Revenue-Management erfolgt also eine Preisdifferenzierung auf Basis des Buchungszeitpunkts einer zu einem späteren Zeitpunkt oder in einem späteren Zeitraum erbrachte, meist standardisierte Dienstleistung. Der Zweck dahinter ist, dass sich die **Dispositionsspielräume** zur besseren Kapazitätssteuerung vom Nachfrager auf den Anbieter verlagern sollen. Zudem würden die bereitgestellten Produktionspotenziale der Dienstleistung verfallen bzw. verbleiben dem Anbieter bei gleichzeitig geringeren Erträgen und damit auch bei geringeren Deckungsbeiträgen lediglich die hohen Fixkosten für den Maschinenpark. So verursacht ein vollbesetztes Flugzeug durch Abschreibung bzw. Abnutzung, Kerosin, Landegebühren und Personaleinsatz in etwa die gleichen Kosten wie ein halbvolles oder nur wenig besetztes Flugzeug, da der Fixkostenblock die variablen Kosten sehr deutlich überwiegt. Ein Nachfrager mit hoher Preissensibilität bekommt darum den Verzicht auf seinen Dispositionsspielraum durch einen geringeren Preis vergütet, sodass die Airline bspw. bei absehbarer Unterauslastung entweder ein kleineres Flugzeug einsetzen oder einen Zubringerflug im Rahmen ihrer strategischen Allianzen (z. B. StarAlliance, SkyTeam oder One World) organisieren kann. Ein Geschäftsreisender, für den die zeitliche Komponente bedeutsam ist, muss diese Flexibilität dann durch einen höheren Preis bezahlen.

Insgesamt ist es hierbei jedoch wichtig, dass die **Nachfrage** preiselastisch ist, großen Schwankungen unterliegt, der Vertragsabschluss (z. B. die Buchung) auch in größeren Abständen vor der Inanspruchnahme möglich ist und der Dienstleistungsanbieter über eine gewisse betriebliche Größe verfügt, um das Revenue-Management auch IT-technisch abbilden zu können, da die Optimierung komplexe Verfahren des Operations-research benötigt (Corsten und Gössinger, 2015; Meffert et al., 2018; Simon und Fassnacht, 2016).

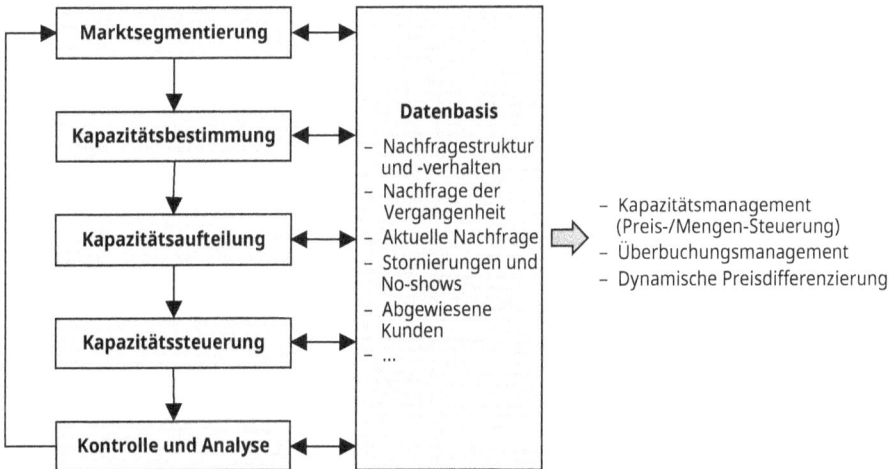

Abb. 7.27: Aufbau eines Revenue-Management Systems (in Anlehnung an Corsten und Gössinger, 2015).

Allerdings können Anbieter beim Vorliegen solcher Rahmenbedingungen innerhalb eines systematischen Managementprozesses die drei wesentlichen ökonomischen Bereiche mit Hilfe einer vorhandenen Datenbasis über die Nachfragerstruktur und das Nachfrageverhalten, Werten aus der Vergangenheit und aktueller Nachfragerzahlen, Stornierungen und No-shows, d. h. nicht erschienene Kunden, abgewiesene Kunden etc. ausgestalten (vgl. Abb. 7.27). Zu den **Management-Optionen** gehören das Kapazitätsmanagement (Preis-/Mengen-Steuerung), das Überbuchungsmanagement und die dynamische Preisdifferenzierung (ausführlich Klein und Steinhardt, 2008). Dabei werden in der konkreten Umsetzung alle drei Aufgabenbereiche über die Prognose der Nachfragezahlen optimiert (Corsten und Gössinger, 2015; Simon und Fassnacht, 2016):

– Beim Kapazitätsmanagement werden zunächst unterschiedliche Preisklassen gebildet, die sich bspw. an der Höhe der Deckungsbeiträge in Premium- und Standardkapazitäten einteilen. Die Premiumkapazitäten sind für den Anbieter besonders lukrativ, weil sie einen sehr hohen Deckungsbeitrag verursachen, wohingegen Standardkapazitäten nur einen normalen Deckungsbeitrag erzeugen. Hält der Anbieter im Rahmen der Auftragsselektion zu viele Premiumkapazitäten frei und werden diese nicht bis zur Erbringung der Dienstleistung gebucht, so verzichtet er auf positive Deckungsbeiträge und bietet damit nicht gewinnoptimal an. Ein Flugzeug ist dadurch bspw. nicht voll ausgelastet, weil die preissensiblen Privatkunden aufgrund nicht verfügbarer Plätze bzw. der hohen Preise keinen Flug gebucht haben. Vergibt der Anbieter allerdings im Rahmen der Auftragsselektion zu viele Standardkapazitäten, sind also bis kurz vor dem tatsächlichen Flugtag noch günstige Plätze, d. h. Absatzmengen, vorhanden, so verzichtet er auf die besonders lukrativen Geschäftskunden, die für die gewonnene Flexibilität einen höheren Preis gezahlt hätten. Der Anbieter muss also Annahmen über die Zeitpunkte der Buchung tätigen und bei seiner Preis- und Mengengestaltung berücksichtigen.

– Beim Überbuchungsmanagement wird dem Tatbestand Rechnung getragen, dass im Zeitraum zwischen dem Vertragsabschluss (z. B. Flugbuchung) und der Leistungserstellung (z. B. dem eigentlichen Flug) Sachverhalte eintreten, welche dazu führen, dass der Nachfrager die Leistung nicht in Anspruch nimmt (z. B. Stornierungen oder No-Shows). Weil der verbleibende Zeitraum bis zur Leistungserbringung möglicherweise nicht mehr ausreicht, um die Leistung noch bis zur Kapazitätsgrenze abzusetzen, der Anbieter dann allerdings ungenutzte Kapazitäten hat, die nicht durch positive Deckungsbeiträge gedeckt sind, wird die Leistungserstellung aufgrund statistischer Annahmen über die tatsächliche Nutzung systematisch überbucht. Dies geschieht auf Basis von Vergangenheitsdaten (z. B. Auslastungen für bestimmte Relationen im Winter- und Sommerflugplan einer Airline). Allerdings muss der Anbieter bei seinen Annahmen und darauf basierenden Prognosen bezgl. seiner Gewinnoptimierung auch die freiwilligen und/oder gesetzlich verankerten Strafkosten für abgewiesene Kunden berücksichtigen (z. B. im Flugverkehr nach EU-Recht; EU-FGR, 2023), die dann trotz rechtzeitiger Buchung die Dienstleistung nicht in Anspruch nehmen können. Darüber hinaus steigt die Kundenunzufriedenheit und in der Folge möglicherweise die Kundenabwanderung, sofern weitere Dienstleister für die nicht bedienten Kunden zur Verfügung stehen, d. h. der Anbieter keine monopolartige Stellung inne hat.

– Schließlich werden bei einer dynamischen Preisdifferenzierung die bisher konstanten Preise bzw. Deckungsbeiträge in aufeinander folgenden Zeitabschnitten des Planungshorizonts unter der Annahme der Nachfragerreaktionen auf unterschiedliche Preise gewinnmaximierend festgelegt. Dabei wird unterstellt, dass der Buchungszeitpunkt einen Einfluss auf die Zahlungsbereitschaft, d. h. die Wertschätzung der Dienstleistung durch individuelle Nachfrager hat, und dass diese kurz vor dem Datum der Leistungserstellung tendenziell höher ist. Die einzelnen Buchungsfenster (Zeitabschnitte) entsprechen dann den verschiedenen Kundensegmenten (z. B. Privat- und Geschäftsreisende oder Früh- und Spätbucher). Die Optimierung erfolgt vor dem Hintergrund der Kapazitätsbeschränkungen und wird entsprechend der Nachfrageprognose dynamisch angepasst.

Eine zweite Sonderform der traditionellen Preisdifferenzierung stellen die **nicht-lineare Preise** dar (Pechtl, 2017). Diese werden auch als nicht-lineare respektive zweiteilige Tarife bezeichnet. Die Grundlage besteht darin, dass nicht jede Mengeneinheit zu einem gleich hohen Preis führt. Damit handelt es sich strenggenommen um eine mengenbezogene Preisdifferenzierung zweiten Grades (Meffert et al., 2019). Auch hierbei erfolgt die Differenzierung wieder auf Basis der Nachfragerpräferenzen, d. h. einer Selbstselektion der Nachfrager. Bei zweiteiligen Tarifen sinken der Preis und somit die Kosten für den Nachfrager bei einer Ausdehnung der nachgefragten Menge regressiv, weil durch den Einbezug eines Grundpreises sich dieser bei jeder weiteren Einheit bzw. Stückzahl auf die höhere Menge verteilt, wohingegen im Einheitstarif jede weitere Mengeneinheit zu den identischen Kosten für den Nachfrager führt (vgl. Abb. 7.28). Aus der Anbietersicht lassen sich dadurch Zahlungsbereitschaften abschöpfen und es ergeben sich gleichzeitig subtile Möglichkeiten der Kundenbindung (Haller und Wissing, 2020), welche insbesondere auf die weiter oben diskutierte Form der Gebundenheit abzielen, wenn der Nachfrager bspw. eine Kundenkarte erhält, die in zum Erhalt des reduzierten Preises berechtigt. In diesem Zusammenhang ist die Bahnkarte ein prominentes Beispiel für eine Differenzierung über nicht-lineare Preise. Hierbei erfolgt aus der Kundensicht eine Break-even-Analyse für eine Beurteilung der individuellen Vorteilhaftigkeit. So muss der Kunde überlegen, ab welcher Nutzungsintensität sich die Bindung an einen Dienstleister über die Zahlung eines Grundpreises für ihn lohnt, weil er dadurch zum Erhalt einer günstigeren Dienstleistung berechtigt ist als die übrigen Kunden des Anbieters. Den Break-even-Punkt (x_{BE})

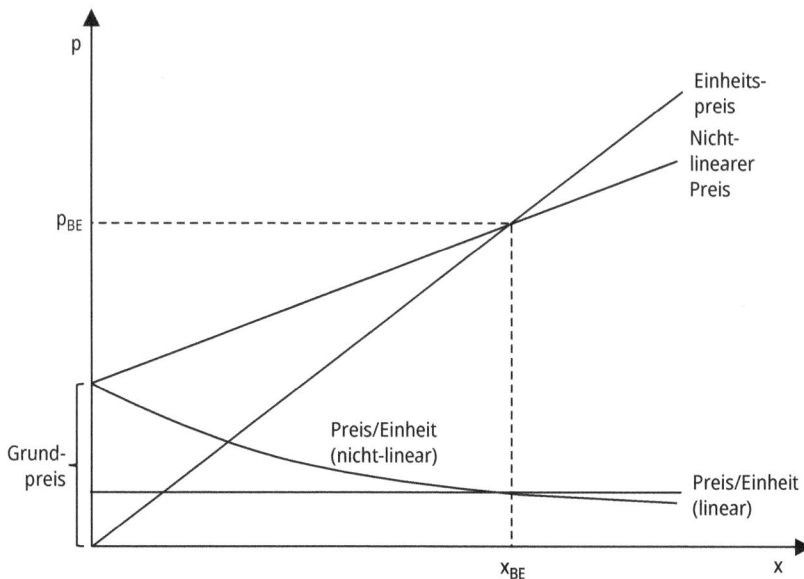

Abb. 7.28: Grundidee eines nicht-linearen Preises bzw. zweiteiligen Tarifs.

388 —— 7 Operative Umsetzung des Dienstleistungsmarketings

bekommt der Nachfrager dadurch heraus, dass er die Preise für die in einem bestimmten Zeitabschnitt prognostizierten Mengeneinheiten mit Grundpreis (nicht-linearer Preis) und ohne Grundpreis (Einheitspreis) miteinander vergleicht. Dazu muss er rechnerisch die beiden Funktionen gleichsetzten, was viele Nachfrager wahrscheinlich, wenn auch nicht mathematisch, aber intuitiv durchführen. Am Break-even-Punkt mit einem Gesamtpreis von p_{BE} kehrt sich die Vorteilhaftigkeit um, da bei geringerer Nutzung, d. h. bis x_{BE}, der Einheitspreis für ihn vorteilhafter ist. Dagegen ist rechts von x_{BE} der nicht-lineare Preis günstiger, da dessen Funktion unterhalb der Funktion des Einheitspreises liegt und damit insgesamt zu einem geringeren Preis für die im betrachteten Zeitintervall prognostizierte Nachfragemenge führt. Außerdem verdeutlichen dies die im unteren Bereich der Abbildung gezeigten Kurven mit dem Verlauf der Preise pro bezogener Einheit einer Leistung für den linearen und den nicht-linearen Preis.

Neben der Grundform eines zweiteiligen Tarifs bzw. nicht-linearen Preises haben sich **weitere Formen** zur Abschöpfung der Konsumentenrente herausgebildet, die prinzipiell auf dem gleichen Prinzip der mengenbezogenen Preisdifferenzierung durch die Auflösung lineare Preise beruhen (Diller et al., 2021; Pechtl, 2017; Simon und Fassnacht, 2016):

– Der Blocktarif stellt eine Kombination aus Einheitspreis und zweiteiligem Preis dar, da mit oder ohne Einbezug eines Grundpreises verschiedene Intervalle gebildet werden, bei denen der Preis für das nächste Intervall um einen bestimmten Betrag auf ein höheres Niveau steigt, dann jedoch bis zur nächsten Intervallgrenze für die jeweiligen Einheiten konstant bleibt. Dienstleistungen müssen folglich als diskrete Einheiten vorliegen, die eindeutig voneinander getrennt werden können. Gerade bei digitalen Dienstleistungen wie Telefon, Internet oder Streaming hat sich darum der Gedanke des Blocktarifs auch als Pauschalpreis (Flatrate) für eine bestimmte, vereinbarte Menge oder Geschwindigkeit durchgesetzt (z. B. 5 GB, 10 GB oder 20 GB bzw. 250 Mbit/s, 500 MBit/s oder 1.000 MBit/s), da eine Trennung der einzelnen Einheiten schwieriger ist. Dabei bleibt der Preis entweder bis zu einer bestimmten Grenze konstant, unabhängig davon, wie viel Leistung der Nachfrager bis zur nächst-höheren Grenze in Anspruch nimmt (gestaffelt), oder wird pauschal auf einen bestimmten Zeitraum berechnet, unabhängig davon, wie viel der Nachfrager insgesamt in Anspruch nimmt (komplett).

– Einem ähnlichen Prinzip folgt der angestoßene Mengenrabatt, bei dem nur die zusätzlich gekaufte Menge zum ausgewiesenen Rabatt vergünstigt angeboten wird (z. B. Telefoneinheiten auf dem Hotelzimmer). Dieser bildet ebenfalls ein inkrementelles Vorgehen ab, allerdings multiplizieren sich die Preise für einzelne Leistungseinheiten wie beim klassischen Blocktarif, d. h. es existieren keine Pauschalpreise für die nachgefragten Mengen zwischen den einzelnen Grenzen oder für die gesamte Menge. Bei mehreren Rabattstufen, müssen folglich separate Berechnungen für die jeweiligen Mengen in den einzelnen Stufen vorgenommen werden, um den Rabatt auf die insgesamt nachgefragte Menge zu berechnen (Pechtl, 2014). Als Sonderform setzt der Anbieter bei Preispunkten für bestimmte nachgefragte Mengen diskrete Preise, d. h., dass bei einem Preispunkt der Durchschnittspreis für die ausgewiesene Menge im Vergleich zur vorherigen Menge sinkt. Dazwischen existieren allerdings keine Mengenoptionen für die Nachfrager, d. h. es muss jeweils die vereinbarte Menge konsumiert werden (z. B. gibt ein Fotograf Preise für zwei, vier oder acht Passbilder an), wodurch der Durchschnittspreis nicht kontinuierlich sinkt.

– Dagegen existiert bei einem durchgerechneten Mengenrabatt eine konkrete Rabattstaffel mit höheren Rabattsätzen für größere nachgefragte Mengen zu einem bestimmten Zeitpunkt, sodass der Durchschnittspreis für größere Mengen ebenfalls sinkt. Allerdings wird hierbei der Rabattsatz bei Erreichen der Staffelgrenzen auf die gesamte nachgefragte Menge angewendet (durchgerechnet). Dadurch entstehen für Kunden ein oder mehrere ineffiziente Bereiche, bei denen sie die nächstgrößere Leistungsmenge nachfragen sollten, da diese zum gleichen Preis erworben werden kann. Beachtet der Kunde dies nicht oder wird er nicht darauf aufmerksam gemacht, kann dies zu Unzufriedenheit bzw. Verärgerung und möglicherweise Abwanderung führen. Vorab können Mengenrabatte auch als Coupons ausgewiesen werden respektive diese unter den potenziellen Nachfragern verteilt werden. Dabei wird ein bestimmter Prozentsatz auf den Gesamtpreis ausgewiesen, der allerdings an einen Mindestkauf-/bestellwert gekoppelt sein kann. Wird das Prinzip des Mengenrabatts erst am Ende eines bestimmten Zeitraums auf die gesamte oder einen Teil der nachgefragten Menge innerhalb dieses Zeitraums angewendet, so handelt es sich um ein Bonussystem; auch als Treuerabatt oder Rückerstattung bezeichnet. Schließlich stellt eine Umkehrung des Prinzips des Mengenrabatts der Mindermengenzuschlag dar, bei dem die Nachfrager zu einer höheren Menge veranlasst werden sollen, indem geringere Mengen einen preislichen Aufschlag erhalten (Pechtl, 2014). Dies liegt unter Umständen darin begründet, dass der vertriebliche Aufwand bei B2B-Leistungen sehr hoch sein kann. In B2C-Märkten sind Mindermengenzuschläge eher unüblich und werden dann eher durch Mindestabnahmemengen umgesetzt, da dem Nachfrager hierbei nicht der Eindruck einer Strafzahlung vermittelt wird. Generell muss aber auf beiden Märkten die Verärgerung der Kunden berücksichtigt werden. In der Praxis können selbstverständlich unterschiedliche Formen im Rahmen der weiter unten diskutierten Konditionengestaltung für einzelne Nachfrager oder Marktsegmente zum Finetuning der Preisforderung kombiniert werden.

Als dritter Spezialfall einer Preisdifferenzierung existiert das Instrument der **Preisbündelung**, bei dem es sich um die Zusammenstellung mehrerer identifizierbarer Teilleistungen zu einem Angebotspaket (auch Baukastensystem bzw. Paket- oder Komplettangebot) unter einem Gesamtpreis handelt (Roth, 2017; Wübker, 1998). Diller et al. (2021) sprechen bei der Preisbündelung von einem Spezialfall der leistungsbezogenen Preisdifferenzierung zweiten Grades mit Nachfragerselektion, dagegen fassen Simon und Fassnacht (2016) die Preisbündelung unter den Terminus der produkt- respektive leistungsübergreifenden Preisentscheidungen, weil hierbei mehrere Leistungen aus dem gesamten Leistungsprogramm eines Anbieters als Paketoptionen kombiniert werden (auch Pechtl, 2014). Nach Priemer (2000) unterscheidet sich die Preisbündelung von der bereits oben diskutierten Leistungsbündelung bzw. dem Verkauf einer Einzelleistung, d. h. ein Bündel von Eigenschaften mit nutzenstiftenden Komponenten, dadurch, dass diese Leistungen prinzipiell auch einzeln verkäuflich sind, im Angebot explizit ausgelobt werden, jeweils einen eigenen Preis besitzen und alle Leistungen kaufentscheidungsrelevant sind. Der letzte Punkt muss allerdings nicht immer zutreffend sein, vor allem, wenn der Nachfrager keine andere Wahl hat als das Paket zu erwerben, sofern er insgesamt einen günstigeren Preis anstrebt. Im Gegensatz zu den bei der Bündelung von Leistungen diskutierten Sachverhalten mit nachfrager- und anbieterbezogenen Verbundvorteilen zielt die Preisbündelung lediglich auf den Preisfokus ab. Dabei wird zwischen der reinen Bündelung (Pure-bundling), bei der ein Anbieter lediglich die Bündeloption gewährt, und der Form der gemischten Bündelung (Mixed-bundling), bei der der Nachfrager zwischen Einzelleistung und Bündel wählen darf, sowie der Entbündelung von Leistungen zurück in die Einzelpreisstellung (Unbundling) unterschieden (z. B. am Ende des Lebenszyklus von Leistungen aus dem Leistungspaket). Eine Sonderform bezgl. der Art der Preisbündelung stellt der Kopplungsverkauf dar, bei dem eine Hauptleistung unter dem Aspekt der Umsatz-, Deckungsbeitrags- oder Gewinnmaximierung angeboten wird. Hier bietet der Dienstleister den Nachfragern die Option, mehrere Teilleistungen bspw. zu einem vergünstigten Paketpreis zu beziehen. Dieser kann auch als Mengenrabatt auf die Summe der Einzelpreise interpretiert werden und wird manchmal von den Anbietern auch so ausgewiesen.

Für eine möglichst optimale Ausgestaltung der Preisbündelungsangebote muss der Anbieter zunächst die maximalen Zahlungsbereitschaften (ZB_{max}) der Nachfrager (NF) für die Einzelleistungen sowie die geplanten Bündeloptionen erheben (vgl. Abb. 7.29). Diese kann er dann unter dem Gesichtspunkt der Optimierung in seine eigene Preisfestlegung bzw. im Hinblick auf einen optimalen Preis (p_{opt}) und den möglichen Verkaufsformen der Einzelpreisstellung versus der reinen oder gemischten Bündelung berücksichtigen (Roth, 2017). Aus Vereinfachungsgründen wird im abgebildeten Beispiel von variablen und fixen Kosten in Höhe von Null ausgegangen, sodass die **Gewinnmaximierung** einer Optimierung der Umsätze entspricht, was für viele Dienstleistungsanbieter durchaus realistisch ist, da die variablen Kosten oftmals vernachlässigbar sind und die fixen Kosten zumindest kurzfristig keine Rolle spielen. Es handelt sich also streng genommen um eine Erlösmaximierung (Homburg, 2020). Zudem wird unterstellt, dass die Nachfrager generell bereit sind, sowohl die Einzelleistungen als auch das Bündel zu erwerben. Schließlich fordern die Nachfrager keinen reduzierten Preis für das Bündel, sodass sich die Zahlungsbereitschaften für das Bündel jeweils aus der Addition der einzelnen Zahlungsbereitschaften ergeben. Diese Annahme ist nur bedingt realistisch, soll aber zur generellen Darstellung für das vereinfachte Beispiel dennoch beibehalten werden. In der Tabelle sind sowohl die Zahlungsbereitschaften für die

Leistungen A und B sowie für das Bündel, als auch die optimalen (umsatzmaximalen) Preise für die Einzelpreisstellung und die reine Bündelung aufgeführt. Bei der Einzelpreisstellung resultiert das Umsatzmaximum bei einer Preisstellung $p_A = 5$ und $p_B = 4$ in Höhe von $10 + 8 = 18$, da die Nachfrager 1 und 3 jeweils eine Einheit der Leistung A $(2 \cdot 5 = 10)$ und die Nachfrager 2 und 3 jeweils eine Einheit der Leistung B $(2 \cdot 4 = 8)$ kaufen. Alle anderen Preise ergeben suboptimale Umsätze, sofern der Anbieter die Preise jeweils in Höhe der erhobenen maximalen Zahlungsbereitschaften setzt. Im Gegensatz dazu erbringt einer reine Preisbündelung bei einem optimalen Preis von $p_{A+B} = 5,5$ eine Umsatzsteigerung auf 22, da nun unter den gegebenen Bedingungen die Nachfrager 1–4 jeweils die zu einem Bündel zusammengefassten Leistungen kaufen. Da es sich um eine reine Bündelung handelt, sind die Leistungen A und B nicht einzeln erhältlich, darum kauft Nachfrager 5 keine Leistung des Anbieters bzw. wandert er möglicherweise zu einem Wettbewerber ab. Schließlich führt die gemischte Bündelung zu einer weiteren Umsatzsteigerung, sofern der Preis für Leistung A (p_A) nicht $\leq 1,5$ wird, da sonst alle Nachfrager das Bündel kaufen. Wird der Preis für Leistung A auf $p_A = 2,5$ und der Preis für Leistung B auf $p_B = 4$ festgelegt, so resultiert ein Gesamtumsatz von 24,5, da nun die Nachfrager 1–4 das Bündel kaufen und gleichzeitig begnügt sich Nachfrager 5 mit der Leistung A.

Neben der diskutierten Gewinnmaximierung können weitere Ziele von Preisbündelungen sein, dass der Anbieter eine Segmentierung der Nachfrager nach ihrer Zahlungsbereitschaft vornehmen möchte, die Einzelpreise verschleiern, Preissteigerungen verdecken oder die Preiselastizität reduzieren möchte, indem er Leistungen mit unterschiedlicher Preiselastizität im Bündel kombiniert. Außerdem können **Sonderformen der Preisbündelung** angeboten werden, die bspw. darin bestehen, dass der Nachfrager erst eine Hauptleistung (Core-service) kaufen muss, bevor er zum Erwerb weiterer zusätzlicher Leistungen (Secondary-services) berechtigt ist. Diese Add-on Preisbündelung ist besonders zu empfehlen, wenn die Zusatzleistungen für Nachfrager einen hohen Nutzen und damit eine besondere Attraktivität ausstrahlen. Eine ähnliche Sonderform stellen auch Tie-in-sales (Kopplungsverkäufe) dar, bei denen der Nachfrager eine Hauptleistung kauft und dann zum gleichen oder zu einem späteren Zeitpunkt auf die Zusatzleistungen angewiesen ist (Pechtl, 2014). Beide Möglichkeiten existieren bspw. beim Kauf einer Maschine und der zugehörigen Wartungsleistungen. Im Industriegütermarketing wird dieser Gedanke auch als Systemgeschäft bezeichnet (Backhaus und Voeth, 2014), wenn Nachfrager bspw. ein Lagertransportsystem als Einstiegsinvestition kaufen und bei einer Erweiterung des Lagers, d. h. bei Folgeinvestitionen, auf die Produkte und sonstige Dienstleistungen (z. B. Inspektion, Wartung oder Reparatur) des bisherigen Anbieters angewiesen sind, weil die Kosten eines Wechsels des Anbieters sonst zu hoch sind. Sie wären damit Sunk-costs, da das Ausgangsystem aufgrund der sehr hohen Spezifität in keiner anderen Verwendung oder nur in deutlich geringerem Umfang eingesetzt werden könnte. Außerdem dient das Kreuz-Couponing dazu, eine zweite bzw. ergänzende Leistung als attraktiv erscheinen zu lassen, indem ein Rabatt auf diese zweite Leistung gegeben wird, sofern der Nachfrager die erste Leistung

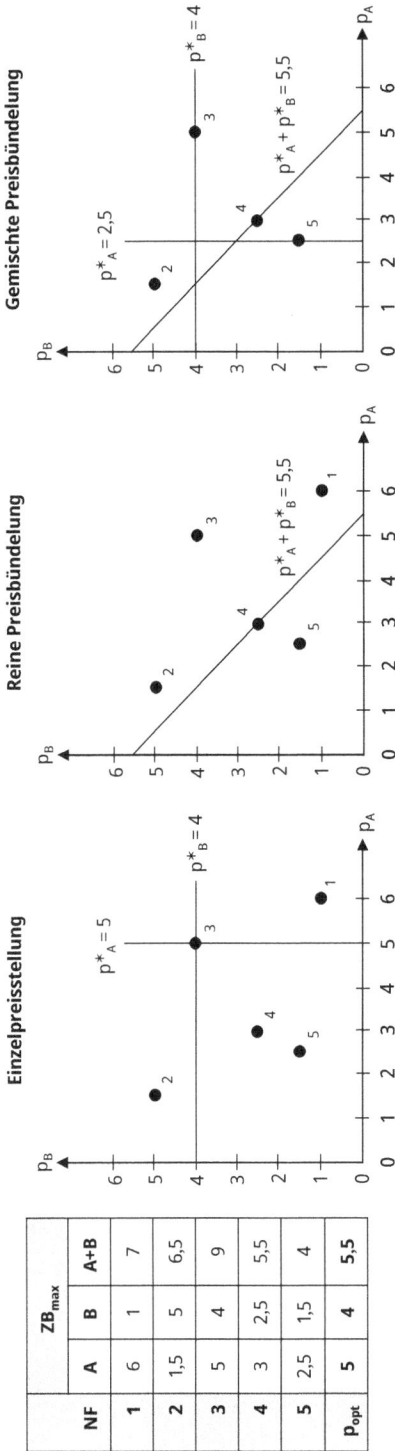

Abb. 7.29: Optionen der Preisbündelung (in Anlehnung an Simon und Fassnacht, 2016).

erworben hat (Simon und Fassnacht, 2016). Mit dem Kauf der ersten Leistung wird dem Nachfrager quasi ein Rabattgutschein (Coupon) auf eine weitere Leistung zu einem anderen Kaufzeitpunkt ausgehändigt. Letztendlich kann der Anbieter bei der Gestaltung der unterschiedlichen Optionen der Preisbündelung auch psychologische Beurteilungsprozesse ausnutzen, denn aus der theoretischen Perspektive gelten bei der Preisbündelung wieder die Annahmen der Prospect-theory und des Mental-accounting (Roth, 2017). Diese rücken das Framing und die Annahme des Referenz-punkts, von dem aus die Vorteilhaftigkeitsbewertung des Nachfragers erfolgt, in den Mittelpunkt. Die Erkenntnisse verweisen bspw. darauf, dass Anbieter Rabatte auf Teil-leistungen (Segregation), d. h. auf die einzelnen Komponenten eines Pakets ausweisen sollten (Multiple-gains). Dadurch wird der Wert des gesamten Zugewinns im Sinne der preislichen Vorteile durch die getrennt ausgewiesenen Rabatte für den Nachfra-ger höher eingeschätzt. Dies liegt darin begründet, dass die Wertfunktion in der Ge-winnzone (Gains) im vorderen Bereich steiler verläuft.

Neben der Bündelung von separierbaren Leistungen unter einem Paketpreis hat sich mit der **Nachfragerbündelung** eine vierte Sonderform der Preisdifferenzierung durch-gesetzt. Bei dieser handelt es sich strenggenommen ebenfalls um eine mengenbezogene Preisdifferenzierung zweiten Grades, wie dies auch bei nicht-linearen Preisen der Fall ist. Allerdings ist bei Nachfragerbündelungen die Grundidee mit derjenigen der Preisbünde-lung zu vergleichen. Bei Nachfragerbündelungen werden jedoch keine Leistungen des Anbieters gebündelt, sondern die Nachfrager finden sich als Nachfragergruppe zusam-men und kaufen zum gleichen Zeitpunkt gleiche (bzw. ähnliche) oder unterschiedliche Leistungen aus dem Angebot eines Dienstleisters (Klein, 2004; Voeth, 2003). Artverwandte Begriffe für Nachfragerbündelungen sind bspw. die Gruppentarife, die Mehr-Personen-Preisbildung (Pechtl, 2017; Simon und Wübker, 2000; Wübker und Simon, 2003), Deal-of-the-day (Dholakia und Kimes, 2011; Eisenbeiss et al., 2015, Hughes und Beukes, 2012; Liu und Sutanto, 2012) und Online-group-buying (Chen et al., 2010; Kauffman et al., 2010; Klein und Sharma, 2022a; Luo et al., 2014; Sharma und Klein, 2020). Wie am Terminus des Gruppentarifs ersichtlich, ist diese Form der Bündelung insbesondere bei Dienstleistun-gen kein neuer Gedanke, (z. B. Familienkarten für Freizeitparks oder Gruppentarife für Museen), hat aber vor allem im Zuge der Verbreitung des Internets seit der Jahrtausend-wende durch eine erleichterte Kommunikation und Abwicklung von Kaufprozessen an Bedeutung gewonnen (Klein, 2022). Zunächst als Powershopping bekannt, war das Kon-zept des Gruppenkaufs im Internet aufgrund der komplexen Abwicklung, der Wartezeit und dem bis zum Ende eines vorgegebenen Zeitraums nicht feststehenden Preises ein aussterbendes Geschäftsmodell (Klein und Sharma, 2018). Jedoch hat es sich mit dem Auf-kommen des Marktführers Groupon in einigen Ländermärkten als Instrument der Preis-differenzierung durchgesetzt. Auch wenn die Internetseiten heute als Deal-of-the-day-Seiten eher den Couponseiten anderer Anbieter gleichen, ist das Prinzip hinter Groupon immer noch, dass eine Gruppe von Nachfragern ein bestimmtes Produkt oder eine Dienstleistung erwirbt, wobei der Rabatt für jeden einzelnen Nachfrager und damit der Endpreis bereits feststeht. Zudem bemüht sich der Anbieter, dass alle Deals zustande kommen, sodass der Nachfrager sich nicht um die Gruppenbildung kümmern muss. Mittlerweile hat sich das Konzept für regionale Dienstleistungen wie Restaurant-, Friseur-, Kosmetikstudio- oder Wellnessoasenbesuche etabliert. Außerdem sind in den letzten Jahren zahlreiche Groupon-Klone entstanden und das Konzept wird gerade in asiatischen Ländern (z. B. als Teambuy in China) sehr umfangreich eingesetzt (Hossain und Rahman, 2021; Klein und Sharma, 2022a; Liu et al., 2013; Sharma und Klein, 2020; Zhang und Tsai, 2017). Darüber hinaus bestehen jedoch weiterhin die klassischen Gruppentarife in vielen Dienstleistungsbranchen mit Freizeitcharakter, d. h. es werden Preisnachlässe auf eine bestimmte Gruppengröße gegeben, die dadurch eine größere Menge simultan nachfragt als dies jeder einzelne Nachfrager für sich in Anspruch nehmen würde. Insgesamt sinkt dadurch der Durchschnittspreis für jeden einzelnen Nachfrager (z. B. Kinos, Theater, Museen oder Freizeitparks).

7.2.3.3 Gestaltung der Zahlungskonditionen

Die Gestaltung von Zahlungskonditionen wird allgemein auch als **Konditionenpolitik** bezeichnet und geht vor allem auf die Einteilung von Meffert et al. (2019) zurück, der zwischen der Rabattpolitik, den Lieferungs- und Zahlungsbedingungen sowie der Absatzkreditpolitik als ergänzende Formen der Preisfindung eines Anbieters respektive dessen Preisdifferenzierung unterscheidet. Generell wird in der Literatur auch von Preissystemen gesprochen (Pechtl, 2014), wenn der Anbieter unterschiedliche Kombinationen von preislichen Instrumenten einsetzt, um auf die besonderen Anforderungen einzelner Nachfrager oder bestimmter Marktsegmente einzugehen. Die Konditionenpolitik beinhaltet dann insbesondere die konkreten Ausgestaltungsformen und auf bestimmte Marktsituationen abgestimmten Instrumente der Preispolitik. Es handelt sich also streng genommen ebenfalls um einzelne Instrumente des Finetunings der Preisforderungen gegenüber einzelnen oder einer Gruppe von Nachfragern.

Bei den Ausführungen wurde bereits deutlich, dass es sich an vielen Stellen im Rahmen der Preisdifferenzierung und insbesondere deren Sonderformen mehr oder weniger um die **Rabattpolitik (Rabatte)** oder besondere Konstruktionen von Preisvorteilen für einzelne Nachfrager bzw. eine Gruppe von Nachfragern handelt. Darüber hinaus kann bspw. durch die Gestaltung von Blocktarifen und Flatrates auf die Besonderheiten digitaler Dienstleistungen eingegangen werden. Rabatte sind Preisnachlässe, die im Vergleich zu den ausgewiesenen Normal- bzw. Listenpreisen gewährt werden (Meffert et al., 2019). Diese verändern somit kurzfristig den Preis, ohne sich generell auf die vom Anbieter intendierte Preissetzung auszuwirken. Allerdings muss berücksichtig werden, dass gerade durch die zunehmende Vernetzung von Nachfragern über Social-media-Kanäle der Informationsaustausch heute deutlich schneller verläuft. Außerdem besteht durch das Internet eine viel höhere Preistransparenz, sodass die Tendenz zu einem neuen Marktgleichgewicht durch den Austausch von Preisinformationen heute viel schneller stattfindet, weil Abweichungen vom regulären Preis unmittelbar wahrgenommen werden und dann bei entsprechender Nachfragermacht zu einer negativen Preisspirale führen können. Folglich muss bei hoher Markttransparenz und standardisierten Dienstleistungen von einer zu hohen Nachgiebigkeit im Hinblick auf die Rabattpolitik des Anbieters gewarnt werden, da ein sich etablierender niedrigerer Referenzpreis langfristig zu Deckungsbeitragsverlusten und damit zu Gewinneinbußen führt. Meffert et al. (2019) sprechen auch von der Gefahr der Irreversibilität einmal gewährter Rabatte.

Neben separaten Vergütungen für die Treue eines Kunden (Treuerabatt oder Bonus), die abgenommenen Mengen (Mengenrabatte), besondere Charakteristika bzw. die eigene Verhandlungsstärke der Kunden (persönliche Rabatte bzw. Zielgruppenrabatte), Rabatten für die Barzahlung einer Leistung (Skonto) oder Rabatten für die Übernahme von Funktionen bzw. die Erbringung von Eigenleistungen im Rahmen der Leistungserstellung (Funktionsrabatte) existiert eine weitere Rabattform bezgl. des Zeitpunkts der Nachfrage. Homburg (2020) fasst diese unter den Terminus der **Sonderpreisaktionen (Preis-Promotions)**. Im Wesentlichen handelt es sich um eine zeitbezogene Preisdifferenzierung, wenn Anbieter Saisonrabatte, Daily-deals, Schnupper-/Kennenlernangebote oder zeitlich befristete Coupons anbieten, welche zu einem vergünstigten Erwerb einer Dienstleistung berechtigen. Diese sollen meist kurzfristig die Nachfrage stimulieren. Diller et al. (2021) bezeichnen es als Preisvariation im Gegensatz zu dauerhaften Preissenkungen oder Preissteigerungen, wenn ein Anbieter seinen Preis für eine Leistung innerhalb eines bestimmten Zeitraums zur Beeinflussung des Marktes verändert. Zudem verweisen Diller et al. (2021) auf die Auswirkungen, die sich bspw. durch den Referenzpreiseffekt ergeben. Darüber hinaus besteht die Gefahr eines möglichen Kannibalisierungseffekts durch Nachfrager, die zu den günstigeren Preisen wandern und damit beim Anbieter zu Deckungsbeitragsverlusten führen. Weiter oben wurde dies bereits vor dem Hintergrund einer No-frills-Strategie, d. h. lediglich die Basisleistung wird angeboten, diskutiert. Außerdem kann sich ein Preiserwartungseffekt ergeben. Dies geschieht nicht nur vor dem Hintergrund einer Anpassung des Referenzpreises, sondern auch bezgl. der Gefahr, dass Nachfrager weitere Preisveränderungen erwarten. In diesem Fall kann es bspw. zu einer Stagnation bzw. Verschiebung der Nachfrage kommen, wenn der Anbieter zu viele Preisaktionen in sehr kurzen Abständen durchführt. Möglicherweise werden auch Hamsterkäufe getätigt, was jedoch bei Dienstleistungen erschwert ist, da durch die Integration des externen Faktors und die meist zusammenfallende Produktion und Konsumption der Leistung eine Lagerung nicht möglich ist. Allerdings kann bei digitalen Dienstleistungen oder wenn der Anbieter Gutscheine anbietet, die zu einer späteren Inanspruchnahme der Dienstleistung berechtigen, durchaus die Möglichkeit von Hamsterkäufen gegeben sein. Im Rahmen von Nachfragerbündelungen (Daily-deal-Angebote) trat zu Beginn bspw. kurzfristig, aber relativ medienwirksam, das Problem auf, dass kleinere, regionale Leistungsanbieter (z. B. Friseure) ihre Kapazitäten bzw. die Nachfrage falsch eingeschätzt haben und dann von den Groupon-Gutscheinkäufern, die einen deutlich geringeren Preis als sonstige Nachfrager gezahlt hatten, überrannt wurden. Gleichzeitig hat dies zu einer Verärgerung der Stammkunden geführt, die dann mit den Aktionskäufern von Groupon um eine zeitnahe Terminvergabe konkurrieren mussten. Die Anbieter hatten sich also in die Gefahr begeben, Stammkunden mit höheren Deckungsbeiträgen zu verärgern, weil die Kapazitäten nicht ausreichten, um alle Nachfrager zeitnah zu bedienen. Zudem besteht in einem solchen Fall mit kurzen Kommunikationswegen immer die Gefahr, dass Nachfrager von den Preisaktionen erfahren und zusätzlich verärgert sind, weil sie für die gleiche oder eine ähnliche Leistung einen deutlich höheren, nämlich den Normalpreis zahlen müssen. Möglicherweise kann sich die Verärgerung auch über negatives Word-of-mouth zu einem Shitstorm in den sozialen Netzwerken ausdehnen.

Darüber hinaus gehören als weitere Form auch **Lieferungs- und Zahlungsbedingungen** in den Bereich der Preispolitik und damit zu den Konditionen eines Dienstleistungsanbieters. Diese finden sich in den AGBs der Unternehmen wieder bzw. müssen sie dort aufgeführt sein, welche zudem Bestandteil der Vertragsgestaltung sind (§ 305; BGB, 2022), da Lieferungs- und Zahlungsbedingungen stets transparent zu gestalten sind. Allerdings haben individuelle Vertragsabreden Vorrang vor den AGBs, sofern nicht andere Gesetze (z. B. Verbraucherschutz oder bestimmte Schriftform) dem entgegenstehen. Lieferungsbedingungen legen den Umfang der Verpflichtung des Anbieters fest, d. h. was, wann und wo geliefert bzw. geleistet wird. Außerdem wer, ab wann, welches Risiko und welche Kosten übernimmt. Darüber hinaus kann vertraglich vereinbart werden, dass bestimmte Strafzahlungen, so genannte Konventionalstrafen bzw. Pönalen (Penaltys) fällig werden, wenn eine Partei entweder die vertraglich vereinbarte Leistung zu einem festgelegten Zeitpunkt oder die Gegenseite die Zahlung schuldet. Während bei Bauleistungen bspw. die Zahlung Zug-um-Zug wegen der oftmals hohen Individualisierung nach entsprechender Fertigstellung der festgelegten Gewerke üblich ist (Leistungsvollzug), muss der Nachfrager bei anderen Dienstleistungen eine Zahlung im Voraus (Vorkasse) tätigen (z. B. bei Flugbuchung), eine Anzahlung leisten (z. B. bei Küchenkauf und Installation oder aufwändigen Badrenovierungen) oder eine Sicherheit mittels Kreditkarte hinterlegen (z. B. bei Autovermietungen wg. potenzieller Schadensabwicklungen oder bei Hotelbuchungen wg. möglicher Schäden am oder im Zimmer). Somit wird ein Teilbetrag der Gesamtzahlung bereits mit dem Leistungsversprechen des Anbieters fällig. Vor dem Hintergrund des EU-Rechts ist dies aber bspw. in Bezug auf Flugbuchungen seit einigen Jahren durchaus umstritten und wird von Verbraucherschutzverbänden bemängelt, da es sich meist um größere Summen handelt und der Nachfrager im Falle der Nicht- bzw. Minderleistung (z. B. bei Verspätungen) oftmals sehr lange auf die Rückzahlung oder Kompensation für die minderwertige Leistung warten muss. Schließlich kann die Zahlung nach Vollzug bzw. der Fertigstellung der vereinbarten Dienstleistung vereinbart werden. Der Nachfrager zahlt dann gemäß der vereinbarten Leistung bzw. des Ergebnisses. Hierbei ist rechtlich auf die Besonderheiten und daraus resultierend die unterschiedlichen Konsequenzen des Dienstleistungs- und Werkvertragsrechts hinzuweisen (§ 611 ff. und § 631 ff.; BGB, 2022).

In diesem Zusammenhang spielen auch die **gesetzliche Gewährleistung bzw. Garantien**, d. h. freiwillige Zusagen auf bestimmte Bestandteile oder Eigenschaften von Leistungen, welche über die zweijährige gesetzliche Gewährleistung (Mängelhaftung) hinaus gehen, eine wichtige Rolle. Sind sich Anbieter ihrer besonderen Qualität in der Leistungserstellung bewusst oder wollen diese den Nachfragern in einem Marktsegment signalisieren bzw. sich gegenüber Wettbewerbern differenzieren, so können sie bspw. eine Zufriedenheitsgarantie ausloben, die sich nicht auf bestimmte Merkmale einer Dienstleistung, sondern umfassend auf die gesamte Leistung bezieht (Fließ, 2009; Zeithaml et al., 2012). Ist der Nachfrager unzufrieden mit der gesamten Leistungsqualität, so können Zahlungsminderungen oder ein Verzicht auf die Zahlung vereinbart werden. Hierbei muss allerdings die Gefahr einbezogen werden, dass sich einzelne Nachfrager opportunistisch verhalten oder die Qualität auch nach der Leistungserstellung möglicherweise gar nicht einschätzen können. Dies ist bei hochkomplexen, individualisierten Leistungen bzw. Leistungen mit einer starken Integration, d. h. der Nachfrager ist in hohem Maße für die Qualität des Ergebnisses mit verantwortlich, und/oder vielen Vertrauenseigenschaften der Fall (z. B. in einer Autowerkstatt). Darüber hinaus können Dienstleistungsanbieter auch Potenzial-, Prozess- und Ergebnisgarantien auf Teile bzw. Merkmale einer Dienstleistung geben (Hogreve, 2007). Unter Potenzialgarantien werden freiwillige Versprechen bezgl. der eingesetzten Unternehmensressourcen in der Leistungserstellung (z. B. Muttersprachler bei einer Sprachschule oder die Annehmlichkeit des Umfelds [Ambiente]), unter Prozessgarantien freiwillige Versprechen bezgl. des Umfangs und der Dauer des Leistungserstellungsprozesses (z. B. Wartezeiten bis zur Leistungserstellung, Umfang der Arbeiten einer Autowerkstatt) und unter Ergebnisgarantien freiwillige Versprechen bezgl. des Ergebnisses der Leistungserstellung (z. B. Pünktlichkeit bei der Abholung oder Beförderung) verstanden. Die anbieterseitige Auslobung von Garantien bzw. deren Vor- und Nachteile können sehr gut mit Hilfe informationsökonomischer Theorien und den verhaltenswissenschaftlichen Erkenntnissen zum wahrgenommenen Risiko und Vertrauen beschrieben werden, wie sie oben diskutiert wurden. Zudem lehnt sich die Auslobung von Garantien an das Signaling im Rahmen der Kommunikationspolitik eines Dienstleistungsanbieters an. Schließlich fallen unter die Zahlungsmodalitäten auch die vereinbarte Währung, in der die Zahlung vollzogen wird. Dies ist insbesondere für internationale Dienstleistungstransaktionen von Interesse und birgt außerhalb der Euro-Zone durch Wechselkursschwankungen das Währungsrisiko für beide Marktparteien (Hollensen, 2020; Kotabe und Helsen, 2022; Backhaus und Voeth, 2010).

Schließlich spielt als letzte Form die **Absatzkreditpolitik** für Dienstleistungsanbieter vor dem Hintergrund des Kapazitätsmanagements eine wichtige Rolle. Absatzkredite dienen dazu, die Nachfrage nach den eigenen Dienstleistungen zu stimulieren und damit den Absatz bzw. das Absatzvolumen im Leistungsprogramm oder in seinen einzelnen Bestandteilen zu erhöhen. Gerade vor dem Hintergrund der Fixkostenintensität in einigen Dienstleistungsbranchen durch hohe Investitionen in Maschinen oder das Vorhalten von festangestelltem Personal in den Filialen und Geschäftsstellen des Anbieters kann die Absatzkreditpolitik einen Vorteil für beide Marktseiten bringen. Hierbei werden Nachfrager durch die Vermittlung von Krediten oder die großzügige Einräumung von Zahlungsmodalitäten (z. B. Ratenzahlung) zu einem Kauf veranlasst bzw. bei der Zahlung unterstützt. In diesem Kontext wurden schon die Zahlung Zug-um-Zug bzw. nach Vollzug diskutiert. Zudem kann sich der Anbieter bei der Zahlung im Voraus mit einer Anzahlung zufriedengeben. Ohne die Absatzkreditpolitik hätten Nachfrager aufgrund fehlender Kaufkraft entweder gar nicht, viel später oder möglicherweise bei günstiger anbietenden Wettbewerbern gekauft. Dies kann der Anbieter durch die genannten Instrumente versuchen zu verhindern. Für die betroffenen Nachfrager ergibt sich der Vorteil, dass diese eine möglicherweise dringend benötigte Dienstleistung (z. B. bei Handwerksleistungen oder Reparaturen an einem Auto) trotz akuter Kaufkraftknappheit kurzfristig und damit rechtzeitig und ohne größeren Aufwand (z. B. durch einen Bankkredit) in Anspruch nehmen können.

7.3 Distributionspolitik

7.3.1 Grundlagen der Dienstleistungsdistribution

Die Distribution von Wirtschaftsgütern beschäftigt sich aus einer **makroökonomischen Perspektive** damit, wie die Distanzen zwischen Produktion (Anbieter) und Konsumption (Nachfrager) überbrückt werden (Albers und Krafft, 2013; Schögel, 2012; Winkelmann, 2013b). Dabei müssen in Bezug auf Dienstleistungen sowohl in der Vorkombination mit der Gestaltung der Leistungspotenziale und des Leistungsversprechens als auch in der Endkombination bei der Leistungserstellung und dem Ergebnis der Dienstleistung Raum und Zeit durch den Einsatz von Sachgütern und Personal überbrückt sowie die Integration des externen Faktors Kunde für den Service-encounter sichergestellt werden (Corsten und Gössinger, 2015). Die hierbei aufkommenden Entscheidungstatbestände werden im Kontext der Distributionspolitik behandelt. Wirtz und Lovelock (2022) formulieren in Bezug auf die Distributionspolitik von Dienstleistern die Fragen was durch den Absatzkanal transportiert werden soll, wie eine Dienstleistung den Nachfrager erreichen soll und wo bzw. wann der Service erbracht werden soll. Aus **mikroökonomischer Perspektive** bzw. der betriebswirtschaftlichen Sicht können daraus zwei zentrale Bereiche abgeleitet werden, die prinzipiell ähnlich wie bei den Produzenten von Sachgütern gelagert sind (Kotler und Keller, 2016; Scharf et al., 2022; Schögel, 2012; Voeth und Herbst, 2013), in Ergänzung dazu jedoch die Besonderheiten von Dienstleistungen als immaterielle Wirtschaftsgüter mit einer Integration der Nachfrager und möglicherweise zusätzlichen externen Produktionsfaktoren berücksichtigen.

Auf der einen Seite müssen Anbieter sicherstellen, wie sie die Nachfrager aus dem Gedanken der Vermarktung der eigenen Leistungen heraus erreichen bzw. mit diesen im Austauschprozess in einen generellen Kontakt treten können, d. h. für alle potenziellen Nachfrager im Markt präsent und gleichzeitig auch erreichbar sind. Dies wird in der Literatur als **akquisitorische Distribution** bezeichnet (Scharf et al., 2022). In dieser stehen die Absatzwege im Vordergrund, die entweder direkt durch den Anbieter über unternehmenseigene (interne) Vertriebsorgane (z. B. Online oder

Filialen) oder indirekt durch andere, unternehmensfremde (externe) Vertriebsorgane (z. B. Absatzhelfer oder Franchising) ausgestaltet sein können. Je mehr Möglichkeiten ein Dienstleister den potenziellen Leistungsnachfragern im Rahmen der Gestaltung seiner Leistungspotenziale bietet, desto höher ist sein Distributionsgrad, d. h. seine prinzipielle Erreichbarkeit, und desto höher ist folglich die Wahrscheinlichkeit, Absätze bzw. Umsätze im Markt zu generieren. Dabei kommt es auf die Bekanntheit des Kanals und dessen Reputation an, wenn bspw. Absatzhelfer oder -mittler eingesetzt werden, die außerdem hinreichend mit dem Anbieter kooperieren und in Bezug auf die ausgelobte Qualität dessen Ansprüche erfüllen müssen (Meffert et al., 2018). Gleichzeitig steigen über die Kundennähe tendenziell die Kundenzufriedenheit und die Bindung der Kunden, was zusätzlich den langfristigen Erfolg des Unternehmens im Markt absichert (Winkelmann, 2013a). Damit beeinflusst die Absatzwegewahl vereinfacht ausgedrückt vor allem die Umsatzseite des Unternehmens.

Auf der anderen Seite ist davon eine zweite Fragestellung betroffen. Diese bezieht sich insbesondere auf die konkrete Ausgestaltung der Überbringung der Dienstleistungen in der Leistungserstellungsphase. Es handelt sich hierbei um die **logistische Distribution** mit Entscheidungen darüber (Scharf et al., 2022), welches Serviceniveau den Nachfragern in einem Markt bzw. Marktsegment im Rahmen konkreter Dienstleistungstransaktionen geboten wird. Im Fokus steht dabei weniger die intendierte Qualität aus der Leistungsgestaltung und dem Aufbau der Potenziale des Anbieters, sondern vielmehr liegt der Fokus auf logistischen Entscheidungen über die bereitzustellenden Kapazitäten, d. h. die Öffnungszeiten, Erreichbarkeit und Lieferbereitschaft an den Standorten des Anbieters (standortgebundene Dienstleistungen) bzw. vor Ort beim entsprechenden Kunden (standortungebundene Dienstleistungen) sowie die Verfügbarkeit bzw. technische Leistungsbereitschaft von Maschinen (z. B. in der Produktion, dem Fuhrpark, den Computern, Servern oder Websites) und das ausführende Personal im Leistungserstellungsprozess. Weiter oben wurde bereits erörtert, dass die vor allem in der englischsprachigen Literatur zum Dienstleistungsmarketing zusätzliche Unterteilung in drei weitere Marketinginstrumente (Zeithaml et al., 2012), nämlich Personal (People), Prozesse (Processes) und physische Ausstattung (Physical-evidence) durch die Integration in die Distributionsaufgaben eines Dienstleisters und die kommunikativen Aufgaben des Personals bei der (werblichen) Vorstellung der Leistungspotenziale bzw. im Leistungserstellungsprozess nicht zwangsläufig vorgenommen werden muss. In der Gesamtbetrachtung beeinflussen logistische Entscheidungen somit insbesondere die Kostenseite des Unternehmens, da die Kosten für Räumlichkeiten, Maschinen, Ausstattung und Personal mit zunehmendem Serviceniveau, d. h. der Bereitschaft zur Leistungserstellung, steigen.

Durch das **Uno-actu-Prinzip**, d. h. die simultane Produktion und Konsumtion von Dienstleistungen können beide zentralen Fragestellungen zwar gedanklich getrennt werden, müssen final jedoch zusammen betrachtet werden. So weisen Meffert et al. (2018) zurecht darauf hin, dass beide Bereiche komplementär sind. Akquisitorische Entscheidungen ermöglichen über die zur Verfügung gestellten Customer-touchpoints im

Rahmen des Dienstleistungsvertriebs die Präsenz, Erreichbarkeit und den ersten Kontakt mit den Leistungspotenzialen eines Dienstleistungsanbieters. Hierbei spielen auch mögliche Kooperationspartner eine wichtige Rolle. Logistische Entscheidungen stellen sicher, dass die gesamte Customer-experience auch im Leistungserstellungsprozess durch die Sicherstellung der räumlichen, personellen, technischen und zeitlichen Voraussetzungen sowie die Lieferbereitschaft, -zeit und -zuverlässigkeit des Anbieters einen positiven Verlauf nimmt und das Leistungsergebnis in der Endkombination auf dem gewünschten bzw. versprochenen Qualitätsniveau stattfindet (Bruhn und Hadwich, 2012; Fließ et al., 2012). Damit beeinflussen sich die Entscheidungen zur Akquisition (Umsatzseite) und zum Serviceniveau (Kostenseite) eines Dienstleisters in der Distributionspolitik gegenseitig (auch Pfohl, 1977).

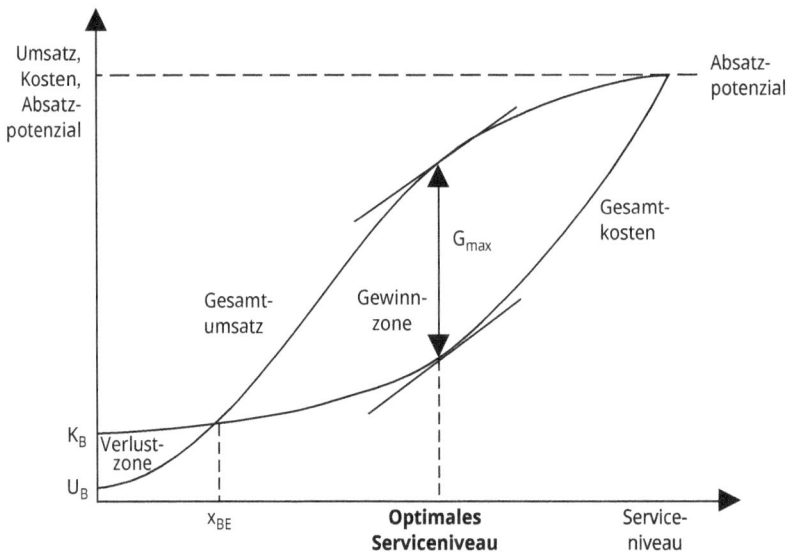

Abb. 7.30: Optimales Serviceniveau eines Dienstleisters vor dem Hintergrund von Umsatz und Kosten.

Auf der Suche nach einem **optimalen Serviceniveau** vor dem Hintergrund der Akquisition von Dienstleistungsnachfragern und der Bereitstellung von Kapazitäten für den Prozess der Leistungserstellung in der Logistik kann exemplarisch davon ausgegangen werden, dass der Anbieter selbst bei keinen weiteren Anstrengungen in den Vertrieb und das eigene Serviceniveau alleine durch die Anwesenheit auf dem relevanten Markt bzw. in einem bestimmten Marktsegment (z. B. durch Filialen, eine Website oder durch Maklerunterstützung) einen Basisumsatz (U_B) erzielt (vgl. Abb. 7.30). Dies liegt vor allem daran, dass Nachfrager mehr oder wenig zufällig auf den Anbieter stoßen bzw. durch das positive Word-of-mouth von Freunden oder Bekannten und von der versprochenen Qualität bzw. dem ausgelobten Preis für die Dienstleistung zum Kauf veranlasst werden. Je mehr der Anbieter nun in die Akquisition, d. h. die Absatzwege und die eigene

Kommunikation, sowie die eigenen Kapazitäten, die Erreichbarkeit und die Lieferbereitschaft investiert, folglich sein Serviceniveau deutlich erhöht, desto stärker wird einerseits der zusätzlich zum Basisniveau anfallende Umsatz in Richtung des eigenen
Absatzpotenzials bzw. dem daraus resultierenden maximalen Umsatz steigen. Allerdings wird es mit jedem weiteren Nachfrager in einem betrachteten Marktsegment
immer schwieriger, zusätzliche Nachfrage zu stimulieren. Darum kann insgesamt
davon ausgegangen werden, dass die Umsatzkurve degressiv in Richtung Umsatzmaximum (Absatzpotenzial) verläuft. Dagegen muss beachtet werden, dass das gebotene Serviceniveau beim Anbieter zu Kosten führt, die für Räumlichkeiten, Maschinen und
technische Kapazitäten (z. B. Prozessorleistungen und Cloudspeicher), Transportmittel
und Personal anfallen, welches bspw. in zusätzlichen Schichten im Rahmen erweiterter
Öffnungszeiten, die Kunden bedient. Neben einer Grundausstattung in Form von Basis-
kosten (K_B) für eine voll ausgestattete Filiale eines Anbieters oder einen Basisfuhrpark
einer Autovermietung etc., die wahrscheinlich oberhalb der Umsatzkurve startet und
darum erst ab einem gewissen Punkt den Break-even-Absatz erreicht, der Anbieter
somit die Verlustzone verlässt, kann in Bezug auf die Kosten des Lieferservices unterstellt werden, dass diese mit einer zunehmenden Ausdehnung des Serviceniveaus
überproportional steigen werden, da immer weitere Kapazitäten bereitgehalten
werden müssen. Idealtypisch wird davon ausgegangen, dass die Kostenkurve progressiv bis zum Absatzpotenzial verläuft. Möchte der Anbieter sein optimales Serviceniveau ermitteln, so besteht das mathematische Optimierungsproblem darin, die
größte Differenz zwischen den potenziellen Umsätzen und den dabei realisierten
Kosten für die bereitgestellten Serviceeinrichtungen zu finden. Anders ausgedrückt
ist dies die maximale Differenz zwischen den beiden Funktionen, da dort das Gewinnmaximum des Dienstleisters erreicht ist. Rechts von seinem Gewinnmaximum
könnte er seinen Umsatz ausdehnen, um bspw. aus wettbewerblichen Gesichtspunkten zu versuchen, Konkurrenten durch einen verbesserten Service aus dem Markt zu
drängen, gleichzeitig schmälert er dadurch jedoch seinen eigenen Gewinn. Links
vom Gewinnmaximum wäre es empfehlenswert, weiterhin in die Verbesserung der
Kundenakquisition durch zusätzliche Vertriebsorgane und einen Ausbau seiner Kapazitäten in der Leistungserstellung zu investieren, da noch unausgeschöpfte Gewinnpotenziale im betrachteten Marktsegment vorhanden sind.

Im Folgenden werden einerseits Entscheidungstatbestände im Rahmen der **Absatzwege und Organe** des Vertriebs diskutiert. Hierzu gehören bezgl. der Absatzwegewahl
der direkte und indirekte Vertrieb sowie die Kombination in einem Mehrkanalvertrieb
(Abschnitt 7.3.2). In Bezug auf die Entscheidungen zur Akquisition werden neben den
genannten generellen Fragestellungen auch die von Bitner (1990/1992) vorgeschlagenen
Servicescapes im Zusammenhang mit dem von den Nachfragern wahrgenommenen
ganzheitlichen Umfeld des Leistungserbringers und seiner Interaktion mit den Service-
Mitarbeitern bzw. ihrem finalen Verhalten gegenüber dem Dienstleistungsanbieter
(z. B. Kauf, Mitgliedschaft oder Verweildauer) diskutiert. Andererseits beinhaltet die
Distributionspolitik die Ausführungen zu grundlegenden **logistischen Entscheidungen**

des Anbieters (Abschnitt 7.3.3). Bezüglich logistischer Entscheidungen spielt das Ressourcenmanagement eine wichtige Rolle. In diesem Kontext werden Fragestellungen zum Standortmanagement, zum Kapazitätsmanagement und zum Personalmanagement näher erörtert.

7.3.2 Absatzwege und Organe des Vertriebs

In der Distributionspolitik müssen sich Anbieter zunächst Gedanken über die Möglichkeiten der **Akquisition der Nachfrager** nach ihren Dienstleistungen machen. Während die Entscheidungen zu den Leistungen in der Leistungspolitik eines Anbieters mit den entsprechenden Entscheidungen zur Preispolitik verbunden sind, spielt bei der Distributionspolitik die Verknüpfung mit der Kommunikationspolitik eines Dienstleistungsanbieters eine wichtige Rolle. Dies liegt darin begründet, dass Entscheidungen zu den Absatzwegen und Verkaufsanstrengungen auch explizit kommunikationspolitische Aufgaben betreffen, weil die Mitarbeiter des Unternehmens beim Service-encounter kommunikative Aufgaben bei der direkten, zweiseitigen Kommunikation übernehmen und den Dienstleistungsanbieter auch als Marke vertreten (Jobber et al., 2019; Cron und DeCarlo, 2009; Winkelmann, 2013a). Dieser Umstand kann bspw. in der Beratung im Pre-sales-Service oder in der Leistungserstellung bzw. in der Beschwerdeaufnahme oder der Erhebung der Kundenzufriedenheit im After-sales-Service begründet sein. Zu Beginn muss also festgelegt werden, wie der Anbieter generell mit seinen Kunden in Kontakt tritt, um die Dienstleistungstransaktion respektive einzelne Episoden der Leistungserstellung abzuwickeln. Dabei kommen vorab festgelegte Absatzwege/-kanäle und die darin befindlichen Absatzorgane (Vertriebsorgane) zum Einsatz.

Meffert et al. (2019) definieren **Absatzwege/-kanäle** als die rechtlichen, ökonomischen und kommunikativen Beziehungen aller am Distributionsprozess beteiligten Personen und Institutionen (vgl. Abb. 7.31). Außerdem verweist (Bruhn, 2019a) darauf, dass der akquisitorische Vertrieb die Distributionswege zum Endabnehmer zusätzlich vor dem Hintergrund des Beziehungsaufbaus und -erhalts zu berücksichtigen hat. Zudem muss das sich daraus ergebende Vertriebssystem aufeinander abgestimmt und bspw. im Rahmen eines Mehrkanalsystems (Mehrkanalvertrieb) vor dem Hintergrund der aktuellen Kanäle sowie neu hinzuzunehmender oder aufzugebender Kanäle organisiert werden (Homburg, 2020). Hierbei spielen auch existierende Verbundwirkungen und sonstige Effekte (z. B. Kannibalisierung der eigenen Preise bzw. Margen oder die Unzufriedenheit von Nachfragern) eine sehr wichtige Rolle. Bei den Absatzwegen/-kanälen eines Dienstleistungsanbieters wird generell zwischen dem direkten und dem indirekten Vertrieb unterschieden. Darüber hinaus können Anbieter einen Mehrkanalvertrieb wählen, um die Marktpräsenz bzw. die Verfügbarkeit des Leistungsprogramms oder von Teilen daraus zu erhöhen. Dadurch steigt der bereits angesprochene Distributionsgrad und somit steigen gleichzeitig die Chancen der Generierung von höheren Umsätzen. Es handelt sich folglich um generelle Entscheidungen darüber, wie der Kontakt zu den Nachfragern zustande kommen soll. Der Transaktionskostentheorie von Williamson (1975) folgend betreffen Entscheidungen zwischen dem direktem und indirektem Vertrieb die Auswahl zwischen einer hierarchischen (interne Organe bzw. Abhängigkeit) und einer marktlichen Koordination (externe Organe bzw. Unabhängigkeit) sowie deren Zwischenstufen (Gebundenheit bzw. Kooperation). Dadurch resultiert entweder eine Variabilisierung der Kosten des Vertriebs durch Verträge mit anderen Marktpartnern oder eine Fixierung derselben durch die stärkere Nutzung der eigenen Hierarchie mit den entsprechenden Vor- und Nachteilen (Schögel, 2012). In diesem Zusammenhang müssen neben den eigenen Vorstellungen, die bspw. von der Unternehmensgröße, d. h. den zur Verfügung stehenden Ressourcen, den angesprochenen Zielgruppen und deren Erwartungen über die zu wählenden Kontaktwege, den Preisvorstellungen oder der Bekanntheit der eigenen Marke sowie letztendlich der Leistungsfähigkeit potenzieller Vertriebspartner abhängen, auch die Angebote bzw. die Absatzwege der Wettbewerber in die Betrachtung einbezogen werden. Verfügen diese über eine breite Online-Präsenz oder sind bspw. in bestimmten Einzugsgebieten mit eigenen Filialen vor Ort vertreten, so ist der Anbieter unter Umständen gezwungen, ebenfalls diese Kanäle zu bedienen, um den Nachfragern entsprechende Optionen anzubieten und Präsenz im Markt zu zeigen. Fehlen diese Angebote im Umkehrschluss im Absatzkanalportfolio des Anbieters, so kann aus dem resultierenden geringeren Distributionsgrad für ihn eine Abwanderung der Nachfrager zur Konkurrenz drohen, wenn er entweder nicht über ein besonders herausragendes Angebot oder eine sehr bedeutende Marktstellung verfügt.

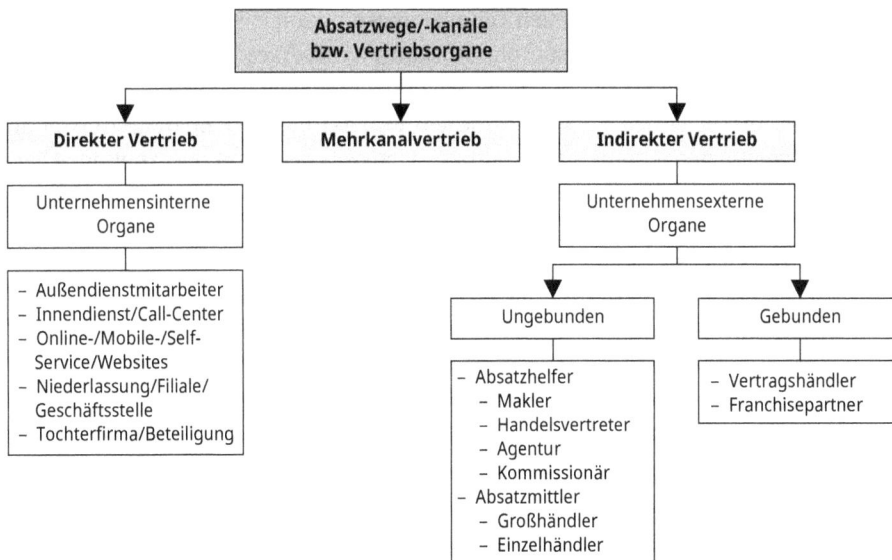

Abb. 7.31: Vertriebsorgane im Dienstleistungsbereich (in Anlehnung an Fließ, 2009).

7.3.2.1 Direkter Vertrieb

Beim Direktvertrieb kommen eigene Absatzorgane, d. h. **unternehmensinterne Organe** des Anbieters zum Einsatz (Albers und Krafft, 2013; Homburg, 2020; Weis, 2010). Der Direktvertrieb hat den Vorteil, dass nicht nur ein unmittelbarer Zugriff bezgl. der eigenen Mitarbeiter besteht, sondern durch eigene Vertriebsorgane auch ein unmittelbarer Kontakt zu den Kunden erzeugt wird. Auf der einen Seite können den Mitarbeitern aufgrund des Abhängigkeitsverhältnisses über Arbeitsverträge direkte Anweisungen gegeben und damit Vorgaben schneller umgesetzt werden. Auf der anderen Seite geben die Kunden Informationen und Beschwerden ohne Umwege und ungefiltert an das eigene Vertriebspersonal weiter, wodurch eine schnellere Reaktion auf diese Beschwerden erfolgen kann. Dadurch behält der Anbieter insgesamt eine stärkere Kontrolle sowohl über den Absatzkanal als auch die erbrachte Leistungsqualität. Zusätzlich verbleibt im Ergebnis ein größerer Anteil vom gesamten Channel-profit beim Anbieter, d. h. dem auf jeder zwischengeschalteten Stufe verbleibenden Saldo aus Umsatz und Kosten, da keine unternehmensexternen Vertriebsorgane für die von diesen erbrachten Leistungen (z. B. durch Mitarbeiterschulungen oder die Geschäftsausstattung) entlohnt werden müssen. Somit entstehen tendenziell auch weniger Konflikte im Vertriebskanal (Coughlan et al., 2008).

Im Gegensatz zu unternehmensexternen Organen werden jedoch **Ressourcen** gebunden und somit Fixkosten im Vertrieb der Dienstleistungen erzeugt, die zu einer abnehmenden Flexibilität gegenüber Veränderungen der Nachfragerpräferenzen führen, wenn es sich bspw. um ein über einen längeren Zeitraum aufgebautes Filialsystem handelt. Darüber hinaus können Fehlplanungen im Kapazitätsmanagement dazu führen, dass der Anbieter die weiter oben diskutierten Leerkosten realisiert, die sonst beim Vertriebspartner respektive den externen Unternehmensorganen anfallen würden (Maleri und Frietzsche, 2008). In diesem Kontext unterscheiden Meffert et al. (2018) zwischen einer unmittelbaren und einer mittelbaren Direktdistribution. Allerdings ändert dies nichts am generellen Prinzip, dass es sich um eigene Vertriebsorgane handelt, sondern stellt lediglich eine Aggregation auf höherer Ebene dar. Der unmittelbare Direktvertrieb fasst Außendienstler, eine Website oder eine einzige Filiale zu einer Oberkategorie zusammen, während der mittelbare Direktvertrieb ein Filialsystem bzw. Franchisesystem beinhaltet, was hier als gebundener indirekter Vertrieb einsortiert wird, da die Franchisenehmer, wie weiter unten beschrieben, unternehmensexterne, d. h. im ursprünglichen Sinn, freie Unternehmer sind, die sich jedoch im Rahmen eines Marketingkonzepts an ein anderes Unternehmen bzw. dessen Marke im Rahmen von langfristigen Verträgen binden. Dies findet verstärkt in der so genannten Systemgastronomie Anwendung (z. B. McDonalds oder Subways).

Zu den unternehmensinternen Organen gehört der **Außendienst**, welcher bei standortungebundenen Dienstleistungen entweder im B2B- oder im B2C-Bereich eingesetzt wird. Hierbei werden Dienstleistungen entweder am Ort des Kunden erbracht, indem Mitarbeiter den Kunden in seiner eigenen Umgebung aufsuchen (z. B. Reparaturen an Maschinen oder technischen Geräten, Schlüsseldienst, Fensterputzer/Reinigung, mobile Pflege oder Wachdienste) oder an einem anderen Ort Dienstleistungen mobil erstellen (z. B. Pannenhilfe, Notarzt oder Personentransporte). Dadurch können neben der eigentlichen Leistungserbringung auch Informationserhebung, Beratung sowie Verkauf weiterer Leistungen (z. B. Cross-selling) durch die Mitarbeiter übernommen werden. Im B2B-Bereich haben besonders wichtige Kunden, so genannte Schlüsselkunden (Key-accounts), bisweilen einen eigenen Mitarbeiter oder ein eigenes Team, welches immer wieder oder über einen längeren Zeitraum die Dienstleistungen für denselben Kunden erbringt (z. B. bei umfangreichen Wartungsverträgen in der Industrie oder bei Verträgen mit Unternehmensberatern vor Ort beim Kunden). Darüber hinaus tragen feste Ansprechpartner zu einer stärkeren Bindung der Kunden bei. Im Key-account-Management handelt es sich folglich um eine Spezialisierung der Verkaufsorgane auf einzelne Kunden (Albers und Krafft, 2013). Zudem können die Außendienstmitarbeiter auch den angebotenen Leistungen des Unternehmens oder einzelnen Absatzregionen (z. B. innerhalb Deutschlands oder nach Ländermärkten bzw. Weltregionen) zugeordnet werden. Dies ermöglicht eine bessere Akquisition bzw. Bearbeitung der individuellen Nachfrager oder ganzer Marktsegmente durch Spezialisten.

Eine wichtige Entscheidung bezüglich der Außendienstmitarbeiter betrifft die Wahl zwischen eigenen Mitarbeitern, traditionell als **Reisende** bezeichnet (z. B. Vertriebsmitarbeiter einer Versicherung, eines Softwareanbieters oder einer Bildungsinstitution), und dem Einsatz von **Handelsvertretern**. Letztere zählen eigentlich zu den unabhängigen externen Unternehmensorganen, da Handelsvertreter nicht weisungsgebunden sind; es handelt sich um rechtlich selbstständige Gewerbetreibende, die als Absatzhelfer fungieren. Dagegen sind Außendienstmitarbeiter Handlungsgehilfen, die als Mitarbeiter an die Weisungen des Unternehmens gebunden sind. Beide Vertriebsalternativen treten im Namen des Unternehmens auf, Handelsvertreter erbringen die Dienstleistungen jedoch auf eigene Kosten. Aus diesem Grund können Handelsvertreter auch Dienstleistungen für andere Unternehmen erbringen (z. B. im Handwerk als externe Monteure bei der Installation vor Ort beim Kunden, im Service bei Wartungsverträgen oder auch lediglich beim Verkauf der Anbieterleistungen), sofern sich das Unternehmen nicht in der Machtposition befindet, einen Konkurrenzausschluss zu verlangen (z. B. aufgrund der Bedeutung der eigenen Marke oder der Zahl und des Umfangs der Aufträge).

Die Entscheidung für eine der genannten Vertriebsformen erfolgt aus quantitativer Perspektive je nach Absatzprognose. Ist bei beiden Vertriebsorganen von einem gleichen Umsatz bezgl. der erbrachten Leistungen auszugehen, so genügt ein einfacher Kostenvergleich auf Basis der weiter oben bereits diskutierten **Break-even-Analyse** (vgl. Abb. 7.32), bei der der Umkehrpunkt der Vorteilhaftigkeit (Kostengünstigkeit bzw. kritischer Umsatz) ermittelt wird (z. B. Gehalt und Provision des Reisenden versus Spesenpauschale und Provision des Handelsvertreters). Die Berechnungsgrundlage für den kritischen Umsatz ($U_{krit.}$) basiert auf einem Vergleich (Gleichsetzung) der fixen Kosten (F_R und F_H), in der Form des Gehalts eines Mitarbeiters oder einer Spesenpauschale des Handelsvertreters, sowie der zusätzlich anfallenden variablen Kosten, in der Form der Provisionen (p_R

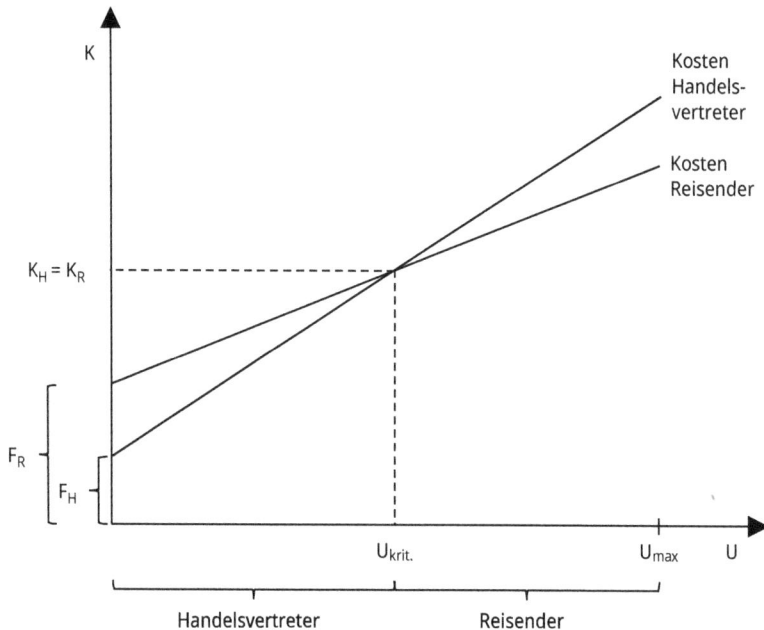

Abb. 7.32: Kostenvergleich zwischen Handelsvertreter und Reisendem.

und p_H) der beiden Vertriebsalternativen. Dabei können nicht nur externe, sondern auch interne Vertriebsorgane durch die Auslobung von Provisionen als variable Vergütungsbestandteile zu einer höheren Vertriebsleistung motiviert werden, wie es weiter unten beim Personalmanagement nochmals aufgegriffen wird. Eine Provision muss allerdings, genauso wie eine Fixum des Handelsvertreters, nicht notwendigerweise in die Berechnung implementiert werden (dann $p_R = 0$ und/oder $F_H = 0$). Liegen jedoch für beide Vertriebsalternativen sowohl Provisionen als auch fixe Vergütungsbestandteile in einer Ausgangssituation vor, so resultiert aufgrund der höheren Provision des Handelsvertreters (Absatzhelfer) eine stärkere Steigung und aufgrund der geringeren fixen Bestandteile ein niedrigerer Startpunkt (y-Achsenabschnitt) von dessen Kostenfunktion. In der Folge schneiden sich die beiden als linear unterstellten Kostenfunktionen an einer bestimmten Stelle, dem Punkt der Umkehrung der Vorteilhaftigkeit (Break-even). Dieser Schnittpunkt stellt den kritischen Umsatz dar und kann vereinfacht anhand folgender Formel berechnet werden, die sich, wie auch weiter oben erörtert, aus der Gleichsetzung der beiden Funktionen mathematisch ermitteln lässt:

$$U_{krit.} = \frac{F_R - F_H}{p_H - p_R}$$

Links vom Schnittpunkt ist der Handelsvertreter aus der Kostensicht die bessere Alternative ($U < U_{krit.}$), rechts vom Schnittpunkt dreht sich die kostenrechnerische **Vor-**

teilhaftigkeit zugunsten des Reisenden um ($U > U_{krit.}$). Für den Fall, dass der eigene Mitarbeiter (Reisende) keine Provision erhält, ist die Steigung seiner Kostenfunktion gleich Null, da nur das als identisch unterstellte Fixum in Form des Gehalts existiert. Der Schnittpunkt der beiden Geraden und damit der kritische Umsatz liegt dann weiter links von der Ausgangssituation. Aus der grafischen Darstellung wird deutlich, dass der Handelsvertreter somit aus Kostensicht schneller unvorteilhaft wird, da seine Vorteilhaftigkeit links vom kritischen Umsatz ($U_{krit.}$) in der Ausgangssituation liegt. Liegen dagegen keine fixen Vergütungsbestandteile beim Handelsvertreter vor, so verschiebt sich die Gerade in den Ursprung und der Handelsvertreter wir bei gleicher Provision erst viel später unvorteilhaft gegenüber dem Reisenden, da sich der Schnittpunkt in diesem speziellen Fall nach rechts verschiebt und dadurch die Strecke bis zum maximalen Umsatz (U_{max}) verkürzt. Hängt der Umsatz der beiden Vertriebsalternativen dagegen vom Einsatz der Vertriebsorgane ab (Bruhn, 2019a), so muss ein Deckungsbeitrags- bzw. Gewinnvergleich durchgeführt werden, bei dem die unterschiedlichen Absatzmengen ($x_R \neq x_H$) und eventuell die daraus resultierenden weitere Effekte bei den Kosten der Vertriebsalternativen berücksichtigt werden.

Allerdings spielen neben quantitativen Kriterien auch **qualitative Faktoren** eine Rolle (z. B. Esch et al., 2017). So hat das Unternehmen einerseits einen besseren Zugriff auf die eigenen Mitarbeiter, erlangt möglicherweise eine größere Flexibilität bei spontanen Änderungen, die Mitarbeiter haben einen besseren Kenntnisstand (z. B. durch interne Schulungen) über die Leistungen und identifizieren sich stärker mit dem Unternehmen, was in einer höheren Dienstleistungsqualität resultieren kann. Schließlich bekommt der Anbieter die Informationen und Beschwerden der Kunden über die Leistungserstellung direkt und ungefiltert weitergegeben. Dagegen hat der Handelsvertreter zwar eine höhere Provision, ist dadurch aber eventuell motivierter bei seinen Verkaufsanstrengungen und der Leistungserstellung, er erzeugt gleichzeitig nur geringe Fixkosten (z. B. durch einen fixen Spesensatz) und hat unter Umständen als freier Unternehmer einen besseren Marktüberblick bzw. verfügt er über eine gute Beziehung zu den aktuellen und potenziellen Kunden, für die er unter Umständen auch andere Dienstleistungen erbringt (z. B. im Handwerk oder der Montage).

Zusätzlich zur allgemeinen Planung zwischen Reisenden und Handelsvertretern müssen beim Einsatz von Außendienstmitarbeitern bezgl. der Akquisition und Kundenbetreuung eines Dienstleisters weitere Entscheidungen zum Vertriebsbudget (z. B. Prozent vom Umsatz/Absatz oder Aktivitäten der Wettbewerber) und der daraus abgeleiteten Anzahl der Mitarbeiter, zur Auswahl des Personals, zur Schulung der Mitarbeiter, zu den Besuchsnormen, zur Vergütung, zu den Vertriebsgebieten, zu den Reiserouten und Verkehrsmitteln sowie zu den geographischen Grenzen der Gebiete getroffen werden (ausführlich Albers und Krafft, 2013; Backhaus und Voeth, 2014; Smith und Zook, 2020; Weis, 2010). Dabei handelt es sich um komplexe Allokationsprobleme, die vor allem vor dem Hintergrund mobiler Dienstleistungen durch den Einsatz des Fuhrparks und anderer Maschinen fixkostenintensiv und damit kapitalbindend sein können. Die Bereitstellung der entsprechenden Mitarbeiterzahl und deren Aktivitäten in der Leistungserstellung (z. B. Wartungsarbeiten) bzw. im Verkauf der Dienstleistungen kann bspw. auf der Arbeitslast beruhen (Winkelmann, 2013b), die zudem möglichst gleich auf die Mitarbeiter im Vertrieb verteilt werden soll (Weis, 2010). Hierbei handelt es sich gleichzeitig um ein weiter unten diskutiertes Problem des Kapazitätsmanagements und der dabei eingesetzten Mitarbeiter und Maschinen; folglich tangiert die akquisitorische die logistische Distribution. Beim so genannten **Arbeitslastverfahren** werden die Anzahl der Kunden mit der geschätzten Anzahl der Besuche pro Jahr und die dafür durchschnittlich eingesetzte Zeit zur Erstellung der Dienstleistungen multipliziert und anschließend durch die maximal möglichen Besuche eines Mitarbeiters dividiert (Voeth und Herbst, 2013). Damit ergibt sich für die Anzahl der Außendienstmitarbeiter zunächst folgender vereinfachter Zusammenhang aufgrund der prognostizierten Werte:

$$Anzahl\ Au\beta endienstmitarbeiter = \frac{Anzahl\ Kunden \cdot Anzahl\ Besuche\ pro\ Jahr}{Anzahl\ Reisetage \cdot Anzahl\ Besuche\ pro\ Tag}$$

Hierbei muss berücksichtig werden, dass die Mitarbeiter nicht ihre komplette Arbeitszeit (z. B. 40 Std./Woche abzgl. Urlaubstage) für Beratung, Durchführung und Verkauf der Dienstleistungen zur Verfügung haben, da zusätzlich der Markt beobachtet und Aufträge dokumentiert werden müssen. Darüber hinaus entfallen Zeiten für Anfahrten, Stau und Umwege, Schulungen und/oder Krankheit (Winkelmann, 2013b), sodass die Nettoverkaufszeit bzw. die Leistungserstellungszeit bei mobilen Dienstleistungen meist deutlich unterhalb der Bruttoarbeitszeit liegt. Außerdem spielt die unterschiedliche Kundenbedeutung und damit der weiter unten im Rahmen des Marketing-Controllings diskutierte Kundenwert eine wichtige Rolle bei der Ermittlung der Arbeitslast der Vertriebsmitarbeiter. Für das Arbeitslastverfahren kann dieser bspw. vereinfacht über eine ABC-Analyse abgebildet werden. Die **ABC-Analyse** hat ihren Ursprung in der Produktion (Dickie, 1951), wird heute aber auch zur Evaluation von Leistungsprogrammen oder Kundenwerten eingesetzt (Ehrmann, 2016; Reichmann et al., 2017; Reinecke und Janz, 2007). Bei ABC-Analysen werden Kunden entsprechend ihrer Absätze, Umsätze, Deckungsbeiträge oder Gewinnbeiträge, d. h. Erfolgsbeiträge für das Unternehmen, in drei Gruppen eingeteilt. Hierbei stellen die A-Kunden das wichtigste Kundensegment dar, weil sie einen hohen Erfolgsbeitrag leisten, allerdings sind sie gleichzeitig meist die kleinste Kundengruppe. Dagegen sind die C-Kunden die größte Gruppe, leisten allerdings nur einen kleinen Erfolgsbeitrag. Folglich bekommen die wichtigen A-Kunden eine höhere Aufmerksamkeit und werden durch eine höherer Besuchsintensität entsprechend intensiver betreut (z. B. bezgl. eines Servicevertrags). Die B-Kunden liefern einen mittleren Erfolgsbeitrag und liegen deshalb in Bezug auf den Personaleinsatz im Vertrieb und der Betreuung zwischen den beiden übrigen Gruppen. Neben der ABC-Analyse können auch komplexere Scoring-Verfahren zur Anwendung kommen, die bspw. eine Prognose über zukünftige Chancen in der Kundenbeziehung oder deren Dauer und Intensität beinhalten (Link und Weiser, 2011). Zusätzliche Details werden im Rahmen des Controllings der Marktbeziehungen diskutiert.

Vor dem Hintergrund der Planung von Außendienstmitarbeitern spielen auch der **Innendienst** bzw. das Call-center (Back-office) als Steuerungs- und Vertriebsinstrument eine wichtige Rolle im direkten Vertrieb eines Dienstleisters. Auf der einen Seite sind Mitarbeiter im Back-office für die Annahme der Kundenkommunikation verantwortlich (Inbound-service), die bspw. aus Auskünften, der Auftragsannahme und -abwicklung sowie Kundenbeschwerden bestehen kann (z. B. telefonisch oder über E-Mail und Chat-Funktionen). Zudem nehmen sie den Außendienstlern Verwaltungsaufgaben ab, damit diese sich auf ihre verkaufsaktive Zeit und die Leistungserstellung mit und für den Kunden konzentrieren können (Voeth und Herbst, 2013). Auf der anderen Seite kann der Innendienst aktiv am Verkauf der Dienstleistungen des Unternehmens beteiligt sein (Outbound-service).

In diesem Kontext kann auch eine **E-Commerce-Abteilung** für den Verkauf der Dienstleistungen über die Website des Unternehmens verantwortlich sein und Fragen der Kunden, Bestellungen bzw. Auskünfte und Rückfragen zu den Leistungen des Unternehmens übernehmen. Darüber hinaus kann eine Website auch lediglich dazu dienen, das eigene Unternehmen und die Dienstleistungen bzw. Angebote des Unternehmens zu präsentieren, um aktuellen und potenziellen Kunden einen Eindruck über die Leistungsfähigkeit des Dienstleistungsunternehmens zu verschaffen. Eine vorhandene E-Commerce-Abteilung ist also zum einen als Unterstützung für die übrigen Absatzwege oder zum anderen als eigenständiger Absatzweg tätig (Meffert et al., 2018), was oftmals im Rahmen der Implementierung in das weiter unten diskutierte Mehrkanalvertriebssystem eines Anbieters vollzogen wird. Gerade vor dem Hintergrund der Zunahme von Online-/Mobile-Services (E-services) sowie gestiegenen Ansprüchen der Kunden an die digitale 24/7-Erreichbarkeit von Unternehmen (z. B. Datenbankabfrage, Ticketbuchung, Preissuchmaschinen, Online-groupbuying für Gutscheine, Online-Sprechstunden bei Ärzten/Juristen/Steuerberatern oder die Erstellung von Fotobüchern) sowie die Abwicklung von Fernwartungen (z. B. bei Fernseh-, Internet-, Mobilfunk- und Streaming-Angeboten im privaten Bereich oder der Steuerung von Maschinen im B2B unter dem Stichwort Industrie 4.0) spielen die genannten Vertriebsorgane heutzutage eine zunehmend wichtigere Rolle (Haller und Wissing, 2020). Hinzu kommen Automaten (Self-services) des Anbieters, die für Kunden die Möglichkeit der autonomen Erstellung oder Vorbereitung einer später zu erbringenden Dienstleistung bieten (z. B. Fotokabinen, Ticketautomaten oder Informationskioske), genauso wie standortbezogene Dienstleistungen (Location-based-services), die die Übertragung von mobilen Daten und Standorten über GPS einbeziehen (z. B. Gutschein-Apps oder Wegbeschreibungen). Hierbei adressiert der Anbieter einerseits das gestiegene Autonomie-, Flexibilitäts- und Bequemlichkeitsbedürfnis der Kunden, andererseits hängen solche Angebote von dem Integrationsgrad des externen Faktors Kunde bzw. der Notwendigkeit der ausführlichen Kommunikation und der Leistungserstellung durch das Personal des Anbieters vor Ort und/oder in der eigenen Filiale ab (z. B. bei komplexen juristischen/steuerlichen Beratungen oder ärztlichen Diagnosen/Operationen). Handelt es sich lediglich um die Übermittlung von Informationen oder

Rechten, dann werden Vertriebsmitarbeiter evtl. nur für Rückfragen per Chat oder telefonisch benötigt.

Damit stellen eine weitere, klassische Form der Absatzwegewahl die **Niederlassungen** (auch Filiale oder Geschäftsstelle) des Anbieters bei standortgebundenen Dienstleistungen (z. B. Restaurants, Autovermietungen oder niedergelassene Ärzte), aber auch zur Annahme von Aufträgen für solche Kunden dar, die weniger telefon- oder Internet-affin sind bzw. eine persönliche Beratung vor Ort bevorzugen. Zudem spielt dieser Absatzkanal vor allem bei hohem Integrationsgrad des Nachfragers und starker Interaktion zwischen Kunden und Service-Personal eine wichtige Rolle. Zu den klassischen Dienstleistungen, derer es eines eigenen Standorts des Dienstleisters bedarf, zählen Krankenhäuser, Hotels oder Autowerkstätten. Während es bei den Öffnungszeiten und der Planung der Standorte um eine vorwiegend logistische Aufgabe handelt, um die Verfügbarkeit der Kapazitäten (Räumlichkeiten, Maschinen und Personal) zur richtigen Zeit, in der richtigen Menge und ausgelobten Qualität zu gewährleisten, hängt die Wahl und die Ausgestaltung des Standorts unter dem Blickwinkel der akquisitorischen Distribution stärker an der Sicherstellung der Attraktivität und den Potenzialen für den Verkauf der angebotenen Leistungen (Wirtz und Lovelock, 2022).

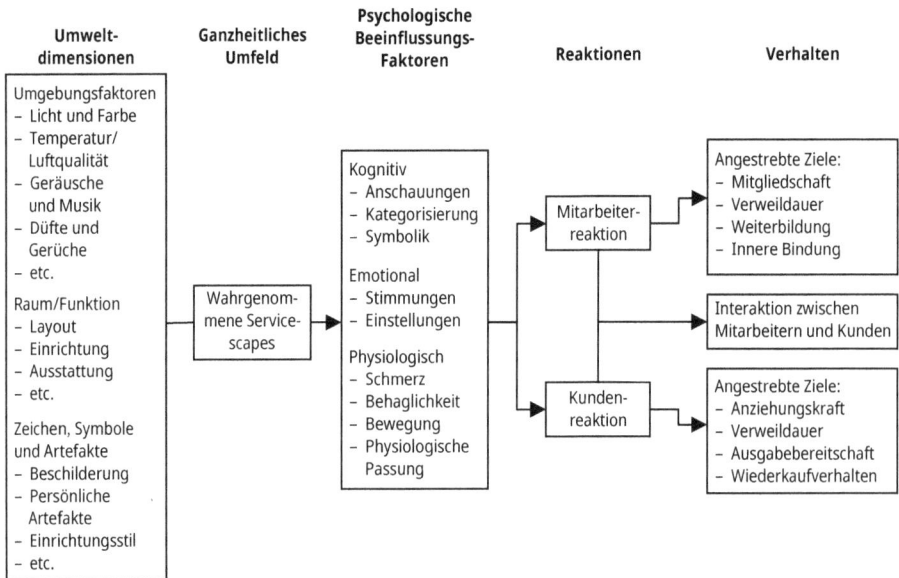

Abb. 7.33: Wahrgenommene Servicescapes und Reaktionen (in Anlehnung an Bitner, 1992).

Hier spielt insbesondere die in der amerikanischen Literatur hervorgehobene physische Evidenz (Physical-evidence) des Anbieters eine besonders wichtige Rolle, da es sich aufgrund der Charakteristika von Dienstleistungen um eine im Vorfeld nicht wahrnehmbare und nicht lagerbare immaterielle Leistung handelt, deren Qualität ex-ante lediglich entweder auf Basis eigener Erfahrungen oder auf Basis der Erfahrungen anderer Leistungsempfänger über Word-of-mouth, z. B. mündlich aus dem persönlichen Gespräch oder schriftlich aus Bewertungsportalen, beurteilt werden kann (Zeithaml et al., 2012). Weiter oben wurde diskutiert, dass Dienstleistungen nur wenige Suchguteigenschaften beinhalten (Zeithaml, 1981; Zeithaml et al., 1985), welche allerdings durch die Filialen bzw. Geschäftsräume des Anbieters, die Ausstattung bzw. das Auftreten der Mitarbeiter (inkl. der Kleidung und der dabei auftretenden Markierung [Branding]) sowie deren persönliche Kommunikation bzw. die Kommunikation des Unternehmens (z. B. durch Werbung) zumindest teilweise materialisiert werden. Bitner (1990/1992) hat in diesem Kontext die so genannten **Servicescapes** eingeführt (vgl. Abb. 7.33). Dies stellt eine Verbindung aus den beiden Termini Service und Landscape dar und verbindet zum einen die physische Evidenz des Anbieters über sicht- und wahrnehmbare Umweltfaktoren in den Räumlichkeiten (z. B. Licht, Musik, Temperatur, Aufbau und Ausstattung, Stil und Beschilderung) mit den psychologischen Beeinflussungsfaktoren und den Reaktionen auf Seiten des Nachfragers. Im Sinne des SERVQUAL-Ansatzes zur Messung der Dienstleistungsqualität entsprechen die Servicescapes im Wesentlichen dem tangiblen Umfeld, welches der Nachfrager beim Betreten des Geländes bzw. der Niederlassung des Dienstleisters als Ganzes wahrnimmt (Parasuraman et al., 1988; Parasuraman et al., 1991). Aus den wahrgenommenen Servicescapes, in die sich der Nachfrager beim Anbieter begibt (z. B. die Ausstattung einer Zahnarztpraxis oder eines Schnellrestaurants), entstehen zum einen unterschiedliche kognitive, emotionale und/oder physiologische Wirkungen, welche dann zu einer positiven oder negativen Wahrnehmung bzw. Erfahrung beim Nachfrager führen. Zum anderen münden diese Wirkungen in unterschiedliche Reaktionen und Verhaltensweisen, wobei Bitner (1992) hier zwischen den Reaktionen der Mitarbeiter und den Reaktionen der Kunden unterscheidet. Diese beidseitigen Reaktionen entstehen in einem direkten Austausch durch die Interaktion von Mitarbeitern und Kunden im Verkaufs- und/oder Leistungserstellungsprozess, sodass für beide Seiten angestrebte Ziele als Verhaltensvariablen der jeweils betrachteten Akteure resultieren. Auf der einen Seite sollen die Mitarbeiter aus der Perspektive des Unternehmens über die Servicescapes als wichtige Potenzialfaktoren an den Anbieter gebunden werden und eine Leistung auf konstant hohem Qualitätsniveau für dem Nachfrager vollbringen, um gleichzeitig dessen Zufriedenheit in der Dienstleistungstransaktion abzusichern. Auf der anderen Seite sollen die potenziellen und aktuellen Kunden die Marke schätzen, hohe Ausgaben tätigen und möglichst lange in der Kundenbeziehung verweilen, um den ökonomischen Erfolg des Dienstleistungsunternehmens sicherzustellen. Die Bedeutung von Mitarbeiter und Kunden bzw. deren beider Zufriedenheit wurden bereits im Rahmen der Service-profit-chain im Hinblick auf die resultierende Qualität und den dauerhaften ökonomischen Erfolg des Unternehmens am Markt ausführlich thematisiert (Heskett et al., 1994; Heskett et al., 1997).

Schließlich kann das Unternehmen eigene **Tochterfirmen und/oder Beteiligungen** an anderen Unternehmen, die als ausgelagerte Anbieter für die eigenen und/oder die Leistungen anderer Unternehmen fungieren können, als Vertriebsorgane einbinden. Hierbei werden Vertriebsgesellschaften gegründet, die sich ausschließlich mit der Vermarktung der Dienstleistungen befassen, sodass die Vertriebsaufgaben von der eigentlichen Leistungserstellung getrennt sind. Zudem kann eine solche Gründung sinnvoll sein, wenn einer Produktdiversifizierung bzw. Bearbeitung neuer Marktsegmente erfolgen oder alte und neue Dienstleistungen insgesamt stärker voneinander getrennt werden sollen. Dabei muss allerdings darauf geachtet werden, dass die neu gegründete Gesellschaft einen Mehrwert erzeugt und gegenüber Kunden nicht zu Verwirrung in Bezug auf die Vermarktung der Dienstleistungen führt. Im Bereich der Sachgüterhersteller finden zudem Auslagerungen von Unternehmensbereichen statt, die sich auf immaterielle Leistungen spezialisieren und damit die Dienstleistungen des Unternehmens als getrennte Sparte erstellen und vermarkten. Außerdem können Tochterfirmen und Beteiligungen auch im Rahmen der Internationalisierung als Kapitaleinsatz im Auslandsmarkt eingesetzt werden (Backhaus und Voeth, 2010; Hollensen, 2020; Kotabe und Helsen, 2022). Die Unternehmen gründen dann vor Ort eigene Gesellschaften, um dadurch näher an den Bedürfnissen des Marktes und damit an den Kunden zu sein. Dadurch können Einheimische als Vertriebler eingesetzt werden, die nicht nur die Landessprache beherrschen, sondern gleichzeitig auch mit den kulturellen Besonderheiten und den daraus resultierenden Anforderungen an die Leistungsgestaltung und -qualität, deren Erstellung sowie dem Vertrieb von Leistungen vertraut sind. Außerdem können Unternehmen mit geringerer Finanzkraft auch Joint-ventures, d. h. Gemeinschaftsunternehmen im Vertrieb mit Anbietern vor Ort eingehen, wobei es sich um Kapitalbeteiligungen an Unternehmen im Zielland handelt. Dabei muss mindestens ein weiterer Partner aus dem Auslandsmarkt existieren. Darüber hinaus kann das Vertriebs-Know-how aus dem Heimatmarkt in das Gemeinschaftsunternehmen eingebracht werden. Joint-ventures bringen ebenfalls den Vorteil, dass sie eine größere Marktnähe haben. Zugleich reduzieren sie den Kapitaleinsatz gegenüber den Aufwendungen für eine eigene Vertriebsgesellschaft, bergen allerdings das Risiko, dass die Kontrolle zumindest teilweise aus der Hand gegeben wird, da Joint-ventures nicht zwangsweise den Managementvorgaben der Partner folgen müssen (Kutschker und Schmid, 2011).

7.3.2.2 Indirekter Vertrieb

Im Dienstleistungsbereich dominiert einerseits in vielen Bereichen der Vertrieb der Leistungen über Außendienstmitarbeiter, E-Services oder eigene Filialen, da dem Anbieter dadurch vor dem Hintergrund der Etablierung und Profilierung der eigenen Marke bzw. der Sicherstellung der ausgelobten Qualität ein besserer Zugriff auf die Steuerung und Kontrolle der Vertriebsmitarbeiter sowie das Kapazitätsmanagement in der Leistungserstellung gelingen kann. Darüber hinaus muss der erwirtschaftete Umsatz, Deckungsbeitrag oder Gewinn, d. h. die Marge respektive der Channel-profit, nicht mit anderen Akteuren oder Partnern geteilt werden, was unter Umständen zu Konflikten über die Absatzziele, die Verteilung von Geld und Ressourcen sowie Motivationsproblemen führen kann (Kotler und Keller, 2016). Andererseits bindet der Anbieter durch die unternehmenseigenen Organe und die in diesem Zusammenhang bereitgestellten Räumlichkeiten, Maschinen und Mitarbeiter jedoch Kapital und treibt damit die Fixkosten in die Höhe (Schögel, 2012). Um die Fixkostenintensität durch die eigenen Vertriebsorgane zu reduzieren und eine Variabilisierung der Vertriebskosten voranzutreiben, kann ein Dienstleister auf den indirekten Vertrieb durch **unternehmensexterne Organe** zurückgreifen. Aus transaktionskostentheoretischer Perspektive reduzieren so genannte Intermediäre im Vertriebsprozess die Anzahl der Kontakte für beide Marktseiten, weil sowohl aus makro- als auch aus mikroökonomischer Perspektive die Anbieter nicht mehr dafür Sorge tragen müssen, dass sie mit jedem potenziellen Nachfrager in Kontakt kommen, wofür sie Ressourcen wie einen Fuhrpark, technische Geräte und Mitarbeiter bereitstellen müssen (vgl. Abb. 7.34).

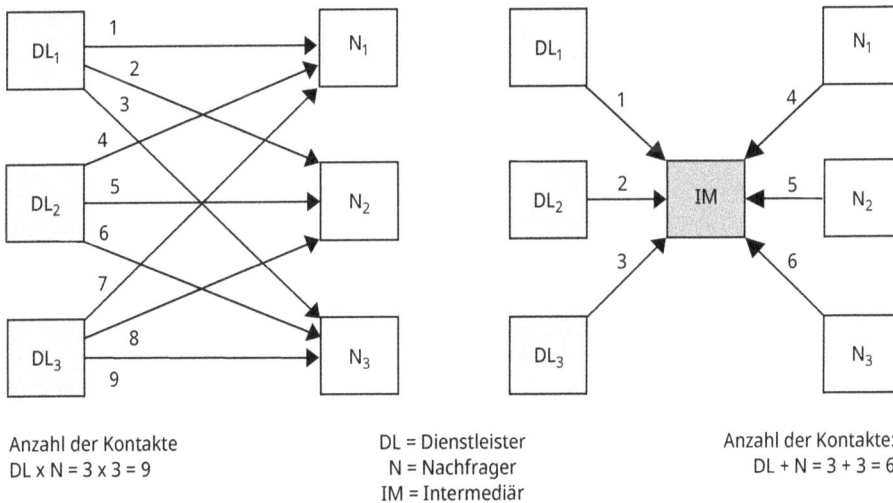

Anzahl der Kontakte
DL x N = 3 x 3 = 9

DL = Dienstleister
N = Nachfrager
IM = Intermediär

Anzahl der Kontakte:
DL + N = 3 + 3 = 6

Abb. 7.34: Reduzierung von Kontakten durch Intermediäre (in Anlehnung an Kotler und Armstrong, 2020).

Zugleich müssten die Nachfrager in dieser Situation alle in Frage kommenden Anbieter vorab kontaktieren, sich einen Überblick über deren jeweiliges Angebot verschaffen, die aktuellen Preise vergleichen und eventuell abstimmen respektive verhandeln, wenngleich das Internet, die digitale Kommunikation, Suchmaschinen und E-Services diese Such- und Abstimmungskosten im Transaktionsprozess in einigen Dienstleistungsbereichen deutlich verringert haben respektive gegen Null tendieren lassen. Zu den verschiedenen Transaktionskostenarten, die zusätzlich zum Preis einer Dienstleistung in der Distribution auftreten, zählt Albach (1988) ex-ante, d. h. vor Vertragsabschluss, die Such-, Anbahnungs-, Verhandlungs-, Entscheidungs- und Vereinbahrungskosten und ex-post, d. h. nach Vertragsabschluss, die Kontroll-, Anpassungs- und Beendigungskosten. Die Transaktionskostentheorie wurde im Rahmen des Nachfragerverhaltens unter dem Aspekt der neueren mikroökonomischen Theorie diskutiert. Übernehmen Intermediäre Aufgaben im Distributionsprozess, indem sie vorab mit den Anbietern in Kontakt treten, deren Angebote im Rahmen ihrer Sortimente aufeinander abstimmen und Preise mit den Anbietern aushandeln, so reduziert dies Transaktionskosten, d. h. über den Preis der Leistung hinausgehende Kosten für beide Marktseiten, da nun auch der Kunde ggf. lediglich mit einem Intermediär in Kontakt treten muss. Diese Tatsache gilt prinzipiell nicht nur für Sachgüterproduzenten, sondern auch für Dienstleistungsunternehmen (z. B. Reisebüros oder Internet-Suchmaschinen für Preisvergleiche), und wird als so genannter **Baligh-Richartz-Effekt** bezeichnet (Baligh und Richartz, 1964). Dabei sind Intermediäre jede Art von Akteuren oder Institutionen, die bezogen auf das Dienstleistungsmarketing zwischen dem Anbieter und dem Nachfrager der Leistungen liegen (Coughlan et al., 2008). Zudem kann noch unterschieden werden, ob es sich lediglich um den Vertrieb der Leistungen handelt (z. B. ein Ticketverkauf) oder ob der Intermediär auch in der Endkombination an der Leistungserstellung beteiligt ist bzw. diese eigenständig im Namen des Unternehmens erbringt (z. B. Reparaturarbeiten im Auftrag des Unternehmens beim Kunden).

In der Betrachtung muss allerdings berücksichtig werden, dass der Anbieter bei der Wahl des indirekten Vertriebs einen Teil der Kontrolle sowohl in der Vermarktung als auch in der Leistungserstellung zugunsten der Variabilisierung der Kosten verliert. Das liegt unter anderem darin begründet, dass bei unternehmensexternen Vertriebsorganen das zentrale Unterscheidungsmerkmal im Vergleich zu den unternehmensinternen Vertriebsorganen darin besteht, dass es sich zunächst um rechtlich und wirtschaftlich **selbstständige Akteure** handelt, die damit als ungebundene Vertriebsorgane am Markt agieren und in ihren Vermarktungsentscheidungen nur bedingt durch den Dienstleistungsanbieter beeinflusst werden können (Homburg, 2020). Bei dieser Betrachtung kommt es vor allem darauf an, wer die stärkere Marktmacht im Absatzkanal darstellt. Handelt es sich bspw. in bestimmten Absatzregionen um einen äußerst wichtigen Akteur, an dem der Dienstleister quasi nicht vorbei kommt, wenn er seine Leistungen absetzen möchte, weil der Intermediär feste, langjährige Beziehungen zu den Nachfragern hat oder der Aufbau eines direkten Vertriebs zu kostspielig wäre, dann muss er sich den Konditionen des externen Vertriebsorgans beugen (z. B. Provisionen, Mindestabsatzmengen, Unterstützungszusagen/-zahlungen sowie Boni am Jahresende und/oder Pönalen bei Vertragsverletzungen). Zu den ungebundenen Vertriebsorganen zählen bspw. Absatzhelfer, die bereits weiter oben in der Form des Handelsvertreters diskutiert wurden, und Absatzmittler (Händler) mit eigenen Standorten in bestimmten Vertriebsregionen. Hierbei kann es sich um lokale, regionale, nationale, internationale oder globale Standorte der Intermediäre handeln. Jedoch können auch Absatzhelfer wie bspw. Agenturen oder Kommissionäre prinzipiell eigene Standorte haben. Der Vorteil des Einsatzes von Absatzhelfern und -mittlern liegt darin, dass der Dienstleistungsanbieter sein Vertriebskonzept auf relativ

einfache Art und Weise mit lediglich begrenzten Investitionen in die eigenen Vertriebs-
kapazitäten flächendeckend umsetzen kann.

Zu den **Absatzhelfern** gehören Makler, Handelsvertreter, Agenturen und Kommissionäre. Homburg (2020) ordnet diesen insbesondere wegen der Immaterialität
von Dienstleistungen eine besondere Bedeutung im Dienstleistungsmarketing zu.
Das liegt auch daran, dass der zentrale Unterschied zwischen Absatzhelfern und Absatzmittlern darin besteht, dass Absatzmittler das Eigentum an Waren, und damit
materiellen Leistungen erhalten. Im Dienstleistungsbereich können diese aber auch
Kontingente (Leistungsversprechen) eines Dienstleistungsanbieters erwerben und
diese vertreiben oder an der Leistungserstellung (z. B. Beratung und Raumüberbrü-
ckung sowie Beschwerdeannahme) beteiligt sein. Die genannten Absatzhelfer verkaufen Leistungen meist in fremdem Namen und auf fremde Rechnung, sind aber
rechtlich und wirtschaftlich selbstständig. Sie erhalten dafür eine Provision (Cour-
tage) vom Anbieter. Während ein Makler aufgrund eines Geschäftsbesorgungsver-
trags lediglich Aufträge zwischen Anbietern und Nachfragern vermittelt und nicht
ständig damit durch das Unternehmen betraut ist (§ 93, HGB; 2023), ist der Handelsvertreter als selbstständiger Gewerbetreibender vertraglich ständig damit betraut,
im Namen eines oder mehrerer Unternehmen (Mehrfirmenvertreter) den Absatz der
Leistungen in dessen bzw. deren Namen zu vermitteln (§ 84; HGB, 2023) und gleich-
falls auch abzuschließen. Dabei kann er jedoch einem Wettbewerbsverbot unterliegen, welches sich ein mächtigerer Partner, d. h. das Dienstleistungsunternehmen
zusichern lässt, um einen Konkurrenzausschluss (Absatzkonkurrenz) zu garantie-
ren. Außerdem kann sich der Handelsvertreter, im Gegensatz zum Reisenden, als
Weisungsungebundener seine Tätigkeit und Zeit frei gestalten. Bei einer Agentur
handelt es sich ebenfalls um eine geschäftliche Vermittlung, die zwei Parteien, den
Dienstleistungsanbieter und den Dienstleistungsnachfrager, zusammenbringt. Dabei
handeln Agenturen wie Makler und Handelsvertreter in fremdem Namen und auf
fremde Rechnung und bekommen dafür ebenfalls eine Provision. Zudem werden
Agenturen handelsrechtlich als Handelsvertretungen betrachtet, sind also permanent mit der Vermittlung für eines oder mehrere Unternehmen betraut, und kommen bspw. in der Form von Reisebüros, Versicherungsagenturen oder Agenturen
für den Vertrieb von Logistikdienstleistungen sowie im internationalen Vertrieb vor.
Während Makler, Handelsvertreter und Agenturen in fremden Namen und auf
fremde Rechnung handeln, ist ein so genannter Kommissionär zwar als Stellvertre-
ter auf fremde Rechnung (Kommission) tätig, handelt allerdings in seinem eigenen
Namen (§ 383; HGB, 2023). Kommissionäre sind darum auch nicht an einen Anbieter
gebunden.

Bei den **Absatzmittlern** handelt es sich ebenfalls um rechtlich und wirtschaftlich
selbstständige Gewerbetreibende (Groß- und Einzelhändler), die allerdings, im Gegensatz zum Kommissionär, fremde Leistungen unter eigenem Namen vertreiben (z. B.
Vorverkauf für Konzertkarten) und teilweise auch als Ko-Produzenten (z. B. Autoversicherung über einen Autovermieter) diese Leistungen oder zumindest Teile davon er-

stellen (Meffert et al., 2018). Im letzten Abschnitt wurde bereits darauf hingewiesen, dass dies wegen der Immaterialität von Dienstleistungen im ersten Moment kontra-intuitiv zu sein scheint, wenngleich es in geringerem Ausmaß als bei klassischen Sachgütern wie Fast-moving-consumer-goods (FMCG) im Lebensmittel-, Drogerie- und Tiernahrungsbereich durchaus als indirekter Vertriebsweg vorkommt. Dies liegt darin begründet, dass Absatzmittler das Eigentum an Waren, und damit regel-mäßig an Sachgütern erwerben und diese dann vertreiben. Im Dienstleistungsbe-reich können jedoch auch Absatzmittler eingesetzt werden, die schriftliche und/ oder verbale Informationen sowie dokumentierte Rechte im Rahmen ihrer Absatz-funktionen als Leistungsversprechen vertreiben und Teile der Leistungserstellung anstelle des Dienstleisters übernehmen. Nach Bieberstein (2006) gehören zu den Funktionen der Absatzmittler im Dienstleistungsbereich die Verkaufs-, Beratungs-, Kommunikations-, Raumüberbrückungs-, Beschwerde-, Sortiments- und Kreditfunk-tion. Hierbei verkaufen die Absatzmittler nicht nur die Leistungen des Anbieters in ihren eigenen Geschäftsräumen, sondern beraten Kunden, bringen Anbieter und Nachfrager durch Raum-/Zeitüberbrückung zusammen und wickeln Beschwerden ab oder bessern nach. Prinzipiell können zwei Stufen zwischen Anbieter und Nach-frager eingeschaltet werden, indem sich Großhändler als zusätzliche Stufe im Ver-triebsprozess an andere Unternehmen (B2B) und Einzelhändler an Endkunden (B2C) richten (Palmer und Cole, 1995). So können bspw. Großhändler Kontingente von Ho-tels und Airlines aufkaufen, die sie dann an Einzelhändler vertreiben, die diese wie-derum an Endkunden verkaufen, die dazu in ein Reisebüro gehen oder eine Website aufsuchen. Innerhalb der beiden Stufen werden wiederum verschiedene Betriebs-formen (Betriebstypen) unterschieden, die nach für sie typischen Merkmalen kate-gorisiert werden können. Hierzu gehören die Branche, die Spezialisierung und das Kontaktprinzip, welche mit Einschränkungen aufgrund der Immaterialität der Leis-tungen auch auf Dienstleistungen angewendet werden können. Außerdem kann bezgl. des Kontaktprinzips zwischen Residenz- (stationär), Domizil- (Haustür), Treff- (Marktplatz) und Distanzprinzip (Online) unterschieden werden (übertragen aus Barth et al., 2007; Zentes et al., 2012).

Im Gegensatz zu den ungebundenen Vertriebsorganen kann die rechtliche Selbst-ständigkeit auch eingeschränkt sein, wenn es sich um gebundene Vertriebsorgane han-delt. Diese Form des Vertriebs wird in der Literatur aufgrund der daraus resultierenden Vorteilhaftigkeit auch als Quasi-Filialisierung bezeichnet und ist darum im Dienstleis-tungsmarketing ein beliebter indirekter Vertriebsweg (Homburg, 2020). Zu den gebunde-nen Vertriebsorganen zählen die Vertragshändler und die Franchisepartner (Fließ, 2009; Winkelmann, 2013b). Durch eine enge Kooperation sollen zum einen die Vertriebspart-ner ähnlich einer eigenen Filiale an das Unternehmen gebunden werden und zum ande-ren soll die Handlungsfreiheit nicht zu stark eingeschränkt werden, um dadurch die Motivation im Vertriebsprozess aufrecht zu erhalten (Voeth und Herbst, 2013). Die **Ver-tragshändler** binden sich als Absatzmittler freiwillig an einen oder mehrere Dienstleis-tungsunternehmen. Sie sind rechtlich selbstständig, begeben sich allerdings durch den

Vertrag in eine wirtschaftliche Abhängigkeit, wobei der Vertrag bspw. Verkaufs- und Leistungsauflagen wie den Ausschluss von Wettbewerbsmarken, Verkaufsförderung, Konditionengestaltung und den Schutz bestimmter Absatzgebiete beinhalten kann. Letzteres birgt den Vorteil für den Handelspartner, dass in einem regional abgegrenzten Verkaufsgebiet keine weiteren Vertragshändler auftreten. Ein weiterer Vorteil für alle beteiligten Parteien kann daraus entstehen, dass nachfragerseitige Verbundeffekte vorliegen und der Absatzmittler komplementäre Dienstleistungen vertreibt, sodass die Nachfrager nur einen Vertriebsweg aufsuchen müssen, um unterschiedliche Leistungen einzeln oder als Angebotspakete zu erwerben. Übernehmen Vertragshändler die Leistungserstellung, so reduziert der Anbieter zudem seine Investitionskosten in gebundenes Kapital wie Standorte und Maschinen.

Ein vor allem aus der Systemgastronomie bekannter und häufiger anzutreffender Ansatz stellen **Franchisepartner (-systeme)** dar (z. B. McDonalds, Burger King oder Subway). Allerdings gibt es viele weitere Beispiele aus dem Dienstleistungsbereich, wie bspw. Reisebüros, Waschstraßen, Tankstellen, Fahrschulen, Schlüsseldienste, Wäschereien, Schülernachhilfe, Pflegevermittlung etc. (DFV, 2023; FP, 2023). Hierbei handelt es sich im Wesentlichen um die traditionellen Leistungsanbieter im Dienstleistungsbereich und weniger um reine Online-Konzepte, was aber prinzipiell möglich ist. Das Franchising-Konzept stellt eine Kooperationsform dar, bei der ein Franchisegeber aufgrund einer langfristigen vertraglichen Bindung mit weitreichenden Entscheidungsbefugnissen einem rechtlich selbstständigen Franchisenehmer gegen ein festgelegtes Entgelt das Recht einräumt, die Dienstleistungen unter Verwendung von Namen, Markenzeichen, Ausstattungen und sonstigen Schutzrechten des Franchisegebers sowie der technischen und gewerblichen/kaufmännischen Erfahrung anzubieten. Darüber hinaus muss der Franchisenehmer das durch den Franchisegeber entwickelte Marketing- und Organisationskonzept einhalten (Bruhn et al., 2019). Es handelt sich also um die Übertragung eines fertigen Konzepts (Franchisepaket), innerhalb dessen der Franchisepartner nur noch geringe Entscheidungsspielräume hat. Zudem müssen Einstiegsgebühren und i.d. R. umsatzabhängige Zahlungen (meist 1–15%) oder ergänzend pauschale Zahlungen als jährliches Fixum (z. B. für Schulungen oder kommunikative Sonderaktionen) vom Franchisenehmer geleistet werden und dieser muss Weisungsrechten, Verhaltens- und Ergebniskontrollen zustimmen (DFV, 2023; Dormann und Ehrmann, 2007; Ehrmann und Dormann, 2008). Im Gegensatz zu den relativ geringen Entscheidungsspielräumen birgt der Einstieg aus Sicht des Absatzmittlers jedoch den Vorteil, dass die eigenen Risiken minimiert werden, eine zentrale Kommunikation (z. B. Werbung) durchgeführt wird, Einkaufsvorteile für die Maschinen und Geräte zur Erstellung der Dienstleistungen durch Größenvorteile im Einkauf bestehen, das Management und die Mitarbeiter in der Leistungserstellung geschult werden, möglicherweise Finanzierungshilfen gewährt werden und ein Schutz des Absatzgebiets garantiert wird. Dazu begrenzt der Franchisegeber die Zahl der Franchisenehmer in einem regionalen oder lokalen Teilmarkt. Neben den genannten Vorteilen für den Franchisenehmer minimiert der Franchisegeber zusätzlich sein Investitionsrisiko, da bspw. Investitionen in die Geschäftsausstattung hauptsächlich vom Franchisenehmer zu tragen sind. Zudem kann er relativ einfach einen hohen Distributionsgrad durchsetzen und profitiert generell von einer hohen Loyalität und Einsatzbereitschaft der Absatzmittler sowie einer lokalen Expertise im Markt, sofern der Franchisenehmer über die entsprechenden Fähigkeiten verfügt. Allerdings fallen dadurch auch höhere Kontrollkosten im Vergleich zu eigenen Filialen an. Letztendlich erzeugt der Franchisegeber, bei einem tragfähigen Dienstleistungskonzepts, regelmäßige Einnahmen durch die Franchisegebühr (Bruhn et al., 2019; Kashyap et al., 2012; Scharf et al., 2022; Wirtz und Lovelock, 2022).

7.3.2.3 Mehrkanalvertrieb

Im Gegensatz zu der bisherigen singulären Betrachtung einzelner Absatzkanäle des direkten und indirekten Vertriebs von Dienstleistungen handelt es sich beim so genannten Mehrkanalvertrieb (Multi-channel-Vertrieb) um die **Kombination von Vertriebswegen** eines Dienstleistungsanbieters (Merx und Bachem, 2004; Wirtz, 2022). Vor dem Hintergrund der Erhöhung des Distributionsgrads des Angebots spielt der Mehrkanalvertrieb eine sehr wichtige Rolle, um die Marktabdeckung des Dienstleisters zu erhöhen (Marktpräsenz und Kundennähe), da durch den Mehrkanalvertrieb die Anzahl der Kontaktpunkte simultan erhöht wird, was eine bessere und zielgenauere Ansprache der Marktsegmente bzw. deren individuellen Wünsche zur Erreichbarkeit und Leistungsbereitschaft des Anbieters ermöglicht. Gleichzeitig können durch den Mehrkanalvertrieb die Vertriebskosten unter Umständen gesenkt werden (Winkelmann, 2013b; Wirtz und Lovelock, 2022). Außerdem bieten sich dadurch Wachstumschancen, eine Steigerung des Umsatz- und Gewinnpotenzials, eine Verbesserung der Kundenbindung, mögliche Zusatzverkäufe bei Primär- und Sekundärleistungen (Cross-selling) und eine bessere Ressourcenauslastung bei gleichzeitiger Risikominderung. Neben einer Steigerung der Verfügbarkeit des eigenen Angebots durch den parallelen Einbezug vieler Absatzkanäle und damit einer möglichst hohen Breite des Vertriebssystems durch eine **intensive Distribution** wird beim Mehrkanalvertrieb zusätzlich zwischen selektiver und exklusiver Distribution unterschieden (Kotler et al., 2017; Meffert et al., 2019; Schögel, 2012).

Zum einen kann der Dienstleister in Bezug auf den indirekten Vertrieb mit einer so genannten **selektiven Distribution** darauf Wert legen, dass nur bestimmte unternehmensexterne Organe mit dem Verkauf und/oder der Leistungserstellung betraut werden. Die Vertriebspartner müssen vor allem über die vom Anbieter geforderten qualitativen Eigenschaften verfügen, um den Service auf dem vom Anbieter versprochenen bzw. beabsichtigten Niveau zu erbringen. So kann ein Reiseanbieter, der neben dem Direktvertrieb über eine eigene Homepage und eigene Geschäftsstellen verfügt, zusätzlich Reisebüros als Absatzmittler einsetzen, die einen qualitativ hochwertigen Beratungsservice leisten können. Außerdem können Telekommunikations-Provider ihre Leistungen ergänzend zur eigenen Website über den Fachhandel anbieten. Zum anderen kann der Anbieter den Partnern im indirekten Vertrieb auch eine

exklusive Distribution ermöglichen, indem er durch eine quantitative Begrenzung den Wettbewerb zwischen den Vertriebsalternativen in einem bestimmten Einzugsgebiet reduziert. Der Reiseanbieter würde sich dann dazu entscheiden, dass er in bestimmten Regionen oder Bundesländern nur eine festgelegte Anzahl von Reisebüros in die Vertriebsaufgaben einbezieht. Zudem würde er den Reisebüros zusichern, dass er in diesen Regionen nicht selbst mit eigenen Filialen in Erscheinung tritt. Dadurch kannibalisieren sich die Vertriebspartner im Rahmen des Vertriebsprozesses nicht gegenseitig und für potenzielle Nachfrager würde ein so genanntes Channel-hopping erschwert, bei dem diese kurzfristig von einem vorherigen Vertriebskanal in einen anderen Vertriebskanal abwandern (z. B. aufgrund von Rabatten oder Sonderpreisaktionen). Liegt zusätzlich eine unterschiedliche Preisgestaltung in den verschiedenen Vertriebskanälen vor, weil unterschiedliche Zielgruppen mit ihren jeweiligen maximalen Zahlungsbereitschaften im Rahmen einer Preisdifferenzierung abgeschöpft werden sollen, so sinkt durch die Exklusivität zusätzlich die Gefahr der Unzufriedenheit und Reaktanz auf Seiten der Nachfrager (Kundenabwanderung), wenn diese von den verschiedenen Preisen und möglicherweise Unterschieden in der Leistungsgestaltung Kenntnis erlangen.

7.3.3 Logistische Entscheidungen des Anbieters

Bereits weiter oben wurde angedeutet, dass die Entscheidungen zur akquisitorischen und zur logistischen Distribution durch das Uno-actu-Prinzip der Leistungserstellung und -konsumption bei Dienstleistungsanbietern und damit die Nicht-Lagerfähigkeit über einige **Überschneidungen** verfügen. Während Niederlassungen und eigene Filialen einerseits eine akquisitorische Komponente (Umsatzseite über den Distributionsgrad) beinhalten, da hierdurch die Attraktivität des Anbieters durch die Gestaltung der Räumlichkeiten (Servicescapes) und die Lage der Standorte signifikant berührt wird, haben andererseits deren Öffnungszeiten und deren Erreichbarkeit (Lage), die Verfügbarkeit und Leistungsbereitschaft der Maschinen und Mitarbeiter als Kapazitäten vor Ort oder mit den entsprechenden Transportmitteln bei standortungebundenen Leistungen sowie die Kombination von einzelnen Standorten, der Maschinen und des Personals im Rahmen eines Mehrkanalvertriebs auch eine bedeutende logistische Komponente (Kostenseite über das Serviceniveau).

Bei den folgenden logistischen Entscheidungen wird der Fokus auf das **Standortmanagement** (Abschnitt 7.3.3.1), Entscheidungen zum **Kapazitätsmanagement** (Abschnitt 7.3.3.2) sowie das **Personalmanagement** (Abschnitt 7.3.3.3) gelegt. In Bezug auf Letzteres stehen unter Marketinggesichtspunkten vor allem personalpolitische Entscheidungen zur Einstellung serviceorientierter Mitarbeiter sowie deren Motivation zur Leistungserbringung und Qualitätsorientierung im Vordergrund, weil das Personal gerade bei personalintensiven Dienstleistungen im Rahmen des Service-encounters eine wichtige, auch kommunikative Rolle bei der Leistungserstellung in der Endkombination sowie der Darstellung der eigenen Dienstleistungsmarke spielt. Somit haben Entscheidungen in diesem Zusammenhang einen direkten Querschnitt zu den Themen, die auch im Bereich des Personalmanagements (Human-resource-Management) zum Thema Personalplanung sowie Führung und Motivation diskutiert werden (Berthel und Becker, 2022; Oechsler und Paul, 2015; Scholz, 2014; Stock-Homburg und Groß, 2019; Weibler, 2023).

7.3.3.1 Standortmanagement

Analog zu den in der allgemeinen Betriebswirtschaftslehre diskutierten Anforderungen an die Standortwahl eines Betriebs (Haller und Wissing, 2020; Schmalen und Pechtl, 2019), kann diese auch im Hinblick auf einen Dienstleister nach unterschiedlichen **Kriterien** bewertet und mit entsprechenden Anpassungen übertragen werden. Hierzu gehören:

– die Unternehmensorientierung: Neben der Rechtsform (z. B. eine Gesellschaft im In- oder Ausland und daraus abgeleitete juristische Fragestellungen sowie allgemeine gesetzliche Vorgaben und mögliche Beschränkungen bei der Leistungsausübung [z. B. Krankenhausplan und Niederlassungsbeschränkungen bei Ärzten]) spielt die Unternehmensgröße und damit die Finanzkraft vor allem bei der Anzahl der Standorte (Niederlassungen bzw. Filialen oder Geschäftsstellen), der Flächen und Lagen sowie der Ausstattungen (Servicescapes) eine wichtige Rolle, da diese unmittelbare und laufende Kostenfaktoren darstellen.

– die Absatzorientierung: Leistungen von Betrieben im Allgemeinen und Dienstleistungsunternehmen im Besonderen ergeben ohne die Existenz einer entsprechenden Anzahl von Nachfragern keinen Sinn, wodurch das Potenzial von Regionen, die aktuelle Nachfrage nach vergleichbaren Leistungen und Absatzprognosen, das Wachstum von regionalen, nationalen oder internationalen Märkten, der vor Ort oder im digitalen Raum vorhandene Wettbewerb sowie vor allem bei lokalen klassischen Dienstleistungen auch in einem größeren Kontext die Sozial- und Wirtschaftsstruktur eine bedeutende Rolle spielen.

– die Arbeitsorientierung: Vor allem bei Dienstleistungen, die einen hohen Anteil von Servicemitarbeitern erfordern und/oder einen umfangreichen Außendienst haben, müssen, neben dem lokalen Arbeitsmarkt und der Verfügbarkeit von Fachkräften vor Ort, auch deren Anfahrtswege, die regionale Wohnsituation und die Attraktivität des Umfelds im Hinblick auf Freizeitaktivitäten für die Mitarbeiter und die Betreuung von Kindern (z. B. Kita, Kindergarten und Schule) oder Familienmitgliedern berücksichtig werden.

– die Materialorientierung: Jedes Dienstleistungsunternehmen ist je nach der Art der Leistung (z. B. Hotels, Krankenhäuser, Schülerhilfe oder Juristen/Steuerberater) mehr oder weniger stark auf die Versorgung mit Betriebsmitteln (Gebäude, Maschinen und Ausstattung) sowie Werkstoffen und Energie angewiesen, wobei dieser Faktor umso bedeutender wird, je mehr immobile Einsatzfaktoren (z. B. Gebäude oder umfangreiche Maschinen) eine Rolle für die Leistungserstellung spielen, da Dienstleister aufgrund der Immaterialität des Leistungsergebnisses deutlich weniger als Sachgüterproduzenten auf die Verarbeitung und Lagerung von Materialien angewiesen sind.

– die Verkehrsorientierung: Gerade vor dem Hintergrund des Uno-actu-Prinzips und der im Rahmen der Leistungserstellung notwendigen Integration des externen Faktors Kunde spielt die Verkehrsorientierung im Gegensatz zur Materialorientierung eine deutlich wichtigere Rolle, wenn es sich zudem um Leistungen handelt, bei denen Anbieter oder Nachfrager an Orte gebunden sind oder Räume überbrücken müssen (z. B. Transportleistungen), die über das Straßen-/Schienennetz (inkl. Parkmöglichkeiten) oder den ÖPNV zu erreichen sein müssen; außerdem kann bei E-Services unter der Verkehrsorientierung auch das Vorliegen sowie die konstante Erreichbarkeit der digitalen Infrastruktur (z. B. Serverkapazitäten und Cloud-Speicher sowie die Geschwindigkeit und die Gewährleistung von deren Erreichbarkeit bzw. die Datensicherheit und der Datenschutz) gefasst werden.

– die Abgabenorientierung: Schließlich spielen bei der generellen Standortwahl auch die Steuerlast (z. B. Gewerbesteuerhebesätze), Subventionen und die Wirtschaftsförderung als lokale Rahmenbedingungen auf der Kostenseite eine wichtige Rolle, die die jeweilige Vorteilhaftigkeit von Regionen oder gesamten Ländermärkten beeinflussen.

Bei der Bewertung der Faktoren kommt es, wie bereits angedeutet, vor allem auf die **Art der Leistung** an, da bei kapitalintensiven Dienstleistungen (z. B. Hotels oder Airlines) umfangreiche Gebäude, Maschinen oder Ausstattungen beschafft, betrieben und gewartet werden müssen. Bei technikintensiven Leistungen müssen ebenfalls Gebäude und Technologien bereitgestellt werden, dabei rückt allerdings zusätzlich (z. B. bei digitalen Services wie Cloud-Speichern/-Rechendiensten und Telekommunikationsdiensten) die Einsatzbereitschaft, Wartung und Instandhaltung von Netzwerken in den Vordergrund. Dagegen stehen bei personalintensiven Leistungen eher die Erreichbarkeit und das Arbeitskräfteangebot im Zentrum. Damit können keine generellen Standortempfehlungen ausgesprochen werden, sondern diese müssen jeweils vor dem Hintergrund von Einzelfällen beurteilt werden.

Zusätzlich zur Art der Leistung müssen Charakteristika der **Leistungserstellung** beachtet werden. In Anlehnung an Maleri und Frietzsche (2008) kann, neben der Leistungserstellung am Ort des Dienstleisters (z. B. Reparatur in der Filiale des Anbieters), die Erstellung am Ort des Leistungsnachfragers (z. B. mobile Pflegeleistungen zu Hause beim Nachfrager) oder an einem dritten Ort erfolgen (z. B. Flug-/Urlaubsreisen oder E-Services), der zwischen den beiden Parteien liegt und entweder vom Leistungsanbieter, dem Nachfrager, beiden zusammen (z. B. bei Transportdienstleistungen mit LKWs) oder einer anderen Partei (z. B. öffentliche Stellen wie Gerichte oder Finanzämter) festgelegt wird (siehe Fließ, 2009).

Um die richtigen Standorte zu finden, gerade für personalintensive Dienstleistungen mit hohem körperlichen Integrationsgrad von Nachfragern, müssen die oben diskutierten Standortfaktoren über **Checklisten oder Nutzwertanalysen** (Ranking oder Rating) bewertet werden (Amann, 2019; Göbel, 2018). Dabei spielen zum einen die Bewertung von Einzugsgebieten im Hinblick auf die Erreichbarkeit zu Fuß oder mit Verkehrsmitteln in Bezug auf die Distanzen und Wegzeiten sowie Parkmöglichkeiten oder Haltestellen des ÖPNV eine wichtige Rolle; allgemein als Verkehrslage bezeichnet. Bei digitalen Dienstleistungen (z. B. Datenbankabfragen, Cloud-Diensten oder der Online-Zusammenstellung eines Fotoalbums) haben diese Faktoren dagegen nur eine eher untergeordnete Rolle, weil das Internet im Gegensatz zu den Öffnungszeiten lokaler Standorte i. d. R. 24/7 erreichbar ist. Zum anderen müssen die Standorte vor dem Hintergrund von Kundencharakteristika beurteilt werden. Hierzu gehören die Kundenzahl, die Kundenart, das Kundenverhalten sowie die Kundenpräferenzen. Bei näherer Betrachtung können auch die Einwohnerdichte, Bevölkerungsstruktur, Haushaltsgröße, Altersstruktur, Mobilität, soziale Schichtung, Kaufgewohnheiten, Bequemlichkeitsorientierung und letztendlich die Kaufkraft sowie die Konkurrenzsituation eine bedeutende Rolle spielen (Bruhn et al., 2019; Haller und Wissing, 2020). Bei der Erbringung von Leistungen am Ort des Kunden (z. B. mobile Pflege) oder komplexeren B2B-Dienstleistungen (z. B. Transportleistungen und Wartungsarbeiten) muss zudem der einfache und möglichst zeitnahe Zugang zu den Standorten der Kunden über Transportmittel, d. h. den eigenen Fuhrpark, gewährleistet sein.

Während bei Dienstleistungen die Potenziale im Sinne der Leistungskapazitäten und der -bereitschaft in der Vorkombination an den Standorten des Leistungsanbieters bereitgestellt werden (z. B. Personal, Räumlichkeiten, Fahrzeuge und sonstige Maschinen), allerdings erst in der Endkombination nach Vertragsabschluss zur Anwendung kommen (ex-post), erfolgt dagegen bei Sachgütern die Produktion und Lagerung i. d. R. am Ort des Anbieters bzw. in den Betrieben des Handels (z. B. in dessen Zentral-, Regional- oder Filiallagern) bereits vor dem Vertragsabschluss (ex-ante). Darüber hinaus wird die Qualität vom Anbieter im Vorfeld festgelegt und die Produktion beinhaltet meist einen nicht unerheblichen variablen Kostenbestandteil. Aus diesem Grund sind die Standortentscheidungen bei Dienstleistungen durch die Aufrechterhaltung der Leistungsbereitschaft am Bedarf und den **Erwartungen der Nachfrager** auch in beschäftigungslosen Zeiten eher fixkostenintensiv (z. B. Räumlichkeiten, Maschinen und Personal) und bei hochgradig individualisierten Leistungen (z. B. ärztliche Diagnosen und Auskünfte von Steuerberatern, Juristen oder Unternehmensberatern) wird die Qualität des Leistungsergebnisses erst wesentlich im Prozess der Leistungserstellung durch die Integration des Kunden bestimmt. Maleri und Frietzsche (2008) sprechen im Hinblick auf die Aufrechterhaltung der Leistungsbereitschaft auch von einer permanenten Produktion von Dienstleistungen über einen längeren Zeitraum an den Standorten des Anbieters, was unter logistischen Gesichtspunkten Auswirkungen auf die im Folgenden diskutierten Bereiche des Kapazitäts- und Personalmanagements hat.

7.3.3.2 Kapazitätsmanagement

Zurückgehend auf Kern (1962) wird unter der Kapazität allgemein das **Leistungsvermögen** einer wirtschaftlichen oder technischen Einheit in einem Zeitabschnitt verstanden, egal welcher Art, Größe und Struktur diese ist (Maleri und Frietzsche, 2008). Auch wenn die Definition aus dem Bereich der Sachgüter erfolgt, gilt sie gleichermaßen für Dienstleistungsbetriebe. So erfolgt die strategische Kapazitätsgestaltung aus der Perspektive des Managements vor dem Hintergrund der Marktbearbeitung und der Generierung von Nutzen- und Wettbewerbsvorteilen in Austauschbeziehungen. Hierbei spielen aus der Produktionsperspektive die Gestaltung der Leistungserstellungstiefe (Make-or-buy) und die entsprechende Lieferanten- bzw. Kooperationspartnerauswahl eine bedeutende Rolle (Corsten und Gössinger, 2015), wohingegen aus der Marketingperspektive die Gestaltung des Leistungsprogramms in den Vordergrund rückt. Diese erfolgt auf Basis nachfrager- und wettbewerbsbezogener Überlegungen und bedingt den Rahmen für die in der Vorkombination bereitzustellenden Kapazitäten. Im Gegensatz zur strategischen Planung geht es beim operativen Kapazitätsmanagement vorwiegend um das Festlegen von Kapazitätsbelegungen und der Auslastung der vorhandenen Kapazitäten im Zeitablauf. Dabei muss die Kapazität nach Gutenberg (1951b) stets zweidimensional, nämlich sowohl in qualitativer (Art und Güte des Leistungsvermögens) als auch in quantitativer Hinsicht (mengenmäßiges Leistungsvermögen) bemessen werden (Corsten und Gössinger, 2015). Die Kapazitäten eines Dienstleistungsunternehmens setzen sich aus Betriebsmitteln (z. B. Räumlichkeiten, Maschinen und Fuhrpark) und Humanressourcen (z. B. Mitarbeiter im Front- und im Backoffice sowie in den Support-Prozessen) zusammen. Je nach Art der zu erstellenden Dienstleistungen (z. B. personal- oder technikintensive Leistungen) kann jeweils die ein oder andere Ressource zu Engpässen in der Endkombination führen (Wirtz und Lovelock, 2022; Zeithaml et al., 2012).

Insgesamt betrachtet basieren Planungen sowohl zum strategischen als auch zum operativen Kapazitätsmanagement auf einer möglichst akkuraten **Nachfrageprognose** (Haller und Wissing, 2020). Generell werden Prognoseverfahren in qualitative und quantitative Verfahren unterteilt. Diese wurden weiter oben im Rahmen der Situationsanalyse vertiefend erläutert. Während die qualitativen Verfahren auf Intuition und Erfahrung, d. h. auf so genannte Heuristiken beruhen (z. B. Befragungen von Experten, Managern, Servicemitarbeitern oder Kunden), verwenden die quantitativen Verfahren Zeitreihen, um aus Vergangenheitsdaten Prognosen für zukünftige Entwicklungen abzuleiten (z. B. mittels naivem Ansatz, gleitenden Durchschnitten, exponentieller Glättung oder Trendextrapolation). Dabei scheinen qualitative Verfahren wie die Delphi-Analyse, das Konzept der schwachen Signale oder Lebenszyklusanalysen eher für strategische Prognosen geeignet, wohingegen quantitative Zeitreihenanalysen auf der Basis von Daten aus der Vergangenheit (Längsschnittanalysen), aber auch qualitative, zeitpunktbezogene Mitarbeiter- und Kundenbefragungen (Querschnittsanalysen) eher für operative Fragestellungen des Kapazitätsmanagements eine Rolle spielen, um kurz- und mittelfristige Schwankungen, bspw. wegen zyklischer Nachfrage (saisonale Effekte, Trends und Zufallsschwankungen [Noise]), und Kundenfluktuation möglichst rechtzeitig vorherzusagen (Haller und Wissing, 2020). In der Praxis werden beide Verfahrenskategorien jedoch meist in Kombination eingesetzt (Chase et al., 2005). Zudem verweist Fließ (2009) darauf, dass die Dienstleistungsproduktion zwar von den Erwartungen an die Nachfrage gekennzeichnet ist, die tatsächliche Auslastung aber einerseits durch die Kundenintegration und andererseits durch die Frage bestimmt wird, ob der externe Faktor Kunde die Kapazitäten aktiviert und den Leistungsprozess dadurch auslöst. Darüber hinaus liegen bei zahlreichen Dienstleistungen Schwankungen aufgrund der Saison oder des Wochentags vor, der Kunde hat durch seine Mitwirkung und deren Intensität bzw. Qualität einen direkten Einfluss auf die vorab schwer vorherzusagende Kapazitätsauslastung, es entstehen möglicherweise Kapazitätsengpässe und die vorab festgelegte Qualität ist lediglich eine geplante Qualität für die Leistungserstellung. Daher bleibt der Kostendeckungsgrad des Anbieters insgesamt mit hoher Unsicherheit behaftet.

Neben der oben angeführten allgemeineren Definition der Kapazität eines Dienstleistungsbetriebs über das Leistungsvermögen, kann unter der Kapazität im Detail für das Management auch der **maximale Output** eines Systems in einer bestimmten Periode unter gegebenen Bedingungen verstanden werden (Chase et al., 2005). Dabei sollte der maximale Output unter normalen Bedingungen gemessen werden, d. h. ohne Überstunden, Hinzunahme von Zeitarbeit oder ähnlichen Faktoren. Bezugsgröße für die Kapazitätsmessung bei Dienstleistungen ist die Anzahl von Kunden (z. B. Aufträge, gefahrene/geflogene Kilometer, Übernachtungen oder Datenbankabfragen), die pro Zeiteinheit (z. B. Stunde, Woche, Monat oder Jahr) bedient werden können. Hierbei spielen wieder sowohl langfristige Kapazitätsentscheidungen in Bezug auf geplante (Des-)Investitionen in Betriebsmittel (z. B. Gebäude, Maschinen, Ausrüstung und Personal) zur Kapazitätserhaltung, -erweiterung oder -abbau als auch mittelfristige Kapazitätsentscheidungen in Bezug auf die Ausgestaltung von Angebot und Nachfrage im Monats-, Wochen- oder Tagesverlauf eine bedeutende Rolle. Davon sind sehr konkret auch die täglichen Öffnungszeiten und das eingesetzte Personal an den Standorten des Dienstleisters betroffen.

In Ergänzung dazu können Kapazitäten an **Nachfrageniveaus** ausgerichtet werden. Es existieren Mindest-, Durchschnitts- oder Spitzenniveaus. Aufgrund der hohen Fixkostenintensität ist die Ausrichtung an Spitzenniveaus eher kostspielig, d. h. ineffizient und mit dem Risiko hoher Leerkosten für unausgelastete Kapazitäten verbunden. Ein solcher Ansatz kann lediglich für Unternehmen empfohlen werden, die über gewährte Leistungsgarantien einen Wettbewerbsvorteil erlangen wollen. Darüber hinaus finden sich solche Kapazitäten auch bei Energieversorgern, medizinischen Einrichtungen oder der Feuerwehr, die zudem von staatlicher Seite getragen (z. B. kommunale Krankenhäuser) oder zumindest subventioniert werden (z. B. private und frei-gemeinnützige Krankenhäuser). Dagegen kann eine Ausrichtung an Mindestniveaus schnell zu Kundenunzufriedenheit und damit zu Kundenfluktuation führen, diese ist daher aus der Perspektive des Kundenvorteils wenig effektiv und kann lediglich für monopolartige Marktstrukturen empfohlen werden, d. h. die Nachfrager haben keine oder nur wenige und außerdem teurere Ausweichoptionen. Eine Ausrichtung an Durchschnittsniveaus geht von einer konstanten Kapazität vor dem Hintergrund einer im Zeitablauf (z. B. Tag, Woche oder Monat) durchschnittlichen Nachfrage aus und findet sich vor allem bei sehr fixkostenintensiven Dienstleistungen wie Airlines oder Hotels. Eine bessere Anpassung an die prognostizierte Nachfrage erfolgt bei personalintensiven Dienstleistungen, wenn im Tages- oder Wochenverlauf das Personal entsprechend der Kundenzahl (Bedieneinheiten) angepasst wird (Gössinger, 2017), um Wartezeiten zu vermeiden, die von Nachfragern selten toleriert werden und daher zu Beschwerden oder Kundenabwanderung führen (Pick, 2017; Evanschitzky et al., 2017). Solche alternierenden Ansätze finden sich bspw. bei der Besetzung von Kassensystemen in Handelsunternehmen, bei den Auskunftssystemen im Transportbereich oder in Call-Centern (siehe Haller und Wissing, 2020).

In Bezug auf die angesprochenen **Wartezeiten der Nachfrager** wird zwischen der unechten und der echten Wartezeit unterschieden (Bordoloi et al., 2021). Bei der unechten Wartezeit (First-waiting-time) kommt der Kunde vor einem vereinbarten Termin. Es ist dies also die Zeit zwischen dem verfrühten Eintreffen am Standort des Dienstleisters und dem eigentlichen Termin. Bei der echten Wartezeit (True-waiting-time) handelt es sich um die zeitliche Differenz zwischen dem vereinbarten Termin und dem Beginn der Leistungserstellung (z. B. beim Arzt, Friseur, Steuerberater oder in einer Autowerkstatt). Die Schwierigkeit besteht darin, dass der Kunde diesen Unterschied nicht immer entsprechend wahrnimmt und darum die beiden Zeiten als gesamte Wartezeit betrachtet, in der der Anbieter ihn also warten lässt, auch wenn dieser nur die echte Wartezeit zu verantworten hat. Solche Wartezeiten kommen allerdings nicht nur bei Terminvergaben zustande, sondern finden sich ebenso bei vielen anderen Dienstleistungen wie bspw. Handelsunternehmen, Autovermietungen oder Call-Centern, bei denen i. d. R. keine Termine vergeben werden. Um die Wartezeiten für Nachfrager möglichst optimal zu gestalten, muss sich ein Warteschlangenmanagement zum einen darum bemühen, die objektive Wartezeit (gemessene Wartezeit) aus der vom Leistungsanbieter und vom Nachfrager zu verantwortenden Zeitspanne so kurz wie möglich zu halten, indem entsprechende Wartesysteme aufgebaut werden (vgl. Abb. 7.35), die die Bereiche Bedienstation(en), Wartephase(n) und Länge der Warteschlange(n) beinhalten und dabei das Ankunfts- und Bedienverhalten sowie die Auswahlregeln über die Reihenfolge der Bedienung sowie die Benachrichtigung darüber (z. B. über Nummern, Pager, nach Ankunftsreihenfolge oder auf Zuruf) berücksichtigen (ausführlich Corsten und Gössinger, 2015; Haller und Wissing, 2020; Wirtz und Lovelock, 2022).

Zum anderen spielt die subjektive Wartezeit (erlebte Wartezeit) eine wichtige Rolle, bei der es auf unterschiedliche Faktoren wie die Kommunikation des Anbieters mit seinen Kunden, die Gestaltung des Warteprozesses (z. B. im Sitzen oder Stehen, in einem separaten Raum oder in einer klassischen Warteschlange) und die Warteumgebung (z. B. zusätzliche Unterhaltung durch Monitore oder Musik) ankommt. Hierbei spielen **psychologische und soziologische Aspekte** eine wichtige

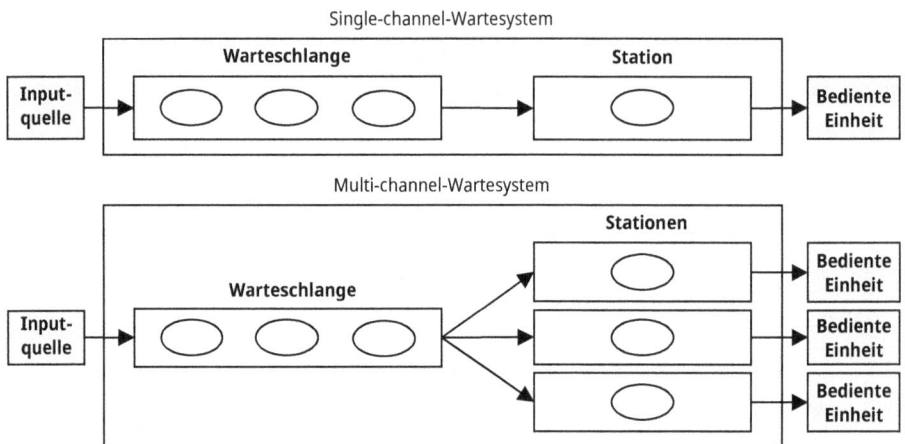

Abb. 7.35: Single- und Multi-channel-Wartesystem (in Anlehnung an Heizer et al., 2016).

Rolle, um die Wartezeit für die Nachfrager so angenehm wie möglich zu gestalten und Konflikte zwischen den Wartenden sowie Konflikte mit den Mitarbeitern des Dienstleistungsunternehmens möglichst zu vermeiden (Hope und Mühlemann, 1997; Maister, 1985; Norman, 2009; Zeithaml et al., 2012). Im Detail bedeutet dies bspw., dass

- unbeschäftigte Wartezeit länger als beschäftigte Wartezeit empfunden wird,
- Ablenkungen dazu dienen, die Wartezeit als kürzer zu empfinden und zugleich die Kundenzufriedenheit zu stärken,
- Wartezeiten vor dem Prozess als länger als solche während des Prozesses empfunden werden,
- Angst das Empfinden von Wartezeiten verlängert,
- ungewisse Wartezeiten länger als begrenzte Wartezeiten empfunden werden,
- Wartezeiten, deren Ursache nicht bekannt ist, als länger empfunden werden als solche, die begründet wurden,
- unfaires Warten, weil sich bspw. ständig Leute vordrängeln, als länger empfunden wird,
- je wichtiger und einzigartiger der Service in einer Gegend oder Region ist, desto länger die Wartebereitschaft,
- alleine zu warten als länger empfunden wird als in der Gruppe zu warten,
- Warten unter Zeitdruck als länger empfunden wird,
- ein angenehmes Umfeld die Wartezeit positiv beeinflusst,
- ungenutzte Ressourcen, bspw. Einrichtungen, Geräte oder Mitarbeiter, die Kundenverärgerung erhöhen,
- unvertraute Musik Kunden die Zeit länger empfinden lässt als vertraute Musik.

Neben einer Anpassung der bereitgestellten Kapazitäten an die prognostizierte Nachfrage sollten Unternehmen allerdings gleichzeitig versuchen, die (prognostizierte) Nachfrage zu einer besseren **Kapazitätssteuerung** aktiv zu beeinflussen (vgl. Tab. 7.3). Hierzu können Dienstleistungsanbieter sowohl Instrumente auf der Nachfrage- als auch auf der Angebotsseite einsetzen (Corsten und Gössinger, 2015; Fließ, 2009; Haller und Wissing, 2020; Wirtz und Lovelock, 2022; Zeithaml et al., 2012).

Tab. 7.3: Beeinflussung der Nachfrageschwankungen.

Nachfrageseite	Angebotsseite
– Preisdifferenzierung mit Anbieter- oder Selbstselektion – Entwicklung der Nachfrage außerhalb von Stoßzeiten – Reservierungssysteme, Expresslinien und Buchungsmanagement – Komplementäre Leistungsangebote – Standard- und Premiumangebote – Erweiterung auf Online-Angebote – Bevorzugung bestimmter Kundengruppen – Kommunikationsmaßnahmen	– Anstellung von Teilzeitkräften – Flexible Arbeitszeitaufteilung – Training der Mitarbeiter – Maximierung der Effizienz durch standardisierte Prozesse/Parallelarbeiten – Verkehrsgünstige Lage und Parkplätze – Abhol- und Bringservice – Verringerung der Stillstandzeiten und Verlängerung der Öffnungszeiten – Verlagern von Servicetätigkeiten auf Selbstbedienung (Self-service) – Kooperationspartner (Shared-services)

Auf der **Nachfrageseite** können bspw. Preisdifferenzierungen mit Anbieter- oder Selbstselektion dazu führen, dass Nachfrager ihre Bedarfe zeitlich oder mengenmäßig anpassen, wie dies bereits weiter oben bei der zeitlichen und mengenmäßigen Preisdifferenzierung diskutiert wurde. Damit können zugleich Stoßzeiten nachfragetechnisch besser gesteuert werden, wenn bspw. außerhalb der regulären Stoßzeiten vergünstige Angebote gelten (z. B. Mietwagenpreise während der Woche und am Wochenende oder an Feiertagen, Hotelübernachtungen in der Haupt- und Nebensaison oder vergünstigte Autowäschen in Randzeiten gegenüber einer eher hohen Nachfrage an Freitagen und Samstagen mit höherem Preisniveau). Außerdem können digitale Reservierungssysteme (online oder telefonisch) die Terminvergabe bzw. die Warteschlangenproblematik entzerren. Außerdem wurden systematische Überbuchungen in Verbindung mit einem Yield-Management im Rahmen der Preispolitik diskutiert. Weitere Leistungsangebote sowie Standard- (No-frills) und Premiumangebote sowie die Einführung standardisierter Online-Dienstleistungen (z. B. im Rahmen einer digitalen Verwaltung), bei denen ein Erscheinen vor Ort am Standort des Anbieters nicht mehr notwendig ist, helfen ebenfalls, die Kapazitäten besser zu verteilen. Im Hinblick auf die Marktsegmentierung kann der Anbieter zudem den Fokus auf besonders lukrative Kunden legen. Alle Maßnahmen müssen jedoch letztendlich durch zusätzliche Kommunikationsmaßnahmen an die Nachfrager auf den geeigneten Kommunikationskanälen übermittelt werden und dürfen zudem nicht zu einer Verärgerung der Kunden, einer Abschwächung der Kundenzufriedenheit oder einer Abwanderung der Kunden zu Wettbewerbsangeboten führen, weil Kunden sich bspw. unfair behandelt fühlen.

Dagegen können auf der **Angebotsseite** Effizienzpotenziale gehoben werden, indem mehr Teilzeitarbeit oder flexible Arbeitsverträge eingesetzt werden. Darüber hinaus können Mitarbeiter geschult und Prozesse standardisiert oder Arbeiten parallel zur Bedienung eines Kunden (z. B. bei den Support-Prozessen) ausgeführt werden. Zudem scheinen in Bezug auf die Standorte eine günstige Verkehrsanbindung zur Steuerung der Kundenflüsse, ein Abhol- oder Bring-Service sowie eine Verlängerung der Öffnungszeiten während der Woche und am Wochenende geeignet, um Warteschlangen möglichst zu vermeiden und damit Kapazitäten besser über den Tag, die Woche oder den Monat zu verteilen. Schließlich können einfache Tätigkeiten vor der eigentlichen Leistungserstellung auf den Kunden ausgelagert und/oder durch digitale Hilfsmittel vor Ort (z. B. Tablets) die Wartezeit des Kunden so angenehm und kurz wie möglich gestaltet werden (Self-Services). Außerdem können im Rahmen von Kooperationen weniger lukrative Tätigkeiten oder solche, die nicht zu den eigentlichen Kernkompetenzen des Dienstleistungsanbieters gehören, auf Kooperationspartner ausgelagert werden (Shared-Services).

Vor allem bei personalintensiven Dienstleistungen gehören die Mitarbeiter als besonders wichtiger Faktor zum Kapazitätsmanagement. Hierzu sind die vorhandenen respektive benötigten **Mitarbeiterressourcen** vor dem Hintergrund der geplanten Kapazität und der prognostizierten Nachfrage zu ermitteln und realistisch zu planen (Haller und Wissing, 2020). In diesem Zusammenhang spielen die durchschnittliche Anzahl und Dauer der zu bewältigenden Tätigkeiten für die Bedienung eines Kunden bzw. die konkrete Leistungserstellung in der ausgelobten Qualität eine wichtige Rolle. Dies dient zum einen bezgl. des zu bewältigenden Arbeitspensums der Einteilung des Personals und zum anderen im Rahmen der Prozesskostenrechnung der Ermittlung der Kosten eines Leistungsprozesses inkl. der zugehörigen Support-Prozesse. Darüber hinaus können aus den durchschnittlichen Bearbeitungszeiten auch Vorgabezeiten abgeleitet werden, die dann von dem verantwortlichen Personal beim Service-encounter für die Bearbeitung eines einzelnen Falls möglichst eingehalten werden sollten. Vorgabezeiten ergeben jedoch nur einen Sinn, wenn die Tätigkeiten der Mitarbeiter weitgehend standardisiert oder repetitiv sind. Bei hochgradig individualisierten Dienstleistungen (z. B. Arztbesuche oder juristische, unternehmerische oder steuerliche Beratungen) ist von Vorgabezeiten abzuraten, wenngleich sie bei niedergelassen Ärzten, die über die gesetzliche Krankenversicherung (GKV) abrechnen, über den einheitlichen Bewertungsmaßstab (EBM) in die Vergütung der Arztleistungen als Standardzeiten für bestimmte Diagnoseleistungen und ärztliche Tätigkeiten einfließen. Außerdem können sich Nachfrager bei Vorgabezeiten gedrängt fühlen und dadurch mit der Leistungserstellung unzufrieden sein. Bei hochgradig individualisierten Dienstleistungen stellen Vorgabezeiten darum lediglich grobe Richtlinien dar, um dennoch die Prozesse kontrollieren zu können.

Zur Ermittlung der Durchschnittszeiten können seitens des Managements bspw. **Zeitstudien** eingesetzt werden, bei denen durch eine direkte Beobachtung mit der Stoppuhrmethode, deren Ansatz auf die Forschung zum so genannten Scientific-Management von Taylor (1911) zurückgeht und heute noch von der REFA, dem ehemaligen Reichsausschuss zur Arbeitszeitermittlung, angewendet und in Form von Fortbildungen an Unternehmen weitergegeben wird (REFA, 2023). Hierbei werden weitgehend standardisierte Tätigkeiten wie bspw. die Reinigung von Zimmern oder die Bearbeitung von Schadensfällen in einer Versicherung zeitlich erfasst. Aus der vorherigen Erfassung können dann Soll-Vorgaben abgeleitet werden, die wiederum auf das benötigte Personal für festgelegte Aufgabenumfänge hochgerechnet werden. Diese müssen allerdings die Vor- und Nachbereitung (Rüst- und evtl. Dokumentationszeiten), Pausenregelungen, Urlaubs- und Krankheitstage, Fortbildungen etc. beinhalten. Zudem ist zu berücksichtigen, dass sich Zeitstudien und die daraus abgeleiteten Zeitvorgaben negativ auf die Motivation des Dienstleistungspersonals auswirken können, weil diese möglicherweise als erniedrigend, psychisch belastend und der eigenen Arbeitsautonomie im Wege stehend empfunden werden.

Abgemildert werden die möglichen negativen Effekte durch so genannte **Selbstbeobachtungen (Self-logging)**, bei denen Mitarbeiter über ihre Aufgaben (Tätigkeiten) und die dafür benötigte Zeit Buch führen und an das Management berichten. Hierzu müssen die Aufgaben jedoch im Vorfeld strukturiert und die Aufgabenfelder eindeutig definiert werden, um eine Vergleichbarkeit herzustellen. Außerdem müssen auch hierbei Rüstzeiten oder sonstige Dinge wie Pausen, Toilettengänge, Krankheitstage etc. hinreichend berücksichtig werden. Seitens des Management ist zudem die Kreativität der Mitarbeiter zu berücksichtigen, wenn es um die Dauer der Tätigkeiten geht, d. h. die Methode der Selbstbeobachtung ist sehr anfällig für Manipulationen und setzt darum ein gutes Vertrauensverhältnis zwischen den Mitarbeitern im Servicebereich und denjenigen im Management voraus. Haller und Wissing (2020) raten davon ab, Selbstbeobachtungen als Grundlage zur Bestimmung von Vorgabezeiten einzusetzen, weil die Wahrscheinlichkeit der Manipulation deutlich höher als bei Zeitstudien nach der Stoppuhrmethode ist (REFA, 2023).

Eine zusätzliche Möglichkeit zur Bestimmung der Mitarbeiterressourcen bei personalintensiven Dienstleistungen stellt die **Multimomentmethode (Work-sampling-study)** dar, bei der eine Längsschnitt-Stichprobe darüber erhoben wird, mit welchen Aufgaben die Mitarbeiter zu unterschiedlichen Zeitpunkten beschäftigt waren (ausführlich Schulte-Zurhausen, 2013). Das Verfahren wurde erstmals von Tippett (1934) erläutert. Bei einer Multimomentstudie werden die ausgeübten Tätigkeiten namentlich erfasst bzw. bei einem Rundgang im Feld durch Fremdbeobachtung erhoben (Multimomenthäufigkeitsstudien) und mit der entsprechenden Dauer (Multimomentzeitmessstudien) dokumentiert (Scholz, 2014). Dabei können prinzipiell auch Selbstbeobachtungen durchgeführt werden, die aber wieder ein gutes Vertrauensverhältnis voraussetzen und durch Manipulationen die Ergebnisqualität beeinflussen können. Aus der erhobenen Stichprobe werden dann die relativen Häufigkeiten der einzelnen Tätigkeiten berechnet, um im Anschluss daran zu ermitteln, welchen Anteil bestimmte Aufgaben an der gesamten Arbeitszeit der Mitarbeiter haben. Bei einer hinreichend großen Stichprobe und einer umfangreichen Dokumentation der durchgeführten Tätigkeiten lassen sich daraus statistisch valide Ergebnisse über die Beschäftigung der Mitarbeiter erzielen und es können entsprechende Managementableitungen getätigt werden. In Verbindung mit der Dauer der einzelnen Tätigkeiten können zudem Vorgabezeiten als Nebenprodukt der Work-sampling-studys abgeleitet werden (Haller und Wissing, 2020).

Schließlich können Dienstleistungsunternehmen auch von den bereits in einer Branche oder in verwandten Bereichen erhobenen Daten und Vorgabezeiten im Sinne eines **Benchmarking** ausgehen und auf die eigenen Bedürfnisse und Arbeitserfordernisse übertragen. Dabei handelt es sich um so genannte Systeme vorbestimmter Zeiten (Predetermined-motion-time-systems), bei denen gesamte Arbeitsaufgaben in ihre einzelnen Elemente (Teilaufgaben) zerlegt und jeweils normale Bearbeitungszeiten festgelegt werden. Darüber hinaus können diese mit Expertenschätzungen verbunden werden, welche auf Erfahrungswerten beruhen, um daraus Vorgaben für Sollzeiten bei der Erledigung einzelner Aufgaben im Kundenservice zu ermitteln.

Kritisch an den Verfahren ist hervorzuheben, dass bei keinem der erörterten Ansätze die **Leistungsfähigkeit und -bereitschaft** von Mitarbeitern eine Rolle spielt. Das Management der Mitarbeiterressourcen im Rahmen der Kapazitätsplanung hängt jedoch eng mit der Motivation und Führung der Mitarbeiter im Servicebereich zusammen. Aus diesem Grund wird im Folgenden als abschließende logistische Aufgabenstellung eines Dienstleistungsanbieters das Personalmanagement betrachtet.

7.3.3.3 Personalmanagement

Die generelle Aufgabe des Personalmanagements (Human-resource-Management) besteht darin, dem Unternehmen die geeigneten Mitarbeiter in ausreichender Quantität und Qualität zum richtigen Zeitpunkt und Zeitraum zur Verfügung zu stellen, um in den bearbeiteten Märkten den langfristigen Erfolg abzusichern (Berthel und Becker, 2022; Oechsler und Paul, 2015; Scholz, 2014; Stock-Homburg und Groß, 2019; Weibler, 2023). Dabei müssen die Mitarbeiter aus der Perspektive eines Dienstleistungsanbieters eine besondere **Serviceorientierung** aufweisen; internes Marketing gegenüber den eigenen Mitarbeitern im Sinne einer Servicekultur bzw. der starke Einbezug der Mitarbeiter in die Planung und den Prozess der Leistungserstellung sowie deren Motivation und Führung sind damit besonders wichtig für einen Dienstleistungsanbieter (Grönroos, 2015; Meffert et al., 2018). Darüber hinaus stellen die Mitarbeiter einen wichtigen strategischen Erfolgsfaktor dar (Zeithaml et al., 2012), da sie beim Service-encounter einerseits für die Qualität der erbrachten Leistung mitverantwortlich sind, d. h. die Mitarbeiter stellen gerade bei personalintensiven Dienstleistungen einen wichtigen Qualitätsindikator dar, und andererseits das Unternehmen als Marke repräsentieren, somit zugleich eine wichtige kommunikative respektive reputationsbildende Aufgabe haben (Alewell und Hansen, 2017; Bruhn et al., 2019; Wirtz und Lovelock, 2022).

Beckmann (2007) differenziert im Kontext der Personalfunktion zum einen zwischen der Bereitstellung der erforderlichen Arbeitskräfte, das so genannte **Allokationsziel**, welches Bestandsermittlung und Bedarfsanalyse, Beschaffung, Einsatz und Freistellung zur Sicherstellung der Aufgaben bei der betrieblichen Leistungserstellung beinhaltet. Zum anderen soll eine Sicherstellung und möglichst stetige Verbesserung der Arbeitsleistung im Betrieb erfolgen, das so genannte **Anreizziel**, was Mitarbeiterführung und Motivation, Vergütung sowie Entwicklung umfasst, um aus der Zufriedenheit der Mitarbeiter eine Leistungssteigerung bei der Durchführung betrieblicher Aufgaben zu erzielen. Bereits weiter oben wurde bei der Service-profit-chain auf die Zufriedenheit der Mitarbeiter vor dem Hintergrund der internen und externen Leistungsqualität verwiesen (Heskett et al., 1994; Heskett et al., 1997). Im Zusammenhang mit der Diskussion um die Personalpolitik als möglicherweise zusätzlichem Instrument des Marketings sowie der Anforderungen aus der Distributionspolitik bzw. der Leistungserstellung von Dienstleistungen (logistische Perspektive) werden an dieser Stelle exemplarisch vor allem die Personalbedarfsplanung, die Personalauswahl, die Personalentwicklung sowie die Führung und Motivation der Servicemitarbeiter hervorgehoben. Für weitere Themenbereiche und Teilaufgaben sei auf die entsprechende Spezialliteratur verwiesen (z. B. Oechsler und Paul, 2015; Stock-Homburg und Groß, 2019; Weibler, 2023).

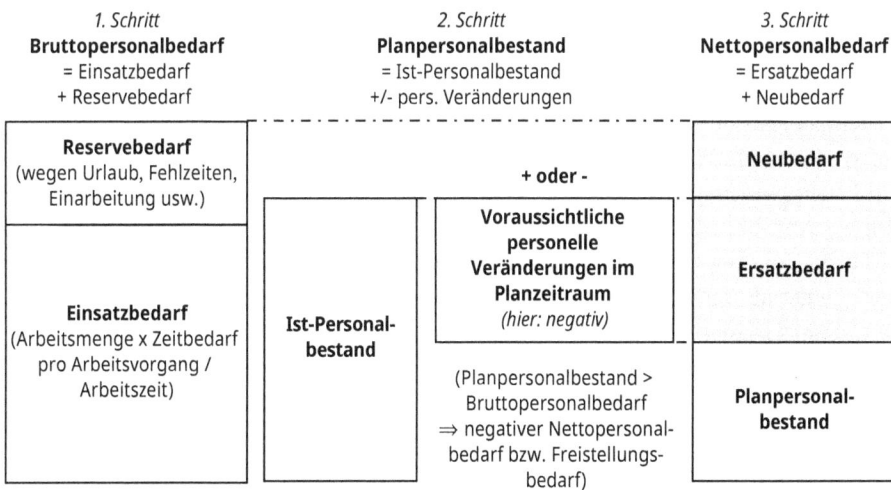

Abb. 7.36: Grundschema der Personalbedarfsplanung (in Anlehnung an Oechsler und Paul, 2015).

Bei der **Personalbedarfsplanung** geht es nicht nur unter dem Aspekt der Sicherstellung der Kapazitäten des Dienstleisters unter quantitativen Aspekten, sondern auch um spezielle Anforderungen an die Mitarbeiter in den Servicebereichen und im Backoffice des Unternehmens. Bevor der Personalbedarf festgelegt werden kann müssen darum bei etablierten Unternehmen zunächst die Mitarbeiterbestände berechnet und mit den zu verrichtenden Aufgaben im Service in Beziehung gesetzt werden (vgl. Abb. 7.36). Dazu wird in einem ersten Schritt der Bruttopersonalbedarf aufgrund der (quantitativen und qualitativen) Anforderungsprofile in den betrachteten Bereichen des Unternehmens ermittelt. Dieser setzt sich aus dem Einsatz- und dem Reservebedarf zusammen (Oechsler und Paul, 2015). Der Einsatzbedarf besteht aus der festgelegten Kapazität, d. h. der Menge der zu verrichtenden Arbeit bzw. der zu bedienenden Einheiten multipliziert mit dem Zeitbedarf pro Arbeitsvorgang (Bedienvorgang). Das Ergebnis wird durch die aktuell zur Verfügung stehende Arbeitszeit der Mitarbeiter eines Bereichs, einer Filiale o. ä. geteilt. Ähnliche Problembereiche wurden bereits weiter oben im Rahmen des Modells zur Arbeitslast im Vertrieb diskutiert und tangieren auch die Diskussion um die Vorgabezeiten bezgl. der Ressourcenplanung der Mitarbeiter sowie das Management von Warteschlangen aus dem vorherigen Abschnitt. Der Reservebedarf ergibt sich aus Urlaubs- und Fehlzeiten sowie den Fortbildungen und Einarbeitungszeiten der Mitarbeiter. Der daraus berechnete Bruttopersonalbedarf wird in einem zweiten respektive dritten Schritt dem Planpersonalbestand in den einzelnen Bereichen gegenübergestellt, bestehend aus den (quantitativen und qualitativen) Qualifikationsprofilen des Ist-Personalbestands und voraussichtlichen personellen Veränderungen im Planzeitraum. Die im zweiten Schritt der Personalbedarfsplanung zu ermittelnden personellen Veränderungen können sich bspw. aus bereits bestehenden Kündigungen (Fluktuation), langfristigen Krankheitsausfällen, Beförderungen, Versetzungen, anstehenden Pensionierungen oder sonstigen Maßnahmen der Restrukturierung ergeben, sofern diese zum Planungszeitpunkt bereits absehbar sind. In diesem Zusammenhang wird auch zwischen langfristiger und kurzfristiger Personalplanung unterschieden. Der dritte Schritt besteht nun darin, dass der so berechnete Planpersonalbestand in einen positiven bzw. negativen Nettopersonalbedarf überführt wird. Ist der Bruttopersonalbedarf kleiner als der Planpersonalbestand (Überdeckung), so ergibt sich daraus ein Freisetzungsbedarf, der Dienstleister verfügt folglich für die zukünftigen Aufgaben über zu viele Service- oder Support-Mitarbeiter. Ist der Bruttopersonalbedarf dagegen größer als der Planpersonalbestand (Unterdeckung), so hat das Unternehmen einerseits einen Ersatzbedarf und andererseits möglicherweise einen zusätzlichen Neubedarf, wenn die personellen Veränderungen den Ist-Personalbestand reduziert haben (Ersatzbedarf) und darüber hinaus der Bruttopersonalbedarf größer als der Ist-Personalbestand ausfällt (Neubedarf), weil bspw. zusätzliche Aufgaben durch die Ausdehnung des Leistungsprogramms oder die Bearbeitung neuer Marktsegmente von den Mitarbeitern erbracht werden müssen. Dies wird auch als Erweiterungsbedarf und damit als Kapazitätsausweitung verstanden.

Die eingesetzten **Instrumente** der Personalbedarfsplanung sind (1) mathematisch-statistische Verfahren (z. B. Korrelations- und Regressionsanalysen, Trendextrapolationen, Simulationen oder Kennzahlenanalysen), (2) intuitive Verfahren (z. B. Heuristiken auf Basis des Vergangenheitsbedarfs, Delphi-Methode oder Szenariotechnik), (3) arbeitswissenschaftliche Verfahren zur Arbeitsprozessanalyse (z. B. Zeitstudien oder Multimomentmethode), (4) organisatorische Verfahren (z. B. Leitungsspanne, Analogieschluss, Rosenkranz-Formel oder Stellenpläne) und (5) letztendlich der Abgleich von Anforderungen und Fähigkeiten, da zusätzlich zum quantitativen Personalbedarf die bereits erwähnten Qualifikationen der aktuellen und/oder zukünftigen Mitarbeiter einbezogen werden müssen (Oechsler und Paul, 2015; Stock-Homburg und Groß, 2019). Darüber hinaus kann festgehalten werden, dass generelle Rahmenfaktoren für den Personalbedarf einerseits durch externe Einflussfaktoren wie die demografische Entwicklung, konjunkturelle Einflüsse, saisonale Schwankungen, Veränderung der Konkurrenzsituation durch neue Wettbewerber oder veränderte Leistungsprogramme, Marktdynamik durch Marktöffnung und/oder ausländische Wettbewerber sowie technischen Fortschritt gegeben sind. Andererseits bestehen interne Einflussfaktoren auf den Personalbedarf darin, dass eine organisatorische Umstrukturierung, Änderungen des aktuellen Leistungsangebots, eine Verbesserung der technologischen Ausstattung, Unternehmensausweitungen und -fusionen sowie Fehlzeiten, Fluktuation und Pensionierungen vorliegen können, die zudem dadurch ergänzt werden können, dass bei den Mitarbeitern ein Wertewandel und Interessenverschiebungen stattfindet. So scheinen bei den Mitarbeitern der Generation Y (Millennials) und Generation Z (Zoomer) zusätzliche Benefits wie flexible Arbeitszeiten, Sport- und Unterhaltungsangebote, Fortbildungsmöglichkeiten, eine explizite Wertschätzung und der stärkere Fokus auf die Work-life-balance eine zunehmend wichtigere Rolle gegenüber der rein monetären Anreizgestaltung über Gehälter, variable Vergütungsbestandteile und/oder Bonuszahlungen zu spielen. Möglicherweise standen diese bei vorhergehenden Generationen (z. B. Baby Boomer oder Generation X) stärker im Fokus, wenngleich es sich letztendlich immer um individuelle Einschätzungen und Präferenzen handelt, wodurch von pauschalen Aussagen Abstand genommen werden sollte.

Bereits im letzten Abschnitt wurde auf die **Anforderungen an Servicemitarbeiter** hingewiesen, die sich nochmals zwischen dem Front- und dem Backoffice unterscheiden, weil bei den Mitarbeitern im Service zusätzlich der besondere Fokus auf den direkten Kundenkontakt und damit die externe Servicebereitschaft bei gleichzeitiger Repräsentation des Dienstleistungsanbieters nach außen, so genannte Boundary-spanner, hinzukommt (Wirtz und Lovelock, 2022; Zeithaml et al., 2012). Es werden darum idealtypisch vor allem extrovertierte Mitarbeiter mit einer positiven Einstellung, Kommunikationsfähigkeit, Empathie und Bereitschaft anderen zu dienen gesucht (Haller und Wissing, 2020; Winkelmann, 2013b). Darum spielen neben der Fach- und Methodenkompetenz in Bezug auf das konkrete Aufgabengebiet eines Servicemitarbeiters auch die Sozialkompetenz und die Persönlichkeitsmerkmale (z. B. Big-five-Modell; McCrae und Costa, 1999) eine wichtige Rolle (vgl. Abb. 7.37), um auf der einen Seite die Dienstleistungen in der ausgelobten Qualität und zur Zufriedenheit des Kunden zu erbringen (Effektivität) und auf der anderen Seite die Perspektive des Unternehmens und die dabei entstehenden Kosten des Services im Blick zu behalten (Effizienz). Ein besonderes Einfühlungsvermögen ist möglicherweise bei technikintensiven (z. B. digitale Leistungen) oder bei komplexen Dienstleistungen (z. B. Geldanlage) gefordert, wenn sich die Kunden nicht mit der aktuellen Technik (z. B. Bankautomat, Online-Banking oder TAN-Verfahren) bzw. dem Sachverhalt (z. B. Unterschiede zwischen Aktien- und Rentenfonds oder Inhaberschuldverschreibungen und Zertifikaten) auskennen und darum mehr als die vorgegebene Zeit, eine zusätzliche Beratung oder weitere Hilfe benötigen. Dies erzeugt einerseits Zeitopportunitätskosten beim Anbieter, da in der zusätzlichen, so nicht eingeplanten Zeit andere Aufgaben liegen bleiben oder von so genannten Springern (Einsatzreserve) erledigt werden müssen. Andererseits bilden sich dadurch bei Vollauslastung längere Warteschlangen, die wiederum die übrigen Kunden unzufrieden werden lassen.

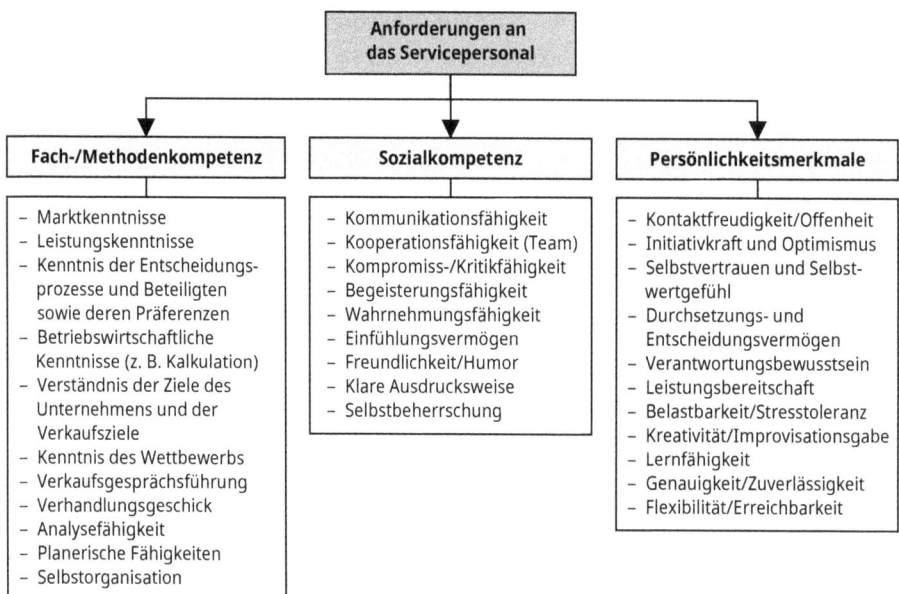

Abb. 7.37: Anforderungen an das Servicepersonal (in Anlehnung an Bieberstein, 2006; Bruhn et al., 2019; Weis, 2010).

Bei der **Personalauswahl** müssen daher, abgeleitet aus der Arbeitsplatzanalyse (Aufgaben-, Arbeits- und Rollenanalyse), die Anforderungen an den Inhaber einer Stelle definiert werden. Diese Anforderungsanalyse resultiert in ein so genanntes Anforderungsprofil, welches die Gewichtungen der geforderten Kompetenzen eines Bewerbers auf diese Stelle beinhaltet und i.d.R. ein Teil der Stellenbeschreibung ist, die darüber hinaus idealtypisch die hierarchische Einordnung, Kompetenzen/

Verantwortungen und die Aufgabenbeschreibung enthält. In der personalwirtschaftlichen Literatur werden zur Arbeits- und Anforderungsanalyse verschiedene Verfahren diskutiert (Schuler, 2014; Stock-Homburg und Groß, 2019). Das resultierende Anforderungsprofil stellt die anhand von Skalen dokumentierten Fähigkeiten und Kenntnisse von Mitarbeitern bzw. deren Gewichtung dar, die zur Erfüllung bestimmter Stellen benötigt werden. Zusätzlich zu den genannten beispielhaften Anforderungen können auch die Berufserfahrung, Unternehmens-/Branchenkenntnisse oder Führungserfahrung eine wichtige Rolle bei der Stellenbesetzung spielen. Darüber hinaus können bei aktuellen Mitarbeitern aus dem Anforderungsprofil bzw. im Zeitablauf geänderten Anforderungsprofilen (z. B. durch technischen Fortschritt oder Veränderung des Leistungsprogramms) Fortbildungsbedarfe abgeleitet werden. Das erstellte Anforderungsprofil wird schließlich mit dem mitgebrachten Qualifikationsprofil eines Stellenbewerbers abgeglichen. Stellenbewerber können sowohl aus dem Unternehmen durch bereits beschäftigte Mitarbeiter, d. h. eine interne Personalbeschaffung (z. B. durch Ausschreibungen im Intranet, geplante Stellenrotationen, Umschulung und Fortbildung, Übernahme von Auszubildenden oder Umwandlung von Beschäftigungsverhältnissen [Teilzeit in Vollzeit]), als auch durch Rekrutierung auf einem relevanten Arbeitsmarkt, d. h. externe Personalbeschaffung (z. B. durch Stellenanzeigen, Arbeitsagentur, Headhunter oder Bewerberdateien) gewonnen werden (Oechsler und Paul, 2015).

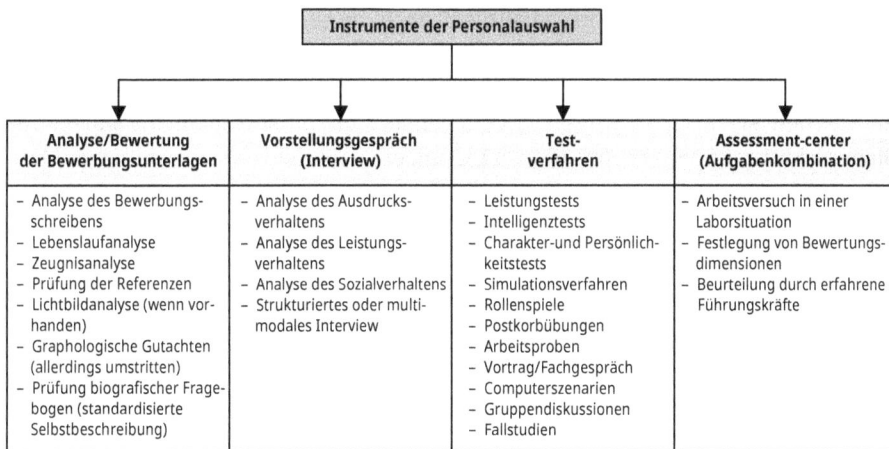

Abb. 7.38: Instrumente der Personalauswahl (Berthel und Becker, 2022).

Die eingesetzten **Instrumente** der Personalauswahl, die aus dem Bereich der psychologischen Eignungsdiagnostik stammen, müssen eine hohe prognostische Validität gewährleisten, um festzustellen, ob das Qualifikationsprofil eines Bewerbers zum Anforderungsprofil der ausgeschriebenen bzw. zu besetzenden Stelle passt (Schuler, 2014). Aus diesem Grund sollte stets eine anforderungsbezogene Auswahl der Methoden erfolgen, sodass keine generellen Aussagen bezgl. deren Eignung getätigt werden können. Allerdings haben sich in der Praxis zahlreiche Verfahren etabliert, die vor allem nach dem zeitlichen Horizont sortiert werden können (Oechsler und Paul, 2015), nach welchem sie im Prozess der Bewerberauswahl zur Anwendung kommen. Neben der ersten Bewertung der Bewerbungsunterlagen vor dem Hintergrund der Schul- und Erwerbsbiografie eines Bewerbers gehören hierzu das klassische Vorstellungsgespräch (Interview) für eine detailliertere Analyse bzw. darauf aufbauend individuelle und/oder gruppenbezogene Testverfahren zum weiteren Kennenlernen und zur besseren Einschätzung der Eignung für die ausgeschriebene Stelle (vgl. Abb. 7.38). Insbesondere das klassische Interview hat sich in der Zeit nach der Covid19-Pandemie zunehmend, zumindest bei Erstgesprächen, in den digitalen Raum verlagert. Dadurch sparen sowohl die Stellenbewerber als auch die Unternehmen wertvolle Zeit im Auswahlprozess, wenn erste Fragen und Erläuterungen zu den Voraussetzungen der Stelle bzw. des Bewerbers bereits online geklärt werden. Aus der Bewerbersicht ergibt sich zudem der Vorteil, dass erste Fragen zum Unternehmen oder dem Einsatzbereich bereits geklärt werden können, welche möglicherweise zu einer Ablehnung eines späteren Stellenangebots geführt hätten. In diesem Fall spart der Bewerber zusätzlich die ggf. anfallenden Kosten der Anreise. Schließlich können auch Kombinationen aus den dargestellten Testverfahren für bestimmte Stellen mit zahlreichen unterschiedlichen Anforderungen eingesetzt werden (Assessment-center).

Allerdings sind bei der Personalauswahl auch die bereits oben erörterten verzerrenden Effekte in individuellen Entscheidungssituationen zu berücksichtigen (Scherm und Julmi, 2019), die sich auf die Objektivität, Reliabilität und Validität der eingesetzten Auswahlverfahren auswirken. Hierzu gehören die im Personalmanagement vor allem diskutierten Wahrnehmungsverzerrungen, bewussten Verfälschungen, Maßstabsproblemen oder kognitiven Problemen des Beurteilers (Berthel und Becker, 2022). Bei den so genannten **Wahrnehmungsverzerrungen** handelt es sich um vorwiegend unbewusste Vorgänge wie bspw.

–   der Halo-Effekt, bei dem eine Eigenschaft des Bewerbers (z. B. das Aussehen oder bestimmte Verhaltensweisen im Vorstellungsgespräch) die anderen Eigenschaften überstrahlt,
–   der Recency-Effekt (Nikolaus-Effekt), bei dem erst kürzlich zurückliegende Ereignisse (z. B. Beförderungen oder Auszeichnungen) überbewertet werden,
–   der Primacy-Effekt (First-impression), bei dem im Bewerbungsgespräch zuerst erhaltene Informationen oder Eindrücke eine größere Wirkung als nachrangige Informationen oder Eindrücke erzielen,
–   der Kleber-Effekt, bei dem eine längere Zeit nicht beförderte Mitarbeiter eine schlechtere Bewertung erhalten, weil ihre Leistungen unterschätzt und darum entsprechend schlechter im Vergleich zu Kandidaten einer kürzlich erhaltenen Beförderung bewertet werden,

– der Hierarchie-Effekt, bei dem in einer Unternehmenshierarchie höherstehende Personen besser als die Mitarbeiter unterer Hierarchiestufen beurteilt werden,
– der Lorbeer-Effekt, bei dem in der Vergangenheit besonders hervorzuhebende Ereignisse, d. h. die verdienten Lorbeeren, berücksichtigt werden, ohne, dass diese einen direkten Bezug zur Stellenausschreibung haben (z. B. Auszeichnungen in anderen Bereichen oder private Erfolge) und
– der Andorra-Effekt, bei dem die Prognose eines Beurteilers bzw. des Beurteilten in Anlehnung an selbigen Roman von Max Frisch als Self-fulfilling-prophecy eintrifft, weil Menschen sich den an sie gerichteten Erwartungen anpassen (z. B. in Bezug auf Frauen oder jüngere/ältere Mitarbeiter).

Darüber hinaus werden **Maßstabsprobleme** zu den unbewussten Verzerrungen gezählt, weil die Beurteiler eines Kandidaten unterschiedliche Anspruchsniveaus an den zu Beurteilenden legen. So können Personen bspw. eine Tendenz zur Mitte der Skala haben. Weiter oben wurde dies bereits als Problem ungerader Ratingskalen herausgestellt, bei denen immer eine Fluchtgefahr auf die neutrale Mittelposition besteht, wenn Entscheider bequem (kognitive Vereinfachung) oder unsicher sind. Auch eine Tendenz zur Milde kann bei niedrigem Anspruchsniveau eines Beurteilers vorliegen, bei dem dieser von den übrigen Entscheidern abweicht, indem überproportional häufig positive Ausprägungen einer Skala gewählt werden. Dagegen kehrt eine Tendenz zur Strenge dieses Problem um, indem ein deutlich höheres Anspruchsniveau als beim Durchschnitt der übrigen Beurteiler vorliegt. Schließlich können auch Sympathie-/Antipathie-Effekte aufgrund von Äußerlichkeiten, bestimmten Verhaltensweisen oder Eigenschaften in der Biografie des Bewerbers zu einem verzerrten Maßstab bei der Beurteilung führen, die den gesamten Auswahlprozess verfälschen.

Neben den unbewussten Verzerrungen in einer Entscheidungssituation können die Beurteiler auch **bewusste Verfälschungen** vornehmen, da sie aus mikropolitischen Überlegungen, d. h. aus persönlichen Interessenlagen (Küpper und Ortmann, 1986; Bosetzky, 1995; von der Oelsnitz, 1999), bestimmte Kandidaten bevorzugen (z. B. um eigene Ziele wie Machterhalt/-ausbau, Karrierestreben oder Vorlieben zu bedienen). Letztendlich führen **kognitive Probleme** im Sinne der Informationsverarbeitungstheorie in den Bereichen Wahrnehmung, Verarbeitung, Speicherung, Erinnerung und Beobachtung dazu, dass bspw. im Rahmen intensiver Bewerbermarathons oder bei einem zeitlichen auseinanderliegen von Bewerbungsgesprächen wichtige Informationen über einzelne Personen und Aspekte im Bewerbungsprozess verloren gehen (Berthel und Becker, 2022; Stock-Homburg und Groß, 2019).

Bei der **Personalentwicklung** werden im Gegensatz zur bisher im Vordergrund stehen externen Personalbeschaffung aktuelle Mitarbeiter für einen anderen Aufgabenbereich rekrutiert oder für neue Aufgaben im Rahmen einer internen Personalbeschaffung qualifiziert bzw. fortgebildet (Borchert, 2017). Bei der Personalentwicklung handelt es sich um Maßnahmen zur Vermittlung von Qualifikationen, die die Leistungsfähigkeiten von Mitarbeitern für aktuelle oder zukünftige Aufgabenkomplexe durch Bildung steigern sowie die berufliche Entwicklung (Karriereplanung) insgesamt fördern sollen (Stock-Homburg und Groß, 2019). In Bezug auf die Bildung von Mitarbeitern stellt vor allem der Teil der Fortbildung nach der Ausbildung eines Mitarbeiters (z. B. durch Berufsausbildung, duales Studium, Trainee-Programme oder Praktikum) einen wichtigen Teil der internen Personalbeschaffung dar. Neben einer Vermittlung von Fachwissen können bei der Fortbildung von Mitarbeitern methodische, analytische, soziale oder interkulturelle Fähigkeiten sowie Einstellungen zu bestimmten Themen (z. B. Respekt vor anderen Meinungen oder Toleranz) vermittelt bzw. verändert werden (Holtbrügge, 2022).

Die bei der Entwicklung von Mitarbeitern zum Einsatz kommenden **Personalentwicklungsmethoden** sind entweder edukations-, erfahrungs- oder feedbackbasiert (Stock-Homburg und Groß, 2019). Edukationsbasierte Methoden finden meist außerhalb eines Unternehmens (Off-the-job) in Form von externen Schulungen Konferenzen, Vorträgen, Fallstudien, Planspielen oder e-Learning-Einheiten statt. Die erfahrungsbasierten Methoden kommen dagegen oftmals im Unternehmen (On-the-job oder Near-the-job) zum Einsatz. Dabei spielen Verfahren des Job-enlargements (quantitative Erweiterung um qualitativ gleichwertige Aufgaben), des Job-enrichments (quantitative Erweiterung um qualitativ höherwertige Aufgaben) und der Job-rotation (systematischer Stellenwechsel mit begrenztem Zeithorizont) eine bedeutende Rolle. Durch die Erweiterung des eigenen Horizonts und das Lernen in anderen Bereichen soll der Mitarbeiter sein Wissen und seine Fähigkeiten ausbauen und dadurch für zukünftige Aufgabenkomplexe vorbereitet werden bzw. einsatzbereit und leistungsfähig sein. Daneben sind bei Dienstleistungsunternehmen auch so genannte Qualitätszirkel von Bedeutung, um den eigenen Arbeitsbereich vor dem Hintergrund des Qualitäts- und Prozessmanagements systematisch zu verbessern. Zudem wird in einer Lernstatt selbstorganisiertes Lernen auf Basis eines systematischen Erfahrungsaustauschs in Kleingruppen gefördert. Schließlich beinhalten feedbackbasierte Methoden insbesondere das Mentoring und Coaching. Bei einem Mentoring unterstützt eine unternehmensinterne Person (z. B. eine Führungskraft) einen Mitarbeiter bezgl. berufsbezogener und/oder persönlicher Fragen, um dadurch dessen Leistungsfähigkeit zu erhöhen. Bei einem Coaching werden dagegen meist externe Personen als professionelle Coaches hinzugezogen, um Mitarbeitern, die bspw. auf Führungstätigkeiten vorbereitet werden sollen, das entsprechende Wissen und die Fähigkeiten der Personal-/Teamführung zu vermitteln.

Vor dem Hintergrund einer **kritischen Beurteilung** der internen Personalbeschaffung durch Personalentwicklung ist zu berücksichtigen, dass diese einerseits den Vorteil hat, dass sie meist kostengünstiger als die Rekrutierung externen Personals ist und die Mitarbeiter das eigene Unternehmen bereits kennen, somit möglicherweise schneller einsatzbereit sind und durch die persönliche Entwicklung die eigene Zufriedenheit bzw. die Akzeptanz durch andere Kollegen gesteigert wird. Andererseits birgt die Personalentwicklung auch die Gefahr, dass, neben der nicht vorhandenen Potenziale für eine Höherqualifizierung im Unternehmen oder in den betrachteten Bereichen, die entwickelten Mitarbeiter ihre Attraktivität auf dem relevanten Arbeitsmarkt erhöhen und dadurch das Risiko einer Abwanderung (Fluktuation) dieser Mitarbeiter steigt. Darüber hinaus werden höherqualifizierte Mitarbeiter mit deutlich höheren Gehaltsvorstellungen in den Prozess einsteigen und bei Nichtbefriedigung möglicherweise demotiviert sein. Daneben kann auch eine Überqualifizierung für einen bestimmten Aufgabenbereich zu einer Demotivation führen, sofern das geschulte Personal aufgrund organisatorischer Probleme nicht direkt auf anderer Ebene oder in anderen Bereichen mit den neuen Aufgaben eingesetzt werden kann (Stock-Homburg und Groß, 2019).

Schließlich spielt das Thema der **Führung und Motivation** von Servicemitarbeitern und in Verbindung damit die Gestaltung entsprechender Anreizsysteme (Vergütung und Personalbeurteilung) für die logistischen Entscheidungen im Bereich des Personalmanagements eines Dienstleistungsunternehmens eine wichtige Rolle. In der personalwirtschaftlichen und sozialpsychologischen Literatur werden dazu zahlreiche Führungs- und Motivationstheorien diskutiert (Blessin und Wick, 2021; Büttgen und Oesterle, 2017; Nerdinger et al., 2019; von Rosenstiel et al., 2020; Weibler, 2023; Weinert, 2004). Während die Motivation einer Person, d. h. eines Mitarbeiters, allgemein die Summe der Motive (Beweggründe) darstellt, welche zu einer Handlungstendenz im Hinblick auf ein angestrebtes Ziel führt, bedeutet die Führung von Mitarbeitern den Versuch der Einflussnahme, um Gruppenmitglieder zu einer Leistung und damit zur Erreichung der Organisationsziele zu motivieren. Damit stehen beide Bereiche in einem direkten Zusammenhang und sind ausführlich theoretisch aufgearbeitet worden. In Bezug auf Motivationstheorien wird vor allem zwischen Inhalts- und Prozesstheorien unterschieden.

Zu den **Inhaltstheorien der Motivation** zählt bspw. die ERG-Theorie von Alderfer (1972) mit Existenz- (Existence-needs), Beziehungs- (Relatedness-needs) und Wachstumsbedürfnissen (Growth-needs), die eine Weiterentwicklung der Bedürfnispyramide von Maslow (1943) darstellt. Letztere wurde bereits im Rahmen des Kaufverhaltens diskutiert und stellt insgesamt eine sehr positive Theorie der Motivation dar. Zudem zählen die Zwei-Faktoren-Theorie von (Herzberg et al., 1959), welcher zwischen Hygienefaktoren (Must-haves) und Motivatoren (Zufriedenheitsauslöser) am Arbeitsplatz unterscheidet, sowie die Theorie der gelernten Bedürfnisse von McClelland (1988), die vor allem das Leistungsbedürfnis (Need-for-achievement) als eines der zentralen Bedürfnisse, neben dem Bedürfnis nach Macht (Need-for-power) und nach Zugehörigkeit (Need-for-affiliation), in den Vordergrund stellt, ebenfalls zu den Inhaltstheorien der Motivation. Vereinfacht ausgedrückt folgen die inhaltlich orientierten Theorien der Leitfrage, wonach der Mensch strebt und welche inhaltlichen Faktoren erfüllt werden bzw. sein müssen, damit dieser zufrieden ist und ein Verhalten aufrecht erhält (Haller und Wissing, 2020). Vor dem Hintergrund der Motivation des Personals ist mit dem Verhalten vor allem die Tendenz zur Leistungsbereitschaft bzw. die Aufrechterhaltung der Arbeitsleistung für den Dienstleister gemeint. So müssen die Mitarbeiter im Servicebereich (Frontoffice-Bereich) einerseits eine hohe Motivation im Hinblick auf die Erbringung von immateriellen Leistungen am Kunden aufweisen, diesem folglich zu dienen, und andererseits die Interessen des Unternehmens gleichermaßen zu vertreten bzw. nach außen als Unternehmensmarke aufzutreten. Dagegen müssen die Mitarbeiter im Backoffice-Bereich lediglich die interne Servicequalität durch ihre eigene Motivation aufrecht erhalten, wobei sie im Rahmen der Service-profit-chain allerdings gleichermaßen, wenn auch nur indirekt, für die externe Servicequalität verantwortlich zeichnen (Heskett et al., 1994; Heskett et al., 1997).

In Bezug auf die **Prozesstheorien der Motivation** ergibt sich dagegen die Frage, wie der Prozess der Auslösung von Arbeitsmotivation unabhängig vom Inhalt, d. h. den konkreten Motiven abläuft. Es wird unterstellt, dass Menschen, d. h. Mitarbeiter, aus mehreren Handlungsalternativen auswählen können, wobei rational handelnde Individuen annahmegemäß als Zielsetzung von der höchsten Belohnung ausgehen. Zu bekannten Prozesstheorien zählt bspw. die Valenz-Instrumentalitäts-Erwartungstheorie (VIE-Theorie) von Vroom (1964), bei welcher die Stärke einer Handlungstendenz aus der Multiplikation von Wertungen (Valenzen) von Handlungsergebnissen durch eine Person und deren Handlungsfolgen mit ihrem subjektiven Erwartungswert (Eintrittswahrscheinlichkeit) resultiert. Mit einem ähnlichen Gedanken der Motivationsauslösung wie in der VIE-Theorie verknüpfen Porter und Lawler (1968) in ihrem Zirkulationsmodell die Faktoren Anstrengung (Auslöser), Leistung, Belohnung und Zufriedenheit (Endzustand) des Mitarbeiters (Weinert, 2004), welche final bspw. zu einer neuerlichen Anstrengung oder deren Ausbleiben führt. Dabei wird im Bereich der Belohnung zwischen der intrinsischen Belohnung, d. h. aus der Sache selbst, dem Interesse an einer Aufgabe und dem daraus resultierenden Vergnügen (z. B. der erfolgreichen Vollendung der Aufgabe), und der extrinsischen Belohnung, d. h. durch äußere Einflüsse wie Machtgewinn, Anerkennung, sozialer Status oder finanzielle Anreize, unterschieden. Aufgrund der Bewertungen der subjektiven Wahrscheinlichkeiten des Eintretens von gewichteten Belohnungen als Folge der Erbringung von Arbeitsleistung, d. h. der Valenzen der Belohnungen (Wertigkeiten), entsteht einerseits die Zufriedenheit des Mitarbeiters und andererseits, in der Folge davon, die Beibehaltung der Anstrengung, deren Ausdehnung bzw. Einstellung (vgl. Abb. 7.39). Auf die Zufriedenheit des Mitarbeiters wurde bereits im Rahmen der Service-profit-chain verwiesen, da Zufriedenheit mit der internen Qualität die Grundlage für die externe Qualität und damit eine qualitativ hochwertige Dienstleistung bildet. Auch das so genannte Risiko-Wahl-Modell von Atkinson (1957/1964) folgt dem Ansatz der Erwartungswert-Theorien, um Aspekte des Leistungshandelns zu erklären. Das Leistungshandeln resultiert aus der subjektiven Bewertung von umweltbezogenen Erfolgsanreizen und Erfolgswahrscheinlichkeiten. Aufbauend auf die eigene Persönlichkeit und bisherige Erfahrungen ist ein Individuum bestrebt, Erfolg zu erreichen bzw. Misserfolg zu vermeiden. Damit steuert das Individuum gleichzeitig sein leistungsorientiertes Verhalten.

Schließlich fokussieren Heckhausen und Gollwitzer (1987) im **Rubikon-Modell der Handlungsphasen** stärker auf die willentliche Auslösung einer bestimmten Handlung (Volition), bei der das Individuum bildlich gesprochen den Rubikon überschreiten muss, welcher zwischen der ersten Phase des Abwägens und der zweiten

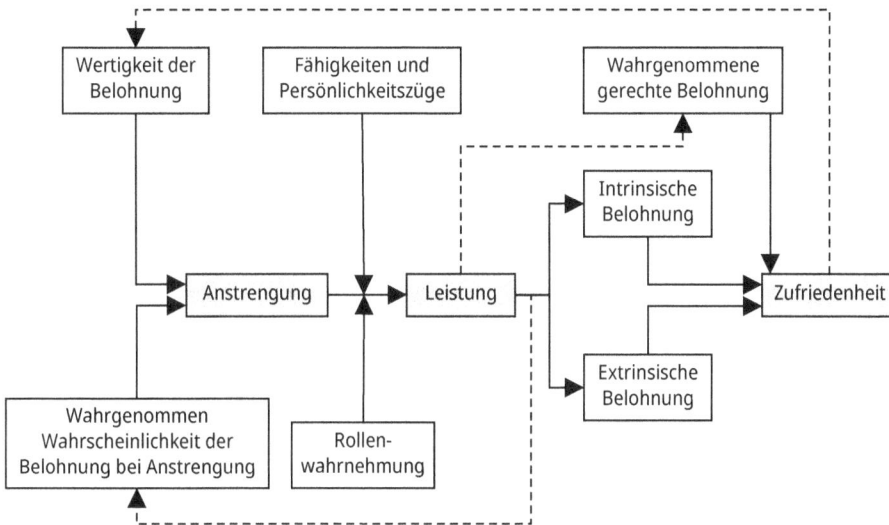

Abb. 7.39: Zirkulationsmodell der Motivation (in Anlehnung an Berthel und Becker, 2022; Porter und Lawler, 1968).

Phase des Planens einer Handlung liegt. In Anlehnung an die Situation des Feldherrn Caesar im Jahr 49 v. Chr., die den römischen Bürgerkrieg auslöste, gibt es danach kein Zurück mehr, denn die Entscheidung für eine Handlung ist gefallen; auch wenn dies eher theoretischer Natur ist, denn das Individuum kann stets die eigene Handlung stoppen. In der dritten Phase erfolgt dann die eigentliche Handlung und in der vierten Phase die Bewertung dieser Handlung, aus der sich dann die Konsequenzen für das weitere Verhalten ergeben. Allerdings ist das Rubikon-Modell der Handlungsphasen weniger für den unternehmerischen Kontext entwickelt worden, sondern eher genereller Natur. Dennoch kann daraus abgeleitet werden, dass Mitarbeiter in die Lage versetzt werden müssen, den Rubikon zu überschreiten, um eine bestimmte Handlung zu initiieren. Dazu gehört einerseits bspw. die Ausstattung mit Budget oder Mitarbeitern und andererseits bspw. das so genannte Empowerment, d. h. die Mitarbeiter werden mit solchen Kompetenzen ausgestattet, die sie in die Lage versetzen, schnell zu entscheiden und Handlungen für den Dienstleistungsnachfrager einzuleiten bzw. diese auch durchzuführen. Im Kontext der Führung von Mitarbeitern wird das Empowerment nochmals aufgegriffen.

Während die Motivationstheorien die Leistungsbereitschaft und das Leistungsverhalten eines Mitarbeiters theoretisch zu erklären versuchen, handelt es sich bei der **Führung der Mitarbeiter** eines Dienstleistungsunternehmens um die Beeinflussung im Sinne der Unternehmensziele, d. h. der Steuerung der Mitarbeiter, um ein intendiertes Verhalten zu bewirken (Weibler, 2023). Im Amerikanischen wird die direkte Einflussbeziehung der Führung von Mitarbeitern als Leadership bezeichnet, mit der sowohl eine effektive (sozial erfolgreiche) als auch eine effiziente (wirtschaftlich erfolgreiche) Führung erreicht werden soll (Berthel und Becker, 2022; Oechsler und Paul, 2015).

Für diese Interaktionsbeziehung stellt die Führungsforschung zahlreiche Theorien und Konzepte bereit (Blessin und Wick, 2021; Nerdinger et al., 2019; Weibler, 2023; Weinert, 2004), die sich im Wesentlichen aus drei wichtigen **Kernkomponenten** zusammensetzen:
- der Führungsperson mit ihren Eigenschaften und Verhaltensmerkmalen,
- des Geführten und seiner Reife in Bezug auf die Arbeit (z. B. Motivation, Wissen, Fähigkeiten und Erfahrung), bei Teams sind dies mehrere Personen, sowie
- der Merkmale der Situation (z. B. Umweltfaktoren durch die Kunden bzw. die Markt- oder Wettbewerbssituation) in der die Interaktion stattfindet.

Während die eigenschaftsbezogenen Ansätze der Führung vor allem auf die **Persönlichkeitsmerkmale** des Vorgesetzten abstellen (z. B. das Big-five-Modell [Costa und McCrae, 1992;McCrae und Costa, 1999], welches insbesondere mit dem zugehörigen Fragebogen in Verbindung gebracht wird) und kritische Eigenschaften herausarbeiten, dabei aber weder generelle Aussagen dazu noch zu deren Gewichtung tätigen können, beziehen sich die verhaltensbezogenen Ansätze insbesondere auf den Führungsstil, d. h. das konsistente und typische Verhalten des Vorgesetzten gegenüber den Geführten (Blessin und Wick, 2021). Die dazugehörige Führungsstilforschung geht sowohl von idealtypischen als auch von realtypischen, d. h. empirisch vorgefundenen Führungsstilen aus.

Zu den **idealtypischen Führungsstilen** mit einem traditionellen Bezug zählen der patriarchalische, der charismatische, der autokratische und der bürokratische Führungsstil (Witte, 1969), welche in Anlehnung an die Herrschaftsformen von Weber (1922) abgeleitet wurden. Während sowohl der patriarchalische (Treue- und Versorgungspflicht des Führenden) als auch der autokratische Führungsstil (Trennung von Entscheidung und Durchführung) auf eine absolute Herrschaft des Führenden beruhen, die von den Geführten anerkannt werden muss, beruht der charismatische Führungsstil auf der Ausstrahlungskraft und Persönlichkeit des Führenden. Dagegen ergibt sich der bürokratische Führungsstil auf Basis der Kompetenz eines Führenden, welche durch organisatorische Regeln und Formalitäten gefestigt ist, damit alle Geführten gleich behandelt werden (Berthel und Becker, 2022). Im Gegensatz dazu unterscheiden Lewin et al. (1939) zwischen dem autoritären (Alleinentscheid des Vorgesetzten und Umsetzung durch den Geführten), dem kooperativen (Partizipation des Geführten und Zielsetzungen für den Geführten) und dem Laissez-faire-Führungsstile (Entscheidungsfreiheit und Delegation von Kompetenzen an den Geführten). Dagegen zählt zu den modernen Führungsstilen bspw. der transaktionale Führungsstil, der die Interaktionsbeziehung eher als Werteaustausch zwischen dem Mitarbeiter (Arbeitsleistung) und dem Vorgesetzten (Belohnung) betrachtet, und somit eine entsprechende Anpassung des Verhaltens des Vorgesetzten favorisiert. Zudem sollen im Rahmen einer transformationalen Führung durch Unterstützung, Vorbild und Vision vor allem die Werte,

Motive und Ziele der Geführten verändert werden (Scholz, 2014). Außerdem unterscheiden richtungsorientierte Führungsstile nach der Berücksichtigung von Interessen des Mitarbeiters in eine eher aufgabenorientierte (Leistungsfokus) und eine eher mitarbeiterorientierte Führung (Personenorientierung).

In Bezug auf die **realtypischen Führungsstile** haben insbesondere die Iowa-, Ohio- und Michigan-Studien dazu beigetragen, die Effizienz der Führung auf Basis unterschiedlicher Stile eines Vorgesetzten herauszuarbeiten (Berthel und Becker, 2022). Hierzu gehören bspw. autoritäre und Laissez-faire-Ansätze, die in die Führungsstile nach Lewin et al. (1939) münden. Zudem haben in Bezug auf Führungsideologien auch so genannte Menschenbilder eine Auswirkung auf das Verhalten von Vorgesetzten gegenüber ihren Mitarbeitern, da sie bestimmte Wahrnehmungsfilter und Denkraster beinhalten und damit Deutungsmuster erzeugen, die eine bestimmte Art und Weise der Führung bewirken (Blessin und Wick, 2021). Zu den Menschenbildern (z. B. McGregor, 1960 oder Schein, 1965) sei auf die entsprechende Fachliteratur verwiesen (ausführlich Blessin und Wick, 2021; Nerdinger et al., 2019; Weibler, 2023; Weinert, 2004).

Darüber hinaus wurde in der empirischen Forschung durch die oben genannten Studien zu den realtypischen Führungsstilen gezeigt, dass kein optimaler Führungsstil existiert, sondern dass stets die Geführten bzw. die Merkmale der Situation in die Führung von Mitarbeitern einbezogen werden sollten. Die so genannte Kontingenztheorie von Fiedler (1967) entstammt den Ergebnissen der Ohio-Studien und hat den Blick darauf gelenkt, den Führungsstil des Vorgesetzen (aufgaben- oder mitarbeiterorientiert) auf Basis der Günstigkeit der Situation (Beziehung zu den Geführten, Aufgabenstruktur und Positionsmacht des Führenden) und der aufgabenbezogenen Leistung des Geführten bzw. der Gruppe der Geführten anzupassen, um sowohl eine effektive als auch effiziente Führung zu erreichen (Berthel und Becker, 2022; Weibler, 2023). Auch wenn das Modell relativ komplex ist, so lässt sich daraus dennoch für die Praxis folgern, dass es nicht die eine gute oder schlechte Führungsperson gibt, sondern dass in die Beurteilung des Führungsstils und der Fähigkeiten einer Person zur Führung von Untergebenen die **Situationsvariablen** einbezogen werden müssen. Daraus folgt, dass ein Vorgesetzter, der in einer Situation bzw. in einem Team besonders erfolgreich war, nicht zwangsweise in einer anderen Situation den gleichen Erfolg erzielt. Gleichzeitig wird in dem Modell davon ausgegangen, dass der Führungsstil eines Vorgesetzten zumindest kurzfristig nicht zu verändern ist, sondern höchstens mittel- bis langfristig im Rahmen von Personalentwicklungsmaßnahmen (Stock-Homburg und Groß, 2019). Dieser Sachverhalt muss gerade bei organisatorischen Anpassungen, Umbesetzungen und/oder Beförderungen beachtet werden (Weinert, 2004).

In der so genannten **Reifegradtheorie** nach Hersey und Blanchard (1969) wird stärker auf den Geführten als entscheidungsrelevante situative Komponente bei der Wahl eines optimalen Führungsstils abgestellt. Dabei soll der Vorgesetzte zwischen einer stärkeren Aufgaben- oder einer stärkeren Mitarbeiterorientierung in seinem Führungsstil auf Basis des Reifegrads seiner Untergebenen, d. h. der geführten Mitarbeiter, entscheiden und den Stil jeweils individuell anpassen (vgl. Abb. 7.40). Der Reifegrad eines Mitarbeiters stellt die Fähigkeit und Bereitschaft dar, eine Aufgabe eigenverantwortlich zu erfüllen. Hierbei handelt es sich sowohl um die psychologische Reife, d. h. die Bereitschaft zur Aufgabenerfüllung (Leistungsmotivation), als auch die Arbeitsreife, die sich aus der Ausbildung, dem Wissen (Fähigkeiten) und der Erfahrung der Geführten zusammensetzt. In der Theorie werden vier **Reifegrade (Maturity)** unterschieden:

- M1 = Mitarbeiter, die Verantwortung weder übernehmen wollen noch können (geringe psychische Reife und geringe Arbeitsreife),
- M2 = Mitarbeiter, die zwar Verantwortung übernehmen wollen, aber noch nicht dazu in der Lage sind (hohe psychische Reife, aber geringe Arbeitsreife),
- M3 = Mitarbeiter, die Verantwortung übernehmen können, aber nicht wollen (hohe Arbeitsreife, aber geringe psychische Reife) und
- M4 = Mitarbeiter, die sowohl Verantwortung übernehmen wollen als auch können (hohe psychische Reife und hohe Arbeitsreife).

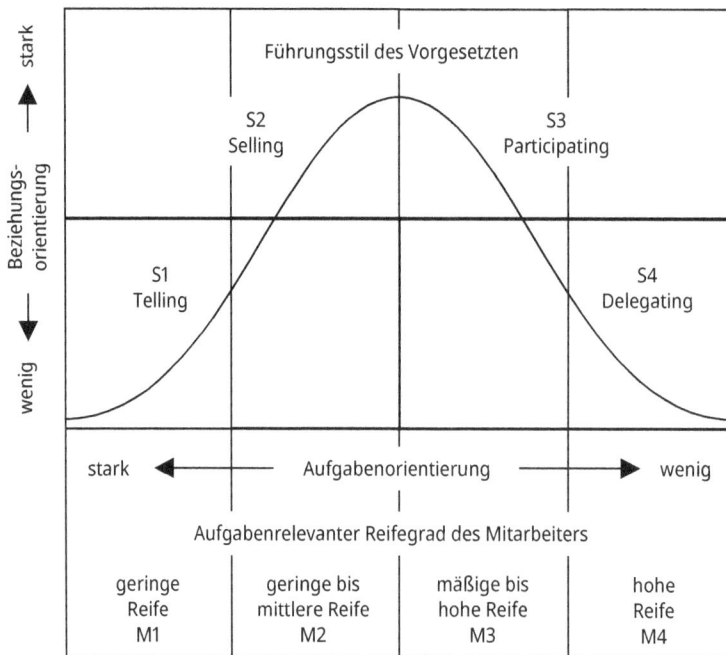

Abb. 7.40: Reifegradmodell der Führung (Hersey und Blanchard, 1969).

Entsprechend des individuellen Reifegrads bestehen nunmehr vier Optionen für einen **differenzierten Führungsstil (Style)** des Vorgesetzten, welcher den jeweiligen Reifegraden des Mitarbeiters entspricht:

– Bei S1 muss die Führungskraft Vorgaben machen, den Mitarbeiter unterweisen und die Leistung kontrollieren (Telling).
– Bei S2 sollte die Führungskraft durch Kommunikation die hohe Motivation fördern, muss aber gleichzeitig berücksichtigen, dass der Geführte aufgrund von Defiziten in der Arbeitsreife direktive Unterstützung benötigt, wodurch die Führungskraft entscheidet und dies an den Mitarbeiter verkaufen muss (Selling).
– Bei S3 ist der Mitarbeiter in der Lage, die Aufgaben zu bewältigen, hat aber noch psychologische Barrieren, die durch aktives Zuhören des Vorgesetzten, Ideenaustausch und gemeinsame Entscheidungen überwunden werden sollen (Participating).
– Bei S4 hat der Mitarbeiter ein hohes Verantwortungsbewusstsein und die Fähigkeiten, die die gestellten Aufgaben erfordern, wodurch der Vorgesetzte die Aufgaben vollständig delegieren kann (Delegating).

Auch das Reifegradmodell stellt an eine Führungskraft relativ hohe Anforderungen, da der Führungsstil vor allem in Teams gegenüber jedem Mitarbeiter individuell angepasst werden muss, die Führungskraft muss also eine **Führungsstilflexibilität** aufweisen (Scholz, 2014). Zudem haben die Führungskräfte die Aufgabe, den aufgabenrelevanten Reifegrad eines Mitarbeiters bspw. durch die persönlichen und unternehmerischen Auswirkungen von Entscheidungen und Leistungen des Mitarbeiters oder Teams (psychologische Reife) sowie durch die Schaffung von Personalentwicklungsmaßnahmen und eine regelmäßige Beurteilung der Untergebenen (Arbeitsreife) zu erhöhen (Stock-Homburg und Groß, 2019). Darüber hinaus ist kritisch anzumerken, dass bisher keine empirischen Studien existieren, die unabhängig von den Autoren das Modell in seiner Praxistauglichkeit bestätigen, wobei es dennoch in der Praxis gerade auch für Trainingszwecke relativ häufig eingesetzt wird (Weibler, 2023).

Einen Fokus auf den Entscheidungsspielraum bzw. die Willensbildung zwischen Vorgesetztem und Mitarbeitern in Verbindung mit unterschiedlichen situativen Faktoren (z. B. Zeit- und Budgetrestriktionen, Arbeitsaufgabe oder Gruppengröße des Teams) hat Eingang in das **Führungsstilkontinuum** von Tannenbaum und Schmidt (1958) gefunden. Auch bei diesem Modell wird auf die empirischen Arbeiten der Führungsstilforschung Bezug genommen, indem in Abhängigkeit der Situation unterschiedliche Führungsstile gegenüber den Mitarbeitern empfohlen werden. Zudem baut es auf eine Kritik von Managern an der Umsetzung eines kooperativen Führungsstils und den als zu ideologisch-starr empfunden Führungsstilkategorien nach Lewin et al. (1939) auf. Im Führungsstilkontinuum nach Tannenbaum und Schmidt (1958) werden insgesamt sieben unterschiedliche Führungsstile unterschieden (vgl. Tab. 7.4), die je nach Situation mehr oder weniger angemessen sein können und flexibel angepasst werden sollen, wodurch das Modell allerdings gleichzeitig als zu unspezifisch kritisiert wird (Oechsler und Paul, 2015). Jedoch verweist Weibler (2023) darauf, dass das Modell einen bis heute wichtigen Aspekt der Führung aufgreift, nämlich inwieweit der Vorgesetzte bereit ist, seine hierarchie-basierte Macht (Machtdimension der Führung) mit seinen Untergebenen im Rahmen der Entscheidungspartizipation zu teilen. Im autoritären Stil erfolgt

Tab. 7.4: Führungsstilkontinuum (in Anlehnung an Weibler, 2023).

Willensbildung beim Vorgesetzten						Willensbildung beim Mitarbeiter bzw. Team
1	**2**	**3**	**4**	**5**	**6**	**7**
Vorgesetzter entscheidet (ohne Konsultation der Mitarbeiter)	Vorgesetzter entscheidet (er versucht aber, die Mitarbeiter vor der Anordnung von der Entscheidung zu überzeugen)	Vorgesetzter entscheidet (er gestattet aber Fragen zu seinen Entscheidungen, um so Akzeptanz zu erreichen)	Vorgesetzter informiert über beabsichtigte Entscheidungen (Mitarbeiter können ihre Meinung äußern, bevor der Vorgesetzte die finale Entscheidung trifft)	Mitarbeiter bzw. Team entwickelt Vorschläge (Vorgesetzter entscheidet sich für die von ihm favorisierte Option)	Mitarbeiter bzw. Team entscheidet (Vorgesetzter zeigt zuvor die Probleme auf und legt Grenzen des Entscheidungsspielraums fest)	Mitarbeiter bzw. Team entscheidet (Vorgesetzter fungiert lediglich als Koordinator nach innen und außen)
autoritär	patriarchalisch	informierend	beratend	kooperativ	delegativ	autonom

Führungsstil

keine Teilnahme, sondern eine rein autonome Entscheidung des Vorgesetzten. Beim patriarchalischen Stil entscheidet der Vorgesetzte ebenfalls alleine, versucht aber die Mitarbeiter von seiner Entscheidung zu überzeugen bevor er sie anordnet. Beim informierenden Stil gestattet er den Mitarbeitern zusätzlich, Fragen bezgl. seiner Entscheidung zu stellen. Bei einem beratenden Stil dürfen die Mitarbeiter vor der Entscheidung durch den Vorgesetzten ihre Meinung äußern, was bei einem kooperativen Stil dadurch erweitert wird, dass die Mitarbeiter Vorschläge machen dürfen, welche der Vorgesetzte in Betracht zieht und sich für seinen Favoriten entscheidet. Bei einem delegativen Stil zeigt der Vorgesetzte das Problem auf und erläutert den Mitarbeitern die Entscheidungsspielräume bis hin zu einem autonomen Stil, bei dem der Vorgesetzte nur noch die Entscheidungen seiner Mitarbeiter nach innen und außen koordiniert (Wunderer, 2011). Das Modell des Führungsstilkontinuums verdeutlicht sehr anschaulich, wie der Prozess der Willensbildung zwischen Vorgesetztem und Mitarbeitern systematisch wechselt.

Daran schließt auch die Diskussion über das bereits oben erwähnte **Empowerment** von Mitarbeitern an. Das Empowerment stellt eine stärkere Ermächtigung der Mitarbeiter dar, beim Service-encounter schnelle Entscheidungen zu treffen (Wirtz und Lovelock, 2022). Es soll das Kontaktpersonal ermutigen, alles zu tun, um die Kunden bei der Dienstleistungserstellung zufrieden zu stellen und auf spezielle Kundenwünsche direkt und schnell einzugehen, d. h. Verantwortung für die Leistungserstellung und die Aufnahme von Beschwerden zu übernehmen, ohne dabei stets penibel auf die Befolgung exakter Abläufe bzw. Vorschriften zu achten (Haller und Wissing, 2020). Diese Ermächtigung wird neben dem Terminus Empowering auch unter dem Begriff Super-leadership diskutiert (Manz, 1983). Folglich wird beides meist synonym verwendet und soll die Selbstführungsfähigkeiten der Mitarbeiter stärken (Manz, 1986), um die Potenziale, das Wissen und die Erfahrung der Humanressourcen im Sinne der Organisationsziele (z. B. eine Erhöhung der Dienstleistungsqualität) voll ausschöpfen zu können (Weibler, 2023). Es handelt sich also um das Teilen von Macht, Einfluss und Kontrolle durch ein partizipatives Management (Weinert, 2004), wie es beim Führungsstilkontinuum nach Tannenbaum und Schmidt (1958) diskutiert wurde. Im Gegensatz zu traditionellen Managementansätzen, die tendenziell auf die Einhaltung von technokratischen Vorgaben und Verhaltensstandards für sämtliche Prozeduren und Teile des Dienstleistungsprozesses im Sinne eines exakten Drehbuchs abzielen, erhält vor allem das Kontaktpersonal durch Empowerment deutlich mehr Entscheidungskompetenzen, was einerseits eine entsprechende Organisationskultur und die dazu passenden Vorgesetzten voraussetzt. Zum Empowerment gehören als wichtige Einflussfaktoren nach Bowen und Lawler (1992) (1) die Information der Mitarbeiter über die Leistung des Unternehmens, (2) das Wissen darüber, was zur Steigerung der Unternehmensleistung beiträgt, (3) die Verantwortung, Entscheidungen zur Steigerung der Unternehmensleistung treffen zu können und (4) entsprechende Anreizsysteme, die bei einer höheren Unternehmensleistung persönliche Vorteile für die Mitarbeiter erbringen. Eine Flexibilisierung der Anreizsysteme wird weiter unten ausführlich diskutiert. Ein Empowerment und die Unterstützung der Selbstführungsfähigkeiten der Mitarbeiter setzt allerdings andererseits Mitarbeiter voraus, die an einer Ausdehnung der eigenen Kompetenzen interessiert sind, d. h. Verantwortungsbereitschaft übernehmen wollen (z. B. im Sinne der Reifegradtheorie), und dies vor dem Hintergrund der Unternehmensziele und der Leistung des Unternehmens durch ihre Fähigkeiten und ihren Input entsprechend umsetzen können. In einem solchen Fall zeigen Studienergebnisse, dass das Empowerment motivationssteigernd und kreativitätsfördernd wirkt bzw. zu einer höheren internen Arbeitszufriedenheit sowie einer höheren externen Kundenzufriedenheit beiträgt. Allerdings muss darauf geachtet werden, dass der Service insgesamt nicht langsamer, inkonsistent und teurer in der Betreuung und bei der Abwicklung von Beschwerden wird, wenn Mitarbeiter sich zu stark auf einzelne Kunden fokussieren und dadurch andere Kunden in der Warteschlange vernachlässigen (Haller und Wissing, 2020).

Schließlich beschäftigen sich **Attributionstheorien** mit der Zuschreibung von Ursachen zu Handlungen oder sozialen Ergebnissen im Kontext situativer Gegebenheiten (z. B. Mitchell und Wood, 1980), die von Führungskräften individuell beobachtet bzw. auf Basis der Kovariation verarbeitet werden und dann in ein bestimmtes Verhalten gegenüber dem Mitarbeiter resultieren (Berthel und Becker, 2022). Damit dienen sie insgesamt eher der Evaluation des Verhaltens einer Führungskraft respektive als Diagnosetool (z. B. in Management-Seminaren), warum sich Vorgesetzte in bestimmten Situationen in einer gewissen Art und Weise gegenüber ihren Mitarbeitern verhalten, als einem systematischen Vorschlag zur Anwendung eines bestimmten Führungsstils.

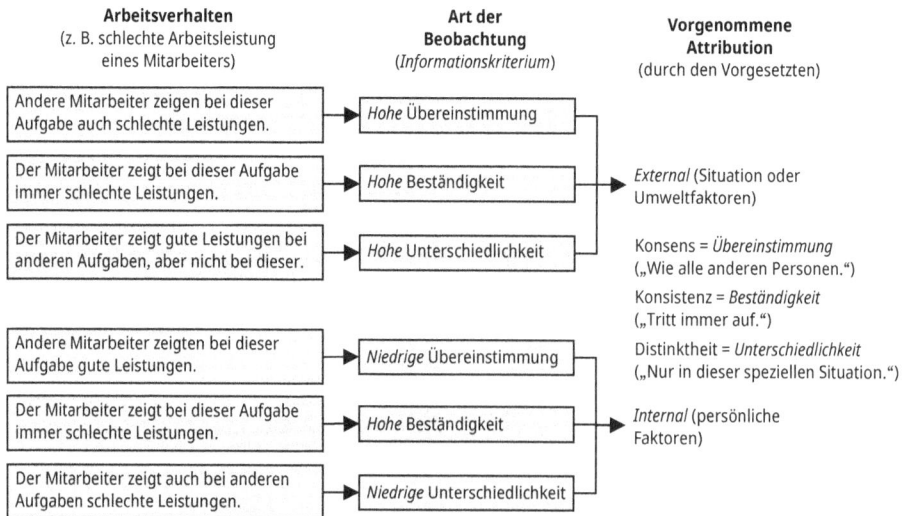

Abb. 7.41: Kovariation in der Informationsverarbeitung (Kelley, 1972).

Das Grundpostulat der Attributionstheorien besteht darin, dass Menschen **Erklärungen für das Verhalten** anderer zu finden versuchen, um diese Personen im Anschluss daran einzuschätzen und zu bewerten. Das Verhalten anderer Menschen kann bspw. auf fehlende Motivation, Abneigung, besondere Charaktereigenschaften oder der Situation beruhen. In diesen Zusammenhang ist die Attributionstheorie von Kelley (1972/1973) einzuordnen, sie stellt zugleich die am weitesten verbreitete Attributionstheorie dar, bei der zwischen den Eigenschaften des handelnden Mitarbeiters (Person-Attribution), den speziellen Eigenschaften der Zielobjekte der Handlung (Entitäts-Attribution) und der besonderen Situation bzw. dem Zufall (Umstands-Attribution) unterschieden wird (vgl. Abb. 7.41). Der Vorgesetzte beobachtet das Arbeitsverhalten (z. B. die schlechte Leistung bzw. Qualität eines Mitarbeiters) und attribuiert unter Zuhilfenahme eines Informationskriteriums, welches auf Konsens (stimmt mit anderen Personen überein), Konsistenz (wiederholtes Auftreten des Mitarbeiterverhaltens) und Distinktheit (tritt nur in speziellen Situationen auf) beruht, ob es persönliche Faktoren des Mitarbeiters wie mangelnde Fähigkeiten, Bemühungen, Motivation sowie mangelndes Commitment (internale Attribution) oder situative bzw. Umweltfaktoren wie mangelnde Zeit, schlechte Ausrüstung, Krankheit im Team bzw. schwierige Kunden sind (externale Attribution), die zum vorliegenden Ergebnis geführt haben. Als Reaktion zeigt der Vorgesetzte dann ein bestimmtes Führungsverhalten. Dabei kann es sich bspw. um einen Verweis, d. h. eine Ermahnung oder Abmahnung, eine Versetzung, eine Entlassung oder eine Anordnung von Trainingsmaßnahmen bei schlechter Arbeitsleistung handeln, wohingegen bei guter Arbeitsleistung Unterstützung, Kompetenzerweiterung, Beförderung oder Sympathie als Reaktion folgen können.

Kritisch ist an den Attributionstheorien festzuhalten, dass stets die Gefahr besteht, dass der Einfluss von Eigenschaften oder Äußerlichkeiten auf das Verhalten einer Person systematisch überschätzt wird und die Umweltfaktoren, d. h. organisatorische Gegebenheiten (Termindruck, IT-Probleme etc.) oder schwierige Kunden, ein deutlich kleinerer Teil in der Ursachenzuschreibung eingeräumt wird (Weinert, 2004). Dies wird auch als **fundamentaler Attributionsfehler** bezeichnet, der den Vorgesetzten in Management-Seminaren verdeutlicht werden kann. Ähnliche Probleme der Informationsverarbeitung wurden auch bei den Ausführungen zu den Beurteilungsfehlern im Rahmen der Personalauswahl und beim Käuferverhalten diskutiert. Insgesamt stellen Attributionsmodelle aufgrund der Vielzahl von Einflüssen auf die Bewertung einen sehr hohen kognitiven Anspruch an die Vorgesetzten und haben außerdem einen besonderen Fokus auf die rationale Informationsverarbeitung, wohingegen es sich bei der Führung um einen Interaktionsprozess handelt, welcher auch stark von emotionalen Faktoren beeinflusst wird.

Um die Arbeitsleistung von Mitarbeitern im Rahmen der Führung durch einen Vorgesetzten positiv zu beeinflussen, und damit gleichzeitig die Motivation der Mitarbeiter zu fördern, müssen Dienstleistungsanbieter entsprechende **Anreize** respektive ganze Anreizsysteme entwickeln (vgl. Abb. 7.42). In einem vereinfachten Modell werden Bedürfnisse als Grundlage für Motive eines Individuums angesehen. Die Motive eines Individuums stellen wiederum die Handlungstendenz dar, um die angeborenen und/oder in frühester Kindheit sozial übertragenen Bedürfnisse zu befriedigen (z. B. nach Nahrung, Autonomie, Sicherheit oder sozialem Austausch). Die Mitarbeit in einem Unternehmen setzt Individuen nunmehr in die Lage, ihre entsprechenden Bedürfnisse bspw. durch das Arbeitsentgelt und die soziale Zugehörigkeit zu befriedigen. Im unternehmerischen Kontext muss folglich die Handlungstendenz der Leistungsmotivation, d. h. die aktive Teilnahme am Betriebsgeschehen bzw. in den definierten oder zugeordneten Bereichen im Sinne eines mitarbeiter- und kundenorientierten Verhaltens, durch sinnvolle Anreize aktiviert werden. In Bezug auf die Aktivierung wurde im Rahmen der Diskussion zur Kaufverhaltensforschung erläutert, dass eine Aktivierung die individuelle Verhaltensbereitschaft auslöst und damit zu einem gewünschten Verhalten führt. Dieses Verhalten führt wiederum zur Erreichung eines bestimmten Ziels und der damit einhergehenden Ergebnisse, welche sowohl vom Individuum vor dem Hintergrund der Aufrechterhaltung der Arbeitsmotivation (z. B. innere Befriedigung durch die Zielerreichung und/oder äußerliche Gratifikation durch Lob und Gehalt) als auch von seinen Vorgesetzten bewertet wird. Als direkte Folge aus dieser Kette von Zusammenhängen werden die gesetzten Anreize dem Individuum dann entweder weiterhin gewährt (z. B. Kompetenzzuweisung oder Teamführung), erhöht (z. B. Beförderung oder Gewährung variabler Vergütungsbestandteile) oder reduziert (z. B. Entzug von Kompetenzen oder Abmahnung).

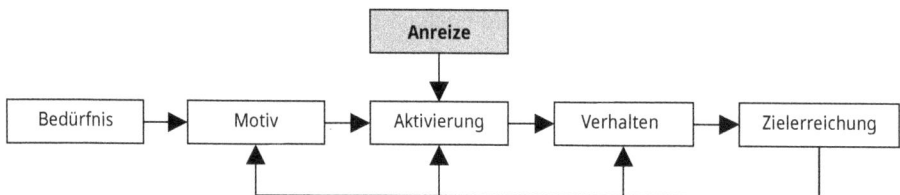

Abb. 7.42: Anreize zur Aktivierung der Leistungsbereitschaft (Staehle et al., 1999).

Damit Vorgesetzte und Personalverantwortliche im Unternehmen die diskutierten Anreize setzen bzw. gewähren können müssen zwei Dinge vorhanden sein. Auf der einen Seite müssen die Anreizsysteme gestaltet und auf der anderen Seite müssen Mitarbeiter beurteilt werden. In Bezug auf die **Anreizsysteme (Belohnungssysteme)**, eine systematische Kombination unterschiedlicher Anreize für Mitarbeiter zur Steigerung der Leistungsmotivation, handelt es sich im Wesentlichen um die Personalvergütung für die geleistete Arbeit (Becker, 2007; Hentze und Graf, 2005; Wolff und Lucas, 2004). Dies sind Regelungen zum Entgelt der im Unternehmen beschäftigten Mitarbeiter (Berthel und Becker, 2022; Stock-Homburg und Groß, 2019), welche eng mit der Aufrechterhaltung der Motivation verknüpft sind (Oechsler und Paul, 2015). Die Entgeltsetzung kann stellenorientiert, kompetenzorientiert (Seniorität) und/oder leistungsabhängig sein, wobei die Verantwortlichen die einzelnen Funktionen der Entgeltsetzung, aber auch gerechtigkeitsbezogene Aspekte beachten müssen.

Neben einer generellen Sicherheitsfunktion, d. h. die finanzielle Grundversorgung der Mitarbeiter, spielen die diskutierte Motivationsfunktion bzw. die Leistungssteigerungs-, Kooperations- und Bindungsfunktion an das Unternehmen eine wichtige Rolle (Stock-Homburg und Groß, 2019). Ferner hat die **Vergütung** auch arbeitsmarktpolitisch eine Selektionsfunktion nach außen für zukünftige Mitarbeiter, da sie ein potenzielles Signal über die Attraktivität des Arbeitgebers bildet (Unternehmensimage bzw. Employer-branding). In Bezug auf die Vergütung der Mitarbeiter spielen neben der Direktvergütung auch die Erfolgsbeteiligungen und die Sozialleistungen eine wichtige Rolle, die zudem zu den weiter unten diskutierten nicht-monetären Bestandteilen eines Arbeitsverhältnisses überleiten (vgl. Abb. 7.43).

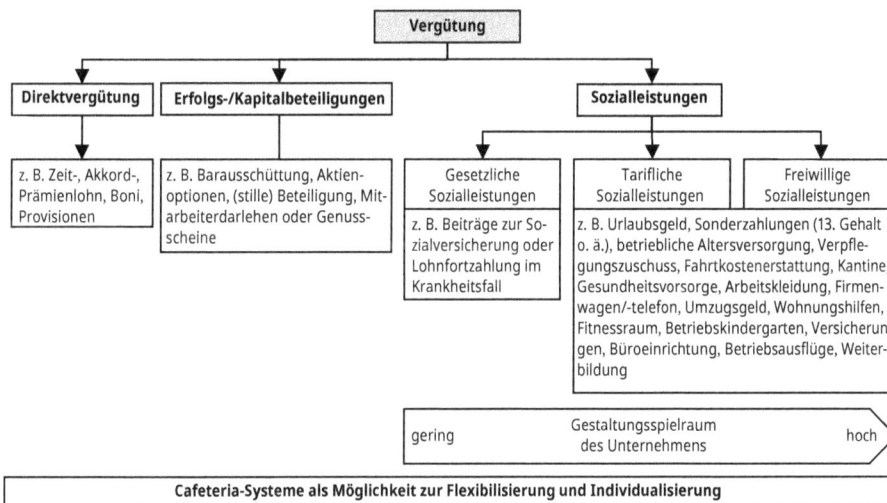

Abb. 7.43: Anreizsysteme zur Aktivierung der Leistungsbereitschaft (in Anlehnung an Berthel und Becker, 2022).

Zur **Direktvergütung** zählen der traditionelle Zeit-, Akkord- oder Prämienlohn, wobei die beiden Letzteren wahrscheinlich eher im gewerblichen Bereich eines Sachgüterproduzenten zum Einsatz kommen (Berthel und Becker, 2022). In Bezug auf Dienstleistungen spielen neben dem Zeitlohn (fixe Vergütung) zur Motivation der Mitarbeiter im Front- und Backoffice, der sich aus der Stellenbeschreibung nach Arbeitsbewertung und individuellem Verhandlungsgeschick (außertariflich) ergibt (Oechsler und Paul, 2015), auch Boni und Provisionen eine wichtige Rolle (Winkelmann, 2013b). Dies sind variable Vergütungsbestandteile, die die Motivation steigern sollen, da die Mitarbeiter einen direkten Einfluss auf die Höhe der Entlohnung haben, sofern sie sich entsprechend anstrengen. Obwohl Oechsler und Paul (2015) auf die zum Teil widersprüchliche

Forschung zur Motivationswirkung und den Vorteilen von variablen Vergütungsbestandteilen verweisen (z. B. wegen des erhöhten Leistungsdrucks auf die Mitarbeiter, dem finanziellen Risiko, der schwierigen Ermittlung/Zuordnung und Kurzfristorientierung vs. der erhöhten Attraktivität für leistungsstarke Mitarbeiter und einer Variabilisierung der Personalkosten aus Unternehmenssicht), ist es bei variablen Vergütungsbestandteilen wichtig, den direkten Einfluss der Mitarbeiter auf die Bemessungsgrundlage der variablen Vergütung in deren Ausgestaltung zu berücksichtigen, da sonst keine Motivationswirkung entfaltet werden kann.

Neben nachträglich gewährten Boni für besonders gute Leistungen und Provisionen als Besonderheit der Vergütung der Mitarbeiter mit Vertriebsaufgaben können auch alle übrigen Mitarbeiter mit Kundenkontakt durch die Einführung einer **Anreizzone**, welche den variablen Vergütungsbestandteil enthält, zu einer Steigerung der Arbeitsleistung motiviert werden (vgl. Abb. 7.44). Tuzovic (2004) diskutiert in diesem Kontext unterschiedliche Formen kundenorientierter Vergütungssysteme, die sich jeweils aus fixen und variablen Bestandteilen zusammensetzen. Hierbei wird die Vergütung an eine messbare Kundenkomponente als bestimmendem Faktor geknüpft, was für die Mitarbeiter beim Service-encounter bspw. der Kundenzufriedenheitsindex sein kann, der eine messbare Leistung darstellt, durch Befragungen permanent erhoben werden kann und dann entsprechend für die Höhe der individuellen Vergütung herangezogen wird. Der Beginn der Anreizzone entspricht der Minimalvergütung, die

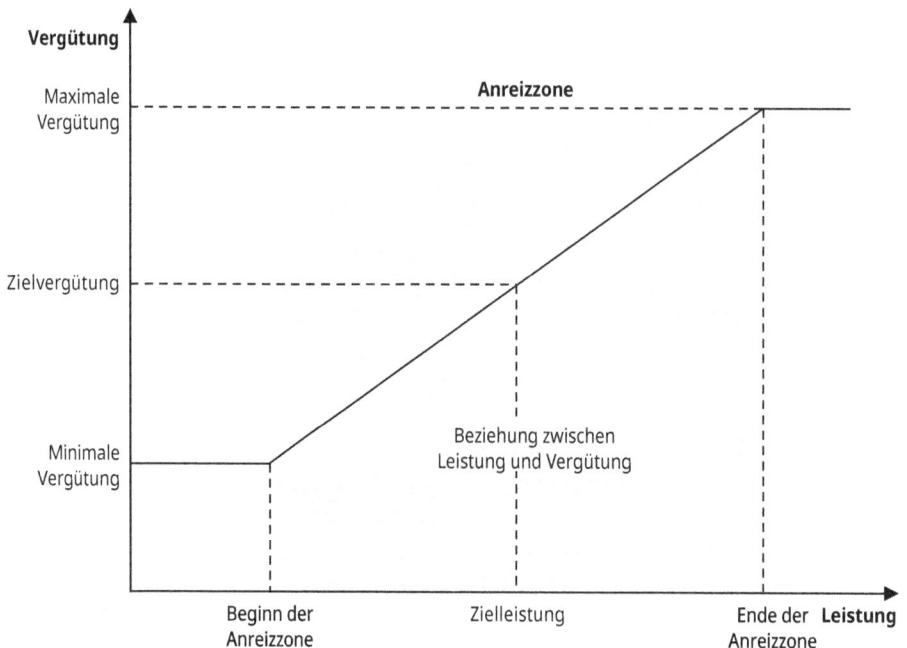

Abb. 7.44: (Kundenorientierte) Entgeltgestaltung mit Anreizzone (Stock-Homburg und Groß, 2019).

unabhängig von der Kundenzufriedenheit als Zeitlohn, d. h. als fixer Einkommensbestandteil gewährt wird (z. B. bis zu 75% zufriedene Kunden). Während die Zielleistung eine durchschnittliche Kundenzufriedenheit darstellt (z. B. 85% zufriedene Kunden), die bei Erreichen zu einer kontinuierlichen Steigerung der Vergütung in Richtung einer Zielvergütung führt, haben die Mitarbeiter die Möglichkeit, für besonders herausragende Leistungen, d. h. eine überproportionale Steigerung des Kundenzufriedenheitsindexes (z. B. oberhalb von 85%), ihre Vergütung nochmals bis zum Ende der Anreizzone und damit der daraus resultierenden Maximalvergütung zu steigern (z. B. bis zu 95% zufriedene Kunden). Jenseits dieses Punktes ist dann keine Steigerung der Vergütung mehr möglich. Wichtig ist bei einem solchen System, dass der Beitrag nicht nur messbar ist, sondern dass die Zielwerte von den Mitarbeitern prinzipiell auch erreicht werden können, da es sonst zur Demotivation kommen kann.

Bei **Erfolgs- und Kapitalbeteiligungen** werden die entsprechenden Mitarbeiter auf Basis einer Maßzahl am wirtschaftlichen Erfolg oder unter Berücksichtigung rechtsformspezifischer Gegebenheiten am Kapital des Dienstleistungsanbieters beteiligt. Während bei Kapitalbeteiligungen das Fremd- oder Eigenkapital bzw. Mischformen daraus im Vordergrund stehen (z. B. Mitarbeiterdarlehen [Fremdkapital], Belegschaftsaktien [Eigenkapital] oder (stille) Beteiligungen [Mischform]), sind Erfolgsbeteiligungen direkt auf den erwirtschafteten Erfolg in Form von Ertragsbeteiligungen (z. B. Umsatz oder Wertschöpfung), Gewinnbeteiligungen (z. B. Bilanz- oder Substanzgewinn) oder Leistungsbeteiligungen (z. B. Produktivitäts- oder Kostenersparnisbeteiligung) bezogen (Berthel und Becker, 2022; Hentze und Graf, 2005; Oechsler und Paul, 2015; Stock-Homburg und Groß, 2019).

Im Gegensatz dazu zählen zu den **Sozialleistungen** die gesetzlich vorgeschriebenen sowie tariflich vereinbarten und die freiwilligen Sozialleistungen. Gesetzliche Sozialleistungen ergeben sich bspw. aus der gesetzlichen Sozialversicherung (z. B. Renten-, Kranken-, Pflege- und Arbeitslosenversicherung; SGB, 2023) oder einer Pflicht zur sechswöchigen Lohnfortzahlung im Krankheitsfall (EntgFG, 2019). Tarifliche Sozialleistungen werden mit den Gewerkschaften in regelmäßigen Lohnverhandlungen mit den Arbeitgeberverbänden ausgehandelt und sind für die im Arbeitgeberverband organisierten Unternehmen oder für Unternehmen, die sich an einen Tarifvertrag binden, verpflichtend. Außertariflich beschäftigte Arbeitnehmer haben dagegen meist einen Arbeitsvertrag der den Mindeststandard der tariflich Beschäftigten umfasst, folglich den politisch festgelegten Mindestlohn von aktuell 12,- € in Deutschland (BMAS, 2023), erhalten aber darüber hinaus weitere individuell vereinbarte Leistungen. Aus diesem Grund ist die Trennung zwischen tariflichen und freiwilligen Sozialleistungen praktisch gesehen eher als schwierig einzuschätzen und unterscheidet sich von Branche zu Branche. Zu tariflichen und freiwilligen Sozialleistungen gehören bspw. ein 13. Monatsgehalt, Urlaubsgeld, Sonderzahlungen, Fahrtkosten- oder Verpflegungszuschüsse oder geldwerte Vorteile wie eine Kinderbetreuung, ein Fitnessstudio oder zusätzliche Versicherungen. In Bezug auf den Gestaltungsspielraum steigt dieser ausgehend von den gesetzlichen

Sozialleistungen bis hin zu den freiwilligen Sozialleistungen aus der Unternehmenssicht kontinuierlich an.

Schließlich können aus einer Gesamtbetrachtung so genannte **Cafeteria-Systeme** eingesetzt werden, um die Vergütung weiter zu flexibilisieren und zielgenauer auf die individuellen Wünsche der Mitarbeiter einzugehen (Benders et al., 2006; Berthel und Becker, 2022). Bei einem Cafeteria-System können Mitarbeiter in regelmäßigen Abständen Zusatzleistungen aus einem vom Arbeitgeber bereitgestellten Portfolio auswählen. Dadurch werden individuelle Präferenzen besser abgebildet, die je nach Lebenslage und finanzieller Situation wechseln können (Wagner, 1991/2004). Darüber hinaus steigert der Arbeitgeber durch die Flexibilisierung des Anreizsystems seine Attraktivität auf den entsprechenden Arbeitsmärkten (Selektionsfunktion der Vergütung). Außerdem diskutiert Bürkle (2001) die Option der Beschäftigungssicherheit als eine zusätzliche Gestaltungskomponente in Cafeteria-Systemen, was die Attraktivität zusätzlich erhöhen kann. Berthel und Becker (2022) sowie Stock-Homburg und Groß (2019) merken allerdings an, dass die Attraktivität des Gesamtpakets von den Faktoren Budget des einzelnen Beschäftigten (abhängig von der bisherigen Vergütung und evtl. steuerlichen Vorteilen), Ausgestaltung des Wahlangebots (Flexibilität über die Kernvergütung hinaus) und Art der Zusatzleistungen (z. B. freiwillige Sozialleistungen, zusätzliche Sach- und Dienstleistungen sowie Zeitkomponenten [Verrechnung von Arbeits- und Freizeit]) abhängt.

Neben den zahlreichen monetären Bestandteilen des Arbeitsverhältnisses, d. h. die Vergütung, muss abschließend darauf verwiesen werden, dass auch **nicht-monetäre Bestandteile** eines Arbeitsverhältnisses eine Auswirkung auf die Motivation der Mitarbeiter und die Selektion eines bestimmten Arbeitgebers haben können (Holtbrügge, 2022). Bereits Herzberg et al. (1959) hat darauf verwiesen, dass die Bezahlung einen Hygienefaktor darstellt und weitere Faktoren für die Motivation eines Arbeitnehmers zu berücksichtigen sind. Gerade vor dem Hintergrund der Generation Z (Zoomer) scheint der Faktor Work-life-balance eine wichtigere Rolle zu spielen, was bspw. die Vereinbarkeit mit Hobbys (Arbeits- und Freizeitregelung) oder der Familienplanung bzw. der Planung von Erholungs- und Auszeiten betrifft. Generell können zu weiteren nicht-monetären Bestandteilen bspw. das Betriebsklima und die soziale Kommunikation im Betrieb, die Kompetenzzuweisung (Autonomie und Verantwortung) sowie die Arbeitsinhalte, die Bürogröße, -lage, und -ausstattung sowie die Einsatzorte (z. B. Remote-office-Möglichkeiten und Reisetätigkeiten), die Arbeitszeit- und Pausenregelung, Mentoring und Coaching zur Persönlichkeitsentwicklung, Auszeichnungen und sonstige Anerkennung, Mitarbeiterevents, eine ärztliche Versorgung bei größeren Unternehmen (Betriebsärzte) sowie die Möglichkeiten für Fortbildung und Aufstieg (Karrierepfade) gezählt werden. Allerdings kann in Bezug auf die Fortbildung und die Karrierepfade wiederum, zumindest mittel- bis langfristig, auf die oben diskutierten monetären Auswirkungen verwiesen werden. Zudem verweisen Hentze und Graf (2005) darauf, dass die Führung der Mitarbeiter ebenfalls einen nicht-monetären Bestandteil beinhaltet. Inwieweit Mitarbeiter neben den fixen Vergütungsbestandteilen, d. h. dem Zeitlohn, welcher auf Basis der Stellenbewertung und der gesetzlichen Anforderungen (z. B. Mindestlohn oder Wochenendzuschläge) festgelegt wird, sowie den ergänzenden tariflichen Bestimmungen (z. B. 13. Monatsgehalt oder Zusatzleistungen) Ansprüche auf weitere variable Vergütungsbestandteile bzw. deren konkrete Höhe sowie zusätzliche nicht-monetäre Anreize haben (z. B. durch einen Bürowechsel oder dem Arbeiten von zu Hause), hängt in besonderem Maße von der Beurteilung einzelner Personen durch die Vorgesetzten und die Personalabteilung des Unternehmens ab, weswegen abschließend auf diesen Punkt ebenfalls eingegangen wird.

Die **Personalbeurteilung** ist ein Instrument zur strukturierten Bewertung der Leistungen und Potenziale von Mitarbeitern anhand quantitativer und qualitativer Kriterien (Stock-Homburg und Groß, 2019). Neben einer Beurteilung zukünftiger Mitarbeiter bei der Personalauswahl oder bei der Ermittlung des Personalentwicklungsbedarfs müssen die Leistungen auch vor dem Hintergrund von Anpassungen der Vergütung bzw. der Ermittlung der Höhe der variablen Anteilswerte durchgeführt werden. In diesem Zusammenhang ist es bspw. wichtig, dass

– die beurteilenden Personen über eine hohe Kompetenz zur Evaluation von Mitarbeitern verfügen (siehe auch die Ausführungen zu kognitiven Verzerrungen bei der Personalauswahl und im Käuferverhalten),
– die eingesetzten Methoden als valide gelten und eine hohe Akzeptanz bei den Mitarbeitern haben,
– die Bezugsgrößen und Gewichtungsfaktoren transparent kommuniziert werden und an unterschiedliche Bezugsobjekte (Arten von Mitarbeitern) angepasst werden können,
– alle Bestandteile der Leistungsbeurteilung berücksichtigt werden,
– die Beurteilung in regelmäßigen Abständen und systematisch stattfindet sowie
– (datenschutz-)rechtliche Restriktionen berücksichtigt werden.

Bezüglich des Inhalts von Mitarbeiterbeurteilungen werden in der Literatur unterschiedliche **Anforderungskriterien** diskutiert (vgl. Tab. 7.5). Je nachdem, in welchem Unternehmensbereich der Mitarbeiter eingesetzt wird, ob es sich bspw. um eine Führungskraft handelt oder ob die Potenziale des Mitarbeiters vor dem Hintergrund zu planender Personalentwicklungsmaßnahmen oder dem Einschlagen von Karrierepfaden evaluiert werden sollen, müssen die Kriterien entsprechend angepasst werden. Bei einer Beurteilung eines Mitarbeiters im Service oder bei Support-Prozessen spielen neben dem Arbeitseinsatz des Mitarbeiters, der Fachkenntnisse der Person, dem allgemeinen Auftreten und dem Verhalten gegenüber internen oder externen Kunden bei der Dienstleistungsleistungserstellung sowie gegenüber Mitgliedern des eigenen Teams im entsprechenden Bereich oder Unternehmensteil eine Rolle. Sollen Mitarbeiter dagegen in Bezug auf ihre Entwicklungspotenziale beurteilt werden, so rücken unter Umständen die Weiterbildungsfähigkeit und -bereitschaft sowie in Bezug auf den eigenen Karrierepfad als Teamleitung oder Führungskraft möglicherweise die Effizienz und das Entscheidungsverhalten des Mitarbeiters, die Verantwortungsbereitschaft und das Führungsverhalten bei aktuellen Führungskräften stärker in den Vordergrund (Becker, 2013). Der Kriterienkatalog muss also stets mitarbeiterbezogen und unternehmensspezifisch angepasst werden.

Tab. 7.5: Kriterien zur Beurteilung von Mitarbeitern (Becker, 2013).

Anforderungskriterien zur Beurteilung des Verhaltens der Mitarbeiter	
Arbeitseinsatz	**Effizienz**
– Stetigkeit	– Ergebnisorientierung
– Sorgfalt	– Eigenständigkeit
– Initiative	– Eigene Zielsetzungen
– Engagement	– Systematik in der Ausführung
– Belastbarkeit	– Wirtschaftliches Denken/Handeln
Kenntnisse	**Weiterbildung**
– Fachkenntnisse	– Lernbereitschaft
– Bereichsübergreifendes Wissen	– Lernfähigkeit
– Kenntnis- und Erfahrungsaustausch	
– Analyse- und Urteilsfähigkeit	
Kooperationsverhalten	**Verantwortungsbereitschaft**
– Teamfähigkeit	– Übernahme von Gesamtverantwortung
– Einbeziehung weiterer Stellen	– Interessen des Unternehmens vertreten
– Fähigkeit zur Empathie	– Entscheidungsfolgen erkennen/beachten
– Problemlösungsverhalten	
Entscheidungsverhalten	**Führungsverhalten**
– Entscheidungsfreude	– Motivationsfähigkeit
– Rechtzeitiges Entscheiden	– Überzeugungskraft
– Konsequenz in der Entscheidung	– Vorbildfunktion
	– Durchsetzungskraft
	– Gerechtigkeit
	– Informationsbereitschaft
Auftreten	**Kundenorientierung**
– Gepflegtheit	– Erkennen von Kundenbedürfnissen
– Umgangsformen	– Verantwortungsübernahme
– Freundlichkeit	– Kundenorientiertes Arbeiten
– Sympathisches Auftreten	– Kundenbeziehungspflege
– Kommunikationsfähigkeit	
– Ausstrahlungskraft	

Im Hinblick auf die zur Anwendung kommenden **Methoden der Personalbeurteilung** bestehen eine Vielzahl von Möglichkeiten (z. B. Oechsler und Paul, 2015). Neben einer freien Beurteilung ohne formale oder inhaltliche Einengung unterscheidet Becker (2002) Rangordnungsverfahren (z. B. Summation oder Paarvergleiche), bei denen Mitarbeiter miteinander verglichen werden, Kennzeichnungsverfahren (z. B. Checklisten oder kritische Ereignisse), bei denen der Skalenwert vorab festgelegter Beurteilungsaussagen den Beurteilern unbekannt ist, Einstufungsverfahren (z. B. merkmals- oder verhaltensorientierte Einstufung), bei denen die Ausprägungen vom Beurteiler auf einer Skala festgelegt werden, aufgabenorientierte Verfahren, bei denen die zu bewältigenden spezifischen Aufgaben in einer Position und deren Erfüllung im Vordergrund stehen, sowie zielorientierte Verfahren, bei denen vor dem Hintergrund vorab festgelegter Ziele ein Zielerreichungsgrad gemessen wird. Insbesondere der Einsatz zielorientierter Verfahren ist bei der Koordination der Mitarbeiterführung (Stock-Homburg und Groß, 2019), d. h. als Führungs- und Motivationstechnik, und ebenfalls bei der Ermittlung von variablen Vergütungsbestandteilen unter dem As-

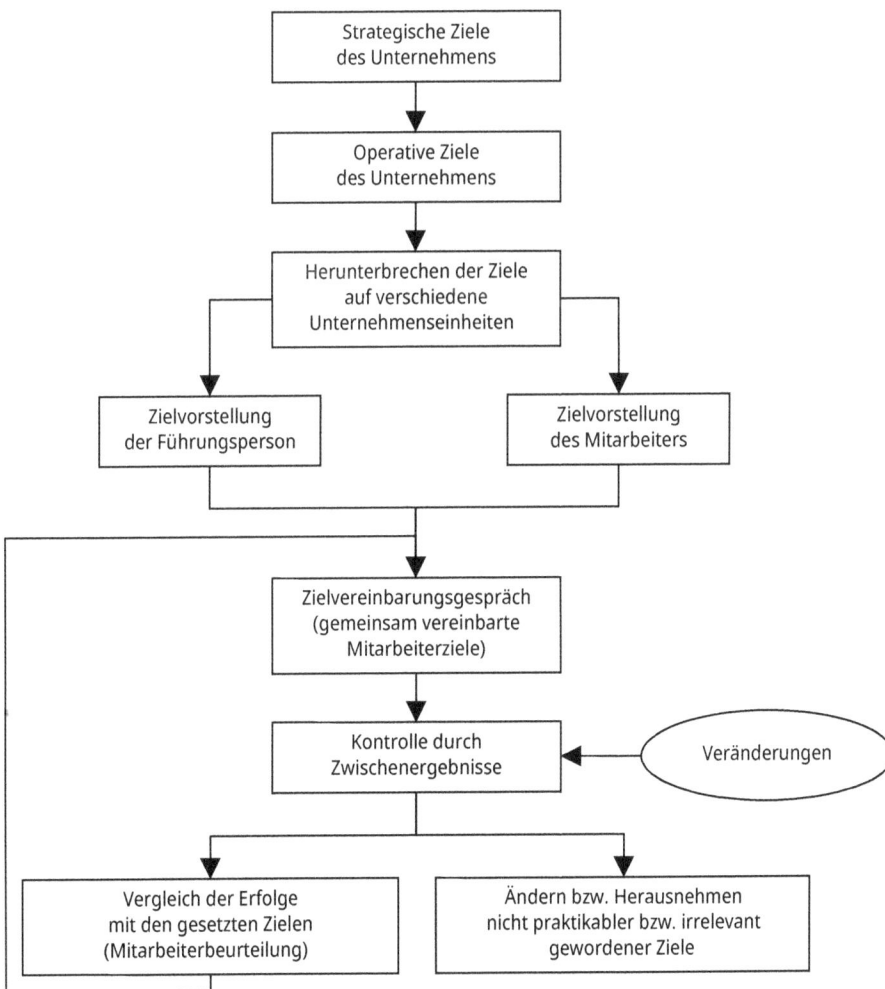

Abb. 7.45: Idealtypischer Prozess der Zielvereinbarung (Stock-Homburg und Groß, 2019).

pekt des Vereinbarens von Zielen, deren Überprüfung und der darauf aufbauenden Festsetzung der Anteilswerte der variablen Vergütung sehr wertvoll.

In der Literatur werden dazu zahlreiche Managementtechniken diskutiert, so bspw. das Management-by-exception (Führung durch Soll-Ist-Abgleich), das Management-by-delegation (Führung durch Kompetenz- und Verantwortungsübertragung) und das Management-by-participation (Führung durch Betonung der Entscheidungsbeteiligung). Dabei hat jedoch eine besondere praktische Bedeutung das Führen durch Zielvereinbarungen erlangt (Breisig, 2004/2006). Beim so genannten **Management-by-objectives (MbO)** erfolgt die Koordination und Kommunikation in der Führung durch Zielvereinbarungsgespräche und deren regelmäßige Überprüfung mit den Mitarbeitern (Humble, 1972/1973; Lattmann, 1994; Weibler, 2023; Weinert, 2004), worauf aufbauend Belohnungen (z. B. Boni, Provisionen oder sonstige variable Vergütungsbestandteile) an den Zielerfüllungsgrad gekoppelt werden (vgl. Abb. 7.45). Ein solcher Management-Ansatz kann auf die Zielsetzungstheorie nach Locke (1968) und Locke und Latham (1984/1990) zurückgeführt werden, eine weitere Prozesstheorie der Motivation, welche davon ausgeht, dass Ziele, deren Erreichung und die Rückmeldung seitens der Vorgesetzten den alleinigen Aspekt der Motivation eines Mitarbeiters darstellen. Dabei kommt es vor allem auf die Zielschwierigkeit, die -spezifität, die -identifikation und die -akzeptanz an, wobei die Rückmeldung die Spannung zwischen Zielsetzung und -erreichung, dem so genannten Zeigarnik-Effekt, reduziert (Oechsler und Paul, 2015; Stock-Homburg und Groß, 2019). Beim MbO handelt es sich um eine klassische dyadische Form der Personalbeurteilung zwischen Vorgesetztem und Mitarbeitern, wobei jedoch der Mitarbeiter in eine Interaktionsbeziehung und in Ergänzung zu klassischen Single-rater-Verfahren an der Zielgestaltung mitwirkt. So dürfen Mitarbeiter ihre Anmerkungen bei der Formulierung der Ziele (Soll) und der Beurteilung des Zielerreichungsgrads (Ist) einfügen (Fallgatter, 1996), was dem postulierten Streben nach Selbstentfaltung der Mitarbeiter entgegenkommt. Folglich werden die Ziele partizipativ zwischen Vorgesetztem und Mitarbeiter festgelegt, sodass auch persönliche Ziele zu den vereinbarten Zielen im unternehmerischen Kontext werden können (z. B. die Teilnahme an individuellen Fortbildungsveranstaltungen). Zudem wird beim MbO davon ausgegangen, dass die Unternehmensziele nicht zwangsweise konfliktär zu den persönlichen Zielen der Mitarbeiter stehen und beide Parteien an einer gemeinsamen Optimierung arbeiten können (Weibler, 2023; Wunderer, 2011). Rodgers et al. (1993) verweisen jedoch darauf, dass es zur wirksamen Umsetzung eines MbO des Commitments des Führungspersonals und des höheren Managements bedarf. Außerdem heben Stock-Homburg und Groß (2019) hervor, dass die mit den Mitarbeitern vereinbarten Ziele dem so genannten SMART-Prinzip folgen sollten, d. h. sie sind spezifisch, messbar, ausführbar, resultatorientiert und terminlich fixiert, wie es bereits weiter oben bei der Formulierung eines unternehmerischen Zielsystems als Anforderung diskutiert wurde. Darüber hinaus dürfen nicht zu viele Ziele vereinbart werden, um die Komplexität für die Mitarbeiter und die beurteilende Führungskraft nicht zu stark zu erhöhen (kognitive Überlastungen), und es muss gleichzeitig eine Priorisierung vorgenommen werden, was zu Konflikten zwischen Führungskraft und Untergebenen führen kann (Lattmann, 1994).

Eine weitere Form der besonders für Dienstleistungsunternehmen geeigneten Beurteilung der Mitarbeiter stellt das **360°-Feedback** dar (Antonioni, 1996; Becker, 1998; Brett und Atwater, 2001; Gerpott, 2006; Tornow und London, 1998), bei dem neben den Vorgesetzten und Mitarbeitern, der traditionellen Form der Personalbeurteilung wie bspw. im MbO, auch Kollegen und Kunden an der Beurteilung eines Mitarbeiters beteiligt sind, d. h. es handelt sich um ein so genanntes Multi-rater-Verfahren in der Bewertung von Personal. Gerade bei Mitarbeitern im Frontend bzw. im Vertrieb, die regelmäßig mit Kunden in Kontakt kommen, wird hierdurch eine Ausdehnung der Beurteilungsperspektive bzw. des Blickwinkels, und damit auch die Einschränkung einzelner verzerrender Effekte möglich (Weibler, 2023). Ferner kann ein positiver Nebeneffekt des 360°-Grad Feedbacks der Hinweis auf Mängel in der Servicequalität sein, wenngleich dies nicht das zentrale Ziel der Beurteilung ist. Ein zu starker Fokus auf die Kundenperspektive könnte damit unter Umständen zu einer mangelnden Akzeptanz und Demotivation der beurteilten Mitarbeiter führen. Darüber hinaus steigt mit dem Einsatz von Multi-rater-Verfahren die Komplexität und damit die Kostenintensität des gesamten Beurteilungsprozesses.

7.4 Kommunikationspolitik

Die Kommunikationspolitik beschäftigt sich mit sämtlichen Instrumenten und Maßnahmen, die ein Dienstleistungsanbieter zur Übermittlung von **Informationen (Bedeutungsinhalten)** über sich und seine Leistungen einsetzt, um durch die Interaktion mit den Adressaten (Zielgruppen) die Meinungen, Einstellungen, Erwartungen und Verhaltensweisen derselben vor dem Hintergrund seiner spezifischen Zielsetzungen zu beeinflussen (Bruhn, 2018). Dabei müssen jedoch im Gegensatz zur Kommunikation auf Sachgütermärkten die Charakteristika von Dienstleistungen beachtet werden, die sich vor allem durch die Integration des externen Faktors in der Leistungserstellung sowie in dem immateriellen Leistungsergebnis als Rahmenbedingungen der Kommunikation des Anbieters manifestieren (Abschnitt 7.4.1). Dabei können die Zielsetzungen der Kommunikation sowohl außerökonomischer (z. B. Bekanntheit und Image) als auch ökonomischer (z. B. Umsatz und Marktanteil) Natur sein.

In diesem Kontext existieren als Zielgruppen der Kommunikation, neben den aktuellen und potenziellen Nachfragern, die entweder unternehmensseitig (externe Kommunikation) oder von Mitarbeitern beim Service-encounter (interaktive Kommunikation) adressiert werden (vgl. Abb. 7.46), die Mitarbeiter selbst, um bspw. die Motivation zu steigern, die Personalbindung zu festigen, die externe Servicequalität zu erhöhen, Anweisungen zu geben oder Vorschläge zur Verbesserung von Arbeitsprozessen entgegen zu nehmen (interne Kommunikation). Neben den genannten Gruppen können auch sämtliche weiter oben diskutierten Stakeholder Adressaten der

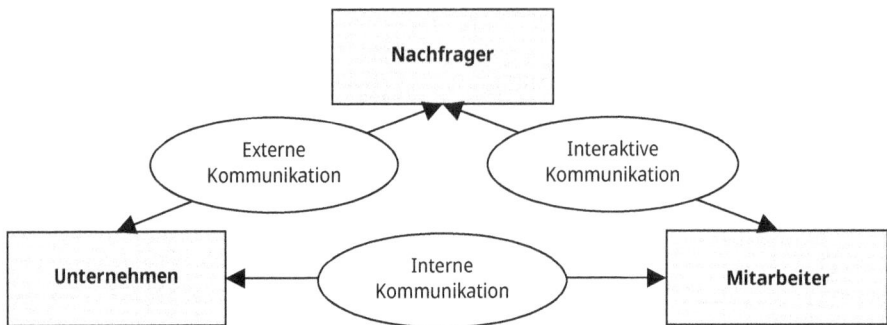

Abb. 7.46: Erscheinungsformen der unternehmerischen Kommunikation (Bruhn, 2018; Zeithaml et al., 2012).

unternehmerischen Kommunikation (z. B. im Rahmen der Öffentlichkeitsarbeit) sein, wobei der Fokus in den folgenden Ausführungen vor allem auf den aktuellen und potenziellen Nachfragern, d. h. der marktgerichteten Kommunikation in Bezug auf eine externe respektive interaktive Kommunikation liegt. In diesem Zusammenhang sprechen Zeithaml et al. (2012) vom **Service-Marketing-Dreieck**, innerhalb dessen die Beziehungen zwischen den Kunden und dem Unternehmen als externes Marketing („Making the promise."), zwischen dem Unternehmen und den Mitarbeitern als internes Marketing („Enabling the promise.") und zwischen den Mitarbeitern und den Kunden als interaktives Marketing („Delivering the promise.") bezeichnet werden. In diesem Zusammenhang spielen die Gedanken der internen und externen Servicequalität im Sinne der Service-profit-chain wieder eine wichtige Rolle (Heskett et al., 1994; Heskett et al., 1997).

Um die genannten Zielsetzungen und Zielgruppen zu erreichen müssen Unternehmen in einem systematischen Prozess für sämtliche Kommunikationsaktivitäten unter Effektivitäts- und Effizienzgesichtspunkten entsprechende Budgets allokieren, also diese auf die Objekte verteilen, über die die gewünschten Informationen übermittelt werden sollen. Dabei ist zu bedenken, dass die Kommunikation heute an vielen Stellen nicht mehr einer einstufigen Logik mit Kommunikationssender und Kommunikationsempfänger folgt, der zu einem direkten Feedback im Sinne des Unternehmens angeleitet werden soll, sondern dass an vielen Stellen durch das Internet und die Digitalisierung zwei- oder mehrstufige **Kommunikationsprozesse** initiiert werden, bei denen die Empfänger der Botschaft diese an weitere Individuen durch Kontaktbotschaften (WOM) und Konsumdemonstrationen (z. B. nach dem Friseurbesuch, dem Zeigen der Fotos des Sommerurlaubs oder dem Anstrich der Wohnung durch einen Maler) transportieren. Neben der statischen Betrachtung müssen Dienstleistungsanbieter zudem die dynamische Perspektive des Budgeteinsatzes bedenken, um gerade in Bezug auf die langfristigen Wirkungen unternehmerischer Kommunikation ökonomische Erfolge (z. B. Umsatzsteigerungen, Marktanteilsausdehnungen oder Gewinne) zu erzielen (Abschnitt 7.4.1). In Bezug auf die marktgerichtete Kommunikation gegenüber aktuellen und potenziellen Nachfragern kann der Anbieter verschiedene **Kommunikationsinstrumente** einsetzen, die einen eher unpersönlichen (massenmedialen), bspw. klassische Werbung oder Sponsoring, oder einen eher persönlichen (direkten) Fokus, bspw. Verkäuferinteraktion oder Direktmarketing, haben (Abschnitt 7.4.2). (Bruhn et al., 2019) verweisen darauf, dass im Dienstleistungsmarketing insbesondere den Instrumenten der persönlichen, d. h. direkten Kommunikation eine besondere Bedeutung zukommen.

7.4.1 Grundlagen der marktgerichteten Kommunikation

Im Sinne der Informationsökonomik sendet der Anbieter in seiner Kommunikation mit den gewählten Instrumenten **Qualitätssignale** über die von ihm aus verschiedenen Eigenschaften bestehenden Dienstleistungen (Bündel von Eigenschaften). Die gesendeten Signale sollen dabei helfen, die Qualitätsunsicherheit, d. h. das wahrgenommene Risiko, über eine primär intangible Leistung abzubauen und im Gegenzug wahrgenommenes Vertrauen gegenüber dem Unternehmen und dessen Leistungsfähigkeit (Potenziale) bei aktuellen und potenziellen Nachfragern aufzubauen (Fließ, 2009; Weiber et al., 2022). Außerdem verfolgen Dienstleistungsunternehmen das Ziel, die eigenen Leistungsangebote bei den potenziellen und aktuellen Nachfragern bekannt zu machen und gegenüber Wettbewerbsangeboten abzugrenzen (Bruhn, 2018; Fill, 2001; Wirtz und Lovelock, 2022). Spezifische Anlässe für die Kommunikation gegenüber den Nachfragern können bspw. die Schaffung eines neuen Marktes, eines neuen Angebots für bestehende Märkte oder die besondere Herausstellung eines bestehenden Angebots in einem etablierten Markt sein (Voeth und Herbst, 2013).

Hierbei spielen die bereits im Rahmen der akquisitorischen Distribution diskutierten **Customer-touchpoints** eine wichtige Rolle, d. h. sämtliche analogen und digitalen Punkte, an denen die Nachfrager mit dem Unternehmen generell, den Mitarbeitern oder den technischen Einrichtungen des Dienstleistungsanbieters in Kontakt kommen können. Dadurch stellen Customer-touchpoints gleichsam die verbalen und nonverbalen Kommunikationsmöglichkeiten dar, die im Rahmen einer integrierten Kommunikation aufeinander abzustimmen sind. Dadurch soll ein konsistentes Erscheinungsbild gegenüber den anvisierten Zielgruppen vermittelt, eine für den Kunden angenehme Erfahrung innerhalb der Customer-journey, d. h. der Reise des Kunden vor, während und im Anschluss an die gesamte Dienstleistungstransaktion, sichergestellt und gleichzeitig die Effektivität der übermittelten Informationen und der Beeinflussungsbemühungen sowohl in der Distribution als auch in der Kommunikation des Dienstleisters erhöht werden (Bruhn, 2018). Gerade bei den personalintensiven Dienstleistungen ist eine positive Erfahrung entlang der Customer-journey durch die hohe Beteiligung der Mitarbeiter eine besonders hervorzuhebende Anforderung, da auch die Mitarbeiter durch ihre interaktive Kommunikation mit den Nachfragern im direkten Kontakt einen wichtigen Einflussfaktor auf die Reputation und die Markenbildung des Unternehmens darstellen.

Zusammen genommen geht es bei der hier im Vordergrund stehenden marktgerichteten Kommunikation also allgemein gesprochen darum, wie potenzielle Nachfrager von den Dienstleistungen eines Anbieters (Leistungspolitik), den zu entrichtenden Preisen, Rabatten und Konditionen (Preispolitik) sowie den Orten und Zeiten der Inanspruchnahme der Leistungen (Distributionspolitik) erfahren. Dabei spielen neben Einmaltransaktionen auch die weiter oben diskutierten Aspekte der Kundenbindung und des Beziehungsmanagements eine wichtige Rolle, um den langfristigen Erfolg des Unternehmens auf den aktuell und den zukünftig bearbeiteten Dienstleistungsmärkten abzusichern (Wirtz und Lovelock, 2022).

Es wurde bereits angedeutet, dass die Kommunikation von Dienstleistungsproduzenten prinzipiell über die gleichen Instrumente wie bei Sachgüterproduzenten verläuft, allerdings sind dabei die spezifischen **Charakteristika von Dienstleistungen** im Allgemeinen und der Dienstleistungsproduktion im Besonderen zu berücksichtigen (Haller und Wissing, 2020). Zunächst handelt es sich in Anlehnung an den Phasenansatz von Hilke (1989) und dem darauf basierenden Grundmodell der Dienstleistungsproduktion nach Corsten und Gössinger (2015) um die Darstellung bzw. Dokumentation der Leistungsfähigkeit eines Dienstleistungsanbieters (Meffert et al., 2018), die, genauso wie das Leistungsergebnis, im Wesentlichen aus immateriellen Bestandteilen besteht. So können alleine die Leistungspotenziale der internen Ressourcen mit materiellem Charakter visualisiert werden. Die Kompetenz und das Know-how der Mitarbeiter für die Leistungserstellung und die Sicherstellung des Leistungsergebnisses ist nicht nach außen darstellbar, sodass lediglich das im SERVQUAL-Ansatz thematisierte tangible Umfeld in kommunikationspolitischen Aussagen erfolgreich visualisiert werden kann (Corsten und Gössinger, 2015). Im Gegensatz dazu müssen für die Kompetenz der Mitarbeiter Substitute gefunden werden (z. B. das Aufhängen einer Auszeichnung, eines Diploms oder eines Zertifikats). Die gesamten materiellen Ressourcen im Rahmen der Servicescapes stehen somit stellvertretend für die versprochene Dienstleistungsqualität und üben einen signalhaften Charakter in der Kommunikation des Dienstleisters aus.

Außerdem können Mitarbeiter in die externe Kommunikation eingebunden werden, deren Auftreten und Erscheinungsbild zu einer Vermittlung der Leistungsfähigkeit des Anbieters beiträgt. Diese repräsentieren in der Kommunikation mit den Nachfragern das Unternehmen und die Dienstleistungsmarke, wodurch die Kommunikation von Dienstleistungsanbietern auch stark auf den **Reputationsaufbau** und den -erhalt durch die beim Service-encounter interagierenden Mitarbeiter angelegt ist. Ferner muss in den werblichen Aussagen eines Dienstleistungsunternehmens die Integration des externen Faktors bei der Leistungserstellung vor allem im Hinblick auf die zu erwartende Leistungsqualität und die dabei einzubringenden externen Produktionsfaktoren das Nachfragers berücksichtigt werden (z. B. seine Person, Haustiere oder sonstige materielle Bestandteile, an denen die Leistung vollbracht wird). Darüber hinaus wurde weiter oben mit Zeithaml et al. (2012) darauf verwiesen, dass die Erwartungen an die Qualität im Rahmen des Signaling eines Dienstleisters realistisch und damit die ausgelobten Qualitätsversprechen nicht zu hoch respektive angemessen sein sollten. Dies gilt prinzipiell auch für Sachgüterproduzenten, allerdings ist das Risiko eines Reputationsverlusts bei Dienstleistungen für den Anbieter noch einmal höher, wenn Nachfrager mit ihren eingebrachten Ressourcen nicht entsprechend kooperieren (z. B. Weiber et al., 2022; Schmitz und Lerch, 2017), d. h. diese nicht wie abgesprochen oder in dem beschriebenen Zustand liefern, da die finale Qualität oftmals erst im Leistungserstellungsprozess festgelegt werden kann.

Letztendlich ist das Leistungsergebnis überwiegend immateriell und zugleich durch zahlreiche **Erfahrungs- und Vertrauensguteigenschaften** geprägt (Darby und Karni, 1973; Zeithaml, 1981), im Vorfeld der Leistungserstellung also quasi unsichtbar. Dennoch können bei einigen Dienstleistungen (z. B. Friseurleistungen) durchaus Vorher-Nachher-Darstellungen Verwendung finden. Bei einer Autovermietung oder einem Anbieter von Schiffsreisen kann zudem die Auto- bzw. die Schiffsflotte gezeigt werden, wohingegen die Erfahrung mit der Dienstleistung erst am Tag der Übergabe des Autos, am Ende der Mietzeit oder nach der Durchführung der Schiffsreise erfolgt. Zusätzlich kann eine prinzipiell intangible und auf Erfahrung respektive Vertrauen basierende Leistung durch die Erfahrungsberichte, d. h. die Referenzen anderer Kunden quasi vorab erfahrbar und zumindest eingeschränkt beurteilbar gemacht werden. Schließlich können Dienstleistungstests, Probeleistungen, Tage der offenen Tür, Garantieversprechen oder Gütezeichen zu einem weiteren Abbau des wahrgenommen Risikos vor der Inanspruchnahme der Leistungen führen und in die Kommunikationsbemühungen des Dienstleisters mit seinen aktuellen und potenziellen Nachfragern eingebracht werden.

Nach Bruhn (2018) hat die Kommunikationspolitik eines Unternehmens generell sowohl eine mikro- als auch eine makroökonomische Komponente. In Bezug auf die **mikroökonomische Funktion** spielen dabei vor allem die bereits angesprochene Information der potenziellen Nachfrager über die Leistungsangebote des Unternehmens und deren Bestandteile sowie damit einhergehend die Beeinflussung in Bezug auf das Kauf- und Nutzungsverhalten eine wichtige Rolle. Darüber hinaus kann nach dem Kauf bzw. der Erstellung der Dienstleistung auch auf die Bestätigungsfunktion abgestellt werden, die den Nachfrager im gesamten Kaufprozess in seiner getätigten Entscheidung bestärken und dadurch das Auftreten kognitiver Dissonanzen bezgl. der getätigten Entscheidung verhindern soll. Zudem können dadurch Einstellungen gefestigt und mögliche WOM-Prozesse eingeleitet werden. Die **makroökonomische Funktion** der Kommunikation orientiert sich vor allem in Richtung aktueller und potenzieller Wettbewerber, um sich gegenüber diesen zu profilieren bzw. auf die Vorteile des eigenen Nutzenbündels im Wettbewerb respektive in der Austauschbeziehung hinzuweisen. Außerdem hat Kommunikation auch eine, wenn auch umstrittene gesellschaftliche Funktion, da sie das Informationsniveau und die Bildung der Bevölkerung allgemein heben und damit zu einer Verbesserung des Entscheidungsverhaltens der Nachfrager beitragen kann (z. B. durch die Kommunikation von Marktstandards). In diesem Kontext kann bspw. Werbung durch ihre Aufmachung auch allgemein anerkannte Werte in der Gesellschaft über akzeptierte Dienstleistungen und Produkte transportieren. Allerdings wird dies durch unterschiedliche Stakeholder durchaus kritisch gesehen, da sich unternehmerische Kommunikation einerseits relativ schnell dem Manipulationsverdacht aussetzt und andererseits durch den in einigen Bereichen festzustellenden und zunehmenden Purpose-Gedanken, d. h. einer Integration von bzw. einer Aufladung mit gesellschaftlich von bestimmten Gruppen als relevant angesehenen Themen, von den eigentlichen unternehmerischen Zielsetzungen entfernt.

Abgesehen von den eher volkswirtschaftlich relevanten mikro- und makroökonomischen Funktionen der Kommunikation im vorherigen Abschnitt sind die unternehmerischen **Ziele** im Detail zum einen außerökonomisch geprägt, was entweder auf die kognitive Komponente wie bspw. die Steigerung der Aufmerksamkeit und Wahrnehmung des Angebots, die Erhöhung des Bekanntheitsgrads (gestützt und ungestützt) der eigenen Marke(n), die Steigerung des Informationsniveaus sowie des Erinnerungsvermögens, oder im Rahmen einer affektiven Komponente bspw. auf die Steigerung der Akzeptanz der Unternehmensangebote, die Beeinflussung des Images, das emotionale Erleben der Dienstleistungen, die Glaubwürdigkeit sowie die Positionierung und Differenzierung gegenüber den Wettbewerbern abstellt (Meffert et al., 2018). Dabei stellen außerökonomische Zielsetzungen tendenziell vorgelagerte Ziele der Kommunikation dar, die quasi vorbereitend auf die nachgelagerten Kommunikationsziele wirken. Zu diesen gehören im Wesentlichen konative und damit handlungsimplizierende Vorgänge, d. h. die Kauf- und Nutzungsabsichten, aktuelle Käufe, Beschwerden und Kundenbindung, welche final zu den ökonomischen Zielen wie Umsatz, Marktanteil und Gewinn für das Unternehmen führen (Meffert et al., 2019; Wirtz und Lovelock, 2022).

7.4.2 Kommunikationsprozesse eines Dienstleistungsanbieters

Die Betrachtung außerökonomischer Zielsetzungen als Vorstufe der ökonomischen Zielsetzungen eines Dienstleistungsanbieters geht auf das weiter oben diskutierte verhaltenswissenschaftliche **SOR-Modell** zurück, bei dem im Kommunikationsprozess eine Reizdarbietung über Kommunikationsmittel und -träger erfolgt, die zu affektiven, kognitiven und konativen Reaktionen, d. h. Verhaltensabsichten bzw. einem tatsächlichen Verhalten führen (Gläser, 2021; Merten, 1999). Es reiht sich ein in die in der Kaufverhaltensforschung vorliegende Unterscheidung in Struktur- und Prozessmodelle, wobei die Strukturmodelle vor allem auf die unterschiedlichen Einflussfaktoren auf Entscheidungen abstellen und die Prozessmodelle den gesamten Entscheidungsprozess in den Fokus der Betrachtung rücken (Fill und Turnbull, 2019; Smith und Zook, 2020).

Dem Kontext der Prozessmodelle entstammt auch das oftmals in Bezug auf die Kommunikationspolitik zur Sprache kommende Paradigma der Werbeforschung. Dieses auf Lewis (1903) zurückgehende **AIDA-Modell** (Attention, Interest, Desire, Action) beschreibt den idealen Verlauf eines Kommunikationskontakts, der quasi über eine momentane emotionale eine dauerhafte gedächtnisbezogene und final eine Verhaltenswirkung auslösen soll. Gedanklich auf die Kommunikationspolitik eines Anbieters übertragen handelt es sich somit um ein entscheidungsorientiertes Vorgehen bei der Gestaltung der unternehmerischen Kommunikation im Sinne eines Marketingkommunikationsplans. In einem solchen Entscheidungsprozess sind nacheinander die Kommunikationsziele und Zielgruppen, die Budgets und deren Aufteilung, die zum Einsatz kommenden Kommunikationsinstrumente, die zu Maßnahmen gebündelt werden (Mediaplanung), und die Kontrolle des Kommunikationserfolgs festzulegen (Homburg, 2020; Smith und Zook, 2020). Historisch gesehen hat das AIDA-Modell seinen Ursprung jedoch in einer Interaktion von Verkäufer und (potenziellem) Käufer und damit im Bereich der interaktiven Kommunikation.

Im Gegensatz dazu stellt die auf die Arbeiten von Laswell (1948) zurückgehende **LASWELL-Formel** ein weiteres kommunikationswissenschaftliches Paradigma dar, welches zudem häufig als eine allgemeine Definition von Kommunikation angeführt wird. Anhand der Frage „Wer sagt was über welchen Kanal zu wem mit welcher Wirkung?" können zahlreiche Begrifflichkeiten abgegrenzt werden, die nicht nur in allgemeinen Kommunikationsmodellen, sondern vor allem in der unternehmerischen Kommunikationspolitik und deren Entscheidungstatbeständen eine wichtige Rolle spielen (Wirtz und Lovelock, 2022). Jedoch verweist Bruhn (2018) auf den Zusammenhang respektive die Integration beider Ansätze in die unternehmerische Kommunikationspolitik, sodass sowohl die Zielsetzungen im Rahmen des SOR-Modells als auch die entscheidungsorientierte Planung gemäß des AIDA-Modells oder entlang der LASWELL-Formel nicht unabhängig voneinander die Kommunikation eines Dienstleistungsanbieters begründen.

Die LASWELL-Formel ist sehr stark in einer Zeit begründet, in welcher die Kommunikation im Allgemeinen und die unternehmerische Kommunikation im Besonderen durch einen **einstufigen Wirkungsprozess** und vor allem massenmedial (z. B. Funk, Fernsehen und Printmedien) gekennzeichnet war (Smith und Zook, 2020). Hierbei existiert ein Kommunikationsbetreibender (Sender) der eines oder mehrere Konzepte entwickelt, um seine Zielgruppen, die Adressaten (Empfänger) seiner Kommunikationsbotschaft, zu beabsichtigten Reaktionen zu bewegen (Bruhn, 2018; Röhner und Schütz, 2020). Diese Grundüberlegungen gehen auf die mathematische Theorie der Kommunikation nach Shannon und Weaver (1949) zurück (vgl. Abb. 7.47). In diesem Zusammenhang werden alle Aktivitäten des Senders als Kommunikationsmaßnahmen bezeichnet, die in einer Kampagne gebündelt und zeitlich befristet umgesetzt werden. Werden sämtliche Maßnahmen eines Unternehmens gedanklich zusammengefasst, so wird zusätzlich von verschiedenen Kommunikationsinstrumenten gesprochen (z. B. Werbung oder Verkaufsförderung). Eine Kommunikationsbotschaft ist die Verschlüsselung (z. B. Text, Bild, Ton, Duft) kommunikationspolitischer Leitideen, um bei den Rezipienten durch Aussagen über Leistungen, Marken oder das Unternehmen die gewünschten Wirkungen im Sinne der gesetzten Kommunikationsziele zu erreichen. Dabei setzt der Sender verschiedene Kommunikationsmittel ein (z. B. eine Radio-/TV-Spot oder ein Plakat), die die reale, von dem Empfängern sinnlich wahrnehmbare Form bzw. Erscheinung der

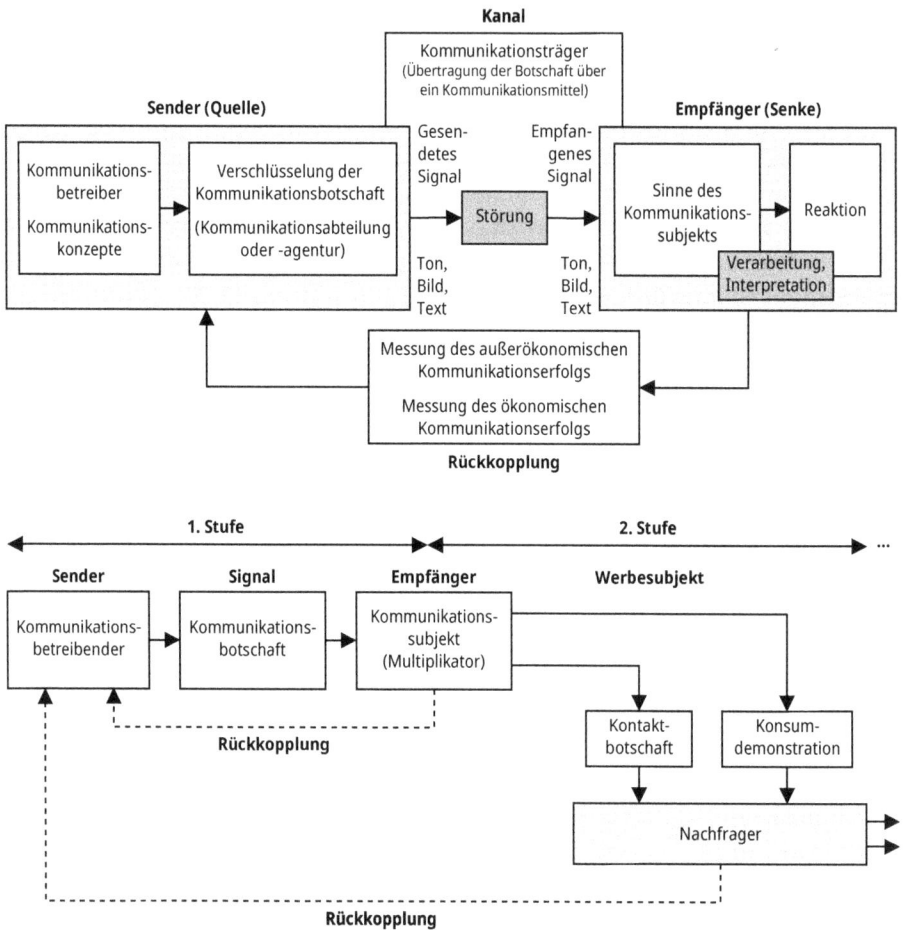

Abb. 7.47: Modelle der ein- und mehrstufigen Kommunikation (in Anlehnung an Haselhoff, 1970; Meffert, 1986).

Kommunikationsbotschaft darstellen. Kommunikationsmittel ersetzen bei der massenmedialen Kommunikation die ursprünglich von Mensch zu Mensch verlaufende Kommunikation und sind durch Massenmedien beliebig reproduzierbar. Letztere stellen so genannte Kommunikationsträger dar, also Medien bzw. Kanäle, mit dessen Hilfe die durch Kommunikationsmittel verschlüsselte Kommunikationsbotschaften den Adressaten nähergebracht wird (z. B. Radio/TV, das WWW oder eine Anschlagstelle). Auf diesem Weg kann es jedoch zu Störungen kommen, weil der Rezipient bspw. abgelenkt ist oder es aufgrund von technischen Empfangsproblemen (z. B. eines gestörten Satelliten- oder WiFi-Signals) zu Unterbrechungen kommt. Die genannten Probleme wirken sich negativ auf den außerökonomischen bzw. den ökonomischen Kommunikationserfolg (Rückkopplung) aus, welcher den Grad der Erreichung kommunikativer Zielsetzungen bei den anvisierten Zielgruppen widerspiegelt, und welcher sich möglichst ausschließ-lich auf den Einsatz spezifischer kommunikationspolitischer Aktivitäten zurückführen lassen sollte.

Wenngleich die unterstellten Annahmen und Begrifflichkeiten weiterhin Bestand für unternehmerische Kommunikationsaktivitäten haben, gehen neuere Kommuni-kationsmodelle von einem **mehrstufigen Wirkungsprozess** aus. Dies liegt vor allem in der zunehmenden Online-Kommunikation und den Aktivitäten im Social-media-Bereich begründet. Im Rahmen eines mehrstufigen Wirkungsprozesses kommt es zu einer Entkopplung des Senders und Empfängers einer Kommunikationsbotschaft bzw. einer Ergänzung um weitere (Homburg, 2020), zusätzliche Empfänger, indem die Kommunikationssubjekte als Multiplikatoren wirken und die Botschaft des Sen-ders (z. B. als besonders kompetenter Problemlöser) entweder durch weitere Kontakt-botschaften (positives/negatives WOM) oder durch eine Konsumdemonstration (z. B. Veränderungen durch handwerkliche Tätigkeiten und Reparaturen, die Verbesserung der Leistungsfähigkeit nach einer Operation oder eine neue Frisur) an zusätzliche (potenzielle) Nachfrager übermitteln. Daher kann der kommunikative Erfolg bei mehrstufigen Kommunikationsmodellen prinzipiell auf Basis von zwei oder mehr als zwei Rückkopplungsschleifen entstehen (siehe Smith und Zook, 2020 zu unterschied-lichen Kommunikationsmodellen). Aus diesem Grund ist es für Unternehmen beson-ders wichtig, die Multiplikatoren ihrer Botschaft zu ermitteln (z. B Influencer) und diese mit zusätzlichen Informationen zu versorgen (Kilian und Kreutzer, 2022). Ein Nachteil besteht jedoch darin, dass dadurch ein Teil der Kontrolle über die Kontakt-botschaften respektive deren Kodierung verloren geht. Gerade in Bezug auf Dienst-leister stellen solche Multiplikatoren auch die Mitarbeiter des Unternehmens dar, für welche im Rahmen der interaktiven Kommunikation mit aktuellen und potenziellen Nachfragern allerdings eine ähnliche Problematik vorliegt, wenn Mitarbeiter unzu-frieden sind und dies gegenüber den Kunden explizit darlegen. Insgesamt spielen hierbei vor allem anreizkompatible Incentivierungen, wie sie weiter oben als varia-ble Vergütungsbestandteile diskutiert wurden, eine wichtige Rolle zur Steuerung der interaktiven Kommunikation der eigenen Mitarbeiter mit Kundenkontakt.

Bei den Kommunikationsaktivitäten des Unternehmens muss neben der konkre-ten **Zielgruppenauswahl**, d. h. der Adressaten einer Kommunikationskampagne, auch die Budgetierung und die entsprechende Budgetallokation, d. h. die Aufteilung des zu Verfügung stehenden Kommunikationsbudgets auf die verschiedenen Kommu-nikationsinstrumente, vorgenommen werden (Fill und Turnbull, 2019; Homburg, 2020). Allerdings hängen beide Punkte eng zusammen, da es das oberste Leitkriterium ist, dass mit dem bereitgestellten Budget eine möglichst große Zahl von Personen der eigenen Zielgruppe erreicht werden soll (qualitative Reichweite). Hierbei ist in den letzten Jahre zu verzeichnen, dass, zumindest bis zur Covid19-Pandemie, nicht nur eine kontinuierliche Erhöhung der gesamten kommerziellen Kommunikationsausga-ben auf 47,34 Mrd. Euro im Jahr 2021 (zzgl. 11,28 Mrd. Euro für Sponsoring, Kataloge und Werbeartikel) erfolgte, sondern dass auch gerade durch den Budget-Shift während der Covid19-Pandemie ein Wandel weg von den traditionellen Massenmedien hin zu den moderneren Online-Medien vollzogen wurde. So entsprechen diese mittlerweile mit 44,9% im Jahr 2021 dem größten Teil an den Nettowerbeeinnahmen der erfassbaren Werbeträger (ZAW, 2023).

Im Hinblick auf die **Festlegung des Budgets** für die Gesamtzahl der unternehmerischen Kommunikationsaktivitäten können bspw. analytische Berechnungsmethoden eingesetzt werden, die anstreben, ein optimales Kommunikationsbudget zu ermitteln. Hierzu wird von unterstellten Werbewirkungsfunktionen (Response) ausgegangen und mittels der Werbeelastizität versucht zu bestimmen, welcher Absatz aufgrund des Einsatzes eines bestimmten Werbebudgets resultiert (Bruhn, 2018; Homburg, 2020). Allerdings haben sich in der Praxis aufgrund der Schwierigkeiten der Ermittlung einzelner Parameter vor allem Heuristiken, d. h. auf Erfahrung und Plausibilität basierende Entscheidungsregeln durchgesetzt. Hierzu gehören eine Orientierung an der Vorperiode (Fortschreibungsmethode), am Absatz, Umsatz, Marktanteil oder Gewinn (z. B. Prozent vom Umsatz-Methode), an den Zielen der Kommunikationspolitik (Ziel-Aufgaben-Methode), an den verfügbaren Finanzmitteln (Erschwinglichkeitsmethode) oder letztendlich an den Wettbewerbsaktivitäten (Wettbewerbsparitätsmethode).

Bruhn (2018) arbeitet für die **Budgetallokation** drei zentrale Entscheidungstatbestände heraus, die vor dem Hintergrund der Erreichbarkeit anvisierter Zielgruppen zu erfolgen haben, um nicht nur eine hohe quantitative Reichweite im Markt zu erzielen, sondern gleichzeitig auch die eigenen Zielgruppen optimal anzusprechen, d. h. eine möglichst hohe qualitative Reichweite zu erzielen, wodurch Streuverluste im Kommunikationsbudget vermieden werden. Dabei müssen (1) als Ausgangsbasis interinstrumentelle Entscheidungen zum Einsatz der verschiedenen Kommunikationsinstrumente getroffen werden (z. B. Mediawerbung, Sponsoring oder Socialmedia-Aktivitäten). Zusätzlich sind (2) die verschiedenen Erscheinungsformen der Kommunikationsinstrumente in der Intermediaselektion zu berücksichtigen (z. B. Mediawerbung: Fernsehen, Radio, Fachzeitschriften etc.). Darüber hinaus fallen (3) Entscheidungstatbestände zu einer adäquaten Auswahl konkreter Kommunikationsträger in der Intramediaselektion an (z. B. Zeitschriften: Wirtschaftswoche, FOCUS etc.). Während die interinstrumentelle Budgetallokation sowie die Intermediaselektion zwischen den alternativen Werbeträgern über Checklisten, Scoring-Verfahren oder Portfolioanalysen erfolgt, richtet sich eine Intramediaselektion vor allem an Effektivitäts- (qualitative Reichweite) und Effizienzkriterien (quantitative Reichweite) aus. Hierzu wurden eine Vielzahl von Kontaktmaßzahlen (z. B. Tausender-Kontaktpreise im Printbereich oder Klickraten im Online-Bereich) entwickelt, mit deren Hilfe der Berührungserfolg vor dem Hintergrund der Wirtschaftlichkeit einzelner Aktivitäten bewertet werden kann (ausführlich Bruhn, 2018). Darüber hinaus bestehen im Online-Bereich durch Tools wie Google-Analytics ausgedehnte Möglichkeiten des Trackings und der Analyse des Nutzungsverhaltens von Website-Besuchern und App-usern (GoogleAnalytics, 2023), die in aussagekräftigen Berichten zusammengefasst und zusätzlich mit zielgenauen, Keyword-basierten Anzeigenschaltungen über GoogleAds kombiniert werden können (GoogleAds, 2023).

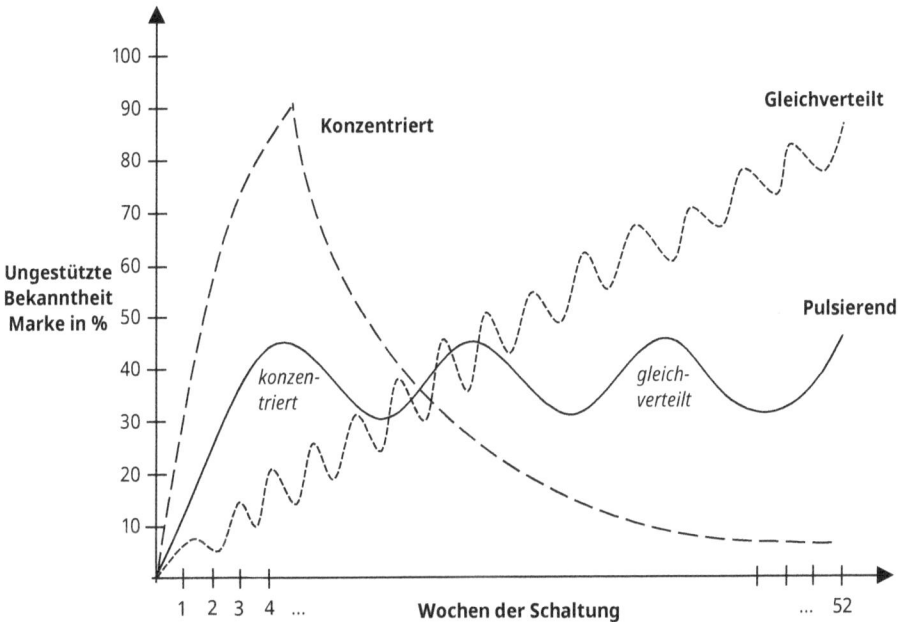

Abb. 7.48: Zeitliche Wirkung des Kommunikationsbudgets (in Anlehnung an Bruhn, 2018).

Schließlich ist auch eine zeitliche (dynamische) Planung des Kommunikationsbudgets zu berücksichtigen (vgl. Abb. 7.48). Diese stellt auf den zeitlichen Einsatz des Budgets, d. h. den Kommunikationsdruck über einen vorab festgelegten Zeitraum, und die dabei erzielten Wirkungen (z. B. Bekanntheitsgrad, Informationsniveau, Image oder Absatz) ab. Eine Entscheidung bezgl. der **zeitlichen Verteilung** des Kommunikationsbudgets kann nicht generell getroffen werden. So bietet sich bspw. für wiederkehrende Dienstleistungen (z. B. Friseurleistungen) ein gleichverteilter Einsatz des Budgets an, damit die Erinnerungswirkung bei aktuellen und potenziellen Nachfragern hochgehalten und ein zu schnelles Vergessen der eigenen Marke bzw. des Unternehmens verhindert wird. Dagegen sollte für Dienstleistungen mit starkem saisonalen Einfluss oder kurzen Lebenszyklen (z. B. Reiseangebote) eher konzentriert kommuniziert werden, da so die Wirkung kurzfristig verstärkt werden kann, danach jedoch relativ zügig wieder abflacht und das Vergessen einsetzt. Kombinationen aus konzentrierter und gleichverteilter Kommunikation im Rahmen eines pulsierenden Einsatzes des Budgets bieten sich bspw. bei allen Dienstleistungen an, die hoch innovativ bzw. unternehmensseitig neu sind, um so Adoptions- und Diffusionswiderstände auf der Nachfrageseite zu überwinden. Bei Leistungen mit saisonalem Einfluss und ausreichendem Budget kann so auch das zu schnelle Vergessen verhindert werden. Sowohl die Verteilung des Budgets auf unterschiedliche Medien (Mediaselektion) als auch die zeitliche Verteilung des Kommunikationsbudgets sind, neben der kreativen Gestaltung der Inhalte, die meist von Werbeagenturen übernommen wird (z. B. Grey oder BBDO), ein sehr wichtiger Teil der Mediaplanung und werden bei großen Unternehmen oftmals von externen Mediaagenturen übernommen (z. B. MediaCom, OMD oder Mindshare), die die Medienstrategie für die Unternehmen planen und die entsprechenden Schaltungen bzw. deren zeitliche Verteilung bei den Werbeträgern buchen (Smith und Zook, 2020). Als Entlohnung erhalten Sie dafür von den Dienstleistern Provisionen und Honorare bzw. so genannte Kickbacks (Rückvergütungen), die im Gegensatz dazu von den Verlagen und Sendern gezahlt werden.

7.4.3 Ausgewählte Kommunikationsinstrumente

Einem Dienstleistungsunternehmen stehen unterschiedliche Kommunikationsinstrumente zur Verfügung (vgl. Abb. 7.49), die sich übergeordnet in solche mit eher unpersönlichem Fokus (Massenkommunikation), d. h. einer räumlich-zeitliche Trennung zwischen Sender und Empfänger, und solche mit eher persönlichem Fokus einteilen lassen, d. h. eine direkte Kommunikation zwischen Sender und Empfänger (Homburg, 2020). Allerdings ist gerade vor dem Hintergrund der zunehmenden Bedeutung von Online- und Social-media-Aktivitäten eine Abgrenzung nicht immer eindeutig vorzunehmen, sodass es teilweise zu **Überschneidungen** kommt, je nachdem wie das einzelne Instrument im konkreten Fall eingesetzt wird (Bruhn, 2018). Zu den eher unpersönlichen Instrumenten zählen vor allem die klassische Werbung (z. B. im TV oder in Tageszeitungen) sowie die Online-Werbung (z. B. über Online-Banner und

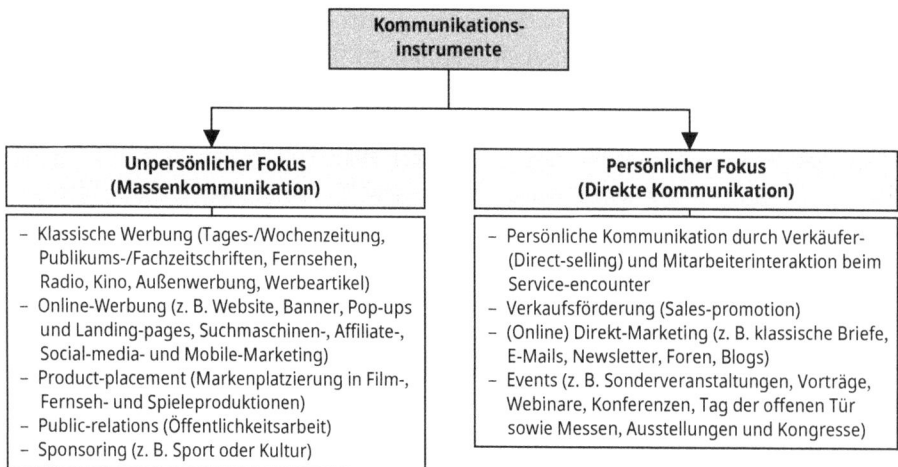

Abb. 7.49: Einteilung der Kommunikationsinstrumente eines Dienstleisters.

Pop-ups), Product-placement (z. B. die Platzierung der Marke in Fernsehproduktionen), Public-relations (z. B. durch Pressearbeit) und das Sponsoring (z. B. von Sportveranstaltungen oder Kultureinrichtungen). Zu den eher persönlichen Instrumenten gehören dagegen die klassische Verkäuferinteraktion (z. B. durch Verkaufsgespräche), Maßnahmen der Verkaufsförderung (z. B. Schnupper-Abos), Direktwerbung (z. B. über E-Mails) und Events (z. B. Messen und Ausstellungen).

7.4.3.1 Instrumente mit unpersönlichem Fokus

Das jahrelang in Bezug auf die eingesetzten Budgets größte Instrument der Kommunikationspolitik im Allgemeinen und der Instrumente mit unpersönlichem Fokus im Besonderen ist die klassische Werbung eines Unternehmens (ZAW, 2023). **Klassische Werbung** ist ein Beeinflussungsprozess, der mit Hilfe von Massenkommunikationsmitteln im öffentlichen Raum vorgenommen wird und das Ziel hat, bei den Adressaten der Werbung entsprechende Einstellungen und Verhaltensweisen im Sinne der Kommunikationsziele zu bestärken respektive zu verändern (Meffert et al., 2019). Die Träger der Werbung, über die die Zielgruppenansprache mittels der von Unternehmen bzw. externen Werbe- und Mediaagenturen vorproduzierten Werbemittel vorgenommen wird, werden auch als Insertionsmedien bezeichnet. Hierbei folgt die klassische Werbung dem Ansatz der einstufigen Kommunikation, bei der Kommunikationsbotschaften in Werbemitteln verschlüsselt und über Kommunikationsträger an die Zielgruppen des Dienstleistungsunternehmens übertragen werden, um dort ein außerökonomisches bzw. ein ökonomisches Feedback im Sinne der Ziel des Unternehmens und des Marketings auszulösen. Die Werbeträger sind bspw. Zeitungen, Fernsehen, Radio und die Träger der Außenwerbung (z. B. Plakatstellen, Litfaßsäulen etc.). Der gesamte Bereich der klassischen Werbung wird in der Literatur auch unter dem Terminus der Mediawerbung zusammengefasst (Bruhn, 2018).

Einer der ältesten Werbeträger stellt die Zeitung in Form der traditionellen **Tages- oder Wochenzeitung** dar (Homburg, 2020). Beide können sowohl einen regionalen (z. B. WAZ, Rheinische Post, B.Z. oder Berliner Morgenpost) als auch einen überregionalen Bezug (z. B. Frankfurter Allgemeine, ZEIT oder BILD) haben. Sie liefern aktuelle Informationen bzw. Meinungen/Kommentare und verfügen über ausgedehnte Anzeigenteile, in denen Dienstleistungsanbieter regionale oder deutschlandweite Anzeigen schalten und auf ihre Services aufmerksam machen können. Daneben existieren **Publikums- und Fachzeitschriften**, welche in regelmäßigen Abständen (z. B. wöchentlich, monatlich oder quartalsweise) erscheinen und entweder einen breiten Fokus haben (z. B. DER SPIEGEL, FOKUS oder stern) oder sich als Spezialtitel (z. B. Brigitte, TV Spielfilm, kicker oder connect) respektive professionell orientierte Fachzeitschriften (z. B. Der Steuerberater, Sicherheit – Das Fachmagazin, oder Gesundheits- und Krankenpflege) auf einzelne Branchen, Zielgruppen, Berufe oder Hobbys konzentrieren. Während Fachzeitschriften meist nur einem sehr engen Fachpublikum geläufig sind, sprechen Special-interest-Titel (z. B. BEEF, Vollblut oder Aktiv Laufen) ebenfalls an bestimmten Themen interessierte Personen an, haben dagegen aber ein allgemeinverständlicheres Niveau und einen deutlich breiteren Fokus. Zudem eignen sich für Dienstleistungen des täglichen Bedarfs eher Publikumszeitschriften als Werbeträger. Insgesamt sinkt die Anzahl der gedruckten Zeitungen und Zeitschriften in Deutschland respektive deren Auflagenhöhe seit einigen Jahren kontinuierlich, da zunehmend Online-Ausgaben von jüngeren Generationen bevorzugt werden. Aktuell existieren in Deutschland noch 320 Tages- und 20 Wochenzeitungen (BDZV, 2023). Darüber hinaus gibt es ca. 1.300 Publikumszeitschriften und ca. 5.600 Fachzeitschriften, wobei sich die Zahl der Fachzeitschriften in den letzten Jahren sogar relativ konstant gehalten hat (Statista, 2023a/2023b).

Einen weitaus größeren Teil der deutschen Bevölkerung erreicht immer noch die **Fernsehwerbung**, welche zudem bezgl. der gesamten Werbeausgaben von der Werbung für Dienstleistungen angeführt wird (Statista, 2023f). Gegenüber der **Radiowerbung** bietet das Fernsehen zusätzliche Gestaltungsmöglichkeiten durch den Einsatz bewegter Bilder und gegenüber der traditionellen Kinowerbung, die ebenfalls die Möglichkeit der bewegten Bilder hat, erzeugt es eine deutlich höherer Reichweite. Außerdem hat gerade die **Kinowerbung** in den letzten Jahren nach einer kurzen Erholung an Bedeutung verloren (Statista, 2023c), weil Filmangebote in der Zeit der Covid19-Pandemie zunehmend über Streamingdienste wie Disney, Netflix oder AmazonPrime genutzt werden. Dagegen halten sich die Radiowerbeumsätze erstaunlich konstant (Statista, 2023d). Während Radiowerbung auch von kleineren Dienstleistungsanbietern bezahlt werden kann, reicht das Kommunikationsbudget für Fernsehwerbung oftmals nur bei großen national und international aufgestellten Dienstleistern (Haller und Wissing, 2020). Insgesamt haben bewegte Bilder und Töne eine deutlich stärkere Werbewirkung als gedruckte Werbemittel, da eine komplexere Story erzählt werden kann und der Einsatz von Musik die Erinnerungswirkung zusätzlich steigert. Der Nachteil besteht allerdings in der aufwändigeren Produktion von Fernseh-, Radio- und Kinowerbung und der insgesamt höheren Kosten.

Hinzu kommt bei der klassischen Werbung als Werbeträger die **Außenwerbung**, über die Werbemittel wie Plakate und Poster an traditionellen Anschlagstellen (z. B. Großflächen, Litfaßsäulen oder City-lights) sowie Bauzäunen/-gerüsten, Bahnhöfen, Häuserwänden, Werbetürmen oder mobilen Werbeträgern wie bspw. Taxis und Motorrädern angebracht werden können (Homburg, 2020; Meffert et al., 2019). Auch hier können einfache und klare Botschaften mit prägnanten Bildinformationen transportiert werden, die allerdings gegenüber der Werbung in Printmedien meist nur im Vorbeigehen/-fahren aufgenommen werden, wodurch die Kontaktzeit meist nur wenige Sekunden beträgt. Zudem spielt die Auswahl der Standorte im Rahmen der Mediaplanung eine entscheidende Rolle, um die anvisierten Zielgruppen des Unternehmens zu erreichen. Eine Gestaltung solcher Werbemittel muss darum einen hohen Aufmerksamkeitswert besitzen (z. B. helle Farben, große Formen und Bilder) und die textlichen Informationen sind aufgrund der zeitlichen Restriktionen relativ oberflächlich, d. h. nur wenige Wörter mit klaren, einprägsamen Botschaften (Homburg, 2020). Allerdings besteht der Vorteil der Außenwerbung darin, dass diese kostengünstiger als die Werbung in Film, Funk und Fernsehen (FFF) ist und sich darum für die schnelle und lokale Verbreitung von Dienstleistungsangeboten, d. h. eine hohe geografische Trennschärfe der Maßnahmen, sehr gut eignet. Außerdem können Erstkontakte über angefügte QR-Codes auf die Websites der Anbieter geleitet werden, um zusätzliche Informationen zu erhalten und den Kontakt auszubauen. Gleiches gilt für den Einsatz kombinierter Werbeformen in Zeitungen und Zeitschriften.

In Ergänzung zu den bisher genannten Werbeträgern kommen als Erweiterung des Gedankens der Außenwerbung mit einem ähnlichem Fokus noch **Werbeartikel** hinzu, die als Kleinstartikel eine konstant hohe praktische Bedeutung als Transporteur von Werbebotschaften sowohl auf individueller als auch auf öffentlicher Ebene haben (z. B. Rucksäcke, Taschen, Schreibutensilien, Trinkflaschen, Kaffeetassen, Regenschirme, Schlüsselanhänger etc.). Bei Werbeartikeln ist eine eindeutige Differenzierung zwischen Werbemittel und Werbeträger nicht möglich, da das Werbemittel zugleich der Träger der Werbebotschaft des Dienstleistungsunternehmens ist. Nach den Angaben des Gesamtverbandes der Werbeartikel-Wirtschaft wurden im Jahr 2019 insgesamt 3,65 Mrd. € für Werbeartikel ausgegeben (GWW, 2023). Im Vergleich dazu betragen die Ausgaben für Außenwerbung lediglich 1 Mrd. € und die Radio-/Kinowerbung kommt zusammen auf ca. 800 Mio. € im Mittel der Jahre 2020/21 (ZAW, 2023). Gerade Kleinstartikel wie Kugelschreiber, Tassen und Taschen haben einen hohen Erinnerungswert und stellen gleichzeitig eine kostengünstige Möglichkeit der Außenwerbung dar. Darüber hinaus schaffen sie als kleine Geschenke mit hohem Nutzwert eine positive Atmosphäre beim Service-encounter und unterstützen so die Kundenbindungsbemühungen des Dienstleisters.

Im Gegensatz zur klassischen Werbung hat die **Online-Werbung**, vor allem durch den Budget-Shift während der Covid19-Pandemie, einen sehr deutlichen Zuwachs erhalten und füllt mittlerweile fast die Hälfte der Nettowerbeeinnahmen der erfassbaren Werbeträger aus (ZAW, 2023). Im Gegensatz zu traditionellen Insertionsmedien läuft die Kommunikation hierbei über digitale Insertionsmedien, die auf den Möglichkeiten des Internets bzw. dessen Services, insbesondere dem WWW, beruhen (Homburg, 2020). Meffert et al. (2019) definieren allgemeiner als digitale Kommunikation alle Kommunikationsaktivitäten, die auf Grundlage digitaler Informations- und Kommunikationstechnologien aufbauen bzw. als Online-Kommunikation i. e. S. alle Aktivitäten, die auf Basis des Internet-Protokolls (IP) als Werbeträger erfolgen. Der Vorteil der Online-Werbung besteht nicht nur in der mittlerweile hohen Verbreitung des Internets und seiner Dienste, sondern auch in den geringeren Produktionskosten und der schnellen Abänderbarkeit von Werbekampagnen bei gleichzeitigem Einsatz von bewegten Bildern, Text und Ton. Ferner kann neben dem massenmedialen Ansatz mit einseitig gerichteter Kommunikation zugleich eine Feedback-Möglichkeit relativ einfach und ohne mediale Brüche in die Kommunikationskampagne implementiert werden. Dadurch erhalten die Dienstleistungsunternehmen zusätzlich die Möglichkeit, einen direkten Dialog mit den Nachfragern zu führen. Zudem bieten sich nicht nur die Vorteile einer interaktiven Kommunikation, sondern durch die Ansprache von Multiplikatoren (z. B. bekannten Influencern) auch die Vorzüge der mehrstufigen Kommunikation durch weitere Kontaktbotschaften und Konsumdemonstrationen. Dadurch erhöht sich die Reichweite der unternehmensseitigen Botschaften um ein Vielfaches; unter Umständen auch im Vergleich zur klassischen Werbung (Kilian und Kreutzer, 2022; Lammenett, 2019). Letztendlich können relativ einfach Online-Vermarktungskooperationen eingegangen werden und integrierte Kommunikationskampagnen über sämtliche Online-Medien miteinander verbunden werden (z. B. die Gothaer-Versicherung und der Streamingdienst Sportdeutschland.TV, der ein breites Sportangebot mit seinem Programm auch in Randsportarten unterstützt). Dabei ist das Feld der Online-Werbung insgesamt sehr weitläufig und beinhaltet zahlreiche unterschiedliche Werbemittel (z. B. Websites, Banner und Social-media-Kampagnen). Im Rahmen einer Integration von verschiedenen Kommunikationsmaßnahmen können auch klassische Werbemaßnahmen sehr gut mit Online-Maßnahmen verbunden werden (z. B. über Links und QR-Codes).

Die Online-Werbung beginnt aus der Unternehmenssicht zunächst mit der Gestaltung der eigenen **Website** zur Präsentation der Leistungsangebote und zur Kontaktanbahnung für weitere Maßnahmen mit eher persönlichem Fokus, wie sie weiter unten diskutiert werden. Meffert et al. (2019) ordnen der Website in der Online-Kommunikation eine zentrale Position zu. So kann die Website als Ausgangsbasis für sämtliche Online-Aktivitäten genutzt werden, diese führt dann quasi alle Aktivitäten durch Verlinkungen mit anderen Werbemitteln an einem Punkt zusammen, an dem das Dienstleistungsunternehmen einen zentralen Zugriff auf die aktuellen und potenziellen Kunden für sämtliche Verkaufsförderungs- und Kundenbindungsmaßnahmen erhält. Neben der Präsentation der eigenen Leistungen, deren Bewerbung, der Erläuterung der Leistungsbestandteile und der Beratung über die eigene Angebotsvielfalt können Websites auch im Sinne des Direktvertriebs als Distributionsinstrument eingesetzt werden, um Kaufabschlüsse in einem E-Commerce-/Web-Shop anzubahnen (z. B. Reiseveranstalter, Airlines oder Autovermietungen). Zudem können potenzielle Kunden Informationen über die physischen Standorte des Unternehmens erhalten oder sich im Sinne der Kundenbindung für Newsletter, Foren, Webinare, Messen oder sonstige Events anmelden, wodurch ein fließender Übergang zu direkten Formen der digitalen Kommunikation entstehen. Dabei steht die Benutzerfreundlichkeit (Usability) der Website über eine moderne Erscheinung mit der Kombination aus Text, Ton, Bild und Video, die klare Navigationsstruktur, d. h. möglichst One-click-to-the-information, die Barrierefreiheit (Accessability), eine permanente Erreichbarkeit der Server sowie die plattformübergreifende Optimierung für Laptops, Tablets und Smartphones im Vordergrund. Allerdings haben im Rahmen der EU-Gesetzgebung die Datenschutzgrundverordnung (DSGVO) sowie die diese ergänzende Cookie-Richtlinie (ePrivacy-Richtlinie) die Verarbeitung personenbezogener Daten für Anbieter erschwert und dazu geführt, dass aktuelle und potenzielle Nachfrager beim Besuch digitaler Seiten bzw. Angebote im WWW in die Speicherung so genannter Cookies

(Tracker), die dem Komfort und der Wiedererkennung von Besuchern dienen, durch ein explizites Opt-in einwilligen müssen (DSGVO, 2016; ePrivacy-Richtlinie, 2009).

In der Online-Werbung spielt zudem die Platzierung von **Bannern und Pop-ups** auf den Seiten anderer Anbieter im Internet eine wichtige Rolle (z. B. die digitalen Angebote der Zeitschriftenverlage, des Online-Handels, in virtuellen sozialen Netzwerken oder bei Online-Suchmaschinen). Allerdings weisen Meffert et al. (2019) kritisch darauf hin, dass der Einsatz zahlreicher Banner und Pop-ups bei den Online-Nutzern bereits zu einer gewissen Bannerblindheit geführt hat, da sie ein flüssiges Surf-Verhalten behindern und die Ladezeiten von Websites künstlich verlangsamen, sodass diese Art der Werbung kaum noch wahrgenommen bzw. ignoriert wird oder zu Reaktanzen, d. h. einer expliziten Ablehnung bei den potenziellen Nachfragern führen kann. Anbieter versuchen darum, über ein möglichst genaues Targeting der eigenen Zielgruppen (personalisierte Bannerwerbung) die Effektivität ihrer Bannern und gleichzeitig die Effizienz solcher Kommunikationsaktivitäten zu erhöhen. Darüber hinaus können Banner und Pop-ups ebenso wie Anfragen in Suchmaschinen dazu genutzt werden, um potenzielle Nachfrager auf so genannte Landing-pages von Unternehmen zu leiten, die quasi ein vorgelagertes Tor zum Unternehmen als Ausgangspunkt der gesamten Customer-journey darstellen und die Auffindbarkeit respektive die Klickraten der eigenen Website erhöhen können. Landing-pages sind speziell auf eine Zielgruppe optimierte Websites, die den Nutzern bei Eingabe bestimmter Schlüsselbegriffe (Keywords) angezeigt werden. Auf diesen kann das Unternehmen auf spezifische Angebote hinweisen respektive diese Angebote bewerben und/oder weitere Informationen für die relevante Zielgruppe geben. Im Anschluss daran können die Nachfrager dann über die Landing-page auf die Website des Unternehmens weitergeleitet werden.

Ein zusätzliches Feld der Online-Werbung stellt das **Suchmaschinen-Marketing** und damit die Suchmaschinenoptimierung (SEO: Search-engine-optimization) bzw. die Suchmaschinenwerbung (SEA: Search-engine-advertising) dar (Lammenett, 2019). Hierbei wird versucht, durch eine Optimierung der eigenen Website im Hinblick auf Schlüsselwörter (Keywords) oder durch den Kauf von Positionen in Suchmaschinen (z. B. Google oder Bing) das eigene Angebot gegenüber Wettbewerbsangeboten in den Vordergrund zu rücken. Die Optimierungsbemühungen basieren auf der Annahme, dass Nachfrager bei Internet-Suchanfragen selten mehr als die erste Ergebnisseite berücksichtigen, wodurch die Toppositionen in den entsprechenden Suchmaschinen die größte Aussicht auf einen Klickerfolg besitzen. Lammenett (2019) verweist darauf, dass die im WWW Suchenden lediglich die ersten drei Ergebnisse einer Suchanfrage wahrnehmen. Allerdings ist die Suchmaschinenoptimierung (SEO) schwierig, da der mit Abstand größte Suchmaschinenanbieter für Laptops und Smartphones, das Unternehmen Google (Statista, 2023e), die in seinen Algorithmus eingehenden Faktoren kontinuierlich verändert (Haller und Wissing, 2020). Aus diesem Grund kaufen Unternehmen Werbeplatz und sich somit in die erste Ergebnisseite durch Suchmaschinen-werbung (SEA) ein (siehe bspw. GoogleAds, 2023). Für Nutzer wird dies durch das Wort Gesponsert oder Anzeige deutlich. Allerdings ist davon auszugehen, dass nicht alle Nutzer diese Kenntlichmachung direkt wahrnehmen und trotzdem auf den angezeigten Link klicken. Zudem wird auf den Seiten der Suchmaschinen nicht immer ganz klar, wie viele der oberen Links unternehmensseitig bezahlt wurden. Dennoch ist nutzerseitig beim Suchmaschinen-Marketing von einer höheren Toleranzschwelle als bei Bannern und Pop-ups auszugehen, zumal die Nachfrager aktiv nach Begriffen im Internet suchen.

Eine kooperative, wenngleich ebenfalls bezahlte Möglichkeit der Online-Werbung stellt das so genannte **Affiliate-Marketing** dar. Beim Affiliate-Marketing handelt es sich um ein Partnerprogramm, mit dem die Reichweite der eigenen Online-Kommunikation erhöht werden kann und welches gleichzeitig einen Teil des internetgestützten Vertriebs darstellt. Dabei implementieren werbetreibende Dienstleistungsunternehmen (Merchants) Banner und Links bei ihren Partnern (Affiliates), die bspw. über ein komplementäres Angebot verfügen (z. B. Autovermieter werben auf der Seite einer Fluggesellschaft), um darüber die potenziellen Nachfrager, die die Partnerseite aufsuchen, gegen eine Provision für den Affiliate auf die eigenen Seiten zu leiten (Lammenett, 2019). Dies geschieht über einen eindeutig zuordenbaren Code über den bei der Kontrolle des Werbeerfolgs zusätzlich nachvollzogen werden kann, über welchen Partner der meiste Traffic auf die eigene Seite generiert wurde. Hierbei werden unterschiedliche Abrechnungsmodelle zugrunde gelegt, je nachdem ob der Klick vergütet wird oder es zu einer weitergehenden Aktion des Nachfragers (z. B. eine Newsletter-Anmeldung oder ein Kauf) kommen muss. Zudem kann das Modell auf ganze Affiliate-Netzwerke ausgedehnt werden, wodurch sich die Reichweite des eigenen Angebots und damit die Möglichkeiten des eigenen Vertriebs nochmals erhöhen. Darüber hinaus besteht ein Vorteil gegenüber der Suchmaschinenwerbung darin, dass die Entlohnung der Partner erfolgsabhängig erfolgen kann (Pay-per-sale). In diesem Zusammenhang verweist eine Studie von Nabout et al. (2014) darauf, dass bspw. die Preise für Suchmaschinenwerbung in den Jahren 2009–2012 kontinuierlich angestiegen sind, ohne dass dadurch mehr Klicks bezahlt wurden, es wurden also lediglich Preissteigerungen pro Klick durch die mächtigen Suchmaschinenanbieter durchgesetzt. Dies deutet sowohl bei der Suchmaschinenoptimierung als auch beim Affiliate-Marketing und der Bannerwerbung auf die starke Abhängigkeit von einigen wenigen Leistungsanbietern in diesem Bereich hin und kann zu einer weiteren, deutlichen Verteuerung dieser Werbeträger in der Zukunft führen.

Schließlich geht die Online-Werbung im **Social-media-Marketing** noch einen Schritt weiter in Richtung der Kommunikationsformen mit einem stärkeren persönlichen Fokus und ist von diesen auch nicht immer eindeutig zu unterscheiden, da meist gerade das Ziel darin besteht, die individuellen Nutzer eines Social-media-Kanals zu unternehmensbezogenem Feedback anzuleiten oder Diskussionen von Nutzern untereinander (User-generated-content) zu moderieren sowie eine schnelle Verbreitung von Botschaften des Unternehmens zu erreichen (Homburg, 2020). Im Gegensatz zu den bisher behandelten Kanälen wird deutlich, dass das Typische an sozialen Kanälen der Tatbestand ist, dass die Nutzer in Echtzeit interagieren können, wohingegen die klassischen Medien dem professionellen Einsatz und der Steuerung seitens der Unternehmen und Mediaagenturen vorbehalten war (Kreutzer, 2018). Die größte praktische Bedeutung dürften Kommunikationskampagnen vor allem unter Einsatz privater (z. B. Instagram oder Facebook) und beruflicher (z. B. Xing und LinkedIn) virtueller sozialer Netzwerke (VSN) haben. Hier können neben der leistungsbezogenen Werbung bspw. auch Aktivitäten im Rahmen des Personalmarketings gebündelt werden, um für das Unternehmen in Frage kommende Fachkräfte anzuwerben. Allerdings ist der Terminus Social-media generell weiter gefasst (Lammenett, 2019). So stellen Social-media-Kanäle prinzipiell alle sozialen Medien dar, die die Interaktion zwischen Unternehmen und Nachfragern sowie zwischen den Nachfragern untereinander ermöglichen (Bruhn, 2018; Meffert et al., 2019). Neben den VSN gehören auch Weblogs als Text und/oder Videotagebücher (z. B. von Allianz oder American Express), unternehmensseitige Online-communities (z. B. von SAP oder Swisscom), Microblogs (z. B. auf Twitter oder tumblr), Media-sharing-Plattformen für Videos, Fotos, Musik und Podcasts (z. B. Youtube, Vimeo, Fotolia, Flickr, Pinterest oder Spotify) und Bewertungsportale (z. B. Yelp, TripAdvisor oder Jameda) zu den Social-media-Kanälen (Kreutzer, 2018; Lammenett, 2019).

Gerade vor dem Hintergrund einer mehrstufigen Unternehmenskommunikation und der Einbindung von Multiplikatoren (z. B. Influencern) in die Kommunikationsaktivitäten eines Dienstleisters kann durch den gezielten Einsatz sozialer Medien die Reichweite gesteigert werden (Grönroos, 2015). In diesem Zusammenhang wird teilweise noch das **virale Marketing** als Sonderform abgegrenzt (Voeth und Herbst, 2013), welches insbesondere auf die Verbreitung von Werbebotschaften durch aktuelle Kunden an andere potenzielle Kunden durch positives WOM (Mund-zu-Mund-Propaganda) abzielt. Eine sehr erfolgreiche virale Kampagne war bspw. der in Social-media-Kanälen im Jahr 2014 platzierte Spot von Edeka („Supergeil") unter Einsatz des Künstlers Friedrich Liechtenstein, der sehr schnell viral ging und damit eine sehr hohe Reichweite bzw. Bekanntheit des Unternehmens erzielt hat. Für Unternehmen stellen die virtuellen sozialen Netzwerke wie Instagram, LinkedIn und Youtube wichtige Kanäle dar, um ihre aktuellen Angebote multimedial zu kommunizieren oder ihre Innovationen vorzustellen und mit wichtigen Multiplikatoren bzw. aktuellen und potenziellen Nachfragern im Rahmen des Kundenbindungsmanagements in Kontakt zu treten. Lokale Anbieter können zudem über Plattformen wie Groupon, die als Online-community fungieren, ihre Dienstleistungen an ein breites, preissensibles Publikum vertreiben. Jedoch muss gerade für kleinere, regionale Dienstleister berücksichtig werden, dass ein Social-media-Auftritt einer regelmäßigen Einspielung aktueller und für die Zielgruppe interessanter Inhalte (Content) bedarf, da sonst das Interesse an dem Kanal schnell nachlässt. Um dies gewährleisten zu können sollte folglich die Zahl der Kanäle auf ein bestimmtes Maß und die für das Unternehmen vor dem Hintergrund der eigenen Zielgruppe wichtigsten Kanäle beschränkt werden. Außerdem kann negatives eWOM nur schwer kontrolliert werden und sich zu einem so genannten Shitstorm ausweiten. Dieser stellt bei einem kleinen Kommunikationsbudget und einer geringen Einbindung in die sonstigen Kommunikationsaktivitäten bzw. in ein abgestimmtes Gesamtkonzept des Unternehmens eine große Gefahr für die Reputation des Dienstleisters dar. Dennoch gehört heutzutage ein Auftritt in VSN und weiteren Social-media-Kanälen zum guten Ton einer jeden Kommunikationsaktivität des Unternehmens. Dies trifft ebenso auf eine adäquate und zeitgemäße Website zu, denn wer heute nicht im Internet zu finden ist, der ist als Leistungsanbieter quasi nicht existent, da das WWW mehr oder weniger den Gelben Seiten aus der Vergangenheit entspricht, dabei aber eine deutlich höhere Reichweite erzielt.

Auch das **Mobile-Marketing** kann als mobile Kommunikation, welche auf den Einsatz mobiler Endgeräte der Telekommunikation basiert (z. B. Smartphones oder Tablets), zu den Online-Werbeinstrumenten i. w. S. gezählt werden. Im Hinblick auf die hierbei besonders hervorzuhebenden Mobilfunkendgeräte haben sich die Möglichkeiten vor allem durch den Einsatz des Internet-Protokolls (IP) gegenüber den klassischen SMS/MMS-Anwendungen deutlich vergrößert, weil durch die weit verbreitete und kontinuierliche Netzanbindung (Erreichbarkeit) sowie durch die Nutzung von Applikationen (Apps) mit GPS-Funktion zum einen größenoptimierte Banner und Pop-ups oder personalisierte Nachrichten und Werbebotschaften in die Apps als Gegenleistung für die Gratisnutzung der Services ortsunabhängig eingebaut und zum anderen die Standorte der Nutzer abgerufen werden können (Push-Prinzip). Dadurch können auch weitere Location-based-services (z. B. Einkaufsgutscheine oder Informationsangebote) über die Standortdaten der Endgeräte an die Nutzer gesendet werden. Außerdem können Nutzer mit ihren Geräten QR-Codes scannen und somit direkt über Werbemittel (Pull-Prinzip), die bspw. in der Außenwerbung zum Einsatz kommen, auf die Website oder sonstige Angebote des Unternehmens weitergeleitet werden (Homburg, 2020). Hiermit werden mehrere Kommunikationsinstrumente im Rahmen einer integrierten Kommunikation ohne Medienbrüche direkt miteinander verbunden und es wird die Interaktivität mit dem einzelnen Nachfrager gefördert (Meffert et al., 2019). Darüber hinaus kann der bei der Außenwerbung eingeschränkte Darstellungsraum bspw. eines Werbeplakats oder -poster durch die Verlinkung erweitert werden (Kreutzer, 2018). Insgesamt ist durch Mobile-Marketing eine deutlich stärkere Personalisierung und ein besseres Targeting der Kommunikationsbotschaften möglich, da die Endgeräte i. d. R. eindeutig nutzerbezogen sind, sodass Streuverluste eingeschränkt werden können.

Neben der diskutierten Online-Werbung bzw. denjenigen Teilen, die nicht auf ein direktes Feedback durch die Nutzer setzen, zählt auch das **Product-placement** zu den eher unpersönlichen Kommunikationsinstrumenten. Dieses eignet sich ebenfalls prinzipiell für Dienstleistungsanbieter. Beim Product-placement werden normalerweise Produkte eines Anbieters als Requisiten in Film- und Fernsehproduktionen platziert und dort durch die Kameraführung in einem vertraglich vereinbarten Umfang dramaturgisch hervorgehoben. Insgesamt gehört das Product-placement im Vergleich zur klassischen und zur Online-Werbung zu den eher nachgeordneten Kommunikationsinstrumenten, hat aber aufgrund seiner höheren Glaubwürdigkeit und der geringen Ausweichmöglichkeiten seitens der Nachfrager (z. B. durch Zapping im Fall der TV-Werbung) eine wichtige Bedeutung im Kommunikationsmix des Anbieters (Homburg, 2020). Das Product-placement beschränkt sich bei Dienstleistern allerdings auf die Hervorhebung der eigenen Marke bzw. des eigenen Logos (z. B. die Filiale des Autovermieters Avis im James Bond-Film „Tomorrow Never Dies" aus dem Jahr 1997). Diese Form der Werbung funktioniert unterbewusst, da der durchschnittliche Zuschauer die Platzierung nicht als Werbung respektive beabsichtigt wahrnimmt, sodass die gesamte Szene bzw. der Markenauftritt eine hohe Authentizität besitzen (Meffert et al., 2019). Weitere bekannte Beispiele sind McDonalds im Film Mac and Me aus dem Jahr 1988 oder der Logistikanbieter FedEx im Film Cast Away aus dem Jahr 2000, wobei kolportiert wird, dass das Unternehmen nicht für die besonders enge Anlehnung an das Original bezahlt hat. Vor dem Hintergrund des Erfolgs des Product-placement stellen Wiles und Danielova (2009) fest, dass die Aktien von Unternehmen, die sich selbst in erfolgreichen Filmproduktionen platzieren, signifikant höher stiegen als bei vergleichbaren Unternehmen der gleichen Branche.

Eine zusätzliche Form des Product-placement, welche ebenfalls für Dienstleistungsanbieter relevant ist, stellt das so genannte In-game-advertising dar. Das **In-game-advertising** folgt prinzipiell dem gleichen Prinzip der Platzierung der eigenen Marke in Video- und Computer-Spielen (Thomas und Stammermann, 2007). Die Spieleentwickler erhalten dafür eine Vergütung, dass das Unternehmen bzw. dessen Markenname sinnvoll in die Handlung des Spiels eingebaut wird. Dabei wird von einem statischen In-game-advertising gesprochen, was meist über in das Spiel integrierte Banner oder mit Markennamen bedruckte Utensilien des Spielers bzw. der Räumlichkeiten in der Handlung realisiert wird (z. B. in Renn-Games oder Ego-Shootern). Dagegen werden bei einem dynamischen In-game-advertising die Spielrunden der Gratisversion eines Spiels durch Werbung unterbrochen (z. B. Angry Birds oder Candy Crush), wodurch es sich jedoch eher um die Einspielung von Bannern und Pop-ups wie beim Online- respektive Mobile-Marketing handelt. Ebenso wie bei der traditionellen Form des Product-placement gilt auch für das In-game-advertising, dass ein Fit der Marke mit der Filmproduktion bzw. Spielidee bestehen muss (Homburg, 2020), was ebenfalls für die weiter unten diskutierten Kommunikationsinstrumente des Sponsorings und des Event-Marketings gilt (Meffert et al., 2019). Jedoch finden Nelson et al. (2006) heraus, dass sich dieses Werbeinstrument eher für bekanntere Marken eignet. Eine Sonderform des In-game-advertising stellen so genannte Adgames (Werbespiele) dar, die bspw. direkt auf einer Website gespielt werden können. Ein berühmtes Beispiel ist das ursprünglich im Jahr 1997 für die Whisky-Marke Johnnie Walker entwickelte Moorhuhn-Spielkonzept, welches in Kneipen und Bars auf Laptops angeboten wurde und aufgrund der geringen Dateigröße und der großen Beliebtheit sehr schnell eine weite Verbreitung per E-Mail fand. Damit löste sich gleichzeitig ein regelrechter Moorhuhn-Hype aus und das Spiel bekam noch zahlreiche nachfolgende Varianten (Moorhuhn, 2023).

Eine Form der massenmedialen Kommunikation, die einerseits einen breit angelegten Fokus hat und andererseits vor allem langfristig wirken soll, stellt das Instrument der **Public-relations (Öffentlichkeitsarbeit)** dar (Bruhn, 2014; Fill und Turnbull, 2019).

Dabei handelt es sich definitionsgemäß um die planmäßige Gestaltung der Beziehungen eines Unternehmens zu seinen internen und externen Anspruchsgruppen (Stakeholder), um dadurch Vertrauen aufzubauen und zu erhalten sowie die generelle Sichtbarkeit des Unternehmens zu erhöhen (Kotler und Armstrong, 2020; Smith und Zook, 2020). Es handelt sich also prinzipiell nicht nur um aktuelle und potenzielle Kunden des Dienstleistungsunternehmens, sondern zusätzlich um bspw. Investoren (Investor-relations), Institutionen (Institutional-relations), Kritiker (Critics-relations), die Medien (Media-relations) und schließlich die Mitarbeiter (Employee-relations), wodurch vor allem die außerökonomischen Kommunikationsziele in den Vordergrund rücken. Dabei wird Öffentlichkeitsarbeit traditionell vor allem als Presse- und Lobbyarbeit verstanden (ähnlich Haller und Wissing, 2020; Smith und Zook, 2020), die zum Aufbau von Beziehungen auf Veröffentlichungen (z. B. Geschäftsberichte, Presseberichte, Prospekte und Flyer, Hauszeitschriften oder Imagebroschüren und -filme), Veranstaltungen (z. B. Tage der offenen Tür, Pressekonferenzen, Vorträge und Präsentation von neuen Leistungen) sowie Newsletter (z. B. gedruckt oder per E-Mail) zurückgreift. Hierbei spielt die klassische Pressearbeit eine besonders wichtige Rolle, da die lokale, regionale und überregionale Presse immer noch einen wichtigen Multiplikator für die Verlautbarungen und den Imageaufbau des Unternehmens darstellt. Diesbezüglich sind Pressemeldungen, -verteiler, -interviews, -konferenzen sowie Fototermine, Exklusiv-Storys und sonstige spezielle Veranstaltungen für Pressevertreter zu nennen. Darüber hinaus kann die Öffentlichkeitsarbeit auch digital erfolgen und vor allem die Instrumente des Social-media-Marketings zum Aufbau des Images bzw. der Reputation des Unternehmens am Markt einsetzen sowie besondere Bereiche auf der Website bereithalten, auf die bspw. nur Pressevertreter oder Investoren einen Zugriff haben. Eine gute Public-relations zahlt sich besonders bei Unternehmenskrisen (Krisen-PR) aus, da dann i. d. R. die Reaktionen der breiteren Öffentlichkeit in einer abgemilderten Form ausfallen (Fill und Turnbull, 2019). Solche Krisen können bspw. durch Fehler bei der Dienstleistungserstellung entstehen, die zu körperlichen Schäden bei Mitarbeitern, Kunden oder allgemeineren Umweltschäden führen. Krisen entstehen unter Umständen auch, wenn bestimmte gesetzliche Vorschriften nicht eingehalten wurden, wenn Standorte des Unternehmens geschlossen werden und es zu Entlassungen kommt, wenn Probleme bei der IT/Datenverarbeitung auftreten, die zu einem Datenverlust oder einer zeitweiligen Unterbrechung der Aktivitäten führen, oder generell, wenn die Unternehmenszahlen schlecht ausfallen oder wichtige Repräsentanten des Unternehmens in Skandale verwickelt sind.

Ein eher massenmedial wirkendes Kommunikationsinstrument ist das Sponsoring (Bruhn, 2014; Fill und Turnbull, 2019; Smith und Zook, 2020). Beim **Sponsoring** handelt es sich um die Bereitstellung von Sach- und/oder Finanzmitteln bzw. Dienstleistungen an Personen, Organisationen, Verbände oder für spezielle Veranstaltungen, um dadurch kommunikationspolitische Ziele des Unternehmens zu erreichen. Im Gegensatz zum Mäzenatentum erhält der Sponsor jedoch eine Gegenleistung für die erbrachte Leistung, welche darin besteht, dass die eigene Unternehmensmarke in sämtlichen

Werbemaßnahmen, in den Presseberichten, auf der Website des Veranstalters oder bei der eigentlichen Veranstaltung hervorgehoben wird. Die Ziele des Sponsors bestehen darin, dass das Unternehmen seine Bekanntheit erhöht, ein positives Image aufbaut, Kontakte pflegt, gesellschaftliches Engagement nachweist und gleichzeitig Mitarbeiter motiviert (Meffert et al., 2019). Darüber hinaus soll durch die Sponsoring-Aktivitäten auch der Absatz und Umsatz der eigenen Leistungen gesteigert werden. Neben dem außerökonomischen Kommunikationsziel findet beim Sponsoring im Vergleich zur langfristig wirkenden Öffentlichkeitsarbeit folglich der ökonomische Nutzen für das Unternehmen eine stärkere Berücksichtigung (ökonomisches Kommunikationsziel). Homburg (2020) verweist auf eine hohe Akzeptanz, positive Wahrnehmung und Glaubwürdigkeit des Sponsoring gegenüber anderen Kommunikationsinstrumenten. Wie beim Product-placement muss auch beim Sponsoring ein Markenfit mit dem Gesponserten vorliegen, um die Glaubwürdigkeit des Unternehmens sicherzustellen und negative Assoziationen zu vermeiden. Das Sponsoring tritt bspw. bei Sport- und Kulturveranstaltungen auf, kann aber auch für Bildungseinrichtungen (z. B. Universitäten und Hochschulen) erfolgen. Voeth und Herbst (2013) nennen darüber hinaus die Bereiche des Sozio-, Medien- und Umweltsponsoring (Bruhn, 2018; Homburg, 2020). Insbesondere in Bezug auf den letzten Bereich der Umwelt muss darauf geachtet werden, dass das Unternehmen sich bzgl. der eigenen Leistungserstellung nicht in einen Gefahrenbereich begibt, der bei ökologischen Problemen schnell zu einem Shitstorm in den sozialen Medien führen kann, weil bspw. Umweltstandards nicht eingehalten werden oder Mitarbeiter über unfaire Behandlung oder mangelnde Standards etc. klagen. Gerade dieser Bereich ist in den letzten Jahren sehr sensibel in der Öffentlichkeit und von den Medien betrachtet worden, da die Verbindung von Umweltaktivitäten und wirtschaftlichen Interessen teilweise als kritisch gesehen wird. Schließlich kann das Sponsoring ebenso wie die Aktivitäten im Bereich der Public-relations im digitalen Raum und dort in Vernetzung mit anderen Kommunikationsaktivitäten des Unternehmens sowie mit den externen Partnern erfolgen. Als Beispiel ist die Kooperation der Gothaer-Versicherung mit dem Streamingdienst Sportdeutschland.TV zu nennen (Gothaer, 2022), der sich vor allem für die Verbreitung von Randsportarten in Deutschland einsetzt und einen Zugang zu diesen Sportarten schaffen möchte, um so einen gesunden Lebenswandel und den Zusammenhalt in der Gesellschaft zu fördern. Der Dienst wurde vom Deutschen Olympischen Sportbund (DOSB) als Dachorganisation des deutschen Sports gegründet. Der Markenfit ist bei dieser Kooperation vorhanden und passt zugleich ins neue Positionierungskonzept der Gothaer-Versicherung, die sich damit gerade einem jüngeren Publikum als attraktiver Versicherungspartner näherbringen möchte (Gothaer, 2023). Außerdem sind die Aktivitäten der Sponsoringpartner über sämtliche Social-media-Kanäle miteinander verknüpft.

7.4.3.2 Instrumente mit persönlichem Fokus

Bei der persönlichen Kommunikation ist zunächst das Aufeinandertreffen der aktuellen und potenziellen Nachfrager mit den Vertriebsmitarbeitern eines Dienstleistungsunternehmens in der Filiale oder Geschäftsstelle bei der **Verkäuferinteraktion (Direct-selling)** zu nennen (Fill und Turnbull, 2019; Smith und Zook, 2020). Dies wurde prinzipiell bereits weiter oben im Rahmen des Einsatzes eigener Vertriebsorgane (Außendienstmitarbeiter) im Direktvertrieb diskutiert. Der Kontakt muss dabei nicht immer Face-to-face erfolgen, sondern kann auch durch Call-center oder per E-Mail über die Website respektive Messenger und damit über andere digitale Kanäle zustande kommen, je nachdem welche Touchpoints das Unternehmen bereit hält, um mit aktuellen und potenziellen Nachfragern in einen individuellen Kontakt zu treten. Zudem können zur persönlichen Kommunikation die Mitarbeiter beim Service-encounter gezählt werden (Bruhn, 2018), die im Dienstleistungsprozess die Marke respektive das Unternehmen vertreten und diesem damit ein Gesicht geben bzw. teilweise in Personalunion mit den Mitarbeitern des Vertriebs auftreten (z. B. bei einer Autovermietung). Aus diesem Grund sind hierbei die hohe Serviceorientierung sowie die Schulung der Mitarbeiter bezgl. eines freundlichen und kompetenten Auftretens zur Steigerung der Kundenzufriedenheit und zum Vertrauensaufbau besonders wichtig. Neben der Beeinflussung auf der Sachebene von Kommunikationsbotschaften, d. h. der Übertragung von eher rationalen Informationen, hat die Verkäuferinteraktion zusätzlich den Vorteil, dass sie direkt auf der Beziehungsebene und damit der eher emotionalen Seite der Botschaftsübermittlung zwischen Individuen sowohl verbal als auch non-verbal wirkt (Röhner und Schütz, 2020; Voeth und Herbst, 2013). Die Unterscheidung zwischen den zwei Ebenen geht auf Watzlawick et al. (1967) zurück, welche zum einen die Inhalts- und die Beziehungsebene unterscheiden und zum anderen das so genannte erste Axiom der Kommunikation von der Unmöglichkeit der Nicht-Kommunikation („Man kann nicht nicht kommunizieren") geprägt haben. So können Mitarbeiter durch die persönliche Kommunikation in der Interaktion mit den Nachfragern bspw. nicht nur direkt auf Beschwerden eingehen, sondern dadurch positives WOM der Kunden und somit eine Multiplikatorwirkung fördern. Zudem stellt Bruhn (2014) im Kontext der persönlichen Kommunikation unterschiedliche Funktionen heraus:

- die Kontaktfunktion,
- die Informationsfunktion,
- die Beeinflussungsfunktion,
- die Beratungs- und Betreuungsfunktion,
- die Verkaufs- und Nachkauffunktion sowie
- die Profilierungsfunktion (Image- bzw. Reputationsbildung).

Mitarbeiter des Unternehmens haben also in der persönlichen Kommunikation zahlreiche Möglichkeiten, um die Kaufentscheidung und die **Bindung eines Kunden** an einen Dienstleister zu beeinflussen (Effektivitätsperspektive der Austauschbeziehung). Allerdings verweisen Haller und Wissing (2020) darauf, dass es aufgrund der hohen Kosten nicht immer sinnvoll ist, auf die persönliche Kommunikation zwischen Kunden und Mitarbeitern abzustellen, sondern im Zusammenhang mit der Vereinheitlichung und des unternehmerischen Kostenmanagements (Effizienzperspektive der Austauschbeziehung) stellenweise auch der Selbstbedienung respektive Automatisierung standardisierter Abläufe und Dienstleistungsprozesse den Vorzug zu geben (Wirtz und Lovelock, 2022).

Sehr stark an die persönliche Interaktion zwischen Mitarbeitern und Kunden ist der Einsatz so genannter Verkaufsförderungsmaßnahmen angelehnt. Bei der **Verkaufsförderung (Sales-promotion)** handelt es sich um zeitlich befristete Maßnahmen mit Aktionscharakter, die die übrigen, vor allem kommunikations- und distributionspolitischen Maßnahmen des Unternehmens unterstützt und so zu einer Förderung des Absatzes beitragen soll (Bruhn, 2018; Gedenk, 2002; Meffert et al., 2018; Smith und Zook, 2020). Während die Verkaufsförderung bei der Distributionspolitik eher preisorientiert ist, steht bei der Kommunikationspolitik die nicht-preisorientierte Verkaufsförderung im Vordergrund (Homburg, 2020). Zudem kann danach unterschieden werden, ob es sich an Absatzmittler oder an Endkunden gerichtete Verkaufsförderung handelt. Haller und Wissing (2020) verweisen zusätzlich auf die Orientierung der Verkaufsförderung in Richtung auf die Motivation der eigenen Mitarbeiter mit Kundenkontakt beim Service-encounter (Staff-promotion) durch Schulungen, Prämien und sonstige Incentives (auch Smith und Zook, 2020). Somit wird deutlich, dass die Verkaufsförderung eine Zwischenposition in Bezug auf Distribution und externer sowie interner Kommunikation einnimmt. Zu den insbesondere für Dienstleistungen geeigneten Verkaufsförderungsmaßnahmen zählen Meffert et al. (2018) Geschenke und Displaymaterial am Point-of-sale (POS), d. h. in der Filiale oder bei einem Kooperationspartner im Vertrieb (z. B. ein Reisebüro, welches Werbematerial des Veranstalters auslegt bzw. aufstellt, oder eine Autovermietung, die eine bestimmte Versicherung wie den Diebstahlschutz zusätzlich anbietet). Zu den Geschenken zählen vor allem die weiter oben diskutierten Werbeartikel (z. B. Taschen oder Schreibutensilien). Daneben können Dienstleistungsanbieter auch Wettbewerbe und Preisausschreiben veranstalten, bei denen potenzielle Kunden eine Leistung oder Teile davon gewinnen können. Dies kann bspw. für die Förderung von Leistungsinnovationen oder Leistungen in einem schwierigen Marktumfeld mit stagnierendem Absatz sinnvoll ein. Der Kunde beschäftigt sich dann mehr oder weniger unbewusst mit der zu gewinnenden Leistung. Zusätzlich kann dadurch positives WOM angeregt werden, wenn Teilnehmer anderen Nachfragern davon erzählen. Außerdem können Service-Demonstrationen (Service-Proben) in den Bereich der Verkaufsförderung eingeordnet werden. Solche Maßnahmen können in den Räumlichkeiten des Anbieters, bei einem Absatzmittler sowie über Video oder sonstige digitale Kanäle durchgeführt werden. Zudem kann dies durch Newsletter oder Hotlines unterstützt werden, die ebenfalls Möglichkeiten der kommunikativen Förderung des Dienstleistungsabsatzes darstellen. In Ergänzung zu den bisher genannten Möglichkeiten können interessierten Nachfragern vergünstigte Angebote (z. B. Schnupperangebote,

Sonderpreise, Gutscheine/Coupons oder Geld-zurück-Garantien) offeriert werden (z. B. bei Sportclubs oder Fitnessstudios), was gleichzeitig eine preispolitische Verkaufsförderungsmaßnahme darstellt, um dadurch die Einstiegshürden in den Service des Anbieters zu senken. Darüber hinaus sind auch Treueprämien (z. B. für Vielflieger) der preispolitischen Verkaufsförderung zuzuordnen (Haller und Wissing, 2020).

Beim **(online) Direkt-Marketing** handelt es sich um ein weiteres Instrument mit Fokus auf die direkte Kommunikation zwischen einem Dienstleister bzw. den Mitarbeitern und seinen Nachfragern (Smith und Zook, 2020). Unter dem auch als Dialog-Marketing bezeichneten Ansatz werden sämtliche Kommunikationsmaßnahmen gefasst, die auf die direkte und personalisierte Ansprache von Adressaten, d. h. aktuellen und potenziellen Kunden, ausgerichtet sind (Wirtz, 2016). Dadurch soll ein unmittelbarer Dialog initiiert oder die Grundlage für einen solchen Dialog gelegt werden, um die Kommunikations- und Vertriebsziele des Unternehmens zu erreichen (Bruhn, 2018; Meffert et al., 2018). Zugleich soll auch die Verbesserung der Kundennähe und die Erhöhung der Kundenbindung erreicht werden (Meffert et al., 2019). Haller und Wissing (2020) ordnen dem Direkt-Marketing einen hohen Stellenwert im Bereich des Dienstleistungsmarketing zu; und hier insbesondere die klassischen Werbebriefe und E-Mails. Die postalische Direktwerbung hat bspw. im Jahr 2021 mit knapp 2,5 Mrd. € einen mehr als doppelt so hohen Umsatz wie die Außenwerbung (ca. 1 Mrd. €) erzeugt. Im Vergleich dazu ist die Radiowerbung mit ca. 800 Mio. € bzw. die Kinowerbung mit lediglich knapp 23 Mio. € vernachlässigbar (ZAW, 2023). Allerdings sind die rechtlichen Herausforderungen an die direkte Ansprache relativ hoch. So müssen Nachfrager zuvor in den Kontakt eingewilligt haben bzw. explizit auf ihr Widerspruchsrecht in die personenbezogenen Datenverarbeitung hingewiesen worden sein (DSGVO, 2016). Dies gilt auch für den Einsatz von Newslettern, die ebenfalls zum Direktmarketing gezählt werden können. Darüber hinaus können unternehmensgesteuerte Foren und Blogs als eine Möglichkeit gesehen werden, mit aktuellen und potenziellen in Kontakt zu kommen bzw. in engem Austausch zu bleiben. Dadurch kann das Unternehmen zeitnah bspw. auf Mängel in der Dienstleistungsqualität bzw. im Leistungserstellungsprozess aufmerksam gemacht werden. Solche Informationen stellen wichtige Quellen für die Leistungspolitik zur Verbesserung der eigenen Services dar. Allerdings wird in der Literatur darauf hingewiesen, dass dazu ein professionelles Database-Management erforderlich ist (Meffert et al., 2019; Smith und Zook, 2020), da hierbei vor allem die Adress- und damit die Datenqualität in Bezug auf Aktualität und Korrektheit eine entscheidende Rolle für die Effektivität der Maßnahmen spielen (Homburg, 2020). Dialog-Marketing-Aktivitäten sind darum stets in ein umfangreiches Customer-relationship-Management eingebunden, um aus der direkten Kundenkommunikation gleichzeitig einen optimalen vertrieblichen Nutzen für das Unternehmen zu generieren (Bruhn, 2016; Winkelmann, 2013b). Darüber hinaus haben die Möglichkeiten des Social-media-Marketing noch einmal zu einer wesentlichen Steigerung der Bedeutung und Möglichkeiten direkter Kommunikationsformen mit den Nachfragern geführt. Ein Response-orientiertes Direkt-Marketing ist heute zeitnäher, kostengünstiger und damit insgesamt deutlich leichter möglich als dies vor einigen Jahren noch durch den klassischen Werbebrief erreichbar war (Voeth und Herbst, 2013).

Schließlich existieren zahlreiche Möglichkeiten von Veranstaltungen mit einer kommunikativen Ausrichtung, die unter dem Terminus **Event-Marketing** zusammengefasst werden können. Bei Events handelt es sich um organisierte Ereignisse bzw. Veranstaltungen, bei dem bestimmten Zielgruppen etwas Interessantes geboten wird (Homburg, 2020). Dabei steht die erlebnis- und dialogorientierte Präsentation von Produkten und Dienstleistungen im Vordergrund, bei der zudem durch emotionale und physische Stimuli starke Aktivierungsprozesse in Gang gesetzt werden sollen (Meffert et al., 2019). Für ein größeres Publikum bekannt geworden ist das Event-Marketing insbesondere durch das Unternehmen Red Bull (RedBull, 2023a), welches Events auf regelmäßiger Basis zur Förderung der eigenen Produkte einsetzt (z. B. Red Bull-Flugtage) und diese auf einem eigenen TV-Kanal (Red Bull TV) als Streaming sowie durch Videosequenzen, die bspw. in Fitnessstudios gezeigt werden (z. B. FitX) zusätzlich vermarktet (RedBull, 2023b). Generell stellen Events auch unternehmensseitig durchgeführte respektive gesponserte Sport- und Freizeitveranstaltungen dar (z. B. der Uniper Rhein Marathon Düsseldorf oder Volksläufe), die durch Anregung zur Teilnahme einen starken Aktivierungsprozess bei Interessierten in Gang setzen und durch das emotionale Erlebnis eine besonders positive Assoziation und Identifikation mit der oder den dargestellten Marke(n) erreichen sollen. Wird in einem solchen Zusammenhang auf die Einmaligkeit bzw. zeitliche Begrenzung der Veranstaltung abgestellt, so können in einem weiteren Sinne auch Vorträge, Webinare, Konferenzen oder Tage der offenen Tür zu den Events gezählt werden. Alle der genannten Event-Arten sind prinzipiell für Dienstleistungsanbieter als direktes Kommunikationsinstrument geeignet und fördern in einem positiven Umfeld die Auseinandersetzung mit dem eigenen Unternehmen, den Marken oder den Leistungen.

In der Literatur werden Events oftmals von **Messen und Ausstellungen** abgegrenzt (z. B. Bruhn, 2018; Homburg, 2020; Meffert et al., 2019; Voeth und Herbst, 2013). Allerdings kann konstatiert werden, dass auch der Erlebnischarakter bei Messen und Ausstellungen heute eine deutlich wichtigeren Anteil einnimmt, da hierbei die Leistungen der teilnehmenden Unternehmen sehr aufwändig präsentiert und häufig durch ergänzende Veranstaltungen/Shows, Catering und sonstiges Entertainment begleitet und emotional aufgeladen werden. Zu den Messen und Ausstellungen werden als weitere Form auch Kongresse gezählt (z. B. der Hauptstadtkongress zum Thema Gesundheit in Berlin). Ein zentraler Unterschied dieser Kommunikationsinstrumente im Vergleich zu Events besteht darin, dass Messen, Ausstellungen und Kongresse von externen Organisatoren generell für mehrere Unternehmen innerhalb einer Branche durchgeführt werden (z. B. Gesundheitsmessen wie die Medica), wohingegen Events ebenso von einzelnen Unternehmen angeboten werden können (z. B. Tag der offenen Tür der Helios Kliniken). Außerdem steht bei Events meist stärker die Aktivierung und Erlebnisorientierung im Vordergrund, wohingegen vor allem Messen und Ausstellungen auch die Option von Verkäufen einbeziehen. Dies gilt weniger für Kongresse, die eine Zusammenkunft von an einem bestimmten Thema interessierten Fachleuten sind. Alle drei Typen stellen jedoch ebenfalls eine räumlich und zeitlich festgelegte Form von Veranstaltung dar. Zudem werden auf Messen und Ausstellungen die Leistungen der Unternehmen präsentiert, Interessierte weitergehend informiert, Objekte dargestellt, Kontakte angebahnt, Wettbewerber analysiert und möglicherweise Verträge ausgehandelt (AUMA, 2023). Jedoch richten sich Messen traditionell eher an ein Fachpublikum und Ausstellungen vornehmlich an Endnachfrager, wobei diese strenge Unterscheidung zunehmend verschwindet, da auch Messen, meist an den letzten Tagen, für Endnachfrager geöffnet werden (z. B. die boot Düsseldorf als Boot- und Wassersportmesse bzw. die Medica in Düsseldorf als Messe für Technik und Services rund um das Thema Gesundheit) oder sich generell an ein breiteres Publikum richten (z. B. die IFA – Internationale Funkausstellung in Berlin). Nach Angaben der deutschen Messewirtschaft betragen die direkten Ausgaben seitens der Aussteller, Besucher und der Investitionen der Messegesellschaften im Zeitraum der Jahre 2014–2017 ca. 14,5 Mrd. € in Deutschland. Allerdings kam es durch die Covid19-Pandemie und damit einhergehend die Einschränkung der Kontaktmöglichkeiten zu einem Einbruch des Messemarktes um ca. 40–50% im Jahr 2021 (AUMA, 2023).

In Bezug auf die **Auswahl eines Messeplatzes** bzw. die Teilnahme an einer Messe existieren unterschiedliche Bewertungskriterien (vgl. Abb. 7.50), die für die

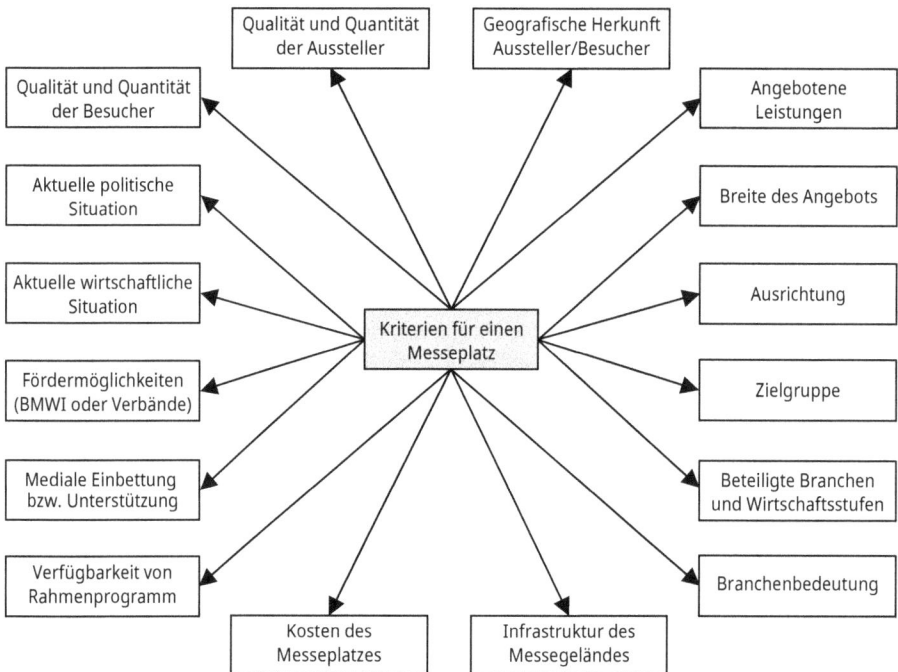

Abb. 7.50: Bewertungskriterien für die Messeplatzwahl (in Anlehnung an Voeth und Herbst, 2013).

Teilnahmeentscheidung herangezogen werden sollten (Kirchgeorg et al., 2017; Smith und Zook, 2020). Hierzu gehören neben der Art der Messe und der Bedeutung für die eigene Branche als wichtige Kriterien bspw. die Qualität und Quantität der Besucher, die Infrastruktur, die Fördermöglichkeiten oder die Kosten der Messeplatzbeschickung für das Unternehmen, die den kommunikativen und distributiven Wert von Messen und Ausstellungen als Kommunikationsinstrument für Dienstleistungsanbieter beeinflussen.

7.5 Service-engineering als integrative Perspektive

Das Service-engineering geht nach Meiren und Barth (2003) auf einzelne, rudimentäre Veröffentlichungen in den 1980er Jahren zurück (Albrecht und Zemke, 1985; Shostack, 1982/1984), wobei es im angloamerikanischen Raum eher als Service-design oder New-service-development bezeichnet wird (Edvardsson und Olsson, 1996; Fitzsimmons und Fitzsimmons, 2000; Hollins und Shinkins, 2006; Ramaswamy, 1996/1999; Stein und Goecke, 1999). Teilweise wird auch zwischen Service-engineering und Service-design unterschieden (Zeithaml et al., 2012), wobei das Service-engineering eine stärkere technische und dagegen das Service-design eine eher gestalterische Komponente besitzt (Leimeister, 2020). Bullinger und Schreiner (2006) folgend beinhaltet das Konzept des Service-engineering die systematische Konzeption, Entwicklung, Implementierung und Optimierung von Dienstleistungen. Dabei werden Vorgehensmodelle und betriebswirtschaftliche Methoden eingesetzt (Bullinger, 1999; Bullinger et al., 2003), die mit Informations- und Kommunikationstechnologien kombiniert werden (Leimeister, 2020; Sakao und Shimomura, 2007). In diesem Zusammenhang ist es das generelle Ziel des Service-engineerings, die **Qualität von Dienstleistungen** zu verbessern und gleichzeitig die Kundenzufriedenheit zu erhöhen (Schneider et al., 2006). Außerdem eignet es sich aufgrund des entscheidungsprozessualen Vorgehens, neben den genannten Zielsetzungen, als integrierende Perspektive, da im Service-engineering sämtliche Teilbereiche des Marketing-Mix eines Dienstleistungsunternehmens von der Leistungspolitik über das Pricing und die Konzeption der Ressourcen für die Leistungsbereitstellung in der Distribution bis hin zur internen und externen Kommunikation der Leistungsinnovation als Außensicht eingehen (Bullinger und Schreiner, 2006; Schneider et al., 2006).

Das Service-engineering ist vor allem ein in Deutschland geprägter Begriff für eine ganze Disziplin, die sich mit der Gestaltung von **Dienstleistungsinnovationen** und deren Problembereichen befasst. Im Gegensatz zum eher marketinggetriebenen Service-design bzw. New-service-development, orientiert sich das Service-engineering deutlich stärker an ingenieurwissenschaftlichen Ansätzen (Meiren und Barth, 2003), da es von seinem Grundgedanken an die Planung und Entwicklung von Sachgütern angelehnt ist (Meyer und Zinke, 2018). Der ingenieurwissenschaftliche Ansatz bietet vor allem durch seine strukturierte Vorgehensweise einen guten Ausgang für die Übertragung auf den Innovationsprozess bei Dienstleistungen. So stellen Haller und

Wissing (2020) fest, dass, im Gegensatz zur Produktion von Sachgütern, bei der meist einem systematischen Konzept bei der Entwicklung von neuen Produkten und Innovationen gefolgt wird, zahlreiche Dienstleistungen immer noch aus dem Bauch heraus entwickelt und mehr oder weniger in einem Trial-and-error-Prozess am Markt getestet werden (auch Kunau et al., 2005).

Vor dem Hintergrund, dass bei Sachgütern mit ca. 85% der Gesamtkosten der größte Kostenblock einer Leistungsentwicklung bereits am Ende der Anfangsphase, und damit quasi nach dem auch für Dienstleistungen wichtigen Konzeptdesign festgelegt werden (Hollins und Shinkins, 2006), scheint dieses Vorgehen ökonomisch wenig sinnvoll zu sein. Zudem kommt hinzu, dass zwar ca. 80% der Produktideen verworfen, aber immerhin die restlichen 20% bis zur Marktreife weiterverfolgt werden, um dann unter Umständen dennoch nicht erfolgreich zu sein. Bullinger und Scheer (2006) merken an, dass bei Leistungsinnovationen ein signifikantes Risiko des Scheiterns besteht. Darüber hinaus konstatieren Haller und Twardawa (2014), dass Zweidrittel aller gescheiterten Innovationen am schlechten Preis-Leistungs-Verhältnis scheitern, also quasi an den Anforderungen des Marktes vorbei entwickelt wurden. Reichwald und Schaller (2006) sprechen bei Dienstleistungen von einer Floprate von 30–50%. Dienstleistungsunternehmen sollten darum erkennen, dass erfolgreiche Innovationen nur in seltenen Fällen ein Zufallsprodukt darstellen, sondern als Ergebnis eines umfassenden und vor allem **strukturierten Entwicklungsprozesses** von der Idee über die Invention bis hin zur marktfähigen Innovation entstehen, welche am Markt respektive von den Zielgruppen des Dienstleistungsanbieters als nutzenstiftendes Eigenschaftsbündel akzeptiert wird und von bisherigen Leistungsbündeln des Anbieters oder seiner Wettbewerber signifikant abweicht.

In Bezug auf die oben genannten **Vorgehensmodelle** werden im Zusammenhang mit dem Service-engineering in der Literatur (1) Phasenmodelle, (2) iterative Modelle und (3) das Prototyping genannt (Leimeister, 2020; Schneider et al., 2006). Phasenmodelle durchlaufen eine vorab festgelegte Schrittfolge im Innovationsprozess (z. B. Edvardsson und Olsson, 1996; Leimeister, 2020; Ramaswamy, 1996; Scheuing und Johnson, 1989; Zeithaml et al., 2012), während iterative Modelle zwar ebenfalls auf einer Abfolge von einzelnen Phasen im Innovationsprozess beruhen, jedoch prinzipiell das mehrfache bzw. wiederholte Durchlaufen einer Phase ermöglichen (z. B. Brown, 2008; Jaschinski, 1998; Shostack, 1982/1984). Im Vergleich zu iterativen Modellen ist das so genannte Prototyping noch flexibler, da in den ersten Iterationen des Entwicklungsprozesses nur Vorabversionen (Prototypen) entwickelt werden. Diese beinhalten noch nicht den vollen Funktionsumfang der letztendlichen Dienstleistung, hierbei wird vor allem auf IT-Leistungen fokussiert, sodass dadurch eine relativ frühzeitige Einbindung von Kundenfeedback und Testergebnissen in den gesamten Entwicklungsprozess ermöglicht wird. Es erfolgt also eine rechtzeitige Einbindung der Marktseite in den unternehmensseitigen Entwicklungsprozess, um so Fehlentwicklungen schnellstmöglich entdecken zu können. Zudem können die Prototypen auf Basis der Feedbacks und Testergebnisse in jeder Iterationsschleife marktkonform weiterentwickelt werden (Leimeister, 2020).

Das bekannteste **Phasenmodell** zum Service-engineering im deutschsprachigen Raum lehnt sich an den vom Deutschen Institut für Normung vorgelegten Fachbericht 75 an (DIN, 1998). Meiren und Barth (2003) entwickeln daraus ein fünfstufiges Rahmenkonzept, bei dem systematisch die einzelnen Phasen durchlaufen bzw. die darin befindlichen Aufgabenstellungen abgeschlossen werden, bevor in eine neue Phase gewechselt wird. Zu den Einzelphasen gehören (1) die Ideenfindung und -bewertung, (2) die Anforderungsanalyse, (3) die Dienstleistungskonzeption, (4) die Dienstleistungsimplementierung sowie (5) die Markteinführung. Die Autoren verbinden zudem in jeder Phase des Innovationsprozesses, wobei dies vor allem in der Konzeptions- und Implementierungsphase explizit hervorgehoben wird, die bereits weiter oben erörterten Aspekte des Phasenansatzes nach Hilke (1989), der sich auf die Grundgedanken von Donabedian (1966) zurückführen lässt (Bullinger und Schreiner, 2006). So stehen hier vor allem das Ressourcen- (Potenziale), das Prozess- (Prozesse) und das Produktmodell (Ergebnis) zusätzlich in Kombination mit der Außensicht (Marketingkonzeption und -implementierung) im Vordergrund (Bullinger et al., 2003; Meiren und Barth, 2003; Meyer und Zinke, 2018).

Das fünfstufige Rahmenkonzept wurde von Schneider et al. (2006) mit detaillierten Aufgabenstellungen unterlegt und um eine weitere Phase vor der Markteinführung, die Vorbereitung der Markteinführung, zu einem **Sechsphasen-Modell** ausgebaut (vgl. Abb. 7.51). Dabei bleibt allerdings der Grundkanon des auf Meiren und Barth (2003) zurückgehenden Basismodells erhalten. Streng genommen handelt es sich bei der sechsten Phase lediglich um eine Separierung der Anlaufüberwachung aus der fünften Phase des Modells von Meiren und Barth (2003).

– In einer ersten Phase sind mittels Kreativitätstechniken (z. B. Brainstorming oder Methode 6-3-5) oder empirischen Methoden (z. B. Experimente oder Befragungen) Ideen zu generieren, die aus den Quellen Mitarbeiter, Kunde, Wettbewerber oder Lieferanten und Kooperationspartner resultieren können. Damit wird gleichzeitig ein breites Spektrum der unterschiedlichen Sichtweisen und Marktbedürfnisse abgedeckt, welche eine zu enge Unternehmenssichtweise verhindern helfen. Dabei bezeichnen Meyer und Blümelhuber (1998) Kunden und Mitarbeiter als die wichtigsten Quellen für Ideen (auch Zagel und Bodendorf, 2017). Im Anschluss daran sind die generierten Ideen über unterschiedliche Methoden zu evaluieren und daraufhin zu untersuchen, ob neben der generellen Nachfrage nach den daraus zu entwickelnden Leistungen (Absatzpotenzial) auch ein ökonomisches Potenzial besteht (Wirtschaftlichkeit), aus dem das Unternehmen einen Anbietervorteil ziehen kann. In einem ersten Schritt kann dies durch Scoring-Verfahren im Rahmen von Machbarkeitsstudien gewährleistet werden, die die Ideen zudem vor dem Hintergrund des strategischen Fits und des gesetzlichen Rahmens untersuchen. Nach der Konzeption in weiteren Schritten eignen sich dann bspw. Break-even-Analysen zu einer detaillierteren Bewertung der Marktfähigkeit und Wirtschaftlichkeit von Leistungsinnovationen. Dies ist jedoch eine fortgeschrittene Etappe

Definitionsphase

Ideenmanagement
- Ideensammlung
- Ideenbewertung

Machbarkeitsstudie
- Funktionalitäten
- Strategischer Fit
- Gesetzlicher Rahmen
- Marktpotenzial
- Projektierung

Anforderungsanalyse

Marktanforderungen
- Marktteilnehmer
- Instrumente
- Umwelt

Unternehmensanforderungen
- Strategie
- Organisation
- Mitarbeiter
- Technik

Preisbildung
- Retrograde Kalkulation
- Gestaltungsmöglichkeiten

Dienstleistungskonzeption

Konzeption Dienstleistung
- Dienstleistungsbeschreibung
- Dienstleistungsmodule
- Hard-/Software

Konzeption Prozesse
- Prozessschritte
- Interne Schnittstellen
- Kundenschnittstellen (Touchpoints/Line-of-interaction)

Konzeption Ressourcen
- Mitarbeiter
- Betriebsmittel

Konzeption Marketing
- Marketingstrategie
- Marketing-Mix

Verträge/Genehmigungen

Dienstleistungsrealisierung

Vortests
- Akzeptanztest
- Benutzertest
- Usability-Test (bei IT-Leistungen)

Realisierung Dienstleistung
- Servicedokumentation
- Hard-/Software

Realisierung Prozesse
- Ablauforganisation
- Aufbauorganisation

Realisierung Ressourcen
- Mitarbeiter
- Schulungen
- Betriebsmittel

Realisierung Marketing
- Marketing-Mix
- Interne Kommunikation
- Interne Informationsveranstaltungen

Vorbereitung Markteinführung

Dienstleistungstests
- IT-Abnahmetest
- Prozess-Check-up
- Pilotierung

Roll-out
- Externe Kommunikation
- Externe Informationsveranstaltungen
- Einrichtung einer Hotline
- Bereitstellung von Betriebsmitteln
- Startpaket/Einführungsangebote

Markteinführung

Controlling
- Anlaufüberwachung
- Markt-Feedback
- Mitarbeiter-Feedback
- Anpassungsmaßnahmen

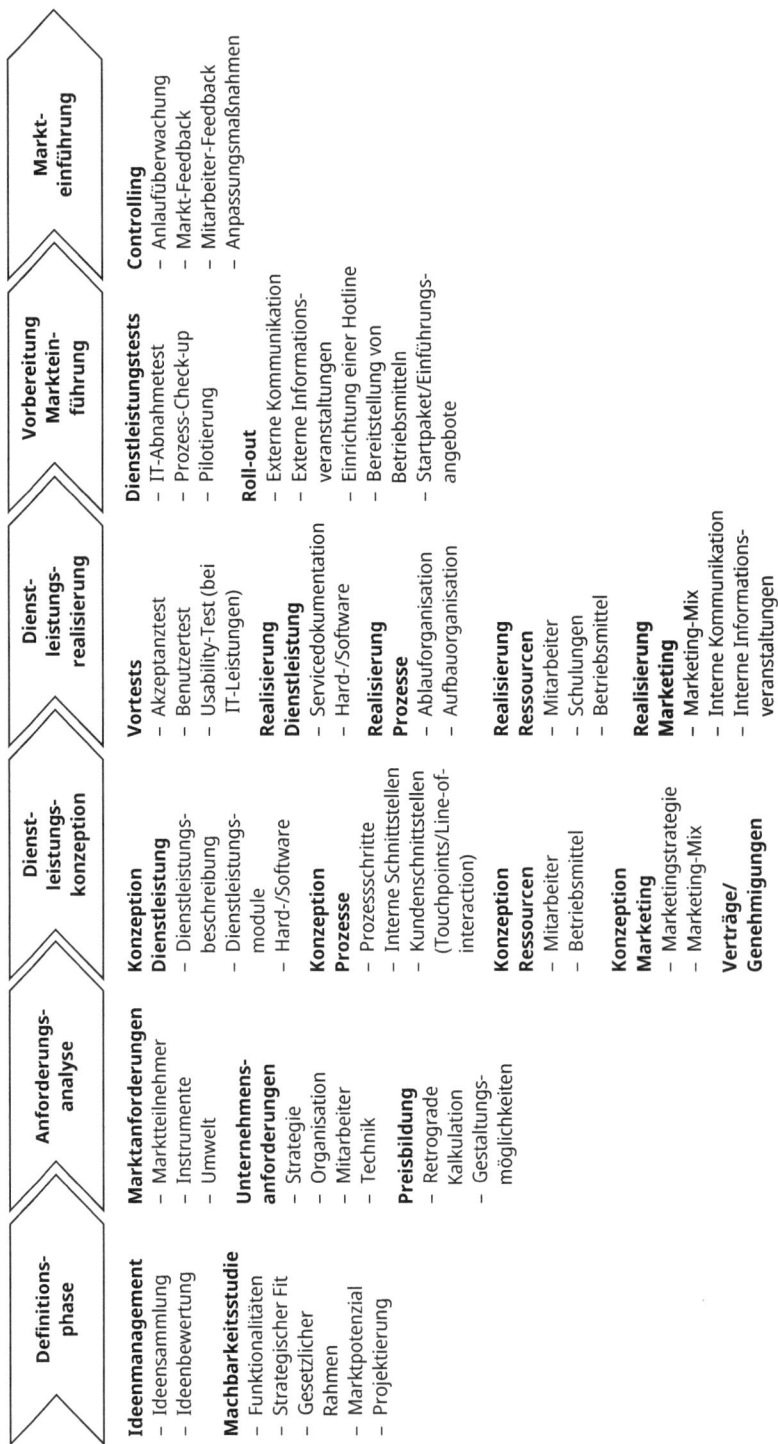

Abb. 7.51: Service-engineering (in Anlehnung an Meiren, 2001; Schneider et al., 2006).

des Service-engineering, bei der zusätzlich zu den ersten Ideen konkrete Marktanforderungen an die neu zu gestaltenden Services in einer nächsten Phase gestellt werden.

– In der zweiten Phase kann bspw. das KANO-Modell zum Einsatz gelangen (Kano et al., 1984; Matzler et al., 1996), welches in Must-be-, One-dimensional- und Attractive-requirements sowie zusätzlich Won't-have-Kriterien unterteilt (siehe Haller und Wissing, 2020). Letztere sind solche Kriterien, die für potenzielle Nachfrager unwichtig sind oder welche diese explizit nicht haben wollen. Solche können ebenfalls in die Befragung integriert werden, denn damit besteht ökonomisch gesehen auch keine Zahlungsbereitschaft für diese Eigenschaften, wohingegen für die Begeisterungsfaktoren (Attractive-requirements) möglicherweise ein Preispremium, d. h. eine höhere Zahlungsbereitschaft abgeschöpft werden kann. Das heißt, dass in der Anforderungsanalyse bereits frühzeitig Gestaltungsmöglichkeiten der Preispolitik berücksichtigt werden sollten, die sich im Weiteren auf die Wirtschaftlichkeit der Leistungsinnovation auswirken. Wie bereits weiter oben diskutiert, stellen Must-be-requirements im KANO-Modell den Marktstandard dar und bei den One-dimensional-requirements steht das Unternehmen im Wettbewerb mit anderen Dienstleistern. Darüber hinaus können die entscheidenden Attribute auch über das House-of-quality im Rahmen des QFD weiter eingegrenzt und in Verbindung zu Wettbewerbsangeboten gesetzt werden (Hauser und Clausing, 1988). Zudem werden neben den Marktanforderungen bereits Unternehmensanforderungen bspw. in den Bereichen Mitarbeiter und Technik untersucht.

– In der dritten Phase der Dienstleistungskonzeption erfolgt zunächst eine Leistungskonzeption, d. h. die Leistungsattribute (Beschreibung und Module sowie Hard-/Software-Einsatz) werden näher spezifiziert. Anschließend müssen in der Prozesskonzeption die einzelnen Ablaufschritte festgelegt werden. Hierbei kommt das weiter oben diskutierte Blueprinting zum Einsatz, mit dem sich Ablaufprozesse im Unternehmen systematisch abbilden lassen (Shostack, 1982/1984; Zeithaml et al., 2012). Zudem können Schnittstellen zu internen und externen Kunden (Support-Prozesse und Line-of-visibility/interaction) definiert sowie Abläufe respektive Prozessaktivitäten entsprechend optimiert werden, um Verzögerungen und Prozessunterbrechungen vorab zu analysieren. Zusätzlich zur weiterhin festzulegenden Ressourcenkonzeption mit den intern bereitzustellenden Mitarbeitern (nach Quantität und Qualität) sowie Betriebsmitteln (z. B. Computer, Server, Fahrzeuge oder sonstige Maschinen) werden in einem ergänzenden Schritt auch die Marketingressourcen, d. h. die Marktdimension für die Einführung und den laufenden Betrieb geplant (Bullinger und Schreiner, 2006). So ist ein Marketingkonzept zu entwickeln, welches neben der strategischen Umsetzung und Positionierung gegenüber den anvisierten Zielgruppen auch die operativen Bereiche der Marketingplanung, und hier nachgelagert vor allem distributions- und kommunikationspolitische Aufgaben einbezieht. Zudem müssen eventuell Verträge mit Partnern geschlossen und Genehmigungen eingeholt oder Zertifikate vorgelegt werden. In dieser Phase wird nochmals die integrierende Perspektive des Service-engineering deutlich, die nicht nur die Innensicht mit Potenzialen, Prozessen und Ergebnissen, sondern bereits die Außensicht durch die Marketingkonzeption beinhaltet (Meiren und Barth, 2003).

– In der vierten Phase schließt sich die Dienstleistungsrealisierung an (Schneider et al., 2006), welche neben Vortests (z. B. Akzeptanz und Usability der entwickelten Leistungsinnovation) nun die konkrete Realisierung der vier entwickelten Konzepte aus der vorherigen Phase (Leistung, Prozesse, Ressourcen und Marketing) beinhaltet. Meiren und Barth (2003) betonen, dass in dieser Phase insbesondere durch interne Aktivitäten in der Kommunikationspolitik die internen Widerstände überwunden werden müssen. Hilfreich ist an dieser Stelle auch das von (Hauschildt et al., 2016) diskutierte Promotoren- und Opponentenmodell zur Unterstützung von Produkt- und Prozessinnovationen in Unternehmen.

– In der fünften Phase folgt nach Schneider et al. (2006) der Realisierung unmittelbar die Vorbereitung der Markteinführung, bei der die letzten Überprüfungen, Abnahmetests und Check-ups durchgeführt werden, bevor die neue Leistung mit den bereitgestellten Ressourcen am Markt eingeführt wird (Roll-out). Die Innovation hat sich nun am Markt zu bewähren und wird bspw. durch Starterpakete und Einführungsangebote flankiert, um eine schnelle Akzeptanz und Übernahme bei den anvisierten Zielgruppen zu gewährleisten. Dies stellt die finale Etappe des Übergangs von der Invention hin zu einer am Markt realisierten Leistungsinnovation dar (Haller und Wissing, 2020). Hierzu können Adoptions- und Diffusionsmodelle herangezogen werden, die eine Einschätzung über die Verbreitung von Innovationen geben (Rogers, 2003).

– In der sechsten Phase erfolgen vor dem Hintergrund der Diffusion im Markt zusätzlich eine Anlaufüberwachung sowie eine Kontrolle des Markt-Feedbacks, um daraus eventuell Änderungen und Anpassungen ableiten zu können. Dabei betonen Meiren und Barth (2003) auch das sehr wichtige Mitarbeiter-Feedback, da bspw. Beschwerden der Kunden oder Umsetzungsprobleme beim Service-encounter wichtige Information zur Leistungsverbesserung in der Zukunft geben können.

Das Rahmenkonzept des Service-engineerings von Meiren und Barth (2003) ähnelt stark dem Design-thinking-Ansatz (Brown, 2008), der ebenfalls die Optimierung interner Innovationprozesse behandelt. Beide wurden in der Literatur als zu enge, interne Sichtweise kritisiert, obwohl im Rahmenkonzept des Service-engineerings ebenso wie im Design-thinking-Ansatz hervorgehoben wird, dass die Ideen nicht nur von Mitarbeitern, sondern auch durch die Integration von Kunden, Wettbewerbern, Lieferanten und Kooperationspartnern generiert werden können (Meiren und Barth, 2003). Zagel und Bodendorf (2017) heben in diesem Kontext hervor, dass der Schlüssel zum Erfolg eines Dienstleistungsunternehmens darin besteht, die **Bedürfnisse der Kunden** zu verstehen und als ganzheitlicher Lösungsanbieter aufzutreten. Wichtige Kritiker des Service-engineering sind Chesbrough (2003), mit seinem Open-innovation-Ansatz, und Kersten et al. (2006), mit ihrem Collaborative-service-engineering-Ansatz, die noch stärker die Integration der Nachfrager und damit die externe Perspektive in einem Innovationsmanagement für Dienstleistungen betonen (auch Leavy, 2012). Hierbei sollen vor allem Lead-user dazu animiert werden, an den Innovationen des Unternehmens auf Basis internetgestützter Technologien mitzuwirken (Leimeister, 2020; Reckenfelderbäumer und Busse 2006).

Als **Lead-user** werden Nachfrager nach Leistungen bezeichnet, die früher als andere aktuelle und potenzielle Nachfrager ihre Bedürfnisse artikulieren, die allerdings bisher von den am Markt befindlichen Leistungen und Unternehmen noch nicht befriedigt werden. Sie zeigen ein überdurchschnittliches Involvement bei bestimmten Themen und Technologien und wollen an der Innovationsarbeit mitwirken. Unternehmen können dies realisieren, indem sie Lead-user bspw. über Ideenwettbewerbe oder spezielle Communitys an der Leistungsentwicklung teilhaben lassen bzw. das Engagement der Kunden einbeziehen (Reinartz und Berkmann, 2017). Darüber hinaus können Dienstleister Diskussionen von Lead-usern in Foren bspw. durch Text-mining und Sentiment-Analysen systematisch auswerten (Haller und Wissing, 2020), um daraus wiederum Ideen für neue und/oder innovative Leistungen zu generieren. Außerdem können dadurch Ideen für die Erweiterung bisher am Markt angebotener Dienstleistungen im Sinne einer Differenzierung oder einer Bündelung von Leistungen zu neuen Paketen gewonnen werden. Bisher nicht erkannte Nachfrageverbünde zwischen vormals separat vermarkteten Leistungen können so möglicherweise erkannt werden. Vor dem Hintergrund des Service-engineering ist es folglich wichtig, dass aktuelle und potenzielle Kunden rechtzeitig in den Ideenfindungsprozess eingebunden werden, da sie in Verbindung mit den eigenen Mitarbeitern die wichtigste Quellen für neue Ideen darstellen (Meyer und Blümelhuber, 1998). Zudem schließt sich an dieser Stelle der Kreis zur eingangs diskutierten SDL (Vargo und Lusch, 2004/2008), in der der Nachfrager nach Dienstleistungen als Co-Produzent auftritt und gleichzeitig die Wertigkeit einer am Markt angebotenen Leistung bestimmt (Sakao und Shimomura, 2007). Somit unterbreitet das Unternehmen lediglich Wertangebote im Sinne der SDL. Zusammenfassend sei nochmals darauf hingewiesen, dass vor dem Hintergrund der ständigen Suche nach Leistungsinnovationen und neuen Geschäftsmodellen sowie einer zunehmenden Erlebnisorientierung insbesondere jüngerer Generationen die rechtzeitige Einbindung von Adressaten einer Dienstleistung somit eine besonders wichtige Rolle spielt (Zagel und Bodendorf, 2017).

8 Controlling der Marktbeziehungen

Das Controlling der Marktbeziehungen stellt den letzten Teil des Marketingentscheidungsprozesses eines Dienstleistungsunternehmens dar. Als ein Führungskonzept von
den Zahlen her steht es nicht in Konflikt, sondern in Ergänzung zu einer marktorientierten Unternehmensführung im Sinne des Ansatzes von Meffert et al. (2019), d. h.
dem Denken von der Marktseite her und damit aus der Perspektive der Nachfrager
von Dienstleistungen. Diese stellen im Sinne der SDL zunächst lediglich die Wertangebote auf den relevanten Märkten vor dem Hintergrund der Erlangung von Wettbewerbsvorteilen dar. Allerdings erfüllt das Marketing-Controlling **wichtige Aufgaben**,
wie die Sicherstellung der Effektivität und Effizienz des Markthandelns und damit der
Marktbeziehungen des Dienstleisters. In diesem Kontext müssen zudem zahlreiche
Funktionen, wie die Information, Planung, Kontrolle und die Koordination gewährleistet sein (Abschnitt 8.1). Außerdem dienen **Kennzahlen und Kennzahlensysteme** als
verdichtete Informationen über quantifizierbare betriebliche Sachverhalte einer konkreten Steuerung des unternehmerischen Handelns in den einzelnen Bereichen. Die
betriebswirtschaftliche Literatur bietet dazu eine Vielzahl von Absolut- und Verhältniszahlen an, die sinnvoll auszuwählen sind und die den verantwortlichen Managern
bei der Steuerung des Unternehmens helfen sollen. Hierbei können Management-
Cockpits einen wichtigen Überblick über die zentralen Kennzahlen liefern (Abschnitt 8.2).
Schließlich stellt der **Kundenwert** die abschließende integrative Perspektive dar, mit
dem im Sinne eines Kundenbindungs- respektive Kundenbeziehungsmanagements die
Kunden auf Basis ihres Wertes für das Dienstleistungsunternehmen in Gruppen eingeteilt werden, um so eine bessere Steuerung der kundenbezogenen Aktivitäten in den einzelnen Instrumentalbereichen zu ermöglichen (Abschnitt 8.3).

8.1 Aufgaben des Marketing-Controllings

Das Controlling der Marktbeziehungen ist idealtypisch der letzte Schritt in einem
Marketingentscheidungsprozess eines Dienstleisters (Meffert et al., 2018). Dabei ist das
Controlling von der klassischen Kontrollfunktion abzugrenzen, welche lediglich einen
Soll-Ist-Abgleich am Ende des Entscheidungsprozesses und nach der Durchführung von
Maßnahmen (ex-post) darstellt. Dagegen handelt es sich beim Controlling um ein umfassendes, rationales **Führungskonzept** aus der Sicht der Zahlen (To-control) zur Steuerung
eines Unternehmens (Reinecke und Janz, 2007). Der Gedankengang des Controllings ähnelt von seiner Tragweite dem Ansatz einer marktorientierten Unternehmensführung,
wie ihn Meffert et al. (2019) in die deutsche Marketingliteratur eingeführt haben. Jedoch
handelt es sich beim Marketing um ein unternehmerisches Führungskonzept aus der
Perspektive des Marktes (To-market), d. h. der Außensicht eines Unternehmens, während
beim Controlling der Fokus auf der internen Perspektive liegt. In diesem Zusammenhang

https://doi.org/10.1515/9783110620443-008

verweisen Reichmann et al. (2017) darauf, dass das Verhältnis zwischen dem eher eng an harte ökonomische Größen angelehnten Controlling bzw. Rechnungswesen als Entscheidungsbasis für die Führung eines Unternehmens und dem dagegen eher verhaltenswissenschaftlich geprägten Marketing historisch als schwierig einzustufen ist. Dazu bleibt jedoch festzuhalten, dass der Absatzbereich des Unternehmens einerseits den Engpassbereich darstellt (Link und Weiser, 2011). Bereits Drucker (1985) führt sinngemäß aus, dass die ultimative Aufgabe eines Unternehmens die Erzeugung von Kunden ist, denn der Gewinn ist nur Mittel zum Zweck für den Unternehmenserfolg respektive den Gewinn. In der Folge wäre die unternehmerische Tätigkeit ohne einen Kunden sinnlos, da keine Umsätze entstehen; es blieben nur Kosten für den Verbrauch von knappen Ressourcen. Andererseits sind die Entscheidungen im Marketing durch einen hohen Innovationsdruck und die Unsicherheit über das Verhalten der übrigen Marktpartner gekennzeichnet. Es müssen folglich die weichen Faktoren (nicht-monetäre Zielgrößen) aus dem Marketing (z. B. Kundenorientierung, Kundenzufriedenheit, Markenbekanntheit oder Reputation am Markt) in quantitative ökonomische Größen als Informationsbasis für Marketingentscheidungen transferiert werden. Hierzu werden die Daten aus dem Rechnungswesen mit externen Marktforschungsinformationen im Sinne von Ursache-Wirkungsbeziehungen miteinander verknüpft. Zu den verschiedenen Bezugsobjekten der Analyse, welche die Erfolgsträger eines Unternehmens darstellen, gehören bspw. die Leistungen/Aufträge, die Kunden/Marktsegmente oder die Vertriebsinstanzen/Absatzgebiete (Reichmann et al., 2017). Abschließend sei darauf verwiesen, dass im Sinne einer ausgewogenen Unternehmensführung sowohl die interne Perspektive des Controllings als auch die externe Perspektive des Marketings sich gegenseitig ergänzen und damit die andere Sichtweise mit ihren jeweiligen Wirkungszusammenhängen berücksichtigen müssen.

Aus der Gesamtsicht eines Dienstleistungsunternehmens handelt es sich somit beim Marketing- (i. w. S.) bzw. beim Dienstleistungsmarketing-Controlling (i. e. S.) um die Sicherstellung der Effektivität und Effizienz in der Austauschbeziehung respektive in verschiedenen Austauschbeziehungen auf den vom Dienstleister bearbeiteten relevanten Märkten (Reinecke und Janz, 2007). Dabei stellt die **Effektivität** die Sicherstellung der Kundenanforderungen im Hinblick auf qualitativ hochwertige oder zumindest adäquate Leistungen des Anbieters dar (Backhaus und Schneider, 2020; Weiber et al., 2022). Diese sollen die Bedürfnisse der Dienstleistungsnachfrager auf dem zugrunde gelegten Anspruchsniveau, d. h. der ausgelobten Qualität, befriedigen, sodass Nachfrager eine für sie attraktive Tauschrelation, d. h. Leistung gegen Geld, wahrnehmen (Plinke, 2000). Im Sinne von Backhaus und Voeth (2014) stellt dieser Ansatz den Kundenvorteil, den so genannten Nettonutzen (Service-value) dar (Fließ, 2009), wobei jedoch von einem relativen Kundenvorteil auszugehen ist, weil der Anbieter in den meisten Fällen mit anderen Dienstleistern auf einem relevanten Markt im Wettbewerb steht. Folglich sollte sich ein Nettonutzenvorteil ergeben, der aus dem Vergleich zweier oder mehrerer Nettonutzen resultiert, je nachdem wie viele Wettbewerber für einen Nachfrager in Betracht kommen. Dagegen bedeutet die **Effizienz** die wirtschaftliche Umsetzung innerhalb des Unternehmens, was dem so genannten Anbietervorteil entspricht (Backhaus und Schneider, 2020). Dadurch entstehen Wettbewerbsvorteile nicht nur durch bessere Leistungen, sondern auch durch eine im Vergleich zum Wettbewerb bessere Kosten- bzw. Produktivitätsposition, sodass der Anbieter einen Leistungserstellungsvorteil im Sinne einer höheren Wirtschaftlichkeit in den potenziellen Austauschbeziehungen erlangt (Weiber et al., 2022). In der Konsequenz daraus muss das Controlling eines Dienstleistungsanbieters somit beide Dimensionen eines Wettbewerbsvorteil im Blick haben und diese sicherstellen (Backhaus und Schneider, 2020; Meffert et al., 2019; Plinke, 2000). So müssen Mitarbeiter nicht nur Leistungen in hoher Qualität liefern und Kunden auf dem von diesen geforderten Niveau mit den entsprechenden Leistungseigenschaften zufrieden stellen, sondern gleichzeitig müssen Technologien, Betriebsmittel und Prozesse eingesetzt werden, die ein kostengünstigere Erstellung im Vergleich zum Wettbewerb ermöglichen. Das Marketing-Controlling muss folglich den relativen Effektivitäts- und Effizienzvorteil im Blick behalten.

Aus den Ausführungen folgt, dass das Controlling im Allgemeinen und das **Marketing-Controlling** im Besonderen nicht nur klassische Kontrollaufgaben am Ende eines Regelkreises von der Soll- zur Ist-Größe hat, sondern diese mit entsprechenden Planungsaktivitäten verschmelzt, um eine rechtzeitige Korrektur des eingeschlagenen Weges durch das Management zu erreichen und damit eine Beratung der mit den Managementaufgaben betrauten Personen in den einzelnen Bereichen zu gewährleisten. Das Controlling steht daher in einem permanenten Austausch mit dem strategischen und operativen Management eines Dienstleistungsunternehmens (Link und Weiser, 2011), es stellt das Bindeglied zwischen der Führungsebene bzw. den Führungsebenen in den unterschiedlichen Unternehmensbereichen und den übrigen Mitgliedern der Dienstleistungsorganisation dar. Hierbei ist also das strategische Management der Entscheider (Kapitän), der Unternehmensziele definiert, die Wettbewerbsstrategien formuliert und den Rahmen für das operative Handeln setzt, welches sich in den Marketinginstrumenten manifestiert (vgl. Abb. 8.1). Dagegen fungiert das Controlling gleichsam als Lotse (Navigator), es stellt Informationen bereit, liefert Lösungskonzepte und entsprechende betriebswirtschaftliche Methoden, generiert zahlreiche Auswertungen als Informationsgrundlage zur Steuerung und implementiert gleichzeitig IT-basierte Lösungen (z. B. ein betriebliches Informationssystem oder ein so genanntes Management-Cockpit), um darauf aufbauend die Steuerung des Unternehmens vor dem Hintergrund einer dynamischen und komplexen Unternehmensumwelt zu ermöglichen (Horvath et al., 2020). In der gängigen Literatur wird zusätzlich zwischen dem strategischen und operativen Controlling unterschieden, die jeweils Aufgabenbereiche mit unterschiedlichen Schwerpunkten bekleiden, welche allerdings nicht weiter differenziert werden (z. B. Link und Weiser, 2011; Reichmann et al., 2017).

Im Kontext der Aufgabenbereiche des Controllings erarbeiten Reichmann et al. (2017) zunächst zwei wichtige Controlling-Funktionen, die auf den Bereich des Dienstleistungsmarketings heruntergebrochen werden können. In diesem Sinne ergeben sich generell die Steuerungs- sowie die Implementierungsaufgabe. Bei der **Steuerungsaufgabe** werden die konkreten Aufgaben des Controllings aus den vom Management festgelegten

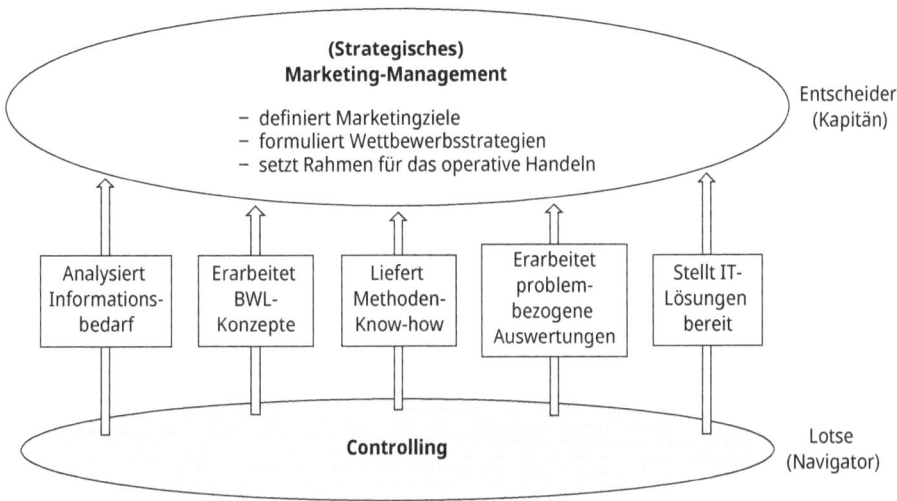

Abb. 8.1: Controlling als Zulieferer des Managements (in Anlehnung an Reichmann et al., 2017).

Zielen abgeleitet. Dabei werden diejenigen Faktoren einbezogen, die für die Beeinflussung der gesetzten Ziele als maßgeblich angesehen werden. Im Gegensatz dazu werden alle diejenigen Faktoren aus dem Aufgabenbereich des Controllings ausgeschlossen, die diesem Kriterium nicht entsprechen. Aus dieser Tatsache lässt sich ableiten, dass in den Funktionsbereichen des Unternehmens (z. B. das Dienstleistungsmarketing) nur für diese Unternehmensbereiche relevante Faktoren einbezogen werden, d. h. solche, die von diesen Unternehmensbereichen auch beeinflusst werden können. Dadurch werden die Führungskräfte bei ihren Planungs- und Leitungsaufgaben sinnvoll unterstützt.

Bei der **Implementierungsaufgabe** geht es um die für die relevanten Bereiche entsprechend abgeleiteten Methoden bzw. Instrumente, die bei einem Bereichs-Controlling zum Einsatz kommen. Im Marketing können dies, je nach Controlling-Objekt (z. B. Leistungen, Kunden oder Sparten), unterschiedliche Informationsbedarfe sein. In der Leistungsgestaltung spielen bspw. Investitionsrechnungsverfahren zur Entwicklung von Dienstleistungsinnovationen, Marktanteile oder Absatzzahlen eine hervorzuhebende, wichtige Rolle, wohingegen beim Service-encounter in der Distribution der Akquisitionserfolg, Beschwerdeanalysen, die Messung der Leistungsqualität oder der Kundenzufriedenheit besonders bedeutsam sind und von den dort tätigen Organisationsmitgliedern beeinflusst werden können. Im Pricing können darüber hinaus Verfahren der Kostenrechnung und Deckungsbeitragsanalysen relevant sein und in der Kommunikationspolitik die Nutzung der Website bzw. die Entwicklung der Buchungsraten (Conversionrates) nach dem Einsatz von Werbemaßnahmen oder der Durchführung von Events.

Neben der generellen Steuerung und Implementierung als eher übergeordnete Teilaufgaben des Controllings ergänzen Reinecke und Janz (2007) diese um vier **zentrale**

Funktionen eines Marketing-Controllings, die sich an der Sicherstellung von Effektivität und Effizienz einer weiter oben beschriebenen marktorientierten Unternehmensführung orientieren und in der Summe die Wettbewerbsfähigkeit, das Unternehmenswachstum sowie den Unternehmenswert steigern sollen (Horvath et al., 2020; Reichmann et al., 2017; Reinecke und Janz, 2007). Zu diesen gehören:

– die Informationsaufgabe: Eine problemspezifische Informationsversorgung soll die externen Marktbeziehungen des Unternehmens bezgl. der Kunden, Wettbewerber und einer breiteren Öffentlichkeit (Stakeholder), die sich vor allem aus der Marktforschung speisen, mit dem internen Rechnungswesen des Dienstleisters verbinden. Dabei ist es zunächst das Ziel, technologische und marktliche Veränderungen rechtzeitig zu erkennen, auszuwerten und zu interpretieren. Hierbei dient einerseits das Marketing-Accounting als endogene Informationsversorgung. Hierzu werden Daten aus dem internen Rechnungswesen, wie bspw. Kosten- und Erfolgsrechnungen oder statische und dynamische Investitionsrechnungsverfahren, zur Analyse herangezogen. Zu den Kosten- und Erfolgsrechnungen gehören bspw. das Target-costing, die Absatzsegmentrechnung, ein- und mehrstufige Deckungsbeitragsrechnungen sowie die bereits diskutierte Prozesskostenrechnung, welche vor allem für Dienstleistungsunternehmen zusätzliche Informationen in die traditionellen Verfahren der Kosten- und Leistungsrechnung integriert (z. B. der Einbezug mehrerer Kostenstellen im Prozess der Dienstleistungserstellung). Andererseits existieren mit der Marktforschung zusätzliche exogene Größen der Informationsversorgung, die sich insbesondere mit der Messung von Kundenzufriedenheit und Kundenbindung befassen. Es ist ersichtlich, dass die externen Marktbeziehungen sich vollumfänglich in den internen Daten des Rechnungswesens widerspiegeln, da diese ein Abbild von außen bezogener Ressourcen, den dafür entstandenen Kosten und den in der Vermarktung realisierten Erlösen darstellen. Sie erzeugen bzw. beinhalten letztendlich als Residualgröße den unternehmerischen Gewinn.

– die Planungsaufgabe: Eine Unterstützung der strategischen und operativen Marketingplanung durch das Controlling soll das Denken bezgl. alternativer Strategien und Instrumente bei der Bearbeitung der Marktbeziehungen anregen und in der Folge in managementbezogenes Handeln umsetzen. Dabei soll das kritische Hinterfragen und Bewerten der aktuellen Marketingplanung initiiert werden und gleichzeitig sollen Methoden bereitgestellt werden, um bspw. Kundensegmente, Anreizsysteme oder Kommunikationsmaßnahmen umzugestalten bzw. Marketingbudgets neu zuzuordnen. Diese werden auf analytischer Basis oder durch Heuristiken festgelegt, wie es bei den Kommunikationsbudgets diskutiert wurde. Zu den zum Einsatz kommenden Verfahren des Finetunings der strategischen und operativen Marketingplanung zählen bspw. das weiter oben diskutierte Benchmarking, GAP- und SWOT-Analysen sowie die auf Letztere aufbauende Portfolioanalyse. Diese kann neben Leistungen auch Kunden als Beurteilungsobjekte beinhalten. Gleiches gilt auch für die aus dem Beschaffungsbereich bekannte ABC-Analyse, die bei der Distributionspolitik zur Bestimmung von Besuchsaktivitäten beim Verkauf der Leistungen in Kombination mit dem Arbeitslastverfahren eingesetzt wird. Der ABC-Analyse zur Folge werden Kunden in besonders wichtige A-Kunden, über die eine Mittelposition einnehmenden B-Kunden, bis hin zu dem Block der C-Kunden eingeteilt, welche zwar eine größere respektive die größte Anzahl darstellen, aber einen relativ gesehen geringeren Umsatz- oder Deckungsbeitrag für das Unternehmen erzeugen.

– die Kontrollaufgabe: Bei der Überwachung der Marketingaktivitäten spielen die Durchführung von Kontrollen und Audits eine wichtige Rolle. Bei Kontrollen werden rückblickende Soll-Ist-Vergleiche im Sinne eines Regelkreises bezgl. der Abläufe und Ergebnisse des Markthandelns durchgeführt, die allerdings eine hinreichende Operationalisierung der vom Management festgelegten Ziele im strategischen und operativen Marketing erfordern. Hierbei handelt es sich um klassische Kontrollen im Hinblick auf die Effektivität (Zielerreichungsgrad) und Effizienz (Wirtschaftlichkeit) der Marktbearbeitung. So kann im strategischen Bereich bspw. die Einteilung oder die Auswahl der Zielgruppen vor dem Hintergrund der realisierten Absätze oder der Wirtschaftlichkeit der Zielgruppeneinteilung ebenso wie eine Überprüfung der Positionierung gegenüber den relevanten Wettbewerbern untersucht werden. Als Reaktion darauf kann dann eine Umpositionierung durch Veränderung des Leistungsangebotes oder etwa die Bearbeitung neuer Zielgruppen vorgenommen werden. Dagegen können im operativen Bereich bspw. explizit Abläufe und Ergebnisse einzelner Marketinginstrumente, d. h. der Leistungs- (z. B. Leistungsprogramm, Beschwerden und Kaufabsichten), Preis- (z. B. Absatz, Umsatz, Deckungsbeiträge und Erlösabweichungen), Distributions- (z. B. Vertriebserfolg, Verkaufsförderung, Auslastung und Kundenzufriedenheit) und Kommunikationspolitik (z. B. Bekanntheitsgrad, Einstellungen, Markenimage, Kontaktziele bzw. Werbeerfolg) kontrolliert werden. Dagegen hat die Aufstellung von Marketing-Audits einen eher zukunftsorientierten Charakter der Überwachung. Mit unterschiedlichen Marketing-Audits sollen Herausforderungen und Chancen vor allem im strategischen Marketing aufgedeckt werden, um daraus einen Maßnahmenplan abzuleiten, der insgesamt zu einer Verbesserung der aktuellen Marketingleistungen führt (z. B. Köhler, 1981/1982; Kotler et al., 1977; Töpfer, 1995). Folglich handelt es sich eher um eine strategisch orientierte Überprüfung der Effektivität (Ergebnis–Ziel) und Effizienz (Ergebnis–Einsatz) der Marketingplanung. Im Fokus stehen dabei neben den verfolgten Strategien und dem daraus abgeleiteten Marketing-Mix auch die interne Führung und Organisation sowie der relevante Markt und die weitere Umwelt des Unternehmens.

– die Koordinationsaufgabe: Bei der Koordination sollen nicht alle Bereiche eines Marketingentscheidungsprozesses aufeinander abgestimmt werden, sondern vor allem die Unterstützung bei Aktivitäten und Maßnahmen gewährleistet werden, die über das Marketingroutinegeschäft hinausgehen. Hierbei kommt es manchmal zu komplexen Veränderungsprozessen (Change-Management), welche vom Umfang her über klassische Projekte hinausgehen können, wodurch eine begleitende Beratung

(Coaching) durch das Controlling des Unternehmens erforderlich wird. Zu den Koordinationsaufgaben des Controlling gehören bspw. die Beratung und Unterstützung bei der Einführung neuer Leistungen, dem Aufbau eines Kennzahlensystems, der Neugestaltung des gesamten Markenauftritts und -portfolios sowie potenzielle Marketingkooperationen mit Wettbewerbern oder Anbietern komplementärer Leistungen (ausführlich Reinecke und Janz, 2007).

8.2 Kennzahlen und Kennzahlensysteme

Für die konkrete Steuerung des Unternehmens respektive die Erfüllung der im vorangegangenen Abschnitt herausgearbeiteten Funktionen des Marketing-Controllings müssen Kennzahlen durch das Rechnungswesen bereitgestellt werden. In Anlehnung an Reichmann et al. (2017) werden Kennzahlen als **verdichtete Informationen** über quantifizierbare betriebliche Sachverhalte definiert (ähnlich Preißler, 2008). Diese liefern damit eine spezifische Information über einen abgrenzbaren Bereich, welche in metrischen Skalen gemessen werden und dadurch relativ präzise Aussagen über die im Fokus stehenden Sachverhalte zulassen. Hier hat zudem der aus der amerikanischen Literatur bekannte Begriff der Key-performance-indicators (KPIs) Eingang in die deutschsprachige Literatur gefunden, wobei der Terminus KPI im engeren Sinne Schlüsselkennzahlen meint, die für einen Unternehmensbereich die besonders relevanten Größen (Schlüsselgrößen) betreffen, und weniger die generelle Zahl von existierenden Kennzahlen. Insgesamt stellen Kennzahlen ein Hilfsmittel der Analyse im Controlling dar und sind zudem in der Lage, im Sinne einer Zielhierarchie unterschiedliche Zweck-Mittel-Beziehungen abzubilden. Dazu müssen Hypothesen darüber aufgestellt werden, welche quantifizierbaren Informationen in einem sachlogischen Zusammenhang stehen. Dies erfordert die Festlegung von unabhängigen und abhängigen Größen, die sich gegenseitig beeinflussen. Kennzahlen ermöglichen dann, sofern der gedankliche Hintergrund in sich stimmig ist, die vereinfachte Überwachung und Kontrolle von komplexen Prozessen und Ergebnissen. Somit ist der Aussagewert von Kennzahlen immer dann gering, wenn keine nachgewiesene Ursache-Wirkungs-Beziehung zwischen unterschiedlichen Einflussgrößen besteht, sodass eine Veränderung respektive Beeinflussung einer Input-Größe keine signifikante Wirkung auf eine Output-Größe hat. Zudem suggerieren Kennzahlen dann sowohl Beeinflussungsoptionen als auch Genauigkeit, die beide real so nicht gegeben sind (siehe Reinecke und Janz, 2007).

In Bezug auf die Funktion von Kennzahlen verweisen Reichmann et al. (2017) darauf, dass Kennzahlen vor allem eine Informationsfunktion für die Entscheidungsträger im Management ausüben, sodass diese Entscheidungsträger in der Lage sind, möglichst rationale Entscheidungen im Sinne der Unternehmensziele zu treffen (Göbel, 2018). Daraus lassen sich unter anderem vier **wichtige Teilfunktionen** herausarbeiten, welche sich aufeinander beziehen (Reichmann et al., 2017):

- Kennzahlen unterstützen die Zieloperationalisierung, um die vom Management gefassten Wunschzustände im Unternehmen und seinen Teilbereichen messbar und im Anschluss daran überprüfbar zu machen (z. B. Erlöse, Kosten oder Deckungsbeiträge).
- Kennzahlen geben Anregungen, wobei durch eine laufende Erfassung Auffälligkeiten und Veränderungen in bestimmten Teilbereichen frühzeitig erkannt werden können (z. B. Kundenzufriedenheit, Personalfluktuation oder Krankenstand).
- Kennzahlen dienen der Vorgabe von kritischen Messwerten, die als Zielgrößen für das Management in den unternehmerischen Teilbereichen fungieren (z. B. Umsatzrentabilität [Return-on-sales], Mitarbeiterproduktivität oder Kundenabwanderungsrate [Churn-rate]).
- Kennzahlen helfen bei der Erkennung von Soll-Ist-Abweichungen und dienen durch die laufende Erfassung als Grundlage der Ursachenanalyse in den betrachteten Teilbereichen des Unternehmens (z. B. Soll-Ist-Erlöse, Reklamationsrate oder Bearbeitungszeiten für Kundenaufträge).

Außerdem können Kennzahlen für **Betriebsvergleiche (Benchmarking)** genutzt werden (Preißler, 2008), wodurch die interne Sichtweise ausgedehnt und ein Vergleich mit anderen Wirtschaftseinheiten derselben oder aber einer anderen Branche ermöglicht wird. So können sich bspw. Krankenhäuser als Dienstleister durch die Unterbringung von Patienten in Teilbereichen mit Hotels vergleichen, bei denen ebenfalls Personen untergebracht werden bzw. dort übernachten, wenn es um die Belegung, Reinigung und Ausstattung der Zimmer oder der Versorgung mit Verpflegung geht.

Im Kontext der genannten Teilfunktionen kommen unterschiedliche Arten von Kennzahlen zum Einsatz (Steger, 2017). Preißler (2008) unterscheidet in Bezug auf einzelne Kennzahlen zwischen Absolutzahlen und Verhältniszahlen. Zu den **Absolutzahlen (Grundzahlen)** gehören Einzelzahlen wie die Zahl der Beschäftigten in den Servicebereichen oder im Support des Unternehmens sowie der Umsatz bestimmter Unternehmenseinheiten. Zudem können aus den Einzelzahlen Summen (z. B. Gesamtkosten oder -umsatz, Summe der Auftragseingänge oder Krankentage), Differenzen (z. B. Gewinn als Residuum aus Erlösen minus Kosten oder Stückdeckungsbeitrag als Resultat aus Preis und variablen Kosten) sowie Mittelwerte (z. B. variable Stückkosten, durchschnittliche Zeit pro Kunde oder durchschnittlicher Krankenstand) gebildet werden. Diese lassen sich relativ einfach ermitteln, haben allerdings den Nachteil eines geringeren Aussagegehalts, insbesondere vor dem Hintergrund externer Vergleiche, da bspw. unterschiedliche Unternehmensgrößen vorliegen können. Preißler (2008) gliedert Absolutzahlen darüber hinaus in Bestands- und Bewegungszahlen, wobei Bestandzahlen unternehmerische Zustände angeben und somit Aussagen über Sicherheiten oder Risiken im Unternehmen ermöglichen (z. B. Auftragsbestände, Forderungsbestände oder Kapitaleinsatz), wohingegen Bewegungszahlen einen bestimmten Zeitraum einbeziehen (z. B. Tag, Woche, Monat oder Jahr), d. h. eine Veränderung über die Zeit abbilden können (z. B. Veränderung des Forderungsbestands oder der Beschwerden in einzelnen Servicebereichen).

Im Gegensatz zu den Absolutzahlen werden bei **Verhältniszahlen (Relativzahlen)** explizit Sachverhalte miteinander in Beziehung gesetzt (Preißler, 2008). Dabei steht die Beziehungsgröße im Zähler und die Grundlage der Beziehung im Nenner. Verhältniszahlen setzen folglich zwei Absolutzahlen miteinander in Beziehung und erhöhen damit den Aussagegehalt und daher die Vergleichsmöglichkeiten von Absolutzahlen. Somit sind sie auch besser für die oben genannten Betriebsvergleiche geeignet. In der Literatur zu den Kennzahlen wird in Bezug auf die Verhältniszahlen zwischen Gliederungs-, Beziehungs- und Indexzahlen unterschieden. Bei den Gliederungszahlen wird eine bestimmte Teilmenge ins Verhältnis zu einer Gesamtmenge gesetzt, sodass strukturelle Verhältnisse aufgezeigt werden können. Dabei haben beide Größen jeweils dieselben Einheiten (z. B. Marktanteil, Personalkostenanteil oder Fixkostenanteil). Im Gegensatz dazu werden bei Beziehungszahlen begrifflich verschiedene Mengen miteinander in einen sachlichen Zusammenhang gesetzt, d. h. der Nenner ist nicht die übergeordnete Gesamtmenge; beide Größen verfügen daher über unterschiedliche Einheiten (z. B. Erlös pro Mitarbeiter/Kunde, Verkaufserfolg oder Sozialkosten pro Vertriebsmitarbeiter). Schließlich existieren noch Indexzahlen, die den statischen Charakter der beiden übrigen aufheben, indem die Zeit als Faktor berücksichtigt wird. Mit Indexzahlen lassen sich Veränderungen über die Zeit abbilden, wodurch prinzipiell alle bisher diskutierten Kennzahlen in Indexzahlen transformiert werden können, indem ein bestimmter, repräsentativer Zeitpunkt oder Zeitraum (also keine atypischen Schwankungen) als Bezugsgrundlage (Basis) gesetzt wird (z. B. der 31.12.2022 oder das Jahr 2022) und darauf aufbauend Veränderungen jeweils ins Verhältnis zu dieser Basis betrachtet werden (z. B. Umsatz, Kunden oder Mitarbeiter des Jahres 2023 im Vergleich zum vorherigen Jahr 2022). Dadurch ergeben sich prozentuale Abweichungen nach oben oder unten. Allerdings ist bei den Indexzahlen zu berücksichtigen, dass bspw. in der aktuellen Situation vor dem Hintergrund der erst kürzlich überwundenen Covid19-Pandemie und der dadurch bspw. vorgenommenen Zwangsschließungen zahlreicher Dienstleister die Jahre 2021/22 ein nicht-repräsentativer Vergleichszeitraum wären bzw. müsste in einer Reihe von Vergleichszahlen auf Sondereffekte oder ungeeignete direkte Vergleiche explizit hingewiesen werden. Gleiches gilt für die Finanzkrise der Jahre 2008/09 oder in bestimmten Bereichen von Online-Dienstleistungen die Dotcom-Blase zu Beginn des Jahrtausends (z. B. Krämer, 2015). Generell können bei Indexzahlen Preise (p), Mengen (x) oder Werte (p * x) als Indizes verwendet werden. Mit Indexzahlen lassen sich also relativ übersichtlich Entwicklungen über die Zeit abbilden. Abschließend kann gesagt werden, dass in der einschlägigen Literatur zahlreiche Kennzahlen für den Marketing und Vertriebsbereich existieren (z. B. Schneider und Hennig, 2008; Wöltje, 2020), welche im amerikanischen Sprachraum unter dem Terminus der Marketing-metrics zusammengefasst werden (z. B. Bendle et al., 2020; Davis, 2018). Ein Blick in die Literatur zeigt allerdings erneut das oben genannte Problem der Auswahl der richtigen Kennzahl auf, da nicht jede Kennzahl für jedes Unternehmen, jede Branche und jeden Bereich geeignet ist.

Werden mehrere Kennzahlen in einen komplexeren, sachlich sinnvollen Zusammenhang gestellt und insgesamt auf ein gemeinsames Ziel hin ausgerichtet, d. h. diese beziehen sich aufeinander und ergänzen sich gegenseitig, so wird von einem **Kennzahlensystem** gesprochen (Preißler, 2008; Reichmann et al., 2017; Steger, 2017). Bekannte Kennzahlensysteme sind bspw. das Return-on-investment-System nach dem Modell von Dupont (Steger, 2017), welches auf der Analyse von Rentabilitäten basiert (Graumann, 2014). Zudem existiert die oben diskutierte Balanced-scorecard (Kaplan und Norton, 1996a), welche als Kritik an den vormals vor allem finanzwirtschaftlich orientierten Kennzahlensystemen entwickelt wurde (Kaplan und Norton, 1992/1996b). In diesem Zusammenhang kritisiert Preißler (2008), dass Kennzahlensysteme oftmals daran scheitern, dass vergangenheitsorientierte, finanzwirtschaftliche Kennzahlen im Mittelpunkt stehen, nicht-monetäre Kennzahlen häufig fehlen, die Interpretation der Kennzahlen schwierig ist und die Entscheider durch Kennzahlen regelrecht überflutet werden, was insgesamt lediglich die Managementkomplexität, aber nicht die Aussagekraft steigert.

In der Praxis haben zudem so genannte **Management-cockpits** als Instrumente des Controllings eine wichtige Bedeutung erlangt. Dort werden die für einen bestimmten Bereich relevanten Kennzahlen aufbereitet und grafisch übersichtlich durch IT-Lösungen abgebildet, wie es oben als zusätzlicher Aufgabenbereich des Controllings herausgearbeitet wurde (Reichmann et al., 2017). Die Führungskräfte eines Bereichs können dadurch sämtliche relevanten Steuerungswerte auf einen Blick einsehen und sich gleichzeitig grafische Auswertungen anzeigen oder komplexere Reports geben lassen. Eine ausführliche Betrachtung von Kennzahlensystemen für Marketing und Verkauf liefern Reinecke und Janz (2007), sodass hier auf detaillierte Ausführungen verzichtet wird (Preißler, 2008; Reichmann et al., 2017; Steger, 2017).

8.3 Kundenwert als integrative Perspektive

In Bezug auf eine integrative Perspektive des Controllings der Marktbeziehungen eines Dienstleistungsunternehmens kann das Konzept des Kundenwerts hervorgehoben werden. Hierzu wird von der bisher einperiodischen Überwachung der marktlichen Austauschbeziehungen (Einmaltransaktion) mit Transaktionskunden der Fokus abschließend auf eine periodenübergreifende Betrachtung (Mehrfachtransaktion) mit Beziehungskunden mittels des Kundenwerts gelegt (Bruhn, 2016; Bruhn et al., 2019; Krafft und Rutsatz, 2006). Allgemein wird der Kundenwert als der von einem Unternehmen wahrgenommene, bewertete Beitrag eines Kunden bzw. des gesamten Kundenstamms zur Erreichung der monetären und nicht-monetären Ziele des Unternehmens verstanden (Diller et al., 2005; Helm et al., 2017). Damit lehnt sich der Ansatz gedanklich an die weiter oben diskutierte Service-profit-chain von Heskett et al. (1997) an, bei der ebenfalls langfristig profitable Kunden sowie die **Absicherung des ökonomischen Erfolgs** für ein Dienstleistungsunternehmen betrachtet werden. Diesem Gedankengang folgend stellt die Kundenbeziehung einen zentralen Unternehmenswert an sich dar (Meyer et al., 2017). Außerdem weist Piercy (2006) darauf hin, dass Kunden die Werte (Assets) eines Unternehmens darstellen und Drucker (1985) konstatiert, dass die Generierung eines Kunden, neben der Innovationskraft, die zentrale Aufgabe eines Unternehmens ist. Insgesamt wird der Terminus des Kundenwerts als letztes Glied in der gedanklichen Kette aus Kundenorientierung, Kundenzufriedenheit und Kundenbindung auf dem Weg zum Unternehmenserfolg zusammengeführt (Bruhn, 2016; Helm et al., 2017; Wirtz und Lovelock, 2022). Allerdings ist der Terminus des Kundenwerts aus der Unternehmensperspektive nicht zu verwechseln mit dem subjektiv wahrgenommenen Wert einer Leistung für den Kunden, also den Kundenvorteil in der Austauschbeziehung (Eggert, 2006).

In diesem Kontext liegt die Fragestellung nahe, ob ein Dienstleistungsanbieter versuchen sollte, alle seine Kunden langfristig an das Unternehmen zu binden. Hierzu verweisen Haller und Wissing (2020) darauf, dass nur wenige Kunden sehr profitabel, ein Großteil profitabel, aber mit geringen Beiträgen, und darüber hinaus zahlreiche unprofitable Kunden existieren, die mehr Ressourcen beanspruchen als dass sie einen Nutzen im Sinne einer ökonomischen Vorteilhaftigkeit für das Unternehmen erbringen. Dies betrifft den zweiten Teil des unternehmerischen Erfolgs, d. h. den Effizienzvorteil und damit den Anbietervorteil in der Kundenbeziehung. Diesbezüglich vermittelt die **Kundenpyramide** von Rust et al. (2000), die das Phänomen bildlich darstellt (auch Zeithaml et al., 2001), einen ersten Eindruck der unterschiedlichen Wertigkeit von Kunden (vgl. Abb. 8.2). Die Kunden am unteren Ende der Pyramide (Bleikunden) erfordern oftmals den höchsten Aufwand, was die eingesetzte Zeit, die Bemühungen der Mitarbeiter beim Service-encounter und den Einsatz finanzieller Mittel betrifft (z. B. durch unrealistische Forderungen, Nachfragen und zahlreiche Beschwerden). Im Gegensatz zum deutlich erhöhten Aufwand wird mit ihnen allerdings der geringste Ertrag erwirtschaftet. Je weiter der Kunde in der Kundenpyramide nach oben rückt, über Eisenkunden, zu Goldkunden und schließlich zu den Platinkunden, desto weniger Aufwand erzeugt er bei gleichzeitig höherem Ertrag. Zudem verbreiten Kunden am oberen Ende der Pyramide tendenziell positives WOM, sodass diese Kunden Teile der Kommunikations- und Vertriebsaufgaben des Dienstleisters übernehmen, was zusätzlich die Marketingkosten positiv beeinflusst.

An dieser Stelle können Kundenbindungsprogramme, wie sie bspw. im Customerrelationship-Management (CRM) diskutiert werden (Payne und Frow, 2005), sinnvoll eingesetzt werden (Bruhn, 2016). Im Rahmen solcher **Kundenbindungsprogramme** werden Anreize gesetzt (Hohenberg, 2017), um Kunden des Unternehmens nicht nur zu halten, sondern auch im Sinne der Kundenpyramide weiterzuentwickeln. Gleichzeitig sind Kundenbindungsprogramme jedoch relativ aufwändig und damit kostenintensiv. Sie sollten daher möglichst zielgenau und nicht mit der sprichwörtlichen Gießkanne über alle Kunden des Unternehmens ausgeschüttet werden. Es gilt folglich, das Entwicklungspotenzial von Kunden rechtzeitig zu erkennen und laufend zu beur-

Profitabelste
Kunden

Unprofitabelste
Kunden

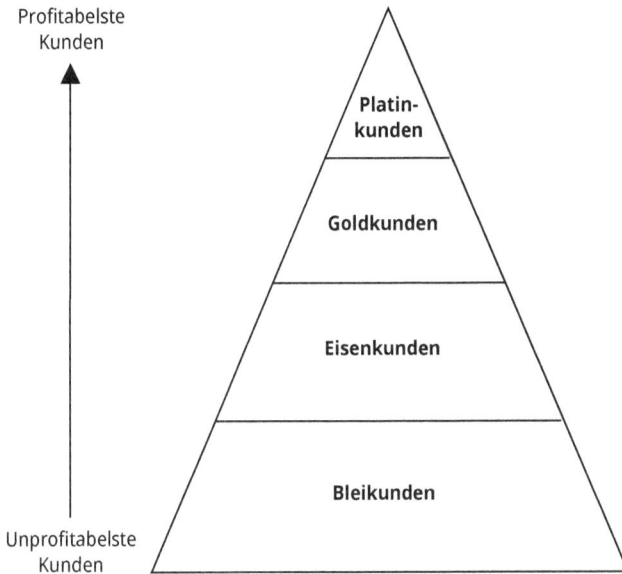

Abb. 8.2: Kundenpyramide (Rust et al., 2000).

teilen, sodass frühzeitig Key-accounts (Schlüsselkunden), ein Terminus, welcher vor allem im B2B-Marketing verwendet wird, identifiziert respektive systematisch aufgebaut werden können. Allerdings ist es dazu zunächst erforderlich, die Indikatoren für die **Stärke einer Kundenbeziehung** zu beachten und im Hinblick auf ihre Ausprägungen näher zu analysieren. Nach Bruhn (2016) wird hierbei zwischen drei Indikatorklassen unterschieden:

– Psychologische Indikatoren: Hierzu zählen einerseits die vom Kunden wahrgenommene Leistungsqualität und der wahrgenommene Wert der Dienstleistungen bezgl. der eigenen Bedürfnisbefriedigung bzw. der Nutzen einer Leistung. Andererseits gehört auch die wahrgenommene Beziehungsqualität in der Kundenbeziehung mit dem Anbieter (z. B. das Vertrauen in die Zuverlässigkeit des Anbieters und die Vertrautheit mit den Mitarbeitern im Servicebereich) zu diesen Indikatoren. Darüber hinaus werden noch die Kundenzufriedenheit sowie das Commitment genannt. Das Commitment stellt die generelle Bereitschaft eines Kunden dar, die aktuelle Kundenbeziehung aufrecht zu erhalten, weil diese als wichtig erachtet wird.

– Verhaltensbezogene Indikatoren: Solche Indikatoren sind den psychologischen Indikatoren nachgelagert und lassen Annahmen über das Verhalten eines Kunden zu. Hierzu gehören bspw. das Kaufverhalten und die bisherige Kundenbindung in der Geschäftsbeziehung (zum einen die Gebundenheit aufgrund von vertraglichen Regelungen und Inkompatibilitäten sowie zum anderen die freiwillige Verbundenheit des Kunden mit der Marke oder den Anbieterleistungen), das Kommunikationsverhalten (z. B. wenn der Kunde positives WOM aussendet und dadurch andere Kunden generiert werden können), das Informationsverhalten (z. B. die Reaktion auf Angebote oder der Umgang mit Reklamationen und Nachbesserungen) und das Integrationsverhalten bzw. die Compliance des Kunden im Leistungserstellungsprozess (z. B. die Mitarbeit und die Bereitstellung von Informationen und Rechten).

–   Ökonomische Indikatoren: Diese Indikatoren beziehen sich auf den finalen Output in der Wertkette der Kundenbeziehung (z. B. Service-profit-chain). Dazu zählen bspw. der Absatz, Umsatz, Marktanteil, Share-of-wallet sowie der Kundendeckungsbeitrag oder der Kundenwert.

Insbesondere die ökonomischen Indikatoren als finaler Aspekt der Kundenbeziehungsstärke beziehen den Kundenwert in die Betrachtung ein. Es wurde bereits diskutiert, dass unter ökonomischen Gesichtspunkten Kunden unterschiedlich zu bewerten bzw. unterschiedlichen Segmenten zuzurechnen sind (Freter, 2008; Helm et al., 2017; Krafft und Albers, 2000), was wiederum einen Einfluss auf die Selektion der Kunden bzw. eine unterschiedliche Behandlung von Kundensegmenten in Bezug auf die Steuerung der Kundenbeziehung zur Folge hat (Eggert, 2006). Im Hinblick auf das Marketing-Controlling kann der Wert einer Kundenbeziehung in einer ersten Annäherung aus relativ einfachen, bereits in der Distribution diskutierten ABC-Analysen (kundenübergreifend) oder aus Kundendeckungsbeitragsrechnungen (kundenindividuell) ermittelt werden. Da beide einen eher einperiodigen Charakter haben, sind sie statischer Natur (Bruhn et al., 2000; Homburg, 2020; Reichmann et al., 2017; Reinecke und Janz, 2007). Zudem erfolgt eine **eindimensionale Bewertung**, da jeweils nur ein Merkmal in die ökonomische Bewertung der Kundenbeziehung einfließt (z. B. Absatz/Umsatz oder Deckungsbeitrag). Eine Kundendeckungsbeitragsrechnung ist dabei ein weit verbreitetes, wenngleich ein vergangenheitsorientiertes Verfahren (Haller und Wissing, 2020), das prinzipiell wie eine ein- oder mehrstufige Deckungsbeitragsrechnung für die angebotenen Dienstleistungen des Unternehmens funktioniert.

Bei einer **Kundendeckungsbeitragsrechnung** werden für eine Kundenhauptgruppe, neben möglicherweise weiteren Subgruppen, einzelne Kunden vor dem Hintergrund von Erlösen und Kosten berücksichtigt (vgl. Tab. 8.1). Ausgehend von den Bruttoerlösen minus der Erlösschmälerungen (z. B. Rabatte oder Boni) ergeben sich die Nettoerlöse, welche abzüglich der variablen Kosten der Leistungserstellung (z. B. die eingesetzten Materialien) in den Kundendeckungsbeitrag I (DB I) münden. Im Anschluss daran können auf jeder folgenden Stufe durch eine schrittweise, immer weitergehende Berücksichtigung von direkten und indirekten sowie fixen Kosten, je nach Detaillierungsbedarf, die verbleibenden Kostenblöcke möglichst verursachungsgerecht zunächst auf die Kunden und dann auf die Gruppen (Kundengruppen- sowie Kundenhauptgruppenebene) verteilt werden. Das Ergebnis dieser mehrstufigen Berechnung resultiert dann in den Kundendeckungsbeitrag VI (DB IV) für die gesamte Kundenhauptgruppe (Reichmann et al., 2017). Zudem können anstelle der Kundenhauptgruppen auch Absatzsegmente (z. B. Vertriebskanäle/-regionen) in die Betrach-

Tab. 8.1: Beispiel einer mehrstufigen Kundendeckungsbeitragsrechnung (in Anlehnung an Reichmann et al., 2017).

	Kundenhauptgruppe (z. B. B2B)											
Kundengruppe	**Kleine Unternehmen**				**Mittelgroße Unternehmen**				**Große Unternehmen**			
Kunde	K_1	K_2	K_n	Σ	K_1	K_2	K_n	Σ	K_1	K_2	K_n	Σ
Bruttoerlöse	...	...	...	...	...	...	...	...	...	...	...	...
./. Erlösschmälerungen (z. B. Rabatte)	...	...	...	...	...	...	...	...	...	...	...	...
= Nettoerlöse	...	...	...	...	...	...	...	...	...	...	...	...
./. Variable Kosten der Leistungserstellung (z. B. Materialien)	...	...	...	...	...	...	...	...	...	...	...	...
= Kunden DB I	...	...	...	...	...	...	...	...	...	...	...	...
./. Direkte auftragsbezogene variable Vertriebskosten (z. B. Auftragsabwicklung)	...	...	...	...	...	...	...	...	...	...	...	...
= Kunden DB II	...	...	...	...	...	...	...	...	...	...	...	...
./. Indirekte kundenbezogene variable Vertriebskosten (z. B. Innendienst)	...	...	...	...	...	...	...	...	...	...	...	...
= Kunden DB III	...	...	...	...	...	...	...	...	...	...	...	...
./. Fixe Kosten des Kunden (z. B. Gratisleistungen/Proben)	...	...	...	...	...	...	...	...	...	...	...	...
= Kunden DB IV	...	...	...	...	...	...	...	...	...	...	...	...
./. Fixe Kosten der Kundengruppen (z. B. Werbung)				...				...				...
= Kunden DB V				...				...				...
./. Fixe Kosten der Kundenhauptgruppen (z. B. Verkaufsförderung)								...				
= Kunden DB VI								...				

tung einbezogen werden, wenn bspw. Vertriebskanäle eine zweckmäßigere Aggregationsebene darstellen (Homburg, 2020; Reckenfelderbäumer und Welling, 2017). Der Grundgedanke der Deckungsbeitragsrechnung bleibt aber stets bestehen, sodass eine möglichst verursachungsgerechte Aufteilung der entstanden Erlöse und Kosten auf die betrachteten Teilbereiche (z. B. Produkte oder Kunden) des Unternehmens erfolgt (Deimel et al., 2017; Schweitzer et al., 2016).

Darüber hinaus existieren mit Scoring-Ansätzen (Nutzwertanalysen) und Kundenportfolios zwei bekannte Möglichkeiten der **mehrdimensionalen Kundenbewertung** (Cornelsen, 2000; Link und Weiser, 2011). Beide Ansätze beziehen zwei (Portfolio) oder mehr als zwei Merkmale (Scoring-Ansätze) einer Kundenbeziehung in die Betrachtung ein. Zudem können bezgl. der Merkmale (Dimensionen) Gewichtungen vorgenommen werden, da bspw. bei den Scoring-Ansätzen nicht alle untersuchten Merkmale den gleichen Beitrag zur Bedeutung der Kundenbeziehung beisteuern. Mögliche Kriterien sind bspw. das Absatzvolumen, die Preisbereitschaft, die Auftragsfrequenz, der Umsatz, die Dauer der Geschäftsbeziehung, das Wachstum, die relative Bedeutung des Kunden im Vergleich zu anderen Kunden etc. Ziel des Verfahrens ist es, für jeden Kunden einen Punktwert (Score) zu berechnen und die Kunden dann bspw. dem Rang nach einzuteilen oder zu Gruppen mit gleichen oder ähnlichen Scores zu aggregieren, d. h. besonders attraktive Gruppen in der Kundenstruktur zu identifizieren. Allerdings ist bei den Scoring-Ansätzen zu berücksichtigen, dass die Auswahl der Kriterien, die Gewichtungen und teilweise die Bewertungen der nicht-monetären Kriterien subjektiv geprägt sind. Außerdem muss auf die Unabhängigkeit der Merkmale geachtet werden (Link und Weiser, 2011; Rahn und Mintert, 2019).

Einen prinzipiell ähnlichen Ansatz der Aufteilung der Kundenstruktur verfolgt das **Kundenportfolio** (vgl. Abb. 8.3), welches Kunden wegen der Interpretierbarkeit der resultierenden Felder meist auf Basis von zwei Merkmalen in Gruppen einteilt (Freter, 2008; Winkelmann, 2013b). Das generelle Verfahren wurde bereits oben als integrativer Ansatz der Situationsanalyse in seinen Grundzügen diskutiert. Bei einem Kundenportfolio stehen insbesondere die Kundenattraktivität (z. B. Umsatz oder Deckungsbeitrag) als eine erste Dimension und die eigene Wettbewerbsposition (z. B. relativer Lieferanteil im Vergleich zu den Wettbewerbern) als eine zweite Dimension im Vordergrund. Allerdings können die beiden Dimensionen auch aus unterschiedlichen Kriterien aggregiert werden (Bruhn et al., 2019; Haller und Wissing, 2020). Zur Attraktivität tragen bspw. der Umsatz, die Bonität, die Preissensibilität oder das Kooperationsverhalten bei und zur eigenen Wettbewerbsposition bspw. die geografische Nähe, der Lieferanteil oder das Image beim Kunden. Das aus der Verbindung der Dimensionen resultierende Portfolio wird als Kundenattraktivitäts-Wettbewerbspositions-Portfolio bezeichnet (Link und Weiser, 2011).

Neben den bisher als Auswahl diskutierten einperiodigen Verfahren der Kundenwertermittlung, mit sowohl eindimensionaler als auch mehrdimensionaler Bewertung, existiert mit dem **Customer-lifetime-value (CLV)** ein dynamisches Investitionsrechnungsverfahren, welches zwar einerseits eindimensional vorgeht, weil es im Wesentlichen auf den monetären Erfolgsbeitrag eines Kunden abzielt, jedoch andererseits den Wert eines einzelnen Kunden über einen längeren Zeitraum, d. h. zukunftsorientiert und somit mehrperiodig als Kundenlebenszeitwert berechnet (Bruhn et al., 2000; Freter, 2008; Krafft und Bues, 2017; Winkelmann, 2013b). Die Verfahren der mehrperiodigen Kundenwertermittlung im Allgemeinen und der CLV-Analyse im Besonderen können an die Bestimmungsfaktoren des potenziellen Kundenwerts von Tomczak und Elisabeth (2006) angelehnt werden (auch Bruhn, 2016). Dort wird zwischen dem so genannten Marktpotenzial des Kunden, dem originären (unmittelbaren) Wert, und dem so genannten Ressourcenpotenzial, dem derivativen (mittelbaren) Wert, unterschieden:

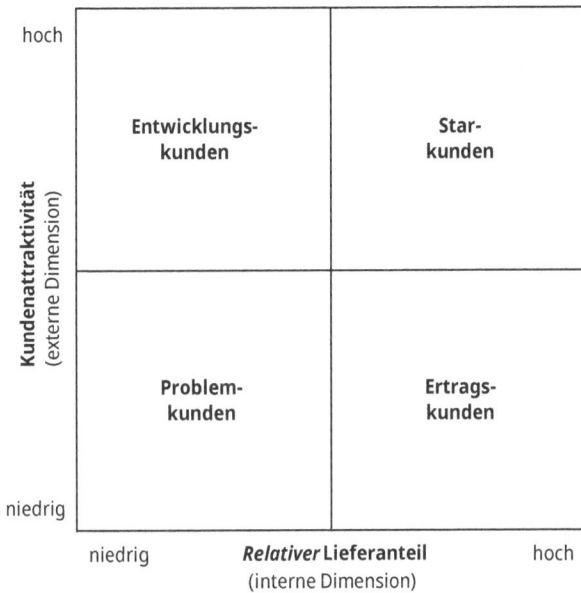

Abb. 8.3: Beispiel eines Kundenportfolios (in Anlehnung an Homburg, 2020).

–   Das Marktpotenzial beinhaltet das Ertragspotenzial (die mit einem betrachteten Kunden zum aktuellen Zeitpunkt in der Geschäftsbeziehung erwirtschafteten Erträge), das Entwicklungspotenzial (die mit einem Kunden im Laufe der Geschäftsbeziehung noch erwirtschafteten zukünftigen Erträge bzw. das Wachstum der Erträge), das Cross-buying-Potenzial (die mit einem Kunden zusätzlich generierten Erträge aus weiteren Leistungen, die von ihm bisher nicht in Anspruch genommen wurden) und das Loyalitätspotenzial (ein weicher Faktor, welcher die Wahrscheinlichkeit angibt, ob ein Kunden auch in der Zukunft noch Leistungen beim Anbieter aufgrund von vorliegendem Vertrauen und Commitment beziehen wird).

–   Das Ressourcenpotenzial stellt die Möglichkeit des Kunden dar, den Unternehmenserfolg positiv zu beeinflussen, und beinhaltet das Referenzpotenzial (die vom Kunden weitergegebenen Empfehlungen [positives WOM] an andere aktuelle und vor allem potenzielle Kunden für die Leistungen des Anbieters), das Informationspotenzial (die Bereitschaft zur Abgabe von Feedback an den Anbieter, damit dieser seine Leistungen verbessern und Innovationen generieren kann), das Kooperationspotenzial (ein besonders für das B2B-Marketing wichtiger Aspekt, wenn Kunden sich in den Wertschöpfungsprozess einbringen, um diesen zu verbessern [z. B. Effizienzpotenziale zu heben], aber auch generell durch die Integration des externen Faktors im Leistungserstellungsprozess und die daraus gewonnenen Informationen zur Prozessverbesserung im Sinne der unternehmerischen Marktforschung) und das Synergiepotenzial (es ergibt sich daraus, dass bestimmte

Kunden durch ihre Umsatzstärke eine hohe Bedeutung für das Unternehmen haben, es handelt sich also um Verbundwirkungen im Kundenstamm).

Mit Bruhn (2016) lässt sich in der Folge darauf verweisen, dass generell mehrere **Möglichkeiten der CLV-Analyse** bestehen (Berger und Nasr, 1998). Sämtliche Möglichkeiten basieren allerdings auf dem Grundgedanken, dass Kunden über den gesamten Zeitraum einer Geschäftsbeziehung, dem weiter oben bereits erörterten Kundenlebenszyklus (Bruhn et al., 2019), Erlöse für das Unternehmen erbringen, gleichzeitig aber auch Kosten durch die erstellten Leistungen verursachen (vgl. Tab. 8.2).

Tab. 8.2: Grundidee eines investitionstheoretischen CLV (in Anlehnung an Link und Hildebrand, 1997).

CLV (*Potential-value*)	$CLV = -A_0 + \sum_{t=0}^{T} (Erlöse - Kosten)_t$
CLV (*Present-value*)	$CLV = -A_0 + \sum_{t=0}^{T} \dfrac{(Erlöse - Kosten)_t}{(1 + i)^t}$
CLV (*Present-value mit Retention-rate*)	$CLV = -A_0 + \sum_{t=0}^{T} \dfrac{(Erlöse - Kosten)_t}{(1 + i)^t} \cdot R^t$

A_0 = Anfangsinvestition in die Geschäftsbeziehung (z. B. Werbung)
t = Betrachtetes Jahr der prognostizierten Geschäftsbeziehung
T = Voraussichtliche Zahl der Jahre der Geschäftsbeziehung
i = Kalkulationszinsfuß (z. B. alternativer Marktzinssatz)
R = Retention-rate (Kundenbindungswahrscheinlichkeit bzw. -rate)

Diesem Gedanken folgend kann die Kundenbewertung zunächst auf Basis von Ein- und Auszahlungen vorgenommen werden, d. h. dem Marktpotenzial eines Kunden über die gesamte prognostizierte Geschäftsbeziehung. In diesem Fall werden alle Zahlungsströme ohne einen konkreten Referenzzeitpunkt kumuliert, sodass sich daraus der gesamte prognostizierte Deckungsbeitrag eines Kunden über die Dauer der Geschäftsbeziehung berechnet. Dieser wird als **Potential-value** bezeichnet. Hierbei ist kritisch anzumerken, dass bereits bei dieser vereinfachten Betrachtung gewisse Prognoseungenauigkeiten bestehen, die das Ergebnis der Schätzung verzerren können (Freter, 2008).

Da jedoch zukünftige Zahlungen eines Kunden weniger wert als aktuelle Zahlungen sind, kann der CLV in einem weiteren Ansatz auf den heutigen Zeitpunkt, d. h. den aktuellen Wert abgezinst werden. Darum wird ein Abzinsungsfaktor ($q = [1 + i]^t$) in die Betrachtung einbezogen, wie er bei der Kapitalwertmethode der dynamischen Investitionsrechnung zum Einsatz kommt (Busse von Colbe und Witte, 2018; Link und Weiser, 2011). Der Abzinsungsfaktor stellt einen alternativen Zinssatz respektive eine alternative Investition dar, sodass die Rückflüsse aus beiden Alternativen dadurch miteinander vergleichbar werden. Das Verfahren hat als Resultat den so genannten **Present-value** des Kunden, folglich den auf den heutigen Tag abgezinsten Barwert der Investition in einen spezifischen Kunden bzw. die Geschäftsbeziehung mit diesem Kunden (Berger und Nasr, 1998). Ist der Barwert kleiner als Null, so ist die Investition in den Kunden nicht vorteilhaft im Vergleich zur alternativen Investitionsmöglichkeit, ist der Barwert gleich Null, so hat die Investition in die Geschäftsbeziehung mit diesem Kunden weder einen negativen noch einen positiven Effekt, wohingegen ein Barwert größer als Null auf die Vorteilhaftigkeit der Investition in den Kunden im Vergleich zur alternativen Investition zum Kalkulationszinssatz weist. Neben der wie auch beim Potential-value vorliegenden Ungenauigkeit der Prognose geht der Present-value außerdem davon aus, dass es gelingt, den Kunden tatsächlich über einen längeren Zeitraum zu binden (Freter, 2008).

Da dies nicht immer der Fall ist, wird in einer weiteren Möglichkeit als Lösungsansatz versucht, die Kundenbindungswahrscheinlichkeit über einen Schätzfaktor in die Zahlungsreihe aus den pagatorischen Ein- und Auszahlungen sowie die Abzinsung auf den heutigen Tag einzubeziehen, wodurch der **Present-value mit Retention-rate** gebildet wird (Dwyer, 1997). Dadurch wird die Unsicherheit, d. h. das Risiko in der Beziehung und deren Dauer bei der Berechnung des CLV abgebildet (Bruhn, 2016). Als Grundlage können pragmatische Lösungen wie die durchschnittliche Kundenbeziehungsdauer oder die Durchschnittswerte für unterschiedliche Kundengruppen (Segmente) herangezogen werden, wie es bspw. im Distanzhandel erfolgt (Krafft et al., 2017), da keine detaillierten Daten für individuelle Kunden vorliegen. Außerdem kann die Qualität der Kundenbeziehung auch über Scoring-Verfahren untersucht werden, welche bspw. spezifische Kunden- und Beziehungsvariablen einbeziehen (Link und Weiser, 2011).

Schließlich können in einem letzten Ansatz so genannte Referenzwerte in die Berechnung des Kundenwertes einbezogen werden, welche das ebenfalls diskutierte Ressourcenpotenzial und hier zunächst das Referenzpotenzial eines Kunden deutlich stärker berücksichtigen. Dies hat bspw. Cornelsen (2000/2017) in seinem **Referenzwertmodell** vorgenommen, welches das Empfehlungsverhalten eines Kunden zusätzlich als spezifische Referenzrate berücksichtigt. Die Referenzrate ergibt sich multiplikativ aus der Größe des sozialen Netzwerks des Kunden, seinem Meinungsführer- sowie seinem Kundenzufriedenheitsindex. Eine kritische Betrachtung sowie die Einbeziehung weiterer Ressourcenpotenziale, d. h. das Informations-, das Kooperations- und das Synergiepotenzial, diskutiert Bruhn (2016). Detaillierte Ausführungen dazu würden an dieser Stelle zu weit gehen.

Insgesamt muss kritisch eingeräumt werden, dass die **Berechnung von CLVs** vor allem für größere, umsatzstarke Kunden vor dem Hintergrund der Effizienz der Ermittlung zu empfehlen ist, da zahlreiche Annahmen in die Berechnung eingehen, sodass CLV-Analysen für kleinere Dienstleister, die zudem nur über eine relativ geringe Datenbasis verfügen, nicht zu empfehlen sind. Hier sollten verstärkt die vereinfachten Verfahren als Ausgangsbasis der Kundensegmentierung für weitere Kundenbindungsmaßnahmen, Treueprogramme, Incentivierungen etc. zur Anwendung kommen. Außerdem ist in diesem Kontext darauf hinzuweisen, dass umfangreichere CLV-Analysen insbesondere im

Versandhandel und im Direktmarketing-Bereich eingesetzt werden, weil die Anbieter hier über große Datenbanken mit einer Vielzahl von Kundendaten über das vergangene Bestellverhalten und die Reaktion auf Kundenbindungsmaßnahmen und Sonderaktionen verfügen, sodass im Rahmen von Big-data-Analysen CLV-Berechnungen und Prognosen zum zukünftigen Kundenverhalten effizienter durchgeführt werden können (Borle et al., 2008; Cornelsen, 2017; Dwyer, 1997; Krafft et al., 2017). Unter Umständen schaffen an dieser Stelle zukünftige Möglichkeiten der KI eine bessere und kostengünstigere Analyse der CLVs und der Prognose des weiteren Kaufverhaltens einzelner Kunden oder ganzer Kundensegmente auch für kleinere Dienstleistungsunternehmen. Werden die Analysen einzelner CLVs zudem in eine Gesamtbetrachtung einbezogen, d. h. die Einzelkunden-CLVs aggregiert, so wird von der so genannten Customer-equity gesprochen (Krafft und Rutsatz, 2006; Reinecke und Janz, 2007; Rust et al., 2000). In der Folge können dann bspw. einzelne Kundengruppen bezgl. ihrer Profitabilität miteinander verglichen werden (Rust et al., 2004).

9 Ausblick

Das Ende eines Buches zeigt dem Autor immer auf, dass die Thematik oftmals viel tiefgründiger ist, als die mit dem Verlag vereinbarte Seitenzahl; so auch in diesem Buch zum Dienstleistungsmarketing. Aus diesem Grund wurde eine **Auswahl von Themengebieten** getroffen, von denen der Autor ausgeht, dass sie das Grundverständnis des Dienstleistungsmarketings einerseits für einen gerade in die Thematik Einsteigenden ermöglichen und andererseits für Personen, die bereits Erfahrungen in diesem Bereich haben, einen Mehrwert liefern. Selbstverständlich mögen Letztere sich unter Umständen andere Schwerpunktsetzungen gewünscht haben oder vermissen sogar das ein oder andere aus ihrer Sicht wichtige Thema.

Im Rahmen der **vorliegenden Ausführungen** wurde der erste Schwerpunkt nach einer Abgrenzung von Dienstleistungen im Kanon der Wirtschaftsgüter, einem Fokus auf die zunehmende Bedeutung solcher Leistungen und einer Herausarbeitung der Charakteristika von Dienstleistungen (Kapitel 1) vor allem bezgl. der Besonderheiten in der Produktion und der Vermarktung gesetzt (Kapitel 2). Im Anschluss daran wurden dem Leser die Grundlagen der Ausgestaltung der Marketingkonzeption eines Dienstleistungsanbieters erläutert (Kapitel 3). Hierbei spielt das Management der Austauschbeziehungen vor dem Hintergrund der Erlangung von Wettbewerbsvorteilen eine wichtige Rolle. In weiteren Themenschwerpunkten wurden dann zunächst die Situationsanalyse im Hinblick auf das Marktumfeld und die Wettbewerbsarena untersucht und mit den Möglichkeiten der Informationsgenerierung durch Marktforschung unterlegt (Kapitel 4). Zudem spielte in einem weiteren Abschnitt die Festlegung der Zielsetzungen des Dienstleistungsanbieters eine wichtige Rolle (Kapitel 5). Anschließend wurden in einem nächsten Themenschwerpunkt zentrale Entscheidungstatbestände des strategischen Marketings aufgezeigt, die die Festlegung der generellen Routen des Anbieters im Wettbewerb betreffen, wobei neben der Abgrenzung strategischer Geschäftsfelder der so genannte STP-Ansatz eine großen Raum eingenommen hat (Kapitel 6). Schließlich bestand das Hauptanliegen im Bereich des operativen Marketings in einer Übertragung der unterschiedlichen Instrumente des Marketing-Mix auf einen Dienstleister (Kapitel 7). Hier wurden ausführlich die Leistungs-, die Preis-, die Distributions- und die Kommunikationspolitik mit den zahlreichen weiteren Themenschwerpunkten diskutiert. Abschließend folgten den Ausführungen zu Strategien und Instrumenten die Grundlagen des Controllings der Marktbeziehungen eines Dienstleistungsunternehmens, um die Effektivität und Effizienz der angestrebten Vermarktungsbemühungen über Kennzahlen und die Ermittlung von Kundenwerten abzusichern (Kapitel 8).

Den weiter oben angeführten Punkt aufnehmend, dass nicht alle aus der **subjektiven Sicht** eines Lesers wichtigen Themen erörtert wurden, kamen bspw. die Ausführungen zu einem systematischen Customer-relationship-Management (CRM) im Prozess der Kundenbindung und der Möglichkeiten der Kundenrückgewinnung zu kurz und

https://doi.org/10.1515/9783110620443-009

der Verweis auf weitere Spezialliteratur mag an dieser Stelle unbefriedigend sein. Außerdem wurden Fragestellungen des internationalen Dienstleistungsmarketings komplett ausgeblendet bzw. an wenigen Stellen lediglich sporadisch aufgegriffen (z. B. bei den VUCA-Umfeldern, in der Marktsegmentierung oder beim Pricing des Anbieters). Durch eine zunehmende Internationalisierung vor allem im Zuge von digitalen Dienstleistungen sowie den Entwicklungen und erst kürzlich erzielten Fortschritten im Bereich der künstlichen Intelligenz (KI) ergeben sich zudem weitere große Themenfelder, die in diesem Buch ebenfalls deutlich zu kurz gekommen sind. Darüber hinaus wurde der Themenbereich der Marketing-Organisation fast komplett ausgeblendet, sofern nicht die Organisation des Service-encounters innerhalb der Distributionspolitik davon betroffen war, bei dem die Mitarbeiter mit den Kunden des Dienstleisters interagieren (z. B. durch den Außendienst), oder auch die Verkäuferinteraktion innerhalb der Kommunikationspolitik. In diesem Zusammenhang wurden auch generelle Fragestellungen der Organisation von Marketingaktivitäten, der Verantwortlichkeiten für die Planung der Marketingkonzeption oder der Durchführung von Marktforschungsstudien nicht weiter in einem separaten Kapitel zur Marketing-Organisation vertieft.

Die hier mit Sicherheit nicht im Sinne einer vollständigen Liste aufgeworfenen zusätzlichen Fragestellungen lassen Raum für eine Weiterentwicklung des Lehrbuchs. Darum freue ich mich über jegliche **konstruktive Kritik** zu einzelnen Themen, zu fehlenden Fragestellungen, zu weiterer, vertiefender Spezialliteratur oder auch lediglich zu den vom Leser entdeckten Rechtschreib-, Grammatik- und Interpunktionsfehlern. Für sämtliche der genannten Punkte zeichnet selbstverständlich der Autor alleine verantwortlich. Abschließend danke ich Ihnen, dass Sie sich mit diesem Buch beschäftigt haben und hoffe, dass es Ihnen einen Mehrwert für Ihr Studium, Ihre Arbeit oder Ihre sonstige professionelle Karriere gebracht hat.

Literatur

Aaker, D. A. und Moorman, C. (2018), Strategic Market Management, 11. Aufl., Wiley: Hoboken.

Abell, D. F. (1980), Defining the Business, Prentice Hall: Englewood Cliffs.

Adams, J. S. (1963), Toward an Understanding of Inequity, in: Journal of Abnormal and Social Psychology, 67(5), 422–436.

Adams, J. S. (1965), Inequity in Social Exchange, in: L. Berkowitz (Hrsg.), Advances in Experimental Social Psychology, Academic Press: New York, 267–299.

Adams, J. S. und Rosenbaum, W. B. (1962), The Relationship of Worker Productivity to Cognitive Dissonance about Wage Inequities, in: Journal of Applied Psychology, 46(3), 161–164.

Adams, W. J. und Yellen, J. L. (1976), Commodity Bundling and the Burden of Monopoly, in: Quarterly Journal of Economics, 90(3), 475–498.

Adler, J. (1996), Informationsökonomische Fundierung von Austauschprozessen, Gabler: Wiesbaden.

ADM (2022), Die Marktforschung in Zahlen, https://www.adm-ev.de/die-branche/mafo-zahlen/ (abgerufen am 17.07.2023).

AEUV (2009), Vertrag über die Arbeitsweise der Europäischen Union in der Fassung vom 01.12.2009, https://www.aeuv.de/ (abgerufen am 17.07.2023).

Agarwal, M. K. und Green, P. E. (1991), Adaptive Conjoint Analysis versus Self-explicated Models: Some Empirical Results, in: International Journal of Research in Marketing, 8(2), 141–146.

AGG (2022), Allgemeines Gleichbehandlungsgesetz (AGG) in der Fassung vom 19.12.2022, https://www.gesetze-im-internet.de/agg/BJNR189710006.html#BJNR189710006BJNG000100000 (abgerufen am 17.07.2023).

Aguinis, H., Edwards, J. R. und Bradley, K. J. (2017), Improving Our Understanding of Moderation and Mediation in Strategic Management Research, in: Organizational Research Methods, 20(4), 665–685.

Aguinis, H., Werner, S., Lanza Abbott, J., Angert, C., Park, J. H. und Kohlhausen, D. (2010), Customer-centric Science: Reporting Significant Research Results with Rigor, Relevance, and Practical Impact in Mind, in: Organizational Research Methods, 13(3), 515–539.

Ajzen, I. (1985), From Intentions to Actions: A Theory of Planned Behavior, in: J. Kuhl und J. Beckmann (Hrsg.), Action Control: From Cognition to Behavior, Springer: Berlin/Heidelberg/New York, 11–39.

Ajzen, I. (1991), The Theory of Planned Behavior, in: Organizational Behavior and Human Decision Processes, 50(2), 179–211.

Ajzen, I. und Fishbein, M. (1980), Understanding Attitudes and Predicting Social Behavior, Prentice Hall: Upper Saddle River.

Akao, Y. (2004), QFD: Quality Function Deployment, Productivity Press: New York.

Akerlof, G. A. (1970), The Market for "Lemons": Quality Uncertainty and the Market Mechanism, in: Quarterly Journal of Economics, 84(3), 488–500.

Albach, H. (1988), Kosten, Transaktionen und externe Effekte im betrieblichen Rechnungswesen, in: Zeitschrift für Betriebswirtschaft, 58(11), 1143–1170.

Albaum, G., Duerr, E. und Josiassen, A. (2016), International Marketing and Export Management, 8. Aufl., Pearson: Harlow et al.

Albers, S. und Krafft, M. (2013), Vertriebsmanagement, SpringerGabler: Wiesbaden.

Albrecht, K. und Zemke, R. (1985), Service America: Doing Business in the New Economy, Dow Jones-Irwin: Homewood.

Alchian, A. A. (1984), Specifity, Specialization, and Coalitions, in: Journal of Institutional and Theoretical Economics – Zeitschrift für die gesamte Staatswissenschaft, 140(1), 34–49.

Alderfer, C. P. (1972), Existence, Relatedness, and Growth, Free Press: New York.

Alewell, D. und Hansen, N. K. (2017), Human Resource Management in Dienstleistungsunternehmen, in: H. Corsten und S. Roth (Hrsg.), Handbuch Dienstleistungsmanagement, Vahlen: München, 925–943.

https://doi.org/10.1515/9783110620443-010

AMA (2017), Definitions of Marketing, https://www.ama.org/the-definition-of-marketing-what-is-marketing / (abgerufen am 17.07.2023).

Amann, E. (2019), Entscheidungstheorie, Springer: Wiesbaden.

Anderson, J. C. und Gerbing, D. W. (1988), Structural Equation Modeling in Practice: A Review and Recommended Two-step Approach, in: Psychological Bulletin, 103(3), 411–423.

Ansoff, H. I. (1965), Corporate Strategy, McGraw-Hill: New York.

Ansoff, H. I. (1975), Managing Strategic Surprise by Response to Weak Signals, in: California Management Review, 18(2), 21–33.

Antonioni, D. (1996), Designing an Effective 360-degree Appraisal Feedback Process, in: Organizational Dynamics, 25(2), 24–38.

Apple (2023), Vision and Mission, https://bstrategyhub.com/apple-mission-statement-vision-core-values/ (abgerufen am 17.07.2023).

Ariely, D. (2008), Predictably Irrational, Harper Collins: New York.

Aronson, E., Wilson, T. D. und Akert, R. M. (2014), Sozialpsychologie, 8. Aufl., Pearson: Hallbergmoos.

Arrow, K. J. (1985), The Economics of Agency, in: J. W. Pratt und R. J. Zeckhauser (Hrsg.), Principals and Agents, Harvard Business School Press: Boston, Massachusetts, 37–51.

Atkinson, J. W. (1957), Motivational Determinants of Risk-taking Behavior, in: Psychological Review, 64(6), 359–372.

Atkinson, J. W. (1964), An Introduction to Motivation, Van Nostrand: Princeton.

AUMA (2023), Funktionen von Messen, https://www.auma.de/de/zahlen-und-fakten/funktionen-von-Messen (abgerufen am 17.07.2023).

AWC, U. S. (2022), Who first originated the term VUCA (Volatility, Uncertainty, Complexity and Ambiguity)?, https://usawc.libanswers.com/faq/84869 (abgerufen am 17.07.2023).

Backhaus, K., Erichson, B., Gensler, S., Weiber, R. und Thomas, W. (2021), Multivariate Analysemethoden, 16. Aufl., SpringerGabler: Wiesbaden.

Backhaus, K., Erichson, B. und Weiber, R. (2015), Fortgeschrittene Multivariate Analysemethode, 3. Aufl., SpringerGabler: Wiesbaden.

Backhaus, K. und Schneider, H. (2020), Strategisches Marketing, 3. Aufl., Schäffer-Poeschel: Stuttgart.

Backhaus, K. und Voeth, M. (2010), Internationales Marketing, 6. Aufl., Schäffer-Poeschel: Stuttgart.

Backhaus, K. und Voeth, M. (2014), Industriegütermarketing, 10. Aufl., Vahlen: München.

Backhaus, K., Voeth, M., Sichtmann, C. und Wilken, M. (2005a), Conjoint-Analyse versus direkte Preisabfrage zur Erhebung von Zahlungsbereitschaften, in: Die Betriebswirtschaft, 65(5), 439–457.

Backhaus, K., Wilken, R., Voeth, M. und Sichtmann, C. (2005b), An Empirical Comparison of Methods to Measure Willingness to Pay by Examining the Hypothetical Bias, in: International Journal of Market Research, 47(5), 543–562.

Bagozzi, R. P. (1975), Marketing as Exchange, in: Journal of Marketing, 39(4), 32–39.

Bagozzi, R. P. (1980), Causal Models in Marketing, Wiley: New York.

Bagozzi, R. P. (1981), Evaluating Structural Equation Models With Unobservable Variables and Measuremet Error: A Comment, in: Journal of Marketing Research, 18(3), 375–381.

Bagozzi, R. P. und Dholakia, U. M. (1999), Goal Setting and Goal Striving in Consumer Behavior, in: Journal of Marketing, 63(4), 19–32.

Bagozzi, R. P. und Yi, Y. (1988), On the Evaluation of Structural Equation Models, in: Journal of the Academy of Marketing Science, 16(1), 74–94.

Bailom, F., Hinterhuber, H. H. und Sauerwein, E. (1996), Das Kano-Modell der Kundenzufriedenheit, in: Marketing – Zeitschrift für Forschung und Praxis, 18(2), 117–126.

Baligh, H. H. und Richartz, L. E. (1964), An Analysis of Vertical Market Structures, in: Managemnet Science, 10(4), 667–689.

Barber, H. F. (1992), Developing Strategic Leadership: The US Army War College Experience, in: Journal of Management Development, 11(6), 4–12.

Barnard, C. I. (1938), The Functions of the Executive, Harvard University Press: Cambridge.

Barney, J. B. (1991), Firm Resources and Sustained Competitive Advantage, in: Journal of Management, 17(1), 99–120.

Barney, J. B. (1997), Gaining and Sustaining Competitive Advantage, Pearson: New York.

Barsade, S. G. (2002), The Ripple Effect: Emotional Contagion and Its Influence on Group Behavior, in: Administrative Science Quarterly, 47(4), 644–675.

Barth, K., Hartmann, M. und Schröder, H. (2007), Betriebswirtschaftslehre des Handels, 6. Aufl., Gabler: Wiesbaden.

Bartsch, S. (2017), Ereignisorientierte Ansätze der Qualitätsmessung, in: H. Corsten und S. Roth (Hrsg.), Handbuch Dienstleistungsmanagement, Vahlen: München, 1175–1196.

Bauer, H. H. (1989), Marktabgrenzung, Duncker&Humblot Berlin.

Bauer, H. H. und Bayon, T. (1995), Zur Relevanz prinzipal-agenten-theoretischer Aussagen für das Kontraktgütermarketing: De-sign, Ergebnisse und Implikationen einer empirischen Studie zur Beschaffung von Fertigungs-Sondermaschinen, in: Zeitschrift für betriebswirtschaftliche Forschung, 47(35), 79–99.

Bauer, H. H., Neumann, M. M. und Schüle, A. (2006), Konsumentenvertrauen, Vahlen: München.

Bauer, R. A. (1960), Consumer Behavior as Risk Taking, in: R. S. Hancock (Hrsg.), Dynamic Marketing For A Changing World, American Marketing Association: Chicago, 389–398.

Bauer, R. A. (1967), Consumer Behavior as Risk Taking, in: D. F. Cox (Hrsg.), Risk Taking and Information Handling in Consumer Behavior, Boston University Press: Boston, 23–33.

Baur, N. und Blasius, J. (2019), Handbuch der empirischen Sozialforschung, 2. Aufl., Springer: Wiesbaden.

Bayon, T. (1997), Neuere Mikroökonomie und Marketing, Gabler: Wiesbaden.

BDZV (2023), Marktdaten, https://www.bdzv.de/alle-themen/marktdaten (abgerufen am 17.07.2023).

Bea, F. X. und Haas, J. (2019), Strategisches Management, 10. Aufl., UVK/Lucius: München.

Bearden, W. O., Netemeyer, R. G. und Haws, K. L. (2011), Handbook of Marketing Scales, 3. Aufl., Sage: Los Angeles et al.

Bearden, W. O., Netemeyer, R. G. und Teel, J. E. (1989), Measurement of Consumer Susceptibility to Interpersonal Influence, in: Journal of Consumer Research, 15(4), 473–481.

Becker, F. G. (1998), Grundlagen betrieblicher Leistungsbeurteilungen, 3. Aufl., Schäffer-Poeschel: Stuttgart.

Becker, F. G. (2002), Lexikon des Personalmanagements, 2. Aufl., Beck: München.

Becker, F. G. (2007), Anreizsysteme, in: H. Corsten und R. Gössinger (Hrsg.), Lexikon der Betriebswirtschaftslehre, 5. Aufl., Oldenbourg: München, 56–61.

Becker, H. P. und Peppmeier, A. (2022), Investition und Finanzierung, 9. Aufl., Springer: Wiesbaden.

Becker, M. (2013), Personalentwicklung, 6. Aufl., Schäffer-Poeschel: Stuttgart.

Becker, M. (2019), Marketing-Konzeption, 11. Aufl., Vahlen: München.

Beckmann, M. (2007), Personal, in: R. Köhler, H.-U. Küpper und A. Pfingsten (Hrsg.), Handwörterbuch der Betriebswirtschaft, 6. Aufl., Schäffer-Poeschel: Stuttgart, 1344–1354.

Bell, G. G. und Rochford, L. (2016), Rediscovering SWOT's Integrative Nature: A New Understanding of an Old Framework, in: The International Journal of Management Education, 14(3), 310–326.

Benders, J., Delsen, L. und Smits, J. (2006), Bikes Versus Lease Cars: The Adoption, Design, and Use of Cafeteria-Systems in the Netherlands, in: International Journal of Human Resource Management, 17(6), 1115–1128.

Bendle, N. T., Farris, P. W., Pfeiffer, P. E. und Reibstein, D. J. (2020), Marketing Metrics, 4. Aufl., Pearson: Upper Saddle River.

Benkenstein, M. (2017), Leistungslehre und Dienstleistungsmanagement, in: H. Corsten und S. Roth (Hrsg.), Handbuch Dienstleistungsmanagement, Vahlen: München, 9–24.

Benkenstein, M. und Holtz, M. (2001), Qualitätsmanagement von Dienstleistungen, in: M. Bruhn und H. Meffert (Hrsg.), Handbuch Dienstleistungsmanagement, 2. Aufl., Gabler: Wiesbaden, 193–209.

Benkenstein, M., Steiner, S. und Spiegel, T. (2007), Die Wertkette in Dienstleistungsunternehmen, in: M. Bruhn und B. Stauss (Hrsg.), Die Wertkette in Dienstleistungsunternehmen, Gabler: Wiesbaden, 51–70.

Benkenstein, M. und Uhrich, S. (2021), Strategisches Marketing, 4. Aufl., Kohlhammer: Stuttgart.

Benkenstein, M. und von Steglin, A. (2005), Prozessorientiertes Qualitätscontrolling von Dienstleistungen, in: M. Bruhn und B. Stauss (Hrsg.), Dienstleistungscontrolling, Gabler: Wiesbaden, 55–70.

Berekoven, L. (1974), Der Dienstleistungsbetrieb, Gabler: Wiesbaden.

Berekoven, L. (1983), Der Dienstleistungsmarkt in der Bundesrepublik Deutschland, Vandenhoeck & Ruprecht: Göttingen.

Berekoven, L., Eckert, W. und Ellenrieder, P. (2009), Marktforschung, 12. Aufl., Gabler: Wiesbaden.

Berger, P. D. und Nasr, N. I. (1998), Customer Lifetime Value: Marketing Models and Applications, in: Journal of Interactive Marketing, 12(1), 17–30.

Berry, L. L. (2000), Cultivating Service Brand Equity, in: Journal of the Academy of Marketing Science, 28(1), 128–137.

Berthel, J. und Becker, F. G. (2022), Personal-Management, 12. Aufl., Schäffer-Poeschel: Stuttgart.

Bezold, T. (1996), Zur Messung der Dienstleistungsqualität, Lang: Frankfurt a. M. et al.

BGB (2022), Bürgerliches Gesetzbuch (BGB) in der Fassung vom 07.11.2022, https://www.gesetze-im-internet.de/bgb/BJNR001950896.html (abgerufen am 17.07.2023).

Bieberstein, I. (2006), Dienstleistungsmarketing, 4. Aufl., Kiehl: Ludwigshafen.

Bieger, T. (2007), Dienstleistungs-Management, 4. Aufl., Haupt: Bern et al.

Birkigt, K. und Stadler, M. M. (1980), Corporate Identity, Moderne Industrie: Landsberg am Lech.

Bitner, M. J. (1990), Evaluating Service Encounters: The Effects of Physical Surroundings and Employee Responses, in: Journal of Marketing, 54(2), 69–82.

Bitner, M. J. (1992), Servicescapes: The Impact of Physical Surroundings on Customers and Employees, in: Journal of Marketing, 56(2), 57–71.

Bitner, M. J., Booms, B. H. und Tetreault, M. S. (1990), The Service Encounter: Diagnosing Favorable and Unfavorable Incidents, in: Journal of Marketing, 54(1), 71–84.

Bitner, M. J., Nyquist, J. D. und Booms, B. H. (1985), The Critical Incident as a Technique for Analyzing the Service Encounter, in: T. M. Bloch, G. D. Upah und V. A. Zeithaml (Hrsg.), Services Marketing in a Changing Environment, American Marketing Association: Michigan, 48–51.

Blackwell, R. D., Miniard, P. W. und Engel, J. F. (2005), Consumer Behavior, 10. Aufl., South-Western Cengage Learning: Mason.

Bleses, P. (2007), Input-Output-Rechnung, in: Wirtschaft und Statistik, 1, 86–96.

Blessin, B. und Wick, A. (2021), Führen und führen lassen, 9. Aufl., UVK: München.

BMAS (2023), Allgemeiner gesetzlicher Mindestlohn, https://www.bmas.de/DE/Arbeit/Arbeitsrecht/Mindes tlohn/mindestlohn.html (abgerufen am 17.07.2023).

Bofinger, P. (2020), Grundzüge der Volkswirtschaftslehre, 5. Aufl., Pearson: München.

Boltz, D.-M. und Trommsdorff, V. (2022), Konsumentenverhalten, 9. Aufl., Kohlhammer: Stuttgart.

Bonfadelli, H. und Friemel, T. N. (2017), Medienwirkungsforschung, 6. Aufl., UVK: Konstanz/München.

Booms, B. H. und Bitner, M. J. (1981), Marketing Strategies and Organization Structures for Service Firms, in: J. H. Donnelly und W. R. George (Hrsg.), Marketing of Services, American Marketing Association: Chicago, 47–51.

Borchert, M. (2017), Strategische Personalentwicklung von Lösungsanbietern, in: H. Corsten und S. Roth (Hrsg.), Handbuch Dienstleistungsmanagement, Vahlen: München, 903–924.

Bordoloi, S., Fitzsimmons, J. A. und J., F. M. (2021), Service Management, 9. Aufl., McGraw-Hill: New York.

Borle, S., Singh, S. S. und Jain, D. C. (2008), Customer Lifetime Value Measurement, in: Management Science, 54(1), 100–112.

Bortz, J. und Schuster, C. (2010), Statistik, 7. Aufl., Springer: Berlin/Heidelberg.

Bosetzky, H. (1995), Mikropolitik und Führung, in: A. Kieser (Hrsg.), Handwörterbuch der Führung, 2. Aufl., Schäffer-Poeschel: Stuttgart, 1517–1526.

Bowen, D. E. und Lawler, E. E. (1992), The Empowerment of Service Workers, in: Sloan Management Review, 3(3), 31–39.

Brace, I. und Bolton, K. (2022), Quesitonnaire Design, 5. Aufl., KoganPage: London.

Brady, M. K., Cronin Jr., J. J. und Brand, R. R. (2002), Performance-only Measurement of Service Quality: A Replication and Extension, in: Journal of Business Research, 55(1), 17–31.

Brandt, D. R. (1987), Procedure for Identifying Value-enhancing Service Components Using Customer Satisfaction Survey Data, in: Surprenant, Carol (Hrsg.), Add Value to Your Service, AMA Proceedings Series, 61–65.

Brandt, D. R. (1988), How Service Marketers Can Identify Value-enhancing Service Elements, in: Journal of Services Marketing, 2(3), 35–41.

Breisig, T. (2004), Zielvereinbarungssysteme, in: E. Gaugler, W. A. Oechsler und B. Weber (Hrsg.), Handwörterbuch des Personalwesens, 3. Aufl., Schäffer-Poeschel: Stuttgart, 2053–2064.

Breisig, T. (2006), Entlohnen und Führen mit Zielvereinbarungen, 3. Aufl., Bund-Verlag: Frankfurt.

Brett, J. F. und Atwater, L. E. (2001), 360° Feedback: Accuracy, Reactions, and Perceptions of Usefulness, in: Journal of Applied Psychology, 86(5), 930–942.

Brock, C., Bergel, M. und Kaatz, C. (2017), Dienstleistungsmarken – Aktuelle Entwicklungen, spezifische Herausforderungen und Implikationen für die Markenführung, in: H. Corsten und S. Roth (Hrsg.), Handbuch Dienstleistungsmanagement, Vahlen: München, 1345–1360.

Brockhoff, K. (1977), Prognoseverfahren für die Unternehmensplanung, Gabler: Wiesbaden.

Brockhoff, K. (1999), Produktpolitik, 4. Aufl., Fischer: Stuttgart/Jena.

Brockhoff, K. (2011), Prognosen, in: F. X. Bea und M. Schweitzer (Hrsg.), Allgemeine Betriebswirtschaftslehre (Bd. 2: Führung), 10. Aufl., UVK: Konstanz/München, 785–825.

Brosius, F. (2018), SPSS, 8. Aufl., mitp: Frechen.

Brown, T. (2008), Design Thinking, in: Harvard Business Review, 86(6), 84–92.

Brown, T. A. (2015), Confirmatory Factor Analysis for Applied Research, 2. Aufl., Guilford Press: New York/London.

Bruhn, M. (2000), Kundenerwartungen: Theoretische Grundlagen, Messung und Managementkonzept, in: Zeitschrift für Betriebswirtschaft, 70(9), 1031–1054.

Bruhn, M. (2014), Unternehmens- und Marketingkommunikation, 3. Aufl., Vahlen: München.

Bruhn, M. (2016), Relationship-Marketing, 5. Aufl., Vahlen: München.

Bruhn, M. (2018), Kommunikationspolitik, 9. Aufl., Vahlen: München.

Bruhn, M. (2019a), Marketing, 14. Aufl., Gabler: Wiesbaden.

Bruhn, M. (2019b), Qualitätsmanagement für Dienstleistungen, 11. Aufl., SpringerGabler: Wiesbaden.

Bruhn, M. und Georgi, D. (2000), Kundenerwartungen als Steuerungsgröße: Konzept, empirische Ergebnisse und Ansätze eines Erwartungsmanagements, in: Marketing – Zeitschrift für Forschung und Praxis, 22(3), 185–196.

Bruhn, M., Georgi, D., Treyer, M. und Leumann, S. (2000), Wertorientiertes Realationship-Marketing: Vom Kundenwert zum Customer Lifetime Value, in: Die Unternehmung, 54(3), 167–187.

Bruhn, M. und Hadwich, K. (2012), Customer Expericene – Customer Experience – Eine Einführung in die theoretischen und praktischen Problemstellungen, in: M. Bruhn und K. Hadwich (Hrsg.), Customer Experience, 2. Aufl., SpringerGabler: Wiesbaden, 3–36.

Bruhn, M. und Hadwich, K. (2017), Customer Relationship Management als Grundkonzept des Dienstleistungsmanagements, in: H. Corsten und S. Roth (Hrsg.), Handbuch Dienstleistungsmanagement, Vahlen: München, 313–333.

Bruhn, M., Meffert, H. und Hadwich, K. (2019), Handbuch Dienstleistungsmarketing, 2. Aufl., SpringerGabler: Wiesbaden.

Bruner II, G. C. (2019), Marketing Scales Handbook, 10. Aufl., GCBII Productions: Fort Worth.

Buber, R. und Holzmüller, H. H. (2009), Qualitative Marktforschung, 2. Aufl., Gabler: Wiesbaden.

Bühl, A. (2019), SPSS, 16. Aufl., Pearson: München.

Bühler, P., Schlaich, P. und Sinner, D. (2019), Präsentation, Springer Vieweg: Berlin.

Bühner, M. (2021), Einführung in die Test- und Fragebogenkonstruktion, 3. Aufl., Pearson: München et al.

Bullinger, H.-J. (1999), Entwicklung innovativer Dienstleistungen, in: H.-J. Bullinger (Hrsg.), Dienstleistungen – Innovation für Wachstum und Beschäftigung, Gabler: Wiesbaden, 49–65.

Bullinger, H.-J., Fähnrich, K.-P. und Meiren, T. (2003), Service Engineering – Methodical Development of New Service Products, in: International Journal of Production Economics, 85(3), 275–287.

Bullinger, H.-J. und Scheer, A.-W. (2006), Service Engineering – Entwicklung und Gestaltung innovativer Dienstleistungen, in: H.-J. Bullinger und A.-W. Scheer (Hrsg.), Service Engineering, 2. Aufl., Springer: Berlin/Heidelberg, 3–18.

Bullinger, H.-J. und Schreiner, P. (2006), Service Engineering: Ein Rahmenkonzept für die systematische Entwicklung von Dienstleistungen, in: H.-J. Bullinger und A.-W. Scheer (Hrsg.), Service Engineering, 2. Aufl., Springer: Berlin/Heidelberg, 53–84.

Bundeskartellamt (2022), Das Bundeskartellamt, https://www.bundeskartellamt.de/SharedDocs/Publika tion/DE/Broschueren/Informationsbroschuere.pdf?__blob=publicationFile&v=12 (abgerufen am 17.07.2023).

Bürkle, T. (2001), Beschäftigungssicherheit als Option in Cafeteria-Systemen, in: Zeitschrift für Personalforschung, 15(1), 37–61.

Burr, W. (2017), Wettbewerbsstrategien im Dienstleistungssektor aus marktorientierter Perspektive, in: H. Corsten und S. Roth (Hrsg.), Handbuch Dienstleistungsmanagement, Vahlen: München, 263–282.

Burr, W. und Stephan, M. (2019), Dienstleistungsmanagement, 2. Aufl., Kohlhammer: Stuttgart.

Busse von Colbe, W. und Witte, F. (2018), Investitionstheorie und Investitionsrechnung, 5. Aufl., SpringerGabler: Wiesbaden.

Busselle, R. und van den Bulck, J. (2020), Cultivation Theory, Media, Stories, Processes, and Reality, in: M. B. Oliver, A. A. Raney und J. Bryant (Hrsg.), Media Effects: Advances in Theory and Research, 4. Aufl., Routledge: New York/London,

Büttgen, M. und Oesterle, L. (2017), Mitarbeiterführung im Dienstleistungsmanagement, in: H. Corsten und S. Roth (Hrsg.), Handbuch Dienstleistungsmanagement, Vahlen: München, 945–964.

Buxmann, P., Diefenbach, H. und Hess, T. (2015), Die Softwareindustrie, 3. Aufl., SpringerGabler: Berlin/Heidelberg.

Camp, R. C. (1994), Benchmarking, Hanser: München.

Campbell, D. T. und Fiske, D. W. (1959), Convergent and Discriminant Validity by the Multitrait-multimethod Matrix, in: Psychological Bulletin, 56(2), 81–105.

Campbell, D. T. und Stanley, J. C. (1963), Experimental and Quasi-experimental Designs for Research on Teaching, in: N. L. Gage (Hrsg.), Handbook of Research on Teaching, Rand McNally & Company: Chicago, 171–246.

CG-EU (2010), Charta der Grundrechte der Europäischen Union in der Fassung vom 30.03.2010, https://www.europarl.europa.eu/germany/de/europ%C3%A4isches-parlament/grundrechtecharta (abgerufen am 17.07.2023).

Chamberlin, E. (1933), The Theory of Monopolistic Competition, Harvard University Press: Cambridge.

Chandler, A. D. (1962), Strategy and Structure, MIT Press: Cambridge.

Chase, R., Jacobs, F. R. und Aquilano, N. J. (2005), Operations Management for Competitive Advantage, 11. Aufl., Mc-Graw-Hill/Irwin: New York.

Chatterjee, S. und Chatterjee, A. (2005), Prioritization of Service Quality Parameters Based on Ordinal Responses, in: Total Quality Management & Business Excellence, 16(4), 477–489.

Chen, J., Kauffman, R. J., Liu, Y. und Song, X. (2010), Segmenting Uncertain Demand in Group-buying Auctions, in: Electronic Commerce Research and Applications, 9(2), 126–147.

Chernev, A. (2018), Strategic Marketing Management, 9. Aufl., Cerebellum Press: Chicago.

Chesbrough, H. W. (2003), Open Innovation, Harvard Business School Press: Boston.

Chiang, W.-c, H., C. J. C. und Xu, X. (2007), An Overview of Research on Revenue Management: Current Issues and Future Research, in: International Journal of Revenue Management, 1(1), 97–128.

Choi, N. G. und DiNitto, D. M. (2013), The Digital Divide Among Low-Income Homebound Older Adults: Internet Use Patterns, eHealth Literacy, and Attitudes Toward Computer/Internet Use, in: Journal of Medical Internet Research, 15(5), e93.

Christophersen, T. und Grape, C. (2009), Die Erfassung latenter Konstrukte mit Hilfe formativer und reflektiver Messmodelle, in: S. Albers, D. Klapper, U. Konradt, A. Walter und J. Wolf (Hrsg.), Methodik der empirischen Forschung, 3. Aufl., Gabler: Wiesbaden, 103–118.

Churchill, G. A. (1979), A Paradigm for Developing Better Measures of Marketing Constructs, in: Journal of Marketing Research, 16(1), 64–73.

Clark, C. (1940), The Conditions of Economic Progress, MacMillan: London.

Cleveland, M. und Bartsch, F. (2019), Global Consumer Culture: Epistemology and Ontology, in: International Marketing Review, 36(4), 556–580.

Coase, R. H. (1937), The Nature Of The Firm, in: Economica, 4(15), 386–405.

Coase, R. H. (1960), The Problem of Social Cost, in: Journal of Law and Economics, 3, 1–44.

Coenenberg, A. G. und Fischer, T. M. (1991), Prozeßkostenrechnung: strategische Neuorientierung in der Kostenrechnung, in: Die Betriebswirtschaft, 51(1), 21–38.

Coenenberg, A. G., Fischer, T. M. und Günther, T. (2016), Kostenrechnung und Kostenanalyse, 9. Aufl., Schäffer-Poeschel: Stuttgart.

Cohen, J. (1988), Statistical Power Analysis for the Behavioral Sciences, 2. Aufl., Lawrence Earlbaum Associates: New York.

Coleman, R. P. (1983), The Continuing Significance of Social Class to Marketing, in: Journal of Consumer Research, 10(3), 265–280.

Colquitt, J. A., Scott, B. A. und LePine, J. A. (2007), Trust, Trustworthiness, and Trust Propensity: A Meta-analytic Test of Their Unique Relationships with Risk Taking and Job Performance, in: Journal of Applied Psychology, 92(4), 909–927.

Connelly, B. L., Certo, S. T., Ireland, R. D. und Reutzel, C. R. (2011), Signaling Theory: A Review and Assessment, in: Journal of Management, 37(1), 39–67.

Cornell, B. und Shapiro, A. C. (1987), Corporate Stakeholders and Corporate Finance, in: Financial Management, 16(1), 5–14.

Cornelsen, J. (2000), Kundenwertanalysen im Beziehungsmarketing, GIM: Nürnberg.

Cornelsen, J. (2017), Kundenbewertung mit Referenzwerten, in: S. Helm, B. Günter und A. Eggert (Hrsg.), Kundenwert, 4. Aufl., SpringerGabler: Wiesbaden, 161–187.

Corsten, H. (1985), Die Produktion von Dienstleistungen, Schmidt: Berlin.

Corsten, H. (2000), Der Integrationsgrad des externen Faktors als Gestaltungsparameter in Dienstleistungsunternehmen – Voraussetzungen und Möglichkeiten der Externalisierung und Internalisierung, in: M. Bruhn und B. Stauss (Hrsg.), Dienstleistungsqualität, 3. Aufl., Gabler: Wiesbaden, 145–168.

Corsten, H. (2017), Produktionstheoretische Betrachtung der Dienstleistungen, in: H. Corsten und S. Roth (Hrsg.), Handbuch Dienstleistungsmanagement, Vahlen: München, 175–188.

Corsten, H. und Gössinger, R. (2015), Dienstleistungsmanagement, 6. Aufl., DeGruyterOldenbourg: Berlin/ Boston.

Cortina, J. M. (1993), What is Coefficient Alpha? An Examination of Theory and Applications., in: Journal of Applied Psychology, 78(1), 98–104.

Costa, P. T. und McCrae, R. R. (1992), Multiple Uses for Longitudinal Personality Data, in: European Journal of Personality, 6(2), 85–102.

Coughlan, A. T., Anderson, E., Stern, L. W. und El-Ansary, A. I. (2008), Marketing Channels, 7. Aufl., Pearson: Upper Saddle River.

Cron, W. L. und DeCarlo, T. E. (2009), Dalrymple's Sales Management, 10. Aufl., John Wiley: Hoboken.

Cronbach, L. J. (1951), Coefficient Alpha and the Internal Structure of Tests, in: Pschometrika, 16, 297–334.

Cronin Jr., J. J. und Taylor, S. A. (1991), Measuring Service Quality: A Reexamination and Extension, in: Journal of Marketing, 56(3), 55–68.

Cronin Jr., J. J. und Taylor, S. A. (1994), SERVPERF Versus SERVQUAL: Reconciling Performance-Based and Perceptions-Minus-Expectations Measurement of Service Quality, in: Journal of Marketing, 58(1), 125–131.

Darby, M. R. und Karni, E. (1973), Free Competition and the Optimal Amount of Fraud, in: Journal of Law Economics, 16(1), 67–88.

Darlington, R. B. und Hayes, A. F. (2017), Regression Analysis and Linear Models, Guilford Press: New York/London.

Däumler, K.-D. und Grabe, J. (2013a), Kostenrechnung 1: Grundlagen, 11. Aufl., NWB: Herne.

Däumler, K.-D. und Grabe, J. (2013b), Kostenrechnung 2: Deckungsbeitragsrechnung, 10. Aufl., NWB: Herne.

Däumler, K.-D. und Grabe, J. (2015), Kostenrechnung 3: Plankostenrechnung und Kostenmanagement, 9. Aufl., NWB: Herne.

Davis, F. D. (1989), Perceived Usefulness, Perceived Ease of Use, and User Acceptance of Information Technology, in: MIS Quarterly, 13(3), 319–340.

Davis, F. D., Bagozzi, R. P. und Warshaw, P. R. (1989), User Acceptance of Computer Technology: A Comparison of Two Theoretical Models, in: Management Science, 35(8), 982–1003.

Davis, J. A. (2018), Measuring Marketing, 3. Aufl., DeGruyter: Boston/Berlin.

De Mooij, M. (2019), Fairy Tales of Global Consumer Culture in a Polarizing World, in: International Marketing Review, 36(4), 581–586.

De Mooij, M. und Hofstede, G. (2002), Convergence and Divergence in Consumer Behavior: Implications for International Retailing, in: Journal of Retailing, 78(1), 61–69.

De Mooij, M. und Hofstede, G. (2011), Cross-Cultural Behavior: A Review of Research Findings, in: Journal of International Consumer Marketing, 23(3/4), 181–192.

de Mooji, M. (2019), Consumer Behavior and Culture, 3. Aufl., Sage: Los Angeles et al.

Deimel, K., Erdmann, G., Isemann, R. und Müller, S. (2017), Kostenrechnung, Pearson: Hallbergmoos.

Deming-Institute (2022), The PDSA-Cycle, https://deming.org/explore/pdsa/ (abgerufen am 17.07.2023).

Deming, W. E. (1982), Out of the Crisis, MIT Press: Cambridge.

Denzin, N. K., Lincoln, Y. S., Giardina, M. D. und Cannella, G. S. (2024), The SAGE Handbook of Qualitative Research, 6. Aufl., Sage: Los Angeles et al.

Desiraju, R. und Shugan, S. M. (1999), Strategic Service Pricing and Yield Management, in: Journal of Marketing, 61(1), 44–56.

Destatis (2008), Klassifikation der Wirtschaftszweige, in: Statistisches Bundesamt (Hrsg.), Wiesbaden.

Destatis (2010), Input-Output-Rechnung im Überblick, in: Statistisches Bundesamt (Hrsg.), Wiesbaden.

Destatis (2022a), Außenhandelsstatistik, https://www.destatis.de/DE/Themen/Wirtschaft/Aussenhandel/_inhalt.html (abgerufen am 17.07.2023).

Destatis (2022b), Erwerbstätigkeit 2021 auf gleichem Niveau wie 2020, https://www.destatis.de/DE/Presse/Pressemitteilungen/2022/01/PD22_001_13321.html (abgerufen am 17.07.2023).

Destatis (2022c), Input-Output-Rechnung, https://www.destatis.de/DE/Themen/Wirtschaft/Volkswirtschaftliche-Gesamtrechnungen-Inlandsprodukt/Tabellen/innlandsprodukt-input-ouptrechnung.html (abgerufen am 17.07.2023).

Destatis (2023a), Detailangaben zu den volkswirtschaftlichen Gesamtrechnungen, https://www.destatis.de/DE/Home/_inhalt.html (abgerufen am 17.07.2023).

Destatis (2023b), Erwerbstätige und Arbeitnehmer nach Wirtschaftsbereichen (Inlandskonzept) 1 000 Personen, https://www.destatis.de/DE/Themen/Arbeit/Arbeitsmarkt/Erwerbstaetigkeit/Tabellen/arbeitnehmer-wirtschaftsbereiche.html (abgerufen am 17.07.2023).

Destatis (2023c), Volkswirtschaftliche Gesamtrechnungen (2022), in: Statistisches Bundesamt (Hrsg.), Wiesbaden.

DFV (2023), Deutscher Franchise Verband, https://www.franchiseverband.com/systeme-finden/franchise-besondere-dienstleistungen (abgerufen am 17.07.2023).

Dholakia, U. M. und Kimes, S. E. (2011), Daily Deal Fatigue or Unabated Enthusiasm? A Study of Customer Perceptions of Daily Deal Promotions, in: Rice University (Hrsg.), Houston.

Dichtl, E. (1994), Strategische Optionen im Marketing, 3. Aufl., DTV: München.

Dickie, H. F. (1951), ABC Inventory Analysis Shoots for Dollars, not Pennies, in: Factory Management and Maintenance, 109(7), 92–94.

Dietl, H. M. (2007), Transaktionskostentheorie, in: R. Köhler, H.-U. Küpper und A. Pfingsten (Hrsg.), Handwörterbuch der Betriebswirtschaft, 6. Aufl., Schäffer-Poeschel: Stuttgart, 1750–1760.

Diller, H., Beinert, M., Ivens, B. und Müller, S. (2021), Pricing, 5. Aufl., Kohlhammer: Stuttgart.

Diller, H., Haas, A. und Ivens, B. (2005), Verkauf und Kundenmanagement, Kohlhammer: Stuttgart.

Diller, H. und Hermanns, A. (2003), Handbuch Preispolitik, Gabler: Wiesbaden.

DIN-EN-ISO-9000 (2022), DIN EN ISO 9000:2015, Qualitätsmanagementsysteme – Grundlagen und Begriffe, https://www.din.de/de/wdc-beuth:din21:235671064 (abgerufen am 17.07.2023).

DIN-EN-ISO-9001 (2022), DIN EN ISO 9001:2015, Qualitätsmanagementsysteme – Anforderungen, https://www.din.de/de/wdc-beuth:din21:235671251 (abgerufen am 17.07.2023).

DIN-EN-ISO-9004 (2022), DIN EN ISO 9004:2018, Qualitätsmanagement – Qualität einer Organisation – Anleitung zum Erreichen nachhaltigen Erfolgs, https://www.din.de/de/mitwirken/normenaus schuesse/nqsz/veroeffentlichungen/wdc-beuth:din21:283875061 (abgerufen am 17.07.2023).

DIN-EN-ISO-19011 (2022), DIN EN ISO 19011:2018, Leitfaden zur Auditierung von Managementsystemen, https://www.din.de/de/mitwirken/normenausschuesse/nqsz/veroeffentlichungen/wdc-beuth: din21:287794262 (abgerufen am 17.07.2023).

DIN (1998), Service Engineering, in: DIN – Deutsches Institut für Normung (Hrsg.), DIN-Fachbericht, No. 75, Berlin.

Dixit, A. K. und Nalebuff, B. J. (2018), Spieltheorie für Einsteiger, Schäffer-Poeschel: Stuttgart.

Donabedian, A. (1966), Evaluating the Quality of Medical Care, in: The Milbank Memorial Fund Quarterly, 44(3), 166–203.

Donabedian, A. (1980), The Definition of Quality and Approaches to Its Assessment, Health Administration Press: Ann Arbor.

Donaldson, T. und Preston, L. E. (1995), The Stakeholder Theory of the Corporation: Concepts, Evidence and Implications, in: Academy of Management Review, 20(1), 65–91.

Dormann, J. und Ehrmann, T. (2007), Handlungsfreiheit, Unterstützungsleistungen und Austrittsintentionen von Franchisenehmern, in: Zeitschrift für Betriebswirt, 77(6), 645–674.

Dorsch, M. J. und Teas, R. K. (1992), A Test of the Convergent Validity of Self-Explicated and Decompositional Conjoint Measurement, in: Journal of the Academy of Marketing Science, 20(1), 37–48.

Drucker, P. F. (1985), Innovation and Entrepreneurship, HarperCollins: New York.

DSGVO (2016), Datenschutzgrundverordnung (DSGVO) in der Fassung vom 27.04.2016, http://data.europa. eu/eli/reg/2016/679/oj (abgerufen am 17.07.2023).

Durvasula, S., Lysonski, S. und Andrews, C. (1993), Cross-Cultural Generalizability of a Scale for Profiling Consumers' Decision-Making Styles, in: The Journal of Consumer Affairs, 27(1), 55–65.

Dwyer, F. R. (1997), Customer Lifetime Valuation to Support Marketing Decision Making, in: Journal of Direct Marketing, 11(4), 6–13.

Edvardsson, B. und Olsson, J. (1996), Key Concepts for New Service Development, in: The Service Industries Journal, 16(2), 140–164.

EFQM-Modell (2021), Das EFQM Modell, in: European Foundation for Quality e. V. (Hrsg.), Brüssel et al.

EFQM (2022), EFQM – Organisationen verbessern, https://efqm.org/de/ (abgerufen am 17.07.2023).

Eggert, A. (1999), Kundenbindung aus Kundensicht, Springer Fachmedien: Wiesbaden.

Eggert, A. (2006), Die zwei Perspektiven des Kundenwerts: Darstellung und Versuch einer Integration, in: B. Günter und S. Helm (Hrsg.), Kundenwert, 3. Aufl., Gabler: Wiesbaden, 41–59.

Eggert, A. und Fassott, G. (2003), Zur Verwendung formativer und reflektiver Indikatoren in Strukturgleichungsmodellen, in: Universität Kaiserslautern (Hrsg.), No. 20, Kaiserslautern.

Ehrmann, H. (2016), Marketing-Controlling, 5. Aufl., Kiehl: Herne.

Ehrmann, T. und Dormann, J. (2008), Inter-Organisationale Ausgestaltung der Entscheidungszentralisierung und produktive Effizienz: Eine empirische Analyse am Beispiel des Franchising, in: Zeitschrift für betriebswirtschaftliche Forschung, 60(4), 326–354.

Eisenbeiss, M., Wilken, R., Skiera, B. und Cornelissen, M. (2015), What Makes Deal-of-the-day Promotions Really Effective? The Interplay of Discount and Time Constraint with Product Type, in: International Journal of Research in Marketing, 32(4), 387–397.

Eisend, M. und Kuß, A. (2021), Grundlagen empirischer Forschung, 2. Aufl., SpringerGabler: Wiesbaden.

Elter, V.-C. (1997), Total Quality Management (TQM), in: Das Wirtschaftsstudium, 26(3), 207–210.

Engel, A. (2001), Ausgewählte Kennzahlen der Balanced Scorecard, in: KRP Kostenrechnungspraxis (Sonderheft), 45(3), 54–59.

Engelhardt, W. H., Kleinaltenkamp, M. und Reckenfelderbäumer, M. (1993), Leistungsbündel als Absatzobjekte: Ein Ansatz zur Überwindung der Dichotomie von Sach- und Dienstleistungen, in: Zeitschrift für betriebswirtschaftliche Forschung, 45(5), 395–427.

EntgFG (2019), Gesetz über die Zahlung des Arbeitsentgelts an Feiertagen und im Krankheitsfall (Entgeltfortzahlungsgesetz) in der Fassung vom 22.11.2019, https://www.gesetze-im-internet.de/entgfg/BJNR106500994.html (abgerufen am 17.07.2023).

ePrivacy-Richtlinie (2009), ePrivacy-Richtlinie (2009/136/EG) in der Fassung vom 19.12.2009, https://eur-lex.europa.eu/eli/dir/2009/136/oj (abgerufen am 17.07.2023).

Erlei, M., Leschke, M. und Sauerland, D. (2016), Institutionenökonomik, 3. Aufl., Schäffer-Poeschel: Stuttgart.

Esch, F.-R., Herrmann, A. und Sattler, H. (2017), Marketing, 5. Aufl., Vahlen: München.

EU-FGR (2023), Fluggastrechte in der Fassung vom 13.07.2023, https://europa.eu/youreurope/citizens/travel/passenger-rights/air/index_de.htm (abgerufen am 17.07.2023).

Evanschitzky, H., Brock, C., Blut, M. und Pokorska, J. (2017), Stopping Relationships from Fading – The Concept of Restoration Efforts, in: H. Corsten und S. Roth (Hrsg.), Handbuch Dienstleistungsmanagement, Vahlen: München, 1283–1297.

Faix, A. und Kupp, M. (2002), Kriterien und Indikatoren zur Operationalisierung von Kernkompetenzen, in: K. Bellmann, J. Freiling, P. Hammann und U. Mildenberger (Hrsg.), Aktionsfelder des Kompetenz-Managements, Gabler: Wiesbaden, 59–83.

Fallgatter, M. J. (1996), Beurteilung von Lower-Management-Leistung, Eul: Lohmar/Köln.

Fantapié Altobelli, C. und Bouncken, R. (1998), Wertkettenanalyse von Dienstleistungs-Anbietern, in: A. Meyer (Hrsg.), Handbuch Dienstleistungs-Marketing, Schäffer-Poeschel: Stuttgart, 282–296.

Farmer, R. N. und Richman, B. M. (1970), Comparative Management and Economic Progress, 2. Aufl., Irwin: Homewood.

Fassnacht, M. (1996), Preisdifferenzierung bei Dienstleistungen: Implementationsformen und Determinanten, Gabler: Wiesbaden.

Fassnacht, M. (1998), Preisdifferenzierungsintensität bei Dienstleistern: ein ökonomischer Erklärungsansatz, in: Zeitschrift für Betriebswirtschaft, 68(7), 719–743.

Fassnacht, M. und Homburg, C. (1997), Preisdifferenzierung als Instrument eines Kapazitätsmanagement, in: H. Corsten und S. Stuhlmann (Hrsg.), Kapazitätsmanagement in Dienstleistungsunternehmungen, Gabler: Wiesbaden, 137–152.

Fassnacht, M. und Homburg, C. (1998), Preisdifferenzierung und Yield Management bei Dienstleistungs-Anbietern, in: A. Meyer (Hrsg.), Handbuch Dienstleistungs-Marketing, Schäffer-Poeschel: Stuttgart, 866–879.

Festinger, L. (1954), A Theory of Social Comparison Processes, in: Human Relations, 7(117), 117–140.

Festinger, L. (1957), A Theory of Cognitive Dissonance, Stanford University Press: Stanford.

Fiedler, F. E. (1967), A Theory of Leadership Effectiveness, McGraw-Hill: New York.

Field, A. (2017), Discovering Statistics Using IBM SPSS Statistics, 5. Aufl., Sage: Thousand Oaks.

Fill, C. (2001), Marketing-Kommunikation, Pearson: München.

Fill, C. und Turnbull, S. (2019), Marketing Communications, 9. Aufl., Pearson: Harlow et al.

Fischer, R. und Schwartz, S. (2011), Whence Differences in Value Priorities? Individual, Cultural, or Artifactual Sources, in: Journal of Cross-Cultural Psychology, 42(7), 1127–1144.

Fishbein, M. und Ajzen, I. (1975), Belief, Attitude, Intention and Behavior, Reading et al.

Fisher, A. G. B. (1939), Production, Primary, Secondary and Tertiary, in: The Economic Record, 15(1), 24–38.

Fisher, R. A. (1925), Statistical Methods for Research Workers, Oliver and Boyd: Edinburgh.

Fitzsimmons, J. A. und Fitzsimmons, M. J. (2000), New Service Development, Sage: Thousand Oaks.

Flanagan, J. C. (1954), The Critical Incident Technique, in: Psychological Bulletin, 51(4), 327–358.

Fließ, S. (2009), Dienstleistungsmanagement, Gabler: Wiesbaden.

Fließ, S. und Dyck, S. (2017), Kundenintegration – Das Management von Kundenintegrationsprozessen, in: H. Corsten und S. Roth (Hrsg.), Handbuch Dienstleistungsmanagement, Vahlen: München, 607–629.

Fließ, S., Wittko, O. und Schmelter, M. (2012), Der Service Experience Value – Stand der Forschung, Konzeptualisierung und empirische Messung, in: M. Bruhn und K. Hadwich (Hrsg.), Customer Experience, 2. Aufl., GablerSpringer: Wiesbaden, 161–183.

Fornell, C. und Larcker, D. F. (1981), Evaluating Structural Equation Models with Unobservable Variables and Measurement Error, in: Journal of Marketing Research, 18(1), 39–50.

Foscht, T., Swoboda, B. und Schramm-Klein, H. (2017), Käuferverhalten, 6. Aufl., SpringerGabler: Wiesbaden.

Fourastié, J. (1954), Die große Hoffnung des zwanzigsten Jahrhunderts, 3. Aufl., Bund-Verlag: Köln.

FP (2023), Franchise-Portal, https://www.franchiseportal.de/franchise-unternehmen?gclid=Cj0KCQiA8t2eBhDeARIsAAVEga3QK8aShBghxd8uzfbpMOucd72Wk7hyoKtnm-ByUzk-ewubbYjcQhsaAkb5EALw_wcB (abgerufen am 17.07.2023).

Franzen, A. (2019), Antwortskalen in standardisierten Befragungen, in: N. Baur und J. Blasius (Hrsg.), Handbuch der empirischen Sozialforschung, 2. Aufl., Springer: Wiesbaden, 843–854.

Freeman, R. E. (1984), Strategic Management, Pitman: Boston.

Freeman, R. E. (1994), The Politics of Stakeholder Theory: Some Future Directions, in: Business Ethics Quarterly, 4(4), 409–421.

French, J. R. P. und Raven, B. H. (1959), The Bases of Social Power, in: D. Cartwright (Hrsg.), Studies in Social Power, Institute for Social Research: Ann Arbor, 151–157.

Fresenius (2023), Unternehmenskultur, https://www.freseniusmedicalcare.com/de/unternehmenskultur (abgerufen am 17.07.2023).

Freter, H. (2008), Markt- und Kundensegmentierung, 2. Aufl., Kohlhammer: Stuttgart.

Friedl, B. (2017), Prozesskostenrechnung für das Kostenmanagement im Dienstleistungsbereich, in: H. Corsten und S. Roth (Hrsg.), Handbuch Dienstleistungsmanagement, Vahlen: München, 1109–1127.

Friedl, G., Hofmann, C. und Pedell, B. (2022), Kostenrechnung, 4. Aufl., Vahlen: München.

Friedman, A. L. und Miles, S. (2002), Developing Stakeholder Theory, in: Journal of Management Studies, 39(1), 1–21.

Frodl, A. (2017), Gesundheitsbetriebslehre, 2. Aufl., Springer: Wiesbaden.

Gaitanides, M. (2012), Prozessorganisation, 3. Aufl., Vahlen: München.

Gaitanides, M. (2017), Geschäftsprozesse als Fundament der Dienstleistungsproduktion, in: H. Corsten und S. Roth (Hrsg.), Handbuch Dienstleistungsmanagement, Vahlen: München, 993–1006.

Garvin, D. A. (1984), What Does "Product Quality" Really Mean?, in: Sloan Management Review, 26(1), 25–43.

Garvin, D. A. (1988), Die acht Dimensionen der Produktqualität, in: Harvard Business Manager, 3, 66–74.

Gedenk, K. (2002), Verkaufsförderung, Vahlen: München.

Gefen, D., Karahanna, E. und Straub, D. W. (2003), Trust and TAM in Online Shopping: An Integrated Model, in: MIS Quarterly, 27(1), 51–90.

Gelbrich, K. (2017), Interkulturelles Dienstleistungsmanagement, in: H. Corsten und S. Roth (Hrsg.), Handbuch Dienstleistungsmanagement, Vahlen: München, 213–231.

George, D. und Mallery, P. (2003), SPSS for Windows Step by Step, 4. Aufl., Allyn & Bacon: Boston.

Gerbner, G. (1973), Cultural Indicators: The Third Voice, in: G. Gerbner, L. P. Gross und W. H. Melody (Hrsg.), Communications Technology and Social Policy, Wiley: New York et al., 555–573.

Gerbner, G., Gross, L. P., Morgan, M. S., Signorelly, N. und Shanahan, J. (2002), Growing up with Television: Cultivation Processes, in: J. Bryant und D. Zillmann (Hrsg.), Media Effects: Advances in Theory and Research, 2. Aufl., Routledge: New York/London, 43–67.

Gerpott, T. J. (2006), 360-Grad-Feedback-Verfahren als spezielle Variante der Mitarbeiterbefragung, in: M. E. Domsch und D. H. Ladwig (Hrsg.), Handbuch Mitarbeiterbefragung, 2. Aufl., Springer: Berlin et al.,

Geschka, H. (1999), Die Szenariotechnik in der strategischen Unternehmensplanung, in: D. Hahn und B. Taylor (Hrsg.), Die Szenariotechnik in der strategischen Unternehmensplanung, 8. Aufl., Physica: Würzburg, 518–545.

Geschka, H. und von Reibnitz, U. (1986), Die Szenario-Technik – ein Instrument der Zukunftsanalyse und der strategischen Planung, in: A. Töpfer und H. Afheldt (Hrsg.), Praxis der strategischen Unternehmensplanung, Stuttgart, 125–170.

Giere, J., Wirtz, B. W. und Schilke, O. (2006), Mehrdimensionale Konstrukte: Konzeptionelle Grundlagen und Möglichkeiten ihrer Analyse mit Hilfe von Strukturgleichungsmodellen, in: Die Betriebswirtschaft, 66(6), 678–695.

Gietl, G. und Lobinger, W. (2022), Leitfaden Qualitätsaudit, 7. Aufl., Carl Hanser: München.

Gläser, M. (2021), Medienmanagement, 4. Aufl., Vahlen: München.

GLOBE (2022), Global Leadership and Organizational Effectiveness, https://globeproject.com/study_2004_2007 (abgerufen am 17.07.2023).

Göbel, E. (1995), Der Stakeholderansatz im Dienste der strategischen Früherkennung, in: Zeitschrift für Planung, (6), 55–67.

Göbel, E. (2018), Entscheidungstheorie, 2. Aufl., UVK: Konstanz.

Göbel, E. (2021), Neue Institutionenökonomik, UVK: München.

Gogoll, A. (2000), Service-QFD: Quality Function Deployment für den Dienstleistungsbereich, in: M. Bruhn und B. Stauss (Hrsg.), Dienstleistungsqualität, 3. Aufl., Gabler: Wiesbaden, 363–377.

Gönsch, J. (2017), Unsicherheiten im Revenue Management, in: H. Corsten und S. Roth (Hrsg.), Handbuch Dienstleistungsmanagement, Vahlen: München, 843–862.

GoogleAds (2023), Google Ads, https://ads.google.com/intl/de_DE/home/ (abgerufen am 17.07.2023).

GoogleAnalytics (2023), Google Analytics, https://analytics.google.com (abgerufen am 17.07.2023).

Gössinger, R. (2017), Arbeitszeitmodelle im Dienstleistungbereich, in: H. Corsten und S. Roth (Hrsg.), Handbuch Dienstleistungsmanagement, Vahlen: München, 965–989.

Gothaer (2022), Kooperation Gothaer Versicherung & Sportdeutschland.TV, https://presse.gothaer.de/images/kooperation-gothaer-versicherung-und-sportdeutschland-punkt-tv-2664577 (abgerufen am 17.07.2023).

Gothaer (2023), Emotional, plakativ, modern: Gothaer treibt Markenaufbau weiter voran, https://presse.gothaer.de/pressreleases/emotional-plakativ-modern-gothaer-treibt-markenaufbau-weiter-voran-3232284 (abgerufen am 17.07.2023).

Götz, O. und Liehr-Gobbers, K. (2004), Analyse von Strukturgleichungsmodellen mit Hilfe der Partial-Least-Squares(PLS)-Methode, in: Die Betriebswirtschaft, 64(6), 714–738.

Götze, U. (1993), Szenario-Technik in der strategischen Unternehmensplanung, Gabler: Wiesbaden.

Götze, W. (2010), Grafische und empirische Techniken des Business-Forecasting, 2. Aufl., Oldenbourg: München.

Graumann, M. (2014), Controlling, 4. Aufl., NWB: Herne.

Graumann, M. (2021), Kostenrechnung und Kostenmanagement, 7. Aufl., NWB: Herne.

Green, P., Krieger, A. M. und Wind, Y. J. (2001), Thirty Years of Conjoint Analysis: Reflections and Prospects, in: Interfaces, 31(3), S56–S73.

Green, P. E. und Rao, V. R. (1971), Conjoint Measurement for Quantifying Judgmental Data, in: Journal of Marketing Research, 8(3), 355–363.

Greving, B. (2009), Messen und Skalieren von Sachverhalten, in: S. Albers, D. Klapper, U. Konradt, A. Walter und J. Wolf (Hrsg.), Methodik der empirischen Forschung, 3. Aufl., Gabler: Wiesbaden, 65–78.

Grewal, D., Krishnan, R., Baker, J. und Borin, N. (1998), The Effect of Store Name, Brand Name and Price Discounts on Consumers' Evaluations and Purchase Intentions, in: Journal of Retailing, 74(3), 331–352.

Grönroos, C. (1984), A Service Quality Model and its Marketing Implications, in: European Journal of Marketing, 18(4), 36–44.

Grönroos, C. (1990), Relationship Approach to Marketing in Service Contexts: The Marketing and Organizational Behavior Interface, in: Journal of Business Research, 20(1), 3–11.

Grönroos, C. (2015), Service Management and Marketing, 4. Aufl., Wiley: New York.

Grönroos, C. und Ojasalo, K. (2004), Service Productivity – Towards a Conceptualization of the Transformation of Inputs into Economic Results in Services, in: Journal of Business Research, 57(4), 414–423.

Grönroos, C. und Voima, P. (2013), Critical Service logic: Making Sense of Value Creation and Co-Creation, in: Journal of the Academy of Marketing Science, 41, 133–150.

Gröppel-Klein, A. und Kobel, S. (2017), Vertrauen, in: H. Corsten und S. Roth (Hrsg.), Handbuch Dienstleistungsmanagement, Vahlen: München, 233–253.

Gümbel, R. und Woratschek, H. (1995), Institutionenökonomik, in: B. Tietz, R. Köhler und J. Zentes (Hrsg.), Handwörterbuch des Marketing, 2. Aufl., Schäffer-Poeschel: Stuttgart, 1008–1019.

Günter, B. (2008), Beschwerdemanagement als Schlüssel zur Kundenzufriedenheit, in: C. Homburg (Hrsg.), Kundenzufriedenheit, 7. Aufl., Gabler: Wiesbaden, 335–356.

Gupta, A., Su, B.-C. und Walter, Z. (2004), An Empirical Study of Consumer Switching from Traditional to Electronic Channels: A Purchase-decision Process Perspective, in: International Journal of Electronic Commerce, 8(3), 131–161.

Gustaffson, A., Johnson, M. D. und Roos, I. (2005), The Effects of Customer Satisfaction, Relationship Commitment Dimensions, and Triggers on Customer Retention, in: Journal of Marketing, 69(4), 210–218.

Gutenberg, E. (1951a), Grundlagen der Betriebswirtschaftslehre: Der Absatz, Springer: Berlin/Heidelberg.

Gutenberg, E. (1951b), Grundlagen der Betriebswirtschaftslehre: Die Produktion, Springer: Berlin/Heidelberg.

GWB (2022), Gesetz gegen Wettbewerbsbeschränkungen (GWB) in der Fassung vom 19.07.2022, https://www.gesetze-im-internet.de/gwb/BJNR252110998.html (abgerufen am 17.07.2023).

GWW (2023), Zahlen & Fakten, https://gww.de/ueber-werbeartikel/zahlen-fakten/ (abgerufen am 17.07.2023).

Hackl, P. (2012), Einführung in die Ökonometrie, 3. Aufl., Pearson: München.

Häder, M. (2019), Empirische Sozialforschung, 4. Aufl., Springer: Wiesbaden.

Hadwich, K. (2003), Beziehungsqualität im Relationship Marketing, Gabler: Wiesbaden.

Hadwich, K. und Bruhn, M. (2017), Dienstleistungstypologien, in: H. Corsten und S. Roth (Hrsg.), Handbuch Dienstleistungsmanagement, Vahlen: München, 25–44.

Hadwich, K. und Keller, C. (2015), Interne Servicequalität in Unternehmen: eine empirische Untersuchung der Einflussfaktoren und Auswirkungen, in: Zeitschrift für betriebswirtschaftliche Forschung, 67(2), 170–205.

Haedrich, G., Kuß, A. und Kreilkamp, E. (1986), Der Analytic Hierarchy Process: Ein neues Hilfsmittel zur Analyse und Entwicklung von Unternehmens- und Marketingstrategien, in: Wirtschaftswissenschaftliches Studium, 3, 120–126.

Hair, J. F., Black, W. C., Babin, B. J. und Anderson, R. E. (2018), Multivariate Data Analysis, 8. Aufl., Cengage Learning: Boston.

Haley, R. I. (1968), Benefit Segmentation, in: Journal of Marketing, 32(3), 30–35.

Haller, P. und Twardawa, W. (2014), Die Zukunft der Marke, SpringerGabler: Wiesbaden.

Haller, S. und Wissing, C. (2020), Dienstleistungmanagement, 8. Aufl., SpringerGabler: Wiesbaden.

Hammann, P. und Erichson, B. (2000), Marktforschung, 4. Aufl., Lucius&Lucius: Stuttgart.

Hart, C. W., Heskett, J. L. und Sasser, W. E. (1991), Wie Sie aus Pannen Profit ziehen, in: Harvard Business Manager, 13(1), 128–136.

Haselhoff, O. W. (1970), Kommunikationstheoretische Probleme der Werbung, in: K. C. Behrens (Hrsg.), Handbuch der Werbung, Gabler: Wiesbaden, 157–200.

Hauschildt, J., Salomo, S., Schultz, C. und Kock, A. (2016), Innovationsmanagement, 6. Aufl., Vahlen: München.

Hauser, J. R. und Clausing, D. P. (1988), The House of Quality, in: Harvard Business Review, 66(3), 63–73.

Hayes, A. F. (2018), Introduction to Mediation, Moderation, and Conditional Process Analysis, 2. Aufl., Guilford Publications: New York/London.

Heath, T. B., Chatterjee, S. und France, K. R. (1995), Mental Accounting and Changes in Price: The Frame Dependence of Reference Dependence, in: Journal of Consumer Research, 22(1), 90–97.

Heckhausen, H. und Gollwitzer, P. M. (1987), Thought Contents and Cognitive Functioning in Motivational versus Volitional States of Mind, in: Motivation and Emotion, 11(2), 101–120.

Heider, F. (1944), Social Perception and Phenomenal Causality, in: Psychological Review, 51(6), 358–374.

Heinen, E. (1966), Das Zielsystem der Unternehmung, Gabler: Wiesbaden.

Heizer, J., Render, B. und Munson, C. (2016), Operations Management, 12. Aufl., Pearson: New York.

Helfrich, H. (2016), Wissenschaftstheorie für Betriebswirtschaftler, SpringerGabler: Wiesbaden.

Helm, R. und Mark, A. (2007), Implications from Cue Utilisation Theory and Signalling Theory for Firm Reputation and the Marketing of New Products, in: International Journal of Product Development, 4(3/4), 396–411.

Helm, S., Günter, B. und Eggert, A. (2017), Kundenwert – Eine Einführung in die theoretischen und praktischen Herausforderungen der Bewertung von Kundenbeziehungen, in: S. Helm, B. Günter und A. Eggert (Hrsg.), Kundenwert, 4. Gabler: Wiesbaden, 3–34.

Helmer-Hirschberg, O. (1967), Analysis of the Future: The Delphi Method, in: Rand Corporation (Hrsg.), Rand Paper Series, No. 3558, Santa Monica.

Henderson, B. D. (1984), Die Erfahrungskurve in der Unternehmensstrategie, 2. Aufl., Campus Verlag: Frankfurt/Main.

Hennig-Thurau, T., Groth, M., Paul, M. und Geremler, D. D. (2006), Are All Smiles Create Equal? How Emotional Contagion and Emotional Labor Affect Service Relationship, in: Journal of Marketing, 70(3), 58–73.

Hentschel, B. (1990), Die Messung wahrgenommener Dienstleistungsqualität mit SERVQUAL, in: Marketing – Zeitschrift für Forschung und Praxis, 12(4), 230–240.

Hentschel, B. (1992), Dienstleistungsqualität aus Kundensicht, DUV: Wiesbaden.

Hentschel, B. (2000), Multiattributive Messung von Dienstleistungsqualität, in: M. Bruhn und B. Stauss (Hrsg.), Dienstleistungsqualität, 3. Aufl., Gabler: Wiesbaden, 289–320.

Hentze, J. und Graf, A. (2005), Personalwirtschaftslehre 2, 7. Aufl., Haupt: Bern et al.

Herrmann, A. und Huber, F. (2013), Produktmanagement, 3. Aufl., SpringerGabler: Wiesbaden.

Hersey, P. und Blanchard, K. H. (1969), Management of Organizational Behavior, Prentice Hall: New Jersey.

Herzberg, F., Mausner, B. und Snyderman, B. B. (1959), The Motivation to Work, John Wiley: New York.

Heskett, J. L., Jones, T. O., Loveman, G. W., Sasser, W. E. und Schlesinger, L. A. (1994), Putting the Service-Proit Chain to Work, in: Harvard Business Review, 72(2), 164–174.

Heskett, J. L., Sasser, W. E. und Schlesinger, L. A. (1997), The Service Profit Chain, The Free Press: New York.

HGB (2023), Handelsgesetzbuch (HGB) in der Fassung vom 15.07.2022, https://www.gesetze-im-internet.de/hgb/BJNR002190897.html (abgerufen am 17.07.2023).

Hilke, W. (1989), Grundprobleme und Entwicklungstendenzen des Dienstleistungs-Marketing, in: W. Hilke (Hrsg.), Dienstleistungs-Marketing, Gabler: Wiesbaden.

Hilton (2023), Vision and Mission, https://visionarybusinessperson.com/hilton/ (abgerufen am 17.07.2023).

Himme, A. (2009), Gütekriterien der Messung: Reliabilität, Validität und Generalisierbarkeit, in: S. Albers, D. Klapper, U. Konradt, A. Walter und J. Wolf (Hrsg.), Methodik der empirischen Forschung, 3. Aufl., Gabler: Wiesbaden, 485–500.

Hirschman, A. O. (1970), Exit, Voice, and Loyalty, Harvard University Press: Cambridge.

Hochschild, A. R. (1983), The Managed Heart, University of California Press: Berkeley/Los Angeles.

Hofstede, G. (2001), Culture's Consequences, 2. Aufl., Sage: Thousand Oaks et al.

Hofstede, G. (2022), Culture Compass™, https://www.hofstede-insights.com/ (abgerufen am 17.07.2023).

Hogreve, J. (2007), Die Wirkung von Dienstleistungsgarantien auf das Konsumentenvehalten, Gabler: Wiesbaden.

Hohenberg, S. (2017), Kundenbindung – Grundlagen und Implikationen für Dienstleistungsunternehmen, in: H. Corsten und S. Roth (Hrsg.), Handbuch Dienstleistungsmanagement, Vahlen: München, 1245–1263.

Holland, H. und Scharnbacher, K. (2015), Statistik im Betrieb, 15. Aufl., SpringerGabler: Wiesbaden.

Hollensen, S. (2020), Global Marketing, 8. Aufl., Pearson: Harlow et al.

Holler, M. J., Illing, G. und Napel, S. (2019), Einführung in die Spieltheorie, 8. Aufl., SpringerGabler: Berlin.

Hollins, B. und Shinkins, S. (2006), Managing Service Operations, Sage: Los Angeles et al.

Holtbrügge, D. (2022), Personalmanagement, 8. Aufl., SpringerGabler: Berlin.

Homans, G. C. (1958), Social Behavior as Exchange, in: American Journal of Sociology, 63(6), 597–606.

Homans, G. C. (1961), Social behavior, Harcourt Brace & World: New York.

Homburg, C. (2000), Quantitative Betriebswirtschaftslehre:, 3. Aufl., Gabler: Wiesbaden.

Homburg, C. (2020), Marketingmanagement, 7. Aufl., SpringerGabler: Wiesbaden.

Homburg, C. und Baumgartner, B. (1995), Beurteilung von Kausalmodellen: Bestandsaufnahme und Anwendungsempfehlungen, in: Marketing – Zeitschrift für Forschung und Praxis, 17(3), 162–176.

Homburg, C., Becker, A. und Hentschel, F. (2017), Der Zusammenhang zwischen Kundenzufriedenheit und Kundenbindung, in: M. Bruhn und C. Homburg (Hrsg.), Handbuch Kundenbindungsmanagement, 9. Aufl., SpringerGabler: Wiesbaden, 111–144.

Homburg, C. und Bucerius, M. (2016), Kundenzufriedenheit als Managementherausforderung, in: C. Homburg (Hrsg.), Kundenzufriedenheit, 9. Aufl., Gabler: Wiesbaden, 53–91.

Homburg, C. und Rudolph, B. (1998), Die Kausalanalyse als Instrument zur Messung der Kundenzufriedenheit im Industriegütermarketing, in: L. Hildebrandt und C. Homburg (Hrsg.), Die Kausalanalyse: Instrument der empirischen betriebswirtschaftlichen Forschung, Schäffer-Poeschel: Stuttgart, 237–264.

Homburg, C. und Schäfer, H. (1999), Customer Recovery, in: Institut für Marktorientierte Unternehmensführung (Hrsg.), Management Know-how, No. M039, Mannheim.

Hope, C. und Mühlemann, A. (1997), Service Operations Management, Prentice Hall: Harlow.

Horbel, C., Woratschek, H. und Popp, B. (2017), Value Co-Creation, in: H. Corsten und S. Roth (Hrsg.), Handbuch Dienstleistungsmanagement, Vahlen: München, 63–78.

Horvath, P., Gleich, R. und Seiter, M. (2020), Controlling, 14. Aufl., Vahlen: München.

Hossain, M. A. und Rahman, S. (2021), Investigating the Success of OGB in China: The Influence of Personality Traits, in: Information Systems Frontiers, 23(2), 543–559.

House, R. J. (1998), A Brief History of GLOBE, in: Journal of Managerial Psychology, 13(3/4), 230–240.

House, R. J., Hanges, P. J., Javidan, M., Dorfman, P. W. und Gupta, V. (2004), Culture, Leadership, and Organizations, Sage: Thousend Oaks.

House, R. J., Javidan, M. und Dorfman, P. W. (2001), Project GLOBE: An Introduction, in: Applied Psychology: An International Review, 50(4), 489–505.

Hovland, C. I. und Weiss, W. (1951), The Influence of Source Credibility on Communication Effectiveness, in: Public Opinion Quarterly, 15(4), 635–650.

Howard, J. A. und Sheth, J. N. (1969), The Theory of Buyer Behaviour, John Wiley & Sons: New York.

Hoyer, W. D., MacInnis, D. J. und Pieters, R. (2018), Consumer Behavior, 7. Aufl., Cengage Learning: Boston.

Hughes, S. und Beukes, C. (2012), Growth and Implications of Social E-Commerce and Group Buying Daily Deal Sites: The Case of Groupon and Livingsocial, in: International Business & Economics Research Journal, 11(8), 921–934.

Humble, J. (1972), Praxis des Management by Objectives, Moderne Industrie:

Humble, J. (1973), MBO Fibel, Herder & Herder: Frankfurt/New York.

Hume, D. (1751), An Enquiry Concerning the Principles of Morals, Millar: London.

Hungenberg, H. (2014), Strategisches Management in Unternehmen, 8. Aufl., SpringerGabler: Wiesbaden.

Hunt, M. S. (1972), Competition in the Major Home Appliance Industry, in: Harvard University (Hrsg.), Cambridge.

Hunt, S. D., Arnett, D. B. und Madhavaram, S. (2006), The Explanatory Foundations of Relationship Marketing Theory, in: Journal of Business & Industrial Marketing, 21(2), 72–87.

Hürth, N. (2010), Ideenmanagement / Betriebliches Vorschlagswesen, VDM: Saarbrücken.

Hüttmann, A. (2018), Erfolgreiche Präsentationen mit PowerPoint, SpringerGabler: Wiesbaden.

Interbrand (2022), Best Global Brands 2021, https://interbrand.com/best-brands/ (abgerufen am 17.07.2023).

ISO (2022a), International Organization for Standardization, https://www.iso.org/home.html (abgerufen am 17.07.2023).

ISO (2022b), Quality Management Principles, ISO Central Secretariat: Genf.

Jakopin, N. M. und Klein, A. (2012), First-mover and Incumbency Advantages in Mobile Telecommunications, in: Journal of Business Research, 65(3), 362–370.

Jan, S.-L. und Shieh, G. (2014), Sample Size Determinations for Welch's Test in One-way Heteroscedastic ANOVA, in: The British Journal of Mathematical and Statistical Psychology, 67(1), 72–93.

Jaritz, S. (2008), Kundenbindung und Involvement, Gabler: Wiesbaden.

Jarvis, C. B., Mackenzie, S. B. und Podsakoff, P. M. (2003), A Critical Review of Construct Indicators and Measurement Model Misspecification in Marketing and Consumer Research, in: Journal of Consumer Research, 30(2), 199–218.

Jaschinski, C. M. (1998), Qualitätsorientiertes Redesign von Dienstleistungen, Shaker: Aachen.

Jobber, D., Lancaster, G. und Le Meunier-FitzHugh, K. (2019), Selling and Sales Management, 11. Aufl., Pearson: Harlow.

Johnson, G., Whittington, R., Scholes, K., Angwin, D. und Regnér, P. (2018), Strategisches Management, 11. Aufl., Pearson: Hallbergmoos.

Johnson, T. H. und Kaplan, R. S. (1987), Relevance Lost: The Rise and Fall of Management Accounting, Harvard Business School Press: Boston.

Jost, P.-J. (2007), Institutionenökonomik, in: R. Köhler, H.-U. Küpper und A. Pfingsten (Hrsg.), Handwörterbuch der Betriebswirtschaft, 6. Aufl., Schäffer-Poeschel: Stuttgart, 781–789.

Judd, C. M., Yzerbyt, V. und Muller, D. (2014), Mediation and Moderation, in: H. T. Reis und C. M. Judd (Hrsg.), Handbook of Research Methods in Social and Personality Psychology, 2. Aufl., Cambridge University Press: New York, 653–676.

Kaas, K. P. (1990), Marketing als Bewältigung von Informations- und Unsicherheitsproblemen im Markt, in: Die Betriebswirtschaft, 40(4), 539–548.

Kaas, K. P. (1992), Kontraktgütermarketing als Kooperation zwischen Prinzipalen und Agenten, in: Zeitschrift für betriebswirtschaftliche Forschung, 44(10), 884–901.

Kaas, K. P. (1994), Ansätze einer institutionenökonomischen Theorie des Konsumentenverhaltens, in: F. K. u. Verhalten (Hrsg.), Konsumentenforschung, Vahlen: München, 245–260.

Kaas, K. P. (1995a), Informationsökonomik, in: B. Tietz, R. Köhler und J. Zentes (Hrsg.), Handwörterbuch des Marketing, 2. Aufl., Schäffer-Poeschel: Stuttgart, 971–982.

Kaas, K. P. (1995b), Marketing zwischen Markt und Hierarchie, in: K. P. Kaas (Hrsg.), Kontrakte, Geschäftsbeziehungen, Netzwerke, Handelsblatt: Düsseldorf/Frankfurt am Main, 19–42.

Kaas, K. P. (2001), Zur "Theorie des Dienstleistungsmanagements", in: M. Bruhn und H. Meffert (Hrsg.), Handbuch Dienstleistungsmanagement, 2. Aufl., Gabler: Wiesbaden, 104–121.

Kaas, K. P. und Posselt, T. (2007), Institutionenökonomische Ansätze im Marketing, in: R. Köhler, H. U. Küpper und A. Pfingsten (Hrsg.), Handwörterbuch der Betriebswirtschaft, 6. Aufl., Schäffer-Poeschel: Stuttgart, 789–798.

Kahn, H. und Wiener, A. J. (1967), The Year 2000, MacMillan: London.

Kahneman, D. (2003), Maps of Bounded Rationality: Psychology for Behavioral Economics, in: The American Economic Review, 93(5), 1449–1475.

Kahneman, D. (2012), Thinking, Fast and Slow, Penguin: London.

Kahneman, D., Knetsch, J. L. und Thaler, R. H. (1986), Fairness and the Assumptions of Economics, in: Journal of Business, 59(4), 285–300.

Kahneman, D., Knetsch, J. L. und Thaler, R. H. (1991), Anomalies: The Endowment Effect, Loss Aversion, and Status Quo Bias, in: Journal of Economic Perspectives, 5(1), 193–206.

Kahneman, D., Sibony, O. und Sunstein, C. R. (2021), Noise, Little, Brown Spark: New York.

Kahneman, D. und Tversky, A. (1979), Prospect Theory: An Analysis of Decision Under Risk, in: Econometrica, 47(2), 263–291.

Kahneman, D. und Tversky, A. (1984), Choices, Values, and Frames, in: American Psychologist, 39(4), 341–350.

Kano, N., Seraku, N., Takahashi, F. und Tsuji, S. (1984), Attractive Quality and Must-Be Quality, in: Journal of the Japanese Society for Quality Control, 14(2), 147–156.

Kapferer, J.-N. (1992), Die Marke – Kapital des Unternehmens, Moderne Industrie: Landsberg am Lech.

Kaplan, R. S. und Norton, D. P. (1992), The Balanced Scorecard – Measures that Drive Performance in: Harvard Business Review, 70(1), 71–79.

Kaplan, R. S. und Norton, D. P. (1996a), The Balanced Scorecard, Harvard Business Review Press: Boston.

Kaplan, R. S. und Norton, D. P. (1996b), Using the Balanced Scorecard as a Strategic Management System, in: Harvard Business Review, 74(1), 75–85.

Kashyap, V., Antia, K. D. und Frazier, G. L. (2012), Contracts, Extracontractual Incentives, and Ex Post Behavior in Franchise Channel Relationships, in: Journal of Marketing Research, 49(2), 260–276.

Kauffman, R. J., Lai, H. und Ho, C.-T. (2010), Incentive Mechanisms, Fairness and Participation in Online Group-buying Auctions, in: Electronic Commerce Research and Applications, 9(3), 249–262.

Kaya, M. und Himme, A. (2009), Möglichkeiten der Stichprobenbildung, in: S. Albers, D. Klapper, U. Konradt, A. Walter und J. Wolf (Hrsg.), Methodik der empirischen Forschung, 3. Aufl., Gabler: Wiesbaden, 79–88.

Keite, L. (2019), Corporate Identity im digitalen Zeitalter, Haufe-Lexware: Freiburg.

Kellaris, J. J., Cox, A. D. und Cox, D. (1993), The Effect of Background Music on Ad Processing: A Contingency Explanation, in: Journal of Marketing, 57(4), 114–125.

Kelley, H. H. (1972), Causal Schemata and the Attribution Process, General Learning Press: New York.

Kelley, H. H. (1973), The Processes of Causal Attribution, in: American Psychologist, 28(2), 107–128.

Kendall Sproles, E. und Sproles, G. B. (1990), Consumer Decision-making Styles as a Function of Individual Learning Styles, in: The Journal of Consumer Affairs, 24(1), 134–147.

Kern, W. (1962), Die Messung industrieller Fertigungskapazitäten und ihrer Ausnutzung, Westdeutscher Verlag: Köln.

Kersten, W., Kern, E.-M. und Zink, T. (2006), Collaborative Service Engineering, in: H.-J. Bullinger und A.-W. Scheer (Hrsg.), Service Engineering, 2. Aufl., Springer: Berlin/Heidelberg, 341–357.

Keyling, T. (2017), Kollektives Gatekeeping, Springer: Wiesbaden.

Kilian, K. und Kreutzer, R. T. (2022), Digitale Markenführung, SpringerGabler: Wiesbaden.

Kingman-Brundage, J. (1989), The ABC's of Service System Blueprinting, in: M. J. Bitner. und L. A. Crosby (Hrsg.), Designing a Winning Service Strategy, AMA: Chicago, 30–33.

Kiran, D. R. (2017), Total Quality Management, BS Publications: Amsterdam et al.

Kirchgeorg, M., Dornscheidt, W. M. und Stoeck, N. (2017), Handbuch Messemanagement, 2. Aufl., SpringerGabler: Wiesbaden.

Kirchmair, R. (2022), Qualitative Forschungsmethoden, Springer: Berlin.

Klapper, J. T. (1960), The Effects of Mass Communication, Free Press: New York.

Klein, A. (2004), Der Einflussfaktor Bündelungskosten bei Nachfragerbündelungen, Gabler: Wiesbaden.

Klein, A. (2022), An Economic View on Group Buying as Marketing Approach for Commodities, in: M. Enke, A. Geigenmüller und A. Leischnig (Hrsg.), Commodity Marketing, Springer: Berlin, 167–184.

Klein, A. und Adler, J. (2017), Institutionenökonomische Betrachtung des Dienstleistungsmanagements, in: H. Corsten und S. Roth (Hrsg.), Handbuch Dienstleistungsmanagement, Vahlen: München, 189–212.

Klein, A. und Sharma, V. M. (2018), German Millennials' Decision-making Styles and Their Intention to Participate in Online Group Buying, in: Journal of Internet Commerce, 17(4), 383–417.

Klein, A. und Sharma, V. M. (2022a), Consumer Decision-making Styles, Consumer Involvement, and Intention to Participate in Online Group Buying, in: Journal of Retailing and Consumer Services, 64(1), Article 102808.

Klein, A. und Sharma, V. M. (2022b), Cultural Perspectives of Millennials' Decision-making Styles in Online Group Buying, in: Journal of International Consumer Marketing, 34(4), 357–379.

Klein, R. und Steinhardt, C. (2008), Revenue Management, Springer: Berlin/Heidelberg.

Kleinaltenkamp, M. (1997), Kundenintegration, in: Wirtschaftswissenschaftliches Studium, 26(7), 350–355.

Kleinaltenkamp, M. (2017), Dienstleistungsmanagement und Service-dominant Logic, in: H. Corsten und S. Roth (Hrsg.), Handbuch Dienstleistungsmanagement, Vahlen: München, 45–62.

Kleinaltenkamp, M. (2021), Technischer Vertrieb, 2. Aufl., SpringerGabler: Wiesbaden.

Kleinaltenkamp, M. und Ginter, T. (1998), Dienstleistungsprogrammpolitische Entscheidungen, in: A. Meyer (Hrsg.), Handbuch Dienstleistungsmarketing, Schäffer-Poeschel: Stuttgart,

Kleinaltenkamp, M. und Marra, A. (1995), Institutionenökonomische Aspekte der 'Customer Integration', in: K. P. Kaas (Hrsg.), Kontrakte, Geschäftsbeziehungen, Netzwerke, Handelsblatt: Düsseldorf/ Frankfurt am Main, 101–118.

Kline, R. B. (2016), Principles and Practice of Structural Equation Modeling, 4. Aufl., Guilford Press: New York/London.

Knoblich, H., Scharf, A. und Schubert, B. (2003), Marketing mit Duft, 4. Aufl., Oldenbourg: München.

Knoll, L. und Wenger, E. (2007), Shareholder-/Stakeholder-Ansatz, in: R. Köhler, H.-U. Küpper und A. Pfingsten (Hrsg.), Handwörterbuch der Betriebswirtschaft, 6. Aufl., Schäffer-Poeschel: Stuttgart, 1614–1623.

Koch, J. und Riedmüller, F. (2021), Marktforschung, 8. Aufl., DeGruyterOldenbourg: Berlin/Boston.

Köhler, R. (1981), Marketing-Audit, in: Die Betriebswirtschaft, 41(4), 662–663.

Köhler, R. (1982), Marketing-Controlling, in: Die Betriebswirtschaft, 42(7), 197–215.

Kontradieff, N. D. (1926), Die langen Wellen der Konjunktur, in: Archiv für Sozialwissenschaft und
  Sozialpolitik, 56(573–609).

Kotabe, M. und Helsen, K. (2022), Global Marketing Management, 9. Aufl., Wiley: Hoboken.

Kotler, P. und Armstrong, G. (2020), Principles of Marketing, 18. Aufl., Pearson: Harlow et al.

Kotler, P. und Keller, K. L. (2016), Marketing-Management, 15. Aufl., Pearson: Boston et al.

Kotler, P., Keller, K. L. und Opresnik, M. O. (2017), Marketing-Management, 15. Aufl., Pearson: München.

Kotler, P., T., G. W. und Rodgers III, W. H. (1977), The Marketing Audit Comes to Age, in: Sloan
  Management Review, 18(2), 25–43.

Krafft, M. und Albers, S. (2000), Ansätze zur Segmentierung von Kunden – Wie geeignet sind
  herkömmliche Konzepte?, in: Zeitschrift für betriebswirtschaftliche Forschung, 52(9), 515–536.

Krafft, M. und Bues, M. (2017), Aktuelle Konzepte zur Messung des ökonomischen Kundenwerts, in:
  S. Helm, B. Günter und A. Eggert (Hrsg.), Kundenwert, 4. Aufl., SpringerGabler: Wiesbaden, 237–253.

Krafft, M., Bues, M. und Rutsatz, U. (2017), Customer Lifetime Value in der praktischen Anwendung im
  Distanzhandel, in: S. Helm, B. Günter und A. Eggert (Hrsg.), Kundenwert, 4. Aufl., SpringerGabler:
  Wiesbaden, 574–598.

Krafft, M. und Rutsatz, U. (2006), Konzepte zur Messung des ökonomischen Kundenwerts, in: B. Günter
  und S. Helm (Hrsg.), Kundenwert, 3. Aufl., Gabler: Wiesbaden, 269–291.

Krämer, J., Wiewiorra, L. und Weinhardt, C. (2013), Net Neutrality: A Progress Report, in:
  Telecommunication Policy, 37(9), 794–813.

Krämer, W. (2015), So lügt man mit Statistik, Campus: Frankfurt/New York.

Kreis, H., Wildner, R. und Kuß, A. (2021), Marktforschung, 7. Aufl., SpringerGabler: Wiesbaden.

Kreutzer, R. T. (2018), Praxisorientiertes Online-Marketing, 3. Aufl., SpringerGabler: Wiesbaden.

Krippendorff, K. (1994), Der verschwundene Bote. Metaphern und Modelle der Kommunikation, in:
  K. Merten, S. J. Schmidt und S. Weischenberg (Hrsg.), Die Wirklichkeit der Medien, Westdeutscher
  Verlag: Opladen, 79–113.

Krishna, V. (2002), Auction Theory, Academic Press: San Diego et al.

Kroeber-Riel, W. und Gröppel-Klein, A. (2019), Konsumentenverhalten, 11. Aufl., Vahlen: München.

Krueger, L. E. (1998), The Ego has Landed!: The 0.05 Level of Statistical Significance is Soft (Fisher) rather
  than Hard (Neyman/Pearson), in: Behavioral and Brain Sciences, 21(2), 207–208.

Kubicek, H. und Welling, S. (2000), Vor einer digitalen Spaltung in Deutschland? Annäherung an ein
  verdecktes Problem von wirtschafts- und gesellschaftspolitischer Brisanz, in: Medien &
  Kommunikationswissenschaft, 48(4), 497–517.

Kumar, V., Leone, R. P., Aaker, D. A. und Day, G. S. (2019), Marketing Research, 13. Aufl., John Wiley & Sons:
  New York et al.

Kunau, G., Junginger, M., Herrmann, T. und Krcmar, H. (2005), Ein Referenzmodell für das Service
  Engineering mit multiperspektivischem Ansatz, in: T. Herrmann, U. Kleinbeck und H. Krcmar (Hrsg.),
  Konzepte für das Service Engineering, Physika: Heidelberg, 187–216.

Küpper, W. und Ortmann, G. (1986), Mikropolitik in Organisationen, in: Die Betriebswirtschaft, 46(5),
  590–602.

Kutschker, M. und Schmid, S. (2011), Internationales Management, 7. Aufl., Oldenbourg: München.

Lacey, R. (2007), Relationship Drivers of Customer Commitment, in: Journal of Marketing Theory and
  Practice, 15(4), 315–333.

Lammenett, E. (2019), Praxiswissen Online-Marketing, 7. Aufl., SpringerGabler: Wiesbaden.

Lance, C. E., Butts, M. M. und Michels, L. C. (2006), The Sources of Four Commonly Reported Cutoff
  Criteria: What Did They Really Say?, in: Organizational Research Methods, 9(2), 202–220.

Lastovicka, J. L. (1979), Questioning the Concept of Consumer Involvement Defined Product Classes, in:
  W. Wilkie (Hrsg.), Advances in Consumer Research (Vol. 6), Association for Consumer Research: Ann
  Arbor, 174–179.

Laswell, H. D. (1948), The Structure and Function of Communication in Society, in: L. Bryson (Hrsg.), The Communication of Ideas, Harper and Row: New York, 37–51.

Latecha, R. und Davidov, E. (2019), Skalen und Indizes, in: N. Baur und J. Blasius (Hrsg.), Handbuch Methoden der empirischen Sozialforschung, 2. Aufl., Springer: Wiesbaden, 893–905.

Lattmann, C. (1994), Die Leistungsbeurteilung als Führungsmittel, 2. Aufl., Springer: Heidelberg.

Laurent, G. und Kapferer, J.-N. (1985), Measuring Consumer Involvement Profiles, in: Journal of Marketing Research, 22(1), 41–53.

Lazarsfeld, P. F., Berelson, B. und Gaudet, H. (1944), The People's Choice, Columbia University Press: New York.

Leavy, B. (2012), Collaborative Innovation as the New Imperative – Design Thinking, Value Co-creation and the Power of "Pull", in: Strategy & Leadership, 40(2), 25–34.

Lee, D. (2017), HEALTHQUAL: A Multi-item Scale for Assessing Healthcare Service Quality, in: Service Business, 11, 491–516.

Lee, H., Delene, L. M., Bunda, M. A. und Kim, C. (2000), Methods of Measuring Health-Care Service Quality, in: Journal of Business Research, 48(3), 233–246.

Lehmann, A. P. (1995), Dienstleistungsmanagement, 2. Aufl., Schäffer-Poeschel: Stuttgart.

Leigh, T. W., MacKay, D. B. und Summers, J. O. (1984), Reliability and Validity of Conjoint Analysis and Self-Explicated Weights: A Comparison, in: Journal of Marketing Research, 21(4), 456–462.

Leimeister, J. M. (2020), Dienstleistungsengineering und -management, 2. Aufl., SpringerGabler: Berlin/ Heidelberg.

Leo, C., Bennett, R. und Härtel, C. E. J. (2005), Cross-cultural Differences in Consumer Decision-making Styles, in: Cross Cultural Management, 12(3), 32–62.

Leontieff, W. (1986), Input-Output Economics, 2. Aufl., Oxford University Press: New York.

LEP (2022), Ludwig Erhard Preis – Excellence Made In Germany, https://www.ilep.de/ (abgerufen am 17.07.2023).

Levy, K. J. (2007), Some Empirical Power Results Associated with Welch's Robust Analysis of Variance Technique, in: Journal of Statistical Computation and Simulation, 8(1), 43–48.

Lewin, K., Lippitt, R. und White, R. K. (1939), Patterns of Aggressive Behavior in Experimentally Created "Social Climates", in: The Journal of Social Psychology 10(2), 269–299.

Lewis, E. (1903), Catch-Line and Argument, in: The Book-Keeper, 15, 124.

Lilien, G. L. und Rangaswamy, A. (2003), Marketing Engineering, 2. Aufl., Prentice Hall: Upper Saddle River.

Liljander, V. und Strandvik, T. (1993a), Different Comparison Standards as Determinants of Service Quality, in: Journal of Consumer Satisfaction, Dissatisfaction and Complaining Behavior, 6, 118–132.

Liljander, V. und Strandvik, T. (1993b), Estimating Zones of Tolerance in Perceived Service Quality and Perceived Service Value, in: International Journal of Service Industry Management, 4(2), 6–28.

Liljander, V. und Strandvik, T. (1994), Modeling Perceived Service Quality Using Different Comparison Standards, in: Journal of Consumer Satisfaction, Dissatisfaction and Complaining Behavior, 7, 126–142.

Liljander, V. und Strandvik, T. (1995), The Nature of Customer Relationships in Services, in: T. A. Swartz, D. A. Bowen und S. W. Brown (Hrsg.), Advances in Services Marketing and Management, Emerald Group Publishing: Bingley, 141–167.

Lines, R. und Denstadli, J. M. (2004), Information Overload in Conjoint Experiments, in: International Journal of Market Research, 46(3), 297–310.

Link, J. und Hildebrand, V. G. (1997), Ausgewählte Konzepte der Kundenbewertung im Rahmen des Database Marketing, in: J. Link, D. Brändli und C. Schleuning (Hrsg.), Handbuch Database Marketing, 2. Aufl., IM Fachverlag: Ettlingen, 158–172.

Link, J. und Weiser, C. (2011), Marketing-Controlling, 3. Aufl., Vahlen: München.

Liu, M. T., Brock, J. L., Shi, G. C., Chu, R. und Tseng, T.-H. (2013), Perceived Benefits, Perceived Risk, and Trust: Influences on Consumers' Group Buying Behaviour, in: Asia Pacific Journal of Marketing Logistics, 25(2), 225–248.

Liu, Y. und Sutanto, J. (2012), Buyers' Purchasing Time and Herd Behavior on Deal-of-the-day Group-buying Websites, in: Electronic Markets, 22(2), 83–93.

Locke, E. A. (1968), Toward a Theory of Task Motivation and Incentives, in: Organizational Behavior and Human Performance, 3(2), 157–189.

Locke, E. A. und Latham, G. P. (1984), Goal Setting: A Motivational Technique that Works, Prentice-Hall: Englewood Cliffs.

Locke, E. A. und Latham, G. P. (1990), Work Motivation and Satisfaction: Light at the End of the Tunnel, in: Psychological Science, 1(4), 240–246.

Lorbeer, A. (2003), Vertrauensbildung in Kundenbeziehungen, Gabler: Wiesbaden.

Louviere, J. J. (1988), Conjoint Analysis Modelling Of Stated Preferences, in: Journal of Transport Economics and Policy, 22(1), 93–119.

Luk, S. T. K. und Layton, R. (2002), Perception Gaps in Customer Expectations: Managers versus Service Providers and Customers, in: The Service Industry Journal, 22(2), 109–128.

Luo, X., Andrews, M., Song, Y. und Aspara, J. (2014), Group-buying Deal Popularity, in: Journal of Marketing, 78(2), 20–33.

Lusk, J. L. und Shogren, J. F. (2007), Experimental Auctions, Cambridge University Press: Cambridge.

Lynch, R. (2006), Corporate Strategy, 4. Aufl., Prentice Hall: Harlow et al.

Mack, O., Kare, A., Krämer, A. und Burgartz, T. (2016), Managing in a VUCA World, Springer: Heidelberg et al.

Macneil, I. R. (1978), Contracts: Adjustment of Long-term Economic Relations under Classical, Neo-classical and Relational Contract Law, in: Northwestern University Law Review, 72(6), 854–905.

Maister, D. H. (1985), The Psychology of Waiting Lines, in: J. A. Czepiel, M. R. Solomon und C. F. Surprenant (Hrsg.), The Service Encounter, Lexington Books: Lexington, 113–123.

Maleri, R. (1973), Grundzüge der Dienstleistungsproduktion, Springer: Berlin.

Maleri, R. und Frietzsche, U. (2008), Grundlagen der Dienstleistungsproduktion, 5. Aufl., Springer: Berlin/Heidelberg.

Malhotra, N. K., Nunan, D. und Birks, D. F. (2017), Marketing Research: An Applied Approach, 5. Aufl., Pearson: London.

Malicha, R. (2005), Nachfragerevidenz im Dienstleistungsbereich, Springer: Wiesbaden.

Mankiv, N. G. und Taylor, M. P. (2020), Grundzüge der Volkswirtschaftslehre, 8. Aufl., Schäffer-Poeschel: Stuttgart.

Manz, C. C. (1983), The Art of Self-leadership, Prentice-Hall: Englewood Cliffs.

Manz, C. C. (1986), Self-leadership: Toward an Expanded Theory of Self-influence Processes in Organizations, in: Academy of Management Review, 11(3), 585–600.

March, J. G. und Simon, H. A. (1958), Organizations, Wiley: New York.

MarkenG (2021), Markengesetz (MarkenG) in der Fassung vom 10.08.2021, https://www.gesetze-im-internet.de/markeng/BJNR308210994.html (abgerufen am 17.07.2023).

Markowitz, H. (1952), Portfolio Selection, in: Journal of Finance, 7(1), 77–91.

Masing, W. (1995), Planung und Durchsetzung der Qualitätspolitik im Unternehmen, in: M. Bruhn und B. Stauss (Hrsg.), Dienstleistungsqualität, 2. Aufl., Gabler: Wiesbaden, 239–253.

Maslow, A. H. (1943), A Theory of Human Motivation, in: Psychological Review, 50(4), 370–396.

Mason, E. S. (1939), Price and Production Policies of Large-Scale Enterprise, in: The American Economic Review, 29(1), 61–74.

Matzler, K., Hinterhuber, H. H., Bailom, F. und Sauerwein, E. (1996), The KANO Model: How to Delight Your Customers, in: Journal of Product & Brand Management, 5(2), 6–18.

Matzler, K., Sauerwein, E. und Stark, C. (2009), Methoden zur Identifizierung von Basis-, Leistungs- und Begeisterungsfaktoren, in: H. H. Hinterhuber und K. Matzler (Hrsg.), Kundenorientierte Unternehmensführung, 6. Aufl., Gabler: Wiesbaden, 319–344.

MAXQDA (2023), MAXQDA Software, https://www.maxqda.com/de/ (abgerufen am 17.07.2023).

Mayer, R. C., Davis, J. H. und Schoorman, F. D. (1995), An Integrative Model of Organizational Trust, in: Academy of Management Review, 20(3), 709–734.

Mayring, P. (2015), Qualitative Inhaltsanalyse, 11. Aufl., Beltz: Weinheim/Basel.

Mazur, J. E. (2006), Lernen und Verhalten, 6. Aufl., Pearson: München.

McCarthy, E. J. (1960), Basic Marketing, R. D. Irwin: Homewood.

McClelland, D. C. (1988), Human Motivation, Cambridge University Press: Cambridge.

McCrae, R. R. und Costa, P. T. (1999), A Five-factor Theory of Personality, in: L. A. Pervin und O. P. John (Hrsg.), Handbook of Personality, 2. Aufl., Guilford: New York, 139–153.

McGregor, D. (1960), The Human Side of Enterprise, McGraw-Hill: New York.

McKinsey (2009), The Consumer Decision Journey, https://www.mckinsey.com/business-functions/marketing-and-sales/our-insights/the-consumer-decision-journey (abgerufen am 17.07.2023).

McSweeney, B. (2002), Hofstede's Model of National Cultural Differences and Their Consequences: A Triumph of Faith – A Failure of Analysis, in: Human Relations, 55(1), 89–118.

Meffert, H. (1986), Grundlagen der Absatzpolitik, 7. Aufl., Gabler: Wiesbaden.

Meffert, H., Bruhn, M. und Hadwich, K. (2018), Dienstleistungsmarketing, 9. Aufl., SpringerGabler: Wiesbaden.

Meffert, H., Burmann, C., Kirchgeorg, M. und Eisenbeiß, M. (2019), Marketing, 13. Aufl., SpringerGabler: Wiesbaden.

Meiren, T. (2001), Entwicklung von Dienstleistungen unter besonderer Berücksichtigung von Human Ressources, in: Bullinger, Hans-Jörg (Hrsg.), Entwicklung und Gestaltung innovativer Dienstleistungen, Forum Service Engineering 2001, 28.-30.11.2001,

Meiren, T. und Barth, T. (2003), Service Engineering in Unternehmen umsetzen, Fraunhofer Verlag: Stuttgart.

Meister, U. und Meister, H. (2018), ISO 9001 in der Dienstleistung, Carl Hanser: München.

Merten, K. (1999), Einführung in die Kommunikationswissenschaft, 3. Aufl., Lit: Münster et al.

Merten, K., Schmidt, S. J. und Weischenberg, S. (1994), Die Wirklichkeit der Medien, Westdeutscher Verlag: Opladen.

Merx, O. und Bachem, C. (2004), Multichannel-Marketing-Handbuch, Springer: Berlin/Heidelberg.

Meyer, A. (1994), Dienstleistungsmarketing, 6. Aufl., FGM: München.

Meyer, A. und Blümelhuber, C. (1998), Dienstleistungs-Innovation, in: A. Meyer (Hrsg.), Handbuch Dienstleistungs-Marketing, Schäffer-Poeschel: Stuttgart, 807–826.

Meyer, A., Kantsperger, R. und Peckmann, M. (2017), Die Kundenbeziehung als ein zentraler Unternehmenswert – Kundenorientierung als Werttreiber der Kundenbeziehung, in: S. Helm, B. Günter und A. Eggert (Hrsg.), Kundenwert, 4. Aufl., SpringerGabler: Wiesbaden, 54–71.

Meyer, A. und Mattmüller, R. (1987), Qualität von Dienstleistungen, in: Marketing ZFP, 9(3), 187–195.

Meyer, F. (2009), Spieltheorie und ihre Anwendung in der BWL, in: M. Schwaiger und A. Meyer (Hrsg.), Theorien und Methoden der Betriebswirtschaft, Vahlen: München, 207–224.

Meyer, K. und Zinke, C. (2018), Service Engineering – eine Standortbestimmung, in: K. Meyer, S. Klingner und C. Zinke (Hrsg.), Service Engineering, SpringerVieweg: Wiesbaden, 3–17.

Michalski, S. (2002), Kundenabwanderungs- und Kundenrückgewinnungsprozesse, Gabler: Wiesbaden.

Mietzner, D. (2009), Strategische Vorausschau und Szenarioanalysen, Gabler: Wiesbaden.

Mikulic, J. und Prebezac, D. (2011), A Critical Review of Techniques for Classifying Quality Attributes in the Kano Model, in: Managing Service Quality, 21(1), 46–66.

Milgrom, P. (2004), Putting Auction Theory to Work, Cambridge University Press: Cambridge.

Miller, K. M., Hofstetter, R., Krohmer, H. und Zhang, Z. J. (2011), How Should Consumers' Willingness to Pay be Measured? An Empirical Comparison of State-of-the-Art Approaches, in: Journal of Marketing Research, 48(1), 172–184.

Mintzberg, H. (1983), Power in and Around Organizations, Prentice Hall: Englewood Cliffs.

Mintzberg, H. (1987), The Strategy Concept 1: Five Ps for Strategy, in: California Management Review, 30(1), 11–24.

Mintzberg, H. (1990), The Design School: Reconsidering the Basic Premises of Strategic Management, in: Strategic Management Journal, 11(3), 171–195.

Mintzberg, H., Ahlstrand, B. und Lampel, J. (2005), Strategy Safary, Free Press: New York et al.

Mitchell, A. (1983), The Nine American Lifestyles, Warner Books: New York.

Mitchell, D. J., Kahn, B. E. und Knasko, S. C. (1995), There's Something in the Air: Effects of Congruent or Incongruent Ambient Odor on Consumer Decision Making, in: Journal of Consumer Research, 22(2), 229–238.

Mitchell, R. K., Agle, B. R. und Wood, D. J. (1997), Toward a Theory of Stakeholder Identification and Salience: Defining the Principle of Who and What Really Counts, in: Academy of Management Review, 22(4), 853–886.

Mitchell, T. R. und Wood, R. E. (1980), Supervisor's Responses to Subordinate Poor Performance: A test of an Attributional Model, in: Organizational Behavior and Human Performance, 25(1), 123–138.

Mitry, D. J. und Smith, D. I. (2009), Convergence in Global Markets and Consumer Behaviour, in: International Journal of Consumer Studies, 33(3), 316–321.

Mizuno, S. und Akao, Y. (1994), QFD, Asian Productivity Organization: Tokyo.

Moen, R. und Norman, C. (2009), Evolution of the PDCA Cycle, in: Asian Network for Quality (Hrsg.), Proceedings of the 7th ANQ Congress, 7th Asian Network for Quality Congress, Tokyo.

Moorhuhn (2023), Die Original Moorhuhnjagd, https://de.wikipedia.org/wiki/Die_Original_Moorhuhnjagd (abgerufen am 17.07.2023).

Morgan, R. M. und Hunt, S. D. (1994), The Commitment-Trust Theory of Relationship Marketing, in: Journal of Marketing, 58(3), 20–38.

Moser, S. und Schumann, J. H. (2017), Behavioral Pricing in Services, in: H. Corsten und S. Roth (Hrsg.), Handbuch Dienstleistungsmanagement, Vahlen: München, 733–749.

Mowen, J. C. und Minor, M. S. (2001), Consumer Behavior, Prentice Hall: Upper Saddle River.

Müller-Seitz, G. (2017), Interorganisationale Netzwerke im Dienstleistungsbereich, in: H. Corsten und S. Roth (Hrsg.), Handbuch Dienstleistungsmanagement, Vahlen: München, 551–564.

Müller-Stewens, G. und Lechner, C. (2016), Strategisches Management, 5. Aufl., Schäffer-Poeschel: Stuttgart.

Müller, D. (2009), Moderatoren und Mediatoren in Regressionen, in: S. Albers, D. Klapper, U. Konradt, A. Walter und J. Wolf (Hrsg.), Methodik der empirischen Forschung, 3. Aufl., Gabler: Wiesbaden, 237–252.

Müller, S. und Gelbrich, K. (2015), Interkulturelles Marketing, 2. Aufl., Vahlen: München.

Nabout, N. A., Lilienthal, M. und Skiera, B. (2014), Empirical Generalizations in Search Engine Advertising, in: Journal of Retailing, 90(2), 206–216.

Naderer, G. und Balzer, E. (2011), Qualitative Marktforschung, 2. Aufl., Gabler: Wiesbaden.

Nefiodow, L. A. und Nefiodow, S. (2014), Der sechste Kondratieff, 7. Aufl., Rhein-Sieg Verlag: St. Augustin.

Nelson, M. R., Yaros, R. A. und Keum, H. (2006), Examining the Influence of Telepresence on Spectator and Player Processing of Real and Fictitious Brands in a Computer Game, in: Journal of Advertising, 35(4), 87–99.

Nemati, B., Gazor, H., MirAshrafi, S. N. und Ameleh, K. N. (2012), Analyzing E-service Quality in Service-based Website by E-SERVQUAL, in: Management Science Letters, 2(2), 727–734.

Nerdinger, F. W., Blickle, G. und Schaper, N. (2019), Arbeits- und Organisationspsychologie, 4. Aufl., Springer: Berlin.

Nicol, A. A. M. und Pexman, P. M. (2010), Presenting Your Findings, 6. Aufl., American Psychological Association: Washington.

Norman, D. A. (2009), Designing Waits that Work, in: MIT Sloan Management Review, 50(4), 23–28.

North, D. C. (1990), Institutions and a Transaction-cost Theory of Exchange, in: J. E. Alt und K. A. Shepsle (Hrsg.), Perspectives on Positive Political Economy, Cambridge University Press: Cambridge, 182–194.

Oakland, J. S. und Oakland, R. J. (2019), Statistical Process Control, 7. Aufl., Routledge: London/New York.

Oakland, J. S., Oakland, R. J. und Turner, M. A. (2021), Total Quality Management and Operational Excellence, 5. Aufl., Routledge: London/New York.

Obermiller, C. (1985), Varieties of Mere Exposure: The Effects of Processing Style and Repetition on Affective Response, in: Journal of Consumer Research, 12(1), 17–30.

Oechsler, W. A. und Paul, C. (2015), Personal und Arbeit, 10. Aufl., DeGruyterOldenbourg: Berlin et al.

Ojasalo, K. (1999), Conceptualizing Productivity in Services, Swedish School of Economics and Business Administration: Helsinki/Helsingfors.

Olbrich, R., Battenfeld, D. und Buhr, C.-C. (2012), Marktforschung, SpringerGabler: Berlin/Heidelberg.

Osborne, J. W. und Costello, A. B. (2004), Sample Size and Subject to Item Ratio in Principal Component Analysis, in: Practical Assessment, Research & Evaluation, 9(11), 1–9.

Osgood, C. E., Suci, G. J. und Tannenbaum, P. H. (1957), The Measurement of Meaning, University of Illinois Press: Urbana/Chicago.

Ostrom, E. (1990), Governing the Commons. The Evolution of Institutions for Collective Action, Cambridge University Press: Cambridge et al.

Ostrom, E. (2005), Doing Institutional Analysis – Dipping Deeper than Markets and Hierarchies, in: C. Menard und M. M. Shirley (Hrsg.), Handbook of New Institutional Economics, Springer: Dordrecht.

Packard, V. (1957), The Hidden Persuaders, McKay: New York.

Palmer, A. und Cole, C. (1995), Services Marketing, Prentice-Hall: Englewood Cliffs.

Parasuraman, A. (2002), Service Quality and Productivity: a Synergistic Perspectiv, in: Managing Service Quality: An International Journal, 12(1), 6–9.

Parasuraman, A. (2010), Service Productivity, Quality and Innovation, in: International Journal of Quality and Service Sciences, 2(3), 277–286.

Parasuraman, A., Berry, L. L. und Zeithaml, V. A. (1991), Refinement and Reassessment of the SERVQUAL Scale, in: Journal of Retailing, 67(4), 420–450.

Parasuraman, A., Zeithaml, V. A. und Berry, L. L. (1985), A Conceptual Model of Service Quality and Its Implications for Future Research, in: Journal of Marketing, 49(4), 41–50.

Parasuraman, A., Zeithaml, V. A. und Berry, L. L. (1988), SERVQUAL: A Multiple-Item Scale for Measuring Consumer Perceptions of Service Quality, in: Journal of Retailing, 64(1), 12–40.

Parasuraman, A., Zeithaml, V. A. und Malhotra, A. (2005), E-S-QUAL: A Multiple-Item Scale for Assessing Electronic Service Quality, in: Journal of Service Research, 7(3), 213–233.

Park, H., Geum, Y. und Park, Y. (2015), A Dual Quality Function Deployment Approach for Benchmarking Service Quality, in: Total Quality Management & Business Excellence, 26(5/6), 569–582.

Parment, A. (2013), Generation Y vs. Baby Boomers: Shopping Behavior, Buyer Involvement and Implications for Retailing, in: Journal of Retailing and Consumer Services, 20(2), 189–199.

Patricio, L., Fisk, R. P., Falcao e Cunha, J. und Constantine, L. (2011), Multilevel Service Design: From Customer Value Constellation to Service Experience Blueprinting, in: Journal of Service Research, 14(2), 180–200.

Payne, A. und Frow, P. (2005), A Strategic Framework for Customer Relationship Management, in: Journal of Marketing, 69(4), 167–176.

Pechtl, H. (2014), Preispolitik, 2. Aufl., UVK: Konstanz.

Pechtl, H. (2017), Nicht-lineare Preisbildung, in: H. Corsten und S. Roth (Hrsg.), Handbuch Dienstleistungsmarketing, Vahlen: München, 771–788.

Penrose, E. E. (1959), The Theory of the Growth of the Firm, Wiley: New York.

Perillieux, R. (1987), Der Zeitfaktor im strategischen Technologiemanagement, Erich Schmidt: Berlin.

Peter, S. I. (1999), Kundenbindung als Marketingziel, 2. Aufl., Gabler: Wiesbaden.

Pfeifer, T. und Schmitt, R. (2021), Masing – Handbuch Qualitätsmanagement, 7. Aufl., Carl Hanser: München.

Pfeufer, H.-J. (2021), FMEA, 2. Aufl., Carl Hanser: München.

Pfister, H.-R., Jungermann, H. und Fischer, K. (2017), Die Psychologie der Entscheidung, 4. Aufl., Springer: Berlin/Heidelberg.

Pfitzinger, E. (2016), Qualitätsmanagement nach DIN EN ISO 9000 ff. in Dienstleistungsunternehmen, 4. Aufl., Beuth: Berlin et al.

Pfohl, H.-C. (1977), Zur Formulierung einer Lieferservicepolitik: Theoretische Aussagen zum Angebot von Sekundärleistungen als absatzpolitisches Instrument, in: Zeitschrift für betriebswirtschaftliche Forschung, 29(5), 239–255.

Pick, D. (2017), Bedeutung, Ursachen, Arten und Prozesse der Kundenabwanderung, in: H. Corsten und S. Roth (Hrsg.), Handbuch Dienstleistungsmanagement, Vahlen: München, 1265–1281.

Piercy, N. (2006), Marketing Asset Accounting: Scope and Rationale, in: European Journal of Marketing, 20(1), 5–15.

Pigou, A. C. (1920), The Economics of Welfare, MacMillan and Co.: London.

Piirto, R. (1991), VALS the Second Time, in: American Demographics, 13(7), 6.

Plinke, W. (2000), Grundlagen des Marktprozesses, in: M. Kleinaltenkamp und W. Plinke (Hrsg.), Technischer Vertrieb, 2. Aufl., Springer: Berlin/Heidelberg/New York, 3–99.

Plinke, W., Kleinaltenkamp, M. und Söllner, A. (2011), Geschäftsbeziehungen – empirisches Phänomen und Herausforderungen für das Management, in: M. Kleinaltenkamp, W. Plinke, I. Geiger, F. Jacob und A. Söllner (Hrsg.), Geschäftsbeziehungsmanagement, 2. Aufl., Gabler: Wiesbaden, 17–44.

Podsakoff, P. M., MacKenzie, S. B., Lee, J.-Y. und Podsakoff, N. P. (2003), Common Method Biases in Behavioral Research: A Critical Review of the Literature and Recommended Remedies, in: Journal of Applied Psychology, 88(5), 879–903.

Podsakoff, P. M., MacKenzie, S. B. und Podsakoff, N. P. (2012), Sources of Method Bias in Social Science Research and Recommendations on How to Control It, in: Annual Review of Psychology, 63(539–569).

Popp, B., Horbel, C. und Woratschek, H. (2017), Wertkette, Wertshop und Wertnetzwerk, in: H. Corsten und S. Roth (Hrsg.), Handbuch Dienstleistungsmanagement, Vahlen: München, 507–517.

Popper, K. R. (1994), Logik der Forschung, 10. Aufl., Mohr Siebeck: Tübingen.

Porter, L. W. und Lawler, E. E. (1968), Managerial Attitudes and Performance, Irwin: Homewood.

Porter, M. E. (1980), Competitive Strategy, Free Press: New York et al.

Porter, M. E. (1981), The Contributions of Industrial Organization to Strategic Management, in: Academy of Management Review, 6(4), 609–620.

Porter, M. E. (1985), Competitive Advantage, Free Press: New York.

Preacher, K. J. und Kelley, K. (2011), Effect Size Measures for Mediatioon Models: Quantitative Strategies for Communicating Indirect Effects, in: Psychological Methods, 16(2), 93–115.

Preißler, P. R. (2008), Betriebswirtschaftliche Kennzahlen, Oldenbourg: München/Wien.

Priemer, V. M. (2000), Bundling im Marketing, Lang: Frankfurt a. M.

Prim, R. und Tilmann, H. (1996), Grundlagen einer kritisch-rationalen Sozialwissenschaft, 7. Aufl., Quelle&Meyer: Wiesbaden.

Pullman, M. E., Dodson, K. J. und Moore, W. L. (1999), A Comparison of Conjoint Methods When There Are Many Attributes, in: Marketing Letters, 10(2), 1–14.

Rahn, H.-J. und Mintert, S. (2019), Unternehmensführung, 10. Aufl., Kiehl: Herne.

Ramaswamy, R. (1996), Design and Management of Service Processes, Addison-Wesley: Reading

Ramaswamy, R. (1999), Keeping Customers for Life – Designing Services that Delight Customers, in: H.-J. Bullinger (Hrsg.), Dienstleistungen – Innovation für Wachstum und Beschäftigung Gabler: Wiesbaden, 26–40.

RAND (2022a), Published Research of Herman Kahn, https://www.rand.org/pubs/authors/k/kahn_herman.html (abgerufen am 17.07.2023).

RAND (2022b), Published Research of Olaf Helmer-Hirschberg, https://www.rand.org/pubs/authors/h/helmer-hirschberg_olaf.html (abgerufen am 17.07.2023).

Rappaport, A. (1986), Creating Shareholder Value, The Free Press: New York.

Ratneshwar, S. und Shocker, A. D. (1991), Substitution in Use and the Role of Usage Context in Product Category Structures, in: Journal of Marketing, 28(3), 281–295.

Reckenfelderbäumer, M. und Busse, D. (2006), Kundenmitwirkung bei der Entwicklung von industriellen Dienstleistungen – eine phasenbezogene Analyse, in: H.-J. Bullinger und A.-W. Scheer (Hrsg.), Service Engineering, 2. Aufl., Springer: Berlin/Heidelberg, 141–166.

Reckenfelderbäumer, M. und Welling, M. (2017), Der Beitrag einer relativen Einzel- und Prozesskosten- und Deckungsbeitragsrechnung zur Ermittlung von Kundenwerten – konzeptionelle Überlegungen und Gestaltungsempfehlungen, in: S. Helm, B. Günter und A. Eggert (Hrsg.), Kundenwert, 4. Aufl., SpringerGabler: Wiesbaden, 291–320.

RedBull (2023a), Red Bull Events, https://www.redbull.com/de-de/live-events (abgerufen am 17.07.2023).

RedBull (2023b), Red Bull TV als Stream, https://www.redbull.com/de-de/channels/best-of-red-bull-stream (abgerufen am 17.07.2023).

REFA (2023), REFA – Verband für Arbeitsgestaltung, Betriebsorganisation und Unternehmensentwicklung e. V., https://refa.de/ (abgerufen am 17.07.2023).

Reich, K. (2010), Systemisch-konstruktivistische Pädagogik, 6. Aufl., Beltz: Weinheim/Basel.

Reichheld, F. F. und Sasser, W. E. (1990), Zero Defections – Quality Comes to Services, in: Harvard Business Review, 68(5), 105–111.

Reichmann, T., Kißler, M. und Baumöl, U. (2017), Controlling mit Kennzahlen, 9. Aufl., Vahlen: Münchzen.

Reichwald, R. und Schaller, C. (2006), Innovationsmanagement von Dienstleistungen – Herausforderungen und Erfolgsfaktoren in der Praxis, in: H.-J. Bullinger und A.-W. Scheer (Hrsg.), Service Engineering, 2. Aufl., Springer: Berlin/Heidelberg, 167–194.

Reinartz, W. und Berkmann, M. (2017), Customer Engagement, in: H. Corsten und S. Roth (Hrsg.), Handbuch Dienstleistungsmanagement, Vahlen: München, 659–679.

Reinecke, S. und Janz, S. (2007), Marketingcontrolling, Kohlhammer: Stuttgart.

Reisinger, S., Gattringer, R. und Strehl, F. (2017), Strategisches Management, 2. Aufl., Pearson: München.

Remer, D. (2005), EInführen der Prozesskostenrechnung, 2. Aufl., Schäffer-Poeschel: Stuttgart.

Reutterer, T. und Schneider, A. (2017), Elektronische Dienstleistungen und technologischer Fortschritt, in: H. Corsten und S. Roth (Hrsg.), Elektronische Dienstleistungen und technologischer Fortschritt, Vahlen: München, 423–443.

RfB (2022), Input-Output-Analysis, https://www.referenceforbusiness.com/encyclopedia/Inc-Int/Input-Output-Analysis.html (abgerufen am 17.07.2023).

Richardson, H. A., Simmering, M. J. und Sturman, M. C. (2009), A Tale of Three Perspectives: Examining Post Hoc Statistical Techniques for Detection and Corrections of Common Method Variance, in: Cornell University School of Hotel Administration (Hrsg.), The Scholarly Commons, Ithaca.

Richter, M. (2005), Dynamik von Kundenerwartungen im Dienstleistungsprozess, Gabler: Wiesbaden.

Richter, R. und Furubotn, E. G. (2010), Neue Institutionenökonomik, 4. Aufl., Mohr Siebeck: Tübingen.

Rodgers, R., E., H. J. und Rodgers, D. I. (1993), Influence of Top Management Commitment on Management Programm Success, in: Journal of Applied Psychology, 78(1), 151–155.

Roes, K. Z. B. und Dorr, D. (1997), Implementing Statistical Process Control in Service Processes, in: International Journal of Quality Science, 2(3), 149–156.

Rogers, E. M. (1976), New Product Adoption and Diffusion, in: Journal of Consumer Research, 2(4), 290–301.

Rogers, E. M. (2003), Diffusion of Innovations, 5. Aufl., The Free Press: New York et al.

Röhner, J. und Schütz, A. (2020), Psychologie der Kommunikation, 3. Aufl., Springer: Wiesbaden.

Roos, I. (1999), Switching Processes in Customer Relationships, in: Journal of Service Research, 2(1), 68–86.

Roos, I. und Strandvik, T. (1996), Diagnosing the Termination of Customer Relationships, in: Swedish School of Economics and Business Administration (Hrsg.), No. 335, Helsinki.

Rosenberg, M. J. und Hovland, C. I. (1960), Cognitive, Affective, and Behavioral Components of Attitudes, in: M. J. Rosenberg, C. I. Hovland, W. J. McGuire, R. P. Abelson und J. W. Brehm (Hrsg.), Attitude Organization and Change, Yale University Press: New Haven, 1–14.

Rössler, P. (1997), Agenda-Setting, Westdeutscher Verlag: Opladen.

Roth, S. (2017), Preisbündelung bei Dienstleistungen, in: H. Corsten und S. Roth (Hrsg.), Handbuch Dienstleistungsmanagement, Vahlen: München, 809–833.

Roth, S. und Bösener, K. (2017), Kundenzufriedenheit und Kundenbegeisterung, in: H. Corsten und S. Roth (Hrsg.), Handbuch Dienstleistungsmanagement, Vahlen: München, 1221–1244.

Rothaermel, F. T. (2020), Strategic Management, 5. Aufl., McGraw-Hill: New York.

Rothlauf, J. (2014), Total Quality Management in Theorie und Praxis, 4. Aufl., DeGruyterOldenbourg: München.

Rust, R. T., Lemon, K. N. und Zeithaml, V. A. (2004), Return on Marketing: Using Customer Equity to Focus Marketing Strategy, in: Journal of Marketing, 68(1), 109–127.

Rust, R. T., Zeithaml, V. A. und Lemon, K. N. (2000), Driving Customer Equity, Free Press: New York et al.

Sakao, T. und Shimomura, Y. (2007), Service Engineering: A Novel Engineering Discipline for Producers to Increase Value Combining Service and Product, in: Journal of Cleaner Production, 15(6), 590–604.

Sander, M. (2019), Marketing-Management, 3. Aufl., UVK: München.

Sattler, H. und Hensel-Börner, S. (2001), A Comparison of Conjoint Measurement with Self-Explicated Approaches, in: A. Gustafsson (Hrsg.), Conjoint Measurement, 2. Aufl., Springer: Berlin/Heidelberg/New York, 121–133.

Sattler, H. und Nitschke, T. (2003), Ein empirischer Vergleich von Instrumenten zur Erhebung von Zahlungsbereitschaften, in: Zeitschrift für betriebswirtschaftliche Forschung, 55(6), 364–381.

Sauerwein, E. (2000), Das Kano-Modell der Kundenzufriedenheit, DUV: Wiesbaden

Savage, G. T., Nix, T. W., Whitehead, C. J. und Blair, J. D. (1991), Strategies for Assessing and Managing Organizational Stakeholders, in: Academy of Management Executive, 5(2), 61–75.

Schade, C. und Schott, E. (1993), Kontraktgüter im Marketing, in: Marketing – Zeitschrift für Forschung und Praxis, 15(1), 15–25.

Scharf, A., Schubert, B. und Hehn, P. (2022), Marketing, 7. Aufl., Schäffer-Poeschel: Stuttgart.

Schein, E. H. (1965), Organizational Psychology, Prentice Hall: Englewood Cliffs.

Schendera, C. F. G. (2007), Datenqualität mit SPSS, Oldenbourg: München/Wien.

Schendera, C. F. G. (2014), Regressionsanalyse mit SPSS, 2. Aufl., DeGruyterOldenbourg: München.

Scherm, E. und Julmi (2019), Strategisches Management, DeGruyterOldenbourg: Berlin/Boston.

Scheuch, F. (2002), Dienstleistungsmarketing, 2. Aufl., Vahlen: München.

Scheuing, E. E. und Johnson, E. M. (1989), A Proposed Model for New Service Development, in: Journal of Services Marketing, 3(2), 25–34.

Schiffman, L. G. und Wisenblit, J. L. (2015), Consumer Behavior, 11. Aufl., Pearson: Boston.

Schira, J. (2021), Statistische Methoden der VWL und BWL, 6. Aufl., Pearson: München.

Schlosser, A. E., Barnett White, T. und Lloyd, S. M. (2006), Converting Web Site Visitors into Buyers: How Web Site Investment Increases Consumer Trusting Beliefs and Online Purchase Intentions, in: Journal of Marketing, 70(2), 133–148.

Schmalen, H. und Pechtl, H. (2019), Grundlagen und Probleme der Betriebswirtschaft, 16. Aufl., Schäffer-Poeschel: Stuttgart.

Schmitt, R. und Pfeifer, T. (2015), Qualitätsmanagement, 5. Aufl., Carl Hanser: München.

Schmitz, G. und Lerch, J. (2017), Unterstützendes und dysfunktionales Kundenverhalten in direkten persönlichen Dienstleitsungsinteraktionen, in: H. Corsten und S. Roth (Hrsg.), Handbuch Dienstleistungsmanagement, Vahlen: München, 1299–1330.

Schneider, K., Daun, C., Beherens, H. und Wagner, D. (2006), Vorgehensmodelle und Standards zur systematischen Entwicklung von Diensleistungen, in: H.-J. Bullinger und A.-W. Scheer (Hrsg.), Service Engineering, 2. Aufl., Springer: Berlin/Heidelberg, 113–140.

Schneider, W. und Hennig, A. (2008), Lexikon Kennzahlen für Marketing und Vertrieb, 2. Aufl., Springer/Gabler: Berlin/Heidelberg.

Schnell, R., Hill, P. B. und Esser, E. (2018), Methoden der empirischen Sozialforschung, 11. Aufl., DeGruyterOldenbourg: Berlin/Boston.

Schoemaker, P. J. H. (1995), Scenario Planning: A Tool for Strategic Thinking, in: Slaon Management Review, 36(2), 25–40.

Schögel, M. (2012), Distributionsmanagement, Vahlen: München.

Schöler, A. und van Aaken, D. (2017), Was verhindert ein effizientes Controlling von Beschwerdeinformationen? Ein Überblick zu den Nutzungsbarrieren in Dienstleistungsunternehmen, in: H. Corsten und S. Roth (Hrsg.), Handbuch Dienstleistungsmanagement, Vahlen: München, 1129–1150.

Scholz, C. (2014), Personalmanagement, 6. Aufl., Vahlen: München.

Schön, C. (2017), Perspectives on Pricing Services – State-of-the-Art and Challenges, in: H. Corsten und S. Roth (Hrsg.), Handbuch Dienstleistungsmanagement, Vahlen: München, 687–713.

Schreier, M. und Werfer, J. (2007), Auktionen versus Lotterien: ein empirischer Vergleich zur Messung von Zahlungsbereitschaften in: Die Betriebswirtschaft, 67(1), 22–40.

Schuler, H. (2014), Arbeits- und Anforderungsanalyse, in: H. Schuler und U. P. Kanning (Hrsg.), Lehrbuch der Personalpsychologie, 3. Aufl., Hogrefe: Göttingen, 61–97.

Schüller, A. (1967), Dienstleistungsmärkte in der Bundesrepublik Deutschland, Westdeutscher Verlag: Köln.

Schulte-Zurhausen, M. (2013), Organisation, 6. Aufl., Vahlen: München.

Schwartz, S. H. (1992), Universals in the Content and Structure of Values: Theoretical Advances and Empirical Tests in 20 Countries, in: M. Zanna (Hrsg.), Advances in Experimental Social Psychology, Vol. 25, Academic Press: New York, 1–65.

Schwartz, S. H. (1994), Beyond Individualism/Collectivism – New Cultural Dimensions of Values, in: U. Kim, H. C. Triandis, S.-C. Choi und G. Yoon (Hrsg.), Individualism and Collectivism, Sage: Thousand Oaks/London/New Delhi, 85–119.

Schwartz, S. H. und Bilsky, W. (1987), Toward a Universal Psychological Structure of Human Values, in: Journal of Personality and Social Psychology, 53(3), 550–562.

Schweitzer, M., Küpper, H.-U., Friedl, G., Hofmann, C. und Pedell, B. (2016), Systeme der Kosten- und Erlösrechnung, 11. Aufl., Vahlen: München.

Scimago (2023), Scimago Journal & Country Rank, https://www.scimagojr.com/ (abgerufen am 17.07.2023).

Seiffert, H. (1996), Einführung in die Wissenschaftstheorie 1, 12. Aufl., C. H. Beck: München.

SGB (2023), Gesetze / Verordnungen – Teilliste S, https://www.gesetze-im-internet.de/Teilliste_S.html (abgerufen am 17.07.2023).

Shannon, C. E. und Weaver, W. (1949), The Mathematical Theory of Communication, University of Illinois Press: Urbana Champaign.

Sharma, V. M. und Klein, A. (2020), Consumer Perceived Value, Involvement, Trust, Susceptibility to Interpersonal Influence, and Intention to Participate in Online Group Buying, in: Journal of Retailing and Consumer Services, 52(2), Article 101946.

Shewhart, W. A. (1939), Statistical Method from the Viewpoint of Quality Control, Graduate School of the Department of Agriculture: Washington.

Shingo, S. (1986), Zero Quality Control, CRC Press - Taylor & Francis: Boca Rayton et al.

Shoemaker, P. J. und Reese, S. D. (2014), Mediating the Message in the 21st Century, Routledge: New York/London.

Shoemaker, P. J. und Vos, T. P. (2009), Gatekeeping Theory, Routledge: New York/London.

Shostack, G. L. (1982), How to Design a Service, in: European Journal of Marketing, 16(1), 49–63.

Shostack, G. L. (1984), Designing Services that Deliver, in: Harvard Business Review, 62(1), 133–139.

Sichtmann, C. und Stingel, S. (2007), Limit Conjoint Analysis and Vickrey Auction as Methods to Elicit Consumers' Willingness-to-pay: An Empirical Comparison, in: European Journal of Marketing, 41(11/12), 1359–1374.

Simon, H., Egidi, M., Viale, R. und Marris, R. L. (2007), Economics, Bounded Rationality and the Cognitive Revolution, Edward Elger: Cheltenham.

Simon, H. und Fassnacht, M. (2016), Preismanagement, 4. Aufl., SpringerGabler: Wiesbaden.

Simon, H. und Wübker, G. (2000), Mehr-Personen-Preisbildung, in: Zeitschrift für Betriebswirtschaft, 70(6), 729–746.

Simon, H. A. (1952), A Formal Theory of Interaction in Social Groups, in: American Sociological Review, 17(2), 202–211.

Simon, H. A. (1955), A Behavioral Model Of Rational Choice, in: Quarterly Journal of Economics, 69(1), 99–118.

Simon, H. A. (1957), Models of Man: Social and Rational, Wiley: New York.

Singer, J. B. (2014), User-generated Visibility: Secondary Gatekeeping in a Shared Media Space, in: New Media & Society, 16(1), 55–73.

Sinus (2022), Sinus-Milieus® Deutschland, https://www.sinus-institut.de/sinus-milieus/sinus-milieus-deutschland (abgerufen am 17.07.2023).

Skiera, B. und Revenstorff, I. (1999), Auktionen als Instrument zur Erhebung von Zahlungsbereitschaften, in: Zeitschrift für betriebswirtschaftliche Forschung, 51(3), 224–242.

Skiera, B. und Spann, M. (2002), Flexible Preisgestaltung im Electronic Business, in: W. Weiber (Hrsg.), Handbuch Electronic Business, 2. Aufl., Gabler: Wiesbaden, 690–707.

Skiera, B. und Spann, M. (2003), Auktionen, in: H. Diller und A. Herrmann (Hrsg.), Auktionen, Gabler: Wiesbaden, 622–641.

Smith, A. (1776), An Inquiry into the Nature And Causes of the Wealth of Nations, Strahan and Cadell: London.

Smith, P. R. und Zook, Z. (2020), Marketing Communications, 7. Aufl., Kogan Page: London et al.

Solomon, M. R. (2019), Consumer Behavior, 13. Aufl., Pearson: Harlow et al.

Soman, D. und Gourville, J. T. (2001), Transaction Decoupling: How Price Bundling Effect the Decision to Consumer, in: Journal of Marketing Research, 38(1), 30–44.

Spence, M. (1976), Informational Aspects of Market Structure: An Introduction, in: Quarterly Journal of Economics, 90(4), 591–597.

Spremann, K. (1988), Reputation, Garantie, Information, in: Zeitschrift für Betriebswirtschaft, 58(5/6), 613–629.

Spremann, K. (1990), Asymmetrische Information, in: Zeitschrift für Betriebswirtschaft, 60(5/6), 561–586.

Sproles, G. B. und Kendall, E. L. (1986), A Methodology for Profiling Consumers' Decision-Making Styles, in: The Journal of Consumer Affairs, 20(2), 267–279.

Srinivasan, S. V. (1988), A Conjunctive Compensatory Approach To The Self-Explication of Multiattributed Preferences, in: Decision Sciences, 19(2), 295–305.

Srinivasan, S. V. und Park, C. S. (1997), Surprising Robustness of the Self-Explicated Approach to Customer Preference Structure Measurement, in: Journal of Marketing Research, 34(2), 286–291.

Stabell, C. B. und Fjeldstad, O. D. (1998), Configuring Value for Competitive Advantage: On Chains, Shops, and Networks, in: Strategic Management Journal, 19(5), 413–437.

Staehle, W. H., Conrad, P. und Sydow, J. (1999), Management, 8. Aufl., Vahlen: München.

Statista (2021), Anzahl der Internetnutzer weltweit in den Jahren 2005 bis 2020 sowie eine Schätzung für 2021, https://de.statista.com/statistik/daten/studie/805920/umfrage/anzahl-der-internetnutzer-weltweit/ (abgerufen am 17.07.2023).

Statista (2022), Weltbevölkerung von 1950 bis 2022 https://de.statista.com/statistik/daten/studie/1716/um frage/entwicklung-der-weltbevoelkerung/ (abgerufen am 17.07.2023).

Statista (2023a), Anzahl der in Deutschland publizierten Publikumszeitschriften in den Jahren 1997 bis 2021, https://de.statista.com/statistik/daten/studie/244886/umfrage/publikumszeitschriften-in-deutschland/ (abgerufen am 17.07.2023).

Statista (2023b), Entwicklung der Anzahl der Fachzeitschriftentitel in Deutschland in den Jahren 2016 bis 2021, https://de.statista.com/statistik/daten/studie/863642/umfrage/fachpresse-entwicklung-der-titelanzahl/ (abgerufen am 17.07.2023).

Statista (2023c), Entwicklung der Bruttoausgaben für Kinowerbung in Deutschland in den Jahren 2010 bis 2021, https://de.statista.com/statistik/daten/studie/4183/umfrage/entwicklung-der-bruttoausgaben-fuer-kinowerbung/ (abgerufen am 17.07.2023).

Statista (2023d), Entwicklung der Nettoumsätze mit Radiowerbung in Deutschland in den Jahren 1997 bis 2021 und Prognose für 2022, https://de.statista.com/statistik/daten/studie/204204/umfrage/en twicklung-der-nettoumsaetze-mit-radiowerbung-seit-1997/ (abgerufen am 17.07.2023).

Statista (2023e), Marktanteile der Suchmaschinen weltweit nach mobiler und stationärer Nutzung im Januar 2022, https://de.statista.com/statistik/daten/studie/222849/umfrage/marktanteile-der-suchmaschinen-weltweit/ (abgerufen am 17.07.2023).

Statista (2023 f), Ranking der Top-20-Branchen mit den höchsten TV-Werbeausgaben in Deutschland im Jahr 2020, https://de.statista.com/statistik/daten/studie/181873/umfrage/branchen-mit-den-hoechsten-tv-werbeausgaben/ (abgerufen am 17.07.2023).

Stauss, B. (1999), "Augenblicke der Wahrheit" in der Dienstleistungserstellung – Ihre Relevanz und ihre Messung mit Hilfe der Kontaktpunkt-Analyse, in: M. Bruhn und B. Stauss (Hrsg.), Dienstleistungsqualität, 3. Aufl., Gabler: Wiesbaden, 321–340.

Stauss, B. (2000a), Perspektivenwandel. Vom Produkt-Lebenszyklus zum Kundenbeziehungs-Lebenszyklus, in: Thexis, 17(2), 15–18.

Stauss, B. (2000b), Rückgewinnungsmanagement: Verlorene Kunden als Zielgruppe, in: M. Bruhn und B. Stauss (Hrsg.), Dienstleistungsmanagement Jahrbuch 2000, Gabler: Wiesbaden, 449–471.

Stauss, B. und Friege, C. (1999), Regaining Service Customers. Costs and Benefits of Regain Management, in: Journal of Service Research, 1(4), 347–361.

Stauss, B. und Friege, C. (2017), Kundenwertorientiertes Rückgewinnungsmanagement, in: S. Helm, B. Günter und A. Eggert (Hrsg.), Kundenwert, 4. Aufl., SpringerGabler: Wiesbaden, 451–469.

Stauss, B. und Seidel, W. (2014), Beschwerdemanagement, 5. Aufl., Hanser: München.

Steenkamp, J.-B. E. M. (2001), The Role of National Culture in International Marketing Research, in: International Marketing Review, 18(1), 30–44.

Steenkamp, J.-B. E. M. (2019), The Uncertain Future of Globalization, in: International Marketing Review, 36(4), 524–535.

Steger, J. (2017), Kennzahlen und Kennzahlensysteme, 3. Aufl., NWB: Herne.

Stein, S. und Goecke, R. (1999), Service Engineering und Service Design, in: H.-J. Bullinger (Hrsg.), Dienstleistungen – Innovation für Wachstum und Beschäftigung, Gabler: Wiesbaden, 583–591.

Stiglitz, J. E. (1974), Information and Economic Analysis, in: M. Parkin und A. R. Nobay (Hrsg.), Current Economic Problems, Cambridge University Press: Cambridge et al., 27–52.

Stock-Homburg, R. und Groß, M. (2019), Personalmanagement, 4. Aufl., SpringerGabler: Wiesbaden.

Strebinger, A., Hoffmann, S., Schweiger, G. und Otter, T. (2000), Zur Realitätsnähe der Conjointanalyse, in: Marketing – Zeitschrift für Forschung und Praxis, 22(1), 55–74.

Stremersch, S. und Tellis, G. J. (2002), Strategic Bundling of Products and Prices: A New Synthesis for Marketing, in: Journal of Marketing, 66(1), 55–72.

Sureshchandar, G. S., Rajendran, C. und Anantharaman, R. N. (2001a), A Conceptual Model for Total Quality Management in Service Organizations, in: Total Quality Management, 12(3), 343–363.

Sureshchandar, G. S., Rajendran, C. und Anantharaman, R. N. (2001b), A Holistic Model for Total Quality Service, in: International Journal of Service Industry Management, 12(4), 378–412.

Sydsaeter, K., Hammond, P., Strom, A. und Carvajal, A. (2018), Mathematik für Wirtschaftswissenschaftler, 5. Aufl., Pearson: Hallbergmoos.

Tacke, G. und Pohl, A. (1998), Optimale Leistungs- und Preisgestaltung mit Conjoint Measurement, in: A. Meyer (Hrsg.), Handbuch Dienstleistungsmarketing, Schäffer-Poeschel: Stuttgart, 880–895.

Tannenbaum, R. und Schmidt, W. H. (1958), How to Choose a Leadership Pattern, in: Harvard Business Review, 36, 95–101.

Tashakkori, A. und Teddlie, C. (2010), SAGE Handbook of Mixed Methods in Social & Behavioral Research, 2. Aufl., Sage: Los Angeles et al.

Taylor, F. W. (1911), The Principles of Scientific Management, Harper & Brothers: New York/London.

Teichert, T. (1994), Zur Validität der in Conjoint-Analysen ermittelten Nutzenwerte, in: Zeitschrift für betriebswirtschaftliche Forschung, 46(7/8), 610–629.

Thaler, R. (1983), Transaction Utility Theory, in: Advances in Consumer Research, 10(1), 296–301.

Thaler, R. H. (1985), Mental Accounting And Consumer Choice, in: Marketing Science, 4(3), 199–214.

Thaler, R. H. (2008), Mental Accounting and Consumer Choice, in: Marketing Science, 27(1), 15–25.

Thaler, R. H. und Johnson, E. J. (1990), Gambling with the House Money and Trying to Break Even: The Effects of Prior Outcomes on Risky Choice, in: Management Science, 36(6), 643–660.

Theobald, E. und Jentschke, M. (2020), Kundenzentriertes Markenmanagement, Springer: Wiesbaden.

Thom, N. (2003), Betriebliches Vorschlagswesen, 6. Aufl., Peter Lang: Bern et al.

Thomas, W. und Stammermann, L. (2007), In-Game Advertising – Werbung in Computerspielen, Gabler: Wiesbaden.

Thommen, J.-P., Achleitner, A.-C., Gilbert, D. U., Hachmeister, D., Jarchow, S. und Kaiser, G. (2020), Allgemeine Betriebswirtschaftslehre, 9. Aufl., SpringerGabler: Wiesbaden.

Thompson, J. D. (1967), Organizations in Action, McGraw-Hill: New York.

Thonemann, U. (2015), Operations Management, 3. Aufl., Pearson: Hallbergmoos.

Tippett, L. H. C. (1934), Use of the Binomial and Poisson Distribution: A Snap Reading Method of Making Time Studies of Machines and Operations in Factory Surveys, in: Shirley Institute Memoirs, 13(11), 35–93.

Toffler, A. (1980), The Third Wave, Morrow: New York.

Tomarken, A. J. und Serlin, R. C. (1986), Comparison of ANOVA Alternatives Under Variance Heterogeneity and Specific Noncentrality Structures, in: Psychological Bulletin, 99(1), 90–99.

Tomczak, T. und Elisabeth, R.-S. (2006), Bestimmungsfaktoren des Kundenwertes: Ergebnisse einer branchenübergreifenden Studie, in: B. Günter und S. Helm (Hrsg.), Kundenwert, 3. Aufl., Gabler: Wiesbaden, 127–155.

Töpfer, A. (1995), Marketing-Audit, in: B. Tietz, R. Köhler und J. Zentes (Hrsg.), Handwörterbuch des Marketing, 2. Aufl., Schäffer-Poeschel: Stuttgart, 1533–1541.

Töpfer, A. (2012), Erfolgreich forschen, 3. Aufl., SpringerGabler: Wiesbaden.

Tornow, W. W. und London, M. (1998), Maximizing the Value of 360-degree Feedback, Jossey-Bass: San Francisco.

Treyer, O. A. G. (2010), Business Forecasting, Haupt: Bern et al.

Trommsdorff, V. (2004), Konsumentenverhalten, 6. Aufl., Kohlhammer: Stuttgart.

Tsai, H.-H. und Lu, I.-Y. (2006), The Evaluation of Service Quality Using Generalized Choquet Integral, in: Information Sciences, 176(6), 640–663.

Tuzovic, S. (2004), Kundenorientierte Vergütungssysteme im Relationship Marketing, Gabler: Wiesbaden.

Tversky, A. und Kahneman, D. (1992), Advances in Prospect Theory. Cumulative Representation of Uncertainty, in: Journal of Risk and Uncertainty, 5(4), 297–323.

UWG (2022), Gesetz gegen den unlauteren Wettbewerb (UWG) in der Fassung vom 24.06.2022, https://www.gesetze-im-internet.de/uwg_2004/BJNR141400004.html (abgerufen am 17.07.2023).

Vahs, D. und Brem, A. (2015), Innovationsmanagement, 5. Aufl., Schäffer-Poeschel: Stuttgart.

Vahs, D. und Schäfer-Kunz, J. (2015), Einführung in die Betriebswirtschaftslehre, 7. Aufl., Schäffer-Poeschel: Stuttgart.

Valentin, E. K. (2005), Away with SWOT Analysis: Use Defensive/Offensive Evaluation Instead, in: Journal of Applied Business Research, 21(2), 91–105.

VALS (2022), US Framework and VALS™ Types, http://www.strategicbusinessinsights.com/vals/ustypes.shtml (abgerufen am 17.07.2023).

Vargo, S. L. und Lusch, R. F. (2004), Evolving to a New Dominant Logic for Marketing, in: Journal of Marketing, 68(1), 1–17.

Vargo, S. L. und Lusch, R. F. (2008), Service-dominant logic: Continuing the Evolution, in: Journal of the Academy of Marketing Science, 36(1), 1–10.

Vargo, S. L. und Lusch, R. F. (2010), A Service-Dominant Logic for Marketing, in: P. Maclaran, M. Saren, B. Stern und M. Tadajewski (Hrsg.), The Sage Handbook of Marketing Theory, Sage: Los Angeles, 219–234.

Vargo, S. L. und Lusch, R. F. (2016), Institutions and Axioms. An Extension and Update of Service-dominant Logic, in: Journal of the Academy of Marketing Science, 44(1), 5–23.

Vargo, S. L., Maglio, P. P. und Akaka, M. A. (2008), On Value and Value Co-Creation: A Service Systems Service Logic Perspective, in: European Management Journal, 26(3), 145–152.

Veblen, T. (1899), The Theory of the Leisure Class, Macmillan: New York.

Venaik, S. und Brewer, P. (2013), Critical Issues in the Hofstede and GLOBE National Cultures Models, in: International Marketing Review, 30(5), 469–482.

Venkatesh, V., Thong, J. Y. L. und Xu, X. (2012), Consumer Acceptance and Use of Information Technology: Extending the Unified Theory of Acceptance and Use of Technology, in: MIS Quarterly, 36(1), 157–178.

Venohr, B. und Christoph, Z. (1999), Kundenbindung als strategisches Unternehmensziel, in: C. Homburg und M. Bruhn (Hrsg.), Handbuch Kundenbindungsmanagement, 3. Aufl., Gabler: Wiesbaden, 151–168.

Verbraucherzentrale (2023), Was Alterungsrückstellungen in der privaten Krankenversicherung bewirken, https://www.verbraucherzentrale.de/wissen/gesundheit-pflege/krankenversicherung/was-alterungsrueckstellungen-in-der-privaten-krankenversicherung-bewirken-54428 (abgerufen am 17.07.2023).

Vermeulen, B., Goos, P. und Vandebroek, M. (2008), Models and Optimal Designs for Conjoint Choice Experiments Including a No-choice Option, in: International Journal of Research in Marketing, 25(2), 94–103.

Vershofen, W. (1940), Handbuch der Verbrauchsforschung, Carl Heymanns: Berlin.

Vershofen, W. (1943), Zum Problem der Qualität, in: Markt und Verbrauch, 15(1/2), 7–16.

Viale, R. (2021), Routledge Handbook of Bounded Rationality, Routledge: London/New York.

Vickrey, W. (1961), Counter Speculation, Auctions, and Competitive Sealed Tenders, in: Journal of Finance, 16(1), 8–37.

Voeth, M. (2003), Gruppengütermarketing, Vahlen: München.

Voeth, M. und Herbst, U. (2013), Marketing-Management, Schäffer-Poeschel: Stuttgart.

Voeth, M. und Niederauer, C. (2008), Ermittlung von Preisbereitschaften und Preisabsatzfunktionen, in: A. Herrmann, C. Homburg und M. Klarmann (Hrsg.), Handbuch Marktforschung, 3. Aufl., Gabler: Wiesbaden, 1073–1095.

Vogels, E. A. (2021), Digital Divide Persists Even as Americans with Lower Incomes Make Gains in Tech Adoption, https://www.pewresearch.org/fact-tank/2021/06/22/digital-divide-persists-even-as-americans-with-lower-incomes-make-gains-in-tech-adoption/ (abgerufen am 17.07.2023).

Voigt, S. (2009), Institutionenökonomik, 2. Aufl., Wilhelm Fink: München.

Völckner, F. (2006), Methoden zur Messung individueller Zahlungsbereitschaften: Ein Überblick zum State of the Art, in: Journal für Betriebswirtschaft, 56(1), 33–60.

von der Lippe, P. und Kladroba, A. (2002), Repräsentativität von Stichproben, in: Marketing – Zeitschrift für Forschung und Praxis, 24(2), 139–145.

von der Oelsnitz, D. (1999), Mikropolitik in Organisationen, in: Das Wirtschaftsstudium, 28(5), 710–716.

von Glasersfeld, E. (1997), Radikaler Kosntruktivismus, 10. Aufl., Suhrkamp: Frankfurt a. M.

von Rosenstiel, L., Regnet, E. und Domsch, M. E. (2020), Führung von Mitarbeitern, 8. Aufl., Schäffer-Poeschel: Stuttgart.

Vroom, V. H. (1964), Work and Motivation, Wiley: New York.

Wagner, D. (1991), Cafeteria-Modelle in der Unternehmenspraxis, in: Personalführung, 24(1), 44–49.

Wagner, D. (2004), Cafeteria-Systeme, in: E. Gaugler, W. A. Oechsler und W. Weber (Hrsg.), Handwörterbuch des Personalwesens, 3. Aufl., Schäffer-Poeschel: Stuttgart,

Walsh, G., Mitchell, V.-W. und Hennig-Thurau, T. (2001), German Consumer Decision-Making Styles, in: The Journal of Consumer Affairs, 35(1), 73–95.

Watzlawick, P. (1995), Wie wirklich ist die Wirklichkeit?, 21. Aufl., Piper: München.

Watzlawick, P. (2010), Die erfundene Wirklichkeit, 5. Aufl., Piper: München.

Watzlawick, P., Beavin, J. H. und Jackson, D. D. (1967), Pragmatics of Human Communication, Norton: New York.

Weber, M. (1922), Wirtschaft und Gesellschaft, Mohr Siebeck: Tübingen.

Weber, M. (1993), Besitztumseffekte: eine theoretische und empirische Analyse, in: Die Betriebswirtschaft, 53, 479–490.

Weghorn, R. (2022), QM-Atlas, Carl Hanser: München.

Wei, L. und Blanks Hindman, D. (2011), Does the Digital Divide Matter More? Comparing the Effects of New Media and Old Media Use on the Education-Based Knowledge Gap, in: Mass Communication & Society, 14(2), 216–235.

Weiber, R. (2002), Die empirischen Gesetze der Netzwerkökonomie: Auswirkungen von IT-Innovationen auf den ökonomischen Handlungsrahmen, in: Die Unternehmung, 56(5), 269–294.

Weiber, R. (2017), Anbieterintegration – Das Management der Wertkette des Konsumenten, in: H. Corsten und S. Roth (Hrsg.), Handbuch Dienstleistungsmanagement, Vahlen: München, 631–657.

Weiber, R. und Adler, J. (1995a), Der Einsatz von Unsicherheitsreduktionsstrategien im Kaufprozeß: eine informationsökonomische Analyse, in: K. P. Kaas (Hrsg.), Kontrakte, Geschäftsbeziehungen, Netzwerke, Handelsblatt: Düsseldorf/Frankfurt am Main, 61–77.

Weiber, R. und Adler, J. (1995b), Informationsökonomisch begründete Typologisierung von Kaufprozessen, in: Zeitschrift für betriebswirtschaftliche Forschung, 47(1), 43–65.

Weiber, R. und Adler, J. (1995c), Positionierung von Kaufprozessen im informationsökonomischen Dreieck, in: Zeitschrift für betriebswirtschaftliche Forschung, 47(2), 99–123.

Weiber, R. und Ferreira, K. (2014), Wertschöpfung des Anbieters im konsumentenseitigen Wertschaffungsprozess im Rahmen der Anbieterintegration, in: R. Gössinger und G. Zäpfel (Hrsg.), Management integrativer Leistungserstellung, Duncker&Humblot: Berlin, 261–286.

Weiber, R., Kleinaltenkamp, M. und Geiger, I. (2022), Business- und Dienstleistungsmarketing, 2. Aufl., Kohlhammer: Stuttgart.

Weiber, R. und Mühlhaus, D. (2014), Strukturgleichungsmodellierung, 2. Aufl., SpringerGabler: Heidelberg.

Weibler, J. (2023), Personalführung, 4. Aufl., Vahlen: München.

Weinert, A. B. (2004), Organisations- und Personalpsychologie, 6. Aufl., Beltz: Weinheim/Basel.

Weis, C. (2010), Verkaufsmanagement, 7. Aufl., Kiehl: Herne.

Weis, C. und Steinmetz, P. (2012), Marktforschung, 8. Aufl., Kiehl: Herne.

Weis, H. C. (2018), Marketing, 18. Aufl., Kiehl: Herne.

Welge, M. K., Al-Laham, A. und Eulerich, M. (2017), Strategisches Management, 7. Aufl., SpringerGabler: Wiesbaden.

Wheelen, T. L., Hunger, J. D., Hoffman, A. N. und Bamford, C. E. (2015), Concepts in Strategic Management and Business Policy, 14. Aufl., Pearson: Harlow.

White, D. M. (1950), The "Gate Keeper": A Case Study in the Selection of News, in: Journalism & Mass Communication Quarterly, 27(4), 383–390.

Wiegandt, P. (2009), Die Transaktionskostentheorie, in: M. Schwaiger und A. Meyer (Hrsg.), Theorien und Methoden der Betriebswirtschaft, Vahlen: München, 115–130.

Wild, J. (1982), Grundlagen der Unternehmensplanung, 4. Aufl., WV: Wiesbaden.

Wilde, H. (2004), Plan- und Prozesskostenrechnung, Oldenbourg: München/Wien.

Wiles, M. A. und Danielova, A. (2009), The Worth of Product Placement in Successful Films: An Event Study Analysis, in: Journal of Marketing, 73(4), 44–63.

Williams, L. J., Cote, J. A. und Buckley, M. R. (1989), Lack of Method Variance in Self-reported Affect and Perceptions at Work: Reality or Artifact?, in: Journal of Applied Psychology, 74(3), 462–468.

Williamson, O. E. (1975), Markets and Hierarchies, The Free Press: New York.

Wilson, P. F., Dell, L. D. und Anderson, G. F. (1993), Root Cause Analysis, ASQC Quality Press: Portland.

Wimmer, F. (1987), Die Produktwahrnehmung und Qualitätsbeurteilung durch den Verbraucher, in: A. Lisson (Hrsg.), Qualität, Springer: Heidelberg, 503–523.

Winkelmann, P. (2013a), Marketing und Vertrieb, 8. Aufl., Oldenbourg: München.

Winkelmann, P. (2013b), Vertriebskonzeption und Vertriebssteuerung, 5. Aufl., Vahlen: München.

Wirtz, B. W. (2016), Direktmarketing, 4. Aufl., SpringerGabler: Wiesbaden.

Wirtz, B. W. (2022), Handbuch Multi-Channel-Marketing, 3. Aufl., Gabler: Wiesbaden.

Wirtz, J. und Lovelock, C. (2022), Services Marketing, 9. Aufl., World Scientific: Singapore.

Witte, E. (1969), Führungsstile, in: E. Grochla (Hrsg.), Handwörterbuch der Organisation, Schäffer-Poeschel: Stuttgart, 595–602.

Wöhe, G., Döring, U. und Brösel, G. (2020), Einführung in die Allgemeine Betriebswirtschaftslehre, 27. Aufl., Vahlen: München.

Wolfe, M. (1955), The Concept of Economic Sectors, in: The Quarterly Journal of Economics, 69(3), 402–420.

Wolff, B. und Lucas, S. (2004), Anreizsysteme, in: E. Gaugler, W. A. Oechsler und W. Weber (Hrsg.), Handwörterbuch des Personalwesens, 3. Aufl., Schäffer-Poeschel: Stuttgart, 20–37.

Woll, A. (2011), Volkswirtschaftslehre, 16. Aufl., Vahlen: München.

Wöltje, J. (2020), Betriebswirtschaftliche Formelsammlung, 7. Aufl., Haufe: Freiburg et al.

Woratschek, H. (1996), Die Typologie von Dienstleistungen aus informationsökonomischer Sicht, in: Der Markt, 35(1), 59–71.

Woratschek, H., Popp, B. und Horbel, C. (2017), Merkmalsorientierte Ansätze der Qualitätsmessung, in: H. Corsten und S. Roth (Hrsg.), Handbuch Dienstleistungsmanagement, Vahlen: München, 1197–1217.

WTO (2022), World Trade Statistical Review 2021, https://www.wto.org/english/res_e/statis_e/wts2021_e/wts2021_e.pdf (abgerufen am 17.07.2023).

Wübker, G. (1998), Preisbündelung, Gabler: Wiesbaden.

Wübker, G. und Simon, H. (2003), Mehr-Personen-Preisbildung, in: H. Diller und A. Herrmann (Hrsg.), Handbuch Preispolitik, Gabler: Wiesbaden, 669–687.

Wunderer, R. (2011), Führung und Zusammenarbeit, 9. Aufl., Frankfurter Allgemeine Verlag: München.

Xia, L., Monroe, K. B. und Cox, J. L. (2004), The Price Is Unfair! A Conceptual Framework of Price Fairness Perceptions, in: Journal of Marketing, 68(4), 1–15.

Yankelovich, D. (1964), New Criteria for Market Segmentation, in: Harvard Business Review, (3/4), 83–90.

Zagel, C. und Bodendorf, F. (2017), Dienstleistungsinnovationen, in: H. Corsten und S. Roth (Hrsg.), Handbuch Dienstleistungsmanagement, Vahlen: München, 351–363.

Zaichkowsky, J. L. (1985), Measuring the Involvement Construct, in: Journal of Consumer Research, 12(3), 341–352.

ZAW (2023), Kommerzielle Kommunikation in Deutschland 2021, https://zaw.de/wirtschaft-und-werbung/ (abgerufen am 17.07.2023).

Zeithaml, V. A. (1981), How Consumer Evaluation Processes Differ between Goods and Services, in: J. H. Donelly und W. R. George (Hrsg.), Proceedings of the AMA's Special Conference on Services Marketing, 186–190.

Zeithaml, V. A., Berry, L. L. und Parasuraman, A. (1993), The Nature and Determinants of Customer Expectations of Service, in: Journal of the Academy of Marketing Science, 21(1), 1–12.

Zeithaml, V. A., Bitner, M. J. und Gremler, D. D. (2012), Services Marketing, 6. Aufl., McGraw-Hill: New York.

Zeithaml, V. A., Parasuraman, A. und Berry, L. L. (1985), Problems and Strategies in Services Marketing, in: Journal of Marketing, 49(2), 33–46.

Zeithaml, V. A., Rust, R. T. und Lemon, K. N. (2001), The Customer Pyramid: Creating and Serving Profitabel Customers, in: California Management Review, 43(4), 118–142.

Zentes, J., Swoboda, B. und Foscht, T. (2012), Handelsmanagement, 3. Aufl., Vahlen: München.

Zentes, J., Swoboda, B. und Schramm-Klein, H. (2013), Internationales Marketing, 3. Aufl., Vahlen: München.

Zhang, J. und Tsai, W. S. (2017), What Promotes Online Group-buying? A Cross-cultural Comparison Study between China and the United States, in: Journal of Promotion Management, 23(5), 748–768.

Zollondz, H.-D. (2011), Qualitätsmanagement, 3. Aufl., Oldenbourg: München.

Zukunftstechnologien (2023), Robotik, https://www.zukunftstechnologien.info/kampagne/technik-und-wirtschaft/robotik/ (abgerufen am 17.07.2023).

Abbildungsverzeichnis

https://doi.org/10.1515/9783110620443-011

Tabellenverzeichnis

https://doi.org/10.1515/9783110620443-012

Register

https://doi.org/10.1515/9783110620443-013

www.ingramcontent.com/pod-product-compliance
Lightning Source LLC
Chambersburg PA
CBHW081214220326
41598CB00037B/6777